여러분의 합격을 응원하는

해커스공무원의 특별 혜택

FREE 공무원 행정법 **동영상강의**

해커스공무원(gosi.Hackers.com) 접속 후 로그인 ▶ 상단의 [무료강좌] 클릭 ▶ 좌측의 [교재 무료특강] 클릭

해커스공무원 온라인 단과강의 **20% 할인쿠폰**

CFCB3D2AFF9C7E8A

해커스공무원(gosi.Hackers.com) 접속 후 로그인 ▶ 상단의 [나의 강의실] 클릭 ▶
좌측의 [쿠폰등록] 클릭 ▶ 위 쿠폰번호 입력 후 이용

해커스 회독증강 콘텐츠 **5만원 할인쿠폰**

7D2CC9C5B82C5237

해커스공무원(gosi.Hackers.com) 접속 후 로그인 ▶ 상단의 [나의 강의실] 클릭 ▶
좌측의 [쿠폰등록] 클릭 ▶ 위 쿠폰번호 입력 후 이용

* 월간 학습지 회독증강 행정학/행정법총론 개별상품은 할인쿠폰 할인대상에서 제외

합격예측 **모의고사 응시권 + 해설강의 수강권**

BC54586DE5822ABG

해커스공무원(gosi.Hackers.com) 접속 후 로그인 ▶ 상단의 [나의 강의실] 클릭 ▶
좌측의 [쿠폰등록] 클릭 ▶ 위 쿠폰번호 입력 후 이용

* 쿠폰 이용 기한 : 2023년 12월 31일까지(등록 후 7일간 사용 가능)
* 쿠폰 이용 관련 문의 : 1588-4055

단기 합격을 위한

해커스 커리큘럼

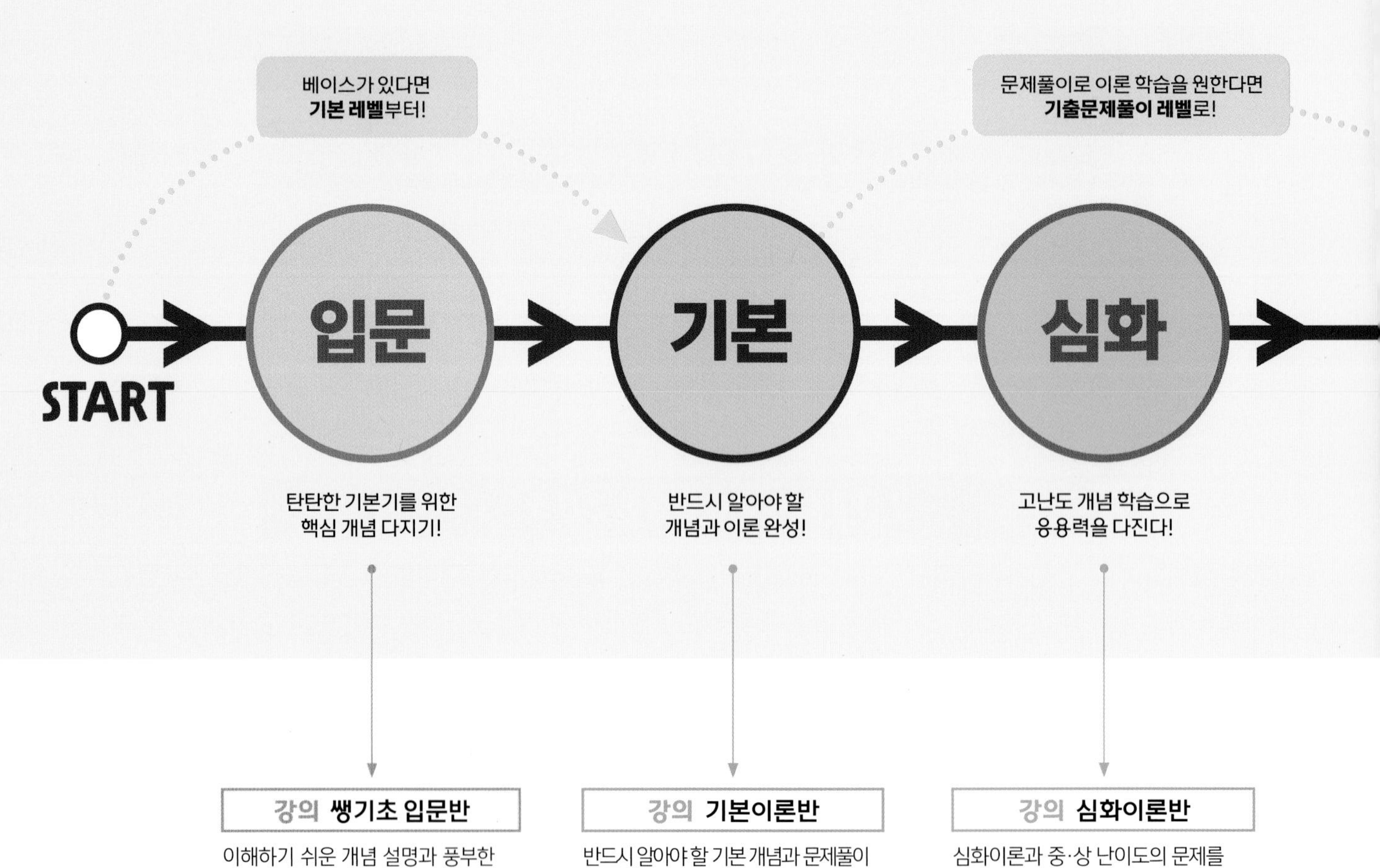

강의 쌩기초 입문반

이해하기 쉬운 개념 설명과 풍부한 연습문제 풀이로 부담 없이 기초를 다질 수 있는 강의

강의 기본이론반

반드시 알아야 할 기본 개념과 문제풀이 전략을 학습하여 핵심 개념 정리를 완성하는 강의

강의 심화이론반

심화이론과 중·상 난이도의 문제를 함께 학습하여 고득점을 위한 발판을 마련하는 강의

* 커리큘럼은 과목별·선생님별로 상이할 수 있으며, 자세한 내용은 해커스공무원 사이트에서 확인하세요.

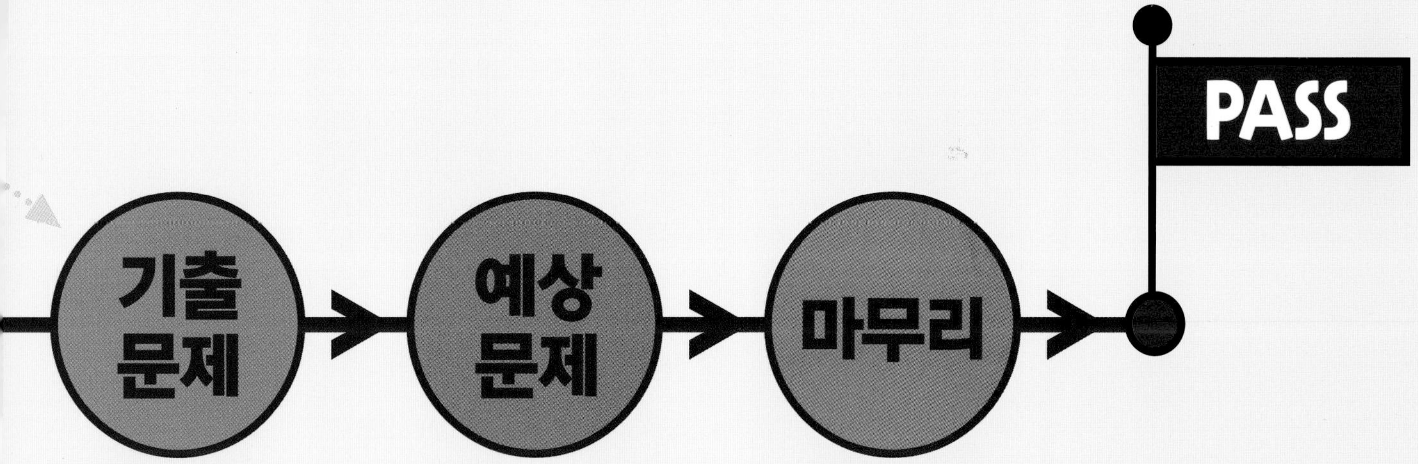

기출문제 → 예상문제 → 마무리 → PASS

기출문제

기출문제풀이 훈련으로
취약영역을 보완한다!

예상문제

예상문제풀이로
실전력을 강화한다!

마무리

시험 직전 반드시
확인할 내용만 엄선한다!

강의 기출문제 풀이반

기출문제의 유형과 출제 의도를 이해하고, 본인의 취약영역을 파악 및 보완하는 강의

강의 예상문제 풀이반

최신 출제경향을 반영한 예상 문제들을 풀어보며 실전력을 강화하는 강의

강의 실전동형모의고사반

최신 출제경향을 완벽하게 반영한 모의고사를 풀어보며 실전 감각을 극대화하는 강의

강의 봉투모의고사반

시험 직전에 실제 시험과 동일한 형태의 모의고사를 풀어보며 실전력을 완성하는 강의

2022 최신판

해커스공무원

한 권으로 끝내는

장재혁 행정법각론

기본서+기출OX

해커스공무원

장재혁

약력

연세대학교 법과대학 법학과 졸업
연세대학교 대학원 법학 석사과정
현 | 해커스공무원 행정법 강의
현 | 법무법인 대한중앙 공법 자문위원
현 | 장재혁법학연구소 소장
현 | 한국고시학원, 한국경찰학원 대표강사
현 | 박문각남부학원 대표강사

저서

해커스공무원 장재혁 행정법총론 기본서, 해커스패스
해커스공무원 한 권으로 끝내는 장재혁 행정법각론 기본서+기출OX, 해커스패스
해커스공무원 장재혁 행정법총론 단원별 기출문제집, 해커스패스
해커스공무원 실전동형모의고사 장재혁 행정법총론, 해커스패스
해커스공무원 3개년 최신판례집 행정법총론, 해커스패스
해커스군무원 장재혁 행정법 16개년 기출문제집, 해커스패스
해커스군무원 실전동형모의고사 장재혁 행정법, 해커스패스

공무원 시험
합격을 위한 필수 기본서!

행정법 시험, 어떻게 대비해야 할까?

행정법각론은 행정법총론에 비해 출제 비중은 훨씬 낮지만 그 범위는 상당히 넓습니다. 그러므로 행정법각론 공부에서 중요한 것은 '효율성'입니다. 『2022 해커스공무원 한 권으로 끝내는 장재혁 행정법각론 기본서+기출OX』는 이러한 효율성을 목적으로 제작되었습니다.

첫째, 행정법각론에서는 학설보다 법조문 혹은 판례에서 대부분 출제됩니다.
따라서 불필요한 내용은 과감히 줄이고, 핵심 조문과 중요 판례가 유기적으로 이해될 수 있도록 책을 구성하였습니다.

둘째, 2022년 개정된 지방자치법을 모두 반영하였고, 구법과의 차이점을 표시하여 비교학습할 수 있도록 하였습니다.
또한 부록으로 '지방자치법 신구조문 비교표'를 수록하여 지방자치법의 제·개정된 부분을 한 눈에 효율적으로 확인할 수 있습니다.

셋째, 판례는 원문을 수록하여 따로 찾아보는 수고를 줄이되, 출제 포인트를 강조하여 공부의 강약을 조절할 수 있도록 하였습니다.

넷째, 행정법각론에서는 출제되었던 것이 다시 출제되는 경향이 높습니다.
때문에 다양한 직렬에서 2021년까지 출제된 20개년 이상의 기출지문을 선별한 후 OX문제화 하여 관련 내용 옆 보조단에 배치하였고, 이를 통해 내용의 중요도를 파악하며 효율적인 공부를 할 수 있도록 구성하였습니다.

『2022 해커스공무원 한 권으로 끝내는 장재혁 행정법각론 기본서+기출OX』를 강의와 함께 공부해 나가신다면 더욱 쉽고 재미있게 공부하면서 목적한 합격을 최단 기간 내에 이루실 것이라 확신합니다.

더불어, 공무원 시험 전문 사이트 해커스공무원(gosi.Hackers.com)에서 교재 학습 중 궁금한 점을 나누고 다양한 무료학습 자료를 함께 이용하여 학습 효과를 극대화할 수 있습니다.

수험생 여러분들의 빠른 합격을 기원합니다.

장재혁

목차

이 책의 구성

『2022 해커스공무원 한 권으로 끝내는 장재혁 행정법각론 기본서+기출OX』는 수험생 여러분들이 행정법각론 과목을 효율적이고 정확하게 학습할 수 있도록 상세한 내용과 다양한 학습장치를 수록·구성하였습니다. 아래 내용을 참고하여 본인의 학습 과정에 맞게 체계적으로 전략을 세워 학습하시기 바랍니다.

이론의 세부적인 내용을 정확하게 이해하기

최근 출제 경향 및 개정 법령·최신 판례 반영

1. 최근 출제 경향 반영

철저한 기출분석으로 도출한 최신 출제 경향을 바탕으로 출제가 예상되는 내용을 선별하여 이론에 반영·수록하였습니다. 이를 통해 방대한 행정법각론 과목의 내용 중 시험에 나오는 이론만을 효과적으로 학습할 수 있습니다.

2. 개정 법령·최신 판례 수록

법조문의 지엽적인 부분까지 문제로 출제되는 행정법각론 과목의 특성에 맞게 2022년 2월까지 제·개정된 최신 법률과 판례를 모두 반영하였습니다. 또한 출제 가능성이 높은 핵심 판례들은 쟁점과 판단 기관의 입장별로 상세하게 수록하여 구체적인 학습을 통한 실전 대비가 가능합니다.

2 다양한 학습장치를 활용하여 이론 완성하기

한 단계 실력 향상을 위한 다양한 학습장치

1. 관련 법령 및 구법령

행정법각론 개별법의 최신 개정 법률과 개정 전의 구법 조문을 함께 수록하여 정확한 법령 내용과 더불어 개정 전후 내용 비교까지 보다 빠르게 파악하고 전략적으로 학습할 수 있습니다.

2. 관련 판례

이론 학습에 필수적인 관련 판례의 내용을 원문 그대로 수록하여 시험에 출제되는 판례 지문을 직접 확인할 수 있습니다. 또한 마무리 단계에서는 판례의 주요 요지인 밑줄로 표시된 부분만 확인함으로써 효율적인 회독 학습을 할 수 있습니다.

3. TIP 및 참고(용어 설명)

이론의 요점을 간략하게 정리한 'TIP'과 이론과 판례를 학습하는 데 도움이 되는 내용을 수록한 '참고'를 통해 이론을 보충하고 정리할 수 있습니다.

3 기출지문 OX 문제로 실전 감각 키우기

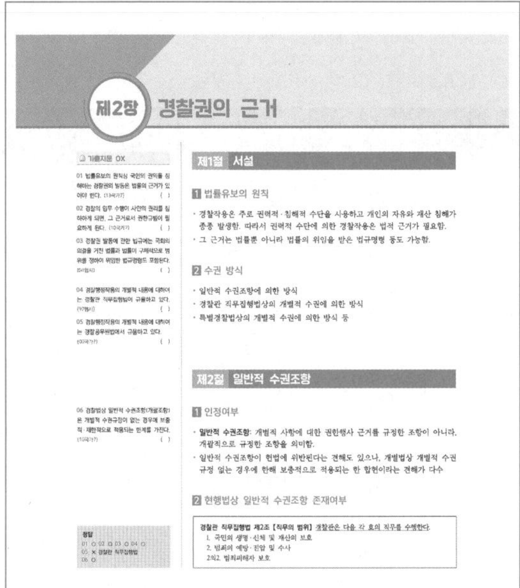

제2장 경찰권의 근거

기출지문 OX

01 법률유보의 원칙상 국민의 권익을 침해하는 경찰권의 발동은 법률의 근거가 있어야 한다. (13국가7) ( )

02 경찰의 임무 수행이 사인의 권리를 침해하게 되면, 그 근거로서 권한규범이 필요하게 된다. (10국가7) ( )

03 경찰권 발동에 관한 법규에는 국회의 의결을 거친 법률과 법률이 구체적으로 범위를 정하여 위임한 법규명령도 포함된다. (04입시) ( )

04 경찰행정작용의 개별적 내용에 대하여는 경찰관 직무집행법이 규율하고 있다. (97행시) ( )

05 경찰행정작용의 개별적 내용에 대하여는 경찰공무원법에서 규율하고 있다. (00국가7) ( )

06 경찰법상 일반적 수권조항(개괄조항)은 개별적 수권규정이 없는 경우에 보충적·제한적으로 적용되는 한계를 가진다. (10국가7) ( )

정답
01 O 02 O 03 O 04 O
05 × 경찰관 직무집행법
06 O

제1절 서설

1 법률유보의 원칙

- 경찰작용은 주로 권력적·침해적 수단을 사용하고 개인의 자유와 재산 침해가 종종 발생함. 따라서 권력적 수단에 의한 경찰작용은 법적 근거가 필요함.
- 그 근거는 법률뿐 아니라 법률의 위임을 받은 법규명령 등도 가능함.

2 수권 방식

- 일반적 수권조항에 의한 방식
- 경찰관 직무집행법상의 개별적 수권에 의한 방식
- 특별경찰법상의 개별적 수권에 의한 방식 등

제2절 일반적 수권조항

1 인정여부

- **일반적 수권조항**: 개별적 사항에 대한 권한행사 근거를 규정한 조항이 아니라, 개괄적으로 규정한 조항을 의미함.
- 일반적 수권조항이 헌법에 위반된다는 견해도 있으나, 개별법상 개별적 수권규정 없는 경우에 한해 보충적으로 적용되는 한 합헌이라는 견해가 다수

2 현행법상 일반적 수권조항 존재여부

경찰관 직무집행법 제2조 【직무의 범위】 경찰관은 다음 각 호의 직무를 수행한다.
1. 국민의 생명·신체 및 재산의 보호
2. 범죄의 예방·진압 및 수사
2의2. 범죄피해자 보호

실전 대비까지 한 권으로 끝내는 기출지문 OX 1270제

행정법각론의 이론을 학습하면서 스스로 실력을 확인할 수 있도록 20년간의 기출문제 중 자주 출제된 기출지문을 엄선하여 약 1270문항의 OX 문제를 보조단에 수록하였습니다. 본문의 이론 바로 옆에 위치한 기출지문 OX 문제를 통해 학습한 내용을 간단히 점검하고 취약점을 파악·보완할 수 있으며, 이론이 실제 시험에서 어떻게 지문으로 출제되는지 확인하여 실전에 대비할 수 있습니다.

또한 정답이 X인 문제는 틀린 이유에 대한 간결한 설명을 함께 수록하여 따로 찾아보지 않아도 틀린 부분을 쉽게 확인할 수 있습니다.

4 전부개정된 지방자치법 신구조문 비교 학습하기

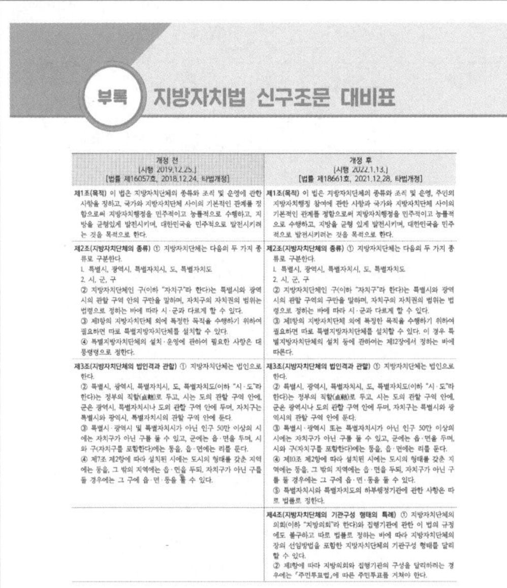

부록 지방자치법 신구조문 대비표

개정 전 [시행 2019.12.25.] [법률 제16057호, 2018.12.24, 타법개정]	개정 후 [시행 2022.1.13.] [법률 제18661호, 2021.12.28, 타법개정]
제1조(목적) 이 법은 지방자치단체의 종류와 조직 및 운영에 관한 사항을 정하고, 국가와 지방자치단체 사이의 기본적인 관계를 정함으로써 지방자치행정을 민주적이고 능률적으로 수행하고, 지방을 균형있게 발전시키며, 대한민국을 민주적으로 발전시키려는 것을 목적으로 한다.	**제1조(목적)** 이 법은 지방자치단체의 종류와 조직 및 운영, 주민의 지방자치행정 참여에 관한 사항과 국가와 지방자치단체 사이의 기본적인 관계를 정함으로써 지방자치행정을 민주적이고 능률적으로 수행하고, 지방을 균형 있게 발전시키며, 대한민국을 민주적으로 발전시키려는 것을 목적으로 한다.
제2조(지방자치단체의 종류) ① 지방자치단체는 다음의 두 가지 종류로 구분한다. 1. 특별시, 광역시, 특별자치시, 도, 특별자치도 2. 시, 군, 구 ② 지방자치단체인 구(이하 "자치구"라 한다)는 특별시와 광역시의 관할 구역 안의 구만을 말하며, 자치구의 자치권의 범위는 법령으로 정하는 바에 따라 시·군과 다르게 할 수 있다. ③ 제1항의 지방자치단체 외에 특정한 목적을 수행하기 위하여 필요하면 따로 특별지방자치단체를 설치할 수 있다. ④ 특별지방자치단체의 설치·운영에 관하여 필요한 사항은 대통령령으로 정한다.	**제2조(지방자치단체의 종류)** ① 지방자치단체는 다음의 두 가지 종류로 구분한다. 1. 특별시, 광역시, 특별자치시, 도, 특별자치도 2. 시, 군, 구 ② 지방자치단체인 구(이하 "자치구"라 한다)는 특별시와 광역시의 관할 구역의 구만을 말하며, 자치구의 자치권의 범위는 법령으로 정하는 바에 따라 시·군과 다르게 할 수 있다. ③ 제1항의 지방자치단체 외에 특정한 목적을 수행하기 위하여 필요하면 따로 특별지방자치단체를 설치할 수 있다. 이 경우 특별지방자치단체의 설치 등에 관하여는 제12장에서 정하는 바에 따른다.
제3조(지방자치단체의 법인격과 관할) ① 지방자치단체는 법인으로 한다. ② 특별시, 광역시, 특별자치시, 도, 특별자치도(이하 "시·도"라 한다)는 정부의 직할(直轄)로 두고, 시는 도의 관할 구역 안에, 군은 광역시, 특별자치시나 도의 관할 구역 안에 두며, 자치구는 특별시와 광역시, 특별자치시의 관할 구역 안에 둔다. ③ 특별시·광역시 및 특별자치시가 아닌 인구 50만 이상의 시에는 자치구가 아닌 구를 둘 수 있고, 군에는 읍·면을 두며, 시와 구(자치구를 포함한다)에는 동을, 읍·면에는 리를 둔다. ④ 제7조 제2항에 따라 설치된 시에는 도시의 형태를 갖춘 지역에는 동을, 그 밖의 지역에는 읍·면을 두되, 자치구가 아닌 구를 둘 경우에는 그 구에 읍·면·동을 둘 수 있다.	**제3조(지방자치단체의 법인격과 관할)** ① 지방자치단체는 법인으로 한다. ② 특별시, 광역시, 특별자치시, 도, 특별자치도(이하 "시·도"라 한다)는 정부의 직할(直轄)로 두고, 시는 도의 관할 구역 안에, 군은 광역시나 도의 관할 구역 안에 두며, 자치구는 특별시와 광역시의 관할 구역 안에 둔다. ③ 특별시·광역시 또는 특별자치시가 아닌 인구 50만 이상의 시에는 자치구가 아닌 구를 둘 수 있고, 군에는 읍·면을 두며, 시와 구(자치구를 포함한다)에는 동을, 읍·면에는 리를 둔다. ④ 제10조 제2항에 따라 설치된 시에는 도시의 형태를 갖춘 지역에는 동을, 그 밖의 지역에는 읍·면을 두되, 자치구가 아닌 구를 둘 경우에는 그 구에 읍·면·동을 둘 수 있다. ⑤ 특별자치시와 특별자치도의 하부행정기관에 관한 사항은 따로 법률로 정한다.
	제4조(지방자치단체의 기관구성 형태의 특례) ① 지방자치단체의 의회(이하 "지방의회"라 한다)와 집행기관에 관한 이 법의 규정에도 불구하고 따로 법률로 정하는 바에 따라 지방자치단체의 장의 선임방법을 포함한 지방자치단체의 기관구성 형태를 달리할 수 있다. ② 제1항에 따라 지방의회와 집행기관의 구성을 달리하려는 경우에는 「주민투표법」에 따른 주민투표를 거쳐야 한다.

개정 법령 완전 정복을 위한 지방자치법 신구조문 대비표

교재 말미에 부록으로 2022.1.13.부터 시행된 전부개정 지방자치법과 개정 전 구법 조문을 '신구조문 대비표'로 수록하였습니다. 이를 통해 행정법각론 과목에서 출제되는 개별법 중에서도 출제 비중이 높은 지방자치법의 제·개정된 부분을 정확히 파악할 수 있고, 시험의 출제 포인트가 될 수 있는 개정 조문에 대한 효과적인 대비가 가능합니다.

학습 플랜

효율적인 학습을 위하여 DAY별로 권장 학습 분량을 제시하였으며, 이를 바탕으로 본인의 학습 진도나 수준에 따라 조절하여 학습하기 바랍니다. 또한 학습한 날은 표 우측의 각 회독 부분에 형광펜이나 색연필 등으로 표시하며 채워나가기 바랍니다.

* 1, 2회독 때에는 40일 학습 플랜을, 3회독 때에는 20일 학습 플랜을 활용하시면 좋습니다.

40일 플랜	20일 플랜	학습 플랜		1회독	2회독	3회독
DAY 1	DAY 1	제1편 행정조직법	제1장 제1절 ~ 제4절	DAY 1	DAY 1	DAY 1
DAY 2			제1장 제5절 ~ 제2장	DAY 2	DAY 2	
DAY 3	DAY 2		제1편 복습	DAY 3	DAY 3	DAY 2
DAY 4		제2편 지방자치법	제1장 제1절 ~ 제3절	DAY 4	DAY 4	
DAY 5	DAY 3		제1장 제4절	DAY 5	DAY 5	DAY 3
DAY 6			제2장 ~ 제3장	DAY 6	DAY 6	
DAY 7	DAY 4		제4장 제1절 ~ 제3절	DAY 7	DAY 7	DAY 4
DAY 8			제4장 제4절 ~ 제6장	DAY 8	DAY 8	
DAY 9	DAY 5		제7장 ~ 제8장	DAY 9	DAY 9	DAY 5
DAY 10			제2편 복습	DAY 10	DAY 10	
DAY 11	DAY 6	제3편 공무원법	제1장 ~ 제2장 제1절	DAY 11	DAY 11	DAY 6
DAY 12			제2장 제2절 ~ 제3절	DAY 12	DAY 12	
DAY 13	DAY 7		제3장 ~ 제4장	DAY 13	DAY 13	DAY 7
DAY 14			제5장	DAY 14	DAY 14	
DAY 15	DAY 8		제6장	DAY 15	DAY 15	DAY 8
DAY 16			제3편 복습	DAY 16	DAY 16	
DAY 17	DAY 9	제4편 경찰행정법	제1장 ~ 제2장 2	DAY 17	DAY 17	DAY 9
DAY 18			제2장 제2절 3 ~ 제4절	DAY 18	DAY 18	
DAY 19	DAY 10		제3장 ~ 제4장	DAY 19	DAY 19	DAY 10
DAY 20			제4편 복습	DAY 20	DAY 20	

- 1회독 때에는 처음부터 완벽하게 학습하려고 욕심을 내는 것보다는 전체적인 내용을 가볍게 익힌다는 생각으로 교재를 읽는 것이 좋습니다.
- 2회독 때에는 1회독 때 확실히 학습하지 못한 부분을 정독하면서 꼼꼼히 교재의 내용을 익힙니다.
- 3회독 때에는 보조단의 기출지문 OX를 함께 풀어보며 본인의 취약점을 찾아 보완하면 좋습니다.

40일 플랜	20일 플랜	학습 플랜		1회독	2회독	3회독
DAY 21	DAY 11	제5편 급부행정법	제1장 ~ 제2장 제4절	DAY 21	DAY 21	DAY 11
DAY 22			제2장 제5절 ~ 제3장	DAY 22	DAY 22	
DAY 23	DAY 12		제4장 ~ 제5장	DAY 23	DAY 23	DAY 12
DAY 24			제5편 복습	DAY 24	DAY 24	
DAY 25	DAY 13	제6편 규제행정법	제1장 제1절	DAY 25	DAY 25	DAY 13
DAY 26			제1장 제2절 ~ 제4절	DAY 26	DAY 26	
DAY 27	DAY 14		제2장	DAY 27	DAY 27	DAY 14
DAY 28			제6편 복습	DAY 28	DAY 28	
DAY 29	DAY 15	제7편 공용부담법	제1장 ~ 제3장 3	DAY 29	DAY 29	DAY 15
DAY 30			제3장 4	DAY 30	DAY 30	
DAY 31	DAY 16		제3장 5	DAY 31	DAY 31	DAY 16
DAY 32			제3장 6	DAY 32	DAY 32	
DAY 33	DAY 17		제3장 제4절 ~ 제5절	DAY 33	DAY 33	DAY 17
DAY 34			제7편 복습	DAY 34	DAY 34	
DAY 35	DAY 18	제8편 재무행정법	제1장 ~ 제2장 제4절	DAY 35	DAY 35	DAY 18
DAY 36			제2장 제5절	DAY 36	DAY 36	
DAY 37	DAY 19		제3장	DAY 37	DAY 37	DAY 19
DAY 38			제8편 복습	DAY 38	DAY 38	
DAY 39	DAY 20	부록 지방자치법 신구조문 대비표		DAY 39	DAY 39	DAY 20
DAY 40		전 범위 복습		DAY 40	DAY 40	

제1편

행정조직법

제1장 행정조직법 개관

제1절 행정조직법

1 의의

- **행정조직법**: 행정주체의 내부조직인 행정기관의 설치 · 구성 · 권한 등에 대해 규율하는 법
- **행정조직법의 특성**: 행정부 내부만 규율하므로 대외적 구속력 없음(법규성 ×).

2 행정조직의 분류

- **권력분산여부에 따라**: 중앙집권형 / 지방분권형
- **행정권 배분방식에 따라**: 권력통합형 / 권력분산형
- **조직구조에 따라**: 독임제형 / 합의제형
- **행정권의 주체에 따라**: 관치행정형 / 자치행정형
- **행정운영의 주체에 따라**: 직접민주형 / 간접민주형

3 행정조직의 기본원리

- **행정조직 법정주의**: 행정조직에 관한 사항은 기본적으로 법률로 정하여야 함.
- **행정조직의 민주성**: 국민의 의사를 충분히 반영할 수 있는 내용 및 구조를 갖추어야 함.
- **행정조직의 능률성**: 직무를 능률적이고 효율적으로 수행하도록 구성되어야 함.
- **지방분권주의**: 중앙집권제는 지양하고, 지방분권제를 지향해야 함.
- **독임제원칙**: 합의제는 보충적으로 적용함.
- **직업공무원제**: 공무원의 신분은 헌법과 법률에 의하여 보장됨.
- **책임행정의 원칙**: 헌법 제63조, 제65조는 대통령, 총리 등 공무원의 탄핵소추를 규정함.
- **통일계층성 원리**: 행정목적의 통일적 수행을 위해 원칙적으로 상 · 하기관 간 명령 · 복종관계를 규율함.

제2절 행정주체와 행정기관

1 행정주체

- **행정주체**: 자신의 이름으로 행정을 행할 권리·의무를 가진 행정법관계의 당사자
- **행정주체의 종류**: 국가, 지방자치단체, 공법상 사단(공공조합), 공법상 재단, 영조물법인, 공무수탁사인

2 행정기관

1. 의의

- **행정기관**: 행정주체를 위하여 현실적으로 행정작용을 수행하는 행정주체의 내부조직

2. 행정기관의 성질

- 법인격을 가지지 않음.
- 단, 개별법에 의해 행정주체에 준하는 지위가 인정되는 경우도 있음.

관련 판례

서울국제우체국장은 우편사업을 담당하는 국가의 일개 기관에 불과할 뿐으로서 법률상 담세능력이 있다거나 책임재산을 가질 수 있다고 볼 수 없어 관세법상의 납세의무자가 될 수 없으므로 위 우체국장에 대한 이 사건 관세부과처분은 관세의 납세의무자가 될 수 없는 자를 그 납세의무자로 한 위법한 처분으로서 그 하자가 중대하고도 명백하여 당연무효라고 할 것이다(대판 1987.4.28, 86누93).

3. 행정기관의 종류

(1) 권한에 의한 분류

> **행정소송법 제13조【피고적격】** ① 취소소송은 다른 법률에 특별한 규정이 없는 한 그 처분 등을 행한 행정청을 피고로 한다. 다만, 처분 등이 있은 뒤에 그 처분 등에 관계되는 권한이 다른 행정청에 승계된 때에는 이를 승계한 행정청을 피고로 한다.

- **행정청**: 행정주체를 위해 그의 의사를 결정하고, 외부에 표시할 권한을 가진 행정기관(예 행정각부의 장관, 지방자치단체장 등). 행정청의 행위로 인한 법적 효과는 행정주체에게 귀속됨.
- **보조기관**: 행정청의 권한행사를 보조하는 행정기관(예 행정각부의 차관·실장·국장 등)

> **정부조직법 제2조【중앙행정기관의 설치와 조직 등】** ③ 중앙행정기관의 보조기관은 이 법과 다른 법률에 특별한 규정이 있는 경우를 제외하고는 차관·차장·실장·국장 및 과장으로 한다. 다만, 실장·국장 및 과장의 명칭은 대통령령으로 정하는 바에 따라 본부장·단장·부장·팀장 등으로 달리 정할 수 있으며, 실장·국장

기출지문 OX

01 법령상 주어진 권한의 범위 내에서 행정주체의 행정에 관한 의사를 결정할 뿐 이를 외부에 표시하는 권한을 갖지 못하는 합의제 행정기관을 의결기관이라 한다. (19지방7) ( )

02 지방자치단체는 조례에 근거하여 합의제 행정기관을 설치할 수 있다. (17국회8) ( )

03 지방자치단체는 그 소관사무의 일부를 독립하여 수행할 필요가 있으면 법령으로 정하는 바에 따라 합의제 행정기관을 설치할 수 있지만, 이를 지방자치단체의 조례로 정할 수는 없다. (14국가7) ( )

정답
01 ○ 02 ○ 03 ×

및 과장의 명칭을 달리 정한 보조기관은 이 법을 적용할 때 실장·국장 및 과장으로 본다.

제6조【권한의 위임 또는 위탁】 ② 보조기관은 제1항에 따라 위임받은 사항에 대하여는 그 범위에서 행정기관으로서 그 사무를 수행한다.

- **보좌기관**: 행정청 또는 그 보조기관을 보좌하는 행정기관(예 행정각부의 차관보 등)

관련 판례

비록 도시관리계획의 입안권자인 피고가 직접 이 사건 사업이 준공되면 이 사건 토지에 대한 완충녹지의 지정을 해제하여 주겠다는 취지의 약속(이하 '이 사건 약속'이라 한다)을 한 것은 아니지만, 이 사건 약속이 피고를 위원장으로 하여 구성되는 보상심의위원회에서 이 사건 사업을 담당하는 실무부서의 최고 책임자인 안산시 도시계획국장 또는 도시계획과장에 의하여 이루어졌고, 보상심의위원회 자료가 사전에 준비, 배포된 것에 비추어 볼 때 위 도시계획국장 또는 도시계획과장이 피고의 의사와는 전혀 무관하게 아무런 사전검토 없이 단지 개인적인 견해에 따라 이 사건 약속을 하게 된 것이라고 보기는 어려우므로, 이 사건 약속은 실질적으로 피고가 한 것으로 봄이 상당하다(대판 2008.10.9, 2008두6127).

- **자문기관**: 행정청의 자문에 응하여 또는 스스로 행정청의 권한행사에 대한 의견제시를 임무로 하는 행정기관(예 각종 심의회, 국가안전보장회의 등)
- **의결기관**: 의사결정 권한만을 가지고 대외적 표시 권한은 없는 행정기관(예 각종 징계위원회, 지방의회, 교육위원회 등)
- **집행기관**: 행정청의 명을 받아 실력으로 이를 집행하는 기관(예 경찰, 소방공무원 등)
- **감사기관**: 법령에서 정한 행정기관 등의 회계처리·사무집행을 감사·감독하는 기관(예 감사원)

(2) 구성원의 수에 의한 분류

① **독임제 행정기관**: 구성원이 1명인 행정기관(예 대통령, 국무총리 등)

② **합의제 행정기관**

㉠ **의의**: 구성원이 2명 이상이고 행정기관의 의사결정이 구성원의 합의로 이루어지는 행정기관(예 공정거래위원회 등)

㉡ **합의제 행정기관의 설치 근거**

정부조직법 제5조【합의제행정기관의 설치】 행정기관에는 소관사무의 일부를 독립하여 수행할 필요가 있는 때에는 법률로 정하는 바에 따라 행정위원회 등 합의제행정기관을 둘 수 있다.

지방자치법 제129조 <구116조>【합의제행정기관】 ① 지방자치단체는 그 소관사무의 일부를 독립하여 수행할 필요가 있으면 법령이나 그 지방자치단체의 조례로 정하는 바에 따라 합의제행정기관을 설치할 수 있다.
② 제1항의 합의제행정기관의 설치·운영에 필요한 사항은 대통령령이나 그 지방자치단체의 조례로 정한다.

ⓒ **합의제 행정기관의 종류**

- 의결권과 대외적 표시권을 갖는 '행정청'(예 공정거래위원회 등)
- 의결권만 갖는 '의결기관'(예 징계위원회)
- 동의기관(예 인사위원회)
- 심의권만 갖는 '심의기관'(예 정보공개심의회)

  ✓ **심의**: 심사하고 토의함

- 자문권만 갖는 '자문기관'

ⓓ **합의제 행정기관 결정의 구속력과 하자**

- 의결기관, 동의기관의 결정은 구속력이 있으므로 의결기관, 동의기관의 의결을 거치지 않은 행정청의 결정은 원칙적으로 무효임(무권한의 하자).

관련 판례

이 사건 학교법인의 감독청인 피고(부산시교육위원회)의 학교법인기본재산교환허가처분은 학교법인의 이사장이 교환허가신청을 함에 있어서 이사회의 승인의결을 받음이 없이 이사회회의록사본을 위조하여 첨부한 교환허가신청서에 의한 것인바, 사립학교법 제1조, 제16조, 제28조, 제73조 동법시행령 제11조의 각 규정취지를 종합고찰하면 피고의 이 사건 허가처분은 중대하고 명백한 하자가 있어 당연 무효라 할 것이고 위 학교법인이사회가 위 교환을 추인·재추인하는 의결을 한 사실만으로써 무효인 허가처분의 하자가 치유된다고 볼 수 없다(대판1984.2.28, 81누275).

- 심의기관, 자문기관의 결정은 구속력이 없음. 판례는 심의를 거치지 않은 행정청의 결정을 원칙적으로 취소사유라고 봄.

관련 판례

1 행정청이 구 학교보건법 소정의 학교환경위생정화구역 내에서 금지행위 및 시설의 해제 여부에 관한 행정처분을 함에 있어 학교환경위생정화위원회의 심의를 거치도록 한 취지는 그에 관한 전문가 내지 이해관계인의 의견과 주민의 의사를 행정청의 의사결정에 반영함으로써 공익에 가장 부합하는 민주적 의사를 도출하고 행정처분의 공정성과 투명성을 확보하려는 데 있고, 나아가 그 심의의 요구가 법률에 근거하고 있을 뿐 아니라 심의에 따른 의결내용도 단순히 절차의 형식에 관련된 사항에 그치지 않고 금지행위 및 시설의 해제 여부에 관한 행정처분에 영향을 미칠 수 있는 사항에 관한 것임을 종합해 보면, 금지행위 및 시설의 해제 여부에 관한 행정처분을 하면서 절차상 위와 같은 심의를 누락한 흠이 있다면 그와 같은 흠을 가리켜 위 행정처분의 효력에 아무런 영향을 주지 않는다거나 경미한 정도에 불과하다고 볼 수는 없으므로, 특별한 사정이 없는 한 이는 행정처분을 위법하게 하는 취소사유가 된다(대판 2007.3.15, 2006두15806).

2 대학의 장이 대학 인사위원회에서 임용동의안이 부결되었음을 이유로 하여 교수의 임용 또는 임용제청을 거부하는 행위는 그것이 사회통념상 현저히 타당성을 잃었다고 볼 만한 특별한 사정이 없는 이상 재량권을 일탈·남용하였다고 볼 수 없다(대판 2006.9.28, 2004두7818).

기출지문 OX

01 행정청의 권한은 그 권한이 부여된 특정의 행정청만이 행사할 수 있고, 타 행정청은 특별한 사유가 없는 한 이를 행사할 수 없다. (13국가7) ( )

정답
01 ○

ⓜ 합의제 행정기관의 경우 피고적격

- 합의제 행정청 자체가 피고적격이 있음.
- 단, 중앙노동위원회의 처분에 대한 항고소송의 피고적격은 합의제 행정청인 중앙노동위원회가 아닌 중앙노동위원회 위원장에게 인정됨.

> **노동위원회법 제27조【중앙노동위원회의 처분에 대한 소송】** ① 중앙노동위원회의 처분에 대한 소송은 중앙노동위원회 위원장을 피고로 하여 처분의 송달을 받은 날부터 15일 이내에 제기하여야 한다.

관련 판례

노동위원회법 제19조의2 제1항의 규정은 행정처분의 성질을 가지는 지방노동위원회의 처분에 대하여 중앙노동위원장을 상대로 행정소송을 제기할 경우의 전치요건에 관한 규정이라 할 것이므로 당사자가 지방노동위원회의 처분에 대하여 불복하기 위하여는 처분 송달일로부터 10일 이내에 중앙노동위원회에 재심을 신청하고 중앙노동위원회의 재심판정서 송달일로부터 15일 이내에 **중앙노동위원장을 피고로 하여** 재심판정취소의 소를 제기하여야 할 것이다(대판 1995.9.15, 95누6724).

제3절 행정청의 권한

1 의의

- **행정청의 권한**: 행정청이 법령상 유효하게 행정주체의 의사를 결정·표시할 수 있는 권능
- **행정권한 법정주의**: 행정청의 권한에 관한 사항은 원칙상 법률에 의해 정해져야 함.

2 행정청의 권한의 한계

- **사항적 한계**: 행정청은 법령에 의해 정해진 일정한 사무에 관한 권한만을 가짐.
- **지역적 한계**: 국가의 중앙행정관청의 권한은 전국적으로 미치고, 국가의 특별행정관청 및 지방자치단체의 행정청의 권한은 일정한 지역에 한정되는 것이 원칙임(단, 운전면허와 같이 지역적 한계가 없는 경우도 있음).
- **대인적 한계**: 행정청 권한의 인적 범위가 한정되는 경우가 있음(예 국공립대학교 총장의 권한은 그 소속직원·학생에게만 행사).
- **형식적 한계**: 행정청의 권한행사 형식에 제한이 있음(예 행정각부 장관이 아닌 처장·청장은 총리령이나 부령의 형식으로 법규명령을 제정).

관련 판례

행정청의 권한에는 사무의 성질 및 내용에 따르는 제약이 있고, 지역적·대인적으로 한계가 있으므로 이러한 권한의 범위를 넘어서는 권한유월의 행위는 무권한 행위로서 원칙적으로 무효라고 할 것이다(대판 2007.7.26, 2005두15748).

3 행정청의 권한행사의 효과

- **외부적 효과**: 행정청의 대외적 권한행사의 법적 효과는 행정청 자신이 아닌 행정주체에게 귀속됨.
- **내부적 효과**: 행정청은 권한의 범위 내에서만 활동이 가능함.

제4절 권한의 대리

1 의의

1. 개념

- **권한의 대리**: 행정청의 권한의 전부 또는 일부를 다른 행정기관이 대신 행사하고, 그것이 피대리행정청이 한 행위로서 효력을 발생하는 것

2. 구별개념

- **대표**: 대표기관의 행위는 행정주체(대표되는 기관)가 직접 한 행위로 인정됨(대리는 피대리기관과 구별되는 별도의 행정기관이 행위하고, 그 효과가 피대리기관에 귀속되는 것).
- **권한의 위임**: 대외적 권한을 이전하고, 감독만 함(대리는 권한 자체가 이전되는 것이 아님). 또한 권한의 위임은 법에 정해진 권한분배를 변경하는 것이므로 법적 근거가 필요함(대리 중 수권대리는 법적 근거 불요).
- **내부위임**: 대외적 권한의 변동 없이, 내부적으로만 권한을 대행하고 대외적으로는 위임관청의 명의로 행위함(대리는 대리기관이 대외적으로 대리행위임을 표시하고 자기의 명의로 권한을 행사하는 것).

기출지문 OX

01 권한의 대리는 권한 자체의 이양은 아니다. (06관세) ( )

02 위임청은 수임청이 권한을 행사하지 않을 때, 그 권한을 대행할 수 있다. (04국가7) ( )

03 권한의 대리와 권한의 위임은 권한이 다른 행정기관에 이전된다는 점에서는 동일하지만, 법적 근거의 필요성 유무에 있어서는 차이가 있다. (07국가7) ( )

정답
01 ○ 02 × 03 ×

2 대리의 종류

1. **임의대리(수권대리)**: 피대리청의 권한수여(수권)에 의해 대리관계가 발생하는 경우

2. **법정대리**

(1) **의의**

법령에 정한 일정 사실이 발생한 경우 (수권행위 없이) 법령의 규정에 의하여 대리관계가 발생하는 경우

(2) **종류**

> **헌법 제71조** 대통령이 궐위되거나 사고로 인하여 직무를 수행할 수 없을 때에는 국무총리, 법률이 정한 국무위원의 순서로 그 권한을 대행한다.
>
> **정부조직법 제22조【국무총리의 직무대행】** 국무총리가 사고로 직무를 수행할 수 없는 경우에는 기획재정부장관이 겸임하는 부총리, 교육부장관이 겸임하는 부총리의 순으로 직무를 대행하고, 국무총리와 부총리가 모두 사고로 직무를 수행할 수 없는 경우에는 대통령의 지명이 있으면 그 지명을 받은 국무위원이, 지명이 없는 경우에는 제26조 제1항에 규정된 순서에 따른 국무위원이 그 직무를 대행한다.

- **협의의 법정대리**: 대리자가 법령에 정해져 있어 지정행위가 불필요한 경우
- **지정대리**: 법령에 정해진 자가 대리자를 지정해야 하는 경우
- **서리**: 정식으로 후임자를 임명하기 전에 임시로 대리자를 임명하는 경우

3 대리권의 근거와 범위

1. 임의대리

- 법적 근거는 불필요(다수설)
- 수권은 권한의 일부에 한하여 인정, 즉 권한의 전부를 대행시킬 수 없음.

2. 법정대리

- 본질상 당연히 법령에 근거가 필요함.
- 피대리청의 궐위나 사고에 의하여 발생하므로 피대리청의 권한 전부에 영향이 미침.

4 피대리청과 대리기관의 관계

1. 임의대리

- 피대리청은 대리기관 지휘·감독 권한을 가지며, 대리기관의 권한행사에 대해 책임을 짐.

2. 법정대리

- 원칙적으로 피대리청은 대리기관을 감독할 수 없고, 대리기관은 자기 책임으로 권한 행사함.

기출지문 OX

01 헌법 제71조는 대통령이 궐위 또는 사고로 직무를 수행할 수 없는 때에는 국무총리, 법률이 정하는 국무위원의 순서로 권한을 대행한다고 규정하는데 이러한 유형의 권한대리를 협의의 법정대리라 한다. (03국가7) ( )

02 협의의 법정대리란 법정사실이 발생하였을 때 일정한 자가 대리자를 지정함으로써 비로소 대리관계가 발생하는 경우를 말하며 정부조직법에서 그 근거를 찾을 수 있다. (09지방7) ( )

03 사고 등 법정사실이 발생하였을 때 일정한 자가 대리자를 지정함으로써 대리관계가 발생하는 것을 협의의 법정대리라고 한다. (09국가7) ( )

04 임의대리를 인정하는 법적 근거가 없는 경우에도 임의대리가 허용되는지 여부에 관하여 반드시 법적 근거가 필요하다고 보는 것이 일반적 견해이다. (09국가7) ( )

05 임의대리는 행정청이 임의로 하는 것이므로 그 성격상 권한의 전부에 대한 수권이 가능하다. (09국가7) ( )

06 임의대리의 수권은 권한의 일부에 대해서만 인정될 수 있고 권한 전부에 대한 대리는 인정되지 않는다. (09지방7) ( )

07 법정대리의 경우 대리권의 범위는 법령에서 특별한 규정이 없는 한 피대리청 권한의 전부에 미친다. (09국가7) ( )

08 권한의 대리에 있어 임의대리는 권한의 일부에 한하는 데 반해, 법정대리는 권한의 전부에 대해 미친다. (09관세) ( )

09 임의대리의 경우 피대리관청은 대리자에 대하여 감독권을 행사할 수 있다. (06관세) ( )

정답
01 ○ 02 × 03 × 04 × 05 ×
06 ○ 07 ○ 08 ○ 09 ○

5 복대리

1. 임의대리에서의 복대리

- **복대리**: 대리자가 자신이 대리할 권리를 다시 다른 사람에게 대리시키는 것
- 임의대리에서 복대리는 원칙적으로 인정되지 않음.

2. 법정대리에서의 복대리

- 법정대리에서는 대리권의 일부에 대한 복대리를 허용함.

6 대리권의 행사방식

- 대리기관은 피대리청과의 대리관계를 표시하여 권한을 행사해야 함(현명주의). 현명이 없는 권한행사는 원칙적으로 무효임.
- 단, 대리기관이 대리관계를 표시하지 않고 자신의 이름으로 권한을 행사한 경우에도, 상대방 등 이해관계인이 그 행위를 피대리청의 행위로 믿을 만한 사정이 있다면 민법상 표현대리에 관한 규정(민법 제125조, 제126조)을 유추적용하여 적법한 대리행위로 볼 수 있음.

관련 판례

교육구청이 국가로부터 양곡을 매수한 후 세입징수관인 국가예하 군수의 지시에 의하여 수납기관이 아닌 군청직원에게 양곡대금을 납입하였으나 그 대금일부가 군청직원에 의하여 횡령된 경우에 군수의 지시 또는 군청직원의 수금행위는 객관적으로 보아 특별한 사정이 없는 한 국가의 직무집행에 관하여 행하여진 행위라고 인정할 수 있다(대판 1963.12.5, 63다519).

7 대리권 행사의 효과

- 대리기관이 대리관계를 밝히고 권한범위 내에서 권한을 행사한 경우, 그 법적 효과는 피대리청에 귀속됨.
- 대리행위에 대한 항고소송의 피고는 피대리청이 됨.
- 대리기관이 대리관계를 밝히지 않고 그 권한을 행사한 경우, 항고소송의 피고는 원칙적으로 처분명의자인 대리기관(대리청)이나 예외적으로 피대리청이 될 수 있음.

관련 판례

대리권을 수여받은 데 불과하여 그 자신의 명의로는 행정처분을 할 권한이 없는 행정청의 경우 대리관계를 밝힘이 없이 그 자신의 명의로 행정처분을 하였다면 그에 대하여는 처분명의자인 당해 행정청이 항고소송의 피고가 되어야 하는 것이 원칙이지만, 비록 대리관계를 명시적으로 밝히지는 아니하였다 하더라도 처분명의자가 피대리 행정청 산하의 행정기관으로서 실제로 피대리 행정청으로부터 대리권한을 수여받아 피대리 행정청을

기출지문 OX

01 권한의 임의대리(수권대리)의 경우, 대리기관이 대리관계를 표시하고 피대리행정청을 대리하여 행정처분을 한 때에는 피대리행정청이 항고소송의 피고로 되어야 한다. (16국가7) ( )

02 권한의 위임이 있는 경우뿐만 아니라, 내부위임이나 대리권을 수여받은 경우에 불과하여 원행정청의 명의나 대리관계를 밝히지 아니하고는 그의 명의로 처분 등을 할 권한이 없는 행정청이 그의 명의로 한 처분에 대하여도 처분명의자인 행정청이 피고가 되어야 한다. (16국회8) ( )

03 내부위임을 받아 원행정청 명의를 밝히지 아니하고는 그의 명의로 처분 등을 할 권한이 없는 행정청이 권한 없이 그의 명의로 한 처분에 대하여 항고소송이 제기된 경우, 처분명의자인 행정청이 피고가 된다. (21군무원7, 14지방7) ( )

정답
01 ○ 02 ○ 03 ○

대리한다는 의사로 행정처분을 하였고 처분명의자는 물론 그 상대방도 그 행정처분이 피대리 행정청을 대리하여 한 것임을 알고서 이를 받아들인 예외적인 경우에는 피대리 행정청이 피고가 되어야 한다(대결 2006.2.23, 2005부4).

8 무권대리행위의 효력

- 대리권 없는 자가 대리자로서 행한 행위는 무권한의 행위로 원칙상 무효임.
- 단, 상대방이 행위자에게 대리권이 있다고 믿을 만한 상당한 이유가 있을 때에는 표현대리가 성립하여 유효하게 됨.

9 대리관계의 종료

- 임의대리는 수권행위의 철회나 종기의 도래 등으로 인한 실효, 해제, 대리자의 사망 등으로 종료
- 법정대리는 법정대리를 발생하게 한 법정사실의 소멸로 종료

제5절 권한의 위임

1 의의

- **권한의 위임**: 행정청이 그의 권한의 일부를 다른 행정기관에 이전하여 수임기관의 권한으로 행사하게 하는 것(현명을 요하지 않는다는 점에서 대리와 구별).
- 하부 행정청에 하는 위임을 '권한의 위임'으로, 동급 행정청이나 다른 행정청 또는 공공단체에 하는 위임을 '권한의 위탁'으로 나누기도 함.

정부조직법 제6조 【권한의 위임 또는 위탁】 ① 행정기관은 법령으로 정하는 바에 따라 그 소관사무의 일부를 보조기관 또는 하급행정기관에 위임하거나 다른 행정기관·지방자치단체 또는 그 기관에 위탁 또는 위임할 수 있다. 이 경우 위임 또는 위탁을 받은 기관은 특히 필요한 경우에는 법령으로 정하는 바에 따라 위임 또는 위탁을 받은 사무의 일부를 보조기관 또는 하급행정기관에 재위임할 수 있다.
② 보조기관은 제1항에 따라 위임받은 사항에 대하여는 그 범위에서 행정기관으로서 그 사무를 수행한다.
③ 행정기관은 법령으로 정하는 바에 따라 그 소관사무 중 조사·검사·검정·관리 업무 등 국민의 권리·의무와 직접 관계되지 아니하는 사무를 지방자치단체가 아닌 법인·단체 또는 그 기관이나 개인에게 위탁할 수 있다.

기출지문 OX

01 판례는 내부위임이나 대리권을 수여받은 데 불과하여 원행정청 명의나 대리관계를 밝히지 아니하고는 그의 명의로 처분 등을 할 권한이 없는 행정청이 권한 없이 그의 명의로 한 처분에 대하여도 처분명의자인 행정청이 피고가 되어야 한다고 본다. (09지방7) ( )

02 대리권을 수여받은 데 불과하여 그 자신의 명의로는 행정처분을 할 권한이 없는 행정청이 대리관계를 밝힘이 없이 그 자신의 명의로 행정처분을 하였다면, 원칙적으로 처분명의자인 당해 행정청이 그에 대한 항고소송의 피고가 되어야 한다. (19서울7) ( )

03 권한의 위임은 위임청의 권한의 일부에 한해서만 가능하다. (14서울7) ( )

정답
01 ○ 02 ○ 03 ○

2 구별개념

1. 권한의 대리

• 권한의 대리는 권한 자체가 이전되지 않음(위임은 권한 자체가 이전됨).
• 권한의 대리 중 임의대리는 법적 근거 불요함(위임은 법적 근거 필요함).

2. 내부위임

(1) 의의

• **내부위임**: 법에 정해진 권한을 변경시키지 아니하고 사무편의를 위해 하급 행정청·보조기관으로 하여금 권한을 사실상 행사하도록 하는 것
• 대외적으로 권한의 이전이 없고, 법률의 근거가 없어도 가능함.
• 내부위임에 위임전결과 대결이 포함된다고 설명되기도 함.

관련 판례

1 행정권한의 위임은 행정관청이 법률에 따라 특정한 권한을 다른 행정관청에 이전하여 수임관청의 권한으로 행사하도록 하는 것이어서 권한의 법적인 귀속을 변경하는 것이므로 법률이 위임을 허용하고 있는 경우에 한하여 인정된다 할 것이고, 이에 반하여 행정권한의 내부위임은 법률이 위임을 허용하고 있지 아니한 경우에도 행정관청의 내부적인 사무처리의 편의를 도모하기 위하여 그의 보조기관 또는 하급행정관청으로 하여금 그의 권한을 사실상 행사하게 하는 것이므로, 권한위임의 경우에는 수임관청이 자기의 이름으로 그 권한행사를 할 수 있지만 내부위임의 경우에는 수임관청은 위임관청의 이름으로만 그 권한을 행사할 수 있을 뿐 자기의 이름으로는 그 권한을 행사할 수 없다(대판 1995.11.28, 94누6475).

2 전결과 같은 행정권한의 내부위임은 법령상 처분권자인 행정관청이 내부적인 사무처리의 편의를 도모하기 위하여 그의 보조기관 또는 하급 행정관청으로 하여금 그의 권한을 사실상 행사하게 하는 것으로서 법률이 위임을 허용하지 않는 경우에도 인정되는 것이므로, 설사 행정관청 내부의 사무처리규정에 불과한 전결규정에 위반하여 원래의 전결권자 아닌 보조기관 등이 처분권자인 행정관청의 이름으로 행정처분을 하였다고 하더라도 그 처분이 권한 없는 자에 의하여 행하여진 무효의 처분이라고는 할 수 없다(대판 1998.2.27, 97누1105).

(2) 내부위임의 경우 권한행사 방법

• 내부위임의 경우 위임청의 명의로 권한을 행사해야 함.
• 만약 수임청의 명의로 권한을 행사했다면 이는 위법하고 원칙적으로 무효사유가 됨.

기출지문 OX

01 권한의 대리와 권한의 위임은 권한이 다른 행정기관에 이전된다는 점에서는 동일하지만, 법적 근거의 필요성 유무에 있어서는 차이가 있다. (07국가7) ( )

02 행정조직 내부에서 수임자가 위임자의 권한을 위임자의 명의와 책임으로 사실상 행사하는 것을 권한의 내부위임이라고 한다. (07국가7) ( )

03 전결과 같은 행정기관의 내부위임은 법률이 위임을 허용하지 않는 경우에도 인정된다. (15국회8) ( )

04 행정권한의 내부위임은 법률의 근거를 요하지 아니한다. (14지방7) ( )

05 권한의 내부위임은 위임전결과는 달리 법률적 근거가 필요하다. (11지방7) ( )

06 행정권한의 내부위임은 법률이 위임을 허용하고 있지 아니한 경우에도 그의 보조기관 또는 하급행정관청으로 하여금 그의 권한을 사실상 행사하게 하는 것이다. (19국회8) ( )

07 권한의 내부위임에 있어서는 권한이 내부적으로만 이전되며 법률에서 정한 권한분배에 변경이 가해지는 것이 아니므로 법률의 근거가 없어도 가능하다. (16서울7) ( )

08 전결은 처분권자인 행정관청의 권한을 그의 보조기관이나 하급관청으로 하여금 사실상 행사하게 하는 것으로서 법률이 위임을 허용하지 않는 경우에도 인정된다. (19소방간부) ( )

09 행정관청 내부의 사무처리 규정인 전결규정에 위반하여 원래의 전결권자 아닌 보조기관 등이 처분권자인 행정관청의 이름으로 행정처분을 하였다면 그 처분은 무효이다. (19서울7) ( )

10 권한의 내부위임의 경우 수임관청은 위임관청의 이름으로만 그 권한을 행사할 수 있다. (11지방7) ( )

정답
01 × 02 ○ 03 ○ 04 ○ 05 ×
06 ○ 07 ○ 08 ○ 09 × 10 ○

관련 판례

체납취득세에 대한 압류처분권한은 도지사로부터 시장에게 권한위임된 것이고 시장으로부터 압류처분권한을 내부위임받은 데 불과한 구청장으로서는 시장 명의로 압류처분을 대행처리할 수 있을 뿐이고 자신의 명의로 이를 할 수 없다 할 것이므로 구청장이 자신의 명의로 한 압류처분은 권한 없는 자에 의하여 행하여진 위법무효의 처분이다(대판 1993.5.27, 93누6621).

(3) 내부위임의 경우 피고적격: 처분 명의자

관련 판례

1 항고소송은 원칙적으로 소송의 대상인 행정처분 등을 외부적으로 그의 명의로 행한 행정청을 피고로 하여야 하는 것으로서, 그 행정처분을 하게 된 연유가 상급행정청이나 타행정청의 지시나 통보에 의한 것이라 하여 다르지 않으며, 권한의 위임이나 위탁을 받아 수임행정청이 정당한 권한에 기하여 수임행정청 명의로 한 처분에 대하여는 말할 것도 없고, 내부위임이나 대리권을 수여받은 데 불과하여 원행정청 명의나 대리관계를 밝히지 아니하고는 그의 명의로 처분 등을 할 권한이 없는 행정청이 권한 없이 그의 명의로 한 처분에 대하여도 처분명의자인 행정청이 피고가 되어야 한다(대판 1994.6.14, 94누1197).

2 행정처분의 취소 또는 무효확인을 구하는 행정소송은 다른 법률에 특별한 규정이 없는 한 그 처분을 행한 행정청을 피고로 하여야 하며, 행정처분을 행할 적법한 권한 있는 상급행정청으로부터 내부위임을 받은 데 불과한 하급행정청이 권한 없이 행정처분을 한 경우에도 실제로 그 처분을 행한 하급행정청을 피고로 하여야 할 것이지 그 처분을 행할 적법한 권한 있는 상급행정청을 피고로 할 것은 아니다(대판 1994.8.12, 94누2763).

3. 위임전결

- 의의: 행정청의 의사결정권한을 행정청의 보조기관이 사실상 행사하도록 하는 것

행정 효율과 협업 촉진에 관한 규정 제10조 【문서의 결재】 ② 행정기관의 장은 업무의 내용에 따라 보조기관 또는 보좌기관이나 해당 업무를 담당하는 공무원으로 하여금 위임전결하게 할 수 있으며, 그 위임전결 사항은 해당 기관의 장이 훈령이나 지방자치단체의 규칙으로 정한다.

- 원칙적으로 결재단계에 있는 행정청의 보조기관에 대하여 행함.
- 내부위임의 경우 행정청의 보조기관뿐만 아니라 하급행정청에 대하여도 행하여짐.
- 판례는 전결규정 위반의 행정처분이 무효는 아니라고 보았음.

기출지문 OX

01 권한의 위임의 경우에는 수임자가 자기의 명의로 권한을 행사할 수 있으나, 내부위임의 경우에는 수임자는 위임관청의 명의로 이를 할 수 있을 뿐이다. (16서울7) ( )

02 판례에 따르면 행정권한의 위임의 경우에는 수임자가 자기의 명의로 권한을 행사할 수 있으나, 내부위임의 경우에는 수임자는 위임관청의 명의로 이를 할 수 있을 뿐이다. (13국가7) ( )

03 내부위임의 경우에는 수임관청은 위임관청의 이름으로만 그 권한을 행사할 수 있을 뿐 자기의 이름으로는 그 권한을 행사할 수 없다. (15국회8) ( )

04 수임청은 그 권한을 위임청의 이름으로 행사하며 그에 관한 소송의 피고는 위임청이 된다. (14서울7) ( )

05 권한을 위임받은 기관은 자기의 명의로 사무를 수행하나, 행정쟁송법상으로는 위임청이 피청구인 또는 피고가 되는 것이 원칙이다. (10국가7) ( )

06 행정권한의 내부위임을 받은 하급행정청이 권한 없이 위임청이 아닌 자기의 명의로 행정처분을 한 경우, 이에 대한 항고소송에서 그 하급행정청이 피고가 된다. (19승진5) ( )

07 행정소송의 수행과 관련해 권한의 위임의 경우 위임기관이 행정소송의 피고가 되며 내부위임의 경우에도 수임자가 자신의 명의로 처분을 하였더라도 수임기관이 아닌 위임기관이 행정소송의 피고가 된다. (19소방간부) ( )

08 내부위임을 받은 행정기관이 자신의 이름으로 행정처분을 한 경우, 그 처분은 무효이므로 처분의 상대방은 내부위임을 받은 행정기관을 피고로 하여 항고소송을 제기할 수 있다. (17지방7) ( )

09 수임관청이 내부위임된 바에 따라 위임관청의 이름으로 권한을 행사하였다면, 그 처분의 취소나 무효확인을 구하는 소송의 피고는 위임관청이다. (14지방7) ( )

10 행정기관의 장은 업무의 내용에 따라 보조기관 또는 보좌기관이나 해당 업무를 담당하는 공무원으로 하여금 위임전결하게 할 수 있으며, 그 위임전결 사항은 해당 기관의 장이 훈령이나 지방자치단체의 규칙으로 정한다. (19소방간부) ( )

정답

01 ○ 02 ○ 03 ○ 04 × 05 ×
06 ○ 07 × 08 ○ 09 ○ 10 ○

관련 판례

전결과 같은 행정권한의 내부위임은 법령상 처분권자인 행정관청이 내부적인 사무처리의 편의를 도모하기 위하여 그의 보조기관 또는 하급 행정관청으로 하여금 그의 권한을 사실상 행사하게 하는 것으로서 법률이 위임을 허용하지 않는 경우에도 인정되는 것이므로, 설사 행정관청 내부의 사무처리규정에 불과한 전결규정에 위반하여 원래의 전결권자 아닌 보조기관 등이 처분권자인 행정관청의 이름으로 행정처분을 하였다고 하더라도 그 처분이 권한 없는 자에 의하여 행하여진 무효의 처분이라고는 할 수 없다(대판 1998.2.27, 97누1105).

4. 대결

- 결재권자가 결재할 수 없을 때 보조기관이 결재를 대신하는 경우

5. 권한의 이양

- **권한의 이양**: 권한을 정하는 법령의 규정(수권규범) 자체를 개정하여 권한을 다른 행정기관의 고유한 권한으로 이관시키는 것
- 권한의 이양이 있다면 지휘·감독관계는 성립하지 않음.

6. 민법상 위임

- 민법상 위임은 민법상 계약관계에 해당함.

3 권한 위임의 법적 근거

1. 법적 근거 필요

- 권한의 위임은 권한을 이전하는 것이므로 법적 근거를 요함.

관련 판례

행정권한의 위임은 행정관청이 법률에 따라 특정한 권한을 다른 행정관청에 이전하여 수임관청의 권한으로 행사하도록 하는 것이어서 권한의 법적인 귀속을 변경하는 것이므로 법률이 위임을 허용하고 있는 경우에 한하여 인정된다(대판 1992.4.24, 91누5792).

- 수임기관의 동의는 불필요함.

2. 일반적 근거 인정여부

- 개별법령에 권한의 위임·재위임에 관한 명시적 규정이 없는 경우, 정부조직법 제6조 제1항과 행정권한의 위임 및 위탁에 관한 규정 제3조, 제4조가 위임·재위임의 일반적 근거가 될 수 있는지 여부가 문제됨.
- 학설 대립이 있지만, 판례는 일반적 근거로 인정함.

정부조직법 제6조 【권한의 위임 또는 위탁】 ① 행정기관은 법령으로 정하는 바에 따라 그 소관사무의 일부를 보조기관 또는 하급행정기관에 위임하거나 다른 행정기관·지방자치단체 또는 그 기관에 위탁 또는 위임할 수 있다. 이 경우 위임 또는 위탁을 받은 기관은 특히 필요한 경우에는 법령으로 정하는 바에 따라 위임 또는 위탁을 받은 사무의 일부를 보조기관 또는 하급행정기관에 재위임할 수 있다.

기출지문 OX

01 행정관청 내부의 사무처리규정인 전결규정에 위반하여 원래의 전결권자가 아닌 보조기관 등이 처분권자인 행정관청의 이름으로 행정처분을 하였다면 그 처분은 권한 없는 자에 의하여 행하여진 무효의 처분이다. (20군무원7, 19승진5) ( )

02 권한의 이양은 권한의 위임과는 달리 권한 자체가 법률상 이전되는 것, 즉 수권규범의 변경이 있는 것을 말한다. (07국가7) ( )

03 권한의 이양의 경우에는 수권규범의 변경이 있으나, 권한의 위임의 경우에는 수권규범의 변경 없이 위임근거규정을 통해 이루어진다. (13국가7) ( )

04 민법상 위임은 민법상 계약관계인 데 대하여 권한의 위임은 법률의 규정·행정행위 등에 의해 설정되는 공법상의 제도인 점에서 양자는 구별된다. (07국가7) ( )

05 타 행정기관으로의 권한의 위임은 법률이 정한 권한배분을 행정기관이 다시 변경하는 것이므로 반드시 법적 근거가 있어야 한다. (20군무원7, 19국회8, 16서울7) ( )

06 국토교통부장관의 도지사에 대한 권한위임은 법률이 위임을 허용하는 경우에 한하여 인정된다. (19국가7) ( )

07 권한의 위임은 위임자의 권한을 법률상 수임자에게 이전하는 것이 아니므로 권한 위임에 대한 법적 근거가 필요 없다. (21군무원7, 10국가7) ( )

08 법령의 근거가 없는 권한의 위임은 무효이다. (14서울7) ( )

09 행정권한의 위임은 위임관청이 법률에 따라 하는 특정권한에 대한 법정귀속의 변경임에 대하여 내부위임은 행정관청의 내부적인 사무처리의 편의를 도모하기 위하여 그 보조기관 또는 하급행정관청으로 하여금 그 권한을 사실상 행하게 하는 데 그치는 것이다. (13국회8) ( )

정답
01 × 02 ○ 03 ○ 04 ○ 05 ○
06 ○ 07 × 08 ○ 09 ○

기출지문 OX

01 도지사는 조례에 의해서도 그 권한에 속하는 자치사무의 일부를 소속행정기관에 위임할 수 있다. (13행정사) ( )

02 정부조직법 제6조 제1항과 이에 근거한 행정권한의 위임 및 위탁에 관한 규정 제4조는 행정기관의 권한의 재위임에 관한 일반적인 근거규정이 된다. (19서울7) ( )

03 위임의 개별 근거규정이 없는 경우 정부조직법 제6조 제1항, 행정권한의 위임위탁에 관한 규정 제3조, 제4조 등의 일반규정만을 근거로 권한의 위임을 할 수 있다. (16국회8) ( )

04 개별 법률의 명시적 근거 없이 정부조직법 제6조 제1항을 근거로 권한을 재위임하는 것은 허용될 수 없다. (17지방7) ( )

05 행정권한의 재위임과 관련하여 정부조직법과 이에 기한 행정권한의 위임 및 위탁에 관한 규정의 관련조항이 재위임에 관한 일반적인 근거규정이 될 수 없다. (18변시) ( )

정답
01 ○ 02 ○ 03 ○ 04 × 05 ×

행정권한의 위임 및 위탁에 관한 규정 제3조 【위임 및 위탁의 기준 등】 ① 행정기관의 장은 허가·인가·등록 등 민원에 관한 사무, 정책의 구체화에 따른 집행사무 및 일상적으로 반복되는 사무로서 그가 직접 시행하여야 할 사무를 제외한 일부 권한(이하 "행정권한"이라 한다)을 그 보조기관 또는 하급행정기관의 장, 다른 행정기관의 장, 지방자치단체의 장에게 위임 및 위탁한다.

제4조 【재위임】 특별시장·광역시장·특별자치시장·도지사 또는 특별자치도지사(특별시·광역시·특별자치시·도 또는 특별자치도의 교육감을 포함한다. 이하 같다)나 시장·군수 또는 구청장(자치구의 구청장을 말한다. 이하 같다)은 행정의 능률향상과 주민의 편의를 위하여 필요하다고 인정될 때에는 수임사무의 일부를 그 위임기관의 장의 승인을 받아 규칙으로 정하는 바에 따라 시장·군수·구청장(교육장을 포함한다) 또는 읍·면·동장, 그 밖의 소속기관의 장에게 다시 위임할 수 있다.

지방자치법 제115조 <구102조> 【국가사무의 위임】 시·도와 시·군 및 자치구에서 시행하는 국가사무는 시·도지사와 시장·군수 및 자치구의 구청장에게 위임하여 수행하는 것을 원칙으로 한다. 다만, 법령에 다른 규정이 있는 경우에는 그러하지 아니하다.

제117조 <구104조> 【사무의 위임 등】 ① 지방자치단체의 장은 조례나 규칙으로 정하는 바에 따라 그 권한에 속하는 사무의 일부를 보조기관, 소속 행정기관 또는 하부행정기관에 위임할 수 있다.
④ 지방자치단체의 장이 위임받거나 위탁받은 사무의 일부를 제1항부터 제3항까지의 규정에 따라 다시 위임하거나 위탁하려면 미리 그 사무를 위임하거나 위탁한 기관의 장의 승인을 받아야 한다.

관련 판례

1 구 정부조직법 제5조 (현 정부조직법 제6조) 제1항의 규정은 법문상 행정권한의 위임 및 재위임의 근거규정임이 명백하고 정부조직법이 국가행정기관의 설치, 조직과 직무범위의 대강을 정하는 데 목적이 있다고 하여 그 이유만으로 같은 법의 권한위임 및 재위임에 관한 규정마저 권한 위임 및 재위임 등에 관한 대강을 정한 것에 불과할 뿐 권한위임 및 재위임의 근거규정이 아니라고 할 수 없다고 할 것이므로, 도지사 등은 정부조직법 제5조 제1항에 기하여 제정된 행정권한의 위임 및 위탁에 관한 규정에 정한 바에 의하여 위임기관의 장의 승인이 있으면 그 규칙이 정하는 바에 의하여 그 수임된 권한을 시장, 군수 등 소속기관의 장에게 다시 위임할 수 있다(대판 1990.6.26, 88누12158).

2 액화석유가스의 안전 및 사업관리법 제3조 제1항에 의하면 액화석유가스충전사업의 허가권은 서울특별시장, 직할시장, 도지사에게 있음을 알 수 있고, 한편 지방자치법 제95조 제2항은 지방자치단체의 장은 조례가 정하는 바에 의하여 그 권한에 속하는 사무의 일부를 관할지방단체나 공공단체 또는 그 기관에 위임할 수 있도록 되어 있으므로 부산직할시장이 부산직할시 사무의위임위탁에 관한 조례 제24조로써 액화석유가스충전사업에 관한 허가권한을 구청장 및 사업소장에게 위임하였다면 피고 금정구청장은 부산직할시장으로부터 이 사건 허가처분권을 수임한 자로서 적법한 권한자라고 할 것이다(대판 1990.4.10, 89누7023).

4 권한 위임의 방식

- 수임기관과 위임사항을 정한 법령에 의하여 위임하는 경우와, 법령에 근거한 위임관청의 의사결정에 의하여 위임하는 경우가 있음.
- 수임기관의 동의는 불요함.
- 법령에 정해진 위임방식을 위반한 위임은 위법함.

관련 판례

1 [1] 구 건설업법 제57조 제1항, 같은 법 시행령 제53조 제1항 제1호에 의하면 건설부장관의 권한에 속하는 같은 법 제50조 제2항 제3호 소정의 영업정지 등 처분권한은 서울특별시장·직할시장 또는 도지사에게 위임되었을 뿐 시·도지사가 이를 구청장·시장·군수에게 재위임할 수 있는 근거규정은 없으나, 정부조직법 제5조 제1항과 이에 기한 행정권한의 위임 및 위탁에 관한 규정 제4조에 재위임에 관한 일반적인 근거규정이 있으므로 시·도지사는 그 재위임에 관한 일반적인 규정에 따라 위임받은 위 처분권한을 구청장 등에게 재위임할 수 있다.

[2] (구 건설업법 및 동법 시행령상) 영업정지 등 처분에 관한 사무는 국가사무로서 지방자치단체의 장에게 위임된 이른바 기관위임사무에 해당하므로 시·도지사가 지방자치단체의 조례에 의하여 이를 구청장 등에게 재위임할 수는 없고 행정권한의 위임 및 위탁에 관한 규정 제4조에 의하여 위임기관의 장의 승인을 얻은 후 지방자치단체의 장이 제정한 규칙이 정하는 바에 따라 재위임하는 것만이 가능하다.

[3] 조례 제정권의 범위를 벗어나 국가사무를 대상으로 한 무효인 서울특별시행정권한위임조례의 규정에 근거하여 구청장이 건설업영업정지처분을 한 경우, 그 처분은 결과적으로 적법한 위임 없이 권한 없는 자에 의하여 행하여진 것과 마찬가지가 되어 그 하자가 중대하나, 지방자치단체의 사무에 관한 조례와 규칙은 조례가 보다 상위규범이라고 할 수 있고, 또한 헌법 제107조 제2항의 "규칙"에는 지방자치단체의 조례와 규칙이 모두 포함되는 등 이른바 규칙의 개념이 경우에 따라 상이하게 해석되는 점 등에 비추어 보면 위 처분의 위임 과정의 하자가 객관적으로 명백한 것이라고 할 수 없으므로 이로 인한 하자는 결국 당연무효사유는 아니라고 봄이 상당하다(대판 1995.7.11, 94누4615 전합).

2 사립학교법 제4조 제1항, 제20조의2 제1항에 규정된 교육감의 학교법인 임원취임의 승인취소권은 교육감이 지방자치단체의 교육·학예에 관한 사무의 특별집행기관으로서 가지는 권한이고 정부조직법상의 국가행정기관의 일부로서 가지는 권한이라고 할 수 없으므로 국가행정기관의 사무나 지방자치단체의 기관위임사무 등에 관한 권한위임의 근거규정인 정부조직법 제5조 제1항, 행정권한의 위임 및 위탁에 관한 규정 제4조에 의하여 교육장에게 권한위임을 할 수 없고, 구 지방교육자치에 관한 법률 제36조 제1항, 제44조에 의하여 조례에 의하여서만 교육장에게 권한위임이 가능하다 할 것이므로, 행정권한의 위임 및 위탁에 관한 규정 제4조에 근거하여 교육감의 학교법인 임원취임의 승인취소권을 교육장에게 위임함을 규정한 대전직할시 교육감 소관행정권한의 위임에 관한 규칙 제6조 제4호는 조례로 정하여야 할 사항을 규칙으로 정한 것이어서 무효이다(대판 1997.6.19, 95누8669 전합).

5 권한 위임의 형태

1. 보조기관에 위임

정부조직법 제6조 【권한의 위임 또는 위탁】 ② 보조기관은 제1항에 따라 위임받은 사항에 대하여는 그 범위에서 행정기관으로서 그 사무를 수행한다.

2. 하급행정기관에 위임

3. 대등 행정청 또는 다른 행정기관에 위임

기출지문 OX

01 소속 하급행정청에 대한 위임은 위임청의 일방적 위임행위에 의하여 성립하고, 수임기관의 동의를 요하지 않는다. (13행정사) ( )

02 기관위임사무는 조례에 의하여 재위임할 수 없고, 행정권한의 위임 및 위탁에 관한 규정 제4조에 의하여 위임기관의 장의 승인을 얻은 후 지방자치단체의 장이 제정한 규칙이 정하는 바에 따라 재위임하는 것만이 가능하다. (11국회8) ( )

03 기관위임사무를 재위임할 때에는 조례가 아니라 규칙으로 하여야 한다. (20군무원7, 16국회8) ( )

04 국가사무가 시·도지사에게 기관위임된 경우에 시·도지사가 이를 구청장 등에게 재위임하기 위해서는 시·도 조례에 의하여야 한다. (19변시, 18변시) ( )

05 국가사무로서 지방자치단체의 장에게 위임된 기관위임사무에 해당하는 경우에는 시·도지사가 지방자치단체의 조례에 의하여 이를 구청장 등에게 재위임할 수는 없다. (19국회8) ( )

06 대법원은 법령상 규칙으로 위임해야 함에도 조례로 한 위법한 위임에 따라 행해진 수임기관의 처분은 취소사유가 있는 것에 불과하다고 본다. (13국회8) ( )

07 법령상 규칙의 방식으로 위임하여야 함에도 조례의 방식으로 위임하여 행해진 수임기관의 처분은 중대명백설에 따라 위법하여 당연무효이다. (15국회8) ( )

08 조례 제정권의 범위를 벗어나 국가사무를 대상으로 한 무효인 서울특별시 행정권한 위임 조례에 근거하여 영등포구청장이 건설업 영업정지처분을 한 경우 그 하자는 중대하나 당연무효는 아니다. (19서울7) ( )

09 구 사립학교법에 규정된 교육감의 학교법인 임원취임의 승인취소권은 교육감이 정부조직법상의 국가 행정기관의 일부로서 가지는 권한이므로 조례에 의해서는 교육장에게 위임할 수 없다. (19승진5) ( )

정답
01 ○ 02 ○ 03 ○ 04 × 05 ○
06 ○ 07 × 08 ○ 09 ×

4. 지방자치단체에 위임

- **단체위임**: 장관이 지방자치단체에 권한을 위임하는 경우

5. 지방자치단체의 기관에 위임

- **기관위임**: 지방자치단체의 장에게 권한을 위임하는 경우

6. 민간 위탁

정부조직법 제6조【권한의 위임 또는 위탁】 ③ 행정기관은 법령으로 정하는 바에 따라 그 소관사무 중 조사·검사·검정·관리 업무 등 국민의 권리·의무와 직접 관계되지 아니하는 사무를 지방자치단체가 아닌 법인·단체 또는 그 기관이나 개인에게 위탁할 수 있다.

지방자치법 제117조 <구104조> **【사무의 위임 등】** ③ 지방자치단체의 장은 조례나 규칙으로 정하는 바에 따라 그 권한에 속하는 사무 중 조사·검사·검정·관리업무 등 주민의 권리·의무와 직접 관련되지 아니하는 사무를 법인·단체 또는 그 기관이나 개인에게 위탁할 수 있다.

6 권한 위임의 한계

- 권한의 위임은 권한의 일부를 위임하는 것을 의미하며, 권한의 전부를 위임하는 것은 허용되지 않음.

7 권한의 재위임

정부조직법 제6조【권한의 위임 또는 위탁】 ① 행정기관은 법령으로 정하는 바에 따라 그 소관사무의 일부를 보조기관 또는 하급행정기관에 위임하거나 다른 행정기관·지방자치단체 또는 그 기관에 위탁 또는 위임할 수 있다. 이 경우 위임 또는 위탁을 받은 기관은 특히 필요한 경우에는 법령으로 정하는 바에 따라 위임 또는 위탁을 받은 사무의 일부를 보조기관 또는 하급행정기관에 재위임할 수 있다.

행정권한의 위임 및 위탁에 관한 규정 제4조【재위임】 특별시장·광역시장·특별자치시장·도지사 또는 특별자치도지사(특별시·광역시·특별자치시·도 또는 특별자치도의 교육감을 포함한다. 이하 같다)나 시장·군수 또는 구청장(자치구의 구청장을 말한다. 이하 같다)은 행정의 능률향상과 주민의 편의를 위하여 필요하다고 인정될 때에는 수임사무의 일부를 그 위임기관의 장의 승인을 받아 규칙으로 정하는 바에 따라 시장·군수·구청장(교육장을 포함한다) 또는 읍·면·동장, 그 밖의 소속기관의 장에게 다시 위임할 수 있다.

지방자치법 제117조 <구104조> **【사무의 위임 등】** ④ 지방자치단체의 장이 위임받거나 위탁받은 사무의 일부를 제1항부터 제3항까지의 규정에 따라 다시 위임하거나 위탁하려면 미리 그 사무를 위임하거나 위탁한 기관의 장의 승인을 받아야 한다.

기출지문 OX

01 행정기관은 법령으로 정하는 바에 따라 그 소관사무 중 국민의 권리·의무와 직접 관계되지 아니하는 사무를 지방자치단체가 아닌 법인·단체 또는 그 기관뿐만 아니라 개인에게도 위탁할 수 있다. (16국가7) ( )

02 권한의 위임은 권한의 일부를 위임하는 것을 의미하고, 권한의 전부를 위임하는 것을 허용하지 않는다. (17지방7) ( )

03 일부위임만이 인정되며 전부위임은 인정되지 않는다. (06관세) ( )

04 위임은 위임자와 수임자의 신뢰관계를 기초로 한 것이므로 재위임은 부인된다. (06관세) ( )

05 수임청은 위임받은 권한의 일부를 하급행정청에 재위임할 수 있다. (14서울7) ( )

06 국토교통부장관은 X국도 중 A도에 속한 X1, X2, X3 구간의 유지·관리에 관한 권한을 A도지사에게 위임하였고, A도지사가 그 중 A도 B군에 속한 X1 구간의 유지·관리에 관한 권한을 B군수에게 재위임하기 위해서는 국토교통부장관의 승인이 필요하다. (19국가7) ( )

정답
01 ○ 02 ○ 03 ○ 04 × 05 ○ 06 ○

8 권한 위임의 효과

1. 권한의 이전

• 권한의 위임으로 수임청에게 권한이 이전됨(즉, 수임청에게 권한이 생기며 위임청은 권한을 잃음).

2. 수임기관의 지위

> 행정권한의 위임 및 위탁에 관한 규정 제7조 【사전승인 등의 제한】 수임 및 수탁사무의 처리에 관하여 위임 및 위탁기관은 수임 및 수탁기관에 대하여 사전승인을 받거나 협의를 할 것을 요구할 수 없다.
>
> 제8조 【책임의 소재 및 명의 표시】 ① 수임 및 수탁사무의 처리에 관한 책임은 수임 및 수탁기관에 있으며, 위임 및 위탁기관의 장은 그에 대한 감독책임을 진다.
> ② 수임 및 수탁사무에 관한 권한을 행사할 때에는 수임 및 수탁기관의 명의로 하여야 한다.

3. 위임기관의 권한

> 행정권한의 위임 및 위탁에 관한 규정 제6조 【지휘·감독】 위임 및 위탁기관은 수임 및 수탁기관의 수임 및 수탁사무 처리에 대하여 지휘·감독하고, 그 처리가 위법하거나 부당하다고 인정될 때에는 이를 취소하거나 정지시킬 수 있다.
>
> 제8조 【책임의 소재 및 명의 표시】 ① 수임 및 수탁사무의 처리에 관한 책임은 수임 및 수탁기관에 있으며, 위임 및 위탁기관의 장은 그에 대한 감독책임을 진다.
>
> 제9조 【권한의 위임 및 위탁에 따른 감사】 위임 및 위탁기관은 위임 및 위탁사무 처리의 적정성을 확보하기 위하여 필요한 경우에는 수임 및 수탁기관의 수임 및 수탁사무 처리 상황을 수시로 감사할 수 있다.
>
> 정부조직법 제11조 【대통령의 행정감독권】 ② 대통령은 국무총리와 중앙행정기관의 장의 명령이나 처분이 위법 또는 부당하다고 인정하면 이를 중지 또는 취소할 수 있다.
>
> 제18조 【국무총리의 행정감독권】 ② 국무총리는 중앙행정기관의 장의 명령이나 처분이 위법 또는 부당하다고 인정될 경우에는 대통령의 승인을 받아 이를 중지 또는 취소할 수 있다.

관련 판례

[1] 지방자치법은 행정의 통일적 수행을 기하기 위하여 군수에게 읍·면장에 대한 일반적 지휘·감독권을 부여함으로써 군수와 읍·면장은 상급 행정관청과 하급 행정관청의 관계에 있어 상명하복의 기관계층체를 구성하는 것이고, 지방자치법이 상급 지방자치단체의 장에게 하급 지방자치단체의 장의 위임사무 처리에 대한 지휘·감독권을 규정하면서 하급 지방자치단체의 장의 자치사무 이외의 사무처리에 관한 위법하거나 현저히 부당한 명령·처분에 대하여 취소·정지권을 부여하고 있는 점에 비추어 볼 때, 동일한 지방자치단체 내에서 상급 행정관청이 하급 행정관청에 사무를 위임한 경우에도 위임관청으로서의 수임관청에 대한 지휘·감독권의 범위는 그 사무처리에 관한 처분의 합법성뿐만 아니라 합목적성의 확보에까지 미친다.

기출지문 OX

01 행정권한의 위임이 행하여진 때에는 위임관청은 그 사무를 처리할 권한을 잃는다. (20군무원9) ( )

02 도로의 유지·관리에 관한 상위 지방자치단체의 행정권한이 행정권한 위임조례에 의하여 하위 지방자치단체에 위임되었다면 위임관청은 사무처리의 권한을 잃게 된다. (19소방간부) ( )

03 국토교통부장관은 X국도 중 A도에 속한 X1, X2, X3 구간의 유지·관리에 관한 권한을 A도지사에게 위임하였고, A도지사가 그 중 A도 B군에 속한 X1 구간의 유지·관리에 관한 권한을 B군수에게 적법하게 재위임한 경우 X국도의 X1구간에 대하여 B군수가 유지·관리 권한을 갖고 국토교통부장관은 그 권한을 잃는다. (19국가7) ( )

04 수임 및 수탁사무의 처리에 관하여 위임 및 위탁기관은 수임 및 수탁기관에 대하여 사전승인을 받거나 협의를 할 것을 요구할 수 있다. (16국가7) ( )

05 위임 및 위탁기관은 수임 및 수탁기관의 수임 및 수탁사무 처리에 대하여 지휘·감독하고, 그 처리가 위법하거나 부당하다고 인정될 때에는 이를 취소하거나 정지시킬 수 있다. (11국회8) ( )

06 위임기관은 위법 또는 부당한 수임사무 처리에 대하여 이를 취소하거나 정지할 것을 요구할 수 있으나, 이를 직접 취소 또는 정지하는 것은 허용되지 아니한다. (08지방7) ( )

07 위임기관은 수임기관에 대하여 수임사무 처리가 위법한 경우 이를 취소하거나 중지시킬 수 있으나, 단지 부당한 경우에는 이를 취소 또는 중지시킬 수 없다. (01국가7) ( )

08 권한을 임의대리하게 한 피대리관청은 대리관청에 대한 지휘·감독권을 가지나, 권한을 위임한 위임기관은 법률상 권한이 이전된 것이므로 수임기관에 대한 지휘·감독권이 없다. (09관세) ( )

09 대통령은 국방부장관의 처분이 부당하다고 인정할 때에는 직접 이를 취소할 수 있다. (09지방7) ( )

정답
01 ○ 02 ○ 03 ○ 04 × 05 ○
06 × 07 × 08 × 09 ○

기출지문 OX

01 국무총리는 중앙행정기관의 장의 명령이나 처분이 위법 또는 부당하다고 인정될 경우에는 대통령의 승인을 받아 이를 중지 또는 취소할 수 있다. (11지방7) ( )

02 국가가 스스로 하여야 할 사무를 지방자치단체나 그 기관에 위임하여 수행하는 경우에, 그 소요되는 경비는 국가가 그 전부를 당해 지방자치단체에 교부하여야 한다. (10국가7) ( )

03 국가가 스스로 하여야 할 사무를 지방자치단체나 그 기관에 위임하여 수행하는 경우, 국가가 그 경비의 일부를 그 지방자치단체에 교부하여야 한다. (13국가7) ( )

04 권한의 위임은 위임의 해제, 종기의 도래 및 근거법령의 소멸 등에 의해 종료된다. (14서울7) ( )

정답
01 ○ 02 ○ 03 × 04 ○

---

[2] <u>하급 행정관청으로서 군수의 일반적 지휘·감독을 받는 읍·면장의 위임사무 처리에 관한 위법한 처분에 대하여만 군수에게 취소·정지권을 부여하고 부당한 처분에 대하여는 이를 배제한 조례안</u>은, <u>지방자치법에 위배되어 허용되지 않으므로 그 효력이 없다</u>(대판 1996.12.23, 96추114).

9 권한 위임시 비용부담

행정권한의 위임 및 위탁에 관한 규정 제3조【위임 및 위탁의 기준 등】 ② 행정기관의 장은 행정권한을 위임 및 위탁할 때에는 위임 및 위탁하기 전에 수임기관의 수임능력 여부를 점검하고, 필요한 인력 및 예산을 이관하여야 한다.

지방재정법 제21조【부담금과 교부금】 ② 국가가 스스로 하여야 할 사무를 지방자치단체나 그 기관에 위임하여 수행하는 경우 그 경비는 국가가 전부를 그 지방자치단체에 교부하여야 한다.

지방자치법 제158조 <구141조> **【경비의 지출】** 지방자치단체는 자치사무 수행에 필요한 경비와 위임된 사무에 필요한 경비를 지출할 의무를 진다. 다만, 국가사무나 지방자치단체사무를 위임할 때에는 사무를 위임한 국가나 지방자치단체에서 그 경비를 부담하여야 한다.

10 권한 위임의 종료

• 권한의 위임은 위임의 해제, 종기의 도래 및 근거법령의 소멸 등에 의해 종료됨.

제6절 행정청 상호 간의 관계

1 상·하 행정청 간의 관계 – 상급행정청의 감독권

1. 권한의 감독

• **권한의 감독**: 상급행정청이 하급행정청의 권한행사를 지휘하여 합법성·합목적성을 확보하게 하는 작용
• 감독의 방법으로 감시권, 훈령권, 승인권, 취소정지권, 주관쟁의결정권, 대집행권 등이 있음.

2. 감시권

• **감시권**: 상급행정청이 하급행정청이 행하는 권한행사의 상황을 파악하기 위하여 사무를 감사하고 보고를 받는 등의 권한
• 감시권의 발동에는 개별적인 법적 근거 불요

3. 훈령권

(1) 의의

① **훈령권**: 상급행정청이 하급행정기관의 권한행사를 지휘하는 권한

② **훈령**: 권한행사의 지휘를 위하여 발하는 명령

(2) 훈령과 직무명령의 구별

- 훈령은 상급행정청이 하급기관에 대하여 그 소관사무에 관하여 발하는 명령으로, 행정기관에 대하여 발령된 것이므로 행정기관을 구성하는 공무원이 변경된 경우에도 계속 효력이 유지됨.
- 직무명령은 상관이 부하인 공무원 개인에 대하여 그 직무에 관하여 발하는 명령으로, 직무명령을 받은 공무원 개개인을 구속할 뿐이므로 해당 공무원이 그 지위에서 물러나면 효력은 상실됨.
- 훈령은 하급기관에 발하는 명령으로 하급기관에 소속된 공무원을 구속하게 되므로 당연히 직무명령의 성질도 갖지만, 직무명령이 당연히 훈령으로서의 성질을 갖지는 않음.

(3) 훈령의 근거

- 법적 근거를 요하지 않음.

(4) 훈령의 종류

- 좁은 의미의 훈령, 지시, 예규, 일일명령으로 나뉨.

(5) 훈령의 요건

- **형식적 요건**: 훈령권이 있는 상급행정청이, 하급행정기관의 권한에 속하는 사항에 대해 발령하여야 함.
- **실질적 요건**: 훈령의 내용이 적법, 타당, 명백, 실현 가능하여야 함.

(6) 훈령의 형식

- 문서 또는 구술로 발할 수 있음.

(7) 훈령의 효과

- 훈령은 대내적 구속력이 있음. 따라서 ①훈령이 단순 위법한 정도이면 복종해야 함. ②그러나 훈령이 중대명백하여 무효이거나 범죄행위에 해당하는 경우 복종 거부가 가능함.

관련 판례

> 공무원이 그 직무를 수행함에 있어 상관은 하관에 대하여 범죄행위 등 위법한 행위를 하도록 명령할 직권이 없는 것이고, 하관은 소속상관의 적법한 명령에 복종할 의무는 있으나 그 명령이 참고인으로 소환된 사람에게 가혹행위를 가하라는 등과 같이 명백한 위법 내지 불법한 명령인 때에는 이는 벌써 직무상의 지시명령이라 할 수 없으므로 이에 따라야 할 의무는 없다(대판 1988.2.23, 87도2358).

- 훈령은 원칙적으로 대외적 구속력이 없음.

(8) 훈령의 경합

- 둘 이상 상급관청의 훈령이 모순되는 경우 하급기관은 주관상급관청의 훈령을 따라야 함.

기출지문 OX

01 훈령을 발한 공무원이 교체되면 그 훈령도 효력을 상실한다. (08관세) ( )

02 훈령은 동시에 직무명령으로서의 성질을 갖는다. (04관세) ( )

03 상관의 부하공무원에 대한 직무명령은 항상 훈령의 성질을 갖는다. (08관세) ( )

04 훈령은 법령의 구체적 근거 없이도 직권으로 발할 수 있다. (08관세) ( )

05 행정규칙의 내용이 명백히 부당한 경우 공무원이 이의 적용을 거부하더라도 공무원법상 복종의무 위반의 징계책임은 없다. (13서울7) ( )

06 하급행정청이 훈령에 위반하여 행정행위를 하였다는 사실만으로 당해 행정행위가 위법하게 되는 것은 아니다. (01행시) ( )

07 훈령에 따르지 않은 공무원은 징계를 받을 수 있다. (04관세) ( )

정답
01 × 02 ○ 03 × 04 ○ 05 ×
06 ○ 07 ○

기출지문 OX

- 상호 모순되는 훈령을 발한 상급관청이 모두 주관상급관청에 해당하며 서로 상하관계에 있는 경우 직급 상급관청의 훈령을 따라야 함.

4. 승인권(인가권)

- **승인권**: 하급행정청의 일정한 권한행사에 대하여 미리 승인하여 적법·유효하게 행정조치를 행할 수 있게 해주는 권한으로, 사전적·예방적 감독수단의 일종임.

관련 판례

[1] 상급행정기관의 하급행정기관에 대한 승인·동의·지시 등은 행정기관 상호 간의 내부행위로서 국민의 권리 의무에 직접 영향을 미치는 것이 아니므로 항고소송의 대상이 되는 행정처분에 해당한다고 볼 수 없다.

[2] 지방자치단체장이 당해 토지 일대에 쓰레기매립장을 설치하기로 하면서 당해 토지 일대가 도시계획법상의 개발제한구역 내에 위치함에 따라 스스로 개발제한구역 안에서의 폐기물처리시설 설치허가를 하기에 앞서 지방자치단체장이 도시계획법상의 개발제한구역 안에서의 일정한 행위를 허가함에 있어 개발제한구역 지정의 취지에 어긋나지 않도록 지도·감독하기 위하여 제정된 건설부훈령인 "개발제한구역관리규정"에 따라 건설교통부장관에게 폐기물처리시설 설치허가에 대한 사전승인신청을 하였고, 건설교통부장관이 위 신청을 승인한 경우, 건설교통부장관의 위 승인행위는 지방자치단체장이 도시계획법령에 의하여 행할 수 있는 개발제한구역 안에서의 폐기물처리시설 설치허가와 관련하여 건설교통부장관이 위 "개발제한구역관리규정"에 따라 허가권자인 지방자치단체장에 대한 지도·감독작용으로서 행한 것으로서 행정기관 내부의 행위에 불과하여 국민의 구체적인 권리·의무에 직접적인 변동을 초래하는 것이 아닐 뿐 아니라, 건설교통부장관의 승인행위에 의하여 직접적으로 도시계획이 변경되는 효력이 발생하는 것이 아니므로 결국 건설교통부장관의 위 승인행위는 항고소송의 대상이 되는 행정처분에 해당한다고 볼 수 없다(대판 1997.9.26, 97누8540).

5. 취소·정지권

- **취소·정지권**: 상급행정청이 직권에 의하여 또는 행정심판 등의 청구에 의하여 하급행정청의 위법·부당한 행위를 취소 또는 정지시키는 권한(사후적·교정적 감독수단)
- 정부조직법은 대통령과 국무총리의 일반적 취소·정지권을 인정

정부조직법 제11조【대통령의 행정감독권】 ① 대통령은 정부의 수반으로서 법령에 따라 모든 중앙행정기관의 장을 지휘·감독한다.
② 대통령은 국무총리와 중앙행정기관의 장의 명령이나 처분이 위법 또는 부당하다고 인정하면 이를 중지 또는 취소할 수 있다.

제18조【국무총리의 행정감독권】 ① 국무총리는 대통령의 명을 받아 각 중앙행정기관의 장을 지휘·감독한다.
② 국무총리는 중앙행정기관의 장의 명령이나 처분이 위법 또는 부당하다고 인정될 경우에는 대통령의 승인을 받아 이를 중지 또는 취소할 수 있다.

01 대통령은 국방부장관의 처분이 부당하다고 인정할 때에는 직접 이를 취소할 수 있다. (09지방7) ( )

02 국무총리는 중앙행정기관의 장의 명령이나 처분이 위법 또는 부당하다고 인정될 경우에는 대통령의 승인을 받아 이를 중지 또는 취소할 수 있다. (11지방7) ( )

정답
01 ○ 02 ○

관련 판례

하급 행정관청으로서 군수의 일반적 지휘·감독을 받는 읍·면장의 위임사무 처리에 관한 위법한 처분에 대하여만 군수에게 취소·정지권을 부여하고 부당한 처분에 대하여는 이를 배제한 조례안은, 지방자치법에 위배되어 허용되지 않으므로 그 효력이 없다(대판 1996.12.23, 96추114).

6. 주관쟁의결정권

- **주관쟁의결정권**: 상급행정청이 하급행정청 상호 간에 권한에 관한 다툼이 있는 경우 이를 결정하는 권한

행정절차법 제6조 【관할】 ② 행정청의 관할이 분명하지 아니한 경우에는 해당 행정청을 공통으로 감독하는 상급 행정청이 그 관할을 결정하며, 공통으로 감독하는 상급 행정청이 없는 경우에는 각 상급 행정청이 협의하여 그 관할을 결정한다.

헌법 제89조 다음 사항은 국무회의의 심의를 거쳐야 한다.
10. 행정각부 간의 권한의 획정

7. 대집행권

지방자치법 제189조 <구170조> 【지방자치단체의 장에 대한 직무이행명령】 ① 지방자치단체의 장이 법령에 따라 그 의무에 속하는 국가위임사무나 시·도위임사무의 관리와 집행을 명백히 게을리하고 있다고 인정되면 시·도에 대해서는 주무부장관이, 시·군 및 자치구에 대하여는 시·도지사가 기간을 정하여 서면으로 이행할 사항을 명령할 수 있다.
② 주무부장관이나 시·도지사는 해당 지방자치단체의 장이 제1항의 기간에 이행명령을 이행하지 아니하면 그 지방자치단체의 비용부담으로 대집행 또는 행정상·재정상 필요한 조치를 할 수 있다. 이 경우 행정대집행에 관하여는 행정대집행법을 준용한다.
⑥ 지방자치단체의 장은 제1항 또는 제4항에 따른 이행명령에 이의가 있으면 이행명령서를 접수한 날부터 15일 이내에 대법원에 소를 제기할 수 있다. 이 경우 지방자치단체의 장은 이행명령의 집행을 정지하게 하는 집행정지결정을 신청할 수 있다.

2 대등관청 간의 관계 - 협력관계

1. 권한의 상호 존중

2. 상호 협력관계

(1) 협의

- 하나의 행정청이 주된 지위에 있고 다른 행정청은 부차적인 지위에 있는 경우에 주된 지위에 있는 행정청이 주무행정청이 되고 부차적인 지위에 있는 행정청이 관계행정청이 됨.
- 주무행정청이 업무처리에 관한 결정권을 갖게 되며 관계행정청은 협의권을 갖게 됨.

- **협의의견의 구속력**: ①관계행정청의 협의의견은 원칙적으로 주무행정청을 구속하지 않음. ②법령상 협의로 규정되어 있다 하더라도 해석상 동의로 보아야 하는 경우 그 협의의견은 실질적으로 동의의견으로서 법적 구속력을 가짐.

관련 판례

구 군사시설보호법 제7조 제3호, 제6호, 제7호 등에 의하면, 관계 행정청이 군사시설보호구역 안에서 가옥 기타 축조물의 신축 또는 증축, 입목의 벌채 등을 허가하고자 할 때에는 미리 관할 부대장과 협의를 하도록 규정하고 있고, 구 군사시설보호법 시행령 제10조 제2항에 비추어 보면, 여기서 협의는 동의를 뜻한다 할 것이며, 같은 조 제3항에 의하면, 관계 행정청이 이러한 협의를 거치지 않거나 협의를 한 경우에도 협의조건을 이행하지 아니하고 건축허가 등을 한 경우에는 당해 행정청에 대하여 그 허가의 취소 등을 요구할 수 있고, 그 요구를 받은 행정청은 이에 응하여야 한다고 규정하고 있으므로, 군사시설보호구역으로 지정된 토지는 군 당국의 동의가 없는 한 건축 또는 사용이 금지된다 할 것이다(대판 1995.3.10, 94누12739).

- 법에서 규정된 협의절차를 이행하지 않고 한 주무행정청의 처분은 하자 있는 행정행위로서 협의의 중요성에 따라 무효 또는 취소할 수 있는 행위가 됨.

관련 판례

국방·군사시설 사업에 관한 법률 및 구 산림법에서 보전임지를 다른 용도로 이용하기 위한 사업에 대하여 승인 등 처분을 하기 전에 미리 산림청장과 협의를 하라고 규정한 의미는 그의 자문을 구하라는 것이지 그 의견을 따라 처분을 하라는 의미는 아니라 할 것이므로, 이러한 협의를 거치지 아니하였다고 하더라도 이는 당해 승인처분을 취소할 수 있는 원인이 되는 하자 정도에 불과하고 그 승인처분이 당연무효가 되는 하자에 해당하는 것은 아니라고 봄이 상당하다(대판 2006.6.30, 2005두14363).

(2) 동의

- 행정업무가 둘 이상의 행정청의 권한과 관련되어 있고, 관계행정청 모두 주된 지위에 있는 경우에 보다 업무와 관계가 있는 행정청을 주무행정청, 그 외의 행정청을 관계행정청이라고 함.
- 주무행정청은 업무처리에 관한 결정을 함에 있어 주된 지위에 있는 다른 행정청의 동의를 받아야 함.
- 처분청은 동의기관의 동의·부동의 의견에 구속됨.
- 동의 없는 처분의 효력은 취소라는 견해와 무효라는 견해가 대립함.
- **부동의에 대한 권리구제**: ①부동의는 내부행위로 처분이 아니므로 그 자체를 다투는 항고소송은 제기할 수 없음. ②처분청이 동의기관의 부동의 의견을 이유로 거부처분을 한 경우 당해 거부처분의 취소를 구하면서 처분사유가 된 부동의를 다투어야 함.

관련 판례

건축허가권자가 건축불허가처분을 하면서 그 처분사유로 건축불허가 사유뿐만 아니라 구 소방법 제8조 제1항에 따른 소방서장의 건축부동의 사유를 들고 있다고 하여 그 건축불허가처분 외에 별개로 건축부동의처분이 존재하는 것이 아니므로, 그 건축불허가처분을 받은 사람은 그 건축불허가처분에 관한 쟁송에서 건축법상의 건축불허가 사유뿐만 아니라 소방서장의 부동의 사유에 관하여도 다툴 수 있다(대판 2004.10.15, 2003두6573).

(3) 공동결정

- 행정업무가 둘 이상의 행정청의 권한과 관련되어 있고, 행정청 모두 주된 지위에 있다면 모든 행정청이 주무행정청이 되며 이때의 업무처리는 공동의 결정으로 하게 됨.

(4) 사무위탁(촉탁)

- 행정청이 그의 지휘·감독 하에 있지 않은 대등한 다른 행정청이나 하급행정청에 권한의 일부를 위탁하여 처리하는 것

(5) 행정응원

- 재해·사변 기타 비상시에 하나의 행정청의 기능으로는 행정목적을 달성할 수 없을 때, 당해 행정청의 요청에 의하여 다른 행정청이 자기의 기능을 동원하여 이를 응원하는 것

제2장 국가행정조직법

제1절 중앙행정조직

정부조직법 제2조【중앙행정기관의 설치와 조직 등】 ① 중앙행정기관의 설치와 직무범위는 법률로 정한다.
② 중앙행정기관은 이 법에 따라 설치된 부·처·청과 다음 각 호의 행정기관으로 하되, 중앙행정기관은 이 법 및 다음 각 호의 법률에 따르지 아니하고는 설치할 수 없다.
1. 방송통신위원회의 설치 및 운영에 관한 법률 제3조에 따른 방송통신위원회
2. 독점규제 및 공정거래에 관한 법률 제54조에 따른 공정거래위원회
3. 부패방지 및 국민권익위원회의 설치와 운영에 관한 법률 제11조에 따른 국민권익위원회
4. 금융위원회의 설치 등에 관한 법률 제3조에 따른 금융위원회
5. 개인정보 보호법 제7조에 따른 개인정보 보호위원회
6. 원자력안전위원회의 설치 및 운영에 관한 법률 제3조에 따른 원자력안전위원회
7. 신행정수도 후속대책을 위한 연기·공주지역 행정중심복합도시 건설을 위한 특별법 제38조에 따른 행정중심복합도시건설청
8. 새만금사업 추진 및 지원에 관한 특별법 제34조에 따른 새만금개발청

1 대통령

정부조직법 제11조【대통령의 행정감독권】 ① 대통령은 정부의 수반으로서 법령에 따라 모든 중앙행정기관의 장을 지휘·감독한다.
② 대통령은 국무총리와 중앙행정기관의 장의 명령이나 처분이 위법 또는 부당하다고 인정하면 이를 중지 또는 취소할 수 있다.

- 대통령의 통할하에 있는 행정각부로는 기획재정부, 교육부, 과학기술정보통신부 등 18개 부가 있음.

2 국무회의

헌법 제88조 ① 국무회의는 정부의 권한에 속하는 중요한 정책을 심의한다.
② 국무회의는 대통령·국무총리와 15인 이상 30인 이하의 국무위원으로 구성한다.
③ 대통령은 국무회의의 의장이 되고, 국무총리는 부의장이 된다.

정부조직법 제12조【국무회의】 ① 대통령은 국무회의 의장으로서 회의를 소집하고 이를 주재한다.

② 의장이 사고로 직무를 수행할 수 없는 경우에는 부의장인 국무총리가 그 직무를 대행하고, 의장과 부의장이 모두 사고로 직무를 수행할 수 없는 경우에는 기획재정부장관이 겸임하는 부총리, 교육부장관이 겸임하는 부총리 및 제26조 제1항에 규정된 순서에 따라 국무위원이 그 직무를 대행한다.
③ 국무위원은 정무직으로 하며 의장에게 의안을 제출하고 국무회의의 소집을 요구할 수 있다.
④ 국무회의의 운영에 관하여 필요한 사항은 대통령령으로 정한다.

제13조 【국무회의의 출석권 및 의안제출】 ① 국무조정실장·국가보훈처장·인사혁신처장·법제처장·식품의약품안전처장 그 밖에 법률로 정하는 공무원은 필요한 경우 국무회의에 출석하여 발언할 수 있다.
② 제1항에 규정된 공무원은 소관사무에 관하여 국무총리에게 의안의 제출을 건의할 수 있다.

국무회의 규정 제6조 【의사정족수 및 의결정족수 등】 ① 국무회의는 구성원 과반수의 출석으로 개의하고, 출석구성원 3분의 2 이상의 찬성으로 의결한다.

3 국무총리

헌법 제86조 ① 국무총리는 국회의 동의를 얻어 대통령이 임명한다.
② 국무총리는 대통령을 보좌하며, 행정에 관하여 대통령의 명을 받아 행정각부를 통할한다.
③ 군인은 현역을 면한 후가 아니면 국무총리로 임명될 수 없다.

정부조직법 제18조 【국무총리의 행정감독권】 ① 국무총리는 대통령의 명을 받아 각 중앙행정기관의 장을 지휘·감독한다.
② 국무총리는 중앙행정기관의 장의 명령이나 처분이 위법 또는 부당하다고 인정될 경우에는 대통령의 승인을 받아 이를 중지 또는 취소할 수 있다.

- 국무총리의 직속기관으로는 국가보훈처, 인사혁신처, 법제처, 식품의약품안전처가 있음.

4 행정각부

- 대통령 및 그의 명을 받은 국무총리의 통할하에 국무회의의 심의를 거친 정부의 정책과 사무를 부분별로 집행하는 중앙행정청을 의미함.
- 국가인권위원회, 고위공직자범죄수사처는 독립기관임.

제2절 지방행정조직

1 의의

- 중앙행정기관의 소관사무 중 일부를 분담하기 위해 일정한 관할구역을 정하고 해당 지역 내의 국가행정사무를 담당하도록 지방에 설치한 국가의 행정기관

2 유형

1. 보통지방행정기관

- 지방행정기관 중에서 특정한 중앙행정기관에 소속되지 아니하고 관할구역 내의 모든 국가행정사무를 관장하는 지방행정기관(우리나라는 지방자치제도의 실시로 인해 없음)
- **지방자치단체장**: 본래의 지위인 지방자치단체의 집행기관으로서의 지위와, 국가의 사무를 위임받아 기관위임사무를 처리하는 한도 내에서 국가의 보통지방행정기관으로서의 지위를 가짐.

> **지방자치법 제115조** <구102조> **【국가사무의 위임】** 시·도와 시·군 및 자치구에서 시행하는 국가사무는 시·도지사와 시장·군수 및 자치구의 구청장에게 위임하여 수행하는 것을 원칙으로 한다. 다만, 법령에 다른 규정이 있는 경우에는 그러하지 아니하다.

2. 특별지방행정기관

- 지방경찰청, 경찰서 및 지구대, 지방국세청 및 세무서 등이 있음.

> **정부조직법 제3조 【특별지방행정기관의 설치】** ① 중앙행정기관에는 소관사무를 수행하기 위하여 필요한 때에는 특히 법률로 정한 경우를 제외하고는 대통령령으로 정하는 바에 따라 지방행정기관을 둘 수 있다.
> ② 제1항의 지방행정기관은 업무의 관련성이나 지역적인 특수성에 따라 통합하여 수행함이 효율적이라고 인정되는 경우에는 대통령령으로 정하는 바에 따라 관련되는 다른 중앙행정기관의 소관사무를 통합하여 수행할 수 있다.

기출지문 OX

01 국가사무가 지방자치단체의 장에게 위임되어 수행되는 경우, 지방자치단체의 장은 국가사무를 처리하는 범위 내에서 국가의 보통지방행정기관의 지위에 있다. (19지방7) ( )

02 정부조직법 중앙행정기관에는 소관 사무를 수행하기 위하여 필요한 때에는 특히 법률로 정한 경우를 제외하고는 대통령령으로 정하는 바에 따라 지방행정기관을 둘 수 있다. (19지방7) ( )

03 일정한 관할 구역 내에서 널리 일반국가사무를 수행하는 행정기관을 국가의 보통지방행정기관이라 하고 세무서장이나 경찰서장이 이에 속한다. (19지방7) ( )

정답
01 ○ 02 ○ 03 ×

제3절 간접국가행정조직

1 공공단체

- **공공단체**: 행정목적을 수행하기 위해 법률에 의하여 설립된 독립적인 법인격이 부여된 행정주체
- 지방자치단체 외의 공공단체는 간접국가행정조직으로 분류함.
- **공법상 사단법인(공공조합)**: 특정한 행정목적을 위하여 일정한 자격을 가진 구성원(조합원)의 결합으로 설립된 공공단체(예 농업협동조합, 도시재개발조합, 대한변호사협회 등)
- **공법상 재단법인**: 특정한 행정목적을 위해 제공된 재산이라는 실체에 법인격이 부여된 공공단체. 구성원이 없고, 수혜자만 있음(예 한국연구재단, 한국장학재단, 한국정신문화연구원 등).
- **영조물법인**: 특정한 행정목적을 위하여 설립된 인적·물적 시설의 결합체인 영조물에 공법상 법인격이 부여되어 있는 공공단체(권리능력이 있는 영조물)(예 국립도서관, 서울대학교병원, 한국방송공사, 한국은행, 한국토지주택공사 등)

2 공무수탁사인

- **공무수탁사인**: 공행정사무를 위탁받아 자신의 이름으로 처리하는 권한을 가지고 있는 행정주체이며 동시에 행정청이 되는 사인(예 공증인, 학위를 수여하는 사립대학총장, 민영교도소, 별정우체국장, 토지수용권이 부여된 사인인 사업시행자 등)

제2편

지방자치법

제1장 지방자치법 서설

제1절 지방자치

1 의의

- **지방자치**: 일정한 지역의 사무를 지방자치단체가 주민의 의사에 기하여 자율적으로 처리하는 것. 우리나라는 주민자치적 요소와 단체자치적 요소를 혼합한 형태를 의미함.
- **주민자치**: 자신이 속한 지역의 일을 그 지역 주민 스스로 자주적으로 처리하는 것
- **단체자치**: 국가와는 별개의 법인격을 갖춘 지방자치단체가 그 지방의 행정사무를 처리하는 것

2 지방자치제도의 법원

- 헌법, 지방자치법 등 법률, 법규명령, 조례, 규칙뿐 아니라 관습법, 조리 등의 불문법도 법원이 됨.

헌법 제117조 ① 지방자치단체는 주민의 복리에 관한 사무를 처리하고 재산을 관리하며, 법령의 범위 안에서 자치에 관한 규정을 제정할 수 있다.
② 지방자치단체의 종류는 법률로 정한다.

제118조 ① 지방자치단체에 의회를 둔다.
② 지방의회의 조직·권한·의원선거와 지방자치단체의 장의 선임방법 기타 지방자치단체의 조직과 운영에 관한 사항은 법률로 정한다.

관련 판례

1 헌법 제117조 및 제118조의 "지방자치"에 관한 규정은 지방자치단체가 일반적인 제도로 보장됨을 뜻하는 것이지 특정 개별의 지방자치구역의 존속을 보장한다거나 국가에 대한 개인의 보호를 목적으로 하는 것은 아니라고 할 것이다(헌재 1994.12.29, 94헌마201).

2 지방자치단체의 자치권으로 헌법은 대의제 또는 대표제 지방자치를 보장하고 있을 뿐이다(헌재 2001.6.28, 2000헌마735).

지방자치법 제1조【목적】 이 법은 지방자치단체의 종류와 조직 및 운영, 주민의 지방자치행정 참여에 관한 사항과 국가와 지방자치단체 사이의 기본적인 관계를 정함으로써 지방자치행정을 민주적이고 능률적으로 수행하고, 지방을 균형 있게 발전시키며, 대한민국을 민주적으로 발전시키려는 것을 목적으로 한다.

구법 제1조【목적】 이 법은 지방자치단체의 종류와 조직 및 운영에 관한 사항을 정하고, 국가와 지방자치단체 사이의 기본적인 관계를 정함으로써 지방자치행정을 민주적이고 능률적으로 수행하고, 지방을 균형 있게 발전시키며, 대한민국을 민주적으로 발전시키려는 것을 목적으로 한다.

제2절 지방자치단체

1 의의

- **지방자치단체**: 국가로부터 독립하여 국가 영토의 일부에 대하여 법이 인정하는 자치권을 소유·행사하는 법인격이 부여된 지역적 단체
- **지방자치단체의 구성요소**: 일정 구역, 주민, 자치권

2 지방자치단체의 법적 지위

1. (공)법인

지방자치법 제3조 【지방자치단체의 법인격과 관할】 ① 지방자치단체는 법인으로 한다.

관련 판례

1 국가가 본래 그의 사무의 일부를 지방자치단체의 장에게 위임하여 그 사무를 처리하게 하는 기관위임사무의 경우에는 지방자치단체는 국가기관의 일부로 볼 수 있는 것이지만, 지방자치단체가 그 고유의 자치사무를 처리하는 경우에는 지방자치단체는 국가기관의 일부가 아니라 국가기관과는 별도의 독립한 공법인이므로, 지방자치단체 소속 공무원이 지방자치단체 고유의 자치사무를 수행하던 중 도로법 제81조 내지 제85조의 규정에 의한 위반행위를 한 경우에는 지방자치단체는 도로법 제86조의 양벌규정에 따라 처벌대상이 되는 법인에 해당한다(대판 2005.11.10, 2004도2657).

2 1949.7.4. 법률 제32호로 지방자치법이 제정되면서 읍·면은 지방자치단체로서 법인격을 가지고 있었지만 1961.9.1. 법률 제707호로 지방자치에 관한 임시조치법이 제정됨에 따라 군에 편입되어 독립적인 법인격을 갖는 지방자치단체로서의 지위를 상실함과 아울러 읍·면의 일체의 재산은 소속군에 귀속되었으므로, 그 이후부터는 읍·면은 지방자치단체의 하부 행정구역에 불과하여 민사소송에 있어 당사자능력을 인정할 수 없다(대판 2002.3.29, 2001다83258).

3 건축협의 취소는 상대방이 다른 지방자치단체 등 행정주체라 하더라도 '행정청이 행하는 구체적 사실에 관한 법집행으로서의 공권력 행사'(행정소송법 제2조 제1항 제1호)로서 처분에 해당한다고 볼 수 있고, 지방자치단체인 원고가 이를 다툴 실효적 해결 수단이 없는 이상, 원고는 건축물 소재지 관할 허가권자인 지방자치단체의 장을 상대로 항고소송을 통해 건축협의 취소의 취소를 구할 수 있다(대판 2014.2.27, 2012두22980).

기출지문 OX

01 지방자치단체 소속 공무원이 고유의 자치사무를 수행하다가 법규를 위반한 경우, 지방자치단체는 양벌규정의 적용대상이 된다. (13지방7) ( )

02 읍은 지방자치법상 지방자치단체에 해당하지 않는다. (13행정사) ( )

03 지방자치단체가 건축물 소재지 관할 허가권자인 지방자치단체의 장을 상대로 건축협의 취소의 취소를 구하는 사안에서의 지방자치단체는 행정소송의 원고적격을 가진다. (19국회9) ( )

정답
01 ○ 02 ○ 03 ○

기출지문 OX

01 지방자치단체는 독립된 법주체이므로 소송의 당사자가 될 수 있다. (13지방7) ( )

02 지방자치단체도 기본권주체성이 인정되어 헌법소원심판청구권이 인정된다. (13지방7) ( )

03 지방자치법에서 명시하고 있는 지방자치단체의 종류로는 특별시, 광역시, 특별자치시, 도, 특별자치도 및 시, 군, 구이다. (13지방7) ( )

04 경기도 성남시 분당구는 지방자치단체가 아니다. (13서울7) ( )

05 특별시, 광역시, 특별자치시, 도, 특별자치도는 정부의 직할로 두고, 시는 도의 관할 구역 안에, 군은 광역시, 특별자치시나 도의 관할 구역 안에 두며, 자치구는 특별시와 광역시, 특별자치시의 관할 구역 안에 둔다. (13국회8) ( )

06 특별시·광역시 및 특별자치시가 아닌 인구 50만 이상의 시에는 자치구가 아닌 구를 둘 수 있고, 군에는 읍·면을 두며, 시와 구(자치구를 포함한다)에는 동을, 읍·면에는 리를 둔다. (13국회8) ( )

07 제주특별자치도의 제주시와 서귀포시는 기초지방자치단체이다. (13서울7) ( )

정답
01 O
02 × 기본권주체성이 인정되지 않아 헌법소원심판청구권도 인정되지 않음
03 O 04 O 05 O 06 O
07 × 제주자치도는 하부 지차체를 두지 않음

2. 지방자치단체의 기본권주체성

관련 판례

1 기본권의 주체라야만 헌법소원의 심판을 청구할 수 있고, 기본권의 주체가 아닌 자는 헌법소원의 심판을 청구할 수 없다고 할 것이다. 그리고 기본권 보장규정인 헌법 제2장의 제목이 "국민의 권리와 의무"이고 그 제10조 내지 제39조에서 "모든 국민은 … 권리를 가진다"고 규정하고 있는 점에 비추어 원칙적으로 국민만이 헌법상 기본권의 주체이고, 공권력의 행사자인 국가, 지방자치단체나 그 기관 또는 국가조직의 일부나 공법인이나 그 기관은 헌법상 기본권의 주체가 될 수 없으므로 국가기관 또는 국가조직의 일부나 공법인이나 그 기관은 헌법소원심판을 청구할 수 없다(헌재 1996.3.28, 96헌마50).

2 기본권의 보장에 관한 각 헌법규정의 해석상 국민(또는 국민과 유사한 지위에 있는 외국인과 사법인)만이 기본권의 주체라 할 것이고, 국가나 국가기관 또는 국가조직의 일부나 공법인은 기본권의 '수범자'이지 기본권의 주체로서 그 '소지자'가 아니고 오히려 국민의 기본권을 보호 내지 실현해야 할 책임과 의무를 지니고 있는 지위에 있을 뿐이므로, 공법인인 지방자치단체의 의결기관인 청구인 의회는 기본권의 주체가 될 수 없고 따라서 헌법소원을 제기할 수 있는 적격이 없다(헌재 1998.3.26, 96헌마345).

3 지방자치단체의 종류

1. 보통지방자치단체

지방자치법 제2조【지방자치단체의 종류】 ① 지방자치단체는 다음의 두 가지 종류로 구분한다.
1. 특별시, 광역시, 특별자치시, 도, 특별자치도
2. 시, 군, 구

② 지방자치단체인 구(이하 "자치구"라 한다)는 특별시와 광역시의 관할 구역의 구만을 말하며, 자치구의 자치권의 범위는 법령으로 정하는 바에 따라 시·군과 다르게 할 수 있다.

제3조【지방자치단체의 법인격과 관할】 ② 특별시, 광역시, 특별자치시, 도, 특별자치도(이하 "시·도"라 한다)는 정부의 직할로 두고, 시는 도의 관할 구역 안에, 군은 광역시나 도의 관할 구역 안에 두며, 자치구는 특별시와 광역시의 관할 구역 안에 둔다.

③ 특별시·광역시 또는 특별자치시가 아닌 인구 50만 이상의 시에는 자치구가 아닌 구를 둘 수 있고, 군에는 읍·면을 두며, 시와 구(자치구를 포함한다)에는 동을, 읍·면에는 리를 둔다.

④ 제10조 제2항에 따라 설치된 시에는 도시의 형태를 갖춘 지역에는 동을, 그 밖의 지역에는 읍·면을 두되, 자치구가 아닌 구를 둘 경우에는 그 구에 읍·면·동을 둘 수 있다.

⑤ 특별자치시와 특별자치도의 하부행정기관에 관한 사항은 따로 법률로 정한다.

제주특별자치도 설치 및 국제자유도시 조성을 위한 특별법 제10조【행정시의 폐지·설치·분리·합병 등】 ① 제주자치도는 지방자치법 제2조 제1항 및 제3조 제2항에도 불구하고 그 관할구역에 지방자치단체인 시와 군을 두지 아니한다.

② 제주자치도의 관할구역에 지방자치단체가 아닌 시(이하 "행정시"라 한다)를 둔다.

세종특별자치시 설치 등에 관한 특별법 제6조【설치 등】 ② 세종특별자치시의 관할구역에는 지방자치법 제2조 제1항 제2호의 지방자치단체를 두지 아니한다.

2. 특별지방자치단체

지방자치법 제2조 **【지방자치단체의 종류】** ③ 제1항의 지방자치단체 외에 특정한 목적을 수행하기 위하여 필요하면 따로 특별지방자치단체를 설치할 수 있다. 이 경우 특별지방자치단체의 설치 등에 관하여는 제12장에서 정하는 바에 따른다.

구법 제2조 **【지방자치단체의 종류】** ③ 제1항의 지방자치단체 외에 특정한 목적을 수행하기 위하여 필요하면 따로 특별지방자치단체를 설치할 수 있다.
④ 특별지방자치단체의 설치·운영에 관하여 필요한 사항은 대통령령으로 정한다.

제176조 <구159조> **【지방자치단체조합의 설립】** ① 2개 이상의 지방자치단체가 하나 또는 둘 이상의 사무를 공동으로 처리할 필요가 있을 때에는 규약을 정하여 지방의회의 의결을 거쳐 시·도는 행정안전부장관의 승인, 시·군 및 자치구는 시·도지사의 승인을 받아 지방자치단체조합을 설립할 수 있다. 다만, 지방자치단체조합의 구성원인 시·군 및 자치구가 2개 이상의 시·도에 걸쳐 있는 지방자치단체조합은 행정안전부장관의 승인을 받아야 한다.
② 지방자치단체조합은 법인으로 한다.

제3절 지방자치단체의 구역

1 의의

- **지방자치단체의 구역**: 지방자치단체의 권한이 미치는 공간적 범위

2 지방자치단체 구역의 획정

1. 종전 구역 승계

지방자치법 제5조 <구4조> **【지방자치단체의 명칭과 구역】** ① 지방자치단체의 명칭과 구역은 종전과 같이 하고, 명칭과 구역을 바꾸거나 지방자치단체를 폐지하거나 설치하거나 나누거나 합칠 때에는 법률로 정한다.
② 제1항에도 불구하고 지방자치단체의 구역변경 중 관할 구역 경계변경(이하 "경계변경"이라 한다)과 지방자치단체의 한자 명칭의 변경은 대통령령으로 정한다. 이 경우 경계변경의 절차는 제6조에서 정한 절차에 따른다.

구법 제4조 **【지방자치단체의 명칭과 구역】** ① 지방자치단체의 명칭과 구역은 종전과 같이 하고, 명칭과 구역을 바꾸거나 지방자치단체를 폐지하거나 설치하거나 나누거나 합칠 때에는 법률로 정한다. 다만, 지방자치단체의 관할 구역 경계변경과 한자 명칭의 변경은 대통령령으로 정한다.

기출지문 OX

01 헌법재판소는 현재 국가기본도상의 해상경계선을 공유수면에 대한 불문법상의 해상경계선으로 인정하고 있다. (19소방간부) ( )

정답
01 × 변경 전 입장임

관련 판례

구 지방자치법 제4조 제1항은 지방자치단체의 관할구역 경계를 결정함에 있어서 '종전'에 의하도록 하고 있고, 지방자치법 제4조 제1항의 개정 연혁에 비추어 보면 위 '종전'이라는 기준은 최초로 제정된 법률조항까지 순차 거슬러 올라가게 되므로 1948.8.15. 당시 존재하던 관할구역의 경계가 원천적인 기준이 된다(헌재 2006.8.31, 2003헌라1).

2. 공유수면에 대한 관할권

관련 판례

구 지방자치법 제4조 제1항에 규정된 지방자치단체의 구역은 주민·자치권과 함께 지방자치단체의 구성요소로서 자치권을 행사할 수 있는 장소적 범위를 말하며, 자치권이 미치는 관할 구역의 범위에는 육지는 물론 바다도 포함되므로, 공유수면에 대한 지방자치단체의 자치권한이 존재한다(헌재 2006.8.31, 2003헌라1).

3 해상경계의 획정

- **헌법재판소**: 공유수면에 대한 행정구역 경계에 대해 기존에는 국가기본도(지형도)상의 해상경계선을 기준으로 하였음. 최근에는 제반 사정을 종합하여 형평의 원칙에 따라 정하여야 한다고 하면서, 등거리 중간선 원칙에 따라 획정한 선으로 봄.
- **대법원**: 국가기본도(지형도)상 해상경계선을 기준으로 함.

관련 판례

1 헌법재판소의 입장

[1] 구 지방자치법 제4조 제1항은 지방자치단체의 관할구역 경계를 결정함에 있어서 '종전'에 의하도록 하고 있고, 지방자치법의 개정연혁에 비추어 보면 위 '종전'이라는 기준은 최초로 제정된 법률조항까지 순차 거슬러 올라가게 되므로 1948. 8. 15. 당시 존재하던 관할구역의 경계가 원천적인 기준이 된다. 그런데 지금까지 우리 법체계에서는 공유수면의 행정구역 경계에 관한 명시적인 법령상의 규정이 존재한 바 없으므로, 공유수면에 대한 행정구역 경계가 불문법상으로 존재한다면 그에 따라야 한다. 그리고 만약 해상경계에 관한 불문법도 존재하지 않으면, 주민, 구역과 자치권을 구성요소로 하는 지방자치단체의 본질에 비추어 지방자치단체의 관할구역에 경계가 없는 부분이 있다는 것을 상정할 수 없으므로, 헌법재판소가 지리상의 자연적 조건, 관련 법령의 현황, 연혁적인 상황, 행정권한 행사 내용, 사무처리의 실상, 주민의 사회·경제적 편익 등을 종합하여 형평의 원칙에 따라 합리적이고 공평하게 해상경계선을 획정할 수밖에 없다.

[2] 국가기본도상의 해상경계선은 국토지리정보원이 국가기본도상 도서 등의 소속을 명시할 필요가 있는 경우 해당 행정구역과 관련하여 표시한 선으로서, 여러 도서 사이의 적당한 위치에 각 소속이 인지될 수 있도록 실지측량 없이 표시한 것에 불과하므로, 이 해상경계선을 공유수면에 대한 불문법상 행정구역에 경계로 인정해 온 종전의 결정은 이 결정의 견해와 저촉되는 범위 내에서 이를 변경하기로 한다.

[3] 양 지방자치단체의 이익을 동등하게 다루고자 하는 규범적 관념에 기초한 등거리 중간선 원칙, 안면도와 황도, 죽도와 같이 이 사건 공유수면에 위치한 도서들의 존재, 서산군에 편제되어 있던 죽도리가 홍성군 소속으로 변경되는 것을 내용으로 하는 관련 행정구역의 관할 변경, 행정권한의 행사 연혁이나 사무 처리의 실상, 죽도와 이 사건 쟁송해역이 지리적으로나 생활적으로 긴밀히 연계되어 있는 상황 등을 고려하여 형평의 원칙에 따라서 해상경계선을 획정하면, 이 사건 쟁송해역의 해상경계선은 청구인과 피청구인의 육상지역과 죽도, 안면도, 황도의 각 현행법상 해안선(약최고고조면 기준)만을 고려하여 등거리 중간선 원칙에 따라 획정한 선으로 함이 타당하다.

[4] 태안군수가 행한 태안마을 제136호, 제137호의 어업면허처분 중 청구인의 관할권한에 속하는 구역에 대해서 이루어진 부분은 청구인의 지방자치권을 침해하여 권한이 없는 자에 의하여 이루어진 것이므로 그 효력이 없다(헌재 2015.7.30, 2010헌가2).

2 대법원의 입장

[1] 구 수산업법 제61조 제1항 제2호, 제2항, 제98조 제8호, 수산업법 시행령 제40조 제1항 [별표 3]을 종합하면, 기선권현망어업의 조업구역의 경계가 되는 '경상남도와 전라남도의 도 경계선'은 지방자치법 제4조 제1항에 따라 결정되는 경상남도와 전라남도의 관할구역의 경계선을 의미한다.

[2] 한편 지방자치법 제4조 제1항은 지방자치단체의 관할구역 경계를 결정할 때 '종전'에 의하도록 하고 있고, 지방자치법 제4조 제1항 등의 개정 연혁에 비추어 보면 '종전'이라는 기준은 최초로 제정된 법률조항까지 순차 거슬러 올라가게 되므로, 1948.8.15. 당시 존재하던 관할구역의 경계가 원천적인 기준이 되며, 공유수면에 대한 지방자치단체의 관할구역 경계 역시 같은 기준에 따라 1948.8.15. 당시 존재하던 경계가 먼저 확인되어야 하는데, 이는 결국 당시 해상경계선의 존재와 형태를 확인하는 사실인정의 문제이다.

원심은, 그 판시와 같은 이유에서 국토지리정보원이 발행한 국가기본도(지형도) 중 1948.8.15.에 가장 근접한 1973년 지형도상의 해상경계선이 이 사건 허가 조업구역의 경계선인 '경상남도와 전라남도의 도 경계선(해상경계선)'이 되고 피고인들은 직접 또는 그 사용인이 모두 위 해양경계선을 넘어가 조업을 하였으므로 이 사건 공소사실이 모두 유죄로 인정된다고 판단하였다. 위 법리와 기록에 비추어 살펴보면, 원심의 위와 같은 판단은 정당하고 거기에 상고이유 주장과 같은 죄형법정주의 위반, 수산업법령상 조업구역 획정 및 도계선의 결정에 관한 법리오해 등의 위법이 없다(대판 2015.6.11, 2013도14334).

4 공유수면 매립지 및 지적공부 누락 토지의 구역 결정

1. 결정권자: 행정안전부장관

지방자치법 제5조 <구4조> 【지방자치단체의 명칭과 구역】 ④ 제1항 및 제2항에도 불구하고 다음 각 호의 지역이 속할 지방자치단체는 제5항부터 제8항까지의 규정에 따라 행정안전부장관이 결정한다.
1. 공유수면 관리 및 매립에 관한 법률에 따른 매립지
2. 공간정보의 구축 및 관리 등에 관한 법률 제2조 제19호의 지적공부(이하 "지적공부"라 한다)에 등록이 누락된 토지

기출지문 OX

01 공유수면 관리 및 매립에 관한 법률에 따른 매립지가 속할 지방자치단체는 행정안전부장관이 정한다. (19소방간부, 11국회8) ( )

정답
01 ○

기출지문 OX

> 구법 제4조 【지방자치단체의 명칭과 구역】 ③ 제1항에도 불구하고 다음 각 호의 지역이 속할 지방자치단체는 제4항부터 제7항까지의 규정에 따라 행정안전부장관이 결정한다.
> 1. 공유수면 관리 및 매립에 관한 법률에 따른 매립지
> 2. 공간정보의 구축 및 관리 등에 관한 법률 제2조 제19호의 지적공부(이하 "지적공부"라 한다)에 등록이 누락되어 있는 토지

2. 결정신청 절차

지방자치법 제5조 <구4조> **【지방자치단체의 명칭과 구역】** ⑤ 제4항 제1호의 경우에는 공유수면 관리 및 매립에 관한 법률 제28조에 따른 매립면허관청(이하 이 조에서 "면허관청"이라 한다) 또는 관련 지방자치단체의 장이 같은 법 제45조에 따른 준공검사를 하기 전에, 제4항 제2호의 경우에는 공간정보의 구축 및 관리 등에 관한 법률 제2조 제18호에 따른 지적소관청(이하 이 조에서 "지적소관청"이라 한다)이 지적공부에 등록하기 전에 각각 해당 지역의 위치, 귀속희망 지방자치단체(복수인 경우를 포함한다) 등을 명시하여 행정안전부장관에게 그 지역이 속할 지방자치단체의 결정을 신청하여야 한다. 이 경우 제4항 제1호에 따른 매립지의 매립면허를 받은 자는 면허관청에 해당 매립지가 속할 지방자치단체의 결정 신청을 요구할 수 있다.
⑥ 행정안전부장관은 제5항에 따른 신청을 받은 후 지체 없이 제5항에 따른 신청내용을 20일 이상 관보나 인터넷 홈페이지에 게재하는 등의 방법으로 널리 알려야 한다. 이 경우 알리는 방법, 의견 제출 등에 관하여는 행정절차법 제42조·제44조 및 제45조를 준용한다.

> 구법 제4조 【지방자치단체의 명칭과 구역】 ④ 제3항 제1호의 경우에는 공유수면 관리 및 매립에 관한 법률 제28조에 따른 면허관청 또는 관련 지방자치단체의 장이 같은 법 제45조에 따른 준공검사 전에, 제3항 제2호의 경우에는 공간정보의 구축 및 관리 등에 관한 법률 제2조 제18호에 따른 소관청(이하 "지적소관청"이라 한다)이 지적공부에 등록하기 전에 각각 행정안전부장관에게 해당 지역이 속할 지방자치단체의 결정을 신청하여야 한다. 이 경우 제3항 제1호에 따른 매립지의 매립면허를 받은 자는 면허관청에 해당 매립지가 속할 지방자치단체의 결정 신청을 요구할 수 있다.
> ⑤ 행정안전부장관은 제4항에 따른 신청을 받은 후 지체 없이 그 사실을 20일 이상 관보나 인터넷 등의 방법으로 널리 알려야 한다. 이 경우 알리는 방법, 의견의 제출 등에 관하여는 행정절차법 제42조·제44조 및 제45조를 준용한다.

01 행정안전부장관은 지방자치단체중앙분쟁조정위원회의 심의·의결에 따라 제4항 각 호의 지역이 속할 지방자치단체를 결정한다. (16국가7 변형) ( )

3. 지방자치단체중앙분쟁조정위원회의 심의·의결에 따른 결정

지방자치법 제5조 【지방자치단체의 명칭과 구역】 ⑦ 행정안전부장관은 제6항에 따른 기간이 끝나면 다음 각 호에서 정하는 바에 따라 결정하고, 그 결과를 면허관청이나 지적소관청, 관계 지방자치단체의 장 등에게 통보하고 공고하여야 한다.
1. 제6항에 따른 기간 내에 신청내용에 대하여 이의가 제기된 경우: 제166조에 따른 지방자치단체중앙분쟁조정위원회(이하 이 조 및 제6조에서 "위원회"라 한다)의 심의·의결에 따라 제4항 각 호의 지역이 속할 지방자치단체를 결정
2. 제6항에 따른 기간 내에 신청내용에 대하여 이의가 제기되지 아니한 경우: 위원회의 심의·의결을 거치지 아니하고 신청내용에 따라 제4항 각 호의 지역이 속할 지방자치단체를 결정

정답
01 ○

⑧ 위원회의 위원장은 제7항 제1호에 따른 심의과정에서 필요하다고 인정되면 관계 중앙행정기관 및 지방자치단체의 공무원 또는 관련 전문가를 출석시켜 의견을 듣거나 관계 기관이나 단체에 자료 및 의견 제출 등을 요구할 수 있다. 이 경우 관계 지방자치단체의 장에게는 의견을 진술할 기회를 주어야 한다.

구법 제4조【지방자치단체의 명칭과 구역】 ⑥ 행정안전부장관은 제5항에 따른 기간이 끝난 후 제149조에 따른 지방자치단체중앙분쟁조정위원회(이하 이 조에서 "위원회"라 한다)의 심의·의결에 따라 제3항 각 호의 지역이 속할 지방자치단체를 결정하고, 그 결과를 면허관청이나 지적소관청, 관계 지방자치단체의 장 등에게 통보하고 공고하여야 한다.

⑦ 위원회의 위원장은 제6항에 따른 심의과정에서 필요하다고 인정되면 관계 중앙행정기관 및 지방자치단체의 공무원 또는 관련 전문가를 출석시켜 의견을 듣거나 관계 기관이나 단체에 자료 및 의견 제출 등을 요구할 수 있다. 이 경우 관계 지방자치단체의 장에게는 의견을 진술할 기회를 주어야 한다.

4. 대법원에 제소

지방자치법 제5조 <구4조> **【지방자치단체의 명칭과 구역】** ⑨ 관계 지방자치단체의 장은 제4항부터 제7항까지의 규정에 따른 행정안전부장관의 결정에 이의가 있으면 그 결과를 통보받은 날부터 15일 이내에 대법원에 소송을 제기할 수 있다.

⑩ 행정안전부장관은 제9항에 따른 소송 결과 대법원의 인용결정이 있으면 그 취지에 따라 다시 결정하여야 한다.

⑪ 행정안전부장관은 제4항 각 호의 지역이 속할 지방자치단체 결정과 관련하여 제7항 제1호에 따라 위원회의 심의를 할 때 같은 시·도 안에 있는 관계 시·군 및 자치구 상호 간 매립지 조성 비용 및 관리 비용 부담 등에 관한 조정이 필요한 경우 제165조 제1항부터 제3항까지의 규정에도 불구하고 당사자의 신청 또는 직권으로 위원회의 심의·의결에 따라 조정할 수 있다. 이 경우 그 조정 결과의 통보 및 조정 결정 사항의 이행은 제165조 제4항부터 제7항까지의 규정에 따른다.

지방자치법 제4조【지방자치단체의 명칭과 구역】 ⑧ 관계 지방자치단체의 장은 제3항부터 제7항까지의 규정에 따른 행정안전부장관의 결정에 이의가 있으면 그 결과를 통보받은 날부터 15일 이내에 대법원에 소송을 제기할 수 있다.

⑨ 행정안전부장관은 제8항에 따라 대법원의 인용결정이 있으면 그 취지에 따라 다시 결정하여야 한다.

• 대법원은 '공유수면에 대한 행정구역 경계(해상경계)'와는 달리, 지형도상 해상경계선은 '매립지의 귀속'에 관해서는 더 이상 관습법적 효력을 갖지 않는다고 봄.

관련 판례

[1] 지방자치단체의 구역에 관하여 지방자치법은, 공유수면 관리 및 매립에 관한 법률에 따른 매립지가 속할 지방자치단체는 안전행정부장관이 결정한다고 규정하면서(제4조 제3항), 관계 지방자치단체의 장은 그 결정에 이의가 있으면 결과를 통보받은 날로부터 15일 이내에 대법원에 소송을 제기할 수 있다고 규정하고 있다(제4조 제8항). 따라서 매립지가 속할 지방자치단체를 정하는 결정에 대하여 대법원에 소송을 제기할 수 있는 주체는 관계 지방자치단체의 장일 뿐 지방자치단체가 아니다.

기출지문 OX

01 관계 지방자치단체는 매립지 관할 구역결정에 이의가 있으면 그 결과를 통보받을 날부터 15일 이내에 대법원에 소송을 제기할 수 있다. (16국가7 변형) ( )

02 매립지가 속할 지방자치단체를 정하는 결정에 대하여 대법원에 소송을 제기할 수 있는 주체는 관계 지방자치단체의 장일 뿐 지방자치단체가 아니다. (19서울7) ( )

03 매립지가 속할 지방자치단체를 결정할 때에는 관계 지방의회의 의견청취절차를 거쳐야 한다. (16국가7 변형) ( )

04 공유수면 관리 및 매립에 관한 법률에 따른 매립지의 지방자치단체 귀속과 관련된 분쟁이 있는 경우 지방자치단체중앙분쟁조정위원회의 심의의결에 따라 행정안전부장관이 그 귀속 여부를 결정하고, 이에 대하여서 관계 지방자치단체의 장이 이의가 있을 때에는 헌법재판소에 제소할 수 있다. (17국회8) ( )

05 매립지가 속할 지방자치단체를 결정할 때에는 국가기본도(지형도)상의 해상경계선이 정한대로 따라야 한다. (16국가7 변형) ( )

정답
01 × 지방자치단체의 장
02 ○
03 × 거칠 의무가 규정되어 있지 않음
04 × 대법원
05 × 지형도상 해상경계선은 '매립지의 귀속'에 관해서는 더 이상 관습법적 효력을 갖지 않는다고 봄

기출지문 OX

01 지방자치단체의 명칭과 구역은 종전과 같이 하고, 명칭과 구역을 바꾸거나 지방자치단체를 폐지하거나 설치하거나 나누거나 합칠 때에는 대통령령으로 정한다. (13국회8) ( )

02 지방자치단체의 구역을 바꿀 때에는 법률로 정하되, 관할 구역의 경계변경은 대통령령으로 정한다. (19소방간부) ( )

정답
01 × 법률로 정함
02 ○

[2] 지방자치법 제4조 제2항, 제3항, 제7항에 따르면, 안전행정부장관은 공유수면 관리 및 매립에 관한 법률에 따른 매립지가 속할 지방자치단체를 지방자치법 제4조 제4항부터 제7항까지의 규정 및 절차에 따라 결정하면 되고, 관계 지방의회의 의견청취 절차를 반드시 거칠 필요는 없다.

[3] 지방자치법 제4조 제4항, 공유수면 관리 및 매립에 관한 법률 제45조에 따르면 안전행정부장관은 매립공사가 완료된 토지에 대해서만 준공검사 전에 그 귀속 지방자치단체를 결정할 수 있고, 매립이 예정되어 있기는 하지만 매립공사가 완료되지 않은 토지에 대해서는 귀속 지방자치단체를 결정할 수 없다고 보아야 한다.

[4] 지방자치법 등 관계 법령의 내용, 형식, 취지 및 개정 경과 등에 비추어 보면, 종래 매립지 등 관할 결정의 준칙으로 적용되어 온 지형도상 해상경계선 기준이 가지던 관습법적 효력은 위 지방자치법의 개정에 의하여 변경 내지 제한되었다고 보는 것이 타당하다.

[5] 행정부장관은 매립지가 속할 지방자치단체를 정할 때에 상당한 형성의 자유를 가지게 되었다. 다만 그 관할 결정은 계획재량적 성격을 지니는 점에 비추어 위와 같은 형성의 자유는 무제한의 재량이 허용되는 것이 아니라 여러 가지 공익과 사익 및 관련 지방자치단체의 이익을 종합적으로 고려하여 비교·교량해야 하는 제한이 있다(대판 2013.11.14, 2010추73).

5 지방자치단체 구역의 변경

1. 결정권자 및 절차

• 2021 개정법은 지방자치단체의 관할 구역 경계변경 절차를 제6조에 신설하였음.

지방자치법 제5조 <구4조> **【지방자치단체의 명칭과 구역】** ① 지방자치단체의 명칭과 구역은 종전과 같이 하고, 명칭과 구역을 바꾸거나 지방자치단체를 폐지하거나 설치하거나 나누거나 합칠 때에는 법률로 정한다.

② 제1항에도 불구하고 지방자치단체의 구역변경 중 관할 구역 경계변경(이하 "경계변경"이라 한다)과 지방자치단체의 한자 명칭의 변경은 대통령령으로 정한다. 이 경우 경계변경의 절차는 제6조에서 정한 절차에 따른다.

제6조 【지방자치단체의 관할 구역 경계변경 등】 ① 지방자치단체의 장은 관할 구역과 생활권과의 불일치 등으로 인하여 주민생활에 불편이 큰 경우 등 대통령령으로 정하는 사유가 있는 경우에는 행정안전부장관에게 경계변경이 필요한 지역 등을 명시하여 경계변경에 대한 조정을 신청할 수 있다. 이 경우 지방자치단체의 장은 지방의회 재적의원 과반수의 출석과 출석의원 3분의 2 이상의 동의를 받아야 한다.

② 관계 중앙행정기관의 장 또는 둘 이상의 지방자치단체에 걸친 개발사업 등의 시행자는 대통령령으로 정하는 바에 따라 관계 지방자치단체의 장에게 제1항에 따른 경계변경에 대한 조정을 신청하여 줄 것을 요구할 수 있다.

③ 행정안전부장관은 제1항에 따른 경계변경에 대한 조정 신청을 받으면 지체 없이 그 신청 내용을 관계 지방자치단체의 장에게 통지하고, 20일 이상 관보나 인터넷 홈페이지에 게재하는 등의 방법으로 널리 알려야 한다. 이 경우 알리는 방법, 의견의 제출 등에 관하여는 행정절차법 제42조·제44조 및 제45조를 준용한다.

④ 행정안전부장관은 제3항에 따른 기간이 끝난 후 지체 없이 대통령령으로 정하는 바에 따라 관계 지방자치단체 등 당사자 간 경계변경에 관한 사항을 효율적으로 협의할

수 있도록 경계변경자율협의체(이하 이 조에서 "협의체"라 한다)를 구성·운영할 것을 관계 지방자치단체의 장에게 요청하여야 한다.
⑤ 관계 지방자치단체는 제4항에 따른 협의체 구성·운영 요청을 받은 후 지체 없이 협의체를 구성하고, 경계변경 여부 및 대상 등에 대하여 같은 항에 따른 행정안전부장관의 요청을 받은 날부터 120일 이내에 협의를 하여야 한다. 다만, 대통령령으로 정하는 부득이한 사유가 있는 경우에는 30일의 범위에서 그 기간을 연장할 수 있다.
⑥ 제5항에 따라 협의체를 구성한 지방자치단체의 장은 같은 항에 따른 협의 기간 이내에 협의체의 협의 결과를 행정안전부장관에게 알려야 한다.
⑦ 행정안전부장관은 다음 각 호의 어느 하나에 해당하는 경우에는 위원회의 심의·의결을 거쳐 경계변경에 대하여 조정할 수 있다.
1. 관계 지방자치단체가 제4항에 따른 행정안전부장관의 요청을 받은 날부터 120일 이내에 협의체를 구성하지 못한 경우
2. 관계 지방자치단체가 제5항에 따른 협의 기간 이내에 경계변경 여부 및 대상 등에 대하여 합의를 하지 못한 경우
⑧ 위원회는 제7항에 따라 경계변경에 대한 사항을 심의할 때에는 관계 지방의회의 의견을 들어야 하며, 관련 전문가 및 지방자치단체의 장의 의견 청취 등에 관하여는 제5조 제8항을 준용한다.
⑨ 행정안전부장관은 다음 각 호의 어느 하나에 해당하는 경우 지체 없이 그 내용을 검토한 후 이를 반영하여 경계변경에 관한 대통령령안을 입안하여야 한다.
1. 제5항에 따른 협의체의 협의 결과 관계 지방자치단체 간 경계변경에 합의를 하고, 관계 지방자치단체의 장이 제6항에 따라 그 내용을 각각 알린 경우
2. 위원회가 제7항에 따른 심의 결과 경계변경이 필요하다고 의결한 경우
⑩ 행정안전부장관은 경계변경의 조정과 관련하여 제7항에 따라 위원회의 심의를 할 때 같은 시·도 안에 있는 관계 시·군 및 자치구 상호 간 경계변경에 관련된 비용 부담, 행정적·재정적 사항 등에 관하여 조정이 필요한 경우 제165조 제1항부터 제3항까지의 규정에도 불구하고 당사자의 신청 또는 직권으로 위원회의 심의·의결에 따라 조정할 수 있다. 이 경우 그 조정 결과의 통보 및 조정 결정 사항의 이행은 제165조 제4항부터 제7항까지의 규정에 따른다.

구법 제4조【지방자치단체의 명칭과 구역】 ① 지방자치단체의 명칭과 구역은 종전과 같이 하고, 명칭과 구역을 바꾸거나 지방자치단체를 폐지하거나 설치하거나 나누거나 합칠 때에는 법률로 정한다. 다만, 지방자치단체의 관할 구역 경계변경과 한자 명칭의 변경은 대통령령으로 정한다.
② 제1항에 따라 지방자치단체를 폐지하거나 설치하거나 나누거나 합칠 때 또는 그 명칭이나 구역을 변경할 때에는 관계 지방자치단체의 의회(이하 "지방의회"라 한다)의 의견을 들어야 한다. 다만, 주민투표법 제8조에 따라 주민투표를 한 경우에는 그러하지 아니하다.

제7조 <구4조의2> **【자치구가 아닌 구와 읍·면·동 등의 명칭과 구역】** ① 자치구가 아닌 구와 읍·면·동의 명칭과 구역은 종전과 같이 하고, 자치구가 아닌 구와 읍·면·동을 폐지하거나 설치하거나 나누거나 합칠 때에는 행정안전부장관의 승인을 받아 그 지방자치단체의 조례로 정한다. 다만, 명칭과 구역의 변경은 그 지방자치단체의 조례로 정하고, 그 결과를 특별시장·광역시장·도지사에게 보고하여야 한다.
② 리의 구역은 자연 촌락을 기준으로 하되, 그 명칭과 구역은 종전과 같이 하고, 명칭과 구역을 변경하거나 리를 폐지하거나 설치하거나 나누거나 합칠 때에는 그 지방자치단체의 조례로 정한다.
③ 인구 감소 등 행정여건 변화로 인하여 필요한 경우 그 지방자치단체의 조례로 정하는 바에 따라 2개 이상의 면을 하나의 면으로 운영하는 등 행정 운영상 면(이하 "행정면"이라 한다)을 따로 둘 수 있다.

기출지문 OX

01 지방자치단체를 분리하기 위하여 주민투표를 실시하고자 하는 경우에는 먼저 지방의회의 의견을 들어야 한다. (03국가7) ( )

02 지방자치법 조항에 따라 지방자치단체를 폐지하거나 설치할 때에 주민투표법상의 주민투표를 한 경우라면 관계된 지방자치단체의 의회의 의견을 듣지 않을 수 있다. (19소방간부) ( )

03 변형 자치구가 아닌 구와 읍·면·동의 명칭과 구역은 종전과 같이 하고, 이를 폐지하거나 설치하거나 나누거나 합칠 때에는 행정안전부장관의 승인을 받아 그 지방자치단체의 조례로 정한다. (13국회8) ( )

정답
01 ○
02 × 주민투표를 실시했다면 지방의회 의견을 들을 필요가 없음
03 ○

기출지문 OX

01 지방자치단체의 구역변경이나 폐치·분합에 따라 새로 그 지역을 관할하게 된 지방자치단체가 승계하게 되는 '재산'이라 함은 현금 이외 모든 재산적 가치가 있는 물건 및 권리만을 의미하고, 채무는 이에 포함되지 않는다. (11국회8) ( )

정답
01 ○

④ 동·리에서는 행정 능률과 주민의 편의를 위하여 그 지방자치단체의 조례로 정하는 바에 따라 하나의 동·리를 2개 이상의 동·리로 운영하거나 2개 이상의 동·리를 하나의 동·리로 운영하는 등 행정 운영상 동(이하 "행정동"이라 한다)·리(이하 "행정리"라 한다)를 따로 둘 수 있다.
⑤ 행정동에 그 지방자치단체의 조례로 정하는 바에 따라 통 등 하부 조직을 둘 수 있다.
⑥ 행정리에 그 지방자치단체의 조례로 정하는 바에 따라 하부 조직을 둘 수 있다.

2. 구역변경의 효과

(1) 사무와 재산 승계

지방자치법 제8조 <구5조> **【구역의 변경 또는 폐지·설치·분리·합병 시의 사무와 재산의 승계】** ① 지방자치단체의 구역을 변경하거나 지방자치단체를 폐지하거나 설치하거나 나누거나 합칠 때에는 새로 그 지역을 관할하게 된 지방자치단체가 그 사무와 재산을 승계한다.
② 제1항의 경우에 지역으로 지방자치단체의 사무와 재산을 구분하기 곤란하면 시·도에서는 행정안전부장관이, 시·군 및 자치구에서는 특별시장·광역시장·특별자치시장·도지사·특별자치도지사(이하 "시·도지사"라 한다)가 그 사무와 재산의 한계 및 승계할 지방자치단체를 지정한다.

관련 판례

1 지방자치단체의 구역변경이나 폐치·분합이 있는 때에는 새로 그 지역을 관할하게 된 지방자치단체가 그 사무와 재산을 승계하도록 규정하고 있는바, 같은 법 제133조 제1항 및 제3항의 규정 내용에 비추어 볼 때 위 법률조항에 규정된 '재산'이라 함은 현금 외의 모든 재산적 가치가 있는 물건 및 권리만을 의미하고, 채무는 이에 포함되지 않는다(대판 2008.2.1, 2007다8914).

2 종전의 두 지방자치단체가 완전히 폐지되고 그 지방자치단체들이 관할하는 전 구역을 그 관할구역으로 하여 새로운 지방자치단체가 설치되는 흡수합병 내지 합체의 경우에는, 그 채무를 부담할 주체인 기존의 지방자치단체는 소멸되었으므로 그 기존의 지방자치단체가 부담하고 있던 채무는 새로운 지방자치단체가 이를 승계한다(대판 1995.12.8, 95다36053).

3 지방자치법 제5조 제1항 소정의 '구역변경으로 새로 그 지역을 관할하게 된 지방자치단체가 승계하게 되는 사무와 재산'은 당해 지방자치단체 고유의 재산이나 사무를 지칭하는 것이라 할 것이고, 하천부속물 관리사무와 같이 하천법 등 별개의 법률규정에 의하여 국가로부터 관할 지방자치단체의 장에게 기관위임된 국가사무까지 관할구역의 변경에 따라 당연히 이전된다고 볼 수 없다(대판 1991.10.22, 91다5594).

4 지방자치단체의 폐치·분합이 있는 때의 그 관할지역 내 재산의 귀속에 관한 원칙으로서 새로 관할하게 된 지방자치단체가 승계하도록 명정한 지방자치법 제5조 제1항에 이어 제2항이 '지역에 의하여 지방자치단체의 사무 및 재산을 구분하기 곤란한 때에는'이라고 표현한 것은, 폐치·분합된 지역 내에 있는 재산은 행정재산, 보존재산, 잡종재산 등의 종류를 가리지 않고 특별한 사정이 없는 한 새로운 관할 지방자치단체가 승계하도록 규정한 취지라고 보아야 한다(대판 1999.5.14, 98다8486).

(2) 지방자치단체장의 직무 대행자

지방자치법 제110조 <구97조> **【지방자치단체의 폐지 · 설치 · 분리 · 합병과 지방자치단체의 장】** 지방자치단체를 폐지하거나 설치하거나 나누거나 합쳐 새로 지방자치단체의 장을 선출하여야 하는 경우에는 그 지방자치단체의 장이 선출될 때까지 시 · 도지사는 행정안전부장관이, 시장 · 군수 및 자치구의 구청장은 시 · 도지사가 각각 그 직무를 대행할 사람을 지정하여야 한다. 다만, 둘 이상의 동격의 지방자치단체를 통폐합하여 새로운 지방자치단체를 설치하는 경우에는 종전의 지방자치단체의 장 중에서 해당 지방자치단체의 장의 직무를 대행할 사람을 지정한다.

(3) 조례 · 규칙의 시행

지방자치법 제31조 <구25조> **【지방자치단체를 신설하거나 격을 변경할 때의 조례 · 규칙 시행】** 지방자치단체를 나누거나 합하여 새로운 지방자치단체가 설치되거나 지방자치단체의 격이 변경되면 그 지방자치단체의 장은 필요한 사항에 관하여 새로운 조례나 규칙이 제정 · 시행될 때까지 종래 그 지역에 시행되던 조례나 규칙을 계속 시행할 수 있다.

3. 구역변경에 대한 권리구제

(1) 주민의 헌법소원 제기

관련 판례

지방자치단체의 폐치 · 분합에 관한 것은 지방자치단체의 자치행정권 중 지역고권의 보장문제이나, 대상지역 주민들은 그로 인하여 인간다운 생활공간에서 살 권리, 평등권, 정당한 청문권, 거주이전의 자유, 선거권, 공무담임권, 인간다운 생활을 할 권리, 사회보장 · 사회복지수급권 및 환경권 등을 침해받게 될 수도 있다는 점에서 기본권과도 관련이 있어 헌법소원의 대상이 될 수 있다(헌재 1994.12.29, 94헌마201).

(2) 지방자치단체의 권한쟁의심판 청구

헌법 제111조 ① 헌법재판소는 다음 사항을 관장한다.
4. 국가기관 상호간, 국가기관과 지방자치단체간 및 지방자치단체 상호간의 권한쟁의에 관한 심판

기출지문 OX

01 지방자치단체를 나누거나 합하여 새로운 지방자치단체가 설치되거나 지방자치단체의 격이 변경되면 그 지방자치단체의 장은 필요한 사항에 관하여 새로운 조례나 규칙이 제정 시행될 때까지 종래 그 지역에 시행되던 조례나 규칙을 계속 시행할 수 있다. (19소방간부) ( )

02 헌법재판소의 결정에 의하면, 폐치 · 분합은 대상지역주민의 권리에 대해서 직접적으로 영향을 미치지 않는다. (03행시) ( )

정답
01 ○
02 × 기본권과 직접관련성이 있어 헌법소원심판이 가능함

6 지방자치단체 사무소 소재지의 변경 및 새로운 설정

> **지방자치법 제9조** <구6조> **【사무소의 소재지】** ① 지방자치단체의 사무소 소재지와 자치구가 아닌 구 및 읍·면·동의 사무소 소재지는 종전과 같이 하고, 이를 변경하거나 새로 설정하려면 지방자치단체의 조례로 정한다. 이 경우 면·동은 행정면·행정동을 말한다.
> ② 제1항의 사항을 조례로 정할 때에는 그 지방의회의 재적의원 과반수의 찬성이 있어야 한다.

제4절 지방자치단체의 주민

1 의의

> **지방자치법 제16조** <구12조> **【주민의 자격】** 지방자치단체의 구역에 주소를 가진 자는 그 지방자치단체의 주민이 된다.

- **지방자치단체의 주민**: ①자치단체의 관할구역 내에 주민등록지를 가지고 있는 자연인, ②그 주된 사무소 또는 본점의 소재지가 있는 법인, ③출입국관리법에 따라 등록을 한 경우의 외국인(단, 참정권 등 권리 제한)

2 주민의 권리

> **지방자치법 제17조** <구13조> **【주민의 권리】** ① 주민은 법령으로 정하는 바에 따라 주민생활에 영향을 미치는 지방자치단체의 정책의 결정 및 집행 과정에 참여할 권리를 가진다.
> ② 주민은 법령으로 정하는 바에 따라 소속 지방자치단체의 재산과 공공시설을 이용할 권리와 그 지방자치단체로부터 균등하게 행정의 혜택을 받을 권리를 가진다.
> ③ 주민은 법령으로 정하는 바에 따라 그 지방자치단체에서 실시하는 지방의회의원과 지방자치단체의 장의 선거(이하 "지방선거"라 한다)에 참여할 권리를 가진다.
>
> > **구법 제13조 【주민의 권리】** ① 주민은 법령으로 정하는 바에 따라 소속 지방자치단체의 재산과 공공시설을 이용할 권리와 그 지방자치단체로부터 균등하게 행정의 혜택을 받을 권리를 가진다.
> > ② 국민인 주민은 법령으로 정하는 바에 따라 그 지방자치단체에서 실시하는 지방의회의원과 지방자치단체의 장의 선거(이하 "지방선거"라 한다)에 참여할 권리를 가진다.

1. 주민생활에 영향을 미치는 정책의 결정·집행과정에 참여할 권리

- 2021 개정법에서는 주민이 법령으로 정하는 바에 따라 주민생활에 영향을 미치는 지방자치단체의 정책 결정 및 집행과정에 참여할 권리조항을 신설하였음.

2. 재산·공공시설을 이용할 권리(공공시설이용권)

(1) 의의

- 주민은 법령으로 정하는 바에 따라 소속 지방자치단체의 재산과 공공시설을 이용할 권리를 가짐.
- 이용권의 주체는 모든 주민(자연인, 법인 등)
- 이용권의 대상은 지방자치법상 재산(현금 외에 모든 재산적 가치가 있는 물건과 권리)과 공공시설. 통설은 재산과 공공시설이 같은 개념이라고 봄.

(2) 이용권의 성질과 내용

- 이용권이 설정된 행위의 성질에 따라 ①행정행위(예 허가, 특허 등)에 의해 형성된 경우라면 공법관계이고, ②사법상 계약에 의해 성립된 경우라면 사법관계에 해당함.

(3) 이용권의 한계

- 이용권은 법령(법률, 명령, 조례, 규칙)으로 정하는 바에 따라 인정됨.
- 이용권은 재산 및 공공시설에 부여된 공적 목적에 지장을 주지 않는 한도 내에서 가능하고, 공공시설 등의 관리 목적상 제한이 가능함.

(4) 수수료 징수

- 일반 주민에 비해 특별한 혜택을 주는 경우 이용수수료 징수가 가능함.

3. 균등하게 행정의 혜택을 받을 권리

관련 판례

지방자치법 제13조 제1항은 주민이 지방자치단체로부터 행정적 혜택을 균등하게 받을 수 있다는 권리를 추상적이고 선언적으로 규정한 것으로서, 위 규정에 의하여 주민이 지방자치단체에 대하여 구체적이고 특정한 권리가 발생하는 것이 아닐 뿐만 아니라, 지방자치단체가 주민에 대하여 균등한 행정적 혜택을 부여할 구체적인 법적 의무가 발생하는 것도 아니므로, 이 사건 조례안으로 인하여 주민들 가운데 일정한 조건에 해당하는 일부 주민이 지원을 받게 되는 혜택이 발생하였다고 하여 위 조례안이 지방자치법 제13조 제1항에 위반한 것이라고 볼 수는 없다(대판 2008.6.12, 2007추42).

4. 선거에 참여할 권리

(1) 선거권

공직선거법 제15조 【선거권】 ② 18세 이상으로서 제37조 제1항에 따른 선거인명부작성기준일 현재 다음 각 호의 어느 하나에 해당하는 사람은 그 구역에서 선거하는 지방자치단체의 의회의원 및 장의 선거권이 있다.

1. 주민등록법 제6조 제1항 제1호 또는 제2호에 해당하는 사람으로서 해당 지방자치단체의 관할 구역에 주민등록이 되어 있는 사람
2. 주민등록법 제6조 제1항 제3호에 해당하는 사람으로서 주민등록표에 3개월 이상 계속하여 올라 있고 해당 지방자치단체의 관할구역에 주민등록이 되어 있는 사람
3. 출입국관리법 제10조에 따른 영주의 체류자격 취득일 후 3년이 경과한 외국인으로서 같은 법 제34조에 따라 해당 지방자치단체의 외국인등록대장에 올라 있는 사람

기출지문 OX

01 주민은 법령으로 정하는 바에 따라 소속 지방자치단체의 재산과 공공시설을 이용할 권리를 가진다. (16승진5, 03국가7) ( )

02 지방자치법은 주민이 지방자치단체로부터 행정적 혜택을 균등하게 받을 수 있는 권리를 규정하고 있지만, 위 규정에 의하여 주민에게 지방자치단체에 대한 구체적 권리가 발생하는 것은 아니다. (18국가7) ( )

03 외국인에게도 일정요건하에서 지방자치단체의 의회의원 및 장의 선거권이 인정된다. (11국가7) ( )

정답
01 ○ 02 ○ 03 ○

기출지문 OX

01 지방의회에 청원을 하기 위해서는 지방의회의원의 소개를 필요로 한다. (00검찰9) ( )

정답
01 ○

(2) 피선거권

> **공직선거법 제16조 【피선거권】** ③ 선거일 현재 계속하여 60일 이상(공무로 외국에 파견되어 선거일전 60일후에 귀국한 자는 선거인명부작성기준일부터 계속하여 선거일까지) 해당 지방자치단체의 관할구역에 주민등록이 되어 있는 주민으로서 25세 이상의 국민은 그 지방의회의원 및 지방자치단체의 장의 피선거권이 있다. 이 경우 60일의 기간은 그 지방자치단체의 설치·폐지·분할·합병 또는 구역변경(제28조 각 호의 어느 하나에 따른 구역변경을 포함한다)에 의하여 중단되지 아니한다.
> ④ 제3항 전단의 경우에 지방자치단체의 사무소 소재지가 다른 지방자치단체의 관할 구역에 있어 해당 지방자치단체의 장의 주민등록이 다른 지방자치단체의 관할 구역에 있게 된 때에는 해당 지방자치단체의 관할 구역에 주민등록이 되어 있는 것으로 본다.

- 국내에 거주하는 재외국민에게 지방선거의 선거권과 피선거권을 인정하지 않던 공직선거법은 위헌결정으로 개정되었음.

참고 재외국민(在外國民): 국외에 거주하고 있으나 대한민국 국적을 유지하고 있는 사람

관련 판례

[1] 국내거주 재외국민은 주민등록을 할 수 없을 뿐이지 '국민인 주민'이라는 점에서는 '주민등록이 되어 있는 국민인 주민'과 실질적으로 동일하므로 지방선거 선거권 부여에 있어 양자에 대한 차별을 정당화할 어떠한 사유도 존재하지 않으며, 또한 헌법상의 권리인 국내거주 재외국민의 선거권이 법률상의 권리에 불과한 '영주의 체류자격 취득일로부터 3년이 경과한 19세 이상의 외국인'의 지방선거 선거권에 못 미치는 부당한 결과가 초래되고 있다는 점에서, 국내거주 재외국민에 대해 그 체류기간을 불문하고 지방선거 선거권을 전면적·획일적으로 박탈하는 법 제15조 제2항 제1호, 제37조 제1항은 국내거주 재외국민의 평등권과 지방의회의원선거권을 침해한다.

[2] 주민등록만을 기준으로 함으로써 주민등록이 불가능한 재외국민인 주민의 지방선거 피선거권을 부인하는 법 제16조 제3항은 헌법 제37조 제2항에 위반하여 국내거주 재외국민의 공무담임권을 침해한다(헌재 2007.6.28, 2004헌마644·2005헌마360).

5. 청원권

(1) 행사절차

> 지방자치법 제85조 <구73조> **【청원서의 제출】** ① 지방의회에 청원을 하려는 자는 지방의회의원의 소개를 받아 청원서를 제출하여야 한다.
> ② 청원서에는 청원자의 성명(법인인 경우에는 그 명칭과 대표자의 성명을 말한다) 및 주소를 적고 서명·날인하여야 한다.

관련 판례

지방의회에 청원을 할 때에 지방의회의원의 소개를 얻도록 한 것은 의원이 미리 청원의 내용을 확인하고 이를 소개하도록 함으로써 청원의 남발을 규제하고 심사의 효율을 기하기 위한 것이고, 지방의회의원 모두가 소개의원이 되기를 거절하였다면 그 청원내용에 찬성하는 의원이 없는 것이므로 지방의회에서 심사하더라도 인용가능성이 전혀 없어 심사의 실익이 없으며, 청원의 소개의원도 1인으로 족한 점을 감안하면 이러한 정도의 제한은 공공복리를 위한 필요·최소한의 것이라고 할 수 있다(헌재 1999.11.25, 97헌마54).

(2) 청원 불수리사항

지방자치법 제86조 <구74조> **【청원의 불수리】** 재판에 간섭하거나 법령에 위배되는 내용의 청원은 수리하지 아니한다.

(3) 청원의 심사·처리 및 이송·처리보고

지방자치법 제87조 <구75조> **【청원의 심사·처리】** ① 지방의회의 의장은 청원서를 접수하면 소관 위원회나 본회의에 회부하여 심사를 하게 한다.
② 청원을 소개한 지방의회의원은 소관 위원회나 본회의가 요구하면 청원의 취지를 설명하여야 한다.
③ 위원회가 청원을 심사하여 본회의에 부칠 필요가 없다고 결정하면 그 처리 결과를 지방의회의 의장에게 보고하고, 지방의회의 의장은 청원한 자에게 알려야 한다.

지방자치법 제88조 <구76조> **【청원의 이송과 처리보고】** ① 지방의회가 채택한 청원으로서 그 지방자치단체의 장이 처리하는 것이 타당하다고 인정되는 청원은 의견서를 첨부하여 지방자치단체의 장에게 이송한다.
② 지방자치단체의 장은 제1항의 청원을 처리하고 그 처리결과를 지체 없이 지방의회에 보고하여야 한다.

6. 주민투표권

(1) 의의

지방자치법 제18조 <구14조> **【주민투표】** ① 지방자치단체의 장은 주민에게 과도한 부담을 주거나 중대한 영향을 미치는 지방자치단체의 주요 결정사항 등에 대하여 주민투표에 부칠 수 있다.
② 주민투표의 대상·발의자·발의요건, 그 밖에 투표절차 등에 관한 사항은 따로 법률로 정한다.

주민투표법 제7조 【주민투표의 대상】 ① 주민에게 과도한 부담을 주거나 중대한 영향을 미치는 지방자치단체의 주요결정사항으로서 그 지방자치단체의 조례로 정하는 사항은 주민투표에 부칠 수 있다.

기출지문 OX

01 지방자치단체의 장은 주민에게 과도한 부담을 주거나 중대한 영향을 미치는 지방자치단체의 주요 결정사항 등을 주민투표에 부쳐야 한다. (14지방7) ( )

정답
01 × 부칠 수 있다

기출지문 OX

01 지방자치법상의 주민투표권은 법률이 보장하는 권리일 뿐 헌법상의 기본권이거나 헌법상 제도적으로 보장되는 주관적 공권은 아니다. (19서울7) ( )

02 주민투표권은 헌법이 아니라 법률이 보장하는 참정권으로서 기본권 또는 헌법상 제도적으로 보장되는 주관적 공권으로 볼 수 없다. (19소방간부) ( )

03 지방자치법 제14조에 따라 주민투표의 대상이 되는 사항이라 하더라도 주민투표의 시행여부는 지방자치단체의 장의 임의적 재량에 맡겨져 있으므로, 지방의회가 조례로 정한 특정한 사항은 반드시 주민투표를 거치도록 규정한 조례안은 지방자치단체의 장의 고유권한을 침해하는 규정이다. (19서울7) ( )

04 지방자치법상 주민투표의 실시 여부는 지방자치단체장의 재량에 맡겨져 있다 하더라도, 지방의회가 특정한 사항에 대하여 일정한 기간 내에 반드시 주민투표를 실시하도록 규정한 조례안은 지방자치단체장의 고유권한을 침해하는 것이 아니다. (17국가7) ( )

05 출입국관리 관계 법령에 따라 국내에 계속 거주할 수 있는 자격을 갖춘 외국인으로서 조례로 정한 사람은 주민투표권이 있다. (19소방간부) ( )

정답
01 ○ 02 ○ 03 ○
04 × 침해하는 규정으로 봄
05 ○

관련 판례

1 [1] 헌법 제117조 및 제118조가 보장하고 있는 본질적인 내용은 자치단체의 보장, 자치기능의 보장 및 자치사무의 보장으로 어디까지나 지방자치단체의 자치권으로 헌법은 지역 주민들이 자신들이 선출한 자치단체의 장과 지방의회를 통하여 자치사무를 처리할 수 있는 대의제 또는 대표제 지방자치를 보장하고 있을 뿐이지 주민투표에 대하여는 어떠한 규정도 두고 있지 않다. 따라서 우리의 지방자치법이 비록 주민에게 주민투표권(제13조의2)과 조례의 제정 및 개폐청구권(제13조의3) 및 감사청구권(제13조의4)를 부여함으로써 주민이 지방자치사무에 직접 참여할 수 있는 길을 열어 놓고 있다 하더라도 이러한 제도는 어디까지나 입법자의 결단에 의하여 채택된 것일 뿐, 헌법이 이러한 제도의 도입을 보장하고 있는 것은 아니다. 그러므로 지방자치법 제13조의2가 주민투표의 법률적 근거를 마련하면서, 주민투표에 관련된 구체적 절차와 사항에 관하여는 따로 법률로 정하도록 하였다고 하더라도 주민투표에 관련된 구체적인 절차와 사항에 대하여 입법하여야 할 헌법상 의무가 국회에게 발생하였다고 할 수는 없다.

[2] 우리 헌법은 법률이 정하는 바에 따른 '선거권'과 '공무담임권' 및 국가안위에 관한 중요정책과 헌법개정에 대한 '국민투표권'만을 헌법상의 참정권으로 보장하고 있으므로, 지방자치법 제13조의2에서 규정한 주민투표권은 그 성질상 선거권, 공무담임권, 국민투표권과 전혀 다른 것이어서 이를 법률이 보장하는 참정권이라고 할 수 있을지언정 헌법이 보장하는 참정권이라고 할 수는 없다(헌재 2001.6.28, 2000헌마735).

2 지방자치법은 주민에게 주민투표권(제13조의2), 조례의 제정 및 개폐청구권(제13조의3), 감사청구권(제13조의4) 등을 부여함으로써 주민이 지방자치사무에 직접 참여할 수 있는 길을 일부 열어 놓고 있지만 이러한 제도는 어디까지나 입법에 의하여 채택된 것일 뿐 헌법에 의하여 이러한 제도의 도입이 보장되고 있는 것은 아니다(헌재 2005.12.22, 2004헌마530).

3 지방자치법은 지방의회와 지방자치단체의 장에게 독자적 권한을 부여하고 상호 견제와 균형을 이루도록 하고 있으므로, 법률에 특별한 규정이 없는 한 조례로써 견제의 범위를 넘어서 고유권한을 침해하는 규정을 둘 수 없다 할 것인바, 위 지방자치법 제13조의2 제1항에 의하면, 주민투표의 대상이 되는 사항이라 하더라도 주민투표의 시행 여부는 지방자치단체의 장의 임의적 재량에 맡겨져 있음이 분명하므로, 지방자치단체의 장의 재량으로서 투표실시 여부를 결정할 수 있도록 한 법규정에 반하여 지방의회가 조례로 정한 특정한 사항에 관하여는 일정한 기간 내에 반드시 투표를 실시하도록 규정한 조례안은 지방자치단체의 장의 고유권한을 침해하는 규정이다(대판 2002.4.26, 2002추23).

(2) 주민투표권자

주민투표법 제5조 【주민투표권】 ① 19세 이상의 주민 중 제6조 제1항에 따른 투표인명부 작성기준일 현재 다음 각 호의 어느 하나에 해당하는 사람에게는 주민투표권이 있다. 다만, 공직선거법 제18조에 따라 선거권이 없는 사람에게는 주민투표권이 없다.
1. 그 지방자치단체의 관할 구역에 주민등록이 되어 있는 사람
2. 출입국관리 관계 법령에 따라 대한민국에 계속 거주할 수 있는 자격(체류자격변경허가 또는 체류기간연장허가를 통하여 계속 거주할 수 있는 경우를 포함한다)을 갖춘 외국인으로서 지방자치단체의 조례로 정한 사람

② 주민투표권자의 연령은 투표일 현재를 기준으로 산정한다.

• 국내에 거주하는 재외국민에게 주민투표권을 인정하지 않던 주민투표법은 위헌결정으로 개정되었음.

관련 판례

이 사건 법률조항 부분은 주민등록만을 요건으로 주민투표권의 행사 여부가 결정되도록 함으로써 '주민등록을 할 수 없는 국내거주 재외국민'을 '주민등록이 된 국민인 주민'에 비해 차별하고 있고, 나아가 '주민투표권이 인정되는 외국인'과의 관계에서도 차별을 행하고 있는바, 그와 같은 차별에 아무런 합리적 근거도 인정될 수 없으므로 국내거주 재외국민의 헌법상 기본권인 평등권을 침해하는 것으로 위헌이다(헌재 2007.6.28, 2004헌마643).

(3) 주민투표의 대상

주민투표법 제7조【주민투표의 대상】 ① 주민에게 과도한 부담을 주거나 중대한 영향을 미치는 지방자치단체의 주요결정사항으로서 그 지방자치단체의 조례로 정하는 사항은 주민투표에 부칠 수 있다.
② 제1항의 규정에 불구하고 다음 각 호의 사항은 이를 주민투표에 부칠 수 없다.
1. 법령에 위반되거나 재판중인 사항
2. 국가 또는 다른 지방자치단체의 권한 또는 사무에 속하는 사항
3. 지방자치단체의 예산·회계·계약 및 재산관리에 관한 사항과 지방세·사용료·수수료·분담금 등 각종 공과금의 부과 또는 감면에 관한 사항
4. 행정기구의 설치·변경에 관한 사항과 공무원의 인사·정원 등 신분과 보수에 관한 사항
5. 다른 법률에 의하여 주민대표가 직접 의사결정주체로서 참여할 수 있는 공공시설의 설치에 관한 사항. 다만, 제9조 제5항의 규정에 의하여 지방의회가 주민투표의 실시를 청구하는 경우에는 그러하지 아니하다.
6. 동일한 사항(그 사항과 취지가 동일한 경우를 포함한다)에 대하여 주민투표가 실시된 후 2년이 경과되지 아니한 사항

관련 판례

1 **[1]** 지방자치법 제14조의 규정에 의하면, 지방자치단체의 장은 어떠한 사항이나 모두 주민투표에 붙일 수 있는 것은 아니고, 지방자치단체의 폐치·분합 또는 주민에게 과도한 부담을 주거나 중대한 영향을 미치는 지방자치단체의 주요결정사항 등에 한하여 주민투표를 붙일 수 있도록 하여 그 대상을 한정하고 있음을 알 수 있는바, 위 규정의 취지는 지방자치단체의 장이 권한을 가지고 결정할 수 있는 사항에 대하여 주민투표에 붙여 주민의 의사를 물어 행정에 반영하려는 데에 있다.

[2] 미군부대이전은 지방자치단체의 장의 권한에 의하여 결정할 수 있는 사항이 아님이 명백하므로 지방자치법 제14조 소정의 주민투표의 대상이 될 수 없다(대판 2002.4.26, 2002추23).

2 주민투표절차는 청문절차의 일환이고 그 결과에 구속적 효력이 없으므로, 이 사건 법률의 제정과정에서 주민투표를 실시하지 아니하였다 하여 적법절차원칙을 위반하였다고 할 수 없다(헌재 1994.12.29, 94헌마201).

(4) 주민투표의 청구 및 실시의 요건

① 주민, 지방의회의 청구 또는 단체장의 직권에 의한 주민투표

> **주민투표법 제9조 【주민투표의 실시요건】** ① 지방자치단체의 장은 주민 또는 지방의회의 청구에 의하거나 직권에 의하여 주민투표를 실시할 수 있다.
> ② 19세 이상 주민 중 제5조 제1항 각 호의 어느 하나에 해당하는 사람(같은 항 각 호 외의 부분 단서에 따라 주민투표권이 없는 자는 제외한다. 이하 "주민투표청구권자"라 한다)는 주민투표청구권자 총수의 20분의 1 이상 5분의 1 이하의 범위 안에서 지방자치단체의 조례로 정하는 수 이상의 서명으로 그 지방자치단체의 장에게 주민투표의 실시를 청구할 수 있다.
> ⑤ 지방의회는 재적의원 과반수의 출석과 출석의원 3분의 2 이상의 찬성으로 그 지방자치단체의 장에게 주민투표의 실시를 청구할 수 있다.
> ⑥ 지방자치단체의 장은 직권에 의하여 주민투표를 실시하고자 하는 때에는 그 지방의회 재적의원 과반수의 출석과 출석의원 과반수의 동의를 얻어야 한다.

② 중앙행정기관의 요구에 의한 주민투표

> **주민투표법 제8조 【국가정책에 관한 주민투표】** ① 중앙행정기관의 장은 지방자치단체의 폐치·분합 또는 구역변경, 주요시설의 설치 등 국가정책의 수립에 관하여 주민의 의견을 듣기 위하여 필요하다고 인정하는 때에는 주민투표의 실시구역을 정하여 관계 지방자치단체의 장에게 주민투표의 실시를 요구할 수 있다. 이 경우 중앙행정기관의 장은 미리 행정안전부장관과 협의하여야 한다.
> ② 지방자치단체의 장은 제1항의 규정에 의하여 주민투표의 실시를 요구받은 때에는 지체 없이 이를 공표하여야 하며, 공표일부터 30일 이내에 그 지방의회의 의견을 들어야 한다.
> ③ 제2항의 규정에 의하여 지방의회의 의견을 들은 지방자치단체의 장은 그 결과를 관계 중앙행정기관의 장에게 통지하여야 한다.
> ④ 제1항의 규정에 의한 주민투표에 관하여는 제7조, 제16조, 제24조 제1항·제5항·제6항, 제25조 및 제26조의 규정을 적용하지 아니한다.

관련 판례

주민투표법 제8조는 국가정책의 수립에 참고하기 위한 주민투표에 대해 규정하고 있는데 규정의 문언으로 볼 때 중앙행정기관의 장은 실시 여부 및 구체적 실시구역에 관해 상당한 범위의 재량을 가진다고 볼 수 있다. 이를 감안할 때 중앙행정기관의 장으로부터 실시요구를 받은 지방자치단체 내지 지방자치단체장으로서는 주민투표 발의에 관한 결정권한, 의회의 의견표명을 비롯하여 투표시행에 관련되는 권한을 가지게 된다고 하더라도, 나아가 지방자치단체가 중앙행정기관장으로부터 제8조의 주민투표 실시요구를 받지 않은 상태에서 일정한 경우 중앙행정기관에게 실시요구를 해 줄 것을 요구할 수 있는 권한까지 가지고 있다고 보기는 어렵다(헌재 2005.12.22, 2005헌라5).

기출지문 OX

01 지방자치단체의 장은 직권에 의하여 주민투표를 실시하고자 하는 때에는 당해 지방의회 재적의원 과반수의 출석과 출석의원 과반수의 동의를 얻어야 한다. (06관세) ( )

정답
01 ○

(5) 주민투표의 실시

① 주민투표사무의 관리

주민투표법 제3조【주민투표사무의 관리】① 주민투표사무는 이 법에 특별한 규정이 있는 경우를 제외하고는 특별시·광역시 또는 도에 있어서는 특별시·광역시·도 선거관리위원회가, 자치구·시 또는 군에 있어서는 구·시·군 선거관리위원회가 관리한다.

② 주민투표의 형식

주민투표법 제15조【주민투표의 형식】주민투표는 특정한 사항에 대하여 찬성 또는 반대의 의사표시를 하거나 두 가지 사항중 하나를 선택하는 형식으로 실시하여야 한다.

③ 주민투표실시구역

주민투표법 제16조【주민투표실시구역】주민투표는 그 지방자치단체의 관할구역 전체를 대상으로 실시한다. 다만, 특정한 지역 또는 주민에게만 이해관계가 있는 사항인 경우 지방자치단체의 장이 지방의회의 동의를 얻은 때에는 관계 시·군·구 또는 읍·면·동을 대상으로 주민투표를 실시할 수 있다.

(6) 주민투표결과의 확정 및 효력

① 주민, 지방의회의 청구 또는 단체장의 직권에 의한 주민투표의 경우

주민투표법 제24조【주민투표결과의 확정】① 주민투표에 부쳐진 사항은 주민투표권자 총수의 3분의 1 이상의 투표와 유효투표수 과반수의 득표로 확정된다. 다만, 다음 각 호의 어느 하나에 해당하는 경우에는 찬성과 반대 양자를 모두 수용하지 아니하거나, 양자택일의 대상이 되는 사항 모두를 선택하지 아니하기로 확정된 것으로 본다.
1. 전체 투표수가 주민투표권자 총수의 3분의 1에 미달되는 경우
2. 주민투표에 부쳐진 사항에 관한 유효득표수가 동수인 경우
② 전체 투표수가 주민투표권자 총수의 3분의 1에 미달되는 때에는 개표를 하지 아니한다.
③ 관할선거관리위원회는 개표가 끝난 때에는 지체 없이 그 결과를 공표한 후 지방자치단체의 장에게 통지하여야 한다. 제2항의 규정에 의하여 개표를 하지 아니한 때에도 또한 같다.
④ 지방자치단체의 장은 제3항의 규정에 의하여 주민투표결과를 통지받은 때에는 지체 없이 이를 지방의회에 보고하여야 하며, 제8조의 규정에 의한 국가정책에 관한 주민투표인 때에는 관계 중앙행정기관의 장에게 주민투표결과를 통지하여야 한다.
⑤ 지방자치단체의 장 및 지방의회는 주민투표결과 확정된 내용대로 행정·재정상의 필요한 조치를 하여야 한다.
⑥ 지방자치단체의 장 및 지방의회는 주민투표결과 확정된 사항에 대하여 2년 이내에는 이를 변경하거나 새로운 결정을 할 수 없다. 다만, 제1항 단서의 규정에 의하여 찬성과 반대 양자를 모두 수용하지 아니하거나 양자택일의 대상이 되는 사항 모두를 선택하지 아니하기로 확정된 때에는 그러하지 아니하다.

기출지문 OX

01 서울특별시의 주민투표사무는 주민투표법에 특별한 규정이 있는 경우를 제외하고 서울특별시 선거관리위원회가 관리한다. (19소방간부) ( )

정답
01 O

기출지문 OX

01 지방자치단체의 장은 국가정책에 대한 주민투표를 발의할 수 있지만 주민투표의 결과는 법적 구속력이 없다. (08국회8) ( )

02 국가의 정책에 관한 주민투표 결과에 대한 확정이 있으면, 지방자치단체의 장은 그 내용대로 행정·재정상의 필요한 조치를 하여야 한다. (18변시, 06관세) ( )

03 주민투표의 효력에 관하여 이의가 있는 주민투표권자는 지방자치단체의 장을 피소청인으로 하여 특별시·광역시·도 선거관리위원회와 중앙선거관리위원회에 소청할 수 있다. (06관세) ( )

04 주민투표의 효력은 행정쟁송의 대상이 되지 않으며 이에 대한 이의가 있는 경우 헌법재판소에 권한쟁의심판을 제기하여야 한다. (19소방간부) ( )

정답
01 ○
02 × 법적 구속력 없음
03 × 04 ×

② 중앙행정기관의 요구에 의한 주민투표의 경우

> **주민투표법 제8조【국가정책에 관한 주민투표】** ④ 제1항의 규정에 의한 주민투표에 관하여는 제7조, 제16조, 제24조 제1항·제5항·제6항, 제25조 및 제26조의 규정을 적용하지 아니한다.

- 국가정책과 관련한 주민투표의 결과는 법적 구속력이 없음(주민투표법 제8조 제4항이 제24조 제5항, 제6항을 준용하지 않음).
- 따라서 이에 대한 소송(주민투표소송)도 불가능함(주민투표법 제8조 제4항이 제25조를 준용하지 않음).

관련 판례

1 이 사건 법률조항이 국가정책에 관한 주민투표의 경우에 주민투표소송을 배제함으로써 지방자치단체의 주요결정사항에 관한 주민투표의 경우와 달리 취급하였다 하더라도, 이는 양자 사이의 본질적인 차이를 감안한 것으로서 입법자의 합리적인 입법형성의 영역 내의 것이라 할 것이고, 따라서 자의적인 차별이라고는 보기 어려우므로, 이 사건 법률조항이 청구인들의 평등권을 침해한다고 볼 수 없다(헌재 2009.3.26, 2006헌마99).

2 주민투표법 제8조에 따른 국가정책에 대한 주민투표는 주민의 의견을 묻는 의견수렴으로서의 성격을 갖는 것이고, 주민투표권의 일반적 성격을 보더라도 이는 법률이 보장하는 참정권이라고 할 수 있을지언정 헌법이 보장하는 참정권이라고 할 수는 없으므로, 설령 이 사건 선정공고로 인하여 청구인의 주민투표권이 박탈되는 측면이 있다 하더라도 이는 기본권으로서 참정권의 침해에 해당하지 않는다(헌재 2008.12.26, 2005헌마1158).

(7) 주민투표에 대한 불복절차

- 불복은 청구 또는 직권에 의한 주민투표에 대해서만 가능함.

① 소청제기

> **주민투표법 제25조【주민투표소송 등】** ① 주민투표의 효력에 관하여 이의가 있는 주민투표권자는 주민투표권자 총수의 100분의 1 이상의 서명으로 제24조 제3항의 규정에 의하여 주민투표결과가 공표된 날부터 14일 이내에 관할선거관리위원회 위원장을 피소청인으로 하여 시·군 및 자치구에 있어서는 특별시·광역시·도 선거관리위원회에, 특별시·광역시 및 도에 있어서는 중앙선거관리위원회에 소청할 수 있다.

② 소송제기

> **주민투표법 제25조【주민투표소송 등】** ② 제1항의 소청에 대한 결정에 관하여 불복이 있는 소청인은 관할선거관리위원회위원장을 피고로 하여 그 결정서를 받은 날(결정서를 받지 못한 때에는 결정기간이 종료된 날을 말한다)부터 10일 이내에 특별시·광역시 및 도에 있어서는 대법원에, 시·군 및 자치구에 있어서는 관할 고등법원에 소를 제기할 수 있다.

7. 조례의 제정 · 개정 · 폐지 청구권

- 2021 개정법에서는 기존 지방자치법 제15조, 제15조의2에 규정된 주민의 조례 제정 · 개정 · 폐지 청구 절차를 '주민조례발안법'에서 따로 규정하도록 하였음.

지방자치법 제19조 <구15조> **【조례의 제정과 개정 · 폐지 청구】** ① 주민은 지방자치단체의 조례를 제정하거나 개정하거나 폐지할 것을 청구할 수 있다.
② 조례의 제정 · 개정 또는 폐지 청구의 청구권자 · 청구대상 · 청구요건 및 절차 등에 관한 사항은 따로 법률로 정한다.

주민조례발안에 관한 법률 [시행 2022.1.13.]

제1조 【목적】 이 법은 지방자치법 제19조에 따른 주민의 조례 제정과 개정 · 폐지 청구에 필요한 사항을 규정함으로써 주민의 직접참여를 보장하고 지방자치행정의 민주성과 책임성을 제고함을 목적으로 한다.

제2조 【주민조례청구권자】 18세 이상의 주민으로서 다음 각 호의 어느 하나에 해당하는 사람(공직선거법 제18조에 따른 선거권이 없는 사람은 제외한다. 이하 "청구권자"라 한다)은 해당 지방자치단체의 의회(이하 "지방의회"라 한다)에 조례를 제정하거나 개정 또는 폐지할 것을 청구(이하 "주민조례청구"라 한다)할 수 있다.
1. 해당 지방자치단체의 관할 구역에 주민등록이 되어 있는 사람
2. 출입국관리법 제10조에 따른 영주(永住)할 수 있는 체류자격 취득일 후 3년이 지난 외국인으로서 같은 법 제34조에 따라 해당 지방자치단체의 외국인등록대장에 올라 있는 사람

제4조 【주민조례청구 제외 대상】 다음 각 호의 사항은 주민조례청구 대상에서 제외한다.
1. 법령을 위반하는 사항
2. 지방세 · 사용료 · 수수료 · 부담금을 부과 · 징수 또는 감면하는 사항
3. 행정기구를 설치하거나 변경하는 사항
4. 공공시설의 설치를 반대하는 사항

제5조 【주민조례청구 요건】 ① 청구권자가 주민조례청구를 하려는 경우에는 다음 각 호의 구분에 따른 기준 이내에서 해당 지방자치단체의 조례로 정하는 청구권자 수 이상이 연대 서명하여야 한다.
1. 특별시 및 인구 800만 이상의 광역시 · 도: 청구권자 총수의 200분의 1
2. 인구 800만 미만의 광역시 · 도, 특별자치시, 특별자치도 및 인구 100만 이상의 시: 청구권자 총수의 150분의 1
3. 인구 50만 이상 100만 미만의 시 · 군 및 자치구: 청구권자 총수의 100분의 1
4. 인구 10만 이상 50만 미만의 시 · 군 및 자치구: 청구권자 총수의 70분의 1
5. 인구 5만 이상 10만 미만의 시 · 군 및 자치구: 청구권자 총수의 50분의 1
6. 인구 5만 미만의 시 · 군 및 자치구: 청구권자 총수의 20분의 1

② 청구권자 총수는 전년도 12월 31일 현재의 주민등록표 및 외국인등록표에 따라 산정한다.
③ 지방자치단체의 장은 매년 1월 10일까지 제2항에 따라 산정한 청구권자 총수를 공표하여야 한다.

제13조 【주민청구조례안의 심사 절차】 ① 지방의회는 제12조 제1항에 따라 주민청구조례안이 수리된 날부터 1년 이내에 주민청구조례안을 의결하여야 한다. 다만, 필요한 경우에는 본회의 의결로 1년 이내의 범위에서 한 차례만 그 기간을 연장할 수 있다.
② 지방의회는 심사 안건으로 부쳐진 주민청구조례안을 의결하기 전에 대표자를 회의에 참석시켜 그 청구의 취지(대표자와의 질의 · 답변을 포함한다)를 들을 수 있다.
③ 지방자치법 제79조 단서에도 불구하고 주민청구조례안은 제12조 제1항에 따라 주민청구조례안을 수리한 당시의 지방의회의원의 임기가 끝나더라도 다음 지방의회의원의 임기까지는 의결되지 못한 것 때문에 폐기되지 아니한다.

④ 제1항부터 제3항까지에서 규정한 사항 외에 주민청구조례안의 심사 절차에 관하여 필요한 사항은 지방의회의 회의규칙으로 정한다.

구법 제15조【조례의 제정과 개폐 청구】 ① 19세 이상의 주민으로서 다음 각 호의 어느 하나에 해당하는 사람(공직선거법 제18조에 따른 선거권이 없는 자는 제외한다. 이하 이 조 및 제16조에서 "19세 이상의 주민"이라 한다)은 시·도와 제175조에 따른 인구 50만 이상 대도시에서는 19세 이상 주민 총수의 100분의 1 이상 70분의 1 이하, 시·군 및 자치구에서는 19세 이상 주민 총수의 50분의 1 이상 20분의 1 이하의 범위에서 지방자치단체의 조례로 정하는 19세 이상의 주민 수 이상의 연서(連署)로 해당 지방자치단체의 장에게 조례를 제정하거나 개정하거나 폐지할 것을 청구할 수 있다.

1. 해당 지방자치단체의 관할 구역에 주민등록이 되어 있는 사람
2. 재외동포의 출입국과 법적 지위에 관한 법률 제6조 제1항에 따라 해당 지방자치단체의 국내거소신고인명부에 올라 있는 국민
3. 출입국관리법 제10조에 따른 영주의 체류자격 취득일 후 3년이 경과한 외국인으로서 같은 법 제34조에 따라 해당 지방자치단체의 외국인등록대장에 올라 있는 사람

② 다음 각 호의 사항은 제1항에 따른 청구대상에서 제외한다.

1. 법령을 위반하는 사항
2. 지방세·사용료·수수료·부담금의 부과·징수 또는 감면에 관한 사항
3. 행정기구를 설치하거나 변경하는 것에 관한 사항이나 공공시설의 설치를 반대하는 사항

③ 지방자치단체의 19세 이상의 주민이 제1항에 따라 조례를 제정하거나 개정하거나 폐지할 것을 청구하려면 청구인의 대표자를 선정하여 청구인명부에 적어야 하며, 청구인의 대표자는 조례의 제정안·개정안 및 폐지안(이하 "주민청구조례안"이라 한다)을 작성하여 제출하여야 한다.

④ 지방자치단체의 장은 제1항에 따른 청구를 받으면 청구를 받은 날부터 5일 이내에 그 내용을 공표하여야 하며, 청구를 공표한 날부터 10일간 청구인명부나 그 사본을 공개된 장소에 갖추어두어 열람할 수 있도록 하여야 한다.

⑤ 청구인명부의 서명에 관하여 이의가 있는 자는 제4항에 따른 열람기간에 해당 지방자치단체의 장에게 이의를 신청할 수 있다.

⑥ 지방자치단체의 장은 제5항에 따른 이의신청을 받으면 제4항에 따른 열람기간이 끝난 날부터 14일 이내에 심사·결정하되, 그 신청이 이유 있다고 결정한 때에는 청구인명부를 수정하고, 이를 이의신청을 한 자와 제3항에 따른 청구인의 대표자에게 알려야 하며, 그 이의신청이 이유 없다고 결정한 때에는 그 뜻을 즉시 이의신청을 한 자에게 알려야 한다.

⑦ 지방자치단체의 장은 제5항에 따른 이의신청이 없는 경우 또는 제5항에 따라 제기된 모든 이의신청에 대하여 제6항에 따른 결정이 끝난 경우 제1항 및 제2항에 따른 요건을 갖춘 때에는 청구를 수리하고, 그러하지 아니한 때에는 청구를 각하하되, 수리 또는 각하 사실을 청구인의 대표자에게 알려야 한다.

⑧ 지방자치단체의 장은 제7항에 따라 청구를 각하하려면 청구인의 대표자에게 의견을 제출할 기회를 주어야 한다.

⑨ 지방자치단체의 장은 제7항에 따라 청구를 수리한 날부터 60일 이내에 주민청구조례안을 지방의회에 제출하여야 하며, 그 결과를 청구인의 대표자에게 알려야 한다.

제15조의2【주민청구조례안의 심사절차】 ① 지방자치단체의 장은 제15조에 따라 청구된 주민청구조례안에 대하여 의견이 있으면 제15조 제9항에 따라 주민청구조례안을 지방의회에 제출할 때 그 의견을 첨부할 수 있다.

② 지방의회는 심사 안건으로 부쳐진 주민청구조례안을 의결하기 전에 청구인의 대표자를 회의에 참석시켜 그 청구취지(청구인의 대표자와의 질의·답변을 포함한다)를 들을 수 있다.

8. 규칙의 제정·개정·폐지에 대한 의견제출권

• 2021 개정법은 지방자치단체 장이 제정하는 규칙의 제정·개정·폐지에 관한 의견을 제출할 수 있는 권리 조항을 신설하였음.

지방자치법 제20조【규칙의 제정과 개정·폐지 의견 제출】 ① 주민은 제29조에 따른 규칙(권리·의무와 직접 관련되는 사항으로 한정한다)의 제정, 개정 또는 폐지와 관련된 의견을 해당 지방자치단체의 장에게 제출할 수 있다.
② 법령이나 조례를 위반하거나 법령이나 조례에서 위임한 범위를 벗어나는 사항은 제1항에 따른 의견 제출 대상에서 제외한다.
③ 지방자치단체의 장은 제1항에 따라 제출된 의견에 대하여 의견이 제출된 날부터 30일 이내에 검토 결과를 그 의견을 제출한 주민에게 통보하여야 한다.
④ 제1항에 따른 의견 제출, 제3항에 따른 의견의 검토와 결과 통보의 방법 및 절차는 해당 지방자치단체의 조례로 정한다.

9. 주민감사청구권

(1) 감사청구요건

• 2021 개정법은 주민감사청구의 연령을 기존 19세에서 18세로 낮추어 규정하였음.

지방자치법 제21조 <구16조> 【주민의 감사 청구】 ① 지방자치단체의 18세 이상의 주민으로서 다음 각 호의 어느 하나에 해당하는 사람(공직선거법 제18조에 따른 선거권이 없는 사람은 제외한다. 이하 이 조에서 "18세 이상의 주민"이라 한다)은 시·도는 300명, 제198조에 따른 인구 50만 이상 대도시는 200명, 그 밖의 시·군 및 자치구는 150명 이내에서 그 지방자치단체의 조례로 정하는 수 이상의 18세 이상의 주민이 연대 서명하여 그 지방자치단체와 그 장의 권한에 속하는 사무의 처리가 법령에 위반되거나 공익을 현저히 해친다고 인정되면 시·도의 경우에는 주무부장관에게, 시·군 및 자치구의 경우에는 시·도지사에게 감사를 청구할 수 있다.
1. 해당 지방자치단체의 관할 구역에 주민등록이 되어 있는 사람
2. 출입국관리법 제10조에 따른 영주할 수 있는 체류자격 취득일 후 3년이 경과한 외국인으로서 같은 법 제34조에 따라 해당 지방자치단체의 외국인등록대장에 올라 있는 사람

② 다음 각 호의 사항은 감사 청구의 대상에서 제외한다.
1. 수사나 재판에 관여하게 되는 사항
2. 개인의 사생활을 침해할 우려가 있는 사항
3. 다른 기관에서 감사하였거나 감사 중인 사항. 다만, 다른 기관에서 감사한 사항이라도 새로운 사항이 발견되거나 중요 사항이 감사에서 누락된 경우와 제22조 제1항에 따라 주민소송의 대상이 되는 경우에는 그러하지 아니하다.
4. 동일한 사항에 대하여 제22조 제2항 각 호의 어느 하나에 해당하는 소송이 진행 중이거나 그 판결이 확정된 사항

기출지문 OX

01 지방자치단체와 그 장의 권한에 속하는 사무의 처리가 법령에 위반되거나 공익을 현저히 해친다고 인정되면 주민감사를 청구할 수 있다. (08지방7) ( )

02 주민감사청구권은 지방자치단체에 있는 감사기관에 대한 청구권 행사를 말한다. (00검찰9) ( )

03 주민감사청구는 시·도에서는 주무부장관, 시·군 및 자치구에서는 시·도지사에게 할 수 있다. (08지방7) ( )

04 주민감사를 청구하기 위해서는 19세 이상 주민의 일정 수 이상의 연서를 받아야 한다. (08지방7) ( )

05 주민감사청구는 다수의 주민에 의하지만, 주민소송은 1인이 제기할 수 있다. (06국가7) ( )

06 감사청구권의 대상이 되는 사항으로는 기관위임사무도 포함된다. (06관세) ( )

정답
01 ○ 02 × 감독기관
03 ○ 04 × 18세
05 ○ 06 ○

기출지문 OX

④ 지방자치단체의 18세 이상의 주민이 제1항에 따라 감사를 청구하려면 청구인의 대표자를 선정하여 청구인명부에 적어야 하며, 청구인의 대표자는 감사청구서를 작성하여 주무부장관 또는 시·도지사에게 제출하여야 한다.

구법 제16조【주민의 감사청구】 ① 지방자치단체의 19세 이상의 주민은 시·도는 500명, 제175조에 따른 인구 50만 이상 대도시는 300명, 그 밖의 시·군 및 자치구는 200명을 넘지 아니하는 범위에서 그 지방자치단체의 조례로 정하는 19세 이상의 주민 수 이상의 연서(連署)로, 시·도에서는 주무부장관에게, 시·군 및 자치구에서는 시·도지사에게 그 지방자치단체와 그 장의 권한에 속하는 사무의 처리가 법령에 위반되거나 공익을 현저히 해친다고 인정되면 감사를 청구할 수 있다. 다만, 다음 각 호의 어느 하나에 해당하는 사항은 감사청구의 대상에서 제외한다.

1. 수사나 재판에 관여하게 되는 사항
2. 개인의 사생활을 침해할 우려가 있는 사항
3. 다른 기관에서 감사하였거나 감사 중인 사항. 다만, 다른 기관에서 감사한 사항이라도 새로운 사항이 발견되거나 중요 사항이 감사에서 누락된 경우와 제17조 제1항에 따라 주민소송의 대상이 되는 경우에는 그러하지 아니하다.
4. 동일한 사항에 대하여 제17조 제2항 각 호의 어느 하나에 해당하는 소송이 진행 중이거나 그 판결이 확정된 사항

01 주민감사청구는 당해 사무처리가 있었던 날 또는 끝난 날부터 2년 이내에 하여야 하나, 정당한 사유가 있는 경우에는 그러하지 아니하다. (08지방7) ( )

(2) 감사청구기간

지방자치법 제21조 <구16조> **【주민의 감사 청구】** ③ 제1항에 따른 청구는 사무처리가 있었던 날이나 끝난 날부터 3년이 지나면 제기할 수 없다.

구법 제16조【주민의 감사청구】 ② 제1항에 따른 청구는 사무처리가 있었던 날이나 끝난 날부터 2년이 지나면 제기할 수 없다.

(3) 감사 절차 등

지방자치법 제21조 <구16조> **【주민의 감사 청구】** ⑤ 주무부장관이나 시·도지사는 제1항에 따른 청구를 받으면 청구를 받은 날부터 5일 이내에 그 내용을 공표하여야 하며, 청구를 공표한 날부터 10일간 청구인명부나 그 사본을 공개된 장소에 갖추어 두어 열람할 수 있도록 하여야 한다.

⑥ 청구인명부의 서명에 관하여 이의가 있는 사람은 제5항에 따른 열람기간에 해당 주무부장관이나 시·도지사에게 이의를 신청할 수 있다.

⑦ 주무부장관이나 시·도지사는 제6항에 따른 이의신청을 받으면 제5항에 따른 열람기간이 끝난 날부터 14일 이내에 심사·결정하되, 그 신청이 이유 있다고 결정한 경우에는 청구인명부를 수정하고, 그 사실을 이의신청을 한 사람과 제4항에 따른 청구인의 대표자에게 알려야 하며, 그 이의신청이 이유 없다고 결정한 경우에는 그 사실을 즉시 이의신청을 한 사람에게 알려야 한다.

⑧ 주무부장관이나 시·도지사는 제6항에 따른 이의신청이 없는 경우 또는 제6항에 따라 제기된 모든 이의신청에 대하여 제7항에 따른 결정이 끝난 경우로서 제1항부터 제3항까지의 규정에 따른 요건을 갖춘 경우에는 청구를 수리하고, 그러하지 아니한 경우에는 청구를 각하하되, 수리 또는 각하 사실을 청구인의 대표자에게 알려야 한다.

정답

01 × 3년, 정당한 사유를 고려하지 아니함

⑨ 주무부장관이나 시·도지사는 감사 청구를 수리한 날부터 60일 이내에 감사 청구된 사항에 대하여 감사를 끝내야 하며, 감사 결과를 청구인의 대표자와 해당 지방자치단체의 장에게 서면으로 알리고, 공표하여야 한다. 다만, 그 기간에 감사를 끝내기가 어려운 정당한 사유가 있으면 그 기간을 연장할 수 있으며, 기간을 연장할 때에는 미리 청구인의 대표자와 해당 지방자치단체의 장에게 알리고, 공표하여야 한다.
⑩ 주무부장관이나 시·도지사는 주민이 감사를 청구한 사항이 다른 기관에서 이미 감사한 사항이거나 감사 중인 사항이면 그 기관에서 한 감사 결과 또는 감사 중인 사실과 감사가 끝난 후 그 결과를 알리겠다는 사실을 청구인의 대표자와 해당 기관에 지체 없이 알려야 한다.
⑪ 주무부장관이나 시·도지사는 주민 감사 청구를 처리(각하를 포함한다)할 때 청구인의 대표자에게 반드시 증거 제출 및 의견 진술의 기회를 주어야 한다.

구법 제16조【주민의 감사청구】 ③ 주무부장관이나 시·도지사는 감사청구를 수리한 날부터 60일 이내에 감사청구된 사항에 대하여 감사를 끝내야 하며, 감사 결과를 청구인의 대표자와 해당 지방자치단체의 장에게 서면으로 알리고, 공표하여야 한다. 다만, 그 기간에 감사를 끝내기가 어려운 정당한 사유가 있으면 그 기간을 연장할 수 있다. 이 경우 이를 미리 청구인의 대표자와 해당 지방자치단체의 장에게 알리고, 공표하여야 한다.
④ 주무부장관이나 시·도지사는 주민이 감사를 청구한 사항이 다른 기관에서 이미 감사한 사항이거나 감사 중인 사항이면 그 기관에서 실시한 감사결과 또는 감사 중인 사실과 감사가 끝난 후 그 결과를 알리겠다는 사실을 청구인의 대표자와 해당 기관에 지체 없이 알려야 한다.
⑤ 주무부장관이나 시·도지사는 주민 감사청구를 처리(각하를 포함한다)할 때 청구인의 대표자에게 반드시 증거 제출 및 의견 진술의 기회를 주어야 한다.

(4) 감사결과의 이행

지방자치법 제21조 <구16조>【주민의 감사 청구】 ⑫ 주무부장관이나 시·도지사는 제9항에 따른 감사 결과에 따라 기간을 정하여 해당 지방자치단체의 장에게 필요한 조치를 요구할 수 있다. 이 경우 그 지방자치단체의 장은 이를 성실히 이행하여야 하고, 그 조치 결과를 지방의회와 주무부장관 또는 시·도지사에게 보고하여야 한다.
⑬ 주무부장관이나 시·도지사는 제12항에 따른 조치 요구 내용과 지방자치단체의 장의 조치 결과를 청구인의 대표자에게 서면으로 알리고, 공표하여야 한다.

구법 제16조【주민의 감사청구】 ⑥ 주무부장관이나 시·도지사는 제3항에 따른 감사결과에 따라 기간을 정하여 해당 지방자치단체의 장에게 필요한 조치를 요구할 수 있다. 이 경우 그 지방자치단체의 장은 이를 성실히 이행하여야 하고 그 조치결과를 지방의회와 주무부장관 또는 시·도지사에게 보고하여야 한다.
⑦ 주무부장관이나 시·도지사는 제6항에 따른 조치요구내용과 지방자치단체의 장의 조치결과를 청구인의 대표자에게 서면으로 알리고, 공표하여야 한다.

10. 주민소송제기권

(1) 의의

- 주민소송이란 주민이 지방자치단체의 위법한 재무회계행위를 시정하기 위해 법원에 제기하는 소송을 의미함.
- 객관소송이며 민중소송임.

기출지문 OX

01 주민소송은 지방자치단체의 적법성 통제를 목적으로 하는 객관소송이다. (09관세) ( )

02 주민소송은 행정소송법 제3조에서 규정하고 있는 민중소송에 해당한다. (13국가7) ( )

정답
01 ○ 02 ○

기출지문 OX

01 주민감사청구를 제기한 모든 사항에 대해서 불복사유가 있는 경우 주민소송을 제기할 수 있다. (09관세) ( )

02 주민소송은 지방자치단체장의 부당이나 위법행위로 인해 권익이 침해되거나 재산상 손실을 입은 자만이 제기할 수 있다. (15서울7) ( )

03 주민의 감사청구와는 달리 주민소송은 지방자치법상 인정되고 있지 않다. (16행정사) ( )

04 주민소송과 관련된 세부사항은 주민소송법에서 별도로 정하고 있다. (17행정사) ( )

정답

01 × 위법한 재무회계행위에 대해 감사청구한 주민만 가능함
02 × 권익침해·손실 등은 요건이 아님
03 × 인정됨
04 × 지방자치법에서 규정. 주민소송법은 존재하지 않음

(2) 주민소송 대상과 제소사유

지방자치법 제22조 <구17조> 【주민소송】 ① 제21조 제1항에 따라 공금의 지출에 관한 사항, 재산의 취득·관리·처분에 관한 사항, 해당 지방자치단체를 당사자로 하는 매매·임차·도급 계약이나 그 밖의 계약의 체결·이행에 관한 사항 또는 지방세·사용료·수수료·과태료 등 공금의 부과·징수를 게을리한 사항을 감사 청구한 주민은 다음 각 호의 어느 하나에 해당하는 경우에 그 감사 청구한 사항과 관련이 있는 위법한 행위나 업무를 게을리한 사실에 대하여 해당 지방자치단체의 장(해당 사항의 사무처리에 관한 권한을 소속 기관의 장에게 위임한 경우에는 그 소속 기관의 장을 말한다. 이하 이 조에서 같다)을 상대방으로 하여 소송을 제기할 수 있다.

1. 주무부장관이나 시·도지사가 감사 청구를 수리한 날부터 60일(제21조 제9항 단서에 따라 감사기간이 연장된 경우에는 연장된 기간이 끝난 날을 말한다)이 지나도 감사를 끝내지 아니한 경우
2. 제21조 제9항 및 제10항에 따른 감사 결과 또는 같은 조 제12항에 따른 조치 요구에 불복하는 경우
3. 제21조 제12항에 따른 주무부장관이나 시·도지사의 조치 요구를 지방자치단체의 장이 이행하지 아니한 경우
4. 제21조 제12항에 따른 지방자치단체의 장의 이행 조치에 불복하는 경우

관련 판례

1 [1] 구 지방자치법 제17조에 규정된 주민소송의 대상으로서 '공금의 지출에 관한 사항'이란 지출원인행위 즉, 지방자치단체의 지출원인이 되는 계약 그 밖의 행위로서 당해 행위에 의하여 지방자치단체가 지출의무를 부담하는 예산집행의 최초 행위와 그에 따른 지급명령 및 지출 등에 한정되고, 특별한 사정이 없는 한 이러한 지출원인행위 등에 선행하여 그러한 지출원인행위를 수반하게 하는 당해 지방자치단체의 장 및 직원, 지방의회의원의 결정 등과 같은 행위는 포함되지 않는다고 보아야 한다.

[2] 구 지방자치법 제17조에 규정된 주민소송의 대상인 '공금의 지출에 관한 사항'에는 지출원인행위에 선행하는 당해 지방자치단체의 장 및 직원, 지방의회의원의 결정 등과 같은 행위가 포함되지 않으므로 선행행위에 위법사유가 존재하더라도 이는 주민소송의 대상이 되지 않는다. 그러나 지출원인행위 등을 하는 행정기관이 선행행위의 행정기관과 동일하거나 선행행위에 대한 취소·정지권을 갖는 경우 지출원인행위 등을 하는 행정기관은 지방자치단체에 직접적으로 지출의무를 부담하게 하는 지출원인행위 단계에서 선행행위의 타당성 또는 재정상 합리성을 다시 심사할 의무가 있는 점, 이러한 심사를 통하여 선행행위가 현저하게 합리성을 결하고 있다는 것을 확인하여 이를 시정할 수 있었음에도 그에 따른 지출원인행위 등을 그대로 진행하는 것은 부당한 공금 지출이 되어 지방재정의 건전하고 적정한 운용에 반하는 점, 지출원인행위 자체에 고유한 위법이 있는 경우뿐만 아니라 선행행위에 간과할 수 없는 하자가 존재하고 있음에도 이에 따른 지출원인행위 등 단계에서 심사 및 시정의무를 소홀히 한 경우에도 당해 지출원인행위를 위법하다고 보아야 하는 점 등에 비추어 보면, 선행행위가 현저하게 합리성을 결하여 그 때문에 지방재정의 적정성 확보라는 관점에서 지나칠 수 없는 하자가 존재하는 경우에는 지출원인행위 단계에서 선행행위를 심사하여 이를 시정해야 할 회계관계 법규상 의무가 있다고 보아야 한다. 따라서 이러한 하자를 간과하여 그대로 지출원인행위 및 그에 따른 지급명령·지출 등 행위에 나아간 경우에는

그러한 지출원인행위 등 자체가 회계관계 법규에 반하여 위법하다고 보아야 하고, 이러한 위법사유가 존재하는지를 판단할 때에는 선행행위와 지출원인행위의 관계, 지출원인행위 당시 선행행위가 위법하여 직권으로 취소하여야 할 사정이 있었는지 여부, 지출원인행위 등을 한 당해 지방자치단체의 장 및 직원 등이 선행행위의 위법성을 명백히 인식하였거나 이를 인식할 만한 충분한 객관적인 사정이 존재하여 선행행위를 시정할 수 있었는지 등을 종합적으로 고려해야 한다.

[3] 시장 甲이 도시개발에 따른 교통난을 해소하기 위해 도로확장공사계획을 수립하고, 건설회사와 공사도급계약을 체결하여 공정을 마무리하였으나 해당 도로가 군용항공기지법 제8조에 반하여 비행안전구역에 개설되었다는 이유로 개통이 취소되자, 주민 乙 등이 甲을 비롯한 시청 소속 공무원들이 도로개설 사업을 강행함으로써 예산을 낭비하였다며 구 지방자치법 제13조의4에 따른 주민감사청구를 한 후 시장을 상대로 구 지방자치법 제13조의5 제2항 제4호에 따라 甲에게 손해배상청구를 할 것을 요구하는 소송을 제기한 사안에서, 선행행위인 도로확장계획 등에 일부 위법사유가 존재하더라도 현저하게 합리성을 결하여 지출원인행위인 공사도급계약 체결에 지나칠 수 없는 하자가 있다고 보기 어렵고, 공사도급계약 체결 단계에서 선행행위를 다시 심사하여 이를 시정해야 할 회계관계 법규상 의무를 위반하여 그대로 지출원인행위 등으로 나아간 경우에 해당한다고 보기 어렵다는 이유로, 乙 등의 청구를 배척한 원심의 결론을 정당하다고 한 사례(대판 2011.12.22, 2009두14309).

2 사랑의 교회 사건

주민소송 제도는 지방자치단체 주민이 지방자치단체의 위법한 재무회계행위의 방지 또는 시정을 구하거나 그로 인한 손해의 회복 청구를 요구할 수 있도록 함으로써 지방자치단체의 재무행정의 적법성과 지방재정의 건전하고 적정한 운영을 확보하려는 데 목적이 있다. 그러므로 주민소송은 원칙적으로 지방자치단체의 재무회계에 관한 사항의 처리를 직접 목적으로 하는 행위에 대하여 제기할 수 있고, 구 지방자치법 제17조 제1항에서 주민소송의 대상으로 규정한 '재산의 취득·관리·처분에 관한 사항'에 해당하는지도 그 기준에 의하여 판단하여야 한다. 특히 도로 등 공물이나 공공용물을 특정 사인이 배타적으로 사용하도록 하는 점용허가가 도로 등의 본래 기능 및 목적과 무관하게 그 사용가치를 실현·활용하기 위한 것으로 평가되는 경우에는 주민소송의 대상이 되는 재산의 관리·처분에 해당한다(대판 2016.5.27, 2014두8490).

3 [1] 주민소송 제도는 주민으로 하여금 지방자치단체의 위법한 재무회계행위의 방지 또는 시정을 구할 수 있도록 함으로써 지방재무회계에 관한 행정의 적법성을 확보하려는 데 목적이 있다. 그러므로 구 지방자치법 제17조 제1항, 제2항 제2호, 제3호 등에 따라 주민소송의 대상이 되는 '재산의 관리·처분에 관한 사항'이나 '공금의 부과·징수를 게을리한 사항'이란 지방자치단체의 소유에 속하는 재산의 가치를 유지·보전 또는 실현함을 직접 목적으로 하는 행위 또는 그와 관련된 공금의 부과·징수를 게을리한 행위를 말하고, 그 밖에 재무회계와 관련이 없는 행위는 그것이 지방자치단체의 재정에 어떤 영향을 미친다고 하더라도, 주민소송의 대상이 되는 '재산의 관리·처분에 관한 사항' 또는 '공금의 부과·징수를 게을리한 사항'에 해당하지 않는다.

[2] 이행강제금은 지방자치단체의 재정수입을 구성하는 재원 중 하나로서 '지방세외수입금의 징수 등에 관한 법률'에서 이행강제금의 효율적인 징수 등에 필요한 사항을 특별히 규정하는 등 그 부과·징수를 재무회계 관점에서도 규율하고 있으므로, 이행강제금의 부과·징수를 게을리한 행위는 주민소송의 대상이 되는 공금의 부과·징수를 게을리한 사항에 해당한다(대판 2015.9.10, 2013두16746).

기출지문 OX

01 주민소송의 대상에는 원칙적으로 지방자치단체의 공금의 지출원인행위 및 그러한 지출원인행위를 수반하게 하는 당해 지방자치단체의 장 및 직원, 지방의회의원의 선행행위가 포함된다. (17국회8, 13국가7) ( )

02 주민소송의 대상으로서의 공금의 지출에 관한 사항은 지출원인행위를 의미하며, 이에는 지출원인행위를 수반하게 하는 당해 지방자치단체의 장 및 직원, 지방의회의원의 결정 등과 같은 행위도 포함된다. (19서울7) ( )

03 도로 등 공물이나 공공용물을 특정 사인이 배타적으로 사용하도록 하는 점용허가가 도로 등의 본래 기능 및 목적과 무관하게 그 사용가치를 실현·활용하기 위한 것으로 평가되는 경우에는 주민소송의 대상이 되는 재산의 관리·처분에 해당한다. (19서울7, 19지방7) ( )

04 이행강제금의 부과·징수를 게을리한 행위는 주민소송의 대상이 되는 공금의 부과·징수를 게을리한 사항에 해당한다. (21국가7, 20지방7) ( )

정답

01 × 지출원인행위만 해당되고 선행행위는 포함되지 않음
02 × 지출원인행위를 수반하게 하는 행위는 포함되지 않음
03 ○ **04** ○

(3) 주민소송의 종류

① 중지청구소송(지방자치법 제22조 제2항 제1호)
② 처분 취소·무효확인소송(제2호)
③ 게을리한 사실 위법확인소송(제3호)
④ 손해배상청구 등 이행소송(제4호)

> **지방자치법 제22조** <구17조> **【주민소송】** ② 제1항에 따라 주민이 제기할 수 있는 소송은 다음 각 호와 같다.
> 1. 해당 행위를 계속하면 회복하기 어려운 손해를 발생시킬 우려가 있는 경우에는 그 행위의 전부나 일부를 중지할 것을 요구하는 소송
> 2. 행정처분인 해당 행위의 취소 또는 변경을 요구하거나 그 행위의 효력 유무 또는 존재 여부의 확인을 요구하는 소송
> 3. 게을리한 사실의 위법 확인을 요구하는 소송
> 4. 해당 지방자치단체의 장 및 직원, 지방의회의원, 해당 행위와 관련이 있는 상대방에게 손해배상청구 또는 부당이득반환청구를 할 것을 요구하는 소송. 다만, 그 지방자치단체의 직원이 회계관계직원 등의 책임에 관한 법률 제4조에 따른 변상책임을 져야 하는 경우에는 변상명령을 할 것을 요구하는 소송을 말한다.
>
> ③ 제2항 제1호의 중지청구소송은 해당 행위를 중지할 경우 생명이나 신체에 중대한 위해가 생길 우려가 있거나 그 밖에 공공복리를 현저하게 해칠 우려가 있으면 제기할 수 없다.

(4) 주민소송의 원고적격·피고적격

① **원고적격**

- 법 제22조에 소 제기 대상으로 규정된 사항에 대해, 법 제21조에 의한 감사청구를 한 주민(소 제기 대상: 공금의 지출에 관한 사항, 재산의 취득·관리·처분에 관한 사항, 해당 지방자치단체를 당사자로 하는 매매·임차·도급 계약이나 그 밖의 계약의 체결·이행에 관한 사항 또는 지방세·사용료·수수료·과태료 등 공금의 부과·징수를 게을리한 사항)
- 1인에 의한 제소도 가능함.
- 법인 등 단체는 법률상 원고적격이 인정되지 않음(18세 이상의 주민으로 규정되어 있고, 이는 입법정책적 문제임).

② **피고적격**

- 피고는 해당 지방자치단체장이 됨.

(5) 주민소송의 제소기간과 관할법원

> **지방자치법 제22조** <구17조> **【주민소송】** ④ 제2항에 따른 소송은 다음 각 호의 구분에 따른 날부터 90일 이내에 제기하여야 한다.
> 1. 제1항 제1호: 해당 60일이 끝난 날(제21조 제9항 단서에 따라 감사기간이 연장된 경우에는 연장기간이 끝난 날을 말한다)
> 2. 제1항 제2호: 해당 감사 결과나 조치 요구 내용에 대한 통지를 받은 날
> 3. 제1항 제3호: 해당 조치를 요구할 때에 지정한 처리기간이 끝난 날
> 4. 제1항 제4호: 해당 이행 조치 결과에 대한 통지를 받은 날
>
> ⑨ 제2항에 따른 소송은 해당 지방자치단체의 사무소 소재지를 관할하는 행정법원(행정법원이 설치되지 아니한 지역에서는 행정법원의 권한에 속하는 사건을 관할하는 지방법원 본원을 말한다)의 관할로 한다.

기출지문 OX

01 법정주민소송으로는 중지청구소송, 취소소송 및 무효등확인소송, 게을리한 사실의 위법확인소송, 손해배상청구 등의 이행소송이 있다. (08국회8) ( )

02 주민소송을 통하여 대상행위를 계속할 경우 회복이 곤란한 손해를 발생시킬 우려가 있는 경우에는 당해 행위의 전부 또는 일부의 중지를 구할 수 있다. (21지방7, 07경기7) ( )

03 주민소송제도는 감사청구전치주의를 취하고 있다. (14행정사) ( )

04 법인 등 단체는 주민소송을 제기할 당사자적격이 없다. (14행정사) ( )

05 지방자치법 제16조 제1항에 따라 공금의 지출에 관한 사항 등을 감사청구한 주민은 원고적격이 있다. (13국가7) ( )

06 원고는 감사청구를 한 주민이라면 1명이라도 가능하다. (14행정사) ( )

07 피고는 당해 지방자치단체의 장이다. (09관세) ( )

08 주민소송의 피고는 지방자치단체이다. (15서울7) ( )

09 피고는 비위를 저지른 공무원이다. (14행정사) ( )

정답
01 ○ 02 ○ 03 ○ 04 ○ 05 ○
06 ○ 07 ○
08 × 지방자치단체장
09 × 지방자치단체장

(6) 별도의 소제기 금지

> 지방자치법 제22조 <구17조> 【주민소송】 ⑤ 제2항 각 호의 소송이 진행 중이면 다른 주민은 같은 사항에 대하여 별도의 소송을 제기할 수 없다.

(7) 주민소송의 절차

> 지방자치법 제22조 <구17조> 【주민소송】 ⑥ 소송의 계속 중에 소송을 제기한 주민이 사망하거나 제16조에 따른 주민의 자격을 잃으면 소송절차는 중단된다. 소송대리인이 있는 경우에도 또한 같다.
> ⑦ 감사 청구에 연대 서명한 다른 주민은 제6항에 따른 사유가 발생한 사실을 안 날부터 6개월 이내에 소송절차를 수계할 수 있다. 이 기간에 수계절차가 이루어지지 아니할 경우 그 소송절차는 종료된다.
> ⑧ 법원은 제6항에 따라 소송이 중단되면 감사 청구에 연대 서명한 다른 주민에게 소송절차를 중단한 사유와 소송절차 수계방법을 지체 없이 알려야 한다. 이 경우 법원은 감사 청구에 적힌 주소로 통지서를 우편으로 보낼 수 있고, 우편물이 통상 도달할 수 있을 때에 감사 청구에 연대 서명한 다른 주민은 제6항의 사유가 발생한 사실을 안 것으로 본다.
> ⑩ 해당 지방자치단체의 장은 제2항 제1호부터 제3호까지의 규정에 따른 소송이 제기된 경우 그 소송 결과에 따라 권리나 이익의 침해를 받을 제3자가 있으면 그 제3자에 대하여, 제2항 제4호에 따른 소송이 제기된 경우 그 직원, 지방의회의원 또는 상대방에 대하여 소송고지를 해 줄 것을 법원에 신청하여야 한다.
> ⑪ 제2항 제4호에 따른 소송이 제기된 경우에 지방자치단체의 장이 한 소송고지신청은 그 소송에 관한 손해배상청구권 또는 부당이득반환청구권의 시효중단에 관하여 민법 제168조 제1호에 따른 청구로 본다.
> ⑫ 제11항에 따른 시효중단의 효력은 그 소송이 끝난 날부터 6개월 이내에 재판상 청구, 파산절차참가, 압류 또는 가압류, 가처분을 하지 아니하면 효력이 생기지 아니한다.
> ⑬ 국가, 상급 지방자치단체 및 감사 청구에 연대 서명한 다른 주민과 제10항에 따라 소송고지를 받은 자는 법원에서 계속 중인 소송에 참가할 수 있다.
> ⑭ 제2항에 따른 소송에서 당사자는 법원의 허가를 받지 아니하고는 소의 취하, 소송의 화해 또는 청구의 포기를 할 수 없다.
> ⑮ 법원은 제14항에 따른 허가를 하기 전에 감사 청구에 연대 서명한 다른 주민에게 그 사실을 알려야 하며, 알린 때부터 1개월 이내에 허가 여부를 결정하여야 한다. 이 경우 통지방법 등에 관하여는 제8항 후단을 준용한다.
> ⑯ 제2항에 따른 소송은 민사소송 등 인지법 제2조 제4항에 따른 비재산권을 목적으로 하는 소송으로 본다.
> ⑰ 소송을 제기한 주민은 승소(일부 승소를 포함한다)한 경우 그 지방자치단체에 대하여 변호사 보수 등의 소송비용, 감사 청구절차의 진행 등을 위하여 사용된 여비, 그 밖에 실제로 든 비용을 보상할 것을 청구할 수 있다. 이 경우 지방자치단체는 청구된 금액의 범위에서 그 소송을 진행하는 데 객관적으로 사용된 것으로 인정되는 금액을 지급하여야 한다.

(8) 판결의 효력

① **중지명령판결의 효력**: 관계 행정청의 당해 행위를 중지할 부작위의무 발생
② **취소·무효확인판결의 효력**: 행정소송법상의 취소판결 또는 무효등확인판결과 같은 효력 발생

기출지문 OX

01 주민소송의 관할법원은 당해 지방자치단체의 사무소 소재지를 관할하는 행정법원이다. (09국가7) ( )

02 관할법원은 당해 지방자치단체의 사무소 소재지를 관할하는 고등법원이다. (09관세) ( )

03 주민소송이 진행 중이라도 다른 주민도 같은 사항에 대하여 별도의 소송을 제기할 수 있다. (15서울7) ( )

04 소송의 계속 중에 소송을 제기한 주민이 사망한 경우 소송절차는 중단된다. 소송대리인이 있는 경우에도 또한 같다. (15서울7) ( )

05 주민소송의 계속 중에 소송을 제기한 주민이 사망한 경우에도 소송절차는 중단되지 아니한다. (09국가7) ( )

06 주민소송에서 당사자는 법원의 허가를 얻지 않고는 소의 취하, 소송의 화해 또는 청구의 포기를 할 수 없다. (13국가7) ( )

07 소송을 제기한 주민이 승소한 경우 당해 지방자치단체에 대하여 변호사 보수 등의 소송비용 등의 보상청구를 할 수 있다. (07경기7) ( )

정답
01 ○ 02 × 행정법원
03 × 04 ○
05 × 중단됨
06 ○ 07 ○

③ **해태사실위법확인판결의 효력**: 관계 행정청에게 판결의 취지에 따른 작위 의무 발생

④ **이행판결의 효력**

㉠ **손해배상금 등 지불청구**

> **지방자치법 제23조** <구18조> **【손해배상금 등의 지불청구 등】** ① 지방자치단체의 장(해당 사항의 사무처리에 관한 권한을 소속 기관의 장에게 위임한 경우에는 그 소속 기관의 장을 말한다. 이하 이 조에서 같다)은 제22조 제2항 제4호 본문에 따른 소송에 대하여 손해배상청구나 부당이득반환청구를 명하는 판결이 확정되면 판결이 확정된 날부터 60일 이내를 기한으로 하여 당사자에게 그 판결에 따라 결정된 손해배상금이나 부당이득반환금의 지급을 청구하여야 한다. 다만, 손해배상금이나 부당이득반환금을 지급하여야 할 당사자가 지방자치단체의 장이면 지방의회의 의장이 지급을 청구하여야 한다.
> ② 지방자치단체는 제1항에 따라 지급청구를 받은 자가 같은 항의 기한까지 손해배상금이나 부당이득반환금을 지급하지 아니하면 손해배상·부당이득반환의 청구를 목적으로 하는 소송을 제기하여야 한다. 이 경우 그 소송의 상대방이 지방자치단체의 장이면 그 지방의회의 의장이 그 지방자치단체를 대표한다.

01 주민소송에 대하여 부당이득반환청구를 명하는 판결에도 불구하고 기한 내에 해당 당사자가 부당이득반환금을 지불하지 아니하는 때에는 지방자치단체의 장은 지방세 체납처분의 예에 따라 징수할 수 있다. (08국회8) ( )

㉡ **변상명령**

> **지방자치법 제24조** <구19조> **【변상명령 등】** ① 지방자치단체의 장은 제22조 제2항 제4호 단서에 따른 소송에 대하여 변상할 것을 명하는 판결이 확정되면 판결이 확정된 날부터 60일 이내를 기한으로 하여 당사자에게 그 판결에 따라 결정된 금액을 변상할 것을 명령하여야 한다.
> ② 제1항에 따라 변상할 것을 명령받은 자가 같은 항의 기한까지 변상금을 지급하지 아니하면 지방세 체납처분의 예에 따라 징수할 수 있다.
> ③ 제1항에 따라 변상할 것을 명령받은 자는 그 명령에 불복하는 경우 행정소송을 제기할 수 있다. 다만, 행정심판법에 따른 행정심판청구는 제기할 수 없다.

11. 주민소환권

(1) 의의

02 비례대표 지방의회의원은 주민소환의 대상자가 된다. (17행정사) ( )

03 주민은 그 지방자치단체의 장과 비례대표 지방의회의원이 아닌 지방의회의원을 소환할 권리를 가진다. (08국회8) ( )

> **지방자치법 제25조** <구20조> **【주민소환】** ① 주민은 그 지방자치단체의 장 및 지방의회의원(비례대표 지방의회의원은 제외한다)을 소환할 권리를 가진다.
> ② 주민소환의 투표 청구권자·청구요건·절차 및 효력 등에 관한 사항은 따로 법률로 정한다.

(2) 주민소환투표권자

04 외국인도 영주의 체류자격 취득일 후 3년이 경과하면 주민소환투표권이 인정될 수 있다. (06경북7) ( )

> **주민소환에 관한 법률(이하 '주민소환법') 제3조 【주민소환투표권】** ① 제4조 제1항의 규정에 의한 주민소환투표인명부 작성기준일 현재 다음 각 호의 어느 하나에 해당하는 자는 주민소환투표권이 있다.
> 1. 19세 이상의 주민으로서 당해 지방자치단체 관할구역에 주민등록이 되어 있는 자(공직선거법 제18조의 규정에 의하여 선거권이 없는 자를 제외한다)

정답
01 × 소송을 제기하여야 함
02 × 비례대표의원은 제외됨
03 ○ 04 ○

2. 19세 이상의 외국인으로서 출입국관리법 제10조의 규정에 따른 영주의 체류자격 취득일 후 3년이 경과한 자 중 같은 법 제34조의 규정에 따라 당해 지방자치단체 관할구역의 외국인등록대장에 등재된 자
② 주민소환투표권자의 연령은 주민소환투표일 현재를 기준으로 계산한다.

(3) 주민소환투표 청구요건

주민소환법 제7조 【주민소환투표의 청구】 ① 전년도 12월 31일 현재 주민등록표 및 외국인등록표에 등록된 제3조 제1항 제1호 및 제2호에 해당하는 자(이하 "주민소환투표청구권자"라 한다)는 해당 지방자치단체의 장 및 지방의회의원(비례대표선거구시 · 도의회의원 및 비례대표선거구자치구 · 시 · 군의회의원은 제외하며, 이하 "선출직 지방공직자"라 한다)에 대하여 다음 각 호에 해당하는 주민의 서명으로 그 소환사유를 서면에 구체적으로 명시하여 관할선거관리위원회에 주민소환투표의 실시를 청구할 수 있다.
1. 특별시장 · 광역시장 · 도지사(이하 "시 · 도지사"라 한다): 당해 지방자치단체의 주민소환투표청구권자 총수의 100분의 10 이상
2. 시장 · 군수 · 자치구의 구청장: 당해 지방자치단체의 주민소환투표청구권자 총수의 100분의 15 이상
3. 지역선거구시 · 도의회의원(이하 "지역구시 · 도의원"이라 한다) 및 지역선거구자치구 · 시 · 군의회의원(이하 "지역구자치구 · 시 · 군의원"이라 한다): 당해 지방의회의원의 선거구 안의 주민소환투표청구권자 총수의 100분의 20 이상
② 제1항의 규정에 의하여 시 · 도지사에 대한 주민소환투표를 청구함에 있어서 당해 지방자치단체 관할구역 안의 시 · 군 · 자치구 전체의 수가 3개 이상인 경우에는 3분의 1 이상의 시 · 군 · 자치구에서 각각 주민소환투표청구권자 총수의 1만분의 5 이상 1천분의 10 이하의 범위 안에서 대통령령이 정하는 수 이상의 서명을 받아야 한다. 다만, 당해 지방자치단체 관할구역 안의 시 · 군 · 자치구 전체의 수가 2개인 경우에는 각각 주민소환투표청구권자 총수의 100분의 1 이상의 서명을 받아야 한다.
③ 제1항의 규정에 의하여 시장 · 군수 · 자치구의 구청장 및 지역구지방의회의원(지역구시 · 도의원과 지역구자치구 · 시 · 군의원을 말한다. 이하 같다)에 대한 주민소환투표를 청구함에 있어서 당해 시장 · 군수 · 자치구의 구청장 및 당해 지역구지방의회의원 선거구 안의 읍 · 면 · 동 전체의 수가 3개 이상인 경우에는 3분의 1 이상의 읍 · 면 · 동에서 각각 주민소환투표청구권자 총수의 1만분의 5 이상 1천분의 10 이하의 범위 안에서 대통령령이 정하는 수 이상의 서명을 받아야 한다. 다만, 당해 시장 · 군수 · 자치구의 구청장 및 당해 지역구지방의회의원 선거구 안의 읍 · 면 · 동 전체의 수가 2개인 경우에는 각각 주민소환투표청구권자 총수의 100분의 1 이상의 서명을 받아야 한다.

- 주민소환법은 주민소환사유를 제한하지 않고 있으며, 헌법재판소는 합헌으로 봄.

관련 판례

주민소환의 청구사유에 제한을 둘 필요가 없고, 또 업무의 광범위성이나 입법기술적 측면에서 소환사유를 구체적으로 적시하는 것도 쉽지 않다. 다만, 청구사유에 제한을 두지 않음으로써 주민소환제가 남용될 소지는 있으나, 법에서 그 남용의 가능성을 제도적으로 방지하고 있을 뿐만 아니라, 현실적으로도 시민의식 또한 성장하여 남용의 위험성은 점차 줄어들 것으로 예상할 수 있다. 그리고 청구사유를 제한하는 경우

기출지문 OX

01 우리나라는 외국의 입법례와는 달리 주민소환투표 청구기간의 제한규정이 없다. (09관세) ( )

02 임기개시일로부터 1년이 경과하지 아니하였거나 또는 임기만료일부터 1년 미만이 남아 있는 지방자치단체의 장에 대해선 주민소환투표의 실시를 청구할 수 없다. (11국가7) ( )

정답
01 × 제한규정이 있음
02 ○

그 해당여부를 사법기관에서 심사하는 것이 과연 가능하고 적정한지 의문이고, 이 경우 절차가 지연됨으로써 조기에 문제를 해결하지 못할 위험성이 크다 할 수 있으므로 법이 주민소환의 청구사유에 제한을 두지 않는 데에는 상당한 이유가 있고, 입법자가 주민소환제 형성에 있어서 반드시 청구사유를 제한하여야 할 의무가 있다고 할 수도 없으며, 달리 그와 같이 청구사유를 제한하지 아니한 입법자의 판단이 현저하게 잘못되었다고 볼 사정 또한 찾아볼 수 없다(헌재 2011.3.31, 2008헌마355).

(4) 주민소환투표 청구제한기간

주민소환법 제8조【주민소환투표의 청구제한기간】 제7조 제1항 내지 제3항의 규정에 불구하고, 다음 각 호의 어느 하나에 해당하는 때에는 주민소환투표의 실시를 청구할 수 없다.
1. 선출직 지방공직자의 임기개시일부터 1년이 경과하지 아니한 때
2. 선출직 지방공직자의 임기만료일부터 1년 미만일 때
3. 해당선출직 지방공직자에 대한 주민소환투표를 실시한 날부터 1년 이내인 때

(5) 주민소환투표의 절차

① 소명, 공고, 발의

주민소환법 제14조【소명기회의 보장】 ① 관할선거관리위원회는 제7조 제1항 내지 제3항의 규정에 의한 주민소환투표청구가 적법하다고 인정하는 때에는 지체 없이 주민소환투표대상자에게 서면으로 소명할 것을 요청하여야 한다.
② 제1항의 규정에 의하여 소명요청을 받은 주민소환투표대상자는 그 요청을 받은 날부터 20일 이내에 500자 이내의 소명요지와 소명서(필요한 자료를 기재한 소명자료를 포함한다)를 관할선거관리위원회에 제출하여야 한다. 이 경우 소명서 또는 소명요지를 제출하지 아니한 때에는 소명이 없는 것으로 본다.
③ 제12조 제2항의 규정에 의하여 주민소환투표일과 주민소환투표안을 공고하는 때에는 제2항의 규정에 의한 소명요지를 함께 공고하여야 한다.

제12조【주민소환투표의 발의】 ② 관할선거관리위원회는 제1항의 규정에 따른 통지를 받은 선출직 지방공직자(이하 "주민소환투표대상자"라 한다)에 대한 주민소환투표를 발의하고자 하는 때에는 제14조 제2항의 규정에 의한 주민소환투표대상자의 소명요지 또는 소명서 제출기간이 경과한 날부터 7일 이내에 주민소환투표일과 주민소환투표안(소환청구서 요지를 포함한다)을 공고하여 주민소환투표를 발의하여야 한다.

② 투표 실시

주민소환법 제13조【주민소환투표의 실시】 ① 주민소환투표일은 제12조 제2항의 규정에 의한 공고일부터 20일 이상 30일 이하의 범위 안에서 관할선거관리위원회가 정한다. 다만, 주민소환투표대상자가 자진사퇴, 피선거권 상실 또는 사망 등으로 궐위된 때에는 주민소환투표를 실시하지 아니한다.

제15조【주민소환투표의 형식】 ① 주민소환투표는 찬성 또는 반대를 선택하는 형식으로 실시한다.

제16조【주민소환투표의 실시구역】 ① 지방자치단체의 장에 대한 주민소환투표는 당해 지방자치단체 관할구역 전체를 대상으로 한다.
② 지역구지방의회의원에 대한 주민소환투표는 당해 지방의회의원의 지역선거구를 대상으로 한다.

③ 권한행사의 정지 및 대행

> **주민소환법 제21조 【권한행사의 정지 및 권한대행】** ① 주민소환투표대상자는 관할선거관리위원회가 제12조 제2항의 규정에 의하여 주민소환투표안을 공고한 때부터 제22조 제3항의 규정에 의하여 주민소환투표결과를 공표할 때까지 그 권한행사가 정지된다.
> ② 제1항의 규정에 의하여 지방자치단체의 장의 권한이 정지된 경우에는 부지사·부시장·부군수·부구청장(이하 "부단체장"이라 한다)이 지방자치법 제124조 제4항의 규정을 준용하여 그 권한을 대행하고, 부단체장이 권한을 대행할 수 없는 경우에는 지방자치법 제124조 제5항의 규정을 준용하여 그 권한을 대행한다.
> ③ 제1항의 규정에 따라 권한행사가 정지된 지방의회의원은 그 정지기간 동안 공직선거법 제111조의 규정에 의한 의정활동보고를 할 수 없다. 다만, 인터넷에 의정활동보고서를 게재할 수는 있다.

(6) 주민소환투표결과의 확정 및 효력

> **주민소환법 제22조 【주민소환투표결과의 확정】** ① 주민소환은 제3조의 규정에 의한 주민소환투표권자(이하 "주민소환투표권자"라 한다) 총수의 3분의 1 이상의 투표와 유효투표 총수 과반수의 찬성으로 확정된다.
> ② 전체 주민소환투표자의 수가 주민소환투표권자 총수의 3분의 1에 미달하는 때에는 개표를 하지 아니한다.
>
> **제23조 【주민소환투표의 효력】** ① 제22조 제1항의 규정에 의하여 주민소환이 확정된 때에는 주민소환투표대상자는 그 결과가 공표된 시점부터 그 직을 상실한다.
> ② 제1항의 규정에 의하여 그 직을 상실한 자는 그로 인하여 실시하는 이 법 또는 공직선거법에 의한 해당보궐선거에 후보자로 등록할 수 없다.

(7) 주민소환투표에 대한 불복절차

① 소청제기

> **주민소환법 제24조 【주민소환투표소송 등】** ① 주민소환투표의 효력에 관하여 이의가 있는 해당 주민소환투표대상자 또는 주민소환투표권자(주민소환투표권자 총수의 100분의 1 이상의 서명을 받아야 한다)는 제22조 제3항의 규정에 의하여 주민소환투표결과가 공표된 날부터 14일 이내에 관할선거관리위원회 위원장을 피소청인으로 하여 지역구시·도의원, 지역구자치구·시·군의원 또는 시장·군수·자치구의 구청장을 대상으로 한 주민소환투표에 있어서는 특별시·광역시·도선거관리위원회에, 시·도지사를 대상으로 한 주민소환투표에 있어서는 중앙선거관리위원회에 소청할 수 있다.

② 소송제기(객관소송)

> **주민소환법 제24조 【주민소환투표소송 등】** ② 제1항의 규정에 따른 소청에 대한 결정에 관하여 불복이 있는 소청인은 관할선거관리위원회 위원장을 피고로 하여 그 결정서를 받은 날(결정서를 받지 못한 때에는 공직선거법 제220조 제1항의 규정에 의한 결정기간이 종료된 날을 말한다)부터 10일 이내에 지역구시·도의원, 지역구자치구·시·군의원 또는 시장·군수·자치구의 구청장을 대상으로 한 주민소환투표에 있어서는 그 선거구를 관할하는 고등법원에, 시·도지사를 대상으로 한 주민소환투표에 있어서는 대법원에 소를 제기할 수 있다.

기출지문 OX

01 주민소환투표대상자는 주민소환투표안을 공고한 때부터 주민소환투표결과를 공표할 때까지 권한행사가 정지된다. (08국회8) ( )

02 주민소환에 관한 법률에 따르면 전체 주민소환투표자의 수가 주민소환투표권자 총수의 3분의 1에 미달하는 때에는 개표를 하지 않는다. (16행정사) ( )

03 주민소환투표권자 총수의 3분의 1이상 투표와 유효투표총수 과반수의 찬성이 나오면 주민소환투표대상자는 그 결과가 공표된 시점부터 그 직을 상실한다. (06경북7) ( )

정답
01 ○ **02** ○ **03** ○

기출지문 OX

01 지방자치단체는 법률로 정하는 바에 따라 지방세를 부과·징수할 수 있다. (01관세) ( )

02 지방자치단체는 법률로 정하는 바에 따라 사용료·수수료·분담금을 징수할 수 있다. (01관세) ( )

정답
01 O
02 × 조례로 정하는 바에 따라

12. 주민의 정보접근권(지방자치단체의 정보공개의무)

• 2021 개정법은 지방자치단체의 정보공개의무 조항을 신설하였음.

> **지방자치법 제26조【주민에 대한 정보공개】** ① 지방자치단체는 사무처리의 투명성을 높이기 위하여 공공기관의 정보공개에 관한 법률에서 정하는 바에 따라 지방의회의 의정활동, 집행기관의 조직, 재무 등 지방자치에 관한 정보(이하 "지방자치정보"라 한다)를 주민에게 공개하여야 한다.
> ② 행정안전부장관은 주민의 지방자치정보에 대한 접근성을 높이기 위하여 이 법 또는 다른 법령에 따라 공개된 지방자치정보를 체계적으로 수집하고 주민에게 제공하기 위한 정보공개시스템을 구축·운영할 수 있다.

3 주민의 의무

1. 비용분담의무

(1) 의의

> **지방자치법 제27조** <구21조> **【주민의 의무】** 주민은 법령으로 정하는 바에 따라 소속 지방자치단체의 비용을 분담하여야 하는 의무를 진다.

(2) 종류(지방세, 사용료, 수수료, 분담금)

> **지방자치법 제152조【지방세】** 지방자치단체는 법률로 정하는 바에 따라 지방세를 부과·징수할 수 있다.
>
> **제153조** <구136조> **【사용료】** 지방자치단체는 공공시설의 이용 또는 재산의 사용에 대하여 사용료를 징수할 수 있다.
>
> **제154조** <구137조> **【수수료】** ① 지방자치단체는 그 지방자치단체의 사무가 특정인을 위한 것이면 그 사무에 대하여 수수료를 징수할 수 있다.
> ② 지방자치단체는 국가나 다른 지방자치단체의 위임사무가 특정인을 위한 것이면 그 사무에 대하여 수수료를 징수할 수 있다.
> ③ 제2항에 따른 수수료는 그 지방자치단체의 수입으로 한다. 다만, 법령에 달리 정해진 경우에는 그러하지 아니하다.
>
> **제155조** <구138조> **【분담금】** 지방자치단체는 그 재산 또는 공공시설의 설치로 주민의 일부가 특히 이익을 받으면 이익을 받는 자로부터 그 이익의 범위에서 분담금을 징수할 수 있다.
>
> **제156조** <구139조> **【사용료의 징수조례 등】** ① 사용료·수수료 또는 분담금의 징수에 관한 사항은 조례로 정한다. 다만, 국가가 지방자치단체나 그 기관에 위임한 사무와 자치사무의 수수료 중 전국적으로 통일할 필요가 있는 수수료는 다른 법령의 규정에도 불구하고 대통령령으로 정하는 표준금액으로 징수하되, 지방자치단체가 다른 금액으로 징수하려는 경우에는 표준금액의 50퍼센트 범위에서 조례로 가감 조정하여 징수할 수 있다.
> ② 사기나 그 밖의 부정한 방법으로 사용료·수수료 또는 분담금의 징수를 면한 자에게는 그 징수를 면한 금액의 5배 이내의 과태료를, 공공시설을 부정사용한 자에게는 50만원 이하의 과태료를 부과하는 규정을 조례로 정할 수 있다.
> ③ 제2항에 따른 과태료의 부과·징수, 재판 및 집행 등의 절차에 관한 사항은 질서위반행위규제법에 따른다.

(3) 부과징수와 권리구제

> **지방자치법 제157조** <구140조> **【사용료 등의 부과·징수, 이의신청】** ① 사용료·수수료 또는 분담금은 공평한 방법으로 부과하거나 징수하여야 한다.
> ② 사용료·수수료 또는 분담금의 부과나 징수에 대하여 이의가 있는 자는 그 처분을 통지받은 날부터 90일 이내에 그 지방자치단체의 장에게 이의신청할 수 있다.
> ③ 지방자치단체의 장은 제2항의 이의신청을 받은 날부터 60일 이내에 결정을 하여 알려야 한다.
> ④ 사용료·수수료 또는 분담금의 부과나 징수에 대하여 행정소송을 제기하려면 제3항에 따른 결정을 통지받은 날부터 90일 이내에 처분청을 당사자로 하여 소를 제기하여야 한다.
> ⑤ 제3항에 따른 결정기간에 결정의 통지를 받지 못하면 제4항에도 불구하고 그 결정기간이 지난 날부터 90일 이내에 소를 제기할 수 있다.
> ⑥ 제2항과 제3항에 따른 이의신청의 방법과 절차 등에 관하여는 지방세기본법 제90조와 제94조부터 제100조까지의 규정을 준용한다.
> ⑦ 지방자치단체의 장은 사용료·수수료 또는 분담금을 내야 할 자가 납부기한까지 그 사용료·수수료 또는 분담금을 내지 아니하면 지방세 체납처분의 예에 따라 징수할 수 있다.
>
> **구법 제140조 【사용료 등의 부과·징수, 이의신청】** ① 사용료·수수료 또는 분담금은 공평한 방법으로 부과하거나 징수하여야 한다.
> ② 사용료·수수료 또는 분담금의 징수는 지방세 징수의 예에 따른다.
> ③ 사용료·수수료 또는 분담금의 부과나 징수에 대하여 이의가 있는 자는 그 처분을 통지받은 날부터 90일 이내에 그 지방자치단체의 장에게 이의신청할 수 있다.
> ④ 지방자치단체의 장은 제3항의 이의신청을 받은 날부터 60일 이내에 이를 결정하여 알려야 한다.
> ⑤ 사용료·수수료 또는 분담금의 부과나 징수에 대하여 행정소송을 제기하려면 제4항에 따른 결정을 통지받은 날부터 90일 이내에 처분청을 당사자로 하여 소를 제기하여야 한다.
> ⑥ 제4항에 따른 결정기간 내에 결정의 통지를 받지 못하면 제5항에도 불구하고 그 결정기간이 지난 날부터 90일 이내에 소를 제기할 수 있다.

2. 이용강제의무

- 이용강제의무를 규정한 일반법은 없음.
- 개별법에서 이용강제를 규정한 경우가 있음(예 하수도법은 지방자치단체 구역 안의 토지를 상·하수도 시설에 연결할 의무 부과).

기출지문 OX

01 사용료·수수료·분담금의 부과나 징수에 대하여 이의가 있는 자는 그 처분을 통지받은 날부터 90일 이내에 그 지방자치단체의 장에게 이의신청할 수 있다. (01관세) ( )

02 사용료·수수료 또는 분담금의 부과나 징수에 대한 행정소송은 그 처분청을 당사자로하여 제기하여야 한다. (01관세) ( )

03 지방자치법상 주민의 의무로서 소속 지방자치단체의 비용분담의무와 상하수도와 같은 공적 시설의 이용강제의무가 규정되어 있다. (14지방7) ( )

정답
01 ○ 02 ○ 03 ×

제2장 지방자치단체의 사무

제1절 서설

1 지방자치법상 지방자치단체의 사무

> **지방자치법 제13조 <구9조> 【지방자치단체의 사무 범위】** ① 지방자치단체는 관할 구역의 자치사무와 법령에 따라 지방자치단체에 속하는 사무를 처리한다.

- 법 제13조상 지방자치단체의 사무는 '자치사무(관할 구역의 자치사무)'와 '단체위임사무(법령에 따라 지방자치단체에 속하는 사무)'가 있음.
- '기관위임사무'는 지방자치단체의 장이 처리하지만, 이는 지방자치단체의 사무가 아니고, 위임기관이 속한 행정주체(국가 또는 상급지방자치단체)의 사무임.
- 지방자치단체의 사무의 종류는 1차적으로는 법령 규정을 근거로 분류하고, 2차적으로는 사무의 성질이 전국적으로 통일적인 처리가 요구되는 사무인지 여부, 그에 관한 경비부담자, 최종적인 책임귀속 등을 고려함.

Tip 자치사무, 단체위임사무, 기관위임사무 비교

구분	자치사무	단체위임사무	기관위임사무
사무의 성격	지자체가 자기책임 하에 처리하는 고유사무 (주민의 복리증진에 관한 사무)	국가 또는 지자체로부터 지자체(집행기관+지방의회)에 위임된 사무	국가 또는 지자체로부터 지자체 장(집행기관)에게 위임된 사무
사무의 범위	포괄적	개별적	포괄적 또는 개별적
자치법규의 규율형식	조례·규칙	조례·규칙	규칙(원칙)
사무의 비용부담	지방자치단체 부담	위임자 부담(원칙)	위임자 부담(원칙)
사무처리 기준	법령에만 구속	법령, 위임자 지시에 구속	법령, 위임자 지시에 구속
지방의회의 관여	가능	가능	원칙: 불가능 (예외: 행정사무 감사권)
국가의 사무감독	합법성 감독	합법성+합목적성 감독	합법성+합목적성 감독
감독처분에 대한 소송	가능	불가능	원칙: 불가능 (예외: 직무이행명령)
효과 귀속	지방자치단체	수임자인 지방자치단체	위임자인 국가 또는 상급지방자치단체

2 지방자치단체 사무처리의 기본원칙

> 지방자치법 제12조 <구8조> 【사무처리의 기본원칙】 ① 지방자치단체는 사무를 처리할 때 주민의 편의와 복리증진을 위하여 노력하여야 한다.
> ② 지방자치단체는 조직과 운영을 합리적으로 하고 규모를 적절하게 유지하여야 한다.
> ③ 지방자치단체는 법령을 위반하여 사무를 처리할 수 없으며, 시·군 및 자치구는 해당 구역을 관할하는 시·도의 조례를 위반하여 사무를 처리할 수 없다.

제2절 자치사무

1 의의

- **자치사무**: 지역적 이해관계가 있는 지역의 고유한 사무로서 지방자치단체가 자율적으로 처리할 수 있는 사무(지방자치단체의 존립목적이자 존립근거)

> 헌법 제117조 ① 지방자치단체는 주민의 복리에 관한 사무를 처리하고 재산을 관리하며, 법령의 범위 안에서 자치에 관한 규정을 제정할 수 있다.
>
> 지방자치법 제13조 <구9조> 【지방자치단체의 사무 범위】 ① 지방자치단체는 관할 구역의 자치사무와 법령에 따라 지방자치단체에 속하는 사무를 처리한다.
>
> 제158조 <구141조> 【경비의 지출】 지방자치단체는 자치사무 수행에 필요한 경비와 위임된 사무에 필요한 경비를 지출할 의무를 진다. 다만, 국가사무나 지방자치단체사무를 위임할 때에는 사무를 위임한 국가나 지방자치단체에서 그 경비를 부담하여야 한다.
>
> 제190조 <구171조> 【지방자치단체의 자치사무에 대한 감사】 ① 행정안전부장관이나 시·도지사는 지방자치단체의 자치사무에 관하여 보고를 받거나 서류·장부 또는 회계를 감사할 수 있다. 이 경우 감사는 법령 위반사항에 대해서만 한다.
> ② 행정안전부장관 또는 시·도지사는 제1항에 따라 감사를 하기 전에 해당 사무의 처리가 법령에 위반되는지 등을 확인하여야 한다.

- **의무적 자치사무(필요사무)**: 초등학교 설치 및 관리, 소방, 상하수도 설치 및 관리, 화장장 설치 등
- **임의적 자치사무(수의사무)**: 문화·체육시설 설치, 지역경제활성화, 지방도로건설 등

2 자치사무의 특징

- **감독관계**: 국가, 상급지방자치단체의 자치사무 감독은 합법성 감독만 가능하고, 합목적성 감독은 불가함.
- **경비부담**: 자치사무에 대한 비용은 지방자치단체가 부담하는 것이 원칙이나, 국가의 재정지원이 가능함.

기출지문 OX

01 지방자치단체는 법령이나 상급 지방자치단체의 조례를 위반하여 그 사무를 처리할 수 없다. (19국가7) ( )

02 자치사무의 수행에 필요한 비용은 원칙적으로 스스로 부담하여야 한다. (05관세) ( )

03 자치사무는 그 시행 여부가 지방자치단체의 재량에 맡겨져 있는지에 따라 수의사무와 필요사무로 나눌 수 있다. (95국회8) ( )

정답
01 ○ 02 ○ 03 ○

- **지방의회의 관여**: 지방의회는 자치사무에 대한 조례를 제정할 수 있고, 감사 및 조사를 할 수 있음.
- **국가배상법상의 책임**: 자치사무 처리과정에서 발생한 불법행위로 손해가 발생한 경우 지방자치단체가 책임을 부담함.

제3절 단체위임사무

1 의의

- **단체위임사무**: 법령에 의해 국가 또는 상급지방자치단체 등으로부터 지방자치 '단체'에게 위임된 사무(예 시·군의 의무교육학령아동에 대한 교육사무 위탁, 시·도의 지역별 가스공급사무, 시·도의 국가하천 점용료 징수업무 등)
- 사무처리의 법적 효과와 책임은 수임자인 해당 지방자치단체에 귀속함.

관련 판례

도시가스사업법 제3조, 제9조, 제10조, 제11조, 제18조, 제18조의3, 제20조 등 관련 규정을 종합하면, 시·도지사의 지역별 가스공급시설의 공사계획 수립·공고나 도시가스의 요금 및 기타 공급조건에 관한 공급규정의 승인에 관한 사항은 지방자치법 제9조, 제35조 제1항 제11호에 의하여 법령에 의하여 지방자치단체의 사무에 속한 사항으로 조례로 제정할 수 있고, 일정한 경우 지방의회의 의결사항으로 할 수도 있다고 할 것이지 국가사무로 시·도지사에게 기관위임된 사무라고 할 것은 아니고, 같은 법 제18조의2, 제18조의4 제1항, 제20조 제3항, 제24조 제1항, 제2항, 제40조, 제40조의3, 제41조 제1항, 같은 법 시행령 제10조, 제11조, 제12조 등의 규정만으로 시·도지사가 가지는 지역별 가스공급시설의 공사계획 수립·공고나 도시가스의 요금 및 기타 공급조건에 관한 공급규정의 승인에 관한 업무의 성질이 달라지는 것은 아니다(대판 2001.11.27, 2001추57).

2 단체위임사무의 특징

- **감독관계**: 단체위임사무 감독은 합법성 감독 및 합목적성 감독 가능
- **경비부담**: 단체위임사무에 대한 비용은 위임한 국가, 지방자치단체에서 부담
- **지방의회의 관여**

> **지방자치법 제49조** <구41조> **【행정사무 감사권 및 조사권】** ③ 지방자치단체 및 그 장이 위임받아 처리하는 국가사무와 시·도의 사무에 대하여 국회와 시·도의회가 직접 감사하기로 한 사무 외에는 그 감사를 각각 해당 시·도의회와 시·군 및 자치구의회가 할 수 있다. 이 경우 국회와 시·도의회는 그 감사 결과에 대하여 그 지방의회에 필요한 자료를 요구할 수 있다.

기출지문 OX

01 자치사무 수행과 관련하여 발생한 손해에 대해서는 당해 지방자치단체가 배상책임을 진다. (05관세) ( )

02 단체위임사무의 처리의 효과는 지방자치단체에 귀속된다. (99검찰9) ( )

03 단체위임사무에 대한 국가의 통제는 부당한 명령이나 처분에 대하여도 가능하다. (99검찰9) ( )

04 단체위임사무는 본래적으로 국가사무이기 때문에 지방의회는 이에 관여할 수 없다. (95국회8) ( )

05 지방의회는 지방자치단체 및 그 장이 위임받아 처리하는 국가사무와 시·도의 사무에 대하여 국회와 시·도의회가 직접 감사하기로 한 사무도 감사할 수 있다. (15행정사) ( )

정답
01 ○ 02 ○ 03 ○
04 × 일정한 경우 지방의회도 감사 가능
05 × 감사할 수 없음

- **국가배상법상의 책임**: 단체위임사무 처리과정에서 발생한 불법행위로 손해가 발생한 경우 지방자치단체가 책임 부담

기출지문 OX

제4절 기관위임사무

1 의의

- **기관위임사무**: 국가 또는 상급지방자치단체 등으로부터 지방자치단체의 '장'에게 위임된 사무, 즉 지방자치단체장이 국가사무나 시·도의 사무를 위임받아 처리하는 경우의 그 사무
- 사무처리의 법적 효과와 책임은 위임자인 국가 및 상급지방자치단체에 귀속함.

01 기관위임사무는 지방자치단체의 장이 국가기관의 지위에서 처리하는 사무이다. (95국회8) ( )

2 단체위임사무와 기관위임사무의 구별

1. 공통점

(1) 감독관계

> **지방자치법 제185조 <구167조> 【국가사무나 시·도 사무 처리의 지도·감독】** ① 지방자치단체나 그 장이 위임받아 처리하는 국가사무에 관하여 시·도에서는 주무부장관, 시·군 및 자치구에서는 1차로 시·도지사, 2차로 주무부장관의 지도·감독을 받는다. ② 시·군 및 자치구나 그 장이 위임받아 처리하는 시·도의 사무에 관하여는 시·도지사의 지도·감독을 받는다.

(2) 경비부담

> **제158조 <구141조> 【경비의 지출】** 지방자치단체는 자치사무 수행에 필요한 경비와 위임된 사무에 필요한 경비를 지출할 의무를 진다. 다만, 국가사무나 지방자치단체사무를 위임할 때에는 사무를 위임한 국가나 지방자치단체에서 그 경비를 부담하여야 한다.

(3) 지방의회의 관여

> **지방자치법 제49조 <구41조> 【행정사무 감사권 및 조사권】** ③ 지방자치단체 및 그 장이 위임받아 처리하는 국가사무와 시·도의 사무에 대하여 국회와 시·도의회가 직접 감사하기로 한 사무 외에는 그 감사를 각각 해당 시·도의회와 시·군 및 자치구의회가 할 수 있다. 이 경우 국회와 시·도의회는 그 감사 결과에 대하여 그 지방의회에 필요한 자료를 요구할 수 있다.

정답
01 ○

2. 차이점

구분	단체위임사무	기관위임사무
사무의 귀속주체	수임자(지방자치단체)	위임자(국가 등)
지방의회의 관여	지방의회의 사무감사·조사·회계감사 등의 대상	원칙적으로 관여 不可
조례제정	조례제정 대상○ → 자치조례可	조례제정 대상× → 자치조례不可, 위임조례可
비용부담	위임자(국가 등)	위임자(국가 등)
국가의 감독	적법성 통제+합목적성 통제	적법성 통제+합목적성 통제
국가배상법상 배상책임자	지자체는 사무귀속주체 및 형식적 비용부담자로서 배상책임, 국가가 비용을 부담하는 경우에는 실질적 비용부담자로서 배상책임	국가 등은 사무귀속주체로서 배상책임, 지자체는 형식적 비용부담자로서 배상책임

(1) 기관위임사무의 귀속주체: 위임자

관련 판례

지방자치단체장 간의 기관위임의 경우에 위임받은 하위 지방자치단체장은 상위 지방자치단체 산하 행정기관의 지위에서 그 사무를 처리하는 것이므로 사무귀속의 주체가 달라진다고 할 수 없고, 따라서 하위 지방자치단체장을 보조하는 하위 지방자치단체 소속 공무원이 위임사무처리에 있어 고의 또는 과실로 타인에게 손해를 가하였더라도 상위 지방자치단체는 여전히 그 사무귀속 주체로서 손해배상책임을 진다(대판 1996.11.8, 96다21331).

(2) 기관위임사무에 대한 조례제정

- 지방자치단체가 법령의 위임 없이도 자치조례로 제정할 수 있는 사항은 자치사무, 단체위임사무에 한정됨. 또한 침익적 조례의 경우 예외적으로 법령의 위임이 필요하나 포괄적 위임으로 족함(포괄위임금지원칙 적용×).
- 기관위임사무는 자치조례의 제정범위가 아니며, 법령의 '구체적' 위임이 있을 때만 그에 대한 조례 제정이 가능함(포괄위임금지원칙 적용○).

관련 판례

교원인사에 관한 사항을 심의하기 위하여 공립학교에 교원인사자문위원회를 두도록 하고 그 심의사항에 관하여 규정한 '광주광역시 학교자치에 관한 조례안'에 대하여 교육부장관의 재의요구지시에 따라 교육감이 재의를 요구하였으나 시의회가 원안대로 재의결한 사안에서, 위 조례안은 국가사무에 관하여 법령의 위임 없이 조례로 정한 것으로 조례제정권의 한계를 벗어나 위법하다(대판 2016.12.29, 2013추36).

(3) 기관위임사무에 대한 국가배상책임

관련 판례

구 지방자치법 제131조(현행 제132조), 구 지방재정법 제16조 제2항(현행 제18조 제2항)의 규정상, 지방자치단체의 장이 기관위임된 국가행정사무를 처리하는 경우 그에

기출지문 OX

01 국토교통부장관은 X국도 중 A도에 속한 X1, X2, X3 구간의 유지·관리에 관한 권한을 A도지사에게 위임하였고, A도지사는 그 중 A도 B군에 속한 X1 구간의 유지·관리에 관한 권한을 B군수에게 재위임한 사례에서 권한의 위임과 재위임이 적법하게 이루어진 경우 X국도 X1 구간의 유지·관리사무의 귀속주체는 B군이다. (19국가7) ( )

02 기관위임사무는 법령에 의하여 특별히 위임받은 경우를 제외하고는 조례로 이를 규율할 수 없다. (19국가7) ( )

03 법령의 위임 없이 교원인사에 관한 사항을 심의하기 위하여 공립학교에 교원인사자문위원회를 두도록 하고 그 심의사항에 관하여 규정한 조례는 조례제정권의 한계를 벗어나 위법하다. (19변시) ( )

정답
01 × 기관위임사무의 귀속주체는 변경되지 않으므로 국토교통부장관
02 ○ 03 ○

소요되는 경비의 실질적·궁극적 부담자는 국가라고 하더라도 당해 지방자치단체는 국가로부터 내부적으로 교부된 금원으로 그 사무에 필요한 경비를 대외적으로 지출하는 자이므로, 이러한 경우 지방자치단체는 국가배상법 제6조 제1항 소정의 비용부담자로서 공무원의 불법행위로 인한 같은 법에 의한 손해를 배상할 책임이 있다(대판 1994.12.9, 94다38137).

3. 구별 기준

- 사무 분배는 입법정책적 문제 → 개별 법령의 규정형식과 내용을 우선 고려
- 개별법에서 중앙행정기관장(대통령, 국무총리, 중앙부처의 장 등)의 권한으로 규정한 사무는 국가사무 → ①이를 지방자치단체에 위임한 것이라면 단체위임사무, ②이를 지방자치단체장(시·도지사 또는 시장·군수·구청장 등)에게 위임된 것이라면 기관위임사무로 보아야 함.

3 자치사무와 기관위임사무의 구별

1. 차이점

구분	자치사무	기관위임사무
사무의 귀속주체	지방자치단체	위임자(국가 등)
지방의회의 관여	지방의회의 사무감사·조사·회계감사 등의 대상	원칙적으로 관여 불가
조례제정	조례제정 대상○ → 자치조례可	조례제정 대상× → 자치조례不可, 위임조례可
비용부담	지방자치단체	위임자(국가 등)
국가의 감독	적법성 통제	적법성 통제+합목적성 통제
국가배상법상 배상책임자	지방자치단체	국가 등은 사무귀속주체로서 배상책임, 지자체는 형식적 비용부담자로서 배상책임

2. 구별 기준

- 사무 분배는 입법정책적 문제 → 개별 법령의 규정형식과 내용을 우선 고려
- 한편 개별법에서 중앙행정기관장과 지방자치단체장의 권한이 동시에 규정된 경우는 개별법의 취지와 내용 등을 고려하여 해당 사무가 ①'전국적으로 통일적 처리가 필요하고 지방적 이해가 없는 경우'라면 기관위임사무로 보아야 하나, ②'지역적 현실을 고려해 개별적으로 처리하는 것이 바람직한 경우'라면 자치사무로 보아야 함.

관련 판례

법령상 지방자치단체의 장이 처리하도록 규정하고 있는 사무가 자치사무인지 아니면 기관위임사무인지를 판단함에 있어서는 그에 관한 법령의 규정 형식과 취지를 우선 고려하여야 하지만 그 외에도 그 사무의 성질이 전국적으로 통일적인 처리가 요구되는 사무인지 여부나 그에 관한 경비부담과 최종적인 책임귀속의 주체 등도 아울러 고려하여야 한다(대판 2003.4.22, 2002두10483).

기출지문 OX

01 지방자치단체의 장이 기관위임된 국가행정사무를 처리하면서 불법행위를 저지른 경우 당해 지방자치단체는 국가배상법 제6조 제1항 소정의 비용부담자로서 공무원의 불법행위로 인한 같은 법에 의한 손해를 배상할 책임이 있다. (19승진5) ( )

02 법령상 지방자치단체의 장이 처리하도록 하고 있는 사무가 자치사무인지 아니면 기관위임사무인지를 판단하기 위해서는 그에 관한 법령의 규정형식과 취지를 우선 고려하여야 하지만, 그 밖에 그 사무의 성질이 전국적으로 통일적인 처리가 요구되는 사무인지, 그에 관한 경비부담과 최종적인 책임귀속의 주체가 누구인지 등도 함께 고려하여야 한다. (19승진5) ( )

03 법령상 지방자치단체의 장이 처리하도록 규정하고 있는 사무가 자치사무인지 기관위임사무인지를 판단할 때 그에 관한 경비부담의 주체는 사무의 성질결정의 본질적 요소가 아니므로 부차적인 것으로도 고려요소가 될 수 없다. (21군무원7) ( )

정답
01 ○ 02 ○ 03 ×

기출지문 OX

01 부랑인선도시설 및 정신질환자요양시설에 대한 지방자치단체장의 지도·감독사무는 국가사무이다. (21군무원7) ( )

02 공립·사립학교의 장이 행하는 학생생활기록부 작성에 관한 교육감의 지도·감독 사무는 국가사무로서 교육감에 위임된 기관위임사무이다. (14국회8) ( )

03 교육감의 교육청 소속 국가공무원인 교사에 대한 징계사무는 자치사무에 해당한다. (21국가7) ( )

정답
01 ○ 02 ○ 03 ×

4 기관위임사무로 인정된 사례

관련 판례

1 부랑인선도시설 및 정신질환자요양시설의 지도·감독사무에 관한 법규의 규정 형식과 취지가 보건사회부장관 또는 보건복지부장관이 위 각 시설에 대한 지도·감독권한을 시장·군수·구청장에게 위임 또는 재위임하고 있는 것으로 보이는 점, 위 각 시설에 대한 지도·감독사무가 성질상 전국적으로 통일적인 처리가 요구되는 것인 점, 위 각 시설에 대한 대부분의 시설운영비 등의 보조금을 국가가 부담하고 있는 점, 장관이 정기적인 보고를 받는 방법으로 최종적인 책임을 지고 있는 것으로 보이는 점 등을 종합하여, 부랑인선도시설 및 정신질환자요양시설에 대한 지방자치단체장의 지도·감독사무를 보건복지부장관 등으로부터 기관위임된 국가사무이다(대판 2006.7.28, 2004다759).

2 [1] 재단법인이 운영하는 묘지 등의 허가는 도의 사무에 속한다는 점에서는 일치하지만, 종중 등이 설치하는 묘지 등의 허가 사무는 매장 및 묘지 등에 관한 법률에 의하면 도의 사무에 속하고, 지방자치법 및 같은 법 시행령에 의하면 시·군의 사무에 속하는 것으로 서로 다르게 규정되어 있으나, 지방자치법시행령 제8조 단서는 "다른 법령에 이와 다른 규정이 있는 경우에는 그러하지 아니하다"고 규정하고 있으므로, 묘지 등의 설치허가에 관하여는 지방자치법과는 다르게 매장 및 묘지 등에 관한 법률이 특별히 규정한 것으로 볼 수 있고, 매장 및 묘지 등에 관한 법률이 지방자치법시행령보다 상위의 법규라는 점 등에 비추어 볼 때 종중 등이 설치하는 묘지 등의 허가사무도 매장 및 묘지 등에 관한 법률 제8조에 의하여 도의 고유사무인 자치사무라고 해석할 것이다.

[2] 도지사로부터 시장·군수에게 묘지 등의 허가권을 위임한 것은 단체위임이 아니라 기관위임이라고 보아야 할 것이다(대판 1995.12.22, 95추32).

3 도로법 제22조 제2항에 의하여 지방자치단체의 장인 시장이 국도의 관리청이 되었다 하더라도 이는 시장이 국가로부터 관리업무를 위임받아 국가행정기관의 지위에서 집행하는 것이므로 국가는 도로관리상 하자로 인한 손해배상책임을 면할 수 없다(대판 1993.1.26, 92다2684).

4 골재채취업등록 및 골재채취허가사무는 전국적으로 통일적 처리가 요구되는 중앙행정기관인 건설교통부장관의 고유업무인 국가사무로서 지방자치단체의 장에게 위임된 기관위임사무에 해당한다(대판 2004.6.11, 2004추34).

5 전국적으로 통일적 처리를 요하는 학교생활기록의 작성에 관한 사무에 대한 감독관청의 지도·감독 사무도 국민 전체의 이익을 위하여 통일적으로 처리되어야 할 성격의 사무라고 보아야 하므로, 공립·사립학교의 장이 행하는 학교생활기록부 작성에 관한 교육감의 지도·감독 사무는 국가사무로서 교육감에 위임된 사무이다(대판 2014.2.27, 2012추183).

6 사립학교 교원의 복무나 징계 등은 국·공립학교 교원과 같이 전국적으로 통일하여 규율되어야 한다. 이를 고려할 때, 구 사립학교법 제54조 제3항이 사립 초등·중·고등학교 교사의 징계에 관하여 규정한 교육감의 징계요구 권한은 위 사립학교 교사의 자질과 복무태도 등을 국·공립학교 교사와 같이 일정 수준 이상 유지하기 위한 것으로서 국·공립학교 교사에 대한 징계와 균형 있게 처리되어야 할 국가사무로서 시·도 교육감에 위임된 사무라고 보아야 한다(대판 2013.6.27, 2009추206).

7 교원의 지위 등에 관하여 규정한 '전라북도 교권과 교육활동 보호 등에 관한 조례안'에 대하여 교육부장관이 재의요구지시를 하였으나 교육감이 따르지 않고 조례를 공포한 사안에서, 위 조례안은 국가사무에 관하여 법령의 위임 없이 조례로 정한 것으로 조례제정권의 한계를 벗어나 위법하다(대판 2016.12.29, 2013추142).

제5절 지방자치단체의 사무배분

1 국가와 지방자치단체 간 사무의 배분

1. 지방자치단체의 사무의 범위

(1) 지방자치법 규정

지방자치법 제11조 【사무배분의 기본원칙】 ① 국가는 지방자치단체가 사무를 종합적·자율적으로 수행할 수 있도록 국가와 지방자치단체 간 또는 지방자치단체 상호 간의 사무를 주민의 편익증진, 집행의 효과 등을 고려하여 서로 중복되지 아니하도록 배분하여야 한다.

② 국가는 제1항에 따라 사무를 배분하는 경우 지역주민생활과 밀접한 관련이 있는 사무는 원칙적으로 시·군 및 자치구의 사무로, 시·군 및 자치구가 처리하기 어려운 사무는 시·도의 사무로, 시·도가 처리하기 어려운 사무는 국가의 사무로 각각 배분하여야 한다.

③ 국가가 지방자치단체에 사무를 배분하거나 지방자치단체가 사무를 다른 지방자치단체에 재배분할 때에는 사무를 배분받거나 재배분받는 지방자치단체가 그 사무를 자기의 책임하에 종합적으로 처리할 수 있도록 관련 사무를 포괄적으로 배분하여야 한다.

제13조 <구9조> 【지방자치단체의 사무 범위】 ② 제1항에 따른 지방자치단체의 사무를 예시하면 다음 각 호와 같다. 다만, 법률에 이와 다른 규정이 있으면 그러하지 아니하다.

1. 지방자치단체의 구역, 조직, 행정관리 등
   가. 관할 구역 안 행정구역의 명칭·위치 및 구역의 조정
   나. 조례·규칙의 제정·개정·폐지 및 그 운영·관리
   다. 산하 행정기관의 조직관리
   라. 산하 행정기관 및 단체의 지도·감독
   마. 소속 공무원의 인사·후생복지 및 교육
   바. 지방세 및 지방세 외 수입의 부과 및 징수
   사. 예산의 편성·집행 및 회계감사와 재산관리
   아. 행정장비관리, 행정전산화 및 행정관리개선
   자. 공유재산 관리
   차. 주민등록 관리
   카. 지방자치단체에 필요한 각종 조사 및 통계의 작성
2. 주민의 복지증진
   가. 주민복지에 관한 사업
   나. 사회복지시설의 설치·운영 및 관리
   다. 생활이 어려운 사람의 보호 및 지원
   라. 노인·아동·장애인·청소년 및 여성의 보호와 복지증진
   마. 공공보건의료기관의 설립·운영
   바. 감염병과 그 밖의 질병의 예방과 방역
   사. 묘지·화장장 및 봉안당의 운영·관리
   아. 공중접객업소의 위생을 개선하기 위한 지도
   자. 청소, 생활폐기물의 수거 및 처리
   차. 지방공기업의 설치 및 운영

3. 농림·수산·상공업 등 산업 진흥
   가. 못·늪지·보 등 농업용수시설의 설치 및 관리
   나. 농산물·임산물·축산물·수산물의 생산 및 유통 지원
   다. 농업자재의 관리
   라. 복합영농의 운영·지도
   마. 농업 외 소득사업의 육성·지도
   바. 농가 부업의 장려
   사. 공유림 관리
   아. 소규모 축산 개발사업 및 낙농 진흥사업
   자. 가축전염병 예방
   차. 지역산업의 육성·지원
   카. 소비자 보호 및 저축 장려
   타. 중소기업의 육성
   파. 지역특화산업의 개발과 육성·지원
   하. 우수지역특산품 개발과 관광민예품 개발
4. 지역개발과 자연환경보전 및 생활환경시설의 설치·관리
   가. 지역개발사업
   나. 지방 토목·건설사업의 시행
   다. 도시·군계획사업의 시행
   라. 지방도, 시도·군도·구도의 신설·개선·보수 및 유지
   마. 주거생활환경 개선의 장려 및 지원
   바. 농어촌주택 개량 및 취락구조 개선
   사. 자연보호활동
   아. 지방하천 및 소하천의 관리
   자. 상수도·하수도의 설치 및 관리
   차. 소규모급수시설의 설치 및 관리
   카. 도립공원, 광역시립공원, 군립공원, 시립공원 및 구립공원 등의 지정 및 관리
   타. 도시공원 및 공원시설, 녹지, 유원지 등과 그 휴양시설의 설치 및 관리
   파. 관광지, 관광단지 및 관광시설의 설치 및 관리
   하. 지방 궤도사업의 경영
   거. 주차장·교통표지 등 교통편의시설의 설치 및 관리
   너. 재해대책의 수립 및 집행
   더. 지역경제의 육성 및 지원
5. 교육·체육·문화·예술의 진흥
   가. 어린이집·유치원·초등학교·중학교·고등학교 및 이에 준하는 각종 학교의 설치·운영·지도
   나. 도서관·운동장·광장·체육관·박물관·공연장·미술관·음악당 등 공공교육·체육·문화시설의 설치 및 관리
   다. 지방문화재의 지정·등록·보존 및 관리
   라. 지방문화·예술의 진흥
   마. 지방문화·예술단체의 육성
6. 지역민방위 및 지방소방
   가. 지역 및 직장 민방위조직(의용소방대를 포함한다)의 편성과 운영 및 지도·감독
   나. 지역의 화재예방·경계·진압·조사 및 구조·구급
7. 국제교류 및 협력
   가. 국제기구·행사·대회의 유치·지원
   나. 외국 지방자치단체와의 교류·협력

- 2021 개정법은 국가와 지방자치단체 간 사무배분의 기본원칙 조항(제11조)을 신설하였음.
- 2021 개정법은 지방자치단체의 사무 범위에 '국제교류 및 협력'을 추가하고, 제193조부터 제195조에 다음의 내용을 신설하였음.

> **지방자치법 제193조 【지방자치단체의 역할】** 지방자치단체는 국가의 외교·통상 정책과 배치되지 아니하는 범위에서 국제교류·협력, 통상·투자유치를 위하여 외국의 지방자치단체, 민간기관, 국제기구(국제연합과 그 산하기구·전문기구를 포함한 정부 간 기구, 지방자치단체 간 기구를 포함한 준정부 간 기구, 국제 비정부기구 등을 포함한다. 이하 같다)와 협력을 추진할 수 있다.
>
> **제194조 【지방자치단체의 국제기구 지원】** 지방자치단체는 국제기구 설립·유치 또는 활동 지원을 위하여 국제기구에 공무원을 파견하거나 운영비용 등 필요한 비용을 보조할 수 있다.
>
> **제195조 【해외사무소 설치·운영】** ① 지방자치단체는 국제교류·협력 등의 업무를 원활히 수행하기 위하여 필요한 곳에 단독 또는 지방자치단체 간 협력을 통해 공동으로 해외사무소를 설치할 수 있다.
> ② 지방자치단체는 해외사무소가 효율적으로 운영될 수 있도록 노력해야 한다.

(2) 지방자치법에 규정되지 않은 사무의 경우

- 사무의 구분이 불분명하다면, 헌법상 지방자치단체 사무의 포괄수권원칙에 따라 지방자치단체의 사무로 추정함이 타당함.

2. 지방자치단체가 처리할 수 없는 사무(국가사무처리의 제한)

> **지방자치법 제15조 <구11조> 【국가사무의 처리 제한】** 지방자치단체는 다음 각 호의 국가사무를 처리할 수 없다. 다만, 법률에 이와 다른 규정이 있는 경우에는 국가사무를 처리할 수 있다.
> 1. 외교, 국방, 사법, 국세 등 국가의 존립에 필요한 사무
> 2. 물가정책, 금융정책, 수출입정책 등 전국적으로 통일적 처리를 할 필요가 있는 사무
> 3. 농산물·임산물·축산물·수산물 및 양곡의 수급조절과 수출입 등 전국적 규모의 사무
> 4. 국가종합경제개발계획, 국가하천, 국유림, 국토종합개발계획, 지정항만, 고속국도·일반국도, 국립공원 등 전국적 규모나 이와 비슷한 규모의 사무
> 5. 근로기준, 측량단위 등 전국적으로 기준을 통일하고 조정하여야 할 필요가 있는 사무
> 6. 우편, 철도 등 전국적 규모나 이와 비슷한 규모의 사무
> 7. 고도의 기술이 필요한 검사·시험·연구, 항공관리, 기상행정, 원자력개발 등 지방자치단체의 기술과 재정능력으로 감당하기 어려운 사무

2 광역자치단체와 기초자치단체 간 사무 배분

> **지방자치법 제14조 <구10조> 【지방자치단체의 종류별 사무배분기준】** ① 제13조에 따른 지방자치단체의 사무를 지방자치단체의 종류별로 배분하는 기준은 다음 각 호와 같다. 다만, 제13조 제2항 제1호의 사무는 각 지방자치단체에 공통된 사무로 한다.
> 1. 시·도
> 가. 행정처리 결과가 2개 이상의 시·군 및 자치구에 미치는 광역적 사무

기출지문 OX

01 지방자치단체는 다른 법률에 특별한 규정이 없는 한 농산물·임산물·축산물·수산물 및 양곡의 수급조절과 수출입 등 전국적 규모의 사무를 처리할 수 없다. (16국회8) ( )

정답
01 ○

기출지문 OX

01 지방자치단체의 사무를 처리함에 있어서 광역지방자치단체와 기초지방자치단체가 경합하는 경우에는 기초지방자치단체가 해당 사무를 처리한다. (02관세) ( )

정답
01 ○

나. 시·도 단위로 동일한 기준에 따라 처리되어야 할 성질의 사무
다. 지역적 특성을 살리면서 시·도 단위로 통일성을 유지할 필요가 있는 사무
라. 국가와 시·군 및 자치구 사이의 연락·조정 등의 사무
마. 시·군 및 자치구가 독자적으로 처리하기 어려운 사무
바. 2개 이상의 시·군 및 자치구가 공동으로 설치하는 것이 적당하다고 인정되는 규모의 시설을 설치하고 관리하는 사무

2. 시·군 및 자치구
제1호에서 시·도가 처리하는 것으로 되어 있는 사무를 제외한 사무. 다만, 인구 50만 이상의 시에 대해서는 도가 처리하는 사무의 일부를 직접 처리하게 할 수 있다.

3 광역자치단체와 기초자치단체 간 사무 경합

지방자치법 제14조 <구10조> **【지방자치단체의 종류별 사무배분기준】** ③ 시·도와 시·군 및 자치구는 사무를 처리할 때 서로 겹치지 아니하도록 하여야 하며, 사무가 서로 겹치면 시·군 및 자치구에서 먼저 처리한다.

제3장 지방자치단체의 권한(자치권)

제1절 서설

1 자치권의 본질

학설	내용
고유권설	지방자치권을 국가 이전부터 인정되고 있는 지방자치단체에 고유한 권리로 보는 견해
전래권설	국가의 통치권의 일부가 지방자치단체에 부여된 것으로 보는 견해

2 자치권의 종류

- **자치조직권**: 헌법·법률의 범위 내에서 자기의 조직을 자주적으로 정할 권한
- **자치행정권**: 지방자치단체의 사무를 국가의 후견적 감독 없이 자율적으로 처리할 권한
- **자치입법권**: 자치행정에 관해 법령 수권 없이 자율적으로 법규를 제정할 권한
- **자치재정권**: 자주적으로 재원 취득, 재산 관리, 재원 지출할 권한

제2절 조례제정권

1 의의

- **조례**: 지방자치단체가 지방의회의 의결을 거쳐 제정하는 자치법규

2 조례제정권의 성질

- '법규명령'보다 하위 규범이나, '지방자치단체의 규칙'보다 상위 규범
- 일반적·추상적 규율이 원칙이나, 개별적·구체적 사항을 규율하는 경우도 있음 (예 두밀분교폐지조례)

기출지문 OX

01 조례는 원칙적으로 일반적·추상적 규율의 성질을 갖지만, 구체적 사항을 규율하는 경우도 있다. (04관세) ( )

정답
01 ○

기출지문 OX

01 조례는 기관위임사무를 대상으로 하여서는 제정될 수 없는 것이 원칙이다. (97행시) ( )

02 지방의회는 법령에 의하여 특별히 위임받은 경우를 제외하고는 기관위임사무에 대한 조례를 제정할 수 없다. (04국가7) ( )

03 국가사무가 지방자치단체의 장에게 위임된 기관위임사무는 원칙적으로 자치조례의 제정범위에 속하지 않는다. (19승진5) ( )

04 지방자치단체의 장에게 위임된 국가사무인 기관위임사무에 대하여 개별법령에서 그에 관한 일정한 사항을 조례로 정하도록 하는 것은 기관위임사무의 성질상 허용될 수 없다. (19변시) ( )

정답
01 ○ 02 ○ 03 ○
04 × 허용될 수 있음

3 조례제정권의 범위 및 한계

헌법 제117조 ① 지방자치단체는 주민의 복리에 관한 사무를 처리하고 재산을 관리하며, 법령의 범위 안에서 자치에 관한 규정을 제정할 수 있다.

지방자치법 제28조 <구22조> **【조례】** ① 지방자치단체는 법령의 범위에서 그 사무에 관하여 조례를 제정할 수 있다. 다만, 주민의 권리 제한 또는 의무 부과에 관한 사항이나 벌칙을 정할 때에는 법률의 위임이 있어야 한다.
② 법령에서 조례로 정하도록 위임한 사항은 그 법령의 하위 법령에서 그 위임의 내용과 범위를 제한하거나 직접 규정할 수 없다.

구법 제22조 【조례】 지방자치단체는 법령의 범위 안에서 그 사무에 관하여 조례를 제정할 수 있다. 다만, 주민의 권리 제한 또는 의무 부과에 관한 사항이나 벌칙을 정할 때에는 법률의 위임이 있어야 한다.

1. 조례제정사무

- 지방자치단체의 사무(자치사무와 단체위임사무)에 관하여는 조례를 제정할 수 있고(자치조례) 원칙적으로 법령의 위임이 불요하나, 침익적 조례는 위임 필요함. 이 경우에도 포괄적 위임으로 족함(자치조례에는 포괄위임금지원칙 적용×).
- 기관위임사무는 국가의 사무이므로 법령의 위임이 있는 경우에 한하여 조례를 제정할 수 있고(위임조례), 일반적 위임입법의 한계가 적용됨.
- 2021 개정법은 법령에서 직접 조례로 정하도록 위임한 사항은 그 법령의 하위 법령에서 위임의 내용과 범위를 제한하거나 직접 규정할 수 없도록 하는 조항을 신설하였음(예 법률에서 조례로 직접 정하도록 위임하는 규정이 있는 경우 → 대통령령으로 해당 사항에 대해 추가로 규율할 수 없음).

관련 판례

1 지방자치법 제22조, 제9조에 의하면, 지방자치단체가 자치조례를 제정할 수 있는 사항은 지방자치단체의 고유사무인 자치사무와 개별법령에 의하여 지방자치단체에 위임된 단체위임사무에 한하는 것이고, 국가사무가 지방자치단체의 장에게 위임된 기관위임사무는 원칙적으로 자치조례의 제정범위에 속하지 않는다 할 것이고, 다만 기관위임사무에 있어서도 그에 관한 개별법령에서 일정한 사항을 조례로 정하도록 위임하고 있는 경우에는 위임받은 사항에 관하여 개별법령의 취지에 부합하는 범위 내에서 이른바 위임조례를 정할 수 있다(대판 2000.5.30, 99추85).

2 법령에 의하여 국가사무가 지방자치단체에게 위임된 바가 없음에도 주택건설 사업승인 대상인 분양을 목적으로 하는 20세대 이상의 공동주택을 대상으로하여 필요한 사항을 규정한 전라북도 공동주택입주자보호를 위한 조례안은 지방자치법 제15조 단서, 주택건설촉진법 제1조, 제4조, 제5조, 제32조를 위반한 것으로 그 구체적 조항이 법령에 위반된 여부에 나아가 살펴볼 필요 없이 전체적으로 무효이다(대판 1995.5.12, 94추28).

2. 법률우위의 원칙(법령의 범위에서)

(1) 의의

관련 판례

1 헌법 제117조 제1항에서 규정하고 있는 '법령'에 법률 이외에 헌법 제75조 및 제95조 등에 의거한 '대통령령', '총리령' 및 '부령'과 같은 법규명령이 포함되는 것은 물론이지만, 헌법재판소의 "법령의 직접적인 위임에 따라 수임행정기관이 그 법령을 시행하는데 필요한 구체적 사항을 정한 것이면, 그 제정형식은 비록 법규명령이 아닌 고시, 훈령, 예규 등과 같은 행정규칙이더라도, 그것이 상위법령의 위임한계를 벗어나지 아니하는 한, 상위법령과 결합하여 대외적인 구속력을 갖는 법규명령으로서 기능하게 된다고 보아야 한다"고 판시한 바에 따라, 헌법 제117조 제1항에서 규정하는 '법령'에는 법규명령으로서 기능하는 행정규칙이 포함된다(헌재 2002.10.31, 2001헌라1).

2 지방자치법 제22조 본문은 "지방자치단체는 법령의 범위 안에서 그 사무에 관하여 조례를 제정할 수 있다"고 규정한다. 여기서 '법령의 범위 안에서'란 '법령에 위반되지 아니하는 범위 내에서'를 말하고, 지방자치단체가 제정한 조례가 법령에 위배되는 경우에는 효력이 없다(대판 2000.4.9, 2007추103).

(2) 법률선점론

① 의의

- **법률선점론**: 이미 법률로 규율한 영역에 대해 조례가 다시 동일한 목적으로 규율하는 것은 법률이 선점한 영역을 침해하는 것으로 법률에서 특별한 위임이 없는 한 허용될 수 없다는 이론
- **완화된 법률선점론**: 이미 법령으로 규율한 사항이라도, 법령이 각 지역 실정에 맞게 조례로 달리 규정함을 용인하는 취지라면 해당 조례는 위법하지 않다고 보는 견해(다수설 · 판례)

② **조례로 규율한 사항에 대해 법령 규정이 없는 경우**: 조례 제정은 지방자치법 제28조(구 제22조)에 따름.

③ **조례로 규율한 사항에 대해 이미 법령 규정이 있는 경우**

㉠ 입법목적이 상이한 경우

관련 판례

지방자치단체는 법령에 위반되지 아니하는 범위 내에서 그 사무에 관하여 조례를 제정할 수 있는 것이고, 조례가 규율하는 특정사항에 관하여 그것을 규율하는 국가의 법령이 이미 존재하는 경우에도 조례가 법령과 별도의 목적에 기하여 규율함을 의도하는 것으로서 그 적용에 의하여 법령의 규정이 의도하는 목적과 효과를 전혀 저해하는 바가 없는 때, 또는 양자가 동일한 목적에서 출발한 것이라고 할지라도 국가의 법령이 반드시 그 규정에 의하여 전국에 걸쳐 일률적으로 동일한 내용을 규율하려는 취지가 아니고 각 지방자치단체가 그 지방의 실정에 맞게 별도로 규율하는 것을 용인하는 취지라고 해석되는 때에는 그 조례가 국가의 법령에 위반되는 것은 아니다(대판 1997.4.25, 96추244).

기출지문 OX

01 조례는 행정입법의 성격을 갖기 때문에 법률우위의 원칙은 적용되지 않는다. (16서울7) ( )

02 지방자치단체가 제정한 조례가 법령에 위반되는 경우에도 그 조례가 취소되기 전까지는 유효하다. (16서울7) ( )

용어 설명

1. **추가조례**
   국가의 법령에서 규제하지 않은 사항에 대하여 규제를 규정한 조례, 즉 국가의 법령과 규율대상(규율사항)이 다른 조례
   예 법령: 이산화탄소에 대해서만 규제
   조례: 이산화질소까지도 규제
2. **초과조례**
   국가의 법령에서 규제하고 있는 사항에 대하여, 당해 법령과 동일한 목적으로 법령보다 엄격한 규제를 규정한 조례, 즉 국가의 법령과 규율대상(규율사항)과 규율목적이 동일한 조례
   예 법령: 오염물질의 배출허용기준 3ppm으로 규정
   조례: 2ppm으로 규정

03 지방자치단체의 조례가 규율하는 특정사항에 관하여 그것을 규율하는 국가의 법령이 이미 존재하는 경우에도 조례가 법령의 별도의 목적에 기하여 규율함을 의도하는 것으로서 그 적용에 의하여 법령의 규정이 의도하는 목적과 효과를 전혀 저해하는 바가 없는 때에는 그 조례가 국가의 법령에 위반되는 것은 아니다. (19변시) ( )

정답
01 × 적용됨
02 × 처음부터 무효
03 ○

기출지문 OX

01 조례의 내용이 구 생활보호법보다 생활보호의 대상과 방법을 확대하여도 그 조례는 구 생활보호법을 위반하는 것이 아니다. (04행시) ( )

정답
01 ○

ⓛ 입법목적이 동일한 경우

ⓐ 수익적인 경우

관련 판례

1 주민에게 혜택을 부여하는 내용의 조례 등은 주민의 권리를 제한하거나 새로운 의무를 부과하는 경우보다 광범위한 입법형성의 자유가 인정되는 것이고, 한편 그와 같은 조례 등의 문언 및 논리적인 해석의 결과 그 혜택을 부여받을 대상에 포함되지 않는 것으로 해석되는 경우에는 비록 혜택을 부여받는 대상과 비교하여 다소 불합리한 결과가 된다 하더라도 추가적인 입법 조치 등이 없는 한 그와 동일한 혜택을 부여할 것을 요구할 수는 없다(대판 2009.10.29, 2008두19239).

2 조례안의 내용은 생활유지의 능력이 없거나 생활이 어려운 자에게 보호를 행하여 이들의 최저생활을 보장하고 자활을 조성함으로써 구민의 사회복지의 향상에 기여함을 목적으로 하는 것으로서 생활보호법과 그 목적 및 취지를 같이 하는 것이나, 보호대상자 선정의 기준 및 방법, 보호의 내용을 생활보호법의 그것과는 다르게 규정함과 동시에 생활보호법 소정의 자활보호대상자 중에서 사실상 생계유지가 어려운 자에게 생활보호법과는 별도로 생계비를 지원하는 것을 그 내용으로 하는 것이라는 점에서 생활보호법과는 다른 점이 있고, 당해 조례안에 의하여 생활보호법 소정의 자활보호대상자 중 일부에 대하여 생계비를 지원한다고 하여 생활보호법이 의도하는 목적과 효과를 저해할 우려는 없다고 보여지며, 비록 생활보호법이 자활보호대상자에게는 생계비를 지원하지 아니하도록 규정하고 있다고 할지라도 그 규정에 의한 자활보호대상자에게는 전국에 걸쳐 일률적으로 동일한 내용의 보호만을 실시하여야 한다는 취지로는 보이지 아니하고, 각 지방자치단체가 그 지방의 실정에 맞게 별도의 생활보호를 실시하는 것을 용인하는 취지라고 보아야 할 것이라는 이유로, 당해 조례안의 내용이 생활보호법의 규정과 모순·저촉되는 것이라고 할 수 없다(대판 1997.4.25, 96추244).

ⓑ 침익적인 경우

관련 판례

1 [1] 차고지확보제도 조례안이 자동차·건설기계의 보유자에게 차고지확보의무를 부과하는 한편 자동차관리법에 의한 자동차등록(신규·변경·이전) 및 건설기계관리법에 의한 건설기계등록·변경신고를 하려는 자동차·건설기계의 보유자에게 차고지확보 입증서류의 제출의무를 부과하고 그 입증서류의 미제출을 위 등록 및 신고수리의 거부사유로 정함으로써 결국 등록·변경신고를 하여 자동차·건설기계를 운행하려는 보유자로 하여금 차고지를 확보하지 아니하면 자동차·건설기계를 운행할 수 없도록 하는 것을 그 내용으로 하고 있다면, 이는 주민의 권리를 제한하고 주민에게 의무를 부과하는 것임이 분명하므로 지방자치법 제15조 단서의 규정에 따라 그에 관한 법률의 위임이 있어야만 적법하다.

[2] 도시교통정비촉진법 제19조의10 제3항에서 교통수요관리에 관하여 법에 정한 사항을 제외하고는 조례로 정하도록 규정하고 있고, 차고지확보제도는 차고지를 확보하지 아니한 자동차·건설기계의 보유자로 하여금 그 자동차·건설기계를 운행할 수 없도록 하는 것으로서 결과적으로 자동차 등의 통행량을 감소시키는 교통수요관리(그중 주차수요관리) 방안의 하나에 해당하므로, 같은 법 제19조의10 제3항의 규정은 비록 포괄적이고 일반적인 것이기는 하지만 차고지확보제도를 규정한 조례안의 법률적 위임근거가 된다.

[3] 차고지확보 대상을 자가용자동차 중 승차정원 16인 미만의 승합자동차와 적재정량 2.5t 미만의 화물자동차까지로 정하여 자동차운수사업법령이 정한 기준보다 확대하고, 차고지확보 입증서류의 미제출을 자동차등록 거부사유로 정하여 자동차관리법령이 정한 자동차 등록기준보다 더 높은 수준의 기준을 부가하고 있는 차고지확보제도에 관한 조례안은 비록 그 법률적 위임근거는 있지만 그 내용이 차고지 확보기준 및 자동차등록기준에 관한 상위법령의 제한범위를 초과하여 무효이다(대판 1997.4.25, 96추251).

2 지방의회에서의 사무감사·조사를 위한 증인의 동행명령장제도도 증인의 신체의 자유를 억압하여 일정 장소로 인치하는 것으로서 헌법 제12조 제3항의 "체포 또는 구속"에 준하는 사태로 보아야 하고, 거기에 현행범 체포와 같이 사후에 영장을 발부받지 아니하면 목적을 달성할 수 없는 긴박성이 있다고 인정할 수는 없으므로, 헌법 제12조 제3항에 의하여 법관이 발부한 영장의 제시가 있어야 함에도 불구하고 동행명령장을 법관이 아닌 지방의회 의장이 발부하고 이에 기하여 증인의 신체의 자유를 침해하여 증인을 일정 장소에 인치하도록 규정된 조례안은 영장주의원칙을 규정한 헌법 제12조 제3항에 위반된 것이다(대판 1995.6.30, 93추83).

3 제주특별자치도에서 자동차대여사업을 하고자 하는 사람의 영업활동을 제한하는 내용의 '제주특별자치도 여객자동차 운수사업에 관한 조례안' 제37조 제3항과 제4항은 그 수권규정인 '제주특별자치도 설치 및 국제자유도시 조성을 위한 특별법' 제324조 제2항이 조례로 정할 수 있도록 한 사항에 해당하지 아니하여 법률의 위임 없이 국민의 권리제한 또는 의무부과에 관한 사항을 규정한 것으로 무효이다(대판 2007.12.13, 2006추52).

ⓒ 기타

관련 판례

지방자치법 제35조 제1항 제6호 및 그 시행령 제15조의3과 지방재정법 제77조 및 그 시행령 제84조는 일정한 중요재산의 취득과 처분에 관하여는 관리계획으로 정하여 지방의회의 의결을 받도록 규정하면서도 공유재산의 대부와 같은 관리행위가 지방의회의 의결사항인지 여부에 관하여는 명시적으로 규정하고 있지 아니하지만, 우선 지방자치법 제35조 제2항에서 그 제1항이 정하고 있는 사항 이외에 지방의회에서 의결되어야 할 사항을 조례로써 정할 수 있도록 규정하고 있을 뿐만 아니라, 일반적으로 공유재산의 관리가 그 행위의 성질 등에 있어 그 취득이나 처분과는 달리 지방자치단체장의 고유권한에 속하는 것으로서 지방의회가 사전에 관여하여서는 아니되는 사항이라고 볼 근거는 없는 것이므로, 지방자치법과 지방재정법 등의 국가 법령에서 위와 같이 중요재산의 취득과 처분에 관하여 지방의회의 의결을 받도록 규정하면서 공유재산의 관리행위에 관하여는 별도의 규정을 두고 있지 아니하더라도 이는 공유재산의 관리행위를 지방의회의 의결사항으로 하는 것을 일률적으로 배제하고자 하는 취지는 아니고 각각의 지방자치단체에서 그에 관하여 조례로써 별도로 정할 것을 용인하고 있는 것이라고 보아야 한다<공유재산 관리에 대한 것은 조례로 제정 가능하다는 판결>(대판 2000.11.24, 2000추29).

기출지문 OX

01 판례에 따르면 조례로써 자동차관리법 및 동 시행령이 정한 자동차등록기준보다 더 강화된 수준의 차고지 확보를 정하는 것은 적법하다. (00국가7) ( )

정답
01 × 위법함

3. 법률유보의 원칙

(1) 위임 필요여부

- 조례 제정시 법률유보의 원칙은 원칙적으로 적용되지 않으나, 침익적 조례의 경우 법률의 위임이 필요함.
- 여기서 침익적 조례에 대해 법률의 위임을 요구하는 지방자치법 규정이 헌법 제117조가 보장하는 지방자치단체의 자치권을 침해하는지 문제되나, 대법원 및 헌법재판소 모두 침해가 아니라고 봄.
- 한편 위임이 필요한 경우임에도 위임 없이 규정된 조례는 무효임.

관련 판례

1 구 지방자치법 제22조는 원칙적으로 헌법 제117조 제1항의 규정과 같이 지방자치단체의 자치입법권을 보장하면서, 그 단서에서 국민의 권리제한·의무부과에 관한 사항을 규정하는 조례의 중대성에 비추어 입법정책적 고려에서 법률의 위임을 요구한다고 규정하고 있는바, 이는 기본권 제한에 대하여 법률유보원칙을 선언한 헌법 제37조 제2항의 취지에 부합하므로 조례제정에 있어서 위와 같은 경우에 법률의 위임근거를 요구하는 것이 위헌성이 있다고 할 수 없다(대판 1995.5.12, 94추28).

2 지방자치단체는 그 내용이 주민의 권리의 제한 또는 의무의 부과에 관한 사항이거나 벌칙에 관한 사항이 아닌 한 법률의 위임이 없더라도 조례를 제정할 수 있다(대판 1992.6.23, 92추17).

관련 판례

법률의 위임이 필요 없다고 본 경우

1 청주시의회에서 의결한 청주시행정정보공개조례안은 행정에 대한 주민의 알 권리의 실현을 그 근본내용으로 하면서도 이로 인한 개인의 권익침해 가능성을 배제하고 있으므로 이를 들어 주민의 권리를 제한하거나 의무를 부과하는 조례라고는 단정할 수 없고 따라서 그 제정에 있어서 반드시 법률의 개별적 위임이 따로 필요한 것은 아니다(대판 1992.6.23, 92추17).

2 교육부장관이 관할 교육감에게, 甲 지방의회가 의결한 학생인권조례안에 대하여 재의요구를 하도록 요청하였으나 교육감이 이를 거절하고 학생인권조례를 공포하자, 조례안 의결에 대한 효력 배제를 구하는 소를 제기한 사안에서, 위 조례안은 전체적으로 헌법과 법률의 테두리 안에서 이미 관련 법령에 의하여 인정되는 학생의 권리를 열거하여 그와 같은 권리가 학생에게 보장되는 것임을 확인하고 학교생활과 학교 교육과정에서 학생의 인권 보호가 실현될 수 있도록 내용을 구체화하고 있는 데 불과할 뿐, 법령에 의하여 인정되지 아니하였던 새로운 권리를 학생에게 부여하거나 학교운영자나 학교의 장, 교사 등에게 새로운 의무를 부과하고 있는 것이 아니고, 정규교과 시간 외 교육활동의 강요 금지, 학생인권 교육의 실시 등의 규정 역시 교육의 주체인 학교의 장이나 교사에게 학생의 인권이 학교 교육과정에서 존중되어야 함을 강조하고 그에 필요한 조치를 권고하고 있는 데 지나지 아니하여, 그 규정들이 교사나 학생의 권리를 새롭게 제한하는 것이라고 볼 수 없으므로, 국민의 기본권이나 주민의 권리 제한에서 요구되는 법률유보원칙에 위배된다고 할 수 없고, 내용이 법령의 규정과 모순·저촉되어 법률우위원칙에 어긋난다고 볼 수 없다(대판 2015.5.14, 203추98).

3 세자녀 양육비 조례안 사건

지방자치법 제15조에 의하면 지방자치단체는 그 내용이 주민의 권리의 제한 또는 의무의 부과에 관한 사항이거나 벌칙에 관한 사항이 아닌 한 법률의 위임이 없더라도 그의 사무에 관하여 조례를 제정할 수 있는바, 지방자치단체의 세자녀 이상 세대 양육비 등 지원에 관한 조례안은 저출산 문제의 국가적·사회적 심각성을 십분 감안하여 향후 지방자치단체의 출산을 적극 장려토록 하여 인구정책을 보다 전향적으로 실효성 있게 추진하고자 세 자녀 이상 세대 중 세 번째 이후 자녀에게 양육비 등을 지원할 수 있도록 하는 것으로서, 위와 같은 사무는 지방자치단체 고유의 자치사무 중 주민의 복지증진에 관한 사무를 규정한 지방자치법 제9조 제2항 제2호 (라)목에서 예시하고 있는 아동·청소년 및 부녀의 보호와 복지증진에 해당되는 사무이고, 또한 위 조례안에는 주민의 편의 및 복리증진에 관한 내용을 담고 있어 그 제정에 있어서 반드시 법률의 개별적 위임이 따로 필요한 것은 아니다(대판 2006.10.12, 2006추38).

관련 판례

법률의 위임이 필요하다고 본 경우

1 이 사건 조례들은 담배소매업을 영위하는 주민들에게 자판기 설치를 제한하는 것을 내용으로 하고 있으므로 주민의 직업선택의 자유 특히 직업수행의 자유를 제한하는 것이 되어 지방자치법 제15조 단서 소정의 주민의 권리의무에 관한 사항을 규율하는 조례라고 할 수 있으므로 지방자치단체가 이러한 조례를 제정함에 있어서는 법률의 위임을 필요로 한다(헌재 1995.4.20, 92헌마264·279).

2 [1] 구 지방자치법 제22조, 행정규제기본법 제4조 제3항에 의하면 지방자치단체가 조례를 제정함에 있어 그 내용이 주민의 권리제한 또는 의무부과에 관한 사항이나 벌칙인 경우에는 법률의 위임이 있어야 하므로, 법률의 위임 없이 주민의 권리제한 또는 의무부과에 관한 사항을 정한 조례는 효력이 없다.

[2] 이 사건 조례 규정이 부설주차장의 용도변경 제한에 관하여 정한 것은 법 제19조 제4항 및 시행령 제7조 제2항에서 위임한 '시설물의 부지 인근의 범위'와는 무관한 사항이고, 나아가 부설주차장의 용도변경 제한에 관하여는 법 제19조의4 제1항 및 시행령 제12조 제1항에서 지방자치단체의 조례에 위임하지 아니하고 직접 명확히 규정하고 있으므로, 결국 이 사건 조례 규정은 법률의 위임 없이 주민의 권리제한에 관한 사항을 정한 것으로서 법률유보의 원칙에 위배되어 그 효력이 없다(대판 2012.11.22, 2010두19270 전합).

3 구청장이 구 폐기물처리시설 설치촉진 및 주변지역지원 등에 관한 법률 제6조에 따라 폐기물처리시설을 설치하거나 그 설치비용에 해당하는 금액을 납부할 의무를 부담하는 택지개발사업의 사업시행자에게 '서울특별시 송파구 택지개발에 따른 폐기물처리시설 설치비용 산정에 관한 조례' 규정에 따라 폐기물처리시설 설치비용 산정의 기준이 되는 부지면적에 주민편익시설의 면적을 포함시켜 산정한 폐기물처리시설 부담금을 부과한 사안에서, 위 조례 규정은 상위법령의 가능한 해석범위를 넘어 이를 확장함으로써 위임의 한계를 벗어난 새로운 입법을 한 것과 다름없으므로 효력이 없다(대판 2019.1.10, 2016두54039).

4 영유아보육법이 보육시설 종사자의 정년에 관한 규정을 두거나 이를 지방자치단체의 조례에 위임한다는 규정을 두고 있지 않음에도 보육시설 종사자의 정년을 규정한 '서울특별시 중구 영유아 보육조례 일부개정조례안' 제17조 제3항은, 법률의 위임 없이 헌법이 보장하는 직업을 선택하여 수행할 권리의 제한에 관한 사항을 정한 것이어서 그 효력을 인정할 수 없으므로, 위 조례안에 대한 재의결은 무효이다(대판 2009.5.28, 2007추134).

기출지문 OX

01 담배자동판매기의 설치를 금지하는 조례는 주민의 권리를 제한하는 조례이므로 이러한 조례를 제정함에 있어서는 법률의 위임을 필요로 한다. (06서울7) ( )

02 판례에 의하면 청주시 행정정보공개 조례안은 행정에 대한 주민의 알 권리의 실현을 그 근본 내용으로 하면서도 이로 인한 개인의 권익침해 가능성을 배제하고 있으므로 이를 들어 주민의 권리를 제한하거나 의무를 부과하는 조례라고 단정할 수 없다고 판시하였다. (99서울7) ( )

03 폐기물처리시설 설치비용부과처분의 근거가 된 서울특별시 송파구 택지개발에 따른 폐기물처리시설 설치비용 산정에 관한 조례의 규정은 사업시행자에게 주민편익시설 설치비용에 상응하는 금액까지 납부할 의무를 부과하도록 하고 있는데 이는 법률의 위임이 없어 효력이 없다. (19서울7) ( )

정답
01 ○ 02 ○ 03 ○

기출지문 OX

01 판례는 조례도 일종의 법규명령으로 보아, 조례로 주민의 권리의무에 관한 사항을 규율하려면 법률이 구체적으로 범위를 정하여 위임하여야 하며, 포괄적 위임은 금지된다고 한다. (01입시) ( )

정답
01 ×

(2) 위임의 정도

① **자치조례**: 포괄위임(수권) 가능

관련 판례

1 지방자치법 제9조 제1항과 제15조 등의 관련 규정에 의하면 지방자치단체는 원칙적으로 그 고유사무인 자치사무와 법령에 의하여 위임된 단체위임사무에 관하여 이른바 자치조례를 제정할 수 있는 외에, 개별 법령에서 특별히 위임하고 있을 경우에는 그러한 사무에 속하지 아니하는 기관위임사무에 관하여도 그 위임의 범위 내에서 이른바 위임조례를 제정할 수 있지만, 조례가 규정하고 있는 사항이 그 근거 법령등에 비추어 볼 때 자치사무나 단체위임사무에 관한 것이라면 이는 자치조례로서 지방자치법 제15조가 규정하고 있는 '법령의 범위 안'이라는 사항적 한계가 적용될 뿐, 위임조례와 같이 국가법에 적용되는 일반적인 위임입법의 한계가 적용될 여지는 없다(대판 2000.11.24, 2000추29).

2 조례의 제정권자인 지방의회는 선거를 통해서 그 지역적인 민주적 정당성을 지니고 있는 주민의 대표기관이고, 헌법이 지방자치단체에 대해 포괄적인 자치권을 보장하고 있는 취지로 볼 때 조례제정권에 대한 지나친 제약은 바람직하지 않으므로 조례에 대한 법률의 위임은 법규명령에 대한 법률의 위임과 같이 반드시 구체적으로 범위를 정하여 할 필요가 없으며 포괄적인 것으로 족하다고 할 것이다(헌재 1995.4.20, 92헌마264·279).

3 구 하천법 제33조 제4항이 부당이득금의 금액과 징수방법 등에 관하여 구체적으로 범위를 정하지 아니한 채 포괄적으로 조례에 위임하고 있고, 위 법률규정에 따라 지방자치단체의 하천·공유수면 점용료 및 사용료 징수조례가 부당이득금의 금액과 징수방법 등에 관하여 필요한 사항을 구체적으로 정하였다 하여, 위 법률규정이 포괄위임금지의 원칙에 반하는 것으로서 헌법에 위반된다고 볼 수 없다(대판 2006.9.8, 2004두947).

② **위임조례**: 포괄위임은 금지되며, 구체적 위임이 필요함.

(3) 조례로 벌칙 규정 가능여부

> **지방자치법 제34조** <구27조> **【조례위반에 대한 과태료】** ① 지방자치단체는 조례를 위반한 행위에 대하여 조례로써 1천만원 이하의 과태료를 정할 수 있다.

- 지방자치법에 의거하여 조례로써 1천만원 이하의 과태료에 처할 수 있는 행위를 규정할 수 있음.
- 개별법률의 위임이 없는 한 조례로써 형벌을 정할 수는 없음.

관련 판례

구 지방자치법 제20조가 조례에 의하여 3월 이하의 징역 등 형벌을 가할 수 있도록 규정하였으나 개정된 지방자치법 제20조는 형벌권을 삭제하여 지방자치단체는 조례로써 조례 위반에 대하여 1,000만 원 이하의 과태료만을 부과할 수 있도록 규정하고 있으므로, 조례 위반에 형벌을 가할 수 있도록 규정한 조례안 규정들은 현행 지방자치법 제20조에 위반되고, 적법한 법률의 위임 없이 제정된 것이 되어 지방자치법 제15조 단서에 위반되고, 나아가 죄형법정주의를 선언한 헌법 제12조 제1항에도 위반된다(대판 1995.6.30, 93추83).

4. 기초자치단체의 조례와 광역자치단체의 조례의 관계: 상하관계

지방자치법 제30조 <구24조> 【조례와 규칙의 입법한계】 시·군 및 자치구의 조례나 규칙은 시·도의 조례나 규칙을 위반해서는 아니 된다.

4 조례의 제정절차

1. 제안(조례안의 발의)

지방자치법 제76조 <구66조> 【의안의 발의】 ① 지방의회에서 의결할 의안은 지방자치단체의 장이나 조례로 정하는 수 이상의 지방의회의원의 찬성으로 발의한다.
② 위원회는 그 직무에 속하는 사항에 관하여 의안을 제출할 수 있다.

구법 제66조 【의안의 발의】 ① 지방의회에서 의결할 의안은 지방자치단체의 장이나 재적의원 5분의 1 이상 또는 의원 10명 이상의 연서로 발의한다.
② 위원회는 그 직무에 속하는 사항에 관하여 의안을 제출할 수 있다.

2. 조례안 예고

지방자치법 제77조 <구66조의2> 【조례안 예고】 ① 지방의회는 심사대상인 조례안에 대하여 5일 이상의 기간을 정하여 그 취지, 주요 내용, 전문을 공보나 인터넷 홈페이지 등에 게재하는 방법으로 예고할 수 있다.
② 조례안 예고의 방법, 절차, 그 밖에 필요한 사항은 회의규칙으로 정한다.

3. 지방의회의 의결

지방자치법 제73조 <구64조> 【의결정족수】 ① 회의는 이 법에 특별히 규정된 경우 외에는 재적의원 과반수의 출석과 출석의원 과반수의 찬성으로 의결한다.
② 지방의회의 의장은 의결에서 표결권을 가지며, 찬성과 반대가 같으면 부결된 것으로 본다.

4. 이송 및 지방자치단체장의 공포

지방자치법 제32조 <구26조> 【조례와 규칙의 제정 절차 등】 ① 조례안이 지방의회에서 의결되면 의장은 의결된 날부터 5일 이내에 그 지방자치단체의 장에게 이를 이송하여야 한다.
② 지방자치단체의 장은 제1항의 조례안을 이송받으면 20일 이내에 공포하여야 한다.
⑤ 지방자치단체의 장이 제2항의 기간에 공포하지 아니하거나 재의 요구를 하지 아니하더라도 그 조례안은 조례로서 확정된다.
⑥ 지방자치단체의 장은 제4항 또는 제5항에 따라 확정된 조례를 지체 없이 공포하여야 한다. 이 경우 제5항에 따라 조례가 확정된 후 또는 제4항에 따라 확정된 조례가 지방자치단체의 장에게 이송된 후 5일 이내에 지방자치단체의 장이 공포하지 아니하면 지방의회의 의장이 공포한다.

기출지문 OX

01 기초지방자치단체의 조례는 광역자치단체장의 규칙과 대등한 효력이 있다. (01서울7) ( )

02 지방의회의원뿐만 아니라 지방자치단체의 장도 조례의 제안권이 있다. (96국가7) ( )

03 현행법상 주민의 조례제정발의권이 인정된다. (98행시) ( )

04 조례안이 지방의회에서 의결되면 의장은 의결된 날부터 5일 이내에 그 지방자치단체의 장에게 이를 이송하여야 한다. (10지방7) ( )

정답
01 × 02 ○
03 × 인정되지 않음
04 ○

기출지문 OX

01 지방자치단체의 장은 지방의회가 의결한 조례안의 일부에 대한 재의요구권이나 수정재의 요구권을 갖는다. (96국가7) ( )

02 조례안에 대한 지방자치단체장의 환부거부에 대하여 지방의회 재적의원 과반수의 출석과 출석의원 3분의 2 이상의 찬성으로 전과 같이 의결하면 그 조례안은 확정된다. (03입시) ( )

정답
01 × 전부 재의요구만 가능
02 ○

5. 지방자치단체의 장의 거부권(환부거부, 재의요구)

> **지방자치법 제32조** <구26조> **【조례와 규칙의 제정 절차 등】** ③ 지방자치단체의 장은 이송받은 조례안에 대하여 이의가 있으면 제2항의 기간에 이유를 붙여 지방의회로 환부하고, 재의를 요구할 수 있다. 이 경우 지방자치단체의 장은 조례안의 일부에 대하여 또는 조례안을 수정하여 재의를 요구할 수 없다.
> ④ 지방의회는 제3항에 따른 재의 요구를 받으면 조례안을 재의에 부치고 재적의원 과반수의 출석과 출석의원 3분의 2 이상의 찬성으로 전과 같은 의결을 하면 그 조례안은 조례로서 확정된다.

• 지방자치단체장의 거부권은 전부재의요구(전부거부)만 가능하며 일부재의요구나 수정재의요구는 불가능함.

6. 지방의회 의장의 공포

> **지방자치법 제32조** <구26조> **【조례와 규칙의 제정 절차 등】** ⑥ 지방자치단체의 장은 제4항 또는 제5항에 따라 확정된 조례를 지체 없이 공포하여야 한다. 이 경우 제5항에 따라 조례가 확정된 후 또는 제4항에 따라 확정된 조례가 지방자치단체의 장에게 이송된 후 5일 이내에 지방자치단체의 장이 공포하지 아니하면 지방의회의 의장이 공포한다.
> ⑦ 제2항 및 제6항 전단에 따라 지방자치단체의 장이 조례를 공포하였을 때에는 즉시 해당 지방의회의 의장에게 통지하여야 하며, 제6항 후단에 따라 지방의회의 의장이 조례를 공포하였을 때에는 그 사실을 즉시 해당 지방자치단체의 장에게 통지하여야 한다.

7. 조례와 규칙의 공포 방법

• 2021 개정법에서는 기존 지방자치법 시행령에 규정되어 있던 조례와 규칙의 공포 방법을 법 제33조에 규정하였음.

> **지방자치법 제33조 【조례와 규칙의 공포 방법 등】** ① 조례와 규칙의 공포는 해당 지방자치단체의 공보에 게재하는 방법으로 한다. 다만, 제32조 제6항 후단에 따라 지방의회의 의장이 조례를 공포하는 경우에는 공보나 일간신문에 게재하거나 게시판에 게시한다.
> ② 제1항에 따른 공보는 종이로 발행되는 공보(이하 이 조에서 "종이공보"라 한다) 또는 전자적인 형태로 발행되는 공보(이하 이 조에서 "전자공보"라 한다)로 운영한다.
> ③ 공보의 내용 해석 및 적용 시기 등에 대하여 종이공보와 전자공보는 동일한 효력을 가진다.
> ④ 조례와 규칙의 공포에 관하여 그 밖에 필요한 사항은 대통령령으로 정한다.

8. 효력발생

> **지방자치법 제32조** <구26조> **【조례와 규칙의 제정 절차 등】** ⑧ 조례와 규칙은 특별한 규정이 없으면 공포한 날부터 20일이 지나면 효력을 발생한다.

5 조례에 대한 통제

1. 지방자치단체의 장에 의한 통제

(1) 재의요구(지방자치법 제32조 제3항 및 제4항)

(2) 대법원에 제소

> 지방자치법 제120조 <구107조> 【지방의회의 의결에 대한 재의 요구와 제소】 ① 지방자치단체의 장은 지방의회의 의결이 월권이거나 법령에 위반되거나 공익을 현저히 해친다고 인정되면 그 의결사항을 이송받은 날부터 20일 이내에 이유를 붙여 재의를 요구할 수 있다.
> ② 제1항의 요구에 대하여 재의한 결과 재적의원 과반수의 출석과 출석의원 3분의 2 이상의 찬성으로 전과 같은 의결을 하면 그 의결사항은 확정된다.
> ③ 지방자치단체의 장은 제2항에 따라 재의결된 사항이 법령에 위반된다고 인정되면 대법원에 소(訴)를 제기할 수 있다. 이 경우에는 제192조 제4항을 준용한다.
>
> 제192조 <구172조> 【지방의회 의결의 재의와 제소】 ④ 지방자치단체의 장은 제3항에 따라 재의결된 사항이 법령에 위반된다고 판단되면 재의결된 날부터 20일 이내에 대법원에 소를 제기할 수 있다. 이 경우 필요하다고 인정되면 그 의결의 집행을 정지하게 하는 집행정지결정을 신청할 수 있다.

- 지방자치법 제32조(지방자치단체장의 조례안 재의요구)에는 법원에 제소할 수 있다는 근거 규정이 없음. 그러나 제120조 제3항의 '재의결된 사항'에는 조례안의 재의결(제32조 제4항)이 포함된다고 해석하는 것이 통설과 판례의 입장임. 따라서 조례안에 대한 재의요구에 대해 지방의회가 가중정족수로 전과 같은 의결을 한다면 지방자치단체장은 20일 내에 그 재의결된 사항에 대해 대법원에 제소할 수 있고 집행정지결정을 신청할 수 있음.

관련 판례

1 지방자치법 제26조 제3항은 지방의회의 의결사항 중 하나인 조례안에 대하여 지방자치단체의 장에게 재의요구권을 폭넓게 인정한 것으로서 지방자치단체의 장의 재의요구권을 일반적으로 인정한 지방자치법 제107조 제1항에 대한 특별규정이라고 할 것이므로, 지방자치단체의 장의 재의요구에도 불구하고 조례안이 원안대로 재의결되었을 때에는 지방자치단체의 장은 지방자치법 제107조 제3항에 따라 그 재의결에 법령위반이 있음을 내세워 대법원에 제소할 수 있는 것이다(대판 1999.4.27, 99추23).

2 의결의 일부에 대한 효력배제는 결과적으로 전체적인 의결의 내용을 변경하는 것에 다름 아니어서 의결기관인 지방의회의 고유권한을 침해하는 것이 될 뿐 아니라, 그 일부만의 효력배제는 자칫 전체적인 의결내용을 지방의회의 당초의 의도와는 다른 내용으로 변질시킬 우려가 있으며, 또 재의요구가 있는 때에는 재의요구에서 지적한 이의사항이 의결의 일부에 관한 것이라고 하여도 의결 전체가 실효되고 재의결만이 의결로서 효력을 발생하는 것이어서 의결의 일부에 대한 재의요구나 수정재의 요구가 허용되지 않는 점에 비추어 보아도 재의결의 내용 전부가 아니라 그 일부만이 위법한 경우에도 대법원은 의결 전부의 효력을 부인할 수밖에 없다(대판 1992.7.28, 92추31).

기출지문 OX

01 지방자치단체의 장, 주무부장관, 시·도지사에 의해 제기되는 위법한 조례안의 재의결에 대한 무효확인소송은 사전적, 구체적 규범통제의 성질을 갖는다. (19서울7) ( )

02 조례안에 대해서 재의결이 이루어졌고 자치단체장이 재의결의 일부에 대해서만 소로써 무효를 주장하는 경우 재의결의 일부만의 효력을 부인하는 것은 허용되지 않으며 그 재의결 전부의 효력을 부인해야 한다. (17서울7) ( )

정답
01 × 사후적, 추상적 규범통제
02 ○

기출지문 OX

01 지방의회의 의결이 법령에 위반되거나 공익을 현저히 해친다고 판단되면 시·도에 대하여는 주무부장관이, 시·군 및 자치구에 대하여는 시·도지사가 재의를 요구하게 할 수 있고, 재의요구를 받은 지방자치단체의 장은 의결사항을 이송받은 날부터 20일 이내에 지방의회에 이유를 붙여 재의를 요구하여야 한다. (10지방7) ( )

02 지방자치단체의 장은 지방자치법 제172조 제2항(현 제192조 제3항)에 따라 재의결된 사항이 법령에 위반되거나 공익을 현저히 해친다고 판단되면 재의결된 날부터 20일 이내에 대법원에 소를 제기할 수 있다. (10지방7) ( )

03 지방의회가 재의결한 사항에 대해 감독기관이 직접 소를 제기할 수 있는 경우가 있다. (10국회8) ( )

정답
01 ○
02 × 법령위반 사유만 가능
03 ○

2. 감독기관에 의한 통제

(1) 행정적 통제절차: 감독청의 재의요구지시, 지방자치단체장의 재의요구

지방자치법 제192조 <구172조> 【지방의회 의결의 재의와 제소】 ① 지방의회의 의결이 법령에 위반되거나 공익을 현저히 해친다고 판단되면 시·도에 대해서는 주무부장관이, 시·군 및 자치구에 대해서는 시·도지사가 해당 지방자치단체의 장에게 재의를 요구하게 할 수 있고, 재의 요구 지시를 받은 지방자치단체의 장은 의결사항을 이송받은 날부터 20일 이내에 지방의회에 이유를 붙여 재의를 요구하여야 한다.
② 시·군 및 자치구의회의 의결이 법령에 위반된다고 판단됨에도 불구하고 시·도지사가 제1항에 따라 재의를 요구하게 하지 아니한 경우 주무부장관이 직접 시장·군수 및 자치구의 구청장에게 재의를 요구하게 할 수 있고, 재의 요구 지시를 받은 시장·군수 및 자치구의 구청장은 의결사항을 이송받은 날부터 20일 이내에 지방의회에 이유를 붙여 재의를 요구하여야 한다.
③ 제1항 또는 제2항의 요구에 대하여 재의한 결과 재적의원 과반수의 출석과 출석의원 3분의 2 이상의 찬성으로 전과 같은 의결을 하면 그 의결사항은 확정된다.

구법 제172조 【지방의회 의결의 재의와 제소】 ① 지방의회의 의결이 법령에 위반되거나 공익을 현저히 해친다고 판단되면 시·도에 대하여는 주무부장관이, 시·군 및 자치구에 대하여는 시·도지사가 재의를 요구하게 할 수 있고, 재의요구를 받은 지방자치단체의 장은 의결사항을 이송받은 날부터 20일 이내에 지방의회에 이유를 붙여 재의를 요구하여야 한다.
② 제1항의 요구에 대하여 재의의 결과 재적의원 과반수의 출석과 출석의원 3분의 2 이상의 찬성으로 전과 같은 의결을 하면 그 의결사항은 확정된다.

(2) 사법적 통제절차: 지방자치단체장의 제소, 감독청의 제소지시, 감독청의 직접 제소

지방자치법 제192조 <구172조> 【지방의회 의결의 재의와 제소】 ④ 지방자치단체의 장은 제3항에 따라 재의결된 사항이 법령에 위반된다고 판단되면 재의결된 날부터 20일 이내에 대법원에 소를 제기할 수 있다. 이 경우 필요하다고 인정되면 그 의결의 집행을 정지하게 하는 집행정지결정을 신청할 수 있다.
⑤ 주무부장관이나 시·도지사는 재의결된 사항이 법령에 위반된다고 판단됨에도 불구하고 해당 지방자치단체의 장이 소를 제기하지 아니하면 시·도에 대해서는 주무부장관이, 시·군 및 자치구에 대해서는 시·도지사(제2항에 따라 주무부장관이 직접 재의 요구 지시를 한 경우에는 주무부장관을 말한다. 이하 이 조에서 같다)가 그 지방자치단체의 장에게 제소를 지시하거나 직접 제소 및 집행정지결정을 신청할 수 있다.
⑥ 제5항에 따른 제소의 지시는 제4항의 기간이 지난 날부터 7일 이내에 하고, 해당 지방자치단체의 장은 제소 지시를 받은 날부터 7일 이내에 제소하여야 한다.
⑦ 주무부장관이나 시·도지사는 제6항의 기간이 지난 날부터 7일 이내에 제5항에 따른 직접 제소 및 집행정지결정을 신청할 수 있다.
⑧ 제1항 또는 제2항에 따라 지방의회의 의결이 법령에 위반된다고 판단되어 주무부장관이나 시·도지사로부터 재의 요구 지시를 받은 해당 지방자치단체의 장이 재의를 요구하지 아니하는 경우(법령에 위반되는 지방의회의 의결사항이 조례안인 경우로서 재의 요구 지시를 받기 전에 그 조례안을 공포한 경우를 포함한다)에는 주무부장관이나 시·도지사는 제1항 또는 제2항에 따른 기간이 지난 날부터 7일 이내에 대법원에 직접 제소 및 집행정지 결정을 신청할 수 있다.

구법 제172조【지방의회 의결의 재의와 제소】③ 지방자치단체의 장은 제2항에 따라 재의결된 사항이 법령에 위반된다고 판단되면 재의결된 날부터 20일 이내에 대법원에 소를 제기할 수 있다. 이 경우 필요하다고 인정되면 그 의결의 집행을 정지하게 하는 집행정지결정을 신청할 수 있다.
④ 주무부장관이나 시·도지사는 재의결된 사항이 법령에 위반된다고 판단됨에도 불구하고 해당 지방자치단체의 장이 소를 제기하지 아니하면 그 지방자치단체의 장에게 제소를 지시하거나 직접 제소 및 집행정지결정을 신청할 수 있다.
⑤ 제4항에 따른 제소의 지시는 제3항의 기간이 지난 날부터 7일 이내에 하고, 해당 지방자치단체의 장은 제소지시를 받은 날부터 7일 이내에 제소하여야 한다.
⑥ 주무부장관이나 시·도지사는 제5항의 기간이 지난 날부터 7일 이내에 직접 제소할 수 있다.
⑦ 제1항에 따라 지방의회의 의결이 법령에 위반된다고 판단되어 주무부장관이나 시·도지사로부터 재의요구지시를 받은 지방자치단체의 장이 재의를 요구하지 아니하는 경우(법령에 위반되는 지방의회의 의결사항이 조례안인 경우로서 재의요구지시를 받기 전에 그 조례안을 공포한 경우를 포함한다)에는 주무부장관이나 시·도지사는 제1항에 따른 기간이 지난 날부터 7일 이내에 대법원에 직접 제소 및 집행정지결정을 신청할 수 있다.

(3) 주무부장관이 불분명한 경우

제192조 <구172조>【지방의회 의결의 재의와 제소】⑨ 제1항 또는 제2항에 따른 지방의회의 의결이나 제3항에 따라 재의결된 사항이 둘 이상의 부처와 관련되거나 주무부장관이 불분명하면 행정안전부장관이 재의 요구 또는 제소를 지시하거나 직접 제소 및 집행정지 결정을 신청할 수 있다.

구법 제172조【지방의회 의결의 재의와 제소】⑧ 제1항에 따른 지방의회의 의결이나 제2항에 따라 재의결된 사항이 둘 이상의 부처와 관련되거나 주무부장관이 불분명하면 행정안전부장관이 재의요구 또는 제소를 지시하거나 직접 제소 및 집행정지결정을 신청할 수 있다.

관련 판례

지방의회에 의하여 재의결된 사항이 법령에 위반된다고 판단되면 주무부장관이 지방자치단체의 장에게 대법원에 제소를 지시하거나 직접 제소할 수 있다(지방자치법 제172조 제4항). 다만 재의결된 사항이 둘 이상의 부처와 관련되거나 주무부장관이 불분명하면 행정안전부장관이 재의요구 또는 제소를 지시하거나 직접 제소와 집행정지결정을 신청할 수 있다(지방자치법 제172조 제8항). 이는 주무부처가 중복되거나 주무부장관이 불분명한 경우에 행정안전부장관이 소송상의 필요에 따라 재량으로 주무부장관의 권한을 대신 행사할 수 있다는 것일 뿐이고, 언제나 주무부장관의 권한행사를 배제하고 오로지 행정안전부장관만이 그러한 권한을 전속적으로 행사하도록 하려는 취지가 아니다(대판 2017.12.5, 2016추5162).

기출지문 OX

01 시·도의회에 의하여 재의결된 사항이 법령에 위반된다고 판단되면 주무부장관은 시·도지사에게 대법원에 제소를 지시하거나 직접 제소할 수 있다. 다만 재의결된 사항이 둘 이상의 부처와 관련되거나 주무부장관이 불분명하면 행정안전부장관이 제소를 지시하거나 직접 제소할 수 있다. (18국회8) ( )

정답
01 ○

3. 법원에 의한 통제

(1) 조례안재의결에 대한 무효확인소송(지방자치법 제120조, 제192조)

- 조례안재의결이 위법한 경우 지방자치단체장 또는 감독기관의 제소에 대해 대법원이 판단하는 절차를 말함.

관련 판례

조례안재의결 무효확인소송에서의 심리대상은 지방의회에 재의를 요구할 당시 이의사항으로 지적되어 재의결에서 심의의 대상이 된 것에 국한된다(대판 2007.12.13, 2006추52).

(2) 조례에 대한 간접적 규범통제

> 헌법 제107조 ② 명령·규칙 또는 처분이 헌법이나 법률에 위반되는 여부가 재판의 전제가 된 경우에는 대법원은 이를 최종적으로 심사할 권한을 가진다.

- 조례는 원칙적으로 일반적·추상적 규율이므로 항고소송의 대상인 처분성이 인정되지 않음. 이 경우 조례에 근거해 발령된 행정청의 개별적·구체적 처분에 대해 취소소송 등의 항고소송을 제기할 수 있음. 이 경우 법원은 처분의 위법 여부를 판단하기 위한 선결문제로, 당해 조례의 위헌·위법 여부를 심사할 수 있음.
- 조례가 위헌·위법이라면 조례는 무효이고, 그 조례는 당해 사건에 한하여 적용이 배제됨.
- 위헌·위법인 조례에 근거한 처분은 일반적으로 취소사유인 하자가 있는 것으로 봄.

(3) 조례에 대한 직접적 규범통제

- 조례는 원칙적으로 일반적·추상적 규율이지만, 예외적으로 개별적·구체적 규율의 성질을 갖는 경우 항고소송의 대상인 처분성이 인정될 수 있음. 이 경우 조례에 대해 직접 취소소송 등의 항고소송을 제기할 수 있음.

관련 판례

두밀분교폐지조례 사건

[1] 조례가 집행행위의 개입 없이도 그 자체로서 직접 국민의 구체적인 권리의무나 법적 이익에 영향을 미치는 등의 법률상 효과를 발생하는 경우 그 조례는 항고소송의 대상이 되는 행정처분에 해당하고, 이러한 조례에 대한 무효확인소송을 제기함에 있어서 행정소송법 제38조 제1항, 제13조에 의하여 피고적격이 있는 처분 등을 행한 행정청은, 행정주체인 지방자치단체 또는 지방자치단체의 내부적 의결기관으로서 지방자치단체의 의사를 외부에 표시한 권한이 없는 지방의회가 아니라, 구 지방자치법 제19조 제2항, 제92조에 의하여 지방자치단체의 집행기관으로서 조례로서의 효력을 발생시키는 공포권이 있는 지방자치단체의 장이다.

[2] 구 지방교육자치에 관한 법률 제14조 제5항, 제25조에 의하면 시·도의 교육·학예에 관한 사무의 집행기관은 시·도 교육감이고 시·도 교육감에게 지방교육에 관한 조례안의 공포권이 있다고 규정되어 있으므로, 교육에 관한 조례의 무효확인소송을 제기함에 있어서는 그 집행기관인 시·도 교육감을 피고로 하여야 한다(대판 1996.9.20, 95누8003).

4. 헌법재판소에 의한 통제

> **헌법재판소법 제68조 【청구 사유】** ① 공권력의 행사 또는 불행사로 인하여 헌법상 보장된 기본권을 침해받은 자는 법원의 재판을 제외하고는 헌법재판소에 헌법소원심판을 청구할 수 있다. 다만, 다른 법률에 구제절차가 있는 경우에는 그 절차를 모두 거친 후에 청구할 수 있다.

- 조례가 처분성을 갖지 않아 법원에 항고소송을 제기할 수 없으나, 조례 자체로 인해 직접·현재·자신의 기본권을 침해받고 있다면 조례에 대해 헌법소원을 제기할 수 있음.

관련 판례

> 조례는 지방자치단체가 그 자치입법권에 근거하여 자주적으로 지방의회의 의결을 거쳐 제정한 법규이기 때문에 조례 자체로 인하여 직접 그리고 현재 자기의 기본권을 침해받은 자는 그 권리구제의 수단으로서 조례에 대한 헌법소원을 제기할 수 있다(헌재 1995.4.20, 92헌마264·279).

제3절 규칙제정권

1 의의

> **지방자치법 제29조** <구23조> **【규칙】** 지방자치단체의 장은 법령 또는 조례의 범위에서 그 권한에 속하는 사무에 관하여 규칙을 제정할 수 있다.
>
> **구법 제23조 【규칙】** 지방자치단체의 장은 법령이나 조례가 위임한 범위에서 그 권한에 속하는 사무에 관하여 규칙을 제정할 수 있다.

2 규칙제정의 근거(상위법령 또는 조례의 위임)

- 지방자치단체장이 제정하는 규칙으로 새로운 법규사항을 정하기 위해서는, 즉 규칙에 국민의 권리의무에 관계된 사항을 위임하기 위해서는 상위법령 또는 조례의 개별적·구체적 위임이 필요함.
- 조례에는 원칙적으로 포괄위임금지원칙이 적용되지 아니하나, 규칙에는 포괄위임금지원칙이 적용됨.

관련 판례

[1] 위임명령은 법률이나 상위명령에서 구체적으로 범위를 정한 개별적인 위임이 있을 때에 가능하고, 여기에서 구체적인 위임의 범위는 규제하고자 하는 대상의 종류와 성격에 따라 달라지는 것이어서 일률적 기준을 정할 수는 없지만, 적어도 위임명령에 규정될 내용 및 범위의 기본사항이 구체적으로 규정되어 있어서 누구라도 당해 법률이나 상위법령으로부터 위임명령에 규정될 내용의 대강을 예측할 수 있어야 하나, 이 경우 그 예측가능성의 유무는 당해 위임조항 하나만을 가지고 판단할 것이 아니라 그 위임조항이 속한 법률의 전반적인 체계와 취지 및 목적, 당해 위임조항의 규정형식과 내용 및 관련 법규를 유기적·체계적으로 종합하여 판단하여야 하며, 나아가 각 규제 대상의 성질에 따라 구체적·개별적으로 검토함을 요한다.

[2] 또한 법률에서 위임받은 사항을 전혀 규정하지 않고 재위임하는 것은 복위임금지 원칙에 반할 뿐 아니라 위임명령의 제정 형식에 관한 수권법의 내용을 변경하는 것이 되므로 허용되지 않으나 위임받은 사항에 관하여 대강을 정하고 그 중의 특정사항을 범위를 정하여 하위법령에 다시 위임하는 경우에는 재위임이 허용된다.

[3] 이러한 법리는 조례가 지방자치법 제22조 단서에 따라 주민의 권리제한 또는 의무부과에 관한 사항을 법률로부터 위임받은 후, 이를 다시 지방자치단체장이 정하는 '규칙'이나 '고시' 등에 재위임하는 경우에도 마찬가지이다(대판 2015.1.15, 2013두14238).

3 규칙제정의 대상

• 지방자치단체장의 권한에 속하는 모든 사무(자치사무, 단체위임사무, 기관위임사무)에 대해 제정이 가능함.

관련 판례

[1] 사립학교법 제4조 제1항, 제20조의2 제1항에 규정된 교육감의 학교법인 임원취임의 승인취소권은 교육감이 지방자치단체의 교육·학예에 관한 사무의 특별집행기관으로서 가지는 권한이고 정부조직법상의 국가행정기관의 일부로서 가지는 권한이라고 할 수 없으므로 국가행정기관의 사무나 지방자치단체의 기관위임사무 등에 관한 권한위임의 근거규정인 정부조직법 제5조 제1항, 행정권한의 위임 및 위탁에 관한 규정 제4조에 의하여 교육장에게 권한위임을 할 수 없고, 구 지방교육자치에 관한 법률 제36조 제1항, 제44조에 의하여 조례에 의하여서만 교육장에게 권한위임이 가능하다 할 것이므로, 행정권한의 위임 및 위탁에 관한 규정 제4조에 근거하여 교육감의 학교법인 임원취임의 승인취소권을 교육장에게 위임함을 규정한 대전직할시교육감소관행정권한의위임에관한규칙 제6조 제4호는 조례로 정하여야 할 사항을 규칙으로 정한 것이어서 무효이다.

[2] 이러한 규칙(주: 무효인 규칙) 제6조 제4호에 근거하여 한 교육장의 임원취임의 승인취소처분은 결과적으로 적법한 위임 없이 권한 없는 자에 의하여 행하여진 것과 마찬가지가 되어 그 하자가 중대하다 할 것이나, 현행법상 교육감은 지방자치단체의 교육·학예에 관한 사무의 특별집행기관임과 동시에 국가의 기관위임사무를 처리하는 범위 내에서 국가행정기관으로서의 지위를 아울러 가지고 지방자치단체의 사무와 기관위임사무를 함께 관장하고 있어 행위의 외관상 양자의 구분이 쉽지 아니하고, 사립학교법 제4조에는 사립학교를 설치·운영하는 학교법인 등에 대한 관할청으로서 교육부장관이 교육감과 함께 규정되어 있을 뿐만 아니라 학교법인 임원취임의 승인

및 그 취소권은 교육감의 관장사무를 규정한 지방교육자치에 관한 법률 제27조에 규정되어 있지 아니하고 사립학교법 제20조, 제20조의2에서 '관할청'의 권한으로 규정되어 있는 관계로 교육감의 학교법인 임원취임의 승인 및 그 취소권은 본래 교육부장관의 권한으로서 교육감에게 기관위임된 것으로 오인할 여지가 없지 아니하며, 또한 헌법 제107조 제2항의 '규칙'에는 지방자치단체의 조례와 규칙이 모두 포함되는 등 이른바 규칙의 개념이 경우에 따라 상이하게 해석되는 점 등에 비추어, 임원취임의 승인취소처분에 관한 권한위임 과정의 하자가 객관적으로 명백하다고 할 수는 없다고 보아 당연무효 사유는 아니다(대판 1997.6.19, 95누8669 전합).

4 규칙제정의 한계

- 규칙은 상위법령이나 조례 위반 불가능
- 시·군·자치구의 규칙은 시·도의 규칙 위반 불가능

관련 판례

지방자치단체의 사무에 관한 조례와 규칙은 조례가 보다 상위규범이다(대판 1995.8.22, 94누5694 전합).

5 규칙의 효력발생

지방자치법 제32조 <구26조> **【조례와 규칙의 제정 절차 등】** ⑧ 조례와 규칙은 특별한 규정이 없으면 공포한 날부터 20일이 지나면 효력을 발생한다.

6 보고

지방자치법 제35조 <구28조> **【보고】** 조례나 규칙을 제정하거나 개정하거나 폐지할 경우 조례는 지방의회에서 이송된 날부터 5일 이내에, 규칙은 공포 예정일 15일 전에 시·도지사는 행정안전부장관에게, 시장·군수 및 자치구의 구청장은 시·도지사에게 그 전문을 첨부하여 각각 보고하여야 하며, 보고를 받은 행정안전부장관은 그 내용을 관계 중앙행정기관의 장에게 통보하여야 한다.

7 교육에 관한 규칙

지방교육자치에 관한 법률 제25조 【교육규칙의 제정】 ① 교육감은 법령 또는 조례의 범위 안에서 그 권한에 속하는 사무에 관하여 교육규칙을 제정할 수 있다.
② 교육감은 대통령령으로 정하는 절차와 방식에 따라 교육규칙을 공포하여야 하며, 교육규칙은 특별한 규정이 없으면 공포한 날부터 20일이 지남으로써 효력이 발생한다.

기출지문 OX

01 판례는 지방자치단체의 사무에 관한 조례와 규칙 중 조례가 상위규범이라고 한다. (13서울7) ( )

02 조례를 제정·폐지할 경우 시·도지사는 행정안전부장관에게, 시장·군수 및 자치구의 구청장은 시·도지사에게 보고하여야 한다. (01서울7) ( )

정답
01 ○ 02 ○

제4장 지방자치단체의 기관

제1절 지방자치단체의 기관구성 형태의 특례

• 2021년 개정법은 지방자치법에 규정된 지방자치단체의 기관구성 형태를, 각 지방자치단체 별로 달리 구성할 수 있는 특례규정을 신설하였음.

> **지방자치법 제4조【지방자치단체의 기관구성 형태의 특례】** ① 지방자치단체의 의회(이하 "지방의회"라 한다)와 집행기관에 관한 이 법의 규정에도 불구하고 따로 법률로 정하는 바에 따라 지방자치단체의 장의 선임방법을 포함한 지방자치단체의 기관구성 형태를 달리 할 수 있다.
> ② 제1항에 따라 지방의회와 집행기관의 구성을 달리하려는 경우에는 주민투표법에 따른 주민투표를 거쳐야 한다.

제2절 지방의회

1 의의

• **지방의회**: 주민에 의하여 직접 선출되는 의원으로 구성되는 주민의 대의기관

2 지방의회의 법적 지위

1. 헌법이 인정하는 기관(헌법기관)

> **헌법 제118조** ① 지방자치단체에 의회를 둔다.
> ② 지방의회의 조직·권한·의원선거와 지방자치단체의 장의 선임방법 기타 지방자치단체의 조직과 운영에 관한 사항은 법률로 정한다.

2. 주민의 대의기관

> **지방자치법 제37조** <구30조> **【의회의 설치】** 지방자치단체에 주민의 대의기관인 의회를 둔다.

3. 의결기관

• 조례의 제정·개폐, 예산, 결산 등에 대한 의결권이 있음.

기출지문 OX

01 지방의회는 지방자치단체의 구성부분으로 헌법이 인정하는 기관이다. (15행정사) ( )

02 지방의회는 현행법상 광역자치단체에만 설치된다. (99관세) ( )

정답
01 ○
02 × 광역 및 기초지자체에 설치됨

4. 집행기관에 대한 통제기관

- 행정사무에 대한 감사 및 조사권
- 지방자치단체의 장과 관계공무원의 출석요구
- 행정사무 처리상황 보고 및 질문권
- 지방자치단체의 장에 대한 서류제출요구권

5. 행정기관(지방자치단체의 구성요소인 기관)

관련 판례

기본권의 보장에 관한 각 헌법규정의 해석상 국민(또는 국민과 유사한 지위에 있는 외국인과 사법인)만이 기본권의 주체라 할 것이고, 국가나 국가기관 또는 국가조직의 일부나 공법인은 기본권의 '수범자'이지 기본권의 주체로서 그 '소지자'가 아니고 오히려 국민의 기본권을 보호 내지 실현해야 할 책임과 의무를 지니고 있는 지위에 있을 뿐이므로, 공법인인 지방자치단체의 의결기관인 청구인 의회는 기본권의 주체가 될 수 없고 따라서 헌법소원을 제기할 수 있는 적격이 없다(헌재 1998.3.26, 96헌마345).

기출지문 OX

01 의결기관인 의회는 기본권의 주체가 될 수 없고 따라서 헌법소원을 제기할 수 있는 적격이 없다. (18서울7) ( )

3 지방의회의 구성과 운영

1. 구성

지방자치법 제38조 <구31조> **【지방의회의원의 선거】** 지방의회의원은 주민이 보통·평등·직접·비밀선거로 선출한다.

2. 의장과 부의장

지방자치법 제57조 <구48조> **【의장·부의장의 선거와 임기】** ① 지방의회는 지방의회의원 중에서 시·도의 경우 의장 1명과 부의장 2명을, 시·군 및 자치구의 경우 의장과 부의장 각 1명을 무기명투표로 선출하여야 한다.
② 지방의회의원 총선거 후 처음으로 선출하는 의장·부의장 선거는 최초집회일에 실시한다.
③ 의장과 부의장의 임기는 2년으로 한다.

관련 판례

지방의회의 의장은 지방자치법 제43조, 제44조의 규정에 의하여 의회를 대표하고 의사를 정리하며, 회의장 내의 질서를 유지하고 의회의 사무를 감독할 뿐만 아니라 위원회에 출석하여 발언할 수 있는 등의 직무권한을 가지는 것이므로, 지방의회의 의사를 결정·공표하여 그 당선자에게 이와 같은 의장으로서의 직무권한을 부여하는 지방의회의 의장선거(주: 의장선임의결)는 행정처분의 일종으로서 항고소송의 대상이 된다(대판 1995.1.12, 94누2602).

정답
01 ○

(1) 의장의 직무상 지위

지방자치법 제58조 <구49조> 【의장의 직무】 지방의회의 의장은 의회를 대표하고 의사를 정리하며, 회의장 내의 질서를 유지하고 의회의 사무를 감독한다.

(2) 의장불신임 의결

지방자치법 제62조 <구55조> 【의장·부의장 불신임의 의결】 ① 지방의회의 의장이나 부의장이 법령을 위반하거나 정당한 사유 없이 직무를 수행하지 아니하면 지방의회는 불신임을 의결할 수 있다.
② 제1항의 불신임 의결은 재적의원 4분의 1 이상의 발의와 재적의원 과반수의 찬성으로 한다.
③ 제2항의 불신임 의결이 있으면 지방의회의 의장이나 부의장은 그 직에서 해임된다.

관련 판례

지방의회를 대표하고 의사를 정리하며 회의장 내의 질서를 유지하고 의회의 사무를 감독하며 위원회에 출석하여 발언할 수 있는 등의 직무권한을 가지는 지방의회 의장에 대한 불신임의결은 의장으로서의 권한을 박탈하는 행정처분의 일종으로서 항고소송의 대상이 된다(대결 1994.10.11, 94두23).

(3) 의장과 부의장의 권한

① 의장의 권한

지방자치법 제32조 <구26조> 【조례와 규칙의 제정 절차 등】 ① 조례안이 지방의회에서 의결되면 지방의회의 의장은 의결된 날부터 5일 이내에 그 지방자치단체의 장에게 이송하여야 한다.
⑥ 지방자치단체의 장은 제4항 또는 제5항에 따라 확정된 조례를 지체 없이 공포하여야 한다. 이 경우 제5항에 따라 조례가 확정된 후 또는 제4항에 따라 확정된 조례가 지방자치단체의 장에게 이송된 후 5일 이내에 지방자치단체의 장이 공포하지 아니하면 지방의회의 의장이 공포한다.
제54조 <구45조> 【임시회】 ① 지방의회의원 총선거 후 최초로 집회되는 임시회는 지방의회 사무처장·사무국장·사무과장이 지방의회의원 임기 개시일부터 25일 이내에 소집한다.
② 지방자치단체를 폐지하거나 설치하거나 나누거나 합쳐 새로운 지방자치단체가 설치된 경우에 최초의 임시회는 지방의회 사무처장·사무국장·사무과장이 해당 지방자치단체가 설치되는 날에 소집한다.
③ 지방의회의 의장은 지방자치단체의 장이나 조례로 정하는 수 이상의 지방의회의원이 요구하면 15일 이내에 임시회를 소집하여야 한다. 다만, 지방의회의 의장과 부의장이 부득이한 사유로 임시회를 소집할 수 없을 때에는 지방의회의원 중 최다선의원이, 최다선의원이 2명 이상인 경우에는 그 중 연장자의 순으로 소집할 수 있다.
④ 임시회 소집은 집회일 3일 전에 공고하여야 한다. 다만, 긴급할 때에는 그러하지 아니하다.

기출지문 OX

01 지방의회의장에 대한 불신임의결은 의장으로서의 권한을 박탈하는 행정처분의 일종으로 항고소송의 대상이 된다. (17서울7) ( )

정답
01 ○

구법 제45조 【임시회】 ① 총선거 후 최초로 집회되는 임시회는 지방의회 사무처장·사무국장·사무과장이 지방의회의원 임기 개시일부터 25일 이내에 소집한다.
② 지방의회의장은 지방자치단체의 장이나 재적의원 3분의 1 이상의 의원이 요구하면 15일 이내에 임시회를 소집하여야 한다. 다만, 의장과 부의장이 사고로 임시회를 소집할 수 없으면 의원 중 최다선의원이, 최다선의원이 2명 이상인 경우에는 그 중 연장자의 순으로 소집할 수 있다.
③ 임시회의 소집은 집회일 3일 전에 공고하여야 한다. 다만, 긴급할 때에는 그러하지 아니하다.

제72조 <구63조> **【의사정족수】** ② 회의 참석 인원이 제1항의 정족수에 미치지 못할 때에는 지방의회의 의장은 회의를 중지하거나 산회를 선포한다.

제89조 <구77조> **【의원의 사직】** 지방의회는 그 의결로 소속 지방의회의원의 사직을 허가할 수 있다. 다만, 폐회 중에는 지방의회의 의장이 허가할 수 있다.

제94조 <구82조> **【회의의 질서유지】** ① 지방의회의 의장이나 위원장은 지방의회의원이 본회의나 위원회의 회의장에서 이 법이나 회의규칙에 위배되는 발언이나 행위를 하여 회의장의 질서를 어지럽히면 경고 또는 제지를 하거나 발언의 취소를 명할 수 있다.
② 지방의회의 의장이나 위원장은 제1항의 명에 따르지 아니한 지방의회의원이 있으면 그 지방의회의원에 대하여 당일의 회의에서 발언하는 것을 금지하거나 퇴장시킬 수 있다.
③ 지방의회의 의장이나 위원장은 회의장이 소란하여 질서를 유지하기 어려우면 회의를 중지하거나 산회를 선포할 수 있다.

제103조 <구91조> **【사무직원의 정원과 임면 등】** ① 지방의회에 두는 사무직원의 수는 인건비 등 대통령령으로 정하는 기준에 따라 조례로 정한다.
② 지방의회의 의장은 지방의회 사무직원을 지휘·감독하고 법령과 조례·의회규칙으로 정하는 바에 따라 그 임면·교육·훈련·복무·징계 등에 관한 사항을 처리한다.

제104조 <구92조> **【사무직원의 직무와 신분보장 등】** ① 사무처장·사무국장 또는 사무과장은 지방의회의 의장의 명을 받아 의회의 사무를 처리한다.

② 부의장의 권한

지방자치법 제59조 <구51조> **【의장 직무대리】** 지방의회의 의장이 부득이한 사유로 직무를 수행할 수 없을 때에는 부의장이 그 직무를 대리한다.

구법 제51조 【부의장의 의장 직무대리】 지방의회의 부의장은 의장이 사고가 있을 때에는 그 직무를 대리한다.

3. 지방의회의 회의

(1) 정례회와 임시회

지방자치법 제53조 <구44조> **【정례회】** ① 지방의회는 매년 2회 정례회를 개최한다.
② 정례회의 집회일, 그 밖에 정례회 운영에 필요한 사항은 해당 지방자치단체의 조례로 정한다.

> 구법 제44조【정례회】① 지방의회는 매년 2회 정례회를 개최한다.
> ② 정례회의 집회일, 그 밖에 정례회의 운영에 관하여 필요한 사항은 대통령령으로 정하는 바에 따라 해당 지방자치단체의 조례로 정한다.

제54조 <구45조> **【임시회】** ① 지방의회의원 총선거 후 최초로 집회되는 임시회는 지방의회 사무처장·사무국장·사무과장이 지방의회의원 임기 개시일부터 25일 이내에 소집한다.
② 지방자치단체를 폐지하거나 설치하거나 나누거나 합쳐 새로운 지방자치단체가 설치된 경우에 최초의 임시회는 지방의회 사무처장·사무국장·사무과장이 해당 지방자치단체가 설치되는 날에 소집한다.
③ 지방의회의 의장은 지방자치단체의 장이나 조례로 정하는 수 이상의 지방의회의원이 요구하면 15일 이내에 임시회를 소집하여야 한다. 다만, 지방의회의 의장과 부의장이 부득이한 사유로 임시회를 소집할 수 없을 때에는 지방의회의원 중 최다선의원이, 최다선의원이 2명 이상인 경우에는 그 중 연장자의 순으로 소집할 수 있다.
④ 임시회 소집은 집회일 3일 전에 공고하여야 한다. 다만, 긴급할 때에는 그러하지 아니하다.

> **구법 제45조【임시회】** ① 총선거 후 최초로 집회되는 임시회는 지방의회 사무처장·사무국장·사무과장이 지방의회의원 임기 개시일부터 25일 이내에 소집한다.
> ② 지방의회의장은 지방자치단체의 장이나 재적의원 3분의 1 이상의 의원이 요구하면 15일 이내에 임시회를 소집하여야 한다. 다만, 의장과 부의장이 사고로 임시회를 소집할 수 없으면 의원 중 최다선의원이, 최다선의원이 2명 이상인 경우에는 그 중 연장자의 순으로 소집할 수 있다.
> ③ 임시회의 소집은 집회일 3일 전에 공고하여야 한다. 다만, 긴급할 때에는 그러하지 아니하다.

제56조 <구47조> **【개회·휴회·폐회와 회의일수】** ① 지방의회의 개회·휴회·폐회와 회기는 지방의회가 의결로 정한다.
② 연간 회의 총일수와 정례회 및 임시회의 회기는 해당 지방자치단체의 조례로 정한다.

(2) 정족수 및 표결방법

① 의사정족수

지방자치법 제72조 <구63조> **【의사정족수】** ① 지방의회는 재적의원 3분의 1 이상의 출석으로 개의한다.
② 회의 참석 인원이 제1항의 정족수에 미치지 못할 때에는 지방의회의 의장은 회의를 중지하거나 산회를 선포한다.

② 의결정족수

지방자치법 제73조 <구64조> **【의결정족수】** ① 회의는 이 법에 특별히 규정된 경우 외에는 재적의원 과반수의 출석과 출석의원 과반수의 찬성으로 의결한다.
② 지방의회의 의장은 의결에서 표결권을 가지며, 찬성과 반대가 같으면 부결된 것으로 본다.

③ 표결방법

> 지방자치법 제74조【표결방법】 본회의에서 표결할 때에는 조례 또는 회의규칙으로 정하는 표결방식에 의한 기록표결로 가부(可否)를 결정한다. 다만, 다음 각 호의 어느 하나에 해당하는 경우에는 무기명투표로 표결한다.
> 1. 제57조에 따른 의장·부의장 선거
> 2. 제60조에 따른 임시의장 선출
> 3. 제62조에 따른 의장·부의장 불신임 의결
> 4. 제92조에 따른 자격상실 의결
> 5. 제100조에 따른 징계 의결
> 6. 제32조, 제120조 또는 제121조, 제192조에 따른 재의 요구에 관한 의결
> 7. 그 밖에 지방의회에서 하는 각종 선거 및 인사에 관한 사항
>
> 구법 제64조의2【표결의 선포 등】 ① 지방의회에서 표결할 때에는 의장이 표결할 안건의 제목을 의장석에서 선포하여야 하고, 의장이 표결을 선포한 때에는 누구든지 그 안건에 관하여 발언할 수 없다.
> ② 표결이 끝났을 때에는 의장은 그 결과를 의장석에서 선포하여야 한다.

(3) 회의의 원칙

> 지방자치법 제75조 <구65조>【회의의 공개 등】 ① 지방의회의 회의는 공개한다. 다만, 지방의회의원 3명 이상이 발의하고 출석의원 3분의 2 이상이 찬성한 경우 또는 지방의회의 의장이 사회의 안녕질서 유지를 위하여 필요하다고 인정하는 경우에는 공개하지 아니할 수 있다.
>
> 제79조 <구67조>【회기계속의 원칙】 지방의회에 제출된 의안은 회기 중에 의결되지 못한 것 때문에 폐기되지 아니한다. 다만, 지방의회의원의 임기가 끝나는 경우에는 그러하지 아니하다.
>
> 제80조 <구68조>【일사부재의의 원칙】 지방의회에서 부결된 의안은 같은 회기 중에 다시 발의하거나 제출할 수 없다.
>
> 제82조 <구70조>【의장이나 의원의 제척】 지방의회의 의장이나 지방의회의원은 본인·배우자·직계존비속 또는 형제자매와 직접 이해관계가 있는 안건에 관하여는 그 의사에 참여할 수 없다. 다만, 의회의 동의가 있으면 의회에 출석하여 발언할 수 있다.
>
> 제83조 <구71조>【회의규칙】 지방의회는 회의 운영에 관하여 이 법에서 정한 것 외에 필요한 사항을 회의규칙으로 정한다.
>
> 제84조 <구72조>【회의록】 ① 지방의회는 회의록을 작성하고 회의의 진행내용 및 결과와 출석의원의 성명을 적어야 한다.
> ② 회의록에는 지방의회의 의장과 지방의회에서 선출한 지방의회의원 2명 이상이 서명하여야 한다.
> ③ 지방의회의 의장은 회의록 사본을 첨부하여 회의 결과를 그 지방자치단체의 장에게 알려야 한다.
> ④ 지방의회의 의장은 회의록을 지방의회의원에게 배부하고, 주민에게 공개한다. 다만, 비밀로 할 필요가 있다고 지방의회의 의장이 인정하거나 지방의회에서 의결한 사항은 공개하지 아니한다.

기출지문 OX

01 지방의회 회의는 공개가 원칙이지만 의원 3명 이상의 발의로 출석의원 3분의 2 이상이 찬성한 경우에는 공개하지 않을 수 있다. (15행정사) ( )

정답
01 ○

(4) 의안의 발의

지방자치법 제76조 <구66조> **【의안의 발의】** ① 지방의회에서 의결할 의안은 지방자치단체의 장이나 조례로 정하는 수 이상의 지방의회의원의 찬성으로 발의한다.
② 위원회는 그 직무에 속하는 사항에 관하여 의안을 제출할 수 있다.
③ 제1항 및 제2항의 의안은 그 안을 갖추어 지방의회의 의장에게 제출하여야 한다.
④ 제1항에 따라 지방의회의원이 조례안을 발의하는 경우에는 발의 의원과 찬성 의원을 구분하되, 해당 조례안의 제명의 부제로 발의 의원의 성명을 기재하여야 한다. 다만, 발의 의원이 2명 이상인 경우에는 대표발의 의원 1명을 명시하여야 한다.
⑤ 지방의회의원이 발의한 제정조례안 또는 전부개정조례안 중 지방의회에서 의결된 조례안을 공표하거나 홍보하는 경우에는 해당 조례안의 부제를 함께 표기할 수 있다.

구법 제66조 【의안의 발의】 ① 지방의회에서 의결할 의안은 지방자치단체의 장이나 재적의원 5분의 1 이상 또는 의원 10명 이상의 연서로 발의한다.
② 위원회는 그 직무에 속하는 사항에 관하여 의안을 제출할 수 있다.
③ 제1항 및 제2항의 의안은 그 안을 갖추어 의장에게 제출하여야 한다.
④ 제1항에 따라 의원이 조례안을 발의하는 때에는 발의의원과 찬성의원을 구분하되, 해당 조례안의 제명의 부제로 발의의원의 성명을 기재하여야 한다. 다만, 발의의원이 2명 이상인 경우에는 대표발의의원 1명을 명시하여야 한다.
⑤ 의원이 발의한 제정조례안 또는 전부개정조례안 중 의회에서 의결된 조례안을 공표 또는 홍보하는 경우에는 해당 조례안의 부제를 함께 표기할 수 있다.

제78조 <구66조의3> **【의안에 대한 비용추계 자료 등의 제출】** ① 지방자치단체의 장이 예산상 또는 기금상의 조치가 필요한 의안을 제출할 경우에는 그 의안의 시행에 필요할 것으로 예상되는 비용에 대한 추계서와 그에 따른 재원조달방안에 관한 자료를 의안에 첨부하여야 한다.

제81조 <구69조> **【위원회에서 폐기된 의안】** ① 위원회에서 본회의에 부칠 필요가 없다고 결정된 의안은 본회의에 부칠 수 없다. 다만, 위원회의 결정이 본회의에 보고된 날부터 폐회나 휴회 중의 기간을 제외한 7일 이내에 지방의회의 의장이나 재적의원 3분의 1 이상이 요구하면 그 의안을 본회의에 부쳐야 한다.
② 제1항 단서의 요구가 없으면 그 의안은 폐기된다.

4. 위원회

- 2021 개정법에서는 윤리특별위원회의 자문기관인 윤리심사자문위원회를 신설함.

지방자치법 제64조 <구56조> **【위원회의 설치】** ① 지방의회는 조례로 정하는 바에 따라 위원회를 둘 수 있다.
② 위원회의 종류는 다음 각 호와 같다.
1. 소관 의안과 청원 등을 심사·처리하는 상임위원회
2. 특정한 안건을 심사·처리하는 특별위원회
③ 위원회의 위원은 본회의에서 선임한다.

제65조 <구57조> **【윤리특별위원회】** ① 지방의회의원의 윤리강령과 윤리실천규범 준수 여부 및 징계에 관한 사항을 심사하기 위하여 윤리특별위원회를 둔다.
② 제1항에 따른 윤리특별위원회(이하 "윤리특별위원회"라 한다)는 지방의회의원의 윤리강령과 윤리실천규범 준수 여부 및 지방의회의원의 징계에 관한 사항을 심사하기 전에 제66조에 따른 윤리심사자문위원회의 의견을 들어야 하며 그 의견을 존중하여야 한다.

구법 제57조【윤리특별위원회】의원의 윤리심사 및 징계에 관한 사항을 심사하기 위하여 윤리특별위원회를 둘 수 있다.

제66조【윤리심사자문위원회】① 지방의회의원의 겸직 및 영리행위 등에 관한 지방의회의 의장의 자문과 지방의회의원의 윤리강령과 윤리실천규범 준수 여부 및 징계에 관한 윤리특별위원회의 자문에 응하기 위하여 윤리특별위원회에 윤리심사자문위원회를 둔다.
② 윤리심사자문위원회의 위원은 민간전문가 중에서 지방의회의 의장이 위촉한다.
③ 제1항 및 제2항에서 규정한 사항 외에 윤리심사자문위원회의 구성 및 운영에 필요한 사항은 회의규칙으로 정한다.

제69조 <구60조>【위원회에서의 방청 등】① 위원회에서 해당 지방의회의원이 아닌 사람은 위원회의 위원장(이하 이 장에서 "위원장"이라 한다)의 허가를 받아 방청할 수 있다.
② 위원장은 질서를 유지하기 위하여 필요할 때에는 방청인의 퇴장을 명할 수 있다.

제70조 <구61조>【위원회의 개회】① 위원회는 본회의의 의결이 있거나 지방의회의 의장 또는 위원장이 필요하다고 인정할 때, 재적위원 3분의 1 이상이 요구할 때에 개회한다.
② 폐회 중에는 지방자치단체의 장도 지방의회의 의장 또는 위원장에게 이유서를 붙여 위원회 개회를 요구할 수 있다.

4 지방의회의 권한

1. 의결권

지방자치법 제47조 <구39조>【지방의회의 의결사항】① 지방의회는 다음 각 호의 사항을 의결한다.
1. 조례의 제정·개정 및 폐지
2. 예산의 심의·확정
3. 결산의 승인
4. 법령에 규정된 것을 제외한 사용료·수수료·분담금·지방세 또는 가입금의 부과와 징수
5. 기금의 설치·운용
6. 대통령령으로 정하는 중요 재산의 취득·처분
7. 대통령령으로 정하는 공공시설의 설치·처분
8. 법령과 조례에 규정된 것을 제외한 예산 외의 의무부담이나 권리의 포기
9. 청원의 수리와 처리
10. 외국 지방자치단체와의 교류·협력
11. 그 밖에 법령에 따라 그 권한에 속하는 사항

② 지방자치단체는 제1항 각 호의 사항 외에 조례로 정하는 바에 따라 지방의회에서 의결되어야 할 사항을 따로 정할 수 있다.

2. 조례제정권

3. 지자체장에 대한 감시·통제권

(1) 서류제출요구권

지방자치법 제48조 <구40조>【서류제출 요구】① 본회의나 위원회는 그 의결로 안건의 심의와 직접 관련된 서류의 제출을 해당 지방자치단체의 장에게 요구할 수 있다.

② 위원회가 제1항의 요구를 할 때에는 지방의회의 의장에게 그 사실을 보고하여야 한다.
③ 제1항에도 불구하고 폐회 중에는 지방의회의 의장이 서류의 제출을 해당 지방자치단체의 장에게 요구할 수 있다.
④ 제1항 또는 제3항에 따라 서류제출을 요구할 때에는 서면, 전자문서 또는 컴퓨터의 자기테이프·자기디스크, 그 밖에 이와 유사한 매체에 기록된 상태 등 제출형식을 지정할 수 있다.

구 지방자치법 제40조【서류제출요구】 ① 본회의나 위원회는 그 의결로 안건의 심의와 직접 관련된 서류의 제출을 해당 지방자치단체의 장에게 요구할 수 있다.
② 위원회가 제1항의 요구를 할 때에는 의장에게 이를 보고하여야 한다.
③ 제1항에도 불구하고 폐회 중에 의원으로부터 서류제출요구가 있을 때에는 의장은 이를 요구할 수 있다.
④ 제1항에 따른 서류제출은 서면, 전자문서 또는 컴퓨터의 자기테이프·자기디스크, 그 밖에 이와 유사한 매체에 기록된 상태나 전산망에 입력된 상태로 제출할 것을 요구할 수 있다.

(2) 행정사무감사 및 조사권

① 감사·조사권

지방자치법 제49조 <구41조> **【행정사무 감사권 및 조사권】** ① 지방의회는 매년 1회 그 지방자치단체의 사무에 대하여 시·도에서는 14일의 범위에서, 시·군 및 자치구에서는 9일의 범위에서 감사를 실시하고, 지방자치단체의 사무 중 특정 사안에 관하여 본회의 의결로 본회의나 위원회에서 조사하게 할 수 있다.
② 제1항의 조사를 발의할 때에는 이유를 밝힌 서면으로 하여야 하며, 재적의원 3분의 1 이상의 찬성이 있어야 한다.
③ 지방자치단체 및 그 장이 위임받아 처리하는 국가사무와 시·도의 사무에 대하여 국회와 시·도의회가 직접 감사하기로 한 사무 외에는 그 감사를 각각 해당 시·도의회와 시·군 및 자치구의회가 할 수 있다. 이 경우 국회와 시·도의회는 그 감사 결과에 대하여 그 지방의회에 필요한 자료를 요구할 수 있다.

- 감사는 매년 1회, 지방자치단체의 행정사무 전반(자치사무, 단체위임사무, 기관위임사무)에 대해 실시함.
- 조사는 본회의 의결이 있을 때, 지방자치단체의 행정사무 중 특정 사안에 대해 실시함.

② 감사·조사권의 성질

관련 판례

의회의 의결권과 집행기관에 대한 행정감사 및 조사권은 의결기관인 의회 자체의 권한이고 의회를 구성하는 의원 개개인의 권한이 아닌 바, 의원은 의회의 본회의 및 위원회의 의결과 안건의 심사 처리에 있어서 발의권, 질문권, 토론권 및 표결권을 가지며 의회가 행하는 지방자치단체사무에 대한 행정감사 및 조사에서 직접 감사 및 조사를 담당하여 시행하는 권능이 있으나, 이는 의회의 구성원으로서 의회의 권한행사를 담당하는 권능이지 의원 개인의 자격으로 가지는 권능이 아니므로 의원은 의회의 본회의 및 위원회의 활동과 아무런 관련 없이 의원 개인의 자격에서 집행기관의 사무집행에 간섭할 권한이 없으며, 이러한 권한은 법이 규정하는 의회의 권한 밖의

기출지문 OX

01 현행 지방자치법상 지방의회는 기관위임사무에 대해서는 감사를 행할 수 없다. (04국가7) ( )

02 지방의회의 행정사무감사 및 조사권은 의회 자체의 권한이고 의원 개인의 자격으로 가지는 권능이 아니다. (04행시) ( )

정답
01 × 02 ○

일로서 집행기관과의 권한한계를 침해하는 것이어서 허용될 수 없다(대판 1992.7.28, 92추31).

③ 감사 · 조사의 방법

지방자치법 제49조 <구41조> **【행정사무 감사권 및 조사권】** ④ 제1항의 감사 또는 조사와 제3항의 감사를 위하여 필요하면 현지확인을 하거나 서류제출을 요구할 수 있으며, 지방자치단체의 장 또는 관계 공무원이나 그 사무에 관계되는 사람을 출석하게 하여 증인으로서 선서한 후 증언하게 하거나 참고인으로서 의견을 진술하도록 요구할 수 있다.
⑤ 제4항에 따른 증언에서 거짓증언을 한 사람은 고발할 수 있으며, 제4항에 따라 서류제출을 요구받은 자가 정당한 사유 없이 서류를 정해진 기한까지 제출하지 아니한 경우, 같은 항에 따라 출석요구를 받은 증인이 정당한 사유 없이 출석하지 아니하거나 선서 또는 증언을 거부한 경우에는 500만원 이하의 과태료를 부과할 수 있다.
⑥ 제5항에 따른 과태료 부과절차는 제34조를 따른다.
⑦ 제1항의 감사 또는 조사와 제3항의 감사를 위하여 필요한 사항은 국정감사 및 조사에 관한 법률에 준하여 대통령령으로 정하고, 제4항과 제5항의 선서 · 증언 · 감정 등에 관한 절차는 국회에서의 증언 · 감정 등에 관한 법률에 준하여 대통령령으로 정한다.

④ 감사 · 조사 보고에 대한 처리

지방자치법 제50조 <구41조의2> **【행정사무 감사 또는 조사 보고의 처리】** ① 지방의회는 본회의의 의결로 감사 또는 조사 결과를 처리한다.
② 지방의회는 감사 또는 조사 결과 해당 지방자치단체나 기관의 시정이 필요한 사유가 있을 때에는 시정을 요구하고, 지방자치단체나 기관에서 처리함이 타당하다고 인정되는 사항은 그 지방자치단체나 기관으로 이송한다.
③ 지방자치단체나 기관은 제2항에 따라 시정 요구를 받거나 이송받은 사항을 지체 없이 처리하고 그 결과를 지방의회에 보고하여야 한다.

(3) 지방자치단체의 장이나 관계 공무원에 대한 출석 · 답변요구권

지방자치법 제51조 <구42조> **【행정사무처리상황의 보고와 질의응답】** ① 지방자치단체의 장이나 관계 공무원은 지방의회나 그 위원회에 출석하여 행정사무의 처리상황을 보고하거나 의견을 진술하고 질문에 답변할 수 있다.
② 지방자치단체의 장이나 관계 공무원은 지방의회나 그 위원회가 요구하면 출석 · 답변하여야 한다. 다만, 특별한 이유가 있으면 지방자치단체의 장은 관계 공무원에게 출석 · 답변하게 할 수 있다.
③ 제1항이나 제2항에 따라 지방의회나 그 위원회에 출석하여 답변할 수 있는 관계 공무원은 조례로 정한다.

4. 결산승인권 및 선결처분에 대한 사후승인권

지방자치법 제150조 <구134조> **【결산】** ① 지방자치단체의 장은 출납 폐쇄 후 80일 이내에 결산서와 증명서류를 작성하고 지방의회가 선임한 검사위원의 검사의견서를 첨부하여

기출지문 OX

01 지방의회는 지방자치단체장의 선결처분에 관한 사전승인권을 가진다. (08관세) ( )

정답
01 × 사후승인권

다음 해 지방의회의 승인을 받아야 한다. 결산의 심사 결과 위법하거나 부당한 사항이 있는 경우에 지방의회는 본회의 의결 후 지방자치단체 또는 해당 기관에 변상 및 징계 조치 등 그 시정을 요구하고, 지방자치단체 또는 해당 기관은 시정 요구를 받은 사항을 지체 없이 처리하여 그 결과를 지방의회에 보고하여야 한다.

지방자치법 제122조 <구109조> **【지방자치단체의 장의 선결처분】** ① 지방자치단체의 장은 지방의회가 지방의회의원이 구속되는 등의 사유로 제73조에 따른 의결정족수에 미달될 때와 지방의회의 의결사항 중 주민의 생명과 재산 보호를 위하여 긴급하게 필요한 사항으로서 지방의회를 소집할 시간적 여유가 없거나 지방의회에서 의결이 지체되어 의결되지 아니할 때에는 선결처분을 할 수 있다.
② 제1항에 따른 선결처분은 지체 없이 지방의회에 보고하여 승인을 받아야 한다.
③ 지방의회에서 제2항의 승인을 받지 못하면 그 선결처분은 그때부터 효력을 상실한다.
④ 지방자치단체의 장은 제2항이나 제3항에 관한 사항을 지체 없이 공고하여야 한다.

5. 선거권

- 지방의회는 의장, 부의장, 임시의장을 선출할 수 있음(법 제57조, 제60조).
- 지방의회의 위원회 위원, 결산검사위원을 선임할 수 있음(법 제64조, 제150조).

6. 청원의 심사 · 처리권

지방자치법 제85조 <구73조> **【청원서의 제출】** ① 지방의회에 청원을 하려는 자는 지방의회의원의 소개를 받아 청원서를 제출하여야 한다.

제86조 <구74조> **【청원의 불수리】** 재판에 간섭하거나 법령에 위배되는 내용의 청원은 수리하지 아니한다.

제87조 <구75조> **【청원의 심사 · 처리】** ① 지방의회의 의장은 청원서를 접수하면 소관 위원회나 본회의에 회부하여 심사를 하게 한다.
② 청원을 소개한 지방의회의원은 소관 위원회나 본회의가 요구하면 청원의 취지를 설명하여야 한다.
③ 위원회가 청원을 심사하여 본회의에 부칠 필요가 없다고 결정하면 그 처리 결과를 지방의회의 의장에게 보고하고, 지방의회의 의장은 청원한 자에게 알려야 한다.

7. 정책지원 전문인력

- 2021 개정법은 지방의회에 의원의 의정활동 지원을 위한 정책지원전문인력을 둘 수 있는 근거를 신설하였음.

지방자치법 제41조 【의원의 정책지원 전문인력】 ① 지방의회의원의 의정활동을 지원하기 위하여 지방의회의원 정수의 2분의 1 범위에서 해당 지방자치단체의 조례로 정하는 바에 따라 지방의회에 정책지원 전문인력을 둘 수 있다.
② 정책지원 전문인력은 지방공무원으로 보하며, 직급 · 직무 및 임용절차 등 운영에 필요한 사항은 대통령령으로 정한다.

제3절 지방의회의원

1 의의

> 지방자치법 제38조 <구31조> 【지방의회의원의 선거】 지방의회의원은 주민이 보통·평등·직접·비밀선거로 선출한다.
>
> 제44조 <구36조> 【의원의 의무】 ① 지방의회의원은 공공의 이익을 우선하여 양심에 따라 그 직무를 성실히 수행하여야 한다.

• **지방의회의원**: 주민에 의하여 직접 선출되는 지방의회 구성원

2 지방의회의원의 권리와 의무

1. 의원의 권리

(1) 직무상 권리

• 질문권, 의안발의권, 회의에서의 발언 및 표결권, 의장·부의장 및 위원회 의원의 선거권과 피선거권 등이 있음.

• 판례는 '의원이 아닌 주민'에게는 원칙적으로 회의에서의 발언권이 없다고 보았음.

관련 판례

> 지방자치법상의 의회대표제하에서 의회의원과 주민은 엄연히 다른 지위를 지니는 것으로서 의원과는 달리 정치적, 법적으로 아무런 책임을 지지 아니하는 주민이 본회의 또는 위원회의 안건 심의중 안건에 관하여 발언한다는 것은 선거제도를 통한 대표제원리에 정면으로 위반되는 것으로서 허용될 수 없고, 다만 간접민주제를 보완하기 위하여 의회대표제의 본질을 해하지 않고 의회의 기능수행을 저해하지 아니하는 범위 내에서 주민이 의회의 기능수행에 참여하는 것(예컨대 공청회에서 발언하거나 본회의, 위원회에서 참고인, 증인, 청원인의 자격으로 발언하는 것)은 허용된다(대판 1993.2.26, 92추109).

(2) 재산상 권리

> 지방자치법 제40조 <구33조> 【의원의 의정활동비 등】 ① 지방의회의원에게는 다음 각 호의 비용을 지급한다.
> 1. 의정 자료를 수집하고 연구하거나 이를 위한 보조 활동에 사용되는 비용을 보전하기 위하여 매월 지급하는 의정활동비
> 2. 지방의회의원의 직무활동에 대하여 지급하는 월정수당
> 3. 본회의 의결, 위원회 의결 또는 지방의회의 의장의 명에 따라 공무로 여행할 때 지급하는 여비
>
> ② 제1항 각 호에 규정된 비용은 대통령령으로 정하는 기준을 고려하여 해당 지방자치단체의 의정비심의위원회에서 결정하는 금액 이내에서 지방자치단체의 조례로 정한다. 다만, 제1항 제3호에 따른 비용은 의정비심의위원회 결정 대상에서 제외한다.

기출지문 OX

01 지방의회의원은 명예직이므로 보수청구권이 인정되지 않는다. (99관세) ( )

정답
01 ×

③ 의정비심의위원회의 구성·운영 등에 필요한 사항은 대통령령으로 정한다.

구법 제33조 【의원의 의정활동비 등】 ① 지방의회의원에게 다음 각 호의 비용을 지급한다.

1. 의정 자료를 수집하고 연구하거나 이를 위한 보조 활동에 사용되는 비용을 보전하기 위하여 매월 지급하는 의정활동비
2. 본회의 의결, 위원회의 의결 또는 의장의 명에 따라 공무로 여행할 때 지급하는 여비
3. 지방의회의원의 직무활동에 대하여 지급하는 월정수당

② 제1항 각 호에 규정된 비용의 지급기준은 대통령령으로 정하는 범위에서 해당 지방자치단체의 의정비심의위원회에서 결정하는 금액 이내로 하여 지방자치단체의 조례로 정한다.

③ 의정비심의위원회의 구성·운영 등에 관하여 필요한 사항은 대통령령으로 정한다.

제42조 <구34조> **【상해·사망 등의 보상】** ① 지방의회의원이 직무로 인하여 신체에 상해를 입거나 사망한 경우와 그 상해나 직무로 인한 질병으로 사망한 경우에는 보상금을 지급할 수 있다.

구법 제34조 【상해·사망 등의 보상】 ① 지방의회의원이 회기 중 직무(제61조에 따라 개회된 위원회의 직무와 본회의 또는 위원회의 의결이나 의장의 명에 따른 폐회 중의 공무여행을 포함한다)로 인하여 신체에 상해를 입거나 사망한 경우와 그 상해나 직무로 인한 질병으로 사망한 경우에는 보상금을 지급할 수 있다.

관련 판례

1 지방자치법 제32조 제1항(현행 지방자치법 제33조 제1항 참조)은 지방의회의원에게 지급하는 비용으로 의정활동비(제1호)와 여비(제2호) 외에 월정수당(제3호)을 규정하고 있는바, 이 규정의 입법연혁과 함께 특히 월정수당(제3호)은 지방의회의원의 직무활동에 대하여 매월 지급되는 것으로서, 지방의회의원이 전문성을 가지고 의정활동에 전념할 수 있도록 하는 기틀을 마련하고자 하는 데에 그 입법 취지가 있다는 점을 고려해 보면, 지방의회의원에게 지급되는 비용 중 적어도 월정수당(제3호)은 지방의회의원의 직무활동에 대한 대가로 지급되는 보수의 일종으로 봄이 상당하다(대판 2009.1.30, 2007두13487).

2 지방의회의원에 대하여 유급 보좌 인력을 두는 것은 지방의회의원의 신분·지위 및 처우에 관한 현행 법령상의 제도에 중대한 변경을 초래하는 것으로서 국회의 법률로 규정하여야 할 입법사항이다(대판 2017.3.30, 2016추5087).

3 **[1]** 지방재정법 제36조 제1항은 "지방자치단체는 법령 및 조례로 정하는 범위에서 합리적인 기준에 따라 그 경비를 산정하여 예산에 계상하여야 한다."고 규정하고 있다. 여기서 '법령 및 조례로 정하는 범위에서'란 예산안이 예산편성기준 등에 관하여 직접 규율하는 법령이나 조례에 반해서는 안 될 뿐만 아니라 당해 세출예산의 집행목적이 법령이나 조례에 반해서도 안 된다는 것을 의미한다고 보는 것이 타당하므로, 지방의회가 의결한 예산의 집행목적이 법령이나 조례에 반하는 경우 당해 예산안 의결은 효력이 없다.

[2] 甲 광역시의회가 '상임(특별)위원회 행정업무보조 기간제근로자 42명에 대한 보수 예산안'을 포함한 2012년도 광역시 예산안을 재의결하여 확정한 사안에서, 위

근로자의 담당 업무, 채용규모 등을 종합해 보면, 지방의회에서 위 근로자를 두어 의정활동을 지원하는 것은 실질적으로 유급보좌인력을 두는 것과 마찬가지여서 개별 지방의회에서 정할 사항이 아니라 국회의 법률로 규정하여야 할 입법사항에 해당하는데, 지방자치법이나 다른 법령에 위 근로자를 지방의회에 둘 수 있는 법적 근거가 없으므로, 위 예산안 중 '상임(특별)위원회 운영 기간제근로자 등 보수' 부분은 법령 및 조례로 정하는 범위에서 지방자치단체의 경비를 산정하여 예산에 계상하도록 한 지방재정법 제36조 제1항의 규정에 반하고, 이에 관하여 한 재의결은 효력이 없다(대판 2013.1.16, 2012추84).

4 지방의회의원에 대한 회기수당의 지급요건으로서의 '회기'는 정례회 및 임시회의 회기만을 의미하는 것이라고 해석함이 상당하므로, 행정사무조사특별위원회가 지방자치법 제53조의 규정에 의하여 폐회 중에도 본회의의 의결이 있거나 의장이 필요하다고 인정할 때, 재적위원 3분의 1 이상의 요구 또는 지방자치단체의 장의 요구가 있는 때에 한하여 개회할 수 있고, 같은 법 제36조의 규정에 의하여 본회의 의결로 활동기간을 부여받는 것이라 하더라도 그러한 사유만으로 '비회기 중의 회의 등 활동'을 정례회 및 임시회의 '회기 중의 활동'에 준하는 것이라거나 '회기 중의 활동'이라고 의제할 수는 없는바, 행정사무조사특별위원회가 비회기 중에 회의 등 활동할 경우 그 활동에 참석한 위원에게 참석 일수에 따라 수당을 지급할 수 있도록 한 조례안은 헌법 제117조, 지방자치법 제15조, 제32조 제1항 제3호의 규정에 위반되어 위법하고 이와 같은 경우에는 이 조례안에 대한 재의결은 전부 효력이 부인되어야 한다(대판 2004.7.22, 2003추51).

2. 의원의 의무

지방자치법 제44조 <구36조> **【의원의 의무】** ① 지방의회의원은 공공의 이익을 우선하여 양심에 따라 그 직무를 성실히 수행하여야 한다.
② 지방의회의원은 청렴의 의무를 지며, 지방의회의원으로서의 품위를 유지하여야 한다.
③ 지방의회의원은 지위를 남용하여 재산상의 권리·이익 또는 직위를 취득하거나 다른 사람을 위하여 그 취득을 알선해서는 아니 된다.
④ 지방의회의원은 해당 지방자치단체, 제43조 제5항 각 호의 어느 하나에 해당하는 기관·단체 및 그 기관·단체가 설립·운영하는 시설과 영리를 목적으로 하는 거래를 하여서는 아니 된다.
⑤ 지방의회의원은 소관 상임위원회의 직무와 관련된 영리행위를 할 수 없으며, 그 범위는 해당 지방자치단체의 조례로 정한다.

구법 제36조 【의원의 의무】 ① 지방의회의원은 공공의 이익을 우선하여 양심에 따라 그 직무를 성실히 수행하여야 한다.
② 지방의회의원은 청렴의 의무를 지며, 의원으로서의 품위를 유지하여야 한다.
③ 지방의회의원은 지위를 남용하여 지방자치단체·공공단체 또는 기업체와의 계약이나 그 처분에 의하여 재산상의 권리·이익 또는 직위를 취득하거나 타인을 위하여 그 취득을 알선하여서는 아니 된다.

기출지문 OX

01 지방의원에게는 회기 중의 불체포특권이 인정되지 않는다. (06관세) ( )

02 체포 또는 구금된 지방의회의원이 있으면 관계 수사기관의 장은 지체 없이 해당 의장에게 영장의 사본을 첨부하여 그 사실을 알려야 한다. (15행정사) ( )

정답
01 ○ 02 ○

3. 의원 체포 · 구금 및 확정판결시 통지받을 권리

지방자치법 제45조 <구37조> **【의원체포 및 확정판결의 통지】** ① 수사기관의 장은 체포되거나 구금된 지방의회의원이 있으면 지체 없이 해당 지방의회의 의장에게 영장의 사본을 첨부하여 그 사실을 알려야 한다.
② 각급 법원장은 지방의회의원이 형사사건으로 공소가 제기되어 판결이 확정되면 지체 없이 해당 지방의회의 의장에게 그 사실을 알려야 한다.

• 국회의원과 달리 지방의회의원에게는 면책특권, 불체포특권이 없음.

3 지방의회의원의 제척

지방자치법 제82조 <구70조> **【의장이나 의원의 제척】** 지방의회의 의장이나 지방의회의원은 본인·배우자·직계존비속 또는 형제자매와 직접 이해관계가 있는 안건에 관하여는 그 의사에 참여할 수 없다. 다만, 의회의 동의가 있으면 의회에 출석하여 발언할 수 있다.

관련 판례

[1] 지방교육자치에 관한 법률 제24조에 의하여 교육위원회에 준용되는 지방자치법 제62조에 의하면 교육위원회의 의장이나 교육위원은 본인 또는 직계존·비속과 직접 이해관계가 있는 안건에 관하여는 그 의사에 참여할 수 없도록 규정되어 있고, 여기서 '직접 이해관계'라 함은 당해 개인과 직접적이고 구체적인 이해관계가 있는 경우로서 그 이해가 간접적 또는 반사적인 것이 아닌 것을 의미한다.

[2] 교육감선출투표권을 가지고 있는 교육위원이 교육감으로 피선될 자격도 아울러 가지고 있어서 그 자신에 대하여 투표를 하였다고 하더라도 이를 가리켜 교육위원이 그와 직접적인 이해관계에 있는 안건의 의사에 참여한 것으로서 그 교육감선출을 무효라고 할 수 없다(대결 1997.5.8, 96두47).

4 지방의회의원의 임기 · 사직 · 퇴직 등

지방자치법 제39조 <구32조> **【의원의 임기】** 지방의회의원의 임기는 4년으로 한다.

제89조 <구77조> **【의원의 사직】** 지방의회는 그 의결로 소속 지방의회의원의 사직을 허가할 수 있다. 다만, 폐회 중에는 지방의회의 의장이 허가할 수 있다.

제90조 <구78조> **【의원의 퇴직】** 지방의회의원이 다음 각 호의 어느 하나에 해당될 때에는 지방의회의원의 직에서 퇴직한다.
1. 제43조 제1항 각 호의 어느 하나에 해당하는 직에 취임할 때
2. 피선거권이 없게 될 때(지방자치단체의 구역변경이나 없어지거나 합한 것 외의 다른 사유로 그 지방자치단체의 구역 밖으로 주민등록을 이전하였을 때를 포함한다)
3. 징계에 따라 제명될 때

구법 제78조 【의원의 퇴직】 지방의회의 의원이 다음 각 호의 어느 하나에 해당될 때에는 의원의 직에서 퇴직된다.
1. 의원이 겸할 수 없는 직에 취임할 때

2. 피선거권이 없게 될 때(지방자치단체의 구역변경이나 없어지거나 합한 것 외의 다른 사유로 그 지방자치단체의 구역 밖으로 주민등록을 이전하였을 때를 포함한다)
3. 징계에 따라 제명될 때

제91조 <구79조> **【의원의 자격심사】** ① 지방의회의원은 다른 의원의 자격에 대하여 이의가 있으면 재적의원 4분의 1 이상의 찬성으로 지방의회의 의장에게 자격심사를 청구할 수 있다.
② 심사 대상인 지방의회의원은 자기의 자격심사에 관한 회의에 출석하여 의견을 진술할 수 있으나, 의결에는 참가할 수 없다.

제92조 <구80조> **【자격상실 의결】** ① 제91조 제1항의 심사 대상인 지방의회의원에 대한 자격상실 의결은 재적의원 3분의 2 이상의 찬성이 있어야 한다.
② 심사 대상인 지방의회의원은 제1항에 따라 자격상실이 확정될 때까지는 그 직을 상실하지 아니한다.

제43조 <구35조> **【겸직 등 금지】** ① 지방의회의원은 다음 각 호의 어느 하나에 해당하는 직(職)을 겸할 수 없다.
1. 국회의원, 다른 지방의회의원
2. 헌법재판소 재판관, 각급 선거관리위원회 위원
3. 국가공무원법 제2조에 따른 국가공무원과 지방공무원법 제2조에 따른 지방공무원(정당법 제22조에 따라 정당의 당원이 될 수 있는 교원은 제외한다)
4. 공공기관의 운영에 관한 법률 제4조에 따른 공공기관(한국방송공사, 한국교육방송공사 및 한국은행을 포함한다)의 임직원
5. 지방공기업법 제2조에 따른 지방공사와 지방공단의 임직원
6. 농업협동조합, 수산업협동조합, 산림조합, 엽연초생산협동조합, 신용협동조합, 새마을금고(이들 조합·금고의 중앙회와 연합회를 포함한다)의 임직원과 이들 조합·금고의 중앙회장이나 연합회장
7. 정당법 제22조에 따라 정당의 당원이 될 수 없는 교원
8. 다른 법령에 따라 공무원의 신분을 가지는 직
9. 그 밖에 다른 법률에서 겸임할 수 없도록 정하는 직

② 정당법 제22조에 따라 정당의 당원이 될 수 있는 교원이 지방의회의원으로 당선되면 임기 중 그 교원의 직은 휴직된다.
③ 지방의회의원이 당선 전부터 제1항 각 호의 직을 제외한 다른 직을 가진 경우에는 임기 개시 후 1개월 이내에, 임기 중 그 다른 직에 취임한 경우에는 취임 후 15일 이내에 지방의회의 의장에게 서면으로 신고하여야 하며, 그 방법과 절차는 해당 지방자치단체의 조례로 정한다.
④ 지방의회의 의장은 제3항에 따라 지방의회의원의 겸직신고를 받으면 그 내용을 연 1회 이상 해당 지방의회의 인터넷 홈페이지에 게시하거나 지방자치단체의 조례로 정하는 방법에 따라 공개하여야 한다.
⑤ 지방의회의원이 다음 각 호의 기관·단체 및 그 기관·단체가 설립·운영하는 시설의 대표, 임원, 상근직원 또는 그 소속 위원회(자문위원회는 제외한다)의 위원이 된 경우에는 그 겸한 직을 사임하여야 한다.
1. 해당 지방자치단체가 출자·출연(재출자·재출연을 포함한다)한 기관·단체
2. 해당 지방자치단체의 사무를 위탁받아 수행하고 있는 기관·단체
3. 해당 지방자치단체로부터 운영비, 사업비 등을 지원받고 있는 기관·단체
4. 법령에 따라 해당 지방자치단체의 장의 인가를 받아 설립된 조합(조합설립을 위한 추진위원회 등 준비단체를 포함한다)의 임직원

⑥ 지방의회의 의장은 지방의회의원이 다음 각 호의 어느 하나에 해당하는 경우에는 그 겸한 직을 사임할 것을 권고하여야 한다. 이 경우 지방의회의 의장은 제66조에 따른 윤리심사자문위원회의 의견을 들어야 하며 그 의견을 존중하여야 한다.
1. 제5항에 해당하는 데도 불구하고 겸한 직을 사임하지 아니할 때
2. 다른 직을 겸하는 것이 제44조 제2항에 위반된다고 인정될 때

⑦ 지방의회의 의장은 지방의회의원의 행위 또는 양수인이나 관리인의 지위가 제5항 또는 제6항에 따라 제한되는지와 관련하여 제66조에 따른 윤리심사자문위원회의 의견을 들을 수 있다.

구법 제35조 【겸직 등 금지】 <①~③ 현행과 같음>
④ 지방의회의장은 지방의회의원이 다른 직을 겸하는 것이 제36조 제2항에 위반된다고 인정될 때에는 그 겸한 직을 사임할 것을 권고할 수 있다.
⑤ 지방의회의원은 해당 지방자치단체 및 공공단체와 영리를 목적으로 하는 거래를 할 수 없으며, 이와 관련된 시설이나 재산의 양수인 또는 관리인이 될 수 없다.
⑥ 지방의회의원은 소관 상임위원회의 직무와 관련된 영리행위를 하지 못하며, 그 범위는 해당 지방자치단체의 조례로 정한다.

5 지방의회의원의 징계

지방자치법 제98조 <구86조> **【징계의 사유】** 지방의회는 지방의회의원이 이 법이나 자치법규에 위배되는 행위를 하면 윤리특별위원회의 심사를 거쳐 의결로써 징계할 수 있다.

구법 제86조 【징계의 사유】 지방의회는 의원이 이 법이나 자치법규에 위배되는 행위를 하면 의결로써 징계할 수 있다.

제99조 <구87조> **【징계의 요구】** ① 지방의회의 의장은 제98조에 따른 징계대상 지방의회의원이 있어 징계 요구를 받으면 윤리특별위원회에 회부한다.
② 제95조 제1항을 위반한 지방의회의원에 대하여 모욕을 당한 지방의회의원이 징계를 요구하려면 징계사유를 적은 요구서를 지방의회의 의장에게 제출하여야 한다.
③ 지방의회의 의장은 제2항의 징계 요구를 받으면 윤리특별위원회에 회부한다.

구법 제87조 【징계의 요구】 ① 지방의회의 의장은 제86조에 따른 징계대상 의원이 있어 징계요구가 있으면 윤리특별위원회나 본회의에 회부한다.
② 제83조 제1항을 위반한 의원에 대하여 모욕을 당한 의원이 징계를 요구하려면 징계사유를 적은 요구서를 의장에게 제출하여야 한다.
③ 의장은 제2항의 징계요구가 있으면 윤리특별위원회나 본회의에 회부한다.

제100조 <구88조> **【징계의 종류와 의결】** ① 징계의 종류는 다음과 같다.
1. 공개회의에서의 경고
2. 공개회의에서의 사과
3. 30일 이내의 출석정지
4. 제명

② 제1항 제4호에 따른 제명 의결에는 재적의원 3분의 2 이상의 찬성이 있어야 한다.

관련 판례

지방자치법 제78조 내지 제81조의 규정에 의거한 지방의회의 의원징계의결은 그로 인해 의원의 권리에 직접 법률효과를 미치는 행정처분의 일종으로서 행정소송의 대상이 된다(대판 1993.11.26, 93누7341).

제4절 지방자치단체장

1 의의

> **지방자치법 제106조** <구93조> **【지방자치단체의 장】** 특별시에 특별시장, 광역시에 광역시장, 특별자치시에 특별자치시장, 도와 특별자치도에 도지사를 두고, 시에 시장, 군에 군수, 자치구에 구청장을 둔다.
>
> **지방교육자치에 관한 법률 제18조 【교육감】** ① 시·도의 교육·학예에 관한 사무의 집행기관으로 시·도에 교육감을 둔다.

- **지방자치단체의 집행기관**: 지방자치단체의 의사를 외부에 표시하고, 그를 집행하는 기관
- 집행기관에는 지방자치단체장, 교육감 및 보조기관 등의 행정기관이 있으나, 집행기관은 통상 '지방자치단체장'을 지칭함.

관련 판례

지방자체단체로서의 도는 1개의 법인이 존재할 뿐이고, 다만 사무의 영역에 따라 도지사와 교육감이 별개의 집행 및 대표기관으로 병존할 뿐이므로 도 교육감이 도를 대표하여 도지사가 대표하는 도를 상대로 제기한 소유권 확인의 소는 자기가 자기를 상대로 제기한 것으로 권리보호의 이익이 없어 부적법하다(대판 2001.5.8, 99다69341).

2 지방자치단체장의 신분

1. 신분의 취득

(1) 선출

> **지방자치법 제107조** <구94조> **【지방자치단체의 장의 선거】** 지방자치단체의 장은 주민이 보통·평등·직접·비밀선거로 선출한다.
>
> **공직선거법 제16조 【피선거권】** ③ 선거일 현재 계속하여 60일 이상(공무로 외국에 파견되어 선거일전 60일후에 귀국한 자는 선거인명부작성기준일부터 계속하여 선거일까지) 해당 지방자치단체의 관할구역에 주민등록이 되어 있는 주민으로서 25세 이상의 국민은 그 지방의회의원 및 지방자치단체의 장의 피선거권이 있다. 이 경우

기출지문 OX

01 지방의회의원의 제명행위에 대해 판례는 처분성을 인정한다. (99관세) ( )

정답
01 ○

60일의 기간은 그 지방자치단체의 설치·폐지·분할·합병 또는 구역변경(제28조 각 호의 어느 하나에 따른 구역변경을 포함한다)에 의하여 중단되지 아니한다.

(2) 지방자치단체장의 직 인수위원회

- 2021 개정법은 지방자치단체장의 당선인이 그 직무 인수를 위하여 필요한 권한을 갖고 인수위원회를 설치할 수 있는 근거를 신설하였음.

지방자치법 제105조 【지방자치단체의 장의 직 인수위원회】 ① 공직선거법 제191조에 따른 지방자치단체의 장의 당선인(같은 법 제14조 제3항 단서에 따라 당선이 결정된 사람을 포함하며, 이하 이 조에서 "당선인"이라 한다)은 이 법에서 정하는 바에 따라 지방자치단체의 장의 직 인수를 위하여 필요한 권한을 갖는다.
② 당선인을 보좌하여 지방자치단체의 장의 직 인수와 관련된 업무를 담당하기 위하여 당선이 결정된 때부터 해당 지방자치단체에 지방자치단체의 장의 직 인수위원회(이하 이 조에서 "인수위원회"라 한다)를 설치할 수 있다.
③ 인수위원회는 당선인으로 결정된 때부터 지방자치단체의 장의 임기 시작일 이후 20일의 범위에서 존속한다.
④ 인수위원회는 다음 각 호의 업무를 수행한다.
1. 해당 지방자치단체의 조직·기능 및 예산현황의 파악
2. 해당 지방자치단체의 정책기조를 설정하기 위한 준비
3. 그 밖에 지방자치단체의 장의 직 인수에 필요한 사항
⑤ 인수위원회는 위원장 1명 및 부위원장 1명을 포함하여 다음 각 호의 구분에 따른 위원으로 구성한다.
1. 시·도: 20명 이내
2. 시·군 및 자치구: 15명 이내
⑥ 위원장·부위원장 및 위원은 명예직으로 하고, 당선인이 임명하거나 위촉한다.
⑦ 지방공무원법 제31조 각 호의 어느 하나에 해당하는 사람은 인수위원회의 위원장·부위원장 및 위원이 될 수 없다.
⑧ 인수위원회의 위원장·부위원장 및 위원과 그 직에 있었던 사람은 그 직무와 관련하여 알게 된 비밀을 다른 사람에게 누설하거나 지방자치단체의 장의 직 인수 업무 외의 다른 목적으로 이용할 수 없으며, 직권을 남용해서는 아니 된다.
⑨ 인수위원회의 위원장·부위원장 및 위원과 그 직에 있었던 사람 중 공무원이 아닌 사람은 인수위원회의 업무와 관련하여 형법이나 그 밖의 법률에 따른 벌칙을 적용할 때에는 공무원으로 본다.
⑩ 제1항부터 제9항까지에서 규정한 사항 외에 인수위원회의 구성·운영 및 인력·예산 지원 등에 필요한 사항은 해당 지방자치단체의 조례로 정한다.

2. 신분의 소멸

(1) 임기만료

지방자치법 제108조 <구95조> 【지방자치단체의 장의 임기】 지방자치단체의 장의 임기는 4년으로 하며, 3기 내에서만 계속 재임할 수 있다.

구법 제95조 【지방자치단체의 장의 임기】 지방자치단체의 장의 임기는 4년으로 하며, 지방자치단체의 장의 계속 재임은 3기에 한한다.

관련 판례

지방자치단체 장의 계속 재임을 3기로 제한한 규정의 입법취지는 장기집권으로 인한 지역발전저해 방지와 유능한 인사의 자치단체 장 진출확대로 대별할 수 있는바, 그 목적의 정당성, 방법의 적절성, 피해의 최소성, 법익의 균형성이 충족되므로 헌법에 위반되지 아니한다(헌재 2006.2.23, 2005헌마403).

(2) 사임

지방자치법 제111조 <구98조> **【지방자치단체의 장의 사임】** ① 지방자치단체의 장은 그 직을 사임하려면 지방의회의 의장에게 미리 사임일을 적은 서면(이하 "사임통지서"라 한다)으로 알려야 한다.
② 지방자치단체의 장은 사임통지서에 적힌 사임일에 사임한다. 다만, 사임통지서에 적힌 사임일까지 지방의회의 의장에게 사임통지가 되지 아니하면 지방의회의 의장에게 사임통지가 된 날에 사임한다.

(3) 퇴직

지방자치법 제112조 <구99조> **【지방자치단체의 장의 퇴직】** 지방자치단체의 장이 다음 각 호의 어느 하나에 해당될 때에는 그 직에서 퇴직한다.
1. 지방자치단체의 장이 겸임할 수 없는 직에 취임할 때
2. 피선거권이 없게 될 때. 이 경우 지방자치단체의 구역이 변경되거나 없어지거나 합한 것 외의 다른 사유로 그 지방자치단체의 구역 밖으로 주민등록을 이전하였을 때를 포함한다.
3. 제110조에 따라 지방자치단체의 장의 직을 상실할 때

3 지방자치단체장의 대행과 대리

1. 폐치·분합시 대행자 지정

지방자치법 제110조 <구97조> **【지방자치단체의 폐지·설치·분리·합병과 지방자치단체의 장】** 지방자치단체를 폐지하거나 설치하거나 나누거나 합쳐 새로 지방자치단체의 장을 선출하여야 하는 경우에는 그 지방자치단체의 장이 선출될 때까지 시·도지사는 행정안전부장관이, 시장·군수 및 자치구의 구청장은 시·도지사가 각각 그 직무를 대행할 사람을 지정하여야 한다. 다만, 둘 이상의 동격의 지방자치단체를 통폐합하여 새로운 지방자치단체를 설치하는 경우에는 종전의 지방자치단체의 장 중에서 해당 지방자치단체의 장의 직무를 대행할 사람을 지정한다.

2. 궐위 · 구금시 부단체장의 권한대행

지방자치법 제124조 <구111조> **【지방자치단체의 장의 권한대행 등】** ① 지방자치단체의 장이 다음 각 호의 어느 하나에 해당되면 부지사 · 부시장 · 부군수 · 부구청장(이하 이 조에서 "부단체장"이라 한다)이 그 권한을 대행한다.

1. 궐위된 경우
2. 공소 제기된 후 구금상태에 있는 경우
3. 의료법에 따른 의료기관에 60일 이상 계속하여 입원한 경우

② 지방자치단체의 장이 그 직을 가지고 그 지방자치단체의 장 선거에 입후보하면 예비후보자 또는 후보자로 등록한 날부터 선거일까지 부단체장이 그 지방자치단체의 장의 권한을 대행한다.

⑤ 제1항부터 제3항까지의 규정에 따라 권한을 대행하거나 직무를 대리할 부단체장이 부득이한 사유로 직무를 수행할 수 없으면 그 지방자치단체의 규칙에 정해진 직제 순서에 따른 공무원이 그 권한을 대행하거나 직무를 대리한다.

관련 판례

이 사건 법률조항(현 지방자치법 제124조 제2호)은 공소 제기된 자로서 구금되었다는 사실 자체에 사회적 비난의 의미를 부여한다거나 그 유죄의 개연성에 근거하여 직무를 정지시키는 것이 아니라, 구금의 효과, 즉 구속되어 있는 자치단체장의 물리적 부재상태로 말미암아 자치단체행정의 원활하고 계속적인 운영에 위험이 발생할 것이 명백하여 이를 미연에 방지하기 위하여 직무를 정지시키는 것이므로, '범죄사실의 인정 또는 유죄의 인정에서 비롯되는 불이익'이라거나 '유죄를 근거로 하는 사회윤리적 비난'이라고 볼 수 없다. 따라서 무죄추정의 원칙에 위반되지 않는다(헌재 2011.4.28, 2010헌마474).

3. 부단체장의 대리

지방자치법 제124조 <구111조> **【지방자치단체의 장의 권한대행 등】** ③ 지방자치단체의 장이 출장 · 휴가 등 일시적 사유로 직무를 수행할 수 없으면 부단체장이 그 직무를 대리한다.

④ 제1항부터 제3항까지의 경우에 부지사나 부시장이 2명 이상인 시 · 도에서는 대통령령으로 정하는 순서에 따라 그 권한을 대행하거나 직무를 대리한다.

4. 체포 및 형사사건 확정판결시 통지

지방자치법 제113조 <구100조> **【지방자치단체의 장의 체포 및 확정판결의 통지】** ① 수사기관의 장은 체포되거나 구금된 지방자치단체의 장이 있으면 지체 없이 영장의 사본을 첨부하여 해당 지방자치단체에 알려야 한다. 이 경우 통지를 받은 지방자치단체는 그 사실을 즉시 행정안전부장관에게 보고하여야 하며, 시 · 군 및 자치구가 행정안전부장관에게 보고할 때에는 시 · 도지사를 거쳐야 한다.

② 각급 법원장은 지방자치단체의 장이 형사사건으로 공소가 제기되어 판결이 확정되면 지체 없이 해당 지방자치단체에 알려야 한다. 이 경우 통지를 받은 지방자치단체는 그 사실을 즉시 행정안전부장관에게 보고하여야 하며, 시 · 군 및 자치구가 행정안전부장관에게 보고할 때에는 시 · 도지사를 거쳐야 한다.

4 지방자치단체장의 지위와 권한

1. 지방자치단체의 최고집행기관으로서의 권한

(1) 사무 통할권 및 관리 · 집행권

> **지방자치법 제114조** <구101조> **【지방자치단체의 통할대표권】** 지방자치단체의 장은 지방자치단체를 대표하고, 그 사무를 총괄한다.
>
> **제116조** <구103조> **【사무의 관리 및 집행권】** 지방자치단체의 장은 그 지방자치단체의 사무와 법령에 따라 그 지방자치단체의 장에게 위임된 사무를 관리하고 집행한다.

- 지방자치단체장은 지방자치단체의 대표기관(최고 행정청)임.
- 또한 국가사무를 위임받아 처리(기관위임사무)하는 범위 내에서는 국가의 행정기관임.

(2) 규칙 제정권

> **지방자치법 제29조** <구23조> **【규칙】** 지방자치단체의 장은 법령 또는 조례의 범위에서 그 권한에 속하는 사무에 관하여 규칙을 제정할 수 있다.

(3) 소속직원 임명 · 감독권

> **지방자치법 제118조** <구105조> **【직원에 대한 임면권 등】** 지방자치단체의 장은 소속 직원(지방의회의 사무직원은 제외한다)을 지휘 · 감독하고 법령과 조례 · 규칙으로 정하는 바에 따라 그 임면 · 교육훈련 · 복무 · 징계 등에 관한 사항을 처리한다.

(4) 주민투표 부의권

> **지방자치법 제18조** <구14조> **【주민투표】** ① 지방자치단체의 장은 주민에게 과도한 부담을 주거나 중대한 영향을 미치는 지방자치단체의 주요 결정사항 등에 대하여 주민투표에 부칠 수 있다.
> ② 주민투표의 대상 · 발의자 · 발의요건, 그 밖에 투표절차 등에 관한 사항은 따로 법률로 정한다.

2. 광역자치단체의 장의 기초자치단체에 대한 감독권

> **지방자치법 제185조** <구167조> **【국가사무나 시 · 도 사무 처리의 지도 · 감독】** ① 지방자치단체나 그 장이 위임받아 처리하는 국가사무에 관하여 시 · 도에서는 주무부장관, 시 · 군 및 자치구에서는 1차로 시 · 도지사, 2차로 주무부장관의 지도 · 감독을 받는다.
> ② 시 · 군 및 자치구나 그 장이 위임받아 처리하는 시 · 도의 사무에 관하여는 시 · 도지사의 지도 · 감독을 받는다.

기출지문 OX

01 주민투표에 부칠 것인가의 여부는 지방자치단체의 장이 선택할 수 있도록 하여 강제적이 아닌 임의적 사항이다. (96행시) ( )

02 지방자치법 규정에 따라 지방자치단체의 장은 어떠한 사항이나 모두 주민투표에 붙일 수 있는 것은 아니고 그 대상이 한정되어 있다. (19소방간부) ( )

정답
01 ○ 02 ○

기출지문 OX

01 지방자치단체의 장은 지방자치법 제172조 제2항(현 제192조 제3항)에 따라 재의결된 사항이 법령에 위반되거나 공익을 현저히 해친다고 판단되면 재의결된 날부터 20일 이내에 대법원에 소를 제기할 수 있다. (10지방7) ( )

정답

01 × 대법원 제소는 법령위반 사유에 한정됨

3. 지방의회의 견제기관으로서의 권한

(1) 재의요구권 및 소송제기권

① 지방의회의 의결에 대한 재의요구 및 제소

> **지방자치법 제120조** <구107조> **【지방의회의 의결에 대한 재의 요구와 제소】** ① 지방자치단체의 장은 지방의회의 의결이 월권이거나 법령에 위반되거나 공익을 현저히 해친다고 인정되면 그 의결사항을 이송받은 날부터 20일 이내에 이유를 붙여 재의를 요구할 수 있다.
> ② 제1항의 요구에 대하여 재의한 결과 재적의원 과반수의 출석과 출석의원 3분의 2 이상의 찬성으로 전과 같은 의결을 하면 그 의결사항은 확정된다.
> ③ 지방자치단체의 장은 제2항에 따라 재의결된 사항이 법령에 위반된다고 인정되면 대법원에 소(訴)를 제기할 수 있다. 이 경우에는 제192조 제4항을 준용한다.

② 예산상 집행 불가능한 의결에 대한 재의요구

> **지방자치법 제121조** <구108조> **【예산상 집행 불가능한 의결의 재의 요구】** ① 지방자치단체의 장은 지방의회의 의결이 예산상 집행할 수 없는 경비를 포함하고 있다고 인정되면 그 의결사항을 이송받은 날부터 20일 이내에 이유를 붙여 재의를 요구할 수 있다.
> ② 지방의회가 다음 각 호의 어느 하나에 해당하는 경비를 줄이는 의결을 할 때에도 제1항과 같다.
> 1. 법령에 따라 지방자치단체에서 의무적으로 부담하여야 할 경비
> 2. 비상재해로 인한 시설의 응급 복구를 위하여 필요한 경비
>
> ③ 제1항과 제2항의 경우에는 제120조 제2항을 준용한다.
>
> **제148조** <구132조> **【재정부담이 따르는 조례 제정 등】** 지방의회는 새로운 재정부담이 따르는 조례나 안건을 의결하려면 미리 지방자치단체의 장의 의견을 들어야 한다.

③ 감독청의 요구에 의한 지방의회의 의결에 대한 재의요구 및 제소

> **지방자치법 제192조** <구172조> **【지방의회 의결의 재의와 제소】** ① 지방의회의 의결이 법령에 위반되거나 공익을 현저히 해친다고 판단되면 시·도에 대해서는 주무부장관이, 시·군 및 자치구에 대해서는 시·도지사가 해당 지방자치단체의 장에게 재의를 요구하게 할 수 있고, 재의 요구 지시를 받은 지방자치단체의 장은 의결사항을 이송받은 날부터 20일 이내에 지방의회에 이유를 붙여 재의를 요구하여야 한다.
> ② 시·군 및 자치구의회의 의결이 법령에 위반된다고 판단됨에도 불구하고 시·도지사가 제1항에 따라 재의를 요구하게 하지 아니한 경우 주무부장관이 직접 시장·군수 및 자치구의 구청장에게 재의를 요구하게 할 수 있고, 재의 요구 지시를 받은 시장·군수 및 자치구의 구청장은 의결사항을 이송받은 날부터 20일 이내에 지방의회에 이유를 붙여 재의를 요구하여야 한다.
> ③ 제1항 또는 제2항의 요구에 대하여 재의한 결과 재적의원 과반수의 출석과 출석의원 3분의 2 이상의 찬성으로 전과 같은 의결을 하면 그 의결사항은 확정된다.
> ④ 지방자치단체의 장은 제3항에 따라 재의결된 사항이 법령에 위반된다고 판단되면 재의결된 날부터 20일 이내에 대법원에 소를 제기할 수 있다. 이 경우 필요하다고 인정되면 그 의결의 집행을 정지하게 하는 집행정지결정을 신청할 수 있다.

⑤ 주무부장관이나 시·도지사는 재의결된 사항이 법령에 위반된다고 판단됨에도 불구하고 해당 지방자치단체의 장이 소를 제기하지 아니하면 시·도에 대해서는 주무부장관이, 시·군 및 자치구에 대해서는 시·도지사(제2항에 따라 주무부장관이 직접 재의 요구 지시를 한 경우에는 주무부장관을 말한다. 이하 이 조에서 같다)가 그 지방자치단체의 장에게 제소를 지시하거나 직접 제소 및 집행정지결정을 신청할 수 있다.
⑥ 제5항에 따른 제소의 지시는 제4항의 기간이 지난 날부터 7일 이내에 하고, 해당 지방자치단체의 장은 제소 지시를 받은 날부터 7일 이내에 제소하여야 한다.
⑦ 주무부장관이나 시·도지사는 제6항의 기간이 지난 날부터 7일 이내에 제5항에 따른 직접 제소 및 집행정지결정을 신청할 수 있다.
⑧ 제1항 또는 제2항에 따라 지방의회의 의결이 법령에 위반된다고 판단되어 주무부장관이나 시·도지사로부터 재의 요구 지시를 받은 해당 지방자치단체의 장이 재의를 요구하지 아니하는 경우(법령에 위반되는 지방의회의 의결사항이 조례안인 경우로서 재의 요구 지시를 받기 전에 그 조례안을 공포한 경우를 포함한다)에는 주무부장관이나 시·도지사는 제1항 또는 제2항에 따른 기간이 지난 날부터 7일 이내에 대법원에 직접 제소 및 집행정지 결정을 신청할 수 있다.
⑨ 제1항 또는 제2항에 따른 지방의회의 의결이나 제3항에 따라 재의결된 사항이 둘 이상의 부처와 관련되거나 주무부장관이 불분명하면 행정안전부장관이 재의 요구 또는 제소를 지시하거나 직접 제소 및 집행정지 결정을 신청할 수 있다.

(2) 선결처분권(긴급권, 지방의회에 대한 견제기능)

① 의의

지방자치법 제122조 <구109조> 【지방자치단체의 장의 선결처분】 ① 지방자치단체의 장은 지방의회가 지방의회의원이 구속되는 등의 사유로 제73조에 따른 의결정족수에 미달될 때와 지방의회의 의결사항 중 주민의 생명과 재산 보호를 위하여 긴급하게 필요한 사항으로서 지방의회를 소집할 시간적 여유가 없거나 지방의회에서 의결이 지체되어 의결되지 아니할 때에는 선결처분을 할 수 있다.

- 지방자치단체장은 예외적으로 지방의회의 의결 없이 처분을 할 권한을 가짐(긴급권).

② 요건

㉠ 의원의 구속, 제명, 사직 등의 사유 등으로 지방의회가 성립되지 않는 경우에 행사 가능함.

㉡ 한편 지방의회가 성립한 경우에는 ⓐ지방의회의 의결사항일 것, ⓑ주민의 생명·재산 보호를 위하여 긴급하게 필요한 사항일 것, ⓒ지방의회를 소집할 시간적 여유가 없거나 지방의회에서 의결이 지체되어 의결되지 아니할 때일 것이라는 세 가지 요건을 갖춘 경우 행사 가능함.

기출지문 OX

01 선결처분권은 긴급한 상황 하에서 주민의 생명과 재산보호를 위하여 지방자치단체장에게 부여된 권한이다. (15국가7) ( )

02 지방의회는 지방자치단체의 장에 대해 선결처분권을 통하여 견제권한을 행사할 수 있다. (97행시) ( )

03 의원이 구속되는 사유로 의결정족수에 미달하게 된 때에는 그것만으로도 선결처분권 행사가 가능하다. (15국가7) ( )

04 지방의회가 성립되어도 지방자치단체장이 선결처분권을 행사할 수 있는 경우가 있다. (15국가7) ( )

정답
01 ○
02 × 지자체장의 견제권한임
03 ○ 04 ○

기출지문 OX

01 제3자효 행정행위의 성질을 가진 선결처분이 지방의회에서 승인이 거부된 경우, 그 처분의 제3자는 지방의회의 승인거부에 대하여 항고소송을 제기할 수 없다. (15국가7) ( )

정답
01 ×

③ 대상

- **지방의회가 성립하지 아니한 경우**: 지방자치단체장의 결정을 요하는 사항 중에서 지방의회의 의결 사항이면 행사 가능함.
- **지방의회가 성립한 경우**: 지방의회의 의결사항 중 주민의 생명과 재산보호를 위하여 긴급하게 필요한 사항에 한하여 행사 가능함.

④ **선결처분권 행사에 대한 통제(지방의회의 사후 승인)**

> **지방자치법 제122조** <구109조> **【지방자치단체의 장의 선결처분】** ② 제1항에 따른 선결처분은 지체 없이 지방의회에 보고하여 승인을 받아야 한다.
> ③ 지방의회에서 제2항의 승인을 받지 못하면 그 선결처분은 그때부터 효력을 상실한다.
> ④ 지방자치단체의 장은 제2항이나 제3항에 관한 사항을 지체 없이 공고하여야 한다.

⑤ **지방의회의 승인거부에 대한 불복 및 통제**

㉠ **주민의 항고소송**

- 선결처분이 수익적 행정행위이거나 제3자효 행정행위인 경우, 지방의회의 승인거부는 선결처분의 효력을 상실시키는 행위이므로 항고소송의 대상인 처분에 해당하여 그에 대해 항고소송 제기 가능함.

㉡ **지방자치단체의 장 및 감독기관 등의 통제**

- 지방의회의 승인거부는 '지방의회의 의결'에 해당하므로 지방자치단체장의 재의요구 및 제소, 감독기관의 재의요구지시 및 제소지시 및 직접제소 가능함.

5 지방자치단체장의 사무 위임 및 위탁

1. 하급행정기관에의 위임

> **지방자치법 제117조** <구104조> **【사무의 위임 등】** ① 지방자치단체의 장은 조례나 규칙으로 정하는 바에 따라 그 권한에 속하는 사무의 일부를 보조기관, 소속 행정기관 또는 하부행정기관에 위임할 수 있다.

관련 판례

[1] 지방자치법 제95조 제1항에 따른 권한의 위임은 내부적으로 집행사무만을 위임한 것이라기보다는 이른바 외부적 권한 위임에 해당한다.
[2] 군수가 군사무위임조례의 규정에 따라 무허가 건축물에 대한 철거대집행사무를 하부행정기관인 읍·면에 위임하였다면, 읍·면장에게는 관할구역 내의 무허가 건축물에 대하여 그 철거대집행을 위한 계고처분을 할 권한이 있다(대판 1997.2.14, 96누15428).

2. 관할 지방자치단체 또는 공공단체 등에 위임·위탁

> **지방자치법 제117조** <구104조> **【사무의 위임 등】** ② 지방자치단체의 장은 조례나 규칙으로 정하는 바에 따라 그 권한에 속하는 사무의 일부를 관할 지방자치단체나 공공단체 또는 그 기관(사업소·출장소를 포함한다)에 위임하거나 위탁할 수 있다.

관련 판례

도지사가 하천구역에서의 점용료나 부당이득금 등의 징수권을 행사하는 것은 국가기관의 지위에서 수행하는 사무가 아니라 지방자치단체 자체의 사무이므로, 구 지방자치법 제95조 제2항에 따라 조례 또는 규칙에 의하여 시장·군수에게 그 권한의 위임이 가능하다 (대판 2006.9.8, 2004두947).

3. 민간위탁

지방자치법 제117조 <구104조> **【사무의 위임 등】** ③ 지방자치단체의 장은 조례나 규칙으로 정하는 바에 따라 그 권한에 속하는 사무 중 조사·검사·검정·관리업무 등 주민의 권리·의무와 직접 관련되지 아니하는 사무를 법인·단체 또는 그 기관이나 개인에게 위탁할 수 있다.

4. 재위임·재위탁시 위임·위탁기관 장의 승인 필요

지방자치법 제117조 <구104조> **【사무의 위임 등】** ④ 지방자치단체의 장이 위임받거나 위탁받은 사무의 일부를 제1항부터 제3항까지의 규정에 따라 다시 위임하거나 위탁하려면 미리 그 사무를 위임하거나 위탁한 기관의 장의 승인을 받아야 한다.

행정권한의 위임 및 위탁에 관한 규정 제4조 【재위임】 특별시장·광역시장·특별자치시장·도지사 또는 특별자치도지사(특별시·광역시·특별자치시·도 또는 특별자치도의 교육감을 포함한다. 이하 같다)나 시장·군수 또는 구청장(자치구의 구청장을 말한다. 이하 같다)은 행정의 능률향상과 주민의 편의를 위하여 필요하다고 인정될 때에는 수임사무의 일부를 그 위임기관의 장의 승인을 받아 규칙으로 정하는 바에 따라 시장·군수·구청장(교육장을 포함한다) 또는 읍·면·동장, 그 밖의 소속기관의 장에게 다시 위임할 수 있다.

관련 판례

동장이 주민자치센터의 운영을 다시 민간에 위탁하는 것은 그 수임사무의 재위탁에 해당하는 것이므로 그에 관하여는 별도의 법령상 근거가 필요하다고 할 것인데, 지방자치법 제95조 제3항(현117조)은 소정 사무의 민간위탁은 지방자치단체의 장이 할 수 있는 것으로 규정하고 있을 뿐 동장과 같은 하부행정기관이 할 수 있는 것으로는 규정하고 있지 아니하고, 행정권한의 위임 및 위탁에 관한 규정 제4조 역시 동장이 자치사무에 관한 수임권한을 재위임 또는 재위탁할 수 있는 근거가 될 수 없음은 그 규정 내용상 분명하며, 달리 동장이 그 수임권한을 재위임 또는 재위탁할 수 있도록 규정하고 있는 근거 법령이 없으므로, 지방의회가 재의결한 조례안에서 동장이 주민자치센터의 운영을 다시 민간에 위탁할 수 있는 것으로 규정하고 있는 것은 결국 법령상의 근거 없이 동장이 그 수임사무를 재위탁할 수 있는 것으로 규정하고 있는 것이어서 법령에 위반된 규정이다 (대판 2000.11.10, 2000추36).

제5절 지방의회와 지방자치단체장의 관계

1 의의

• 지방의회와 지방자치단체장의 권한은 법률상 상호 독립적임.
• 따라서 서로에 대한 견제는 법률에 근거가 있어야 하며, 법률의 위임 없이 조례로 새로운 견제장치를 규정하는 것은 불가능함.

2 허용되는 조례로 본 사례

관련 판례

1 지방자치단체는 법령의 범위 안에서 그 사무에 관하여 조례를 제정할 수 있고, 지방자치법은 의결기관으로서의 지방의회와 집행기관으로서의 지방자치단체장에게 독자적 권한을 부여하는 한편, 지방의회는 행정사무감사와 조사권 등에 의하여 지방자치단체장의 사무집행을 감시 통제할 수 있게 하고 지방자치단체장은 지방의회의 의결에 대한 재의요구권 등으로 의회의 의결권행사에 제동을 가할 수 있게 함으로써 상호 견제와 균형을 유지하도록 하고 있으므로, 지방의회는 자치사무에 관하여 법률에 특별한 규정이 없는 한 조례로써 위와 같은 지방자치단체장의 고유권한을 침해하지 않는 범위 내에서 조례를 제정할 수 있다고 할 것이다(대판 2013.4.11, 2012추22).

2 집행기관의 구성원의 전부 또는 일부를 지방의회가 임면하도록 하는 것은 지방의회가 집행기관의 인사권에 사전에 적극적으로 개입하는 것이어서 원칙적으로 허용되지 않지만, 지방자치단체의 집행기관의 구성원을 집행기관의 장이 임면하되 다만 그 임면에 지방의회의 동의를 얻도록 하는 것은 지방의회가 집행기관의 인사권에 소극적으로 개입하는 것으로서 지방자치법이 정하고 있는 지방의회의 집행기관에 대한 견제권의 범위 안에 드는 적법한 것이므로, 지방의회가 조례로써 옴부즈맨의 위촉(임명)·해촉시에 지방의회의 동의를 얻도록 정하였다고 해서 집행기관의 인사권을 침해한 것이라 할 수 없다(대판 1997.4.11, 96추138).

3 해당 지방자치단체가 합의제 행정기관의 일종인 민간위탁적격자심사위원회의 공평한 구성 및 운영에 대한 적절한 통제를 위하여 민간위탁적격자심사위원회 위원의 정수 및 위원의 구성비를 어떻게 정할 것인지는 해당 지방의회가 조례로써 정할 수 있는 입법재량에 속하는 문제로서 조례제정권의 범위 내라고 보는 것이 타당하다(대판 2012.11.29, 2011추87).

4 지방자치법 제107조와 같은 법 시행령 제41조 및 제42조의 규정에 따르니(면), 지방자치단체는 그 소관 사무의 범위 내에서 필요한 경우에는 심의 등을 목적으로 자문기관을 조례로 설치할 수 있는 외에, 그 소관 사무의 일부를 독립하여 수행할 필요가 있을 경우에는 합의제 행정기관을 조례가 정하는 바에 의하여 설치할 수 있는바, 그러한 합의제 행정기관에는 그 의사와 판단을 결정하여 외부에 표시하는 권한을 가지는 합의제 행정관청뿐만 아니라 행정주체 내부에서 행정에 관한 의사 또는 판단을 결정할 수 있는 권한만을 가지는 의결기관도 포함되는 것이므로, 지방의회가 재의결한 조례안에서 주민자치위원회가 지역주민이 이용할 수 있도록 동사무소에 설치된 각종 문화·복지·편익시설과 프로그램을 총칭하는 주민자치센터의 운영에 관하여 의결을 할 수 있는 것으로 규정하고 있는 것 자체는, 그러한 의결기관으로서의 주민자치위원회의

기출지문 OX

01 지방자치단체장이 조례에 의해 만들어진 위원회의 위원을 위촉 또는 해촉할 때 지방의회의 동의를 받도록 하는 것은 허용된다. (10국회8) ( )

02 지방자치법상 합의제 행정기관의 설치·운영에 관하여 해당 지방자치단체가 민간위탁적격자심사위원회 위원의 정수 및 위원의 구성비를 어떻게 정할 것인지는 조례제정권의 범위 내에 있다. (19국회8) ( )

03 조례안 규정에서 민간위탁적격자 심사위원회의 위원 중 2명을 시의원 중에서 위촉하도록 정한 것은 법령상 근거가 없는 새로운 견제장치에 해당한다고 볼 수 없다. (13국회8) ( )

정답
01 ○ 02 ○ 03 ○

설치에 관하여 같은 법 시행령 제41조에서 규정하고 있는 행정자치부 장관의 승인이 가능한 것인지의 여부는 별론으로 하고, 같은 법 제159조 제3항에서 재의결의 효력 배제의 사유로 정하고 있는 법령 위반에 해당한다고 단정할 수 없다(대판 2000.11.10, 2000추36).

5 '서울특별시 중구 사무의 민간위탁에 관한 조례안' 제4조 제3항 등이 지방자치단체 사무의 민간위탁에 관하여 지방의회의 사전 동의를 받도록 한 것과 지방자치단체장이 동일 수탁자에게 위탁사무를 재위탁하거나 기간연장 등 기존 위탁계약의 중요한 사항을 변경하고자 할 때 지방의회의 동의를 받도록 한 것은, 지방자치단체장의 집행권한을 본질적으로 침해하는 것으로 볼 수 없다(대판 2011.2.10, 2010추11).

6 지방의회의원이 그 의원의 자격이라기보다 지방자치단체의 전체 주민의 대표자라는 지위에서 주민의 권리신장과 공익을 위하여 행정정보공개조례안의 행정정보공개심의위원회에 집행기관의 공무원 및 전문가 등과 동수의 비율로 참여하는 것이 반드시 법령에 위배된다고 볼 수 없다(대판 1992.6.23, 92추17).

3 허용되지 않는 조례로 본 사례

관련 판례

1 지방자치단체가 그 자치사무에 관하여 조례로 제정할 수 있다고 하더라도 상위 법령에 위배할 수는 없고(지방자치법 제15조), 특별한 규정이 없는 한 지방자치법이 규정하고 있는 지방자치단체의 집행기관과 지방의회의 고유권한에 관하여는 조례로 이를 침해할 수 없고, 나아가 지방의회가 지방자치단체장의 고유권한이 아닌 사항에 대하여도 그 사무집행에 관한 집행권을 본질적으로 침해하는 것은 지방자치법의 관련 규정에 위반되어 허용될 수 없다(대판 2001.11.27, 2001추57).

2 지방자치법은 지방의회와 지방자치단체의 장에게 독자적 권한을 부여하고 상호견제와 균형을 이루도록 하고 있으므로, 법률에 특별한 규정이 없는 한 조례로써 견제의 범위를 넘어서 고유권한을 침해하는 규정을 할 수 없고, 일방의 고유권한을 타방이 행사하게 하는 내용의 조례는 지방자치법에 위배된다. 그러므로 지방의회가 집행기관의 인사권에 관하여 소극적, 사후적으로 개입하는 것은 그것이 견제의 범위 안에 드는 경우에는 허용되나, 집행기관의 인사권을 독자적으로 행사하거나 동등한 지위에서 합의하여 행사할 수 없고, 사전에 적극적으로 개입하는 것도 원칙적으로 허용되지 아니한다. 따라서 지방의회 의장과 의원 개인의 지위 및 권한에 비추어 볼 때 집행기관의 인사권에 의장 개인의 자격으로는 관여할 수 있는 권한이 없고, 조례로서 이를 허용할 수도 없다(대판 1996.5.14, 96추15).

3 정부업무평가기본법 제18조에서 지방자치단체의 장의 권한으로 정하고 있는 자체평가업무에 관한 사항에 대하여 지방의회가 견제의 범위 내에서 소극적·사후적으로 개입한 정도가 아니라 사전에 적극적으로 개입하는 내용을 지방자치단체의 조례로 정하는 것은 허용되지 않는다(대판 2007.2.9. 2006추45).

4 지방의회가 집행기관의 인사권에 관하여 소극적 사후적으로 개입하는 것은 그것이 견제의 범위 안에 드는 경우에는 허용되나, 집행기관의 인사권을 독자적으로 행사하거나 동등한 지위에서 합의하여 행사할 수는 없으며, 사전에 적극적으로 개입하는 것도 원칙적으로 허용되지 아니하므로 조례안에 규정된 행정불만처리조정위원회 위원의 위촉, 해촉에 지방의회의 동의를 받도록 한 것은 사후에 소극적으로 개입하는 것으로서 지방의회의 집행기관에 대한 견제권의 범위에 드는 적법한 규정이라고

기출지문 OX

01 지방자치단체사무의 민간위탁에 관하여 지방의회의 사전 동의를 받도록 하는 조례안은 지방자치단체장의 집행권한을 본질적으로 침해하는 것이다. (19승진5) ( )

02 조례안이 지방자치단체 사무의 민간위탁에 관하여 지방의회의 사전 동의를 받도록 한 것은 민간위탁 권한을 지방자치단체의 장으로부터 박탈하려는 것이 아니므로 지방자치단체의 장의 집행권한을 본질적으로 침해하는 것으로 볼 수 없다. (19국회8) ( )

03 지방자치법은 지방의회와 지방자치단체의 장에게 독자적 권한을 부여하고 상호견제와 균형을 이루도록 하고 있으므로 법률에 특별한 규정이 없는 한 지방의회는 견제의 범위를 넘어서 조례로써 지방자치단체의 장의 고유권한을 침해하는 규정을 둘 수 없다. (19변시) ( )

04 지방자치단체장의 권한으로 정하고 있는 자체평가업무에 대한 사항에 대하여 지방의회가 견제의 범위 내에서 소극적·사후적으로 개입한 정도가 아니라 사전에 적극적으로 개입하는 내용을 지방자치단체의 조례로 정하는 것은 허용되지 않는다. (17국가7) ( )

정답
01 × 02 ○ 03 ○ 04 ○

보아야 될 것이나, 그 일부를 지방의회 의장이 위촉하도록 한 것은 지방의회가 집행기관의 인사권에 사전에 적극적으로 개입하는 것으로서 지방자치법이 정한 의결기관과 집행기관 사이의 권한분리 및 배분의 취지에 배치되는 위법한 규정이며, 또 집행기관의 인사권에 의장 개인의 자격으로는 관여할 수 있는 권한이 없고 조례로써 이를 허용할 수도 없으며, 따라서 의장 개인이 위원의 일부를 위촉하도록 한 조례안의 규정은 그 점에서도 위법하다(대판 1994.4.26, 93추175).

5 당해 지방자치단체의 주민을 상대로 한 모든 행정기관의 행정처분에 대한 행정심판청구를 지원하는 것을 내용으로 하는 조례안은 지방자치단체의 사무에 관한 조례제정권의 한계를 벗어난 것일 뿐 아니라, 가사 그 조례안이 당해 지방자치단체의 행정처분에 대한 행정심판청구만을 지원한다는 의미로 이해한다고 하더라도, 그 지원 여부를 결정하기 위한 전제로서 당해 행정처분의 정당성 여부를 지방의회에서 판단하도록 규정하고 있다면 이는 결국 지방의회가 스스로 행정처분의 정당성 판단을 함으로써 자치단체의 장을 견제하려는 것으로서 이는 법률에 규정이 없는 새로운 견제장치를 만드는 것이 되어 지방자치단체의 장의 고유권한을 침해하는 것이 되어 효력이 없다(대판 1997.3.28, 96추60).

6 지방의회가 의결로 집행기관 소속 특정 공무원에 대하여 의원의 자료제출 요구에 성실히 이행하지 않았다는 구체적인 징계사유를 들어 징계를 요구할 수 있다는 취지의 '서울특별시 서초구 행정사무감사 및 조사에 관한 조례 중 일부 개정 조례안' 제12조 제6항은 법령에 없는 새로운 견제장치로서 지방의회가 집행기관의 고유권한을 침해하는 것으로서 위법하다(대판 2011.4.28, 2011추18).

7 지방공기업법에 따라 설립한 공사·공단의 사장 또는 이사장 후보자에 대한 인사청문위원회 및 공청절차를 신설하는 내용의 광주광역시 조례안에 대하여 안전행정부장관이 재의를 요구하였으나 광주광역시의회가 원안대로 재의결한 사안에서, 조례로 광주광역시의회의원이 위원의 과반수를 이루는 인사검증위원회가 사장 등 후보자에 관한 공청회를 거쳐 장단점을 경과보고서에 기재하고, 임원추천위원회 위원장이 지방자치단체장에게 후보를 추천하면서 위 경과보고서를 첨부하도록 하는 것은 지방자치단체장의 임명권 행사에 대하여 상위법령에서 허용하지 않는 견제나 제약을 가한 것이라는 이유로, 위 조례안은 구 지방공기업법 제58조 제2항, 지방자치법 제22조에 위배된다(대판 2013.9.27, 2012추169).

8 지방의회가 선임한 검사위원이 결산에 대한 검사 결과, 필요한 경우 결산검사의견서에 추징, 환수, 변상 및 책임공무원에 대한 징계 등의 시정조치에 관한 의견을 담을 수 있고, 그 의견에 대하여 시장이 시정조치 결과나 시정조치 계획을 의회에 알리도록 하는 내용의 개정조례안은, 사실상 지방의회가 단체장에 대하여 직접 추징 등이나 책임공무원에 대한 징계 등을 요구하는 것으로서 지방의회가 법령에 의하여 주어진 권한의 범위를 넘어서 집행기관에 대하여 새로운 견제장치를 만드는 것에 해당하여 위법하다(대판 2009.4.9, 2007추103).

9 지방자치법령은 지방자치단체의 장으로 하여금 지방자치단체의 대표자로서 당해 지방자치단체의 사무와 법령에 의하여 위임된 사무를 관리·집행하는 데 필요한 행정기구를 설치할 고유한 권한과 이를 위한 조례안의 제안권을 가지도록 하는 반면 지방의회로 하여금 지방자치단체의 장의 행정기구의 설치권한을 견제하도록 하기 위하여 지방자치단체의 장이 조례안으로서 제안한 행정기구의 축소, 통폐합의 권한을 가지는 것으로 하고 있으므로, 지방의회의원이 지방자치단체의 장이 조례안으로서 제안한 행정기구를 종류 및 업무가 다른 행정기구로 전환하는 수정안을 발의하여 지방의회가 의결 및 재의결하는 것은 지방자치단체의 장의 고유 권한에 속하는 사항의 행사에 관하여 사전에 적극적으로 개입하는 것으로서 허용되지 아니한다(대판 2005.8.19, 2005추48).

기출지문 OX

01 도지사 소속 행정불만처리조정위원회 위원의 위촉·해촉에 도의회의 동의를 받도록 한 조례안은 사후에 소극적으로 개입하는 것으로서 적법하나, 위원의 일부를 도의회 의장이 위촉하도록 한 조례안은 위법하다. (15변시) ( )

02 지방의회의원이 지방자치단체의 장이 조례안으로써 제안한 행정기구를 종류 및 업무가 다른 행정기구로 전환하는 수정안을 발의한 경우, 지방의회는 그 수정안을 의결 및 재의결할 수 있다. (21지방7) ( )

정답
01 ○ 02 ×

10 시장으로 하여금 가스사업자에 대하여 가스공급계획에 의한 가스공급시설의 미설치 승인시 일정 규모 이상의 가스공급시설을 추가 설치할 수 있도록 가스공급계획을 변경하도록 하고, 가스공급시설 설치지역의 우선 순위도 민원을 제기한 지역의 주민의 수만으로 결정하도록 규정한 지방자치단체의 조례안이 시장의 집행권을 본질적으로 침해하는 것으로 법령에 위배된다(대판 2001.11.27, 2001추57).

11 지방자치단체의 집행기관의 사무집행에 관한 감시·통제기능은 지방의회의 고유권한이므로 이러한 지방의회의 권한을 제한·박탈하거나 제3의 기관 또는 집행기관 소속의 어느 특정 행정기관에 일임하는 내용의 조례를 제정한다면 이는 지방의회의 권한을 본질적으로 침해하거나 그 권한을 스스로 저버리는 내용의 것으로서 지방자치법령에 위반되어 무효이다(대판 1997.4.11, 96추138).

12 지방자치법상 지방자치단체의 집행기관과 지방의회는 서로 분립되어 제각각 그 고유권한을 행사하되 상호견제의 범위 내에서 상대방의 권한 행사에 대한 관여가 허용되는 것이므로, 집행기관의 고유권한에 속하는 인사권의 행사에 있어서도 지방의회는 견제의 범위 내에서 소극적·사후적으로 개입할 수 있을 뿐 사전에 적극적으로 개입하는 것은 허용되지 아니하고, 또 집행기관을 비판·감시·견제하기 위한 의결권·승인권·동의권 등의 권한도 지방자치법상 의결기관인 지방의회에 있는 것이지 의원 개인에게 있는 것이 아니므로, 지방의회가 재의결한 조례안에서 구청장이 주민자치위원회 위원을 위촉함에 있어 동장과 당해 지역 구의원 개인과의 사전 협의 절차가 필요한 것으로 규정함으로써 지방의회의원 개인이 구청장의 고유권한인 인사권 행사에 사전 관여할 수 있도록 규정하고 있는 것 또한 지방자치법상 허용되지 아니하는 것이다(대판 2000.11.10, 2000추36).

13 광주직할시서구동정자문위원회조례 중 개정조례안 중 동정자치위원회를 구성하는 위원의 위촉과 해촉에 관한 권한을 동장에게 부여하면서 그 위촉과 해촉에 있어서 당해 지역 구의원과 협의하도록 한 규정은 지방자치단체의 하부집행기관인 동장에게 인사와 관련된 사무권한의 행사에 있어서 당해 지역 구의원과 협의하도록 의무를 부과하는 한편 구의원에게는 협의의 권능을 부여한 것이나, 이는 구의회의 본회의 또는 위원회의 활동과 관련 없이 구의원 개인에게 하부집행기관의 사무집행에 관여하도록 함으로써 하부집행기관의 권능을 제약한 것에 다름 아니므로, 이러한 규정은 법이 정한 의결기관과 집행기관 사이의 권한분리 및 배분의 취지에 위반되는 위법한 규정이라고 볼 수밖에 없다(대판 1992.7.28, 92추31).

14 주민자치센터설치·운영조례안에서 당해 동 구의원 개인이 그 운영위원회의 당연직 위원장이 된다고 규정하고 있는 것은 지방의회의원 개인이 하부 행정기관인 동장의 권한에 속하는 주민자치센터의 설치와 운영을 심의하는 보조기관인 운영위원회의 구성과 운영에 적극적·실질적으로 사전에 개입하여 관여할 수 있게 함을 내용으로 하는 것으로서 지방의회의원의 법령상 권한 범위를 넘어 법령에 위반된다(대판 2001.12.11, 2001추64).

15 공유재산심의회 위원 중 9명을 시의원으로 구성하고 그 위원이 될 시의원을 의장이 추천하여 시장이 위촉하도록 한 것은 사실상 인사권을 공동 행사하자는 것으로서, 공유재산심의회가 시장의 자문에 응하여 또는 자발적으로 시장의 의사결정에 참고가 될 의견을 제공하는 것에 불과하고 시장이 그 의견에 기속되는 것은 아니라고 하더라도, 공유재산심의회의 활동은 지방자치단체의 집행사무에 속하고, 그에 대한 책임은 궁극적으로 집행기관의 장이 지게 되는 것임에 비추어 볼 때, 공유재산심의회 위원이 될 시의원 9명을 의장이 추천하게 하는 것은 집행기관의 인사권에 사전에 적극적으로 개입하는 것으로서 특별한 사정이 없는 한 허용될 수 없다(대판 1996.5.14, 96추15).

기출지문 OX

01 개정조례안 중 동정자치위원회를 구성하는 위원의 위촉과 해촉에 관한 권한을 동장에게 부여하면서 그 위촉과 해촉에 있어서 당해 지역 구의원과 협의하도록 한 규정은 적법하다. (19국회8) ( )

정답
01 ×

기출지문 OX

01 지방의회가 합의제 행정기관의 설치에 관한 조례안을 발의하여 이를 그대로 의결, 재의결하는 것은 지방자치단체의 장의 고유권한에 속하는 사항의 행사에 관하여 지방의회가 사전에 적극적으로 개입하는 것으로서 위법하다. (19국회8) ( )

02 조례안에서 지방자치단체의 장이 재단법인 광주비엔날레의 업무 수행을 지원하기 위하여 소속 지방공무원을 위 재단법인에 파견함에 있어 그 파견기관과 인원을 정하여 지방의회의 동의를 얻도록 하고 이미 위 재단법인에 파견된 소속 지방공무원에 대하여는 조례안이 조례로서 시행된 후 최초로 개회되는 지방의회에서 동의를 얻도록 규정하고 있는 경우 그 조례안 규정은 법령에 위반된다. (19국회8) ( )

정답
01 ○ 02 ○

16 지방자치단체장의 기관구성원 임명·위촉권한이 조례에 의하여 비로소 부여되는 경우는 조례에 의하여 단체장의 임명권한에 견제나 제한을 가하는 규정을 둘 수 있다고 할 것이나 상위 법령에서 단체장에게 기관구성원 임명·위촉권한을 부여하면서도 임명·위촉권의 행사에 대한 의회의 동의를 받도록 하는 등의 견제나 제약을 규정하고 있거나 그러한 제약을 조례 등에서 할 수 있다고 규정하고 있지 아니하는 한 당해 법령에 의하여 임명·위촉권은 단체장에게 전속적으로 부여된 것이라고 보아야 할 것이어서 하위 법규인 조례로써는 단체장의 임명·위촉권을 제약할 수 없다 할 것이고 지방의회의 지방자치단체 사무에 대한 비판, 감시, 통제를 위한 행정사무감사 및 조사권의 행사의 일환으로 위와 같은 제약을 규정하는 조례를 제정할 수도 없다(대판 1993.2.9, 92추93).

17 지방자치법상 지방자치단체의 집행기관과 지방의회는 서로 분립되어 각기 그 고유권한을 행사하되 상호 견제의 범위 내에서 상대방의 권한 행사에 대한 관여가 허용되나, 지방의회는 집행기관의 고유권한에 속하는 사항의 행사에 관하여는 견제의 범위 내에서 소극적·사후적으로 개입할 수 있을 뿐 사전에 적극적으로 개입하는 것은 허용되지 않는다. 이에 더하여, 지방자치법 제116조에 그 설치의 근거가 마련된 합의제 행정기관은 지방자치단체의 장이 통할하여 관리·집행하는 지방자치단체의 사무를 일부 분담하여 수행하는 기관으로서 그 사무를 독립하여 수행한다 할지라도 이는 어디까지나 집행기관에 속하는 것이지 지방의회에 속한다거나 집행기관이나 지방의회 어디에도 속하지 않는 독립된 제3의 기관에 해당하지 않는 점, 지방자치단체의 행정기구와 정원기준 등에 관한 규정 제3조 제1항의 규정에 비추어 지방자치단체의 장은 집행기관에 속하는 행정기관 전반에 대하여 조직편성권을 가진다고 해석되는 점을 종합해 보면, 지방자치단체의 장은 합의제 행정기관을 설치할 고유의 권한을 가지며 이러한 고유권한에는 그 설치를 위한 조례안의 제안권이 포함된다고 봄이 상당하므로, 지방의회가 합의제 행정기관의 설치에 관한 조례안을 발의하여 이를 그대로 의결, 재의결하는 것은 지방자치단체장의 고유권한에 속하는 사항의 행사에 관하여 지방의회가 사전에 적극적으로 개입하는 것으로서 관련 법령에 위반되어 허용되지 않는다(대판 2009.9.24, 2009추53).

18 조례안에서 지방자치단체의 장이 재단법인 광주비엔날레의 업무수행을 지원하기 위하여 소속 지방공무원을 위 재단법인에 파견함에 있어 그 파견기관과 인원을 정하여 지방의회의 동의를 얻도록 하고, 이미 위 재단법인에 파견된 소속 지방공무원에 대하여는 조례안이 조례로서 시행된 후 최초로 개회되는 지방의회에서 동의를 얻도록 규정하고 있는 경우, 그 조례안 규정은 지방자치단체의 장의 고유권한에 속하는 소속 지방공무원에 대한 임용권 행사에 대하여 지방의회가 동의 절차를 통하여 단순한 견제의 범위를 넘어 적극적으로 관여하는 것을 허용하고 있다는 이유로 법령에 위반된다(대판 2001.2.23, 2000추67).

19 지방자치단체의 장으로 하여금 지방자치단체가 설립한 지방공기업 등의 대표에 대한 임명권의 행사에 앞서 지방의회의 인사청문회를 거치도록 한 조례안이 지방자치단체의 장의 임명권에 대한 견제나 제약에 해당한다는 이유로 법령에 위반된다(대판 2004.7.22, 2003추44).

제6절 기타 기관

1 보조기관

지방자치법 제123조 <구110조> **【부지사 · 부시장 · 부군수 · 부구청장】** ① 특별시 · 광역시 및 특별자치시에 부시장, 도와 특별자치도에 부지사, 시에 부시장, 군에 부군수, 자치구에 부구청장을 두며, 그 수는 다음 각 호의 구분과 같다.
1. 특별시의 부시장의 수: 3명을 넘지 아니하는 범위에서 대통령령으로 정한다.
2. 광역시와 특별자치시의 부시장 및 도와 특별자치도의 부지사의 수: 2명(인구 800만 이상의 광역시나 도는 3명)을 넘지 아니하는 범위에서 대통령령으로 정한다.
3. 시의 부시장, 군의 부군수 및 자치구의 부구청장의 수: 1명으로 한다.

② 특별시 · 광역시 및 특별자치시의 부시장, 도와 특별자치도의 부지사는 대통령령으로 정하는 바에 따라 정무직 또는 일반직 국가공무원으로 보한다. 다만, 제1항 제1호 및 제2호에 따라 특별시 · 광역시 및 특별자치시의 부시장, 도와 특별자치도의 부지사를 2명이나 3명 두는 경우에 1명은 대통령령으로 정하는 바에 따라 정무직 · 일반직 또는 별정직 지방공무원으로 보하되, 정무직과 별정직 지방공무원으로 보할 때의 자격기준은 해당 지방자치단체의 조례로 정한다.

③ 제2항의 정무직 또는 일반직 국가공무원으로 보하는 부시장 · 부지사는 시 · 도지사의 제청으로 행정안전부장관을 거쳐 대통령이 임명한다. 이 경우 제청된 사람에게 법적 결격사유가 없으면 시 · 도지사가 제청한 날부터 30일 이내에 임명절차를 마쳐야 한다.

④ 시의 부시장, 군의 부군수, 자치구의 부구청장은 일반직 지방공무원으로 보하되, 그 직급은 대통령령으로 정하며 시장 · 군수 · 구청장이 임명한다.

⑤ 시 · 도의 부시장과 부지사, 시의 부시장 · 부군수 · 부구청장은 해당 지방자치단체의 장을 보좌하여 사무를 총괄하고, 소속 직원을 지휘 · 감독한다.

⑥ 제1항 제1호 및 제2호에 따라 시 · 도의 부시장과 부지사를 2명이나 3명 두는 경우에 그 사무 분장은 대통령령으로 정한다. 이 경우 부시장 · 부지사를 3명 두는 시 · 도에서는 그중 1명에게 특정지역의 사무를 담당하게 할 수 있다.

2 행정기구와 지방공무원

지방자치법 제125조 <구112조> **【행정기구와 공무원】** ① 지방자치단체는 그 사무를 분장하기 위하여 필요한 행정기구와 지방공무원을 둔다.

② 제1항에 따른 행정기구의 설치와 지방공무원의 정원은 인건비 등 대통령령으로 정하는 기준에 따라 그 지방자치단체의 조례로 정한다.

3 소속 행정기관

지방자치법 제126조 <구113조> **【직속기관】** 지방자치단체는 소관 사무의 범위에서 필요하면 대통령령이나 대통령령으로 정하는 범위에서 그 지방자치단체의 조례로 자치경찰기관(제주특별자치도만 해당한다), 소방기관, 교육훈련기관, 보건진료기관, 시험연구기관 및 중소기업지도기관 등을 직속기관으로 설치할 수 있다.

기출지문 OX

01 지방자치단체의 보조기관 중 부군수와 부구청장은 조례에 의하여 설치된다. (17국회8) ( )

02 정무직 또는 일반직 공무원으로 보하는 부시장 · 부지사는 시 · 도지사의 제청으로 행정안전부장관을 거쳐 대통령이 임명한다. (13서울7) ( )

정답
01 × 지방자치법에 설치근거가 있음
02 ○

기출지문 OX

01 지방자치단체는 그 소관 사무의 일부를 독립하여 수행할 필요가 있으면 법령으로 정하는 바에 따라 합의제행정기관을 설치할 수 있지만, 이를 지방자치단체의 조례로 정할 수는 없다. (14국가7) ( )

제127조 <구114조> **【사업소】** 지방자치단체는 특정 업무를 효율적으로 수행하기 위하여 필요하면 대통령령으로 정하는 범위에서 그 지방자치단체의 조례로 사업소를 설치할 수 있다.

제128조 <구115조> **【출장소】** 지방자치단체는 외진 곳의 주민의 편의와 특정지역의 개발 촉진을 위하여 필요하면 대통령령으로 정하는 범위에서 그 지방자치단체의 조례로 출장소를 설치할 수 있다.

제129조 <구116조> **【합의제행정기관】** ① 지방자치단체는 소관 사무의 일부를 독립하여 수행할 필요가 있으면 법령이나 그 지방자치단체의 조례로 정하는 바에 따라 합의제행정기관을 설치할 수 있다.
② 제1항의 합의제행정기관의 설치·운영에 필요한 사항은 대통령령이나 그 지방자치단체의 조례로 정한다.

제130조 <구116조의2> **【자문기관의 설치 등】** ① 지방자치단체는 소관 사무의 범위에서 법령이나 그 지방자치단체의 조례로 정하는 바에 따라 자문기관(소관 사무에 대한 자문에 응하거나 협의, 심의 등을 목적으로 하는 심의회, 위원회 등을 말한다. 이하 같다)을 설치·운영할 수 있다.
② 자문기관은 법령이나 조례에 규정된 기능과 권한을 넘어서 주민의 권리를 제한하거나 의무를 부과하는 내용으로 자문 또는 심의 등을 하여서는 아니 된다.
③ 자문기관의 설치 요건·절차, 구성 및 운영 등에 관한 사항은 대통령령으로 정한다. 다만, 다른 법령에서 지방자치단체에 둘 수 있는 자문기관의 설치 요건·절차, 구성 및 운영 등을 따로 정한 경우에는 그 법령에서 정하는 바에 따른다.
④ 지방자치단체는 자문기관 운영의 효율성 향상을 위하여 해당 지방자치단체에 설치된 다른 자문기관과 성격·기능이 중복되는 자문기관을 설치·운영해서는 아니 되며, 지방자치단체의 조례로 정하는 바에 따라 성격과 기능이 유사한 다른 자문기관의 기능을 포함하여 운영할 수 있다.
⑤ 지방자치단체의 장은 자문기관 운영의 효율성 향상을 위한 자문기관 정비계획 및 조치 결과 등을 종합하여 작성한 자문기관 운영현황을 매년 해당 지방의회에 보고하여야 한다.

구법 제116조의2 【자문기관의 설치 등】 ① 지방자치단체는 그 소관 사무의 범위에서 법령이나 그 지방자치단체의 조례로 정하는 바에 따라 심의회·위원회 등의 자문기관을 설치·운영할 수 있다.
② 제1항에 따라 설치되는 자문기관은 해당 지방자치단체의 조례로 정하는 바에 따라 성격과 기능이 유사한 다른 자문기관의 기능을 포함하여 운영할 수 있다.

관련 판례

합의제 행정기관인 옴부즈맨(Ombudsman)을 집행기관의 장인 도지사 소속으로 설치하는 데 있어서는 지방자치법 제107조 제1항의 규정에 따라 당해 지방자치단체의 조례로 정하면 되는 것이지 헌법이나 다른 법령상으로 별도의 설치근거가 있어야 되는 것은 아니다(대판 1997.4.11, 96추138).

정답
01 × 법령 또는 조례로 설치할 수 있음

4 하부행정기관(읍, 면, 동, 구)

1. 의의

> 지방자치법 제131조 <구117조> 【하부행정기관의 장】 자치구가 아닌 구에 구청장, 읍에 읍장, 면에 면장, 동에 동장을 둔다. 이 경우 면·동은 행정면·행정동을 말한다.

2. 하부행정기관의 장의 임명

> 지방자치법 제132조 <구118조> 【하부행정기관의 장의 임명】 ① 자치구가 아닌 구의 구청장은 일반직 지방공무원으로 보하되, 시장이 임명한다.
> ② 읍장·면장·동장은 일반직 지방공무원으로 보하되, 시장·군수 또는 자치구의 구청장이 임명한다.

3. 하부행정기관의 장의 직무권한

> 지방자치법 제133조 <구119조> 【하부행정기관의 장의 직무권한】 자치구가 아닌 구의 구청장은 시장, 읍장·면장은 시장이나 군수, 동장은 시장(구가 없는 시의 시장을 말한다)이나 구청장(자치구의 구청장을 포함한다)의 지휘·감독을 받아 소관 국가사무와 지방자치단체의 사무를 맡아 처리하고 소속 직원을 지휘·감독한다.

관련 판례

[1] 지방자치법은 행정의 통일적 수행을 기하기 위하여 군수에게 읍·면장에 대한 일반적 지휘·감독권을 부여함으로써 군수와 읍·면장은 상급 행정관청과 하급 행정관청의 관계에 있어 상명하복의 기관계층체를 구성하는 것이고, 지방자치법이 상급 지방자치단체의 장에게 하급 지방자치단체의 장의 위임사무 처리에 대한 지휘·감독권을 규정하면서 하급 지방자치단체의 장의 자치사무 이외의 사무처리에 관한 위법하거나 현저히 부당한 명령·처분에 대하여 취소·정지권을 부여하고 있는 점에 비추어 볼 때, 동일한 지방자치단체 내에서 상급 행정관청이 하급 행정관청에 사무를 위임한 경우에도 위임관청으로서의 수임관청에 대한 지휘·감독권의 범위는 그 사무처리에 관한 처분의 합법성뿐만 아니라 합목적성의 확보에까지 미친다.

[2] 하급 행정관청으로서 군수의 일반적 지휘·감독을 받는 읍·면장의 위임사무 처리에 관한 위법한 처분에 대하여만 군수에게 취소·정지권을 부여하고 부당한 처분에 대하여는 이를 배제한 조례안은, 지방자치법에 위배되어 허용되지 않으므로 그 효력이 없다(대판 1996.12.23, 96추114).

기출지문 OX

01 면장은 지방자치단체의 하급행정기관이다. (13서울7) ( )

정답
01 O

제5장 지방교육자치

제1절 서설

지방자치법 제135조 <구121조> **【교육·과학 및 체육에 관한 기관】** ① 지방자치단체의 교육·과학 및 체육에 관한 사무를 분장하기 위하여 별도의 기관을 둔다.
② 제1항에 따른 기관의 조직과 운영에 필요한 사항은 따로 법률로 정한다.

지방교육자치에 관한 법률 제2조 【교육·학예사무의 관장】 지방자치단체의 교육·과학·기술·체육 그 밖의 학예(이하 "교육·학예"라 한다)에 관한 사무는 특별시·광역시 및 도(이하 "시·도"라 한다)의 사무로 한다.

제3조 【지방자치법과의 관계】 지방자치단체의 교육·학예에 관한 사무를 관장하는 기관의 설치와 그 조직 및 운영 등에 관하여 이 법에서 규정한 사항을 제외하고는 그 성질에 반하지 아니하는 범위에서 지방자치법의 관련 규정을 준용한다. 이 경우 "지방자치단체의 장" 또는 "시·도지사"는 "교육감"으로, "지방자치단체의 사무"는 "지방자치단체의 교육·학예에 관한 사무"로, "자치사무"는 "교육·학예에 관한 자치사무"로, "행정안전부장관"·"주무부장관" 및 "중앙행정기관의 장"은 "교육부장관"으로 본다.

제2절 교육감

지방교육자치에 관한 법률 제18조 【교육감】 ① 시·도의 교육·학예에 관한 사무의 집행기관으로 시·도에 교육감을 둔다.
② 교육감은 교육·학예에 관한 소관 사무로 인한 소송이나 재산의 등기 등에 대하여 해당 시·도를 대표한다.

제19조 【국가행정사무의 위임】 국가행정사무 중 시·도에 위임하여 시행하는 사무로서 교육·학예에 관한 사무는 교육감에게 위임하여 행한다. 다만, 법령에 다른 규정이 있는 경우에는 그러하지 아니하다.

제20조 【관장사무】 교육감은 교육·학예에 관한 다음 각 호의 사항에 관한 사무를 관장한다.

1. 조례안의 작성 및 제출에 관한 사항
2. 예산안의 편성 및 제출에 관한 사항
3. 결산서의 작성 및 제출에 관한 사항
4. 교육규칙의 제정에 관한 사항
5. 학교, 그 밖의 교육기관의 설치·이전 및 폐지에 관한 사항
6. 교육과정의 운영에 관한 사항

7. 과학·기술교육의 진흥에 관한 사항
8. 평생교육, 그 밖의 교육·학예진흥에 관한 사항
9. 학교체육·보건 및 학교환경정화에 관한 사항
10. 학생통학구역에 관한 사항
11. 교육·학예의 시설·설비 및 교구에 관한 사항
12. 재산의 취득·처분에 관한 사항
13. 특별부과금·사용료·수수료·분담금 및 가입금에 관한 사항
14. 기채·차입금 또는 예산 외의 의무부담에 관한 사항
15. 기금의 설치·운용에 관한 사항
16. 소속 국가공무원 및 지방공무원의 인사관리에 관한 사항
17. 그 밖에 해당 시·도의 교육·학예에 관한 사항과 위임된 사항

제21조【교육감의 임기】 교육감의 임기는 4년으로 하며, 교육감의 계속 재임은 3기에 한정한다.

제34조【하급교육행정기관의 설치 등】 ① 시·도의 교육·학예에 관한 사무를 분장하기 위하여 1개 또는 2개 이상의 시·군 및 자치구를 관할구역으로 하는 하급교육행정기관으로서 교육지원청을 둔다.
② 교육지원청의 관할구역과 명칭은 대통령령으로 정한다.
③ 교육지원청에 교육장을 두되 장학관으로 보하고, 그 임용에 관하여 필요한 사항은 대통령령으로 정한다.
④ 교육지원청의 조직과 운영 등에 관하여 필요한 사항은 대통령령으로 정한다.

제43조【선출】 교육감은 주민의 보통·평등·직접·비밀선거에 따라 선출한다.

지방자치단체 상호 간의 관계

제1절 협력관계

1 서설

> **지방자치법 제164조** <구147조> **【지방자치단체 상호 간의 협력】** ① 지방자치단체는 다른 지방자치단체로부터 사무의 공동처리에 관한 요청이나 사무처리에 관한 협의·조정·승인 또는 지원의 요청을 받으면 법령의 범위에서 협력하여야 한다.
> ② 관계 중앙행정기관의 장은 지방자치단체 간의 협력 활성화를 위하여 필요한 지원을 할 수 있다.
>
> **구법 제147조 【지방자치단체 상호 간의 협력】** 지방자치단체는 다른 지방자치단체로부터 사무의 공동처리에 관한 요청이나 사무처리에 관한 협의·조정·승인 또는 지원의 요청을 받으면 법령의 범위에서 협력하여야 한다.

2 협력 방법

1. 사무의 위탁: 공법상 계약의 성질을 가짐.

- 2021 개정법에서는 지방자치단체가 다른 지방자치단체나 그 장에게 사무 위탁을 할 때 감독청에 보고할 의무를 삭제하였음.

> **지방자치법 제168조** <구151조> **【사무의 위탁】** ① 지방자치단체나 그 장은 소관 사무의 일부를 다른 지방자치단체나 그 장에게 위탁하여 처리하게 할 수 있다.
> ② 지방자치단체나 그 장은 제1항에 따라 사무를 위탁하려면 관계 지방자치단체와의 협의에 따라 규약을 정하여 고시하여야 한다.
> ③ 제2항의 사무위탁에 관한 규약에는 다음 각 호의 사항이 포함되어야 한다.
> 1. 사무를 위탁하는 지방자치단체와 사무를 위탁받는 지방자치단체
> 2. 위탁사무의 내용과 범위
> 3. 위탁사무의 관리와 처리방법
> 4. 위탁사무의 관리와 처리에 드는 경비의 부담과 지출방법
> 5. 그 밖에 사무위탁에 필요한 사항
>
> ④ 지방자치단체나 그 장은 사무위탁을 변경하거나 해지하려면 관계 지방자치단체나 그 장과 협의하여 그 사실을 고시하여야 한다.
> ⑤ 사무가 위탁된 경우 위탁된 사무의 관리와 처리에 관한 조례나 규칙은 규약에 다르게 정해진 경우 외에는 사무를 위탁받은 지방자치단체에 대해서도 적용한다.
>
> **구법 제151조 【사무의 위탁】** ① 지방자치단체나 그 장은 소관 사무의 일부를 다른 지방자치단체나 그 장에게 위탁하여 처리하게 할 수 있다. 이 경우 지방자치단체의 장은

사무 위탁의 당사자가 시·도나 그 장이면 행정안전부장관과 관계 중앙행정기관의 장에게, 시·군 및 자치구나 그 장이면 시·도지사에게 이를 보고하여야 한다.
② 지방자치단체나 그 장은 제1항에 따라 사무를 위탁하려면 관계 지방자치단체와의 협의에 따라 규약을 정하여 고시하여야 한다.
③ 제2항의 사무위탁에 관한 규약에는 다음 각 호의 사항이 포함되어야 한다.
1. 사무를 위탁하는 지방자치단체와 사무를 위탁받는 지방자치단체
2. 위탁사무의 내용과 범위
3. 위탁사무의 관리와 처리방법
4. 위탁사무의 관리와 처리에 드는 경비의 부담과 지출방법
5. 그 밖에 사무위탁에 관하여 필요한 사항
④ 지방자치단체나 그 장은 사무위탁을 변경하거나 해지하려면 관계 지방자치단체나 그 장과 협의하여 그 사실을 고시하고, 제1항의 예에 따라 행정안전부장관과 관계 중앙행정기관의 장 또는 시·도지사에게 보고하여야 한다.
⑤ 사무가 위탁된 경우 위탁된 사무의 관리와 처리에 관한 조례나 규칙은 규약에 다르게 정하여진 경우 외에는 사무를 위탁받은 지방자치단체에 대하여도 적용한다.

2. 행정협의회

(1) 구성

지방자치법 제169조 <구152조> **【행정협의회의 구성】** ① 지방자치단체는 2개 이상의 지방자치단체에 관련된 사무의 일부를 공동으로 처리하기 위하여 관계 지방자치단체 간의 행정협의회(이하 "협의회"라 한다)를 구성할 수 있다. 이 경우 지방자치단체의 장은 시·도가 구성원이면 행정안전부장관과 관계 중앙행정기관의 장에게, 시·군 또는 자치구가 구성원이면 시·도지사에게 이를 보고하여야 한다.
② 지방자치단체는 협의회를 구성하려면 관계 지방자치단체 간의 협의에 따라 규약을 정하여 관계 지방의회에 각각 보고한 다음 고시하여야 한다.
③ 행정안전부장관이나 시·도지사는 공익상 필요하면 관계 지방자치단체에 대하여 협의회를 구성하도록 권고할 수 있다.

(2) 조직

지방자치법 제170조 <구153조> **【협의회의 조직】** ① 협의회는 회장과 위원으로 구성한다.
② 회장과 위원은 규약으로 정하는 바에 따라 관계 지방자치단체의 직원 중에서 선임한다.
③ 회장은 협의회를 대표하며 회의를 소집하고 협의회의 사무를 총괄한다.

(3) 협의사항의 조정

지방자치법 제173조 <구156조> **【협의사항의 조정】** ① 협의회에서 합의가 이루어지지 아니한 사항에 대하여 관계 지방자치단체의 장이 조정을 요청하면 시·도 간의 협의사항에 대해서는 행정안전부장관이, 시·군 및 자치구 간의 협의사항에 대해서는 시·도지사가 조정할 수 있다. 다만, 관계되는 시·군 및 자치구가 2개 이상의 시·도에 걸쳐 있는 경우에는 행정안전부장관이 조정할 수 있다.
② 행정안전부장관이나 시·도지사가 제1항에 따라 조정을 하려면 관계 중앙행정기관의 장과의 협의를 거쳐 분쟁조정위원회의 의결에 따라 조정하여야 한다.

(4) 협의회의 협의 및 사무처리의 효력

> **지방자치법 제174조** <구157조> **【협의회의 협의 및 사무처리의 효력】** ① 협의회를 구성한 관계 지방자치단체는 협의회가 결정한 사항이 있으면 그 결정에 따라 사무를 처리하여야 한다.
> ② 제173조 제1항에 따라 행정안전부장관이나 시·도지사가 조정한 사항에 관하여는 제165조 제3항부터 제6항까지의 규정을 준용한다.
> ③ 협의회가 관계 지방자치단체나 그 장의 명의로 한 사무의 처리는 관계 지방자치단체나 그 장이 한 것으로 본다.

3. 지방자치단체조합

(1) 설립

> **지방자치법 제176조** <구159조> **【지방자치단체조합의 설립】** ① 2개 이상의 지방자치단체가 하나 또는 둘 이상의 사무를 공동으로 처리할 필요가 있을 때에는 규약을 정하여 지방의회의 의결을 거쳐 시·도는 행정안전부장관의 승인, 시·군 및 자치구는 시·도지사의 승인을 받아 지방자치단체조합을 설립할 수 있다. 다만, 지방자치단체조합의 구성원인 시·군 및 자치구가 2개 이상의 시·도에 걸쳐 있는 지방자치단체조합은 행정안전부장관의 승인을 받아야 한다.
> ② 지방자치단체조합은 법인으로 한다.

(2) 조직

> **지방자치법 제177조** <구160조> **【지방자치단체조합의 조직】** ① 지방자치단체조합에는 지방자치단체조합회의와 지방자치단체조합장 및 사무직원을 둔다.
> ② 지방자치단체조합회의의 위원과 지방자치단체조합장 및 사무직원은 지방자치단체조합규약으로 정하는 바에 따라 선임한다.
> ③ 관계 지방의회의원과 관계 지방자치단체의 장은 제43조 제1항과 제109조 제1항에도 불구하고 지방자치단체조합회의의 위원이나 지방자치단체조합장을 겸할 수 있다.

(3) 지방자치단체조합회의와 지방자치단체조합장의 권한

> **지방자치법 제178조** <구161조> **【지방자치단체조합회의와 지방자치단체조합장의 권한】**
> ① 지방자치단체조합회의는 지방자치단체조합의 규약으로 정하는 바에 따라 지방자치단체조합의 중요 사무를 심의·의결한다.
> ② 지방자치단체조합회의는 지방자치단체조합이 제공하는 서비스에 대한 사용료·수수료 또는 분담금을 제156조 제1항에 따른 조례로 정한 범위에서 정할 수 있다.
> ③ 지방자치단체조합장은 지방자치단체조합을 대표하며 지방자치단체조합의 사무를 총괄한다.

(4) 지방자치단체조합의 지도 · 감독

> 지방자치법 제180조 <구163조> 【지방자치단체조합의 지도 · 감독】 ① 시 · 도가 구성원인 지방자치단체조합은 행정안전부장관, 시 · 군 및 자치구가 구성원인 지방자치단체조합은 1차로 시 · 도지사, 2차로 행정안전부장관의 지도 · 감독을 받는다. 다만, 지방자치단체조합의 구성원인 시 · 군 및 자치구가 2개 이상의 시 · 도에 걸쳐 있는 지방자치단체조합은 행정안전부장관의 지도 · 감독을 받는다.
> ② 행정안전부장관은 공익상 필요하면 지방자치단체조합의 설립이나 해산 또는 규약 변경을 명할 수 있다.

(5) 지방자치단체조합의 규약변경 및 해산

> 지방자치법 제181조 <구164조> 【지방자치단체조합의 규약 변경 및 해산】 ① 지방자치단체조합의 규약을 변경하거나 지방자치단체조합을 해산하려는 경우에는 제176조 제1항을 준용한다.
> ② 지방자치단체조합을 해산한 경우에 그 재산의 처분은 관계 지방자치단체의 협의에 따른다.

4. 지방자치단체장 등의 협의체

> 지방자치법 제182조 <구165조> 【지방자치단체의 장 등의 협의체】 ① 지방자치단체의 장이나 지방의회의 의장은 상호 간의 교류와 협력을 증진하고, 공동의 문제를 협의하기 위하여 다음 각 호의 구분에 따라 각각 전국적 협의체를 설립할 수 있다.
> 1. 시 · 도지사
> 2. 시 · 도의회의 의장
> 3. 시장 · 군수 및 자치구의 구청장
> 4. 시 · 군 및 자치구의회의 의장
>
> ② 제1항 각 호의 전국적 협의체는 그들 모두가 참가하는 지방자치단체 연합체를 설립할 수 있다.
> ③ 제1항에 따른 협의체나 제2항에 따른 연합체를 설립하였을 때에는 그 협의체 · 연합체의 대표자는 지체 없이 행정안전부장관에게 신고하여야 한다.
> ④ 제1항에 따른 협의체나 제2항에 따른 연합체는 지방자치에 직접적인 영향을 미치는 법령등에 관한 의견을 행정안전부장관에게 제출할 수 있으며, 행정안전부장관은 제출된 의견을 관계 중앙행정기관의 장에게 통보하여야 한다.
> ⑤ 관계 중앙행정기관의 장은 제4항에 따라 통보된 내용에 대하여 통보를 받은 날부터 2개월 이내에 타당성을 검토하여 행정안전부장관에게 결과를 통보하여야 하고, 행정안전부장관은 통보받은 검토 결과를 해당 협의체나 연합체에 지체 없이 통보하여야 한다. 이 경우 관계 중앙행정기관의 장은 검토 결과 타당성이 없다고 인정하면 구체적인 사유 및 내용을 밝혀 통보하여야 하며, 타당하다고 인정하면 관계 법령에 그 내용이 반영될 수 있도록 적극 협력하여야 한다.
> ⑥ 제1항에 따른 협의체나 제2항에 따른 연합체는 지방자치와 관련된 법률의 제정 · 개정 또는 폐지가 필요하다고 인정하는 경우에는 국회에 서면으로 의견을 제출할 수 있다.
>
> 구법 제165조 【지방자치단체의 장 등의 협의체】 ① 지방자치단체의 장이나 지방의회의 의장은 상호 간의 교류와 협력을 증진하고, 공동의 문제를 협의하기 위하여 다음 각 호의 구분에 따라 각각 전국적 협의체를 설립할 수 있다.

기출지문 OX

01 기초지방자치단체의 경계에 관한 분쟁이 있는 경우 당해 지방자치단체 간의 협의가 성립하지 않을 때에는 시·도지사가 직권으로 조정한다. (11국회8) ( )

1. 시·도지사
2. 시·도의회의 의장
3. 시장·군수·자치구의 구청장
4. 시·군·자치구의회의 의장

② 제1항 각 호의 전국적 협의체가 모두 참가하는 지방자치단체 연합체를 설립할 수 있다.
③ 제1항에 따른 협의체나 제2항에 따른 연합체를 설립한 때에는 그 협의체의 대표자는 지체 없이 행정안전부장관에게 신고하여야 한다.
④ 제1항에 따른 협의체나 제2항에 따른 연합체는 지방자치에 직접적인 영향을 미치는 법령등에 관한 의견을 행정안전부장관에게 제출할 수 있으며, 행정안전부장관은 제출된 의견을 관계 중앙행정기관의 장에게 통보하여야 한다.
⑥ 제1항에 따른 협의체나 제2항에 따른 연합체는 지방자치와 관련된 법률의 제정·개정 또는 폐지가 필요하다고 인정하는 경우에는 국회에 서면으로 의견을 제출할 수 있다.

제2절 분쟁조정

1 분쟁조정권자

지방자치법 제165조 <구148조> **【지방자치단체 상호 간의 분쟁조정】** ① 지방자치단체 상호 간 또는 지방자치단체의 장 상호 간에 사무를 처리할 때 의견이 달라 다툼(이하 "분쟁"이라 한다)이 생기면 다른 법률에 특별한 규정이 없으면 행정안전부장관이나 시·도지사가 당사자의 신청을 받아 조정할 수 있다. 다만, 그 분쟁이 공익을 현저히 해쳐 조속한 조정이 필요하다고 인정되면 당사자의 신청이 없어도 직권으로 조정할 수 있다.

2 분쟁조정절차

지방자치법 제165조 <구148조> **【지방자치단체 상호 간의 분쟁조정】** ② 제1항 단서에 따라 행정안전부장관이나 시·도지사가 분쟁을 조정하는 경우에는 그 취지를 미리 당사자에게 알려야 한다.
③ 행정안전부장관이나 시·도지사가 제1항의 분쟁을 조정하려는 경우에는 관계 중앙행정기관의 장과의 협의를 거쳐 제166조에 따른 지방자치단체중앙분쟁조정위원회나 지방자치단체지방분쟁조정위원회의 의결에 따라 조정을 결정하여야 한다.
④ 행정안전부장관이나 시·도지사는 제3항에 따라 조정을 결정하면 서면으로 지체 없이 관계 지방자치단체의 장에게 통보하여야 하며, 통보를 받은 지방자치단체의 장은 그 조정 결정 사항을 이행하여야 한다.

정답

01 × 경계에 관한 분쟁은 헌법재판소법에 의한 권한쟁의심판의 대상이 됨. 또한 공유수면매립지 및 지적공부에 등록이 누락된 토지에 관한 분쟁은 지방자치법(제5조 제4항)상 별도의 해결절차가 규정되어 있음.

관련 판례

1 지방자치법 제148조 제4항, 제7항, 제170조 제3항의 내용과 체계, 지방자치법 제148조 제1항에 따른 지방자치단체 또는 지방자치단체의 장 상호 간 분쟁에 대한 조정결정(이하 '분쟁조정결정'이라 한다)의 법적 성격 및 분쟁조정결정과 이행명령 사이의 관계 등에 비추어 보면, 행정자치부장관이나 시·도지사의 분쟁조정결정에 대하여는 후속의 이행명령을 기다려 대법원에 이행명령을 다투는 소를 제기한 후 그 사건에서 이행의무의 존부와 관련하여 분쟁조정결정의 위법까지 함께 다투는 것이 가능할 뿐, 별도로 분쟁조정결정 자체의 취소를 구하는 소송을 대법원에 제기하는 것은 지방자치법상 허용되지 아니한다. 나아가 분쟁조정결정은 상대방이나 내용 등에 비추어 행정소송법상 항고소송의 대상이 되는 처분에 해당한다고 보기 어려우므로, 통상의 항고소송을 통한 불복의 여지도 없다(대판 2015.9.24, 2014추613).

2 지방자치법 제148조 제1항, 제3항, 제4항의 내용 및 체계에다가 지방자치법이 분쟁조정절차를 둔 입법 취지가 지방자치단체 상호 간이나 지방자치단체의 장 상호 간 사무처리 과정에서 분쟁이 발생하는 경우 당사자의 신청 또는 직권으로 구속력 있는 조정절차를 진행하여 이를 해결하고자 하는 데 있는 점, 분쟁조정 대상에서 자치사무를 배제하고 있지 않은 점 등을 종합하면, 지방자치단체의 자치사무라도 당해 지방자치단체에 내부적인 효과만을 발생시키는 것이 아니라 그 사무로 인하여 다른 지방자치단체나 그 주민의 보호할 만한 가치가 있는 이익을 침해하는 경우에는 지방자치법 제148조에서 정한 분쟁조정 대상 사무가 될 수 있다(대판 2016.7.22, 2012추121).

3 분쟁조정 사항의 이행

지방자치법 제165조 <구148조> **【지방자치단체 상호 간의 분쟁조정】** ④ 행정안전부장관이나 시·도지사는 제3항에 따라 조정을 결정하면 서면으로 지체 없이 관계 지방자치단체의 장에게 통보하여야 하며, 통보를 받은 지방자치단체의 장은 그 조정 결정 사항을 이행하여야 한다.
⑤ 제3항에 따른 조정 결정 사항 중 예산이 필요한 사항에 대해서는 관계 지방자치단체는 필요한 예산을 우선적으로 편성하여야 한다. 이 경우 연차적으로 추진하여야 할 사항은 연도별 추진계획을 행정안전부장관이나 시·도지사에게 보고하여야 한다.
⑥ 행정안전부장관이나 시·도지사는 제3항의 조정 결정에 따른 시설의 설치 또는 서비스의 제공으로 이익을 얻거나 그 원인을 일으켰다고 인정되는 지방자치단체에 대해서는 그 시설비나 운영비 등의 전부나 일부를 행정안전부장관이 정하는 기준에 따라 부담하게 할 수 있다.
⑦ 행정안전부장관이나 시·도지사는 제4항부터 제6항까지의 규정에 따른 조정 결정 사항이 성실히 이행되지 아니하면 그 지방자치단체에 대하여 제189조를 준용하여 이행하게 할 수 있다.

기출지문 OX

01 지방자치단체 상호간이나 지방자치단체의 상호간 사무를 처리할 때 의견이 달라 다툼이 생겨서 내린 행정안전부장관의 분쟁조정결정에 대해 지방자치단체가 불복하는 경우, 지방자치단체가 분쟁조정결정 자체의 취소를 구하는 소송을 대법원에 제기하는 것은 지방자치법상 허용되지 아니한다. (18지방7) ( )

02 행정안전부장관이 지방자치단체 상호 간의 사무비용 분담에 관한 다툼에 대하여 지방자치법에 따른 분쟁조정결정을 한 경우 분쟁조정결정 자체의 취소를 구하는 소송을 대법원에 제기하는 것은 지방자치법상 허용되지 아니한다. (19지방7) ( )

03 행정안전부장관의 지방자치단체 또는 지방자치단체의 장 상호 간 분쟁에 대한 조정결정은 항고소송의 대상이 된다. (21국가7) ( )

04 지방자치단체의 자치사무가 당해 지방자치단체에 내부적인 효과만을 발생시키는 것이 아니라 그 사무로 인하여 다른 지방자치단체나 그 주민의 보호할 만한 가치가 있는 이익을 침해하는 경우에는 지방자치법에서 정한 분쟁조정 대상사무가 될 수 있다. (18지방7) ( )

정답
01 ○ 02 ○ 03 × 04 ○

관련 판례

지방자치법 제148조 제7항, 제170조 제1항에 의하면, 지방자치법 제148조에서 정한 분쟁조정 대상 사무가 될 수 있는 자치사무에 관하여 분쟁조정결정이 있었음에도 조정결정사항을 성실히 이행하지 않은 지방자치단체에 대하여는 제148조 제7항에 따라 제170조(현 170조)를 준용하여 지방자치단체를 대표하는 지방자치단체의 장에 대하여 조정결정사항의 이행을 위하여 직무이행명령을 할 수 있다(대판 2016.7.22, 2012추121).

4 분쟁조정위원회

지방자치법 제166조 <구149조> **【지방자치단체중앙분쟁조정위원회 등의 설치와 구성 등】**

① 제165조 제1항에 따른 분쟁의 조정과 제173조 제1항에 따른 협의사항의 조정에 필요한 사항을 심의·의결하기 위하여 행정안전부에 지방자치단체중앙분쟁조정위원회(이하 "중앙분쟁조정위원회"라 한다)를, 시·도에 지방자치단체지방분쟁조정위원회(이하 "지방분쟁조정위원회"라 한다)를 둔다.

② 중앙분쟁조정위원회는 다음 각 호의 분쟁을 심의·의결한다.

1. 시·도 간 또는 그 장 간의 분쟁
2. 시·도를 달리하는 시·군 및 자치구 간 또는 그 장 간의 분쟁
3. 시·도와 시·군 및 자치구 간 또는 그 장 간의 분쟁
4. 시·도와 지방자치단체조합 간 또는 그 장 간의 분쟁
5. 시·도를 달리하는 시·군 및 자치구와 지방자치단체조합 간 또는 그 장 간의 분쟁
6. 시·도를 달리하는 지방자치단체조합 간 또는 그 장 간의 분쟁

③ 지방분쟁조정위원회는 제2항 각 호에 해당하지 아니하는 지방자치단체·지방자치단체조합 간 또는 그 장 간의 분쟁을 심의·의결한다.

제7장 지방자치단체와 국가 간의 관계(국가의 통제)

제1절 서설

1 국가 통제의 필요성

- 지방자치제는 지방자치단체 스스로의 책임 하에 지방행정을 수행하도록 하는 제도로, 지방자치법도 '자치사무'에 대한 국가의 일반적 감독은 배제하고 있음.
- 그러나 지방자치단체의 자치권은 국가의 통치권에서 전래된 것으로, 국가의 통제도 필요함.

2 국가 통제의 목적

- 자치행정의 적법성 보장
- 지방자치단체의 보호 및 국가이익의 보호

제2절 통제의 유형

1 입법기관에 의한 통제

> **헌법 제118조** ② 지방의회의 조직·권한·의원선거와 지방자치단체의 장의 선임방법 기타 지방자치단체의 조직과 운영에 관한 사항은 법률로 정한다.

- 국회는 법률 제정·개정, 예산안 의결, 국정감사·조사를 통해 지방자치단체 통제 가능함.
- 지방자치제도의 본질적 내용을 침해하지 않는 범위에서 인정됨.

2 행정기관에 의한 통제

1. 감독기관

- 시·도는 주무부장관, 시·군 및 자치구에서는 1차로 시·도지사, 2차로 주무부장관이 감독기관임.
- 교육감에 대해서는 교육부장관이 감독기관임.

2. 협력관계 및 지도와 지원

지방자치법 제183조 【국가와 지방자치단체의 협력 의무】 국가와 지방자치단체는 주민에 대한 균형적인 공공서비스 제공과 지역 간 균형발전을 위하여 협력하여야 한다.

제184조 【지방자치단체의 사무에 대한 지도와 지원】 ① 중앙행정기관의 장이나 시·도지사는 지방자치단체의 사무에 관하여 조언 또는 권고하거나 지도할 수 있으며, 이를 위하여 필요하면 지방자치단체에 자료 제출을 요구할 수 있다.

② 국가나 시·도는 지방자치단체가 그 지방자치단체의 사무를 처리하는 데 필요하다고 인정하면 재정지원이나 기술지원을 할 수 있다.

③ 지방자치단체의 장은 제1항의 조언·권고 또는 지도와 관련하여 중앙행정기관의 장이나 시·도지사에게 의견을 제출할 수 있다.

제186조 【중앙지방협력회의의 설치】 ① 국가와 지방자치단체 간의 협력을 도모하고 지방자치 발전과 지역 간 균형발전에 관련되는 중요 정책을 심의하기 위하여 중앙지방협력회의를 둔다.

② 제1항에 따른 중앙지방협력회의의 구성과 운영에 관한 사항은 따로 법률로 정한다.

중앙지방협력회의의 구성 및 운영에 관한 법률(약칭: 중앙지방협력회의법) [시행 2022.1.13.] [법률 제18297호, 2021.7.13. 제정]

제1조 【목적】 이 법은 지방자치법 제186조에 따른 중앙지방협력회의의 구성과 운영 등에 필요한 사항을 정함으로써 국가와 지방자치단체의 대등하고 협력적인 관계를 바탕으로 지방자치 발전과 지역 간 균형발전 정책의 효과를 제고하는 것을 목적으로 한다.

제2조 【중앙지방협력회의의 기능】 중앙지방협력회의(이하 "협력회의"라 한다)는 다음 각 호의 사항을 심의한다.

1. 국가와 지방자치단체 간 협력에 관한 사항
2. 국가와 지방자치단체의 권한, 사무 및 재원의 배분에 관한 사항
3. 지역 간 균형발전에 관한 사항
4. 지방자치단체의 재정 및 세제에 영향을 미치는 국가 정책에 관한 사항
5. 그 밖에 지방자치 발전에 관한 사항

제3조 【구성 및 운영】 ① 협력회의는 대통령, 국무총리, 기획재정부장관, 교육부장관, 행정안전부장관, 국무조정실장, 법제처장, 특별시장·광역시장·특별자치시장·도지사·특별자치도지사(이하 "시·도지사"라 한다), 지방자치법 제182조 제1항 제2호부터 제4호까지의 규정에 따른 전국적 협의체의 대표자 및 그 밖에 대통령령으로 정하는 사람으로 구성한다.

② 협력회의의 의장(이하 "의장"이라 한다)은 대통령이 된다.

③ 협력회의의 부의장(이하 "부의장"이라 한다)은 국무총리와 지방자치법」 제182조 제1항 제1호에 따라 설립된 시·도지사 협의체의 대표자(이하 "시·도지사협의회장"이라 한다)가 공동으로 된다.

④ 의장은 협력회의를 소집하고 이를 주재한다.

⑤ 부의장은 의장에게 회의의 소집을 요청할 수 있으며, 의장이 협력회의에 출석하지 못하는 경우에는 국무총리, 시·도지사협의회장의 순으로 그 직무를 대행한다.

⑥ 제1항에 따른 협력회의의 구성원은 협력회의에 심의할 안건을 제출할 수 있다.

⑦ 의장은 제6항에 따라 제출된 안건의 심의를 위하여 필요한 경우에는 안건과 관련된 중앙행정기관의 장, 지방자치단체의 장, 관계 공무원 또는 해당 분야의 민간전문가를 협력회의에 참석하게 하여 의견을 들을 수 있다.

⑧ 제1항부터 제7항까지에서 규정한 사항 외에 협력회의의 개최 및 운영에 필요한 사항은 대통령령으로 정한다.

제4조 【심의 결과의 활용】 ① 국가 및 지방자치단체는 협력회의의 심의 결과를 존중하고 성실히 이행하여야 한다.
② 국가 및 지방자치단체는 심의 결과에 따른 조치 계획 및 이행 결과를 협력회의에 보고하여야 한다.
③ 국가 또는 지방자치단체는 제1항에도 불구하고 심의 결과를 이행하기 어려운 특별한 사유가 있는 경우에는 그 사유와 향후 조치 계획을 협력회의에 보고하여야 한다.

제5조 【관계기관 등에 대한 협조요청】 협력회의는 제2조에 따른 심의를 위하여 필요하다고 인정하는 경우에는 관계 중앙행정기관의 장, 지방자치단체의 장 및 지방의회의 의장 등에게 필요한 자료의 제출을 요청하거나 의견을 수렴할 수 있다.

제6조 【실무협의회】 ① 협력회의에 상정할 안건을 사전에 조정하고 의장으로부터 지시받은 사항을 처리하기 위하여 실무협의회를 둔다.
② 실무협의회는 다음 각 호의 사람으로 구성한다.
1. 기획재정부의 차관 중 기획재정부장관이 지명하는 1명, 교육부차관, 행정안전부차관, 국무조정실의 차장 중 국무조정실장이 지명하는 1명, 법제처 차장
2. 특별시 · 광역시 · 특별자치시 · 도 · 특별자치도의 부시장 또는 부지사(해당 지방자치단체에 부시장 또는 부지사가 2명 이상인 경우에는 해당 시 · 도지사가 지명하는 1명을 말한다)
3. 지방자치법 제182조 제1항 제2호부터 제4호까지의 규정에 따른 전국적 협의체의 대표자가 그 구성원 중에서 지명하는 각 1명
4. 그 밖에 대통령령으로 정하는 사람
③ 실무협의회의 위원장은 행정안전부장관과 시 · 도지사협의회장이 시 · 도지사 중에서 지명하는 1명이 공동으로 된다.
④ 실무협의회의 위원장은 실무협의회를 소집하고 이를 주재한다.
⑤ 실무협의회의 위원장은 필요한 경우에는 관계 공무원 또는 해당 분야의 민간전문가를 실무협의회에 참석하게 하여 의견을 들을 수 있다.
⑥ 제1항부터 제5항까지에서 규정한 사항 외에 실무협의회의 구성 및 운영에 필요한 사항은 대통령령으로 정한다.

- 2021 개정법은 국가와 지방자치단체의 협력의무(제183조) 조항을 신설하였음.
- 2021 개정법은 국가와 지방자치단체 간의 협력을 도모하고 관련정책을 심의하는 중앙지방협력회의를 설치하였고(제186조) 이를 규율하기 위해 중앙지방협력회의법이 입법되었음.
- 감독기관의 조언, 권고, 지도의 대상은 지방자치단체의 모든 사무(자치사무, 단체위임사무, 기관위임사무)임.

3. 자치사무에 대한 감사: 사무 · 회계감사

지방자치법 제190조 <구171조> 【지방자치단체의 자치사무에 대한 감사】 ① 행정안전부장관이나 시 · 도지사는 지방자치단체의 자치사무에 관하여 보고를 받거나 서류 · 장부 또는 회계를 감사할 수 있다. 이 경우 감사는 법령 위반사항에 대해서만 한다.
② 행정안전부장관 또는 시 · 도지사는 제1항에 따라 감사를 하기 전에 해당 사무의 처리가 법령에 위반되는지 등을 확인하여야 한다.

제191조 <구171조의2> 【지방자치단체에 대한 감사 절차 등】 ① 주무부장관, 행정안전부장관 또는 시 · 도지사는 이미 감사원 감사 등이 실시된 사안에 대해서는 새로운 사실이 발견되거나 중요한 사항이 누락된 경우 등 대통령령으로 정하는 경우를 제외하고는 감사 대상에서 제외하고 종전의 감사 결과를 활용하여야 한다.

기출지문 OX

② 주무부장관과 행정안전부장관은 다음 각 호의 어느 하나에 해당하는 감사를 하려고 할 때에는 지방자치단체의 수감부담을 줄이고 감사의 효율성을 높이기 위하여 같은 기간 동안 함께 감사를 할 수 있다.
1. 제185조에 따른 주무부장관의 위임사무 감사
2. 제190조에 따른 행정안전부장관의 자치사무 감사

관련 판례

1 [1] 감사원법은 지방자치단체의 위임사무나 자치사무의 구별 없이 합법성 감사뿐만 아니라 합목적성 감사도 허용하고 있는 것으로 보이므로, 감사원의 지방자치단체에 대한 이 사건 감사는 법률상 권한 없이 이루어진 것은 아니다.

[2] 헌법이 감사원을 독립된 외부감사기관으로 정하고 있는 취지, 중앙정부와 지방자치단체는 서로 행정기능과 행정책임을 분담하면서 중앙행정의 효율성과 지방행정의 자주성을 조화시켜 국민과 주민의 복리증진이라는 공동목표를 추구하는 협력관계에 있다는 점을 고려하면 지방자치단체의 자치사무에 대한 합목적성 감사의 근거가 되는 이 사건 관련규정은 그 목적의 정당성과 합리성을 인정할 수 있다.

[3] 또한 감사원법에서 지방자치단체의 자치권을 존중할 수 있는 장치를 마련해두고 있는 점, 국가재정지원에 상당부분 의존하고 있는 우리 지방재정의 현실, 독립성이나 전문성이 보장되지 않은 지방자치단체 자체감사의 한계 등으로 인한 외부감사의 필요성까지 감안하면, 이 사건 관련규정이 지방자치단체의 고유한 권한을 유명무실하게 할 정도로 지나친 제한을 함으로써 지방자치권의 본질적 내용을 침해하였다고는 볼 수 없다(헌재 2008.5.29, 2005헌라3).

2 [1] 지방자치제 실시를 유보하던 개정전 헌법 부칙 제10조를 삭제한 현행헌법 및 이에 따라 자치사무에 관한 감사규정은 존치하되 '위법성 감사'라는 단서를 추가하여 자치사무에 대한 감사를 축소한 구 지방자치법 제158조 신설경위, 자치사무에 관한 한 중앙행정기관과 지방자치단체의 관계가 상하의 감독관계에서 상호보완적 지도·지원의 관계로 변화된 지방자치법의 취지, 중앙행정기관의 감독권 발동은 지방자치단체의 구체적 법위반을 전제로 하여 작동되도록 제한되어 있는 점, 그리고 국가감독권 행사로서 지방자치단체의 자치사무에 대한 감사원의 사전적·포괄적 합목적성 감사가 인정되므로 국가의 중복감사의 필요성이 없는 점 등을 종합하여 보면, 중앙행정기관의 지방자치단체의 자치사무에 대한 구 지방자치법 제158조 단서 규정의 감사권은 사전적·일반적인 포괄감사권이 아니라 그 대상과 범위가 한정적인 제한된 감사권이라 해석함이 마땅하다.

01 중앙행정기관의 지방자치단체의 자치사무에 대한 감사권은 사전적, 일반적인 포괄감사권이 아니라 그 대상과 범위가 한정적인 제한적 감사권이다. (15국회8) ( )

[2] 중앙행정기관이 구 지방자치법 제158조 단서 규정상의 감사에 착수하기 위해서는 자치사무에 관하여 특정한 법령위반행위가 확인되었거나 위법행위가 있었으리라는 합리적 의심이 가능한 경우이어야 하고, 또한 그 감사대상을 특정해야 한다. 따라서 전반기 또는 후반기 감사와 같은 포괄적·사전적 일반감사나 위법사항을 특정하지 않고 개시하는 감사 또는 법령위반사항을 적발하기 위한 감사는 모두 허용될 수 없다.

[3] 행정안전부장관 등이 감사실시를 통보한 사무는 서울특별시의 거의 모든 자치사무를 감사대상으로 하고 있어 사실상 피감사대상이 특정되지 아니하였고 행정안전부장관 등은 합동감사 실시계획을 통보하면서 구체적으로 어떠한 자치사무가 어떤 법령에 위반되는지 여부를 밝히지 아니하였는바, 그렇다면 행정안전부장관 등의 합동감사는 구 지방자치법 제158조 단서 규정상의 감사개시요건을 전혀 충족하지 못하였다 할 것이므로 헌법 및 지방자치법에 의하여 부여된 서울특별시의 지방자치권을 침해한 것이다(헌재 2009.5.28, 2006헌라6).

정답
01 ○

4. 명령·처분의 시정명령 및 취소·정지

(1) 의의 및 대상

> **지방자치법 제188조 <구169조> 【위법·부당한 명령이나 처분의 시정】** ① 지방자치단체의 사무에 관한 지방자치단체의 장(제103조 제2항에 따른 사무의 경우에는 지방의회의 의장을 말한다. 이하 이 조에서 같다)의 명령이나 처분이 법령에 위반되거나 현저히 부당하여 공익을 해친다고 인정되면 시·도에 대해서는 주무부장관이, 시·군 및 자치구에 대해서는 시·도지사가 기간을 정하여 서면으로 시정할 것을 명하고, 그 기간에 이행하지 아니하면 이를 취소하거나 정지할 수 있다.
> ② 주무부장관은 지방자치단체의 사무에 관한 시장·군수 및 자치구의 구청장의 명령이나 처분이 법령에 위반되거나 현저히 부당하여 공익을 해침에도 불구하고 시·도지사가 제1항에 따른 시정명령을 하지 아니하면 시·도지사에게 기간을 정하여 시정명령을 하도록 명할 수 있다.
> ③ 주무부장관은 시·도지사가 제2항에 따른 기간에 시정명령을 하지 아니하면 제2항에 따른 기간이 지난 날부터 7일 이내에 직접 시장·군수 및 자치구의 구청장에게 기간을 정하여 서면으로 시정할 것을 명하고, 그 기간에 이행하지 아니하면 주무부장관이 시장·군수 및 자치구의 구청장의 명령이나 처분을 취소하거나 정지할 수 있다.
> ④ 주무부장관은 시·도지사가 시장·군수 및 자치구의 구청장에게 제1항에 따라 시정명령을 하였으나 이를 이행하지 아니한 데 따른 취소·정지를 하지 아니하는 경우에는 시·도지사에게 기간을 정하여 시장·군수 및 자치구의 구청장의 명령이나 처분을 취소하거나 정지할 것을 명하고, 그 기간에 이행하지 아니하면 주무부장관이 이를 직접 취소하거나 정지할 수 있다.
> ⑤ 제1항부터 제4항까지의 규정에 따른 자치사무에 관한 명령이나 처분에 대한 주무부장관 또는 시·도지사의 시정명령, 취소 또는 정지는 법령을 위반한 것에 한정한다.
>
> **구법 제169조 【위법·부당한 명령·처분의 시정】** ① 지방자치단체의 사무에 관한 그 장의 명령이나 처분이 법령에 위반되거나 현저히 부당하여 공익을 해친다고 인정되면 시·도에 대하여는 주무부장관이, 시·군 및 자치구에 대하여는 시·도지사가 기간을 정하여 서면으로 시정할 것을 명하고, 그 기간에 이행하지 아니하면 이를 취소하거나 정지할 수 있다. 이 경우 자치사무에 관한 명령이나 처분에 대하여는 법령을 위반하는 것에 한한다.

- 시정명령제도는 지방자치단체의 모든 사무를 대상으로 함(기관위임사무는 제외된다는 견해도 있음).
- 위임사무는 위법성 및 부당성 통제이나, 자치사무는 위법성 통제에 한함.

관련 판례

1 **[1]** 지방자치법 제157조 제1항 전문은 "지방자치단체의 사무에 관한 그 장의 명령이나 처분이 법령에 위반되거나 현저히 부당하여 공익을 해한다고 인정될 때에는 시·도에 대하여는 주무부장관이, 시·군 및 자치구에 대하여는 시·도지사가 기간을 정하여 서면으로 시정을 명하고 그 기간 내에 이행하지 아니할 때에는 이를 취소하거나 정지할 수 있다"고 규정하고 있고, 같은 항 후문은 "이 경우 자치사무에 관한 명령이나 처분에 있어서는 법령에 위반하는 것에 한한다"고 규정하고 있는바, 지방자치법 제157조 제1항 전문 및 후문에서 규정하고

기출지문 OX

01 지방자치단체의 사무에 관한 그 장의 명령이나 처분에 대하여 감독청은 시정명령을 내릴 수 있다. (12지방7) ( )

02 지방자치단체의 자치사무에 관한 그 장의 명령이나 처분에 대한 시정명령의 경우 법령을 위반하는 것에 한한다. (21군무원7) ( )

03 자치사무에 대한 시·도의 명령이나 처분이 법령에 위반되거나 현저히 공익을 해친다고 인정되면 주무부장관은 해당 법령이나 처분을 취소할 수 있다. (15국회8) ( )

04 지방자치단체의 자치사무에 관한 그 장의 명령이나 처분이 법령에 위반되면 시·도에 대하여는 주무부장관이, 시·군 및 자치구에 대하여는 시·도지사가 기간을 정하여 서면으로 시정할 것을 명하고, 그 기간에 이행하지 아니하면 이를 취소하거나 정지할 수 있다. (19승진5) ( )

05 판례는 기초지방자치단체인 시·군·구의 장의 자치사무의 일종인 당해 지방자치단체 소속 공무원에 대한 승진 처분이 재량권을 일탈·남용하여 위법하게 된 경우 시·도지사는 지방자치법에 따라 그에 대한 시정명령이나 취소 또는 정지를 할 수 있다고 보았다. (12국가7) ( )

정답
01 ○ 02 ○
03 × 자치사무에 대한 것은 '법령위반'에 한함
04 ○ 05 ○

있는 지방자치단체의 사무에 관한 그 장의 명령이나 처분이 법령에 위반되는 경우라 함은 명령이나 처분이 현저히 부당하여 공익을 해하는 경우, 즉 합목적성을 현저히 결하는 경우와 대비되는 개념으로, 시·군·구의 장의 사무의 집행이 명시적인 법령의 규정을 구체적으로 위반한 경우뿐만 아니라 그러한 사무의 집행이 재량권을 일탈·남용하여 위법하게 되는 경우를 포함한다고 할 것이므로, 시·군·구의 장의 자치사무의 일종인 당해 지방자치단체 소속 공무원에 대한 승진처분이 재량권을 일탈·남용하여 위법하게 된 경우 시·도지사는 지방자치법 제157조 제1항 후문에 따라 그에 대한 시정명령이나 취소 또는 정지를 할 수 있다.

[2] 하급 지방자치단체장이 전국공무원노동조합의 불법 총파업에 참가한 소속 지방공무원들에 대하여 징계의결을 요구하지 않은 채 승진임용하는 처분을 한 것은 재량권의 범위를 현저히 일탈한 것으로서 위법한 처분이고 상급 지방자치단체장이 지방자치법 제157조 제1항에 따라 위 승진임용처분을 취소한 것은 적법하다(대판 2007.3.22, 2005추62 전합).

2 지방교육자치에 관한 법률 제3조, 지방자치법 제169조 제1항에 따르면, 시·도의 교육·학예에 관한 사무에 대한 교육감의 명령이나 처분이 법령에 위반되거나 현저히 부당하여 공익을 해친다고 인정되면 교육부장관이 기간을 정하여 서면으로 시정할 것을 명하고, 그 기간에 이행하지 아니하면 이를 취소하거나 정지할 수 있다. 특히 교육·학예에 관한 사무 중 '자치사무'에 대한 명령이나 처분에 대하여는 법령 위반 사항이 있어야 한다. 여기서 교육감의 명령이나 처분이 법령에 위반되는 경우란, '명령·처분이 현저히 부당하여 공익을 해하는 경우', 즉 합목적성을 현저히 결하는 경우와 대비되는 개념으로서, 교육감의 사무 집행이 명시적인 법령의 규정을 구체적으로 위반한 경우뿐만 아니라 그러한 사무의 집행이 재량권을 일탈·남용하여 위법하게 되는 경우를 포함한다(대판 208.7.12, 2014추33).

3 [1] 행정소송법상 항고소송은 행정청이 행하는 구체적 사실에 관한 법집행으로서의 공권력의 행사 또는 거부와 그 밖에 이에 준하는 행정작용을 대상으로 하여 위법상태를 배제함으로써 국민의 권익을 구제함을 목적으로 하는 것과 달리, 지방자치법 제169조 제1항은 지방자치단체의 자치행정 사무처리가 법령 및 공익의 범위 내에서 행해지도록 감독하기 위한 규정이므로 적용대상을 항고소송의 대상이 되는 행정처분으로 제한할 이유가 없다.

[2] 지방자치단체 인사위원회위원장이 시간선택제임기제공무원 40명을 '정책지원요원'으로 임용하여 지방의회 사무처에 소속시킨 후 상임위원회별 입법지원요원(입법조사관)에 대한 업무지원 업무를 담당하도록 한다는 내용의 채용공고를 하자, 행정자치부장관이 위 채용공고가 법령에 위반된다며 지방자치단체장에게 채용공고를 취소하라는 내용의 시정명령을 하였으나 이에 응하지 않자 채용공고를 직권으로 취소한 사안에서, 위 공무원의 담당업무, 채용규모, 전문위원을 비롯한 다른 사무직원들과의 업무 관계와 채용공고의 경위 등을 종합하면, 지방의회에 위 공무원을 두어 의정활동을 지원하게 하는 것은 지방의회의원에 대하여 전문위원이 아닌 유급 보좌 인력을 두는 것과 마찬가지로 보아야 하므로, 위 공무원의 임용은 개별 지방의회에서 정할 사항이 아니라 국회의 법률로써 규정하여야 할 입법사항에 해당하는데, 지방자치법은 물론 다른 법령에서도 위 공무원을 지방의회에 둘 수 있는 법적 근거를 찾을 수 없으므로, 위 공무원의 임용을 위한 채용공고는 위법하고, 이에 대한 직권취소처분이 적법하다(대판 2017.3.30, 206추5087).

기출지문 OX

01 교육·학예에 관한 사무 중 자치사무에 대한 교육감의 명령이나 처분이 합목적성을 현저히 결하였다면 그러한 사무의 집행은 재량권을 일탈·남용한 경우로서 교육부장관은 그 시정을 명할 수 있다. (19지방7) ( )

02 지방자치법 제169조 제1항에 따라 주무부장관이 시·도에 대하여 법령위반을 이유로 행하는 직권취소의 대상은 항고소송의 대상이 되는 처분으로 제한된다. (19국가7) ( )

03 지방자치단체의 사무에 관한 그 장의 명령이나 처분이 법령에 위반되거나 현저히 부당하여 공익을 해친다고 인정되면 시·도지사나 주무부장관은 시정명령을 내릴 수 있는데, 이때 시정명령의 대상인 처분은 행정소송법상 처분에 한정되지 않는다. (21국가7, 19지방7) ( )

정답
01 × 합목적성을 현저히 결하는 경우(현저히 부당)로는 부족하고 법령 위반(성문법령 위반, 재량권 일탈·남용)에 해당해야 함
02 × 제한되지 아니함
03 ○

(2) **지방자치단체장의 불복**: (감독청의 취소·정지에 대한) 지방자치단체장의 제소

> **지방자치법 제188조 <구169조> 【위법·부당한 명령이나 처분의 시정】** ⑥ 지방자치단체의 장은 제1항, 제3항 또는 제4항에 따른 자치사무에 관한 명령이나 처분의 취소 또는 정지에 대하여 이의가 있으면 그 취소처분 또는 정지처분을 통보받은 날부터 15일 이내에 대법원에 소를 제기할 수 있다.
>
> **구법 제169조 【위법·부당한 명령·처분의 시정】** ② 지방자치단체의 장은 제1항에 따른 자치사무에 관한 명령이나 처분의 취소 또는 정지에 대하여 이의가 있으면 그 취소처분 또는 정지처분을 통보받은 날부터 15일 이내에 대법원에 소를 제기할 수 있다.

- 자치사무에 관한 명령·처분의 취소·정지에 대해서만 제소 가능함.
- 시정명령에 대해서 제소 불가능, 위임사무에 대한 명령·처분의 취소 정지에 대해서 제소 불가능함.
- 한편 이 소송의 성질에 대해서는 특수한 형태의 항고소송으로 보는 견해, 기관소송의 성격을 갖는다는 견해가 대립함.

관련 판례

1 지방자치법 제169조 제2항은 '시·군 및 자치구의 <u>자치사무에 관한 지방자치단체의 장의 명령이나 처분에 대하여 시·도지사가 행한 취소 또는 정지</u>'에 대하여 해당 지방자치단체의 장이 <u>대법원에 소를 제기할 수 있다</u>고 규정하고 있을 뿐 '<u>시·도지사가 지방자치법 제169조 제1항에 따라 시·군 및 자치구에 대하여 행한 시정명령</u>'에 대하여도 대법원에 소를 제기할 수 있다고 규정하고 있지 않으므로, 이러한 시정명령의 취소를 구하는 소송은 허용되지 않는다<시·도지사가 행한 시정명령 전부가 아니라, 자치사무에 대한 지자체장의 명령·처분에 대한 시·도지사의 취소·정지에 대해서만 대법원에 소 제기 가능하다고 규정되어 있음>(대판 2017.10.12, 2016추5148).

2 수임기관인 자치구의 장이 단순한 하부조직으로서 시·도지사가 위임한 사무를 처리하는 것에 불과한 기관위임사무의 본질, 지방자치법 제167조 제2항 또는 행정권한의 위임 및 위탁에 관한 규정 제6조에 근거한 시·도지사의 지도·감독권 행사에 대하여는 자치구의 장이 이에 이의가 있는 경우라도 <u>이를 법원에 소를 제기하여 다툴 수 있도록 허용하는 규정이 없는 점</u> 등에 비추어 보면, <u>수임기관인 자치구의 장이 기관위임사무에 대하여 시·도지사의 지도·감독권 행사에 따라 이루어진 시정명령의 취소를 구하는 소를 제기하는 것은 허용되지 않는다</u>(대판 2018.11.29, 2016추5117).

5. 직무이행명령

(1) 의의

- 기관위임사무 수행에 대한 적극적 감독수단임.

> **지방자치법 제189조 <구170조> 【지방자치단체의 장에 대한 직무이행명령】** ① 지방자치단체의 장이 법령에 따라 그 의무에 속하는 국가위임사무나 시·도위임사무의 관리와 집행을 명백히 게을리하고 있다고 인정되면 시·도에 대해서는 주무부장관이, 시·군 및 자치구에 대해서는 시·도지사가 기간을 정하여 서면으로 이행할 사항을 명령할 수 있다.

기출지문 OX

01 지방자치법 제169조에 따라 시·도지사는 시장, 군수 또는 자치구청장에 의한 위법한 자치사무에 관한 명령이나 처분에 대하여 취소 또는 정지를 행할 수 있고, 해당 시장, 군수 또는 자치구청장은 이의가 있으면 대법원에 제소할 수 있다. (12국회8) ( )

02 주무부장관이 지방자치법에 따라 시·도에 대하여 행한 시정명령에 대하여 해당 시·도지사는 대법원에 시정명령의 취소를 구하는 소송을 제기할 수 있다. (21지방7, 17변시) ( )

03 지방자치단체의 사무에 관한 그 장의 명령이나 처분이 법령에 위반되거나 현저히 부당하여 공익을 해친다고 인정되면 시·군 및 자치구에 대하여는 시·도지사가 기간을 정하여 서면으로 시정할 것을 명하고, 그 기간에 이행하지 아니하면 이를 취소하거나 정지할 수 있는데, 이와 관련해서 시·군 및 구청장은 시·도지사의 시정명령의 취소를 구하는 소를 대법원에 제기할 수 없다. (18지방7) ( )

04 직무이행명령은 명백한 직무부작위뿐만 아니라 위법 또는 부당한 직무집행행위에 대해서도 가능하다. (08국가7) ( )

정답
01 ○
02 × 대법원에 소 제기가 가능한 것은 '자치사무'에 대한 '취소·정지처분'에 한정됨
03 ○
04 × 직무부작위(사무의 관리와 집행을 명백히 게을리 함)에만 인정됨

기출지문 OX

01 지방자치단체의 장이 법령의 규정에 따라 그 의무에 속하는 자치사무의 관리 및 집행을 명백히 게을리하고 있다고 인정되면 시·도에 대하여는 주무부장관이, 시·군 및 자치구에 대하여는 시·도지사가 기간을 정하여 서면으로 이행할 사항을 명령할 수 있다. (21지방7, 12국가7) ( )

② 주무부장관이나 시·도지사는 해당 지방자치단체의 장이 제1항의 기간에 이행명령을 이행하지 아니하면 그 지방자치단체의 비용부담으로 대집행 또는 행정상·재정상 필요한 조치(이하 이 조에서 "대집행 등"이라 한다)를 할 수 있다. 이 경우 행정대집행에 관하여는 행정대집행법을 준용한다.

③ <u>주무부장관은 시장·군수 및 자치구의 구청장이 법령에 따라 그 의무에 속하는 국가위임사무의 관리와 집행을 명백히 게을리하고 있다고 인정됨에도 불구하고 시·도지사가 제1항에 따른 이행명령을 하지 아니하는 경우 시·도지사에게 기간을 정하여 이행명령을 하도록 명할 수 있다.</u>

④ <u>주무부장관은 시·도지사가 제3항에 따른 기간에 이행명령을 하지 아니하면 제3항에 따른 기간이 지난 날부터 7일 이내에 직접 시장·군수 및 자치구의 구청장에게 기간을 정하여 이행명령을 하고, 그 기간에 이행하지 아니하면 주무부장관이 직접 대집행 등을 할 수 있다.</u>

⑤ <u>주무부장관은 시·도지사가 시장·군수 및 자치구의 구청장에게 제1항에 따라 이행명령을 하였으나 이를 이행하지 아니한 데 따른 대집행 등을 하지 아니하는 경우에는 시·도지사에게 기간을 정하여 대집행 등을 하도록 명하고, 그 기간에 대집행 등을 하지 아니하면 주무부장관이 직접 대집행 등을 할 수 있다.</u>

구법 제170조 【지방자치단체의 장에 대한 직무이행명령】 ① 지방자치단체의 장이 법령의 규정에 따라 그 의무에 속하는 국가위임사무나 시·도위임사무의 관리와 집행을 명백히 게을리하고 있다고 인정되면 시·도에 대하여는 주무부장관이, 시·군 및 자치구에 대하여는 시·도지사가 기간을 정하여 서면으로 이행할 사항을 명령할 수 있다.
② 주무부장관이나 시·도지사는 해당 지방자치단체의 장이 제1항의 기간에 이행명령을 이행하지 아니하면 그 지방자치단체의 비용부담으로 대집행하거나 행정상·재정상 필요한 조치를 할 수 있다. 이 경우 행정대집행에 관하여는 행정대집행법을 준용한다.

(2) 대상

관련 판례

[1] <u>지방교육자치에 관한 법률 제3조, 지방자치법 제170조 제1항에 따르면, 교육부장관이 교육감에 대하여 할 수 있는 직무이행명령의 대상사무는 '국가위임사무의 관리와 집행</u>'이다. 그 규정의 문언과 함께 직무이행명령 제도의 취지, 즉 교육감이나 지방자치단체의 장 등, 기관에 위임된 국가사무의 통일적 실현을 강제하고자 하는 점 등을 고려하면, 여기서 <u>국가위임사무란 교육감 등에 위임된 국가사무, 즉 기관위임 국가사무를 뜻한다</u>고 보는 것이 타당하다.

[2] 교육공무원 징계사무의 성격, 그 권한의 위임에 관한 교육공무원법령의 규정 형식과 내용 등에 비추어 보면, <u>국가공무원인 교사에 대한 징계는 국가사무이고, 그 일부인 징계의결요구 역시 국가사무</u>에 해당한다고 보는 것이 타당하다. 따라서 교육감이 담당 교육청 소속 국가공무원인 교사에 대하여 하는 징계의결요구 사무는 국가위임사무라고 보아야 한다.

[3] <u>사립학교 교원의 복무나 징계 등은 국·공립학교 교원과 같이 전국적으로 통일하여 규율되어야 한다</u>. 이를 고려할 때, 구 사립학교법 제54조 제3항이 <u>사립 초등·중·고등학교 교사의 징계에 관하여 규정한 교육감의 징계요구 권한</u>은 위 사립학교 교사의 자질과 복무태도 등을 국·공립학교 교사와 같이 일정 수준 이상 유지하기 위한 것으로서 국·공립학교 교사에 대한 징계와 균형 있게 처리되어야 할 <u>국가사무로서 시·도 교육감에 위임된 사무</u>라고 보아야 한다(대판 2013.6.27, 2009추206).

정답

01 × 자치사무가 아닌 '기관위임사무'에만 인정됨

비교판례 건설교통부장관은 지방자치단체의 장이 기관위임사무인 국토이용계획 사무를 처리함에 있어 자신과 의견이 다를 경우 행정협의조정위원회에 협의·조정 신청을 하여 그 협의·조정 결정에 따라 의견불일치를 해소할 수 있고, 법원에 의한 판결을 받지 않고서도 행정권한의 위임 및 위탁에 관한 규정이나 구 지방자치법에서 정하고 있는 지도·감독을 통하여 직접 지방자치단체의 장의 사무처리에 대하여 시정명령을 발하고 그 사무처리를 취소 또는 정지할 수 있으며, 지방자치단체의 장에게 기간을 정하여 직무이행명령을 하고 지방자치단체의 장이 이를 이행하지 아니할 때에는 직접 필요한 조치를 할 수도 있으므로, 국가가 국토이용계획과 관련한 지방자치단체의 장의 기관위임사무의 처리에 관하여 지방자치단체의 장을 상대로 취소소송을 제기하는 것은 허용되지 않는다(대판 2007.9.20, 2005두6935).

(3) 직무이행명령의 요건

① 기관위임사무를 이행할 법령상의 의무 존재

관련 판례

1 직무이행명령의 요건 중 '법령의 규정에 따라 지방자치단체의 장에게 특정 국가위임사무를 관리·집행할 의무가 있는지' 여부의 판단대상은 문언대로 그 법령상 의무의 존부이지, 지방자치단체의 장이 그 사무의 관리·집행을 하지 아니한 데 합리적 이유가 있는지 여부가 아니다. 그 법령상 의무의 존부는 원칙적으로 직무이행명령 당시의 사실관계에 관련 법령을 해석·적용하여 판단하되, 직무이행명령 이후의 정황도 고려할 수 있다(대판 2013.6.27, 2009추206).

2 [1] 구 초·중등교육법 등 관계 법령의 해석에 의하면 교육감의 학교생활기록의 작성에 관한 사무에 대한 지도·감독 사무는 기관위임 국가사무에 해당하지만, 지방자치법 제169조에 규정된 취소처분에 대한 이의소송의 입법 취지 등을 고려할 때, 교육감이 위와 같은 지도·감독 사무의 성격에 관한 선례나 학설, 판례 등이 확립되지 않은 상황에서 이를 자치사무라고 보아 사무를 집행하였는데, 사후적으로 사법절차에서 그 사무가 기관위임 국가사무임이 밝혀졌다는 이유만으로 곧바로 기존에 행한 사무의 구체적인 집행행위가 위법하다고 보아 징계사유에 해당한다고 볼 수는 없다.

[2] 교육과학기술부장관이 교육감에게 담당 교육청 소속 교육공무원들이 교육과학기술부 방침에 반하여 학교폭력 가해학생 학교생활기록부 기재 관련 업무처리를 부당하게 하고 학교폭력 조치사항의 학교생활기록부 기재 반대 등을 요구하는 호소문을 담당 교육청 홈페이지에 발표한 행위에 대하여 징계의결 요구를 신청하도록 요청하였으나 이에 응하지 않자 징계의결 요구를 신청할 것을 내용으로 하는 직무이행명령을 한 사안에서, 징계대상자들이 학교생활기록의 작성에 관한 지도·감독 사무를 집행하면서 사무의 법적 성질을 자치사무라고 보고 직무상 상관인 교육감의 방침에 따라 교육부장관의 '학교생활기록 작성 및 관리지침'의 시행을 보류하는 내용으로 직무를 수행하였으나 그 행위가 결과적으로 법령을 위반한 것이라는 평가를 받게 되더라도, 그러한 사정만으로 징계대상자들의 직무집행 행위가 징계사유를 구성한다고 보기는 어렵고, 호소문 발표행위가 국가공무원법 제66조 제1항에서 금지하는 '공무 외의 일을 위한 집단행위'에 해당하거나 국가공무원 복무규정

제3조 제2항 또는 공무원의 성실의무를 규정한 국가공무원법 제56조를 위반한 것으로 볼 수 없어, 징계대상자들에 대한 징계사유가 성립되지 않으므로 교육감에게 징계의결요구를 신청할 의무가 없고 직무이행명령도 위법하다(대판 2014.2.27, 2012추213).

② 기관위임사무의 명백한 해태

관련 판례

1 지방자치법 제170조 제1항에 따르면, 주무부장관은 지방자치단체의 장이 그 의무에 속하는 국가위임사무의 관리와 집행을 명백히 게을리하고 있다고 인정되면 해당 지방자치단체의 장에게 이행할 사항을 명할 수 있다. 여기서 '국가위임사무의 관리와 집행을 명백히 게을리하고 있다'는 요건은 국가위임사무를 관리·집행할 의무가 성립함을 전제로 하는데, 지방자치단체의 장은 그 의무에 속한 국가위임사무를 이행하는 것이 원칙이므로, 지방자치단체의 장이 특별한 사정이 없이 그 의무를 이행하지 아니한 때에는 이를 충족한다고 해석하여야 한다. 여기서 특별한 사정이란, 국가위임사무를 관리·집행할 수 없는 법령상 장애사유 또는 지방자치단체의 재정상 능력이나 여건의 미비, 인력의 부족 등 사실상의 장애사유를 뜻한다고 보아야 하고, 지방자치단체의 장이 특정 국가위임사무를 관리·집행할 의무가 있는지 여부에 관하여 주무부장관과 다른 견해를 취하여 이를 이행하고 있지 아니한 사정은 이에 해당한다고 볼 것이 아니다. 왜냐하면, 직무이행명령에 대한 이의소송은 그와 같은 견해의 대립을 전제로 지방자치단체의 장에게 제소권을 부여하여 성립하는 것이므로, 그 소송의 본안판단에서 그 사정은 더는 고려할 필요가 없기 때문이다(대판 2013.6.27, 2009추206).

2 교육부장관이 '2011년 교원능력개발평가제 시행 기본계획(이하 '2011년 기본계획'이라 한다)'을 수립한 후 각 시·도에 대하여 교원능력개발평가제 추진계획을 제출하게 하자 전라북도교육감이 '2011년 교원능력개발 평가제 추진계획(이하 '전북추진계획'이라 한다)'을 제출하였으나 교육부장관이 전북추진계획이 교원등의 연수에 관한 규정(이하 '교원연수규정'이라고 한다) 등에 위반된다는 이유로 위 추진계획을 취소하고 시정하여 새로 제출하라는 시정명령과 2011년 전북교육청 교원능력개발평가 추진계획에 대한 직무이행명령을 한 사안에서, 위 시정명령은 기관위임사무에 관하여 행하여진 것이어서, 지방자치법 제169조 제2항 소정의 소를 제기할 수 있는 대상에 해당하지 않으므로, 시정명령에 대한 취소청구 부분은 부적법하고, 전북추진계획이 여러 항목에서 교원연수규정과 이에 따른 2011년 기본계획에 반하므로, 전라북도교육감으로서는 교원연수규정 및 2011년 기본계획을 준수한 2011년 교원능력개발평가 추진계획을 제출하지 않았다고 볼 수 있고 전라북도교육감이 교육부장관으로부터 교원연수규정 등을 준수한 추진계획을 제출하라는 취지의 시정명령을 받았으나 이를 제대로 이행하지 않았으므로, 전라북도교육감은 기관위임사무인 교원능력개발평가 사무의 관리와 집행을 명백히 게을리하였다고 인정할 수 있어 직무이행명령은 지방자치법 제170조 제1항에 정해진 요건을 충족한 것으로서 적법하다(대판 2013.5.23, 2011추56).

(4) 직무이행명령의 주체와 내용

관련 판례

> [1] 교육공무원 징계령 제17조 제1항이 징계처분권자가 징계위원회로부터 징계의결서를 받은 경우에는 받은 날로부터 15일 이내에 집행하여야 한다고 규정하고 있는 점, 교육공무원의 징계에 관한 사항을 징계위원회의 의결사항으로 규정한 것은 임용권자의 자의적인 징계운영을 견제하여 교육공무원의 권익을 보호함과 아울러 징계의 공정성을 담보할 수 있도록 절차의 합리성과 공정한 징계운영을 도모하기 위한 데 입법 취지가 있는 점, 징계의결서를 통보받은 징계처분권자는 국가공무원법 제82조 제2항에 의하여 징계의결이 가볍다고 인정하는 경우에 한하여서만 심사 또는 재심사를 청구할 수 있는 점 등 교육공무원의 징계에 관한 관련 규정을 종합하여 보면, 교육기관·교육행정기관·지방자치단체 또는 교육연구기관의 장이 징계위원회에서 징계의결서를 통보받은 경우에는 징계의결을 집행할 수 없는 법률상·사실상의 장애가 있는 등 특별한 사정이 없는 이상 법정 시한 내에 이를 집행할 의무가 있다.
>
> [2] 구 교육공무원법 제51조 제1항의 규정 내용과 입법 취지 등을 종합하여 보면, 교육부장관은 교육감의 신청이 있어야만 교육장 및 시·도 교육청에 근무하는 국장 이상인 장학관 등에 대하여 징계의결을 요구할 수 있고, 이러한 교육감의 신청 없이 교육부장관이 한 징계의결요구는 효력이 없다. 그리고 지방교육자치에 관한 법률 제3조, 지방자치법 제170조 제2항에 따르면, 교육부장관은 교육감이 직무이행명령을 이행하지 아니하면 지방자치단체의 비용부담으로 대집행하거나 행정상·재정상 필요한 조치를 할 수 있지만, 교육감의 징계의결요구신청은 의사의 진술에 해당하고 이러한 의사의 진술을 명하는 직무이행명령을 이행하지 않았다고 하여 법령의 근거 없이 의사의 진술이 있는 것으로 의제할 수는 없는 점을 고려할 때, 교육부장관이 할 수 있는 행정상 필요한 조치에 교육감의 징계의결요구신청 없이 곧바로 징계의결요구를 하는 것이 포함된다고 볼 수 없다 (대판 2015.9.10, 2013추524).

(5) 지방자치단체의 장의 제소 및 집행정지 신청

> 지방자치법 제189조 <구170조> 【지방자치단체의 장에 대한 직무이행명령】 ⑥ 지방자치단체의 장은 제1항 또는 제4항에 따른 이행명령에 이의가 있으면 이행명령서를 접수한 날부터 15일 이내에 대법원에 소를 제기할 수 있다. 이 경우 지방자치단체의 장은 이행명령의 집행을 정지하게 하는 집행정지결정을 신청할 수 있다.

- 이 소송의 성질에 대해 기관소송으로 보는 견해, 항고소송으로 보는 견해, 지방자치법상 특별히 정해진 소송이라고 보는 견해가 대립함.

6. 감독청의 재의요구 지시, 제소 지시 및 직접 제소

(1) 감독청의 재의요구 지시

① 재의요구 지시와 단체장의 재의요구

> 지방자치법 제192조 <구172조> 【지방의회 의결의 재의와 제소】 ① 지방의회의 의결이 법령에 위반되거나 공익을 현저히 해친다고 판단되면 시·도에 대해서는 주무부장관이, 시·군 및 자치구에 대해서는 시·도지사가 해당 지방자치단체의 장에게 재의를 요구하게 할 수 있고, 재의 요구 지시를 받은 지방자치단체의

기출지문 OX

01 광역지방자치단체장이 국가로부터 위임받은 기관위임사무의 집행을 명백히 게을리 할 경우 주무부장관은 기간을 정하여 서면으로 이행할 사항을 명령할 수 있으며, 광역지방자치단체장은 이 명령에 이의가 있더라도 대법원에 제소할 수 없다. (17국가7) ( )

02 지방자치단체의 장은 주무부장관 또는 시·도지사의 직무이행명령에 이의가 있으면 주무부장관의 이행명령에 대해서는 대법원에, 시·도지사의 이행명령에 대해서는 고등법원에 각각 소를 제기할 수 있다. (16국회8) ( )

03 직무이행명령에 이의가 있는 지방자치단체의 장은 그 이행명령에 대하여 취소소송의 형식으로 불복할 수 있다. (08국가7) ( )

정답
01 × 제소할 수 있음
02 × 대법원
03 × 소송의 성질에 관해 견해 대립

장은 의결사항을 이송받은 날부터 20일 이내에 지방의회에 이유를 붙여 재의를 요구하여야 한다.
② 시·군 및 자치구의회의 의결이 법령에 위반된다고 판단됨에도 불구하고 시·도지사가 제1항에 따라 재의를 요구하게 하지 아니한 경우 주무부장관이 직접 시장·군수 및 자치구의 구청장에게 재의를 요구하게 할 수 있고, 재의 요구 지시를 받은 시장·군수 및 자치구의 구청장은 의결사항을 이송받은 날부터 20일 이내에 지방의회에 이유를 붙여 재의를 요구하여야 한다.

구법 제172조【지방의회 의결의 재의와 제소】 ① 지방의회의 의결이 법령에 위반되거나 공익을 현저히 해친다고 판단되면 시·도에 대하여는 주무부장관이, 시·군 및 자치구에 대하여는 시·도지사가 재의를 요구하게 할 수 있고, 재의요구를 받은 지방자치단체의 장은 의결사항을 이송받은 날부터 20일 이내에 지방의회에 이유를 붙여 재의를 요구하여야 한다.

- 재의요구는 해당 지방자치단체의 장이 하는 것이고, 감독청은 재의요구를 지시(요청)하는 것임. 본 조항은 감독청의 재의요구 지시 권한을 규정한 것임.
- 2021 개정법에서는 기초지방자치단체 의회의 의결이 법령에 위반되는 경우에 광역지방자치단체 장이 기초지방자치단체 장에게 재의를 요구하게 하지 않았다면 주무부장관이 직접 기초지방자치단체 장에게 재의를 요구할 수 있다는 조항을 신설함.
- 재의요구 지시를 받은 지방자치단체장은 지방의회에 이유를 붙여 재의를 요구하여야 함. 재의요구 지시를 받은 경우 재의요구 기간은 20일로 규정되어 있음. 단, 감독청이 재의요구 지시가 가능한 기간은 규정되어 있지 않으나, 판례는 의결사항을 이송받은 날부터 20일 이내라고 봄.

관련 판례

구 지방교육자치에 관한 법률 제28조 제1항, 제3조, 지방자치법 제172조 제1항, 제7항의 내용, 형식, 체제 및 취지와 헌법이 지방자치를 보장하는 취지 등을 함께 종합해 보면, **교육·학예에 관한 시·도의회의 의결사항에 대한 교육감의 재의요구 권한과 교육부장관의 재의요구 요청 권한은 별개의 독립된 권한**이다. 한편 교육부장관의 재의요구 요청이 있는 경우 교육감이 그 요청에 따라 재의요구를 할 수 있어야 하므로, **교육부장관의 재의요구 요청기간은 교육감의 재의요구기간과 마찬가지로 시·도의회의 의결사항을 이송받은 날부터 20일 이내라고 보아야** 한다. 따라서 교육부장관이 시·도의회의 의결사항에 대하여 대법원에 직접 제소하기 위해서는 교육감이 그 의결사항을 이송받은 날부터 20일 이내에 시·도의회에 재의를 요구할 것을 교육감에게 요청하였음에도 교육감이 원고의 재의요구 요청을 이행하지 아니한 경우이어야 한다(대판 2013.11.28, 2012추15).

② 지방의회의 재의결

지방자치법 제192조 <구172조> **【지방의회 의결의 재의와 제소】** ③ 제1항 또는 제2항의 요구에 대하여 재의한 결과 재적의원 과반수의 출석과 출석의원 3분의 2 이상의 찬성으로 전과 같은 의결을 하면 그 의결사항은 확정된다.

구법 제172조【지방의회 의결의 재의와 제소】② 제1항의 요구에 대하여 재의의 결과 재적의원 과반수의 출석과 출석의원 3분의 2 이상의 찬성으로 전과 같은 의결을 하면 그 의결사항은 확정된다.

③ 단체장의 제소

지방자치법 제192조 <구172조>【지방의회 의결의 재의와 제소】④ 지방자치단체의 장은 제3항에 따라 재의결된 사항이 법령에 위반된다고 판단되면 재의결된 날부터 20일 이내에 대법원에 소를 제기할 수 있다. 이 경우 필요하다고 인정되면 그 의결의 집행을 정지하게 하는 집행정지결정을 신청할 수 있다.

구법 제172조【지방의회 의결의 재의와 제소】③ 지방자치단체의 장은 제2항에 따라 재의결된 사항이 법령에 위반된다고 판단되면 재의결된 날부터 20일 이내에 대법원에 소를 제기할 수 있다. 이 경우 필요하다고 인정되면 그 의결의 집행을 정지하게 하는 집행정지결정을 신청할 수 있다.

관련 판례

[1] 위 "나"항의 조례 중 동정자문위원회의 명칭을 동정자치위원회로 변경한 것이 위법하다는 주장은 지방자치단체가 재의요구시 위 명칭변경부분을 이의사항으로 지적한 바 없고 소송에서 비로소 내세운 주장인바, 소송에서의 심판대상은 단체장이 재의요구시에 이의사항으로 지적하여 재의결에서 심의의 대상이 된 것에 국한된다고 볼 것이므로, 위 명칭변경부분은 심판대상이 아니다.

참고 구 지방자치법 제159조(현 제192조)에 의한 소송에서의 심판대상은 지방자치단체가 재의요구시에 이의사항으로 지적하여 재의결에서 심의의 대상이 된 것에 국한된다.

[2] 의결의 일부에 대한 효력배제는 결과적으로 전체적인 의결의 내용을 변경하는 것에 다름 아니어서 의결기관인 지방의회의 고유권한을 침해하는 것이 될 뿐 아니라, 그 일부만의 효력배제는 자칫 전체적인 의결내용을 지방의회의 당초의 의도와는 다른 내용으로 변질시킬 우려가 있으며, 또 재의요구가 있는 때에는 재의요구에서 지적한 이의사항이 의결의 일부에 관한 것이라고 하여도 의결 전체가 실효되고 재의결만이 의결로서 효력을 발생하는 것이어서 의결의 일부에 대한 재의요구나 수정재의 요구가 허용되지 않는 점에 비추어 보아도 재의결의 내용 전부가 아니라 그 일부만이 위법한 경우에도 대법원은 의결 전부의 효력을 부인할 수밖에 없다(대판 1992.7.28, 92추31).

(2) 감독청의 제소 지시와 직접 제소

① 제192조 제5항의 제소 지시 또는 직접 제소(조례안재의결 무효확인소송)

지방자치법 제192조【지방의회 의결의 재의와 제소】⑤ 주무부장관이나 시·도지사는 재의결된 사항이 법령에 위반된다고 판단됨에도 불구하고 해당 지방자치단체의 장이 소를 제기하지 아니하면 시·도에 대해서는 주무부장관이, 시·군 및 자치구에 대해서는 시·도지사(제2항에 따라 주무부장관이 직접 재의 요구 지시를 한 경우에는 주무부장관을 말한다. 이하 이 조에서 같다)가 그 지방자치단체의 장에게 제소를 지시하거나 직접 제소 및 집행정지결정을 신청할 수 있다.

기출지문 OX

01 지방자치단체장이 지방의회가 재의결한 조례안이 법령에 위반된다는 이유로 대법원에 제소하는 경우, 재의결된 조례안의 일부 조항만이 위법하더라도 그 재의결 전부의 효력이 부인된다. (16변시) ( )

02 지방자치법 제172조 제4항(현 제192조 제5항)에서 지방의회 재의결에 대하여 직접 제소할 수 있는 주체로 규정된 주무부장관이나 시·도지사는 시·도에 대하여는 주무부장관을, 시·군 및 자치구에 대하여는 시·도지사를 각 의미한다. (19국가7) ( )

정답
01 ○ 02 ○

⑥ 제5항에 따른 제소의 지시는 제4항의 기간이 지난 날부터 7일 이내에 하고, 해당 지방자치단체의 장은 제소 지시를 받은 날부터 7일 이내에 제소하여야 한다.
⑦ 주무부장관이나 시·도지사는 제6항의 기간이 지난 날부터 7일 이내에 제5항에 따른 직접 제소 및 집행정지결정을 신청할 수 있다.

구법 제172조【지방의회 의결의 재의와 제소】 ④ 주무부장관이나 시·도지사는 재의결된 사항이 법령에 위반된다고 판단됨에도 불구하고 해당 지방자치단체의 장이 소를 제기하지 아니하면 그 지방자치단체의 장에게 제소를 지시하거나 직접 제소 및 집행정지결정을 신청할 수 있다.
⑤ 제4항에 따른 제소의 지시는 제3항의 기간이 지난 날부터 7일 이내에 하고, 해당 지방자치단체의 장은 제소지시를 받은 날부터 7일 이내에 제소하여야 한다.
⑥ 주무부장관이나 시·도지사는 제5항의 기간이 지난 날부터 7일 이내에 직접 제소할 수 있다.

관련 판례

지방자치법 제159조 제4항(현 제192조 제5항)은, 행정자치부장관 또는 시·도지사(이하 '시·도지사 등'이라 한다)는 재의결된 사항이 법령에 위반된다고 판단됨에도 당해 지방자치단체의 장이 소를 제기하지 아니하는 때에는 당해 지방자치단체의 장에게 제소를 지시하거나 직접 제소할 수 있도록 규정하고 있는바, 지방자치단체의 장이 재의결된 사항이 법령에 위반된다고 판단됨에도 재의결된 날부터 20일 이내에 대법원에 소를 제기하지 아니하던 중 시·도지사 등의 제소지시를 받고 제소를 하였다가 시·도지사 등의 동의 없이 이를 취하하였다면 소취하의 소급효에 의하여 처음부터 소가 제기되지 아니한 셈이므로, 이는 결국 지방자치법 제159조 제4항의 '당해 지방자치단체의 장이 소를 제기하지 아니하는 때'에 준하는 경우로 볼 수 있고, 따라서 시·도지사 등은 직접 제소할 수 있다 할 것인데, 이 경우의 제소기간은 지방자치법 제159조 제6항에서 시·도지사 등의 독자적인 제소기간을 당해 지방자치단체의 장의 제소기간 경과일부터 7일로 규정한 취지에 비추어 지방자치단체의 장에 의한 소취하의 효력 발생을 안 날로부터 7일 이내로 봄이 상당하다(대판 2002.5.31, 2001추88).

② 제192조 제8항의 직접제소(조례안의결 무효확인소송)

지방자치법 제192조【지방의회 의결의 재의와 제소】 ⑧ 제1항 또는 제2항에 따라 지방의회의 의결이 법령에 위반된다고 판단되어 주무부장관이나 시·도지사로부터 재의 요구 지시를 받은 해당 지방자치단체의 장이 재의를 요구하지 아니하는 경우(법령에 위반되는 지방의회의 의결사항이 조례안인 경우로서 재의 요구 지시를 받기 전에 그 조례안을 공포한 경우를 포함한다)에는 주무부장관이나 시·도지사는 제1항 또는 제2항에 따른 기간이 지난 날부터 7일 이내에 대법원에 직접 제소 및 집행정지 결정을 신청할 수 있다.
⑨ 제1항 또는 제2항에 따른 지방의회의 의결이나 제3항에 따라 재의결된 사항이 둘 이상의 부처와 관련되거나 주무부장관이 불분명하면 행정안전부장관이 재의 요구 또는 제소를 지시하거나 직접 제소 및 집행정지 결정을 신청할 수 있다.

지방자치법 제172조【지방의회 의결의 재의와 제소】⑦ 제1항에 따라 지방의회 의결이 법령에 위반된다고 판단되어 주무부장관이나 시·도지사로부터 재의요구지시를 받은 지방자치단체의 장이 재의를 요구하지 아니하는 경우(법령에 위반되는 지방의회의 의결사항이 조례안인 경우로서 재의요구지시를 받기 전에 그 조례안을 공포한 경우를 포함한다)에는 주무부장관이나 시·도지사는 제1항에 따른 기간이 지난 날부터 7일 이내에 대법원에 직접 제소 및 집행정지결정을 신청할 수 있다.

관련 판례

1 조례안재의결 무효확인소송에서의 심리대상은 지방자치단체의 장이 지방의회에 재의를 요구할 당시 이의사항으로 지적하여 재의결에서 심의의 대상이 된 것에 국한된다. 이러한 법리는 주무부장관이 지방자치법 제172조 제7항에 따라 지방의회의 의결에 대하여 직접 제소함에 따른 조례안의결 무효확인소송에도 마찬가지로 적용되므로, 조례안의결 무효확인소송의 심리대상은 주무부장관이 재의요구 요청에서 이의사항으로 지적한 것에 한정된다(대판 2015.5.14, 2013추98).

2 교육감이 교육부장관의 재의요구 요청을 거부하여 조례안이 공포된 경우, 교육부장관이 조례안의 법령 위반 여부에 관하여 대법원에 직접 제소할 수 있다(대판 2017.1.25, 2016추5018).

3 사법기관에 의한 통제

1. 행정심판(합법성, 합목적성 통제)

2. 행정소송(합법성 통제)

3. 헌법소송

(1) 권한쟁의심판

헌법재판소법 제61조【청구 사유】① 국가기관 상호간, 국가기관과 지방자치단체 간 및 지방자치단체 상호간에 권한의 유무 또는 범위에 관하여 다툼이 있을 때에는 해당 국가기관 또는 지방자치단체는 헌법재판소에 권한쟁의심판을 청구할 수 있다.

(2) 헌법소원

헌법재판소법 제68조【청구 사유】① 공권력의 행사 또는 불행사(不行使)로 인하여 헌법상 보장된 기본권을 침해받은 자는 법원의 재판을 제외하고는 헌법재판소에 헌법소원심판을 청구할 수 있다. 다만, 다른 법률에 구제절차가 있는 경우에는 그 절차를 모두 거친 후에 청구할 수 있다.

기출지문 OX

01 조례안재의결 무효확인소송에서의 심리대상은 지방의회에 재의를 요구할 당시 이의사항으로 지적되어 재의결에서 심의의 대상이 된 것에 국한된다. (15지방7) ( )

정답
01 ○

제8장 대도시 등의 행정특례

제1절 지방자치법상의 특례인정

지방자치법 제197조 <구174조> **【특례의 인정】** ① 서울특별시의 지위·조직 및 운영에 대해서는 수도로서의 특수성을 고려하여 법률로 정하는 바에 따라 특례를 둘 수 있다.
② 세종특별자치시와 제주특별자치도의 지위·조직 및 행정·재정 등의 운영에 대해서는 행정체제의 특수성을 고려하여 법률로 정하는 바에 따라 특례를 둘 수 있다.

제198조 <구175조> **【대도시 등에 대한 특례 인정】** ① 서울특별시·광역시 및 특별자치시를 제외한 인구 50만 이상 대도시의 행정, 재정 운영 및 국가의 지도·감독에 대해서는 그 특성을 고려하여 관계 법률로 정하는 바에 따라 특례를 둘 수 있다.
② 제1항에도 불구하고 서울특별시·광역시 및 특별자치시를 제외한 다음 각 호의 어느 하나에 해당하는 대도시 및 시·군·구의 행정, 재정 운영 및 국가의 지도·감독에 대해서는 그 특성을 고려하여 관계 법률로 정하는 바에 따라 추가로 특례를 둘 수 있다.
1. 인구 100만 이상 대도시(이하 "특례시"라 한다)
2. 실질적인 행정수요, 국가균형발전 및 지방소멸위기 등을 고려하여 대통령령으로 정하는 기준과 절차에 따라 행정안전부장관이 지정하는 시·군·구

③ 제1항에 따른 인구 50만 이상 대도시와 제2항 제1호에 따른 특례시의 인구 인정기준은 대통령령으로 정한다.

제2절 개별법상 특례

1 서울특별시 행정특례에 관한 법률

서울특별시 행정특례에 관한 법률 제2조 【지위】 서울특별시는 정부의 직할로 두되, 이 법에서 정하는 범위에서 수도로서의 특수한 지위를 가진다.

제4조 【일반행정 운영상의 특례】 ① 행정안전부장관이 지방재정법 제11조에 따라 서울특별시의 지방채 발행의 승인 여부를 결정하려는 경우에는 국무총리에게 보고하여야 한다.
② 행정안전부장관은 지방자치법 제171조에 따라 서울특별시의 자치사무에 관한 감사를 하려는 경우에는 국무총리의 조정을 거쳐야 한다.
⑤ 서울특별시 소속 국가공무원의 임용 등에 관한 국가공무원법 제32조 제1항부터 제3항까지, 제78조 제1항·제4항 및 제82조에 따른 소속 장관 또는 중앙행정기관의 장의 권한 중 대통령령으로 정하는 사항은 서울특별시장이 행사하며, 이와 관련된 행정소송의 피고는 같은 법 제16조에도 불구하고 서울특별시장이 된다.

⑦ 서울특별시 소속 공무원 등에 대한 서훈의 추천은 상훈법 제5조 제1항에도 불구하고 서울특별시장이 한다.

제5조 【수도권 광역행정 운영상의 특례】 ① 수도권 지역에서 서울특별시와 관련된 도로·교통·환경 등에 관한 계획을 수립하고 그 집행을 할 때 관계 중앙행정기관의 장과 서울특별시장의 의견이 다른 경우에는 다른 법률에 특별한 규정이 없으면 국무총리가 이를 조정한다.

2 세종특별자치시 설치 등에 관한 특별법

세종특별자치시 설치 등에 관한 특별법 제6조 【설치 등】 ① 정부의 직할로 세종특별자치시를 설치한다.
② 세종특별자치시의 관할구역에는 지방자치법 제2조 제1항 제2호의 지방자치단체를 두지 아니한다.
③ 지방자치법 제3조 제3항에도 불구하고 세종특별자치시의 관할구역에 도시의 형태를 갖춘 지역에는 동을 두고, 그 밖의 지역에는 읍·면을 둔다.
④ 지방자치법의 읍·면·동에 관한 규정은 세종특별자치시에 두는 읍·면·동에 대하여도 적용한다.

3 제주특별자치도 설치 및 국제자유도시 조성을 위한 특별법

제주특별자치도 설치 및 국제자유도시 조성을 위한 특별법 제7조 【제주특별자치도의 설치 등】 ① 정부의 직할로 제주특별자치도를 설치한다.

제10조 【행정시의 폐지·설치·분리·합병 등】 ① 제주자치도는 지방자치법 제2조 제1항 및 제3조 제2항에도 불구하고 그 관할구역에 지방자치단체인 시와 군을 두지 아니한다.
② 제주자치도의 관할구역에 지방자치단체가 아닌 시(이하 "행정시"라 한다)를 둔다.

제16조 【읍·면·동의 폐지·설치·분리·합병 등】 ① 행정시에는 도시의 형태를 갖춘 지역에는 동을, 그 밖의 지역에는 읍·면을 둔다.
② 지방자치법의 규정 중 읍·면·동에 관한 사항은 행정시에 두는 읍·면·동에 적용한다. 다만, 행정시에 두는 읍·면·동을 폐지하거나 설치하거나 나누거나 합칠 때에는 지방자치법 제7조 제1항에도 불구하고 행정안전부장관의 승인이 필요하지 아니하되, 도지사는 그 결과를 행정안전부장관에게 보고하여야 한다.

특별지방자치단체

1 서설

• 2021 개정법은 지방자치법 제12장에 특별지방자치단체 제도를 신설하였음.

2 특별지방자치단체의 설치

지방자치법 제199조 【설치】 ① 2개 이상의 지방자치단체가 공동으로 특정한 목적을 위하여 광역적으로 사무를 처리할 필요가 있을 때에는 특별지방자치단체를 설치할 수 있다. 이 경우 특별지방자치단체를 구성하는 지방자치단체(이하 "구성 지방자치단체"라 한다)는 상호 협의에 따른 규약을 정하여 구성 지방자치단체의 지방의회 의결을 거쳐 행정안전부장관의 승인을 받아야 한다.
② 행정안전부장관은 제1항 후단에 따라 규약에 대하여 승인하는 경우 관계 중앙행정기관의 장 또는 시·도지사에게 그 사실을 알려야 한다.
③ 특별지방자치단체는 법인으로 한다.
④ 특별지방자치단체를 설치하기 위하여 국가 또는 시·도 사무의 위임이 필요할 때에는 구성 지방자치단체의 장이 관계 중앙행정기관의 장 또는 시·도지사에게 그 사무의 위임을 요청할 수 있다.
⑤ 행정안전부장관이 국가 또는 시·도 사무의 위임이 포함된 규약에 대하여 승인할 때에는 사전에 관계 중앙행정기관의 장 또는 시·도지사와 협의하여야 한다.
⑥ 구성 지방자치단체의 장이 제1항 후단에 따라 행정안전부장관의 승인을 받았을 때에는 규약의 내용을 지체 없이 고시하여야 한다. 이 경우 구성 지방자치단체의 장이 시장·군수 및 자치구의 구청장일 때에는 그 승인사항을 시·도지사에게 알려야 한다.

제200조 【설치 권고 등】 행정안전부장관은 공익상 필요하다고 인정할 때에는 관계 지방자치단체에 대하여 특별지방자치단체의 설치, 해산 또는 규약 변경을 권고할 수 있다. 이 경우 행정안전부장관의 권고가 국가 또는 시·도 사무의 위임을 포함하고 있을 때에는 사전에 관계 중앙행정기관의 장 또는 시·도지사와 협의하여야 한다.

3 특별지방자치단체의 운영

1. 특별지방자치단체의 구역

지방자치법 제201조 【구역】 특별지방자치단체의 구역은 구성 지방자치단체의 구역을 합한 것으로 한다. 다만, 특별지방자치단체의 사무가 구성 지방자치단체 구역의 일부에만 관계되는 등 특별한 사정이 있을 때에는 해당 지방자치단체 구역의 일부만을 구역으로 할 수 있다.

2. 특별지방자치단체의 규약과 기본계획

지방자치법 제202조【규약 등】 ① 특별지방자치단체의 규약에는 법령의 범위에서 다음 각 호의 사항이 포함되어야 한다.

1. 특별지방자치단체의 목적
2. 특별지방자치단체의 명칭
3. 구성 지방자치단체
4. 특별지방자치단체의 관할 구역
5. 특별지방자치단체의 사무소의 위치
6. 특별지방자치단체의 사무
7. 특별지방자치단체의 사무처리를 위한 기본계획에 포함되어야 할 사항
8. 특별지방자치단체의 지방의회의 조직, 운영 및 의원의 선임방법
9. 특별지방자치단체의 집행기관의 조직, 운영 및 장의 선임방법
10. 특별지방자치단체의 운영 및 사무처리에 필요한 경비의 부담 및 지출방법
11. 특별지방자치단체의 사무처리 개시일
12. 그 밖에 특별지방자치단체의 구성 및 운영에 필요한 사항

② 구성 지방자치단체의 장은 제1항의 규약을 변경하려는 경우에는 구성 지방자치단체의 지방의회 의결을 거쳐 행정안전부장관의 승인을 받아야 한다. 이 경우 국가 또는 시·도 사무의 위임에 관하여는 제199조 제4항 및 제5항을 준용한다.

③ 구성 지방자치단체의 장은 제2항에 따라 행정안전부장관의 승인을 받았을 때에는 지체 없이 그 사실을 고시하여야 한다. 이 경우 구성 지방자치단체의 장이 시장·군수 및 자치구의 구청장일 때에는 그 승인사항을 시·도지사에게 알려야 한다.

제203조【기본계획 등】 ① 특별지방자치단체의 장은 소관 사무를 처리하기 위한 기본계획(이하 "기본계획"이라 한다)을 수립하여 특별지방자치단체 의회의 의결을 받아야 한다. 기본계획을 변경하는 경우에도 또한 같다.

② 특별지방자치단체는 기본계획에 따라 사무를 처리하여야 한다.

③ 특별지방자치단체의 장은 구성 지방자치단체의 사무처리가 기본계획의 시행에 지장을 주거나 지장을 줄 우려가 있을 때에는 특별지방자치단체의 의회 의결을 거쳐 구성 지방자치단체의 장에게 필요한 조치를 요청할 수 있다.

3. 특별지방자치단체의 의회, 집행기관

지방자치법 제204조【의회의 조직 등】 ① 특별지방자치단체의 의회는 규약으로 정하는 바에 따라 구성 지방자치단체의 의회 의원으로 구성한다.

② 제1항의 지방의회의원은 제43조 제1항에도 불구하고 특별지방자치단체의 의회 의원을 겸할 수 있다.

③ 특별지방자치단체의 의회가 의결하여야 할 안건 중 대통령령으로 정하는 중요한 사항에 대해서는 특별지방자치단체의 장에게 미리 통지하고, 특별지방자치단체의 장은 그 내용을 구성 지방자치단체의 장에게 통지하여야 한다. 그 의결의 결과에 대해서도 또한 같다.

제205조【집행기관의 조직 등】 ① 특별지방자치단체의 장은 규약으로 정하는 바에 따라 특별지방자치단체의 의회에서 선출한다.

② 구성 지방자치단체의 장은 제109조에도 불구하고 특별지방자치단체의 장을 겸할 수 있다.

③ 특별지방자치단체의 의회 및 집행기관의 직원은 규약으로 정하는 바에 따라 특별지방자치단체 소속인 지방공무원과 구성 지방자치단체의 지방공무원 중에서 파견된 사람으로 구성한다.

4. 특별지방자치단체의 경비부담

지방자치법 제206조【경비의 부담】① 특별지방자치단체의 운영 및 사무처리에 필요한 경비는 구성 지방자치단체의 인구, 사무처리의 수혜범위 등을 고려하여 규약으로 정하는 바에 따라 구성 지방자치단체가 분담한다.
② 구성 지방자치단체는 제1항의 경비에 대하여 특별회계를 설치하여 운영하여야 한다.
③ 국가 또는 시·도가 사무를 위임하는 경우에는 그 사무를 수행하는 데 필요한 재정적 지원을 할 수 있다.

5. 특별지방자치단체의 사무처리상황 통지

지방자치법 제207조【사무처리상황 등의 통지】특별지방자치단체의 장은 대통령령으로 정하는 바에 따라 사무처리 상황 등을 구성 지방자치단체의 장 및 행정안전부장관(시·군 및 자치구만으로 구성하는 경우에는 시·도지사를 포함한다)에게 통지하여야 한다.

6. 특별지방자치단체의 가입, 탈퇴, 해산

지방자치법 제208조【가입 및 탈퇴】① 특별지방자치단체에 가입하거나 특별지방자치단체에서 탈퇴하려는 지방자치단체의 장은 해당 지방의회의 의결을 거쳐 특별지방자치단체의 장에게 가입 또는 탈퇴를 신청하여야 한다.
② 제1항에 따른 가입 또는 탈퇴의 신청을 받은 특별지방자치단체의 장은 특별지방자치단체 의회의 동의를 받아 신청의 수용 여부를 결정하되, 특별한 사유가 없으면 가입하거나 탈퇴하려는 지방자치단체의 의견을 존중하여야 한다.
③ 제2항에 따른 가입 및 탈퇴에 관하여는 제199조를 준용한다.

제209조【해산】① 구성 지방자치단체는 특별지방자치단체가 그 설치 목적을 달성하는 등 해산의 사유가 있을 때에는 해당 지방의회의 의결을 거쳐 행정안전부장관의 승인을 받아 특별지방자치단체를 해산하여야 한다.
② 구성 지방자치단체는 제1항에 따라 특별지방자치단체를 해산할 경우에는 상호 협의에 따라 그 재산을 처분하고 사무와 직원의 재배치를 하여야 하며, 국가 또는 시·도 사무를 위임받았을 때에는 관계 중앙행정기관의 장 또는 시·도지사와 협의하여야 한다. 다만, 협의가 성립하지 아니할 때에는 당사자의 신청을 받아 행정안전부장관이 조정할 수 있다.

4 기타

> **지방자치법 제210조【지방자치단체에 관한 규정의 준용】** 시·도, 시·도와 시·군 및 자치구 또는 2개 이상의 시·도에 걸쳐 있는 시·군 및 자치구로 구성되는 특별지방자치단체는 시·도에 관한 규정을, 시·군 및 자치구로 구성하는 특별지방자치단체는 시·군 및 자치구에 관한 규정을 준용한다. 다만, 제3조, 제1장 제2절, 제11조부터 제14조까지, 제17조 제3항, 제25조, 제4장, 제38조, 제39조, 제40조 제1항 제1호 및 제2호, 같은 조 제3항, 제41조, 제6장 제1절 제1관, 제106조부터 제108조까지, 제110조, 제112조 제2호 후단, 같은 조 제3호, 제123조, 제124조, 제6장 제3절(제130조는 제외한다)부터 제5절까지, 제152조, 제166조, 제167조 및 제8장 제2절부터 제4절까지, 제11장에 관하여는 그러하지 아니하다.
>
> **제211조【다른 법률과의 관계】** ① 다른 법률에서 지방자치단체 또는 지방자치단체의 장을 인용하고 있는 경우에는 제202조 제1항에 따른 규약으로 정하는 사무를 처리하기 위한 범위에서는 특별지방자치단체 또는 특별지방자치단체의 장을 인용한 것으로 본다.
> ② 다른 법률에서 시·도 또는 시·도지사를 인용하고 있는 경우에는 제202조 제1항에 따른 규약으로 정하는 사무를 처리하기 위한 범위에서는 시·도, 시·도와 시·군 및 자치구 또는 2개 이상의 시·도에 걸쳐 있는 시·군 및 자치구로 구성하는 특별지방자치단체 또는 특별지방자치단체의 장을 인용한 것으로 본다.
> ③ 다른 법률에서 시·군 및 자치구 또는 시장·군수 및 자치구의 구청장을 인용하고 있는 경우에는 제202조 제1항에 따른 규약으로 정하는 사무를 처리하기 위한 범위에서는 동일한 시·도 관할 구역의 시·군 및 자치구로 구성하는 특별지방자치단체 또는 특별지방자치단체의 장을 인용한 것으로 본다.

제3편

공무원법

제1장 서설

제1절 공무원

1 공무원의 의의

> **헌법 제7조** ① 공무원은 국민전체에 대한 봉사자이며, 국민에 대하여 책임을 진다.
> ② 공무원의 신분과 정치적 중립성은 법률이 정하는 바에 의하여 보장된다.

- **공무원**: 국가 또는 지방자치단체와 같은 행정조직과 공법상 근무관계를 맺고 공무를 맡아보는 사람
- **협의의 공무원**: 국가공무원법과 지방공무원법상의 공무원
- **광의의 공무원**: 국가 또는 공공단체의 직무를 담당하는 모든 사람(선거직공무원, 공무수탁사인 포함)

2 공무원의 지위

- 국민 전체에 대한 봉사자의 지위(헌법 제7조 제1항)
- 근로자의 지위. 단, 사법상 근로자와는 차이 있음.

관련 판례

근로기준법 제11조는 "이 법과 이 법에 의하여 발하는 대통령령은 국가·특별시·광역시·도·시·군·구, 읍·면·동 기타 이에 준하는 것에 대하여도 적용된다."고 규정하고 있고, 같은 법 제14조는 "이 법에서 근로자라 함은 직업의 종류를 불문하고 사업 또는 사업장에 임금을 목적으로 근로를 제공하는 자를 말한다."고 규정하고 있는바, 국가공무원도 임금을 목적으로 근로를 제공하는 근로기준법 제14조의 근로자라 할 것이므로 국가공무원법 등에 특별한 규정이 없는 경우에는 국가공무원에 대하여도 그 성질에 반하지 아니하는 한 근로기준법이 적용될 수 있다.
그런데 국가공무원법은 국가공무원의 임용과 승진, 보수, 훈련 및 근무성적의 평정, 복무, 신분보장, 징계 등에 관한 규정을 두고 있고, 구 국가공무원법 제3조는 별정직공무원을 포함한 특수경력직 공무원에 대하여는 제5장의 보수 및 제7장의 복무에 관한 규정을 제외하고는 그 법 기타 다른 법률에 특별한 규정이 없는 한 그 법의 규정을 적용하지 아니한다고 정하고 있으나, 그 법 제2조 제4항은 별정직공무원·계약직공무원 및 고용직공무원의 채용조건·임용절차·근무상한연령 기타 필요한 사항은 국회규칙·대법원규칙·헌법재판소규칙·중앙선거관리위원회규칙 또는 대통령령으로 정한다고 규정하고 있고, 이에 따라 제정된 별정직공무원인사규정은 행정부소속 별정직공무원의 임용과 복무에 관하여는 법령에 따라 따로 규정된 것을 제외하고는 그 규정이 정한 바에 따른다고 규정하면서 별정직공무원의 임용권자, 임용자격, 임용절차, 근무상한연령, 당연퇴직, 근무성적의 평정 등에 관하여 규정을 두고 있다.

따라서 국가공무원 중 별정직공무원에 대한 임면 등의 인사와 복무 등에 관하여는 구 국가공무원법과 그 위임에 따라 제정된 별정직공무원인사규정 및 별정직공무원에게 적용되는 개별 법령에 특별한 규정이 있다고 할 것이어서 별정직 국가공무원의 직권면직에 대하여 근로기준법이 적용될 수 없을 뿐 아니라, 국가와 별정직 국가공무원 간의 공법상의 근무관계에 대하여 대등한 사인 간의 근로관계에서의 해고에 관한 근로기준법 제30조, 제31조를 그대로 적용하는 것은 별정직 국가공무원의 근무관계의 성질에 반하는 것이어서 허용될 수 없다고 할 것이다(대판 2002.11.8, 2001두3051).

제2절 공무원의 종류

1 국가공무원과 지방공무원

- **국가공무원**: 국가에 의하여 임용되어 원칙적으로 국가공무원법 적용
- **지방공무원**: 지방자치단체에 의하여 임용되어 원칙적으로 지방공무원법 적용

2 경력직공무원과 특수경력직공무원

국가공무원법 제2조 【공무원의 구분】 ① 국가공무원(이하 "공무원"이라 한다)은 경력직공무원과 특수경력직공무원으로 구분한다.

② "경력직공무원"이란 실적과 자격에 따라 임용되고 그 신분이 보장되며 평생 동안(근무기간을 정하여 임용하는 공무원의 경우에는 그 기간 동안을 말한다) 공무원으로 근무할 것이 예정되는 공무원을 말하며, 그 종류는 다음 각 호와 같다.

1. 일반직공무원: 기술·연구 또는 행정 일반에 대한 업무를 담당하는 공무원
2. 특정직공무원: 법관, 검사, 외무공무원, 경찰공무원, 소방공무원, 교육공무원, 군인, 군무원, 헌법재판소 헌법연구관, 국가정보원의 직원, 경호공무원과 특수 분야의 업무를 담당하는 공무원으로서 다른 법률에서 특정직공무원으로 지정하는 공무원

③ "특수경력직공무원"이란 경력직공무원 외의 공무원을 말하며, 그 종류는 다음 각 호와 같다.

1. 정무직공무원
   가. 선거로 취임하거나 임명할 때 국회의 동의가 필요한 공무원
   나. 고도의 정책결정 업무를 담당하거나 이러한 업무를 보조하는 공무원으로서 법률이나 대통령령(대통령비서실 및 국가안보실의 조직에 관한 대통령령만 해당한다)에서 정무직으로 지정하는 공무원
2. 별정직공무원: 비서관·비서 등 보좌업무 등을 수행하거나 특정한 업무 수행을 위하여 법령에서 별정직으로 지정하는 공무원

기출지문 OX

01 국가공무원에 관하여는 일반적으로 국가공무원법이 적용되고, 지방자치단체의 공무원에 관하여는 지방공무원법이 적용된다. (07관세) ( )

정답
01 ○

기출지문 OX

01 외무공무원, 경찰공무원, 소방공무원의 경우도 외무공무원법, 경찰공무원법, 소방공무원법 등에 특별규정이 없으면 일반공무원법이 적용된다. (07관세) ( )

02 고위공무원단에 속하는 공무원은 별정직국가공무원에 한한다. (07관세) ( )

정답
01 ○
02 × 일반직, 별정직, 특정직 모두 가능

1. 국가공무원법과 지방공무원법의 적용여부

(1) **경력직공무원**: 국가공무원법과 지방공무원법 적용

(2) **특수경력직공무원**

① 원칙적으로 국가공무원법·지방공무원법 적용되지 않음.

② 공무원 결격사유, 보수에 관한 규정, 당연퇴직, 벌칙 등 일부 규정에 한하여 적용(국가공무원법 제3조, 지방공무원법 제3조)

③ 별도의 규정이 없는 한 대통령령으로 정하는 바에 따라 징계에 관한 규정 준용(국가공무원법 제83조의3, 지방공무원법 제73조의3)

관련 판례

1 직업공무원제도는 헌법이 보장하는 제도적 보장 중의 하나임이 분명하므로 입법자는 직업공무원제도에 관하여 '최소한 보장'의 원칙의 한계 안에서 폭넓은 입법형성의 자유를 가진다. 따라서 입법자가 동장의 임용의 방법이나 직무의 특성 등을 고려하여 이 사건 법률조항에서 동장의 공직상의 신분을 지방공무원법상 신분보장의 적용을 받지 아니하는 별정직공무원의 범주에 넣었다 하여 바로 그 법률조항부분을 위헌이라고 할 수는 없다(헌재 1997.4.24, 95헌바48).

2 국·공립병원의 전공의 임용은, 의사로서 전문의가 되고자 하는자는 대통령령이 정하는 수련을 거쳐 보건사회부장관의 자격인정을 받도록 한 의료법 제55조 제1항과 전문의의 수련 및 자격인정 등에 관한 규정에 의하여 행하여지는 것으로서 국가공무원법과 전문직공무원규정에 의한 전문직공무원의 임용과는 그 근거규정과 임용권자 및 임용절차 등을 달리하고 있으므로 국가공무원법과 전문직공무원규정에 의한 것이 아니라 구 전문의의 수련 및 자격인정 등에 관한 규정과 구 전문의의 수련 및 자격인정 등에 관한 규정 시행규칙 등이 정하는 바에 의하여 경찰병원장이 임용한 경찰병원 전공의(인턴, 레지던트)는 공무원연금법상 급여대상인 국가공무원법상의 전문직공무원이라고 할 수 없다(대판 1994.12.2, 94누8778).

3 고위공무원단

국가공무원법 제2조의2 【고위공무원단】 ① 국가의 고위공무원을 범정부적 차원에서 효율적으로 인사관리하여 정부의 경쟁력을 높이기 위하여 고위공무원단을 구성한다.
② 제1항의 "고위공무원단"이란 직무의 곤란성과 책임도가 높은 다음 각 호의 직위(이하 "고위공무원단 직위"라 한다)에 임용되어 재직 중이거나 파견·휴직 등으로 인사관리되고 있는 일반직공무원, 별정직공무원 및 특정직공무원(특정직공무원은 다른 법률에서 고위공무원단에 속하는 공무원으로 임용할 수 있도록 규정하고 있는 경우만 해당한다)의 군을 말한다.
1. 정부조직법 제2조에 따른 중앙행정기관의 실장·국장 및 이에 상당하는 보좌기관
2. 행정부 각급 기관(감사원은 제외한다)의 직위 중 제1호의 직위에 상당하는 직위
3. 지방자치법 제123조 제2항·제125조 제5항 및 지방교육자치에 관한 법률 제33조 제2항에 따라 국가공무원으로 보하는 지방자치단체 및 지방교육행정기관의 직위 중 제1호의 직위에 상당하는 직위
4. 그 밖에 다른 법령에서 고위공무원단에 속하는 공무원으로 임용할 수 있도록 정한 직위

③ 인사혁신처장은 고위공무원단에 속하는 공무원이 갖추어야 할 능력과 자질을 설정하고 이를 기준으로 고위공무원단 직위에 임용되려는 자를 평가하여 신규채용·승진임용 등 인사관리에 활용할 수 있다.
④ 제2항에 따른 인사관리의 구체적인 범위, 제3항에 따른 능력과 자질의 내용, 평가 대상자의 범위, 평가 방법 및 평가 결과의 활용 등에 필요한 사항은 대통령령으로 정한다.

제4조【일반직공무원의 계급 구분 등】 ① 일반직공무원은 1급부터 9급까지의 계급으로 구분하며, 직군과 직렬별로 분류한다. 다만, 고위공무원단에 속하는 공무원은 그러하지 아니하다.

4 임기제공무원

국가공무원법 제26조의5【근무기간을 정하여 임용하는 공무원】 ① 임용권자는 전문지식·기술이 요구되거나 임용관리에 특수성이 요구되는 업무를 담당하게 하기 위하여 경력직공무원을 임용할 때에 일정기간을 정하여 근무하는 공무원(이하 "임기제공무원"이라 한다)을 임용할 수 있다.
② 임기제공무원의 임용요건, 임용절차, 근무상한연령 및 그 밖에 필요한 사항은 대통령령 등으로 정한다.

5 정공무원과 준공무원

- **정공무원**: 공무원법이 정하는 신분을 가지는 자
- **준공무원**: 정공무원의 신분에 준하는 취급을 받고 그에 준하는 의무와 책임을 지도록 개별법상 규정되어 있는 자

제3절 대한민국 공무원제도의 특징

1 민주적 공무원제도

헌법 제7조 ① 공무원은 국민전체에 대한 봉사자이며, 국민에 대하여 책임을 진다.
제25조 모든 국민은 법률이 정하는 바에 의하여 공무담임권을 가진다.

2 직업공무원제도

1. 직업공무원제도의 의의

헌법 제7조 ② 공무원의 신분과 정치적 중립성은 법률이 정하는 바에 의하여 보장된다.

기출지문 OX

01 일반직공무원은 1급부터 9급까지의 계급으로 구분된다. (07관세) ( )

02 헌법도 공무원의 신분보장에 관한 규정을 두고 있다. (99관세) ( )

정답
01 ○ 02 ○

기출지문 OX

관련 판례

우리 헌법 제7조가 정하고 있는 직업공무원제도는 공무원이 집권세력의 논공행상의 제물이 되는 엽관제도를 지양하며 정권교체에 따른 국가작용의 중단과 혼란을 예방하고 일관성 있는 공무수행의 독자성을 유지하기 위하여 헌법과 법률에 의하여 공무원의 신분이 보장되도록 하는 공직구조에 관한 제도로 공무원의 정치적 중립과 신분보장을 그 중추적 요소로 한다(헌재 2004.11.25, 2002헌바8).

2. 직업공무원의 범위

국가공무원법 제3조 【적용 범위】 ① 특수경력직공무원에 대하여는 이 법 또는 다른 법률에 특별한 규정이 없으면 제33조(결격사유), 제43조 제1항(휴직·파견 등의 결원보충 등), 제44조(시험 또는 임용의 방해행위 금지), 제45조(인사에 관한 부정행위 금지), 제45조의2(채용시험 등 부정행위자에 대한 조치), 제45조의3(채용 비위 관련자의 합격 등 취소), 제46조(보수 결정의 원칙)부터 제50조(인재개발)까지, 제50조의2(적극행정의 장려), 제51조(근무성적의 평정)부터 제59조(친절·공정의 의무)까지, 제59조의2(종교중립의 의무), 제60조(비밀 엄수의 의무)부터 제67조(위임 규정)까지, 제69조(당연퇴직), 제84조(정치 운동죄) 및 제84조의2(벌칙)에 한정하여 이 법을 적용한다.
② 제1항에도 불구하고 제2조 제3항 제1호의 정무직공무원에 대하여는 제33조(결격사유)와 제69조(당연퇴직)를 적용하지 아니하고, 대통령령으로 정하는 특수경력직공무원에 대하여는 제65조(정치 운동의 금지)와 제66조(집단 행위의 금지)를 적용하지 아니한다.
제83조의3 【특수경력직공무원의 징계】 다른 법률에 특별한 규정이 있는 경우 외에는 특수경력직공무원에 대하여도 대통령령 등으로 정하는 바에 따라 이 장을 준용할 수 있다.

• 직업공무원에는 경력직공무원만 포함됨.

관련 판례

우리나라는 직업공무원제도를 채택하고 있는데, 이는 공무원이 집권세력의 논공행상의 제물이 되는 엽관제도를 지양하고 정권교체에 따른 국가작용의 중단과 혼란을 예방하고 일관성있는 공무수행의 독자성을 유지하기 위하여 헌법과 법률에 의하여 공무원의 신분이 보장되는 공직구조에 관한 제도이다. 여기서 말하는 공무원은 국가 또는 공공단체와 근로관계를 맺고 이른바 공법상 특별권력관계 내지 특별행정법관계 아래 공무를 담당하는 것을 직업으로 하는 협의의 공무원을 말하며 정치적공무원이라든가 임시적공무원은 포함되지 않는 것이다(헌재 1989.12.18, 89헌마32·33).

3. 직업공무원제도의 내용

(1) 신분보장(정당한 이유 없이 해임 등을 당하지 않는 것)

국가공무원법 제68조 【의사에 반한 신분 조치】 공무원은 형의 선고, 징계처분 또는 이 법에서 정하는 사유에 따르지 아니하고는 본인의 의사에 반하여 휴직·강임 또는 면직을 당하지 아니한다. 다만, 1급 공무원과 제23조에 따라 배정된 직무등급이 가장 높은 등급의 직위에 임용된 고위공무원단에 속하는 공무원은 그러하지 아니하다.

01 공무원은 자신의 의사에 반한 불이익한 처분을 받을 수 있다. (99관세) ( )

정답
01 ○

관련 판례

지방공무원법 제29조의3은 "지방자치단체의 장은 다른 지방자치단체의 장의 동의를 얻어 그 소속 공무원을 전입할 수 있다"라고만 규정하고 있어, 이러한 전입에 있어 지방공무원 본인의 동의가 필요한지에 관하여 다툼의 여지없이 명백한 것은 아니나, 위 법률조항을, 해당 지방공무원의 동의 없이도 지방자치단체의 장 사이의 동의만으로 지방공무원에 대한 전출 및 전입명령이 가능하다고 풀이하는 것은 헌법적으로 용인되지 아니하며, 헌법 제7조에 규정된 공무원의 신분보장 및 헌법 제15조에서 보장하는 직업선택의 자유의 의미와 효력에 비추어 볼 때 위 법률조항은 해당 지방공무원의 동의가 있을 것을 당연한 전제로 하여 그 공무원이 소속된 지방자치단체의 장의 동의를 얻어서만 그 공무원을 전입할 수 있음을 규정하고 있는 것으로 해석하는 것이 타당하고, 이렇게 본다면 인사교류를 통한 행정의 능률성이라는 입법목적도 적절히 달성할 수 있을 뿐만 아니라 지방공무원의 신분보장이라는 헌법적 요청도 충족할 수 있게 된다. 따라서 위 법률조항은 헌법에 위반되지 아니한다 (헌재 2002.11.28, 98헌바101·99헌바8).

(2) 정치적 중립성

국가공무원법 제65조【정치 운동의 금지】 ① 공무원은 정당이나 그 밖의 정치단체의 결성에 관여하거나 이에 가입할 수 없다.

제66조【집단 행위의 금지】 ① 공무원은 노동운동이나 그 밖에 공무 외의 일을 위한 집단 행위를 하여서는 아니 된다. 다만, 사실상 노무에 종사하는 공무원은 예외로 한다.

- 정당법은 공무원의 정당가입금지를 규정함.
- 공직선거법은 공무원의 정치운동과 정치적 집단행위 금지 등을 규정함.
- 정무직공무원(대통령, 국무총리, 국무위원, 국회의원 등)은 예외적으로 정치운동, 정치적 집단행위 등이 가능함.

관련 판례

이 사건 법률조항이 청구인들과 같은 초·중등학교 교원의 정당가입 및 선거운동의 자유를 금지함으로써 정치적 기본권을 제한하는 측면이 있는 것은 사실이나, 공무원의 정치적 중립성 등을 규정한 헌법 제7조 제1항·제2항, 교육의 정치적 중립성을 규정한 헌법 제31조 제4항의 규정취지에 비추어 보면, 감수성과 모방성 그리고 수용성이 왕성한 초·중등학교 학생들에게 교원이 미치는 영향은 매우 크고, 교원의 활동은 근무시간 내외를 불문하고 학생들의 인격 및 기본생활습관 형성 등에 중요한 영향을 끼치는 잠재적 교육과정의 일부분인 점을 고려하고, 교원의 정치활동은 교육수혜자인 학생의 입장에서는 수업권의 침해로 받아들여질 수 있다는 점에서 현 시점에서는 국민의 교육기본권을 더욱 보장함으로써 얻을 수 있는 공익을 우선시해야 할 것이라는 점 등을 종합적으로 감안할 때, 초·중등학교 교육공무원의 정당가입 및 선거운동의 자유를 제한하는 것은 헌법적으로 정당화될 수 있다(헌재 2004.3.25, 2001헌마710).

기출지문 OX

01 국가공무원을 임용할 때에 법령으로 정하는 바에 따라 국가유공자를 우선 임용하여야 한다. (10국가7) ( )

02 판례는 공무원의 근무관계를 공법관계로 보면서도 공무원에 대한 근로기준법의 적용가능성을 인정하고 있다. (13지방7) ( )

정답
01 ○ 02 ○

(3) 성적주의

국가공무원법 제26조【임용의 원칙】 공무원의 임용은 시험성적 · 근무성적, 그 밖의 능력의 실증에 따라 행한다. 다만, 국가기관의 장은 대통령령 등으로 정하는 바에 따라 장애인 · 이공계전공자 · 저소득층 등에 대한 채용 · 승진 · 전보 등 인사관리상의 우대와 실질적인 양성 평등을 구현하기 위한 적극적인 정책을 실시할 수 있다.

제42조【국가유공자 우선 임용】 ① 공무원을 임용할 때에 법령으로 정하는 바에 따라 국가유공자를 우선 임용하여야 한다.

관련 판례

제대군인가산점 사건

헌법 제25조의 공무담임권 조항은 모든 국민이 누구나 그 능력과 적성에 따라 공직에 취임할 수 있는 균등한 기회를 보장함을 내용으로 하므로, 공직자선발에 관하여 능력주의에 바탕한 선발기준을 마련하지 아니하고 해당 공직이 요구하는 직무수행능력과 무관한 요소를 기준으로 삼는 것은 국민의 공직취임권을 침해하는 것이 되는바, 제대군인 지원이라는 입법목적은 예외적으로 능력주의를 제한할 수 있는 정당한 근거가 되지 못하는데도 불구하고 가산점제도는 능력주의에 기초하지 아니하고 성별, '현역복무를 감당할 수 있을 정도로 신체가 건강한가'와 같은 불합리한 기준으로 여성과 장애인 등의 공직취임권을 지나치게 제약하는 것으로서 헌법 제25조에 위배되고, 이로 인하여 청구인들의 공무담임권이 침해된다(헌재 1999.12.23, 98헌마363).

(4) 직위분류제

국가공무원법 제21조【직위분류제의 확립】 직위분류제에 관하여는 이 법에 규정한 것 외에는 대통령령으로 정한다.

제22조【직위분류제의 원칙】 직위분류를 할 때에는 모든 대상 직위를 직무의 종류와 곤란성 및 책임도에 따라 직군 · 직렬 · 직급 또는 직무등급별로 분류하되, 같은 직급이나 같은 직무등급에 속하는 직위에 대하여는 동일하거나 유사한 보수가 지급되도록 분류하여야 한다.

제24조【직위분류제의 실시】 직위분류제는 대통령령으로 정하는 바에 따라 그 실시가 쉬운 기관, 직무의 종류 및 직위부터 단계적으로 실시할 수 있다.

3 공무원 근무관계의 법적 성질

- 공무원의 근무관계는 기본적으로 공법관계로 봄.
- 퇴직금에 관해서는 근로기준법 적용을 긍정함.

관련 판례

국가 또는 지방공무원도 임금을 목적으로 근로를 제공하는 근로기준법 제14조 소정의 근로자라 할 것이니 그들에 대하여 적극적으로 근로기준법의 적용을 배제하는 규정이 없는 한 원칙적으로 근로자의 퇴직금에 관한 규정인 근로기준법 제28조가 적용되어야 할 것이다(대판 1979.3.27, 78다163).

제2장 공무원관계의 발생 · 변경 · 소멸

제1절 공무원관계의 발생

1 공무원 임명의 의의 및 성질

- **공무원 임명**: 특정인에게 공무원의 신분을 부여하여 공무원관계를 발생시키는 개별적 · 구체적 행위
- 일반직공무원 임명의 성질은 공무원이 되려는 지원자의 신청에 따른 쌍방적 행정행위
- 계약직공무원 임명의 성질은 공법상 계약(다수설, 판례)

2 공무원 임명의 요건

1. 능력요건(결격사유에 해당하지 아니할 것)

(1) 결격사유

국가공무원법 제33조【결격사유】 다음 각 호의 어느 하나에 해당하는 자는 공무원으로 임용될 수 없다.
1. 피성년후견인
2. 파산선고를 받고 복권되지 아니한 자
3. 금고 이상의 실형을 선고받고 그 집행이 종료되거나 집행을 받지 아니하기로 확정된 후 5년이 지나지 아니한 자
4. 금고 이상의 형을 선고받고 그 집행유예 기간이 끝난 날부터 2년이 지나지 아니한 자
5. 금고 이상의 형의 선고유예를 받은 경우에 그 선고유예 기간 중에 있는 자
6. 법원의 판결 또는 다른 법률에 따라 자격이 상실되거나 정지된 자

6의2. 공무원으로 재직기간 중 직무와 관련하여 형법 제355조 및 제356조에 규정된 죄를 범한 자로서 300만원 이상의 벌금형을 선고받고 그 형이 확정된 후 2년이 지나지 아니한 자

6의3. 성폭력범죄의 처벌 등에 관한 특례법 제2조에 규정된 죄를 범한 사람으로서 100만원 이상의 벌금형을 선고받고 그 형이 확정된 후 3년이 지나지 아니한 사람

6의4. 미성년자에 대한 다음 각 목의 어느 하나에 해당하는 죄를 저질러 파면·해임되거나 형 또는 치료감호를 선고받아 그 형 또는 치료감호가 확정된 사람(집행유예를 선고받은 후 그 집행유예기간이 경과한 사람을 포함한다)
  가. 성폭력범죄의 처벌 등에 관한 특례법 제2조에 따른 성폭력범죄
  나. 아동·청소년의 성보호에 관한 법률 제2조 제2호에 따른 아동·청소년대상 성범죄

7. 징계로 파면처분을 받은 때부터 5년이 지나지 아니한 자
8. 징계로 해임처분을 받은 때부터 3년이 지나지 아니한 자

기출지문 OX

01 공무원의 임명이란 공무원의 신분관계를 설정하는 행위를 말한다. (00행시) ( )

02 공무원의 임용행위는 개별 · 구체적 규율에 해당한다. (96경간) ( )

03 공무원의 임명행위의 법적 성질에 대하여 다수설은 공법상 계약으로 본다. (03행시) ( )

정답
01 ○ 02 ○ 03 × 행정행위임

제69조 【당연퇴직】 공무원이 다음 각 호의 어느 하나에 해당할 때에는 당연히 퇴직한다.

1. 제33조 각 호의 어느 하나에 해당하는 경우. 다만, 제33조 제2호는 파산선고를 받은 사람으로서 채무자 회생 및 파산에 관한 법률에 따라 신청기한 내에 면책신청을 하지 아니하였거나 면책불허가 결정 또는 면책 취소가 확정된 경우만 해당하고, 제33조 제5호는 형법 제129조부터 제132조까지, 성폭력범죄의 처벌 등에 관한 특례법 제2조, 아동·청소년의 성보호에 관한 법률 제2조 제2호 및 직무와 관련하여 형법 제355조 또는 제356조에 규정된 죄를 범한 사람으로서 금고 이상의 형의 선고유예를 받은 경우만 해당한다.
2. 임기제공무원의 근무기간이 만료된 경우

(2) 결격사유 판단 기준시점

관련 판례

국가공무원법에 규정되어 있는 공무원임용결격사유는 공무원으로 임용되기 위한 절대적인 소극적 요건으로서 공무원관계는 국가공무원법 제38조, 공무원임용령 제11조의 규정에 의한 채용후보자 명부에 등록한 때가 아니라 국가의 임용이 있는 때에 설정되는 것이므로 공무원임용결격사유가 있는지의 여부는 채용후보자 명부에 등록한 때가 아닌 임용당시에 시행되던 법률을 기준으로 하여 판단하여야 한다(대판 1987.4.14, 86누459).

(3) 결격사유 있는 자에 대한 공무원임용의 효력

① 임용행위의 효력

- 결격사유 있는 자에 대한 임용은 당연무효이고, 재직 중인 경우 당연퇴직사유임.

관련 판례

1 국가공무원법 제69조가 공무원으로 임용된 후에 공무원이 국가공무원법 제33조에 정한 임용결격사유에 해당하게 된 경우에는 원칙적으로 법률상 당연히 퇴직하도록 규정한 점 등에 비추어 보면, 이 사건 법률조항의 임용결격사유는 임용을 위한 소극적 자격요건에 관한 규정으로서, 이는 임용결격사유 있는 자의 임용을 금지할 뿐만 아니라 여하한 사유로 임용결격사유 있는 자에 대한 임용행위가 이루어진 경우라도 그 임용은 자격요건을 결한 자에 대한 임용으로서 법률상 당연히 무효가 되도록 하는 규정이다(헌재 2016.7.28, 2014헌바437).

2 경찰공무원법에 규정되어 있는 경찰관임용 결격사유는 경찰관으로 임용되기 위한 절대적인 소극적 요건으로서 임용 당시 경찰관임용 결격사유가 있었다면 비록 임용권자의 과실에 의하여 임용결격자임을 밝혀내지 못하였다 하더라도 그 임용행위는 당연무효로 보아야 한다(대판 2005.7.28, 2003두469).

3 공무원연금법에 의한 퇴직급여 등은 적법한 공무원으로서의 신분을 취득하여 근무하다가 퇴직하는 경우에 지급되는 것이고, 당연무효인 임용결격자에 대한 임용행위에 의하여 공무원의 신분을 취득할 수는 없으므로, 임용결격자가 공무원으로 임용되어 사실상 근무하여 왔다고 하더라도 적법한 공무원으로서의 신분을 취득하지 못한 자로서는 공무원연금법 소정의 퇴직급여 등을 청구할 수 없으며,

기출지문 OX

01 공무원임용결격사유가 있는지의 여부는 채용후보자명부에 등록한 때가 아닌 임용 당시에 시행되던 법률을 기준으로 판단하여야 한다. (08국가7) ( )

02 공무원임용결격사유가 있는지의 여부는 채용후보자 명부에 등록한 때의 법률을 기준으로 하여 판단하여야 한다. (19지방7) ( )

03 판례에 의하면 임명 당시 임명권자가 과실로 인하여 능력요건을 결한 것을 알지 못하고 임명한 경우에는 당연무효가 되는 것은 아니라고 한다. (00행시) ( )

04 임명 당시 임명권자의 과실로 인하여 결격사유를 알지 못한 경우는 당연무효가 되지 않는다는 것이 판례의 입장이다. (98입시) ( )

05 국가가 중대한 과실에 의하여 임용결격자임을 밝혀내지 못한 경우라면 임용행위는 당연무효가 아닌 취소사유가 있는 행위가 된다. (17국회8) ( )

06 공무원법에 규정되어 있는 공무원임용결격사유는 공무원으로 임용되기 위한 절대적인 소극적 요건이지만, 임용 당시 이러한 결격사유가 있었음에도 임용권자가 과실로 임용결격자임을 밝혀내지 못하였고 임용 후 70일 만에 사면으로 결격사유가 소멸되었다면 그 임용의 하자는 치유된 것이다. (12변시) ( )

정답
01 ○
02 × 임용 당시를 기준으로
03 × 04 × 05 × 06 ×

나아가 임용결격사유가 소멸된 후에 계속 근무하여 왔다고 하더라도 그때부터 무효인 임용행위가 유효로 되어 적법한 공무원의 신분을 회복하고 퇴직급여 등을 청구할 수 있다고 볼 수는 없다(대판 1996.2.27, 95누9617).

② 임용결격자에 대한 임용취소의 성질

관련 판례

1 국가가 공무원임용결격사유가 있는 자에 대하여 결격사유가 있는 것을 알지 못하고 공무원으로 임용하였다가 사후에 결격사유가 있는 자임을 발견하고 공무원임용행위를 취소함은 당사자에게 원래의 임용행위가 당초부터 당연무효이었음을 통지하여 확인시켜 주는 행위에 지나지 아니하는 것으로 보아야 하므로 당연무효의 임용행위임을 확인시켜주는 의미에서 당초의 임용처분을 취소함에 있어서는 신의칙 내지 신뢰의 원칙을 적용할 수 없고, 그러한 의미의 취소권은 시효로 소멸되는 것도 아니다(대판 1987.4.14, 86누459).

2 [1] 행정처분에 하자가 있음을 이유로 처분청이 이를 취소하는 경우에도 그 처분이 국민에게 권리나 이익을 부여하는 처분인 때에는 그 처분을 취소하여야 할 공익상의 필요와 그 취소로 인하여 당사자가 입게 될 불이익을 비교교량한 후 공익상의 필요가 당사자가 입을 불이익을 정당화할 만큼 강한 경우에 한하여 취소할 수 있는 것이지만, 그 처분의 하자가 당사자의 사실은폐나 기타 사위의 방법에 의한 신청행위에 기인한 것이라면 당사자는 그 처분에 의한 이익이 위법하게 취득되었음을 알아 그 취소가능성도 예상하고 있었다고 할 것이므로 그 자신이 위 처분에 관한 신뢰이익을 원용할 수 없음은 물론 행정청이 이를 고려하지 아니하였다고 하여도 재량권의 남용이 되지 않는다.

[2] 허위의 고등학교 졸업증명서를 제출하는 사위의 방법에 의한 하사관 지원의 하자를 이유로 하사관 임용일로부터 33년이 경과한 후에 행정청이 행한 하사관 및 준사관 임용취소처분이 적법하다(대판 2002.2.5, 2001두5286).

③ 봉급 반환의무 없음

- 임용결격자도 사실상 근무한 것으로 봄. 따라서 봉급은 이미 제공한 노무에 대한 대가로 부당이득이라고 할 수 없음.

④ 퇴직금 청구권 없음

- 임용결격자가 임용되어 사실상 근무했더라도 퇴직금을 청구할 수 없음.
- 단, 퇴직급여 중 근로기준법상 퇴직금에 상당하는 금액은 그가 재직기간 중 제공한 근로에 대한 대가로서 지급되어야 한다고 봄.

관련 판례

1 공무원연금법이나 근로자퇴직급여 보장법에서 정한 퇴직급여는 적법한 공무원으로서의 신분을 취득하거나 근로고용관계가 성립하여 근무하다가 퇴직하는 경우에 지급되는 것이다. 임용 당시 공무원 임용결격사유가 있었다면, 비록 국가의 과실에 의하여 임용결격자임을 밝혀내지 못하였다 하더라도 임용행위는 당연무효로 보아야 하고, 당연무효인 임용행위에 의하여 공무원의 신분을 취득한다거나 근로고용관계가 성립할 수는 없다. 따라서 임용결격자가 공무원으로 임용되어

기출지문 OX

01 공무원으로 사실상 근무 중 임용결격사유가 해소된 경우에는 공무원으로서의 신분이 그 때부터 당연히 인정된다. (17변시) ( )

02 국가공무원법상 임용결격자에 대한 임용취소처분은 항고소송의 적법한 대상이 되지 않는다. (13지방7) ( )

03 국가가 사후에 임용결격자임을 발견하고 임용행위를 취소하는 통지를 한 경우 그러한 임용취소 통지는 항고소송 대상이 되는 처분이다. (17국회8) ( )

04 임용 당시에 임용권자가 과실로 임용결격사유를 알지 못한 경우, 그 임용의 취소는 신뢰보호의 원칙에 따라 제한된다. (03행시) ( )

05 국가공무원법상의 결격사유가 있는 것을 간과하고 임용된 자를 발견한 임용권자가 그 자에 대한 임용행위를 취소한다는 통지는 처음부터 임용의 효력이 발생되지 않았음을 확인하는 것에 불과하다. (04입시) ( )

06 허위의 고등학교 졸업증명서를 제출하는 사위의 방법에 의한 하사관 지원의 하자를 이유로 하사관 임용일로부터 33년이 경과한 후에 행정청이 행한 하사관 및 준사관 임용취소처분은 적법하다. (16서울7) ( )

07 학력요건을 갖추지 못한 甲이 허위의 고등학교 졸업증명서를 제출하여 하사관에 지원했다는 이유로 하사관 임용일로부터 30년이 지나서 한 임용취소처분은 적법하며, 甲이 위 처분에 불복하여 신뢰이익을 원용할 수 없음은 물론 행정청이 이를 고려하지 아니하였다고 하여도 재량권의 남용이 되지 않는다. (19변시) ( )

08 결격사유가 있는 공무원이 퇴직당하여도 그가 받은 봉급은 반환하지 않아도 된다는 것이 판례의 입장이다. (04관세) ( )

정답
01 × 02 ○
03 × 당연무효임을 알려주는 사실행위
04 × 신의칙·신뢰보호원칙이 적용되지 않음
05 ○ 06 ○ 07 ○ 08 ○

기출지문 OX

01 임용결격자가 공무원으로 임용되어 사실상 근무하여 왔다고 하더라도 적법한 공무원의 신분을 취득하지 못한 자는 공무원연금법상 퇴직급여를 청구할 수 없다. (19변시, 15국가7) ( )

02 공무원연금법에 의한 퇴직연금 등은 임용결격자가 공무원으로 임용되어 사실상 근무하여 왔고 또 공무원연금제도가 공무원의 재직 중의 성실한 복무에 대한 공로보상적 성격과 사회보장적 기능을 가지고 있으므로, 적법한 공무원으로서의 신분을 취득하지 못한 자라고 하더라도 공무원연금법 소정의 퇴직연금을 청구할 수 있다고 할 것이다. (18서울7) ( )

사실상 근무하여 왔다 하더라도 적법한 공무원으로서의 신분을 취득하지 못한 자로서는 공무원연금법이나 근로자퇴직급여 보장법에서 정한 퇴직급여를 청구할 수 없다. 나아가 이와 같은 법리는 임용결격사유로 인하여 임용행위가 당연무효인 경우뿐만 아니라 임용행위의 하자로 임용행위가 취소되어 소급적으로 지위를 상실한 경우에도 마찬가지로 적용된다(대판 2017.5.11, 2012다200486).

2 공무원연금법에 의한 퇴직금은 적법한 공무원으로서의 신분을 취득하여 근무하다가 퇴직하는 경우에 지급되는 것이므로, 당연퇴직사유에 해당되어 공무원으로서의 신분을 상실한 자가 그 이후 사실상 공무원으로 계속 근무하여 왔다고 하더라도 당연퇴직 후의 사실상의 근무기간은 공무원연금법상의 재직기간에 합산될 수 없다(대판 2002.7.26, 2001두205).

3 경찰공무원으로 임용된 후 70일 만에 선고받은 형이 사면 등으로 실효되어 결격사유가 소멸된 후 30년 3개월 동안 사실상 공무원으로 계속 근무를 하였다고 하더라도 그것만으로는 임용권자가 묵시적으로 새로운 임용처분을 한 것으로 볼 수 없고, 임용 당시 결격자였다는 사실이 밝혀졌는데도 서울특별시 경찰국장이 일반사면령 등의 공포로 현재 결격사유에 해당하지 아니한다는 이유로 당연퇴직은 불가하다는 조치를 내려서 그 후 정년퇴직시까지 계속 사실상 근무하도록 한 것이 임용권자가 일반사면령의 시행으로 공무원자격을 구비한 후의 근무행위를 유효한 것으로 추인하였다거나 장래에 향하여 그를 공무원으로 새로 임용하는 효력이 있다고 볼 수 없을 뿐만 아니라, 1982. 당시 경장이었던 그의 임용권자는 당시 시행된 경찰공무원법 및 경찰공무원임용령의 규정상 서울특별시장이지 경찰국장이 아니었음이 분명하여, 무효인 임용행위를 임용권자가 추인하였다거나 장래에 향하여 공무원으로 임용하는 새로운 처분이 있었던 것으로 볼 수 없다(대판 1996.2.27, 95누9617).

4 임용행위가 당연무효이거나 취소된 공무원(이하 이를 통칭하여 '임용결격공무원 등'이라 한다)의 공무원 임용 시부터 퇴직 시까지의 사실상의 근로는 법률상 원인 없이 제공된 것으로서, 국가 및 지방자치단체는 이 사건 근로를 제공받아 이득을 얻은 반면 임용결격공무원 등은 이 사건 근로를 제공하는 손해를 입었다 할 것이므로, 손해의 범위 내에서 국가 및 지방자치단체는 위 이득을 민법 제741조에 의한 부당이득으로 반환할 의무가 있다(대판 2017.5.11, 2012다200486).

5 임용행위가 구 국가공무원법에 위배되어 당연무효임에도 계속 근무하여 온 경우, 임용시부터 퇴직시까지의 근로는 법률상 원인 없이 제공된 부당이득이므로 임금을 목적으로 계속하여 근로를 제공하여 온 퇴직자에 대하여 퇴직급여 중 적어도 근로기준법상 퇴직금에 상당하는 금액은 그가 재직기간 중 제공한 근로에 대한 대가로서 지급되어야 한다(대판 2004.7.22, 2004다10350).

03 임용결격사유가 있는 자가 행한 직무행위는 무효이다. (98입시) ( )

04 능력요건을 결하거나 자격요건을 결한 자가 행한 행위에 대해서 사실상 공무원이론의 적용이 있다. (98입시) ( )

정답
01 ○ 02 × 청구할 수 없다
03 × 04 ○

(4) 임용결격자가 한 직무행위의 효력: 사실상 공무원이론

- 임용결격사유가 존재하는 공무원의 직무행위는 무권한자의 행위로 무효임이 원칙임.
- 그러나 그 행위를 신뢰한 국민을 보호할 필요가 있는 경우 그를 '사실상 공무원'으로 보아 그의 직무행위를 유효한 행위로 봄.
- 공무원 내부관계에서 임용결격자가 사실상 공무원이론을 근거로 권리를 주장할 수는 없음.

관련 판례

형법이 뇌물죄에 관하여 규정하고 있는 것은 공무원의 직무집행의 공정과 그에 대한 사회의 신뢰 및 직무행위의 불가매수성을 보호하기 위한 것이다. 법령에 기한 임명권자에 의하여 임용되어 공무에 종사하여 온 사람이 나중에 그가 임용결격자이었음이 밝혀져 당초의 임용행위가 무효라고 하더라도, 그가 임용행위라는 외관을 갖추어 실제로 공무를 수행한 이상 공무 수행의 공정과 그에 대한 사회의 신뢰 및 직무행위의 불가매수성은 여전히 보호되어야 한다. 따라서 이러한 사람은 형법 제129조에서 규정한 공무원으로 봄이 타당하고, 그가 그 직무에 관하여 뇌물을 수수한 때에는 수뢰죄로 처벌할 수 있다(대판 2014.3.27, 2013도11357).

(5) 외국인 및 복수국적자의 임용 제한

국가공무원법 제26조의3 【외국인과 복수국적자의 임용】 ① 국가기관의 장은 국가안보 및 보안·기밀에 관계되는 분야를 제외하고 대통령령 등으로 정하는 바에 따라 외국인을 공무원으로 임용할 수 있다.
② 국가기관의 장은 다음 각 호의 어느 하나에 해당하는 분야로서 대통령령 등으로 정하는 분야에는 복수국적자(대한민국 국적과 외국 국적을 함께 가진 사람을 말한다. 이하 같다)의 임용을 제한할 수 있다.
1. 국가의 존립과 헌법 기본질서의 유지를 위한 국가안보 분야
2. 내용이 누설되는 경우 국가의 이익을 해하게 되는 보안·기밀 분야
3. 외교, 국가 간 이해관계와 관련된 정책결정 및 집행 등 복수국적자의 임용이 부적합한 분야

2. 자격요건(성적요건)

- 일정한 자격요건을 갖추어야 공무원으로 임용 가능함.
- 공무원 임용은 공개경쟁채용시험으로 채용하는 것이 원칙임.
- 자격요건 흠결의 경우 판례는 취소할 수 있는 행위로 봄.

관련 판례

당초 임용 이래 공무원으로 근무하여 온 경력에 바탕을 두고 구 지방공무원법 제27조 제2항 제3호 등을 근거로 하여 특별임용 방식으로 임용이 이루어졌다면 이는 당초 임용과는 별도로 그 자체가 하나의 신규임용이라고 할 것이므로, 그 효력도 특별임용이 이루어질 당시를 기준으로 판단하여야 할 것인데, 당초 임용 당시에는 집행유예 기간 중에 있었으나 특별임용 당시 이미 집행유예 기간 만료일로부터 2년이 경과하였다면 같은 법 제31조 제4호에서 정하는 공무원 결격사유에 해당할 수 없고, 다만 당초 임용과의 관계에서는 공무원 결격사유에 해당하여 당초 처분 이후 공무원으로 근무하였다고 하더라도 그것이 적법한 공무원 경력으로 되지 아니하는 점에서 특별임용의 효력에 영향을 미친다고 할 수 있으나, 위 특별임용의 하자는 결국 소정의 경력을 갖추지 못한 자에 대하여 특별임용시험의 방식으로 신규임용을 한 하자에 불과하여 취소사유가 된다고 함은 별론으로 하고, 그 하자가 중대·명백하여 특별임용이 당연무효로 된다고 할 수는 없다(대판 1998.10.23, 98두12932).

기출지문 OX

01 외국인도 공무원으로 임용될 수 있다. (06관세) ( )

02 공무원으로 임명될 자는 능력요건과 자격요건을 갖추어야 한다. (00행시) ( )

03 신규채용은 공개경쟁시험을 원칙으로 하며, 일정한 경우 특별채용시험에 의할 수 있다. (00행시) ( )

04 당초 임용 당시 공무원결격사유가 있었던 자를 그 후의 공무원 경력을 바탕으로 특별임용한 경우, 특별임용 당시에는 공무원 결격사유가 없었다 하더라도 위 특별임용은 당연무효이다. (09지방7) ( )

정답
01 ○ 02 ○ 03 ○ 04 ×

기출지문 OX

01 정규임용취소처분은 성질상 행정절차를 거치는 것이 불필요하여 행정절차법의 적용이 배제된다. (16사복9) ( )

02 진급예정자 명단에 포함된 자에 대하여 진급선발을 취소하는 처분은 진급예정자로서 가지는 이익을 침해하는 처분이어서 행정절차법상의 의견제출 기회 등을 주어야 하며 수사과정 및 징계과정에서 자신의 비위행위에 대한 해명기회를 가졌다는 사정만으로 사전통지를 하지 않거나 의견제출의 기회를 주지 아니하여도 되는 예외적인 경우에 해당한다고 할 수 없다. (19변시) ( )

정답
01 × 02 ○

3 공무원 임명권자

> **국가공무원법 제32조【임용권자】** ① 행정기관 소속 5급 이상 공무원 및 고위공무원단에 속하는 일반직공무원은 소속 장관의 제청으로 인사혁신처장과 협의를 거친 후에 국무총리를 거쳐 대통령이 임용하되, 고위공무원단에 속하는 일반직공무원의 경우 소속 장관은 해당 기관에 소속되지 아니한 공무원에 대하여도 임용제청할 수 있다. 이 경우 국세청장은 국회의 인사청문을 거쳐 대통령이 임명한다.
> ② 소속 장관은 소속 공무원에 대하여 제1항 외의 모든 임용권을 가진다.
>
> **지방공무원법 제6조【임용권자】** ① 지방자치단체의 장(특별시·광역시·도 또는 특별자치도의 교육감을 포함한다. 이하 같다)은 이 법에서 정하는 바에 따라 그 소속 공무원의 임명·휴직·면직과 징계를 하는 권한(이하 "임용권"이라 한다)을 가진다.
> ② 제1항에 따라 임용권을 가지는 자는 그 권한의 일부를 그 지방자치단체의 조례로 정하는 바에 따라 보조기관, 그 소속 기관의 장, 지방의회의 사무처장·사무국장·사무과장 또는 교육위원회의 의사국장에게 위임할 수 있다.

- 5급 이상 국가공무원의 임명권은 대통령에게, 그 외의 공무원 임명권은 소속 장관에게 있음.
- 지방공무원의 임명권은 지방자치단체의 장에게 있음.

관련 판례

1 위 법리 및 관계 법령에 비추어 보면, 이 사건 처분과 같이 정규임용처분을 취소하는 처분은 원고의 이익을 침해하는 처분이라 할 것이고, 한편 지방공무원법 및 그 시행령에는 이 사건 처분과 같이 정규임용처분을 취소하는 처분을 함에 있어 행정절차에 준하는 절차를 거치도록 하는 규정이 없을 뿐만 아니라 위 처분이 성질상 행정절차를 거치기 곤란하거나 불필요하다고 인정되는 처분이라고 보기도 어렵다고 할 것이어서 이 사건 처분이 행정절차법의 적용이 제외되는 경우에 해당한다고 할 수 없으며, 나아가 이 사건 처분은, 지방공무원법 제31조 제4호 소정의 공무원임용 결격사유가 있어 당연무효인 이 사건 시보임용처분과는 달리, 위 시보임용처분의 무효로 인하여 시보공무원으로서의 경력을 갖추지 못하였다는 이유만으로, 위 결격사유가 해소된 후에 한 별도의 정규임용처분을 취소하는 처분이어서 행정절차법 제21조 제4항 및 제22조 제4항에 따라 원고에게 사전통지를 하지 않거나 의견제출의 기회를 주지 아니하여도 되는 예외적인 경우에 해당한다고 할 수도 없다. 그렇다면 피고가 이 사건 처분을 함에 있어 원고에게 처분의 사전통지를 하거나 의견제출의 기회를 부여하지 아니한 이상, 이 사건 처분은 절차상 하자가 있어 위법하다고 할 것이다(대판 2009.1.30, 2008두16155).

2 진급예정자 명단에 포함된 자는 진급예정자명단에서 삭제되거나 진급선발이 취소되지 않는 한 진급예정자 명단 순위에 따라 진급하게 되므로, 이 사건 처분과 같이 진급선발을 취소하는 처분은 진급예정자로서 가지는 원고의 이익을 침해하는 처분이라 할 것이고, 한편 군인사법 및 그 시행령에 이 사건 처분과 같이 진급예정자 명단에 포함된 자의 진급선발을 취소하는 처분을 함에 있어 행정절차에 준하는 절차를 거치도록 하는 규정이 없을 뿐만 아니라 위 처분이 성질상 행정절차를 거치기 곤란하거나 불필요하다고 인정되는 처분이라고 보기도 어렵다고 할 것이어서 이 사건 처분이 행정절차법의 적용이 제외되는 경우에 해당한다고 할 수 없으며, 나아가 원고가 수사과정 및 징계과정에서 자신의 비위행위에 대한 해명기회를 가졌다는 사정만으로 이 사건 처분이 행정절차법 제21조 제4항 제3호, 제22조 제4항에 따라 원고에게 사전통지를 하지 않거나 의견제출의 기회를 주지 아니하여도 되는 예외적인 경우에 해당한다고 할 수 없으므로,

피고가 이 사건 처분을 함에 있어 원고에게 의견제출의 기회를 부여하지 아니한 이상, 이 사건 처분은 절차상 하자가 있어 위법하다고 할 것이다(대판 2007.9.21, 2006두20631).

4 공무원 임명 절차

1. 채용후보자 명부에 등재

국가공무원법 제38조 【채용후보자 명부】 ① 시험 실시기관의 장은 공개경쟁 채용시험에 합격한 사람을 대통령령 등으로 정하는 바에 따라 채용후보자 명부에 등재하여야 한다.
② 제28조 제1항에 따른 공무원 공개경쟁 채용시험에 합격한 사람의 채용후보자 명부의 유효기간은 2년의 범위에서 대통령령 등으로 정한다. 다만, 시험 실시기관의 장은 필요에 따라 1년의 범위에서 그 기간을 연장할 수 있다.

2. 채용후보자에 대한 추천

국가공무원법 제39조 【채용후보자의 임용 절차】 ① 시험 실시기관의 장은 채용후보자 명부에 등재된 채용후보자를 대통령령 등으로 정하는 바에 따라 임용권이나 임용제청권을 갖는 기관에 추천하여야 한다. 다만, 공개경쟁 채용시험 합격자의 우선임용을 위하여 필요하면 인사혁신처장이 채용후보자를 제32조 제1항부터 제3항까지의 규정에도 불구하고 근무할 기관을 지정하여 임용하거나 임용제청할 수 있다.
④ 임용권자는 채용후보자에 대하여 임용 전에 실무 수습을 실시할 수 있다. 이 경우 실무 수습 중인 채용후보자는 그 직무상 행위를 하거나 형법 또는 그 밖의 법률에 따른 벌칙을 적용할 때에는 공무원으로 본다.

3. 시보 임용

국가공무원법 제29조 【시보 임용】 ① 5급 공무원(제4조 제2항에 따라 같은 조 제1항의 계급 구분이나 직군 및 직렬의 분류를 적용하지 아니하는 공무원 중 5급에 상당하는 공무원을 포함한다. 이하 같다)을 신규 채용하는 경우에는 1년, 6급 이하의 공무원을 신규 채용하는 경우에는 6개월간 각각 시보로 임용하고 그 기간의 근무성적·교육훈련성적과 공무원으로서의 자질을 고려하여 정규 공무원으로 임용한다. 다만, 대통령령 등으로 정하는 경우에는 시보 임용을 면제하거나 그 기간을 단축할 수 있다.
② 휴직한 기간, 직위해제 기간 및 징계에 따른 정직이나 감봉 처분을 받은 기간은 제1항의 시보 임용 기간에 넣어 계산하지 아니한다.
③ 시보 임용 기간 중에 있는 공무원이 근무성적·교육훈련성적이 나쁘거나 이 법 또는 이 법에 따른 명령을 위반하여 공무원으로서의 자질이 부족하다고 판단되는 경우에는 제68조와 제70조에도 불구하고 면직시키거나 면직을 제청할 수 있다. 이 경우 구체적인 사유 및 절차 등에 필요한 사항은 대통령령 등으로 정한다.

- 판례는 정규공무원 임용행위와 시보임용행위를 별개의 행위로 보아 그 요건과 효력은 별개로 판단하여야 한다고 봄(하자승계×).

기출지문 OX

01 정규공무원 임용행위와 시보임용행위는 별도의 임용행위이므로 그 요건과 효력은 개별적으로 판단해야 한다. (16행정사) ( )

02 공무원의 임명은 임용장 교부 형식에 의하는 것이 보통이다. (00행시) ( )

03 공무원은 원칙적으로 임용장에 기재된 일자에 임용된 것으로 본다. (00승진5) ( )

정답
01 ○ 02 ○ 03 ○

관련 판례

상근강사제도는 교육법이나 교육공무원법상의 명문의 근거를 둔 교원의 임용방법은 아니고, 국가공무원법상의 이른바 시보임용제도에 의하여 조건부로 채용된 공무원에 해당한다고 보아야 할 것인바, 상근강사로 채용된 자는 그 시보임용 내지 조건부채용시 장차 소정의 조건부 채용기간 중 근무성적이 양호하여 적격판정을 받는 것을 조건으로, 특별한 사정이 없는 한 위 기간의 종료와 더불어 바로 정규공무원으로 임용될 권리를 취득하고 임용권자는 이에 대응하는 법률상의 의무를 부담한다고 할 것이며, 또한 교육공무원법상 시보임용에 의한 교육공무원으로서의 지위를 누리면서 그 조건부채용기간 중 면직 등의 처분이나 징계처분과 같은 신분상의 불이익한 처분을 받거나 또는 시보임용기간 종료 후 정규공무원 내지 교원으로서의 임용이 거부된 경우에는 행정소송 제기를 위한 전치절차로서의 교육공무원법 제52조에 의한 소청심사청구권도 가진다고 보아야 한다(대판 1990.9.25, 89누4758).

4. 우선임용

국가공무원법 제31조 【경쟁시험 합격자의 우선임용 및 결원 보충의 조정】 ① 임용권자나 임용제청권자는 결원을 보충할 때 공개경쟁 채용시험 합격자와 공개경쟁 승진시험 합격자를 우선하여 임용하거나 임용제청하여야 한다.

제42조 【국가유공자 우선 임용】 ① 공무원을 임용할 때에 법령으로 정하는 바에 따라 국가유공자를 우선 임용하여야 한다.

5 공무원 임명의 형식 및 효력발생시기

1. 공무원 임명의 형식

- 통상 임용장 또는 임용통지서의 교부로 임명함.
- 이는 임용의 유효요건이 아니고, 확인적 행위일 뿐임.

2. 공무원 임명의 효력발생시기

공무원임용령 제6조 【임용 시기】 ① 공무원은 임용장이나 임용통지서에 적힌 날짜에 임용된 것으로 보며, 임용일자를 소급해서는 아니 된다.
② 사망으로 인한 면직은 사망한 다음 날에 면직된 것으로 본다.
③ 임용할 때에는 임용일자까지 그 임용장 또는 임용통지서가 임용될 사람에게 도달할 수 있도록 발령하여야 한다.

지방공무원 임용령 제5조 【임용 시기】 ① 공무원은 임용장에 적힌 날짜에 임용된 것으로 보며, 임용일자를 소급해서는 아니 된다. 다만, 특수한 사정으로 말미암아 임용장에 적힌 날짜까지 임용장을 받지 못하였을 때에는 임용장을 실제 받은 날에 임용된 것으로 본다.
② 임용장에 적을 날짜는 그 임용장이 임용된 사람에게 송달되는 기간을 고려하여 정하여야 한다.
③ 사망으로 인하여 면직되는 경우에는 사망한 다음 날에 면직된 것으로 본다.

제2절 공무원관계의 변경

1 서설

> 국가공무원법 제27조 【결원 보충 방법】 국가기관의 결원은 신규채용·승진임용·강임·전직 또는 전보의 방법으로 보충한다.
>
> 지방공무원법 제26조 【결원 보충 방법】 임용권자는 공무원의 결원을 신규임용·승진임용·강임·전직 또는 전보의 방법으로 보충한다.

2 상위직급으로의 변경(승진)

1. 의의

> 국가공무원법 제40조 【승진】 ① 승진임용은 근무성적평정·경력평정, 그 밖에 능력의 실증에 따른다. 다만, 1급부터 3급까지의 공무원으로의 승진임용 및 고위공무원단 직위로의 승진임용의 경우에는 능력과 경력 등을 고려하여 임용하며, 5급 공무원으로의 승진임용의 경우에는 승진시험을 거치도록 하되, 필요하다고 인정하면 대통령령 등으로 정하는 바에 따라 승진심사위원회의 심사를 거쳐 임용할 수 있다.
>
> ② 6급 이하 공무원으로의 승진임용의 경우 필요하다고 인정하면 대통령령 등으로 정하는 바에 따라 승진시험을 병용할 수 있다.

- **승진**: 동등한 직렬 안에서 상위직급에 임용되는 것(처분성○)

2. 권리구제

- 공무원의 법규상, 조리상 승진임용신청권을 원칙적으로 부정하나, 예외적으로 인정함.

관련 판례

1 승진임용신청권을 부정한 경우

구 경찰공무원법 제11조 제2항, 제13조 제1항, 제2항, 경찰공무원승진임용규정 제36조 제1항, 제2항에 의하면, 경정 이하 계급에의 승진에 있어서는 승진심사와 함께 승진시험을 병행할 수 있고, 승진시험에 합격한 자는 시험승진후보자명부에 등재하여 그 등재순위에 따라 승진하도록 되어 있으며, 같은 규정 제36조 제3항에 의하면 시험승진후보자명부에 등재된 자가 승진임용되기 전에 감봉 이상의 징계처분을 받은 경우에는 임용권자 또는 임용제청권자가 위 징계처분을 받은 자를 시험승진후보자명부에서 삭제하도록 되어 있는바, 이처럼 <u>시험승진후보자명부에 등재되어 있던 자가 그 명부에서 삭제됨</u>으로써 승진임용의 대상에서 제외되었다 하더라도, 그와 같은 시험승진후보자명부에서의 삭제행위는 결국 그 명부에 등재된 자에 대한 승진 여부를 결정하기 위한 행정청 내부의 준비과정에 불과하고, 그 자체가 어떠한 권리나 의무를 설정하거나 법률상 이익에 직접적인 변동을 초래하는 별도의 행정처분이 된다고 할 수 없다(대판 1997.11.14, 97누7325).

기출지문 OX

01 임용권자는 공무원의 결원을 신규임용·승진임용·강임·전직 또는 전보의 방법으로 보충한다. (10지방7) ( )

02 공무원법령에 의하여 시험승진후보자명부에 등재되어 있던 자가 그 명부에서 삭제됨으로써 승진임용의 대상에서 제외된 경우에 이러한 삭제행위는 그 자체가 공무원승진임용에 관한 권리나 의무를 설정하거나 법률상 이익에 직접적인 변동을 초래하는 별도의 행정처분이 된다. (12변시) ( )

정답
01 ○ 02 ×

2 승진임용신청권을 인정한 경우

지방공무원법 제8조, 제38조 제1항, 지방공무원임용령 제38조의3의 각 규정을 종합하면, 2급 내지 4급 공무원의 승진임용은 임용권자가 행정실적·능력·경력·전공분야·인품 및 적성 등을 고려하여 하되 인사위원회의 사전심의를 거치도록 하고 있는바, 4급 공무원이 당해 지방자치단체 인사위원회의 심의를 거쳐 3급 승진대상자로 결정되고 임용권자가 그 사실을 대내외에 공표까지 하였다면, 그 공무원은 승진임용에 관한 법률상 이익을 가진 자로서 임용권자에 대하여 3급 승진임용 신청을 할 조리상의 권리가 있다(대판 2008.4.10, 2007두18611).

3 동위 직급 내의 변경

1. 전직

국가공무원법 제5조 【정의】 이 법에서 사용하는 용어의 뜻은 다음과 같다.
5. "전직"이란 직렬을 달리하는 임명을 말한다.

제28조의3 【전직】 공무원을 전직 임용하려는 때에는 전직시험을 거쳐야 한다. 다만, 대통령령 등으로 정하는 전직의 경우에는 시험의 일부나 전부를 면제할 수 있다.

2. 전보

(1) 의의 및 성질

국가공무원법 제5조 【정의】 이 법에서 사용하는 용어의 뜻은 다음과 같다.
6. "전보"란 같은 직급 내에서의 보직 변경 또는 고위공무원단 직위 간의 보직 변경(제4조 제2항에 따라 같은 조 제1항의 계급 구분을 적용하지 아니하는 공무원은 고위공무원단 직위와 대통령령으로 정하는 직위 간의 보직 변경을 포함한다)을 말한다.

- 헌법재판소는 전보발령의 처분성을 인정함.

관련 판례

법관이 자신에 대한 대법원장의 전보발령에 대해 헌법소원을 제기한 사건

국가공무원법 제2조 및 제3조에 의하면 법관은 경력직공무원 중 특정직공무원으로서 다른 법률에 특별한 규정이 없는 한, 국가공무원법의 적용을 받도록 규정하고 있고, 같은 법 제9조에는 법원 소속 공무원의 소청에 관한 사항을 심사결정하게 하기 위하여 법원행정처에 소청심사위원회를 두도록 하고 있으며, 같은 법 제9조부터 제15조에는 소청심사위원회의 조직, 심사절차 및 결정의 효력에 관하여 자세한 규정을 두고 있으며, 한편 같은 법 제76조 제1항에는 국가공무원이 그 의사에 반하여 불리한 처분을 받았을 때에는 소청심사위원회에 이에 대한 심사를 청구하여 그 시정을 구할 수 있도록 규정하고 있으므로, 법관인 청구인은 위 각 법률조항이 정한 절차에 따라 인사처분에 대하여 그 구제를 청구할 수 있고, 그 절차에서 구제를 받지 못한 때에는 국가공무원법 제16조, 법원조직법 제70조, 행정소송법 제1조의 규정에 미루어 다시 행정소송을 제기하여 그 구제를 청구할 수 있음에도 불구하고, 청구인이 위와 같은 구제절차를 거치지 아니한 채 제기한 헌법소원심판청구는 부적법한 심판청구가 아니할 수 없다(헌재 1993.12.23, 92헌마247).

기출지문 OX

01 승진 대상자로 결정되어 대내외에 그 사실이 공표된 공무원이 실제 발령일에 승진하지 못한 경우, 그 공무원은 임용권자에 대하여 승진 임용을 신청할 조리상 권리를 가진다. (15국가7) ( )

02 국가공무원법상 전직이란 동일 직렬·직급 내에서의 보직변경을 말한다. (03행시) ( )

03 전보의 경우에는 처분사유 설명서의 교부가 요구되지 않는다. (03관세) ( )

정답
01 ○ 02 × 직렬을 달리하는 임명임
03 ○

(2) 필수보직기간

> **공무원임용령 제45조【필수보직기간의 준수 등】** ① 임용권자 또는 임용제청권자는 소속 공무원을 해당 직위에 임용된 날부터 필수보직기간(휴직기간, 직위해제처분기간, 강등 및 정직 처분으로 인하여 직무에 종사하지 않은 기간은 포함하지 않는다. 이하 이 조에서 같다)이 지나야 다른 직위에 전보(소속 장관이 다른 기관으로 전보하는 경우는 제외한다. 이하 이 조에서 같다)할 수 있다. 이 경우 필수보직기간은 3년으로 하되, 정부조직법 제2조 제3항 본문에 따라 실장·국장 밑에 두는 보조기관 또는 이에 상당하는 보좌기관인 직위에 보직된 3급 또는 4급 공무원, 연구관 및 지도관과 고위공무원단 직위에 재직 중인 공무원의 필수보직기간은 2년으로 한다.
> ② 제1항 후단에도 불구하고 소속 장관은 다음 각 호의 어느 하나에 해당하는 경우에 필수보직기간을 별도로 정하여 운영할 수 있다. 이 경우 필수보직기간은 다음 각 호의 구분과 같다.
> 1. 소속 공무원을 중앙행정기관의 실·국 또는 이에 상당하는 보조기관·보좌기관·소속 기관 내에서 직무가 유사한 직위로 전보하는 경우: 2년 이상
> 2. 해당 기관의 업무 전반에 대한 종합적인 기획·조정 또는 지원 업무를 수행하던 소속 공무원을 전보하는 경우: 2년 이상
> 3. 소속 공무원을 다른 기관 또는 다른 지역의 직무가 유사한 직위로 전보(소속 장관이 같은 기관 내 전보에 한정한다)하는 경우: 1년 이상. 이 경우 직무가 유사한 직위의 범위에 대하여 인사혁신처장과 미리 협의하여야 한다.
> 4. 그 밖에 제1호부터 제3호까지의 규정에 상당하는 경우: 인사혁신처장과 협의하여 정하는 기간

3. 전입·전출

- **전입·전출**: 임명권자를 달리 하는 다른 기관으로 공무원의 소속을 바꾸는 것

관련 판례

1 지방공무원법 제29조의3은 "지방자치단체의 장은 다른 지방자치단체의 장의 동의를 얻어 그 소속 공무원을 **전입**할 수 있다"라고만 규정하고 있어, 이러한 전입에 있어 지방공무원 본인의 동의가 필요한지에 관하여 다툼의 여지없이 명백한 것은 아니나, 위 법률조항을, 해당 지방공무원의 동의 없이도 지방자치단체의 장 사이의 동의만으로 지방공무원에 대한 전출 및 전입명령이 가능하다고 풀이하는 것은 헌법적으로 용인되지 아니하며, 헌법 제7조에 규정된 공무원의 신분보장 및 헌법 제15조에서 보장하는 직업선택의 자유의 의미와 효력에 비추어 볼 때 위 법률조항은 **해당 지방공무원의 동의가 있을 것을 당연한 전제로 하여** 그 공무원이 소속된 지방자치단체의 장의 동의를 얻어서만 그 공무원을 전입할 수 있음을 규정하고 있는 것으로 해석하는 것이 타당하다(헌재 2002.11.28, 98헌바101·99헌바8).

2 지방공무원법 제30조의2 제2항에 정한 인사교류에 따라 지방자치단체의 장이 소속 공무원을 **전출**하는 것은 임명권자를 달리하는 지방자치단체로의 이동인 점에 비추어 **반드시 당해 공무원 본인의 동의를 전제로 하는 것**이고, 따라서 위 법 규정의 위임에 따른 지방공무원 임용령 제27조의5 제1항도 본인의 동의를 배제하는 취지의 규정은 아니라고 해석하여야 한다(대판 2008.9.25, 2008두5759).

기출지문 OX

01 임용된 날로부터 3년 이내에 다른 직위로 전보될 수 없음이 원칙이다. (06관세 변형) ( )

02 지방자치단체의 장이 소속 공무원을 다른 지방자치단체로 전출하는 것은 임명권자를 달리하는 지방자치단체로의 이동인 점에 비추어 당해 공무원 본인의 동의를 전제로 한다. (15국가7) ( )

03 대법원은 지방공무원법상의 인사교류에 의한 전출도 당해 공무원의 동의를 요한다고 본다. (11국가7) ( )

정답
01 ○ 02 ○ 03 ○

기출지문 OX

01 지방공무원의 동의 없는 전출명령은 위법하여 취소되어야 하므로, 전출명령이 적법함을 전제로 내린 당해 지방공무원에 대한 징계처분은 징계양정에 있어 재량권을 일탈하여 위법하다. (16변시) ( )

02 지방자치단체의 장이 소속 공무원을 다른 지방자치단체로 전출하는 것은 임명권자를 달리하는 지방자치단체로의 이동인 점에 비추어 이 경우에는 반드시 당해 공무원의 동의를 전제로 하므로, 당해 공무원의 동의 없는 전출명령은 무효이다. (19지방7) ( )

03 임용권자는 직제 또는 정원의 변경이나 예산의 감소 등으로 직위가 없어지거나 하위의 직위로 변경되어 과원이 되었을 때 또는 본인이 동의한 경우에는 소속 공무원을 강임할 수 있다. (10지방7) ( )

정답
01 ○ 02 × 03 ○

---

3 당해 공무원의 동의 없는 지방공무원법 제29조의3의 규정에 의한 전출명령은 위법하여 취소되어야 하므로, 그 전출명령이 적법함을 전제로 내린 징계처분은 그 전출명령이 공정력에 의하여 취소되기 전까지는 유효하다고 하더라도 징계양정에 있어 재량권을 일탈하여 위법하다(대판 2001.12.11, 99두1823).

4. 복직

공무원임용령 제2조 【정의】 이 영에서 사용하는 용어의 뜻은 다음과 같다.
2. "복직"이란 휴직, 직위해제, 정직 중이거나 강등으로 직무에 종사하지 못한 공무원을 직위에 복귀시키는 것을 말한다.

4 하위 직급으로 변경(강임)

국가공무원법 제5조 【정의】 이 법에서 사용하는 용어의 뜻은 다음과 같다.
4. "강임"이란 같은 직렬 내에서 하위 직급에 임명하거나 하위 직급이 없어 다른 직렬의 하위 직급으로 임명하거나 고위공무원단에 속하는 일반직공무원(제4조 제2항에 따라 같은 조 제1항의 계급 구분을 적용하지 아니하는 공무원은 제외한다)을 고위공무원단 직위가 아닌 하위 직위에 임명하는 것을 말한다.

제73조의4 【강임】 ① 임용권자는 직제 또는 정원의 변경이나 예산의 감소 등으로 직위가 폐직되거나 하위의 직위로 변경되어 과원이 된 경우 또는 본인이 동의한 경우에는 소속 공무원을 강임할 수 있다.
② 제1항에 따라 강임된 공무원은 상위 직급 또는 고위공무원단 직위에 결원이 생기면 제40조 · 제40조의2 · 제40조의4 및 제41조에도 불구하고 우선 임용된다. 다만, 본인이 동의하여 강임된 공무원은 본인의 경력과 해당 기관의 인력 사정 등을 고려하여 우선 임용될 수 있다.

5 겸임 · 파견

1. 겸임

- **겸임**: 특정 직위를 가진 공무원을 그 직위를 보유한 채 다른 공직에 임용하거나 다른 기관 · 단체의 임직원을 공무원으로 임용하는 것

국가공무원법 제32조의3 【겸임】 직위와 직무 내용이 유사하고 담당 직무 수행에 지장이 없다고 인정하면 대통령령 등으로 정하는 바에 따라 경력직공무원 상호 간에 겸임하게 하거나 경력직공무원과 대통령령으로 정하는 관련 교육 · 연구기관, 그 밖의 기관 · 단체의 임직원 간에 서로 겸임하게 할 수 있다.

2. 파견

- **파견**: 자기 본래의 직무를 일정기간 떠나 다른 기관에서 근무하는 것
- 파견공무원의 보수 지급은 공무원보수규정에 따름.

> **공무원보수규정 제21조【보수 지급 기관】** ① 보수는 해당 공무원의 소속 기관에서 지급하되, 보수의 지급기간 중에 전보 등의 사유로 소속 기관이 변동되었을 때에는 보수 지급일 현재의 소속 기관에서 지급한다. 다만, 전 소속 기관에서 이미 지급한 보수액은 그러하지 아니하다.
> ② 법령의 규정에 따라 파견된 공무원에게는 원소속 기관에서 파견기간 중의 보수를 지급한다. 다만, 다른 법령에 특별한 규정이 있거나 원소속 기관과 파견 받을 기관이 협의하여 따로 정한 경우에는 그러하지 아니하다.

6 휴직

1. 의의

• **휴직**: 신분은 보유하면서 일시적으로 직무에 종사하지 못하게 하는 것

2. 종류 및 사유

(1) **직권휴직**: 본인의 의사와 무관

> **국가공무원법 제71조【휴직】** ① 공무원이 다음 각 호의 어느 하나에 해당하면 임용권자는 본인의 의사에도 불구하고 휴직을 명하여야 한다.
> 1. 신체·정신상의 장애로 장기 요양이 필요할 때
> 2. 삭제
> 3. 병역법에 따른 병역 복무를 마치기 위하여 징집 또는 소집된 때
> 4. 천재지변이나 전시·사변, 그 밖의 사유로 생사(生死) 또는 소재(所在)가 불명확하게 된 때
> 5. 그 밖에 법률의 규정에 따른 의무를 수행하기 위하여 직무를 이탈하게 된 때
> 6. 공무원의 노동조합 설립 및 운영 등에 관한 법률 제7조에 따라 노동조합 전임자로 종사하게 된 때

(2) **의원휴직**: 본인의 의사에 따름

> **국가공무원법 제71조【휴직】** ② 임용권자는 공무원이 다음 각 호의 어느 하나에 해당하는 사유로 휴직을 원하면 휴직을 명할 수 있다. 다만, 제4호의 경우에는 대통령령으로 정하는 특별한 사정이 없으면 휴직을 명하여야 한다.
> 1. 국제기구, 외국 기관, 국내외의 대학·연구기관, 다른 국가기관 또는 대통령령으로 정하는 민간기업, 그 밖의 기관에 임시로 채용될 때
> 2. 국외 유학을 하게 된 때
> 3. 중앙인사관장기관의 장이 지정하는 연구기관이나 교육기관 등에서 연수하게 된 때
> 4. 만 8세 이하 또는 초등학교 2학년 이하의 자녀를 양육하기 위하여 필요하거나 여성공무원이 임신 또는 출산하게 된 때
> 5. 조부모, 부모(배우자의 부모를 포함한다), 배우자, 자녀 또는 손자녀를 부양하거나 돌보기 위하여 필요한 경우. 다만, 조부모나 손자녀의 돌봄을 위하여 휴직할 수 있는 경우는 본인 외에 돌볼 사람이 없는 등 대통령령 등으로 정하는 요건을 갖춘 경우로 한정한다.
> 6. 외국에서 근무·유학 또는 연수하게 되는 배우자를 동반하게 된 때
> 7. 대통령령 등으로 정하는 기간 동안 재직한 공무원이 직무 관련 연구과제 수행 또는 자기개발을 위하여 학습·연구 등을 하게 된 때

기출지문 OX

01 자기 직무를 떠나 다른 기관에서 근무하는 파견 직원의 급여는 원소속 기관에서 지급한다. (06관세) ( )

정답
01 ○

3. 효력

국가공무원법 제73조【휴직의 효력】① 휴직 중인 공무원은 신분은 보유하나 직무에 종사하지 못한다.
② 휴직 기간 중 그 사유가 없어지면 30일 이내에 임용권자 또는 임용제청권자에게 신고하여야 하며, 임용권자는 지체 없이 복직을 명하여야 한다.
③ 휴직 기간이 끝난 공무원이 30일 이내에 복귀 신고를 하면 당연히 복직된다.

관련 판례

자녀양육을 위한 육아휴직 기간 중 다른 자녀를 출산하거나 또는 출산이 예정되어 있어 구 국가공무원 복무규정제20조 제2항에 따른 출산휴가 요건을 갖춘 경우에는 더 이상 기존 자녀의 양육을 위하여 휴직할 필요가 없는 사유가 발생한 때에 해당한다. 따라서 육아휴직 중인 여성 교육공무원이 출산휴가 요건을 갖추어 복직신청을 하는 경우는 물론 그 이전에 미리 출산을 이유로 복직신청을 하는 경우에도 임용권자는 출산휴가 개시시점에 휴직사유가 없어졌다고 보아 복직명령과 동시에 출산휴가를 허가하여야 한다(대판 2014.6.12, 2012두4852).

7 직위해제

1. 의의 및 성질

- **직위해제**: 공무원의 신분을 보유하게 하면서 잠정적으로 보직을 해제하는 행위
- 국가공무원법상 재량행위에 해당함.
- 가행정행위에 해당하며, 항고소송의 대상인 처분성 인정

관련 판례

구 국가공무원법상 직위해제는 일반적으로 공무원이 직무수행능력이 부족하거나 근무성적이 극히 불량한 경우, 공무원에 대한 징계절차가 진행중인 경우, 공무원이 형사사건으로 기소된 경우 등에 있어서 당해 공무원이 장래에 있어서 계속 직무를 담당하게 될 경우 예상되는 업무상의 장애 등을 예방하기 위하여 일시적으로 당해 공무원에게 직위를 부여하지 아니함으로써 직무에 종사하지 못하도록 하는 잠정적인 조치로서의 보직의 해제를 의미하므로 과거의 공무원의 비위행위에 대하여 기업질서 유지를 목적으로 행하여지는 징벌적 제재로서의 징계와는 그 성질이 다르다(대판 2003.10.10, 2003두5945).

2. 직위해제 사유

국가공무원법 제73조의3【직위해제】① 임용권자는 다음 각 호의 어느 하나에 해당하는 자에게는 직위를 부여하지 아니할 수 있다.
1. 삭제
2. 직무수행 능력이 부족하거나 근무성적이 극히 나쁜 자
3. 파면·해임·강등 또는 정직에 해당하는 징계 의결이 요구 중인 자
4. 형사 사건으로 기소된 자(약식명령이 청구된 자는 제외한다)

기출지문 OX

01 직위해제는 공무원의 신분을 상실하게 하는 행위이다. (97국가7) ( )

02 직위해제는 사실행위로서의 성질을 갖는다. (97국가7) ( )

03 국가공무원법상 직위해제는 잠정적인 조치로서 보직의 해제를 의미할 뿐이고 징벌적 제재로서 징계와는 성격을 달리하므로 항고소송의 적법한 대상이 될 수 없다. (13지방7) ( )

04 직위해제는 공무원에 대한 징계의 종류에 해당한다. (05승진5) ( )

05 직위해제는 징계처분으로서 공무원관계의 소멸사유이다. (12지방7) ( )

06 직무수행능력의 부족은 공무원의 징계사유에 해당한다. (03입시) ( )

정답
01 × 02 × 03 ×
04 × 해당하지 아니함
05 × 소멸사유가 아님
06 × 징계가 아닌 직위해제사유

5. 고위공무원단에 속하는 일반직공무원으로서 제70조의2 제1항 제2호부터 제5호까지의 사유로 적격심사를 요구받은 자
6. 금품비위, 성범죄 등 대통령령으로 정하는 비위행위로 인하여 감사원 및 검찰·경찰 등 수사기관에서 조사나 수사 중인 자로서 비위의 정도가 중대하고 이로 인하여 정상적인 업무수행을 기대하기 현저히 어려운 자

⑤ 공무원에 대하여 제1항 제2호의 직위해제 사유와 같은 항 제3호·제4호 또는 제6호의 직위해제 사유가 경합할 때에는 같은 항 제3호·제4호 또는 제6호의 직위해제 처분을 하여야 한다.

관련 판례

1 **국가공무원법 제73조의2 제1항 제4호에 대한 헌법소원**
이 사건 법률조항의 입법목적은 형사소추를 받은 공무원이 계속 직무를 집행함으로써 발생할 수 있는 공직 및 공무집행의 공정성과 그에 대한 국민의 신뢰를 해할 위험을 예방하기 위한 것으로 정당하고, 직위해제는 이러한 입법목적을 달성하기에 적합한 수단이다. 이 사건 법률조항이 임용권자로 하여금 구체적인 경우에 따라 개별성과 특수성을 판단하여 직위해제 여부를 결정하도록 한 것이지 직무와 전혀 관련이 없는 범죄나 지극히 경미한 범죄로 기소된 경우까지 임용권자의 자의적인 판단에 따라 직위해제를 할 수 있도록 허용하는 것은 아니고, 기소된 범죄의 법정형이나 범죄의 성질에 따라 그 요건을 보다 한정적, 제한적으로 규정하는 방법을 찾기 어렵다는 점에서 이 사건 법률조항이 필요최소한도를 넘어 공무담임권을 제한하였다고 보기 어렵다. 그리고 이 사건 법률조항에 의한 공무담임권의 제한은 잠정적이고 그 경우에도 공무원의 신분은 유지되고 있다는 점에서 공무원에게 가해지는 신분상 불이익과 보호하려는 공익을 비교할 때 공무집행의 공정성과 그에 대한 국민의 신뢰를 유지하고자 하는 공익이 더욱 크다. 따라서 이 사건 법률조항은 공무담임권을 침해하지 않는다(헌재 2006.5.25, 2004헌바12).

2 헌법상의 무죄추정의 원칙이나 위와 같은 직위해제제도의 목적에 비추어 볼 때, 형사사건으로 기소되었다는 이유만으로 직위해제처분을 하는 것은 정당화될 수 없고, 당사자가 당연퇴직 사유인 국가공무원법 제33조 제1항 제3호 내지 제6호에 해당하는 유죄판결을 받을 고도의 개연성이 있는지 여부, 당사자가 계속 직무를 수행함으로 인하여 공정한 공무집행에 위험을 초래하는지 여부 등 구체적인 사정을 고려하여 그 위법 여부를 판단하여야 할 것이다(대판 1999.9.17, 98두15412).

3. 직위해제 절차

국가공무원법 제75조【처분사유 설명서의 교부】 ① 공무원에 대하여 징계처분 등을 할 때나 강임·휴직·직위해제 또는 면직처분을 할 때에는 그 처분권자 또는 처분제청권자는 처분사유를 적은 설명서를 교부하여야 한다. 다만, 본인의 원에 따른 강임·휴직 또는 면직처분은 그러하지 아니하다.

관련 판례

1 [1] 인사규정에 "직위해제를 명령하였을 때에는 그 사유를 본인에게 통보하여야 한다"고 규정되어 있는 경우, 직위해제가 인사권자의 직권에 의하여 행해지는 직원에 대한 불이익처분이라는 점에 비추어 보면, 직위해제사유 통보에 관한 위 규정의

기출지문 OX

01 형사사건으로 기소된 공무원은 파면하여야 한다. (97행시) ( )

02 형사상 약식명령이 청구된 자는 직위해제사유에 해당한다. (06관세) ( )

03 형사사건으로 기소된 자에 대해서는 직위해제 여부를 임용권자가 재량으로 결정할 수 있다. (97국가7) ( )

04 파면, 해임, 강등, 견책에 해당하는 징계의결요구 중인 공무원에 대하여 임용권자는 직위를 부여하지 아니할 수 있다. (21지방7) ( )

05 직위해제를 하기 위해서는 징계위원회의 의결을 거쳐야 한다. (04관세) ( )

06 직위해제는 징계위원회의 의견이나 동의 및 의결을 거칠 필요가 없다. (07관세) ( )

정답
01 × 직위해제사유
02 × 약식명령은 제외
03 ○
04 × 견책이 아닌 정직
05 × 06 ○

취지는 본인에게 직위해제를 당하게 된 경위를 알리도록 하여 그에 대한 불복의 기회를 보장함과 아울러 인사권자로 하여금 직위해제사유의 존부를 신중하고 합리적으로 판단하게 하여 그 자의를 배제하도록 함으로써 직위해제에 관한 권한 행사의 적정을 기하려는 데 있다 할 것이고, 위 인사규정 자체 내에 직위해제사유 통보의 시기와 방법에 관하여 아무런 정함이 없다 할지라도 직위해제사유 통보에 관한 인사규정의 취지가 위와 같은 이상 그 직위해제사유 통보는 직위해제와 동시에 또는 직위해제 후 지체 없이 서면이나 구두 등의 적당한 방법에 의하여 행하되 본인이 그 당시의 전후 사정에 의하여 스스로에 대한 구체적인 직위해제사유를 알고 있다고 볼 만한 특별한 사정이 없는 한 그 사유는 사실관계의 동일성을 판별할 수 있을 정도로 통보되어야 한다고 봄이 상당하다.

[2] "직원은 법령, 정관 또는 이 규정에 의하지 아니하고는 그 의사에 반하여 직권면직, 휴직, 직위해제 기타 불이익한 처분을 받지 아니한다"는 인사규정 내용과 인사규정상 직위해제의 경우에는 징계의 경우와는 달리 해당 직원이 자신에게 유리한 진술을 할 사전의 기회나 사후 재심을 요청할 수 있는 길이 전혀 마련되어 있지 아니하여 위 "다"항의 인사규정의 취지가 새삼 강조되어야 할 것이라는 점 등을 종합하여 보면 동 조항에 정하여진 사유 통보를 흠결한 직위해제는 그 효력이 부정된다(대판 1992.7.28, 91다30729).

2 국가공무원법상 직위해제처분은 구 행정절차법 제3조 제2항 제9호, 구 행정절차법 시행령 제2조 제3호에 의하여 당해 행정작용의 성질상 행정절차를 거치기 곤란하거나 불필요하다고 인정되는 사항 또는 행정절차에 준하는 절차를 거친 사항에 해당하므로, 처분의 사전통지 및 의견청취 등에 관한 행정절차법의 규정이 별도로 적용되지 않는다(대판 2014.5.16, 2012두26180).

4. 직위해제의 효력

- 직무 종사 금지(출근 불가)
- 승진소요최저연수 불산입(공무원임용령 제31조 제2항)

구분	직위해제	휴직
제재적 성격(귀책사유)	O	X
복직보장	X	O

- 봉급 감액

공무원보수규정 제29조 【직위해제기간 중의 봉급 감액】 직위해제된 사람에게는 다음 각 호의 구분에 따라 봉급(외무공무원의 경우에는 직위해제 직전의 봉급을 말한다. 이하 이 조에서 같다)의 일부를 지급한다.
1. 국가공무원법 제73조의3 제1항 제2호, 교육공무원법 제44조의2 제1항 제1호 또는 군무원인사법 제29조 제1항 제1호에 따라 직위해제된 사람: 봉급의 80퍼센트
2. 국가공무원법 제73조의3 제1항 제5호에 따라 직위해제된 사람: 봉급의 70퍼센트. 다만, 직위해제일부터 3개월이 지나도 직위를 부여받지 못한 경우에는 그 3개월이 지난 후의 기간 중에는 봉급의 40퍼센트를 지급한다.
3. 국가공무원법 제73조의3 제1항 제3호·제4호 또는 제6호, 교육공무원법 제44조의2 제1항 제2호부터 제4호까지 또는 군무원인사법 제29조 제1항 제2호부터 제4호까지의 규정에 따라 직위해제된 사람: 봉급의 50퍼센트. 다만, 직위해제일부터 3개월이 지나도 직위를 부여받지 못한 경우에는 그 3개월이 지난 후의 기간 중에는 봉급의 30퍼센트를 지급한다.

기출지문 OX

01 직위해제처분은 당해 공무원에게 직위를 부여하지 아니함으로써 직무에 종사하지 못하도록 하는 잠정적이고 가처분적인 성격을 갖는 조치이므로, 징벌적 제재로서의 징계 등에서 요구되는 것과 같은 동일한 절차적 보장으로 요구할 수는 없다. (15지방7) ( )

02 국가공무원법상 직위해제처분은 불이익처분이므로 행정절차법상 처분의 사전통지 및 의견청취 등에 관한 규정이 적용된다. (19지방7, 15국회8) ( )

03 직위해제는 복직이 보장되지 않는다는 점에서 휴직과 차이가 있다. (04관세) ( )

04 직위해제는 신분상 불이익처분에 해당하고 직무수행정지, 보수삭감 등의 침해적 법률효과가 발생한다. (12국회8) ( )

정답
01 ○ 02 × 03 ○ 04 ○

5. 직위해제의 후속조치

국가공무원법 제73조의3【직위해제】② 제1항에 따라 직위를 부여하지 아니한 경우에 그 사유가 소멸되면 임용권자는 지체 없이 직위를 부여하여야 한다.
③ 임용권자는 제1항 제2호에 따라 직위해제된 자에게 3개월의 범위에서 대기를 명한다.
④ 임용권자 또는 임용제청권자는 제3항에 따라 대기 명령을 받은 자에게 능력 회복이나 근무성적의 향상을 위한 교육훈련 또는 특별한 연구과제의 부여 등 필요한 조치를 하여야 한다.

제70조【직권 면직】① 임용권자는 공무원이 다음 각 호의 어느 하나에 해당하면 직권으로 면직시킬 수 있다.
5. 제73조의3 제3항에 따라 대기 명령을 받은 자가 그 기간에 능력 또는 근무성적의 향상을 기대하기 어렵다고 인정된 때
② 임용권자는 제1항 제3호부터 제8호까지의 규정에 따라 면직시킬 경우에는 미리 관할 징계위원회의 의견을 들어야 한다. 다만, 제1항 제5호에 따라 면직시킬 경우에는 징계위원회의 동의를 받아야 한다.

6. 관련문제

(1) 직위해제처분 후 직권면직·징계처분시 일사부재리의 원칙 위배 여부

- 직위해제처분과 직권면직 또는 징계는 목적·성질을 달리하는 별개의 독립된 처분이므로 일사부재리 원칙에 반하지 않음.

관련 판례

1 직권면직처분과 이보다 앞서 행하여진 직위해제처분은 그 목적을 달리한 각 별개의 독립된 처분이라 할 것이므로 본건 직권면직처분이 직위해제처분을 사유로 하였다 하더라도 일사부재리원칙에 위배되지 않는다(대판 1983.10.25, 83누340).

2 직위해제처분은 공무원에 대하여 불이익한 처분이긴 하나 징계처분과 같은 성질의 처분이라고는 볼 수 없으므로 동일한 사유에 대한 직위해제처분이 있은 후 다시 해임처분이 있었다 하여 일사부재리의 법리에 어긋난다고 할 수 없다(대판 1984.2.28, 83누489).

3 직위해제처분은 징벌적 제재인 징계처분과는 그 성질을 달리하는 별개의 처분이다. 따라서 이러한 직위해제 제도의 목적 등에 비추어 구 지방공무원법 제65조의3 제1항 제2호의 사유에 기한 직위해제처분의 적법 여부는 그 처분시를 기준으로 당해 지방공무원이 파면·해임·정직에 해당하는 징계의결을 받을 고도의 개연성이 있는지 여부, 당해 지방공무원이 계속 직무를 수행함으로 인하여 공정한 공무집행에 위험을 초래하는지 여부 등 구체적인 사정을 고려하여 판단하여야 하고, 직위해제처분 이후 관련 징계처분이 법원의 판결로 징계사유의 부존재, 징계시효의 만료 등을 이유로 취소되었다고 하여 바로 직위해제처분이 위법하게 되는 것은 아니다(대판 2014.10.30, 2012두25552).

기출지문 OX

01 직위해제사유가 소멸한 때에는 그 사유가 소멸한 때로부터 3개월 내에 직위를 부여하여야 한다. (97국가7) ( )

02 직무수행능력이 부족하거나 근무성적이 극히 나쁨을 이유로 직위해제된 자에 대하여는 3개월 이내의 대기를 명하여야 한다. (04관세) ( )

03 대기발령을 받은 자가 그 기간 중 능력향상을 기대하기 어렵다고 인정된 때에는 징계위원회의 동의를 얻어 직권면직시킬 수 있다. (04관세) ( )

04 직제와 정원의 개폐 등에 따라 폐직 또는 과원이 되었을 때, 전직시험에서 세 번 이상 불합격한 자로서 직무수행능력이 부족하다고 인정된 때, 대기명령을 받은 자의 근무성적향상을 기대하기 어렵다고 인정되는 때 등의 사유로 직권면직을 시킬 경우 미리 관할 징계위원회의 의견을 들어야 한다. (10국회8) ( )

05 직위해제처분은 공무원에 대한 불이익한 처분이기 때문에 동일한 사유에 대하여 직위해제처분이 있은 후 다시 해임처분이 있었다면 일사부재리의 법리에 위반된다. (21국가7, 16변시) ( )

06 동일한 사유로 직위해제처분이 있은 후 다시 해임처분을 하여도 일사부재리의 원칙에 반하지 않는다. (19소방간부) ( )

정답
01 × 02 ○ 03 ○ 04 × 05 ×
06 ○

기출지문 OX

01 공무원에 대한 직위해제처분은 직권면직 또는 징계와 그 목적과 성질이 동일한 처분이므로 선행하는 직위해제처분의 위법사유를 들어 후행하는 면직처분의 효력을 다툴 수 있다. (17국가7) ( )

02 직위해제처분에 대해 소정기간 내에 소청심사청구나 행정소송을 제기하지 않은 상황에서 그 후에, 직권면직처분에 대한 행정소송에서 직위해제처분의 취소사유를 들어 다시 위법을 주장할 수 없다. (19소방간부) ( )

03 어떤 사유에 기하여 공무원을 직위해제 한 후 그 직위해제사유와 동일한 사유를 이유로 징계처분을 하였다면 뒤에 이루어진 징계처분에 의하여 그 전에 있었던 직위해제처분은 그 효력을 상실한다. (17국가7) ( )

04 인사규정 등에서 직위해제처분에 따른 효과로 승진·승급에 제한을 가하는 등의 법률상 불이익을 규정하고 있는 경우에는 직위해제처분을 받은 근로자는 이러한 법률상 불이익을 제거하기 위하여 그 실효된 직위해제처분에 대한 구제를 신청할 이익이 있다. (15지방7) ( )

정답
01 × 02 ○ 03 ○ 04 ○

(2) 직위해제처분과 직권면직·징계처분 간 하자 승계 여부

관련 판례

직위해제처분이 있은 후 면직처분이 된 경우 전자에 대하여 소청심사청구 등 불복을 함이 없고 그 처분이 당연무효인 경우도 아닌 이상 그 후의 면직처분에 대한 불복의 행사소송에서 전자의 취소사유를 들어 위법을 주장할 수 없다(대판 1970.1.27, 68누10).

(3) 직위해제처분 소멸 후의 직위해제처분에 대한 항고소송의 소의 이익

관련 판례

1 직위해제 처분은 그 근로자로서의 지위를 그대로 존속시키면서 다만 그 직위만을 부여하지 아니하는 처분이므로 만일 어떤 사유에 기하여 근로자를 직위해제한 후 그 직위해제 사유와 동일한 사유를 이유로 징계처분을 하였다면 뒤에 이루어진 징계처분에 의하여 그 전에 있었던 직위해제 처분은 그 효력을 상실한다(대판 2007.12.28, 2006다33999).

2 직위해제처분이 효력을 상실한다는 것은 직위해제처분이 소급적으로 소멸하여 처음부터 직위해제처분이 없었던 것과 같은 상태로 되는 것이 아니라 사후적으로 그 효력이 소멸한다는 의미이다. 따라서 직위해제처분에 기하여 발생한 효과는 당해 직위해제처분이 실효되더라도 소급하여 소멸하는 것이 아니므로, 인사규정 등에서 직위해제처분에 따른 효과로 승진·승급에 제한을 가하는 등의 법률상 불이익을 규정하고 있는 경우에는 직위해제처분을 받은 근로자는 이러한 법률상 불이익을 제거하기 위하여 그 실효된 직위해제처분에 대한 구제를 신청할 이익이 있다(대판 2010.7.29, 2007두18406).

3 제청신청인들은 개정법률 부칙 제2호에 의하여 1995.1.3. 복직발령을 받았으나, 직위해제처분은 여전히 유효하기 때문에, 승진소요최저연수의 계산에 있어서 직위해제기간은 산입되지 않으며(공무원임용령 제31조 제2항) 직위해제기간 중 봉급의 감액을 감수할 수밖에 없는(공무원보수규정 제29조) 등 제청신청인들에게 법적으로 불리한 효과가 그대로 남아 있다. 그러므로 제청신청인들에게는 승급이나 보수지급 등에 있어서의 불리함을 제거하기 위하여 직위해제처분의 취소를 구할 소의 이익이 인정되고, 이로써 제청법원은 당해사건의 본안에 관하여 판단해야 할 필요성이 있다고 하겠다(헌재 1998.5.28, 96헌가12).

8 정직·감봉

1. 정직

국가공무원법 제80조 【징계의 효력】 ③ 정직은 1개월 이상 3개월 이하의 기간으로 하고, 정직 처분을 받은 자는 그 기간 중 공무원의 신분은 보유하나 직무에 종사하지 못하며 보수는 전액을 감한다.

지방공무원법 제71조 【징계의 효력】 ③ 정직은 1개월 이상 3개월 이하의 기간으로 하고, 정직처분을 받은 사람은 그 기간 중 공무원의 신분은 보유하나 직무에 종사하지 못하며 보수는 전액을 삭감한다.

2. 감봉(국가공무원법 제80조 제4항, 지방공무원법 제71조 제4항)

> 국가공무원법 제80조【징계의 효력】④ 감봉은 1개월 이상 3개월 이하의 기간 동안 보수의 3분의 1을 감한다.
>
> 지방공무원법 제71조【징계의 효력】④ 감봉은 1개월 이상 3개월 이하의 기간 보수의 3분의 1을 삭감한다.

제3절 공무원관계의 소멸

1 당연퇴직

1. 의의

- **당연퇴직**: 임용권자의 처분 없이, 일정한 사유의 발생에 의하여 법률상 당연히 퇴직되는 것(임용권자의 별도의 의사표시 불요)

2. 당연퇴직 사유

(1) 국가·지방공무원법상 결격사유에 해당할 경우

> 국가공무원법 제69조【당연퇴직】공무원이 다음 각 호의 어느 하나에 해당할 때에는 당연히 퇴직한다.
>
> 1. 제33조 각 호의 어느 하나에 해당하는 경우. 다만, 제33조 제2호는 파산선고를 받은 사람으로서 채무자 회생 및 파산에 관한 법률에 따라 신청기한 내에 면책신청을 하지 아니하였거나 면책불허가 결정 또는 면책 취소가 확정된 경우만 해당하고, 제33조 제5호는 형법 제129조부터 제132조까지, 성폭력범죄의 처벌 등에 관한 특례법 제2조, 아동·청소년의 성보호에 관한 법률 제2조 제2호 및 직무와 관련하여 형법 제355조 또는 제356조에 규정된 죄를 범한 사람으로서 금고 이상의 형의 선고유예를 받은 경우만 해당한다.
>
> 제33조【결격사유】다음 각 호의 어느 하나에 해당하는 자는 공무원으로 임용될 수 없다.
>
> 1. 피성년후견인
> 2. 파산선고를 받고 복권되지 아니한 자
> 3. 금고 이상의 실형을 선고받고 그 집행이 종료되거나 집행을 받지 아니하기로 확정된 후 5년이 지나지 아니한 자
> 4. 금고 이상의 형을 선고받고 그 집행유예 기간이 끝난 날부터 2년이 지나지 아니한 자
> 5. 금고 이상의 형의 선고유예를 받은 경우에 그 선고유예 기간 중에 있는 자
> 6. 법원의 판결 또는 다른 법률에 따라 자격이 상실되거나 정지된 자
>
> 6의2. 공무원으로 재직기간 중 직무와 관련하여 형법 제355조 및 제356조에 규정된 죄를 범한 자로서 300만원 이상의 벌금형을 선고받고 그 형이 확정된 후 2년이 지나지 아니한 자

기출지문 OX

01 재직 중인 공무원에게 결격사유가 있는 점이 확인되면 당연퇴직사유가 된다. (98입시) ( )

02 국가공무원이 파산선고를 받았다고 하여도 채무자 회생 및 파산에 관한 법률에 따라 신청기한 내에 면책신청을 하지 아니하였거나 면책불허가결정 또는 면책취소가 확정된 때에만 당연퇴직된다. (16국회8) ( )

03 국가공무원법상 임용결격사유는 모두 당연퇴직사유에 해당된다. (16행정사) ( )

정답
01 ○ 02 ○
03 × 임용결격사유 일부만 당연퇴직사유에 해당함

6의3. 성폭력범죄의 처벌 등에 관한 특례법 제2조에 규정된 죄를 범한 사람으로서 100만원 이상의 벌금형을 선고받고 그 형이 확정된 후 3년이 지나지 아니한 사람
6의4. 미성년자에 대한 다음 각 목의 어느 하나에 해당하는 죄를 저질러 파면·해임되거나 형 또는 치료감호를 선고받아 그 형 또는 치료감호가 확정된 사람(집행유예를 선고받은 후 그 집행유예기간이 경과한 사람을 포함한다)
가. 성폭력범죄의 처벌 등에 관한 특례법 제2조에 따른 성폭력범죄
나. 아동·청소년의 성보호에 관한 법률 제2조 제2호에 따른 아동·청소년대상 성범죄
7. 징계로 파면처분을 받은 때부터 5년이 지나지 아니한 자
8. 징계로 해임처분을 받은 때부터 3년이 지나지 아니한 자

관련 판례

1 범죄행위로 인하여 형사처벌을 받은 공무원에게 그에 상응하는 신분상의 불이익을 과하는 것은 국민전체의 이익을 위해 적절한 수단이 될 수 있고 공무원에게 공무를 위임한 국민의 일반의사에도 부합하는 점, 법원이 범죄의 모든 정황을 고려하여 금고 이상의 형의 집행유예 판결을 하였다면 당해 공무원에 대한 사회적 비난가능성이 결코 적지 아니한 점, 공무원이 범죄행위로 인하여 형사처벌을 받은 경우에는 당해 공무원에 대한 국민의 신뢰가 손상되어 원활한 직무수행에 어려움이 생기고 이는 공직전체에 대한 신뢰를 실추시켜 공공의 이익을 해하는 결과를 초래하게 되는 점 등을 고려하면, 이 사건 법률조항이 과잉금지원칙에 위배되어 공무담임권을 침해한다고 볼 수 없다(헌재 2015.10.21, 2015헌바215).

2 경찰공무원이 재직 중 자격정지 이상의 형의 선고유예를 받음으로써 경찰공무원법 제7조 제2항 제5호에 정하는 임용결격사유에 해당하게 되면, 같은 법 제21조의 규정에 의하여 임용권자의 별도의 행위(공무원의 신분을 상실시키는 행위)를 기다리지 아니하고 그 선고유예 판결의 확정일에 당연히 경찰공무원의 신분을 상실(당연퇴직)하게 되는 것이고, 나중에 선고유예기간(2년)이 경과하였다고 하더라도 이미 발생한 당연퇴직의 효력이 소멸되어 경찰공무원의 신분이 회복되는 것은 아니며, 한편 직위해제처분은 형사사건으로 기소되는 등 국가공무원법 제73조의2 제1항 각 호에 정하는 귀책사유가 있을 때 당해 공무원에게 직위를 부여하지 아니하는 처분이고, 복직처분은 직위해제사유가 소멸되었을 때 직위해제된 공무원에게 국가공무원법 제73조의2 제2항의 규정에 의하여 다시 직위를 부여하는 처분일 뿐, 이들 처분들이 공무원의 신분을 박탈하거나 설정하는 처분은 아닌 것이므로, 임용권자가 임용결격사유의 발생 사실을 알지 못하고 직위해제되어 있던 중 임용결격사유가 발생하여 당연퇴직된 자에게 복직처분을 하였다고 하더라도 이 때문에 그 자가 공무원의 신분을 회복하는 것은 아니다(대판 1997.7.8, 96누4275).

(2) 공무원이 사망한 경우

(3) 임기제공무원의 임기가 만료된 경우

국가공무원법 제69조【당연퇴직】 공무원이 다음 각 호의 어느 하나에 해당할 때에는 당연히 퇴직한다.
2. 임기제공무원의 근무기간이 만료된 경우

기출지문 OX

01 직위해제 중에 자격정지 이상의 형의 선고유예를 받아 당연퇴직된 경찰공무원에게 임용권자가 복직처분을 한 상태에서 선고유예기간이 경과된 경우 경찰공무원의 신분은 당연히 회복된다.
(21국가7, 12국가7) ( )

정답
01 × 회복되지 않음

(4) 공무원이 정년에 달한 경우

- 일반적으로 '연령정년'을 말함.
- 군인, 경찰, 소방관 등 특정직 공무원의 정년은 개별법으로 정하며 계급정년, 근속정년이 적용됨.

> **국가공무원법 제74조【정년】** ① 공무원의 정년은 다른 법률에 특별한 규정이 있는 경우를 제외하고는 60세로 한다.
> ④ 공무원은 그 정년에 이른 날이 1월부터 6월 사이에 있으면 6월 30일에, 7월부터 12월 사이에 있으면 12월 31일에 각각 당연히 퇴직된다.

3. 당연퇴직의 효과

- 당연퇴직된 자가 행한 행위는 원칙적으로 무권한자의 행위로 무효

4. 당연퇴직 후의 사정변경

관련 판례

1 당연퇴직의 효력이 생긴 후에 당연퇴직사유가 소멸한다는 것은 있을 수 없으므로, 지방공무원이 형의 선고유예를 받은 경우에는 그 이후 형법 제60조에 따라 면소된 것으로 간주되었다 하더라도 이미 발생한 당연퇴직의 효력에는 영향이 없다(대판 2002.7.26, 2001두205).

2 당연퇴직의 효력이 생긴 후에 당연퇴직사유가 소멸한다는 것은 있을 수 없으므로, 국가공무원이 금고 이상의 형의 집행유예를 받은 경우에는 그 이후 형법 제65조에 따라 형의 선고의 효력을 잃게 되었다 하더라도 이미 발생한 당연퇴직의 효력에는 영향이 없다(대판 2011.3.24, 2008다49714).

5. 당연퇴직에 대한 권리구제

관련 판례

1 국가공무원법 제69조에 의하면 공무원이 제33조 각 호의 1에 해당할 때에는 당연히 퇴직한다고 규정하고 있으므로, 국가공무원법상 당연퇴직은 결격사유가 있을 때 법률상 당연히 퇴직하는 것이지 공무원관계를 소멸시키기 위한 별도의 행정처분을 요하는 것이 아니며, 당연퇴직의 인사발령은 법률상 당연히 발생하는 퇴직사유를 공적으로 확인하여 알려주는 이른바 관념의 통지에 불과하고 공무원의 신분을 상실시키는 새로운 형성적 행위가 아니므로 행정소송의 대상이 되는 독립한 행정처분이라고 할 수 없다(대판 1995.11.14, 95누2036).

2 과거에 법률에 의하여 당연퇴직된 공무원이 자신을 복직 또는 재임용시켜 줄 것을 요구하는 신청에 대하여 그와 같은 조치가 불가능하다는 행정청의 거부행위는 당연퇴직의 효과가 계속하여 존재한다는 것을 알려주는 일종의 안내에 불과하므로 당연퇴직된 공무원의 실체상의 권리관계에 직접적인 변동을 일으키는 것으로 볼 수 없고, 당연퇴직의 근거 법률이 헌법재판소의 위헌결정으로 효력을 잃게 되었다고 하더라도 당연퇴직된 이후 헌법소원 등의 청구기간이 도과한 경우에는 당연퇴직의 내용과 상반되는 처분을 요구할 수 있는 조리상의 신청권을 인정할 수도 없다고 할 것이어서,

기출지문 OX

01 군인, 경찰공무원에 대해서는 계급정년이 적용된다. (06관세) ( )

02 국가공무원이 당연퇴직 사유에 해당하는 금고 이상의 형의 집행유예를 선고받은 후 그 선고가 실효되거나 취소됨이 없이 유예기간을 경과하여 형의 선고의 효력을 잃게 되었다 하더라도 이미 발생한 당연퇴직의 효력에는 영향이 없다. (21국가7, 20국가7, 19변시) ( )

03 공무원관계가 종료된 이후 자신의 임용결격사유가 해소되었음을 이유로 재임용을 신청하였으나 거부된 경우, 그러한 거부행위는 항고소송의 대상이 되는 행정처분이 아니다. (17국회8) ( )

정답
01 ○ 02 ○ 03 ○

이와 같은 경우 행정청의 복직 또는 재임용거부행위는 항고소송의 대상이 되는 행정처분에 해당한다고 할 수 없다(대판 2005.11.25, 2004두12421).

2 면직

1. 의원면직

(1) 의의

- **의원면직**: 공무원 스스로의 사직 의사표시에 의하여 임용권자가 당해 공무원의 공무원 관계를 소멸시키는 처분(예 권고사직, 명예퇴직)

(2) 의원면직의 요건

① 사직원의 제출

㉠ 사직원 제출은 자유로운 의사에 의한 것이어야 함.

관련 판례

사직서의 제출이 감사기관이나 상급관청 등의 강박에 의한 경우에는 그 정도가 의사결정의 자유를 박탈할 정도에 이른 것이라면 그 의사표시가 무효로 될 것이고 그렇지 않고 의사결정의 자유를 제한하는 정도에 그친 경우라면 그 성질에 반하지 아니하는 한 의사표시에 관한 민법 제110조의 규정을 준용하여 그 효력을 따져보아야 할 것이나, 감사담당 직원이 당해 공무원에 대한 비리를 조사하는 과정에서 사직하지 아니하면 징계파면이 될 것이고 또한 그렇게 되면 퇴직금 지급상의 불이익을 당하게 될 것이라는 등의 강경한 태도를 취하였다고 할지라도 그 취지가 단지 비리에 따른 객관적 상황을 고지하면서 사직을 권고·종용한 것에 지나지 않고 위 공무원이 그 비리로 인하여 징계파면이 될 경우 퇴직금 지급상의 불이익을 당하게 될 것 등 여러 사정을 고려하여 사직서를 제출한 경우라면 그 의사결정이 의원면직처분의 효력에 영향을 미칠 하자가 있었다고는 볼 수 없다(대판 1997.12.12, 97누13962).

㉡ 사직원 제출에는 민법 제107조(비진의의사표시) 적용되지 않음.

관련 판례

일괄사표를 제출하였다가 선별수리하는 형식으로 의원면직되었다고 하더라도 공무원들이 임용권자 앞으로 일괄사표를 제출한 경우 그 사직원의 제출은 제출 당시 임용권자에 의하여 수리 또는 반려 중 어느 하나의 방법으로 처리되리라는 예측이 가능한 상태에서 이루어진 것으로서 그 사직원에 따른 의원면직은 그 의사에 반하지 아니하고, 비록 사직원제출자의 내심의 의사가 사직할 뜻이 아니었다 하더라도 그 의사가 외부에 객관적으로 표시된 이상 그 의사는 표시된 대로 효력을 발하는 것이며, 민법 제107조는 그 성질상 사인의 공법행위에 적용되지 아니하므로 사직원제출을 받아들여 의원면직처분한 것을 당연무효라고 할 수 없다(대판 1992.8.14, 92누909).

기출지문 OX

01 권고사직과 명예퇴직은 의원면직에 속한다. (12지방7) ( )

02 권고사직의 형식을 취하고 있더라도 사직의 권고가 공무원의 의사결정의 자유를 박탈할 정도의 강박에 해당하는 경우에는 당해 권고사직은 무효이다. (14국가7) ( )

03 일괄사직원의 제출의 경우, 내심으로는 사직의 의사가 없기 때문에 당해 사직원의 제출은 무효라는 것이 판례의 입장이다. (04관세) ( )

04 공무원의 사직의 의사표시는 사인의 공법행위이므로 민법상의 비진의 의사표시의 무효에 관한 규정은 적용되지 않는다. (14서울7) ( )

05 사인의 공법행위인 공무원의 사직의 의사표시에는 그 법률관계의 특수성도 있지만 개인의 자유로운 의사결정을 존중하여야 하므로 민법 제107조의 비진의 의사표시에 관한 규정이 준용된다. (19소방간부) ( )

정답
01 ○ 02 ○ 03 × 04 ○ 05 ×

㉢ 사직원의 제출 또는 철회는 대리 불가
㉣ 사직원의 철회

관련 판례

공무원이 한 사직 의사표시의 철회나 취소는 그에 터잡은 의원면직처분이 있을 때까지 할 수 있는 것이고, 일단 면직처분이 있고 난 이후에는 철회나 취소할 여지가 없다(대판 2001.8.24, 99두9971).

② 사직원의 수리
- 쌍방적 행정행위
- 준법률행위적 행정행위로서의 수리

관련 판례

1 **[1]** 행정청의 권한에는 사무의 성질 및 내용에 따르는 제약이 있고, 지역적·대인적으로 한계가 있으므로 이러한 권한의 범위를 넘어서는 권한유월의 행위는 무권한 행위로서 원칙적으로 무효라고 할 것이나, 행정청의 공무원에 대한 의원면직처분은 공무원의 사직의사를 수리하는 소극적 행정행위에 불과하고, 당해 공무원의 사직의사를 확인하는 확인적 행정행위의 성격이 강하며 재량의 여지가 거의 없기 때문에 의원면직처분에서의 행정청의 권한유월 행위를 다른 일반적인 행정행위에서의 그것과 반드시 같이 보아야 할 것은 아니다.
[2] 5급 이상의 국가정보원직원에 대한 의원면직처분이 임면권자인 대통령이 아닌 국가정보원장에 의해 행해진 것으로 위법하고, 나아가 국가정보원직원의 명예퇴직원 내지 사직서 제출이 직위해제 후 1년여에 걸친 국가정보원장 측의 종용에 의한 것이었다는 사정을 감안한다 하더라도 그러한 하자가 중대한 것이라고 볼 수는 없으므로, 대통령의 내부결재가 있었는지에 관계없이 당연무효는 아니라고 한 사례(대판 2007.7.26, 2005두15748).

2 경찰서 수사과 형사계 반장인 원고의 부하직원에 대한 뇌물수수사건의 검찰 수사과정에서 뇌물을 받은 사람이 원고라는 제공자의 진술에 따라 원고에게까지 수사가 확대되자, 원고가 수사를 피하기 위하여 사직원을 제출하였으나 수리도 되지 아니한 상태에서 소속 상관의 허가 없이 3개월여 동안 직장을 이탈하고 출근하지 아니하여 뇌물수수 등의 죄로 지명수배된 경우, 원고의 위와 같은 행위는 국가공무원법상의 직장이탈이어서 같은 법 제78조 제1항 제1호에 해당한다는 이유로 원고에 대하여 한 파면처분에 재량권을 남용 또는 일탈한 위법이 없다(대판 1991.11.12, 91누3666).

(3) 명예퇴직

국가공무원법 제74조의2【명예퇴직 등】 ① 공무원으로 20년 이상 근속한 자가 정년 전에 스스로 퇴직(임기제공무원이 아닌 경력직공무원이 임기제공무원으로 임용되어 퇴직하는 경우로서 대통령령으로 정하는 경우를 포함한다)하면 예산의 범위에서 명예퇴직 수당을 지급할 수 있다.

기출지문 OX

01 사직원의 제출 또는 그 철회에는 대리가 허용되지 않는다. (12지방7) ( )

02 사직의 의사표시는 그에 터 잡은 의원면직처분이 있을 때까지 철회할 수 있다. (04관세) ( )

03 공무원이 한 사직의 의사표시는 그에 터 잡은 의원면직처분이 있을 때까지는 원칙적으로 이를 철회할 수 있다. 다만, 의원면직처분이 있기 전이라도 사직의 의사표시를 철회하는 것이 신의칙에 반한다고 인정되는 특별한 사정이 있다면 그 철회는 허용되지 아니한다. (19소방간부) ( )

정답
01 ○ 02 ○ 03 ○

2. 일방적 면직(강제면직)

(1) 징계면직

- 공무원법상 요구되는 의무를 위반한 때 징계로서 내려지는 파면과 해임이 이에 해당함.
- **파면**: 파면처분을 받은 때부터 5년이 지나지 아니한 경우 공무원 임용 불가, 퇴직급여 및 급여수당 감액
- **해임**: 해임처분을 받은 때부터 3년이 지나지 아니한 경우 공무원 임용 불가, 퇴직급여의 감액 없음.

(2) 직권면직

① 의의

- **직권면직**: 법령으로 정해진 일정한 사유가 있는 경우, 본인의 의사와 관계없이 임용권자가 직권으로 공무원의 신분을 박탈하는 것
- 징계면직과 달리 징계처분에 해당하지 아니함.

② 직권면직 사유 및 절차

> **국가공무원법 제70조【직권 면직】** ① 임용권자는 공무원이 다음 각 호의 어느 하나에 해당하면 직권으로 면직시킬 수 있다.
> 1. 삭제
> 2. 삭제
> 3. 직제와 정원의 개폐 또는 예산의 감소 등에 따라 폐직 또는 과원이 되었을 때
> 4. 휴직 기간이 끝나거나 휴직 사유가 소멸된 후에도 직무에 복귀하지 아니하거나 직무를 감당할 수 없을 때
> 5. 제73조의3 제3항에 따라 대기 명령을 받은 자가 그 기간에 능력 또는 근무성적의 향상을 기대하기 어렵다고 인정된 때
> 6. 전직시험에서 세 번 이상 불합격한 자로서 직무수행 능력이 부족하다고 인정된 때
> 7. 병역판정검사·입영 또는 소집의 명령을 받고 정당한 사유 없이 이를 기피하거나 군복무를 위하여 휴직 중에 있는 자가 군복무 중 군무(軍務)를 이탈하였을 때
> 8. 해당 직급·직위에서 직무를 수행하는데 필요한 자격증의 효력이 없어지거나 면허가 취소되어 담당 직무를 수행할 수 없게 된 때
> 9. 고위공무원단에 속하는 공무원이 제70조의2에 따른 적격심사 결과 부적격 결정을 받은 때
>
> ② 임용권자는 제1항 제3호부터 제8호까지의 규정에 따라 면직시킬 경우에는 미리 관할 징계위원회의 의견을 들어야 한다. 다만, 제1항 제5호에 따라 면직시킬 경우에는 징계위원회의 동의를 받아야 한다.
>
> ③ 임용권자나 임용제청권자는 제1항 제3호에 따라 소속 공무원을 면직시킬 때에는 임용 형태, 업무 실적, 직무수행 능력, 징계처분 사실 등을 고려하여 면직 기준을 정하여야 한다.
>
> ④ 제3항에 따른 면직 기준을 정하거나 제1항 제3호에 따라 면직 대상자를 결정할 때에는 임용권자 또는 임용제청권자(임용권자나 임용제청권자가 분명하지 아니하면 중앙인사관장기관의 장을 말한다)별로 심사위원회를 구성하여 그 심사위원회의 심의·의결을 거쳐야 한다.
>
> ⑤ 제4항에 따른 심사위원회의 위원장은 임용권자 또는 임용제청권자가 되며, 위원은 면직 대상자보다 상위 계급자 또는 고위공무원단에 속하는 일반직공무원 중에서 위원장이 지명하는 5명 이상 7명 이하로 구성하되, 면직 대상자의

기출지문 OX

01 징계면직이란 공무원이 공무원법상 요구되는 의무를 위반한 때, 그에 대하여 가해지는 제재로서의 징계처분에 의한 파면과 해임을 의미한다. (19소방간부) ( )

02 파면과 해임은 징계면직에 해당한다. (12지방7) ( )

03 징계의 종류로서 파면과 해임은 둘 다 공무원 신분을 박탈시키며 공직취임 제한기간이 동일하다는 점에 있어서는 차이가 없다. (16행정사) ( )

04 고위공무원단에 속하는 일반직 공무원이 국가공무원법상 적격심사를 요구받으면 직위해제의 사유가 되고, 적격심사의 결과 부적격결정을 받으면 직권면직될 수 있다. 이 때 징계위원회의 의견청취절차는 같은 법상 요건이 아니다. (12국회8) ( )

정답
01 ○ 02 ○
03 × 공직취임 제한기간 다름
04 ○

상위 계급자 또는 고위공무원단에 속하는 일반직공무원을 우선하여 지명하여야 한다. 다만, 상위 계급자 또는 고위공무원단에 속하는 일반직공무원이 부족하면 4명 이내로 구성할 수 있다.
⑥ 제1항 제4호에 따른 직권 면직일은 휴직 기간이 끝난 날 또는 휴직 사유가 소멸한 날로 한다.

지방공무원법 제62조 【직권면직】 ① 임용권자는 공무원이 다음 각 호의 어느 하나에 해당할 때에는 직권으로 면직시킬 수 있다.

1. 다음 각 목의 어느 하나에 해당하는 경우로서 직위가 없어지거나 과원이 된 때
   가. 지방자치단체를 폐지하거나 설치하거나 나누거나 합친 경우
   나. 직제와 정원이 개정되거나 폐지된 경우
   다. 예산이 감소된 경우
2. 휴직기간이 끝나거나 휴직사유가 소멸된 후에도 직무에 복귀하지 아니하거나 직무를 감당할 수 없을 때
3. 전직시험에서 3회 이상 불합격한 사람으로서 직무수행 능력이 부족하다고 인정될 때
4. 병역판정검사·입영 또는 소집 명령을 받고 정당한 이유 없이 이를 기피하거나 군복무를 위하여 휴직 중인 사람이 군복무 중 군무(軍務)를 이탈하였을 때
5. 제65조의3 제3항에 따라 대기명령을 받은 사람이 그 기간 중 능력 또는 근무성적의 향상을 기대하기 어렵다고 인정될 때
6. 해당 직급·직위에서 직무를 수행하는 데 필요한 자격증의 효력이 없어지거나 면허가 취소되어 담당 직무를 수행할 수 없게 되었을 때

② 임용권자는 제1항에 따라 면직시킬 경우에는 미리 인사위원회의 의견을 들어야 한다. 다만, 제1항 제5호에 따라 면직시킬 경우에는 해당 인사위원회의 동의를 받아야 하며, 시장·군수·구청장 소속 5급 이상 공무원은 시·도지사 소속 인사위원회의 동의를 받아야 하고, 시·군·구의회의 의장 소속 5급 이상 공무원은 시·도의회의 의장 소속 인사위원회의 동의를 받아야 한다.
③ 임용권자는 제1항 제1호에 따라 소속 공무원을 면직시킬 때에는 임용형태, 업무실적, 직무수행능력, 징계처분 사실 등을 고려하여 면직 기준을 정하여야 한다.
④ 제3항의 면직 기준을 정하거나 제1항 제1호에 따라 면직 대상자를 결정할 때에는 미리 해당 인사위원회의 의결을 거쳐야 한다.
⑤ 제1항 제2호에 따른 직권면직일은 휴직기간이 끝난 날 또는 휴직사유가 소멸한 날로 한다.

관련 판례

1 행정조직의 개폐에 관한 문제에 있어 입법자가 광범위한 입법형성권을 가진다 하더라도 행정조직의 개폐로 인해 행해지는 직권면직은 보다 직접적으로 해당 공무원들의 신분에 중대한 위협을 주게 되므로 직제 폐지 후 실시되는 면직절차에 있어서는 보다 엄격한 요건이 필요한데, 이와 관련하여 지방공무원법 제62조는 직제의 폐지로 인해 직권면직이 이루어지는 경우 임용권자는 인사위원회의 의견을 듣도록 하고 있고, 면직기준으로 임용형태·업무실적·직무수행능력·징계처분사실 등을 고려하도록 하고 있으며, 면직기준을 정하거나 면직대상을 결정함에 있어서 반드시 인사위원회의 의결을 거치도록 하고 있는바, 이는 합리적인 면직기준을

기출지문 OX

01 지방공무원법에 따르면 임용권자는 직제와 정원이 개정되거나 폐지되어 과원이 됨에 따라 소속 공무원을 면직시킬 때에는 임용형태, 업무실적, 직무수행능력, 징계처분 사실 등을 고려하여 면직 기준을 정하여야 하며, 이 경우 미리 해당 인사위원회의 의결을 거쳐야 한다. (19지방7) ( )

정답
01 ○

기출지문 OX

01 휴직자와 정년이 가까운 자를 면직 우선 대상자로 한다는 기준만을 정하여 면직처분을 한 경우, 이는 국가공무원법상 고려하여야 할 면직기준을 고려하지 아니한 채 다른 기준을 정하여 한 면직처분이므로 위법하다. (09국회8) ( )

정답
01 ○

구체적으로 정함과 동시에 그 공정성을 담보할 수 있는 절차를 마련하고 있는 것이라 볼 수 있다. 그렇다면 이 사건 규정이 직제가 폐지된 경우 직권면직을 할 수 있도록 규정하고 있다고 하더라도 이것이 직업공무원제도를 위반하고 있다고는 볼 수 없다(헌재 2004.11.25, 2002헌바8).

2 [1] 국가공무원법 제70조 제1항 제3호는 직제와 정원의 개폐 또는 예산의 감소 등에 의하여 폐직 또는 과원이 되었을 때에는 임용권자는 공무원을 직권에 의하여 면직시킬 수 있다고 규정하는 한편, 1998.2.24. 법률 제5527호로 신설된 같은 조 제3항에서 임용권자는 임용형태·업무실적·직무수행능력·징계처분사실 등을 고려하여 면직기준을 정하도록 규정하고 있는바, 이는 합리적인 면직기준을 구체적으로 법률로 규정하여 객관적이고 공정한 기준에 의하지 아니한 자의적인 직권면직을 제한함으로써 직업공무원의 신분을 두텁게 보장하려는 데 그 취지가 있다고 할 것이므로, 위 법조항에 정해진 기준인 '임용형태·업무실적·직무수행능력·징계처분사실'을 고려하지 아니한 채 이와는 다른 기준을 정하여 한 면직처분은 이를 정당화할 만한 특별한 사정이 없는 한 위법하다고 보아야 한다.

[2] 국립대학교총장이 기능직공무원을 단지 '휴직자와 정년이 가까운 자'를 면직 우선 대상자로 한다는 기준만을 정하여 면직처분을 한 경우, 이는 국가공무원법 제70조 제3항의 규정에 반하는 위법한 처분이라고 한 사례(대판 2002.9.27, 2002두3775).

3 재직 중 장애를 입은 지방공무원이 장애로 지방공무원법 제62조 제1항 제2호에서 정한 '직무를 감당할 수 없을 때'에 해당하는지는, 장애의 유형과 정도에 비추어, 장애를 입을 당시 담당하고 있던 기존 업무를 감당할 수 있는지만을 기준으로 판단할 것이 아니라, 그 공무원이 수행할 수 있는 다른 업무가 존재하는지 및 소속 공무원의 수와 업무 분장에 비추어 다른 업무로의 조정이 용이한지 등을 포함한 제반 사정을 종합적으로 고려하여 합리적으로 판단하여야 한다(대판 2016.4.12, 2015두45113).

(3) 직권면직처분의 효력발생시기

관련 판례

공무원임용령 제6조 제1항 본문의 규정에 의하면 공무원의 임용시기에 관하여 공무원은 임용장 또는 임용통지서에 기재된 일자에 임용된 것으로 본다고 되어 있고 이는 임용장 또는 임용통지서에 기재된 일자에 임용의 효과가 발생함을 말하는 것이므로, 임용 중 면직의 경우(동령 제2조 제1호 참조)에는 면직발령장 또는 면직통지서에 기재된 일자에 면직의 효과가 발생하여 그날 영시(00:00)부터 공무원의 신분을 상실한다(대판 1985.12.24, 85누531).

- 면직통지서의 수령이 면직통지서에 기재된 일자보다 뒤인 경우 → 면직통지서를 수령한 날 면직처분 효력 발생
- 휴직 기간이 끝나거나 휴직 사유가 소멸된 후에도 직무에 복귀하지 아니하거나 직무를 감당할 수 없음에 따른 직권 면직일의 경우 → 휴직 기간이 끝난 날 또는 휴직 사유가 소멸한 날 면직처분 효력 발생(국가공무원법 제70조 제6항)

제3장 공무원의 권익보장

제1절 고충심사제도

1 의의

국가공무원법 제76조의2【고충 처리】① 공무원은 인사·조직·처우 등 각종 직무 조건과 그 밖에 신상 문제와 관련한 고충에 대하여 상담을 신청하거나 심사를 청구할 수 있으며, 누구나 기관 내 성폭력 범죄 또는 성희롱 발생 사실을 알게 된 경우 이를 신고할 수 있다. 이 경우 상담 신청이나 심사 청구 또는 신고를 이유로 불이익한 처분이나 대우를 받지 아니한다.

2 고충심사제의 성격

- 모든 직무조건, 신상문제를 대상으로 하는 포괄적·광범위한 행정구제수단
- 신청, 청구, 신고에 기간제한 없음.

3 고충심사 절차

국가공무원법 제76조의2【고충 처리】① 공무원은 인사·조직·처우 등 각종 직무 조건과 그 밖에 신상 문제와 관련한 고충에 대하여 상담을 신청하거나 심사를 청구할 수 있으며, 누구나 기관 내 성폭력 범죄 또는 성희롱 발생 사실을 알게 된 경우 이를 신고할 수 있다. 이 경우 상담 신청이나 심사 청구 또는 신고를 이유로 불이익한 처분이나 대우를 받지 아니한다.

② 중앙인사관장기관의 장, 임용권자 또는 임용제청권자는 제1항에 따른 상담을 신청받은 경우에는 소속 공무원을 지정하여 상담하게 하고, 심사를 청구받은 경우에는 제4항에 따른 관할 고충심사위원회에 부쳐 심사하도록 하여야 하며, 그 결과에 따라 고충의 해소 등 공정한 처리를 위하여 노력하여야 한다.

③ 중앙인사관장기관의 장, 임용권자 또는 임용제청권자는 기관 내 성폭력 범죄 또는 성희롱 발생 사실의 신고를 받은 경우에는 지체 없이 사실 확인을 위한 조사를 하고 그에 따라 필요한 조치를 하여야 한다.

④ 공무원의 고충을 심사하기 위하여 중앙인사관장기관에 중앙고충심사위원회를, 임용권자 또는 임용제청권자 단위로 보통고충심사위원회를 두되, 중앙고충심사위원회의 기능은 소청심사위원회에서 관장한다.

⑤ 중앙고충심사위원회는 보통고충심사위원회의 심사를 거친 재심청구와 5급 이상 공무원 및 고위공무원단에 속하는 일반직공무원의 고충을, 보통고충심사위원회는 소속 6급 이하의 공무원의 고충을 각각 심사한다. 다만, 6급 이하의 공무원의 고충이 성폭력

기출지문 OX

범죄 또는 성희롱 사실에 관한 고충 등 보통고충심사위원회에서 심사하는 것이 부적당하다고 대통령령 등으로 정한 사안이거나 임용권자를 달리하는 둘 이상의 기관에 관련된 경우에는 중앙고충심사위원회에서, 원 소속 기관의 보통고충심사위원회에서 고충을 심사하는 것이 부적당하다고 인정될 경우에는 직근 상급기관의 보통고충심사위원회에서 각각 심사할 수 있다.
⑥ 이 법의 적용을 받는 자와 다른 법률의 적용을 받는 자가 서로 관련되는 고충의 심사청구에 대하여는 이 법의 규정에 따라 설치된 고충심사위원회가 대통령령 등으로 정하는 바에 따라 심사할 수 있다.
⑦ 중앙인사관장기관의 장, 임용권자 또는 임용제청권자는 심사 결과 필요하다고 인정되면 처분청이나 관계 기관의 장에게 그 시정을 요청할 수 있으며, 요청받은 처분청이나 관계 기관의 장은 특별한 사유가 없으면 이를 이행하고, 그 처리 결과를 알려야 한다. 다만, 부득이한 사유로 이행하지 못하면 그 사유를 알려야 한다.
⑧ 고충상담 신청, 성폭력 범죄 또는 성희롱 발생 사실의 신고에 대한 처리절차, 고충심사위원회의 구성·권한·심사절차, 그 밖에 필요한 사항은 대통령령등으로 정한다.

4 고충심사결정의 성질(처분성X)

관련 판례

지방공무원법 제67조의2에서 규정하고 있는 고충심사제도는 공무원으로서의 권익을 보장하고 적정한 근무환경을 조성하여 주기 위하여 근무조건 또는 인사관리 기타 신상문제에 대하여 법률적인 쟁송의 절차에 의하여서가 아니라 사실상의 절차에 의하여 그 시정과 개선책을 청구하여 줄 것을 임용권자에게 청구할 수 있도록 한 제도로서, 고충심사결정 자체에 의하여는 어떠한 법률관계의 변동이나 이익의 침해가 직접적으로 생기는 것은 아니므로 고충심사의 결정은 행정상 쟁송의 대상이 되는 행정처분이라고 할 수 없다(대판 1987.12.8, 87누657·658).

01 고충심사위원회의 결정에는 기속력이 인정되며 고충심사의 결정은 항고소송의 대상인 행정처분에 해당한다. (21군무원7, 16국회8) ( )

02 공무원고충심사의 결정은 행정상 쟁송의 대상이 되는 행정처분에 해당한다. (08지방7) ( )

제2절 불이익처분에 대한 구제수단

1 처분사유 설명서의 교부

1. 의의

국가공무원법 제75조 【처분사유 설명서의 교부】 ① 공무원에 대하여 징계처분 등을 할 때나 강임·휴직·직위해제 또는 면직처분을 할 때에는 그 처분권자 또는 처분제청권자는 처분사유를 적은 설명서를 교부하여야 한다. 다만, 본인의 원에 따른 강임·휴직 또는 면직처분은 그러하지 아니하다.
② 처분권자는 피해자가 요청하는 경우 성폭력범죄의 처벌 등에 관한 특례법 제2조에 따른 성폭력범죄 및 양성평등기본법 제3조 제2호에 따른 성희롱에 해당하는 사유로 처분사유 설명서를 교부할 때에는 그 징계처분결과를 피해자에게 함께 통보하여야 한다.

03 공무원에 대하여 징계처분을 행할 때나 강임·휴직·직위해제 또는 면직처분을 행할 때에는 그 처분권자 또는 처분제청권자는 처분의 사유를 기재한 설명서를 교부하여야 한다. 다만, 본인의 원에 의한 강임·휴직 또는 면직처분은 그러하지 아니하다. (07국회8) ( )

정답
01 × 처분성 없음
02 × 처분성 없음 03 ○

2. 처분사유 설명서의 성격 및 교부방식

관련 판례

1 공무원의 대하여 징계처분 또는 면직 등 처분을 할 때 그 처분통지를 하는 것은 그 행정처분이 정당한 이유에 의하여 한 것이라는 것을 분명히 하고 또 피처분자로 하여금 불복있는 경우에 제소의 기회를 부여하는데 그 취지가 있다 할 것이고 그 처분사유 설명서의 교부를 처분의 효력발생요건이라 할 수 없고 그 처분의 통지가 피처분자의 볼 수 있는 상태에 놓여질 때에는 처분설명서의 교부가 없다 하더라도 그 행정처분은 유효하다(대판 1970.1.27, 68누10).

2 지방공무원법 제67조 제1항의 규정은 징계처분이 정당한 이유에 의하여 한 것이라는 것을 분명히 하고 또 피처분자로 하여금 불복이 있는 경우에 출소의 기회를 부여하는데 그 법의가 있다고 할 것이므로 그 처분사유설명서의 교부를 처분의 효력발생요건이라고 할 수 없을 뿐만 아니라 직권에 의한 면직처분을 한 경우 그 인사발령통지서에 처분사유에 대한 구체적인 적시 없이 단순히 당해 처분의 법적 근거를 제시하는 내용을 기재한 데 그친 것이더라도 그러한 기재는 위 법조 소정의 처분사유 설명서로 볼 수 있다(대판 1991.12.4, 90누1007).

2 후임자 보충발령의 유예

국가공무원법 제76조【심사청구와 후임자 보충 발령】 ② 본인의 의사에 반하여 파면 또는 해임이나 제70조 제1항 제5호에 따른 면직처분을 하면 그 처분을 한 날부터 40일 이내에는 후임자의 보충발령을 하지 못한다. 다만, 인력 관리상 후임자를 보충하여야 할 불가피한 사유가 있고, 제3항에 따른 소청심사위원회의 임시결정이 없는 경우에는 국회사무총장, 법원행정처장, 헌법재판소사무처장, 중앙선거관리위원회사무총장 또는 인사혁신처장과 협의를 거쳐 후임자의 보충발령을 할 수 있다.
③ 소청심사위원회는 제1항에 따른 소청심사청구가 파면 또는 해임이나 제70조 제1항 제5호에 따른 면직처분으로 인한 경우에는 그 청구를 접수한 날부터 5일 이내에 해당 사건의 최종 결정이 있을 때까지 후임자의 보충발령을 유예하게 하는 임시결정을 할 수 있다.
④ 제3항에 따라 소청심사위원회가 임시결정을 한 경우에는 임시결정을 한 날부터 20일 이내에 최종 결정을 하여야 하며 각 임용권자는 그 최종 결정이 있을 때까지 후임자를 보충발령하지 못한다.

3 소청심사

1. 의의

- **소청**: 행정기관소속 공무원의 징계처분, 그 밖에 그 의사에 반하는 불리한 처분이나 부작위에 대해 소청심사위원회에 제기하는 불복신청(특별행정심판)

기출지문 OX

01 제70조 제1항 제5호에 의한 면직처분이 있는 경우는 징계처분인 파면과 해임의 경우와 마찬가지로 일정한 기간 동안 후임자의 보충발령이 유보된다. (99국가7) ( )

02 파면처분에 대한 소청심사가 청구된 경우, 소청심사위원회는 소청심사청구를 접수한 날부터 5일 이내에 해당 사건의 최종 결정이 있을 때까지 후임자의 보충발령을 유예하게 하는 임시결정을 할 수 있다. (17국가7) ( )

정답
01 ○ 02 ○

2. 소청심사위원회 및 소청사항

국가공무원법 제9조 【소청심사위원회의 설치】 ① 행정기관 소속 공무원의 징계처분, 그 밖에 그 의사에 반하는 불리한 처분이나 부작위에 대한 소청을 심사·결정하게 하기 위하여 인사혁신처에 소청심사위원회를 둔다.
② 국회, 법원, 헌법재판소 및 선거관리위원회 소속 공무원의 소청에 관한 사항을 심사·결정하게 하기 위하여 국회사무처, 법원행정처, 헌법재판소사무처 및 중앙선거관리위원회사무처에 각각 해당 소청심사위원회를 둔다.

3. 소청절차

(1) 소청의 제기

국가공무원법 제75조 【처분사유 설명서의 교부】 ① 공무원에 대하여 징계처분 등을 할 때나 강임·휴직·직위해제 또는 면직처분을 할 때에는 그 처분권자 또는 처분제청권자는 처분사유를 적은 설명서를 교부하여야 한다. 다만, 본인의 원에 따른 강임·휴직 또는 면직처분은 그러하지 아니하다.

제76조 【심사청구와 후임자 보충 발령】 ① 제75조에 따른 처분사유 설명서를 받은 공무원이 그 처분에 불복할 때에는 그 설명서를 받은 날부터, 공무원이 제75조에서 정한 처분 외에 본인의 의사에 반한 불리한 처분을 받았을 때에는 그 처분이 있은 것을 안 날부터 각각 30일 이내에 소청심사위원회에 이에 대한 심사를 청구할 수 있다. 이 경우 변호사를 대리인으로 선임할 수 있다.

교원의 지위 향상 및 교육활동 보호를 위한 특별법 제9조 【소청심사의 청구 등】 ① 교원이 징계처분과 그 밖에 그 의사에 반하는 불리한 처분에 대하여 불복할 때에는 그 처분이 있었던 것을 안 날부터 30일 이내에 심사위원회에 소청심사를 청구할 수 있다. 이 경우에 심사청구인은 변호사를 대리인으로 선임할 수 있다.

관련 판례

지방공무원법은 임용권자가 직권으로 면직처분을 할 수 있는 사유를 구체적으로 규정하고 있고, 면직처분을 하는 경우 당해 공무원에게 그 처분사유를 적은 설명서를 교부하도록 하고 있으므로, 당해 처분의 당사자로서는 그 설명서를 받는 즉시 면직처분을 받은 이유를 상세히 알 수 있고, 30일이면 그 면직처분을 소청심사 등을 통해 다툴지 여부를 충분히 숙고할 수 있다고 할 것이다. 따라서 이 사건 청구기간 조항은 청구인의 재판청구권을 침해하거나 평등원칙에 위반된다고 볼 수 없다(헌재 2015.3.26, 2013헌바186).

(2) 소청심사위원회의 심사와 소청인의 진술권

국가공무원법 제76조 【심사청구와 후임자 보충 발령】 ④ 제3항에 따라 소청심사위원회가 임시결정을 한 경우에는 임시결정을 한 날부터 20일 이내에 최종 결정을 하여야 하며 각 임용권자는 그 최종 결정이 있을 때까지 후임자를 보충발령하지 못한다.
⑤ 소청심사위원회는 제3항에 따른 임시결정을 한 경우 외에는 소청심사청구를 접수한 날부터 60일 이내에 이에 대한 결정을 하여야 한다. 다만, 불가피하다고 인정되면 소청심사위원회의 의결로 30일을 연장할 수 있다.
⑥ 공무원은 제1항의 심사청구를 이유로 불이익한 처분이나 대우를 받지 아니한다.

기출지문 OX

01 소청의 대상은 징계처분, 그 밖에 본인의 의사에 반하는 불리한 처분이나 부작위를 말하는바, 훈계·권고·내부적 결정과 같은 것을 그 예로 들 수 있다. (07국회8) ( )

02 소청심사위원회는 국무총리 소속하에 두며, 소청인에게 진술의 기회를 부여하지 아니한 소청심사위원회의 결정은 무효로 한다. (04국가7) ( )

03 행정소송을 제기하려면 소청심사위원회의 심사·결정을 거쳐야 하는데, 이 경우 소청심사의 청구기간은 정직 3개월 처분의 처분사유 설명서를 받은 날부터 30일 이내이다. (17지방7) ( )

04 징계처분을 받은 자가 불복할 때에는 소청심사위원회에 심사청구가 가능하다. (00관세) ( )

05 소청심사위원회는 임시결정(가결정)한 경우를 제외하고 소청심사청구를 접수한 날로부터 60일 이내에 이에 대한 결정을 하여야 하고, 소청인의 진술권을 배제한 결정은 무효가 된다. (10국회8) ( )

정답
01 × 훈계·권고·내부적결정 등은 포함되지 않음
02 × 인사혁신처 소속
03 ○ 04 ○ 05 ○

제12조 【소청심사위원회의 심사】 ① 소청심사위원회는 이 법에 따른 소청을 접수하면 지체 없이 심사하여야 한다.
② 소청심사위원회는 제1항에 따른 심사를 할 때 필요하면 검증·감정, 그 밖의 사실조사를 하거나 증인을 소환하여 질문하거나 관계 서류를 제출하도록 명할 수 있다.
③ 소청심사위원회가 소청 사건을 심사하기 위하여 징계 요구 기관이나 관계 기관의 소속 공무원을 증인으로 소환하면 해당 기관의 장은 이에 따라야 한다.
④ 소청심사위원회는 필요하다고 인정하면 소속 직원에게 사실조사를 하게 하거나 특별한 학식·경험이 있는 자에게 검증이나 감정을 의뢰할 수 있다.

제13조 【소청인의 진술권】 ① 소청심사위원회가 소청 사건을 심사할 때에는 대통령령 등으로 정하는 바에 따라 소청인 또는 제76조 제1항 후단에 따른 대리인에게 진술 기회를 주어야 한다.
② 제1항에 따른 진술 기회를 주지 아니한 결정은 무효로 한다.

(3) 소청심사위원회의 결정

국가공무원법 제14조 【소청심사위원회의 결정】 ⑥ 소청심사위원회의 결정은 다음과 같이 구분한다.
1. 심사 청구가 이 법이나 다른 법률에 적합하지 아니한 것이면 그 청구를 각하한다.
2. 심사 청구가 이유 없다고 인정되면 그 청구를 기각한다.
3. 처분의 취소 또는 변경을 구하는 심사 청구가 이유 있다고 인정되면 처분을 취소 또는 변경하거나 처분 행정청에 취소 또는 변경할 것을 명한다.
4. 처분의 효력 유무 또는 존재 여부에 대한 확인을 구하는 심사 청구가 이유 있다고 인정되면 처분의 효력 유무 또는 존재 여부를 확인한다.
5. 위법 또는 부당한 거부처분이나 부작위에 대하여 의무 이행을 구하는 심사 청구가 이유 있다고 인정되면 지체 없이 청구에 따른 처분을 하거나 이를 할 것을 명한다.

⑧ 소청심사위원회가 징계처분 또는 징계부가금 부과처분(이하 "징계처분 등"이라 한다)을 받은 자의 청구에 따라 소청을 심사할 경우에는 원징계처분보다 무거운 징계 또는 원징계부가금 부과처분보다 무거운 징계부가금을 부과하는 결정을 하지 못한다.
⑨ 소청심사위원회의 결정은 그 이유를 구체적으로 밝힌 결정서로 하여야 한다.

관련 판례

국가공무원법 제14조 제6항은 소청심사결정에서 당초의 원처분청의 징계처분보다 청구인에게 불리한 결정을 할 수 없다는 의미인데, 의원면직처분에 대하여 소청심사청구를 한 결과 소청심사위원회가 의원면직처분의 전제가 된 사의표시에 절차상 하자가 있다는 이유로 의원면직처분을 취소하는 결정을 하였다고 하더라도, 그 효력은 의원면직처분을 취소하여 당해 공무원으로 하여금 공무원으로서의 신분을 유지하게 하는 것에 그치고, 이때 당해 공무원이 국가공무원법 제78조 제1항 각 호에 정한 징계사유에 해당하는 이상 같은 항에 따라 징계권자로서는 반드시 징계절차를 열어 징계처분을 하여야 하므로, 이러한 징계절차는 소청심사위원회의 의원면직처분취소 결정과는 별개의 절차로서 여기에 국가공무원법 제14조 제6항에 정한 불이익변경금지의 원칙이 적용될 여지는 없다(대판 2008.10.9, 2008두11853·11860).

기출지문 OX

01 소청심사위원회가 소청사건을 심사할 때에 소청인 또는 대리인에게 진술의 기회를 부여하지 아니한 결정은 무효이다. (96행시) ( )

02 처분의 취소 또는 변경을 구하거나 처분의 효력 유무 또는 존재 여부에 대한 확인을 구하는 심사청구를 할 수 있을 뿐, 위법 또는 부당한 거부처분이나 부작위에 대하여 의무이행을 구하는 심사청구는 할 수 없다. (17국가7) ( )

03 소청심사위원회가 징계처분을 받은 자의 청구에 따라 소청을 심사할 경우에는 원징계처분보다 무거운 징계결정을 하지 못한다. (14국가7) ( )

정답
01 ○ 02 × 03 ○

기출지문 OX

01 소청심사위원회에서 정직 3개월을 정직 2개월로 변경하는 재결을 하였다면, 행정청이 정직 2개월로 변경하는 처분을 하지 않더라도 정직 2개월의 기간이 만료되면 정직처분은 자동적으로 효력이 소멸된다. (17지방7) ( )

02 소청심사위원회의 취소명령 또는 변경명령 결정은 그에 따른 징계나 그 밖의 처분이 있을 때까지는 종전에 행한 징계처분에 영향을 미치지 아니한다. (14국가7) ( )

03 소청심사위원회의 취소명령 또는 변경명령 결정이 있게 되면 종전에 행한 징계처분은 당연히 효력이 소멸된다. (17국가7) ( )

04 소청심사위원회의 결정은 그 이유를 구체적으로 밝힌 결정서로 하여야 하며, 이 결정은 처분행정청을 기속한다. (07국회8) ( )

05 교원소청심사위원회의 결정은 처분행정청을 기속하나, 교원소청심사위원회의 소청심사결정 중 임용기간이 만료된 교원에 대한 재임용거부처분을 취소하는 결정은 재임용거부처분을 취소함으로써 학교법인 등에게 해당 교원에 대한 재임용심사를 다시 하도록 하는 절차적 의무를 부과하는 데 그친다. (11국회8) ( )

정답
01 ○ 02 ○
03 × 취소명령결정, 변경명령결정은 형성력이 없음
04 ○ 05 ○

4. 소청결정의 효력

(1) 행정심판의 재결과 같은 효력 인정

① 형성력

- **형성력**: 결정 내용에 따라 법률관계를 직접 발생·변경·소멸시키는 효력
- 인용결정에만 인정 → 그 중에서도 취소결정, 변경결정, 처분결정에만 인정되고 취소명령결정, 변경명령결정에는 인정되지 않음.

> **국가공무원법 제14조【소청심사위원회의 결정】** ⑦ 소청심사위원회의 취소명령 또는 변경명령 결정은 그에 따른 징계나 그 밖의 처분이 있을 때까지는 종전에 행한 징계처분 또는 제78조의2에 따른 징계부가금(이하 "징계부가금"이라 한다) 부과처분에 영향을 미치지 아니한다.

② 기속력

> **국가공무원법 제15조【결정의 효력】** 제14조에 따른 소청심사위원회의 결정은 처분 행정청을 기속한다.

- **기속력**: 피청구인인 행정청이나 관계행정청이 결정의 취지에 따라야 하는 구속력

관련 판례

교원지위향상을 위한 특별법 제7조 제1항, 제10조 제2항에 의하면, 교원소청심사위원회는 각급학교 교원에 대한 징계처분과 그 밖에 그 의사에 반하는 불리한 처분(임용기간이 만료된 교원에 대한 재임용거부처분을 포함한다)에 대한 소청을 심사하고 그 소청심사결정은 처분권자를 기속한다. 이와 같은 교원소청심사위원회의 소청심사결정 중 임용기간이 만료된 교원에 대한 재임용거부처분을 취소하는 결정은 재임용거부처분을 취소함으로써 학교법인 등에게 해당 교원에 대한 재임용심사를 다시 하도록 하는 절차적 의무를 부과하는 데 그칠 뿐 학교법인 등에게 반드시 해당 교원을 재임용하여야 하는 의무를 부과하거나 혹은 그 교원이 바로 재임용되는 것과 같은 법적 효과까지 인정되는 것은 아니다(대판 2010.9.9, 2008다6953).

③ 재심판 청구 금지

> **행정심판법 제51조【행정심판 재청구의 금지】** 심판청구에 대한 재결이 있으면 그 재결 및 같은 처분 또는 부작위에 대하여 다시 행정심판을 청구할 수 없다.

(2) 국가공무원법상의 특별규정

> **제43조【휴직·파견 등의 결원보충 등】** ③ 파면처분·해임처분·면직처분 또는 강등처분에 대하여 소청심사위원회나 법원에서 무효나 취소의 결정 또는 판결을 하면 그 파면처분·해임처분·면직처분 또는 강등처분에 따라 결원을 보충하였던 때부터 파면처분·해임처분·면직처분 또는 강등처분을 받은 사람의 처분 전 직급·직위에 해당하는 정원이 따로 있는 것으로 본다.
>
> **제78조의3【재징계의결 등의 요구】** ① 처분권자(대통령이 처분권자인 경우에는 처분 제청권자)는 다음 각 호에 해당하는 사유로 소청심사위원회 또는 법원에서 징계처분 등의 무효 또는 취소(취소명령 포함)의 결정이나 판결을 받은 경우에는 다시

징계 의결 또는 징계부가금 부과 의결(이하 "징계의결 등"이라 한다)을 요구하여야 한다. 다만, 제3호의 사유로 무효 또는 취소(취소명령 포함)의 결정이나 판결을 받은 감봉·견책처분에 대하여는 징계의결을 요구하지 아니할 수 있다.
1. 법령의 적용, 증거 및 사실 조사에 명백한 흠이 있는 경우
2. 징계위원회의 구성 또는 징계의결 등, 그 밖에 절차상의 흠이 있는 경우
3. 징계양정 및 징계부가금이 과다한 경우
② 처분권자는 제1항에 따른 징계의결 등을 요구하는 경우에는 소청심사위원회의 결정 또는 법원의 판결이 확정된 날부터 3개월 이내에 관할 징계위원회에 징계의결 등을 요구하여야 하며, 관할 징계위원회에서는 다른 징계사건에 우선하여 징계의결 등을 하여야 한다.

5. 감사원의 재심 요구

감사원법 제32조 **【징계 요구 등】** ① 감사원은 국가공무원법과 그 밖의 법령에 규정된 징계 사유에 해당하거나 정당한 사유 없이 이 법에 따른 감사를 거부하거나 자료의 제출을 게을리한 공무원에 대하여 그 소속 장관 또는 임용권자에게 징계를 요구할 수 있다.
⑤ 감사원으로부터 제1항에 따른 파면 요구를 받아 집행한 파면에 대한 소청 제기로 소청심사위원회 등에서 심사 결정을 한 경우에는 해당 소청심사위원회의 위원장 등은 그 결정 결과를 그 결정이 있은 날부터 15일 이내에 감사원에 통보하여야 한다.
⑥ 감사원은 제5항의 통보를 받은 날부터 1개월 이내에 그 소청심사위원회 등이 설치된 기관의 장을 거쳐 소청심사위원회 등에 그 재심을 요구할 수 있다.

4 행정소송

1. 일반공무원의 경우

(1) 필요적 행정심판(소청심사) 전치주의

국가공무원법 제16조 **【행정소송과의 관계】** ① 제75조에 따른 처분, 그 밖에 본인의 의사에 반한 불리한 처분이나 부작위에 관한 행정소송은 소청심사위원회의 심사·결정을 거치지 아니하면 제기할 수 없다.

관련 판례

직권면직처분을 받은 지방공무원이 그에 대해 불복할 경우 **행정소송의 제기에 앞서 반드시 소청심사를 거치도록 규정한 것**은 **행정기관 내부의 인사행정에 관한 전문성 반영, 행정기관의 자율적 통제, 신속성 추구라는 행정심판의 목적에 부합**한다. 소청심사제도에도 심사위원의 자격요건이 엄격히 정해져 있고, 임기와 신분이 보장되어 있는 등 독립성과 공정성이 확보되어 있으며, 증거조사절차나 결정절차 등 심리절차에 있어서도 사법절차가 상당 부분 준용되고 있다. 나아가 소청심사위원회의 결정기간은 엄격히 제한되어 있고, 행정심판전치주의에 대해 다양한 예외가 인정되고 있으며, 행정심판의 전치요건은 행정소송 제기 이전에 반드시 갖추어야 하는 것은 아니어서 전치요건을 구비하면서도 행정소송의 신속한 진행을 동시에 꾀할 수 있으므로, 이 사건 **필요적 전치조항은 입법형성의 한계를 벗어나 재판청구권을 침해하거나 평등원칙에 위반된다고 볼 수 없다**(헌재 2015.3.26, 2013헌바186).

기출지문 OX

01 징계처분권자는 법령의 적용, 증거 및 사실 조사에 명백한 흠을 이유로 소청심사위원회 또는 법원에서 징계처분의 무효 또는 취소의 결정이나 판결을 받은 경우에는 다시 징계의결을 요구하여야 한다. (09국가7) ( )

02 공무원의 의사에 반한 불리한 처분에 관한 행정소송은 소청심사위원회의 심사·결정을 거치지 아니하면 제기할 수 없다. (13지방7) ( )

03 국가공무원에 대한 불리한 부작위에 대한 행정소송은 인사혁신처의 소청심사위원회의 심사·결정을 거치지 않아도 제기할 수 있다. (21군무원7) ( )

04 구 경찰공무원법 소정의 부적격사유가 있어 직위해제처분을 받은 자가 그 처분에 대하여 소청심사위원회에 심사청구를 하지 않았다면 그 처분이 당연무효 사유가 아닌 한 이를 행정소송으로 다툴 수 없다. (21국가7) ( )

정답
01 ○ 02 ○ 03 × 04 ○

기출지문 OX

01 소청심사위원회의 결정에 불복하여 행정소송을 제기하는 경우 행정소송은 원징계처분과 소청결정 중 원징계처분을 다투는 것이 원칙이다. (13국회8) ( )

정답
01 ○

(2) 행정소송의 대상

① 원처분주의

> **행정소송법 제19조【취소소송의 대상】** 취소소송은 처분 등을 대상으로 한다. 다만, 재결취소소송의 경우에는 재결 자체에 고유한 위법이 있음을 이유로 하는 경우에 한한다.

관련 판례

항고소송은 원칙적으로 당해 처분을 대상으로 하나, 당해 처분에 대한 재결 자체에 고유한 주체, 절차, 형식 또는 내용상의 위법이 있는 경우에 한하여 그 재결을 대상으로 할 수 있다고 해석되므로, 징계혐의자에 대한 감봉 1월의 징계처분을 견책으로 변경한 소청결정 중 그를 견책에 처한 조치는 재량권의 남용 또는 일탈로서 위법하다는 사유는 소청결정 자체에 고유한 위법을 주장하는 것으로 볼 수 없어 소청결정의 취소사유가 될 수 없다(대판 1993.8.24, 93누5673).

- 일부취소결정 등 원처분을 감경하는 결정의 경우, 감경되고 남은 원처분을 대상으로 원처분청을 피고로 하여 소송을 제기하여야 함.

② 처분성 인정여부

관련 판례

1 행정규칙에 의한 '<u>불문경고조치</u>'가 비록 법률상의 징계처분은 아니지만 위 처분을 받지 아니하였다면 차후 다른 징계처분이나 경고를 받게 될 경우 징계감경사유로 사용될 수 있었던 표창공적의 사용가능성을 소멸시키는 효과와 1년 동안 인사기록카드에 등재됨으로써 그 동안은 장관표창이나 도지사표창 대상자에서 제외시키는 효과 등이 있다는 이유로 <u>항고소송의 대상이 되는 행정처분에 해당</u>한다(대판 2002.7.26, 2001두3532).

2 공무원이 소속 장관으로부터 받은 "직상급자와 다투고 폭언하는 행위 등에 대하여 엄중 경고하니 차후 이러한 사례가 없도록 각별히 유념하기 바람"이라는 내용의 <u>서면에 의한 경고</u>가 공무원의 신분에 영향을 미치는 국가공무원법상의 징계의 종류에 해당하지 아니하고, 근무충실에 관한 권고행위 내지 지도행위로서 그 때문에 공무원으로서의 신분에 불이익을 초래하는 법률상의 효과가 발생하는 것도 아니므로, 경고가 <u>국가공무원법상의 징계처분이나 행정소송의 대상이 되는 행정처분이라고 할 수 없어</u> 그 취소를 구할 법률상의 이익이 없다고 본 사례(대판 1991.11.12, 91누2700).

3 <u>국가나 지방자치단체에 근무하는 청원경찰</u>은 국가공무원법이나 지방공무원법상의 공무원은 아니지만, 다른 청원경찰과는 달리 그 임용권자가 행정기관의 장이고, 국가나 지방자치단체로부터 보수를 받으며, 산업재해보상보험법이나 근로기준법이 아닌 공무원연금법에 따른 재해보상과 퇴직급여를 지급받고, 직무상의 불법행위에 대하여도 민법이 아닌 국가배상법이 적용되는 등의 특질이 있으며 그외 임용자격, 직무, 복무의무 내용 등을 종합하여 볼때, 그 근무관계를 사법상의 고용계약관계로 보기는 어려우므로 그에 대한 <u>징계처분의 시정을 구하는 소는 행정소송의 대상</u>이지 민사소송의 대상이 아니다(대판 1993.7.13, 92다47564).

> 4 서울특별시지하철공사의 임원과 직원의 근무관계의 성질은 지방공기업법의 모든 규정을 살펴보아도 공법상의 특별권력관계라고는 볼 수 없고 사법관계에 속할 뿐만 아니라, 위 지하철공사의 사장이 그 이사회의 결의를 거쳐 제정된 인사규정에 의거하여 소속 직원에 대한 징계처분을 한 경우 위 사장은 행정소송법 제13조 제1항 본문과 제2조 제2항 소정의 행정청에 해당되지 않으므로 공권력발동주체로서 위 징계처분을 행한 것으로 볼 수 없고, 따라서 이에 대한 불복절차는 민사소송에 의할 것이지 행정소송에 의할 수는 없다(대판 1989.9.12, 89누2103).

(3) 행정소송의 피고

> 국가공무원법 제16조【행정소송과의 관계】② 제1항에 따른 행정소송을 제기할 때에는 대통령의 처분 또는 부작위의 경우에는 소속 장관(대통령령으로 정하는 기관의 장을 포함한다. 이하 같다)을, 중앙선거관리위원회위원장의 처분 또는 부작위의 경우에는 중앙선거관리위원회사무총장을 각각 피고로 한다.

2. 교육공무원의 경우

(1) 소청 신청 및 항고소송의 제기

> 교원의 지위 향상 및 교육활동 보호를 위한 특별법 제9조【소청심사의 청구 등】① 교원이 징계처분과 그 밖에 그 의사에 반하는 불리한 처분에 대하여 불복할 때에는 그 처분이 있었던 것을 안 날부터 30일 이내에 심사위원회에 소청심사를 청구할 수 있다. 이 경우에 심사청구인은 변호사를 대리인으로 선임할 수 있다.
>
> 제10조【소청심사 결정 등】④ 제1항에 따른 심사위원회의 결정에 대하여 교원, 사립학교법 제2조에 따른 학교법인 또는 사립학교 경영자 등 당사자(공공단체는 제외한다)는 그 결정서를 송달받은 날부터 30일 이내에 행정소송법으로 정하는 바에 따라 소송을 제기할 수 있다.

(2) 행정소송의 대상

① 국·공립학교 교원의 경우

- 국·공립학교 교원에 대한 징계처분 등 불리한 처분은 행정처분○
- 교원소청심사위원회의 결정은 필요적 전치사항이고, 그 결정은 행정심판의 재결의 성격을 가짐.
- 소청심사위원회의 결정에 불복할 경우, 원처분주의에 따라 원칙적으로 국·공립학교의 처분이 행정소송의 대상임.

② 사립학교 교원의 경우

- 사립학교 교원에 대한 징계처분 등 불리한 처분은 행정처분×
- 이는 민사소송으로 다툴 사항임.
- 단, 사립학교 교원도 교원소청심사위원회에 소청을 제기할 수 있고, 그 결정은 행정처분으로서 원처분에 해당함.
- 소청심사위원회의 결정에 불복할 경우, 원처분주의에 따라 교원소청심사위원회의 결정이 행정소송의 대상임.

기출지문 OX

01 신분상 불이익처분에 해당하는 대통령의 처분 또는 부작위에 대해 항고소송을 제기하는 경우에는 그 상대방인 공무원의 소속 장관이 피고가 된다. (12국회8) ( )

02 학교법인 또는 사립학교 경영자는 교원소청심사위원회의 결정에 대하여 행정소송을 제기할 수 없다. (15지방7) ( )

03 사립학교법에 따른 학교법인 또는 사립학교 경영자가 사립학교 교원이 제기한 소청신청에 대한 교원소청심사위원회의 결정에 불복하고자 하는 경우, 그 결정서를 송달받은 날부터 90일 이내에 행정소송을 제기할 수 있다. (14국가7) ( )

04 징계처분을 받은 사립학교 교원은 교육부에 설치된 교원소청심사위원회에 불이익한 처분에 대한 심사청구를 할 수 있다. (16국회8) ( )

05 국·공립학교 교원이 자신에 대한 불리한 처분에 불복하여 소청심사를 하는 경우에는 교원소청심사위원회에 하여야 한다. (02행시) ( )

06 사립학교 교원은 학교법인을 상대로 징계처분이 있었던 것을 안 날부터 30일 이내에 교원소청심사위원회에 소청심사를 청구할 수 있다. (02행시) ( )

07 교원소청심사위원회의 결정은 행정심판의 재결의 성격을 가진다. (16변시) ( )

08 국공립학교 교원이 교원소청심사위원회의 소청심사결정에 불복하여 행정소송을 제기하는 경우에는 원칙적으로 교원소청심사위원회의 결정을 소의 대상으로 하여야 한다. (02행시) ( )

09 교육공무원의 경우 교원소청심사위원회의 소청결정을 거쳐 행정소송을 제기하여야 하며 항고소송의 대상은 일반공무원의 경우와 동일하다. (13국회8) ( )

10 사립학교 교원이 학교법인을 상대로 소송을 제기하는 경우에는 민사소송절차에 의하여야 한다. (02행시) ( )

정답
01 ○ 02 × 제기할 수 있음
03 × 30일 04 ○ 05 ○ 06 ○
07 ○ 08 × 09 ○ 10 ○

기출지문 OX

01 사립학교 교원이 교원소청심사위원회의 소청심사결정에 불복하여 행정소송을 제기하는 경우에는 교원소청심사위원회의 결정을 소의 대상으로 하여야 한다. (02행시) ( )

02 교원소청심사위원회 결정의 취소를 구하는 소송을 제기하는 경우에는 교원소청심사위원회를 피고로 하여야 한다. (16변시) ( )

03 사립학교 교원의 경우 교원소청심사위원회의 결정에 불복하는 경우 교원소청심사위원회를 피고로 하여 항고소송을 제기할 수 있다. (13국회8) ( )

04 판례는 국·공립학교 교원의 불이익처분에 대한 소의 대상은 사립학교 교원과는 달리 원칙적으로 원래의 징계처분 등 불이익처분이고 교원소청심사위원회의 결정은 고유한 위법이 있을 때만 소송의 대상이 될 수 있다고 함으로써 행정소송법상의 일반원칙인 원처분주의를 관철하고 있다 (04국가7) ( )

05 소청심사결정의 취소를 구하는 소송을 통해 교원소청심사위원회의 기각결정에 사실오인이나 재량권 일탈·남용의 위법이 있다고 주장하는 경우, 이는 소청심사결정 자체의 고유한 위법을 주장하는 것으로 볼 수 있다. (16변시) ( )

정답
01 ○ 02 ○ 03 ○ 04 ○ 05 ×

관련 판례

1 국공립학교교원에 대한 징계 등 불리한 처분은 행정처분이므로 국공립학교교원이 징계 등 불리한 처분에 대하여 불복이 있으면 교원징계재심위원회에 재심청구를 하고 위 재심위원회의 재심결정에 불복이 있으면 항고소송으로 이를 다투어야 할 것인데, 이 경우 그 소송의 대상이 되는 처분은 원칙적으로 원처분청의 처분이고, 원처분이 정당한 것으로 인정되어 재심청구를 기각한 재결에 대한 항고소송은 원처분의 하자를 이유로 주장할 수는 없고 그 재결 자체에 고유한 주체·절차·형식 또는 내용상의 위법이 있는 경우에 한한다고 할 것이므로, 도교육감의 해임처분의 취소를 구하는 재심청구를 기각한 재심결정에 사실오인의 위법이 있다거나 재량권의 남용 또는 그 범위를 일탈한 것으로서 위법하다는 사유는 재심결정 자체에 고유한 위법을 주장하는 것으로 볼 수 없어 재심결정의 취소사유가 될 수 없다<이러한 사유가 만약 존재한다면, 그것은 재심결정뿐 아니라 원처분에도 동일하게 존재하는 사유이므로, 이를 이유로 소송을 제기할 때는 원처분을 대상으로 해야 한다는 판결>(대판 1994.2.8, 93누17874).

2 소송의 대상이 되는 처분은 원칙적으로 원처분인 국립대학교 총장의 처분이고, 국립대학교 총장의 처분이 정당한 것으로 인정되어 소청심사청구를 기각한 소청심사결정 자체에 대한 항고소송은 원처분의 하자를 이유로 주장할 수 없고, 그 소청심사결정 자체에 고유한 주체, 절차, 형식 또는 내용상의 위법이 있는 경우, 즉 원처분에는 없고 소청심사결정에만 있는 교원소청심사위원회의 권한 또는 구성의 위법, 소청심사결정의 절차나 형식의 위법, 내용의 위법 등이 존재하는 때에 한하고, 신청을 기각하는 소청심사결정에 사실오인이나 재량권 남용·일탈 등의 위법이 있다는 사유는 소청심사결정 자체에 고유한 위법을 주장하는 것으로 볼 수 없다(대판 2009.10.15, 2009두11829).

3 국·공립학교 교원에 대한 징계처분의 경우에는 원 징계처분 자체가 행정처분이므로 그에 대하여 위원회에 소청심사를 청구하고 위원회의 결정이 있은 후 그에 불복하는 행정소송이 제기되더라도 그 심판대상은 교육감 등에 의한 원 징계처분이 되는 것이 원칙이다. 다만 위원회의 심사절차에 위법사유가 있다는 등 고유의 위법이 있는 경우에 한하여 위원회의 결정이 소송에서의 심판대상이 된다. 따라서 그 행정소송의 피고도 위와 같은 예외적 경우가 아닌 한 원처분을 한 처분청이 되는 것이지 위원회가 되는 것이 아니다. 또한 법원에서도 위원회 결정의 당부가 아니라 원처분의 위법 여부가 판단대상이 되는 것이므로 위원회 결정의 결론과 상관없이 원처분에 적법한 처분사유가 있는지, 그 징계양정이 적정한지가 판단대상이 되고(다만 위원회에서 원처분의 징계양정을 변경한 경우에는 그 내용에 따라 원처분이 변경된 것으로 간주되어 그 변경된 처분이 심판대상이 된다), 거기에 위법사유가 있다고 인정되면 위원회의 결정이 아니라 원 징계처분을 취소하게 되고, 그에 따라 후속절차도 원 징계처분을 한 처분청이 판결의 기속력에 따라 징계를 하지 않거나 재징계를 하게 되는 구조로 운영된다.
반면, 사립학교 교원에 대한 징계처분의 경우에는 학교법인 등의 징계처분은 행정처분성이 없는 것이고 그에 대한 소청심사청구에 따라 위원회가 한 결정이 행정처분이고 교원이나 학교법인 등은 그 결정에 대하여 행정소송으로 다투는 구조가 되므로, 행정소송에서의 심판대상은 학교법인 등의 원 징계처분이 아니라 위원회의 결정이 되고, 따라서 피고도 행정청인 위원회가 되는 것이며, 법원이 위원회의 결정을 취소한 판결이 확정된다고 하더라도 위원회가 다시 그 소청심사청구사건을 재심사하게 될 뿐 학교법인 등이 곧바로 위 판결의 취지에 따라 재징계 등을 하여야 할 의무를 부담하는 것은 아니다(대판 2013.7.25, 2012두12297).

제4장 공무원의 권리

제1절 신분상 권리

1 신분보장권

- 공무원의 신분보장권은 공무원의 직무수행권 보장을 위해 인정되는 권리
- 경력직공무원 등 직업공무원에 한하여 보장되는 것이 원칙

> **국가공무원법 제68조 【의사에 반한 신분 조치】** 공무원은 형의 선고, 징계처분 또는 이 법에서 정하는 사유에 따르지 아니하고는 본인의 의사에 반하여 휴직·강임 또는 면직을 당하지 아니한다. 다만, 1급 공무원과 제23조에 따라 배정된 직무등급이 가장 높은 등급의 직위에 임용된 고위공무원단에 속하는 공무원은 그러하지 아니하다.
>
> **제29조 【시보 임용】** ① 5급 공무원(제4조 제2항에 따라 같은 조 제1항의 계급 구분이나 직군 및 직렬의 분류를 적용하지 아니하는 공무원 중 5급에 상당하는 공무원을 포함한다. 이하 같다)을 신규 채용하는 경우에는 1년, 6급 이하의 공무원을 신규 채용하는 경우에는 6개월간 각각 시보로 임용하고 그 기간의 근무성적·교육훈련성적과 공무원으로서의 자질을 고려하여 정규 공무원으로 임용한다. 다만, 대통령령 등으로 정하는 경우에는 시보 임용을 면제하거나 그 기간을 단축할 수 있다.
>
> ③ 시보 임용 기간 중에 있는 공무원이 근무성적·교육훈련성적이 나쁘거나 이 법 또는 이 법에 따른 명령을 위반하여 공무원으로서의 자질이 부족하다고 판단되는 경우에는 제68조와 제70조에도 불구하고 면직시키거나 면직을 제청할 수 있다. 이 경우 구체적인 사유 및 절차 등에 필요한 사항은 대통령령 등으로 정한다.

2 직위보유권

- 임용된 공무원이 일정한 직위를 부여받을 권리, 부여받은 직위를 부당하게 박탈당하지 않을 권리
- 특정 지위를 보유할 수 있는 권한은 아님.

3 직무집행권

- 자신에게 부여된 직무를 방해받지 않고 집행할 권리

기출지문 OX

01 신분보장에 대해서는 국가공무원법이 일반법으로서의 지위를 갖는다. (99관세) ( )

02 국가공무원법은 시보임용 중인 공무원에 대해서는 신분보장을 인정하지 않고 있다. (02입시) ( )

정답
01 ○ 02 ○

기출지문 OX

01 노동3권이 인정되지 않는 공무원도 있다. (07관세) ( )

4 고충상담 · 심사청구권

국가공무원법 제76조의2 【고충 처리】 ① 공무원은 인사 · 조직 · 처우 등 각종 직무 조건과 그 밖에 신상 문제와 관련한 고충에 대하여 상담을 신청하거나 심사를 청구할 수 있으며, 누구나 기관 내 성폭력 범죄 또는 성희롱 발생 사실을 알게 된 경우 이를 신고할 수 있다. 이 경우 상담 신청이나 심사 청구 또는 신고를 이유로 불이익한 처분이나 대우를 받지 아니한다.

5 소청제기권

국가공무원법 제76조 【심사청구와 후임자 보충 발령】 ① 제75조에 따른 처분사유 설명서를 받은 공무원이 그 처분에 불복할 때에는 그 설명서를 받은 날부터, 공무원이 제75조에서 정한 처분 외에 본인의 의사에 반한 불리한 처분을 받았을 때에는 그 처분이 있은 것을 안 날부터 각각 30일 이내에 소청심사위원회에 이에 대한 심사를 청구할 수 있다. 이 경우 변호사를 대리인으로 선임할 수 있다.

6 노동기본권

1. 의의

헌법 제33조 ② 공무원인 근로자는 법률이 정하는 자에 한하여 단결권 · 단체교섭권 및 단체행동권을 가진다.

2. 내용

(1) 단결권(노동조합을 결성할 권리)

국가공무원법 제66조 【집단 행위의 금지】 ① 공무원은 노동운동이나 그 밖에 공무 외의 일을 위한 집단 행위를 하여서는 아니 된다. 다만, 사실상 노무에 종사하는 공무원은 예외로 한다.

공무원의 노동조합 설립 및 운영 등에 관한 법률 제5조 【노동조합의 설립】 ① 공무원이 노동조합을 설립하려는 경우에는 국회 · 법원 · 헌법재판소 · 선거관리위원회 · 행정부 · 특별시 · 광역시 · 특별자치시 · 도 · 특별자치도 · 시 · 군 · 구(자치구를 말한다) 및 특별시 · 광역시 · 특별자치시 · 도 · 특별자치도의 교육청을 최소 단위로 한다.

② 노동조합을 설립하려는 사람은 고용노동부장관에게 설립신고서를 제출하여야 한다.

제6조 【가입 범위】 ① 노동조합에 가입할 수 있는 사람의 범위는 다음 각 호와 같다. <개정 2021.1.5>

1. 일반직공무원
2. 특정직공무원 중 외무영사직렬 · 외교정보기술직렬 외무공무원, 소방공무원 및 교육공무원(다만, 교원은 제외한다)
3. 별정직공무원
4. 제1호부터 제3호까지의 어느 하나에 해당하는 공무원이었던 사람으로서 노동조합 규약으로 정하는 사람

정답
01 ○

5. 삭제
② 제1항에도 불구하고 다음 각 호의 어느 하나에 해당하는 공무원은 노동조합에 가입할 수 없다.

1. 업무의 주된 내용이 다른 공무원에 대하여 지휘·감독권을 행사하거나 다른 공무원의 업무를 총괄하는 업무에 종사하는 공무원
2. 업무의 주된 내용이 인사·보수 또는 노동관계의 조정·감독 등 노동조합의 조합원 지위를 가지고 수행하기에 적절하지 아니한 업무에 종사하는 공무원
3. 교정·수사 등 공공의 안녕과 국가안전보장에 관한 업무에 종사하는 공무원
4. 삭제

③ 삭제
④ 제2항에 따른 공무원의 범위는 대통령령으로 정한다.

구법 제6조 【가입 범위】 ① 노동조합에 가입할 수 있는 공무원의 범위는 다음 각 호와 같다. <개정 2012.12.11>

1. 6급 이하의 일반직공무원 및 이에 상당하는 일반직공무원
2. 특정직공무원 중 6급 이하의 일반직공무원에 상당하는 외무행정·외교정보관리직 공무원
3. 삭제 <2012.12.11>
4. 6급 이하의 일반직공무원에 상당하는 별정직공무원
5. 삭제 <2011.5.23>

② 제1항에도 불구하고 다음 각 호의 어느 하나에 해당하는 공무원은 노동조합에 가입할 수 없다.

1. 다른 공무원에 대하여 지휘·감독권을 행사하거나 다른 공무원의 업무를 총괄하는 업무에 종사하는 공무원
2. 인사·보수에 관한 업무를 수행하는 공무원 등 노동조합과의 관계에서 행정기관의 입장에서 업무를 수행하는 공무원
3. 교정·수사 또는 그 밖에 이와 유사한 업무에 종사하는 공무원
4. 업무의 주된 내용이 노동관계의 조정·감독 등 노동조합의 조합원 지위를 가지고 수행하기에 적절하지 아니하다고 인정되는 업무에 종사하는 공무원

③ 공무원이 면직·파면 또는 해임되어 노동조합 및 노동관계조정법 제82조 제1항에 따라 노동위원회에 부당노동행위의 구제신청을 한 경우에는 노동위원회법 제2조에 따른 중앙노동위원회(이하 "중앙노동위원회"라 한다)의 재심판정이 있을 때까지는 노동조합원의 지위를 상실하는 것으로 보아서는 아니 된다.
④ 제2항에 따른 공무원의 범위는 대통령령으로 정한다.

- 2021년 법 개정으로 변경된 사항은 다음과 같음
  ① 노조 가입 범위 중 공무원의 직급제한 삭제(6급 이하만 가능 → 제한 없이). 다만, 개정 이후에도 '지휘·감독자' 등 직무에 따른 가입 제한은 기존과 동일하므로, 실제로는 5급 이상 중 실무에 종사하는 공무원만 노조 가입이 가능함.
  ② 소방공무원 노조 가입 허용. 구법은 특정직공무원 중 외무행정직, 외교정보관리직, 교원 외에는 노조 가입이 불가하였음.
  ③ 교육공무원인 조교(국·공립대 조교), 교육전문직원, 장학관, 장학사, 교육연구관, 교육연구사의 노조 가입 허용. 구법은 교육공무원 중 교원 외에는 노조 가입이 불가하였음.

Tip 조교의 지위

구분	신분	단결권 보장여부		
		노조법	공무원노조법	교원노조법
국·공립 대학	교육공무원 (특정직)	적용X	적용O	적용X
사립대학	공무원X	적용O (근로자성 인정시)	적용X	적용X

④ 퇴직공무원 중 노조 규약으로 정하는 자는 노조 가입 허용. 구법은 공무원으로 재직 중인 자만 노동조합 가입 가능하였음.

⑤ 직무 특성에 따른 가입제한 조문(법 제6조 제2항)을 정비함.

- 한편 교원노조법의 개정으로 퇴직 교원도 교원노동조합 가입이 허용됨(교원노조법 제2조, 제4조의2).

(2) 단체교섭권(단체협약을 체결할 권리)

공무원의 노동조합 설립 및 운영 등에 관한 법률 제8조【교섭 및 체결 권한 등】 ① 노동조합의 대표자는 그 노동조합에 관한 사항 또는 조합원의 보수·복지, 그 밖의 근무조건에 관하여 국회사무총장·법원행정처장·헌법재판소사무처장·중앙선거관리위원회사무총장·인사혁신처장(행정부를 대표한다)·특별시장·광역시장·특별자치시장·도지사·특별자치도지사·시장·군수·구청장(자치구의 구청장을 말한다) 또는 특별시·광역시·특별자치시·도·특별자치도의 교육감 중 어느 하나에 해당하는 사람(이하 "정부교섭대표"라 한다)과 각각 교섭하고 단체협약을 체결할 권한을 가진다. 다만, 법령 등에 따라 국가나 지방자치단체가 그 권한으로 행하는 정책결정에 관한 사항, 임용권의 행사 등 그 기관의 관리·운영에 관한 사항으로서 근무조건과 직접 관련되지 아니하는 사항은 교섭의 대상이 될 수 없다.
② 정부교섭대표는 법령 등에 따라 스스로 관리하거나 결정할 수 있는 권한을 가진 사항에 대하여 노동조합이 교섭을 요구할 때에는 정당한 사유가 없으면 그 요구에 따라야 한다.

제10조【단체협약의 효력】 ① 제9조에 따라 체결된 단체협약의 내용 중 법령·조례 또는 예산에 의하여 규정되는 내용과 법령 또는 조례에 의하여 위임을 받아 규정되는 내용은 단체협약으로서의 효력을 가지지 아니한다.

관련 판례

구 공무원의 노동조합 설립 및 운영 등에 관한 법률 제8조 제1항, 구 공무원의 노동조합 설립 및 운영 등에 관한 법률 시행령 제4조의 내용을 종합하여 보면, 법령 등에 따라 국가나 지방자치단체가 권한으로 행하는 정책결정에 관한 사항, 임용권의 행사 등 기관의 관리·운영에 관한 사항이 <u>단체교섭의 대상</u>이 되려면 <u>그 자체가 공무원이 공무를 제공하는 조건이 될 정도로 근무조건과 직접 관련된 것이어야</u> 하며, <u>이 경우에도 기관의 본질적·근본적 권한을 침해하거나 제한하는 내용은 허용되지 아니한다</u>(대판 2017.1.12, 2011두13392).

(3) 단체행동권(파업 등을 할 권리)

> **공무원의 노동조합 설립 및 운영 등에 관한 법률 제3조【노동조합 활동의 보장 및 한계】** ① 이 법에 따른 공무원의 노동조합(이하 "노동조합"이라 한다)의 조직, 가입 및 노동조합과 관련된 정당한 활동에 대하여는 국가공무원법 제66조 제1항 본문 및 지방공무원법 제58조 제1항 본문을 적용하지 아니한다.
> ② 공무원은 노동조합 활동을 할 때 다른 법령에서 규정하는 공무원의 의무에 반하는 행위를 하여서는 아니 된다.
>
> **제4조【정치활동의 금지】** 노동조합과 그 조합원은 정치활동을 하여서는 아니 된다.
>
> **제11조【쟁의행위의 금지】** 노동조합과 그 조합원은 파업, 태업 또는 그 밖에 업무의 정상적인 운영을 방해하는 어떠한 행위도 하여서는 아니 된다.

관련 판례

> 헌법 제33조 제2항은 공무원인 근로자의 경우 법률이 정하는 자에 한하여 단결권·단체교섭권 및 단체행동권을 가진다고 규정함으로써 공무원인 근로자의 노동기본권에 대하여 헌법적 제한을 두고 있으며, 노동조합 및 노동관계조정법(이하 '노동조합법'이라 한다) 제5조 단서는 공무원으로 구성된 노동조합(이하 '공무원노동조합'이라 한다)의 설립이나 가입에 관하여 따로 법률로 정하도록 규정하고 있다. 그리고 이에 따라 제정된 공무원의 노동조합 설립 및 운영 등에 관한 법률(이하 '공무원노조법'이라 한다)은 노동기본권이 보장되는 공무원의 범위와 공무원노동조합의 설립 및 운영 등에 관한 사항을 정하면서, 제3조 제1항에서 공무원노조법에 따른 공무원노동조합의 조직·가입, 공무원노동조합과 관련된 정당한 활동에 대하여는 노동운동 등 공무 외의 집단 행위를 금지한 국가공무원법 및 지방공무원법을 적용하지 아니하도록 규정하고 있다. 이러한 <u>헌법과 노동조합법, 공무원노조법 등 공무원의 노동기본권 관련 규정 내용을 종합하면, 공무원으로 조직된 근로자단체는 공무원노조법에 따라 설립된 공무원노동조합인 경우에 한하여 노동기본권의 향유 주체가 될 수 있다</u>(대판 2016.12.27, 2011두921).

제2절 재산상 권리

1 보수청구권

1. 보수의 의의

- **보수**: 공무원이 국가나 지방자치단체에 제공한 근로의 대가
- 근무조건 법정주의에 따라 공무원의 보수는 원칙적으로 계약이 아닌 법령에 의하여 결정됨(국가공무원법 제47조).

공무원보수규정 제4조 【정의】 이 영에서 사용하는 용어의 뜻은 다음과 같다.
1. "보수"란 봉급과 그 밖의 각종 수당을 합산한 금액을 말한다. 다만, 연봉제 적용대상 공무원은 연봉과 그 밖의 각종 수당을 합산한 금액을 말한다.
2. "봉급"이란 직무의 곤란성과 책임의 정도에 따라 직책별로 지급되는 기본급여 또는 직무의 곤란성과 책임의 정도 및 재직기간 등에 따라 계급(직무등급이나 직위를 포함한다. 이하 같다)별, 호봉별로 지급되는 기본급여를 말한다.
3. "수당"이란 직무여건 및 생활여건 등에 따라 지급되는 부가급여를 말한다.

2. 보수청구권의 성격

(1) 공권

관련 판례

지방자치단체와 그 소속 경력직 공무원인 지방소방공무원 사이의 관계, 즉 지방소방공무원의 근무관계는 사법상의 근로계약관계가 아닌 공법상의 근무관계에 해당하고, 그 근무관계의 주요한 내용 중 하나인 지방소방공무원의 보수에 관한 법률관계는 공법상의 법률관계라고 보아야 한다. 나아가 지방공무원법 제44조 제4항, 제45조 제1항이 지방공무원의 보수에 관하여 이른바 근무조건 법정주의를 채택하고 있고, 지방공무원 수당 등에 관한 규정 제15조 내지 제17조가 초과근무수당의 지급 대상, 시간당 지급 액수, 근무시간의 한도, 근무시간의 산정 방식에 관하여 구체적이고 직접적인 규정을 두고 있는 등 관계 법령의 내용, 형식 및 체제 등을 종합하여 보면, 지방소방공무원의 초과근무수당 지급청구권은 법령의 규정에 의하여 직접 그 존부나 범위가 정하여지고 법령에 규정된 수당의 지급요건에 해당하는 경우에는 곧바로 발생한다고 할 것이므로, 지방소방공무원이 자신이 소속된 지방자치단체를 상대로 초과근무수당의 지급을 구하는 청구에 관한 소송은 행정소송법 제3조 제2호에 규정된 당사자소송의 절차에 따라야 한다(대판 2013.3.28, 2012다102629).

(2) 생활보장적 성격

- 생활보장적 성격을 가지므로 임의로 포기·양도 불가
- 압류는 보수총액의 1/2로 제한(민사집행법 제246조)
- 공무원 보수청구권의 소멸시효는 3년(민법 제163조)

3. 관련판례

관련 판례

1 국가공무원법은 공무원의 보수 등에 관하여 이른바 '근무조건 법정주의'를 규정하고 있다. 이는 공무원이 헌법 제7조에 정한 직업공무원제도에 기하여 국민 전체에 대한 봉사자로서의 특수한 지위를 가지므로 국민 전체의 의사를 대표하는 국회에서 근무조건을 결정하도록 함이 타당할 뿐 아니라, 공무원의 보수 등은 국가예산에서 지급되는 것이므로 헌법 제54조에 따라 예산안 심의·확정 권한을 가진 국회가 예산상의 고려가 함께 반영된 법률로써 공무원의 근무조건을 정하도록 할 필요가 있기 때문이다. 그리고 공무원보수규정 제31조에 따라 공무원의 수당 등 보수는 예산의 범위에서 지급되는데, 여기서 '예산의 범위에서'란 문제 되는 보수 항목이 국가예산에 계상되어 있을 것을 요한다는 의미이다. 이와 같이 공무원 보수 등 근무조건은 법률로 정하여야 하고, 국가예산에 계상되어 있지 아니하면 공무원 보수의 지급이 불가능한 점 등에 비추어 볼 때,

공무원이 국가를 상대로 실질이 보수에 해당하는 금원의 지급을 구하려면 공무원의 '근무조건 법정주의'에 따라 국가공무원법령 등 공무원의 보수에 관한 법률에 지급근거가 되는 명시적 규정이 존재하여야 하고, 나아가 해당 보수 항목이 국가예산에도 계상되어 있어야만 한다(대판 2016.8.25, 2013두14610).

2 입법부가 법률로써 행정부에게 특정한 사항을 위임했음에도 불구하고 행정부가 정당한 이유 없이 이를 이행하지 않는다면 권력분립의 원칙과 법치국가 내지 법치행정의 원칙에 위배되는 것으로서 위법함과 동시에 위헌적인 것이 되는바, 구 군법무관임용법 제5조 제3항과 군법무관임용 등에 관한 법률 제6조가 군법무관의 보수를 법관 및 검사의 예에 준하도록 규정하면서 그 구체적 내용을 시행령에 위임하고 있는 이상, 위 법률의 규정들은 군법무관의 보수의 내용을 법률로써 일차적으로 형성한 것이고, 위 법률들에 의해 상당한 수준의 보수청구권이 인정되는 것이므로, 위 보수청구권은 단순한 기대이익을 넘어서는 것으로서 법률의 규정에 의해 인정된 재산권의 한 내용이 되는 것으로 봄이 상당하고, 따라서 행정부가 정당한 이유 없이 시행령을 제정하지 않은 것은 위 보수청구권을 침해하는 불법행위에 해당한다(대판 2007.11.29, 2006다3561).

2 연금청구권

1. 연금의 의의

- **연금**: 일정한 기간 근무하고 퇴직·사망한 경우 또는 공무상 질병·부상으로 퇴직·사망한 경우 해당 공무원 또는 그 유족에게 지급되는 급여

2. 연금(연금청구권)의 성질

(1) 공권

- 공권에 해당하며 지급결정된 연금에 대한 지급청구소송은 공법상 당사자소송

(2) 사회보장적 성격, 후불임금의 성격, 공로보상적 성격

관련 판례

근로자퇴직급여보장법, 공무원연금법, 군인연금법, 사립학교교직원연금법이 각 규정하고 있는 퇴직급여는 사회보장적 급여로서의 성격 외에 임금의 후불적 성격과 성실한 근무에 대한 공로보상적 성격도 지닌다(대판 2014.7.16, 2013므2250 전합).

3. 연금의 종류

(1) 단기급여와 장기급여(공무원연금법 제28조)

- **단기급여**: 공무로 인한 질병, 부상, 재해에 대하여 지급
- **장기급여**: 공무원의 퇴직, 장애, 사망에 대하여 지급

(2) 질병·재해로 인한 연금수급권

기출지문 OX

01 공무원이 국가를 상대로 그 실질이 보수에 해당하는 금원의 지급을 구하는 경우 그 보수에 관한 법률에 지급근거인 명시적 규정이 존재하여야 하고, 해당 보수 항목이 국가예산에도 계상되어 있어야만 한다. (21군무원7, 20국가7) ( )

02 공무원연금법상의 각종 급여는 기본적으로 모두 사회보장적 급여로서의 성격을 가짐과 동시에 공로보상 내지 후불임금으로서의 성격을 함께 가진다. (15국회8) ( )

정답
01 ○ 02 ○

기출지문 OX

01 공무원연금법상 공무상 질병은 공무와 질병 사이에 인과관계가 있어야 하는데, 질병의 주된 발생원인이 공무와 직접 관련이 없어도 직무상 과로가 질병의 주된 발생원인에 겹쳐서 질병을 유발 또는 악화시켰다면 그 인과관계가 성립한다. (10국가7) ( )

관련 판례

1 공무원연금법 제61조 제1항 소정의 유족보상금 지급의 요건이 되는 공무상 질병이라 함은 공무원이 공무집행 중 이로 인하여 발생한 질병으로 공무와 질병 사이에 인과관계가 있어야 하나, 이 경우 질병의 주된 발생원인이 공무와 직접 연관이 없다고 하더라도 직무상의 과로 등이 질병의 주된 발생원인과 겹쳐서 질병을 유발시켰다면 그 인과관계가 있다고 보아야 하고, 또한 과로로 인한 질병에는 평소에 정상적인 근무가 가능한 기초질병이나 기존질병이 직무의 과중으로 인하여 자연적인 진행속도 이상으로 급격히 악화된 경우까지 포함된다고 보아야 하며, 공무상 질병에 해당하는지의 여부를 판단함에 있어 공무와 사망 사이의 상당인과관계의 유무는 보통 평균인이 아니라 당해 공무원의 건강과 신체조건을 기준으로 하여 판단하여야 한다(대판 1996.9.6, 96누6103).

2 공무원연금법 제3조 제1항 제2호의2 및 제61조 제1항에 따라 순직공무원의 유족에게 지급하는 순직유족보상금의 지급요건이 되는 '공무상 질병'은 공무집행 중 공무로 인하여 발생한 질병을 뜻하는 것이므로, 공무와 질병의 발생 사이에는 인과관계가 있어야 하고, 인과관계는 이를 주장하는 측에서 증명하여야 한다. 다만 인과관계는 반드시 의학적·자연과학적으로 명백히 증명되어야 하는 것은 아니고, 규범적 관점에서 상당인과관계가 인정되는 경우에는 증명이 있다고 보아야 한다. 공무원이 자살행위로 사망한 경우에, 공무로 인하여 질병이 발생하거나 공무상 과로나 스트레스가 질병의 주된 발생원인에 겹쳐서 질병이 유발 또는 악화되고, 그러한 질병으로 정상적인 인식능력이나 행위선택능력, 정신적 억제력이 결여되거나 현저히 저하되어 합리적인 판단을 기대할 수 없을 정도의 상황에서 자살에 이르게 된 것이라고 추단할 수 있는 때에는 공무와 사망 사이에 상당인과관계가 있다(대판 2018.6.28, 2017두53941).

3 공무원이 근무를 하기 위하여 주거지와 근무장소와의 사이를 순리적인 경로와 방법으로 출·퇴근을 하던 중에 발생한 재해는 공무수행과 관련하여 발생한 재해로서 공무원연금법상의 공무상 재해에 해당한다고 할 것이고, 여기서 퇴근이라 함은 일을 마치고 개인이 지배·관리하는 사적 영역인 주거지 영역 내로 돌아오는 것을 가리키는 것이므로, 공무원의 주거지가 마당 등이 있는 단독주택인 경우에는 대문을 통하여 마당 등의 주택 부지로 들어섬과 동시에 공무원의 퇴근행위는 종료된 것으로 보아야 하고, 반드시 주거지 내 건물의 출입문을 통과하여야 퇴근행위가 종료되는 것으로 볼 수는 없다고 할 것이다<경찰공무원이 근무를 마치고 승용차를 운전하여 자신의 주거지인 단독주택 마당으로 들어와 마당에 승용차를 주차시킨 후 승용차에서 내려 자택의 건물 쪽으로 걸어가다가 넘어지면서 땅바닥에 있던 깨진 병조각에 눈을 찔려 다치는 사고를 당한 사안 – 공무상재해×>(대판 2010.6.24, 2010두3398).

(3) 퇴직연금

공무원연금법 제43조【퇴직연금 또는 퇴직연금일시금 등】 ① 공무원이 10년 이상 재직하고 퇴직한 경우에는 다음 각 호의 어느 하나에 해당하는 때부터 사망할 때까지 퇴직연금을 지급한다.

1. 65세가 되는 때
2. 법률 또는 국회규칙, 대법원규칙, 헌법재판소규칙, 중앙선거관리위원회규칙 및 대통령령(이하 "공무원임용관계법령 등"이라 한다)에서 정년 또는 근무상한연령(공무원임용관계법령 등에서 근무상한연령을 정하지 아니한 공무원의 근무상한연령은

정답
01 ○

공무원임용관계법령 등에서 정한 그 공무원과 유사한 직위의 공무원의 근무상한 연령 등을 고려하여 대통령령으로 정하는 연령을 말한다)을 60세 미만으로 정한 경우에는 그 정년 또는 근무상한 연령이 되었을 때부터 5년이 경과한 때
3. 공무원임용관계법령 등에서 정한 계급정년이 되어 퇴직한 때부터 5년이 경과한 때
4. 직제와 정원의 개정과 폐지 또는 예산의 감소 등으로 인하여 직위가 없어지거나 정원을 초과하는 인원이 생겨 퇴직한 때부터 5년이 경과한 때
5. 대통령령으로 정하는 장해 상태가 된 때

① 내용

관련 판례

[1] 공무원연금법에 의한 퇴직연금수급권은 기초가 되는 퇴직이라는 급여의 사유가 발생함으로써 성립하지만, 내용은 급부의무자의 일회성 이행행위에 의하여 만족되는 것이 아니고 일정기간 계속적으로 이행기가 도래하는 계속적 급부를 목적으로 하는 것이다.

[2] 공무원연금공단이 공무원으로 재직하다가 명예퇴직한 후 재직 중의 범죄사실로 징역형의 집행유예를 선고받고 확정된 甲에게 헌법재판소의 헌법불합치결정에 따라 개정된 공무원연금법(이하 '신법'이라 한다) 시행 직후 퇴직연금 급여제한 처분을 하였고, 위 처분에 대한 취소소송 계속 중 다시 헌법재판소가 신법의 시행일 및 경과조치에 관한 부칙 규정에 대하여 위헌결정을 한 사안에서, 위 처분은 퇴직연금수급권의 기초가 되는 급여의 사유가 이미 발생한 후에 그 퇴직연금수급권을 대상으로 하지만, 이미 발생하여 이행기에 도달한 퇴직연금수급권의 내용을 변경함이 없이 장래 이행기가 도래하는 퇴직연금수급권의 내용만을 변경하는 것에 불과하여, 이미 완성 또는 종료된 과거 사실 또는 법률관계에 새로운 법률을 소급적으로 적용하여 과거를 법적으로 새로이 평가하는 것이 아니므로 소급입법에 의한 재산권 침해가 될 수 없다(대판 2014.4.24, 2013두26552).

② 재직기간의 계산

공무원연금법 제25조 【재직기간의 계산】 ② 퇴직한 공무원·군인 또는 사립학교교직원(이 법, 군인연금법 또는 사립학교교직원 연금법을 적용받지 아니하였던 사람은 제외한다)이 공무원으로 임용된 경우에는 본인이 원하는 바에 따라 종전의 해당 연금법에 따른 재직기간 또는 복무기간을 제1항의 재직기간에 합산할 수 있다.

관련 판례

1 공무원연금법 제23조 제2항은 퇴직한 공무원·군인 또는 사립학교 교직원이 공무원으로 임용된 경우에는 본인이 원하는 바에 따라 종전의 해당 연금법에 따른 재직기간 또는 복무기간을 공무원 재직기간에 합산할 수 있다고 규정하고 있는데, 위 조항은 재직 중인 공무원에 대해서만 재직기간 합산신청을 허용하고 있는 것으로 보아야 한다(대판 2017.2.15, 2015두35789).

2 공무원연금법에서 정한 재직기간 합산제도의 입법 취지, 재직기간은 공무원연금 급여의 종류와 금액을 정하는 기준이 되므로 퇴직할 때까지는 확정되어야 하는 점, 공무원연금법은 재직기간 합산신청기한에 제한을 두거나 퇴직한 공무원에 대하여 한시적으로 재직기간 합산신청을 허용하기도 하여 왔는데, 이와 같은 입법연혁에 비추어 보면 공무원연금법은 재직 중에만 재직기간 합산신청을 할 수 있음을 전제로 여러 차례 개정되어 온 것으로 보이는 점 등을 종합하여 보면, 공무원

기출지문 OX

01 퇴직연금수급권의 기초가 되는 급여의 사유가 이미 발생한 후에 장래 이행기가 도래하는 퇴직연금수급권의 내용을 변경하는 것은 이미 완성 또는 종료된 과거 사실 또는 법률관계에 새로운 법률을 소급적으로 적용하여 과거를 법적으로 새로이 평가하는 것이어서 소급입법에 의한 재산권 침해가 된다. (19변시) ( )

02 퇴직한 공무원이 재임용되면서 종전 재직기간의 합산신청을 하는 경우, 이미 종전 재직기간에 산입된 현역병 복무기간을 따로 떼어내어 신청기간의 제한 없이 합산신청을 할 수는 없다. (09지방7) ( )

정답
01 × 02 ○

연금법은 재직 중인 공무원에 대해서만 재직기간 합산 신청을 허용하고 있는 것으로 해석된다. 제소기간이 이미 도과하여 불가쟁력이 생긴 행정처분에 대하여는 개별 법규에서 변경을 요구할 신청권을 규정하고 있거나 관계 법령의 해석상 그러한 신청권이 인정될 수 있는 등 특별한 사정이 없는 한 국민에게 행정처분의 변경을 구할 신청권이 있다고 할 수 없고, 공무원연금법의 해석상 이미 불가쟁력이 발생한 급여지급결정의 전제가 되는 재직기간의 정정 또는 재산정을 구할 신청권이 인정된다고 볼 수 없으므로, 재직기간의 정정 또는 재산정을 구하는 취지가 포함된 재직기간 합산신청이라 하여 일반적인 재직기간 합산신청과 달리 퇴직 후에도 허용된다고 볼 수는 없다(대판 2017.2.9, 2014두43264).

3 병역법에 의한 현역병의 복무기간은 공무원연금법 제23조 제1항, 제3항에 의하여 당해 공무원의 산입신청과 관계없이 당연히 재직기간에 산입되므로, 현역병의 복무기간이 종전의 적법한 공무원 재직기간에 산입된 경우에는 이후 공무원으로 다시 임용되더라도 이미 산입된 사병복무기간을 포함한 이전의 전체 재직기간에 대하여 같은 법 제24조 제1항 또는 같은 법 부칙 제5조가 정한 법정기간 내에 재직기간 합산신청을 하여야 하는 것이지, 현역병의 복무기간만이 그 후의 공무원 재직기간에 당연히 산입되거나, 그것만을 따로 떼어내어 기간의 제한 없이 재직기간 합산신청을 할 수 있는 것은 아니다(대판 2002.11.8, 2001두7695).

4 공무원연금법에 의한 퇴직급여 등은 적법한 공무원으로서의 신분을 취득하여 근무하다가 퇴직하는 경우에 지급되는 것이고, 임용 당시 공무원임용결격사유가 있었다면 그 임용행위는 당연무효이며, 당연무효인 임용행위에 의하여 공무원의 신분을 취득할 수는 없으므로 임용결격자가 공무원으로 임용되어 사실상 근무하여 왔다고 하더라도 적법한 공무원으로서의 신분을 취득하지 못한 자로서는 공무원연금법 소정의 퇴직급여 등을 청구할 수 없고, 또 당연퇴직사유에 해당되어 공무원으로서의 신분을 상실한 자가 그 이후 사실상 공무원으로 계속 근무하여 왔다고 하더라도 당연퇴직 후의 사실상의 근무기간은 공무원연금법상의 재직기간에 합산될 수 없다(대판 2003.5.16, 2001다61012).

③ 퇴직급여 지급이 제한되는 경우

공무원연금법 제63조【고의 또는 중과실 등에 의한 급여의 제한】 ① 이 법에 따른 급여를 받을 수 있는 사람이 고의로 질병·부상·장해를 발생하게 한 경우에는 해당 급여를 지급하지 아니한다.

② 퇴직유족급여를 받을 수 있는 사람이 공무원, 공무원이었던 사람 또는 퇴직유족급여를 받고 있는 사람을 고의로 사망하게 한 경우에는 그에 대한 퇴직유족급여를 지급하지 아니한다. 공무원이거나 공무원이었던 사람이 사망하기 전에 그의 사망으로 인하여 퇴직유족급여를 받을 수 있는 사람이 해당 같은 순위자 또는 앞선 순위자를 고의로 사망하게 한 경우에도 또한 같다.

③ 이 법에 따른 급여를 받을 수 있는 사람이 다음 각 호의 어느 하나에 해당하면 대통령령으로 정하는 바에 따라 해당 급여의 전부 또는 일부를 지급하지 아니할 수 있다.

1. 고의로 질병·부상·장해의 정도를 악화되게 하거나 회복을 방해한 경우
2. 중대한 과실에 의하여 또는 정당한 사유 없이 요양에 관한 지시에 따르지 아니하여 질병·부상·장해를 발생하게 하거나 그 질병·부상·장해의 정도를 악화되게 하거나 회복을 방해한 경우

④ 퇴직유족급여를 받을 수 있는 사람 중 공무원이거나 공무원이었던 사람에 대하여 양육책임이 있었던 사람이 이를 이행하지 아니하였던 경우에는 공무원재해보상법 제6조에 따른 공무원재해보상심의회의 심의를 거쳐 양육책임을 이행하지 아니한 기간, 정도 등을 고려하여 대통령령으로 정하는 바에 따라 해당 급여의 전부 또는 일부를 지급하지 아니할 수 있다.

제64조 【진단 불응 시의 급여 제한】 이 법에 따른 급여의 지급을 위하여 진단을 받아야 할 경우에 정당한 사유 없이 진단을 받지 아니할 때에는 대통령령으로 정하는 바에 따라 해당 급여의 일부를 지급하지 아니할 수 있다.

제65조 【형벌 등에 따른 급여의 제한】 ① 공무원이거나 공무원이었던 사람이 다음 각 호의 어느 하나에 해당하는 경우에는 대통령령으로 정하는 바에 따라 퇴직급여 및 퇴직수당의 일부를 줄여 지급한다. 이 경우 퇴직급여액은 이미 낸 기여금의 총액에 민법 제379조에 따른 이자를 가산한 금액 이하로 줄일 수 없다.

1. 재직 중의 사유(직무와 관련이 없는 과실로 인한 경우 및 소속 상관의 정당한 직무상의 명령에 따르다가 과실로 인한 경우는 제외한다. 이하 제3항에서 같다)로 금고 이상의 형이 확정된 경우
2. 탄핵 또는 징계에 의하여 파면된 경우
3. 금품 및 향응 수수, 공금의 횡령·유용으로 징계에 의하여 해임된 경우

관련 판례

1 공무원연금법 제64조 제1항 제1호는 직무상 관련이 있는 과실로 인하여 금고 이상의 형을 받은 경우에는 원칙적으로 퇴직급여 등을 감액하지만, 예외적으로 '소속 상관의 정당한 직무상의 명령에 따르다가 과실로 인한 경우'에는 해당 공무원에게 비난가능성이 적으므로 감액을 하지 않는다는 취지이다. 그러나 해당 공무원이 소속 상관으로부터 정당한 직무상 명령을 받았다고 하더라도 그 명령의 내용이 구체적이지 않아 그 명령에 따른 업무수행에서 해당 공무원 재량의 폭이 크고 그 재량에 따라 업무를 수행하다가 과실로 금고 이상의 형을 받은 경우에는 그 과실에 대한 비난가능성이 적지 않아 이를 소속 상관의 직무상 명령에 따르기만 하다가 과실에 이른 경우로 평가할 수 없다 할 것인바, 이러한 경우에 해당하는지는 해당 공무원의 지위, 소속 상관이 발한 명령의 내용, 해당 공무원이 실제로 수행한 업무의 내용, 해당 공무원의 과실의 내용 등을 종합하여 판단해야 한다(대판 2013.11.28, 2011두29083).

2 구 공무원연금법 제64조 제1항 제3호가 퇴직급여 및 퇴직수당의 일부 감액사유로 규정한 '공무원이거나 공무원이었던 자가 금품 및 향응 수수로 징계 해임된 때'에는 공무원이 자신의 직무와 직접 관련하여 금품 및 향응을 수수한 경우뿐만 아니라, 공무원이 그 지위를 이용하여 이를 수수한 경우로서 공무원의 청렴의무를 저버린 행위로 평가될 수 있는 경우도 포함된다(대판 2013.10.31, 2011두28981).

4. 연금지급에 대한 쟁송방법

- **공무원연금공단의 급여결정에 불복하는 경우**: 공무원연금급여재심위원회의 심사결정을 거쳐 공무원연금공단의 급여결정을 대상으로 취소소송 제기
- **이미 지급이 결정된 연금에 대한 일부 지급정지에 불복하는 경우**: 공법상 당사자소송인 연금지급청구소송 제기

기출지문 OX

01 공무원연금관리공단의 급여에 관한 결정은 국민의 권리에 영향을 끼치는 중대한 결정이므로 행정소송의 대상이 된다는 것이 판례의 입장이다. (07서울7) ( )

관련 판례

1 구 공무원연금법 제26조 제1항, 제3항, 제83조 제1항, 구 공무원연금법 시행령 제19조의3 등의 각 규정을 종합하면, 구 공무원연금법에 의한 퇴직수당 등의 급여를 받을 권리는 법령의 규정에 의하여 직접 발생하는 것이 아니라 위와 같은 급여를 받으려고 하는 자가 소속하였던 기관장의 확인을 얻어 신청함에 따라 공무원연금관리공단이 그 지급결정을 함으로써 구체적인 권리가 발생한다. 여기서 공무원연금관리공단이 하는 급여지급결정의 의미는 단순히 급여수급 대상자를 확인·결정하는 것에 그치는 것이 아니라 구체적인 급여수급액을 확인·결정하는 것까지 포함한다. 따라서 구 공무원연금 법령상 급여를 받으려고 하는 자는 우선 관계 법령에 따라 공단에 급여지급을 신청하여 공무원연금관리공단이 이를 거부하거나 일부 금액만 인정하는 급여지급결정을 하는 경우 그 결정을 대상으로 항고소송을 제기하는 등으로 구체적 권리를 인정받은 다음 비로소 당사자소송으로 그 급여의 지급을 구하여야 하고, 구체적인 권리가 발생하지 않은 상태에서 곧바로 공무원연금관리공단 등을 상대로 한 당사자소송으로 급여의 지급을 소구하는 것은 허용되지 않는다(대판 2010.5.27, 2008두5636).

2 공무원연금관리공단의 급여에 관한 결정은 국민의 권리에 직접 영향을 미치는 것이어서 행정처분에 해당하고, 공무원연금관리공단의 급여결정에 불복하는 자는 공무원연금급여재심위원회의 심사결정을 거쳐 공무원연금관리공단의 급여결정을 대상으로 행정소송을 제기하여야 한다(대판 1996.12.6, 96누6417).

3 공무원연금관리공단의 인정에 의하여 퇴직연금을 지급받아 오던 중 구 공무원연금법령의 개정 등으로 퇴직연금 중 일부 금액의 지급이 정지된 경우에는 당연히 개정된 법령에 따라 퇴직연금이 확정되는 것이지 같은 법 제26조 제1항에 정해진 공무원연금관리공단의 퇴직연금 결정과 통지에 의하여 비로소 그 금액이 확정되는 것이 아니므로, 공무원연금관리공단이 퇴직연금 중 일부 금액에 대하여 지급거부의 의사표시를 하였다고 하더라도 그 의사표시는 퇴직연금 청구권을 형성·확정하는 행정처분이 아니라 공법상의 법률관계의 한쪽 당사자로서 그 지급의무의 존부 및 범위에 관하여 나름대로의 사실상·법률상 의견을 밝힌 것일 뿐이어서, 이를 행정처분이라고 볼 수는 없고, 이 경우 미지급퇴직연금에 대한 지급청구권은 공법상 권리로서 그의 지급을 구하는 소송은 공법상의 법률관계에 관한 소송인 공법상 당사자소송에 해당한다(대판 2004.7.8, 2004두244).

5. 연금수급권의 양도·압류 금지 및 소멸시효

(1) 양도·압류 금지

> **공무원연금법 제39조【권리의 보호】** ① 급여를 받을 권리는 양도, 압류하거나 담보로 제공할 수 없다. 다만, 연금인 급여를 받을 권리는 대통령령으로 정하는 금융회사에 담보로 제공할 수 있고, 국세징수법, 지방세징수법, 그 밖의 법률에 따른 체납처분의 대상으로 할 수 있다.

정답
01 ○

관련 판례

공무원연금법상의 각종 급여는 기본적으로 사법상의 급여와는 달리 퇴직공무원 및 그 유족의 생활안정과 복리향상을 위한 사회보장적 급여로서의 성질을 가지므로, 본질상 일신전속성이 강하여 권리자로부터 분리되기 어렵고, 사적 거래의 대상으로 삼기에 적합하지 아니할 뿐만 아니라, 압류를 금지할 필요성이 훨씬 크며, 공무원연금법상 각종 급여의 액수는 공무원의 보수월액을 기준으로 산정되는데, 공무원연금법이 제정될 당시부터 공무원의 보수수준은 일반기업의 급료에 비하여 상대적으로 낮은 편이고, 더구나 이 사건 법률조항은 수급권자가 법상의 급여를 받기 전에 그 급여수급권에 대하여만 압류를 금지하는 것일 뿐 법상의 급여를 받은 이후까지 압류를 금지하는 것은 아니므로, 이 사건 법률조항에서 공무원연금법상의 각종 급여수급권 전액에 대하여 압류를 금지한 것이 기본권 제한의 입법적 한계를 넘어서 재산권의 본질적 내용을 침해한 것이거나 헌법상의 경제질서에 위반된다고 볼 수는 없다(헌재 2000.3.30, 98헌마401 · 99헌바53 · 2000헌바9).

(2) 소멸시효

공무원연금법 제88조 【시효】 ① 이 법에 따른 급여를 받을 권리는 급여의 사유가 발생한 날부터 5년간 행사하지 아니하면 시효로 인하여 소멸한다.

공무원 재해보상법 제54조 【시효】 ① 이 법에 따른 급여를 받을 권리는 그 급여의 사유가 발생한 날부터 요양급여 · 재활급여 · 간병급여 · 부조급여는 3년간, 그 밖의 급여는 5년간 행사하지 아니하면 시효로 인하여 소멸한다.

3 실비변상청구권

국가공무원법 제48조 【실비 변상 등】 ① 공무원은 보수 외에 대통령령 등으로 정하는 바에 따라 직무 수행에 필요한 실비 변상을 받을 수 있다.

4 보상청구권

국가공무원법 제48조 【실비 변상 등】 ② 공무원이 소속 기관장의 허가를 받아 본래의 업무 수행에 지장이 없는 범위에서 담당 직무 외의 특수한 연구과제를 위탁받아 처리하면 그 보상을 지급받을 수 있다.

제5장 공무원의 의무

제1절 일반적 의무

1 선서의무

국가공무원법 제55조 【선서】 공무원은 취임할 때에 소속 기관장 앞에서 대통령령 등으로 정하는 바에 따라 선서하여야 한다. 다만, 불가피한 사유가 있으면 취임 후에 선서하게 할 수 있다.

2 성실의무

1. 의의 및 내용

• 성실의무는 공무원의 가장 기본적이고 중요한 의무이며, 다른 의무의 원천임.

국가공무원법 제56조 【성실의무】 모든 공무원은 법령을 준수하며 성실히 직무를 수행하여야 한다.

관련 판례

1 성실의무는 공무원에게 부과된 가장 기본적인 중요한 의무로서 최대한으로 공공의 이익을 도모하고 그 불이익을 방지하기 위하여 전인격과 양심을 바쳐서 성실히 직무를 수행하여야 하는 것을 그 내용으로 한다(대판 1989.5.23, 88누3161).

2 세무공무원이 그 직무와 관련하여 금 1,200,000원을 뇌물로 수수하였다면 국가공무원법 제56조, 제61조 제1항 소정의 공무원으로서의 성실의무 및 청렴의무에 위반하였음을 이유로 한 파면처분이 위 비위정도에 비추어 재량권의 범위를 일탈한 지나치게 무거운 처분이라고 볼 수 없다(대판 1990.3.13, 89누5034).

2. 성실의무의 성질

• 성실의무는 윤리적 의무가 아닌 법적 의무
• 반드시 법령위반을 전제로 하는 것은 아님

3. 성실의무의 범위

관련 판례

[1] 국가공무원법상 공무원의 성실의무는 경우에 따라 근무시간 외에 근무지 밖에까지 미칠 수도 있다.

기출지문 OX

01 성실의무에 관한 명문규정은 없으나 헌법의 취지에 따라 당연히 인정되는 의무이다. (95국가7) ( )

02 성실의무는 공무원의 다른 의무의 원천이 되는 기본적 의무이다. (95국가7) ( )

03 성실의무 위반은 법령 위반을 전제로 하지 않는다. (09관세) ( )

04 공무원이 성실의무를 위반한 것만으로도 징계사유가 된다. (09국가7) ( )

05 국가공무원법상의 성실의무는 근무시간 외의 근무지 밖에까지 미친다. (09국가7) ( )

정답
01 × 규정 있음
02 ○ 03 ○ 04 ○ 05 ○

[2] 전국기관차협의회가 주도하는 집회 및 철도파업은 정당한 단체행동의 범위 내에 있는 것으로 보기 어렵고, 또한 그 집회가 적법한 절차를 거쳐 개최되었고 근무시간 외에 사업장 밖에서 개최되었다고 하더라도 철도의 정상적인 운행을 수행하여야 할 철도기관사로서의 성실의무는 철도의 정상운행에 지장을 초래할 가능성이 높은 집회에 참석하지 아니할 의무에까지도 미친다고 보아, 철도기관사에 대하여 그 집회에 참석하지 못하도록 한 지방철도청장의 명령은 정당한 직무상 명령이라고 본 원심판결을 수긍한 사례(대판 1997.2.11, 96누2125).

3 품위유지의무

국가공무원법 제63조【품위유지의 의무】공무원은 직무의 내외를 불문하고 그 품위가 손상되는 행위를 하여서는 아니 된다.

- 품위유지의무는 직무 내외를 불문하고 인정됨(사생활에도 적용).

관련 판례

1 국가공무원법 제63조는 "공무원은 직무의 내외를 불문하고 그 품위가 손상되는 행위를 하여서는 아니 된다."라고 규정하고 있다. 국민으로부터 널리 공무를 수탁받아 국민 전체를 위해 근무하는 공무원의 지위를 고려할 때 공무원의 품위손상행위는 본인은 물론 공직사회에 대한 국민의 신뢰를 실추시킬 우려가 있으므로, 모든 공무원은 국가공무원법 제63조에 따라 직무의 내외를 불문하고 품위를 손상하는 행위를 하여서는 아니 된다. 여기서 '품위'는 공직의 체면, 위신, 신용을 유지하고, 주권자인 국민의 수임을 받은 국민 전체의 봉사자로서의 직책을 다함에 손색이 없는 몸가짐을 뜻하는 것으로서, 직무의 내외를 불문하고, 국민의 수임자로서의 직책을 맡아 수행해 나가기에 손색이 없는 인품을 말한다. 이와 같은 국가공무원법 제63조의 규정 내용과 의미, 입법취지 등을 종합하면, 국가공무원법 제63조에 규정된 품위유지의무란 공무원이 직무의 내외를 불문하고, 국민의 수임자로서의 직책을 맡아 수행해 나가기에 손색이 없는 인품에 걸맞게 본인은 물론 공직사회에 대한 국민의 신뢰를 실추시킬 우려가 있는 행위를 하지 않아야 할 의무라고 해석할 수 있다. 구체적으로 어떠한 행위가 품위손상행위에 해당하는가는 수범자인 평균적인 공무원을 기준으로 구체적 상황에 따라 건전한 사회통념에 따라 판단하여야 한다(대판 2017.11.9, 2017두47472).

2 지방공무원법 제55조에서의 '품위'라 함은 주권자인 국민의 수임자로서의 직책을 맡아 수행해 나가기에 손색이 없는 인품을 말하는 것이므로 공무원이 모든 국민에게 보장된 기본권을 행사하는 행위를 하였다 할지라도 그 권리행사의 정도가 권리를 인정한 사회적 의의를 벗어날 정도로 지나쳐 주권자인 국민의 입장에서 보아 바람직스럽지 못한 행위라고 판단되는 경우라면 공무원의 그와 같은 행위는 그 품위를 손상하는 행위에 해당한다 할 것이다(대판 1987.12.8, 87누657·658).

3 공무원이 외부에 자신의 상사 등을 비판하는 의견을 발표하는 행위는 그것이 비록 행정조직의 개선과 발전에 도움이 되고, 궁극적으로 행정청의 권한행사의 적정화에 기여하는 면이 있다고 할지라도, 국민들에게는 그 내용의 진위나 당부와는 상관없이 그 자체로 행정청 내부의 갈등으로 비춰져, 행정에 대한 국민의 신뢰를 실추시키는 요인으로 작용할 수 있고, 특히 발표 내용 중에 진위에 의심이 가는 부분이 있거나 표현이

기출지문 OX

01 품위유지의무는 직무집행뿐만 아니라 직무집행과 관계가 없는 경우에도 존재한다. (08지방7) ( )

정답
01 ○

기출지문 OX

개인적인 감정에 휩쓸려 지나치게 단정적이고 과장된 부분이 있는 경우에는 그 자체로 국민들로 하여금 공무원 본인은 물론 행정조직 전체의 공정성, 중립성, 신중성 등에 대하여 의문을 갖게 하여 행정에 대한 국민의 신뢰를 실추시킬 위험성이 더욱 크므로, 그러한 발표행위는 공무원으로서의 체면이나 위신을 손상시키는 행위에 해당한다(대판 2017.4.13, 2014두8469).

4 원고는 출장근무 중 근무장소를 벗어나 인근 유원지에 가서 동료 여직원의 의사에 반하여 성관계를 요구하다가 그 직원에게 상해를 입히고 강간치상죄로 형사소추까지 당하게 된 점을 엿볼 수 있고, 원고의 이러한 행위는 사회통념상 비난받을 만한 행위로서 공직의 신용을 손상시키는 것이므로 법 제69조 제1항 제3호 소정의 품위손상행위에 해당한다(대판 1998.2.27, 97누18172).

5 원고는 아무런 변제 대책도 없이 위와 같이 과다한 채무를 부담하였고, 대출금의 상당 부분을 자녀의 해외 어학연수비 등 교육비와 생활비 등에 무절제하게 소비하였으며, 동료경찰관에게 위와 같은 채무 부담 사실을 알리지도 않고 대출보증을 하도록 하거나 대출을 받아 자신에게 대출금을 빌려주도록 하여 그들의 월급이 압류되게 하는 등 피해를 입히고 있고, 원고가 위 채무에 대한 변제능력이 없으며, 기타 경찰관의 공익적 지위와 위와 같은 과다 채무를 부담한 상태에서는 정상적인 복무를 기대하기 어려운 점 등 제반 사정을 종합하여 볼 때, 원고가 22년간 경찰관으로 근무하면서 수회 표창을 받았고, 형사처벌이나 징계처분을 받은 사실이 없이 근무하여 온 점과 채무의 일부를 변제한 사정 등 원고 주장의 제반 정상을 참작하더라도, 이 사건 해임처분이 원고의 직무의 특성과 비위의 내용 및 성질, 징계의 목적 등에 비추어 객관적으로 명백하게 부당한 것으로 사회통념상 현저하게 타당성을 잃어 징계 재량권의 범위를 일탈하였거나 남용한 것이라고 할 수 없다고 판단하였는바, 기록에 비추어 살펴보면 원심의 위와 같은 판단은 정당하고, 거기에 국가공무원법상의 품위유지 의무위반으로 인한 징계처분의 재량권의 범위에 관한 법리오해의 위법이 있다고 할 수 없다(대판 1999.4.27, 99두1458).

6 감사원 공무원이 허위의 사실을 기자회견을 통하여 공표한 것이 감사원의 명예를 실추시키고 공무원으로서 품위를 손상한 행위로서 국가공무원법이 정하는 징계사유에 해당된다(대판 2002.9.27, 2000두2969).

01 공무원이 여관을 영리목적으로 매수하여 제3자에게 임대한 경우 품위손상행위에 해당한다. (06국가7) ( )

7 이 사건 징계사유 ①(여관을 영리 목적으로 매수·임대)을 영리행위 및 겸직행위에 해당하는 것으로 본 것이 아님은 앞서와 같으니 이를 전제로 하는 논지는 이유 없다 할 것이며, 지방공무원법 제55조의 품위유지의 의무는 공직의 체면, 위신, 신용을 유지하고, 주권자인 국민의 수임자로서 국민전체의 봉사자로서의 직책을 다함에 손색이 없는 몸가짐을 뜻하는 것이로서, 이 사건 징계사유로 된 사실은 직무의 내외를 불문하고 공무원으로서의 품위를 손상한 것으로 보기에 충분하다 할 것이며, 징계의 정도가 사회통념상 재량권의 범위를 넘는가의 여부는 그 성질상징계의 사유가 된 사실의 내용과 성질 및 징계에 의하여 달하려는 행정목적과 이에 수반되는 제반사정을 객관적으로 심사하여 판단할 사항에 속하는 것으로서, 기록에 의하여 이 사건 징계의 양정을 검토하여 보면 소론과 같이 설사 위 징계사유 ①이 독립한 징계사유가 되지 않는다 하더라도 징계사유 ②(배임 및 사기죄)의 사실만으로도 원고에 대하여 위 파면처분을 하기에 충분하다고 인정되므로 이 사건 처분에 징계종류의 선택에 있어서 재량의 한계를 심히 일탈한 위법이 있다고는 인정되지 아니한다(대판 1982.9.14, 82누46).

정답
01 ×

4 청렴의무

국가공무원법 제61조 【청렴의 의무】 ① 공무원은 직무와 관련하여 직접적이든 간접적이든 사례·증여 또는 향응을 주거나 받을 수 없다.
② 공무원은 직무상의 관계가 있든 없든 그 소속 상관에게 증여하거나 소속 공무원으로부터 증여를 받아서는 아니 된다.

관련 판례

지방공무원법 제53조 제1항은 공무원은 직무에 관련하여 직접 또는 간접을 불문하고 사례, 증여 또는 향응을 수수할 수 없다고 규정하였는바, 그 취지는 공무원이 직무에 관하여 사전에 부정한 청탁을 받고 직무상 부정행위를 하는 것을 방지하려는 데에 그치는 것이 아니고, 사전에 부정한 청탁이 있었는지의 여부나 금품수수의 시기 등을 가릴 것 없이 공무원의 직무와 관련한 금품수수행위를 방지하여 공무원의 순결성과 직무행위불가매수성을 보호하고 공무원의 직무집행의 적정을 보장하려는 데에 있다(대판 1992.11.27, 92누3366).

제2절 직무상 의무

1 법령준수의무

국가공무원법 제56조 【성실의무】 모든 공무원은 법령을 준수하며 성실히 직무를 수행하여야 한다.

- 법령준수의무 위반은 징계사유
- 여기의 법령에는 법규성 있는 법령뿐 아니라 행정규칙까지 포함

관련 판례

검찰청법 제11조의 위임에 기한 검찰근무규칙 제13조 제1항은, 검찰청의 장이 출장 등의 사유로 근무지를 떠날 때에는 미리 바로 윗 검찰청의 장 및 검찰총장의 승인을 얻어야 한다고 규정하고 있는바, 이는 검찰조직 내부에서 검찰청의 장의 근무수칙을 정한 이른바 행정규칙으로서 검찰청의 장에 대하여 일반적인 구속력을 가지므로, 그 위반행위는 직무상의 의무위반으로 검사징계법 제2조 제2호의 징계사유에 해당한다(대판 2001.8.24, 2000두7704).

기출지문 OX

01 공무원은 직무상의 관계 여하를 불문하고 그 소속 상관에게 증여하거나 소속 공무원으로부터 증여를 받아서는 아니 된다. (08지방7) ( )

정답
01 ○

2 복종의무

1. 의의

> **국가공무원법 제57조【복종의 의무】** 공무원은 직무를 수행할 때 소속 상관의 직무상 명령에 복종하여야 한다.

관련 판례

공무원은 누구나 국가공무원법 제56조의 성실의무, 제57조의 복종의무, 제58조의 직장이탈금지의무가 있고, 공무원이 노동조합 전임자가 되어 근로제공의무가 면제된다고 하더라도 이는 노동조합 전임자로서 정당한 노동조합의 활동에 전념하는 것을 보장하기 위한 것에 그 의미가 있으므로, 노동조합 전임자인 공무원이라 하여도 정당한 노동조합활동의 범위를 벗어난 경우까지 국가공무원법에 정한 위 의무들이 전적으로 면제된다고 할 수는 없다(대판 2008.10.9, 2006두13626).

2. 소속 상관

- 소속 상관에는 ①공무원의 신분에 관한 권한을 가진 신분상 상관과, ②직무에 대한 지휘·감독권한을 가진 직무상 상관이 있음.
- 여기서는 직무상 상관을 의미함.

3. 직무상 명령

(1) 의의

- **직무상 명령**: 공무원의 직무와 관련하여 상관이 발하는 모든 명령
- 직무명령뿐 아니라 훈령(상급'관청'이 하급'기관'에 발하는 명령)까지도 직무상 명령에 포함
- 한편, 직무상 명령이 아니면 복종의무 없음.

관련 판례

상급자가 하급자에게 발하는 직무상의 명령이 유효하게 성립하기 위하여는 상급자가 하급자의 직무범위 내에 속하는 사항에 대하여 발하는 명령이어야 하는 것인바, 검찰총장이 검사에 대한 비리혐의를 내사하는 과정에서 해당 검사에게 참고인과 대질신문을 받도록 담당부서에 출석할 것을 지시한 경우, 검찰총장의 위 출석명령은 "검찰총장은 대검찰청의 사무를 맡아 처리하고 검찰사무를 통할하며 검찰청의 공무원을 지휘·감독한다."고 규정한 검찰청법 제12조 제2항을 근거로 하고 있으나, 위 규정은 검찰총장이 직무상의 명령을 발할 수 있는 일반적인 근거규정에 불과하고, 구체적으로 그러한 직무상의 명령이 유효하게 성립하기 위해서는 하급자인 그 검사의 직무범위 내에 속하는 사항을 대상으로 하여야 할 것인데, 그 검사가 대질신문을 받기 위하여 대검찰청에 출석하는 행위는 검찰청법 제4조 제1항에서 규정하고 있는 검사의 고유한 직무인 검찰사무에 속하지 아니할 뿐만 아니라, 또한 그 검사가 소속 검찰청의 구성원으로서 맡아 처리하는 이른바 검찰행정사무에 속한다고 볼 수도 없는 것이고, 따라서 위 출석명령은 그 검사의 직무범위 내에 속하지 아니하는 사항을 대상으로 한 것이므로 그 검사에게 복종의무를 발생시키는 직무상의 명령이라고 볼 수는 없다(대판 2001.8.24, 2000두7704).

(2) 직무상 명령의 요건과 그에 대한 복종의무

① 형식적 요건
- 형식적 요건에는 ㉠직무상 권한 있는 상관이 발할 것, ㉡직무범위 내에 속하는 사항에 관한 것일 것, ㉢직무상 독립이 인정되는 사항에 관한 것이 아닐 것, ㉣법정의 형식이나 절차상 요건을 준수할 것이 있음.
- 형식적 요건 결여된 직무상 명령 → 공무원은 복종을 거부할 수 있음.

② 실질적 요건
- 실질적 요건은 '직무상 명령이 위법·부당하지 아니할 것'을 의미함.
- 직무상 명령이 부당하거나 단순위법 수준인 경우 → 공무원은 복종하여야 함(복종 거부시 징계 대상).
- 직무상 명령이 명백히 위법한 경우 → 공무원은 복종을 거부할 수 있고, 거부하여야 한다고 봄.

관련 판례

1 박종철고문치사 사건
공무원이 그 직무를 수행함에 있어 상관은 하관에 대하여 범죄행위 등 위법한 행위를 하도록 명령할 직권이 없는 것이고, 하관은 소속 상관의 적법한 명령에 복종할 의무는 있으나 그 명령이 참고인으로 소환된 사람에게 가혹행위를 가하라는 등과 같이 명백한 위법 내지 불법한 명령인 때에는 이는 벌써 직무상의 지시명령이라 할 수 없으므로 이에 따라야 할 의무는 없다(대판 1988.2.23, 87도2358).

2 군인이 상관의 지시나 명령에 대하여 재판청구권을 행사하는 경우에 그것이 위법·위헌인 지시와 명령을 시정하려는 데 목적이 있을 뿐, 군 내부의 상명하복관계를 파괴하고 명령불복종 수단으로서 재판청구권의 외형만을 빌리거나 그 밖에 다른 불순한 의도가 있지 않다면, 정당한 기본권의 행사이므로 군인의 복종의무를 위반하였다고 볼 수 없다(대판 2018.3.22, 2012두26401 전합).

(3) 직무명령이 경합하는 경우
- 둘 이상의 소속 상관으로부터 모순되는 직무명령 받은 경우 → 직근 상관 명령에 복종해야 함.

3 직무전념의무

1. 직장이탈금지(근무시간 중에 한하여 적용)

> 국가공무원법 제58조【직장 이탈 금지】① 공무원은 소속 상관의 허가 또는 정당한 사유가 없으면 직장을 이탈하지 못한다.

기출지문 OX

01 법령상 상관의 권한범위를 넘는 사항에 관한 명령은 공무원이 복종하지 않아도 된다. (02관세) ( )

02 명령복종의무가 있으므로 상관의 위법한 명령에도 복종하여야 한다. (08관세) ( )

03 상관의 위법한 직무명령에 대하여 법령준수의무를 내세워 이를 거부하지 못한다. (09국가7) ( )

04 군인이 상관의 지시나 명령에 대하여 재판청구권을 행사하는 경우에 그것이 위헌·위법인 지시와 명령을 시정하려는 데 목적이 있을 뿐, 군 내부의 상명하복관계를 파괴하고 명령불복종 수단으로서 재판청구권의 외형만을 빌리거나 그 밖에 다른 불순한 의도가 있지 않다면, 군인의 복종의무를 위반하였다고 볼 수 없다. (20지방7) ( )

05 둘 이상의 상관으로부터 서로 모순되는 직무명령이 발하여진 때에는 계층제의 구조상 최상급 상관의 명령에 복종하여야 한다. (02행시) ( )

정답
01 ○
02 × 명백히 위법한 경우 복종의무 없음
03 × 거부할 수 있음
04 ○
05 × 직근 상관 명령에 복종하여야 함

기출지문 OX

01 공무원은 언제든지 사의를 표시할 수 있기 때문에 의원면직에서도 사의표시만으로 공무원관계가 소멸된다. (03행시) ( )

02 국가공무원이 그 법정 연가일수의 범위 내에서 연가를 신청하였다고 할지라도 그에 대한 소속 행정기관장의 허가가 있기 이전에 근무지를 이탈한 행위는 특단의 사정이 없는 한 국가공무원법에 위반되는 행위로서 징계사유가 된다. (20지방7, 16변시) ( )

03 공무원은 소속 기관의 장의 허가가 있으면 공무 외에 영리를 목적으로 하는 업무에 종사할 수 있다. (02입시) ( )

04 공무원의 영리행위금지의무는 퇴근시간 후의 취업에도 효력이 미친다. (08관세) ( )

정답
01 × 02 ○
03 × 영리업무 금지는 소속기관장의 허가대상이 아님
04 ○

관련 판례

1 경찰서 수사과 형사계 반장인 원고의 부하직원에 대한 뇌물수수사건의 검찰 수사과정에서 뇌물을 받은 사람이 원고라는 제공자의 진술에 따라 원고에게까지 수사가 확대되자, 원고가 수사를 피하기 위하여 사직원을 제출하였으나 수리도 되지 아니한 상태에서 소속 상관의 허가 없이 3개월여 동안 직장을 이탈하고 출근하지 아니하여 뇌물수수 등의 죄로 지명수배된 경우, 원고의 위와 같은 행위는 국가공무원법상의 직장이탈이어서 같은 법 제78조 제1항 제1호에 해당한다는 이유로 원고에 대하여 한 파면처분에 재량권을 남용 또는 일탈한 위법이 없다(대판 1991.11.12, 91누3666).

2 공무원이 법정연가일수의 범위 내에서 연가신청을 하였고 그와 같은 연가신청에 대하여 행정기관의 장은 공무수행상 특별한 지장이 없는 한 이를 허가하여야 한다고 되어 있더라도 그 연가신청에 대한 허가도 있기 전에 근무지를 이탈한 행위는 지방공무원법 제50조 제1항에 위반되는 행위로서 징계사유가 된다(대판 1987.12.8, 87누657 · 658).

3 공무원이 전국공무원노동조합의 결의에 따라 총파업에 참가하기 위하여 소속 학교장의 허가 없이 무단결근을 한 행위가 지방공무원법 제50조 제1항에서 금지하는 '무단직장이탈행위'에 해당한다(대판 2007.5.11, 2006두19211).

4 공무원이 점심시간대를 훨씬 지난 시각에 함께 출장근무 중이던 동료 여직원과 함께 근무장소를 벗어나 산 속에 있는 절 부근으로 놀러 가서 산 중턱 도로 옆의 숲 속에 들어가 성관계를 요구하였던 이상, 설령 그것이 점심시간 1시간을 활용한 것이라 하더라도 이를 두고 공무원이 출장근무 중에 점심시간을 이용하여 휴식을 취한 것이라고는 볼 수 없고, 근무시간 중에 직무에 전념하여야 할 공무원이 그 소속 직장을 함부로 이탈함으로써 국가공무원법 제58조를 위반하였다고 할 것이다(대판 1998.2.27, 97누18172).

2. 영리업무 금지 및 겸직 금지

국가공무원법 제64조 【영리 업무 및 겸직 금지】 ① 공무원은 공무 외에 영리를 목적으로 하는 업무에 종사하지 못하며 소속 기관장의 허가 없이 다른 직무를 겸할 수 없다.

관련 판례

지방공무원법 제56조 및 영리업무의 한계 및 사실상 노무에 종사하는 지방공무원의 범위에 관한 건 제2조 제1호에 의하면 공무원으로서 겸직이 금지되는 영리업무는 영리적인 업무를 공무원이 스스로 경영하여 영리를 추구함이 현저한 업무를 의미하고 공무원이 여관을 매수하여 임대하는 행위는 영리업무에 종사하는 경우라고 할 수 없다(대판 1982.9.14, 82누46).

4 영예 수령 제한

국가공무원법 제62조 【외국 정부의 영예 등을 받을 경우】 공무원이 외국 정부로부터 영예나 증여를 받을 경우에는 대통령의 허가를 받아야 한다.

5 정치적 중립의무

> 국가공무원법 제65조【정치 운동의 금지】① 공무원은 정당이나 그 밖의 정치단체의 결성에 관여하거나 이에 가입할 수 없다.
> ② 공무원은 선거에서 특정 정당 또는 특정인을 지지 또는 반대하기 위한 다음의 행위를 하여서는 아니 된다.
> 1. 투표를 하거나 하지 아니하도록 권유 운동을 하는 것
> 2. 서명 운동을 기도·주재하거나 권유하는 것
> 3. 문서나 도서를 공공시설 등에 게시하거나 게시하게 하는 것
> 4. 기부금을 모집 또는 모집하게 하거나, 공공자금을 이용 또는 이용하게 하는 것
> 5. 타인에게 정당이나 그 밖의 정치단체에 가입하게 하거나 가입하지 아니하도록 권유 운동을 하는 것
>
> ③ 공무원은 다른 공무원에게 제1항과 제2항에 위배되는 행위를 하도록 요구하거나, 정치적 행위에 대한 보상 또는 보복으로서 이익 또는 불이익을 약속하여서는 아니 된다.
>
> 제3조【적용 범위】② 제1항에도 불구하고 제2조 제3항 제1호의 정무직공무원에 대하여는 제33조와 제69조를 적용하지 아니하고, 대통령령으로 정하는 특수경력직공무원에 대하여는 제65조와 제66조를 적용하지 아니한다.

6 집단행위금지의무

1. 의의

> 국가공무원법 제66조【집단 행위의 금지】① 공무원은 노동운동이나 그 밖에 공무 외의 일을 위한 집단 행위를 하여서는 아니 된다. 다만, 사실상 노무에 종사하는 공무원은 예외로 한다.
>
> 제3조【적용 범위】① 특수경력직공무원에 대하여는 이 법 또는 다른 법률에 특별한 규정이 없으면 제33조, 제43조 제1항, 제44조, 제45조, 제45조의2, 제45조의3, 제46조부터 제50조까지, 제50조의2, 제51조부터 제59조까지, 제59조의2, 제60조부터 제67조까지, 제69조, 제84조 및 제84조의2에 한정하여 이 법을 적용한다.
> ② 제1항에도 불구하고 제2조 제3항 제1호의 정무직공무원에 대하여는 제33조와 제69조를 적용하지 아니하고, 대통령령으로 정하는 특수경력직공무원에 대하여는 제65조와 제66조를 적용하지 아니한다.

2. 노동운동이나 그 밖에 공무 외의 일을 위한 집단행위

국가공무원법 제66조에서 금지한 '노동운동'은 헌법과 국가공무원법과의 관계 및 우리 헌법이 근로삼권을 집회, 결사의 자유와 구분하여 보장하면서도 근로삼권에 한하여 공무원에 대한 헌법적 제한규정을 두고 있는 점에 비추어 헌법 및 노동법적 개념으로서의 근로삼권, 즉 단결권, 단체교섭권, 단체행동권을 의미(대판 2005.4.15, 2003도2960).

기출지문 OX

01 현행의 국가공무원법에 따르면 공무원의 집단행위 금지규정인 제66조 제1항의 위반행위에 대한 벌칙규정인 제84조의2가 특수경력직공무원에게는 적용되지 않는다. (07서울7) ( )

02 국가공무원법상의 집단행위의 금지는 사실상 노무에 종사하는 공무원에 대해서는 적용되지 아니하고, 교원인 공무원에게는 노동조합 설립·가입 및 단체교섭에 관한 권리가 인정되고 있다. (12국회8) ( )

정답
01 × 적용됨 02 ○

기출지문 OX

01 지방공무원법상 공무 이외의 일을 위한 집단행위라고 함은 공무에 속하지 아니하는 어떤 일을 위하여 공무원들이 하는 모든 집단적 행위를 의미하는 것이 아니라 공익에 반하는 목적을 위하여 직무전념의무를 해태하는 등의 영향을 가져오는 집단적 행위를 말한다. (12국회8) ( )

02 국가공무원법이 금지하고 있는 공무 외 집단적 행위라 함은 공무원으로서 직무에 관한 기강을 저해하거나 기타 그 본분에 배치되는 등 공무의 본질을 해치는 특정 목적을 위한 다수인의 행위로서의 단체의 결성단계에는 이르지 아니한 상태에서의 행위를 말한다. (15국회8) ( )

03 지방공무원 복무조례개정안에 대한 의견을 표명하기 위하여 전국 공무원노동조합 간부 10여 명과 함께 시장의 사택을 방문한 노동조합 시지부 사무국장의 파면처분이 징계권의 한계를 일탈하거나 재량권을 남용하였다고 볼 수 없다. (12국회8) ( )

정답
01 ○ 02 ○ 03 ○

관련 판례

노동운동 관련 판례

[1] 국가공무원법 제66조에서 금지한 '노동운동'은 헌법과 국가공무원법과의 관계 및 우리 헌법이 근로삼권을 집회, 결사의 자유와 구분하여 보장하면서도 근로삼권에 한하여 공무원에 대한 헌법적 제한규정을 두고 있는 점에 비추어 헌법 및 노동법적 개념으로서의 근로삼권, 즉 단결권, 단체교섭권, 단체행동권을 의미한다고 해석하여야 할 것이고, 제한되는 단결권은 종속근로자들이 사용자에 대하여 근로조건의 유지, 개선 등을 목적으로 조직한 경제적 결사인 노동조합을 결성하고 그에 가입, 활동하는 권리를 말한다.

[2] 국가공무원인 피고인이 공무원노동조합 결성을 위한 준비행위로서의 성격을 가지는 집회에 참석한 것은 국가공무원법 제66조에서 금지한 '노동운동'에 해당한다(대판 2005.4.15, 2003도2960).

관련 판례

공무 외의 일을 위한 집단행위 관련 판례

1 법상의 '공무 이외의 일을 위한 집단적 행위'는 공무가 아닌 어떤 일을 위하여 공무원들이 하는 모든 집단적 행위를 의미하는 것은 아니고 언론, 출판, 집회, 결사의 자유를 보장하고 있는 헌법 제21조 제1항, 헌법상의 원리, 국가공무원법의 취지, 국가공무원법상의 성실의무 및 직무전념의무 등을 종합적으로 고려하여 '공익에 반하는 목적을 위하여 직무전념의무를 해태하는 등의 영향을 가져오는 집단적 행위'라고 축소 해석하여야 한다(대판 2005.4.15, 2003도2960).

2 국가공무원법 제66조 제1항이 금지하고 있는 "공무 외의 집단적 행위"라 함은 공무원으로서 직무에 관한 기강을 저해하거나 기타 그 본분에 배치되는 등 공무의 본질을 해치는 특정목적을 위한 다수인의 행위로써 단체의 결성단계에는 이르지 아니한 상태에서의 행위를 말한다(대판 1992.3.27, 91누9145).

3 공무원들의 어느 행위가 국가공무원법 제66조 제1항에 규정된 '집단행위'에 해당하려면, 그 행위가 반드시 같은 시간, 장소에서 행하여져야 하는 것은 아니지만, 공익에 반하는 어떤 목적을 위한 다수인의 행위로서 집단성이라는 표지를 갖추어야만 한다고 해석함이 타당하다. 따라서 여럿이 같은 시간에 한 장소에 모여 집단의 위세를 과시하는 방법으로 의사를 표현하거나 여럿이 단체를 결성하여 그 단체 명의로 의사를 표현하는 경우, 실제 여럿이 모이는 형태로 의사표현을 하는 것은 아니지만 발표문에 서명날인을 하는 등의 수단으로 여럿이 가담한 행위임을 표명하는 경우 또는 일제 휴가나 집단적인 조퇴, 초과근무 거부 등과 같이 정부활동의 능률을 저해하기 위한 집단적 태업 행위로 볼 수 있는 경우에 속하거나 이에 준할 정도로 행위의 집단성이 인정되어야 국가공무원법 제66조 제1항에 해당한다고 볼 수 있다(대판 2017.4.13, 2014두8469).

4 지방공무원 복무조례개정안에 대한 의견을 표명하기 위하여 전국공무원노동조합 간부 10여 명과 함께 시장의 사택을 방문한 위 노동조합 시지부 사무국장에게 지방공무원법 제58조에 정한 집단행위 금지의무를 위반하였다는 등의 이유로 징계권자가 파면처분을 한 사안에서, 그 징계처분이 사회통념상 현저하게 타당성을 잃거나 객관적으로 명백하게 부당하여 징계권의 한계를 일탈하거나 재량권을 남용하였다고 볼 수 없다(대판 2009.6.23, 2006두16786).

5 장관 주재의 정례조회에서의 집단퇴장행위는 공무원으로서 직무에 관한 기강을 저해하거나 기타 그 본분에 배치되는 등 공무의 본질을 해치는 다수인의 행위라 할 것이므로, 비록 그것이 건설행정기구의 개편안에 관한 불만의 의사표시에서 비롯되었다 하더라도, 위 "가"항의 "공무 외의 집단적 행위"에 해당한다(대판 1992.3.27, 91누9145).

6 공무원인 교원의 경우에도 정치적 표현의 자유가 보장되어야 하지만, 공무원의 정치적 중립성 및 교육의 정치적 중립성을 선언한 헌법정신과 관련 법령의 취지에 비추어 정치적 표현의 자유는 일정한 범위 내에서 제한될 수밖에 없고, 이는 헌법에 의하여 신분이 보장되는 공무원인 교원이 감수하여야 하는 한계이다. 더구나 공무원인 교원의 정치적 표현행위가 교원의 지위를 전면에 드러낸 채 대규모로 집단적으로 이루어지는 경우에는 그것이 교육현장 및 사회에 미치는 파급력을 고려한 평가가 요구된다. 따라서 공무원인 교원이 집단적으로 행한 의사표현행위가 국가공무원법이나 공직선거법 등 개별 법률에서 공무원에 대하여 금지하는 특정의 정치적 활동에 해당하는 경우나, 특정 정당이나 정치세력에 대한 지지 또는 반대의사를 직접적으로 표현하는 등 정치적 편향성 또는 당파성을 명백히 드러내는 행위 등과 같이 공무원인 교원의 정치적 중립성을 침해할 만한 직접적인 위험을 초래할 정도에 이르렀다고 볼 수 있는 경우에, 그 행위는 공무원인 교원의 본분을 벗어나 공익에 반하는 행위로서 공무원의 직무에 관한 기강을 저해하거나 공무의 본질을 해치는 것이어서 직무전념의무를 해태한 것이라 할 것이므로, 국가공무원법 제66조 제1항에서 금지하는 '공무 외의 일을 위한 집단행위'에 해당한다고 보아야 한다(대판 2012.4.19, 2010도6388 전합).

7 친절공정의무

국가공무원법 제59조 【친절·공정의 의무】 공무원은 국민 전체의 봉사자로서 친절하고 공정하게 직무를 수행하여야 한다.

8 비밀엄수의무

1. 의의

국가공무원법 제60조 【비밀 엄수의 의무】 공무원은 재직 중은 물론 퇴직 후에도 직무상 알게 된 비밀을 엄수하여야 한다.

형법 제127조 【공무상 비밀의 누설】 공무원 또는 공무원이었던 자가 법령에 의한 직무상 비밀을 누설한 때에는 2년 이하의 징역이나 금고 또는 5년 이하의 자격정지에 처한다.

2. 내용

- '직무상 지득'한 비밀에는 직무와 관계되는 비밀뿐 아니라, 소관사항을 불문하고 널리 직무와 관련하여 알게 된 비밀을 포함함.
- 비밀의 의미에 대해 ①행정기관이 법적 절차에 따라 비밀로 지정한 것만으로 보는 형식비설도 주장되나, ②비밀 지정여부 불문하고 객관적·실질적으로 비밀로서 보호할 가치가 있는 것으로 보는 실질비설이 통설·판례임.

기출지문 OX

01 장관 주재의 정례조회에서의 집단퇴장행위는 공무원으로서 직무에 관한 기강을 저해하거나 기타 그 본분에 배치되는 등 공무의 본질을 해치는 다수인의 행위로서 공무 외의 집단적 행위에 해당한다. (12국회8) ( )

02 공무원이 국민 전체에 대한 봉사자로서 친절·공정히 집무하여야 함은 윤리적 의무에 지나지 않는다. (02행시) ( )

03 공무원은 퇴직 후에도 직무상 지득한 비밀을 엄수하여야 한다. (97행시) ( )

04 공무원의 직무상 비밀엄수의무도 퇴직과 동시에 소멸한다. (06관세) ( )

05 비밀엄수대상으로서의 비밀은 공무원이 직무상 알게 된 것으로 자신의 직무뿐 아니라 타 부서의 직무에 관련된 것도 포함된다. (06관세) ( )

정답
01 ○ 02 × 법적 의무임 03 ○
04 × 퇴직 후에도 유지됨 05 ○

기출지문 OX

01 직무상 비밀은 행정기관이 분류한 3급 이상의 비밀을 의미하다는 것이 통설·판례이다. (20지방7, 06관세) ( )

02 직무상 비밀은 공공기관의 정보공개에 관한 법률에서의 비공개대상정보와 일치한다. (06관세) ( )

03 공무원 또는 공무원이었던 자는 국회로부터 증언의 요구를 받은 경우에 증언할 사실이나 제출할 서류의 내용이 직무상 비밀에 속한다는 이유로 증언이나 서류제출을 원칙적으로 거부할 수 있다. (10국가7) ( )

04 공무원의 직무상 비밀엄수의무는 국회에서의 증언의무보다 우선한다. (06관세) ( )

05 공무원이 직무에 관하여 알게 된 사실에 관하여 증인으로 심문을 받을 경우 소속 기관장의 승인을 받은 사항에 관해서만 진술할 수 있다. (14서울7) ( )

정답
01 × 02 ×
03 × 거부할 수 없음
04 × 국회에서의 증언의무가 우선함
05 ○

관련 판례

[1] 국가공무원법상 직무상 비밀이라 함은 국가 공무의 민주적, 능률적 운영을 확보하여야 한다는 이념에 비추어 볼 때 당해 사실이 일반에 알려질 경우 그러한 행정의 목적을 해할 우려가 있는지 여부를 기준으로 판단하여야 하며, 구체적으로는 행정기관의 비밀이라고 형식적으로 정한 것에 따를 것이 아니라 실질적으로 비밀로서 보호할 가치가 있는지, 즉 그것이 통상의 지식과 경험을 가진 다수인에게 알려지지 아니한 비밀성을 가졌는지, 또한 정부나 국민의 이익 또는 행정목적 달성을 위하여 비밀로서 보호할 필요성이 있는지 등이 객관적으로 검토되어야 한다고 한 원심판결을 수긍한 사례.

[2] 기업의 비업무용 부동산 보유실태에 관한 감사원의 감사보고서의 내용이 직무상 비밀에 해당하지 않는다고 본 사례(대판 1996.10.11, 94누7171).

- 따라서 실질적으로 비밀이 아니지만, 훈령이나 직무명령에 의해 비밀로 분류된 것을 공개한 경우 비밀엄수의무 위반이 아님. 단, 직무상 명령 위반에는 해당하여 성실의무·복종의무 위반으로 징계가 가능함.

관련 판례

감사보고서의 내용이 직무상 비밀에 속하지 않는다고 할지라도 그 보고서의 내용이 그대로 신문에 게재되게 한 감사원 감사관의 행위는 감사자료의 취급에 관한 내부수칙을 위반한 것이고, 이로 인하여 관련 기업이나 관계 기관의 신용에 적지 않은 피해를 입힌 것으로서 공무원의 성실의무 등 직무상의 의무를 위반한 것으로서 국가공무원법 제78조 소정의 징계사유에 해당하나, 그 감사관의 경력, 감사 중단의 경위, 공개된 보고서의 내용과 영향, 법령 위반의 정도 등을 참작하여 볼 때, 그 감사관에 대한 징계의 종류로 가장 무거운 파면을 선택한 징계처분은 감사관이라는 신분을 감안하더라도 지나치게 무거워 재량권을 일탈하였다고 본 사례(대판 1996.10.11, 94누7171).

3. 직무상 비밀에 대한 증언

국회에서의 증언·감정 등에 관한 법률 제4조【공무상 비밀에 관한 증언·서류 등의 제출】
① 국회로부터 공무원 또는 공무원이었던 사람이 증언의 요구를 받거나, 국가기관이 서류 등의 제출을 요구받은 경우에 증언할 사실이나 제출할 서류 등의 내용이 직무상 비밀에 속한다는 이유로 증언이나 서류 등의 제출을 거부할 수 없다. 다만, 군사·외교·대북관계의 국가기밀에 관한 사항으로서 그 발표로 말미암아 국가안위에 중대한 영향을 미칠 수 있음이 명백하다고 주무부장관(대통령 및 국무총리의 소속 기관에서는 해당 관서의 장)이 증언 등의 요구를 받은 날부터 5일 이내에 소명하는 경우에는 그러하지 아니하다.
② 국회가 제1항 단서의 소명을 수락하지 아니할 경우에는 본회의의 의결로, 폐회 중에는 해당 위원회의 의결로 국회가 요구한 증언 또는 서류 등의 제출이 국가의 중대한 이익을 해친다는 취지의 국무총리의 성명을 요구할 수 있다.
③ 국무총리가 제2항의 성명 요구를 받은 날부터 7일 이내에 그 성명을 발표하지 아니하는 경우에는 증언이나 서류 등의 제출을 거부할 수 없다.

형사소송법 제147조【공무상 비밀과 증인자격】 ① 공무원 또는 공무원이었던 자가 그 직무에 관하여 알게 된 사실에 관하여 본인 또는 당해 공무소가 직무상 비밀에 속한 사항임을 신고한 때에는 그 소속 공무소 또는 감독관공서의 승낙 없이는 증인으로 신문하지 못한다.
② 그 소속 공무소 또는 당해 감독관공서는 국가에 중대한 이익을 해하는 경우를 제외하고는 승낙을 거부하지 못한다.

관련 판례

공무원 또는 공무원이었던 자가 직무상 비밀에 속한다는 이유로 지방의회의 증언 또는 서류제출 요구 등을 거부할 수 없도록 규정한 조례안의 경우, 언제나 국가기밀을 공개하여야 한다는 것은 부당하고 국민의 알 권리도 헌법 제37조 제2항에 의하여 국가안전보장·질서유지·공공복리를 이유로 제한될 수 있다는 점에서 절대적인 권리는 아니므로, 그 규정이 목적하는 바가 국가기밀을 빙자하여 자료제출, 증언을 거부하려는 것을 막는 데 있다면, 국회에서의 증언·감정 등에 관한 법률과 같이 그것이 공개됨으로써 국가의 안전보장 등에 중대한 위험을 초래할 국가기밀의 경우에는 공개를 거부할 수 있는 예외를 합리적으로 인정하였어야 함에도, 이러한 예외를 인정함이 없이 그것이 공개됨으로써 국가의 안전보장에 중대한 영향을 미칠 국가기밀의 경우까지도 반드시 공개하도록 규정된 조례안은 이런 점에서 공무원의 비밀유지의무를 규정한 국가공무원법 제60조, 지방공무원법 제52조, 형법 제127조, 보안업무규정 제24조와 지방자치법 제36조 제7항, 같은 법 시행령 제17조의4 제3항에 위반된다고 볼 수밖에 없다(대판 1995.6.30, 93추83).

9 종교중립의무

국가공무원법 제59조의2【종교중립의 의무】 ① 공무원은 종교에 따른 차별 없이 직무를 수행하여야 한다.
② 공무원은 소속 상관이 제1항에 위배되는 직무상 명령을 한 경우에는 이에 따르지 아니할 수 있다.

10 기타 법률상 의무

- 병역사항 신고의무(공직자 등의 병역사항 신고 및 공개에 관한 법률)
- 상위공직자의 재산등록의무(공직자윤리법 제3조)
- 외국 정부 등으로부터 받은 선물의 신고의무(공직자윤리법 제5조)
- 퇴직공직자의 취업제한(공직자윤리법 제17조)

기출지문 OX

01 공무원은 비밀유지의무가 있으므로 다른 법령에 의한 증언도 모두 거부할 수 있다. (08관세) ( )

02 공무원은 종교에 따른 차별 없이 직무를 수행하여야 하며, 소속 상관이 종교중립의 의무에 위배되는 직무상 명령을 한 경우에는 이에 따르지 아니할 수 있다. (10지방7) ( )

03 일정한 공직자는 재산등록의무를 부담한다. (00검찰9) ( )

04 공무원은 외국으로부터 받은 선물에 대한 신고의무를 부담한다. (00검찰9) ( )

05 일정한 직급 또는 직무분야에 종사하였던 퇴직공무원에 대한 취업제한이 있다. (00검찰9) ( )

정답
01 × 국회에서의 증언을 거부할 수 없음.
02 ○ **03** ○ **04** ○ **05** ○

제6장 공무원의 책임

제1절 행정상 책임

1 징계책임

1. 의의

- **징계**: 공무원이 공무원으로서 부담하는 의무를 위반한 경우 공무원관계의 질서 유지를 위하여 가하는 행정적 제재(징계벌)
- **징계책임**: 징계벌을 받을 지위

관련 판례

근로기준법 등의 입법 취지, 지방공무원법과 지방공무원 징계 및 소청 규정의 여러 규정에 비추어 볼 때, 채용계약상 특별한 약정이 없는 한, 지방계약직공무원에 대하여 지방공무원법, 지방공무원 징계 및 소청 규정에 정한 징계절차에 의하지 않고서는 보수를 삭감할 수 없다고 봄이 상당하다(대판 2008.6.12, 2006두16328).

2. 징계벌과 형벌

(1) 차이

구분	징계벌	형벌
근거	특별권력관계	일반권력관계
대상	공무원법상 의무 위반	형사법상 의무 위반
내용	공무원의 신분적 이익 박탈	개인의 자유나 이익 박탈
요건	고의·과실 불요	고의·과실 필요

(2) 관계

① **징계절차와 형사절차의 관계**

- 원칙적으로 상호 독립적인 절차임.
- 징계벌과 형벌을 병과하더라도 이중처벌이 아님. 즉, 일사부재리 원칙이 적용되지 않음.

기출지문 OX

01 지방계약직공무원의 보수는 징계절차에 의하지 않고도 삭감할 수 있다. (09국회8) ( )

02 형벌과 징계벌 사이에는 일사부재리의 원칙이 적용된다. (17행정사) ( )

03 공무원의 의무위반행위는 징계벌의 대상이 됨과 동시에 형벌의 대상이 될 수 있다. (01입시) ( )

정답
01 × 징계절차에 의해야 함
02 × 03 ○

관련 판례

1 공무원에게 징계사유가 인정되는 이상 관련된 형사사건이 아직 유죄로 확정되지 아니하였다고 하더라도 징계처분을 할 수 있다(대판 2001.11.9, 2001두4184).

2 징계관리에 관한 지방공무원법 제73조 제1항에는 감사원에서 조사 중인 사건에 대하여 징계절차를 진행하지 못한다고만 규정되어 있을 뿐 형사사건으로 조사나 기소 중인 사실에 관해서도 징계절차를 진행할 수 없다는 취지는 규정되어 있지 아니하므로 비위사건에 관하여 현재 형사사건으로 기소되어 재판계류 중이라 하더라도 형사사건의 귀추를 기다릴 것 없이 징계처분을 할 수 있음은 물론, 징계와 형벌은 그 권력의 기초, 목적, 내용 및 그 사유를 각각 달리하는 것이므로 형사재판의 결과는 징계사유의 인정에 방해가 되지 아니한다(대판 1982.9.14, 82누46).

- 단, 형사절차가 개시된 경우 징계절차를 임의적으로 중지할 수 있음.

> **국가공무원법 제83조 【감사원의 조사와의 관계 등】** ② 검찰·경찰, 그 밖의 수사기관에서 수사 중인 사건에 대하여는 제3항에 따른 수사개시 통보를 받은 날부터 징계 의결의 요구나 그 밖의 징계 절차를 진행하지 아니할 수 있다.

- 그리고 형사절차를 통해 형사재판이 확정된 경우라면 법원의 '사실에 대한 존·부 판단'은 원칙적으로 징계권자를 구속함.
- 그러나 구체적 사안에 따라 징계권자를 구속하지 않는 경우도 있음. (예 형사상 유죄를 인정하기에는 부족하나 공무원의 직무상 의무 위반으로는 인정되는 경우)

관련 판례

1 민사책임과 형사책임은 지도이념과 증명책임, 증명의 정도 등에서 서로 다른 원리가 적용되므로, 징계사유인 성희롱 관련 형사재판에서 성희롱 행위가 있었다는 점을 합리적 의심을 배제할 정도로 확신하기 어렵다는 이유로 공소사실에 관하여 무죄가 선고되었다고 하여 그러한 사정만으로 행정소송에서 징계사유의 존재를 부정할 것은 아니다(대판 2018.4.12, 2017두74702).

2 피고는 원고가 검수원으로서의 업무상 주의의무를 게을리하여 제동관 공기호스의 앵글코크를 개방하지 아니한 채 열차를 출발하게 함으로써 제동력이 떨어져 내리막길에서 급가속된 열차로 하여금 교량 아래로 탈선, 추락하게 하였음을 징계사유로 하여 이 사건 파면처분을 하였고, 한편 징계처분 후 징계사유에 대한 형사사건으로 1심에서 유죄판결이 선고되었으나 그 후 항소심에서 무죄판결이 선고되고 이 판결이 대법원에서 확정되었다면 그 징계처분이 근거 없는 사실을 징계사유로 삼은 것이 되어 위법하다고는 할 수 있으나 그 하자가 객관적으로 명백하다고는 할 수 없으므로 징계처분이 당연무효가 되는 것은 아니다(대판 1994.1.11, 93누14752).

기출지문 OX

01 비위사건에 관하여 현재 형사사건으로 기소되어 직위해제 중에 있는 자에 대하여 한 징계처분은 위법이다. (98입시) ( )

02 공무원에 대한 징계절차와 형사소추절차와의 관계는 징계절차가 형사소추절차에 우선한다. (01입시) ( )

03 수사기관에서 수사 중인 사건에 대하여는 수사개시의 통보를 받은 날로부터 징계절차를 진행하지 아니할 수 있다. (17행정사) ( )

04 징계사유와 관련하여 형사소송에서 무죄판결을 받은 경우 징계할 수 없다. (05국가7) ( )

05 공무원에게 징계사유가 인정되는 이상 관련 형사사건의 유죄확정 전에도 해당 공무원에 대하여 징계처분을 할 수 있지만 형사사건에서 무죄가 확정된 경우에는 동 징계처분은 당연무효가 된다. (08지방7) ( )

정답
01 × 02 × 서로 독립적
03 ○ 04 × 05 ×

3. 징계사유

(1) 징계사유의 내용

> 국가공무원법 제78조 【징계 사유】 ① 공무원이 다음 각 호의 어느 하나에 해당하면 징계 의결을 요구하여야 하고 그 징계 의결의 결과에 따라 징계처분을 하여야 한다.
> 1. 이 법 및 이 법에 따른 명령을 위반한 경우
> 2. 직무상의 의무(다른 법령에서 공무원의 신분으로 인하여 부과된 의무를 포함한다)를 위반하거나 직무를 태만히 한 때
> 3. 직무의 내외를 불문하고 그 체면 또는 위신을 손상하는 행위를 한 때

(2) 징계사유 발생시점

> 국가공무원법 제78조 【징계 사유】 ② 공무원(특수경력직공무원 및 지방공무원을 포함한다)이었던 사람이 다시 공무원으로 임용된 경우에 재임용 전에 적용된 법령에 따른 징계 사유는 그 사유가 발생한 날부터 이 법에 따른 징계 사유가 발생한 것으로 본다. <개정 2021.6.8.>
> ③ 삭제 <2021.6.8.>

관련 판례

국가공무원으로 임용되기 전의 행위는 국가공무원법 제78조 제2항, 제3항의 경우 외에는 원칙적으로 재직 중의 징계사유로 삼을 수 없다 할 것이나, 비록 임용 전의 행위라 하더라도 이로 인하여 임용 후의 공무원의 체면 또는 위신을 손상하게 된 경우에는 위 제1항 제3호의 징계사유로 삼을 수 있다고 보아야 할 것인바, 원고가 장학사 또는 공립학교 교사로 임용해 달라는 등의 인사청탁과 함께 금 1,000만 원을 제3자를 통하여 서울시 교육감에게 전달함으로써 뇌물을 공여하였고, 그후 공립학교 교사로 임용되어 재직 중 검찰에 의하여 위 뇌물공여죄로 수사를 받다가 기소되기에 이르렀으며 그와 같은 사실이 언론기관을 통하여 널리 알려졌다면, 비록 위와 같은 뇌물을 공여한 행위는 공립학교 교사로 임용되기 전이었더라도 그 때문에 임용 후의 공립학교 교사로서의 체면과 위신이 크게 손상되었다고 하지 않을 수 없으므로 이를 징계사유로 삼은 것은 정당하다(대판 1990.5.22, 89누7368).

(3) 징계사유의 시효와 기산점

> 국가공무원법 제83조의2 【징계 및 징계부가금 부과 사유의 시효】 ① 징계의결 등의 요구는 징계 등 사유가 발생한 날부터 다음 각 호의 구분에 따른 기간이 지나면 하지 못한다. <개정 2021.6.8.>
> 1. 징계 등 사유가 다음 각 목의 어느 하나에 해당하는 경우: 10년
>   가. 성매매알선 등 행위의 처벌에 관한 법률 제4조에 따른 금지행위
>   나. 성폭력범죄의 처벌 등에 관한 특례법 제2조에 따른 성폭력범죄
>   다. 아동·청소년의 성보호에 관한 법률 제2조 제2호에 따른 아동·청소년대상 성범죄
>   라. 양성평등기본법 제3조 제2호에 따른 성희롱
> 2. 징계 등 사유가 제78조의2 제1항 각 호의 어느 하나에 해당하는 경우: 5년
> 3. 그 밖의 징계 등 사유에 해당하는 경우: 3년

기출지문 OX

01 징계처분권자는 징계위원회의 의결에 구속된다. (12국회8) ( )

02 공무원법상에 규정된 공무원의 의무를 위반한 경우에는 이에 대하여 징계의결을 요구하여야 한다. (08지방7) ( )

03 공무원이 명백하게 직무상 의무를 위반하거나 직무를 태만히 한 때에는 징계권자는 징계위원회에 징계의결을 요구할 수 있고, 그 징계 의결의 결과에 따라 징계처분을 하여야 한다. (14국가7) ( )

04 공무원의 임용 전의 행위라 하더라도 이로 인하여 임용 후의 공무원의 체면 또는 위신을 손상하게 된 경우에는 징계사유로 삼을 수 있다. (11지방7) ( )

05 국가공무원법상 징계원인은 국가공무원법과 동법에 따른 명령위반, 직무상 의무의 위반 또는 직무태만, 직무의 내외를 막론하고 그 체면 또는 위신을 손상하는 행위 등인바, 경우에 따라서는 임용 전의 행위도 징계원인이 될 수 있다. (11국회8) ( )

06 대법원 판례는 소급효금지의 원칙에서 임용 후의 행위만이 징계원인이 될 수 있다고 한다. (09관세) ( )

07 금전의 수수행위에 대한 징계의결 등의 요구는 징계 등의 사유가 발생한 날부터 3년이 지나면 하지 못한다. (17행정사) ( )

08 지방공무원의 공금 횡령에 대한 징계의결요구는 그 징계 사유가 발생한 때부터 5년이 지나면 하지 못한다. (15서울7) ( )

정답
01 ○ 02 ○
03 × 요구하여야 함
04 ○ 05 ○ 06 ×
07 × 금전수수는 국가공무원법 제78조의2 제1항의 사유이므로 5년
08 ○

구법 제83조의2 【징계 및 징계부가금 부과 사유의 시효】 ① 징계의결 등의 요구는 징계 등의 사유가 발생한 날부터 3년(제78조의2 제1항 각 호의 어느 하나에 해당하는 경우에는 5년)이 지나면 하지 못한다.

관련 판례

1 징계사유의 시효를 정한 지방공무원법 제73조의2 제1항의 규정은 공무원에게 징계사유에 해당하는 비위가 있더라도 그에 따른 징계절차를 진행하지 않았거나 못한 경우 그 사실상태가 일정 기간 계속되면 그 적법·타당성 등을 묻지 아니하고 그 상태를 존중함으로써 공직의 안정성을 보장하려는 취지이지, 임용권자가 징계시효기간 내에만 징계의결요구를 하면 된다는 취지로는 해석되지 아니하고, 오히려 지방공무원 징계 및 소청규정 제2조 제1항, 제6항에서 임용권자는 징계사유에 대한 충분한 조사를 한 후 소속 공무원에게 징계사유가 있다고 인정될 때에는 "지체 없이" 관할 인사위원회에 징계의결을 요구하여야 한다고 규정한 취지에 비추어 볼 때, 임용권자는 징계사유가 발생하면 이에 대한 충분한 조사를 한 다음, 특별한 사정이 없는 한 지체 없이 징계의결요구를 할 직무상 의무가 있다(대판 2007.7.12, 2006도1390).

2 원고의 비위가 모두 소송사건에 관련하여 계속적으로 행하여진 일련의 행위라면 설사 그 중에 본건 징계의결시 2년이 경과한 것이 있다 할지라도 그 징계시효의 기산점은 위 일련의 행위 중 최종의 것을 기준하여야 한다(대판 1986.1.21, 85누841).

3 공무원 임용과 관련하여 부정한 청탁과 함께 뇌물을 공여하고 공무원으로 임용되었다면 공무원의 신분을 취득하기까지의 일련의 행위가 국가공무원법상의 징계사유에 해당한다고 할 것이므로 국가공무원법 제83조의2 제1항에 정하는 징계시효의 기산점은 원고가 뇌물을 공여한 때가 아니라 공무원으로 임용된 때로부터 기산하여야 할 것이다(대판 1990.5.22, 89누7368).

4. 징계권자

(1) 징계요구권자

국가공무원법 제78조 【징계 사유】 ④ 제1항의 징계 의결 요구는 5급 이상 공무원 및 고위공무원단에 속하는 일반직공무원은 소속 장관이, 6급 이하의 공무원은 소속 기관의 장 또는 소속 상급기관의 장이 한다. 다만, 국무총리·인사혁신처장 및 대통령령등으로 정하는 각급 기관의 장은 다른 기관 소속 공무원이 징계 사유가 있다고 인정하면 관계 공무원에 대하여 관할 징계위원회에 직접 징계를 요구할 수 있다.

감사원법 제32조 【징계 요구 등】 ① 감사원은 국가공무원법과 그 밖의 법령에 규정된 징계 사유에 해당하거나 정당한 사유 없이 이 법에 따른 감사를 거부하거나 자료의 제출을 게을리한 공무원에 대하여 그 소속 장관 또는 임용권자에게 징계를 요구할 수 있다.

기출지문 OX

01 임용권자는 해당 공무원에게 징계사유가 발생하면 이에 대한 충분한 조사를 할 필요 없이 징계시효기간 내에 징계의결요구를 하면 된다. (09국회8) ( )

정답
01 × 지체 없이 하여야 함

기출지문 OX

01 징계위원회는 중앙징계위원회와 보통징계위원회가 있다. (98국가7) ( )

02 공무원의 징계는 관할 징계위원회(지방공무원은 인사위원회)의 의결을 거치는데, 이 의결은 징계권자를 구속하므로 징계위원회는 합의제 행정청으로서의 성격을 지닌다. (05국가7) ( )

03 국가공무원법 제82조(징계 등 절차)에 따른 공무원의 파면과 해임은 징계위원회의 의결을 거쳐 징계위원회가 설치된 소속 기관의 장이 한다. (16국회8) ( )

04 법률이 정하는 징계사유가 발생할 때 징계권자는 반드시 징계의결을 요구하고 그 결과에 따라 징계처분을 한다. (01서울7) ( )

정답
01 ○
02 × 행정청이 아닌 의결기관에 불과함
03 × 임용권자 또는 임용권을 위임한 상급감독기관장이 함
04 ○

(2) 징계의결권자

국가공무원법 제81조【징계위원회의 설치】 ① 공무원의 징계처분 등을 의결하게 하기 위하여 대통령령 등으로 정하는 기관에 징계위원회를 둔다.
② 징계위원회의 종류·구성·권한·심의절차 및 징계 대상자의 진술권에 필요한 사항은 대통령령 등으로 정한다.
③ 징계의결 등에 관하여는 제13조 제2항을 준용한다.

공무원 징계령 제2조【징계위원회의 종류 및 관할】 ① 징계위원회는 중앙징계위원회와 보통징계위원회로 구분한다.
② 중앙징계위원회는 다음 각 호의 징계 또는 법 제78조의2에 따른 징계부가금(이하 "징계부가금"이라 한다) 사건을 심의·의결한다.
1. 고위공무원단에 속하는 공무원의 징계 또는 징계부가금(이하 "징계 등"이라 한다) 사건
1의2. 다음 각 목의 어느 하나에 해당하는 공무원(이하 "5급 이상 공무원 등"이라 한다)의 징계 등 사건
가. 5급 이상 공무원 (이하 생략)
2. 다른 법령에 따라 중앙징계위원회에서 징계의결 또는 징계부가금 부과 의결(이하 "징계의결 등"이라 한다)을 하는 특정직공무원의 징계 등 사건
3. 대통령이나 국무총리의 명령에 따른 감사 결과 국무총리가 징계의결등을 요구한 다음 각 목의 어느 하나에 해당하는 공무원(이하 "6급 이하 공무원 등"이라 한다)의 징계 등 사건
가. 6급 이하 공무원 (이하 생략)
4. 중앙행정기관 소속의 6급 이하 공무원 등에 대한 중징계 또는 중징계 관련 징계부가금(이하 "중징계 등"이라 한다) 요구사건
③ 보통징계위원회는 6급 이하 공무원 등의 징계 등 사건(제2항 제3호의 징계 등 사건은 제외한다)을 심의·의결한다.
④ 6급 이하 공무원 등에 대한 중징계 등 요구사건은 중앙행정기관에 설치된 징계위원회에서 심의·의결한다. 다만, 제2항 제3호·제4호에 따라 중앙징계위원회의 관할로 된 경우에는 그러하지 아니하다.

(3) 징계처분권자

국가공무원법 제82조【징계 등 절차】 ① 공무원의 징계처분 등은 징계위원회의 의결을 거쳐 징계위원회가 설치된 소속 기관의 장이 하되, 국무총리 소속으로 설치된 징계위원회(국회·법원·헌법재판소·선거관리위원회에 있어서는 해당 중앙인사관장기관에 설치된 상급 징계위원회를 말한다. 이하 같다)에서 한 징계의결 등에 대하여는 중앙행정기관의 장이 한다. 다만, 파면과 해임은 징계위원회의 의결을 거쳐 각 임용권자 또는 임용권을 위임한 상급 감독기관의 장이 한다.

5. 징계절차

(1) 징계의결의 요구

국가공무원법 제78조【징계 사유】 ① 공무원이 다음 각 호의 어느 하나에 해당하면 징계 의결을 요구하여야 하고 그 징계 의결의 결과에 따라 징계처분을 하여야 한다.
1. 이 법 및 이 법에 따른 명령을 위반한 경우
2. 직무상의 의무(다른 법령에서 공무원의 신분으로 인하여 부과된 의무를 포함한다)를 위반하거나 직무를 태만히 한 때
3. 직무의 내외를 불문하고 그 체면 또는 위신을 손상하는 행위를 한 때

관련 판례

1 지방공무원의 징계와 관련된 규정을 종합해 보면, 징계권자이자 임용권자인 지방자치단체장은 소속 공무원의 구체적인 행위가 과연 지방공무원법 제69조 제1항에 규정된 징계사유에 해당하는지 여부에 관하여 판단할 재량은 있지만, 징계사유에 해당하는 것이 명백한 경우에는 관할 인사위원회에 징계를 요구할 의무가 있다(대판 2007.7.12, 2006도1390).

2 기초자치단체장의 산하 내무과장에 대한 승진임용 당시 위 내무과장은 지방공무원법위반 등으로 구속기소된바 있는데, 그 사안의 내용에 비추어 보면, 이는 지방공무원법 제69조 제1항 소정의 징계사유에 해당된다고 볼 수 있고, 따라서 위 자치단체장으로서는 위 내무과장에 대하여 지체 없이 징계의결의 요구를 할 의무가 있다고 할 것이며, 나아가 직위해제를 할 필요성도 매우 높은 경우라고 보아야 할 것이다. 그럼에도 불구하고 위 자치단체장은 위 내무과장에 대하여 징계의결요구나 직위해제처분을 하지 않았을 뿐만 아니라, 오히려 지방서기관으로 그를 승진임용시켰는바, 이는 법률이 임용권자에게 부여한 승진임용에 관한 재량권의 범위를 일탈한 것으로서 현저히 부당하여 공익을 해하는 위법한 처분이다(대판 1998.7.10, 97추67).

(2) 징계의결의 절차(징계혐의자의 절차적 권리 보장)

① 징계혐의자의 출석

국가공무원법 제81조【징계위원회의 설치】② 징계위원회의 종류·구성·권한·심의절차 및 징계 대상자의 진술권에 필요한 사항은 대통령령 등으로 정한다.

공무원 징계령 제10조【징계 등 혐의자의 출석】① 징계위원회가 징계 등 혐의자의 출석을 명할 때에는 별지 제2호 서식에 따른 출석통지서로 하되, 징계위원회 개최일 3일 전에 징계 등 혐의자에게 도달되도록 하여야 한다. 이 경우 제2항에 따라 출석통지서를 징계 등 혐의자의 소속 기관의 장에게 송부하여 전달하게 한 경우를 제외하고는 출석통지서 사본을 징계 등 혐의자의 소속 기관의 장에게 송부하여야 하며, 소속 기관의 장은 징계 등 혐의자를 출석시켜야 한다.

관련 판례

1 경찰공무원 징계령 제12조 제1항 소정의 징계심의대상자에 대한 출석통지는 징계심의대상자로 하여금 징계심의가 언제 개최되는가를 알게 함과 동시에 자기에게 이익되는 사실을 진술하거나 증거자료를 제출할 기회를 부여하기 위한 조치에서 나온 강행규정이므로 위 출석통지 없이 한 징계심의 절차는 위법하다(대판 1985.10.8, 84누251).

2 경찰공무원징계령 제12조 제1항, 제13조 제2항, 제3항의 각 규정은 징계대상자로 하여금 변명과 방어의 기회를 부여하는데 그 취지가 있으므로 사전에 징계대상자에게 서면에 의한 출석통지를 하지 않았더라도 징계위원회가 심의에 앞서 구두로 출석의 통지를 하고, 이에 따라 징계대상자 등 이 징계위원회에 출석하여 진술과 증거제출의 기회를 부여받았다면 이로써 변명과 방어의 기회를 박탈당하였다고 보기는 어려우니 서면의 출석통지의 흠결을 가지고 동 징계처분이 위법하다고 할 수는 없다(대판 1985.1.29, 84누516).

기출지문 OX

01 지방자치단체의 장은 소속 공무원의 구체적인 행위가 지방공무원법에 규정된 징계사유에 해당하는지 여부에 관하여 판단할 수 있는 재량을 가지므로 징계를 요구할 의무는 없다. (20국가7, 09국회8) ( )

02 공무원에게 징계사유에 해당하는 사실이 있는 경우에 징계권자는 징계를 할 것인지 말 것인지에 대한 결정재량과 어떤 징계를 선택할 것인가에 대한 선택재량을 가진다. (05국가7) ( )

03 구두에 의한 출석통지에 따라 징계대상자가 출석하여 진술·증거제출의 기회를 가졌다면, 서면통지의 흠결은 치유된 것으로 볼 수 있다. (98입시) ( )

정답

01 × 징계사유에 해당하는 것이 명백한 경우에는 징계를 요구할 의무가 있음
02 × 징계사유에 해당하는 것이 명백한 경우에는 징계를 요구할 의무가 있어 결정재량은 없지만, 징계에 대한 선택재량은 있음
03 ○

기출지문 OX

01 징계혐의자가 징계위원회의 출석통지서의 수령을 거부하여 진술권을 포기한 것으로 보게 되는 경우에는 서면심사만으로 징계의결할 수 있다. (98입시) ( )

02 대리인에게 진술기회를 부여하지 않은 징계처분은 무효이다. (01서울7) ( )

정답
01 ○ 02 ○

3 징계혐의자에 대한 출석통지는 징계혐의자로 하여금 자기에게 이익되는 사실을 진술하거나 증거자료를 제출할 수 있는 기회를 부여하는 데 목적이 있으므로 징계위원회가 진술의 기회를 부여하였음에도 징계혐의자가 진술권을 포기하거나 출석통지서의 수령을 거부하여 진술권을 포기한 것으로 간주되는 경우 징계위원회는 차후 징계혐의자에 대하여 징계위원회 출석통지를 할 필요 없이 서면심사만으로 징계의결을 할 수 있다(대판 1993.5.25, 92누8699).

② 심문과 진술권

공무원 징계령 제11조 【심문과 진술권】 ① 징계위원회는 제10조 제1항에 따라 출석한 징계 등 혐의자에게 혐의 내용에 관한 심문을 하고 필요하다고 인정할 때에는 관계인의 출석을 요구하여 심문할 수 있다.
② 징계위원회는 징계 등 혐의자에게 충분한 진술을 할 수 있는 기회를 주어야 하며, 징계 등 혐의자는 별지 제2호의2서식의 의견서 또는 구술로 자기에게 이익이 되는 사실을 진술하거나 증거를 제출할 수 있다.
③ 징계 등 혐의자는 증인의 심문을 신청할 수 있다. 이 경우에 위원회는 증인 채택 여부를 결정하여야 한다.

③ 사실조사 및 감정

공무원 징계령 제12조 【징계위원회의 의결】 ③ 위원회는 필요하다고 인정할 때에는 소속 직원으로 하여금 사실조사를 하게 하거나 특별한 학식과 경험이 있는 사람에게 검정이나 감정을 의뢰할 수 있다.

④ 위원의 제척·기피·회피

공무원 징계령 제15조 【제척 및 기피】 ① 징계위원회의 위원 중 징계 등 혐의자의 친족 또는 직근 상급자(징계 사유가 발생한 기간 동안 직근 상급자였던 사람을 포함한다)나 그 징계 등 사유와 관계가 있는 사람은 그 징계 등 사건의 심의·의결에 관여하지 못한다.
② 징계 등 혐의자는 위원장이나 위원 중에서 불공정한 의결을 할 우려가 있다고 인정할 만한 상당한 사유가 있을 때에는 그 사실을 서면으로 밝히고 기피를 신청할 수 있다.
③ 징계위원회의 위원장 또는 위원은 제1항에 해당하면 스스로 해당 징계 등 사건의 심의·의결을 회피하여야 하며, 제2항에 해당하면 회피할 수 있다.

⑤ 회의의 비공개

공무원 징계령 제20조 【회의의 비공개】 징계위원회의 심의·의결의 공정성을 보장하기 위하여 다음 각 호의 사항은 공개하지 아니한다.
1. 징계위원회의 회의
2. 징계위원회의 회의에 참여할 또는 참여한 위원의 명단
3. 징계위원회의 회의에서 위원이 발언한 내용이 적힌 문서(전자적으로 기록된 문서를 포함한다)
4. 그 밖에 공개할 경우 징계위원회의 심의·의결의 공정성을 해칠 우려가 있다고 인정되는 사항

⑥ 징계위원회의 의결

> **공무원 징계령 제9조【징계의결 등의 기한】** ① 징계위원회는 징계의결 등 요구서를 접수한 날부터 30일(중앙징계위원회의 경우는 60일) 이내에 징계의결 등을 해야 한다. 다만, 부득이한 사유가 있을 때에는 해당 징계위원회의 의결로 30일(중앙징계위원회의 경우는 60일)의 범위에서 그 기한을 연기할 수 있다.
>
> **제12조【징계위원회의 의결】** ① 징계위원회는 위원 5명 이상의 출석과 출석위원 과반수의 찬성으로 의결하되, 의견이 나뉘어 출석위원 과반수의 찬성을 얻지 못한 경우에는 출석위원 과반수가 될 때까지 징계 등 혐의자에게 가장 불리한 의견에 차례로 유리한 의견을 더하여 가장 유리한 의견을 합의된 의견으로 본다.
> ② 제1항의 의결은 별지 제3호 서식의 징계 등 의결서로 하며 서식의 이유란에는 징계 등의 원인이 된 사실, 증거의 판단, 관계 법령 및 징계 등 면제 사유 해당 여부를 구체적으로 밝혀야 한다.

관련 판례

징계위원회의 심의과정에 반드시 제출되어야 하는 공적 사항이 제시되지 않은 상태에서 결정한 징계처분은 징계양정이 결과적으로 적정한지 그렇지 않은지와 상관없이 법령이 정한 징계절차를 지키지 않은 것으로서 위법하다(대판 2012.6.28, 2011두20505).

⑦ 심사 또는 재심사청구

> **국가공무원법 제82조【징계 등 절차】** ② 징계의결 등을 요구한 기관의 장은 징계위원회의 의결이 가볍다고 인정하면 그 처분을 하기 전에 다음 각 호의 구분에 따라 심사나 재심사를 청구할 수 있다. 이 경우 소속 공무원을 대리인으로 지정할 수 있다.
> 1. 국무총리 소속으로 설치된 징계위원회의 의결: 해당 징계위원회에 재심사를 청구
> 2. 중앙행정기관에 설치된 징계위원회(중앙행정기관의 소속 기관에 설치된 징계위원회는 제외한다)의 의결: 국무총리 소속으로 설치된 징계위원회에 심사를 청구
> 3. 제1호 및 제2호 외의 징계위원회의 의결: 직근 상급기관에 설치된 징계위원회에 심사를 청구
>
> ③ 징계위원회는 제2항에 따라 심사나 재심사가 청구된 경우에는 다른 징계사건에 우선하여 심사나 재심사를 하여야 한다.
>
> **공무원 징계령 제24조【심사 또는 재심사 청구】** 징계의결 등을 요구한 기관의 장은 법 제82조 제2항에 따라 심사 또는 재심사를 청구하려면 징계의결 등을 통보받은 날부터 15일 이내에 다음 각 호의 사항을 적은 징계의결 등 심사(재심사)청구서에 사건 관계 기록을 첨부하여 관할 징계위원회에 제출하여야 한다.
> 1. 심사 또는 재심사 청구의 취지
> 2. 심사 또는 재심사 청구의 이유 및 증명 방법
> 3. 징계 등 의결서 사본 또는 징계부가금 감면 의결서 사본
> 4. 제17조에 따른 여러 정상

기출지문 OX

01 징계위원회의 심의 과정에 반드시 제출되어야 하는 공적 사항이 제시되지 않은 상태에서 정직 3개월의 징계처분을 한 경우라면 결과적으로 징계양정이 적정한지 여부와 상관없이 위법한 처분이 된다. (17지방7) ( )

02 징계요구권자는 징계위원회의 의결이 무겁다고 인정할 때 혹은 가볍다고 인정할 때에 재심사청구를 할 수 있다. (01서울7) ( )

03 징계의결 등을 요구한 기관의 장은 징계위원회의 의결이 가볍다고 인정하면 징계의결을 통보받은 날부터 30일 이내에 심사나 재심사를 청구할 수 있다. (13국회8) ( )

정답
01 ○
02 × 가볍다고 인정할 때만
03 × 15일

기출지문 OX

01 징계는 원칙적으로 인사위원회의 의결을 거쳐 임용권자가 하며, 감사원에서 조사 중인 사건에 대하여는 조사개시 통보를 받은 날부터 징계의결 요구나 그 밖의 징계절차를 진행하지 아니할 수 있다. (10지방7) ( )

02 감사원이 조사나 수사를 시작한 때에는 30일 내에 소속 기관의 장에게 그 사실을 통보하여야 하며, 감사원에서 조사 중인 사건에 대하여는 조사개시통보를 받은 날부터 징계 의결의 요구나 그 밖의 징계 절차를 진행하지 못한다. (09국가7) ( )

정답
01 × 진행하지 못함
02 × 10일

(3) 징계절차의 중단

> **국가공무원법 제83조【감사원의 조사와의 관계 등】** ① 감사원에서 조사 중인 사건에 대하여는 제3항에 따른 조사개시 통보를 받은 날부터 징계 의결의 요구나 그 밖의 징계 절차를 진행하지 못한다.
> ② 검찰·경찰, 그 밖의 수사기관에서 수사 중인 사건에 대하여는 제3항에 따른 수사개시 통보를 받은 날부터 징계 의결의 요구나 그 밖의 징계 절차를 진행하지 아니할 수 있다.
> ③ 감사원과 검찰·경찰, 그 밖의 수사기관은 조사나 수사를 시작한 때와 이를 마친 때에는 10일 내에 소속 기관의 장에게 그 사실을 통보하여야 한다.

6. 징계처분

> **국가공무원법 제78조【징계 사유】** ① 공무원이 다음 각 호의 어느 하나에 해당하면 징계 의결을 요구하여야 하고 그 징계 의결의 결과에 따라 징계처분을 하여야 한다.
> 1. 이 법 및 이 법에 따른 명령을 위반한 경우
> 2. 직무상의 의무(다른 법령에서 공무원의 신분으로 인하여 부과된 의무를 포함한다)를 위반하거나 직무를 태만히 한 때
> 3. 직무의 내외를 불문하고 그 체면 또는 위신을 손상하는 행위를 한 때
>
> **공무원 징계령 제19조【징계처분 등】** ① 징계처분 등의 처분권자는 징계 등 의결서 또는 징계부가금 감면 의결서를 받은 날부터 15일 이내에 징계처분 등을 하여야 한다.

(1) 징계처분의 성질

- 징계처분은 공무원의 법적 지위에 직접 영향을 미치는 행위로 행정처분에 해당함.
- 징계위원회의 징계여부 결정 및 징계종류 선택에는 재량이 인정됨.

관련 판례

> 공무원인 피징계자에게 징계사유가 있어서 징계처분을 하는 경우 어떠한 처분을 할 것인가는 징계권자의 재량에 맡겨진 것이고, 다만 징계권자가 재량권의 행사로서 한 징계처분이 사회통념상 현저하게 타당성을 잃어 징계권자에게 맡겨진 재량권을 남용한 것이라고 인정되는 경우에 한하여 그 처분을 위법하다고 할 수 있으며, 공무원에 대한 징계처분이 사회통념상 현저하게 타당성을 잃었다고 하려면 구체적인 사례에 따라 징계의 원인이 된 비위사실의 내용과 성질, 징계에 의하여 달성하려고 하는 행정목적, 징계 양정의 기준 등 여러 요소를 종합하여 판단할 때 그 징계 내용이 객관적으로 명백히 부당하다고 인정할 수 있는 경우라야 하고, 징계권의 행사가 임용권자의 재량에 맡겨진 것이라고 하여도 공익적 목적을 위하여 징계권을 행사하여야 할 공익의 원칙에 반하거나 일반적으로 징계사유로 삼은 비행의 정도에 비하여 균형을 잃은 과중한 징계처분을 선택함으로써 비례의 원칙에 위반하거나 또는 합리적인 사유 없이 같은 정도의 비행에 대하여 일반적으로 적용하여 온 기준과 어긋나게 공평을 잃은 징계처분을 선택함으로써 평등의 원칙에 위반한 경우에 이러한 징계처분은 재량권의 한계를 벗어난 처분으로서 위법하다(대판 2007.5.11, 2006두19211).

(2) 처분사유설명서의 교부

> **국가공무원법 제75조【처분사유 설명서의 교부】** ① 공무원에 대하여 징계처분 등을 할 때나 강임·휴직·직위해제 또는 면직처분을 할 때에는 그 처분권자 또는 처분제청권자는 처분사유를 적은 설명서를 교부하여야 한다. 다만, 본인의 원에 따른 강임·휴직 또는 면직처분은 그러하지 아니하다.

관련 판례

1 공무원의 대하여 징계처분 또는 면직 등 처분을 할 때 그 처분통지를 하는 것은 그 행정처분이 정당한 이유에 의하여 한 것이라는 것을 분명히 하고 또 피처분자로 하여금 불복있는 경우에 제소의 기회를 부여하는데 그 취지가 있다 할 것이고 그 처분사유설명서의 교부를 처분의 효력발생요건이라 할 수 없고 그 처분의 통지가 피처분자의 볼 수 있는 상태에 놓여질 때에는 처분설명서의 교부가 없다 하더라도 그 행정처분은 유효하다(대판 1970.1.27, 68누10).

2 지방공무원법 제67조 제1항의 규정은 징계처분이 정당한 이유에 의하여 한 것이라는 것을 분명히 하고 또 피처분자로 하여금 불복이 있는 경우에 출소의 기회를 부여하는 데 그 법의가 있다고 할 것이므로 그 처분사유설명서의 교부를 처분의 효력발생요건이라고 할 수 없을 뿐만 아니라 직권에 의한 면직처분을 한 경우 그 인사발령통지서에 처분사유에 대한 구체적인 적시 없이 단순히 당해 처분의 법적 근거를 제시하는 내용을 기재한 데 그친 것이더라도 그러한 기재는 위 법조 소정의 처분사유 설명서로 볼 수 있다(대판 1991.12.24, 90누1007).

(3) 일사부재리의 원칙 등

- 일사부재리원칙은 징계처분에도 적용되므로, 동일한 징계사유로 징계처분을 받은 자를 다시 징계할 수 없음.

관련 판례

수 개의 징계사유 중 일부가 인정되지 않더라도 인정되는 다른 징계사유만으로도 당해 징계처분의 타당성을 인정하기에 충분한 경우에는 그 징계처분을 유지하여도 위법하지 아니하다(대판 2002.9.24, 2002두6620).

7. 징계처분의 종류와 징계처분 외의 불이익처분

(1) 종류

> **국가공무원법 제79조【징계의 종류】** 징계는 파면·해임·강등·정직·감봉·견책(譴責)으로 구분한다.
>
> **공무원 징계령 제1조의3【정의】** 이 영에서 사용하는 용어의 뜻은 다음과 같다.
> 1. "중징계"란 파면, 해임, 강등 또는 정직을 말한다.
> 2. "경징계"란 감봉 또는 견책을 말한다.

① 파면

- 공무원의 신분 박탈, 파면 후 5년간 공직 취임 제한, 퇴직급여 및 퇴직수당급여의 2분의 1 감액

기출지문 OX

01 징계처분시 징계처분사유 설명서를 교부한다. (01서울7) ( )

02 수 개의 징계사유 중 그 일부가 인정되지 않는다 하더라도 인정되는 다른 일부 징계사유만으로도 당해 징계처분이 정당하다고 인정되는 경우에는 그 징계처분을 유지한다고 하여 위법하다 할 수 없다. (07지방7) ( )

03 공무원에 대한 징계의 종류로는 파면, 해임, 정직, 감봉, 견책의 다섯 가지가 있다. (09국가7) ( )

04 징계 중 파면, 해임, 강등을 중징계라고 하고, 정직, 감봉, 견책을 경징계라 한다. (17행정사) ( )

05 파면은 공무원의 면직사유이다. (99검찰9) ( )

06 파면은 공무원의 신분을 박탈하고 퇴직급여 및 퇴직수당을 감액하여 지급하는 것이다. (94검찰9) ( )

정답
01 ○ 02 ○
03 × 강등까지 여섯 가지
03 × 정직까지가 중징계
05 ○ 06 ○

기출지문 OX

01 해임은 공무원의 신분을 박탈하나 퇴직급여 및 퇴직수당은 감액하지 않고 지급하는 것이다. (94검찰9) ( )

02 정직은 1개월 이상 3개월 이하의 기간 중 공무원의 신분을 보유하나 직무에 종사하지 못하고 보수의 3분의 1을 감하는 것이다. (94검찰9) ( )

03 견책은 전과에 대하여 훈계하는 것이다. (94검찰9) ( )

정답
01 ○ 02 × 03 ○

② 해임

- 공무원의 신분 박탈, 해임 후 3년간 공직 취임 제한, 퇴직급여 및 퇴직수당급여를 감액하지 않음.

③ 강등

> **국가공무원법 제80조【징계의 효력】** ① 강등은 1계급 아래로 직급을 내리고(고위공무원단에 속하는 공무원은 3급으로 임용하고, 연구관 및 지도관은 연구사 및 지도사로 한다) 공무원신분은 보유하나 3개월간 직무에 종사하지 못하며 그 기간 중 보수는 전액을 감한다. 다만, 제4조 제2항에 따라 계급을 구분하지 아니하는 공무원과 임기제공무원에 대해서는 강등을 적용하지 아니한다.

④ 정직

> **국가공무원법 제80조【징계의 효력】** ③ 정직은 1개월 이상 3개월 이하의 기간으로 하고, 정직 처분을 받은 자는 그 기간 중 공무원의 신분은 보유하나 직무에 종사하지 못하며 보수는 전액을 감한다.
> ⑥ 공무원으로서 징계처분을 받은 자에 대하여는 그 처분을 받은 날 또는 그 집행이 끝난 날부터 대통령령 등으로 정하는 기간 동안 승진임용 또는 승급할 수 없다. 다만, 징계처분을 받은 후 직무수행의 공적으로 포상 등을 받은 공무원에 대하여는 대통령령 등으로 정하는 바에 따라 승진임용이나 승급을 제한하는 기간을 단축하거나 면제할 수 있다.

⑤ 감봉

> **국가공무원법 제80조【징계의 효력】** ④ 감봉은 1개월 이상 3개월 이하의 기간 동안 보수의 3분의 1을 감한다.
>
> **공무원보수규정 제14조【승급의 제한】** ① 다음 각 호의 어느 하나에 해당하는 사람은 해당 기간 동안 승급시킬 수 없다.
> 2. 징계처분의 집행이 끝난 날(강등의 경우에는 직무에 종사하지 못하는 3개월이 끝난 날을 말한다. 이하 같다)부터 다음 각 목의 기간[국가공무원법 제78조의2 제1항 각 호의 어느 하나의 사유로 인한 징계처분과 소극행정, 음주운전(음주측정에 응하지 않은 경우를 포함한다), 성폭력, 성희롱 및 성매매로 인한 징계처분의 경우에는 각각 6개월을 가산한 기간]이 지나지 않은 사람
> 가. 강등·정직: 18개월(강등의 경우는 별표 13의 봉급표를 적용받는 공무원에게는 적용하지 아니한다)
> 나. 감봉: 12개월
> 다. 영창, 근신 또는 견책: 6개월

⑥ 견책

> **국가공무원법 제80조【징계의 효력】** ⑤ 견책은 전과에 대하여 훈계하고 회개하게 한다.
>
> **공무원보수규정 제14조【승급의 제한】** ① 다음 각 호의 어느 하나에 해당하는 사람은 해당 기간 동안 승급시킬 수 없다.
> 2. 징계처분의 집행이 끝난 날(강등의 경우에는 직무에 종사하지 못하는 3개월이 끝난 날을 말한다. 이하 같다)부터 다음 각 목의 기간[국가공무원법 제78조의2 제1항 각 호의 어느 하나의 사유로 인한 징계처분과 소극행정, 음주운전(음주측정에 응하지 않은 경우를 포함한다), 성폭력, 성희롱 및 성매매로 인한 징계처분의 경우에는 각각 6개월을 가산한 기간]이 지나지 않은 사람

가. 강등·정직: 18개월(강등의 경우는 별표 13의 봉급표를 적용받는 공무원에게는 적용하지 아니한다)
나. 감봉: 12개월
다. 영창, 근신 또는 견책: 6개월

⑦ 경고

- 법령상 정해진 징계의 종류는 아니지만, 실무상 행해지고 있는 징계
- 사안에 따라 처분성 여부가 결정됨.

관련 판례

1 공무원이 소속 장관으로부터 받은 "직상급자와 다투고 폭언하는 행위 등에 대하여 엄중 경고하니 차후 이러한 사례가 없도록 각별히 유념하기 바람"이라는 내용의 서면에 의한 경고가 공무원의 신분에 영향을 미치는 국가공무원법상의 징계의 종류에 해당하지 아니하고, 근무충실에 관한 권고행위 내지 지도행위로서 그 때문에 공무원으로서의 신분에 불이익을 초래하는 법률상의 효과가 발생하는 것도 아니므로, 경고가 국가공무원법상의 징계처분이나 행정소송의 대상이 되는 행정처분이라고 할 수 없어 그 취소를 구할 법률상의 이익이 없다(대판 1991.11.12, 91누2700).

2 [1] 항고소송의 대상이 되는 행정처분이라 함은 원칙적으로 행정청의 공법상 행위로서 특정 사항에 대하여 법규에 의한 권리의 설정 또는 의무의 부담을 명하거나 기타 법률상 효과를 발생하게 하는 등으로 일반 국민의 권리 의무에 직접 영향을 미치는 행위를 가리키는 것이지만, 어떠한 처분의 근거나 법적인 효과가 행정규칙에 규정되어 있다고 하더라도, 그 처분이 행정규칙의 내부적 구속력에 의하여 상대방에게 권리의 설정 또는 의무의 부담을 명하거나 기타 법적인 효과를 발생하게 하는 등으로 그 상대방의 권리 의무에 직접 영향을 미치는 행위라면, 이 경우에도 항고소송의 대상이 되는 행정처분에 해당한다.
[2] 행정규칙(경상남도 지방공무원 징계양정에 관한 규칙)에 의한 '불문경고조치'가 비록 법률상의 징계처분은 아니지만 위 처분을 받지 아니하였다면 차후 다른 징계처분이나 경고를 받게 될 경우 징계감경사유로 사용될 수 있었던 표창공적의 사용가능성을 소멸시키는 효과와 1년 동안 인사기록카드에 등재됨으로써 그 동안은 장관표창이나 도지사표창 대상자에서 제외시키는 효과 등이 있다는 이유로 항고소송의 대상이 되는 행정처분에 해당한다(대판 2002.7.26, 2001두3532).

(2) 승진 또는 승급의 제한

국가공무원법 제80조 【징계의 효력】 ⑥ 공무원으로서 징계처분을 받은 자에 대하여는 그 처분을 받은 날 또는 그 집행이 끝난 날부터 대통령령 등으로 정하는 기간 동안 승진임용 또는 승급할 수 없다. 다만, 징계처분을 받은 후 직무수행의 공적으로 포상 등을 받은 공무원에 대하여는 대통령령 등으로 정하는 바에 따라 승진임용이나 승급을 제한하는 기간을 단축하거나 면제할 수 있다.

기출지문 OX

01 대법원은 징계양정규칙의 법규성을 인정하여 불문경고조치의 처분성을 인정하였다. (11지방7) ( )

02 대법원 판례는 공무원에 대한 징계양정규칙에 의거한 불문경고조치를 법률유보원칙에 위배된 것으로 본다. (09관세) ( )

정답
01 × 징계양정규칙은 행정규칙으로 보았음
02 × 법률유보원칙 위배 여부는 판단하지 않았음

기출지문 OX

01 공무원의 징계사유가 예산·기금 등의 횡령인 경우 횡령액의 5배 이내의 징계부가금의 부과처분을 할 수 있다. (14서울7) ( )

02 견책행위와 같은 가벼운 징계행위에 대하여 공무원은 행정소송을 제기할 수 없다. (99관세) ( )

정답
01 ○ 02 ×

(3) 징계부가금

> **국가공무원법 제78조의2【징계부가금】** ① 제78조에 따라 공무원의 징계 의결을 요구하는 경우 그 징계 사유가 다음 각 호의 어느 하나에 해당하는 경우에는 해당 징계 외에 다음 각 호의 행위로 취득하거나 제공한 금전 또는 재산상 이득(금전이 아닌 재산상 이득의 경우에는 금전으로 환산한 금액을 말한다)의 5배 내의 징계부가금 부과 의결을 징계위원회에 요구하여야 한다.
> 1. 금전, 물품, 부동산, 향응 또는 그 밖에 대통령령으로 정하는 재산상 이익을 취득하거나 제공한 경우
> 2. 다음 각 목에 해당하는 것을 횡령, 배임, 절도, 사기 또는 유용한 경우
>   가. 국가재정법에 따른 예산 및 기금
>   나. 지방재정법에 따른 예산 및 지방자치단체 기금관리기본법에 따른 기금
>   다. 국고금 관리법 제2조 제1호에 따른 국고금
>   라. 보조금 관리에 관한 법률 제2조 제1호에 따른 보조금
>   마. 국유재산법 제2조 제1호에 따른 국유재산 및 물품관리법 제2조 제1항에 따른 물품
>   바. 공유재산 및 물품 관리법 제2조 제1호 및 제2호에 따른 공유재산 및 물품
>   사. 그 밖에 가목부터 바목까지에 준하는 것으로서 대통령령으로 정하는 것

종류	신분, 직무, 보수	기타
파면	공무원신분× 직무담임×	5년간 공무원 임용금지 퇴직급여 등 감액○
해임	공무원신분× 직무담임×	3년간 공무원 임용금지 퇴직급여 등 감액×
강등	공무원신분○ 3개월간 직무담임× → 보수×	1계급 아래로 직급 강등
정직	공무원신분○ 1~3개월 직무담임× → 보수×	18개월간 승진·승급 제한
감봉	공무원신분○ 직무담임○ → 1~3개월 보수 1/3 감액○	12개월간 승진·승급 제한
견책	공무원신분○ 직무담임○	6개월간 승진·승급 제한
징계부가금	금전, 물품, 부동산, 향응 또는 그 밖에 대통령령으로 정하는 재산상 이익을 취득·제공한 경우 또는 법률에 따른 기금 등을 횡령, 배임, 절도, 사기 또는 유용한 행위로 취득·제공한 경우 그 금전 또는 재산상 이득의 5배 이내에서 부과	

8. 징계에 대한 불복

> **국가공무원법 제76조【심사청구와 후임자 보충 발령】** ① 제75조에 따른 처분사유 설명서를 받은 공무원이 그 처분에 불복할 때에는 그 설명서를 받은 날부터, 공무원이 제75조에서 정한 처분 외에 본인의 의사에 반한 불리한 처분을 받았을 때에는 그 처분이 있은 것을 안 날부터 각각 30일 이내에 소청심사위원회에 이에 대한 심사를 청구할 수 있다. 이 경우 변호사를 대리인으로 선임할 수 있다.

- 공무원이 징계에 대해 불복할 경우 소청심사위원회에 심사를 청구할 수 있고, 그에 불복할 경우 행정소송을 제기할 수 있음.

9. 재징계의결 등의 요구

> **국가공무원법 제78조의3【재징계의결 등의 요구】** ① 처분권자(대통령이 처분권자인 경우에는 처분 제청권자)는 다음 각 호에 해당하는 사유로 소청심사위원회 또는 법원에서 징계처분 등의 무효 또는 취소(취소명령 포함)의 결정이나 판결을 받은 경우에는 다시 징계 의결 또는 징계부가금 부과 의결(이하 "징계의결 등"이라 한다)을 요구하여야 한다. 다만, 제3호의 사유로 무효 또는 취소(취소명령 포함)의 결정이나 판결을 받은 감봉·견책처분에 대하여는 징계의결을 요구하지 아니할 수 있다.
> 1. 법령의 적용, 증거 및 사실 조사에 명백한 흠이 있는 경우
> 2. 징계위원회의 구성 또는 징계의결 등, 그 밖에 절차상의 흠이 있는 경우
> 3. 징계양정 및 징계부가금이 과다한 경우

2 변상책임

1. 의의

- **변상책임**: 공무원이 직무상 의무에 위반하여 국가 또는 지방자치단체에 재산상의 손해를 끼친 경우에 그 손해를 배상하여야 하는 책임
- 국가배상법상의 '구상책임'과 구별됨.

2. 법적 근거

- 현행법은 일반공무원의 변상책임은 인정하지 않고, 회계관계직원, 재산관리공무원, 물품관리공무원·물품사용공무원의 변상책임만 규정함.

> **회계관계직원 등의 책임에 관한 법률 제4조【회계관계직원의 변상책임】** ① 회계관계직원은 고의 또는 중대한 과실로 법령이나 그 밖의 관계 규정 및 예산에 정하여진 바를 위반하여 국가, 지방자치단체, 그 밖에 감사원의 감사를 받는 단체 등의 재산에 손해를 끼친 경우에는 변상할 책임이 있다.
> ② 현금 또는 물품을 출납·보관하는 회계관계직원은 선량한 관리자로서의 주의를 게을리하여 그가 보관하는 현금 또는 물품이 망실(亡失)되거나 훼손(毁損)된 경우에는 변상할 책임이 있다.
> ③ 제2항의 경우 현금 또는 물품을 출납·보관하는 회계관계직원은 스스로 사무를 집행하지 아니한 것을 이유로 그 책임을 면할 수 없다.
> ④ 제1항 및 제2항의 경우 그 손해가 2명 이상의 회계관계직원의 행위로 인하여 발생한 경우에는 각자의 행위가 손해발생에 미친 정도에 따라 각각 변상책임을 진다. 이 경우 손해발생에 미친 정도가 분명하지 아니하면 그 정도가 같은 것으로 본다.
>
> **제8조【위법한 회계관계행위를 지시 또는 요구한 상급자의 책임】** ① 회계관계직원의 상급자가 회계관계직원에게 법령이나 그 밖의 관계 규정 및 예산에 정하여진 바를 위반하는 회계관계행위를 지시하거나 요구함으로써 그에 따른 회계관계행위로 인하여 변상의 책임이 있는 손해가 발생한 경우에는 그 상급자는 회계관계직원과 연대하여 제4조에 따른 변상의 책임을 진다.

기출지문 OX

01 회계관계직원 등이 고의 또는 과실로 법령 기타 관계규정 및 예산에 정해진 규정을 위반하여 국가 등의 재산에 손해를 끼친 때에는 변상책임이 있다. (18서울7) ( )

02 현금 또는 물품을 출납·보관하는 자가 그 부관에 속하는 현금 또는 물품을 망실·훼손하였을 때 선량한 관리자로서 주의를 태만히 하지 아니함을 증명하지 못하면 배상책임이 있다. (18서울7) ( )

03 관계직원의 상급자로서 위법한 회계관계행위를 명하였을 때에는 당해 상급자도 연대하여 변상책임을 진다. (18서울7) ( )

정답
01 ○ 02 ○ 03 ○

기출지문 OX

01 감독기관의 장과 해당기관의 장은 감사원의 변상책임의 유무 및 배상액 판정 전에는 회계관계직원 등에 대하여 변상을 명할 수 없다. (18서울7) ( )

정답

01 × 감사원의 변상판정 전에도 변상명령 가능

3. 법적 성질

관련 판례

회계관계직원 등에 대한 책임은 감사원의 변상판정을 전제로 한 공법상의 책임관계를 규정한 것이므로 그 판정에 의하지 아니하고 곧바로 민사상 청구를 하는 것은 부적법하다(대판 1975.12.9, 75다385).

4. 내용

(1) 행정기관 장의 변상명령

회계관계직원 등의 책임에 관한 법률 제6조 【감사원의 판정 전의 회계관계직원의 변상책임】 ① 다음 각 호의 어느 하나에 해당하는 사람은 회계관계직원이 제4조에 따른 변상책임이 있다고 인정되는 경우에는 감사원이 판정하기 전이라도 해당 회계관계직원에 대하여 변상을 명할 수 있다.

1. 중앙관서의 장(국가재정법 제6조에 따른 중앙관서의 장을 말한다. 이하 같다)
2. 지방자치단체의 장
3. 감독기관(국가기관이나 지방자치단체의 기관이 아닌 경우만 해당한다. 이하 같다)의 장
4. 해당 기관(국가기관이나 지방자치단체의 기관이 아닌 경우로서 감독기관이 없거나 분명하지 아니한 경우만 해당한다. 이하 같다)의 장

② 제1항의 경우 중앙관서의 장, 지방자치단체의 장 또는 감독기관의 장은 필요하다고 인정되면 대통령령으로 정하는 바에 따라 기관별·직위별로 위임 한도액의 범위에서 해당 기관 또는 직위에 있는 사람에게 변상명령의 조치를 하게 할 수 있다.

③ 제1항 또는 제2항에 따라 변상명령을 받은 회계관계직원은 이의가 있으면 감사원장이 정하는 판정청구서에 의하여 감사원에 판정을 청구할 수 있다.

- 변상명령은 내부적 행위로 처분성이 인정되지 않아 행정심판이나 항고소송의 대상이 되지 않고, 이의가 있다면 감사원에 변상판정을 청구하여야 함.

관련 판례

감사원의 변상판정처분에 대하여서는 행정소송을 제기할 수 없고, 재결에 해당하는 재심의 판정에 대하여서만 감사원을 피고로 하여 행정소송을 제기할 수 있다(대판 1984.4.10, 84누91).

(2) 감사원의 변상판정

① 변상판정

감사원법 제31조 【변상책임의 판정 등】 ① 감사원은 감사 결과에 따라 따로 법률에서 정하는 바에 따라 회계관계직원 등(제23조 제7호에 해당하는 자 중 제22조 제1항 제3호 및 제4호 또는 제23조 제1호부터 제6호까지 및 제8호부터 제10호까지에 해당하지 아니한 자의 소속 직원은 제외한다)에 대한 변상책임의 유무를 심리하고 판정한다.

회계관계직원 등의 책임에 관한 법률 제5조 【변상금액의 감면】 감사원은 감사원법 제31조에 따라 변상금액을 정할 때 다음 각 호의 어느 하나에 해당하는 사유가 있는 경우에는 그 금액의 전부 또는 일부를 감면할 수 있다. 다만, 그 손해가 고의에 의하여 발생한 경우에는 감면하지 아니한다.

1. 국가, 지방자치단체, 그 밖에 감사원의 감사를 받는 단체 등이 손해의 발생 및 확대를 방지하지 못한 데에 일부 책임이 있다고 인정되는 경우
2. 회계관계직원의 회계사무의 집행 내용, 손해발생의 원인, 회계관계직원의 과실이 손해발생에 미친 정도, 손해의 확대를 방지하기 위하여 한 노력 등 모든 정황으로 미루어 보아 해당 회계관계직원에게 손해액 전부를 변상하게 하는 것이 적절하지 아니하다고 인정되는 경우
3. 회계관계직원이 평소 예산의 절약이나 회계질서의 확립에 기여한 사실이 있는 경우

② 불복방법

감사원법 제36조【재심의 청구】 ① 제31조에 따른 변상 판정에 대하여 위법 또는 부당하다고 인정하는 본인, 소속 장관, 감독기관의 장 또는 해당 기관의 장은 변상판정서가 도달한 날부터 3개월 이내에 감사원에 재심의를 청구할 수 있다.

제40조【재심의의 효력】 ② 감사원의 재심의 판결에 대하여는 감사원을 당사자로 하여 행정소송을 제기할 수 있다. 다만, 그 효력을 정지하는 가처분결정은 할 수 없다.

- 변상판정에 대한 감사원의 재심의는 필요적 전치절차로 행정심판의 성격을 가짐.
- 감사원법은 원처분에 해당하는 변상판정이 아닌 행정심판에 해당하는 재심의판정에 대해 행정소송을 하도록 규정함(재결주의).

(3) 변상판정에 따른 변상명령

감사원법 제31조【변상책임의 판정 등】 ② 감사원은 제1항에 따라 변상책임이 있다고 판정하면 변상책임자, 변상액 및 변상의 이유를 분명히 밝힌 변상판정서를 소속 장관(국가기관만 해당한다. 이하 같다), 감독기관의 장(국가기관 외의 경우에만 해당한다. 이하 같다) 또는 해당 기관의 장(소속 장관 또는 감독기관의 장이 없거나 분명하지 아니한 경우에만 해당한다. 이하 같다)에게 송부하여야 한다.
③ 제2항의 변상판정서를 받은 소속 장관, 감독기관의 장 또는 해당 기관의 장은 그 송부를 받은 날부터 20일 이내에 변상판정서를 해당 변상책임자에게 교부하여 감사원이 정한 날까지 변상하게 하여야 한다.

- 감사원의 변상판정에 따른 소속 장관 등의 변상명령은 처분성이 인정됨.

관련 판례

감사원의 변상판정의 위법과는 별개로 소속 장관 등의 변상명령 자체에 위법사유가 있을 수 있어 변상명령을 별도로 행정소송 대상으로 인정할 필요성도 있고, 또한 감사원법 제31조 제2항, 제3항, 제5항, 제36조 제1항, 변상판정 집행절차에 관한 규칙 제4조 제1항, 제9조 제1항 등의 규정을 종합하여 보면, 회계관계직원 등의 변상책임에 관하여 감사원은 추상적인 변상의무의 유무 및 범위 등을 확정할 뿐이고 그 변상판정의 내용에 따른 구체적인 변상금 납부의무는 소속 장관 등이 감사원의 변상판정서를 첨부한 변상명령처분을 함으로써 비로소 발생한다 할 것이어서, 변상명령은 감사원의 변상판정에 의해 성립한 기존의 의무 이상으로 새로운 의무를 부담시키는 것은 아닐지라도 변상책임자의 권리의무에 아무런 영향을 미치지 않는 단순한 변상판정의 한 단계로서의 표시행위에 불과한 것으로 볼 수는 없을 것이고 그 자체 독립한 행정행위의 하나로 보아야 할 것이다(대판 1994.12.2, 93누623).

5. 강제집행

> **감사원법 제31조【변상책임의 판정 등】** ⑤ 변상책임자가 감사원이 정한 날까지 변상의 책임을 이행하지 아니하였을 때에는 소속 장관 또는 감독기관의 장은 관계 세무서장 또는 지방자치단체의 장에게 위탁하여 국세징수법 또는 지방세징수법 중 체납처분의 규정을 준용하여 이를 집행한다.
> ⑥ 제5항의 위탁을 받은 세무서장 또는 지방자치단체의 장이 그 사무를 집행할 때에는 제5항의 소속 장관 또는 감독기관의 장의 감독을 받는다.
> ⑦ 소속 장관 또는 감독기관의 장이 없거나 분명하지 아니한 경우에는 원장이 제5항에 따른 권한을 행사하며, 제6항에 따른 세무서장 또는 지방자치단체의 장에 대한 감독을 한다.

6. 별도의 민법상 배상책임 인정여부

관련 판례

1 공무원의 순전한 직무상의 행위로 말미암아 국가 또는 공공단체가 직접적인 재산상의 손해를 입었을 때에는 회계관계직원 등의 책임에 관한 법률, 물품관리법 등에 의하여 특별히 규정된 경우는 별도로 하고 민법상의 불법행위에 기한 손해배상의 책임은 지지 않는다고 해석할 것이고(대판 1968.11.19, 68다651 참조), 회계관계직원 등의 책임에 관한 법률 제4조, 제5조, 제6조와 감사원법 제31조의 각 규정을 종합하여 볼때 회계관계 직원의 그 직무상의 의무위반으로 인한 변상책임은 감사원의 변상판정에 의하지 않고 민사상 소구하여 그 책임을 물을 수 없다 할 것이다(대판 1980.2.26, 79다2241).

2 구 회계관계직원 등의 책임에 관한 법률 제2조에 정한 공무원이 아닌 회계관계직원이 고의 또는 중대한 과실로 법령 기타 관계 규정 및 예산에 정하여진 바에 위반하여 소속 단체의 재산에 대하여 손해를 입혀 같은 법 제4조 제1항에 따라 변상책임을 지는 경우에도 그 직원의 소속 단체에 대한 민법상의 불법행위책임이 배제되는 것은 아니다(대판 2006.11.16, 2002다74152 전합).

제2절 그 외의 책임

1 민사상 책임

- 공무원이 직무집행 중 (경과실이 아닌) 고의 또는 중과실로 국민에게 손해를 발생시킨 경우, 공무원 개인도 직접 피해자에 대하여 민법 제750조에 근거한 손해배상책임을 짐.

2 형사상 책임

- 공무원이 범죄행위를 한 경우 형사상 책임을 짐.

제4편

경찰행정법

제1장 서설

제1절 개념

1 제도적 의미의 경찰

• 실정법상 조직되어 있는 경찰조직 내에 속하는 모든 기관을 의미함.

2 형식적 의미의 경찰

• 실정법상(경찰작용의 성질을 불문하고) 보통경찰기관의 권한으로 되어 있는 모든 작용을 의미함.

3 실질적 의미의 경찰(행정경찰)

1. 의의

• 사회공공의 안녕과 질서를 유지하기 위하여 일반통치권에 의거하여 국민에게 명령·강제하는 작용을 의미함.

> **경찰관 직무집행법 제2조【직무의 범위】** 경찰관은 다음 각 호의 직무를 수행한다.
> 1. 국민의 생명·신체 및 재산의 보호
> 2. 범죄의 예방·진압 및 수사
>
> 2의2. 범죄피해자 보호
> 3. 경비, 주요 인사 경호 및 대간첩·대테러 작전 수행
> 4. 공공안녕에 대한 위험의 예방과 대응을 위한 정보의 수집·작성 및 배포
> 5. 교통 단속과 교통 위해의 방지
> 6. 외국 정부기관 및 국제기구와의 국제협력
> 7. 그 밖에 공공의 안녕과 질서 유지

2. 개념상 특징

(1) 경찰의 목적

• 사회공공의 안녕과 질서를 유지하고 위해를 예방·제거하기 위한 목적(소극적 질서유지 작용)

(2) 경찰의 수단

• 주로 권력적 수단을 사용함(국민에게 명령하거나 강제).
• 오늘날에는 비권력적 작용(예 경찰지도)도 증가하는 추세

(3) 경찰권의 기초

• 일반통치권에 기초를 둔 작용

기출지문 OX

01 범죄수사는 실질적 의미의 경찰행정영역에 포함된다. (05국가7) ( )

02 범죄의 수사, 대간첩 작전 등은 형식적 의미에서는 경찰작용이나 실질적 의미에서는 경찰작용으로 보기 어렵다. (06경기7) ( )

03 공공의 안녕과 질서 유지가 실질적 의미의 경찰이라고 볼 수 있으나, 여타 작용과 전혀 무관하거나 완전히 배제하는 것으로 보기 어렵다. (06경기7) ( )

정답
01 × 포함되지 않음
02 ○ 03 ○

(4) 경찰의 내용

- 개인의 자연적 자유를 제한하는 작용
- 직접 법률상 능력이나 권리를 형성·변경·소멸시키는 작용은 아님.

제2절 경찰의 종류

1 행정경찰과 사법경찰

1. 행정경찰

(1) 의의

- **행정경찰**: 실질적 의미의 경찰작용(공공의 안녕질서유지를 위한 경찰작용)을 의미함. 이는 보안경찰과 협의의 행정경찰로 나뉨.
- 행정경찰은 사전적·예방적 작용, 행정법규 적용됨.

(2) 종류

- **보안경찰**: 보통경찰기관에 의해 행해지는 행정경찰, 다른 행정작용에 부수하지 않고 그 자체가 독립적으로 행해지는 경찰작용(예 교통경찰, 소방경찰, 풍속경찰 등)
- **협의의 행정경찰**: 다른 행정작용을 수행하는 행정기관에 의해 다른 행정작용에 부수하여 행하여지는 행정경찰(예 철도경찰, 도로경찰, 산림경찰 등)

2. 사법경찰

- **사법경찰**: 범죄의 수사 등 형사사법작용을 의미함.
- 사법경찰은 사후적·제재적 작용, 형사소송법 적용

2 예방경찰과 진압경찰

- **예방경찰**: 법익에 대한 침해가 발생하기 이전에 이를 방지하기 위한 경찰작용
- **진압경찰**: 법익에 대한 침해가 이미 발생한 경우 위해를 제거하기 위한 경찰작용

3 평시경찰과 비상경찰

- **평시경찰**: 일반경찰기관이 일반경찰법규에 의하여 행하는 작용
- **비상경찰**: 국가비상사태 하에서 병력으로 행하는 작용

기출지문 OX

01 범죄의 수사, 피의자의 체포 등을 목적으로 하는 경찰작용을 사법경찰이라고 한다. (02행시) ( )

02 위해(위험)가 이미 발생한 경우에 그것을 제거하는 경찰작용을 진압경찰이라고 한다. (02행시) ( )

03 전시·사변 또는 이에 준하는 국가비상사태에 있어서 병력으로 공공의 안녕·질서를 유지하는 경찰작용을 비상경찰이라고 한다. ( )

정답
01 ○ 02 ○ 03 ○

기출지문 OX

01 제주특별자치도에는 자치경찰단을 두되 그 장은 도지사가 임명한다. (13서울7) ( )

정답
01 ○

4 국가경찰(중앙경찰)과 자치제경찰(지방경찰)

소방기본법 제3조 【소방기관의 설치 등】 ① 시·도의 화재 예방·경계·진압 및 조사, 소방안전교육·홍보와 화재, 재난·재해, 그 밖의 위급한 상황에서의 구조·구급 등의 업무(이하 "소방업무"라 한다)를 수행하는 소방기관의 설치에 필요한 사항은 대통령령으로 정한다.

② 소방업무를 수행하는 소방본부장 또는 소방서장은 그 소재지를 관할하는 특별시장·광역시장·특별자치시장·도지사 또는 특별자치도지사(이하 "시·도지사"라 한다)의 지휘와 감독을 받는다.

제주특별자치도 설치 및 국제자유도시 조성을 위한 특별법 제88조 【자치경찰기구의 설치】 ① 제90조에 따른 자치경찰사무를 처리하기 위하여 국가경찰과 자치경찰의 조직 및 운영에 관한 법률 제18조에 따라 설치되는 제주특별자치도자치경찰위원회(이하 "자치경찰위원회"라 한다) 소속으로 자치경찰단을 둔다.

제89조 【자치경찰단장의 임명】 ① 자치경찰단장은 도지사가 임명하며, 자치경찰위원회의 지휘·감독을 받는다.

제90조 【사무】 자치경찰은 다음 각 호의 사무(이하 "자치경찰사무"라 한다)를 처리한다.

1. 주민의 생활안전활동에 관한 사무
   가. 생활안전을 위한 순찰 및 시설 운영
   나. 주민참여 방범활동의 지원 및 지도
   다. 안전사고와 재해·재난 등으로부터의 주민보호
   라. 아동·청소년·노인·여성 등 사회적 보호가 필요한 사람의 보호와 가정·학교 폭력 등의 예방
   마. 주민의 일상생활과 관련된 사회질서의 유지와 그 위반행위의 지도·단속
2. 지역교통활동에 관한 사무
   가. 교통안전과 교통소통에 관한 사무
   나. 교통법규위반 지도·단속
   다. 주민참여 지역교통활동의 지원·지도
3. 공공시설과 지역행사장 등의 지역경비에 관한 사무
4. 사법경찰관리의 직무를 수행할 자와 그 직무범위에 관한 법률에서 자치경찰공무원의 직무로 규정하고 있는 사법경찰관리의 직무
5. 즉결심판에 관한 절차법 등에 따라 도로교통법 또는 경범죄 처벌법 위반에 따른 통고처분 불이행자 등에 대한 즉결심판 청구 사무

5 일반경찰과 청원경찰

청원경찰법 제2조 【정의】 이 법에서 "청원경찰"이란 다음 각 호의 어느 하나에 해당하는 기관의 장 또는 시설·사업장 등의 경영자가 경비(이하 "청원경찰경비"라 한다)를 부담할 것을 조건으로 경찰의 배치를 신청하는 경우 그 기관·시설 또는 사업장 등의 경비를 담당하게 하기 위하여 배치하는 경찰을 말한다.

1. 국가기관 또는 공공단체와 그 관리하에 있는 중요 시설 또는 사업장
2. 국내 주재(駐在) 외국기관
3. 그 밖에 행정안전부령으로 정하는 중요 시설, 사업장 또는 장소

제3절 경찰기관의 종류

1 보통경찰기관(보안경찰 작용을 직접 담당)

1. 경찰행정청

- **경찰행정청**: 경찰에 관한 의사를 결정하고 대외적으로 표시할 권한을 가진 경찰기관
- 경찰청장 - 지방경찰청장 - 경찰서장으로 구성되는 계층적 구조

2. 의결 및 협의기관

(1) 경찰위원회

> **국가경찰과 자치경찰의 조직 및 운영에 관한 법률(이하 '경찰법') 제7조 【국가경찰위원회의 설치】** ① 국가경찰행정에 관하여 제10조 제1항 각 호의 사항을 심의·의결하기 위하여 행정안전부에 국가경찰위원회를 둔다.

(2) 경찰공무원 인사위원회

> **경찰공무원법 제5조 【경찰공무원인사위원회의 설치】** ① 경찰공무원의 인사에 관한 중요 사항에 대하여 경찰청장 또는 해양경찰청장의 자문에 응하게 하기 위하여 경찰청과 해양경찰청에 경찰공무원인사위원회(이하 "인사위원회"라 한다)를 둔다.

3. 집행기관

(1) 일반경찰집행기관

- 경찰공무원은 그 자체가 집행기관임.
- 치안총감, 치안정감, 치안감, 경무관, 총경, 경정, 경감, 경위, 경사, 경장, 순경
- 경찰공무원은 사법경찰에 관한 사무도 수행함(사법경찰관리).

(2) 특별경찰집행기관

- 소방공무원·전투경찰대·헌병 등 특정한 분야의 경찰업무를 담당하는 기관

2 특별경찰기관

1. 협의의 행정경찰기관

- 산림경찰, 도로경찰, 위생경찰 등 협의의 행정경찰을 수행하는 행정기관

2. 비상경찰기관

- 국가비상사태에 병력으로써 치안을 담당하는 기관으로 계엄사령관, 위수사령관이 있음.

제2장 경찰권의 근거

제1절 서설

1 법률유보의 원칙

- 경찰작용은 주로 권력적·침해적 수단을 사용하고 개인의 자유와 재산 침해가 종종 발생함. 따라서 권력적 수단에 의한 경찰작용은 법적 근거가 필요함.
- 그 근거는 법률뿐 아니라 법률의 위임을 받은 법규명령 등도 가능함.

2 수권 방식

- 일반적 수권조항에 의한 방식
- 경찰관 직무집행법상의 개별적 수권에 의한 방식
- 특별경찰법상의 개별적 수권에 의한 방식 등

제2절 일반적 수권조항

1 인정여부

- **일반적 수권조항**: 개별적 사항에 대한 권한행사 근거를 규정한 조항이 아니라, 개괄적으로 규정한 조항을 의미함.
- 일반적 수권조항이 헌법에 위반된다는 견해도 있으나, 개별법상 개별적 수권규정 없는 경우에 한해 보충적으로 적용되는 한 합헌이라는 견해가 다수

2 현행법상 일반적 수권조항 존재여부

> **경찰관 직무집행법 제2조【직무의 범위】** 경찰관은 다음 각 호의 직무를 수행한다.
> 1. 국민의 생명·신체 및 재산의 보호
> 2. 범죄의 예방·진압 및 수사
> 2의2. 범죄피해자 보호

기출지문 OX

01 법률유보의 원칙상 국민의 권익을 침해하는 경찰권의 발동은 법률의 근거가 있어야 한다. (13국가7) ( )

02 경찰의 임무 수행이 사인의 권리를 침하하게 되면, 그 근거로서 권한규범이 필요하게 된다. (10국가7) ( )

03 경찰권 발동에 관한 법규에는 국회의 의결을 거친 법률과 법률이 구체적으로 범위를 정하여 위임한 법규명령도 포함된다. (04입시) ( )

04 경찰행정작용의 개별적 내용에 대하여는 경찰관 직무집행법이 규율하고 있다. (97행시) ( )

05 경찰행정작용의 개별적 내용에 대하여는 경찰공무원법에서 규율하고 있다. (00국가7) ( )

06 경찰법상 일반적 수권조항(개괄조항)은 개별적 수권규정이 없는 경우에 보충적·제한적으로 적용되는 한계를 가진다. (10국가7) ( )

정답
01 ○ 02 ○ 03 ○ 04 ○
05 × 경찰관 직무집행법
06 ○

3. 경비, 주요 인사(人士) 경호 및 대간첩·대테러 작전 수행
4. 공공안녕에 대한 위험의 예방과 대응을 위한 정보의 수집·작성 및 배포
5. 교통 단속과 교통 위해(危害)의 방지
6. 외국 정부기관 및 국제기구와의 국제협력
7. 그 밖에 공공의 안녕과 질서 유지

- 경찰관 직무집행법 제2조 제7호의 '그 밖에 공공의 안녕과 질서유지' 규정이 일반적 수권조항의 성격도 가지는지에 대한 견해 대립이 있음.

1. 학설

구분	내용
긍정설	동 조항은 직무규정(임무규정)일뿐 아니라 일반적 수권조항의 성격도 가진다는 견해
부정설	동 조항은 직무규정에 불과하며 수권규정이 아니라는 견해

2. 판례는 동 조항을 일반적 수권조항이라고 명시적으로 판시하지는 않았으나, 일반적 수권조항임을 전제로 판시하고 있다고 해석됨.

관련 판례

1 청원경찰관법 제3조, 경찰관 직무집행법 제2조 규정에 비추어 보면 군 도시과 단속계 요원으로 근무하고 있는 청원경찰관이 허가없이 창고를 주택으로 개축하는 것을 단속하는 것은 그의 정당한 공무집행에 속한다고 할 것이므로 이를 폭력으로 방해하는 소위는 공무집행방해죄에 해당된다(대판 1986.1.28, 85도2448·85감도356).

2 경찰청장이 지문정보를 보관하는 행위는 공공기관의 개인정보 보호에 관한 법률 제5조, 제10조 제2항 제6호에 근거한 것으로 볼 수 있고, 그 밖에 주민등록법 제17조의8 제2항 본문, 제17조의10 제1항, 경찰법 제3조 및 경찰관 직무집행법 제2조에도 근거하고 있다. 경찰청장이 보관하고 있는 지문정보를 전산화하고 이를 범죄수사목적에 이용하는 행위가 법률의 근거가 있는 것인지 여부에 관하여 보건대, 경찰청장은 개인정보화일의 보유를 허용하고 있는 공공기관의 개인정보 보호에 관한 법률 제5조에 의하여 자신이 업무수행상의 필요에 의하여 적법하게 보유하고 있는 지문정보를 전산화할 수 있고, 지문정보의 보관은 범죄수사 등의 경우에 신원확인을 위하여 이용하기 위한 것이므로, 경찰청장이 지문정보를 보관하는 행위의 법률적 근거로서 거론되는 법률조항들은 모두 경찰청장이 지문정보를 범죄수사목적에 이용하는 행위의 법률적 근거로서 원용될 수 있다(헌재 2005.5.26, 99헌마513·2004헌마190).

3 일반적 수권조항에 의한 경찰권 발동의 요건

1. 공공의 안녕 또는 질서에 위해 또는 장애의 존재와 그 예방 또는 제거의 필요성

(1) 공공의 안녕

- **공공의 안녕**: ①개인적 법익(개인의 생명·신체·자유·재산 등), ②객관적 법질서, ③국가적 법익(국가의 존속과 국가기관의 시설과 기능 등)에 대한 어떤 침해도 없는 상태

기출지문 OX

01 대법원은 경찰관 직무집행법 제2조 제7호를 경찰법상 개괄적 수권조항이라고 명시적으로 판시하였다. (08지방7) ( )

02 경찰청장이 지문정보를 보관하는 행위의 법률적 근거로 거론되는 경찰관 직무집행법 제2조 등의 법률조항들은 경찰청장이 지문정보를 범죄수사목적에 이용하는 행위의 법률적 근거로도 원용될 수 있다. (19승진5) ( )

03 공공의 안녕이란 신체·생명·자유·재산 등 개인의 권리보호, 객관적인 법질서의 유지, 국가의 존속과 그 기관의 시설 및 기능 보호를 의미한다. (09지방7) ( )

정답
01 × 02 ○ 03 ○

• 개인적 법익의 보호도, 공익을 위하여 필요한 경우 경찰권발동 가능함. 단, 법원에 의한 구제가 불가능하거나 현저하게 곤란한 경우에 보충적으로 이루어져야 함.
• 객관적 법질서의 유지도 경찰권발동 가능함. 단 성문법질서에 한하며 불문법질서는 제외된다고 봄.
• 국가적 법익의 보호에는 경찰권발동 가능함. 보호대상이 되는 기관에는 국회, 정부, 법원 외에도 국가의 행정청, 지방자치단체, 공공시설 등이 포함됨.

(2) 공공의 질서

• **공공의 질서**: 공동생활을 위하여 불가결한 것으로 인식되는 윤리질서와 같은 불문규율의 총체
• 과거에는 공공질서에 포함된 영역들에 대한 성문화 작업으로 인해 공공질서의 적용범위가 축소되고 있음.

(3) 위해 또는 장애의 존재

• **위해의 존재**: 공공의 안녕 또는 질서에 대한 구체적 위험(위험발생의 상당한 개연성)의 존재
• **장애의 존재**: 위험이 현실화되어 손해가 발생, 계속되는 상태

(4) 위해의 예방 또는 제거의 필요성

2. 개별조항에 의한 수권의 부존재(일반적 수권조항의 보충성)

3. 경찰재량

• 경찰권발동은 원칙적으로 경찰권 발동기관의 재량에 속함. 다만, 재량이 영으로 수축하는 경우에는 재량권이 인정되지 않음.

제3절 경찰관 직무집행법상 개별적 수권조항

1 불심검문

1. 의의

• **불심검문**: 거동이 수상한 자를 정지시켜 조사하는 행위

2. 대상

> 경찰관 직무집행법 제3조【불심검문】① 경찰관은 다음 각 호의 어느 하나에 해당하는 사람을 정지시켜 질문할 수 있다.
> 1. 수상한 행동이나 그 밖의 주위 사정을 합리적으로 판단하여 볼 때 어떠한 죄를 범하였거나 범하려 하고 있다고 의심할 만한 상당한 이유가 있는 사람

기출지문 OX

01 공공의 질서란 지배적인 사회의 가치관에 비추어 이를 준수하는 것이 원만한 공동생활을 위한 불가결의 전제조건이라고 간주되는 규율의 총체를 의미하는 바, 성문의 법규범뿐만 아니라 불문의 규범도 포함된다. (09지방7) ( )

02 과거 공공의 질서에 포함되던 많은 영역이 그동안 성문화되어, 공공의 질서의 적용범위가 축소되었다. (09지방7) ( )

03 위험이란 어떠한 행위나 상태가 제지되지 않고 진행되면 멀지 않은 장래에 경찰상 보호법익에 대한 침해가 발생할 충분한 개연성이 있는 상태를 말한다. (09지방7) ( )

04 경찰관은 어떠한 죄를 범하려고 하고 있다고 의심할 만한 상당한 이유가 있는 사람에 대하여 정지시켜 질문할 수 있다. (17행정사, 11지방7) ( )

05 경찰관 직무집행법상 불심검문은 예방적 조치이므로 이미 행하여진 범죄에는 적용되지 않는다. (09국회8) ( )

정답
01 × 02 ○ 03 ○ 04 ○
05 × 범한 사람에게도 불심검문 가능하도록 규정됨

2. 이미 행하여진 범죄나 행하여지려고 하는 범죄행위에 관한 사실을 안다고 인정되는 사람

⑦ 제1항부터 제3항까지의 규정에 따라 질문을 받거나 동행을 요구받은 사람은 형사소송에 관한 법률에 따르지 아니하고는 신체를 구속당하지 아니하며, 그 의사에 반하여 답변을 강요당하지 아니한다.

관련 판례

경찰관이 법 제3조 제1항에 규정된 대상자(이하 '불심검문 대상자'라 한다) 해당 여부를 판단할 때에는 불심검문 당시의 구체적 상황은 물론 사전에 얻은 정보나 전문적 지식 등에 기초하여 불심검문 대상자인지를 객관적·합리적인 기준에 따라 판단하여야 하나, 반드시 불심검문 대상자에게 형사소송법상 체포나 구속에 이를 정도의 혐의가 있을 것을 요한다고 할 수는 없다(대판 2014.2.27, 2011도13999).

3. 방법

(1) 질문

① 의의 및 성질

- 거동수상자의 신원을 신분증을 통해 확인하고 행선지나 용건 또는 소지품의 내용 등에 대해 질문할 수 있음.
- 법문상 경찰관의 재량행위이고, 답변을 강요당하지 아니한다는 점에서 비권력적 사실행위로 봄.

② 강제력 행사가부

- 임의적 조치이므로 원칙적으로 강제력 행사는 허용되지 않음. 단, 정지를 위하여 길을 막아서는 등 가벼운 강제력 행사는 가능하다고 보는 것이 다수설임.

관련 판례

검문 중이던 경찰관들이, 자전거를 이용한 날치기 사건 범인과 흡사한 인상착의의 피고인이 자전거를 타고 다가오는 것을 발견하고 정지를 요구하였으나 멈추지 않아, 앞을 가로막고 소속과 성명을 고지한 후 검문에 협조해 달라는 취지로 말하였음에도 불응하고 그대로 전진하자, 따라가서 재차 앞을 막고 검문에 응하라고 요구하였는데, 이에 피고인이 경찰관들의 멱살을 잡아 밀치거나 욕설을 하는 등 항의하여 공무집행방해 등으로 기소된 사안에서, 범행의 경중, 범행과의 관련성, 상황의 긴박성, 혐의의 정도, 질문의 필요성 등에 비추어 경찰관들은 목적 달성에 필요한 최소한의 범위 내에서 사회통념상 용인될 수 있는 상당한 방법을 통하여 경찰관 직무집행법 제3조 제1항에 규정된 자에 대해 의심되는 사항을 질문하기 위하여 정지시킨 것으로 보아야 한다(대판 2012.9.13, 2010도6203).

(2) 동행요구

경찰관 직무집행법 제3조 【불심검문】 ② 경찰관은 제1항에 따라 같은 항 각 호의 사람을 정지시킨 장소에서 질문을 하는 것이 그 사람에게 불리하거나 교통에 방해가 된다고 인정될 때에는 질문을 하기 위하여 가까운 경찰서·지구대·파출소 또는

기출지문 OX

01 경찰관은 이미 행하여진 범죄나 행하여지려고 하는 범죄행위에 관하여 그 사실을 안다고 인정되는 자를 정지시켜 질문할 수 있으며, 이 경우에 당해인은 그 의사에 반하여 답변을 강요당하지 아니한다. (21지방7, 11국회8) ( )

02 질문을 받거나 동행을 요구받은 사람은 형사소송에 관한 법률에 의하지 않고는 신체를 구속당하지는 않지만, 그 의사에 반한 답변강요는 허용된다. (01행시) ( )

03 경찰관 직무집행법상의 불심검문에 있어서, 불심검문의 대상자에게 형사소송법상 체포나 구속에 이를 정도의 혐의가 있을 것을 요하지 않는다. (20국가7, 17국가7) ( )

04 경찰관이 불심검문 대상자 해당 여부를 판단할 때에는 불심검문 당시의 구체적 상황은 물론 사전에 얻은 정보나 전문적 지식 등에 기초하여 객관적·합리적 기준에 따라 판단하여야 하나, 반드시 불심검문 대상자에게 형사소송법상 체포나 구속에 이를 정도의 혐의가 있을 것을 요한다고 할 수는 없다. (19승진5) ( )

05 경찰관은 수상한 거동을 하는 자 또는 어떠한 죄를 범하였거나 범하려 하고 있다고 의심할 만한 상당한 이유가 있다고 판단되는 자를 정지시켜 질문하여야 한다. (08선관위7) ( )

06 경찰관이 불심검문 장소에서 질문하는 것이 교통에 방해가 된다고 인정하여 가까운 경찰서로 동행을 요구한 경우, 동행을 요구받은 사람은 이를 거절할 수 없다. (17행정사, 16행정사, 11국회8) ( )

정답
01 ○ 02 × 03 ○ 04 ○ 05 × 06 ×

출장소(지방해양경찰관서를 포함하며, 이하 "경찰관서"라 한다)로 동행할 것을 요구할 수 있다. 이 경우 동행을 요구받은 사람은 그 요구를 거절할 수 있다.

① 동행에 승낙한 후라도 동행과정에서의 이탈과 동행장소에서의 퇴거의 자유 인정됨.

② 당해인이 동행요구를 거절했음에도 강제로 연행하려고 하는 행위는 위법한 공무집행에 해당함.

관련 판례

1 형사소송법 제199조 제1항은 "수사에 관하여 그 목적을 달성하기 위하여 필요한 조사를 할 수 있다. 다만, 강제처분은 이 법률에 특별한 규정이 있는 경우에 한하며, 필요한 최소한도의 범위 안에서만 하여야 한다."고 규정하여 임의수사의 원칙을 명시하고 있는바, 수사관이 수사과정에서 당사자의 동의를 받는 형식으로 피의자를 수사관서 등에 동행하는 것은, 상대방의 신체의 자유가 현실적으로 제한되어 실질적으로 체포와 유사한 상태에 놓이게 됨에도, 영장에 의하지 아니하고 그 밖에 강제성을 띤 동행을 억제할 방법도 없어서 제도적으로는 물론 현실적으로도 임의성이 보장되지 않을 뿐만 아니라, 아직 정식의 체포·구속단계 이전이라는 이유로 상대방에게 헌법 및 형사소송법이 체포·구속된 피의자에게 부여하는 각종의 권리보장 장치가 제공되지 않는 등 형사소송법의 원리에 반하는 결과를 초래할 가능성이 크므로, 수사관이 동행에 앞서 피의자에게 동행을 거부할 수 있음을 알려 주었거나 동행한 피의자가 언제든지 자유로이 동행과정에서 이탈 또는 동행장소로부터 퇴거할 수 있었음이 인정되는 등 오로지 피의자의 자발적인 의사에 의하여 수사관서 등에의 동행이 이루어졌음이 객관적인 사정에 의하여 명백하게 입증된 경우에 한하여, 그 적법성이 인정되는 것으로 봄이 상당하다. 형사소송법 제200조 제1항에 의하여 검사 또는 사법경찰관이 피의자에 대하여 임의적 출석을 요구할 수는 있겠으나, 그 경우에도 수사관이 단순히 출석을 요구함에 그치지 않고 일정 장소로의 동행을 요구하여 실행한다면 위에서 본 법리가 적용되어야 하고, 한편 행정경찰 목적의 경찰활동으로 행하여지는 경찰관 직무집행법 제3조 제2항 소정의 질문을 위한 동행요구도 형사소송법의 규율을 받는 수사로 이어지는 경우에는 역시 위에서 본 법리가 적용되어야 한다(대판 2006.7.6, 2005도6810).

2 경찰관이 임의동행요구에 응하지 않는다 하여 강제연행하려고 대상자의 양팔을 잡아 끈 행위는 적법한 공무집행이라고 할 수 없으므로 그 대상자가 이러한 불법연행으로부터 벗어나기 위하여 저항한 행위는 정당한 행위라고 할 것이고 이러한 행위에 무슨 과실이 있다고 할 수 없다(대판 1992.5.26, 91다38334).

(3) 흉기소지 여부 조사

경찰관 직무집행법 제3조【불심검문】③ 경찰관은 제1항 각 호의 어느 하나에 해당하는 사람에게 질문을 할 때에 그 사람이 흉기를 가지고 있는지를 조사할 수 있다.

① 법률상 근거 및 한계

- 신체 조사는 법적 근거가 필요함. 경찰관 직무집행법은 흉기소지 여부 조사의 법적 근거가 됨.

기출지문 OX

01 경찰관으로부터 임의동행 요구를 받은 경우 상대방은 이를 거절할 수 있지만, 임의동행 후에는 경찰관서에서 퇴거가 제한된다. (20국가7, 15지방7) ( )

02 판례는 경찰관의 임의동행은 오로지 피의자의 자발적인 의사에 의하여 수사관서 등에의 동행이 이루어졌음이 객관적인 사정에 의하여 명백하게 입증된 경우에 한하여 그 적법성이 인정된다고 보는 것이 타당하다고 보았다. (12국가7) ( )

03 경찰관의 질문을 위한 동행요구가 형사소송법의 규율을 받는 수사로 이어지는 경우, 그 동행요구는 피의자의 자발적인 의사에 의하여 수사관서 등에의 동행이 이루어졌음이 객관적인 사정에 의하여 명백하게 입증된 경우에만 그 적법성이 인정된다. (19지방7) ( )

04 경찰관의 임의동행요구에 응하지 않는다고 하여 강제연행하려고 대상자의 양팔을 잡아 끈 행위는 적법한 공무집행이라고 할 수 없으므로 그 대상자가 이러한 불법연행으로부터 벗어나기 위하여 저항한 행위는 정당한 행위이다. (12지방7) ( )

05 불심검문을 위하여 경찰관이 질문을 할 때, 흉기의 소지여부를 조사할 수 있다. (12국가7) ( )

06 경찰관은 불심검문 대상자에게 질문을 하기 위하여 목적 달성에 필요한 최소한의 범위 내에서 사회통념상 용인될 수 있는 상당한 방법으로 대상자를 정지시킬 수는 있지만, 질문에 수반하여 흉기의 소지 여부를 조사할 수는 없다. (15지방7, 14국가7) ( )

정답
01 × 02 ○ 03 ○ 04 ○ 05 ○
06 ×

관련 판례

경찰관 직무집행법(이하 '법'이라 한다)의 목적, 법 제1조 제1항, 제2항, 제3조 제1항, 제2항, 제3항, 제7항의 규정 내용 및 체계 등을 종합하면, 경찰관은 법 제3조 제1항에 규정된 대상자에게 질문을 하기 위하여 범행의 경중, 범행과의 관련성, 상황의 긴박성, 혐의의 정도, 질문의 필요성 등에 비추어 목적 달성에 필요한 최소한의 범위 내에서 사회통념상 용인될 수 있는 상당한 방법으로 대상자를 정지시킬 수 있고 질문에 수반하여 흉기의 소지 여부도 조사할 수 있다(대판 2012.9.13, 2010도6203).

② 성질 및 한계

- 흉기소지 여부 조사는 권력적 행정조사에 해당함.
- 흉기 외에 일반소지품에 관한 조사는 동 조항에 기해 허용되지 않음이 원칙임.
- 또한 조사는 상대방의 신체의 자유를 침해하지 않는 한도에서 행해져야 함 → 영장을 요하지 않음.

4. 절차

(1) 사전절차

경찰관 직무집행법 제3조【불심검문】 ④ 경찰관은 제1항이나 제2항에 따라 질문을 하거나 동행을 요구할 경우 자신의 신분을 표시하는 증표를 제시하면서 소속과 성명을 밝히고 질문이나 동행의 목적과 이유를 설명하여야 하며, 동행을 요구하는 경우에는 동행 장소를 밝혀야 한다.

관련 판례

경찰관 직무집행법 제3조 제4항은 경찰관이 불심검문을 하고자 할 때에는 자신의 신분을 표시하는 증표를 제시하여야 한다고 규정하고, 경찰관 직무집행법 시행령 제5조는 위 법에서 규정한 신분을 표시하는 증표는 경찰관의 공무원증이라고 규정하고 있는데, 불심검문을 하게 된 경위, 불심검문 당시의 현장상황과 검문을 하는 경찰관들의 복장, 피고인이 공무원증 제시나 신분 확인을 요구하였는지 여부 등을 종합적으로 고려하여, 검문하는 사람이 경찰관이고 검문하는 이유가 범죄행위에 관한 것임을 피고인이 충분히 알고 있었다고 보이는 경우에는 신분증을 제시하지 않았다고 하여 그 불심검문이 위법한 공무집행이라고 할 수 없다(대판 2014.12.11, 2014도7976).

(2) 사후절차

경찰관 직무집행법 제3조【불심검문】 ⑤ 경찰관은 제2항에 따라 동행한 사람의 가족이나 친지 등에게 동행한 경찰관의 신분, 동행 장소, 동행 목적과 이유를 알리거나 본인으로 하여금 즉시 연락할 수 있는 기회를 주어야 하며, 변호인의 도움을 받을 권리가 있음을 알려야 한다.

기출지문 OX

01 경찰관 직무집행법 제3조의 불심검문에는 흉기소지 여부의 조사가 포함되지 않으므로, 흉기소지 여부의 조사는 영장을 필요로 한다. (19승진5) ( )

02 질문을 하는 경찰관은 자신의 신분을 표시하는 증표를 제시하면서 소속과 성명을 밝히고 그 목적과 이유를 설명해야 한다. (01행시) ( )

03 불심검문의 경우, 검문하는 사람이 경찰관이고 검문하는 이유가 범죄행위에 관한 것임을 상대방이 충분히 알고 있었다고 보이는 경우에는 경찰관이 신분증을 제시하지 않았다고 하여 그 불심검문이 위법한 공무집행이라고 할 수 없다. (17지방7) ( )

04 검문하는 사람이 경찰관이고 검문하는 이유가 범죄행위에 관한 것임을 상대방이 충분히 알고 있었다고 보이는 경우에도 신분증을 제시하지 않고 행한 경찰관의 불심검문은 위법한 공무집행이다. (20국가7, 19지방7) ( )

정답
01 × 포함됨, 영장 불요
02 ○ 03 ○ 04 ×

관련 판례

변호인의 조력을 받을 권리를 실질적으로 보장하기 위하여는 변호인과의 접견교통권의 인정이 당연한 전제가 되므로, 임의동행의 형식으로 수사기관에 연행된 피의자에게도 변호인 또는 변호인이 되려는 자와의 접견교통권은 당연히 인정된다고 보아야 하고, 임의동행의 형식으로 연행된 피내사자의 경우에도 이는 마찬가지이다(대결 1996.6.3, 96모18).

(3) 시간상 제한

경찰관 직무집행법 제3조【불심검문】⑥ 경찰관은 제2항에 따라 동행한 사람을 6시간을 초과하여 경찰관서에 머물게 할 수 없다.

관련 판례

경찰관 직무집행법 제3조 제6항이 임의동행한 경우 당해인을 6시간을 초과하여 경찰관서에 머물게 할 수 없다고 규정하고 있다고 하여 그 규정이 임의동행한 자를 6시간 동안 경찰관서에 구금하는 것을 허용하는 것은 아니다(피고인이 송도파출소까지 임의동행한 후 조사받기를 거부하고 파출소에서 나가려고 하다가 경찰관이 이를 제지하자 이에 항거하여 그 경찰관을 폭행한 경우, 임의동행한 피고인을 파출소에서 나가지 못하게 한 것은 적법한 공무집행행위라고 볼 수 없으므로 피고인의 행위는 공무집행방해죄가 성립하지 않는다)(대판 1997.8.22, 97도1240).

2 보호조치

경찰관 직무집행법 제4조【보호조치 등】① 경찰관은 수상한 행동이나 그 밖의 주위 사정을 합리적으로 판단해 볼 때 다음 각 호의 어느 하나에 해당하는 것이 명백하고 응급구호가 필요하다고 믿을 만한 상당한 이유가 있는 사람(이하 "구호대상자"라 한다)을 발견하였을 때에는 보건의료기관이나 공공구호기관에 긴급구호를 요청하거나 경찰관서에 보호하는 등 적절한 조치를 할 수 있다.

1. 정신착란을 일으키거나 술에 취하여 자신 또는 다른 사람의 생명·신체·재산에 위해를 끼칠 우려가 있는 사람
2. 자살을 시도하는 사람
3. 미아, 병자, 부상자 등으로서 적당한 보호자가 없으며 응급구호가 필요하다고 인정되는 사람. 다만, 본인이 구호를 거절하는 경우는 제외한다.

② 제1항에 따라 긴급구호를 요청받은 보건의료기관이나 공공구호기관은 정당한 이유 없이 긴급구호를 거절할 수 없다.

③ 경찰관은 제1항의 조치를 하는 경우에 구호대상자가 휴대하고 있는 무기·흉기 등 위험을 일으킬 수 있는 것으로 인정되는 물건을 경찰관서에 임시로 영치하여 놓을 수 있다.

⑦ 제1항에 따라 구호대상자를 경찰관서에서 보호하는 기간은 24시간을 초과할 수 없고, 제3항에 따라 물건을 경찰관서에 임시로 영치하는 기간은 10일을 초과할 수 없다.

기출지문 OX

01 판례는 임의동행 형식으로 수사기관에 연행된 피의자에게 변호인 또는 변호인이 되려는 자와의 접견교통권은 당연히 인정되는 반면, 임의동행 형식으로 연행된 피내사자의 경우에는 접견교통권은 인정되지 않는다고 보았다. (12국가7) ( )

02 경찰관은 불심검문과 관련하여 동행요구에 응해 경찰서로 동행한 사람을 6시간을 초과하여 경찰서에 머물게 할 수 없다. (16행정사, 12국가7, 11국회8) ( )

03 임의동행은 상대방의 동의 또는 승낙을 그 요건으로 하는 것은 아니므로 경찰관으로부터 임의동행 요구를 받은 경우 상대방은 경찰관 직무집행법에서 정하는 임의동행 허용시간인 6시간 범위 내에서는 이에 따라야 한다. (17지방7) ( )

04 경찰관은 수상한 행동이나 그 밖의 주위 사정을 합리적으로 판단해 볼 때 자살을 시도하는 사람임이 명백하고 응급구호가 필요하다고 믿을 만한 상당한 이유가 있는 사람을 발견하였을 때에는 보건의료기관 또는 공공구호기관에 긴급구호를 요청하거나 경찰관서에 보호하는 등 적절한 조치를 하여야 한다. (08지방7) ( )

05 경찰관은 수상한 행동이나 그 밖의 주위의 사정을 합리적으로 판단하여 자살을 기도함이 명백하여 응급의 구호를 요한다고 믿을만한 상당한 이유가 있는 자를 발견한 때에는 보건의료기관 또는 공공구호기관에 긴급구호를 요청하거나 경찰관서에 보호하는 등 적당한 조치를 할 수 있다. (14서울7) ( )

06 경찰관은 미아, 병자, 부상자 등으로서 적당한 보호자가 없으며 응급구호가 필요한 것이 명백하고 응급구호가 필요하다고 믿을만한 상당한 이유가 있는 사람에 대하여는 보호조치를 할 수 있으나, 그 사람이 구호를 거절하는 경우에는 보호조치를 할 수 없다. (16국가7) ( )

07 미아·병자·부상자 등으로서 적당한 보호자가 없으며 응급의 구호를 요한다고 인정되는 자는 임의보호조치의 대상자이다. (14서울7) ( )

정답

01 × 02 ○
03 × 상대방의 동의를 요건으로 함
04 × 할 수 있다
05 ○ 06 ○ 07 ○

1. 의의 및 성질

- **보호조치**: 술에 취한 상태 등으로 인하여 자기 또는 타인의 생명·신체와 재산에 위해를 미칠 우려가 있는 자에 대해, 위해 방지를 위해 공공구호기관에 긴급구호를 요청하거나 경찰관서에 보호하는 등 일시적으로 신체의 자유를 제한하는 조치
- 보호조치는 대인적 즉시강제에 해당함. 규정상 원칙적으로 경찰공무원의 재량행위임.

관련 판례

경찰관 직무집행법 제4조 제1항 제1호에서 규정하는 술에 취한 상태로 인하여 자기 또는 타인의 생명·신체와 재산에 위해를 미칠 우려가 있는 피구호자에 대한 보호조치는 경찰 행정상 즉시강제에 해당하므로, 그 조치가 불가피한 최소한도 내에서만 행사되도록 발동·행사 요건을 신중하고 엄격하게 해석하여야 한다(대판 2012.12.13, 2012도11162).

2. 보호조치의 요건

- 보호조치 대상에 해당함이 명백하고 보호조치가 필요하다고 믿을만한 상당한 이유가 있어야 함.
- 미아, 병자, 부상자 등으로서 적당한 보호자가 없으며 응급구호가 필요하다고 인정되는 사람에 해당하는 자는 본인의 거절의사가 없어야 함.

관련 판례

1 이 사건 조항의 '술에 취한 상태'란 피구호자가 술에 만취하여 정상적인 판단능력이나 의사능력을 상실할 정도에 이른 것을 말하고, 이 사건 조항에 따른 보호조치를 필요로 하는 피구호자에 해당하는지는 구체적인 상황을 고려하여 경찰관 평균인을 기준으로 판단하되, 그 판단은 보호조치의 취지와 목적에 비추어 현저하게 불합리하여서는 아니 되며, 피구호자의 가족 등에게 피구호자를 인계할 수 있다면 특별한 사정이 없는 한 경찰관서에서 피구호자를 보호하는 것은 허용되지 않는다. … 제반 사정을 종합할 때, 경찰관이 피고인과 피고인 처의 의사에 반하여 피고인을 지구대로 데려간 행위를 적법한 보호조치라고 할 수 없고, 나아가 달리 적법 요건을 갖추었다고 볼 자료가 없는 이상 경찰관이 피고인을 지구대로 데려간 행위는 위법한 체포에 해당하므로, 그와 같이 위법한 체포 상태에서 이루어진 경찰관의 음주측정요구도 위법하다고 볼 수밖에 없어 그에 불응하였다고 하여 피고인을 음주측정거부에 관한 도로교통법 위반죄로 처벌할 수는 없다(대판 2012.12.13, 2012도11162).

2 경찰서 조사대기실이 조사대기자 등의 도주방지와 경찰업무의 편의 등을 위한 수용시설로서 그 안에 대기하고 있는 사람들의 출입이 제한되는 시설이라면, 일단 그 장소에 유치되는 사람은 그 의사에 기하지 아니하고 일정장소에 구금되는 결과가 되므로 경찰관 직무집행법상 정신착란자, 주취자, 자살기도자 등 응급의 구호를 요하는 자를 24시간을 초과하지 아니하는 범위 내에서 경찰관서에 보호조치할 수 있는 시설로 제한적으로 운영되는 경우를 제외하고는 구속영장을 발부받음이 없이 조사대기실에 유치하는 것은 영장주의에 위배되는 위법한 구금이라고 하지 않을 수 없다(대판 1995.5.26, 94다37226).

기출지문 OX

01 경찰관의 긴급구호요청을 받은 보건의료기관이나 공공구호기관은 정당한 이유 없이 긴급구호를 거절할 수 없다. (14서울7, 11국회8) ( )

02 경찰관이 보호조치를 취하는 경우 피구호자가 휴대하고 있는 무기·흉기 등 위험을 야기할 수 있는 것으로 인정되는 물건은 경찰관서에 임시영치할 수 있으나 10일을 초과할 수 없다. (21지방7, 16행정사, 14서울7) ( )

03 경찰관은 응급의 구호를 요한다고 믿을 만한 상당한 이유가 있는 자를 발견한 때에는 경찰관서에 보호조치를 하거나 물건을 임시영치할 수 있으며, 이 경우 경찰관서에서의 보호는 48시간을, 임시영치는 7일을 초과할 수 없다. (11국회8) ( )

04 술에 취한 상태로 인하여 자기 또는 타인의 생명·신체와 재산에 위해를 미칠 우려가 있는 피구호자에 대한 보호조치는 경찰 행정상 즉시강제에 해당하므로, 그 조치가 불가피한 최소한도 내에서만 행사되도록 발동·행사 요건을 신중하고 엄격하게 해석하여야 한다. (19국가7, 17지방7) ( )

05 경찰관 직무집행법상 술에 취하여 자신 또는 다른 사람의 생명·신체·재산에 위해를 끼칠 우려가 있는 사람에 대한 보호조치는, 가족 등에게 그 사람을 인계할 수 있다면 특별한 사정이 없는 한 허용될 수 없다. (21지방7, 20국가7, 17국가7) ( )

06 위법한 체포 상태에서 음주측정요구가 이루어진 경우, 그에 불응하면 음주측정거부에 관한 도로교통법 위반죄로 처벌할 수 있다. (15지방7) ( )

정답
01 ○ 02 ○
03 × 24시간, 10일
04 ○ 05 ○ 06 ×

기출지문 OX

3 구 윤락행위등방지법 및 같은 법 시행령 등 관계 규정에 의하더라도 '요보호여자'에 대한 수용보호처분은 오로지 보호지도소측에서 할 수 있도록 되어 있고, 보호지도소에서 '요보호여자'를 수용할 때까지 **경찰관서에서 '요보호여자'를 경찰서 보호실에 강제로 유치할 수 있는 아무런 근거 규정이 없**을 뿐 아니라, 경찰관 직무집행법 제4조 제1항, 제4항의 규정에 의하면 경찰서 보호실에의 유치는 정신착란자, 주취자, 자살기도자 등 응급의 구호를 요하는 자를 24시간을 초과하지 아니하는 범위 내에서 경찰관서에서 보호조치하기 위한 경우에만 제한적으로 허용될 뿐이라고 할 것이어서, **구 윤락행위등방지법 제7조 제1항 소정의 '요보호여자'에 해당한다 하더라도 그들을 경찰서 보호실에 유치하는 것은 영장주의에 위배되는 위법한 구금에 해당한다**(대판 1998.2.13, 96다28578).

3. 보호조치의 방법

- 보건의료기관이나 공공구호기관에 긴급구호를 요청하거나 경찰관서에 보호하는 등 적절한 조치 가능함.
- 대상자가 휴대한 무기·흉기 등 위험을 일으킬 수 있는 것으로 인정되는 물건은 경찰관서에 임시로 영치 가능함.

4. 보호조치의 기간

- 보건의료기관이나 공공구호기관에서의 보호조치는 기간제한 없음.
- 경찰관서에서의 보호조치는 24시간 초과 불가, 경찰관서에 임시 영치 기간은 10일 초과 불가함.

5. 보호조치의 절차

경찰관 직무집행법 제4조【보호조치 등】 ④ 경찰관은 제1항의 조치를 하였을 때에는 지체 없이 구호대상자의 가족, 친지 또는 그 밖의 연고자에게 그 사실을 알려야 하며, 연고자가 발견되지 아니할 때에는 구호대상자를 적당한 공공보건의료기관이나 공공구호기관에 즉시 인계하여야 한다.
⑤ 경찰관은 제4항에 따라 구호대상자를 공공보건의료기관이나 공공구호기관에 인계하였을 때에는 즉시 그 사실을 소속 경찰서장이나 해양경찰서장에게 보고하여야 한다.
⑥ 제5항에 따라 보고를 받은 소속 경찰서장이나 해양경찰서장은 대통령령으로 정하는 바에 따라 구호대상자를 인계한 사실을 지체 없이 해당 공공보건의료기관 또는 공공구호기관의 장 및 그 감독행정청에 통보하여야 한다.

01 피구호자를 공중보건의료기관 또는 공공구호기관에 인계한 경찰관은 즉시 그 사실을 당해 공중보건의료기관·공공구호기관의 장 및 그 감독행정청에 통보하여야 한다. (14서울7) ( )

02 경찰관은 인명 또는 신체에 위해를 미치거나 재산에 중대한 손해를 끼칠 우려가 있는 천재, 사변, 공작물의 손괴, 교통사고, 위험물의 폭발, 광견·분마류 등의 출현, 극단한 혼잡 기타 위험한 사태가 있을 때에는 그 장소에 집합한 자, 사물의 관리자 기타 관계인에게 필요한 경고를 발할 수 있다. (11지방7) ( )

3 위험발생 방지조치

경찰관 직무집행법 제5조【위험 발생의 방지 등】 ① 경찰관은 사람의 생명 또는 신체에 위해를 끼치거나 재산에 중대한 손해를 끼칠 우려가 있는 천재, 사변, 인공구조물의 파손이나 붕괴, 교통사고, 위험물의 폭발, 위험한 동물 등의 출현, 극도의 혼잡, 그 밖의 위험한 사태가 있을 때에는 다음 각 호의 조치를 할 수 있다.
1. 그 장소에 모인 사람, 사물의 관리자, 그 밖의 관계인에게 필요한 경고를 하는 것

정답
01 × 소속 경찰서장에게 보고하여야 함
02 ○

2. 매우 긴급한 경우에는 위해를 입을 우려가 있는 사람을 필요한 한도에서 억류하거나 피난시키는 것
3. 그 장소에 있는 사람, 사물의 관리자, 그 밖의 관계인에게 위해를 방지하기 위하여 필요하다고 인정되는 조치를 하게 하거나 직접 그 조치를 하는 것

② 경찰관서의 장은 대간첩 작전의 수행이나 소요 사태의 진압을 위하여 필요하다고 인정되는 상당한 이유가 있을 때에는 대간첩 작전지역이나 경찰관서·무기고 등 국가중요시설에 대한 접근 또는 통행을 제한하거나 금지할 수 있다.

1. 의의 및 성질

- **위험발생방지조치**: 사람의 생명 또는 신체에 위해를 끼치거나 재산에 중대한 손해를 끼칠 우려가 있는 천재, 사변 등의 위험한 사태가 있을 때에 위험발생을 방지하기 위하여 취하는 경찰상 즉시강제조치
- 법문상 경찰관의 재량행위이나, 재량이 영으로 수축하는 경우에는 의무 발생함.

2. 위험발생 방지조치의 요건

- 사람의 생명 또는 신체에 위해를 끼치거나 재산에 중대한 손해를 끼칠 우려가 있는 위험한 사태가 있고, 조치의 필요성이 인정될 것

3. 위험발생 방지조치의 종류

- **경고**: 위험한 사태가 발생한 장소에 모인 사람, 사물의 관리자, 그 밖의 관계인에게 필요한 경고 가능
- **억류 또는 피난**: 상황이 매우 긴급한 경우 위해를 입을 우려가 있는 사람을 필요한 한도에서 억류하거나 피난시키는 것 가능
- 위해방지조치 또는 그 명령 위험한 사태가 발생한 장소에 있는 사람, 사물의 관리자, 그 밖의 관계인에게 위해를 방지하기 위하여 필요하다고 인정되는 조치를 하게 하거나 직접 그 조치 가능
- **접근·통행 제한 또는 금지**: 대간첩 작전의 수행이나 소요 사태의 진압을 위하여 필요하다고 인정되는 상당한 이유가 있을 때에는 대간첩 작전지역이나 경찰관서·무기고 등 국가중요시설에 대한 접근 또는 통행을 제한하거나 금지 가능

관련 판례

1 [1] 경찰관 직무집행법 제5조는 경찰관은 인명 또는 신체에 위해를 미치거나 재산에 중대한 손해를 끼칠 우려가 있는 위험한 사태가 있을 때에는 그 각 호의 조치를 취할 수 있다고 규정하여 형식상 경찰관에게 재량에 의한 직무수행권한을 부여한 것처럼 되어 있으나, 경찰관에게 그러한 권한을 부여한 취지와 목적에 비추어 볼 때 구체적인 사정에 따라 경찰관이 그 권한을 행사하여 필요한 조치를 취하지 아니하는 것이 현저하게 불합리하다고 인정되는 경우에는 그러한 권한의 불행사는 직무상의 의무를 위반한 것이 되어 위법하게 된다.

기출지문 OX

01 경찰관서의 장은 소요 사태의 진압을 위하여 필요하다고 인정되는 상당한 경우에도 국가중요시설에 대한 통행을 금지하여서는 안 된다. (03국가7) ( )

02 경찰관 직무집행법상 위험발생의 방지조치는 경찰관의 재량행위에 해당하지만, 구체적인 사정에 따라 경찰관이 그 권한을 행사하여 필요한 조치를 취하지 아니하는 것이 현저하게 불합리하다고 인정되는 경우에는 그러한 권한의 불행사는 직무상의 의무를 위반한 것이 되어 위법하게 된다. (09국회8) ( )

정답
01 × 금지할 수 있음
02 ○

기출지문 OX

01 경찰관이 농민들의 시위를 진압하고 시위과정에 도로상에 방치된 트랙터 1대에 대하여 이를 도로 밖으로 옮기거나 후방에 안전표지판을 설치하는 것과 같은 위험발생조치를 취하지 아니한 채 그대로 방치하고 철수하여 버린 결과, 야간에 그 도로를 진행하던 운전자가 위 방치된 트랙터를 피하려다가 다른 트랙터에 부딪혀 상해를 입은 경우 경찰관 직무집행법 제5조의 위험발생조치는 경찰관에게 재량에 의한 직무수행권한을 부여하고 있으므로 국가배상책임이 인정되지 않는다. (12지방7) ( )

02 행정대집행법상 적법한 행정대집행을 점유자들이 위력을 행사하여 방해하는 경우, 행정대집행법상의 근거가 없으므로 대집행을 하는 행정청은 경찰의 도움을 받을 수 없다. (19지방7) ( )

정답
01 × 국가배상책임이 인정됨
02 ×

---

[2] 경찰관이 농민들의 시위를 진압하고 시위과정에 도로 상에 방치된 트랙터 1대에 대하여 이를 도로 밖으로 옮기거나 후방에 안전표지판을 설치하는 것과 같은 위험발생방지조치를 취하지 아니한 채 그대로 방치하고 철수하여 버린 결과, 야간에 그 도로를 진행하던 운전자가 위 방치된 트랙터를 피하려다가 다른 트랙터에 부딪혀 상해를 입은 사안에서 국가배상책임을 인정한 사례(대판 1998.8.25, 98다16890).

2 행정청이 행정대집행의 방법으로 건물철거의무의 이행을 실현할 수 있는 경우에는 건물철거 대집행 과정에서 부수적으로 건물의 점유자들에 대한 퇴거 조치를 할 수 있고, 점유자들이 적법한 행정대집행을 위력을 행사하여 방해하는 경우 형법상 공무집행방해죄가 성립하므로, 필요한 경우에는 '경찰관 직무집행법'에 근거한 위험발생 방지조치 또는 형법상 공무집행방해죄의 범행방지 내지 현행범체포의 차원에서 경찰의 도움을 받을 수도 있다(대판 2017.4.28, 2016다213916).

3 정신질환자의 평소 행동에 포함된 범죄 내용이 경미하거나 범죄라고 볼 수 없는 비정상적 행동에 그치고 그 거동 기타 주위의 사정을 합리적으로 판단하여 보더라도 정신질환자에 의한 집주인 살인범행에 앞서 그 구체적 위험이 객관적으로 존재하고 있었다고 보기 어려운 경우, 경찰관이 그때그때의 상황에 따라 그 정신질환자를 훈방하거나 일시 정신병원에 입원시키는 등 경찰관 직무집행법의 규정에 의한 긴급구호조치를 취하였고, 정신질환자가 퇴원하자 정신병원에서의 장기 입원치료를 받는 데 도움이 되도록 생활보호대상자 지정의뢰를 하는 등 그 나름대로의 조치를 취한 이상, 더 나아가 경찰관들이 정신질환자의 살인범행 가능성을 막을 수 있을 만한 다른 조치를 취하지 아니하였거나 입건·수사하지 아니하였다고 하여 이를 법령에 위반하는 행위에 해당한다고 볼 수 없다는 이유로, 사법경찰관리의 수사 미개시 및 긴급구호권 불행사를 이유로 제기한 국가배상청구를 배척한 사례(대판 1996.10.25, 95다45927).

4. 위험발생 방지조치의 절차

> 경찰관 직무집행법 제5조【위험 발생의 방지 등】③ 경찰관은 제1항의 조치를 하였을 때에는 지체 없이 그 사실을 소속 경찰관서의 장에게 보고하여야 한다.
> ④ 제2항의 조치를 하거나 제3항의 보고를 받은 경찰관서의 장은 관계 기관의 협조를 구하는 등 적절한 조치를 하여야 한다.

4 범죄의 예방과 제지

> 경찰관 직무집행법 제6조【범죄의 예방과 제지】경찰관은 범죄행위가 목전(目前)에 행하여지려고 하고 있다고 인정될 때에는 이를 예방하기 위하여 관계인에게 필요한 경고를 하고, 그 행위로 인하여 사람의 생명·신체에 위해를 끼치거나 재산에 중대한 손해를 끼칠 우려가 있는 긴급한 경우에는 그 행위를 제지할 수 있다.

- 관계인에게 하는 경고는 비권력적 사실행위의 성질
- 범죄행위의 제지는 대인적 즉시강제로 권력적 사실행위의 성질

관련 판례

1 구 경찰관 직무집행법 제6조 제1항은 "경찰관은 범죄행위가 목전에 행하여지려고 하고 있다고 인정될 때에는 이를 예방하기 위하여 관계인에게 필요한 경고를 발하고, 그 행위로 인하여 인명·신체에 위해를 미치거나 재산에 중대한 손해를 끼칠 우려가 있어 긴급을 요하는 경우에는 그 행위를 제지할 수 있다."라고 규정하고 있다. 위 조항 중 경찰관의 제지에 관한 부분은 범죄의 예방을 위한 경찰 행정상 즉시강제 즉, 눈앞의 급박한 경찰상 장해를 제거하여야 할 필요가 있고 의무를 명할 시간적 여유가 없거나 의무를 명하는 방법으로는 그 목적을 달성하기 어려운 상황에서 의무불이행을 전제로 하지 아니하고 경찰이 직접 실력을 행사하여 경찰상 필요한 상태를 실현하는 권력적 사실행위에 관한 근거조항이다(대판 2018.12.27, 2016도19371).

2 경찰관 직무집행법 제6조 제1항에 따른 경찰관의 제지 조치가 적법한 직무집행으로 평가될 수 있기 위해서는, 형사처벌의 대상이 되는 행위가 눈앞에서 막 이루어지려고 하는 것이 객관적으로 인정될 수 있는 상황이고, 그 행위를 당장 제지하지 않으면 곧 인명·신체에 위해를 미치거나 재산에 중대한 손해를 끼칠 우려가 있는 상황이어서, 직접 제지하는 방법 외에는 위와 같은 결과를 막을 수 없는 절박한 사태이어야 한다. 다만, 경찰관의 제지 조치가 적법한지 여부는 제지 조치 당시의 구체적 상황을 기초로 판단하여야 하고 사후적으로 순수한 객관적 기준에서 판단할 것은 아니다(대판 2013.6.13, 2012도9937).

3 [1] 경찰관 직무집행법 제6조 제1항 중 경찰관의 제지에 관한 부분은 범죄의 예방을 위한 경찰 행정상 즉시강제에 관한 근거 조항이다. 행정상 즉시강제는 그 본질상 행정 목적 달성을 위하여 불가피한 한도 내에서 예외적으로 허용되는 것이므로, 위 조항에 의한 경찰관의 제지 조치 역시 그러한 조치가 불가피한 최소한도 내에서만 행사되도록 그 발동·행사 요건을 신중하고 엄격하게 해석하여야 한다. 그러한 해석·적용의 범위 내에서만 우리 헌법상 신체의 자유 등 기본권 보장 조항과 그 정신 및 해석 원칙에 합치될 수 있다.

[2] 구 집회 및 시위에 관한 법률에 의하여 금지되어 그 주최 또는 참가행위가 형사처벌의 대상이 되는 위법한 집회·시위가 장차 특정지역에서 개최될 것이 예상된다고 하더라도, 이와 시간적·장소적으로 근접하지 않은 다른 지역에서 그 집회·시위에 참가하기 위하여 출발 또는 이동하는 행위를 함부로 제지하는 것은 경찰관 직무집행법 제6조 제1항의 행정상 즉시강제인 경찰관의 제지의 범위를 명백히 넘어 허용될 수 없다. 따라서 이러한 제지 행위는 공무집행방해죄의 보호대상이 되는 공무원의 적법한 직무집행이 아니다(대판 2008.11.13, 2007도9794).

5 위험방지를 위한 출입

경찰관 직무집행법 제7조 【위험 방지를 위한 출입】 ① 경찰관은 제5조 제1항·제2항 및 제6조에 따른 위험한 사태가 발생하여 사람의 생명·신체 또는 재산에 대한 위해가 임박한 때에 그 위해를 방지하거나 피해자를 구조하기 위하여 부득이하다고 인정하면 합리적으로 판단하여 필요한 한도에서 다른 사람의 토지·건물·배 또는 차에 출입할 수 있다.
② 흥행장, 여관, 음식점, 역, 그 밖에 많은 사람이 출입하는 장소의 관리자나 그에 준하는 관계인은 경찰관이 범죄나 사람의 생명·신체·재산에 대한 위해를 예방하기 위하여 해당 장소의 영업시간이나 해당 장소가 일반인에게 공개된 시간에 그 장소에 출입하겠다고 요구하면 정당한 이유 없이 그 요구를 거절할 수 없다.

기출지문 OX

01 경찰관 직무집행법 제6조 제1항에 따라 범죄를 예방하기 위해 행해지는 경찰관의 제재조치는 범죄의 예방을 위한 경찰 행정상 즉시강제로서 권력적 사실행위에 해당한다. (19승진5) ( )

02 형사처벌의 대상이 되는 행위가 눈앞에서 막 이루어지려고 하는 것이 객관적으로 인정될 수 있는 상황이고 그 행위를 당장 제지하지 않으면 곧 인명·신체에 위해를 미치거나 재산에 중대한 손해를 끼칠 우려가 있는 상황이어서 직접 제지하는 방법 외에는 위와 같은 결과를 막을 수 없는 절박한 사태인 경우에는 경찰관은 직접 그 행위를 제지할 수 있다. (17지방7) ( )

03 경찰관 직무집행법상 범죄행위예방을 위한 경찰관의 제지 조치가 적법한지 여부는 제지 조치 당시의 구체적 상황을 기초로 판단하여야 할 뿐만 아니라 사후적으로 순수한 객관적 기준에 의해서도 판단되어야 한다. (19지방7) ( )

04 행정상 즉시강제는 그 본질상 행정 목적 달성을 위하여 불가피한 한도 내에서 예외적으로 허용되는 것이므로, 경찰관 직무집행법 제6조 경찰관의 범죄의 제지조치 역시 그러한 조치가 불가피한 최소한도 내에서만 행사되도록 그 발동·행사 요건을 신중하고 엄격하게 해석하여야 한다. (18국회8) ( )

05 경찰관은 범죄수사를 위하여 부득이하다고 인정하면 합리적으로 판단하여 필요한 한도에서 다른 사람의 토지·건물·배 또는 차에 출입할 수 있다. (14지방7) ( )

정답
01 ○ 02 ○
03 × 사후적으로 객관적 기준에서 판단할 것은 아님
04 ○
05 × 피해자 구조를 위해 가능함

기출지문 OX

> ③ 경찰관은 대간첩 작전 수행에 필요할 때에는 작전지역에서 제2항에 따른 장소를 검색할 수 있다.

1. 위해방지출입(법 제7조 제1항)

- 위해방지를 위한 출입은 '대가택적 즉시강제'의 성격임.
- 출입 요건을 갖춘 경우 소유자 등의 동의 없이도 출입은 가능함. 단, 해당 장소의 내부를 둘러볼 수 있을 뿐 수색은 불가함.

2. 다수인이 출입하는 장소에의 출입 및 검색(법 제7조 제2항)

- 다수인이 출입하는 장소에의 출입 및 검색은 '경찰조사'의 성질임.
- 출입 요건을 갖춘 경우 관리자 등이 출입요구를 거절한 경우에도 출입은 가능. 단, 해당 장소의 내부를 둘러볼 수 있을 뿐 수색은 불가함.

3. 절차

> **경찰관 직무집행법 제7조【위험 방지를 위한 출입】** ④ 경찰관은 제1항부터 제3항까지의 규정에 따라 필요한 장소에 출입할 때에는 그 신분을 표시하는 증표를 제시하여야 하며, 함부로 관계인이 하는 정당한 업무를 방해해서는 아니 된다.

6 사실확인·출석요구

> **경찰관 직무집행법 제8조【사실의 확인 등】** ① 경찰관서의 장은 직무 수행에 필요하다고 인정되는 상당한 이유가 있을 때에는 국가기관이나 공사 단체 등에 직무 수행에 관련된 사실을 조회할 수 있다. 다만, 긴급한 경우에는 소속 경찰관으로 하여금 현장에 나가 해당 기관 또는 단체의 장의 협조를 받아 그 사실을 확인하게 할 수 있다.
> ② 경찰관은 다음 각 호의 직무를 수행하기 위하여 필요하면 관계인에게 출석하여야 하는 사유·일시 및 장소를 명확히 적은 출석 요구서를 보내 경찰관서에 출석할 것을 요구할 수 있다.
> 1. 미아를 인수할 보호자 확인
> 2. 유실물을 인수할 권리자 확인
> 3. 사고로 인한 사상자 확인
> 4. 행정처분을 위한 교통사고 조사에 필요한 사실 확인

01 경찰관서의 장은 직무 수행에 필요하다고 인정되는 상당한 이유가 있을 때에는 국가기관이나 공사단체 등에 직무수행에 관련된 사실을 조회할 수 있는데 긴급한 경우에는 소속 경찰관으로 하여금 현장에 나가 해당 기관 또는 단체의 장의 협조를 받아 그 사실을 확인하게 할 수 있다. (17국가7) ( )

02 경찰관은 직무수행에 필요하다고 인정되는 상당한 이유가 있을 때에는 국가기관이나 공사단체 등에 직무수행과 관련된 사실을 조회할 수 있다. (14지방7) ( )

7 경찰장비의 사용

> **경찰관 직무집행법 제10조【경찰장비의 사용 등】** ① 경찰관은 직무수행 중 경찰장비를 사용할 수 있다. 다만, 사람의 생명이나 신체에 위해를 끼칠 수 있는 경찰장비(이하 이 조에서 "위해성 경찰장비"라 한다)를 사용할 때에는 필요한 안전교육과 안전검사를 받은 후 사용하여야 한다.

정답
01 ○
02 × 경찰관서의 장은

② 제1항 본문에서 "경찰장비"란 무기, 경찰장구, 최루제와 그 발사장치, 살수차, 감식기구, 해안 감시기구, 통신기기, 차량·선박·항공기 등 경찰이 직무를 수행할 때 필요한 장치와 기구를 말한다.
③ 경찰관은 경찰장비를 함부로 개조하거나 경찰장비에 임의의 장비를 부착하여 일반적인 사용법과 달리 사용함으로써 다른 사람의 생명·신체에 위해를 끼쳐서는 아니 된다.
④ 위해성 경찰장비는 필요한 최소한도에서 사용하여야 한다.
⑤ 경찰청장은 위해성 경찰장비를 새로 도입하려는 경우에는 대통령령으로 정하는 바에 따라 안전성 검사를 실시하여 그 안전성 검사의 결과보고서를 국회 소관 상임위원회에 제출하여야 한다. 이 경우 안전성 검사에는 외부 전문가를 참여시켜야 한다.
⑥ 위해성 경찰장비의 종류 및 그 사용기준, 안전교육·안전검사의 기준 등은 대통령령으로 정한다.

8 경찰장구의 사용

경찰관 직무집행법 제10조의2【경찰장구의 사용】 ① 경찰관은 다음 각 호의 직무를 수행하기 위하여 필요하다고 인정되는 상당한 이유가 있을 때에는 그 사태를 합리적으로 판단하여 필요한 한도에서 경찰장구를 사용할 수 있다.
1. 현행범이나 사형·무기 또는 장기 3년 이상의 징역이나 금고에 해당하는 죄를 범한 범인의 체포 또는 도주 방지
2. 자신이나 다른 사람의 생명·신체의 방어 및 보호
3. 공무집행에 대한 항거 제지

② 제1항에서 "경찰장구"란 경찰관이 휴대하여 범인 검거와 범죄 진압 등의 직무 수행에 사용하는 수갑, 포승, 경찰봉, 방패 등을 말한다.

9 분사기 등의 사용

경찰관 직무집행법 제10조의3【분사기 등의 사용】 경찰관은 다음 각 호의 직무를 수행하기 위하여 부득이한 경우에는 현장책임자가 판단하여 필요한 최소한의 범위에서 분사기(총포·도검·화약류 등의 안전관리에 관한 법률에 따른 분사기를 말하며, 그에 사용하는 최루 등의 작용제를 포함한다. 이하 같다) 또는 최루탄을 사용할 수 있다.
1. 범인의 체포 또는 범인의 도주 방지
2. 불법집회·시위로 인한 자신이나 다른 사람의 생명·신체와 재산 및 공공시설 안전에 대한 현저한 위해의 발생 억제

10 무기의 사용

경찰관 직무집행법 제10조의4【무기의 사용】 ① 경찰관은 범인의 체포, 범인의 도주 방지, 자신이나 다른 사람의 생명·신체의 방어 및 보호, 공무집행에 대한 항거의 제지를 위하여 필요하다고 인정되는 상당한 이유가 있을 때에는 그 사태를 합리적으로 판단하여 필요한 한도에서 무기를 사용할 수 있다. 다만, 다음 각 호의 어느 하나에 해당할 때를 제외하고는 사람에게 위해를 끼쳐서는 아니 된다.

기출지문 OX

01 경찰관은 모든 범죄인의 체포를 위하여 경찰장구를 사용할 수 있다. (03국가7) ( )

02 경찰관은 공무집행에 대한 항거 제지를 위하여 필요하다고 인정되는 상당한 이유가 있을 때에는 그 사태를 합리적으로 판단하여 필요한 한도에서 수갑, 포승, 경찰봉, 방패 등의 경찰장구를 사용할 수 있다. (16국가7) ( )

03 경찰관은 공무집행에 대한 항거 제지의 직무를 수행하기 위하여 필요하다고 인정되는 상당한 이유가 있을 때에는 그 사태를 합리적으로 판단하여 필요한 한도에서 경찰장구와 경찰무기로 수갑과 포승, 권총 등을 사용할 수 있다. (19국가7) ( )

04 경찰장구란 경찰관이 휴대하여 범인 검거와 범죄 진압 등의 직무수행에 사용하는 수갑, 포승 등을 말한다. (17행정사) ( )

05 경찰관은 범인의 체포·도주의 방지 또는 불법집회·시위로 인하여 자기 또는 타인의 생명·신체와 재산 및 공공시설안전에 대한 현저한 위해의 발생을 억제하기 위하여 부득이한 경우 스스로의 판단으로 필요한 최소한의 범위 안에서 분사기 또는 최루탄을 사용할 수 있다. (11지방7) ( )

정답
01 × 02 ○ 03 ○ 04 ○
05 × 현장책임자가 판단함

기출지문 OX

01 경찰관은 자기의 행위가 형법에 규정된 정당방위와 긴급피난에 해당하는 때에는 무기를 사용하여 사람에게 위해를 줄 수도 있다. (08지방7) ( )

02 장기 3년 이상의 금고에 해당하는 죄를 범한 사람이 경찰관의 직무집행에 항거한 때, 경찰관은 그 행위를 방지하거나 그 행위자를 체포하기 위하여 무기를 사용하지 아니하고는 다른 수단이 없다고 인정되는 상당한 이유가 있을 때에는 그 사태를 합리적으로 판단하여 필요한 한도에서 그 사람에 대하여 위해를 수반하는 무기사용을 할 수 있다. (14지방7) ( )

03 경찰관은 대테러 작전 등 국가안전에 관련되는 작전을 수행할 때에는 개인화기 외에 공용화기를 사용할 수 있다. (17행정사) ( )

04 경찰관이 살수차, 분사기, 최루탄 또는 무기를 사용하는 경우 그 책임자는 사용 일시·장소·대상, 현장책임자, 종류, 수량 등을 기록하여 보관하여야 한다. (19국가7) ( )

05 경찰관의 무기 사용이 법률에 정한 요건을 충족하는지 여부를 판단함에 있어, 사람에게 위해를 가할 위험성이 큰 권총의 사용에 있어서는 그 요건을 더욱 엄격하게 판단하여야 한다. (18국가7) ( )

06 총기사용에 있어 행위요건 충족 여부의 판단기준은 일반적인 무기사용의 경우보다 더욱 엄격하다는 것이 판례의 입장이다. (04행시) ( )

정답
01 ○ 02 ○ 03 ○ 04 ○ 05 ○ 06 ○

1. 형법에 규정된 정당방위와 긴급피난에 해당할 때
2. 다음 각 목의 어느 하나에 해당하는 때에 그 행위를 방지하거나 그 행위자를 체포하기 위하여 무기를 사용하지 아니하고는 다른 수단이 없다고 인정되는 상당한 이유가 있을 때
   가. 사형·무기 또는 장기 3년 이상의 징역이나 금고에 해당하는 죄를 범하거나 범하였다고 의심할 만한 충분한 이유가 있는 사람이 경찰관의 직무집행에 항거하거나 도주하려고 할 때
   나. 체포·구속영장과 압수·수색영장을 집행하는 과정에서 경찰관의 직무집행에 항거하거나 도주하려고 할 때
   다. 제3자가 가목 또는 나목에 해당하는 사람을 도주시키려고 경찰관에게 항거할 때
   라. 범인이나 소요를 일으킨 사람이 무기·흉기 등 위험한 물건을 지니고 경찰관으로부터 3회 이상 물건을 버리라는 명령이나 항복하라는 명령을 받고도 따르지 아니하면서 계속 항거할 때
3. 대간첩 작전 수행 과정에서 무장간첩이 항복하라는 경찰관의 명령을 받고도 따르지 아니할 때

② 제1항에서 "무기"란 사람의 생명이나 신체에 위해를 끼칠 수 있도록 제작된 권총·소총·도검 등을 말한다.

③ 대간첩·대테러 작전 등 국가안전에 관련되는 작전을 수행할 때에는 개인화기 외에 공용화기를 사용할 수 있다.

제11조【사용기록의 보관】 제10조 제2항에 따른 살수차, 제10조의3에 따른 분사기, 최루탄 또는 제10조의4에 따른 무기를 사용하는 경우 그 책임자는 사용 일시·장소·대상, 현장책임자, 종류, 수량 등을 기록하여 보관하여야 한다.

관련 판례

1 경찰관은 범인의 체포, 도주의 방지, 자기 또는 타인의 생명·신체에 대한 방호, 공무집행에 대한 항거의 억제를 위하여 무기를 사용할 수 있으나, 이 경우에도 무기는 목적 달성에 필요하다고 인정되는 상당한 이유가 있을 때 그 사태를 합리적으로 판단하여 필요한 한도 내에서 사용하여야 하는바, 경찰관의 무기 사용이 이러한 요건을 충족하는지 여부는 범죄의 종류, 죄질, 피해법익의 경중, 위해의 급박성, 저항의 강약, 범인과 경찰관의 수, 무기의 종류, 무기 사용의 태양, 주변의 상황 등을 고려하여 사회통념상 상당하다고 평가되는지 여부에 따라 판단하여야 하고, 특히 사람에게 위해를 가할 위험성이 큰 권총의 사용에 있어서는 그 요건을 더욱 엄격하게 판단하여야 한다(대판 2004.5.13, 2003다57956).

2 야간에 술이 취한 상태에서 병원에 있던 과도로 대형 유리창문을 쳐 깨뜨리고 자신의 복부에 칼을 대고 할복 자살하겠다고 난동을 부린 피해자가 출동한 2명의 경찰관들에게 칼을 들고 항거하였다고 하여도 위 경찰관 등이 공포를 발사하거나 소지한 가스총과 경찰봉을 사용하여 위 망인의 항거를 억제할 시간적 여유와 보충적 수단이 있었다고 보여지고, 또 부득이 총을 발사할 수 밖에 없었다고 하더라도 하체부위를 향하여 발사함으로써 그 위해를 최소한도로 줄일 여지가 있었다고 보여지므로, 칼빈소총을 1회 발사하여 피해자의 왼쪽 가슴 아래 부위를 관통하여 사망케 한 경찰관의 총기사용 행위는 경찰관 직무집행법 제11조 소정의 총기사용 한계를 벗어난 것이라고 한 사례(대판 1991.9.10, 91다19913).

3 타인의 집대문 앞에 은신하고 있다가 경찰관의 명령에 따라 순순히 손을 들고 나오면서 그대로 도주하는 범인을 경찰관이 뒤따라 추격하면서 등부위에 권총을 발사하여 사망케 한 경우, 위와 같은 총기사용은 현재의 부당한 침해를 방지하거나 현재의 위난을 피하기 위한 상당성있는 행위라고 볼 수 없는 것으로서 범인의 체포를 위하여 필요한 한도를 넘어 무기를 사용한 것이라고 하여 국가의 손해배상책임을 인정한 사례(대판 1991.5.28, 91다10084).

4 경찰관은 범인의 체포·도주의 방지, 자기 또는 타인의 생명·신체에 대한 방호, 공무집행에 대한 항거의 억제를 위하여 상당한 이유가 있을 때에는 필요한 한도 내에서 무기를 사용할 수 있으나, 형법 소정의 정당방위와 긴급피난에 해당할 때 또는 체포·도주의 방지나 항거의 억제를 위하여 다른 수단이 없다고 인정되는 상당한 이유가 있는 때에 한하여 필요한 한도 내에서만 무기를 사용하여 사람에게 위해를 가할 수 있음이 경찰관 직무집행법 제11조의 규정에 비추어 명백한바, 원심이 인정한 바와 같은 사정이라면, 소외 1은 원고 1이 체포를 면탈하기 위하여 항거하며 도주할 당시 그 항거의 내용, 정도 등에 비추어 소지하던 가스총과 경찰봉을 사용하거나 다시 한번 공포를 발사하여 위 원고를 제압할 여지가 있었다고 보여지므로, 소외 1이 그러한 방법을 택하지 않고 <u>도망가는 원고 1의 다리를 향하여 권총을 발사한 행위</u>는 경찰관 직무집행법 제11조 소정의 총기사용의 허용범위를 벗어난 위법행위라고 아니할 수 없다(대판 1993.7.27, 93다9163).

5 [1] 경찰관은 범인의 체포 또는 도주의 방지, 타인 또는 경찰관의 생명·신체에 대한 방호, 공무집행에 대한 항거의 억제를 위하여 필요한 때에는 최소한의 범위 안에서 가스총을 사용할 수 있으나, 가스총은 통상의 용법대로 사용하는 경우 사람의 생명 또는 신체에 위해를 가할 수 있는 이른바 위해성 장비로서 그 탄환은 고무마개로 막혀 있어 사람에게 근접하여 발사하는 경우에는 고무마개가 가스와 함께 발사되어 인체에 위해를 가할 가능성이 있으므로, 이를 사용하는 경찰관으로서는 인체에 대한 위해를 방지하기 위하여 상대방과 근접한 거리에서 상대방의 얼굴을 향하여 이를 발사하지 않는 등 가스총 사용시 요구되는 최소한의 안전수칙을 준수함으로써 장비 사용으로 인한 사고 발생을 미리 막아야 할 주의의무가 있다.

[2] <u>경찰관이 난동을 부리던 범인을 검거하면서 가스총을 근접 발사하여 가스와 함께 발사된 고무마개가 범인의 눈에 맞아 실명한 경우 국가배상책임을 인정</u>한 사례(대판 2003.3.14, 2002다57218).

기출지문 OX

01 경찰공무원이 운전자의 음주 여부나 주취 정도를 측정함에 있어서 그 측정방법이나 측정횟수는 합리적인 필요한 한도에 그쳐야 하겠지만 그 한도 내에서는 어느 정도의 재량이 있다. (14국가7) ( )

02 경찰의 음주운전단속에 대하여 음주측정 후 운전자가 정당한 이유 없이 혈액채취를 거부하면서 시간을 보내다가 상당한 시간이 경과한 후에 호흡측정 결과에 이의를 제기하면서 혈액채취의 방법에 의한 채취를 요구하는 경우에는 경찰공무원이 혈액채취의 방법에 의한 측정을 실시하지 않았다고 하더라도 호흡측정기에 의한 측정의 결과만으로 음주운전사실을 증명할 수 있다. (12지방7) ( )

03 운전자가 음주측정기에 의한 측정 결과에 불복하여 혈액을 채취하였으나 채취한 혈액이 분실, 오염 등의 사유로 감정이 불가능하게 된 때에는 음주측정기에 의한 측정 결과만으로 음주운전사실 및 그 주취 정도를 증명할 수 있다. (12지방7) ( )

정답
01 ○ 02 ○ 03 ○

제4절 특별법상 개별적 수권조항

- 공공의 안녕과 질서에 대한 위해방지작용은 경찰관 직무집행법 이외에도 수많은 특별법의 수권조항에 근거하여 시행되고 있음(예 도로교통법 · 자동차관리법 · 선박법 등).

관련 판례

1 도로교통법 제41조 제2항에 의하여 경찰공무원이 운전자에 대하여 음주 여부나 주취 정도를 측정함에 있어서는 그 측정방법이나 측정회수에 있어서 합리적인 필요한 한도에 그쳐야 하겠지만 그 한도 내에서는 어느 정도의 재량이 있다고 하여야 할 것인바, 경찰공무원이 승용차에 가족을 태우고 가던 술을 마시지 않은 운전자에게 음주 여부를 확인하려고 후렛쉬봉에 두 차례 입김을 불게 했으나 잘 알 수 없어 동료경찰관에게 확인해 줄 것을 부탁하였고 그가 위와 같은 방법으로 다시 확인하려 했으나 역시 알 수 없어 보다 정확한 음주측정기로 검사받을 것을 요구했다면 다른 사정이 없는 한 위와 같은 상황에서의 음주 여부의 확인을 위하여 한 위 경찰공무원의 행위는 합리적인 필요한 한도를 넘은 것이라고 할 수 없어 적법한 공무집행에 해당한다(대판 1992.4.28, 92도220).

2 운전자가 경찰공무원에 대하여 호흡측정기에 의한 측정결과에 불복하고 혈액채취의 방법에 의한 측정을 요구할 수 있는 것은 경찰공무원이 운전자에게 호흡측정의 결과를 제시하여 확인을 구하는 때로부터 상당한 정도로 근접한 시점에 한정된다 할 것이고(경찰청의 교통단속처리지침에 의하면, 운전자가 호흡측정 결과에 불복하는 경우에 2차, 3차 호흡측정을 실시하고 그 재측정결과에도 불복하면 운전자의 동의를 얻어 혈액을 채취하고 감정을 의뢰하도록 되어 있고, 한편 음주측정 요구에 불응하는 운전자에 대하여는 음주측정 불응에 따른 불이익을 10분 간격으로 3회 이상 명확히 고지하고 이러한 고지에도 불구하고 측정을 거부하는 때 즉, 최초 측정요구시로부터 30분이 경과한 때에 측정거부로 처리하도록 되어 있는바, 이와 같은 처리지침에 비추어 보면 위 측정결과의 확인을 구하는 때로부터 30분이 경과하기까지를 일응 상당한 시간 내의 기준으로 삼을 수 있을 것이다), 운전자가 정당한 이유 없이 그 확인을 거부하면서 시간을 보내다가 위 시점으로부터 상당한 시간이 경과한 후에야 호흡측정 결과에 이의를 제기하면서 혈액채취의 방법에 의한 측정을 요구하는 경우에는 이를 정당한 요구라고 할 수 없으므로, 이와 같은 경우에는 경찰공무원이 혈액채취의 방법에 의한 측정을 실시하지 않았다고 하더라도 호흡측정기에 의한 측정의 결과만으로 음주운전사실을 증명할 수 있다(대판 2002.3.15, 2001도7121).

3 운전자가 음주측정기에 의한 측정 결과에 불복하면서 혈액채취 방법에 의한 측정을 요구한 때에는 경찰공무원은 반드시 가까운 병원 등에서 혈액을 채취하여 감정을 의뢰하여야 하고, 이를 위하여 채취한 혈액에 대한 보존 및 관리 등을 철저히 하여야 하는데, 만일 채취한 혈액이 분실되거나 오염되는 등의 사유로 감정이 불능으로 된 때에는 음주측정기에 의한 측정 결과가 특히 신빙할 수 있다고 볼 수 있는 때에 한하여 음주측정기에 의한 측정 결과만으로 음주운전 사실 및 그 주취 정도를 증명할 수 있다(대판 2002.10.11, 2002두6330).

4 [1] 구 도로교통법 제44조 제2항, 제3항, 제148조의2 제1항 제2호의 입법연혁과 내용 등에 비추어 보면, 구 도로교통법 제44조 제2항, 제3항은 음주운전 혐의가 있는 운전자에게 수사를 위한 호흡측정에도 응할 것을 간접적으로 강제하는 한편 혈액 채취 등의 방법에 의한 재측정을 통하여 호흡측정의 오류로 인한 불이익을 구제받을 수 있는 기회를 보장하는 데 취지가 있으므로, 이 규정들이 음주운전에 대한 수사 방법으로서의 혈액 채취에 의한 측정의 방법을 운전자가 호흡측정 결과에 불복하는 경우에만 한정하여 허용하려는 취지의 규정이라고 해석할 수는 없다.

[2] 음주운전에 대한 수사 과정에서 음주운전 혐의가 있는 운전자에 대하여 구 도로교통법 제44조 제2항에 따른 호흡측정이 이루어진 경우에는 그에 따라 과학적이고 중립적인 호흡측정 수치가 도출된 이상 다시 음주측정을 할 필요성은 사라졌으므로 운전자의 불복이 없는 한 다시 음주측정을 하는 것은 원칙적으로 허용되지 아니한다. 그러나 운전자의 태도와 외관, 운전 행태 등에서 드러나는 주취 정도, 운전자가 마신 술의 종류와 양, 운전자가 사고를 야기하였다면 경위와 피해 정도, 목격자들의 진술 등 호흡측정 당시의 구체적 상황에 비추어 호흡측정기의 오작동 등으로 인하여 호흡측정 결과에 오류가 있다고 인정할 만한 객관적이고 합리적인 사정이 있는 경우라면 그러한 호흡측정 수치를 얻은 것만으로는 수사의 목적을 달성하였다고 할 수 없어 추가로 음주측정을 할 필요성이 있으므로, 경찰관이 음주운전 혐의를 제대로 밝히기 위하여 운전자의 자발적인 동의를 얻어 혈액 채취에 의한 측정의 방법으로 다시 음주측정을 하는 것을 위법하다고 볼 수는 없다. 이 경우 운전자가 일단 호흡측정에 응한 이상 재차 음주측정에 응할 의무까지 당연히 있다고 할 수는 없으므로, 운전자의 혈액 채취에 대한 동의의 임의성을 담보하기 위하여는 경찰관이 미리 운전자에게 혈액 채취를 거부할 수 있음을 알려주었거나 운전자가 언제든지 자유로이 혈액 채취에 응하지 아니할 수 있었음이 인정되는 등 운전자의 자발적인 의사에 의하여 혈액 채취가 이루어졌다는 것이 객관적인 사정에 의하여 명백한 경우에 한하여 혈액 채취에 의한 측정의 적법성이 인정된다(대판 2015.7.9, 2014도16051).

제3장 경찰권의 한계

제1절 법규상의 한계

1 의의

- 경찰권이 발동되기 위해서는 개별 법률에 근거가 있어야 함.
- 또한 경찰권 발동은 그 법률에 의해 허용된 범위 내에서만 가능함.

2 경찰작용 편의주의와 경찰개입청구권

- 경찰작용에 관한 수권법률 대부분은 법률요건에 불확정개념을 사용하여 경찰행정청에게 판단여지 내지 재량을 부여하고 있음. → 원칙적으로 경찰개입청구권 인정되지 않음.
- 단, 침해되는 법익이 중대하고 그에 대한 위해가 급박한 경우 재량이 영으로 수축되어 경찰권발동이 의무화됨. → 경찰개입청구권 발생

관련 판례

공무원이 그 직무를 집행함에 당하여 고의 또는 과실로 법령에 위반하여 타인에게 손해를 가한 때에는 국가가 이를 배상할 책임을 진다. 범죄의 예방·진압 및 수사는 경찰관의 직무에 해당하며, 그 직무행위의 구체적 내용이나 방법 등이 경찰관의 전문적 판단에 기한 합리적인 재량에 위임되어 있으므로, 경찰관이 구체적 상황하에서 그 인적·물적 능력의 범위 내에서의 적절한 조치라는 판단에 따라 범죄의 진압 및 수사에 관한 직무를 수행한 경우, 경찰관에게 그와 같은 권한을 부여한 취지와 목적, 경찰관이 다른 조치를 취하지 아니함으로 인하여 침해된 국민의 법익 또는 국민에게 발생한 손해의 심각성 내지 그 절박한 정도, 경찰관이 그와 같은 결과를 예견하여 그 결과를 회피하기 위한 조치를 취할 수 있는 가능성이 있는지 여부 등을 종합적으로 고려하여 볼 때, 그것이 객관적 정당성을 상실하여 현저하게 불합리하다고 인정되지 않는다면 그와 다른 조치를 취하지 아니한 부작위를 내세워 국가배상책임의 요건인 법령 위반에 해당한다고 할 수 없다(대판 2007.10.25, 2005다23438).

기출지문 OX

01 경찰의 임무 수행이 사인의 권리를 침해하게 되면, 그 근거로서 직무조항만으로는 부족하고 권한규정이 있어야 한다. (10국가7) ( )

정답
01 ○

제2절 조리상의 한계

1 경찰소극목적의 원칙

- **경찰소극목적의 원칙**: 경찰권은 공공의 안녕 · 질서에 대한 위해의 방지 · 제거라는 소극적 목적을 위해서만 발동될 수 있다는 원칙
- 소극적 목적을 넘는 경찰권의 행사(예 공공복리 증진을 위한 행사)는 경찰권의 한계를 넘는 권리남용으로 위법함.

2 경찰공공의 원칙

1. 의의

- **경찰공공의 원칙**: 경찰의 목적은 공공의 안녕과 질서유지이므로 개인의 사생활 등에 대하여 원칙적으로 경찰권이 관여할 수 없고, 예외적으로 공공의 안녕 · 질서에 위해를 가져오는 경우에 한하여 관여 가능하다는 원칙

2. 내용

- **사생활불가침의 원칙**: 경찰권은 공공의 안녕 · 질서와 직접 관계가 없는 개인의 생활이나 행동에 간섭하여서는 안 된다는 원칙(단, 가정폭력, 미성년자의 음주 · 흡연, 음주운전 등 개인의 사생활이 공공의 안녕 · 질서에 중대한 위험을 가져올 수 있는 경우 경찰권 발동 가능)
- **사주소불가침의 원칙**: 경찰권은 공공의 안녕 · 질서와 직접 관계가 없는 경우 개인의 사주소 내에서의 행위에 간섭하여서는 안 된다는 원칙(단, 사주소 내의 행위가 공공의 안녕 · 질서에 중대한 위험을 가져오는 경우 경찰권 발동 가능). 여기서 사주소란 일반 공중의 통행이 차단된 장소로 주택과 같은 거주용 건물뿐만 아니라 공장, 사무실 등 비거주용 건물이나 공간을 포함하는 개념임.
- **민사관계불간섭의 원칙**: 경찰권은 공공의 안녕 · 질서와 직접 관계가 없는 개인 간의 민사관계에 간섭하여서는 안 된다는 원칙(단, 미성년자에 대한 술 · 담배 판매 등과 같이 민사상 행위가 공공의 안녕 · 질서에 중대한 위험을 가져오는 경우 경찰권 발동 가능)

3 경찰비례의 원칙(과잉금지의 원칙)

1. 의의

- **경찰비례의 원칙**: 경찰권을 행사하는 경우 공공의 안녕과 질서유지라는 공익목적과 이를 실현하기 위하여 개인의 권리나 재산을 침해하는 수단 사이에는 합리적인 비례관계가 있어야 한다는 원칙

기출지문 OX

01 경찰은 소극적으로 공공의 안녕이나 질서의 유지를 도모할 수 있을 뿐만 아니라, 적극적으로 공공복리의 증진을 도모할 수도 있다. (15지방7) ( )

02 경찰소극의 원칙이란 경찰권이 국가의 안전보장 · 질서유지 · 공공복리를 위해서만 발동될 수 있다는 원칙을 말한다. (13국가7) ( )

03 복리경찰의 원칙은 경찰법상의 일반원칙으로 볼 수 없다. (99국가7) ( )

04 경찰공공의 원칙에는 사생활불간섭의 원칙이 포함되지 않는다. (97검찰9) ( )

05 사생활불가침의 원칙상 미성년자의 음주흡연에 대한 경찰권을 발동할 수 없다. (06국가7) ( )

06 실내에서의 과다노출은 경찰권 발동의 대상이 아니다. (97행시) ( )

07 사회에 대한 직접적인 위협이 없는 사적인 주거에 대해서는 경찰권이 발동되지 않는다. (06관세) ( )

08 사주소불가침의 원칙에 의해 경찰관은 국립대학 교수 연구실에 정당한 이유 없이 출입할 수 없다. (06국가7) ( )

09 경찰비례의 원칙은 경찰권 발동의 조건과 정도를 명시하는 원칙이다. (96국가7) ( )

10 경찰비례의 원칙을 구성하는 적합성의 원칙, 필요성의 원칙, 그리고 상당성의 원칙(협의의 비례원칙)은 단계적으로 적용되어야 하는 것으로 보기도 한다. (02입시) ( )

정답
01 × 없음
02 × 공공복리는 제외됨
03 ○ 04 × 05 × 06 ○ 07 ○
08 ○ 09 ○ 10 ○

> 경찰관 직무집행법 제1조【목적】② 이 법에 규정된 경찰관의 직권은 그 직무 수행에 필요한 최소한도에서 행사되어야 하며 남용되어서는 아니 된다.

2. 내용

- **적합성의 원칙**: 경찰이 취한 조치와 수단이 공공의 안녕·질서에 대한 위해를 방지하는 데 적합하고 또한 법적으로나 사실상으로 상대방이 이를 이행하는 것이 가능하여야 함.
- **필요성의 원칙(최소침해의 원칙)**: 공공의 안녕·질서에 대한 위해를 방지하는데 적합한 수단이 여러 가지인 경우, 그 중에서 당사자의 권익을 가장 적게 침해하는 수단을 선택하여야 함.
- **상당성의 원칙(협의의 비례원칙)**: 경찰권의 발동으로 인하여 달성되는 공익이 그로 인해 당사자에게 가해지는 불이익 내지 침해되는 사익보다 커야 함.
- 세 가지 원칙은 순차적·단계적으로 적용됨.

4 경찰책임의 원칙

1. 의의

- **경찰책임의 원칙**: 경찰권은 경찰책임이 있는 자에게 발동되어야 한다는 원칙(단, 경찰책임자에 대한 경찰권 발동이 어려운 경우 예외적으로 경찰책임과 무관한 자에 대해서도 발동 가능)
- 경찰책임의 원칙은 경찰권발동 대상자가 법령상 규정되어 있지 않은 경우 그 대상자를 정하기 위한 법규해석의 기준이 됨.
- **경찰책임**: 경찰상 위해의 발생에 대한 책임
  - **실질적 경찰책임**: 경찰법규를 준수하여 공공의 안녕·질서에 대한 위해를 방지할 의무
  - **형식적 경찰책임**: 공공의 안녕·질서 회복을 위해 경찰권 발동에 복종해야 할 의무

2. 경찰책임의 주체

(1) 자연인

- 자연인은 실질적, 형식적 경찰책임의 주체가 됨.
- 행위능력 불문
- 외국인, 무국적자도 인정됨.

(2) 사법인

- 사법인은 실질적, 형식적 경찰책임의 주체가 됨.
- 법인뿐 아니라 권리능력 없는 단체도 인정됨.

기출지문 OX

01 경찰권은 원칙적으로 경찰상 위험의 발생 또는 위험의 제거에 책임이 있는 자에게 발동되어야 하고, 그 자의 고의 또는 과실은 문제되지 아니한다. (17국가7) ( )

02 경찰책임론은 경찰권 발동의 대상자가 법률로 규정되어 있지 않은 경우에 그 대상자를 정하기 위해 법규해석의 기준으로 기능할 수 있다. (15국가7) ( )

03 국내에 거주하는 외국인도 경찰책임을 부담한다. (09국가7) ( )

04 외국인 또는 무국적자도 경찰책임을 부담한다. (06관세) ( )

05 행위책임에 있어서 그 주체는 자연인에 한한다. (09국가7) ( )

06 법인은 법률로 정한 경우를 제외하고는 경찰책임의 주체가 될 수 없다. (09관세) ( )

07 사법상 권리능력 없는 사단도 경찰책임의 주체가 될 수 있다. (13국회8) ( )

정답
01 ○ 02 ○ 03 ○ 04 ○ 05 ×
06 × 07 ○

(3) 공법인 및 행정기관

① 실질적 경찰책임의 경우

- 법률우위의 원칙상 공법인, 행정기관도 실질적 경찰책임의 주체가 됨. (단, 공적 사무 수행을 위하여 필요한 경우 경찰책임이 면제되거나 수정 가능)

② 형식적 경찰책임

- 공법인이나 행정기관이 공공의 안녕·질서 회복을 위한 경찰권 발동에 복종할 의무가 있는지 견해 대립
- 구체적으로는 공법인이나 행정기관이 사법적 작용(국고작용)을 수행하는 중 경찰상 위해가 발생한 경우에는 경찰권에 복종할 의무가 있다는 데에 견해가 일치하나, 공법적 작용을 수행하는 중 경찰상 위해가 발생한 경우에 경찰권에 복종할 의무가 있는지 견해 대립

학설	내용
부정설	다른 행정기관에 대한 경찰행정기관의 우위를 인정하는 결과를 초래하므로 부당함
긍정설	경찰목적의 우월성이 인정됨(모든 공법적 기능이 동등하지 않다는 전제)
절충설	다른 행정기관의 적법한 임무수행을 방해하지 않는 범위 내에서 허용됨

3. 경찰책임의 종류

(1) 행위책임

① 의의 및 법적 성질

- **행위책임**: 자기 또는 자기의 보호·감독 하에 있는 사람의 행위로 인해 질서위반상태가 발생한 경우에 지는 경찰상의 책임
- 여기서 행위는 작위·부작위를 포함하며, 행위의 주체는 자연인·법인, 성년·미성년 불문함.
- 행위책임은 민사상·형사상 책임과 달리 당사자의 의사능력, 행위능력, 고의·과실, 위법성, 책임능력 등을 불문하고 인정되는 객관적 책임임. 따라서 보호자·감독자가 감독책임을 다하였다 하여도 경찰책임이 감경되거나 면제되지 않음.

② 타인의 행위에 대한 책임

- 타인을 보호하거나 타인의 행위를 지배·관리하는 자는 그 권한의 범위 안에서 피보호자·피관리자의 행위로 발생한 경찰위반상태에 대하여 피보호자·피관리자와 병행하여 책임을 부담함.
- 여기서 보호·관리자가 부담하는 책임은 자신의 보호·지배권의 범위 내에서 인정되는 자기책임이고, 이로 인해 피보호자·피관리자의 책임이 면제되지 않음.
- 단, 타인의 행위에 대해 책임을 지우기 위해서는 법률상 근거 필요함.

③ 행위와 결과 간 인과관계 필요

- 경찰책임의 인과관계 판단에 대해 직접원인설(다수), 조건설, 상당인과관계설 등이 대립

기출지문 OX

01 자연인과 사법인은 실질적·형식적 경찰책임을 질 수 있으며, 공법인 또는 행정기관도 실질적 경찰책임을 질 수 있다. (16지방7) ( )

02 다른 국가기관이 국고작용을 수행하는 경우에는 당해 국가기관에 경찰권이 발동될 수 있다. (14지방7) ( )

03 행위책임에 있어서 주체는 자연인인가 법인인가를 묻지 않는다. (03관세) ( )

04 경찰책임은 책임의 주체가 책임능력이 있을 것을 요구한다. (04행시) ( )

05 경찰책임 중 행위책임의 경우 행위자인 피감독자나 감독자의 고의 또는 과실은 원칙상 그 요건이 되지 않는다. (09국회8) ( )

06 근로자가 직무수행상 위험을 야기한 행위에 대하여 사용자는 감독책임을 다하였다 하더라도 경찰책임이 감경되지 않는다. (12지방7) ( )

07 경찰상 상태책임의 경우에는 책임자의 고의·과실을 불문하고 경찰책임이 인정되지만, 경찰상 행위책임에 있어서는 행위자의 과실여부에 따라 경찰책임이 인정된다. (15국가7, 08지방7) ( )

정답

01 ○ 02 ○ 03 ○
04 × 요구하지 아니함
05 ○ 06 ○
07 × 행위책임도 고의·과실 불문

기출지문 OX

01 경찰책임은 그 위해의 발생에 대한 고의·과실, 위법성의 유무, 위험에 대한 인식여부 등을 묻지 않는다. (19소방간부) ( )

02 행위책임이나 상태책임 모두 고의·과실을 묻지 않는다. (09국가7, 08지방7) ( )

03 자신의 보호·감독하에 있는 자에 대하여 지는 경찰책임은 자기책임이다. (09국가7) ( )

04 자신의 보호감독 아래 있는 자의 행위에 대하여 지는 경찰책임은 대위책임이다. (95국가7) ( )

05 타인의 행위를 관리하고 있는 자는 그 권한의 범위 안에서 피관리자의 행위로 인하여 발생한 경찰위반상태에 대하여 피관리자를 대신하여 책임을 진다. (14지방7) ( )

06 타인의 행위에 대한 경찰책임은 타인의 책임을 대신하여 지는 것이므로, 이때 원인행위를 한 자의 경찰책임은 면제된다. (16지방7, 13지방7) ( )

07 타인의 행위에 대한 책임은 자신의 감독·지배권의 범위 내에서 인정되며 법률상 근거가 있어야 한다. (09관세) ( )

08 행위자의 행위와 위해 사이의 인과관계 유무를 판단하는 경우에는 형법상의 인과관계론을 기준으로 하되 경찰상 위험의 특징도 고려해야 한다. (13국회8) ( )

09 팬들에 둘러싸여 교통을 마비시킨 유명연예인이게는 경찰책임이 성립하지 않는다. (96경간) ( )

10 자기 집 정원에서 그림을 그리는 화가를 구경하기 위하여 통행인이 모여들어 교통장애가 야기된 경우, 그 화가에게 행위책임을 귀속시킬 수 없다. (14지방7) ( )

정답
01 ○ 02 ○ 03 ○
04 × 자기책임
05 × 자기책임
06 × 자기책임이고, 면제되지 아니함
07 ○
08 × 형법상의 인과관계론과 다른 기준
09 ○ 10 ○

- 직접원인설에 따르면 경찰위반상태를 직접 야기한 행위자(직접원인자)만이 경찰책임을 지고, 간접적 원인제공자는 책임을 지지 않음. 여기서 직접원인자는 ㉠결정적 원인을 제공한 자뿐 아니라 ㉡직접원인자의 행위를 의도적으로 야기한 목적적 원인제공자까지 포함함.
  (예 유명 연예인을 보기 위해 군중이 모여들어 경찰상 위해가 발생한 경우 → 군중이 직접원인자로서 행위책임 부담, 길거리에서 공연하는 연예인을 보기 위해 군중이 모여들어 경찰상 위해가 발생한 경우 → 연예인이 직접원인자(목적적 원인제공자)로서 행위책임 부담)

(2) 상태책임

① 의의

- **상태책임**: 물건의 소유자 및 물건을 사실상 지배하는 자(점유자)가, 그의 지배범위 안에서 그 물건으로 인해 질서위반상태가 발생한 경우에 지는 경찰상의 책임
- 지배 상태의 적법성 여부는 불문함.

② 주체

- 상태책임자는 질서위반상태를 야기한 물건의 소유자 또는 물건을 사실상 지배하는 자이면 되고, 그 물건에 대한 정당한 권한(권원)을 가진 자일 필요는 없음.
- 물건의 소유자와 사실상 지배자(점유자)가 다른 경우 사실상 지배자 1차적으로 책임을 짐. 단, 도난된 물건과 같이 사실상 지배자가 소유자의 의사와 무관하게 점유하고 있는 경우에는 소유권자의 상태책임 부정됨.
- 소유권을 포기한 경우 원칙적으로 상태책임에서 배제되나, 경찰책임을 면하기 위하여 소유권을 포기한 경우에는 상태책임에서 배제되지 않음.

③ 요건 및 한계

- '물건의 상태'가 경찰상 위해를 야기하고 있으면 되고, 위해의 발생원인은 원칙적으로 고려하지 아니함.
- 소유자나 사실상 지배자가 감당해야 할 위험영역을 넘는 비정형적인 사건에 의해 당해 물건이 경찰상 위해를 야기하고 있는 경우라면 소유자나 사실상 지배자의 상태책임이 배제될 수 있음.

(3) 복합적 책임

- 경찰상 위해와 관련된 경찰책임자가 다수인 경우 위해제거의 효율성과 비례의 원칙을 고려하여 경찰권 발동의 대상을 결정해야 함.

① 다수의 행위책임자 또는 다수의 상태책임자가 있는 경우

- 다수의 행위책임자 또는 상태책임자가 있는 경우 경찰행정청은 재량에 따라 ㉠위해제거의 효율성, ㉡위해에 제공한 원인의 중요성을 고려하여 그들 중 한사람 또는 모두에게 경찰권 발동 가능

② 행위책임과 상태책임이 경합하는 경우
- 예를 들어 甲이 乙의 자동차를 절취하여 운행 중 도로 한가운데 방치한 경우 → 일반적으로 행위책임자(甲)가 우선적으로 경찰권발동의 대상이 된다고 봄.
- 단, 효과적 위험방지를 위해 경찰행정청에게 재량이 인정됨. 위해의 원인 제공, 책임자의 이행능력 등을 고려하여 합목적적인 관점에서 경찰권 발동 대상을 선택할 수 있음.

③ 비용부담
- 다수의 경찰책임자 중 '일부'에 대하여만 경찰권이 발동되어 그 일부가 비용을 지출한 경우 다른 경찰책임자에게 그 비용 상환을 청구할 수 있는지 견해 대립
- 공평의 원칙상 비용 상환을 청구할 수 있다고 보는 것이 타당함. 그 비용은 위해발생에 기여한 몫에 따라 배분함.

4. 경찰비책임자(제3자)에 대한 경찰권발동

(1) 의의
- 급박한 위험상황을 경찰의 자력 또는 경찰책임자에 대한 경찰권발동으로는 제거할 수 없는 경우, 예외적으로 엄격한 요건 하에서 경찰비책임자에 대한 경찰권발동 가능(예 화재현장에서 구경하는 자에 대한 소방활동 종사명령)

(2) 요건
① 경찰상 긴급상태가 존재할 것
- 공공의 안녕과 질서에 대한 장애가 이미 발생하였거나 또는 위험이 임박을 요함.

② 다른 방법으로는 위해방지가 불가능할 것(보충성)
- 경찰의 자력으로 또는 경찰책임자에 대한 경찰권발동으로는 위해 방지가 불가능하여야 함.

③ 비례의 원칙에 합치할 것
- 제3자의 수인가능성이 있어야 함. 즉, 경찰상 위해를 제거할 필요성이 제3자가 입게 될 불이익보다 커야 함.

④ 법률 근거가 있을 것
- 이는 제3자의 기본권을 제한·침해하는 행위이기 때문에 법률의 근거 요함.
- 개별법상 근거규정이 존재하지 않는 경우, 개괄적 수권조항에 의하여 경찰권을 발동할 수 있는가에 관하여 견해가 대립하나 가능하다고 보아야 함.

(3) 손실보상
- 경찰비책임자에 대한 경찰권 발동으로 경찰비책임자가 특별한 손실을 입은 경우 그 손실을 보상하여야 함.

기출지문 OX

01 자신의 생활범위 내에서 지는 경찰책임은 자신이 지배하는 사람 및 물건 전체에 미친다. (03관세) ( )

02 오염물질을 배출하는 기업이 타인의 토지에 오염물질을 매장하였으나 토지 소유자는 이를 알고서도 사실상 묵인하였다. 그런데 매장된 오염물질로 인하여 인근지역에 심각한 환경위험이 발생한 경우 그 제거를 위한 경찰작용과 가장 관계가 깊은 원칙은 경찰책임의 원칙이다. (14국회8) ( )

03 상태책임을 지는 자가 경찰위반상태를 야기한 물건·동물 등에 대한 정당한 권한을 가진 자일 필요는 없다. (13국회8, 01입시) ( )

04 경찰상 상태책임자의 범위에는 경찰상 위해를 야기시키는 물건의 소유자와 점유자뿐만이 아니라 그 물건에 대한 사실적인 지배력을 가진 자도 포함된다. (16국가7, 16지방7, 98행시) ( )

05 자동차를 절도한 자가 당해 차량을 운행하던 중 자신의 과실로 사고가 난 경우, 차주는 경찰책임을 지지 않는다. (10국가7, 03행시) ( )

06 물건의 소유자와 점유자가 다른 경우, 소유자가 1차적인 책임을 진다. (04관세) ( )

07 경찰상 위해를 야기하고 있는 물건의 소유자인 상태책임자가 경찰책임을 면하기 위하여 소유권을 포기한 경우에는 소유권자의 상태책임이 배제되지 아니한다. (14지방7) ( )

08 상태책임의 주체가 감당해야 할 위험을 넘는 경우에는 책임이 배제될 수 있다. (01입시) ( )

09 다수인의 행위 또는 물건이 합쳐져 경찰위반의 상태가 발생한 경우에는 비례의 원칙 및 효과적인 위험방지의 원칙에 따라 경찰책임자를 결정해야 한다. (98행시) ( )

정답
01 ○ 02 ○ 03 ○ 04 ○ 05 ○
06 × 점유자가
07 ○ 08 ○ 09 ○

5. 경찰책임의 승계

(1) 의의

- 경찰책임자가 사망하거나 영업 또는 물건을 양도한 경우 경찰책임이 상속인이나 양수인에게 이전하는가의 문제

(2) 행위책임

- 이는 공법상 책임, 인적 성질의 책임이므로, 명문규정이 있는 경우를 제외하고 원칙적으로 이전되지 않는다고 보는 것이 다수

(3) 상태책임

- 이는 물적 성질의 책임이므로, 명문규정이 없더라도 원칙적으로 이전된다고 보는 것이 다수

(4) 비용부담

- 경찰책임이 승계되는 경우 ①합의가 있다면 그에 따르고, ②합의가 없다면 양도인이 비용부담을 해야 하나 비용증가에 양수인의 책임이 있다면 그 만큼은 양수인의 부담이 됨.

6. 경찰권의 발동과 손실보상

- 경찰책임 있는 자에 대한 적법한 경찰권의 발동으로 그가 손실을 입어도 원칙적으로 손실보상을 해줄 필요가 없으나, 사회통념상 수인한도를 넘는 손실은 보상을 해주어야 함.
- 경찰책임 없는 제3자에 대한 경찰권 발동으로 그가 특별한 손실을 입었다면 손실보상을 해주어야 함.
- 경찰관 직무집행법은 경찰관의 적법한 직무집행으로 인한 손실보상을 규정하고 있음.

> **경찰관 직무집행법 제11조의2【손실보상】** ① 국가는 경찰관의 적법한 직무집행으로 인하여 다음 각 호의 어느 하나에 해당하는 손실을 입은 자에 대하여 정당한 보상을 하여야 한다.
> 1. 손실발생의 원인에 대하여 책임이 없는 자가 생명·신체 또는 재산상의 손실을 입은 경우(손실발생의 원인에 대하여 책임이 없는 자가 경찰관의 직무집행에 자발적으로 협조하거나 물건을 제공하여 생명·신체 또는 재산상의 손실을 입은 경우를 포함한다)
> 2. 손실발생의 원인에 대하여 책임이 있는 자가 자신의 책임에 상응하는 정도를 초과하는 생명·신체 또는 재산상의 손실을 입은 경우
>
> ② 제1항에 따른 보상을 청구할 수 있는 권리는 손실이 있음을 안 날부터 3년, 손실이 발생한 날부터 5년간 행사하지 아니하면 시효의 완성으로 소멸한다.

기출지문 OX

01 가게 상품진열장에 TV를 설치하고 월드컵 축구경기를 방영함으로써 군중이 모여들어 교통의 혼잡을 초래한 경우 그 가게 경영자에게 경찰책임을 지우지 않고는 교통장해를 제거할 수 없는 때에는 그 경영자에게도 행위책임을 인정할 수 있다. (13국회8) ( )

02 행위책임과 상태책임이 경합하는 경우에는 일반적으로 상태책임이 우선한다고 본다. (02행시) ( )

03 휴대폰 가게 내의 TV에서 방영되는 월드컵 축구 시합을 보려고 모여든 군중이 도로의 통행을 방해한 경우, 군중에게 경찰책임이 귀속된다. (19소방간부, 02검찰7) ( )

04 경찰권은 원칙적으로 경찰책임자에게 발동되어야 하지만, 예외적으로 긴급한 경우에는 경찰책임이 없는 제3자(비책임자)에 대해서도 발동할 수 있다. (19소방간부, 16지방7, 15국가7) ( )

05 경찰권은 어떠한 경우라도 경찰책임이 없는 제3자에게 발동될 수 없으며 언제나 경찰책임자에게 발동되어야 한다. (06관세) ( )

06 제3자에 대한 경찰권 발동의 예로서 화재의 현장에 있는 자에 대한 소화종사명령이 있다. (98행시) ( )

07 제3자에 대한 경찰권 발동은 목전에 급박한 위해를 제거하기 위한 경우에 한하여, 법령상의 근거가 있는 경우에만 인정된다. (04관세) ( )

08 A가 징검다리를 파손시켜 교통장애를 발생시킨 후 A가 사망하였다면, 상속인 B가 원상회복책임을 진다. (06관세) ( )

09 상태책임은 법적 승계인에게도 그 책임이 이전된다. (00관세) ( )

10 A가 소유하던 정원수가 길가에 쓰러져 교통장애가 발생한 후 A가 사망한 경우, 상속인 B는 그것을 제거할 책임을 진다. (06관세) ( )

정답
01 ○
02 × 일반적으로 행위책임이 우선
03 ○ 04 ○ 05 × 06 ○ 07 ○
08 × 09 ○ 10 ○

5 경찰평등의 원칙

- **경찰평등의 원칙**: 경찰권발동시 상대방의 성별 · 종교 · 사회적 신분 · 인종 등을 이유로 불합리한 차별을 하여서는 안 된다는 원칙
- 헌법 제11조에서 도출되는 원칙으로 경찰행정청의 재량권행사의 한계로 작용함.

기출지문 OX

01 경찰책임의 승계 여부와 관련하여 학설이 일치하는 것은 아니지만 대체로 행위책임은 특정인의 행위에 대한 법적 평가이기 때문에 승계될 수 없으나 상태책임은 물건의 상태와 관련된 책임이기 때문에 승계가 가능하다고 본다. (08국가7) ( )

02 경찰관 직무집행법은 손실발생의 원인에 대하여 책임이 없는 자가 경찰관의 적법한 직무집행으로 인하여 재산상의 손실을 입은 경우 국가는 정당한 보상을 해야 한다고 명시적으로 규정하고 있다.
(19승진5, 16행정사, 14국가7) ( )

03 경찰책임자가 아닌 제3자에게 경찰권을 발동하여 제3자에게 특별한 희생을 발생시킨 경우 이를 보상하여야 한다.
(09관세) ( )

04 국가는 경찰관의 적법한 직무집행으로 인하여 손실발생의 원인에 대하여 책임이 있는 자가 자신의 책임에 상응하는 정도의 재산상의 손실을 입은 경우 그 손실을 입은 자에게 정당한 보상을 하여야 한다.
(19국가7) ( )

05 손실발생의 원인에 대하여 책임이 있는 자는 경찰관의 적법한 직무집행으로 인하여 자신의 책임에 상응하는 정도를 초과하는 재산상의 손실을 입은 경우에도 손실보상을 받을 수 없다. (16국가7) ( )

06 경찰책임이 없는 제3자에 대해 경찰권 발동으로 제3자가 특별한 손해를 입은 경우 손실보상을 해주어야 하는데 경찰관 직무집행법상 손실보상의 소멸시효는 손실이 있음을 안 날부터 5년, 손실이 발생한 날부터 10년이다. (20지방7, 19소방간부)
( )

정답
01 ○ 02 ○ 03 ○
04 × 상응하는 정도를 초과할 때만
05 × 손실보상을 받을 수 있음
06 × 3년, 5년

제4장 경찰의무의 실효성 확보수단

제1절 경찰상 강제

1 경찰상 강제집행

- **경찰상 강제집행**: 법령 또는 이에 의거한 경찰하명에 의하여 과하여진 행정법상의 의무를 의무자 스스로 이행하지 않을 경우, 행정청이 의무자의 신체 또는 재산에 실력을 행사하여 장래에 향하여 그것을 이행하거나 이행한 것과 동일한 상태를 실현하는 행정작용
- **대집행**: 공법상 대체적 작위의무를 의무자가 불이행하는 경우, 행정청이 의무자가 행할 작위를 스스로 행하거나 또는 제3자로 하여금 이를 행하게 하고 그 비용을 의무자로부터 징수하는 것
- **이행강제금**: 의무를 불이행하는 경우, 의무자에게 강제금을 부과함으로써 심리적 압박을 가하여 의무이행을 간접적으로 확보하는 것(집행벌)
- **직접강제**: 의무를 불이행하는 경우, 직접적으로 의무자의 신체 또는 재산에 실력을 가하여 행정상 필요한 상태를 실현하는 것
- **강제징수**: 금전급부의무를 불이행하는 경우, 의무자의 재산에 실력을 가하여 행정상 필요한 상태를 실현하는 것

2 경찰상 즉시강제

- **즉시강제**: 목전에 급박한 장해를 제거할 필요가 있으나 미리 의무를 명할 시간적 여유가 없거나 또는 그 성질상 의무를 명해서는 그 목적을 달성하기 곤란한 경우, 즉시 국민의 신체 또는 재산에 실력을 가하여 행정상 필요한 상태를 실현하는 것
- **즉시강제의 종류**: ①대인적 강제(예 경찰관 직무집행법상 보호조치, 범죄의 예방 및 제지 등), ②대물적 강제(예 경찰관 직무집행법상 무기·흉기 등에 대한 임시영치 등), ③대가택 강제(소유자·관리자의 의사와 상관없이 타인의 가택·영업소 등을 출입·수색하는 작용, 예 경찰관 직무집행법상 가택출입·조사 등)

기출지문 OX

01 경찰관이 항거하는 자에게 무기를 사용하는 것은 경찰상의 즉시강제이다. (99관세) ( )

정답
01 ○

제2절 경찰벌

1 의의 및 법적 근거

- **경찰벌**: 경찰법상의 의무위반행위(행정목적상의 명령·금지위반)에 대하여, 일반통치권에 의거하여 내려지는 의무위반자에 대한 제재
- 경찰벌을 부과하기 위해서는 법률 근거 필요함. 법률은 처벌의 대상 및 처벌의 종류와 상한, 폭을 정하여 법규명령에 위임할 수 있고, 지방자치단체도 법률의 위임이 있는 경우 조례로 벌칙을 정할 수 있음.

2 종류 및 과벌절차

1. 경찰형벌

- **경찰형벌**: 경찰법상 의무위반에 대하여 형법상의 형을 부과하는 제재

> **형법 제8조【총칙의 적용】** 본법 총칙은 타법령에 정한 죄에 적용한다. 단, 그 법령에 특별한 규정이 있는 때에는 예외로 한다.

- 일반형벌과 같이 형사소송법에 따라 법원의 선고에 의함.
- 단, 조세범·과세범·출입국사범 등에 대한 벌금이나 과료는 통고처분으로, 20만원 이하의 벌금·구류 또는 과료는 즉결심판으로 부과 가능함.

2. 경찰질서벌

- **경찰질서벌**: 경찰법상 의무위반에 대하여 과태료를 부과하는 제재
- 질서위반행위규제법에 따라 부과함.

제3절 경찰상 행정조사

1 의의 및 법적성질

- **경찰상 행정조사**: 경찰행정기관이 정책을 결정하거나 직무를 수행하는 데 필요한 정보나 자료를 수집하기 위하여 현장조사·문서열람·시료채취 등을 하거나 조사대상자에게 보고요구·자료제출요구 및 출석·진술요구 등을 하는 활동
- 독립적인 목적이 아닌 준비행위로서의 성질임.

2 종류

- 권력적 조사뿐만 아니라 비권력적 조사도 포함함.
- 권력적 조사는 권력적 사실행위에 해당하므로 처분성 인정됨.

기출지문 OX

01 경찰벌은 경찰의무위반자에게 과하는 제재벌이다. (01광주7) ( )

02 공원에서 대소변을 하는 자에게 과료에 처하는 것은 경찰형벌에 해당한다. (99관세) ( )

03 경찰형벌은 형사소송법에 의함이 원칙이고, 경찰질서벌은 질서위반행위규제법이 적용된다. (01광주7) ( )

정답
01 ○ 02 ○ 03 ○

제5편

급부행정법

제1장 급부행정의 의의와 기본원리

제1절 급부행정의 의의

1 개념

- **급부행정**: 국가 등 행정주체가 복리행정으로서 국민생활에 필수적인 재화, 서비스를 적극적으로 제공하는 공행정
- 공기업의 경영, 공물의 제공, 조성행정, 지원행정, 사회보장행정 등을 포함하는 개념임.

2 종류

1. 임무에 따른 분류

- **공급행정(배려행정)**: 국민생활에 불가결한 재화·역무 등을 공급하기 위하여 공물·공기업 등을 설치·운영하는 작용(예 교통·통신시설, 공급 및 처리시설, 교육·문화시설, 보건시설, 사회복지시설)
- **사회행정**: 국민의 안전한 생존과 문화적인 생활을 배려해 주는 작용(예 사회보험, 공적부조, 국민주택·임대주택의 공급)
- **조성행정**: 개인의 생활이나 기업경영을 구조적으로 개선시켜 주는 작용(예 자금지원, 기술적·재정적 원조)

2. 급부의 종류에 따른 분류

- 현금급부(예 보조금지급)
- 현물급부(예 도로 등 공공시설의 설치)
- 역무제공(예 교통수단을 통한 운송, 우편배송, 가스·전기공급)

3. 법적 형식에 따른 분류

- **공법적 형식에 의한 급부**: 공법상 계약 또는 행정처분에 의한 급부
- **사법적 형식에 의한 급부**: 철도·시영버스 이용제공, 수도·전기·가스 공급
- 급부는 공법적 형식 또는 사법적 형식에 의해 이루어짐.
- 급부행정에 관한 2단계 이론은 '급부 결정'은 공법행위, '급부 자체'는 사법행위로 행해진다고 봄.

기출지문 OX

01 급부행정은 적극적으로 사회공공복리를 위한 작용이다. (03승진5) ( )

02 급부행정이란 공기업의 경영·제공, 영조물·공물의 제공, 조성행정, 지원행정 등이 포함되나 사회보장행정은 포함되지 않는다. (03승진5) ( )

03 급부는 사법적 형식에 의하여 이루어진다. (03승진5) ( )

04 급부행정에 관한 2단계론은 급부는 단계적으로 나누어 행하여짐을 의미한다. (03승진5) ( )

정답
01 ○
02 × 포함됨
03 ×
04 × 급부결정은 공법행위, 급부 자체는 사법행위에 의해 행해짐을 의미함

제2절 급부행정의 기본원칙

1 사회국가원리

- **사회국가원리**: 국가가 국민 생활의 기본적 생활수요를 충족시킴으로써 건강하고 문화적인 생활을 영위할 수 있도록 하는 것을 목표로 하는 원리

2 보충성의 원칙

- 개인과 기업의 생산활동은 원칙적으로 스스로에게 맡겨야 하며 국가의 급부행정에 의한 개입은 자력에 의한 해결이 어렵거나 부적합한 경우에 한해 보충적으로 행해져야 한다는 원칙
- 헌법상 명문규정은 없으나 개별법상 근거규정이 존재함(국민기초생활 보장법 제3조 제1항, 사회보장기본법 제6조 제2항).

3 법률적합성의 원칙(법률우위원칙, 법률유보원칙)

- 법률우위의 원칙은 급부행정에 있어서도 적용됨.
- 법률유보의 원칙이 급부행정에도 적용될지 견해 대립 있음(부정설, 긍정설, 중요사항유보설).

4 행정법의 일반원칙

- **과잉급부금지의 원칙(비례의 원칙)**: 급부의 목적과 그 수단인 급부 사이에는 합리적인 비례관계가 있어야 한다는 원칙
- **평등의 원칙**: 행정청은 급부행정에 있어서 특별한 합리적인 사유가 없는 한 차별취급을 해서는 안 된다는 원칙(헌법 제11조)
- **신뢰보호의 원칙**: 급부행정에 대한 상대방의 합리적인 신뢰를 보호해야 한다는 원칙
- **부당결부금지의 원칙**: 행정청은 급부행정에 있어서 당해 급부와 실질적 관련성이 없는 반대급부를 부과해서는 안 된다는 원칙

기출지문 OX

01 사인의 생활수단의 확보는 제1차적으로 사인·가족 등에게 맡겨야 하고, 일반 납세자의 조세부담에 의한 행정주체의 급부활동은 보충적으로만 행해져야 한다. (00검찰9) ( )

02 급부행정에 있어서 공적인 손은 사회세력이 스스로 종결하지 못할 때 개입할 수 있게 된다는 원칙과 가장 관련이 있는 것은 보충성의 원리이다. (99서울7) ( )

03 법률유보의 원칙은 급부행정에 있어서도 그대로 타당하므로 법률에 근거가 있을 때만 행해질 수 있다는 데에 다툼이 없다. (00검찰9) ( )

04 신뢰보호의 원칙은 과잉급부금지의 원칙과 아무런 관련이 없다. (96경간) ( )

05 행정주체가 급부주체로 활동하는 경우 특별한 합리적 이유 없이 부당하게 특정인에게 유리한 급부를 하거나 역무제공을 거부할 수 없다. (00검찰9) ( )

정답
01 ○ 02 ○ 03 × 04 ○ 05 ○

제2장 공물법

제1절 서설

1 공물의 의의

- **공물**: 행정주체에 의해 직접 공적 목적에 제공된 물건
- 실정법상 용어가 아닌 강학상 개념으로 재산의 개념에서는 '행정재산'에 해당함.

2 공물의 개념요소

- 직접 공공의 공적목적에 제공된 물건일 것(그 가치에 의해 간접적으로 행정목적에 이바지하는 일반재산 등은 공물×)
- 행정주체에 의해 제공된 물건일 것(공적목적에 제공되었더라도 그에 대한 처분권이 전적으로 사인에게 있다면 공물×)
- 유체물 및 무체물·집합물과 공공시설일 것(공적 목적에 제공된 인적·물적 시설의 결합체, 즉 영조물은 공물×)

3 공물법의 법원

- 공물에 관한 일반법률은 없고, 여러 개별법으로 구성됨(예 도로법, 하천법 등).

제2절 공물의 분류

1 목적에 의한 분류

구분	내용
공공용물	일반 공중의 사용에 제공된 공물 (예 도로·하천·공원·해안 등)
공용물	직접 행정주체 자신의 사용에 제공된 공물 (예 관공서의 청사, 국영철도시설)
공적 보존물 (보존공물)	공공목적을 위하여 그 물건의 보존이 강제되는 공물 (예 문화재보호법상 문화재, 산림법상 보안림)

기출지문 OX

01 공물과 국유재산의 범위는 일치한다. (09승진5) ( )

02 국유재산 중 국가가 직접 사무용으로 사용하는 관공서의 청사는 공용재산에 해당하고, 행정주체의 의해 일반 공중의 사용에 제공된 도로는 공공용재산에 해당한다. (17행정사) ( )

03 공용물이란 일반 공중의 사용에 제공된 물건을 의미한다. (99국가7) ( )

04 공공용물은 행정청이 자기 목적으로 사용하는 물건을 말한다. (01행시) ( )

정답
01 × 02 ○
03 × 행정주체의 사용에 제공된 물건
04 × 일반 공중의 사용에 제공된 물건

2 성립과정에 따른 분류

구분	내용
자연 공물	인공이 가해짐이 없이 자연상태대로 공적 목적에 제공되는 공물 (예 하천·해안·해변)
인공 공물	인공을 가하여 공적 목적에 적합하도록 가공한 후 공적 목적에 제공되는 공물 (예 도로·공원)

3 소유권의 귀속주체에 따른 분류

구분	내용
국유 공물	국가가 소유권자인 공물(국유재산법상의 행정재산)
공유 공물	지방자치단체가 소유권자인 공물(공유재산 및 물품관리법상의 행정재산)
사유 공물	사인이 소유권자인 공물

4 규율법률의 존재 여부에 따른 분류

구분	내용
법정 공물	하천법이나 도로법 등 공물관계법률에 의해 규율되고 있는 공물
법정 외 공물	공물관계법률에 의해 규율되고 있지 않은 공물

5 예정공물

- **예정공물**: 장래 공물이 될 것이 예정되어 있는 물건(예 공원예정지)
- 아직 공물이 아니므로 공물법의 적용대상은 아니지만, 장래에 공적 목적에의 제공을 보장하기 위하여 대부분 공물법의 일부규정을 준용하고 있음.

관련 판례

이 사건 토지에 관하여 도로구역의 결정, 고시 등의 공물지정행위는 있었지만 아직 도로의 형태를 갖추지 못하여 완전한 공공용물이 성립되었다고는 할 수 없으므로 일종의 예정공물이라고 볼 수 있는데, 국유재산법 제4조 제2항 및 같은 법 시행령 제2조 제1항, 제2항에 의하여 국가가 1년 이내에 사용하기로 결정한 재산도 행정재산으로 간주하고 있는 점, 도시계획법 제82조가 도시계획구역 안의 국유지로서 도로의 시설에 필요한 토지에 대하여는 도시계획으로 정하여진 목적 이외의 목적으로 매각 또는 양도할 수 없도록 규제하고 있는 점, 위 토지를 포함한 일단의 토지에 관하여 도로확장공사를 실시할 계획이 수립되어 아직 위 토지에까지 공사가 진행되지는 아니하였지만 도로확장공사가 진행중인 점 등에 비추어 보면 이와 같은 경우에는 예정공물인 토지도 일종의 행정재산인 공공용물에 준하여 취급하는 것이 타당하다고 할 것이므로 구 국유재산법 제5조 제2항이 준용되어 시효취득의 대상이 될 수 없다(대판 1994.5.10, 93다23442).

기출지문 OX

01 지방자치단체에 소유권이 있는 공물을 공유공물이라고 한다. (09승진5) ( )

02 공물이 모두 국·공유의 재산은 아니다. (99국가7) ( )

03 사유의 물건이라도 공적 목적에 제공된 것이면 공물에 해당한다. (09국가7) ( )

04 도로구역의 결정·고시는 있었지만 아직 도로의 형태를 갖추지는 못한 국유토지도 그 토지를 포함한 일단의 토지에 대하여 도로확장공사 실시계획이 수립되어 일부 공사가 진행 중인 경우에는 시효취득의 대상이 될 수 없다. (16변시) ( )

정답
01 ○ 02 ○ 03 ○ 04 ○

기출지문 OX

01 공공용물 중 인공공물의 경우 형체적 요소 외에 의사적 요소로서 공용개시행위를 필요로 한다. (95국가7) ( )

02 공용개시행위는 통설에 의하면 공물로서 사용되는 현실을 인정하는 사실행위라고 한다. (95국가7) ( )

03 교량에 대한 공용개시행위는 행정행위의 일종이다. (96행시) ( )

정답
01 ○
02 × 법적 행위
03 ○

제3절 공물의 성립과 소멸

1 공공용물의 성립과 소멸

1. 인공공물의 성립: 형체적 요소 + 의사적 요소

(1) 형체적 요소

- 일정한 형체를 갖추어 일반의 사용에 제공될 수 있는 구조 내지 실체를 갖추는 것

(2) 의사적 요소(공용지정)

① 의의 및 성질

- **공용지정**: 특정한 물건을 일반공중의 이용에 제공한다는 의사를 표시하는 것(공용개시행위)
- 공용지정행위는 법적 행위로 일반처분(물적 행정행위)에 해당함.

② 유형

㉠ 법규에 의한 공용지정

- 어떠한 물건이 법령에서 정하고 있는 요건을 충족함에 따라 공물의 지위를 갖는 경우를 말함.
- 법령에는 법률·법규명령·자치법규 등은 포함되나, 관습법에 의한 공용지정은 인정되지 않는다고 봄.

관련 판례

1 하천법 제2조 제1항의 규정을 비롯한 관계 법규에 의하면, 제방으로부터 하심측에 위치하는 이른바 제외지는 위 법 제2조 제1항 제2호 (다)목 전단에 의하여 당연히 하천구역에 속하게 되는 것이지 이러한 제외지가 위 법 제2조 제1항 제2호 (다)목 후단의 적용을 받아 관리청의 지정이 있어야 하천구역이 되는 것은 아닌 것이다(대판 1992.6.9, 91누10497).

2 하천법 제2조 제1항 제2호 (나)목, (다)목, 제3호, 제3조, 제8조, 제10조의 각 규정에 의하면, 준용하천의 관리청이 설치한 제방의 부지는 위 (나)목이 정하는 하천부속물의 부지인 토지의 구역으로서 관리청에 의한 지정처분이 없어도 법률의 규정에 의하여 당연히 하천구역이 되어 같은 법 제8조, 제3조에 의하여 국유로 된다(대판 1998.3.10, 97누20175).

㉡ 행정행위에 의한 공용지정

- 공용지정 대부분이 행정행위로 이루어짐(예 도로법에 의한 도로구역의 결정).

관련 판례

1 국유재산법상의 행정재산이란 국가가 소유하는 재산으로서 직접 공용, 공공용, 또는 기업용으로 사용하거나 사용하기로 결정한 재산을 말하는 것이고, 그 중 도로와 같은 인공적 공공용 재산은 법령에 의하여 지정되거나 행정처분으로써

공공용으로 사용하기로 결정한 경우, 또는 행정재산으로 실제로 사용하는 경우의 어느 하나에 해당하여야 비로소 행정재산이 되는 것인데, 특히 도로는 도로로서의 형태를 갖추고, 도로법에 따른 노선의 지정 또는 인정의 공고 및 도로구역 결정·고시를 한 때 또는 도시계획법 또는 도시재개발법 소정의 절차를 거쳐 도로를 설치하였을 때에 공공용물로서 공용개시행위가 있다고 할 것이므로, 토지의 지목이 도로이고 국유재산대장에 등재되어 있다는 사정만으로 바로 그 토지가 도로로서 행정재산에 해당한다고 할 수는 없다(대판 2000.2.25, 99다54332).

2 토지에 대하여 도로로서의 도시계획시설결정 및 지적승인만 있었을 뿐 그 도시계획사업이 실시되었거나 그 토지가 자연공로로 이용된 적이 없는 경우에는 도시계획결정 및 지적승인의 고시만으로는 아직 공용개시행위가 있었다고 할 수 없어 그 토지가 행정재산이 되었다고 할 수 없다(대판 2000.4.25, 2000다348).

3 국유재산법상의 행정재산이란 국가가 소유하는 재산으로서 직접 공용, 공공용, 또는 기업용으로 사용하거나 사용하기로 결정한 재산을 말한다. 그 중 도로, 공원과 같은 인공적 공공용 재산은 법령에 의하여 지정되거나 행정처분으로써 공공용으로 사용하기로 결정한 경우, 또는 행정재산으로 실제로 사용하는 경우의 어느 하나에 해당하면 행정재산이 되는 것인데, 1980.1.4. 법률 제3256호로 제정된 도시공원법이 시행되기 이전에 구 도시계획법 상 공원으로 결정·고시된 국유토지라는 사정만으로는 행정처분으로써 공공용으로 사용하기로 결정한 것으로 보기는 부족하나, 서울특별시장이 구 공원법, 구 도시계획법에 따라 사업실시계획의 인가내용을 고시함으로써 공원시설의 종류, 위치 및 범위 등이 구체적으로 확정되거나 도시계획사업의 시행으로 도시공원이 실제로 설치된 토지라면 공공용물로서 행정재산에 해당한다(대판 2014.11.27, 2014두10769).

4 도시계획법상 공원으로 결정·고시된 국유토지라도 적어도 도시공원법 제4조에 의하여 조성계획이 결정되어 그 위치, 범위 등이 확정되어야만 국유재산법 제4조 제2항 제2호, 같은 법 시행령 제2조 제1항에서 규정하고 있는 '공공용으로 사용하기로 결정한 재산'으로서 행정재산이 된다(대판 1997.11.14, 96다10782).

5 학교시설이 인공공물인 행정재산이 되기 위하여는 ① 법령에 의하여 학교용지로 지정된 경우이거나, ② 행정처분으로 학교용지로 1년 이내에 사용하기로 결정한 경우, 또는 ③ 학교용지로 실제로 사용하는 경우의 어느 하나에 해당하여야 한다. 기록에 의하면, 이 사건 (다)부분 토지가 아직 학교용지로 사용되고 있지 아니하고, 특별히 법령에서 학교용지로 사용하기로 결정되었다고 인정할 아무런 자료도 없으므로 위 ①, ③의 경우에는 해당하지 아니함이 분명하고, 나아가 피고가 위 토지에 대한 관리청을 문교부로 지정한 때부터 원심 변론종결시까지 무려 17년이나, 그 지목을 학교용지로 변경한 후 13년이나 지나도록 아직 위 토지를 학교용지로 사용하고 있지도 아니하고 이를 학교용지로 사용할 구체적 계획도 없다는 점에 비추어 보면, 위 토지에 대한 관리청을 문교부로 지정하고 토지대장상 지목을 대지에서 학교용지로 변경한 것만으로는 위 ②의 "행정처분으로 학교용지로 1년 이내에 사용하기로 결정한 경우"에 해당한다고 볼 수도 없다. 따라서, 위 (다)부분 토지는 행정재산이라고 할 수 없으므로 원심이 위 (다)부분 토지가 이미 행정재산이 되었다고 판단한 것은 국유재산의 성질과 분류에 관한 법리오해의 위법을 저질렀다고 할 것이다(대판 1995.9.5, 93다44395).

기출지문 OX

01 판례는 도로구역의 결정·고시를 한 때 공용지정(공용개시)행위가 있다고 본다. (96국가7) ( )

02 도로가 공공용물로 성립하기 위한 절차 중 하나인 도로구역의 결정·고시는 공용지정행위에 해당한다. (09국가7) ( )

03 도로와 같은 인공적 공공용 재산은 법령에 의하여 지정되거나 행정처분으로 공공용으로 사용하기로 결정된 경우 또는 행정재산으로 실제 사용되는 경우의 어느 하나에 해당하여야 행정재산이 된다. (13지방7) ( )

04 토지의 지목이 도로이고 국유재산대장에 등재되어 있다는 사정만으로 바로 토지가 도로로서 행정재산에 해당한다. (20지방7) ( )

05 토지에 대하여 도로로서의 도시계획시설결정 및 지적승인이 있었다면 그 토지가 행정재산이 되었다고 할 수 있다. (20지방7, 13국회8) ( )

정답
01 ○ 02 ○ 03 ○ 04 × 05 ×

기출지문 OX

01 도로에 대한 무권원의 공용개시행위에 의하여 권리를 침해당한 자는 손해배상을 청구할 수 있다. (96행시) ( )

02 국가가 통제보호구역으로 지정된 사유지 위에 군사시설 등을 설치하여 그 부지 등으로 지속적·배타적으로 점유·사용하는 경우에 국가는 그 토지로 인하여 차임 상당의 이익을 얻고 이로 인하여 그 토지 소유자에게 동액 상당의 손해를 주고 있다고 봄이 타당하므로 국가는 차임 상당의 이득을 부당이득금으로 반환하여야 할 의무가 있다. (17국가7) ( )

정답
01 ○ 02 ○

(3) 권원의 취득

- 적법한 공용지정을 하기 위해서는 행정주체가 그 물건에 대해 정당한 권원을 가져야 함.
- 정당한 권원 없이 행한 공용지정은 위법하며, 그 하자에 따라 무효 혹은 취소사유가 인정됨.
- 판례는 권원 없이 사인의 토지를 도로로 공용지정한 경우에 ①손해배상 및 부당이득반환청구는 인정하고 있으나 ②도로법상 손실보상 및 원상회복청구는 인정하지 않고 있음.

관련 판례

1 국가 또는 지방자치단체가 도로부지에 대하여 소유권을 취득하는 등 적법한 권원 없이 도로로 사용하고 있다고 하더라도, 이로 인하여 불법 점유로 인한 임료 상당의 손해배상의무가 성립하는 것은 별론으로 하고, 도로법 제5조(주: 사권 행사 제한)의 적용을 배제할 것은 아니다(대판 1999.11.26, 99다40807).

2 [1] 시가 사인소유의 토지를 용익할 사법상의 권리를 취득함이 없이 또는 적법한 보상을 함이 없이 이를 점유하고 있다면 비록 그것이 도로라고 하더라도 그로 인하여 이득을 얻고 있는 것이라고 보아야 한다.
[2] 도로를 구성하는 부지에 관하여는 도로법 제5조(주: 현 제4조)에 의하여 사권의 행사가 제한된다고 하더라도 이는 도로법상의 도로에 관하여 도로로서의 관리, 이용에 저촉되는 사권을 행사할 수 없다는 취지이지 부당이득반환 청구권의 행사를 배제하는 것은 아니다(대판 1989.1.24, 88다카6006).

3 국가가 (통제보호구역으로 지정된) 토지 위에 군사시설 등을 설치하여 그 부지 등으로 계속적, 배타적으로 점유·사용하는 경우에는, 국가가 그 토지를 점유·사용할 수 있는 정당한 권원이 있음을 주장·증명하지 아니하는 이상, 그 토지에 관하여 차임 상당의 이익을 얻고 이로 인하여 원고에게 동액 상당의 손해를 주고 있다고 봄이 타당하므로, 국가는 토지소유자에게 차임 상당의 이득을 부당이득금으로 반환할 의무가 있다(대판 2012.12.26, 2011다73144).

4 토지의 원소유자가 토지 일부를 도로 부지로 무상 제공함으로써 이에 대한 독점적이고 배타적인 사용수익권을 포기하고 이에 따라 주민이 그 토지를 무상으로 통행하게 된 이후에 그 토지의 소유권을 경매, 매매, 대물변제 등에 의하여 특정승계한 자는 그와 같은 사용·수익의 제한이라는 부담이 있다는 사정을 용인하거나 적어도 그러한 사정이 있음을 알고서 그 토지의 소유권을 취득하였다고 보는 것이 타당하므로 도로로 제공된 토지 부분에 대하여 독점적이고 배타적인 사용수익권을 행사할 수 없다. 따라서 지방자치단체가 그 토지 일부를 도로로서 점유·관리하고 있다고 하더라도 특정승계인에게 어떠한 손해가 생긴다고 할 수 없으며 지방자치단체도 아무런 이익을 얻은 바가 없으므로 특정승계인은 부당이득반환청구를 할 수 없다(대판 2012.7.12, 2012다26411).

5 도로의 공용개시행위로 인하여 공물로 성립한 사인 소유의 도로부지 등에 대하여 도로법 제5조에 따라 사권의 행사가 제한됨으로써 그 소유자가 손실을 받았다고 하더라도 이와 같은 사권의 제한은 건설교통부장관 또는 기타의 행정청이 행한 것이 아니라 도로법이 도로의 공물로서의 특성을 유지하기 위하여 필요한 범위 내에서 제한을 가하는 것이므로, 이러한 경우 도로부지 등의 소유자는 국가나 지방자치단체를 상대로 하여 부당이득반환청구나 손해배상청구를 할 수 있음은 별론으로 하고 도로법 제79조(주: 현 제99조)에 의한 손실보상청구를 할 수는 없다(대판 2006.9.28, 2004두13639).

> **도로법 제99조【공용부담으로 인한 손실보상】** ① 이 법에 따른 처분이나 제한으로 손실을 입은 자가 있으면 국토교통부장관이 행한 처분이나 제한으로 인한 손실은 국가가 보상하고, 행정청이 한 처분이나 제한으로 인한 손실은 그 행정청이 속해 있는 지방자치단체가 보상하여야 한다.

6 도로를 구성하는 부지에 대하여는 사권을 행사할 수 없으므로 그 부지의 소유자는 불법행위를 원인으로 하여 손해배상을 청구함은 별론으로 하고 그 부지에 관하여 그 소유권을 행사하여 인도를 청구할 수 없다(대판 1968.10.22, 68다1317).

2. 인공공물의 소멸: 의사적 요소

(1) 공용폐지(의사적 요소)

- **공용폐지**: 특정한 물건을 일반공중의 이용에 제공하는 것을 폐지하는 의사를 표시하는 것
- 공용폐지행위 역시 법적 행위로 일반처분(물적 행정행위)에 해당함.
- 공용폐지행위는 원칙적으로 명시적 의사표시에 의하지만 묵시적 공용폐지도 인정됨. 단, 판례는 실제 사례에서 묵시적 공용폐지를 인정한 사례가 거의 없음.
- 공용폐지가 있으면 일반재산이 되어 사권의 대상이 됨. 취득시효가 가능해짐.

관련 판례

1 공용폐지의 의사표시는 명시적 의사표시뿐만 아니라 묵시적 의사표시이어도 무방하나 적법한 의사표시이어야 하고, 행정재산이 본래의 용도에 제공되지 않는 상태에 놓여 있다는 사실만으로 관리청의 이에 대한 공용폐지의 의사표시가 있었다고 볼 수 없고, 원래의 행정재산이 공용폐지되어 취득시효의 대상이 된다는 입증책임은 시효취득을 주장하는 자에게 있다(대판 1999.1.15, 98다49548).

2 공물의 공용폐지에 관하여 국가의 묵시적인 의사표시가 있다고 인정되려면 공물이 사실상 본래의 용도에 사용되고 있지 않다거나 행정주체가 점유를 상실하였다는 정도의 사정만으로는 부족하고, 주위의 사정을 종합하여 객관적으로 공용폐지 의사의 존재가 추단될 수 있어야 한다(대판 2009.12.10, 2006다87538).

관련 판례

묵시적 공용폐지를 부정한 사례

1 [1] 행정재산이 기능을 상실하여 본래의 용도에 제공되지 않는 상태에 있다 하더라도 관계 법령에 의하여 용도폐지가 되지 아니한 이상 당연히 취득시효의 대상이 되는 잡종재산이 되는 것은 아니다.

[2] 공용폐지의 의사표시는 묵시적인 방법으로도 가능하나 행정재산이 본래의 용도에 제공되지 않는 상태에 있다는 사정만으로는 묵시적인 공용폐지의 의사표시가 있다고 볼 수 없으며, 또한 공용폐지의 의사표시는 적법한 것이어야 하는바, 행정재산은 공용폐지가 되지 아니한 상태에서는 사법상 거래의 대상이 될 수 없으므로 관재당국이 착오로 행정재산을 다른 재산과 교환하였다 하여 그러한 사정만으로 적법한 공용폐지의 의사표시가 있다고 볼 수도 없다(대판 1998.11.10, 98다42974).

기출지문 OX

01 행정주체가 사인 소유의 토지를 권원 없이 도로로 점유하고 있는 경우, 해당 도로가 공용개시된 이상 토지소유권에 기해 도로 부지의 반환을 청구하거나 손실보상 청구권을 행사할 수 없다. (16서울7) ( )

02 지방도로는 행정청의 공용폐지의 의사표시가 있어야 소멸되는 공물이다. (97국가7) ( )

03 공물이 공용폐지되어 일반재산이 된 경우에도 사인의 점유에 의한 취득시효의 대상이 되지 않는다. (01행시) ( )

04 공용폐지의 의사표시는 명시적이든 묵시적이든 적법한 의사표시가 있어야 하며, 행정재산이 사실상 본래의 용도에 사용되고 있지 않다는 사실만으로 공용폐지의 의사표시가 있었다고 볼 수는 없다. (21국가7, 14국가7) ( )

05 관재당국이 행정재산을 다른 재산과 교환하였다면 그것이 착오에 의한 것이라 하더라도 공용폐지가 되었다고 보아야 한다. (20국가7, 12국회8) ( )

정답
01 ○ 02 ○ 03 × 04 ○ 05 ×

기출지문 OX

01 학교장이 학교 밖에 위치한 관사를 용도폐지한 후 국가로 귀속시키라는 지시를 어기고 사친회 이사회의 의결을 거쳐 개인에게 매각하였고, 그 후 오랫동안 국가가 이 매각절차상의 문제 등을 제기하지도 않았다면 이 용도폐지 자체는 국가의 지시에 의한 것으로 유효하다. (20지방7) ( )

02 자연공물의 경우는 공용개시행위를 필요로 하지 않는다는 것이 일반적 견해이다. (95국가7) ( )

03 자연공물의 경우에는 형체적 요소만 갖추면 충분하고 별도의 공용지정행위를 요하지 않는다. (04입시) ( )

04 국유 하천부지는 자연공물로서 별도의 공용개시행위가 없더라도 행정재산이 될 수 있다. (20지방7, 14국가7) ( )

05 국유 하천부지는 별도의 공용개시행위가 없더라도 행정재산이 되고, 농로나 구거와 같은 이른바 인공적 공공용 재산은 법령에 의하여 지정되거나 행정처분으로 공공용으로 사용하기로 결정한 경우 또는 행정재산으로 실제 사용하는 경우의 하나에 해당하면 행정재산이 된다. (16지방7) ( )

정답
01 ○ 02 ○ 03 ○ 04 ○ 05 ○

2 오랫동안 도로로서 사용되지 않는 토지가 일부에 건물이 세워져 있으며 그 주위에 담이 둘러져 있어 사실상 대지화되어 있다고 하더라도 관리청의 적법한 의사표시에 의한 것이 아니라 그 인접토지의 소유자들이 임의로 토지를 봉쇄하고 독점적으로 사용해 왔기 때문이라면, 관리청이 묵시적으로 토지의 도로로서의 용도를 폐지하였다고 볼 수는 없다(대판 1994.9.13, 94다12579).

관련 판례

묵시적 공용폐지를 인정한 사례

1 1949.6.4. 대구국도사무소가 폐지되고, 그 소장관사로 사용되던 부동산이 그 이래 달리 공용으로 사용된 바 없다면, 그 부동산은 이로 인하여 묵시적으로 공용이 폐지되어 시효취득의 대상이 되었다 할 것이다(대판 1990.11.27, 90다5948).

2 학교 교장이 학교 밖에 위치한 관사를 용도폐지한 후 재무부로 귀속시키라는 국가의 지시를 어기고 사친회 이사회의 의결을 거쳐 개인에게 매각한 경우, 이와 같이 교장이 국가의 지시대로 위 부동산을 용도폐지한 다음 비록 재무부에 귀속시키지 않고 바로 매각하였다고 하더라도 위 용도폐지 자체는 국가의 지시에 의한 것으로 유효하다고 아니할 수 없고, 그 후 오랫동안 국가가 위 매각절차상의 문제를 제기하지도 않고, 위 부동산이 관사 등 공공의 용도에 전혀 사용된 바가 없다면, 이로써 위 부동산은 적어도 묵시적으로 공용폐지 되어 시효취득의 대상이 되었다고 봄이 상당하다<명시적 공용폐지를 인정할 수 있고, 그것이 인정되지 않는다 하더라도 묵시적 공용폐지를 인정할 수 있다고 본 판례>(대판 1999.7.23, 99다15924).

- 인공공물은 형체적 요소가 유지되더라도 공용폐지행위에 의하여 소멸됨.
- 한편 인공공물의 형체적 요소가 사회통념상 회복불가능할 정도로 소멸한 경우에는 공용폐지 없이도 소멸하는가에 대해 견해 대립이 있으나, 판례는 부정함(공용폐지가 있어야 한다고 봄).

3. 자연공물의 성립: 형체적 요소

- 자연공물은 공용개시행위와 상관없이 자연상태 그대로 일반 공중의 사용에 제공될 수 있는 실체를 갖추고 있으면 공물로 성립한다고 봄.
- 하천법 제10조는 하천관리청이 하천구역을 결정·변경·폐지하도록 규정하고 있으나, 다수설은 하천이 하천의 실체를 갖추면 공물이 되고 별도의 공용개시행위가 있어야만 공물로 성립하는 것은 아니라고 봄.

관련 판례

국유 하천부지는 자연의 상태 그대로 공공용에 제공될 수 있는 실체를 갖추고 있는 이른바 자연공물로서 별도의 공용개시행위가 없더라도 행정재산이 되고 그 후 본래의 용도에 공여되지 않는 상태에 놓여 있더라도 국유재산법령에 의한 용도폐지를 하지 않은 이상 당연히 잡종재산으로 된다고는 할 수 없으며, 농로나 구거와 같은 이른바 인공적 공공용 재산은 법령에 의하여 지정되거나 행정처분으로 공공용으로 사용하기로 결정한 경우, 또는 행정재산으로 실제 사용하는 경우의 어느 하나에 해당하면 행정재산이 된다(대판 2007.6.1, 2005도7523).

4. 자연공물의 소멸: 의사적 요소

- 다수설은 자연공물의 형체적 요소가 소멸된 경우 공물로서의 성질을 상실하며 별도의 공용폐지 의사표시를 요하지 않는다고 봄.
- 그러나 판례는 자연공물의 형체적 요소가 소멸되었다고 할지라도 별도의 공용폐지가 있어야 비로소 소멸된다고 봄.

관련 판례

1 국유 하천부지는 자연의 상태 그대로 공공용에 제공될 수 있는 실체를 갖추고 있는 이른바 자연공물로서 별도의 공용개시행위가 없더라도 행정재산이 되고 그 후 본래의 용도에 공여되지 않는 상태에 놓여 있더라도 국유재산법령에 의한 용도폐지를 하지 않은 이상 당연히 잡종재산으로 된다고는 할 수 없다(대판 2007.6.1, 2005도7523).

2 공유수면은 소위 자연공물로서 그 자체가 직접 공공의 사용에 제공되는 것이므로 공유수면의 일부가 사실상 매립되어 대지화되었다고 하더라도 국가가 공유수면으로서의 공용폐지를 하지 아니하는 이상 법률상으로는 여전히 공유수면으로서의 성질을 보유하고 있다(대판 2013.6.13, 2012두2764).

3 [1] 공유수면으로서 자연공물인 바다의 일부가 매립에 의하여 토지로 변경된 경우에 다른 공물과 마찬가지로 공용폐지가 가능하다고 할 것이며, 이 경우 공용폐지의 의사표시는 명시적 의사표시뿐만 아니라 묵시적 의사표시도 무방하다.
[2] 공물의 공용폐지에 관하여 국가의 묵시적인 의사표시가 있다고 인정되려면 공물이 사실상 본래의 용도에 사용되고 있지 않다거나 행정주체가 점유를 상실하였다는 정도의 사정만으로는 부족하고, 주위의 사정을 종합하여 객관적으로 공용폐지 의사의 존재가 추단될 수 있어야 한다.
[3] 토지가 해면에 포락됨으로써 사권이 소멸하여 해면 아래의 지반이 되었다가 매립면허를 초과한 매립으로 새로 생성된 사안에서, 국가가 그 토지에 대하여 자연공물임을 전제로 한 아무런 조치를 취하지 않았다거나 새로 형성된 지형이 기재된 지적도에 그 토지를 포함시켜 지목을 답 또는 잡종지로 기재하고 토지대장상 지목을 답으로 변경하였다 하더라도, 그러한 사정만으로는 공용폐지에 관한 국가의 의사가 객관적으로 추단된다고 보기에 부족하다(대판 2009.12.10, 2006다87538).

4 공유수면인 갯벌은 자연의 상태 그대로 공공용에 제공될 수 있는 실체를 갖추고 있는 이른바 자연공물로서 간척에 의하여 사실상 갯벌로서의 성질을 상실하였더라도 당시 시행되던 국유재산법령에 의한 용도폐지를 하지 않은 이상 당연히 잡종재산으로 된다고는 할 수 없다(대판 1995.11.14, 94다42877).

5 빈지는 만조수위선으로부터 지적공부에 등록된 지역까지의 사이를 말하는 것으로서 자연의 상태 그대로 공공용에 제공될 수 있는 실체를 갖추고 있는 이른바 자연공물이고, 성토 등을 통하여 사실상 빈지로서의 성질을 상실하였더라도 국유재산법령에 의한 용도폐지를 하지 않은 이상 당연히 시효취득의 대상인 잡종재산으로 된다고 할 수 없다(대판 1999.4.9, 98다34003).

기출지문 OX

01 하천은 행정주체의 공용폐지의 의사표시가 있어야 소멸되는 공물이다. (97국가7) ( )

02 자연공물은 행정청에 의해 적법하게 용도폐지 되지 않은 이상 당연히 일반재산으로 되는 것은 아니라고 하는 것이 판례의 입장이다. (09국가7) ( )

03 국유하천부지는 용도폐지가 되지 않으면 일반재산이 되지 않는다. (13지방7) ( )

04 공유수면의 일부가 사실상 매립되어 대지화되었더라도 국가가 공유수면으로서의 공용폐지를 하지 아니하는 이상 법률상으로는 여전히 공유수면이다. (20지방7, 15국가7) ( )

05 공유수면의 일부가 매립되어 사실상 대지화되었다고 하면, 관리청이 공용폐지를 하지 아니하더라도 법적으로 더 이상 공유수면으로서의 성질을 보유하지 못한다. (16변시) ( )

06 공유수면으로서 자연공물인 바다의 일부가 매립에 의하여 토지로 변경된 경우에는 다른 공물과 달리 공용폐지의 대상이 되지 않는다. (13지방7) ( )

정답
01 ○ 02 ○ 03 ○ 04 ○ 05 × 06 ×

2 공용물의 성립과 소멸

1. 공용물의 성립: 형체적 요소

- 통설은 공용물의 경우 형체적 요소를 갖추고 사실상 공용물로써 사용되면 공물이 성립하고, 별도의 공용지정행위는 요하지 않는다고 봄.
- 공용물의 성립에도 그 전제로서 행정주체가 그에 대해 정당한 권원을 취득하여야 함.

2. 공용물의 소멸

- 다수설은 공용물의 형체적 요소가 소멸되거나 사실상 사용하지 않고 있다면 공물로서의 성질을 상실하며 별도의 공용폐지 의사표시를 요하지 않는다고 봄.
- 그러나 판례는 공용물의 소멸에도 별도의 공용폐지가 있어야 한다고 봄.

관련 판례

행정재산에 대한 공용폐지의 의사표시는 명시적이든 묵시적이든 상관이 없으나 적법한 의사표시가 있어야 하고, 행정재산이 사실상 본래의 용도에 사용되지 않고 있다는 사실만으로 용도폐지의 의사표시가 있었다고 볼 수는 없으므로 행정청이 행정재산에 속하는 1필지 토지 중 일부를 그 필지에 속하는 토지인줄 모르고 본래의 용도에 사용하지 않는다는 사실만으로 묵시적으로나마 그 부분에 대한 용도폐지의 의사표시가 있었다고 할 수 없다(대판 1997.3.14, 96다43508).

3 보존공물의 성립과 소멸

1. 보존공물의 성립

- 보존공물의 경우 형체적 요소를 갖추는 외에 별도로 법령에 근거한 공용지정행위가 필요함(문화재보호법 제23조 등).

> **문화재보호법 제23조 【보물 및 국보의 지정】** ① 문화재청장은 문화재위원회의 심의를 거쳐 유형문화재 중 중요한 것을 보물로 지정할 수 있다.
> ② 문화재청장은 제1항의 보물에 해당하는 문화재 중 인류문화의 관점에서 볼 때 그 가치가 크고 유례가 드문 것을 문화재위원회의 심의를 거쳐 국보로 지정할 수 있다.
> ③ 제1항과 제2항에 따른 보물과 국보의 지정기준과 절차 등에 필요한 사항은 대통령령으로 정한다.

- 보존공물은 '사용'이 아닌 '보존'에 목적을 두고 있으므로 그 물건에 대하여 행정주체가 권원을 가지거나 소유자 본인의 동의를 받을 필요는 없다고 해석함.

기출지문 OX

01 공용물의 성립에 있어서는 형체적 요소를 갖추어 행정주체가 사실상 사용을 개시하는 것으로 족하고 별도의 공용지정행위를 갖출 필요가 없다는 것이 통설이다. (04입시) ( )

02 관공서의 청사는 공용개시행위가 필요하다. (96행시) ( )

03 타인의 물건을 공용물로 사용하기 위해서는 미리 토지 기타의 물건에 관하여 정당한 권원을 취득할 필요가 있다. (95국가7) ( )

04 공용물은 그 성립에 있어서 공용개시행위를 필요로 하지 않으므로, 그 소멸에 있어서도 별도의 공용폐지행위를 필요로 하지 아니한다. (14지방7) ( )

05 국보의 지정에는 권원이나 동의가 불필요하다. (96행시) ( )

06 보존공물이 성립하기 위해서도 형체적 요소와 공용지정행위를 필요로 한다. (04입시) ( )

07 타인 소유의 물건을 공물로 지정하기 위하여는 반드시 그 물건에 대한 권원을 취득하여야 한다. (04입시) ( )

정답
01 ○
02 × 불필요함
03 ○ 04 × 05 ○ 06 ○ 07 ×

2. 보존공물의 소멸

- 보존공물은 행정주체의 지정해제 의사표시에 의해 소멸함.

> **문화재보호법 제31조 【지정의 해제】** ① 문화재청장은 제23조·제25조 또는 제26조에 따라 지정된 문화재가 국가지정문화재로서의 가치를 상실하거나 가치평가를 통하여 지정을 해제할 필요가 있을 때에는 문화재위원회의 심의를 거쳐 그 지정을 해제할 수 있다.

- 보존공물의 형체적 요소가 멸실되는 경우 공물로서의 성질을 상실하는지 여부에 관해 견해대립이 있음.

제4절 공물의 법적 특징

1 공물상 권리의 성질

- 공물상 권리의 성질에 대해 ①공물에 대한 사법 적용을 배제하고 공물에 대한 사권 성립을 부정하여 오로지 공법의 적용을 받는 공소유권의 대상으로만 파악하는 견해(공소유권설)도 있으나, ②다수설은 공물도 사법 적용을 받고 사권 성립이 가능하나 그 공물이 공용지정을 통하여 공적 목적에 제공되는 한도에서는 사법의 적용 및 사권의 행사가 제한된다(사소유권설)고 봄.
- 현행 도로법과 하천법은 사소유권설에 입각하고 있는 것으로 해석됨.

2 공물상 권리의 특징

1. 융통성의 제한

(1) 의의

- 공물은 법령상 사소유권의 대상이 되지 못하거나, 사소유권의 대상이 되는 경우에도 공공목적에 필요한 한도에서 사적 거래가 금지되거나 제한되는 경우가 있음.

> **관련 판례**
>
> **바다와 같은 자연공물**의 경우에는 자연적 상태에 의한 물건의 성상 그 자체로 당연히 공공의 사용에 제공되는 것이므로 **불융통물**로서 **사법상 거래의 대상이 되지 아니한다**(대판 2009.8.20, 2007다64303).

기출지문 OX

01 국유재산은 그 양도성이 제한되지만 사권은 설정할 수 있음이 원칙이다. (09지방7) ( )

02 도로를 구성하는 부지, 옹벽에 대하여는 저당권을 설정할 수 있다. (05국가7) ( )

03 하천을 구성하는 토지와 그 밖의 하천시설에 대하여는 전혀 사권을 행사할 수 없다. (10지방7) ( )

04 행정재산에 대해서 관재당국이 이를 모르고 매각한 경우에 그 매매는 당연무효라고 할 수 없고, 사인 간의 매매계약 역시 당연무효라고 할 수 없다. (14지방7) ( )

정답
01 × 02 ○ 03 × 04 ×

(2) 개별법상 규정

- 국유재산법, 공유재산 및 물품관리법은 국·공유의 행정재산에 대하여 매각·교환·양여·사권설정을 원칙적으로 금지(국유재산법 제27조, 공유재산 및 물품 관리법 제19조)하고, 공물의 목적에 지장이 없는 한도에서 사용·수익을 허용함(국유재산법 제30조, 공유재산 및 물품 관리법 제20조).
- 도로법은 도로를 구성하는 시설물에 대하여 원칙적으로 사권 행사를 금지하고, 소유권을 이전하거나 저당권을 설정하는 경우 예외적으로 사권 행사를 허용함.

> **도로법 제4조 【사권의 제한】** 도로를 구성하는 부지, 옹벽, 그 밖의 시설물에 대해서는 사권을 행사할 수 없다. 다만, 소유권을 이전하거나 저당권을 설정하는 경우에는 사권을 행사할 수 있다.

- 하천법은 하천을 구성하는 토지와 하천시설에 대하여 원칙적으로 사권 행사를 금지하고, 소유권을 이전하거나 저당권을 설정하는 경우 등에 예외적으로 사권 행사를 허용함.

> **하천법 제4조 【하천관리의 원칙】** ① 하천 및 하천수는 공적 자원으로서 국가는 공공이익의 증진에 적합한 방향으로 적절히 관리하여야 한다.
> ② 하천을 구성하는 토지와 그 밖의 하천시설에 대하여는 사권을 행사할 수 없다. 다만, 다음 각 호의 어느 하나에 해당하는 경우에는 그러하지 아니하다.
> 1. 소유권을 이전하는 경우
> 2. 저당권을 설정하는 경우
> 3. 제33조에 따른 하천점용허가(소유권자 외의 자는 소유권자의 동의를 얻은 경우에 한정한다)를 받아 그 허가받은 목적대로 사용하는 경우

- 문화재보호법은 국유문화재의 양도 또는 사권 설정을 금지하나, 소유자가 변경된 경우를 신고사항으로 규정하고 있으므로 신고를 전제로 한 양도는 인정하고 있다고 해석됨.

> **문화재보호법 제66조 【양도 및 사권설정의 금지】** 국유문화재(그 부지를 포함한다)는 이 법에 특별한 규정이 없으면 이를 양도하거나 사권(私權)을 설정할 수 없다. 다만, 그 관리·보호에 지장이 없다고 인정되면 공공용, 공용 또는 공익사업에 필요한 경우에 한정하여 일정한 조건을 붙여 그 사용을 허가할 수 있다.

(3) 공물의 융통 제한규정에 위반한 경우의 효력: 무효

관련 판례

[1] 원래 공공용에 제공된 행정재산인 공유수면이 그 이후 매립에 의하여 사실상 공유수면으로서의 성질을 상실하였더라도 당시 시행되던 국유재산법령에 의한 용도폐지를 하지 않은 이상 당연히 잡종재산으로 된다고는 할 수 없다.

[2] 행정재산은 사법상 거래의 대상이 되지 아니하는 불융통물이므로 비록 관재 당국이 이를 모르고 매각하였다 하더라도 그 매매는 당연무효라 아니할 수 없으며, 사인간의 매매계약 역시 불융통물에 대한 매매로서 무효임을 면할 수 없다 (대판 1995.11.14, 94다50922).

(4) 공물의 융통 제한의 한계와 권리구제

- 공물의 불융통성은 공공목적 달성에 필요한 한도 내에서만 인정됨.
- 공물에 대한 사권행사의 제한이 특별희생에 해당하는 경우에 손실보상 요함.

2. 강제집행의 제한

- 공물이 민사집행법에 의한 강제집행의 대상이 될 수 있는지에 대해 ①공물은 공적 목적에 제공되고 융통성이 제한되므로 강제집행의 대상도 될 수 없다는 부정설이 있으나 ②통설은 국·공유공물은 일반적으로 융통성이 제한되어 있으므로 강제집행의 대상이 될 수 없으나, 사유공물은 융통성이 인정되므로 강제집행이 가능하다고 봄.

3. 시효취득의 제한

> **국유재산법 제7조【국유재산의 보호】** ② 행정재산은 민법 제245조에도 불구하고 시효취득(時效取得)의 대상이 되지 아니한다.
>
> **공유재산 및 물품 관리법 제6조【공유재산의 보호】** ② 행정재산은 민법 제245조에도 불구하고 시효취득(時效取得)의 대상이 되지 아니한다.

- 행정재산을 제외한 일반재산은 시효취득의 대상임.

관련 판례

1 행정목적을 위하여 공용되는 행정재산은 공용폐지가 되지 않는 한 사법상 거래의 대상이 될 수 없으므로 취득시효의 대상도 될 수 없다(대판 1983.6.14, 83다카181).

2 시효취득의 대상이 될 수 없는 자연공물이란 자연의 상태 그대로 공공용에 제공될 수 있는 실체를 갖추고 있는 것을 말하므로, 원래 자연상태에서는 전·답에 불과하였던 토지 위에 수리조합이 저수지를 설치한 경우라면 이는 자연공물이라고 할 수 없을 뿐만 아니라 국가가 직접 공공목적에 제공한 것도 아니어서 비록 일반공중의 공동이용에 제공된 것이라 하더라도 국유재산법상의 행정재산에 해당하지 아니하므로 시효취득의 대상이 된다(대판 2010.11.25, 2010다37042).

3 국립공원으로 지정·고시된 국유토지는 설사 이를 사인이 점유·사용중이라고 하더라도 국유재산법 제4조 제2항 제2호의 "국가가 직접 공공용으로 사용하거나 사용하기로 결정한 재산"으로서 행정재산인 공공용재산으로 된다고 보아야 하고, 공원사업에 직접 필요한 공원구역 내의 물건에 한하여 행정재산에 해당한다고 할 수 없으므로, 국유토지가 국립공원으로 지정·고시된 이후에는 시효취득의 대상이 되지 아니한다(대판 1996.7.30, 95다21280).

4 구 지방재정법상 공유재산에 대한 취득시효가 완성되기 위하여는 그 공유재산이 취득시효기간 동안 계속하여 시효취득의 대상이 될 수 있는 잡종재산(일반재산)이어야 하고, 이러한 점에 대한 증명책임은 시효취득을 주장하는 자에게 있다(대판 2009.12.10, 2006다19177).

기출지문 OX

01 현행 국유재산법에 의하면 공물뿐만 아니라 일반재산도 시효취득의 대상이 된다. (09국가7) ( )

02 국유재산법상 보존용재산은 시효취득의 대상이 되지 않는다. (10지방7) ( )

03 지방재정법상 공유재산에 대한 취득시효가 완성되기 위하여는 그 공유재산이 취득시효기간 동안 계속하여 시효취득의 대상이 될 수 있는 일반재산이어야 한다. (20국가7) ( )

정답
01 × 02 ○ 03 ○

기출지문 OX

01 하천구역의 결정은 공물의 범위를 확정하는 확인행위로 보는 것이 보통이다. (96행시) ( )

02 공물의 설치·관리상의 하자로 인한 국가나 지방자치단체의 배상책임은 민법이 아니라 국가배상법에 의한다. (10지방7) ( )

정답
01 ○ 02 ○

5 원래 잡종재산이던 것이 행정재산으로 된 경우 잡종재산일 당시에 취득시효가 완성되었다고 하더라도 행정재산으로 된 이상 이를 원인으로 하는 소유권이전등기를 청구할 수 없다(대판 1997.11.14, 96다10782).

4. 공용수용의 제한

- 공물에 대한 공용수용에 대해 ①공물은 이미 공적 목적에 제공되고 있어서 다른 공적 목적을 위하여 수용하는 것은 공물의 목적에 반하는 것으로 허용될 수 없다는 견해도 있으나 ②판례는 가능하다고 봄.

관련 판례

토지수용법은 제5조의 규정에 의한 제한 이외에는 수용의 대상이 되는 토지에 관하여 아무런 제한을 하지 아니하고 있을 뿐만 아니라, 토지수용법 제5조, 문화재보호법 제20조 제4호, 제58조 제1항, 부칙 제3조 제2항 등의 규정을 종합하면 구 문화재보호법 제54조의2 제1항에 의하여 지방문화재로 지정된 토지가 수용의 대상이 될 수 없다고 볼 수는 없다(대판 1996.4.26, 95누13241).

5. 공물의 범위결정 및 경계확정

- **공물의 범위결정**: 공물법의 적용대상이 되는 공물의 구체적인 범위를 확정하는 확인적 행정행위
- 공물의 범위결정 및 경계확정에는 법률의 근거 요함[예 도로구역 결정 및 고시(도로법 제25조), 하천구역 결정(하천법 제10조), 공원구역 지정 및 고시(자연공원법 제6조) 등].
- 주로 행정행위의 형식으로 행하여지며, 하자가 있는 경우 항고소송의 대상이 됨.

6. 공물의 설치·관리상의 하자로 인한 손해배상

- 공물의 설치·관리주체인 국가나 지방자치단체는 국가배상법 제5조에 따라 손해배상의 책임을 짐.

제5절 공물사용의 법률관계

1 서설

- **공물사용의 법률관계**: 공물의 사용에 관하여 공물관리자와 사용자 간에 발생되는 법률관계
- 공물 중 주로 공공용물에서 발생하고, 공용물에서는 그 공용물 본래 목적을 방해하지 않는 한도 내에서만 발생함.
- 공법관계로서 공법적 규율의 대상이 됨.
- 그 법률관계를 기준으로 일반사용과 특별사용으로 구분됨.

2 공물의 일반사용

1. 의의

- **공물의 일반사용**: 누구든지 타인의 공동사용을 방해하지 않는 한도에서 공물관리자의 허락 등을 받음이 없이 자유로이 그 본래의 용법에 따라 공물을 사용하는 것(보통사유, 자유사용)

2. 법적 성질

- **공권**: 공물의 일반사용권은 ①행정주체가 당해 공물을 일반공중의 자유로운 사용에 제공하는 결과로 받은 반사적 이익에 지나지 않는다는 견해도 있으나 ②통설은 국민의 일반적 권리의 하나로 법률상 이익, 즉 개인의 공권에 해당한다고 봄.
- **자유권**: 본질적으로 공물의 자유사용에 대한 침해를 배제하는 데 그치는 소극적 권리임.

3. 내용 및 한계

- 일반사용권은 공물의 본래의 용법에 따라 사용하는 것
- 일반사용권은 ①타인의 일반사용을 방해하지 않는 범위 내, ②국가 또는 지방자치단체 등의 공공목적을 위한 개발·관리·보존행위를 방해하지 않는 범위 내에서만 인정된다는 한계가 있음. 따라서 적법한 개발행위 등으로 인해 일반사용권이 제한될 수 있으며 이 경우에는 원칙적으로 손실보상의 대상이 아님.

기출지문 OX

01 공물의 일반사용이란 공물주체의 특별한 행위 없이 모든 사인이 자유롭게 공물을 사용하는 것을 말한다. (07국가7) ( )

정답
01 ○

기출지문 OX

01 공공용물의 일반사용은 다른 개인의 자유이용과 국가 또는 지방자치단체 등의 공공목적을 위한 개발 또는 관리·보존행위를 방해하지 않는 범위 내에서 허용된다. (14국가7) ( )

02 공공용물에 대한 행정청의 적법한 개발행위로 당해 공공용물의 일반사용이 제한되어 입게 된 불이익은 원칙적으로 손실보상의 대상이 된다. (15국가7) ( )

03 적법한 개발행위로 인한 공공용물에 대한 일반사용의 제한은 특별한 사정이 없는 한 손실보상의 대상이 되는 특별한 손실에 해당한다. (12지방7) ( )

관련 판례

일반 공중의 이용에 제공되는 공공용물에 대하여 특허 또는 허가를 받지 않고 하는 일반사용은 다른 개인의 자유이용과 국가 또는 지방자치단체 등의 공공목적을 위한 개발 또는 관리·보존행위를 방해하지 않는 범위 내에서만 허용된다 할 것이므로, 공공용물에 관하여 적법한 개발행위 등이 이루어짐으로 말미암아 이에 대한 일정범위의 사람들의 일반사용이 종전에 비하여 제한받게 되었다 하더라도 특별한 사정이 없는 한 그로 인한 불이익은 손실보상의 대상이 되는 특별한 손실에 해당한다고 할 수 없다(대판 2002.2.26, 99다35300).

4. 권리구제

(1) 일반사용권을 침해당한 경우

- 행정권에 의해 침해당한 경우에는 공법상 방해배제청구권이나 국가배상청구권을 행사할 수 있음.
- 제3자에 의해 침해당한 경우에는 민법상 방해배제청구권이나 손해배상청구권을 행사할 수 있음.

관련 판례

일반 공중의 통행에 제공된 도로를 통행하고자 하는 자는, 그 도로에 관하여 다른 사람이 가지는 권리 등을 침해한다는 등의 특별한 사정이 없는 한, 일상생활상 필요한 범위 내에서 다른 사람들과 같은 방법으로 도로를 통행할 자유가 있고, 제3자가 특정인에 대하여만 도로의 통행을 방해함으로써 일상생활에 지장을 받게 하는 등의 방법으로 특정인의 통행 자유를 침해하였다면 민법상 불법행위에 해당하며, 침해를 받은 자로서는 그 방해의 배제나 장래에 생길 방해를 예방하기 위하여 통행방해 행위의 금지를 소구할 수 있다고 보아야 한다(대판 2011.10.13, 2010다63720).

04 도로는 일반국민이 이를 자유로이 이용할 수 있으므로, 일반적인 시민생활에 있어 도로를 이용만 하는 사람이라도 그 도로의 용도폐지를 다툴 법률상의 이익이 있다. (12지방7, 09지방7) ( )

05 도로의 일반사용자가 도로의 용도폐지 처분에 관하여 직접적이고 구체적인 이해관계를 가지고 있고 이익을 현실적으로 침해당했다면, 그 취소를 구할 법률상 이익이 있다. (15서울7) ( )

(2) 공물관리자가 공물을 공용폐지한 경우 원고적격 인정 여부

관련 판례

일반적으로 도로는 국가나 지방자치단체가 직접 공중의 통행에 제공하는 것으로서 일반국민은 이를 자유로이 이용할 수 있는 것이기는 하나, 그렇다고 하여 그 이용관계로부터 당연히 그 도로에 관하여 특정한 권리나 법령에 의하여 보호되는 이익이 개인에게 부여되는 것이라고까지는 말할 수 없으므로, 일반적인 시민생활에 있어 도로를 이용만 하는 사람은 그 용도폐지를 다툴 법률상의 이익이 있다고 말할 수 없지만, 공공용재산이라고 하여도 당해 공공용재산의 성질상 특정개인의 생활에 개별성이 강한 직접적이고 구체적인 이익을 부여하고 있어서 그에게 그로 인한 이익을 가지게 하는 것이 법률적인 관점으로도 이유가 있다고 인정되는 특별한 사정이 있는 경우에는 그와 같은 이익은 법률상 보호되어야 할 것이고, 따라서 도로의 용도폐지처분에 관하여 이러한 직접적인 이해관계를 가지는 사람이 그와 같은 이익을 현실적으로 침해당한 경우에는 그 취소를 구할 법률상의 이익이 있다(대판 1992.9.22, 91누13212).

정답
01 ○
02 × 원칙적으로 보상 대상이 아님
03 × 원칙적으로 보상 대상이 아님
04 × 05 ○

5. 사용료

- 공물의 일반사용은 그 성질상 자유로운 이용을 위해 무료임이 원칙이나, 예외적으로 법률이나 조례에 따라 사용료 징수 가능함.

6. 인접주민의 고양된 일반사용

(1) 의의 및 근거

- **인접주민의 고양된 일반사용**: 공물에 대한 공간적 관계를 근거로, 일반인의 일반사용을 넘어서는 인접주민의 사용(예 도로변 점포주가 보도상에서 물건을 차량에 싣거나 내리는 행위, 공사를 위해 도로에 건축자재를 적치하는 행위 등)
- 헌법상 재산권 보장에 근거함.
- 이것 역시 일반사용권의 한 유형이라고 봄.

(2) 인정범위

- 인접주민의 토지·건물의 적절한 이용을 위하여 불가결한 사용이어야 하고, 일반공중의 사용과도 조화를 이루는 범위 내에서만 인정(타인의 공동사용을 영속적으로 배제하지 않는 범위 내).

관련 판례

1 [1] 공물의 인접주민은 다른 일반인보다 인접공물의 일반사용에 있어 특별한 이해관계를 가지는 경우가 있고, 그러한 의미에서 다른 사람에게 인정되지 아니하는 이른바 고양된 일반사용권이 보장될 수 있으며, 이러한 고양된 일반사용권이 침해된 경우 다른 개인과의 관계에서 민법상으로도 보호될 수 있으나, 그 권리도 공물의 일반사용의 범위 안에서 인정되는 것이므로, 특정인에게 어느 범위에서 이른바 고양된 일반사용권으로서의 권리가 인정될 수 있는지의 여부는 당해 공물의 목적과 효용, 일반사용관계, 고양된 일반사용권을 주장하는 사람의 법률상의 지위와 당해 공물의 사용관계의 인접성, 특수성 등을 종합적으로 고려하여 판단하여야 한다. 따라서 구체적으로 공물을 사용하지 않고 있는 이상 그 공물의 인접주민이라는 사정만으로는 공물에 대한 고양된 일반사용권이 인정될 수 없다.

[2] 재래시장 내 점포의 소유자가 점포 앞의 도로에 대하여 일반사용을 넘어 특별한 이해관계를 인정할 만한 사용을 하고 있었다는 사정을 인정할 수 없으므로 위 소유자는 도로에 좌판을 설치·이용할 수 있는 권리가 없다(대판 2006.12.22, 2004다68311·68328).

2 [1] 관할행정청으로부터 도시공원법상의 근린공원 내의 개인 소유 토지상에 골프연습장을 설치할 수 있다는 인가처분을 받은 데 하자가 있다는 점만으로 바로 그 근린공원 인근 주민들에게 토지소유자에 대하여 골프연습장 건설의 금지를 구할 사법상의 권리가 생기는 것이라고는 할 수 없다.

[2] 도시공원법상 근린공원으로 지정된 공원은 일반 주민들이 다른 사람의 공동 사용을 방해하지 않는 한 자유로이 이용할 수 있지만 그러한 사정만으로 인근 주민들이 누구에게나 주장할 수 있는 공원이용권이라는 배타적인 권리를 취득하였다고는 할 수 없고, 골프연습장 설치인가처분에 하자가 있다는 이유만으로는 근린공원 내의 개인 소유 토지상에 골프연습장을 설치하는 것이 인근 주민들에 대한 불법행위가 된다고 할 수도 없다(대결 1995.5.23, 94마2218).

기출지문 OX

01 인접주민의 고양된 일반사용권은 헌법상의 재산권의 보장에 기한 것으로서, 공동사용을 능가하여 사용할 수 있다. (10국가7) ( )

02 인접주민의 토지가 도로의 존재와 이용에 종속적인 경우에는 구체적 타당성을 위하여 예외적으로 공동사용을 영속적으로 배제하는 권리의 주장도 인정된다. (10국가7) ( )

03 구체적으로 당해 도로를 사용하지 않고 있는 인접주민은 그 도로의 인접주민이라는 사정만으로는 그에 대한 고양된 일반사용권이 인정될 수 없다. (21국가7, 10국가7) ( )

04 재래시장 내 점포의 소유자에게는 점포 앞의 도로에 좌판을 설치·이용할 수 있는 권리가 있다. (13국회8) ( )

정답
01 ○ 02 × 03 ○
04 × 없음

기출지문 OX

01 공물의 허가사용의 경우 사용료를 징수하여야 한다. (12지방7) ( )

7. 공용물의 일반사용

- 공용물은 행정주체 자신의 사용에 제공된 것이므로, 원칙적으로 일반사용관계는 인정되지 아니하고 예외적으로만 인정(예 국공립학교 운동장의 사용)

3 공물의 특별사용

- **공물의 특별사용**: 공물의 일반사용의 범위를 넘어서 사용이 허용되는 경우. 이는 ①허가사용과 ②특허사용 ③관습법에 의한 특별사용 등으로 나누어짐.

1. 공물의 허가사용

(1) 의의 및 성질

- **공물의 허가사용**: 공물관리목적 또는 경찰목적상 일정한 공물의 사용을 일반적으로 금지하고, 특정한 경우에 그 제한을 해제하여 사용을 허가하는 것
- 강학상 허가(일반적 금지의 해제, 권리를 설정하는 것 아님), 기속행위

(2) 종류

① 공물관리권에 근거한 허가사용

- 공물의 사용을 원활히 하기 위해 그 사용관계를 조정하는 것(예 건축공사 중 도로 일부구역에 대한 일시적 도로점용허가)

② 공물경찰권에 근거한 허가사용

- 공공의 안녕·질서 유지를 위해 공물의 사용을 일반적으로 금지하고 개별적으로 금지를 해제하는 것(예 집회를 위한 광장사용 허가, 도로·공원에서의 노점허가)

(3) 내용 및 한계

- 허가사용은 공물의 본래 목적인 일반사용을 방해하지 않는 범위 내에서의 일시적 사용에 그침.

(4) 사용료

- 사용료를 부과·징수하는 경우가 일반적이나, 사용료의 부과·징수가 허가사용의 본질적 요소는 아니므로 무상사용허가도 가능함.

(5) 공용물에 대한 허가사용

- 공용물에 대해서는 허가사용이 원칙적으로 인정되지 않으나, 예외적으로 공물관리권에 의거해 인정될 수 있음(예 방청권에 의한 국회·법원 입장).

2. 공물의 특허사용

(1) 의의

- **공물의 특허사용**: 공물관리권에 의하여 일반인에게 허용되지 않는 특별한 사용권을 특정인에게 부여하는 것(예 양식업을 위한 공유수면점용허가, 도로점용허가, 하천부지점용허가)
- 강학상 특허(권리를 설정하는 것), 재량행위

정답
01 ×

- **공물의 특별사용**: 공물의 일반사용과는 별도로 공물의 특정부분을 특정목적을 위하여 어느 정도 배타적·계속적으로 사용하는 것. 일반적으로 공물사용권의 특허를 받아야 함.

관련 판례

1 하천법 및 공유수면관리법에 규정된 하천 또는 공유수면의 점용이라 함은 하천 또는 공유수면에 대하여 일반사용과는 별도로 하천 또는 공유수면의 특정부분을 유형적·고정적으로 특정한 목적을 위하여 사용하는 이른바 특별사용을 의미하는 것이므로, 이러한 특별사용에 있어서의 점용료 부과처분은 공법상의 의무를 부과하는 공권적인 처분으로서 항고소송의 대상이 되는 행정처분에 해당한다(대판 2004.10.15, 2002다68485).

2 도로법 제38조에 의한 도로점용 허가는 특정인에게 일정한 내용의 공물사용권을 설정하는 설권행위로서 공물관리자가 신청인의 적격성, 사용목적 및 공익상의 영향 등을 참작하여 허가를 할 것인지의 여부를 결정하는 재량행위라고 할 것이고, 공물관리자가 도로점용의 허가조건 내지 취소 사유로 명시한 사항에 관하여 도로점용자의 위반이 있다는 이유로 도로점용 허가를 취소하는 처분도, 도로 점용자의 위반사항이 도로점용 허가를 취소할 정도에 이른다고 볼 것인지 여부에 관하여 공물관리자가 제반 사정을 고려하여 판단할 재량을 가진다는 점에서 재량행위에 해당한다 할 것이다(대판 2010.12.23, 2010두21204).

3 공유수면법에 따른 공유수면의 점용·사용허가는 특정인에게 공유수면 이용권이라는 독점적 권리를 설정하여 주는 처분으로서 그 처분의 여부 및 내용의 결정은 원칙적으로 행정청의 재량에 속한다(대판 2014.9.4, 2014두2164).

4 하천부지 점용허가 여부는 관리청의 재량에 속하고 재량행위에 있어서는 법령상의 근거가 없어도 부관을 붙일 것인가의 여부는 당해 행정청의 재량에 속하며, 또한 구 하천법 제33조 단서가 하천의 점용허가에는 하천의 오염으로 인한 공해 기타 보건위생상 위해를 방지함에 필요한 부관을 붙이도록 규정하고 있으므로, 하천부지 점용허가의 성질의 면으로 보나 법 규정으로 보나 부관을 붙일 수 있음은 명백하다(대판 2008.7.24, 2007두25930·25947·25954).

(2) 특별사용의 판단기준

관련 판례

1 도로법 제40조, 제43조, 제80조의2에 규정된 도로의 점용이라 함은, 일반공중의 교통에 공용되는 도로에 대하여 이러한 일반사용과는 별도로 도로의 특정부분을 유형적, 고정적으로 사용하는 이른바 특별사용을 뜻하는 것이고, 그와 같은 도로의 특별사용은 반드시 독점적, 배타적인 것이 아니라 그 사용목적에 따라서는 도로의 일반사용과 병존이 가능한 경우도 있고, 이러한 경우에는 도로점용부분이 동시에 일반공중의 교통에 공용되고 있다고 하여 도로점용이 아니라고 말할 수 없는 것이며, 한편 당해 도로의 점용을 위와 같은 특별사용으로 볼 것인지 아니면 일반사용으로 볼 것인지는 그 도로점용의 주된 용도와 기능이 무엇인지에 따라 가려져야 한다(대판 1995.2.14, 94누5830).

기출지문 OX

01 도로법상 도로점용허가는 도로의 일반사용을 위한 강학상 공물의 허가사용에 해당한다. (14지방7) ( )

02 도로법의 규정에 의한 도로점용은 특정한 목적을 위하여 사용하는 이른바 특별사용을 뜻하며, 이러한 도로점용허가의 법적 성질은 공물관리자의 재량행위이다. (09지방7) ( )

03 도로의 특별사용은 배타적 사용이므로 일반사용과 병행하여 이루어질 수는 없다. (16국회8) ( )

04 도로의 특허사용은 일반사용과 병존이 가능하므로 도로점용부분이 동시에 일반공중의 교통에 공용되어 있어도 도로점용에 해당한다. (20군무원7, 10국회8) ( )

정답
01 × 특허사용
02 ○ 03 × 04 ○

기출지문 OX

01 주유소 영업을 위해 차도와 인도 사이의 경계턱을 없애고 건물 앞 인도 부분에 차량 진출입통로를 개설한 경우 인도 부분이 일반공중의 통행에 공용되고 있다고 하여도 도로의 특별사용에 해당한다. (16국가7) ( )

02 비관리청이 조성 또는 설치한 항만시설의 경우, 총사업비의 범위 안에서 당해 비관리청이 항만시설을 무상사용하는 것은 공물의 특허사용에 해당한다. (09지방7) ( )

정답
01 ○ 02 ○

2 지하철역과 원고의 사옥 사이의 지하연결통로의 용도와 기능이 주로 일반시민의 교통편익을 위한 것이고 이에 곁들여 위 건물에 출입하는 사람들의 통행로로도 이용되고 있는 정도라면 위 지하연결통로는 도로의 일반사용을 위한 것이고, 만일 이와 반대로 위 지하연결통로의 주된 용도와 기능이 원고 소유 건물에 출입하는 사람들의 통행로로 사용하기 위한 것이고 다만 이에 곁들여 일반인이 통행함을 제한하지 않은 것에 불과하다면 위 지하연결통로는 특별사용에 제공된 것이므로 이를 설치·사용하는 행위는 도로의 점용이라고 보아야 할 것이며, 위 지하연결통로의 설치 사용이 위의 경우 중 어느 경우에 해당하는지는 위 지하연결통로의 위치와 구조, 원고 소유 건물 및 일반 도로와의 연결관계 및 일반인의 이용상황 등 제반사정을 구체적으로 심리하여 판단하여야 한다(대판 1991.4.9, 90누8855).

관련 판례

특별사용으로 인정된 사례

1 차도와 인도 사이의 경계턱을 없애고 인도 부분을 차도에서부터 완만한 오르막 경사를 이루도록 시공하는 방법으로 건물 앞 인도 부분에 차량 진출입통로를 개설하여 건물에 드나드는 차량들의 편익에 제공함으로써, 일반의 보행자들이 인도 부분을 불편을 감수하면서 통행하고 있는 경우, 인도 부분이 일반공중의 통행에 공용되고 있다고 하여도 도로의 특별사용에 해당한다(대판 1999.5.14, 98두17906).

2 지하 1층, 지상 17층의 상가아파트 건물이 도로 상하의 공간에 설치되어 있고, 지상 1층 공간에는 일정 간격으로 지주가 배열되어 있으며, 그 사이로 형성된 터널형 공간 부분의 중앙으로 차도가 설치되어 있고, 양쪽에 주차장 및 옥외출입계단이 설치되어 있는 경우, 위 도로는 주로 위 건물의 사용을 위한 사람과 차량의 통행 및 주차 등을 위하여 사용되고 있고 지방자치단체장은 단지 건물 소유자의 독점적, 배타적 지배를 방해하지 않는 범위 내에서 일반의 차량통행, 보행 및 주차 등을 위하여 이를 사용하고 있음에 불과하므로, 건물 소유자가 도로를 특별사용하고 있다(대판 1998.9.22, 96누7342).

3 지하연결통로 완공 후의 지하도 전체 중 확장부분은 지하 전철역에서 지상의 대로로 나가는 일반시민들이 주로 이용하고 이에 곁들여 건물에 출입하는 사람들이 이를 이용하고 있으며, 그 건물에 출입하는 사람들로 인하여 일반시민들이 본래의 사용보다 불편함을 감수하면서 이를 이용하는 것으로는 보이지 아니하고 그 구조 또한 주로 일반인의 이용을 위한 것으로 보이므로 건물소유자가 이를 특별사용하는 것으로 볼 수 없고, 한편 연장부분은 주로 위 건물에 출입하는 사람들이 이를 이용하고 일반시민의 이용을 제한하지 않는 것에 불과한 것으로 보이므로 건물소유자가 위 연장부분만을 특별사용하는 것으로 보아야 한다(대판 1995.2.3, 94누3766).

4 항만법 제17조 제1항은, 비관리청의 항만공사로 조성 또는 설치된 토지 및 항만시설은 준공과 동시에 국가 또는 지방자치단체에 귀속된다고 규정하고, 같은 조 제3항은, 비관리청은 그 귀속된 항만시설을 총사업비의 범위 안에서 대통령령이 정하는 바에 따라 무상사용할 수 있다고 규정하고 있는바, 비관리청이 행한 항만시설은 비관리청의 의사와 아무런 상관없이 항만법의 규정에 의하여 당연히 국가 또는 지방자치단체에 귀속하는 대신, 비관리청은 항만법에 의하여 총사업비의 범위 안에서 당해 항만시설에 대하여 무상사용권을 취득할 수 있으므로, 이에 따라 비관리청이 당해 항만시설을 무상사용하는 것은 일반인에게 허용되지 아니하는 특별한 사용으로서, 이른바 공물의 특허사용에 해당한다(대판 2001.8.24, 2001두2485).

관련 판례

특별사용으로 인정되지 아니한 사례

1 인근 롯데백화점에서 서울특별시로부터 허가를 받고 지하철공사와의 협약을 거친 후 을지로입구 전철역과 위 백화점 지하 1층을 연결하는 지하 연결통로를 설치하는 것과 병행하여 통행의 편의를 증진시키기 위하여 그 지하 연결통로쪽으로 올라가는 기존의 전철역 출입계단에 상행선 에스컬레이터를 설치하는 공사를 시행함으로써 종래 일반시민이 이용하던 전철역 출입계단이 위 지하연결통로의 설치와 동시에 위 백화점에 출입하는 사람들의 통행로로도 곁들여 이용된 경우, 위 에스컬레이터는 지하도로의 일반사용을 위한 것이고 특별사용을 위한 것이라고 보기 어려워 도로를 점용하였다고 볼 수 없다(대판 1992.9.8, 91누12622).

2 피고인이 4륜스쿠터 임대업을 하면서 관할관청의 허가를 받지 아니하고 불특정 관광객들에게 해수욕장의 백사장에서 이를 운행하라고 하면서 4륜스쿠터 10대를 임대한 사안에서, 피고인이 공유수면의 특정 부분인 백사장을 일반사용과는 별도로 특정한 목적을 위하여 유형적·고정적으로 사용함으로써 이를 점용하였다고 볼 수 없다(대판 2010.11.25, 2010도12529).

(3) 공물사용권

- 특허사용은 그 사용목적을 달성하는 데 필요한 범위에서 공물을 배타적으로 사용하는 것. 단, 그 사용목적 달성에 필요한 최소한도 내에서 행사되어야 하며 일반공중의 일반사용과 조화를 이루어야 함.
- **공권**: 특허사용권은 공법에 근거하여 취득한 권리이며, 사용자의 이익과 아울러 공물의 유지·관리라는 공익을 보호하는 것이므로 공권의 성질을 가짐. 따라서 공물사용권의 쟁송은 행정쟁송의 형식으로 제기하여야 함.
- **채권**: 공물 관리자에 대하여 공물의 특별사용을 청구할 수 있는 채권을 성격을 가짐. 단, 근거법률이 물권으로 규율하고 있는 경우(예 수산업법상 어업권, 광업법상의 광업권)도 있음.

관련 판례

하천의 점용허가권은 특허에 의한 공물사용권의 일종으로서 하천의 관리주체에 대하여 일정한 특별사용을 청구할 수 있는 채권에 지나지 아니하고 대세적 효력이 있는 물권이라 할 수 없다(대판 1990.2.13, 89다카23022).

- **재산권**: 공물사용권이 공권이라도 그 실질은 그 물건의 점용·사용을 내용으로 하므로 재산권적 성질을 가짐. 원칙적으로 처분청의 허가를 받아 양도 가능.

(4) 권리구제

- 행정권에 의해 침해당한 경우에는 공법상 방해배제청구권이나 국가배상청구권을 행사할 수 있음.
- 제3자에 의해 침해당한 경우에는 민법상 방해배제청구권이나 손해배상청구권을 행사할 수 있음.

기출지문 OX

01 공물의 특허사용권을 침해하는 사인이 있는 경우에 그 구제는 행정쟁송수단에 의한다. (09국회8) ( )

02 하천 점용허가의 이익은 특허에 의한 공물사용권의 일종으로서 제3자의 침해에 대한 방해배제청구권·원상회복청구권이 인정되는 등 대세적 효력이 있는 물권이라 할 수 있다. (21국가7, 08국가7) ( )

03 하천의 점용허가권은 일종의 재산권으로서 처분청의 허가를 받아 양도할 수 있음이 원칙이다. (16국회8) ( )

정답
01 × 02 × 03 ○

기출지문 OX

01 점용허가를 받음이 없이 도로부지를 점유하여 온 자는 행정청이 제3자에 대하여 한 같은 도로부지의 점용허가처분으로 인하여 어떠한 불이익을 입게 되었다고 하더라도 위 처분의 취소를 구할 원고적격이 없다. (09지방7) ( )

02 하천의 점용허가를 받은 사람은 그 하천부지를 권원 없이 점유·사용하는 자에 대하여 직접 부당이득의 반환 등을 구할 수도 있다. (20군무원7) ( )

정답
01 ○ 02 ○

관련 판례

1 도로부지 위에 점용허가를 받음이 없이 무허가건물을 축조, 점유하여 온 원고가 행정청이 제3자에 대하여 한 같은 도로부지의 점용허가처분으로 인하여 어떠한 불이익을 입게 되었다고 하더라도 처분의 직접상대방이 아닌 제3자인 원고로서는 위 처분의 취소에 관하여 법률상으로 보호받아야 할 직접적이고 구체적인 이해관계가 있다고 할 수 없어 위 처분의 취소를 구할 원고적격이 없다(대판 1991.11.26, 91누1219).

2 하천부지의 점용허가를 받은 사람은 그 하천부지를 권원 없이 점유·사용하는 자에 대하여 직접 부당이득의 반환 등을 구할 수 있다(대판 1994.9.9, 94다4592).

(5) 공물사용권자의 의무

① 사용료 납부의무

- 공물사용권자로부터 사용료·점용료를 징수하는 것이 보통. 통설은 법률에 근거규정이 있는 경우뿐 아니라 근거규정이 없는 경우에도 사용료를 징수할 수 있다고 봄.

② 재해시설설치 또는 손실보상의무

- 특허에 의한 공물사용으로 인하여 타인의 권익을 침해하거나 공익에 장해를 미칠 우려가 있는 경우 그 예방·제거를 위하여 필요한 시설의 설치할 의무 또는 손실보상의무를 부담하는 경우 있음.

③ 원상회복 및 비용납부의무

- 공물에 정착하는 공작물의 설치를 내용으로 하는 공물사용권을 특허하는 경우, 사용자에게 공물의 유지·수선 및 원상회복의무를 부과하거나 그 비용을 부담할 의무 부과할 수 있음.

(6) 특허사용관계의 소멸

- 공물의 소멸, 특허사용권의 포기, 종기의 도래 및 해제조건의 성취, 특허사용권에 의한 시설 또는 사업의 소멸, 특허의 취소 또는 철회 등에 의해 종료됨.

(7) 특허를 받지 않은 특별사용에 대한 변상금 부과

- 변상금부과에 관한 근거규정이 있다면 그에 따라 변상금을 부과하고, 특별한 규정이 없는 경우에는 부당이득반환의 법리에 따라 점용료 상당액을 부당이득금으로 징수할 수 있음.

관련 판례

도로법 제40조에 규정된 도로의 점용이라 함은 일반공중의 교통에 공용되는 도로에 대하여 이러한 일반사용과는 별도로 도로의 지표뿐만 아니라 그 지하나 지상공간의 특정 부분을 유형적, 고정적으로 특정한 목적을 위하여 사용하는 이른바 특별사용을 뜻하는 것이므로, 허가없이 도로를 점용하는 행위의 내용이 위와 같은 특별사용에 해당할 경우에 한하여 도로법 제80조의2의 규정에 따라 도로점용료 상당의 부당이득금을 징수할 수 있다(대판 1998.9.22, 96누7342).

3. 관습법상 특별사용

(1) 의의

- **관습법상 특별사용**: 공물사용권이 관습법으로 인정된 경우의 사용[예 하천용수권, 음용용수권, 관행어업권(입어권) 등]

관련 판례

관행어업권은 일정한 공유수면에 대한 공동어업권 설정 이전부터 어업의 면허 없이 그 공유수면에서 오랫동안 계속 수산동식물을 포획 또는 채취하여 옴으로써 그것이 대다수 사람들에게 일반적으로 시인될 정도에 이른 경우에 인정되는 권리로서 이는 어디까지나 수산동식물이 서식하는 공유수면에 대하여 성립하고, 허가어업에 필요한 어선의 정박 또는 어구의 수리·보관을 위한 육상의 장소에는 성립할 여지가 없으므로, 어선어업자들의 백사장 등에 대한 사용은 공공용물의 일반사용에 의한 것일 뿐 관행어업권에 기한 것으로 볼 수 없다(대판 2002.2.26, 99다35300).

(2) 관습법상 특별사용권의 성질

- 특허사용권과 유사한 성질을 가짐. 단, 공물관리자의 사용특허행위 없이 성립된 것이므로 공물관리자에 대한 채권이라고 할 수 없으며 물권을 성질을 가짐.
- 제3자에 의해 침해당한 경우에는 민법상 방해배제청구권이나 손해배상청구권을 행사할 수 있음.

관련 판례

구 수산업법 제40조 소정의 '입어의 관행에 따른 권리'(관행어업권)란, 일정한 공유수면에 대한 공동어업권 설정 이전부터 어업의 면허 없이 그 공유수면에서 오랫동안 계속 수산동식물을 포획 또는 채취하여 옴으로써 그것이 대다수 사람들에게 일반적으로 시인될 정도에 이른 것을 말하고, 이는 공동어업권자에 대하여 주장하고 행사할 수 있을 뿐만 아니라 이를 다투는 제3자에 대하여도 그 배제를 청구하거나 그에 따른 손해배상을 청구할 수 있는 권리이며, 당해 공유수면에 공동어업권이 설정되어 있는지 여부를 불문하고 인정될 수 있는 것이지, 공동어업권이 설정된 후에 비로소 그 공동어업권에 대한 제한물권적 권리로서만 발생하는 권리라고는 할 수 없다(대판 2001.3.13, 99다57942).

(3) 인정범위

- 관습법상의 특별사용은 공물의 일반사용에 제공된 것에 한하지 않음.
- 허가사용 또는 특별사용에 제공된 공물에 대해서도 그 사용권을 침해하지 않는 범위 내에서 인정됨.

4 행정재산의 목적 외 사용허가

1. 의의

- **행정재산의 목적 외 사용**: 행정재산은 예외적으로 그 용도 또는 목적에 장해가 되지 않는 범위 내에서 사용 또는 수익을 허가할 수 있는데 이러한 허가에 따른 행정재산의 사용관계(예 관공서 청사 내 식당, 기타 매점 등의 영업허가 등)

기출지문 OX

01 공물의 관습상 특별사용은 인정되지 않는다. (01행시) ( )

02 수산업법상 입어권은 특허사용이다. (06국가7) ( )

03 관습법상의 사용이 인정되는 공물은 공물의 자유사용에 제공된 것으로 한정된다. (09국회8) ( )

정답
01 × 인정됨
02 × 관습법상 특별사용
03 ×

2. 성질

- 행정재산의 목적 외 사용의 성질에 대해 ①오로지 사용·수익자의 사적 이익을 도모한다고 보아 사법상의 계약관계로 보는 견해가 있으나 ②통설·판례는 행정행위에 의하여 법률관계의 발생 또는 소멸이 이루어지므로 공법관계라고 봄.

관련 판례

1 공유재산의 관리청이 행정재산의 사용·수익에 대한 허가는 순전히 사경제주체로서 행하는 사법상의 행위가 아니라 관리청이 공권력을 가진 우월적 지위에서 행하는 행정처분으로서 특정인에게 행정재산을 사용할 수 있는 권리를 설정하여 주는 강학상 특허에 해당한다(대판 1998.2.27, 97누1105).

2 원고는 피고 산하의 국립의료원 부설주차장에 관한 이 사건 위탁관리용역운영계약에 대하여 관리청이 순전히 사경제주체로서 행한 사법상 계약임을 전제로, 가산금에 관한 별도의 약정이 없는 이상 원고에게 가산금을 지급할 의무가 없다고 주장하여 그 부존재의 확인을 구한다는 것이다. 그러나 기록에 의하면, 위 운영계약의 실질은 행정재산인 위 부설주차장에 대한 국유재산법 제24조 제1항에 의한 사용·수익 허가로서 이루어진 것임을 알 수 있으므로, 이는 위 국립의료원이 원고의 신청에 의하여 공권력을 가진 우월적 지위에서 행한 행정처분으로서 특정인에게 행정재산을 사용할 수 있는 권리를 설정하여 주는 강학상 특허에 해당한다 할 것이고 순전히 사경제주체로서 원고와 대등한 위치에서 행한 사법상의 계약으로 보기 어렵다고 할 것이다. 따라서 원고가 그 주장과 같이 이 사건 가산금 지급채무의 부존재를 주장하여 구제를 받으려면, 적절한 행정쟁송절차를 통하여 권리관계를 다투어야 할 것이지, 이 사건과 같이 피고에 대하여 민사소송으로 위 지급의무의 부존재확인을 구할 수는 없는 것이다. 그렇다면 원고의 이 사건 소는 쟁송방법을 잘못 선택한 것으로서 부적법한 것이라고 아니할 수 없다(대판 2006.3.9, 2004다31074).

3 **서울대공원 사건**
구 지방재정법 제75조의 규정에 따라 기부채납받은 행정재산에 대한 공유재산 관리청의 사용·수익허가의 법적 성질은 행정처분이다. 행정재산을 보호하고 그 유지·보존 및 운용 등의 적정을 기하고자 하는 지방재정법 및 그 시행령 등 관련 규정의 입법 취지와 더불어 잡종재산에 대해서는 대부·매각 등의 처분을 할 수 있게 하면서도 행정재산에 대해서는 그 용도 또는 목적에 장해가 없는 한도 내에서 사용 또는 수익의 허가를 받은 경우가 아니면 이러한 처분을 하지 못하도록 하고 있는 구 지방재정법 제82조 제1항, 제83조 제2항 등 규정의 내용에 비추어 볼 때 그 행정재산이 구 지방재정법 제75조의 규정에 따라 기부채납받은 재산이라 하여 그에 대한 사용·수익허가의 성질이 달라진다고 할 수는 없다(대판 2001.6.15, 99두509).

비교판례 3-1 지방자치단체가 구 지방재정법시행령 제71조(현행 지방재정법 시행령 제83조)의 규정에 따라 기부채납받은 공유재산을 무상으로 기부자에게 사용을 허용하는 행위는 사경제주체로서 상대방과 대등한 입장에서 하는 사법상 행위이지 행정청이 공권력의 주체로서 행하는 공법상 행위라고 할 수 없으므로, 기부자가 기부채납한 부동산을 일정기간 무상사용한 후에 한 사용허가기간 연장신청을 거부한 행정청의 행위도 단순한 사법상의 행위일 뿐 행정처분 기타 공법상 법률관계에 있어서의 행위는 아니다(대판 1994.1.25, 93누7365).

비교판례 3-2 한국공항공단이 정부로부터 무상사용허가를 받은 행정재산을 구 한국공항공단법 제17조에서 정한 바에 따라 전대하는 경우에 미리 그 계획을 작성하여 건설교통부장관에게 제출하고 승인을 얻어야 하는 등 일부 공법적 규율을 받고 있다고

기출지문 OX

01 판례는 행정재산의 사용허가는 강학상 특허의 성질을 지니며, 그에 의해 형성되는 이용관계는 공법관계로 보았다. (21군무원7, 12국가7) ( )

02 국립의료원 부설 주차장에 관한 위탁관리용역운영계약은 강학상 특허에 해당하는 행정처분이다. (15국가7) ( )

03 사인이 공공시설을 건설한 후, 국가 등에 기부채납하여 공물로 지정하고 그 대신 그 자가 일정한 이윤을 회수할 수 있도록 일정기간 동안 무상으로 사용하도록 허가하는 것은 사법상 계약에 해당한다. (17국가7) ( )

04 공유재산의 관리청이 기부채납된 행정재산에 대하여 하는 사용·수익 허가는 사법상의 대부가 아니라 행정처분에 해당한다. (15서울7) ( )

정답
01 ○ 02 ○
03 × 행정행위임
04 ○

하더라도, 한국공항공단이 그 행정재산의 관리청으로부터 국유재산관리사무의 위임을 받거나 국유재산관리의 위탁을 받지 않은 이상, 한국공항공단이 무상사용허가를 받은 행정재산에 대하여 하는 전대행위는 통상의 사인 간의 임대차와 다를 바가 없고, 그 임대차계약이 임차인의 사용승인신청과 임대인의 사용승인의 형식으로 이루어졌다고 하여 달리 볼 것은 아니다(대판 2004.1.15, 2001다12638).

4 국유잡종재산에 관한 관리 처분의 권한을 위임받은 기관이 국유잡종재산을 대부하는 행위는 국가가 사경제 주체로서 상대방과 대등한 위치에서 행하는 사법상의 계약이고, 행정청이 공권력의 주체로서 상대방의 의사 여하에 불구하고 일방적으로 행하는 행정처분이라고 볼 수 없으며, 국유잡종재산에 관한 대부료의 납부고지 역시 사법상의 이행청구에 해당하고, 이를 행정처분이라고 할 수 없다(대판 2000.2.11, 99다61675).

5 산림청장이나 그로부터 권한을 위임받은 행정청이 산림법 등이 정하는 바에 따라 국유임야를 대부하거나 매각하는 행위는 사경제적 주체로서 상대방과 대등한 입장에서 하는 사법상 계약이지 행정청이 공권력의 주체로서 상대방의 의사 여하에 불구하고 일방적으로 행하는 행정처분이라고 볼 수 없으며 이 대부계약에 의한 대부료부과 조치 역시 사법상 채무이행을 구하는 것으로 보아야지 이를 행정처분이라고 할 수 없다(대판 1993.12.7, 91누11612).

3. 사용허가를 받은 자의 권리

- 사용허가를 받은 자는 사용허가에 의해 결정된 바에 따라 당해 행정재산을 사용·수익할 수 있는 권리를 가짐(공권).

4. 사용허가를 받은 자의 의무

- 사용허가를 받은 자는 당해 행정재산의 본래 목적에 장애가 되는 행위를 해서는 안 됨.
- 국유재산법은 행정재산을 사용허가한 때에는 대통령령으로 정하는 요율과 산출방법에 따라 매년 사용료를 징수할 것을 규정함.

관련 판례

국유재산의 관리청이 행정재산의 사용·수익을 허가한 다음 그 사용·수익하는 자에 대하여 하는 사용료 부과는 순전히 사경제주체로서 행하는 사법상의 이행청구라 할 수 없고, 이는 관리청이 공권력을 가진 우월적 지위에서 행한 것으로서 항고소송의 대상이 되는 행정처분이라 할 것이다(대판 1996.2.13, 95누11023).

5. 사용허가기간

국유재산법 제35조【사용허가기간】① 행정재산의 사용허가기간은 5년 이내로 한다. 다만, 제34조 제1항 제1호의 경우에는 사용료의 총액이 기부를 받은 재산의 가액에 이르는 기간 이내로 한다.
② 제1항의 허가기간이 끝난 재산에 대하여 대통령령으로 정하는 경우를 제외하고는 5년을 초과하지 아니하는 범위에서 종전의 사용허가를 갱신할 수 있다. 다만, 수의의 방법으로 사용허가를 할 수 있는 경우가 아니면 1회만 갱신할 수 있다.

기출지문 OX

01 판례는 잡종재산(일반재산)의 대부행위는 공법상 계약이며, 그에 의해 형성되는 이용관계는 공법관계로 보았다. (12국가7) ( )

02 국유재산의 관리청이 행정재산의 사용·수익 허가를 받은 자에 대하여 하는 사용료 부과는 행정처분이다. (14행정사) ( )

03 행정재산의 사용허가기간은 원칙상 5년 이내로 하며, 갱신할 경우에 갱신기간은 5년을 초과할 수 없다. (21군무원7, 15국가7) ( )

정답
01 × 02 ○ 03 ○

③ 제2항에 따라 갱신받으려는 자는 허가기간이 끝나기 1개월 전에 중앙관서의 장에게 신청하여야 한다.

6. 사용허가의 취소 및 철회

국유재산법 제36조 【사용허가의 취소와 철회】 ① 중앙관서의 장은 행정재산의 사용허가를 받은 자가 다음 각 호의 어느 하나에 해당하면 그 허가를 취소하거나 철회할 수 있다.
1. 거짓 진술을 하거나 부실한 증명서류를 제시하거나 그 밖에 부정한 방법으로 사용허가를 받은 경우
2. 사용허가 받은 재산을 제30조 제2항을 위반하여 다른 사람에게 사용·수익하게 한 경우
3. 해당 재산의 보존을 게을리하였거나 그 사용목적을 위배한 경우
4. 납부기한까지 사용료를 납부하지 아니하거나 제32조 제2항 후단에 따른 보증금 예치나 이행보증조치를 하지 아니한 경우
5. 중앙관서의 장의 승인 없이 사용허가를 받은 재산의 원래 상태를 변경한 경우

② 중앙관서의 장은 사용허가한 행정재산을 국가나 지방자치단체가 직접 공용이나 공공용으로 사용하기 위하여 필요하게 된 경우에는 그 허가를 철회할 수 있다.
③ 제2항의 경우에 그 철회로 인하여 해당 사용허가를 받은 자에게 손실이 발생하면 그 재산을 사용할 기관은 대통령령으로 정하는 바에 따라 보상한다.

제37조 【청문】 중앙관서의 장은 제36조에 따라 행정재산의 사용허가를 취소하거나 철회하려는 경우에는 청문을 하여야 한다.

관련 판례

1 국·공유재산의 관리청이 행정재산의 사용·수익을 허가한 다음 그 사용·수익하는 자에 대하여 하는 사용·수익허가취소는 순전히 사경제주체로서 행하는 사법상의 행위라 할 수 없고, 이는 관리청이 공권력을 가진 우월적 지위에서 행한 것으로서 항고소송의 대상이 되는 행정처분이다(대판 1997.4.11, 96누17325).

2 행정재산의 사용·수익허가처분의 성질에 비추어 국민에게는 행정재산의 사용·수익허가를 신청할 법규상 또는 조리상의 권리가 있다고 할 것이므로 공유재산의 관리청이 행정재산의 사용·수익에 대한 허가 신청을 거부한 행위 역시 행정처분에 해당한다(대판 1998.2.27, 97누1105).

7. 원상회복의무와 대집행

(1) 원상회복의무

국유재산법 제38조 【원상회복】 사용허가를 받은 자는 허가기간이 끝나거나 제36조에 따라 사용허가가 취소 또는 철회된 경우에는 그 재산을 원래 상태대로 반환하여야 한다. 다만, 중앙관서의 장이 미리 상태의 변경을 승인한 경우에는 변경된 상태로 반환할 수 있다.

(2) 대집행

> **국유재산법 제74조【불법시설물의 철거】** 정당한 사유 없이 국유재산을 점유하거나 이에 시설물을 설치한 경우에는 중앙관서의 장등은 행정대집행법을 준용하여 철거하거나 그 밖에 필요한 조치를 할 수 있다.
>
> **공유재산 및 물품 관리법 제83조【원상복구명령 등】** ① 지방자치단체의 장은 정당한 사유 없이 공유재산을 점유하거나 공유재산에 시설물을 설치한 경우에는 원상복구 또는 시설물의 철거 등을 명하거나 이에 필요한 조치를 할 수 있다.
> ② 제1항에 따른 명령을 받은 자가 그 명령을 이행하지 아니할 때에는 행정대집행법에 따라 원상복구 또는 시설물의 철거 등을 하고 그 비용을 징수할 수 있다.

① **대집행 인정 범위**: 대체적 작위의무에 한함

- 철거의무는 대체적 작위의무. 국유재산법 및 공유재산 및 물품관리법은 행정재산에 국한하지 않고 일반재산을 포함한 모든 국·공유재산에 대집행이 가능하도록 규정함.

관련 판례

현행 국유재산법은 … 제한 없이 모든 국유재산에 대하여 행정대집행법을 준용할 수 있도록 규정하였으므로, 행정청은 당해 재산이 행정재산 등 공용재산인 여부나 그 철거의무가 공법상의 의무인 여부에 관계없이 대집행을 할 수 있다(대판 1992.9.8, 91누13090).

- 반면 퇴거의무 또는 점유이전은 대체성이 없어 대집행의 대상이 될 수 없음. 특별한 규정이 있는 경우 직접강제의 대상이 될 수 있으나, 명문의 규정이 없다면 민사상 강제집행의 대상임.

관련 판례

[1] 도시공원시설인 매점의 관리청이 그 공동점유자 중의 1인에 대하여 소정의 기간 내에 위 매점으로부터 퇴거하고 이에 부수하여 그 판매 시설물 및 상품을 반출하지 아니할 때에는 이를 대집행하겠다는 내용의 계고처분은 그 주된 목적이 매점의 원형을 보존하기 위하여 점유자가 설치한 불법 시설물을 철거하고자 하는 것이 아니라, 매점에 대한 점유자의 점유를 배제하고 그 점유이전을 받는 데 있다고 할 것인데, 이러한 의무는 그것을 강제적으로 실현함에 있어 직접적인 실력행사가 필요한 것이지 대체적 작위의무에 해당하는 것은 아니어서 직접강제의 방법에 의하는 것은 별론으로 하고 행정대집행법에 의한 대집행의 대상이 되는 것은 아니다.

[2] 지방재정법 제85조는 철거 대집행에 관한 개별적인 근거 규정을 마련함과 동시에 행정대집행법상의 대집행 요건 및 절차에 관한 일부 규정만을 준용한다는 취지에 그치는 것이고, 그것이 대체적 작위의무에 속하지 아니하여 원칙적으로 대집행의 대상이 될 수 없는 다른 종류의 의무에 대하여서까지 강제집행을 허용하는 취지는 아니다(대판 1998.10.23, 97누157).

② **정당한 사유 없는 점유의 의미**

- 정당한 사유 없는 점유에는 애초부터 불법으로 점유한 경우뿐만 아니라 사용수익허가의 철회와 같이 처음에는 점유의 권원이 있었으나 권원이 없게 된 경우를 포함.

기출지문 OX

01 행정재산인 청사건물의 일부를 사인의 식당으로 임대하였으나 사용허가가 철회되었음에도 사인이 퇴거하지 않는 경우, 퇴거의무는 대체적 작위의무이므로 행정대집행이 가능하다. (10국회8) ( )

정답
01 ×

기출지문 OX

01 지방자치단체의 장은 대부계약 기간이 끝난 뒤에 그 토지 위에 대부받은 사람이 설치한 비닐하우스에 대하여 행정대집행법에 따라 원상복구 또는 시설물의 철거 등을 할 수 있다. (12국회8) ( )

정답
01 ○

관련 판례

지방재정법 제85조 제1항은, 공유재산을 정당한 이유 없이 점유하거나 그에 시설을 한 때에는 이를 강제로 철거하게 할 수 있다고 규정하고, 그 제2항은, 지방자치단체의 장이 제1항의 규정에 의한 강제철거를 하게 하고자 할 때에는 행정대집행법 제3조 내지 제6조의 규정을 준용한다고 규정하고 있는바, 공유재산의 점유자가 그 공유재산에 관하여 대부계약 외 달리 정당한 권원이 있다는 자료가 없는 경우 그 대부계약이 적법하게 해지된 이상 그 점유자의 공유재산에 대한 점유는 정당한 이유 없는 점유라 할 것이고, 따라서 지방자치단체의 장은 지방재정법 제85조에 의하여 행정대집행의 방법으로 그 지상물을 철거시킬 수 있다(대판 2001.10.12, 2001두4078).

8. 변상금 부과

(1) 변상금 부과 대상: 무단점유자

국유재산법 제72조 【변상금의 징수】 ① 중앙관서의 장등은 무단점유자에 대하여 대통령령으로 정하는 바에 따라 그 재산에 대한 사용료나 대부료의 100분의 120에 상당하는 변상금을 징수한다. 다만, 다음 각 호의 어느 하나에 해당하는 경우에는 변상금을 징수하지 아니한다.
1. 등기사항증명서나 그 밖의 공부상의 명의인을 정당한 소유자로 믿고 적절한 대가를 지급하고 권리를 취득한 자(취득자의 상속인이나 승계인을 포함한다)의 재산이 취득 후에 국유재산으로 밝혀져 국가에 귀속된 경우
2. 국가나 지방자치단체가 재해대책 등 불가피한 사유로 일정 기간 국유재산을 점유하게 하거나 사용·수익하게 한 경우

② 제1항의 변상금은 무단점유를 하게 된 경위, 무단점유지의 용도 및 해당 무단점유자의 경제적 사정 등을 고려하여 대통령령으로 정하는 바에 따라 5년의 범위에서 징수를 미루거나 나누어 내게 할 수 있다.
③ 제1항에 따라 변상금을 징수하는 경우에는 제33조에 따른 사용료와 제47조에 따른 대부료의 조정을 하지 아니한다.

관련 판례

변상금 부과대상인 경우

적법한 대부사용자로부터 국유 행정재산인 철도용지의 점유를 양수한 자는 그 토지의 사용허가를 받은 자가 아니라 관리청의 승인 없이 그 사용수익권자로부터 그 점유를 양수하였음에 불과한 이른바 무단점유사용자이므로 그 점유사용은 구 국유재산법 제51조 제1항의 변상금 부과대상이 된다(대판 2000.3.10, 98두7831).

관련 판례

변상금 부과대상이 아닌 경우

1 구 국유재산법 제51조 제1항이 국유재산의 무단점유자에 대하여 대부 등을 받은 경우에 납부하여야 할 대부료 상당액 이외에 2할을 가산하여 변상금을 징수토록 규정하고 있는 것은 무단점유에 대한 징벌적 의미가 있으므로, 위 규정은 국유재산에 대한 점유개시가 법률상 권원 없이 이루어진 경우에 한하여 적용되고 당초 국유재산에 대한 대부 등을 받아 점유·사용하다가 계약기간 만료 후 새로운 계약을 체결하지 아니한 채 계속 점유·사용한 경우에는 적용되지 않는바, 법률상

권원 없이 국유재산에 대한 점유를 개시한 후 비로소 관리청의 사용승낙에 의하여 법률상 권원을 취득하였다가 그 후 다시 그 권원을 상실한 경우에도 위 규정은 적용되지 않는다고 보아야 한다(대판 2007.11.29, 2005두8375).

2 구 지방재정법 제87조 제1항이 이 법 또는 다른 법률에 의하여 공유재산의 대부 또는 사용·수익허가 등을 받지 아니하고 공유재산을 점유하거나 이를 사용·수익한 자에 대하여 당해 재산에 대한 대부료 또는 사용료의 100분의 120에 상당하는 변상금을 징수하도록 규정하고 있는 것은, 공유재산에 대한 점유나 사용·수익 그 자체가 법률상 아무런 권원 없이 이루어진 경우에는 정상적인 대부료나 사용료를 징수할 수 없기 때문에 그 대부료나 사용료 대신에 변상금을 징수한다는 취지라고 풀이되므로, 위 규정은 점유나 사용·수익을 정당화할 법적 지위에 있는 자에 대하여는 적용되지 않는다고 보아야 하고, 그러한 자에 대한 변상금 부과처분은 당연 무효이다(대판 2007.12.13, 2007다51536).

3 한국전력공사가 택지개발사업과 관련하여 도로예정지 등에 전력관을 매설하고 사업시행완료 후 이를 유지·관리하기 위하여 도로를 점용한 데 대하여 도로 관리청이 무단점용을 이유로 변상금을 부과한 사안에서, 한국전력공사는 변상금 부과처분을 할 때까지 그 사용·수익을 정당화할 수 있는 법적 지위를 가지고 있었다고 보아야 하므로, 위 처분이 위법하다고 한 사례(대판 2010.4.29, 2009두18547).

관련 판례

기타

공유수면 점·사용 허가 등을 받아 적법하게 사용하는 경우에는 사용료 부과처분을, 허가를 받지 않고 무단으로 사용하는 경우에는 변상금 부과처분을 하는 것이 적법하다. 그러나 적법한 사용이든 무단 사용이든 그 공유수면 점·사용으로 인한 대가를 부과할 수 있다는 점은 공통된 것이고, 적법한 사용인지 무단 사용인지의 여부에 관한 판단은 사용관계에 관한 사실 인정과 법적 판단을 수반하는 것으로 반드시 명료하다고 할 수 없으므로, 그러한 판단을 그르쳐 변상금 부과처분을 할 것을 사용료 부과처분을 하거나 반대로 사용료 부과처분을 할 것을 변상금 부과처분을 하였다고 하여 그와 같은 부과처분의 하자를 중대한 하자라고 할 수는 없다(대판 2013.4.26, 2012두20663).

(2) 변상금 부과권자

- 국유재산의 경우 중앙관서의 장이 부과하고, 공유재산의 경우 지방자치단체의 장이 부과함.

관련 판례

도로법의 제반 규정에 비추어 보면, 같은 법 제80조의2의 규정에 의한 변상금 부과권한은 적정한 도로관리를 위하여 도로의 관리청에게 부여된 권한이라 할 것이지 도로부지의 소유권에 기한 권한이라고 할 수 없으므로, 도로의 관리청은 도로부지에 대한 소유권을 취득하였는지 여부와는 관계없이 도로를 무단점용하는 자에 대하여 변상금을 부과할 수 있다(대판 2005.11.25, 2003두7194).

(3) 변상금

- 중앙관서의 장 등은 무단점유자에 대하여 대통령령으로 정하는 바에 따라 그 재산에 대한 사용료나 대부료의 100분의 120에 상당하는 변상금을 징수함.

기출지문 OX

01 도로관리청은 도로부지에 대한 소유권을 취득하지 아니하였어도 도로를 무단점용하는 자에 대하여 변상금을 부과할 수 있다. (20국가7, 15국가7) ( )

정답
01 ○

기출지문 OX

01 일반재산의 무단사용에 대한 변상금부과에 대하여는 민사소송으로 다투어야 한다. (21군무원7, 08관세) ( )

02 구 국유재산법에 의한 변상금 부과·징수권은 민사상 부당이득반환청구권과 법적 성질을 달리하므로, 국가는 무단점유자를 상대로 변상금 부과·징수권의 행사와 별도로 국유재산의 소유자로서 민사상 부당이득반환청구의 소를 제기할 수 있다. (21군무원7, 19서울7) ( )

03 국가는 국유재산의 무단점유자에 대하여 변상금 부과·징수권의 행사와는 별도로 민사상 부당이득반환청구의 소를 제기할 수 없다. (18국가7, 16서울7) ( )

04 국유재산의 무단점유자에 대하여 국가가 변상금 부과·징수권을 행사한 경우에는 민사상 부당이득반환청구권의 소멸시효가 중단된다. (15국가7) ( )

05 지방자치단체장의 변상금부과처분에 취소사유가 있는 경우 이 처분에 의하여 납부자가 납부하거나 징수당한 오납금에 대한 부당이득반환청구권은 변상금부과처분의 취소 여부에 상관없이 납부 또는 징수시에 발생하여 확정된다. (16변시) ( )

정답
01 × 02 ○
03 × 별도로 제기할 수 있음
04 × 중단되지 않음
05 ×

• 변상금 부과처분은 항고소송의 대상인 행정처분이고, 변상금의 징수는 기속행위임.

관련 판례

1 국유재산법 제51조(현행 제72조) 제1항은 국유재산의 무단점유자에 대하여는 대부 또는 사용, 수익허가 등을 받은 경우에 납부하여야 할 대부료 또는 사용료 상당액 외에도 그 징벌적 의미에서 국가측이 일방적으로 그 2할 상당액을 추가하여 변상금을 징수토록 하고 있으며 동조 제2항은 변상금의 체납시 국세징수법에 의하여 강제징수토록 하고 있는 점 등에 비추어 보면 국유재산의 관리청이 그 무단점유자에 대하여 하는 변상금부과처분은 순전히 사경제 주체로서 행하는 사법상의 법률행위라 할 수 없고 이는 관리청이 공권력을 가진 우월적 지위에서 행한 것으로서 행정소송의 대상이 되는 행정처분이라고 보아야 한다(대판 1988.2.23, 87누1046·1047).

2 국유재산의 무단점유 등에 대한 변상금 징수의 요건은 국유재산법 제51조 제1항에 명백히 규정되어 있으므로 변상금을 징수할 것인가는 처분청의 재량을 허용하지 않는 기속행위이고, 여기에 재량권 일탈·남용의 문제는 생길 여지가 없다(대판 1998.9.22, 98두7602).

3 구 국유재산법 제51조(현 제72조) 제1항, 제4항, 제5항에 의한 변상금 부과·징수권은 민사상 부당이득반환청구권과 법적 성질을 달리하므로, 국가는 무단점유자를 상대로 변상금 부과·징수권의 행사와 별도로 국유재산의 소유자로서 민사상 부당이득반환청구의 소를 제기할 수 있다(대판 2014.7.16, 2011다76402 전합).

4 국유재산법 제72조 제1항, 제73조 제2항에 의한 변상금 부과·징수권이 민사상 부당이득반환청구권과 법적 성질을 달리하는 별개의 권리인 이상 한국자산관리공사가 변상금 부과·징수권을 행사하였다 하더라도 이로써 민사상 부당이득반환청구권의 소멸시효가 중단된다고 할 수 없다(대판 2014.9.4, 2013다3576).

5 구 국유재산법 제51조 제1항, 제4항, 제5항(현 국유재산법 제72조 제1항, 제73조)에 의한 변상금 부과·징수권과 민사상 부당이득반환청구권은 동일한 금액 범위 내에서 경합하여 병존하게 되고, 민사상 부당이득반환청구권이 만족을 얻어 소멸하면 그 범위 내에서 변상금 부과·징수권도 소멸하는 관계에 있다(대판 2014.9.4, 2012두5688).

6 변상금의 부과는 관리청이 공유재산 중 일반재산과 관련하여 사경제 주체로서 상대방과 대등한 위치에서 사법상 계약인 대부계약을 체결한 후 그 이행을 구하는 것과 달리 관리청이 공권력의 주체로서 상대방의 의사를 묻지 않고 일방적으로 행하는 행정처분에 해당한다. 그러므로 만일 무단으로 공유재산 등을 사용·수익·점유하는 자가 관리청의 변상금부과처분에 따라 그에 해당하는 돈을 납부한 경우라면 위 변상금부과처분이 당연 무효이거나 행정소송을 통해 먼저 취소되기 전에는 사법상 부당이득반환청구로써 위 납부액의 반환을 구할 수 없다(대판 2013.1.24, 2012다79828).

7 소멸시효는 객관적으로 권리가 발생하여 그 권리를 행사할 수 있는 때로부터 진행하고 그 권리를 행사할 수 없는 동안만은 진행하지 아니하는데, 여기서 권리를 행사할 수 없는 경우라 함은 그 권리행사에 법률상의 장애사유가 있는 경우를 말하는데, 변상금 부과처분에 대한 취소소송이 진행 중이라도 그 부과권자로서는 위법한 처분을 스스로 취소하고 그 하자를 보완하여 다시 적법한 부과처분을 할 수도 있는 것이어서 그 권리행사에 법률상의 장애사유가 있는 경우에 해당한다고 할 수 없으므로, 그 처분에 대한 취소소송이 진행되는 동안에도 그 부과권의 소멸시효가 진행된다(대판 2006.2.10, 2003두5686).

(4) 변상금 부과·징수권의 이전

> **관련 판례**
>
> 국유재산의 무단점유로 인한 변상금징수권은 공법상의 권리채무를 내용으로 하는 것으로서 사법상의 채권과는 그 성질을 달리하는 것이므로 위 변상금징수권의 성립과 행사는 국유재산법의 규정에 의하여서만 가능한 것이고 제3자와의 사법상의 계약에 의하여 그로 하여금 변상금채무를 부담하게 하여 이로부터 변상금징수권의 종국적 만족을 실현하는 것은 허용될 수 없다(대판 1989.11.24, 89누787).

제6절 공물관리와 공물경찰

1 공물관리

1. 의의

- **공물관리**: 공물의 관리자가 공물의 존립을 유지하고 공물 본래의 목적을 달성하기 위한 일체의 작용

2. 공물관리권

(1) 의의 및 형식

- 공물의 관리자가 공물관리를 행하는 권능을 말함.
- 행정입법의 형식(법규명령, 행정규칙)으로도 행해질 수 있고, 법령에 근거한 개별적·구체적 행위로 발동될 수도 있음.

(2) 공물관리자

- 공물의 관리는 공물주체가 스스로 행함이 원칙이지만 관리자가 다른 기관에 관리를 위임하는 경우도 있음.

(3) 공물관리의 내용

① 공물의 범위결정

- 공물법의 적용대상이 되는 공물의 범위를 확정하는 행정작용(예 도로구역결정, 하천구역결정 등)

② 공물의 유지·수선·보존

- 주로 사실행위로 행하여짐(예 도로 또는 하천의 유지·관리, 항만시설의 개축·보수 등).
- 공물의 목적에 대한 장해의 방지·제거를 위해 공물관리자에게 여러 권한과 의무가 부여되어 있음(예 도로구조의 보전을 위한 차량운행의 제한 등).
- 또한 공물의 유지·수선·보존을 위해 공물관리자에게 공용부담특권이 부여되는 경우도 있음(예 도로 또는 하천에 관한 공사 등을 위한 토지에의 출입·사용 등).

③ 공물의 제공

- 공물을 일반사용에 제공하거나, 특정인을 위하여 그 사용권 등을 설정하는 행정작용

(4) 공물관리의 비용 부담

- 공물관리에 소요되는 비용은 공물주체가 부담하는 것이 원칙이나, 도로법 등 개별 법률상 공물의 관리청이 속한 행정주체에게 관리 비용을 부담시키는 경우도 있음.

2 공물경찰

1. 의의

- **공물경찰**: 경찰행정청이 공물과 관련하여 발생하는 공공의 안녕과 질서에 대한 위해를 예방·제거하기 위하여 행하는 행정작용(예 위해방지를 위한 도로통행의 금지 등)

2. 공물관리와의 비교

구분	공물관리	공물경찰
목적	공물 본래의 목적 달성	공물과 관련된 공공의 안녕·질서에 대한 위해 방지
권력적 기초	공물관리권	일반경찰권
행정기관	공물관리청	경찰행정기관
성질	비권력적 작용(원칙)	권력적 작용(원칙)
발동범위	계속적·독점적 사용권 설정 가능	일시적인 사용허가만 가능

- 공물관리와 공물경찰은 원칙상 상호 독립적이지만 동일한 공물에 관하여 규제가 행해지는 등 양자가 경합하는 경우가 많음(예 도로공사를 위한 도로통행의 제한과 교통사고를 예방하기 위한 도로통행의 제한 양 조치가 동시에 행해질 수 있음).

기출지문 OX

01 공물관리권은 적극적으로 공물 본래의 목적을 달성시킴을 목적으로 하며, 공물경찰권은 소극적으로 공물상의 안녕과 질서에 대한 위해를 방지함을 목적으로 한다. (20군무원7) ( )

02 공물의 계속적이고 독점적인 사용은 공물경찰권에 의해서 허용된다. (05국가7) ( )

정답
01 ○ 02 ×

제3장 공기업법

제1절 공기업의 개념과 분류

1 공기업의 개념과 개념요소

구분	내용	기준
광의설	국가 또는 공공단체가 경영하는 모든 사업 → 국가가 재정수입을 목적으로 하는 전매사업과 같은 순수영리적 사업도 공기업에 포함	주체
협의설	국가 또는 공공단체가, 직접적으로 사회공공의 이익을 위하여 경영하는 비권력적 사업 → 순수영리적 사업은 제외되나, 수익성이 없는 사회·문화적 사업(예 박물관, 도서관)은 포함	주체+목적
최협의설 (다수설)	국가 또는 지방자치단체나 이들이 설립한 법인이, 직접적으로 사회공공의 이익을 위하여 경영하는 기업 → 수익성을 강조하여, 수익성이 없는 사회·문화적 사업이나 무상으로 재화·서비스를 제공하는 작용(예 공원의 일반사용)은 제외	주체+목적 +수익성

1. 주체

• 국가 또는 지방자치단체나 이들이 설립한 법인(예 정부투자기관이나 지방공사)

2. 목적(공익성)

• 사회공공의 복리를 위하여 수도·전기·가스·교통 등 국민의 생활에 필요한 재화·서비스를 제공함.

3. 수익성(영리성)

• 수익성(영리성)을 기본으로 하나, 공익성도 가지므로 그 한도에서 특수한 공법적 규율이 적용됨.

2 공기업과 영조물의 구별

1. 공통점

구분	공기업	영조물
공통점	국가 또는 공공단체에 의한 설치·관리, 비권력적 행정작용, 공적 목적 추구	

2. 차이점

구분		공기업	영조물
차이점	개념	기업활동에 중점(동적)	시설에 중점(조직법적·정적)
	목적	공익실현 및 영리추구	공익실현
	성격	영리적	비영리적
	계속성	계속적 사업 및 일시적 사업	계속성 요함
	공중의 이용	X	O

3 공기업의 분류

구분		내용
조직 형태	행정청형 기업 (국·공영공기업)	국가나 지방자치단체 같은 행정기관이 직접 경영·관리하는 기업 (구성원은 공무원이며, 물적 시설은 공물)
	영조물법인 (특수법인체 공기업)	국가나 지방자치단체 같은 행정기관으로부터 독립된 법인격을 가진 특수법인이 경영·관리하는 기업 (구성원은 공무원X, 물적 시설은 원칙적으로 공물X)

제2절 공기업의 법률적 특색

1 공기업의 설립

1. 국영기업

• 대통령령에 근거하여 예산의 범위 내에서 자유롭게 설치 가능(법적 근거 필요).

2. 공영기업

• 지방자치단체는 주민의 복리증진을 위하여 예산의 범위 내에서 자유로이 공용기업 설립 가능(법적 근거 불요).

3. 특수법인기업

• 특별법(예 한국석유공사법 등)에 의해 설치되는 것이 일반적임.

2 공기업의 조직·경영·예산회계

1. 행정주체 직영기업(비독립적 기업)

• 국가나 지방자치단체가 직접 경영하는 공기업의 조직은 행정조직의 일부를 구성하고, 소속 직원은 공무원 신분을 가짐.
• 일반 행정조직에 의해 직접 경영, 원칙적으로 국가재정법상의 제약을 받음.

2. 특수법인기업(독립적 기업)

- 독립한 법인격을 가지므로 그 소속 직원은 공무원이 아니고, 물적 시설도 공물이 아님.
- 공공기관의 운영에 의한 법률 및 지방공기업법, 조례 등의 의해 그 경영이 규율됨.

3 공기업의 보호

- 독점권, 공용부담특권(예 부담금징수권), 경제상의 보호(예 조세감면, 보조금교부, 국·공유재산 무상대부 등), 강제징수권, 경찰권, 형사상 보호 등의 특권이 인정됨.

4 공기업의 감독

1. 행정주체 직영기업

- 행정조직 내부에서의 일반적 감독관계가 그대로 적용됨.

2. 특수법인기업

(1) 행정청에 의한 감독

- **기획재정부 장관**: 공기업의 회계 및 재산상태 감독
- **주무기관의 장**: 일반감독권, 사업의 실시계획 승인권 등
- **감사원**: 국가 또는 지방자치단체가 자본금의 2분의 1 이상을 출자한 법인의 회계 감독

(2) 국회에 의한 통제

- 공기업관계법률의 제정·개폐, 국무총리 또는 국무위원에 대한 질문이나 해임건의, 국정감사·조사권의 발동 등

(3) 법원에 의한 통제

- 공기업 활동과 관련한 사건이 재판의 대상이 되면서 간접적으로 통제 가능

제3절 공기업 이용관계

1 의의

- **공기업 이용관계**: 개인이 공기업으로부터 역무·재화를 공급받고, 시설을 이용하는 법률관계
- 일시적 이용관계(고속전철의 승차 등) + 계속적 이용관계(전기·가스·수도 등)

2 공기업 이용관계의 성질

1. 혼합법률관계설에 따른 이해

• 견해대립이 있으나, 혼합법률관계설(개별적 구별설)이 통설·판례

(1) 원칙적 사법관계

• 원칙적으로 사법관계 내지 행정사법관계로서 사법과 사법원리가 적용되고 그에 관한 쟁송은 민사소송절차에 의함.

관련 판례

1 전화가입계약은 전화가입희망자의 가입청약과 이에 대한 전화관서의 승락에 의하여 성립하는 영조물 이용의 계약관계로서 비록 그것이 공중통신역무의 제공이라는 이용관계의 특수성 때문에 그 이용조건 및 방법, 이용의 제한, 이용관계의 종료원인 등에 관하여 여러가지 법적 규제가 있기는 하나 그 성질은 사법상의 계약관계에 불과하다고 할 것이므로, 피고(서울용산전화국장)가 전기통신법시행령 제59조에 의하여 전화가입계약을 해지하였다 하여도 이는 사법상의 계약의 해지와 성질상 다른 바가 없다 할 것이고 이를 항고소송의 대상이 되는 행정처분으로 볼 수 없다(대판 1982.12.28, 82누441).

2 국가 또는 지방자치단체라 할지라도 공권력의 행사가 아니고 단순한 사경제의 주체로 활동하였을 경우에는 그 손해배상책임에 국가배상법이 적용될 수 없고 민법상의 사용자책임 등이 인정되는 것이고 국가의 철도운행사업은 국가가 공권력의 행사로서 하는 것이 아니고 사경제적 작용이라 할 것이므로, 이로 인한 사고에 공무원이 관여하였다고 하더라도 국가배상법을 적용할 것이 아니고 일반 민법의 규정에 따라야 한다(대판 1997.7.22, 95다6991).

(2) 예외적 공법관계

• 공익적 목적을 위하여 특별한 규정을 두고 있거나(예 수도법, 우편법 등) 당해 공기업에 관한 실정법구조 전체의 합리적 해석에 의해 타당성이 인정되면 예외적으로 공법관계로 봄.

관련 판례

수도법에 의하여 지방자치단체인 수도사업자가 그 수돗물의 공급을 받은 자에 대하여 하는 수도료의 부과징수와 이에 따른 수도료의 납부관계는 공법상의 권리의무관계라 할 것이므로 이에 관한 소송은 행정소송절차에 의하여야 하고, 민사소송절차에 의할 수 없다(대판 1977.2.22, 76다2517).

3 공기업 이용관계의 성립

1. 합의에 의한 성립

• 원칙적으로 공기업주체와 이용자 간의 명시적·묵시적 합의(사법상 계약)에 의하여 이루어짐.

기출지문 OX

01 통설적 견해에 의하면, 공기업의 이용관계의 성질은 원칙적으로 사법관계로 보고 있다. (06국가7) ( )

02 수도료의 부과징수와 이에 따른 수도료의 납부관계는 공법상의 권리의무관계라는 것이 판례의 태도이다. (06국가7) ( )

정답
01 ○ 02 ○

2. 합의 이외의 방법에 의한 성립

- 공기업 이용이 사실상 강제되어 있는 경우도 있음. 법률상 당연히 이용관계 성립하거나(예 하수도 이용에 있어 운영자인 지방자치단체의 승낙이나 인·허가를 요하지 않음), 독점으로 인해 사실상 이용이 강제되는 경우(예 우편사업, 전기사업·도시가스사업 등)

4 공기업 이용관계의 내용

1. 일반적 특색

(1) 획일·정형성

- 이용관계의 내용은 법령·조례·공급규정 등에 의하여 획일화·정형화되어 있음.

(2) 강제성

- 공기업주체의 법률상 또는 사실상 독점사업인 이용자는 사실상 그 이용이 강제됨.

2. 이용자의 권리

(1) 공기업이용권

- 이용관계가 성립된 경우 공기업주체에 대하여 역무 또는 재화의 공급이나 시설의 이용을 청구하는 권리로서 채권의 성질(원칙적으로 사권)

(2) 평등한 급부를 받을 권리

- 공기업주체로부터 평등한 급부를 받을 권리가 인정됨.

(3) 권리보호청구권

- 공기업주체의 채무불이행 또는 불법행위로 인해 손해를 받은 경우, 그 이용관계의 성질에 따라 권리보호청구권이 인정됨. → 사법관계인 경우 민사소송, 공법관계인 경우 행정쟁송이나 국가배상청구소송 등에 의해 권리 구제

3. 공기업주체의 권리

(1) 이용조건설정권

- 이용요금, 시간 등 이용조건에 관한 기본적, 중요한 사항은 법령·조례에 의해 정해지고 구체적 사항은 공기업주체가 결정함.

관련 판례

한국전력공사의 전기공급규정은 그것이 비록 전기사업법 제15조에 의하여 전기사업자인 한국전력공사가 동력자원부장관의 인가를 받아 전기요금 기타 공급조건에 관한 사항을 정한 것이라 하더라도 이는 한국전력공사의 사무처리상의 편의를 위한 규정에 불과할 뿐 국민에 대하여 일반적 구속력을 갖는 법규로서의 효력은 없고 단지 한국전력공사와 전기공급계약을 체결하거나 그 규정의 적용에 동의한 수용가에 대하여서만 효력이 미칠 뿐이다(대판 1988.4.12, 88다2).

(2) 이용대가징수권

- 공기업이 제공한 역무나 재화 등에 대하여 대가인 수수료·사용료를 징수 가능

(3) 해지·정지권

- 이용자가 관계법령을 위반하거나 이용조건 등을 어긴 경우 이용관계 해지·정지 가능

5 공기업 이용관계의 종료

- 이용목적의 완료, 이용자의 이용관계로부터의 탈퇴, 공기업 주체에 의한 이용관계로부터 이용자의 배제, 공기업의 폐지 등으로 종료함.

제4절 특허기업

1 의의

- 특허기업이란 사인이 행정청으로부터 특허를 받아 경영하는 기업을 말함(여객자동차운송산업·도시가스산업 등, 협의설).
- 특허기업의 경영주체는 사인(사기업)이나, 공기업의 경영주체는 국가나 지방자치단체 또는 국가나 지방자치단체가 설립한 특수법인임.

2 특허기업의 특허

1. 의의

- 국가나 지방자치단체가 특정 공익사업의 독점경영권을 사인에게 설정하여 주는 형성적 행정행위(예 전기사업, 해상운송사업 등)

2. 성질 및 효과

- 특허를 협력을 요하는 행정행위이고, 독점적 경영권을 특정인에게 설정하여 주는 행위(독점적 경영권설정설)
- 특허기업의 특허는 특별한 규정이 없는 한 재량행위임.

관련 판례

자동차운송사업면허는 특정인에게 권리를 설정하는 행위로서 법령에 특별히 규정된 바가 없으면 행정청의 재량에 속하는 것이고, 그 면허를 위한 기준 역시 법령에 특별히 규정된 바가 없으면 행정청의 자유재량에 속하는 것이다(대판 1992.4.28, 91누10220).

3. 경찰상 영업허가와의 비교

구분		특허기업의 특허	경찰상 영업허가
유사점		법률행위적 행정행위, 수익적 행정행위, 상대방의 신청을 요하는 행정행위, 사인의 영업행위의 적법요건으로 작용하여, 사인의 영업행위에 대한 사전 통제의 의의를 지니며 특허나 허가 없이 경영시 제재 가능, 국가에 의한 감독·통제	
차이점	대상사업	국민의 일상생활에 필수적인 재화와 역무를 제공하는 공익사업	본래 국민의 자유에 속하는 사업으로 사회질서 유지와 밀접한 사업
	규율목적	적극적으로 공공의 복리증진	소극적인 공공의 안녕·질서의 유지
	성질	형성적 행위(경영권 창설), 원칙적 재량행위	명령적 행위(자연적 자유 회복), 원칙적 기속행위
	이익의 성질	법률적 이익(독점적 경영권 인정)	반사적 이익
	감독·보호	적극적 규제·감독, 보호·특전 O (원칙)	소극적·최소한의 규제, 보호·특전 X (원칙)

3 특허기업의 법률관계

1. 특허기업자의 권리

(1) 기업경영권

- 특허를 받은 기업자는 특허기업을 배타적으로 경영할 수 있는 권리를 획득함.

(2) 부수적 특권

- 공용부담권, 공물사용권, 세금의 감면·보조금의 교부 등 경제상 보호, 행정벌에 의한 기업경영의 보호 등이 인정됨.

2. 특허기업자의 의무

(1) 기업경영의무

- 일정한 기간 내에 사업을 개시할 사업개시의무, 사업을 개시한 이상 사업을 계속할 사업계속의무, 이용제공의무를 부담함.

(2) 지휘·감독을 받을 의무

- 공익성때문에 행정주체의 특별한 감독을 받을 의무가 인정됨.

3. 특허기업이용자의 권리

- 이용자와 특허기업 간에는 원칙적으로 사법상 법률관계가 성립됨. 단, 특허기업자에게 이용료 강제징수권이 성립하는 경우에는 그 범위에서 공법상 법률관계가 성립됨.
- 특허기업은 정당한 사유 없이 그 이용자의 이용을 거절하지 못하므로, 이용자는 특허기업의 이용에 있어 정당한 사유 없이 차별취급을 받지 않을 권리가 있음.

기출지문 OX

01 특허기업은 특허받은 한도 내에서 특허의 대상이 되는 사업을 배타적으로 경영할 수 있는 경영권을 갖는다. (15지방7) ( )

02 특허기업과 행정주체의 법률관계는 기본적으로 공법관계이므로 행정청은 특허기업에 대하여 감독권을 행사할 수 있다. (15지방7) ( )

03 특허기업과 특허기업이용자와의 관계는 사법관계이므로 특허기업자는 특허기업의 이용자를 정당한 사용 없이도 차별적으로 취급할 수 있다. (15지방7) ( )

정답
01 ○ 02 ○ 03 ×

제4장 사회보장행정법

제1절 서설

1 사회보장행정의 의의

• **사회보장행정**: 사회국가이념에 기초하여, 행정주체가 개인이 인간다운 생활을 할 수 있도록 최저생활을 보장하기 위하여 행하는 사회보험·공공부조·사회복지서비스 및 관련 복지제도 등의 급부행정작용

> **사회보장기본법 제3조【정의】** 이 법에서 사용하는 용어의 뜻은 다음과 같다.
> 1. "사회보장"이란 출산, 양육, 실업, 노령, 장애, 질병, 빈곤 및 사망 등의 사회적 위험으로부터 모든 국민을 보호하고 국민 삶의 질을 향상시키는 데 필요한 소득·서비스를 보장하는 사회보험, 공공부조, 사회서비스를 말한다.

2 사회보장행정의 기능

• 생존권적 기본권의 구체화, 권리구제절차의 명문화, 사회보장수급에 대한 평등화(사회국가원리)의 기능을 수행함.

3 사회보장기본법의 내용

1. 국가와 지방자치단체의 책임

> **사회보장기본법 제5조【국가와 지방자치단체의 책임】** ① 국가와 지방자치단체는 모든 국민의 인간다운 생활을 유지·증진하는 책임을 가진다.
> ② 국가와 지방자치단체는 사회보장에 관한 책임과 역할을 합리적으로 분담하여야 한다.
> ③ 국가와 지방자치단체는 국가 발전수준에 부응하고 사회환경의 변화에 선제적으로 대응하며 지속가능한 사회보장제도를 확립하고 매년 이에 필요한 재원을 조달하여야 한다.
> ④ 국가는 사회보장제도의 안정적인 운영을 위하여 중장기 사회보장 재정추계를 격년으로 실시하고 이를 공표하여야 한다.
>
> **제6조【국가 등과 가정】** ① 국가와 지방자치단체는 가정이 건전하게 유지되고 그 기능이 향상되도록 노력하여야 한다.
> ② 국가와 지방자치단체는 사회보장제도를 시행할 때에 가정과 지역공동체의 자발적인 복지활동을 촉진하여야 한다.
>
> **제7조【국민의 책임】** ① 모든 국민은 자신의 능력을 최대한 발휘하여 자립·자활(自活)할 수 있도록 노력하여야 한다.

기출지문 OX

01 사회보장행정은 전형적으로 사회국가의 이념에 입각해 있다. (00검찰9) ( )

02 사회보장이란 출산, 양육, 실업, 노령, 장애, 질병, 빈곤 및 사망 등의 사회적 위험으로부터 모든 국민을 보호하고 국민 삶의 질을 향상시키는 데 필요한 소득·서비스를 보장하는 사회보험, 공공부조, 사회서비스를 말한다. (18지방7) ( )

03 국가와 지방자치단체는 국가 발전수준에 부응하고 사회환경의 변화에 선제적으로 대응하며 지속가능한 사회보장제도를 확립하고 매년 이에 필요한 재원을 조달하여야 한다. (18지방7) ( )

정답
01 ○ 02 ○ 03 ○

② 모든 국민은 경제적·사회적·문화적·정신적·신체적으로 보호가 필요하다고 인정되는 사람에게 지속적인 관심을 가지고 이들이 보다 나은 삶을 누릴 수 있는 사회환경 조성에 서로 협력하고 노력하여야 한다.
③ 모든 국민은 관계 법령에서 정하는 바에 따라 사회보장급여에 필요한 비용의 부담, 정보의 제공 등 국가의 사회보장정책에 협력하여야 한다.

2. 사회보장을 받을 권리

(1) 주체

사회보장기본법 제9조 【사회보장을 받을 권리】 모든 국민은 사회보장 관계 법령에서 정하는 바에 따라 사회보장급여를 받을 권리(이하 "사회보장수급권"이라 한다)를 가진다.

제8조 【외국인에 대한 적용】 국내에 거주하는 외국인에게 사회보장제도를 적용할 때에는 상호주의의 원칙에 따르되, 관계 법령에서 정하는 바에 따른다.

(2) 사회보장급여

사회보장기본법 제10조 【사회보장급여의 수준】 ① 국가와 지방자치단체는 모든 국민이 건강하고 문화적인 생활을 유지할 수 있도록 사회보장급여의 수준 향상을 위하여 노력하여야 한다.
② 국가는 관계 법령에서 정하는 바에 따라 최저보장수준과 최저임금을 매년 공표하여야 한다.
③ 국가와 지방자치단체는 제2항에 따른 최저보장수준과 최저임금 등을 고려하여 사회보장급여의 수준을 결정하여야 한다.

제11조 【사회보장급여의 신청】 ① 사회보장급여를 받으려는 사람은 관계 법령에서 정하는 바에 따라 국가나 지방자치단체에 신청하여야 한다. 다만, 관계 법령에서 따로 정하는 경우에는 국가나 지방자치단체가 신청을 대신할 수 있다.
② 사회보장급여를 신청하는 사람이 다른 기관에 신청한 경우에는 그 기관은 지체 없이 이를 정당한 권한이 있는 기관에 이송하여야 한다. 이 경우 정당한 권한이 있는 기관에 이송된 날을 사회보장급여의 신청일로 본다.

제12조 【사회보장수급권의 보호】 사회보장수급권은 관계 법령에서 정하는 바에 따라 다른 사람에게 양도하거나 담보로 제공할 수 없으며, 이를 압류할 수 없다.

제13조 【사회보장수급권의 제한 등】 ① 사회보장수급권은 제한되거나 정지될 수 없다. 다만, 관계 법령에서 따로 정하고 있는 경우에는 그러하지 아니하다.
② 제1항 단서에 따라 사회보장수급권이 제한되거나 정지되는 경우에는 제한 또는 정지하는 목적에 필요한 최소한의 범위에 그쳐야 한다.

제14조 【사회보장수급권의 포기】 ① 사회보장수급권은 정당한 권한이 있는 기관에 서면으로 통지하여 포기할 수 있다.
② 사회보장수급권의 포기는 취소할 수 있다.
③ 제1항에도 불구하고 사회보장수급권을 포기하는 것이 다른 사람에게 피해를 주거나 사회보장에 관한 관계 법령에 위반되는 경우에는 사회보장수급권을 포기할 수 없다.

기출지문 OX

01 사회보장청구권자는 자연인만이 될 수 있으며, 법인은 본질적으로 사회보장청구권자가 될 수 없다. (11국가7) ( )

정답
01 ○

기출지문 OX

01 사회보험에 소요되는 비용은 사용자·피용자 및 자영업자가 부담하는 것을 원칙으로 하며, 일정소득수준 이하의 국민에 대한 사회서비스에 소요되는 비용의 전부 또는 일부는 국가 및 지방자치단체가 이를 부담한다. (08국가7) ( )

02 사회서비스란 생애주기에 걸쳐 보편적으로 충족되어야 하는 기본욕구와 특정한 사회위험에 의하여 발생하는 특수욕구를 동시에 고려하여 소득·서비스를 보장하는 맞춤형 사회보장제도를 말한다. (18지방7) ( )

정답
01 ○ 02 ×

(3) 사회보장제도의 운영원칙

사회보장기본법 제25조 【운영원칙】 ① 국가와 지방자치단체가 사회보장제도를 운영할 때에는 이 제도를 필요로 하는 모든 국민에게 적용하여야 한다.
② 국가와 지방자치단체는 사회보장제도의 급여 수준과 비용 부담 등에서 형평성을 유지하여야 한다.
③ 국가와 지방자치단체는 사회보장제도의 정책 결정 및 시행 과정에 공익의 대표자 및 이해관계인 등을 참여시켜 이를 민주적으로 결정하고 시행하여야 한다.
④ 국가와 지방자치단체가 사회보장제도를 운영할 때에는 국민의 다양한 복지 욕구를 효율적으로 충족시키기 위하여 연계성과 전문성을 높여야 한다.
⑤ 사회보험은 국가의 책임으로 시행하고, 공공부조와 사회서비스는 국가와 지방자치단체의 책임으로 시행하는 것을 원칙으로 한다. 다만, 국가와 지방자치단체의 재정 형편 등을 고려하여 이를 협의·조정할 수 있다.

(4) 비용의 부담

사회보장기본법 제28조 【비용의 부담】 ① 사회보장 비용의 부담은 각각의 사회보장제도의 목적에 따라 국가, 지방자치단체 및 민간부문 간에 합리적으로 조정되어야 한다.
② 사회보험에 드는 비용은 사용자, 피용자 및 자영업자가 부담하는 것을 원칙으로 하되, 관계 법령에서 정하는 바에 따라 국가가 그 비용의 일부를 부담할 수 있다.
③ 공공부조 및 관계 법령에서 정하는 일정 소득 수준 이하의 국민에 대한 사회서비스에 드는 비용의 전부 또는 일부는 국가와 지방자치단체가 부담한다.
④ 부담 능력이 있는 국민에 대한 사회서비스에 드는 비용은 그 수익자가 부담함을 원칙으로 하되, 관계 법령에서 정하는 바에 따라 국가와 지방자치단체가 그 비용의 일부를 부담할 수 있다.

제2절 사회보장의 종류

사회보장기본법 제3조 【정의】 이 법에서 사용하는 용어의 뜻은 다음과 같다.

2. "사회보험"이란 국민에게 발생하는 사회적 위험을 보험의 방식으로 대처함으로써 국민의 건강과 소득을 보장하는 제도를 말한다.
3. "공공부조"란 국가와 지방자치단체의 책임 하에 생활 유지 능력이 없거나 생활이 어려운 국민의 최저생활을 보장하고 자립을 지원하는 제도를 말한다.
4. "사회서비스"란 국가·지방자치단체 및 민간부문의 도움이 필요한 모든 국민에게 복지, 보건의료, 교육, 고용, 주거, 문화, 환경 등의 분야에서 인간다운 생활을 보장하고 상담, 재활, 돌봄, 정보의 제공, 관련 시설의 이용, 역량 개발, 사회참여 지원 등을 통하여 국민의 삶의 질이 향상되도록 지원하는 제도를 말한다.
5. "평생사회안전망"이란 생애주기에 걸쳐 보편적으로 충족되어야 하는 기본욕구와 특정한 사회위험에 의하여 발생하는 특수욕구를 동시에 고려하여 소득·서비스를 보장하는 맞춤형 사회보장제도를 말한다.

6. "사회보장 행정데이터"란 국가, 지방자치단체, 공공기관 및 법인이 법령에 따라 생성 또는 취득하여 관리하고 있는 자료 또는 정보로서 사회보장 정책 수행에 필요한 자료 또는 정보를 말한다.

1 사회보험

1. 의의, 종류, 특징

- **사회보험**: 국민에게 발생하는 사회적 위험을 보험의 방식으로 대처함으로써 국민의 건강과 소득을 보장하는 제도
- 사회보험에는 국민연금보험, 국민건강보험, 산업재해보상보험, 고용보험, 실업보험 등이 있음.
- 사회보험은 국민의 빈곤을 방지하고, 소득재분배를 수행하며, 강제보험, 비영리보험의 특징을 가짐.

2. 사보험과의 구별

사회보험은 계약 체결 및 해약의 자유가 인정되지 않으며, 보험료의 부담에 있어 국가나 사업주도 일부를 부담하고, 급부와 반대급부간 균형원칙이 적용 ×

3. 국민건강보험법(의료보험)

(1) 적용대상

국민건강보험법 제5조 【적용 대상 등】 ① 국내에 거주하는 국민은 건강보험의 가입자(이하 "가입자"라 한다) 또는 피부양자가 된다. 다만, 다음 각 호의 어느 하나에 해당하는 사람은 제외한다.
1. 의료급여법에 따라 의료급여를 받는 사람(이하 "수급권자"라 한다)
2. 독립유공자예우에 관한 법률 및 국가유공자 등 예우 및 지원에 관한 법률에 따라 의료보호를 받는 사람(이하 "유공자등 의료보호대상자"라 한다). 다만, 다음 각 목의 어느 하나에 해당하는 사람은 가입자 또는 피부양자가 된다.
   가. 유공자등 의료보호대상자 중 건강보험의 적용을 보험자에게 신청한 사람
   나. 건강보험을 적용받고 있던 사람이 유공자등 의료보호대상자로 되었으나 건강보험의 적용배제신청을 보험자에게 하지 아니한 사람

② 제1항의 피부양자는 다음 각 호의 어느 하나에 해당하는 사람 중 직장가입자에게 주로 생계를 의존하는 사람으로서 소득 및 재산이 보건복지부령으로 정하는 기준 이하에 해당하는 사람을 말한다.
1. 직장가입자의 배우자
2. 직장가입자의 직계존속(배우자의 직계존속을 포함한다)
3. 직장가입자의 직계비속(배우자의 직계비속을 포함한다)과 그 배우자
4. 직장가입자의 형제·자매

기출지문 OX

01 사회보험이란 국민에게 발생하는 사회적 위험을 보험의 방식으로 대처함으로써 국민의 건강과 소득을 보장하는 제도를 말한다. (18지방7) ( )

정답
01 ○

(2) 보험자

> **국민건강보험법 제2조 【관장】** 이 법에 따른 건강보험사업은 보건복지부장관이 맡아 주관한다.
>
> **제13조 【보험자】** 건강보험의 보험자는 국민건강보험공단(이하 "공단"이라 한다)으로 한다.

(3) 가입자의 종류

> **국민건강보험법 제6조 【가입자의 종류】** ① 가입자는 직장가입자와 지역가입자로 구분한다.
>
> ② 모든 사업장의 근로자 및 사용자와 공무원 및 교직원은 직장가입자가 된다. 다만, 다음 각 호의 어느 하나에 해당하는 사람은 제외한다.
>
> 1. 고용 기간이 1개월 미만인 일용근로자
> 2. 병역법에 따른 현역병(지원에 의하지 아니하고 임용된 하사를 포함한다), 전환복무된 사람 및 군간부후보생
> 3. 선거에 당선되어 취임하는 공무원으로서 매월 보수 또는 보수에 준하는 급료를 받지 아니하는 사람
> 4. 그 밖에 사업장의 특성, 고용 형태 및 사업의 종류 등을 고려하여 대통령령으로 정하는 사업장의 근로자 및 사용자와 공무원 및 교직원
>
> ③ 지역가입자는 직장가입자와 그 피부양자를 제외한 가입자를 말한다.

(4) 급여의 종류

> **국민건강보험법 제41조 【요양급여】** ① 가입자와 피부양자의 질병, 부상, 출산 등에 대하여 다음 각 호의 요양급여를 실시한다.
>
> 1. 진찰·검사
> 2. 약제·치료재료의 지급
> 3. 처치·수술 및 그 밖의 치료
> 4. 예방·재활
> 5. 입원
> 6. 간호
> 7. 이송
>
> **제50조 【부가급여】** 공단은 이 법에서 정한 요양급여 외에 대통령령으로 정하는 바에 따라 임신·출산 진료비, 장제비, 상병수당, 그 밖의 급여를 실시할 수 있다.
>
> **제52조 【건강검진】** ① 공단은 가입자와 피부양자에 대하여 질병의 조기 발견과 그에 따른 요양급여를 하기 위하여 건강검진을 실시한다.

4. 국민연금법

(1) 보험자

> **국민연금법 제2조 【관장】** 이 법에 따른 국민연금사업은 보건복지부장관이 맡아 주관한다.
>
> **제24조 【국민연금공단의 설립】** 보건복지부장관의 위탁을 받아 제1조의 목적을 달성하기 위한 사업을 효율적으로 수행하기 위하여 국민연금공단(이하 "공단"이라 한다)을 설립한다.

(2) 가입대상

> **국민연금법 제6조 【가입 대상】** 국내에 거주하는 국민으로서 18세 이상 60세 미만인 자는 국민연금 가입 대상이 된다. 다만, 공무원연금법, 군인연금법, 사립학교교직원 연금법 및 별정우체국법을 적용받는 공무원, 군인, 교직원 및 별정우체국 직원, 그 밖에 대통령령으로 정하는 자는 제외한다.

(3) 가입자의 종류

> **국민연금법 제7조 【가입자의 종류】** 가입자는 사업장가입자, 지역가입자, 임의가입자 및 임의계속가입자로 구분한다.

(4) 급여의 종류

> **국민연금법 제49조 【급여의 종류】** 이 법에 따른 급여의 종류는 다음과 같다.
> 1. 노령연금
> 2. 장애연금
> 3. 유족연금
> 4. 반환일시금

5. 산업재해보상보험법

(1) 적용대상(가입자)

> **산업재해보상보험법 제6조 【적용 범위】** 이 법은 근로자를 사용하는 모든 사업 또는 사업장(이하 "사업"이라 한다)에 적용한다. 다만, 위험률·규모 및 장소 등을 고려하여 대통령령으로 정하는 사업에 대하여는 이 법을 적용하지 아니한다.

(2) 보험자

> **산업재해보상보험법 제2조 【보험의 관장과 보험연도】** ① 이 법에 따른 산업재해보상보험 사업(이하 "보험사업"이라 한다)은 고용노동부장관이 관장한다.
>
> **제10조 【근로복지공단의 설립】** 고용노동부장관의 위탁을 받아 제1조의 목적을 달성하기 위한 사업을 효율적으로 수행하기 위하여 근로복지공단(이하 "공단"이라 한다)을 설립한다.

(3) 수급권자

- 보험급여의 수급권자는 업무상 재해를 당한 근로자를 의미함.

> **산업재해보상보험법 제5조 【정의】** 이 법에서 사용하는 용어의 뜻은 다음과 같다.
> 1. "업무상의 재해"란 업무상의 사유에 따른 근로자의 부상·질병·장해 또는 사망을 말한다.

(4) 급여의 종류

> **산업재해보상보험법 제36조 【보험급여의 종류와 산정 기준 등】** ① 보험급여의 종류는 다음 각 호와 같다. 다만, 진폐에 따른 보험급여의 종류는 제1호의 요양급여, 제4호의 간병급여, 제7호의 장례비, 제8호의 직업재활급여, 제91조의3에 따른 진폐보상연금 및 제91조의4에 따른 진폐유족연금으로 한다.

1. 요양급여
2. 휴업급여
3. 장해급여
4. 간병급여
5. 유족급여
6. 상병보상연금
7. 장례비
8. 직업재활급여

관련 판례

1 산업재해보상보험법 제37조 제1항에서 말하는 '업무상의 재해'란 업무수행 중 업무에 기인하여 발생한 근로자의 부상·질병·신체장애 또는 사망을 뜻하는 것이므로 업무와 재해발생 사이에는 인과관계가 있어야 한다. 그 인과관계는 이를 주장하는 측에서 증명하여야 하지만, 반드시 의학적·자연과학적으로 명백히 증명되어야 하는 것이 아니며 규범적 관점에서 상당인과관계가 인정되는 경우에는 증명이 있다고 보아야 한다. 따라서 근로자가 극심한 업무상의 스트레스와 그로 인한 정신적인 고통으로 우울증세가 악화되어 정상적인 인식능력이나 행위선택능력, 정신적 억제력이 현저히 저하되어 합리적인 판단을 기대할 수 없을 정도의 상황에 처하여 자살에 이르게 된 것으로 추단할 수 있는 경우라면 망인의 업무와 사망 사이에 상당인과관계가 인정될 수 있고, 비록 그 과정에서 망인의 내성적인 성격 등 개인적인 취약성이 자살을 결의하게 된 데에 영향을 미쳤다거나 자살 직전에 환각, 망상, 와해된 언행 등의 정신병적 증상에 이르지 않았다고 하여 달리 볼 것은 아니다(대판 2017.5.31, 2016두58840).

2 **[1]** 산업재해보상보험법 제5조 제1호에 정한 '업무상의 재해'는 업무수행 중 업무에 기인하여 발생한 근로자의 부상, 질병, 장해 또는 사망을 뜻하므로 이에 해당하기 위해서는 업무와 재해발생 사이에 인과관계가 있어야 한다. 그리고 그 인과관계는 반드시 의학적·자연과학적으로 명백히 증명하여야 하는 것이 아니라 제반 사정을 고려할 때 업무와 질병 사이에 상당인과관계가 있다고 추단되면 증명된 것으로 보아야 하고, 평소에 정상적인 근무가 가능한 기초질병이나 기존질병이 직무의 과중 등이 원인이 되어 자연적인 진행속도 이상으로 급격하게 악화된 때에도 인과관계가 증명된 것으로 보아야 한다.

[2] 여러 개의 건설공사 사업장을 옮겨 다니며 근무한 근로자가 작업 중 질병에 걸린 경우 그 건설공사 사업장이 모두 산업재해보상보험법의 적용 대상이라면 당해 질병이 업무상 재해에 해당하는지 여부를 판단할 때에 그 근로자가 복수의 사용자 아래서 경험한 모든 업무를 포함시켜 판단의 자료로 삼아야 한다(대판 2017.4.28, 2016두56134).

3 사업주의 지배나 관리를 받는 상태에 있는 회식 과정에서 근로자가 주량을 초과하여 음주를 한 것이 주된 원인이 되어 부상·질병·신체장해 또는 사망 등의 재해를 입은 경우, 이러한 재해는 상당인과관계가 인정되는 한 업무상 재해로 볼 수 있다. 이때 업무·과음·재해 사이의 상당인과관계는 사업주가 과음행위를 만류하거나 제지하였는데도 근로자 스스로 독자적이고 자발적으로 과음을 한 것인지, 재해를 입은 근로자 외에 다른 근로자들이 마신 술의 양은 어느 정도인지, 업무와 관련된 회식 과정에서 통상적으로 따르는 위험의 범위 내에서 재해가 발생하였다고 볼 수 있는지, 과음으로 인한 심신장애와 무관한 다른 비정상적인 경로를 거쳐 재해가 발생하였는지 등 여러 사정을 고려하여 판단하여야 한다(대판 2017.5.30, 2016두54589).

6. 고용보험법

(1) 적용대상(가입자)

> **고용보험법 제8조【적용 범위】** ① 이 법은 근로자를 사용하는 모든 사업 또는 사업장(이하 "사업"이라 한다)에 적용한다. 다만, 산업별 특성 및 규모 등을 고려하여 대통령령으로 정하는 사업에 대해서는 적용하지 아니한다.
> ② 이 법은 제77조의2 제1항에 따른 예술인 또는 제77조의6 제1항에 따른 노무제공자의 노무를 제공받는 사업에 적용하되, 제5장의2 또는 제5장의3에서 규정된 사항에 한정하여 각각 적용한다.

(2) 보험자

> **고용보험법 제3조【보험의 관장】** 고용보험(이하 "보험"이라 한다)은 고용노동부장관이 관장한다.

(3) 피보험자

> **고용보험법 제2조【정의】** 이 법에서 사용하는 용어의 뜻은 다음과 같다.
> 1. "피보험자"란 다음 각 목에 해당하는 사람을 말한다.
>   가. 고용보험 및 산업재해보상보험의 보험료징수 등에 관한 법률(이하 "고용산재보험료징수법"이라 한다) 제5조 제1항·제2항, 제6조 제1항, 제8조 제1항·제2항, 제48조의2 제1항 및 제48조의3 제1항에 따라 보험에 가입되거나 가입된 것으로 보는 근로자, 예술인 또는 노무제공자
>   나. 고용산재보험료징수법 제49조의2 제1항·제2항에 따라 고용보험에 가입하거나 가입된 것으로 보는 자영업자(이하 "자영업자인 피보험자"라 한다)

(4) 급여의 종류

> **고용보험법 제4조【고용보험사업】** ① 보험은 제1조의 목적을 이루기 위하여 고용보험사업(이하 "보험사업"이라 한다)으로 고용안정·직업능력개발 사업, 실업급여, 육아휴직 급여 및 출산전후 휴가 급여 등을 실시한다.
> ② 보험사업의 보험연도는 정부의 회계연도에 따른다.

2 공공부조

1. 의의

- **공공부조**: 국가와 지방자치단체의 책임하에 생활 유지 능력이 없거나 생활이 어려운 국민의 최저생활을 보장하고 자립을 지원하는 제도

2. 사회보험과의 구별

- 조세 등 국가의 일반재원에서 조달, 신청에 의한 가입, 수급자의 자활능력에 따라 개별성의 원칙 적용 등에서 차이가 있음.

기출지문 OX

01 공공부조는 국가 또는 지방자치단체의 책임하에 생활유지능력이 없거나 생활이 어려운 국민의 최저생활을 보장하고 자립을 지원하는 것이다. (11국가7) ( )

02 공공부조는 사회보험에 대한 보완적 성격을 가지나 양자는 공히 조세수입 등에 의한 일반재원에 주로 의존한다. (11국가7) ( )

정답
01 ○ 02 ×

기출지문 OX

01 수급자의 생활의 유지 및 향상을 위하여 국가가 최대한 노력하는 것이 급여의 기본원칙이다. (08국가7) ( )

02 급여는 건강하고 문화적인 최저생활을 유지할 수 있는 것이어야 한다. (07국가7) ( )

03 지방자치단체인 보장기관은 해당 지방자치단체의 조례로 정하는 바에 따라 국민기초생활보장법에 따른 급여의 범위 및 수준을 초과하여 급여를 실시할 수 있다. (21지방7) ( )

정답
01 × 02 ○ 03 ○

3. 기본원칙

국민기초생활 보장법 제3조 【급여의 기본원칙】 ① 이 법에 따른 급여는 수급자가 자신의 생활의 유지·향상을 위하여 그의 소득, 재산, 근로능력 등을 활용하여 최대한 노력하는 것을 전제로 이를 보충·발전시키는 것을 기본원칙으로 한다.
② 부양의무자의 부양과 다른 법령에 따른 보호는 이 법에 따른 급여에 우선하여 행하여지는 것으로 한다. 다만, 다른 법령에 따른 보호의 수준이 이 법에서 정하는 수준에 이르지 아니하는 경우에는 나머지 부분에 관하여 이 법에 따른 급여를 받을 권리를 잃지 아니한다.

제4조 【급여의 기준 등】 ① 이 법에 따른 급여는 건강하고 문화적인 최저생활을 유지할 수 있는 것이어야 한다.
② 이 법에 따른 급여의 기준은 수급자의 연령, 가구 규모, 거주지역, 그 밖의 생활여건 등을 고려하여 급여의 종류별로 보건복지부장관이 정하거나 급여를 지급하는 중앙행정기관의 장(이하 "소관 중앙행정기관의 장"이라 한다)이 보건복지부장관과 협의하여 정한다.
③ 보장기관은 이 법에 따른 급여를 개별가구 단위로 실시하되, 특히 필요하다고 인정하는 경우에는 개인 단위로 실시할 수 있다.
④ 지방자치단체인 보장기관은 해당 지방자치단체의 조례로 정하는 바에 따라 이 법에 따른 급여의 범위 및 수준을 초과하여 급여를 실시할 수 있다. 이 경우 해당 보장기관은 보건복지부장관 및 소관 중앙행정기관의 장에게 알려야 한다.

제9조 【생계급여의 방법】 ① 생계급여는 금전을 지급하는 것으로 한다. 다만, 금전으로 지급할 수 없거나 금전으로 지급하는 것이 적당하지 아니하다고 인정하는 경우에는 물품을 지급할 수 있다.

제10조 【생계급여를 실시할 장소】 ① 생계급여는 수급자의 주거에서 실시한다. 다만, 수급자가 주거가 없거나 주거가 있어도 그곳에서는 급여의 목적을 달성할 수 없는 경우 또는 수급자가 희망하는 경우에는 수급자를 제32조에 따른 보장시설이나 타인의 가정에 위탁하여 급여를 실시할 수 있다.

사회보장기본법 제8조 【외국인에 대한 적용】 국내에 거주하는 외국인에게 사회보장제도를 적용할 때에는 상호주의의 원칙에 따르되, 관계 법령에서 정하는 바에 따른다.

4. 국민기초생활 보장법

(1) 수급권자

국민기초생활 보장법 제14조의2 【급여의 특례】 제8조, 제11조, 제12조, 제12조의3, 제13조, 제14조 및 제15조에 따른 수급권자에 해당하지 아니하여도 생활이 어려운 사람으로서 일정 기간 동안 이 법에서 정하는 급여의 전부 또는 일부가 필요하다고 보건복지부장관 또는 소관 중앙행정기관의 장이 정하는 사람은 수급권자로 본다.

제5조의2 【외국인에 대한 특례】 국내에 체류하고 있는 외국인 중 대한민국 국민과 혼인하여 본인 또는 배우자가 임신 중이거나 대한민국 국적의 미성년 자녀를 양육하고 있거나 배우자의 대한민국 국적인 직계존속과 생계나 주거를 같이하고 있는 사람으로서 대통령령으로 정하는 사람이 이 법에 따른 급여를 받을 수 있는 자격을 가진 경우에는 수급권자가 된다.

(2) 급여의 종류

① 생계급여

㉠ 내용

국민기초생활 보장법 제8조 【생계급여의 내용 등】 ① 생계급여는 수급자에게 의복, 음식물 및 연료비와 그 밖에 일상생활에 기본적으로 필요한 금품을 지급하여 그 생계를 유지하게 하는 것으로 한다.
② 생계급여 수급권자는 부양의무자가 없거나, 부양의무자가 있어도 부양능력이 없거나 부양을 받을 수 없는 사람으로서 그 소득인정액이 제20조 제2항에 따른 중앙생활보장위원회의 심의·의결을 거쳐 결정하는 금액(이하 이 조에서 "생계급여 선정기준"이라 한다) 이하인 사람으로 한다. 이 경우 생계급여 선정기준은 기준 중위소득의 100분의 30 이상으로 한다.
③ 생계급여 최저보장수준은 생계급여와 소득인정액을 포함하여 생계급여 선정기준 이상이 되도록 하여야 한다.
④ 제2항 및 제3항에도 불구하고 제10조 제1항 단서에 따라 제32조에 따른 보장시설에 위탁하여 생계급여를 실시하는 경우에는 보건복지부장관이 정하는 고시에 따라 그 선정기준 등을 달리 정할 수 있다.

㉡ 지급 방법

국민기초생활 보장법 제9조 【생계급여의 방법】 ① 생계급여는 금전을 지급하는 것으로 한다. 다만, 금전으로 지급할 수 없거나 금전으로 지급하는 것이 적당하지 아니하다고 인정하는 경우에는 물품을 지급할 수 있다.
② 제1항의 수급품은 대통령령으로 정하는 바에 따라 매월 정기적으로 지급하여야 한다. 다만, 특별한 사정이 있는 경우에는 그 지급방법을 다르게 정하여 지급할 수 있다.
③ 제1항의 수급품은 수급자에게 직접 지급한다. 다만, 제10조 제1항 단서에 따라 제32조에 따른 보장시설이나 타인의 가정에 위탁하여 생계급여를 실시하는 경우에는 그 위탁받은 사람에게 이를 지급할 수 있다. 이 경우 보장기관은 보건복지부장관이 정하는 바에 따라 정기적으로 수급자의 수급 여부를 확인하여야 한다.
④ 생계급여는 보건복지부장관이 정하는 바에 따라 수급자의 소득인정액 등을 고려하여 차등지급할 수 있다.
⑤ 보장기관은 대통령령으로 정하는 바에 따라 근로능력이 있는 수급자에게 자활에 필요한 사업에 참가할 것을 조건으로 하여 생계급여를 실시할 수 있다. 이 경우 보장기관은 제28조에 따른 자활지원계획을 고려하여 조건을 제시하여야 한다.

㉢ 실시 장소

국민기초생활 보장법 제10조 【생계급여를 실시할 장소】 ① 생계급여는 수급자의 주거에서 실시한다. 다만, 수급자가 주거가 없거나 주거가 있어도 그 곳에서는 급여의 목적을 달성할 수 없는 경우 또는 수급자가 희망하는 경우에는 수급자를 제32조에 따른 보장시설이나 타인의 가정에 위탁하여 급여를 실시할 수 있다.

기출지문 OX

01 국민기초생활보장법상 수급권자는 부양의무자가 없거나, 부양의무자가 있어도 부양능력이 없거나 부양을 받을 수 없는 자로서 소득인정액이 최저임금액 이하인 자로 한다. (08국가7) ( )

02 생계급여 최저보장수준은 생계급여와 소득인정액을 포함하여 생계급여 선정기준 이상이 되도록 하여야 한다. (21지방7) ( )

03 국민기초생활보장법상 생계급여는 금전을 지급함을 원칙으로 하나 예외적으로 물품을 지급할 수 있으며, 특별한 사정이 없는 한 매월 정기적으로 지급하여야 한다. (08국회7) ( )

정답
01 × 02 ○ 03 ○

기출지문 OX

01 노령급여는 국민기초생활보장법에 규정된 급여에 해당한다. (04국가7) ( )

정답
01 ×

② 주거급여

> **국민기초생활 보장법 제11조 【주거급여】** ① 주거급여는 수급자에게 주거 안정에 필요한 임차료, 수선유지비, 그 밖의 수급품을 지급하는 것으로 한다.

③ 교육급여

> **국민기초생활 보장법 제12조 【교육급여】** ① 교육급여는 수급자에게 입학금, 수업료, 학용품비, 그 밖의 수급품을 지급하는 것으로 하되, 학교의 종류·범위 등에 관하여 필요한 사항은 대통령령으로 정한다.
> ③ 교육급여 수급권자는 부양의무자가 없거나, 부양의무자가 있어도 부양능력이 없거나 부양을 받을 수 없는 사람으로서 그 소득인정액이 제20조 제2항에 따른 중앙생활보장위원회의 심의·의결을 거쳐 결정하는 금액(이하 "교육급여 선정기준"이라 한다) 이하인 사람으로 한다. 이 경우 교육급여 선정기준은 기준 중위소득의 100분의 50 이상으로 한다.

④ 의료급여

> **국민기초생활 보장법 제12조의3 【의료급여】** ① 의료급여는 수급자에게 건강한 생활을 유지하는 데 필요한 각종 검사 및 치료 등을 지급하는 것으로 한다.

⑤ 해산급여

> **국민기초생활 보장법 제13조 【해산급여】** ① 해산급여는 제7조 제1항 제1호부터 제3호까지의 급여 중 하나 이상의 급여를 받는 수급자에게 다음 각 호의 급여를 실시하는 것으로 한다.
> 1. 조산
> 2. 분만 전과 분만 후에 필요한 조치와 보호

⑥ 장제급여

> **국민기초생활 보장법 제14조 【장제급여】** ① 장제급여는 제7조 제1항 제1호부터 제3호까지의 급여 중 하나 이상의 급여를 받는 수급자가 사망한 경우 사체의 검안·운반·화장 또는 매장, 그 밖의 장제조치를 하는 것으로 한다.

(3) 급여보장기관

> **국민기초생활 보장법 제19조 【보장기관】** ① 이 법에 따른 급여는 수급권자 또는 수급자의 거주지를 관할하는 시·도지사와 시장·군수·구청장[제7조 제1항 제4호의 교육급여인 경우에는 특별시·광역시·특별자치시·도·특별자치도의 교육감(이하 "시·도교육감"이라 한다)을 말한다. 이하 같다]이 실시한다. 다만, 주거가 일정하지 아니한 경우에는 수급권자 또는 수급자가 실제 거주하는 지역을 관할하는 시장·군수·구청장이 실시한다.
> ② 제1항에도 불구하고 보건복지부장관, 소관 중앙행정기관의 장과 시·도지사는 수급자를 각각 국가나 해당 지방자치단체가 경영하는 보장시설에 입소하게 하거나 다른 보장시설에 위탁하여 급여를 실시할 수 있다.

(4) 급여 절차

① 급여의 신청

> **국민기초생활 보장법 제21조【급여의 신청】** ① 수급권자와 그 친족, 그 밖의 관계인은 관할 시장·군수·구청장에게 수급권자에 대한 급여를 신청할 수 있다. 차상위자가 급여를 신청하려는 경우에도 같으며, 이 경우 신청방법과 절차 및 조사 등에 관하여는 제2항부터 제5항까지, 제22조, 제23조 및 제23조의2를 준용한다.
> ② 사회복지 전담공무원은 이 법에 따른 급여를 필요로 하는 사람이 누락되지 아니하도록 하기 위하여 관할지역에 거주하는 수급권자에 대한 급여를 직권으로 신청할 수 있다. 이 경우 수급권자의 동의를 구하여야 하며 수급권자의 동의는 수급권자의 신청으로 볼 수 있다.

② 신청에 의한 조사

> **국민기초생활 보장법 제22조【신청에 의한 조사】** ① 시장·군수·구청장은 제21조에 따른 급여신청이 있는 경우에는 사회복지 전담공무원으로 하여금 급여의 결정 및 실시 등에 필요한 다음 각 호의 사항을 조사하게 하거나 수급권자에게 보장기관이 지정하는 의료기관에서 검진을 받게 할 수 있다.
> 1. 부양의무자의 유무 및 부양능력 등 부양의무자와 관련된 사항
> 2. 수급권자 및 부양의무자의 소득·재산에 관한 사항
> 3. 수급권자의 근로능력, 취업상태, 자활욕구 등 제28조에 따른 자활지원계획 수립에 필요한 사항
> 4. 그 밖에 수급권자의 건강상태, 가구 특성 등 생활실태에 관한 사항

③ 급여의 결정

> **국민기초생활 보장법 제26조【급여의 결정 등】** ① 시장·군수·구청장은 제22조에 따라 조사를 하였을 때에는 지체 없이 급여 실시 여부와 급여의 내용을 결정하여야 한다.
> ③ 시장·군수·구청장은 제1항 및 제2항에 따라 급여 실시 여부와 급여 내용을 결정하였을 때에는 그 결정의 요지(급여의 산출 근거를 포함한다), 급여의 종류·방법 및 급여의 개시 시기 등을 서면으로 수급권자 또는 신청인에게 통지하여야 한다.

④ 급여의 실시 등

> **국민기초생활 보장법 제27조【급여의 실시 등】** ① 제26조 제1항에 따라 급여 실시 및 급여 내용이 결정된 수급자에 대한 급여는 제21조에 따른 급여의 신청일부터 시작한다. 다만, 제6조에 따라 보건복지부장관 또는 소관중앙행정기관의 장이 매년 결정·공표하는 급여의 종류별 수급자 선정기준의 변경으로 인하여 매년 1월에 새로 수급자로 결정되는 사람에 대한 급여는 해당 연도의 1월 1일을 그 급여개시일로 한다.
> ② 시장·군수·구청장은 제26조 제1항에 따른 급여 실시 여부의 결정을 하기 전이라도 수급권자에게 급여를 실시하여야 할 긴급한 필요가 있다고 인정할 때에는 제7조 제1항 각 호에 규정된 급여의 일부를 실시할 수 있다.

기출지문 OX

01 국민기초생활보장법에서는 생활유지능력이 없는 자에 대하여는 행정청이 직권으로 보장급여를 결정하는 직권주의가 아니라, 신청한 사람에게만 보장급여를 하는 신청주의를 원칙으로 하고 있다. (05국가7) ( )

02 사회복지 전담공무원은 급여를 필요로 하는 사람이 누락되지 아니하도록 하기 위하여 관할지역에 거주하는 수급권자에 대한 급여를 수급자의 동의 없이 직권으로 신청할 수 있다. (21지방7) ( )

정답
01 ○ 02 ×

(5) 급여의 변경

> **국민기초생활 보장법 제29조 【급여의 변경】** ① 보장기관은 수급자의 소득·재산·근로능력 등이 변동된 경우에는 직권으로 또는 수급자나 그 친족, 그 밖의 관계인의 신청에 의하여 그에 대한 급여의 종류·방법 등을 변경할 수 있다.

(6) 수급자의 권리와 의무

> **국민기초생활 보장법 제34조 【급여 변경의 금지】** 수급자에 대한 급여는 정당한 사유 없이 수급자에게 불리하게 변경할 수 없다.
>
> **제35조 【압류금지】** ①수급자에게 지급된 수급품(제4조 제4항에 따라 지방자치단체가 실시하는 급여를 포함한다)과 이를 받을 권리는 압류할 수 없다.
> ② 제27조의2 제1항에 따라 지정된 급여수급계좌의 예금에 관한 채권은 압류할 수 없다.
>
> **제36조 【양도금지】** 수급자는 급여를 받을 권리를 타인에게 양도할 수 없다.
>
> **제37조 【신고의 의무】** 수급자는 거주지역, 세대의 구성 또는 임대차 계약내용이 변동되거나 제22조 제1항 각 호의 사항이 현저하게 변동되었을 때에는 지체 없이 관할 보장기관에 신고하여야 한다.

3 사회서비스

1. 의의

- **사회서비스**: 국가·지방자치단체 및 민간부문의 도움이 필요한 모든 국민에게 복지, 보건의료, 교육, 고용, 주거, 문화, 환경 등의 분야에서 인간다운 생활을 보장하고 상담, 재활, 돌봄, 정보의 제공, 관련 시설의 이용, 역량 개발, 사회참여 지원 등을 통하여 국민의 삶의 질이 향상되도록 지원하는 제도
- 주로 상담, 직업훈련 등의 비금전적 급여로 제공함.

2. 서비스 보장과 운영원칙

> **사회보장기본법 제23조 【사회서비스 보장】** ① 국가와 지방자치단체는 모든 국민의 인간다운 생활과 자립, 사회참여, 자아실현 등을 지원하여 삶의 질이 향상될 수 있도록 사회서비스에 관한 시책을 마련하여야 한다.
> ② 국가와 지방자치단체는 사회서비스 보장과 제24조에 따른 소득보장이 효과적이고 균형적으로 연계되도록 하여야 한다.
>
> **제25조 【운영원칙】** ⑤ 사회보험은 국가의 책임으로 시행하고, 공공부조와 사회서비스는 국가와 지방자치단체의 책임으로 시행하는 것을 원칙으로 한다. 다만, 국가와 지방자치단체의 재정 형편 등을 고려하여 이를 협의·조정할 수 있다.

제5장 자금지원행정(조성행정)

제1절 서설

1 의의

- **자금지원행정**: 국가 등의 행정주체가 공익적 입장에서 특정 사업이나 활동의 촉진을 위해 그 사업을 하는 공공단체 또는 사인에게 금전의 급부 및 그 밖의 방법에 의해 경제상 원조를 행하는 것(예 장학금 지급 등)

2 법률적합성

1. 자금지원행정과 법률우위

- 자금지원행정도 법률우위의 원칙이 적용됨. 자금지원행위는 행정법의 일반원칙에 위배되지 않아야 함.

2. 자금지원행정과 법률유보

- 개별법의 명시적 근거가 없어도 가능하다고 보는 ①예산근거설과, 원칙상 법률의 근거가 있어야 한다고 보는 ②법률근거필요설이 대립함.

제2절 행위형식

1 보조금

- **보조금**: 경제촉진을 목적으로 수급자의 반대급부 없이 주어지는 금전
- 보조금은 상대방의 신청에 의한 행정청의 결정으로 지급됨.
- 보조금 관리에 의한 법률상의 보조금 결정은 행정행위의 성격을 가짐. 또한 보조금 교부 결정을 한 후 그 전부 또는 일부를 취소하는 것은 직권취소로서 행정행위의 성격을 가짐.
- 보조금은 공공적 성질을 가지므로 성질상 양도나 강제집행의 대상이 될 수 없음.

기출지문 OX

01 보조사업자가 허위서류 등을 제출하여 보조금을 지급받은 후에 적발된 경우, 중앙관서의 장이 그 보조금교부결정의 전부 또는 일부를 취소하는 것은 강학상 행정행위의 직권취소에 해당한다. (14지방7) ( )

02 사립학교법인의 국가 및 지방자치단체에 대한 보조금교부채권은 성질상 양도나 강제집행의 대상이 될 수 없다. (14지방7) ( )

정답
01 ○ 02 ○

기출지문 OX

01 보조금 관리에 관한 법률에 따라 반환되어야 할 보조금에 대한 중앙관서의 장이 가지는 징수권은 사법상 채권이므로, 민사소송의 방법으로 반환청구할 수 있다. (14지방7) ( )

02 보조금 관리에 관한 법률의 적용을 받는 보조금은 국가가 교부하는 보조금에 한정되고, 지방자치단체가 교부하는 보조금에 관하여는 지방재정법, 지방재정법 시행령 및 당해 지방자치단체의 보조금 관리조례가 적용된다. (14지방7) ( )

정답
01 × 02 ○

관련 판례

1 보조금의 예산 및 관리에 관한 법률은 제30조 제1항에서 중앙관서의 장은 보조사업자가 허위의 신청이나 기타 부정한 방법으로 보조금의 교부를 받은 때 등의 경우 보조금 교부결정의 전부 또는 일부를 취소할 수 있도록 규정하고, 제31조 제1항에서 중앙관서의 장은 보조금의 교부결정을 취소한 경우에 취소된 부분의 보조사업에 대하여 이미 교부된 보조금의 반환을 명하여야 한다고 규정하고 있으며, 제33조 제1항에서 위와 같이 반환하여야 할 보조금에 대하여는 국세징수의 예에 따라 이를 징수할 수 있도록 규정하고 있으므로, 중앙관서의 장으로서는 반환하여야 할 보조금을 국세체납처분의 예에 의하여 강제징수할 수 있고, 위와 같은 중앙관서의 장이 가지는 반환하여야 할 보조금에 대한 징수권은 공법상 권리로서 사법상 채권과는 성질을 달리하므로, 중앙관서의 장으로서는 보조금을 반환하여야 할 자에 대하여 민사소송의 방법으로는 반환청구를 할 수 없다고 보아야 한다(대판 2012.3.15, 2011다17328).

2 보조금의 예산 및 관리에 관한 법률 제2조 제1호는 "보조금이라 함은 국가 외의 자가 행하는 사무 또는 사업에 대하여 국가가 이를 조성하거나 재정상의 원조를 하기 위하여 교부하는 보조금(지방자치단체에 대한 것과 기타 법인 또는 개인의 시설자금이나 운영자금에 대한 것에 한한다)·부담금(국제조약에 의한 부담금은 제외한다) 기타 상당한 반대급부를 받지 아니하고 교부하는 급부금으로서 대통령령으로 정하는 것을 말한다."라고 규정하고 있으므로, 위 법의 적용을 받는 보조금은 국가가 교부하는 보조금에 한정된다. 따라서 지방자치단체가 교부하는 보조금에 관하여는 위 법의 적용이 없고, 지방재정법 및 지방재정법 시행령 그리고 당해 지방자치단체의 보조금관리조례가 적용될 뿐이다(대판 2011.6.9, 2011다2951).

2 기타의 행위형식

- **융자**: 공적목적을 위해 일반적 금융보다 유리한 조건에서 수급자에게 제공되는 자금대여
- **보증**: 공익상 이유에서 행정주체가 제3자에게 대해 수급자가 진 채무를 보증하는 것
- **보장**: 위험이 예상되는 사업에 실패한 자금조성 수급자의 손실을 행정주체가 보전하는 것
- **사실적 지원**(예 국유 시설 등을 무상으로 양수·대부, 공공시설 이용요금 할인, 용역·조달계약에서 특혜 제공 등)

제6편

규제행정법

제1장 토지행정법

제1절 토지행정계획

1 국토계획

1. 국토계획의 의의

국토기본법 제6조 【국토계획의 정의 및 구분】 ① 이 법에서 "국토계획"이란 국토를 이용·개발 및 보전할 때 미래의 경제적·사회적 변동에 대응하여 국토가 지향하여야 할 발전 방향을 설정하고 이를 달성하기 위한 계획을 말한다.

2. 국토계획의 구분

국토기본법 제6조 【국토계획의 정의 및 구분】 ② 국토계획은 다음 각 호의 구분에 따라 국토종합계획, 도종합계획, 시·군 종합계획, 지역계획 및 부문별계획으로 구분한다.

1. 국토종합계획: 국토 전역을 대상으로 하여 국토의 장기적인 발전 방향을 제시하는 종합계획
2. 도종합계획: 도 또는 특별자치도의 관할구역을 대상으로 하여 해당 지역의 장기적인 발전 방향을 제시하는 종합계획
3. 시·군종합계획: 특별시·광역시·특별자치시·시 또는 군(광역시의 군은 제외한다)의 관할구역을 대상으로 하여 해당 지역의 기본적인 공간구조와 장기 발전 방향을 제시하고, 토지이용, 교통, 환경, 안전, 산업, 정보통신, 보건, 후생, 문화 등에 관하여 수립하는 계획으로서 국토의 계획 및 이용에 관한 법률에 따라 수립되는 도시·군계획
4. 지역계획: 특정 지역을 대상으로 특별한 정책목적을 달성하기 위하여 수립하는 계획
5. 부문별계획: 국토 전역을 대상으로 하여 특정 부문에 대한 장기적인 발전 방향을 제시하는 계획

3. 계획의 상호 관계

국토기본법 제7조 【국토계획의 상호 관계 등】 ① 국토종합계획은 도종합계획 및 시·군종합계획의 기본이 되며, 부문별계획과 지역계획은 국토종합계획과 조화를 이루어야 한다.

② 도종합계획은 해당 도의 관할구역에서 수립되는 시·군종합계획의 기본이 된다.

③ 국토종합계획은 20년을 단위로 하여 수립하며, 도종합계획, 시·군종합계획, 지역계획 및 부문별계획의 수립권자는 국토종합계획의 수립 주기를 고려하여 그 수립 주기를 정하여야 한다.

④ 국토계획의 계획기간이 만료되었음에도 불구하고 차기 계획이 수립되지 아니한 경우에는 해당 계획의 기본이 되는 계획과 저촉되지 아니하는 범위에서 종전의 계획을 따를 수 있다.

제8조 【다른 법령에 따른 계획과의 관계】 이 법에 따른 국토종합계획은 다른 법령에 따라 수립되는 국토에 관한 계획에 우선하며 그 기본이 된다. 다만, 군사에 관한 계획에 대하여는 그러하지 아니하다.

4. 계획수립의 주체

국토기본법 제9조 【국토종합계획의 수립】 ① 국토교통부장관은 국토종합계획을 수립하여야 한다.

제13조 【도종합계획의 수립】 ① 도지사(특별자치도의 경우에는 특별자치도지사를 말한다. 이하 같다)는 다음 각 호의 사항에 대한 도종합계획을 수립하여야 한다.

제16조 【지역계획의 수립】 ① 중앙행정기관의 장 또는 지방자치단체의 장은 지역 특성에 맞는 정비나 개발을 위하여 필요하다고 인정하면 관계 중앙행정기관의 장과 협의하여 관계 법률에서 정하는 바에 따라 다음 각 호의 구분에 따른 지역계획을 수립할 수 있다.

제17조 【부문별계획의 수립】 ① 중앙행정기관의 장은 국토 전역을 대상으로 하여 소관 업무에 관한 부문별계획을 수립할 수 있다.

2 도시계획

1. 의의 및 종류

- **도시계획**: 도시에서의 공간의 정비에 관한 행정계획
- 광역도시계획, 도시·군 기본계획, 도시·군 관리계획, 지구단위계획으로 나뉨.

2. 광역도시계획

- 다른 도시계획에 대한 지침이 되는 계획이고, 일반 국민에 대한 법적 구속력 없음.

국토의 계획 및 이용에 관한 법률 제2조 【정의】 이 법에서 사용하는 용어의 뜻은 다음과 같다.

1. "광역도시계획"이란 제10조에 따라 지정된 광역계획권의 장기발전방향을 제시하는 계획을 말한다.

제10조 【광역계획권의 지정】 ① 국토교통부장관 또는 도지사는 둘 이상의 특별시·광역시·특별자치시·특별자치도·시 또는 군의 공간구조 및 기능을 상호 연계시키고 환경을 보전하며 광역시설을 체계적으로 정비하기 위하여 필요한 경우에는 다음 각 호의 구분에 따라 인접한 둘 이상의 특별시·광역시·특별자치시·특별자치도·시 또는 군의 관할 구역 전부 또는 일부를 대통령령으로 정하는 바에 따라 광역계획권으로 지정할 수 있다.

1. 광역계획권이 둘 이상의 특별시·광역시·특별자치시·도 또는 특별자치도(이하 "시·도"라 한다)의 관할 구역에 걸쳐 있는 경우: 국토교통부장관이 지정
2. 광역계획권이 도의 관할 구역에 속하여 있는 경우: 도지사가 지정

제11조 【광역도시계획의 수립권자】 ① 국토교통부장관, 시·도지사, 시장 또는 군수는 다음 각 호의 구분에 따라 광역도시계획을 수립하여야 한다.

1. 광역계획권이 같은 도의 관할 구역에 속하여 있는 경우: 관할 시장 또는 군수가 공동으로 수립

기출지문 OX

01 도시기본계획은 도시계획입안의 지침이 되는 것이 불과하며 일반 국민에 대한 직접적인 구속력은 없다. (09국회8) ( )

02 도시기본계획은 일반 국민에 대한 직접적인 구속력은 없으나 행정청에 대한 직접적인 구속력은 있다. (02행시) ( )

정답
01 ○ 02 ×

2. 광역계획권이 둘 이상의 시·도의 관할 구역에 걸쳐 있는 경우: 관할 시·도지사가 공동으로 수립
3. 광역계획권을 지정한 날부터 3년이 지날 때까지 관할 시장 또는 군수로부터 제16조 제1항에 따른 광역도시계획의 승인 신청이 없는 경우: 관할 도지사가 수립
4. 국가계획과 관련된 광역도시계획의 수립이 필요한 경우나 광역계획권을 지정한 날부터 3년이 지날 때까지 관할 시·도지사로부터 제16조 제1항에 따른 광역도시계획의 승인 신청이 없는 경우: 국토교통부장관이 수립

제16조 【광역도시계획의 승인】 ① 시·도지사는 광역도시계획을 수립하거나 변경하려면 국토교통부장관의 승인을 받아야 한다. 다만, 제11조 제3항에 따라 도지사가 수립하는 광역도시계획은 그러하지 아니하다.

3. 도시·군 기본계획

(1) 의의 및 성질

국토의 계획 및 이용에 관한 법률 제2조 【정의】 이 법에서 사용하는 용어의 뜻은 다음과 같다.
2. "도시·군계획"이란 특별시·광역시·특별자치시·특별자치도·시 또는 군(광역시의 관할 구역에 있는 군은 제외한다. 이하 같다)의 관할 구역에 대하여 수립하는 공간구조와 발전방향에 대한 계획으로서 도시·군기본계획과 도시·군관리계획으로 구분한다.
3. "도시·군기본계획"이란 특별시·광역시·특별자치시·특별자치도·시 또는 군의 관할 구역에 대하여 기본적인 공간구조와 장기발전방향을 제시하는 종합계획으로서 도시·군관리계획 수립의 지침이 되는 계획을 말한다.

- 행정청 및 일반국민에 대한 직접적인 구속력 없음.

(2) 수립권자

국토의 계획 및 이용에 관한 법률 제18조 【도시·군기본계획의 수립권자와 대상지역】
① 특별시장·광역시장·특별자치시장·특별자치도지사·시장 또는 군수는 관할 구역에 대하여 도시·군기본계획을 수립하여야 한다. 다만, 시 또는 군의 위치, 인구의 규모, 인구감소율 등을 고려하여 대통령령으로 정하는 시 또는 군은 도시·군기본계획을 수립하지 아니할 수 있다.
② 특별시장·광역시장·특별자치시장·특별자치도지사·시장 또는 군수는 지역여건상 필요하다고 인정되면 인접한 특별시·광역시·특별자치시·특별자치도·시 또는 군의 관할 구역 전부 또는 일부를 포함하여 도시·군기본계획을 수립할 수 있다.
③ 특별시장·광역시장·특별자치시장·특별자치도지사·시장 또는 군수는 제2항에 따라 인접한 특별시·광역시·특별자치시·특별자치도·시 또는 군의 관할 구역을 포함하여 도시·군기본계획을 수립하려면 미리 그 특별시장·광역시장·특별자치시장·특별자치도지사·시장 또는 군수와 협의하여야 한다.

제22조 【특별시·광역시·특별자치시·특별자치도의 도시·군기본계획의 확정】 ① 특별시장·광역시장·특별자치시장 또는 특별자치도지사는 도시·군기본계획을 수립하거나 변경하려면 관계 행정기관의 장(국토교통부장관을 포함한다. 이하 이 조 및 제22조의2에서 같다)과 협의한 후 지방도시계획위원회의 심의를 거쳐야 한다.

(3) 절차

> **국토의 계획 및 이용에 관한 법률 제21조【지방의회의 의견 청취】** ① 특별시장·광역시장·특별자치시장·특별자치도지사·시장 또는 군수는 도시·군기본계획을 수립하거나 변경하려면 미리 그 특별시·광역시·특별자치시·특별자치도·시 또는 군 의회의 의견을 들어야 한다.
> ② 제1항에 따른 특별시·광역시·특별자치시·특별자치도·시 또는 군의 의회는 특별한 사유가 없으면 30일 이내에 특별시장·광역시장·특별자치시장·특별자치도지사·시장 또는 군수에게 의견을 제시하여야 한다.
>
> **제20조【도시·군기본계획 수립을 위한 기초조사 및 공청회】** ① 도시·군기본계획을 수립하거나 변경하는 경우에는 제13조와 제14조를 준용한다. 이 경우 "국토교통부장관, 시·도지사, 시장 또는 군수"는 "특별시장·광역시장·특별자치시장·특별자치도지사·시장 또는 군수"로, "광역도시계획"은 "도시·군기본계획"으로 본다.
>
> **제14조【공청회의 개최】** ① 국토교통부장관, 시·도지사, 시장 또는 군수는 광역도시계획을 수립하거나 변경하려면 미리 공청회를 열어 주민과 관계 전문가 등으로부터 의견을 들어야 하며, 공청회에서 제시된 의견이 타당하다고 인정하면 광역도시계획에 반영하여야 한다.

4. 도시·군 관리계획(구 도시계획법상 도시계획결정)

(1) 의의 및 성질

> **국토의 계획 및 이용에 관한 법률 제2조【정의】** 이 법에서 사용하는 용어의 뜻은 다음과 같다.
> 2. "도시·군계획"이란 특별시·광역시·특별자치시·특별자치도·시 또는 군(광역시의 관할 구역에 있는 군은 제외한다. 이하 같다)의 관할 구역에 대하여 수립하는 공간구조와 발전방향에 대한 계획으로서 도시·군기본계획과 도시·군관리계획으로 구분한다.
> 4. "도시·군관리계획"이란 특별시·광역시·특별자치시·특별자치도·시 또는 군의 개발·정비 및 보전을 위하여 수립하는 토지 이용, 교통, 환경, 경관, 안전, 산업, 정보통신, 보건, 복지, 안보, 문화 등에 관한 다음 각 목의 계획을 말한다.
>   가. 용도지역·용도지구의 지정 또는 변경에 관한 계획
>   나. 개발제한구역, 도시자연공원구역, 시가화조정구역, 수산자원보호구역의 지정 또는 변경에 관한 계획
>   다. 기반시설의 설치·정비 또는 개량에 관한 계획
>   라. 도시개발사업이나 정비사업에 관한 계획
>   마. 지구단위계획구역의 지정 또는 변경에 관한 계획과 지구단위계획
>   바. 입지규제최소구역의 지정 또는 변경에 관한 계획과 입지규제최소구역계획

- 일반국민에 대한 직접적인 구속력이 있어 행정소송의 대상인 처분성 인정

관련 판례

1 도시계획법 제12조 소정의 고시된 도시계획결정은 특정 개인의 권리 내지 법률상의 이익을 개별적이고 구체적으로 규제하는 효과를 가져오게 하는 행정청의 처분이라 할 것이고, 이는 행정소송의 대상이 된다(대판 1982.3.9, 80누105).

기출지문 OX

01 도시계획사업의 시행으로 인한 토지수용에 의하여 토지에 대한 소유권을 상실한 자는 도시계획결정이 당연무효가 아닌 한 그 토지에 대한 도시계획결정의 취소를 청구할 법률상 이익이 인정되지 않는다. (11지방7) ( )

02 국토교통부장관, 광역지방자치단체장 뿐만 아니라 기초지방자치단체장인 시장, 군수도 관할 구역에 대한 도시관리계획의 입안권을 갖는다. (04입시) ( )

정답
01 ○ 02 ○

2 도시계획사업의 시행으로 인한 토지수용에 의하여 이미 이 사건 토지에 대한 소유권을 상실한 청구인은 도시계획결정과 토지의 수용이 법률에 위반되어 당연무효라고 볼만한 특별한 사정이 보이지 않는 이상 이 사건 토지에 대한 도시계획결정의 취소를 청구할 법률상의 이익을 흠결하여 당해소송은 적법한 것이 될 수 없고 나아가 우리 재판소의 위헌 결정에 의하여, 사업이 시행되지 아니한 토지의 소유자에게 취소청구권이나 해제청구권을 부여하는 새로운 입법이 이루어진다고 하더라도, 이미 도시계획시설사업이 시행되어 토지수용까지 이루어진 경우에는 이러한 규정들이 적용될 수 없는 것이므로 심판대상조항들의 위헌 여부는 재판의 전제가 되지 않는다(헌재 2002.5.30, 2000헌바58 · 2001헌바3).

(2) 입안권자

국토의 계획 및 이용에 관한 법률 제24조【도시 · 군관리계획의 입안권자】 ① 특별시장 · 광역시장 · 특별자치시장 · 특별자치도지사 · 시장 또는 군수는 관할 구역에 대하여 도시 · 군관리계획을 입안하여야 한다.

⑤ 국토교통부장관은 제1항이나 제2항에도 불구하고 다음 각 호의 어느 하나에 해당하는 경우에는 직접 또는 관계 중앙행정기관의 장의 요청에 의하여 도시 · 군관리계획을 입안할 수 있다. 이 경우 국토교통부장관은 관할 시 · 도지사 및 시장 · 군수의 의견을 들어야 한다.

1. 국가계획과 관련된 경우
2. 둘 이상의 시 · 도에 걸쳐 지정되는 용도지역 · 용도지구 또는 용도구역과 둘 이상의 시 · 도에 걸쳐 이루어지는 사업의 계획 중 도시 · 군관리계획으로 결정하여야 할 사항이 있는 경우
3. 특별시장 · 광역시장 · 특별자치시장 · 특별자치도지사 · 시장 또는 군수가 제138조에 따른 기한까지 국토교통부장관의 도시 · 군관리계획 조정 요구에 따라 도시 · 군관리계획을 정비하지 아니하는 경우

⑥ 도지사는 제1항이나 제2항에도 불구하고 다음 각 호의 어느 하나의 경우에는 직접 또는 시장이나 군수의 요청에 의하여 도시 · 군관리계획을 입안할 수 있다. 이 경우 도지사는 관계 시장 또는 군수의 의견을 들어야 한다.

1. 둘 이상의 시 · 군에 걸쳐 지정되는 용도지역 · 용도지구 또는 용도구역과 둘 이상의 시 · 군에 걸쳐 이루어지는 사업의 계획 중 도시 · 군관리계획으로 결정하여야 할 사항이 포함되어 있는 경우
2. 도지사가 직접 수립하는 사업의 계획으로서 도시 · 군관리계획으로 결정하여야 할 사항이 포함되어 있는 경우

(3) 입안 및 절차

국토의 계획 및 이용에 관한 법률 제25조【도시 · 군관리계획의 입안】 ① 도시 · 군관리계획은 광역도시계획과 도시 · 군기본계획에 부합되어야 한다.

제26조【도시 · 군관리계획 입안의 제안】 ① 주민(이해관계자를 포함한다. 이하 같다)은 다음 각 호의 사항에 대하여 제24조에 따라 도시 · 군관리계획을 입안할 수 있는 자에게 도시 · 군관리계획의 입안을 제안할 수 있다. 이 경우 제안서에는 도시 · 군관리계획도서와 계획설명서를 첨부하여야 한다.

1. 기반시설의 설치 · 정비 또는 개량에 관한 사항
2. 지구단위계획구역의 지정 및 변경과 지구단위계획의 수립 및 변경에 관한 사항

3. 다음 각 목의 어느 하나에 해당하는 용도지구의 지정 및 변경에 관한 사항
   가. 개발진흥지구 중 공업기능 또는 유통물류기능 등을 집중적으로 개발·정비하기 위한 개발진흥지구로서 대통령령으로 정하는 개발진흥지구
   나. 제37조에 따라 지정된 용도지구 중 해당 용도지구에 따른 건축물이나 그 밖의 시설의 용도·종류 및 규모 등의 제한을 지구단위계획으로 대체하기 위한 용도지구
4. 입지규제최소구역의 지정 및 변경과 입지규제최소구역계획의 수립 및 변경에 관한 사항

② 제1항에 따라 도시·군관리계획의 입안을 제안받은 자는 그 처리 결과를 제안자에게 알려야 한다.

③ 제1항에 따라 도시·군관리계획의 입안을 제안받은 자는 제안자와 협의하여 제안된 도시·군관리계획의 입안 및 결정에 필요한 비용의 전부 또는 일부를 제안자에게 부담시킬 수 있다.

제27조【도시·군관리계획의 입안을 위한 기초조사 등】 ① 도시·군관리계획을 입안하는 경우에는 제13조를 준용한다. 다만, 대통령령으로 정하는 경미한 사항을 입안하는 경우에는 그러하지 아니하다.

② 국토교통부장관(제40조에 따른 수산자원보호구역의 경우 해양수산부장관을 말한다. 이하 이 조에서 같다), 시·도지사, 시장 또는 군수는 제1항에 따른 기초조사의 내용에 도시·군관리계획이 환경에 미치는 영향 등에 대한 환경성 검토를 포함하여야 한다.

③ 국토교통부장관, 시·도지사, 시장 또는 군수는 제1항에 따른 기초조사의 내용에 토지적성평가와 재해취약성분석을 포함하여야 한다.

제28조【주민과 지방의회의 의견 청취】 ① 국토교통부장관(제40조에 따른 수산자원보호구역의 경우 해양수산부장관을 말한다. 이하 이 조에서 같다), 시·도지사, 시장 또는 군수는 제25조에 따라 도시·군관리계획을 입안할 때에는 주민의 의견을 들어야 하며, 그 의견이 타당하다고 인정되면 도시·군관리계획안에 반영하여야 한다. 다만, 국방상 또는 국가안전보장상 기밀을 지켜야 할 필요가 있는 사항(관계 중앙행정기관의 장이 요청하는 것만 해당한다)이거나 대통령령으로 정하는 경미한 사항인 경우에는 그러하지 아니하다.

⑤ 제1항 및 제4항에 따른 주민의 의견 청취에 필요한 사항은 대통령령으로 정하는 기준에 따라 해당 지방자치단체의 조례로 정한다.

관련 판례

도시계획입안제안과 관련하여서는 주민이 입안권자에게 '1. 도시계획시설의 설치·정비 또는 개량에 관한 사항 2. 지구단위계획구역의 지정 및 변경과 지구단위계획의 수립 및 변경에 관한 사항'에 관하여 '도시계획도서와 계획설명서를 첨부'하여 도시계획의 입안을 제안할 수 있고, 위 입안제안을 받은 입안권자는 그 처리결과를 제안자에게 통보하도록 규정하고 있는 점 등과 헌법상 개인의 재산권 보장의 취지에 비추어 보면, 도시계획구역 내 토지 등을 소유하고 있는 주민으로서는 입안권자에게 도시계획입안을 요구할 수 있는 법규상 또는 조리상의 신청권이 있다고 할 것이고, 이러한 신청에 대한 거부행위는 항고소송의 대상이 되는 행정처분에 해당한다(대판 2004.4.28, 2003두1806).

기출지문 OX

01 도시관리계획을 입안할 때에는 주민의 의견을 들어야 하며, 그 의견이 타당하다고 인정되는 때에는 이를 도시관리계획안에 반영하여야 한다. (04입시) ( )

02 도시관리계획을 입안하고자 하는 때에는 대통령령으로 정하는 사항에 대하여 해당 지방의회의 의견을 들어야 한다. (04관세) ( )

03 판례는 도시계획구역 내 토지 등을 소유하고 있는 주민은 입안권자에게 도시계획입안을 요구할 수 있는 법규상 또는 조리상의 신청권이 있으며, 도시계획입안 신청에 대한 거부행위는 항고소송의 대상이 되는 행정처분에 해당한다고 보았다. (12국가7) ( )

04 주민 등이 제안한 도시관리계획의 입안을 거부한 처분은 취소소송의 대상이 된다. (08서울7) ( )

정답
01 ○ 02 ○ 03 ○ 04 ○

기출지문 OX

01 도시·군관리계획은 시·도지사가 직접 또는 시장·군수의 신청에 따라 결정한다. 다만, 지방자치법에 따른 서울특별시와 광역시를 제외한 인구 100만 이상의 대도시의 경우에는 해당 시장이 직접 결정한다. (16지방7) ( )

02 도시관리계획에 대한 결정권은 국토교통부장관이 가지며 특별시장·광역시장·도지사는 법률에서 특별히 규정한 경우에 한하여 결정권을 갖는다. (04관세) ( )

03 국토교통부장관은 도시관리계획을 결정하려면 중앙도시계획위원회의 심의를 거쳐야 하며, 시·도지사가 도시관리계획을 결정하려면 시·도도시계획위원회의 심의를 거쳐야 한다. (04입시) ( )

정답
01 × 서울특별시와 광역시와 특별자치시를 제외한, 50만 이상
02 × 원칙적으로 시·도지사가 가짐
03 ○

(4) 결정권자

국토의 계획 및 이용에 관한 법률 제29조 【도시·군관리계획의 결정권자】 ① 도시·군관리계획은 시·도지사가 직접 또는 시장·군수의 신청에 따라 결정한다. 다만, 지방자치법 제198조에 따른 서울특별시와 광역시 및 특별자치시를 제외한 인구 50만 이상의 대도시(이하 "대도시"라 한다)의 경우에는 해당 시장(이하 "대도시 시장"이라 한다)이 직접 결정하고, 다음 각 호의 도시·군관리계획은 시장 또는 군수가 직접 결정한다.

1. 시장 또는 군수가 입안한 지구단위계획구역의 지정·변경과 지구단위계획의 수립·변경에 관한 도시·군관리계획
2. 제52조 제1항 제1호의2에 따라 지구단위계획으로 대체하는 용도지구 폐지에 관한 도시·군관리계획[해당 시장(대도시 시장은 제외한다) 또는 군수가 도지사와 미리 협의한 경우에 한정한다]

② 제1항에도 불구하고 다음 각 호의 도시·군관리계획은 국토교통부장관이 결정한다. 다만, 제4호의 도시·군관리계획은 해양수산부장관이 결정한다.

1. 제24조 제5항에 따라 국토교통부장관이 입안한 도시·군관리계획
2. 제38조에 따른 개발제한구역의 지정 및 변경에 관한 도시·군관리계획
3. 제39조 제1항 단서에 따른 시가화조정구역의 지정 및 변경에 관한 도시·군관리계획
4. 제40조에 따른 수산자원보호구역의 지정 및 변경에 관한 도시·군관리계획

(5) 결정 절차

국토의 계획 및 이용에 관한 법률 제30조 【도시·군관리계획의 결정】 ① 시·도지사는 도시·군관리계획을 결정하려면 관계 행정기관의 장과 미리 협의하여야 하며, 국토교통부장관(제40조에 따른 수산자원보호구역의 경우 해양수산부장관을 말한다. 이하 이 조에서 같다)이 도시·군관리계획을 결정하려면 관계 중앙행정기관의 장과 미리 협의하여야 한다. 이 경우 협의 요청을 받은 기관의 장은 특별한 사유가 없으면 그 요청을 받은 날부터 30일 이내에 의견을 제시하여야 한다.

③ 국토교통부장관은 도시·군관리계획을 결정하려면 중앙도시계획위원회의 심의를 거쳐야 하며, 시·도지사가 도시·군관리계획을 결정하려면 시·도도시계획위원회의 심의를 거쳐야 한다. 다만, 시·도지사가 지구단위계획(지구단위계획과 지구단위계획구역을 동시에 결정할 때에는 지구단위계획구역의 지정 또는 변경에 관한 사항을 포함할 수 있다)이나 제52조 제1항 제1호의2에 따라 지구단위계획으로 대체하는 용도지구 폐지에 관한 사항을 결정하려면 대통령령으로 정하는 바에 따라 건축법 제4조에 따라 시·도에 두는 건축위원회와 도시계획위원회가 공동으로 하는 심의를 거쳐야 한다.

⑥ 국토교통부장관이나 시·도지사는 도시·군관리계획을 결정하면 대통령령으로 정하는 바에 따라 그 결정을 고시하고, 국토교통부장관이나 도지사는 관계 서류를 관계 특별시장·광역시장·특별자치시장·특별자치도지사·시장 또는 군수에게 송부하여 일반이 열람할 수 있도록 하여야 하며, 특별시장·광역시장·특별자치시장·특별자치도지사는 관계 서류를 일반이 열람할 수 있도록 하여야 한다.

관련 판례

도시계획법 제16조의2 제2항과 같은 법 시행령 제14조의2 제6항 내지 제8항의 규정을 종합하여 보면 도시계획의 입안에 있어 해당 도시계획안의 내용을 공고 및 공람하게 한 것은 다수 이해관계자의 이익을 합리적으로 조정하여 국민의 권리자유에 대한 부당한 침해를 방지하고 행정의 민주화와 신뢰를 확보하기 위하여 국민의 의사를 그 과정에 반영시키는데 있는 것이므로 이러한 공고 및 공람 절차에 하자가 있는 도시계획결정은 위법하다(대판 2000.3.23, 98두2768).

(6) 결정의 효력

국토의 계획 및 이용에 관한 법률 제31조【도시·군관리계획 결정의 효력】① 도시·군관리계획 결정의 효력은 제32조 제4항에 따라 지형도면을 고시한 날부터 발생한다.
② 도시·군관리계획 결정 당시 이미 사업이나 공사에 착수한 자(이 법 또는 다른 법률에 따라 허가·인가·승인 등을 받아야 하는 경우에는 그 허가·인가·승인 등을 받아 사업이나 공사에 착수한 자를 말한다)는 그 도시·군관리계획 결정과 관계없이 그 사업이나 공사를 계속할 수 있다. 다만, 시가화조정구역이나 수산자원보호구역의 지정에 관한 도시·군관리계획 결정이 있는 경우에는 대통령령으로 정하는 바에 따라 특별시장·광역시장·특별자치시장·특별자치도지사·시장 또는 군수에게 신고하고 그 사업이나 공사를 계속할 수 있다.

(7) 도시·군 계획시설의 설치·관리

① 의의

- **도시·군 계획시설**: 교통시설, 공간시설, 공공·문화체육시설 등과 같은 기반시설 중 도시·군관리계획으로 결정된 시설

국토의 계획 및 이용에 관한 법률 제43조【도시·군계획시설의 설치·관리】① 지상·수상·공중·수중 또는 지하에 기반시설을 설치하려면 그 시설의 종류·명칭·위치·규모 등을 미리 도시·군관리계획으로 결정하여야 한다. 다만, 용도지역·기반시설의 특성 등을 고려하여 대통령령으로 정하는 경우에는 그러하지 아니하다.
② 도시·군계획시설의 결정·구조 및 설치의 기준 등에 필요한 사항은 국토교통부령으로 정하고, 그 세부사항은 국토교통부령으로 정하는 범위에서 시·도의 조례로 정할 수 있다. 다만, 다른 법률에 특별한 규정이 있는 경우에는 그 법률에 따른다.

② 도시·군 계획시설 부지의 매수청구

국토의 계획 및 이용에 관한 법률 제47조【도시·군계획시설 부지의 매수 청구】
① 도시·군계획시설에 대한 도시·군관리계획의 결정(이하 "도시·군계획시설결정"이라 한다)의 고시일부터 10년 이내에 그 도시·군계획시설의 설치에 관한 도시·군계획시설사업이 시행되지 아니하는 경우(제88조에 따른 실시계획의 인가나 그에 상당하는 절차가 진행된 경우는 제외한다. 이하 같다) 그 도시·군계획시설의 부지로 되어 있는 토지 중 지목이 대인 토지(그 토지에 있는 건축물 및 정착물을 포함한다. 이하 이 조에서 같다)의 소유자는 대통령령으로 정하는 바에 따라 특별시장·광역시장·특별자치시장·특별자치도지사·시장 또는 군수에게 그 토지의 매수를 청구할 수 있다. 다만, 다음 각 호의 어느 하나에 해당하는 경우에는 그에 해당하는 자(특별시장·광역시장·특별자치시장·

기출지문 OX

01 국토교통부장관이나 시·도지사에 의하여 결정된 도시관리계획은 고시되어야 하고, 그 결정은 고시가 된 날부터 5일 후에 그 효력이 발생한다. (04입시) ( )

02 개발제한구역의 지정에 관한 도시·군관리계획결정 당시, 이미 사업이나 공사에 착수한 자는 그 도시·군관리계획결정에 관계없이 그 사업이나 공사를 계속할 수 있다. (16지방7) ( )

03 도시·군계획시설에 대한 도시·군관리계획결정의 고시일부터 5년 이내에 그 도시·군계획시설의 설치에 관한 도시·군계획시설사업이 시행되지 아니한 경우 그 도시·군계획시설의 부지로 되어 있는 토지 중 지목이 대인 토지의 소유자는 지방자치단체장 등에게 그 토지의 매수를 청구할 수 있다. (12국가7) ( )

정답
01 × 고시한 날부터
02 ○
03 × 10년

기출지문 OX

01 도시·군계획시설결정이 고시된 도시·군계획시설에 대하여 그 고시일부터 20년이 지날 때까지 그 시설의 설치에 관한 도시·군계획시설사업이 시행되지 아니하는 경우 그 도시·군계획시설결정은 그 고시일부터 20년이 되는 날의 다음날에 그 효력을 잃는다. (11지방7) ( )

정답
01 ○

특별자치도지사·시장 또는 군수를 포함한다. 이하 이 조에서 "매수의무자"라 한다)에게 그 토지의 매수를 청구할 수 있다.
1. 이 법에 따라 해당 도시·군계획시설사업의 시행자가 정하여진 경우에는 그 시행자
2. 이 법 또는 다른 법률에 따라 도시·군계획시설을 설치하거나 관리하여야 할 의무가 있는 자가 있으면 그 의무가 있는 자. 이 경우 도시·군계획시설을 설치하거나 관리하여야 할 의무가 있는 자가 서로 다른 경우에는 설치하여야 할 의무가 있는 자에게 매수 청구하여야 한다.

② 매수의무자는 제1항에 따라 매수 청구를 받은 토지를 매수할 때에는 현금으로 그 대금을 지급한다. 다만, 다음 각 호의 어느 하나에 해당하는 경우로서 매수의무자가 지방자치단체인 경우에는 채권(이하 "도시·군계획시설채권"이라 한다)을 발행하여 지급할 수 있다.
1. 토지 소유자가 원하는 경우
2. 대통령령으로 정하는 부재부동산 소유자의 토지 또는 비업무용 토지로서 매수대금이 대통령령으로 정하는 금액을 초과하여 그 초과하는 금액을 지급하는 경우

③ 도시·군 계획시설결정의 실효

국토의 계획 및 이용에 관한 법률 제48조 【도시·군계획시설결정의 실효 등】 ① 도시·군계획시설결정이 고시된 도시·군계획시설에 대하여 그 고시일부터 20년이 지날 때까지 그 시설의 설치에 관한 도시·군계획시설사업이 시행되지 아니하는 경우 그 도시·군계획시설결정은 그 고시일부터 20년이 되는 날의 다음날에 그 효력을 잃는다.

④ 도시·군 계획시설사업의 시행 및 인가

국토의 계획 및 이용에 관한 법률 제86조 【도시·군계획시설사업의 시행자】 ① 특별시장·광역시장·특별자치시장·특별자치도지사·시장 또는 군수는 이 법 또는 다른 법률에 특별한 규정이 있는 경우 외에는 관할 구역의 도시·군계획시설사업을 시행한다.

② 도시·군계획시설사업이 둘 이상의 특별시·광역시·특별자치시·특별자치도·시 또는 군의 관할 구역에 걸쳐 시행되게 되는 경우에는 관계 특별시장·광역시장·특별자치시장·특별자치도지사·시장 또는 군수가 서로 협의하여 시행자를 정한다.

③ 제2항에 따른 협의가 성립되지 아니하는 경우 도시·군계획시설사업을 시행하려는 구역이 같은 도의 관할 구역에 속하는 경우에는 관할 도지사가 시행자를 지정하고, 둘 이상의 시·도의 관할 구역에 걸치는 경우에는 국토교통부장관이 시행자를 지정한다.

제88조 【실시계획의 작성 및 인가 등】 ① 도시·군계획시설사업의 시행자는 대통령령으로 정하는 바에 따라 그 도시·군계획시설사업에 관한 실시계획(이하 "실시계획"이라 한다)을 작성하여야 한다.

② 도시·군계획시설사업의 시행자(국토교통부장관, 시·도지사와 대도시 시장은 제외한다. 이하 제3항에서 같다)는 제1항에 따라 실시계획을 작성하면 대통령령으로 정하는 바에 따라 국토교통부장관, 시·도지사 또는 대도시 시장의 인가를 받아야 한다. 다만, 제98조에 따른 준공검사를 받은 후에 해당 도시·군계획시설사업에 대하여 국토교통부령으로 정하는 경미한 사항을 변경하기

위하여 실시계획을 작성하는 경우에는 국토교통부장관, 시·도지사 또는 대도시 시장의 인가를 받지 아니한다.
③ 국토교통부장관, 시·도지사 또는 대도시 시장은 도시·군계획시설사업의 시행자가 작성한 실시계획이 제43조 제2항에 따른 도시·군계획시설의 결정·구조 및 설치의 기준 등에 맞다고 인정하는 경우에는 실시계획을 인가하여야 한다. 이 경우 국토교통부장관, 시·도지사 또는 대도시 시장은 기반시설의 설치나 그에 필요한 용지의 확보, 위해 방지, 환경오염 방지, 경관 조성, 조경 등의 조치를 할 것을 조건으로 실시계획을 인가할 수 있다.

관련 판례

1 구 국토의 계획 및 이용에 관한 법률 제88조 제2항, 제95조, 제96조의 규정 내용에다가 도시계획시설사업은 도시 형성이나 주민 생활에 필수적인 기반시설 중 도시관리계획으로 체계적인 배치가 결정된 시설을 설치하는 사업으로서 공공복리와 밀접한 관련이 있는 점, 도시계획시설사업에 관한 실시계획의 인가처분은 특정 도시계획시설사업을 현실적으로 실현하기 위한 것으로서 사업에 필요한 토지 등의 수용 및 사용권 부여의 요건이 되는 점 등을 종합하면, 실시계획의 인가 요건을 갖추지 못한 인가처분은 공공성을 가지는 도시계획시설사업의 시행을 위하여 필요한 수용 등의 특별한 권한을 부여하는 데 정당성을 갖추지 못한 것으로서 법규의 중요한 부분을 위반한 중대한 하자가 있다(대판 2015.3.20, 2011두3746).

2 도시계획사업 시행지역에 포함된 토지의 소유자는 도시계획사업 실시계획의 인가로 인하여 자기의 토지가 수용당하게 되고 또 자기의 토지가 수용되지 않는 경우에도 도시계획사업이 시행되어 도시계획시설이 어떻게 설치되느냐에 따라 토지의 이용관계가 달라질 수 있으므로, 도시계획사업 시행지역에 포함된 토지의 소유자는 도시계획사업 실시계획 인가처분의 효력을 다툴 이익이 있다(대판 1995.12.8, 93누9927).

3 도시계획사업의 시행자는 늦어도 고시된 도시계획사업의 실시계획인가에서 정한 사업시행기간 내에 사법상의 계약에 의하여 도시계획사업에 필요한 타인 소유의 토지를 양수하거나 수용재결의 신청을 하여야 하고, 그 사업시행기간 내에 이와 같은 취득절차가 선행되지 아니하면 그 도시계획사업의 실시계획인가는 실효되고, 그 후에 실효된 실시계획인가를 변경인가하여 그 시행기간을 연장하였다고 하여 실효된 실시계획의 인가가 효력을 회복하여 소급적으로 유효하게 될 수는 없다(대판 1991.11.26, 90누9971).

5. 지구단위계획

국토의 계획 및 이용에 관한 법률 제2조 【정의】 이 법에서 사용하는 용어의 뜻은 다음과 같다.
5. "지구단위계획"이란 도시·군계획 수립 대상지역의 일부에 대하여 토지 이용을 합리화하고 그 기능을 증진시키며 미관을 개선하고 양호한 환경을 확보하며, 그 지역을 체계적·계획적으로 관리하기 위하여 수립하는 도시·군관리계획을 말한다.

제50조 【지구단위계획구역 및 지구단위계획의 결정】 지구단위계획구역 및 지구단위계획은 도시·군관리계획으로 결정한다.

기출지문 OX

01 판례는 도시계획사업의 시행자는 늦어도 고시된 도시계획사업의 실시계획인가에서 정한 사업시행기간 내에 사법상의 계약에 의하여 도시계획사업에 필요한 타인 소유의 토지를 양수하거나 수용재결의 신청을 하여야 하고, 그 사업시행 기간 내에 이와 같은 취득절차가 선행되지 아니하면 그 도시계획사업의 실시계획인가는 실효된다고 보았다. (12국가7) ( )

02 지구단위계획이란 도시·군계획 수립 대상지역의 일부에 대하여 토지 이용을 합리화하고 그 기능을 증진시키며 미관을 개선하고 양호한 환경을 확보하며, 그 지역을 체계적·계획적으로 관리하기 위하여 수립하는 도시·군관리계획을 말한다. (11지방7) ( )

정답
01 ○ 02 ○

제53조 【지구단위계획구역의 지정 및 지구단위계획에 관한 도시·군관리계획결정의 실효 등】 ① 지구단위계획구역의 지정에 관한 도시·군관리계획결정의 고시일부터 3년 이내에 그 지구단위계획구역에 관한 지구단위계획이 결정·고시되지 아니하면 그 3년이 되는 날의 다음날에 그 지구단위계획구역의 지정에 관한 도시·군관리계획결정은 효력을 잃는다. 다만, 다른 법률에서 지구단위계획의 결정(결정된 것으로 보는 경우를 포함한다)에 관하여 따로 정한 경우에는 그 법률에 따라 지구단위계획을 결정할 때까지 지구단위계획구역의 지정은 그 효력을 유지한다.

제54조 【지구단위계획구역에서의 건축 등】 지구단위계획구역에서 건축물(일정 기간 내 철거가 예상되는 경우 등 대통령령으로 정하는 가설건축물은 제외한다)을 건축 또는 용도변경하거나 공작물을 설치하려면 그 지구단위계획에 맞게 하여야 한다. 다만, 지구단위계획이 수립되어 있지 아니한 경우에는 그러하지 아니하다.

6. 입지규제최소구역계획

국토의 계획 및 이용에 관한 법률 제2조 【정의】 이 법에서 사용하는 용어의 뜻은 다음과 같다.

5의2. "입지규제최소구역계획"이란 입지규제최소구역에서의 토지의 이용 및 건축물의 용도·건폐율·용적률·높이 등의 제한에 관한 사항 등 입지규제최소구역의 관리에 필요한 사항을 정하기 위하여 수립하는 도시·군관리계획을 말한다.

제40조의2 【입지규제최소구역의 지정 등】 ② 입지규제최소구역계획에는 입지규제최소구역의 지정 목적을 이루기 위하여 다음 각 호에 관한 사항이 포함되어야 한다.

1. 건축물의 용도·종류 및 규모 등에 관한 사항
2. 건축물의 건폐율·용적률·높이에 관한 사항
3. 간선도로 등 주요 기반시설의 확보에 관한 사항
4. 용도지역·용도지구, 도시·군계획시설 및 지구단위계획의 결정에 관한 사항
5. 제83조의2 제1항 및 제2항에 따른 다른 법률 규정 적용의 완화 또는 배제에 관한 사항
6. 그 밖에 입지규제최소구역의 체계적 개발과 관리에 필요한 사항

③ 제1항에 따른 입지규제최소구역의 지정 및 변경과 제2항에 따른 입지규제최소구역계획은 다음 각 호의 사항을 종합적으로 고려하여 도시·군관리계획으로 결정한다.

1. 입지규제최소구역의 지정 목적
2. 해당 지역의 용도지역·기반시설 등 토지이용 현황
3. 도시·군기본계획과의 부합성
4. 주변 지역의 기반시설, 경관, 환경 등에 미치는 영향 및 도시환경 개선·정비 효과
5. 도시의 개발 수요 및 지역에 미치는 사회적·경제적 파급효과

3 용도지역, 지구, 구역

1. 용도지역

(1) 의의

국토의 계획 및 이용에 관한 법률 제2조 【정의】 이 법에서 사용하는 용어의 뜻은 다음과 같다.

15. "용도지역"이란 토지의 이용 및 건축물의 용도, 건폐율(건축법 제55조의 건폐율을 말한다. 이하 같다), 용적률(건축법 제56조의 용적률을 말한다. 이하 같다), 높이 등을 제한함으로써 토지를 경제적·효율적으로 이용하고 공공복리의 증진을 도모하기 위하여 서로 중복되지 아니하게 도시·군관리계획으로 결정하는 지역을 말한다.

(2) 용도지역의 지정

• 용도지역은 그 개념상 중복하여 지정될 수 없음.

국토의 계획 및 이용에 관한 법률 제6조 【국토의 용도 구분】 국토는 토지의 이용실태 및 특성, 장래의 토지 이용 방향, 지역 간 균형발전 등을 고려하여 다음과 같은 용도지역으로 구분한다.

1. 도시지역: 인구와 산업이 밀집되어 있거나 밀집이 예상되어 그 지역에 대하여 체계적인 개발·정비·관리·보전 등이 필요한 지역
2. 관리지역: 도시지역의 인구와 산업을 수용하기 위하여 도시지역에 준하여 체계적으로 관리하거나 농림업의 진흥, 자연환경 또는 산림의 보전을 위하여 농림지역 또는 자연환경보전지역에 준하여 관리할 필요가 있는 지역
3. 농림지역: 도시지역에 속하지 아니하는 농지법에 따른 농업진흥지역 또는 산지관리법에 따른 보전산지 등으로서 농림업을 진흥시키고 산림을 보전하기 위하여 필요한 지역
4. 자연환경보전지역: 자연환경·수자원·해안·생태계·상수원 및 문화재의 보전과 수산자원의 보호·육성 등을 위하여 필요한 지역

제36조 【용도지역의 지정】 ① 국토교통부장관, 시·도지사 또는 대도시 시장은 다음 각 호의 어느 하나에 해당하는 용도지역의 지정 또는 변경을 도시·군관리계획으로 결정한다.

1. 도시지역: 다음 각 목의 어느 하나로 구분하여 지정한다.
   가. 주거지역: 거주의 안녕과 건전한 생활환경의 보호를 위하여 필요한 지역
   나. 상업지역: 상업이나 그 밖의 업무의 편익을 증진하기 위하여 필요한 지역
   다. 공업지역: 공업의 편익을 증진하기 위하여 필요한 지역
   라. 녹지지역: 자연환경·농지 및 산림의 보호, 보건위생, 보안과 도시의 무질서한 확산을 방지하기 위하여 녹지의 보전이 필요한 지역
2. 관리지역: 다음 각 목의 어느 하나로 구분하여 지정한다.
   가. 보전관리지역: 자연환경 보호, 산림 보호, 수질오염 방지, 녹지공간 확보 및 생태계 보전 등을 위하여 보전이 필요하나, 주변 용도지역과의 관계 등을 고려할 때 자연환경보전지역으로 지정하여 관리하기가 곤란한 지역
   나. 생산관리지역: 농업·임업·어업 생산 등을 위하여 관리가 필요하나, 주변 용도지역과의 관계 등을 고려할 때 농림지역으로 지정하여 관리하기가 곤란한 지역
   다. 계획관리지역: 도시지역으로의 편입이 예상되는 지역이나 자연환경을 고려하여 제한적인 이용·개발을 하려는 지역으로서 계획적·체계적인 관리가 필요한 지역
3. 농림지역
4. 자연환경보전지역

기출지문 OX

01 도시관리계획의 용도지역으로서 도시지역은 주거지역, 상업지역, 공업지역, 농림지역으로 구분된다. (04입시) ( )

02 국토는 토지의 이용실태 및 특성, 장래의 토지이용 방향 등을 고려하여 도시지역, 관리지역, 농림지역, 녹지지역의 4개 용도지역으로 구분한다. (11지방7) ( )

03 취락지역은 국토의 계획 및 이용에 관한 법률상 용도지역이 아니다. (96경간) ( )

정답
01 × 녹지지역
02 × 자연환경보전지역
03 ○

기출지문 OX

01 토지의 이용 및 건축물의 용도·건폐율·용적률·높이 등에 대한 용도이적의 제한을 강화하거나 완화하여 적용함으로써 용도지역의 기능을 증진시키고 경관·안전 등을 도모하기 위하여 도시·군관리계획으로 결정하는 지역을 용도지구라 한다. (11지방7) ( )

2. 용도지구

(1) 의의

국토의 계획 및 이용에 관한 법률 제2조【정의】 이 법에서 사용하는 용어의 뜻은 다음과 같다.

16. "용도지구"란 토지의 이용 및 건축물의 용도·건폐율·용적률·높이 등에 대한 용도지역의 제한을 강화하거나 완화하여 적용함으로써 용도지역의 기능을 증진시키고 경관·안전 등을 도모하기 위하여 도시·군관리계획으로 결정하는 지역을 말한다.

(2) 용도지구의 지정

- 원칙적으로 둘 이상의 용도지구가 중복하여 지정될 수 있음.

국토의 계획 및 이용에 관한 법률 제37조【용도지구의 지정】 ① 국토교통부장관, 시·도지사 또는 대도시 시장은 다음 각 호의 어느 하나에 해당하는 용도지구의 지정 또는 변경을 도시·군관리계획으로 결정한다.

1. 경관지구: 경관의 보전·관리 및 형성을 위하여 필요한 지구
2. 고도지구: 쾌적한 환경 조성 및 토지의 효율적 이용을 위하여 건축물 높이의 최고한도를 규제할 필요가 있는 지구
3. 방화지구: 화재의 위험을 예방하기 위하여 필요한 지구
4. 방재지구: 풍수해, 산사태, 지반의 붕괴, 그 밖의 재해를 예방하기 위하여 필요한 지구
5. 보호지구: 문화재, 중요 시설물(항만, 공항 등 대통령령으로 정하는 시설물을 말한다) 및 문화적·생태적으로 보존가치가 큰 지역의 보호와 보존을 위하여 필요한 지구
6. 취락지구: 녹지지역·관리지역·농림지역·자연환경보전지역·개발제한구역 또는 도시자연공원구역의 취락을 정비하기 위한 지구
7. 개발진흥지구: 주거기능·상업기능·공업기능·유통물류기능·관광기능·휴양기능 등을 집중적으로 개발·정비할 필요가 있는 지구
8. 특정용도제한지구: 주거 및 교육 환경 보호나 청소년 보호 등의 목적으로 오염물질 배출시설, 청소년 유해시설 등 특정시설의 입지를 제한할 필요가 있는 지구
9. 복합용도지구: 지역의 토지이용 상황, 개발 수요 및 주변 여건 등을 고려하여 효율적이고 복합적인 토지이용을 도모하기 위하여 특정시설의 입지를 완화할 필요가 있는 지구
10. 그 밖에 대통령령으로 정하는 지구

3. 용도구역

(1) 의의 및 종류

국토의 계획 및 이용에 관한 법률 제2조【정의】 이 법에서 사용하는 용어의 뜻은 다음과 같다.

17. "용도구역"이란 토지의 이용 및 건축물의 용도·건폐율·용적률·높이 등에 대한 용도지역 및 용도지구의 제한을 강화하거나 완화하여 따로 정함으로써 시가지의 무질서한 확산방지, 계획적이고 단계적인 토지이용의 도모, 토지이용의 종합적 조정·관리 등을 위하여 도시·군관리계획으로 결정하는 지역을 말한다.

- 용도구역은 개발제한구역, 도시자연공원구역, 시가화조정구역, 수산자원보호구역이 있음.

정답
01 ○

(2) 용도구역의 지정

- 용도구역은 용도지구와 같이 필요한 지역에 한하여 지정하지만, 용도지구와는 달리 동일한 지역에 중복하여 지정이 불가함.

(3) 개발제한구역

① 의의 및 적용법규

> **국토의 계획 및 이용에 관한 법률 제38조【개발제한구역의 지정】** ① 국토교통부장관은 도시의 무질서한 확산을 방지하고 도시주변의 자연환경을 보전하여 도시민의 건전한 생활환경을 확보하기 위하여 도시의 개발을 제한할 필요가 있거나 국방부장관의 요청이 있어 보안상 도시의 개발을 제한할 필요가 있다고 인정되면 개발제한구역의 지정 또는 변경을 도시·군관리계획으로 결정할 수 있다.

- 개발제한구역의 지정행위는 구속적 행정계획으로 처분성 인정됨.
- 개발제한구역에는 우선적으로 개발제한구역의 지정 및 관리에 관한 특별법이 적용되며, 이 법이 적용되지 않는 사항에 관하여는 국토의 계획 및 이용에 관한 법률이 적용됨.

② 절차

> **개발제한구역의 지정 및 관리에 관한 특별조치법 제4조【개발제한구역의 지정 등에 관한 도시·군관리계획의 입안】** ① 개발제한구역의 지정 및 해제에 관한 도시·군관리계획(이하 "도시·군관리계획"이라 한다)은 해당 도시지역을 관할하는 특별시장·광역시장·특별자치시장·특별자치도지사·시장 또는 군수(이하 이 조에서 "입안권자"라 한다)가 입안한다. 다만, 국가계획과 관련된 경우에는 국토교통부장관이 직접 도시·군관리계획을 입안하거나 관계 중앙행정기관의 장의 요청에 따라 관할 특별시장·광역시장·특별자치시장·도지사·특별자치도지사(이하 "시·도지사"라 한다), 시장 및 군수의 의견을 들은 후 도시·군관리계획을 입안할 수 있으며, 국토의 계획 및 이용에 관한 법률 제2조 제1호에 따른 광역도시계획과 관련된 경우에는 도지사가 직접 도시·군관리계획을 입안하거나 관계 시장 또는 군수의 요청에 따라 관할 시장이나 군수의 의견을 들은 후 도시·군관리계획을 입안할 수 있다.
>
> **제6조【기초조사 등】** ① 특별시장·광역시장·특별자치시장·특별자치도지사·시장 또는 군수는 도시·군관리계획을 수립하려고 할 때에는 인구·경제·사회·문화·교통·환경·토지이용, 그 밖에 대통령령으로 정하는 사항 중 도시·군관리계획의 수립에 필요한 사항을 대통령령으로 정하는 바에 따라 미리 조사하거나 측량하여야 한다.
>
> **제7조【주민과 지방의회의 의견청취】** ① 국토교통부장관, 시·도지사, 시장 또는 군수는 제4조에 따라 도시·군관리계획을 입안할 때 주민의 의견을 들어야 하며, 그 의견이 타당하다고 인정되면 그 도시·군관리계획안에 반영하여야 한다. 다만, 국방을 위하여 기밀을 지켜야 할 필요가 있는 사항(국방부장관의 요청이 있는 것만 해당한다)이거나 대통령령으로 정하는 경미한 사항은 그러하지 아니하다.
>
> **제8조【도시·군관리계획의 결정】** ① 도시·군관리계획은 국토교통부장관이 결정한다.

③ 행위제한

> **개발제한구역의 지정 및 관리에 관한 특별조치법 제12조【개발제한구역에서의 행위제한】** ① 개발제한구역에서는 건축물의 건축 및 용도변경, 공작물의 설치, 토지의 형질변경, 죽목의 벌채, 토지의 분할, 물건을 쌓아놓는 행위 또는 국토의 계획 및 이용에 관한 법률 제2조 제11호에 따른 도시·군계획사업(이하 "도시·군계획사업"이라 한다)의 시행을 할 수 없다. 다만, 다음 각 호의 어느 하나에 해당하는 행위를 하려는 자는 특별자치시장·특별자치도지사·시장·군수 또는 구청장(이하 "시장·군수·구청장"이라 한다)의 허가를 받아 그 행위를 할 수 있다.
>
> 1. 다음 각 목의 어느 하나에 해당하는 건축물이나 공작물로서 대통령령으로 정하는 건축물의 건축 또는 공작물의 설치와 이에 따르는 토지의 형질변경
>   가. 공원, 녹지, 실외체육시설, 시장·군수·구청장이 설치하는 노인의 여가활용을 위한 소규모 실내 생활체육시설 등 개발제한구역의 존치 및 보전관리에 도움이 될 수 있는 시설
>   나. 도로, 철도 등 개발제한구역을 통과하는 선형시설과 이에 필수적으로 수반되는 시설
>   다. 개발제한구역이 아닌 지역에 입지가 곤란하여 개발제한구역 내에 입지하여야만 그 기능과 목적이 달성되는 시설
>   라. 국방·군사에 관한 시설 및 교정시설
>   마. 개발제한구역 주민과 공익사업을 위한 토지 등의 취득 및 보상에 관한 법률 제4조에 따른 공익사업의 추진으로 인하여 개발제한구역이 해제된 지역 주민의 주거·생활편익·생업을 위한 시설
>
> 1의2. 도시공원, 물류창고 등 정비사업을 위하여 필요한 시설로서 대통령령으로 정하는 시설을 정비사업 구역에 설치하는 행위와 이에 따르는 토지의 형질변경
>
> 2. 개발제한구역의 건축물로서 제15조에 따라 지정된 취락지구로의 이축
> 3. 공익사업을 위한 토지 등의 취득 및 보상에 관한 법률 제4조에 따른 공익사업(개발제한구역에서 시행하는 공익사업만 해당한다. 이하 이 항에서 같다)의 시행에 따라 철거된 건축물을 이축하기 위한 이주단지의 조성
>
> 3의2. 공익사업을 위한 토지 등의 취득 및 보상에 관한 법률 제4조에 따른 공익사업의 시행에 따라 철거되는 건축물 중 취락지구로 이축이 곤란한 건축물로서 개발제한구역 지정 당시부터 있던 주택, 공장 또는 종교시설을 취락지구가 아닌 지역으로 이축하는 행위
>
> 4. 건축물의 건축을 수반하지 아니하는 토지의 형질변경으로서 영농을 위한 경우 등 대통령령으로 정하는 토지의 형질변경
> 5. 벌채 면적 및 수량, 그 밖에 대통령령으로 정하는 규모 이상의 죽목 벌채
> 6. 대통령령으로 정하는 범위의 토지 분할
> 7. 모래·자갈·토석 등 대통령령으로 정하는 물건을 대통령령으로 정하는 기간까지 쌓아 놓는 행위
> 8. 제1호 또는 제13조에 따른 건축물 중 대통령령으로 정하는 건축물을 근린생활시설 등 대통령령으로 정하는 용도로 용도변경하는 행위
> 9. 개발제한구역 지정 당시 지목이 대인 토지가 개발제한구역 지정 이후 지목이 변경된 경우로서 제1호 마목의 시설 중 대통령령으로 정하는 건축물의 건축과 이에 따르는 토지의 형질변경

④ 주민지원사업 등

> 개발제한구역의 지정 및 관리에 관한 특별조치법 제16조【주민지원사업 등】① 시·도지사 및 시장·군수·구청장은 관리계획에 따라 다음 각 호의 사업을 시행할 수 있다.
> 1. 개발제한구역 주민의 생활편익과 복지의 증진 및 생활비용의 보조 등을 위한 지원사업
> 2. 개발제한구역 보전과 관리 등을 위한 훼손지 복구사업
>
> ② 국토교통부장관은 국가균형발전 특별법에 따른 국가균형발전특별회계에서 제1항 각 호의 사업에 드는 비용을 지원할 수 있다. 이 경우 지원기준·금액 등은 제30조의 시정명령에 관한 업무, 제30조의2의 이행강제금의 부과·징수에 관한 업무, 제34조의 과태료의 부과·징수에 관한 업무의 처리실적과 개발제한구역 관리실태 등을 종합적으로 고려하여 국토교통부장관이 정한다.
> ③ 국토교통부장관은 제15조 제1항에 따라 지정된 취락지구에 건설하는 주택에 대하여는 주택도시기금법에 따른 주택도시기금을 우선적으로 지원할 수 있다.

⑤ 토지매수청구권

> 개발제한구역의 지정 및 관리에 관한 특별조치법 제17조【토지매수의 청구】① 개발제한구역의 지정에 따라 개발제한구역의 토지를 종래의 용도로 사용할 수 없어 그 효용이 현저히 감소된 토지나 그 토지의 사용 및 수익이 사실상 불가능하게 된 토지(이하 "매수대상토지"라 한다)의 소유자로서 다음 각 호의 어느 하나에 해당하는 자는 국토교통부장관에게 그 토지의 매수를 청구할 수 있다.
> 1. 개발제한구역으로 지정될 당시부터 계속하여 해당 토지를 소유한 자
> 2. 토지의 사용·수익이 사실상 불가능하게 되기 전에 해당 토지를 취득하여 계속 소유한 자
> 3. 제1호나 제2호에 해당하는 자로부터 해당 토지를 상속받아 계속하여 소유한 자
>
> ② 국토교통부장관은 제1항에 따라 매수청구를 받은 토지가 제3항에 따른 기준에 해당되면 그 토지를 매수하여야 한다.
> ③ 매수대상토지의 구체적인 판정기준은 대통령령으로 정한다.

⑥ 불복방법

- 개발제한구역 지정으로 인하여 재산권 행사에 직접적인 제한을 받는 자(예 구역 내 토지소유자)는 개발제한구역의 지정을 다툴 원고적격이 있음

관련 판례

행정처분에 관한 취소소송을 제기하기 위해서는 행정처분의 취소를 구할 법률상 이익이 있어야 하는데, 그 법률상 이익은 당해 처분의 근거 법률에 의하여 보호되는 직접적이고 구체적인 이익이 있는 경우를 말하고 간접적이거나 사실적, 경제적 이해관계를 가지는 데 불과한 경우는 여기에 해당되지 아니한다. 그런데 이 사건 토지는 이 사건 도시관리계획변경결정 전후를 통하여 개발제한구역으로 지정된 상태에 있으므로 이 사건 도시관리계획변경결정으로 인하여 그 소유자인 원고가 위 토지를 사용·수익·처분하는 데 새로운 공법상의 제한을 받거나 종전과 비교하여 더 불이익한 지위에 있게 되는 것은 아니다(대판 2008.7.10, 2007두10242).

기출지문 OX

01 개발제한구역 중 일부 취락을 개발제한구역에서 해제하는 내용의 도시관리계획변경결정에 대하여, 개발제한 구역 해제대상에서 누락된 토지의 소유자는 위 결정의 취소를 구할 법률상 이익이 없다. (09국회8) ( )

정답
01 ○

(4) 도시자연공원구역

> **국토의 계획 및 이용에 관한 법률 제38조의2 【도시자연공원구역의 지정】** ① 시·도지사 또는 대도시 시장은 도시의 자연환경 및 경관을 보호하고 도시민에게 건전한 여가·휴식공간을 제공하기 위하여 도시지역 안에서 식생이 양호한 산지의 개발을 제한할 필요가 있다고 인정하면 도시자연공원구역의 지정 또는 변경을 도시·군관리계획으로 결정할 수 있다.

(5) 시가화조정구역

> **국토의 계획 및 이용에 관한 법률 제39조 【시가화조정구역의 지정】** ① 시·도지사는 직접 또는 관계 행정기관의 장의 요청을 받아 도시지역과 그 주변지역의 무질서한 시가화를 방지하고 계획적·단계적인 개발을 도모하기 위하여 대통령령으로 정하는 기간 동안 시가화를 유보할 필요가 있다고 인정되면 시가화조정구역의 지정 또는 변경을 도시·군관리계획으로 결정할 수 있다. 다만, 국가계획과 연계하여 시가화조정구역의 지정 또는 변경이 필요한 경우에는 국토교통부장관이 직접 시가화조정구역의 지정 또는 변경을 도시·군관리계획으로 결정할 수 있다.

(6) 수산자원보호구역

> **국토의 계획 및 이용에 관한 법률 제40조 【수산자원보호구역의 지정】** 해양수산부장관은 직접 또는 관계 행정기관의 장의 요청을 받아 수산자원을 보호·육성하기 위하여 필요한 공유수면이나 그에 인접한 토지에 대한 수산자원보호구역의 지정 또는 변경을 도시·군관리계획으로 결정할 수 있다.

(7) 입지규제최소구역

> **국토의 계획 및 이용에 관한 법률 제40조의2 【입지규제최소구역의 지정 등】** ① 제29조에 따른 도시·군관리계획의 결정권자(이하 "도시·군관리계획 결정권자"라 한다)는 도시지역에서 복합적인 토지이용을 증진시켜 도시 정비를 촉진하고 지역 거점을 육성할 필요가 있다고 인정되면 다음 각 호의 어느 하나에 해당하는 지역과 그 주변지역의 전부 또는 일부를 입지규제최소구역으로 지정할 수 있다.
> 1. 도시·군기본계획에 따른 도심·부도심 또는 생활권의 중심지역
> 2. 철도역사, 터미널, 항만, 공공청사, 문화시설 등의 기반시설 중 지역의 거점 역할을 수행하는 시설을 중심으로 주변지역을 집중적으로 정비할 필요가 있는 지역
> 3. 세 개 이상의 노선이 교차하는 대중교통 결절지로부터 1킬로미터 이내에 위치한 지역
> 4. 도시 및 주거환경정비법 제2조 제3호에 따른 노후·불량건축물이 밀집한 주거지역 또는 공업지역으로 정비가 시급한 지역
> 5. 도시재생 활성화 및 지원에 관한 특별법 제2조 제1항 제5호에 따른 도시재생활성화지역 중 같은 법 제2조 제1항 제6호에 따른 도시경제기반형 활성화계획을 수립하는 지역
> 6. 그 밖에 창의적인 지역개발이 필요한 지역으로 대통령령으로 정하는 지역
>
> ③ 제1항에 따른 입지규제최소구역의 지정 및 변경과 제2항에 따른 입지규제최소구역계획은 다음 각 호의 사항을 종합적으로 고려하여 도시·군관리계획으로 결정한다.
> 1. 입지규제최소구역의 지정 목적
> 2. 해당 지역의 용도지역·기반시설 등 토지이용 현황
> 3. 도시·군기본계획과의 부합성

4. 주변 지역의 기반시설, 경관, 환경 등에 미치는 영향 및 도시환경 개선·정비 효과
5. 도시의 개발 수요 및 지역에 미치는 사회적·경제적 파급효과

(8) 비용부담

국토의 계획 및 이용에 관한 법률 제101조 【비용 부담의 원칙】 광역도시계획 및 도시·군계획의 수립과 도시·군계획시설사업에 관한 비용은 이 법 또는 다른 법률에 특별한 규정이 있는 경우 외에는 국가가 하는 경우에는 국가예산에서, 지방자치단체가 하는 경우에는 해당 지방자치단체가, 행정청이 아닌 자가 하는 경우에는 그 자가 부담함을 원칙으로 한다.

제102조 【지방자치단체의 비용 부담】 ① 국토교통부장관이나 시·도지사는 그가 시행한 도시·군계획시설사업으로 현저히 이익을 받는 시·도, 시 또는 군이 있으면 대통령령으로 정하는 바에 따라 그 도시·군계획시설사업에 든 비용의 일부를 그 이익을 받는 시·도, 시 또는 군에 부담시킬 수 있다. 이 경우 국토교통부장관은 시·도, 시 또는 군에 비용을 부담시키기 전에 행정안전부장관과 협의하여야 한다.
② 시·도지사는 제1항에 따라 그 시·도에 속하지 아니하는 특별시·광역시·특별자치시·특별자치도·시 또는 군에 비용을 부담시키려면 해당 지방자치단체의 장과 협의하되, 협의가 성립되지 아니하는 경우에는 행정안전부장관이 결정하는 바에 따른다.
③ 시장이나 군수는 그가 시행한 도시·군계획시설사업으로 현저히 이익을 받는 다른 지방자치단체가 있으면 대통령령으로 정하는 바에 따라 그 도시·군계획시설사업에 든 비용의 일부를 그 이익을 받는 다른 지방자치단체와 협의하여 그 지방자치단체에 부담시킬 수 있다.
④ 제3항에 따른 협의가 성립되지 아니하는 경우 다른 지방자치단체가 같은 도에 속할 때에는 관할 도지사가 결정하는 바에 따르며, 다른 시·도에 속할 때에는 행정안전부장관이 결정하는 바에 따른다.

4 개발행위허가제

1. 의의

- **개발행위허가제도**: 국토의 계획 및 이용에 관한 법률에서 정하는 개발행위에 대하여 사전에 허가를 받도록 하는 제도

2. 대상

국토의 계획 및 이용에 관한 법률 제56조 【개발행위의 허가】 ① 다음 각 호의 어느 하나에 해당하는 행위로서 대통령령으로 정하는 행위(이하 "개발행위"라 한다)를 하려는 자는 특별시장·광역시장·특별자치시장·특별자치도지사·시장 또는 군수의 허가(이하 "개발행위허가"라 한다)를 받아야 한다. 다만, 도시·군계획사업(다른 법률에 따라 도시·군계획사업을 의제한 사업을 포함한다)에 의한 행위는 그러하지 아니하다.
1. 건축물의 건축 또는 공작물의 설치
2. 토지의 형질 변경(경작을 위한 경우로서 대통령령으로 정하는 토지의 형질 변경은 제외한다)
3. 토석의 채취
4. 토지 분할(건축물이 있는 대지의 분할은 제외한다)
5. 녹지지역·관리지역 또는 자연환경보전지역에 물건을 1개월 이상 쌓아놓는 행위

기출지문 OX

01 행정청이 아닌 자가 광역도시·군계획 및 도시·군계획의 수립과 도시·군계획시설사업을 하는 경우 법률에 특별한 규정이 있는 경우 외에는 그에 관한 비용은 그 자가 부담함을 원칙으로 한다. (12국가7) ( )

02 경작을 위한 토지의 형질 변경은 개발행위허가를 필요로 하지 않는다. (05대구7) ( )

정답
01 ○ 02 ○

3. 성질

관련 판례

건축법 제11조 제1항, 제5항 제3호, 국토의 계획 및 이용에 관한 법률(이하 '국토계획법'이라 한다) 제56조 제1항 제1호, 제2호, 제58조 제1항 제4호, 제3항, 국토의 계획 및 이용에 관한 법률 시행령 제56조 제1항 [별표 1의2] '개발행위허가기준' 제1호 (라)목 (2)를 종합하면, 국토계획법이 정한 용도지역 안에서의 건축허가는 건축법 제11조 제1항에 의한 건축허가와 국토계획법 제56조 제1항의 개발행위허가의 성질을 아울러 갖는데, 개발행위허가는 허가기준 및 금지요건이 불확정개념으로 규정된 부분이 많아 그 요건에 해당하는지 여부는 행정청의 재량판단의 영역에 속한다(대판 2017.3.15, 2016두55490).

4. 인·허가 등의 의제

국토의 계획 및 이용에 관한 법률 제61조【관련 인·허가등의 의제】 ① 개발행위허가 또는 변경허가를 할 때에 특별시장·광역시장·특별자치시장·특별자치도지사·시장 또는 군수가 그 개발행위에 대한 다음 각 호의 인가·허가·승인·면허·협의·해제·신고 또는 심사 등(이하 "인·허가등"이라 한다)에 관하여 제3항에 따라 미리 관계 행정기관의 장과 협의한 사항에 대하여는 그 인·허가등을 받은 것으로 본다.

1. 공유수면 관리 및 매립에 관한 법률 제8조에 따른 공유수면의 점용·사용허가, 같은 법 제17조에 따른 점용·사용 실시계획의 승인 또는 신고, 같은 법 제28조에 따른 공유수면의 매립면허 및 같은 법 제38조에 따른 공유수면매립실시계획의 승인
2. 삭제
3. 광업법 제42조에 따른 채굴계획의 인가
4. 농어촌정비법 제23조에 따른 농업생산기반시설의 사용허가
5. 농지법 제34조에 따른 농지전용의 허가 또는 협의, 같은 법 제35조에 따른 농지전용의 신고 및 같은 법 제36조에 따른 농지의 타용도 일시사용의 허가 또는 협의
6. 도로법 제36조에 따른 도로관리청이 아닌 자에 대한 도로공사 시행의 허가, 같은 법 제52조에 따른 도로와 다른 시설의 연결허가 및 같은 법 제61조에 따른 도로의 점용 허가
7. 장사 등에 관한 법률 제27조 제1항에 따른 무연분묘의 개장 허가
8. 사도법 제4조에 따른 사도 개설의 허가
9. 사방사업법 제14조에 따른 토지의 형질 변경 등의 허가 및 같은 법 제20조에 따른 사방지 지정의 해제

9의2. 산업집적활성화 및 공장설립에 관한 법률 제13조에 따른 공장설립등의 승인

10. 산지관리법 제14조·제15조에 따른 산지전용허가 및 산지전용신고, 같은 법 제15조의2에 따른 산지일시사용허가·신고, 같은 법 제25조 제1항에 따른 토석채취허가, 같은 법 제25조 제2항에 따른 토사채취신고 및 산림자원의 조성 및 관리에 관한 법률 제36조 제1항·제4항에 따른 입목벌채 등의 허가·신고
11. 소하천정비법 제10조에 따른 소하천공사 시행의 허가 및 같은 법 제14조에 따른 소하천의 점용 허가
12. 수도법 제52조에 따른 전용상수도 설치 및 같은 법 제54조에 따른 전용공업용수도설치의 인가
13. 연안관리법 제25조에 따른 연안정비사업실시계획의 승인
14. 체육시설의 설치·이용에 관한 법률 제12조에 따른 사업계획의 승인
15. 초지법 제23조에 따른 초지전용의 허가, 신고 또는 협의
16. 공간정보의 구축 및 관리 등에 관한 법률 제15조 제3항에 따른 지도등의 간행 심사

17. 하수도법 제16조에 따른 공공하수도에 관한 공사시행의 허가 및 같은 법 제24조에 따른 공공하수도의 점용허가
18. 하천법 제30조에 따른 하천공사 시행의 허가 및 같은 법 제33조에 따른 하천 점용의 허가
19. 도시공원 및 녹지 등에 관한 법률 제24조에 따른 도시공원의 점용허가 및 같은 법 제38조에 따른 녹지의 점용허가

5. 개발행위허가의 제한

국토의 계획 및 이용에 관한 법률 제63조 【개발행위허가의 제한】 ① 국토교통부장관, 시·도지사, 시장 또는 군수는 다음 각 호의 어느 하나에 해당되는 지역으로서 도시·군관리계획상 특히 필요하다고 인정되는 지역에 대해서는 대통령령으로 정하는 바에 따라 중앙도시계획위원회나 지방도시계획위원회의 심의를 거쳐 한 차례만 3년 이내의 기간 동안 개발행위허가를 제한할 수 있다. 다만, 제3호부터 제5호까지에 해당하는 지역에 대해서는 중앙도시계획위원회나 지방도시계획위원회의 심의를 거치지 아니하고 한 차례만 2년 이내의 기간 동안 개발행위허가의 제한을 연장할 수 있다.

1. 녹지지역이나 계획관리지역으로서 수목이 집단적으로 자라고 있거나 조수류 등이 집단적으로 서식하고 있는 지역 또는 우량 농지 등으로 보전할 필요가 있는 지역
2. 개발행위로 인하여 주변의 환경·경관·미관·문화재 등이 크게 오염되거나 손상될 우려가 있는 지역
3. 도시·군기본계획이나 도시·군관리계획을 수립하고 있는 지역으로서 그 도시·군기본계획이나 도시·군관리계획이 결정될 경우 용도지역·용도지구 또는 용도구역의 변경이 예상되고 그에 따라 개발행위허가의 기준이 크게 달라질 것으로 예상되는 지역
4. 지구단위계획구역으로 지정된 지역
5. 기반시설부담구역으로 지정된 지역

② 국토교통부장관, 시·도지사, 시장 또는 군수는 제1항에 따라 개발행위허가를 제한하려면 대통령령으로 정하는 바에 따라 제한지역·제한사유·제한대상행위 및 제한기간을 미리 고시하여야 한다.

관련 판례

구 도시 및 주거환경정비법에 의하여 정비구역에서 시행되는 주택재개발사업, 주택재건축사업에 관한 계획 및 구 도시재정비 촉진을 위한 특별법에 의하여 재정비촉진구역에서 시행되는 주택재개발사업, 주택재건축사업에 관한 재정비촉진계획은 구 국토의 계획 및 이용에 관한 법률 제63조 제1항 제3호가 적용되는 도시관리계획에 해당하며, 서울특별시의 구청장은 위 계획들이 수립되고 있는 지역에서 위 구 국토의 계획 및 이용에 관한 법률 규정에 따라 개발행위허가를 제한할 수 있다(대판 2012.7.12, 2010두4957).

제2절 토지거래허가제

1 의의

• **토지거래허가제**: 투기적 토지거래로 인한 급격한 지가상승을 억제하기 위하여 국토교통부장관이 지정한 지역 내 토지거래계약에 대하여 시장·군수·구청장의 허가를 받도록 하는 제도

관련 판례

토지거래허가제는 사유재산제도의 부정이 아니라 그 제한의 한 형태이고 토지의 투기적 거래의 억제를 위하여 그 처분을 제한함은 부득이한 것이므로 재산권의 본질적인 침해가 아니며, 헌법상의 경제조항에도 위배되지 아니하고 현재의 상황에서 이러한 제한수단의 선택이 헌법상의 비례의 원칙이나 과잉금지의 원칙에 위배된다고 할 수도 없다(헌재 1989.12.22, 88헌가13).

2 토지거래허가의 법적 성질

• 계약의 효력이 시장·군수·구청장의 허가를 받아야 법적 효력이 발생한다는 점에서 강학상 인가의 성질을 가짐.

관련 판례

구 국토의 계획 및 이용에 관한 법률 제21조의3 제1항 소정의 허가가 규제지역 내의 모든 국민에게 전반적으로 토지거래의 자유를 금지하고 일정한 요건을 갖춘 경우에만 금지를 해제하여 계약체결의 자유를 회복시켜 주는 성질의 것이라고 보는 것은 위 법의 입법취지를 넘어선 지나친 해석이라고 할 것이고, 규제지역 내에서도 토지거래의 자유가 인정되나 다만 위 허가를 허가 전의 유동적 무효 상태에 있는 법률행위의 효력을 완성시켜 주는 인가적 성질을 띤 것이라고 보는 것이 타당하다(대판 1991.12.24, 90다12243 전합).

• 토지거래허가의 거부는 토지거래의 자유라는 중대한 기본권을 제한하는 것으로 토지거래허가는 기속행위임.

3 토지거래허가구역 지정

부동산 거래신고 등에 관한 법률 제10조【토지거래허가구역의 지정】 ① 국토교통부장관 또는 시·도지사는 국토의 이용 및 관리에 관한 계획의 원활한 수립과 집행, 합리적인 토지 이용 등을 위하여 토지의 투기적인 거래가 성행하거나 지가가 급격히 상승하는 지역과 그러한 우려가 있는 지역으로서 대통령령으로 정하는 지역에 대해서는 다음 각 호의 구분에 따라 5년 이내의 기간을 정하여 제11조 제1항에 따른 토지거래계약에 관한 허가구역(이하 "허가구역"이라 한다)으로 지정할 수 있다.

기출지문 OX

01 헌법재판소는 토지거래계약허가제도는 토지의 투기적 거래를 억제하기 위한 제도로써 사유재산제도를 부정하는 것이 아니며, 따라서 재산권의 본질적 내용을 침해한다고 볼 수는 없다고 한다. (13국가7) ( )

02 토지거래허가제에 있어서 토지거래허가는 그 명칭에도 불구하고 인가로서의 법적 성질을 갖는다. (15지방7) ( )

03 토지거래계약허가제에 있어서 허가란 규제지역 내의 모든 국민에게 전반적으로 토지거래의 자유를 원칙적으로 금지하고 일정한 요건을 갖춘 경우에만 사후에 금지를 해제하여 계약체결의 자유를 회복시켜 주는 성질의 것이다. (20군무원7) ( )

정답
01 ○ 02 ○ 03 ×

1. 허가구역이 둘 이상의 시·도의 관할 구역에 걸쳐 있는 경우: 국토교통부장관이 지정
2. 허가구역이 동일한 시·도 안의 일부지역인 경우: 시·도지사가 지정. 다만, 국가가 시행하는 개발사업 등에 따라 투기적인 거래가 성행하거나 지가가 급격히 상승하는 지역과 그러한 우려가 있는 지역 등 대통령령으로 정하는 경우에는 국토교통부장관이 지정할 수 있다.

관련 판례

같은 법에 따른 토지이용의무를 이행하지 아니하는 경우 이행강제금을 부과당하게 되는 등 토지거래계약에 관한 허가구역의 지정은 개인의 권리 내지 법률상의 이익을 구체적으로 규제하는 효과를 가져오게 하는 행정청의 처분에 해당하고, 따라서 이에 대하여는 원칙적으로 항고소송을 제기할 수 있다(대판 2006.12.22, 2006두12883).

4 토지거래허가의 대상

부동산 거래신고 등에 관한 법률 제11조【허가구역 내 토지거래에 대한 허가】 ① 허가구역에 있는 토지에 관한 소유권·지상권(소유권·지상권의 취득을 목적으로 하는 권리를 포함한다)을 이전하거나 설정(대가를 받고 이전하거나 설정하는 경우만 해당한다)하는 계약(예약을 포함한다. 이하 "토지거래계약"이라 한다)을 체결하려는 당사자는 공동으로 대통령령으로 정하는 바에 따라 시장·군수 또는 구청장의 허가를 받아야 한다. 허가받은 사항을 변경하려는 경우에도 또한 같다.

관련 판례

어느 토지가 거래신고대상토지인지 거래허가대상토지인지의 여부는 매매계약체결일을 기준으로 하여야 한다(대판 1994.5.24, 93다53450).

5 토지거래허가 기준

부동산 거래신고 등에 관한 법률 제12조【허가기준】 시장·군수 또는 구청장은 제11조에 따른 허가신청이 다음 각 호의 어느 하나에 해당하는 경우를 제외하고는 허가하여야 한다.
1. 토지거래계약을 체결하려는 자의 토지이용목적이 다음 각 목의 어느 하나에 해당되지 아니하는 경우
   가. 자기의 거주용 주택용지로 이용하려는 경우
   나. 허가구역을 포함한 지역의 주민을 위한 복지시설 또는 편익시설로서 관할 시장·군수 또는 구청장이 확인한 시설의 설치에 이용하려는 경우
   다. 허가구역에 거주하는 농업인·임업인·어업인 또는 대통령령으로 정하는 자가 그 허가구역에서 농업·축산업·임업 또는 어업을 경영하기 위하여 필요한 경우
   라. 공익사업을 위한 토지 등의 취득 및 보상에 관한 법률이나 그 밖의 법률에 따라 토지를 수용하거나 사용할 수 있는 사업을 시행하는 자가 그 사업을 시행하기 위하여 필요한 경우

기출지문 OX

01 토지거래허가구역의 지정은 행정청의 처분에 해당한다. (20군무원, 08서울7) ( )

02 어느 토지가 거래신고대상 토지인지 거래허가대상 토지인지의 여부는 토지거래허가구역의 지정일을 기준으로 한다. (08서울8) ( )

정답
01 ○ 02 ×

기출지문 OX

01 인근 주민들이 당해 폐기물처리장설치를 반대한다는 사유만으로는 토지거래허가를 거부할 사유가 될 수 없다. (08서울7) ( )

02 선매를 할 때의 매수가격은 부동산 가격공시에 관한 법률에 따라 감정평가업자가 감정평가한 감정가격을 기준으로 하되, 토지거래계약 허가신청서에 적힌 가격이 감정가격보다 낮은 경우에는 허가신청에 적힌 가격으로 할 수 있다. (12국회8) ( )

정답
01 ○ 02 ○

마. 허가구역을 포함한 지역의 건전한 발전을 위하여 필요하고 관계 법률에 따라 지정된 지역·지구·구역 등의 지정목적에 적합하다고 인정되는 사업을 시행하는 자나 시행하려는 자가 그 사업에 이용하려는 경우
바. 허가구역의 지정 당시 그 구역이 속한 특별시·광역시·특별자치시·시(제주특별자치도 설치 및 국제자유도시 조성을 위한 특별법 제10조 제2항에 따른 행정시를 포함한다. 이하 이 조에서 같다)·군 또는 인접한 특별시·광역시·특별자치시·시·군에서 사업을 시행하고 있는 자가 그 사업에 이용하려는 경우나 그 자의 사업과 밀접한 관련이 있는 사업을 하는 자가 그 사업에 이용하려는 경우
사. 허가구역이 속한 특별시·광역시·특별자치시·시 또는 군에 거주하고 있는 자의 일상생활과 통상적인 경제활동에 필요한 것 등으로서 대통령령으로 정하는 용도에 이용하려는 경우
2. 토지거래계약을 체결하려는 자의 토지이용목적이 다음 각 목의 어느 하나에 해당되는 경우
가. 국토의 계획 및 이용에 관한 법률 제2조 제2호에 따른 도시·군계획이나 그 밖에 토지의 이용 및 관리에 관한 계획에 맞지 아니한 경우
나. 생태계의 보전과 주민의 건전한 생활환경 보호에 중대한 위해를 끼칠 우려가 있는 경우
3. 그 면적이 그 토지의 이용목적에 적합하지 아니하다고 인정되는 경우

관련 판례

토지거래계약 허가권자는 그 허가신청이 국토이용관리법 제21조의4 제1항 각 호 소정의 불허가 사유에 해당하지 아니하는 한 허가를 하여야 하는 것인데, 인근 주민들이 당해 폐기물 처리장 설치를 반대한다는 사유는 국토이용관리법 제21조의4 규정에 의한 불허가 사유로 규정되어 있지 아니하므로 그와 같은 사유만으로는 토지거래허가를 거부할 사유가 될 수 없다(대판 1997.6.27, 96누9362).

6 선매

부동산 거래신고 등에 관한 법률 제15조【선매】 ① 시장·군수 또는 구청장은 제11조 제1항에 따른 토지거래계약에 관한 허가신청이 있는 경우 다음 각 호의 어느 하나에 해당하는 토지에 대하여 국가, 지방자치단체, 한국토지주택공사, 그 밖에 대통령령으로 정하는 공공기관 또는 공공단체가 그 매수를 원하는 경우에는 이들 중에서 해당 토지를 매수할 자[이하 "선매자"라 한다]를 지정하여 그 토지를 협의 매수하게 할 수 있다.
1. 공익사업용 토지
2. 제11조 제1항에 따른 토지거래계약허가를 받아 취득한 토지를 그 이용목적대로 이용하고 있지 아니한 토지
② 시장·군수 또는 구청장은 제1항 각 호의 어느 하나에 해당하는 토지에 대하여 토지거래계약 허가신청이 있는 경우에는 그 신청이 있는 날부터 1개월 이내에 선매자를 지정하여 토지 소유자에게 알려야 하며, 선매자는 지정 통지를 받은 날부터 1개월 이내에 그 토지 소유자와 대통령령으로 정하는 바에 따라 선매협의를 끝내야 한다.
③ 선매자가 제1항과 제2항에 따라 토지를 매수할 때의 가격은 감정평가 및 감정평가사에 관한 법률에 따라 감정평가법인등이 감정평가한 감정가격을 기준으로 하되, 토지

거래계약 허가신청서에 적힌 가격이 감정가격보다 낮은 경우에는 허가신청서에 적힌 가격으로 할 수 있다.
④ 시장·군수 또는 구청장은 제2항에 따른 선매협의가 이루어지지 아니한 경우에는 지체 없이 허가 또는 불허가의 여부를 결정하여 통보하여야 한다.

7 토지 이용에 관한 의무와 이행강제금

부동산 거래신고 등에 관한 법률 제17조 【토지 이용에 관한 의무 등】 ① 제11조에 따라 토지거래계약을 허가받은 자는 대통령령으로 정하는 사유가 있는 경우 외에는 5년의 범위에서 대통령령으로 정하는 기간에 그 토지를 허가받은 목적대로 이용하여야 한다.

제18조 【이행강제금】 ① 시장·군수 또는 구청장은 제17조 제1항에 따른 토지의 이용 의무를 이행하지 아니한 자에 대하여는 상당한 기간을 정하여 토지의 이용 의무를 이행하도록 명할 수 있다. 다만, 대통령령으로 정하는 사유가 있는 경우에는 이용 의무의 이행을 명하지 아니할 수 있다.
② 시장·군수 또는 구청장은 제1항에 따른 이행명령이 정하여진 기간에 이행되지 아니한 경우에는 토지 취득가액의 100분의 10의 범위에서 대통령령으로 정하는 금액의 이행강제금을 부과한다.
③ 시장·군수 또는 구청장은 최초의 이행명령이 있었던 날을 기준으로 1년에 한 번씩 그 이행명령이 이행될 때까지 반복하여 제2항에 따른 이행강제금을 부과·징수할 수 있다.
⑤ 시장·군수 또는 구청장은 제1항에 따른 이행명령을 받은 자가 그 명령을 이행하는 경우에는 새로운 이행강제금의 부과를 즉시 중지하되, 명령을 이행하기 전에 이미 부과된 이행강제금은 징수하여야 한다.

8 허가를 받지 아니한 토지거래계약의 효력

1. 유동적 무효

부동산 거래신고 등에 관한 법률 제11조 【허가구역 내 토지거래에 대한 허가】 ⑥ 제1항에 따른 허가를 받지 아니하고 체결한 토지거래계약은 그 효력이 발생하지 아니한다.

관련 판례

1 허가받을 것을 전제로 한 거래계약(허가를 배제하거나 잠탈하는 내용의 계약이 아닌 계약은 여기에 해당하는 것으로 본다)일 경우에는 허가를 받을 때까지는 법률상 미완성의 법률행위로서 소유권 등 권리의 이전 또는 설정에 관한 거래의 효력이 전혀 발생하지 않음은 위의 확정적 무효의 경우와 다를 바 없지만, 일단 허가를 받으면 그 계약은 소급하여 유효한 계약이 되고 이와 달리 불허가가 된 때에는 무효로 확정되므로 허가를 받기까지는 유동적 무효의 상태에 있다고 보는 것이 타당하므로 허가받을 것을 전제로 한 거래계약은 허가받기 전의 상태에서는 거래계약의 채권적 효력도 전혀 발생하지 않으므로 권리의 이전 또는 설정에 관한 어떠한 내용의 이행청구도 할 수 없으나 일단 허가를 받으면 그 계약은 소급해서 유효화되므로 허가 후에 새로이 거래계약을 체결할 필요는 없다(대판 1991.12.24, 90다12243 전합).

기출지문 OX

01 토지거래계약의 허가를 받아 토지를 취득한 자에게 관할행정청은 허가받은 목적대로 토지를 이용할 의무의 이행을 명하고 그 이행기간 안에 의무를 이행하지 않으면 반복하여 이행강제금을 부과할 수 있다. (15서울7) ( )

02 토지거래허가구역 내의 토지를 허가받지 않고 매매한 경우 민사적으로 매매의 효력에 영향을 받지 않는다. (02행시) ( )

03 대법원 판례는 허가받을 것을 전제로 한 거래계약일 경우에는 절대적 무효사유로 본다. (02행시) ( )

04 허가를 받을 것을 전제로 한 토지거래계약이라고 하여도 허가를 받지 않은 경우라면 그것은 확정적 무효이며, 사후에 허가를 받는다 하여도 소급하여 유효한 계약이 될 수는 없다. (13국가7) ( )

정답
01 ○ 02 ×
03 × 유동적 무효
04 × 유동적 무효

2 토지거래허가구역 지정기간 중에 허가구역 안의 토지에 대하여 토지거래허가를 받지 아니하고 토지거래계약을 체결한 후 허가구역 지정이 해제되거나 허가구역 지정기간이 만료되었음에도 재지정을 하지 아니한 때에는 그 토지거래계약이 허가구역 지정이 해제되기 전에 확정적으로 무효로 된 경우를 제외하고는, 더 이상 관할행정청으로부터 토지거래허가를 받을 필요가 없이 확정적으로 유효로 되어 거래 당사자는 그 계약에 기하여 바로 토지의 소유권 등 권리의 이전 또는 설정에 관한 이행청구를 할 수 있고, 상대방도 반대급부의 청구를 할 수 있다고 보아야 할 것이지, 여전히 그 계약이 유동적 무효상태에 있다고 볼 것은 아니다(대판 2010.3.25, 2009다41465).

2. 확정적 무효

관련 판례

1 국토의 계획 및 이용에 관한 법률상 토지거래계약 허가구역 내의 토지에 관하여 허가를 배제하거나 잠탈하는 내용으로 매매계약이 체결된 경우에는 같은 법 제118조 제6항에 따라 그 계약은 체결된 때부터 확정적으로 무효이다(대판 2010.6.10, 2009다96328).

2 국토의 계획 및 이용에 관한 법률상의 토지거래허가를 받지 않아 거래계약이 유동적 무효의 상태에 있는 경우 그와 같은 유동적 무효 상태의 계약은 관할 관청의 불허가처분이 있을 때뿐만 아니라 당사자 쌍방이 허가신청협력의무의 이행거절 의사를 명백히 표시한 경우에는 허가 전 거래계약관계, 즉 계약의 유동적 무효 상태가 더 이상 지속된다고 볼 수 없고 그 계약관계는 확정적으로 무효가 된다고 할 것이다(대판 2010.8.19, 2010다31860 · 31877).

3. 형사처벌

부동산 거래신고 등에 관한 법률 제26조【벌칙】 ② 제11조 제1항에 따른 허가 또는 변경허가를 받지 아니하고 토지거래계약을 체결하거나, 속임수나 그 밖의 부정한 방법으로 토지거래계약 허가를 받은 자는 2년 이하의 징역 또는 계약 체결 당시의 개별공시지가에 따른 해당 토지가격의 100분의 30에 해당하는 금액 이하의 벌금에 처한다.

관련 판례

토지거래허가구역 안에 있는 토지를 매수하면서 구 국토의 계획 및 이용에 관한 법률 및 같은 법 시행령에서 정하는 토지거래허가요건을 갖추지 못하였음에도 허가요건을 갖춘 타인 명의로 매매계약을 체결한 경우, 위 행위는 이 매매계약에 관하여 토지거래허가를 잠탈하고자 하는 것으로서, 위 법에서 처벌대상으로 삼고 있는 '토지거래허가 없이 토지의 거래계약을 체결한 경우'에 해당한다(대판 2010.5.27, 2010도1116).

기출지문 OX

01 토지거래허가구역 지정기간 중에 허가구역 안의 토지에 대하여 한 토지거래계약의 경우 허가구역 지정이 해제되면 확정적으로 유효가 된다. (12국회8) ( )

02 토지거래허가구역 내의 토지에 관하여 허가를 배제하거나 침탈하는 내용으로 매매계약이 체결된 경우에 그 계약은 체결된 때부터 확정적으로 무효이다. (12국회8) ( )

03 토지거래허가구역 내의 토지를 허가받지 않고 매매한 경우라도 매수인의 동의하에 유효한 법률행위로 전환될 수 있다. (02행시) ( )

04 토지거래허가구역 내의 토지를 허가받지 않고 매매한 경우 형사적으로 처벌대상이 된다. (02행시) ( )

05 허가 없이 토지 등의 거래계약을 체결하는 행위라 함은 처음부터 허가를 배제하거나 잠탈하는 내용의 계약을 체결하는 행위를 뜻한다. (13국가7) ( )

06 토지거래허가 요건을 갖춘 타인 명의로 매매계약을 체결한 경우에는 민사상의 문제는 별론으로 하고 형사적으로 처벌된다. (12국회8) ( )

정답
01 ○ 02 ○
03 × 확정적으로 무효
04 ○ 05 ○ 06 ○

제3절 부동산가격공시제

1 공시지가제

- **공시지가제**: 전국에 걸쳐 토지의 적정가격을 공시하여 지가평가의 기준이 되게 하여 지가의 적정한 형성을 도모하고 국토의 효율적 이용과 국민경제발전에 이바지하기 위한 제도

1. 표준지공시지가

(1) 의의

- **표준지공시지가**: 국토교통부장관이 토지이용상황이나 자연적·사회적 조건이 일반적으로 유사하다고 인정되는 일단의 토지 중에서 선정한 표준지에 대하여 매년 조사·평가하여 공시한 공시기준을 현재의 표준지 단위면적당 적정가격

(2) 법적 성질

- 물적 행정행위로 처분성이 인정됨.

관련 판례

표준지로 선정된 토지의 공시지가에 불복하기 위하여는 구 지가공시및토지평가에관한법률 제8조 제1항 소정의 이의절차를 거쳐 처분청을 상대로 그 공시지가결정의 취소를 구하는 행정소송을 제기하여야 하는 것이고, 그러한 절차를 밟지 아니한 채 개별토지 가격결정의 효력을 다투는 소송에서 그 개별토지 가격산정의 기초가 된 표준지 공시지가의 위법성을 다툴 수 없다(대판 1998.3.24, 96누6851).

참고 이의절차는 임의적 전치로 개정되었음.

(3) 표준지공시지가의 조사·평가·공시

부동산 가격공시에 관한 법률 제3조 【표준지공시지가의 조사·평가 및 공시 등】 ① 국토교통부장관은 토지이용상황이나 주변 환경, 그 밖의 자연적·사회적 조건이 일반적으로 유사하다고 인정되는 일단의 토지 중에서 선정한 표준지에 대하여 매년 공시기준일 현재의 단위면적당 적정가격(이하 "표준지공시지가"라 한다)을 조사·평가하고, 제24조에 따른 중앙부동산가격공시위원회의 심의를 거쳐 이를 공시하여야 한다.

⑤ 국토교통부장관이 제1항에 따라 표준지공시지가를 조사·평가할 때에는 업무실적, 신인도 등을 고려하여 둘 이상의 감정평가 및 감정평가사에 관한 법률에 따른 감정평가법인등(이하 "감정평가법인등"이라 한다)에게 이를 의뢰하여야 한다. 다만, 지가 변동이 작은 경우 등 대통령령으로 정하는 기준에 해당하는 표준지에 대해서는 하나의 감정평가법인등에 의뢰할 수 있다.

제6조 【표준지공시지가의 열람 등】 국토교통부장관은 제3조에 따라 표준지공시지가를 공시한 때에는 그 내용을 특별시장·광역시장 또는 도지사를 거쳐 시장·군수 또는 구청장(지방자치단체인 구의 구청장에 한정한다. 이하 같다)에게 송부하여 일반인이 열람할 수 있게 하고, 대통령령으로 정하는 바에 따라 이를 도서·도표 등으로 작성하여 관계 행정기관 등에 공급하여야 한다.

기출지문 OX

01 표준공시지가의 결정은 처분성을 가지지 않는다. (09국회8) ( )

02 개별공시지가결정과는 달리 표준공시지가의 결정은 항고소송의 대상인 처분에 해당하지 않는다. (08지방7) ( )

03 공시지가는 중앙부동산가격공시위원회의 심의를 거쳐 국토교통부장관이 공시한다. (00관세) ( )

04 국토교통부장관이 표준지공시지가를 조사·평가할 때에는 둘 이상의 감정평가업자에게 이를 의뢰하여야 한다. (15국회8) ( )

정답
01 × 처분성 인정
02 × 처분성 인정
03 ○ 04 ○

기출지문 OX

01 공시지가는 공공용지의 매수 및 토지의 수용·사용에 대한 보상기준이다. (00관세) ( )

02 국가나 공공기관이 토지를 취득할 때는 해당 필지의 개별공시지가를 적용하여 보상한다. (04입시) ( )

03 공시지가는 보상액 산정에서 개발이익을 배제한 토지의 적정가격이다. (00관세) ( )

04 현행법상 공시지가는 개발이익이 포함되어 평가된 가격일 수 있다. (04입시) ( )

05 표준지공시지가는 토지시장에 지가정보를 제공하고 일반적인 토지거래의 지표가 되며, 국가·지방자치단체 등이 그 업무와 관련하여 지가를 산정하거나 감정평가업자가 개별적으로 토지를 감정평가하는 경우에 기준이 되는 행정규칙으로서의 고시이다. (17서울7) ( )

06 현행법상 표준지공시지가에 이의가 있는 자는 표준지공시지가 공시일부터 30일 이내에 서면으로 국토교통부장관 또는 시장·군수·구청장에게 이의를 신청할 수 있다. (08지방7) ( )

정답
01 ○ 02 × 03 ○ 04 ○ 05 ×
06 × 국토교통부장관만

(4) 표준지공시지가의 적용영역

부동산 가격공시에 관한 법률 제8조 【표준지공시지가의 적용】 제1호 각 목의 자가 제2호 각 목의 목적을 위하여 지가를 산정할 때에는 그 토지와 이용가치가 비슷하다고 인정되는 하나 또는 둘 이상의 표준지의 공시지가를 기준으로 토지가격비준표를 사용하여 지가를 직접 산정하거나 감정평가법인등에 감정평가를 의뢰하여 산정할 수 있다. 다만, 필요하다고 인정할 때에는 산정된 지가를 제2호 각 목의 목적에 따라 가감 조정하여 적용할 수 있다.
1. 지가 산정의 주체
   가. 국가 또는 지방자치단체
   나. 공공기관의 운영에 관한 법률에 따른 공공기관
   다. 그 밖에 대통령령으로 정하는 공공단체
2. 지가 산정의 목적
   가. 공공용지의 매수 및 토지의 수용·사용에 대한 보상
   나. 국유지·공유지의 취득 또는 처분
   다. 그 밖에 대통령령으로 정하는 지가의 산정

관련 판례

당해 수용사업의 시행으로 인한 개발이익은 수용대상토지의 수용 당시의 객관적 가치에 포함되지 아니하는 것이므로 수용대상토지에 대한 손실보상액을 산정함에 있어서 구 토지수용법 제46조 제2항에 의하여 손실보상액 산정의 기준이 되는 지가공시 및 토지 등의 평가에 관한 법률에 의한 공시지가에 당해 수용사업의 시행으로 인한 개발이익이 포함되어 있을 경우 그 공시지가에서 그러한 개발이익을 배제한 다음 이를 기준으로 하여 손실보상액을 평가하고, 반대로 그 공시지가가 당해 수용사업의 시행으로 지가가 동결된 관계로 개발이익을 배제한 자연적 지가상승분도 반영하지 못한 경우에는 그 자연적 지가상승률을 산출하여 이를 기타사항으로 참작하여 손실보상액을 평가하는 것이 정당보상의 원리에 합당하다(대판 1993.7.27, 92누11084).

(5) 표준지공시지가의 효력

부동산 가격공시에 관한 법률 제9조 【표준지공시지가의 효력】 표준지공시지가는 토지시장에 지가정보를 제공하고 일반적인 토지거래의 지표가 되며, 국가·지방자치단체 등이 그 업무와 관련하여 지가를 산정하거나 감정평가법인등이 개별적으로 토지를 감정평가하는 경우에 기준이 된다.

(6) 표준지공시지가에 대한 불복절차

① 이의신청

- 과거 판례는 이의신청을 필수적 전치절차로 보았으나, 현행법은 이의신청을 임의적 전치주의로 규정하고 있음.

부동산 가격공시에 관한 법률 제7조 【표준지공시지가에 대한 이의신청】 ① 표준지공시지가에 이의가 있는 자는 그 공시일부터 30일 이내에 서면(전자문서를 포함한다. 이하 같다)으로 국토교통부장관에게 이의를 신청할 수 있다.

> ② 국토교통부장관은 제1항에 따른 이의신청 기간이 만료된 날부터 30일 이내에 이의신청을 심사하여 그 결과를 신청인에게 서면으로 통지하여야 한다. 이 경우 국토교통부장관은 이의신청의 내용이 타당하다고 인정될 때에는 제3조에 따라 해당 표준지공시지가를 조정하여 다시 공시하여야 한다.

② 행정소송

• 표준지공시지가결정에 불복이 있는 경우 이의신청을 거치지 않고도 행정소송 제기가 가능함.

③ 하자의 승계

관련 판례

1 위법한 표준지공시지가결정에 대하여 그 정해진 시정절차를 통하여 시정하도록 요구하지 않았다는 이유로 위법한 표준지공시지가를 기초로 한 수용재결 등 후행 행정처분에서 표준지공시지가결정의 위법을 주장할 수 없도록 하는 것은 수인한도를 넘는 불이익을 강요하는 것으로서 국민의 재산권과 재판받을 권리를 보장한 헌법의 이념에도 부합하는 것이 아니다. 따라서 표준지공시지가결정이 위법한 경우에는 그 자체를 행정소송의 대상이 되는 행정처분으로 보아 그 위법 여부를 다툴 수 있음은 물론, 수용보상금의 증액을 구하는 소송에서도 선행처분으로서 그 수용대상 토지 가격 산정의 기초가 된 비교표준지공시지가결정의 위법을 독립한 사유로 주장할 수 있다(대판 2008.8.21, 2007두13845).

2 표준지로 선정된 토지의 공시지가에 불복하기 위하여는 구 지가공시 및 토지평가에 관한 법률 제8조 제1항 소정의 이의절차를 거쳐 처분청을 상대로 그 공시지가결정의 취소를 구하는 행정소송을 제기하여야 하는 것이고, 그러한 절차를 밟지 아니한 채 개별토지 가격결정의 효력을 다투는 소송에서 그 개별토지 가격산정의 기초가 된 표준지 공시지가의 위법성을 다툴 수 없다(대판 1998.3.24, 96누6851).

3 표준지로 선정된 토지의 공시지가에 불복하기 위하여는 구 지가공시 및 토지 등의 평가에 관한 법률 제8조 제1항 소정의 이의절차를 거쳐 처분청인 건설부장관을 상대로 그 공시지가 결정의 취소를 구하는 행정소송을 제기하여야 하는 것이지 그러한 절차를 밟지 아니한 채 그 표준지에 대한 조세부과처분의 취소를 구하는 소송에서 그 공시지가의 위법성을 다툴 수는 없다(대판 1997.2.28, 96누10225).

2. 개별공시지가

(1) 의의

• **개별공시지가**: 시장·군수 또는 구청장이 각종 세금의 부과 등 특정 목적을 위한 지가산정에 사용하기 위해 매년 결정·고시한 개별토지의 단위면적당 가격

(2) 법적 성질

• 물적 행정행위로 처분성이 인정됨.

관련 판례

시장·군수 또는 구청장의 개별토지가격결정은 관계법령에 의한 토지초과이득세, 택지초과소유부담금 또는 개발부담금 산정의 기준이 되어 국민의 권리나 의무 또는 법률상 이익에 직접적으로 관계되는 것으로서 행정소송법 제2조 제1항 제1호 소정의

기출지문 OX

01 수용보상금증액청구소송에서 선행처분으로서 그 수용대상 토지가격 산정의 기초가 된 비교표준지 공시지가결정의 위법을 독립한 사유로 주장할 수 있다. (17서울7) ( )

02 취소사유에 해당하는 하자가 있는 표준지공시지가결정에 대한 취소소송의 제소기간이 지난 경우, 갑은 개별토지가격결정을 다투는 소송에서 그 개별토지가격산정의 기초가 된 표준지공시지가의 위법성을 다툴 수 있다. (19국가7) ( )

03 조세부과처분의 취소를 구하는 소송에서 표준지공시지가의 위법성도 다툴 수 있다. (08지방7) ( )

04 공시지가는 어떤 법적 효력도 발생하지 않고 사실판단의 자료에 불과하다. (09국회8) ( )

정답
01 ○
02 × 다툴 수 없음
03 × 다툴 수 없음
04 ×

행정청이 행하는 구체적 사실에 관한 법집행으로서의 공권력행사이므로 항고소송의 대상이 되는 행정처분에 해당한다(대판 1994.2.8, 93누111).

(3) 개별공시지가의 결정 · 공시 · 정정

부동산 가격공시에 관한 법률 제10조【개별공시지가의 결정 · 공시 등】 ① 시장 · 군수 또는 구청장은 국세 · 지방세 등 각종 세금의 부과, 그 밖의 다른 법령에서 정하는 목적을 위한 지가산정에 사용되도록 하기 위하여 제25조에 따른 시 · 군 · 구부동산가격공시위원회의 심의를 거쳐 매년 공시지가의 공시기준일 현재 관할 구역 안의 개별토지의 단위면적당 가격(이하 "개별공시지가"라 한다)을 결정 · 공시하고, 이를 관계 행정기관 등에 제공하여야 한다.

② 제1항에도 불구하고 표준지로 선정된 토지, 조세 또는 부담금 등의 부과대상이 아닌 토지, 그 밖에 대통령령으로 정하는 토지에 대하여는 개별공시지가를 결정 · 공시하지 아니할 수 있다. 이 경우 표준지로 선정된 토지에 대하여는 해당 토지의 표준지공시지가를 개별공시지가로 본다.

③ 시장 · 군수 또는 구청장은 공시기준일 이후에 분할 · 합병 등이 발생한 토지에 대하여는 대통령령으로 정하는 날을 기준으로 하여 개별공시지가를 결정 · 공시하여야 한다.

④ 시장 · 군수 또는 구청장이 개별공시지가를 결정 · 공시하는 경우에는 해당 토지와 유사한 이용가치를 지닌다고 인정되는 하나 또는 둘 이상의 표준지의 공시지가를 기준으로 토지가격비준표를 사용하여 지가를 산정하되, 해당 토지의 가격과 표준지공시지가가 균형을 유지하도록 하여야 한다.

⑤ 시장 · 군수 또는 구청장은 개별공시지가를 결정 · 공시하기 위하여 개별토지의 가격을 산정할 때에는 그 타당성에 대하여 감정평가법인등의 검증을 받고 토지소유자, 그 밖의 이해관계인의 의견을 들어야 한다. 다만, 시장 · 군수 또는 구청장은 감정평가법인등의 검증이 필요 없다고 인정되는 때에는 지가의 변동상황 등 대통령령으로 정하는 사항을 고려하여 감정평가법인등의 검증을 생략할 수 있다.

제12조【개별공시지가의 정정】 시장 · 군수 또는 구청장은 개별공시지가에 틀린 계산, 오기, 표준지 선정의 착오, 그 밖에 대통령령으로 정하는 명백한 오류가 있음을 발견한 때에는 지체 없이 이를 정정하여야 한다.

관련 판례

1 개별공시지가 결정의 적법 여부는 부동산 가격공시 및 감정평가에 관한 법률 등 관련 법령이 정하는 절차와 방법에 따라 이루어진 것인지에 의하여 결정될 것이지 당해 토지의 시가나 실제 거래가격과 직접적인 관련이 있는 것은 아니므로, 단지 그 공시지가가 감정가액이나 실제 거래가격을 초과한다는 사유만으로 그것이 현저하게 불합리한 가격이어서 그 가격 결정이 위법하다고 단정할 수는 없다(대판 2013.10.11, 2013두6138).

2 시장 등은 표준지공시지가에 토지가격비준표를 사용하여 산정된 지가와 감정평가업자의 검증의견 및 토지소유자 등의 의견을 종합하여 당해 토지에 대하여 표준지공시지가와 균형을 유지한 개별공시지가를 결정할 수 있고, 그와 같이 결정된 개별공시지가가 표준지공시지가와 균형을 유지하지 못할 정도로 현저히 불합리하다는 등의 특별한 사정이 없는 한, 결과적으로 토지가격비준표를 사용하여 산정한 지가와 달리 결정되었거나 감정평가사의 검증의견에 따라 결정되었다는 이유만으로 그 개별공시지가 결정이 위법하다고 볼 수는 없다(대판 2013.11.14, 2012두15364).

기출지문 OX

01 표준지공시지가는 국토교통부장관이 정하고, 개별공시지가는 시장 · 군수 · 구청장이 정한다. (00행시) ( )

02 개별공시지가는 단위면적당 가격을 말한다. (03관세) ( )

03 개별공시지가는 국세 · 지방세 등 각종 세금의 부과, 그 밖의 다른 법령이 정하는 목적을 위한 지가 산정에 사용한다. (16행정사) ( )

04 개별공시지가는 시장 · 군수 · 구청장이 시 · 군 · 구부동산가격공시위원회의 심의를 거쳐 결정 · 공시한다. (03관세) ( )

05 시장 등은 개별토지가격 산정의 타당성에 대한 감정평가업자의 검증이 필요 없다고 인정되는 때에는 법령으로 정하는 사항을 고려하여 이를 생략할 수 있다. (08지방7) ( )

정답
01 ○ 02 ○ 03 ○ 04 ○ 05 ○

(4) 개별공시지가에 대한 불복절차

① 이의신청

• 이의신청은 임의적 절차임.

> 부동산 가격공시에 관한 법률 제11조【개별공시지가에 대한 이의신청】① 개별공시지가에 이의가 있는 자는 그 결정·공시일부터 30일 이내에 서면으로 시장·군수 또는 구청장에게 이의를 신청할 수 있다.
> ② 시장·군수 또는 구청장은 제1항에 따라 이의신청 기간이 만료된 날부터 30일 이내에 이의신청을 심사하여 그 결과를 신청인에게 서면으로 통지하여야 한다. 이 경우 시장·군수 또는 구청장은 이의신청의 내용이 타당하다고 인정될 때에는 제10조에 따라 해당 개별공시지가를 조정하여 다시 결정·공시하여야 한다.

② 행정소송

• 개별공시지가결정에 불복이 있는 경우 이의신청을 거치지 않고도 행정소송 제기 가능함.

관련 판례

부동산 가격공시 및 감정평가에 관한 법률이 이의신청에 관하여 규정하고 있다고 하여 이를 행정심판법 제3조 제1항에서 행정심판의 제기를 배제하는 '다른 법률에 특별한 규정이 있는 경우'에 해당한다고 볼 수 없으므로, 개별공시지가에 대하여 이의가 있는 자는 곧바로 행정소송을 제기하거나 부동산 가격공시 및 감정평가에 관한 법률에 따른 이의신청과 행정심판법에 따른 행정심판청구 중 어느 하나만을 거쳐 행정소송을 제기할 수 있을 뿐 아니라, 이의신청을 하여 그 결과 통지를 받은 후 다시 행정심판을 거쳐 행정소송을 제기할 수도 있다고 보아야 하고, 이 경우 행정소송의 제소기간은 그 행정심판 재결서 정본을 송달받은 날부터 기산한다(대판 2010.1.28, 2008두19987).

③ 하자의 승계

관련 판례

1 개별공시지가결정은 이를 기초로 한 과세처분 등과는 별개의 독립된 처분으로서 서로 독립하여 별개의 법률효과를 목적으로 하는 것이나, 개별공시지가는 이를 토지소유자나 이해관계인에게 개별적으로 고지하도록 되어 있는 것이 아니어서 토지소유자 등이 개별공시지가결정 내용을 알고 있었다고 전제하기도 곤란할 뿐만 아니라 결정된 개별공시지가가 자신에게 유리하게 작용될 것인지 또는 불이익하게 작용될 것인지 여부를 쉽사리 예견할 수 있는 것도 아니며, 더욱이 장차 어떠한 과세처분 등 구체적인 불이익이 현실적으로 나타나게 되었을 경우에 비로소 권리구제의 길을 찾는 것이 우리 국민의 권리의식임을 감안하여 볼 때 토지소유자 등으로 하여금 결정된 개별공시지가를 기초로 하여 장차 과세처분 등이 이루어질 것에 대비하여 항상 토지의 가격을 주시하고 개별공시지가결정이 잘못된 경우 정해진 시정절차를 통하여 이를 시정하도록 요구하는 것은 부당하게 높은 주의의무를 지우는 것이라고 아니할 수 없고, 위법한 개별공시지가결정에 대하여 그 정해진 시정절차를 통하여 시정하도록 요구하지 아니하였다는 이유로 위법한 개별공시지가를 기초로 한 과세처분 등 후행 행정처분에서 개별공시지가결정의 위법을 주장할 수 없도록 하는 것은 수인한도를 넘는 불이익을 강요하는 것으로서 국민의 재산권과 재판받을 권리를 보장한 헌법의 이념에도 부합하는 것이 아니라고 할 것이므로, 개별공시지가결정에 위법이 있는 경우에는 그 자체를 행정소송의

기출지문 OX

01 개별공시지가에 이의가 있는 자는 그 결정·공시일로부터 30일 이내에 서면으로 시장·군수·또는 구청장에게 이의를 신청할 수 있다. (15국회8) ( )

02 갑은 개별공시지가결정에 대하여 곧바로 행정소송을 제기하거나 부동한 가격공시에 관한 법률에 따른 이의신청과 행정심판법에 따른 행정심판청구 중 어느 하나만을 거쳐 행정소송을 제기할 수 있을 뿐만 아니라, 이의신청을 하여 그 결과 통지를 받은 후 다시 행정심판을 거쳐 행정소송을 제기할 수도 있다. (19국가7) ( )

03 개별공시지가에 대해 이의신청을 하여 그 결과 통지를 받은 후 행정심판을 거쳐 행정소송을 제기하였다면, 이 경우 행정소송의 제소기간은 이의신청의 결과 통지를 받은 날로부터 기산한다. (17서울7) ( )

04 대법원은 과세처분을 다투는 소송에서 선행행위인 개별공시지가의 위법성을 다툴 수 있다고 판시하였다. (00행시) ( )

05 개별공시지가결정이 무효인 경우 양도소득세부과처분의 취소를 주장할 수 없다. (10국가7) ( )

06 선행처분인 개별공시지가결정의 하자가 과세처분 등 후행하는 처분에 승계될 수 있는지 여부에 관해, 판례는 서로 결합하여 하나의 법률효과를 발생시킨다는 관점에서 하자승계를 인정하였다. (17서울7) ( )

정답
01 ○ 02 ○
03 × 행정심판 재결서 정본을 송달받은 날부터
04 ○ 05 × 06 ×

대상이 되는 행정처분으로 보아 그 위법 여부를 다툴 수 있음은 물론 이를 기초로 한 과세처분 등 행정처분의 취소를 구하는 행정소송에서도 선행처분인 개별공시지가결정의 위법을 독립된 위법사유로 주장할 수 있다고 해석함이 타당하다(대판 1994.1.25, 93누8542).

2 개별토지가격 결정에 대한 재조사 청구에 따른 감액조정에 대하여 더 이상 불복하지 아니한 경우, 이를 기초로 한 양도소득세 부과처분 취소소송에서 다시 개별토지가격 결정의 위법을 당해 과세처분의 위법사유로 주장할 수 없다(대판 1998.3.13, 96누6059).

2 주택가격공시제

1. 단독주택가격공시

(1) 표준주택가격

부동산 가격공시에 관한 법률 제16조【표준주택가격의 조사·산정 및 공시 등】 ① 국토교통부장관은 용도지역, 건물구조 등이 일반적으로 유사하다고 인정되는 일단의 단독주택 중에서 선정한 표준주택에 대하여 매년 공시기준일 현재의 적정가격(이하 "표준주택가격"이라 한다)을 조사·산정하고, 제24조에 따른 중앙부동산가격공시위원회의 심의를 거쳐 이를 공시하여야 한다.

(2) 개별주택가격

부동산 가격공시에 관한 법률 제17조【개별주택가격의 결정·공시 등】 ① 시장·군수 또는 구청장은 제25조에 따른 시·군·구부동산가격공시위원회의 심의를 거쳐 매년 표준주택가격의 공시기준일 현재 관할 구역 안의 개별주택의 가격(이하 "개별주택가격"이라 한다)을 결정·공시하고, 이를 관계 행정기관 등에 제공하여야 한다.
② 제1항에도 불구하고 표준주택으로 선정된 단독주택, 그 밖에 대통령령으로 정하는 단독주택에 대하여는 개별주택가격을 결정·공시하지 아니할 수 있다. 이 경우 표준주택으로 선정된 주택에 대하여는 해당 주택의 표준주택가격을 개별주택가격으로 본다.
④ 시장·군수 또는 구청장은 공시기준일 이후에 토지의 분할·합병이나 건축물의 신축 등이 발생한 경우에는 대통령령으로 정하는 날을 기준으로 하여 개별주택가격을 결정·공시하여야 한다.

2. 공동주택가격공시

부동산 가격공시에 관한 법률 제18조【공동주택가격의 조사·산정 및 공시 등】 ① 국토교통부장관은 공동주택에 대하여 매년 공시기준일 현재의 적정가격(이하 "공동주택가격"이라 한다)을 조사·산정하여 제24조에 따른 중앙부동산가격공시위원회의 심의를 거쳐 공시하고, 이를 관계 행정기관 등에 제공하여야 한다. 다만, 대통령령으로 정하는 바에 따라 국세청장이 국토교통부장관과 협의하여 공동주택가격을 별도로 결정·고시하는 경우는 제외한다.

기출지문 OX

01 위법한 개별공시지가결정에 대하여 그 정해진 시정절차를 통하여 시정하도록 요구하지 아니하였다는 이유로 위법한 개별공시지가를 기초로한 과세처분 등 후행 행정처분에서 개별공시지가결정의 위법을 주장할 수 없도록 하는 것은 수인한도를 넘는 불이익을 강요하는 것이다. (18서울9) ( )

02 당사자의 수인한도를 넘는 불이익이 강요되는 경우에는 개별공시지가결정의 위법을 양도소득세부과처분의 위법사유로 주장할 수 있다는 것이 판례의 입장이다. (10국가7) ( )

03 양도소득세 산정의 기초가 되는 개별공시지가결정에 대하여 한 재조사청구에 따른 조정결정을 통지받고서도 더 이상 다투지 않았다 하더라도 위 개별공시지가결정의 위법을 양도소득세부과처분의 위법사유로 주장할 수 있다. (10국가7) ( )

정답
01 ○ 02 ○ 03 ×

제4절 개발이익환수제

1 의의 및 목적

• **개발이익환수제도:** 개발이익을 얻는 당사자로부터 그 이익을 환수하는 제도

> **개발이익 환수에 관한 법률 제1조【목적】** 이 법은 토지에서 발생하는 개발이익을 환수하여 이를 적정하게 배분하여서 토지에 대한 투기를 방지하고 토지의 효율적인 이용을 촉진하여 국민경제의 건전한 발전에 이바지하는 것을 목적으로 한다.
>
> **제2조【정의】** 이 법에서 사용하는 용어의 뜻은 다음과 같다.
> 1. "개발이익"이란 개발사업의 시행이나 토지이용계획의 변경, 그 밖에 사회적·경제적 요인에 따라 정상지가상승분을 초과하여 개발사업을 시행하는 자(이하 "사업시행자"라 한다)나 토지 소유자에게 귀속되는 토지 가액의 증가분을 말한다.

기출지문 OX

01 개발이익환수는 토지에 대한 투기의 방지와 부의 적정한 배분 등을 실현하기 위하여 필요하다. (02행시) ( )

2 개발이익의 환수 방법

• 과세적 방법(양도소득세, 취득세 등)
• 비과세적 방법(개발부담금)

3 개발부담금

1. 의의 및 법적 성질

> **개발이익 환수에 관한 법률 제2조【정의】** 이 법에서 사용하는 용어의 뜻은 다음과 같다.
> 4. "개발부담금"이란 개발이익 중 이 법에 따라 특별자치시장·특별자치도지사·시장·군수 또는 구청장(구청장은 자치구의 구청장을 말하며, 이하 "시장·군수·구청장"이라 한다)이 부과·징수하는 금액을 말한다.

관련 판례

개발이익환수에관한법률 소정의 개발부담금은 그 납부의무자로 하여금 국가 등에 대하여 금전 급부의무를 부담하게 하는 것이어서 납부의무자의 재산권을 제약하는 면이 있고, 부과개시시점의 지가는 개발부담금의 산정기준인 개발이익의 존부와 범위를 결정하는 중요한 요소가 되는 것이므로, 그 산정기준에 관한 위임입법시 요구되는 구체성, 명확성의 정도는 조세법규의 경우에 준하여, 그 요건과 범위가 엄격하게 제한적으로 규정되어야 할 것이다(헌재 1998.6.25, 95헌바35, 97헌바81, 98헌바5·10).

2. 개발부담금 부과대상 사업

> **개발이익 환수에 관한 법률 제5조【대상 사업】** ① 개발부담금의 부과 대상인 개발사업은 다음 각 호의 어느 하나에 해당하는 사업으로 한다.
> 1. 택지개발사업(주택단지조성사업을 포함한다. 이하 같다)

02 택지개발사업은 개발부담금 부과대상 사업이다. (02행시) ( )

정답
01 ○ 02 ○

규제행정법
제6편
2022 해커스공무원 한 권으로 끝내는 장재혁 행정법각론 기본서+기출OX

기출지문 OX

2. 산업단지개발사업
3. 관광단지조성사업(온천 개발사업을 포함한다. 이하 같다)
4. 도시개발사업, 지역개발사업 및 도시환경정비사업
5. 교통시설 및 물류시설 용지조성사업
6. 체육시설 부지조성사업(골프장 건설사업 및 경륜장·경정장 설치사업을 포함한다)
7. 지목 변경이 수반되는 사업으로서 대통령령으로 정하는 사업
8. 그 밖에 제1호부터 제6호까지의 사업과 유사한 사업으로서 대통령령으로 정하는 사업

3. 개발부담금 납부의무자

개발이익 환수에 관한 법률 제6조【납부 의무자】 ① 제5조 제1항 각 호의 사업시행자는 이 법으로 정하는 바에 따라 개발부담금을 납부할 의무가 있다. 다만, 다음 각 호의 어느 하나에 해당하면 그에 해당하는 자가 개발부담금을 납부하여야 한다.

1. 개발사업을 위탁하거나 도급한 경우에는 그 위탁이나 도급을 한 자
2. 타인이 소유하는 토지를 임차하여 개발사업을 시행한 경우에는 그 토지의 소유자
3. 개발사업을 완료하기 전에 사업시행자의 지위나 제1호 또는 제2호에 해당하는 자의 지위를 승계하는 경우에는 그 지위를 승계한 자

제7조【부과 제외 및 감면】 ① 국가가 시행하는 개발사업과 지방자치단체가 공공의 목적을 위하여 시행하는 사업으로서 대통령령으로 정하는 개발사업에는 개발부담금을 부과하지 아니한다.

01 국가가 시행하는 개발사업에 대하여는 개발부담금을 부과하지 아니한다. (02행시) ( )

4. 개발부담금 부과기준 및 부담률

개발이익 환수에 관한 법률 제8조【부과 기준】 개발부담금의 부과 기준은 부과 종료 시점의 부과 대상 토지의 가액(이하 "종료시점지가"라 한다)에서 다음 각 호의 금액을 뺀 금액으로 한다.

1. 부과 개시 시점의 부과 대상 토지의 가액(이하 "개시시점지가"라 한다)
2. 부과 기간의 정상지가상승분
3. 제11조에 따른 개발비용

제13조【부담률】 납부 의무자가 납부하여야 할 개발부담금은 제8조에 따라 산정된 개발이익에 다음 각 호의 구분에 따른 부담률을 곱하여 산정한다.

1. 제5조 제1항 제1호부터 제6호까지의 개발사업: 100분의 20
2. 제5조 제1항 제7호 및 제8호의 개발사업: 100분의 25. 다만, 국토의 계획 및 이용에 관한 법률 제38조에 따른 개발제한구역에서 제5조 제1항 제7호 및 제8호의 개발사업을 시행하는 경우로서 납부 의무자가 개발제한구역으로 지정될 당시부터 토지 소유자인 경우에는 100분의 20으로 한다.

02 개발부담금의 부과기준은 부과종료시점의 부과대상 토지의 가액에서 부과개시시점의 부과대상 토지의 가액(개시시점지가)·부과기간의 정상지가상승분·개발비용의 금액을 뺀 금액으로 한다. (02행시) ( )

5. 개발부담금 부과 및 납부고지

개발이익 환수에 관한 법률 제14조【부담금의 결정·부과】 ① 시장·군수·구청장은 부과 종료 시점부터 5개월 이내에 개발부담금을 결정·부과하여야 한다. 다만, 제9조 제3항 각 호 외의 부분 단서에 해당하는 경우로서 해당 사업이 대규모 사업의 일부에 해당되어 제11조에 따른 개발비용의 명세를 제출할 수 없는 경우에는 대통령령으로 정하는 바에 따라 개발부담금을 결정·부과할 수 있다.

정답
01 ○ 02 ○

제15조 【납부의 고지】 ① 시장·군수·구청장은 이 법에 따라 개발부담금을 부과하기로 결정하면 납부 의무자에게 대통령령으로 정하는 바에 따라 납부고지서를 발부하여야 한다.

6. 개발부담금 납부

개발이익 환수에 관한 법률 제18조 【납부】 ① 개발부담금의 납부 의무자는 부과일부터 6개월 이내에 개발부담금을 납부하여야 한다.
② 개발부담금은 현금 또는 대통령령으로 정하는 납부대행기관을 통하여 신용카드·직불카드 등(이하 "신용카드등"이라 한다)으로 납부할 수 있다. 다만, 시장·군수·구청장은 토지(해당 부과 대상 토지 및 그와 유사한 토지를 말한다) 또는 건축물로 하는 납부[이하 "물납"이라 한다]를 인정할 수 있다.
③ 제2항 본문에 따라 개발부담금을 신용카드등으로 납부하는 경우에는 납부대행기관의 승인일을 납부일로 본다.

제21조 【납부 독촉 및 가산금】 ① 시장·군수·구청장은 개발부담금의 납부 의무자가 제18조 제1항에 따라 지정된 기간에 그 개발부담금을 완납하지 아니하면 납부 기한이 지난 후 10일 이내에 독촉장을 발부하여야 한다.
② 개발부담금 또는 체납된 개발부담금을 납부 기한까지 완납하지 아니한 경우에는 지방세징수법 제30조 및 제31조를 준용한다.

제22조 【체납처분 등】 ① 시장·군수·구청장은 개발부담금의 납부 의무자가 독촉장을 받고도 지정된 기한까지 개발부담금과 가산금 등을 완납하지 아니하면 지방행정제재·부과금의 징수 등에 관한 법률에 따라 징수할 수 있다.

7. 개발부담금의 시효

개발이익 환수에 관한 법률 제17조 【시효】 ① 개발부담금을 징수할 수 있는 권리와 개발부담금의 과오납금을 환급받을 권리는 행사할 수 있는 시점부터 5년간 행사하지 아니하면 소멸시효가 완성된다.

8. 개발부담금 부과에 대한 불복절차

개발이익 환수에 관한 법률 제26조 【행정심판의 특례】 ① 개발부담금 등의 부과·징수에 이의가 있는 자는 공익사업을 위한 토지 등의 취득 및 보상에 관한 법률에 따른 중앙토지수용위원회에 행정심판을 청구할 수 있다.
② 제1항에 따른 행정심판청구에 대하여는 행정심판법 제6조에도 불구하고 공익사업을 위한 토지 등의 취득 및 보상에 관한 법률에 따른 중앙토지수용위원회가 심리·의결하여 재결한다.

기출지문 OX

01 개발이익 환수에 관한 법률에 따르면 개발부담금 납부방법으로 채권납부가 가능하다. (02행시) ( )

정답
01 ×

제2장 환경행정법

기출지문 OX

제1절 서설

1 용어 정리

환경정책기본법 제3조 【정의】 이 법에서 사용하는 용어의 뜻은 다음과 같다.

1. "환경"이란 자연환경과 생활환경을 말한다.
2. "자연환경"이란 지하·지표(해양을 포함한다) 및 지상의 모든 생물과 이들을 둘러싸고 있는 비생물적인 것을 포함한 자연의 상태(생태계 및 자연경관을 포함한다)를 말한다.
3. "생활환경"이란 대기, 물, 토양, 폐기물, 소음·진동, 악취, 일조(日照), 인공조명, 화학물질 등 사람의 일상생활과 관계되는 환경을 말한다.
4. "환경오염"이란 사업활동 및 그 밖의 사람의 활동에 의하여 발생하는 대기오염, 수질오염, 토양오염, 해양오염, 방사능오염, 소음·진동, 악취, 일조 방해, 인공조명에 의한 빛공해 등으로서 사람의 건강이나 환경에 피해를 주는 상태를 말한다.
5. "환경훼손"이란 야생동식물의 남획(濫獲) 및 그 서식지의 파괴, 생태계질서의 교란, 자연경관의 훼손, 표토(表土)의 유실 등으로 자연환경의 본래적 기능에 중대한 손상을 주는 상태를 말한다.
6. "환경보전"이란 환경오염 및 환경훼손으로부터 환경을 보호하고 오염되거나 훼손된 환경을 개선함과 동시에 쾌적한 환경 상태를 유지·조성하기 위한 행위를 말한다.
7. "환경용량"이란 일정한 지역에서 환경오염 또는 환경훼손에 대하여 환경이 스스로 수용, 정화 및 복원하여 환경의 질을 유지할 수 있는 한계를 말한다.
8. "환경기준"이란 국민의 건강을 보호하고 쾌적한 환경을 조성하기 위하여 국가가 달성하고 유지하는 것이 바람직한 환경상의 조건 또는 질적인 수준을 말한다.

2 환경문제와 환경법

- 20세기 후반부터 환경오염 문제가 대두되면서, 적극적이고 종합적인 환경대책을 마련하기 시작함.
- 환경법은 환경민사법, 환경형법, 환경국제법, 환경행정법 등으로 나뉘며 환경행정법이 중심이 됨.

3 환경규제행정의 특징

- 적극적 행정활동성, 생존배려행정성, 형식 및 수단의 다양성(권력적·비권력적 수단), 지역성, 계획법적·기술법적 특성 등을 가짐.

01 환경법은 계획법적·기술법적인 성격이 강하다. (99국가7) ( )

정답
01 ○

4 환경행정법의 헌법적 기초(헌법 제35조)

헌법 제35조 ① 모든 국민은 건강하고 쾌적한 환경에서 생활할 권리를 가지며, 국가와 국민은 환경보전을 위하여 노력하여야 한다.
② 환경권의 내용과 행사에 관하여는 법률로 정한다.
③ 국가는 주택개발정책등을 통하여 모든 국민이 쾌적한 주거생활을 할 수 있도록 노력하여야 한다.

관련 판례

환경권은 명문의 법률규정이나 관계 법령의 규정 취지 및 조리에 비추어 권리의 주체, 대상, 내용, 행사 방법 등이 구체적으로 정립될 수 있어야만 인정되는 것이므로, 사법상의 권리로서의 환경권을 인정하는 명문의 규정이 없는데도 환경권에 기하여 직접 방해배제청구권을 인정할 수는 없다(대판 1999.7.27, 98다47528).

5 환경행정법의 법원

- 환경행정법은 개별법의 형태로 존재함.
- 환경행정에 관한 기본법은 환경정책기본법

제2절 환경행정의 기본원칙

1 오염원인자 책임의 원칙(오염자 비용부담의 원칙)

환경정책기본법 제7조 【오염원인자 책임원칙】 자기의 행위 또는 사업활동으로 환경오염 또는 환경훼손의 원인을 발생시킨 자는 그 오염·훼손을 방지하고 오염·훼손된 환경을 회복·복원할 책임을 지며, 환경오염 또는 환경훼손으로 인한 피해의 구제에 드는 비용을 부담함을 원칙으로 한다.

2 협력의 원칙

- 환경정책의 결정 및 실현과정에서 해당 영역에서의 모든 이해관계자, 즉 국가, 지방자치단체 및 사회가 협력하여야 한다는 원칙(환경정책기본법 제5조, 제6조)

기출지문 OX

01 환경보전은 단순히 국가의 노력만으로 이루어지기는 어려우므로 헌법은 국민의 환경보전노력 의무도 규정하고 있다. (18법무사) ( )

02 환경권은 헌법상 기본권으로 보장되어 있다. (06관세) ( )

03 환경권은 명문의 법률규정이나 관계 법령의 규정 취지 및 조리에 비추어 권리의 주체, 대상, 내용, 행사 방법 등이 구체적으로 정립될 수 있어야만 인정되는 것이므로, 사법상의 권리로서의 환경권을 인정하는 명문의 규정이 없으면 환경권에 기하여 직접 방해배제청구권을 인정할 수는 없다. (18법무사) ( )

04 오염원인자책임의 원칙은 자기의 행위나 자기의 보호감독 하에 있는 자의 행위로 인하여 환경에 부담을 끼진 자는 환경부담의 회피경감제거에 대한 책임을 져야 한다는 것을 내용으로 한다. (01행시) ( )

05 환경정책기본법은 오염원인을 야기한 자가 오염방지 및 피해구제 비용을 부담함을 원칙으로 한다. (97행시) ( )

정답
01 ○ 02 ○ 03 ○ 04 ○ 05 ○

기출지문 OX

3 예방의 원칙

환경정책기본법 제8조 【환경오염 등의 사전예방】 ① 국가 및 지방자치단체는 환경오염물질 및 환경오염원의 원천적인 감소를 통한 사전예방적 오염관리에 우선적인 노력을 기울여야 하며, 사업자로 하여금 환경오염을 예방하기 위하여 스스로 노력하도록 촉진하기 위한 시책을 마련하여야 한다.
② 사업자는 제품의 제조·판매·유통 및 폐기 등 사업활동의 모든 과정에서 환경오염이 적은 원료를 사용하고 공정(工程)을 개선하며, 자원의 절약과 재활용의 촉진 등을 통하여 오염물질의 배출을 원천적으로 줄이고, 제품의 사용 및 폐기로 환경에 미치는 해로운 영향을 최소화하도록 노력하여야 한다.
③ 국가, 지방자치단체 및 사업자는 행정계획이나 개발사업에 따른 국토 및 자연환경의 훼손을 예방하기 위하여 해당 행정계획 또는 개발사업이 환경에 미치는 해로운 영향을 최소화하도록 노력하여야 한다.

4 사전배려의 원칙(사전대비의 원칙)

- 환경오염으로 인한 손해가 중대하고 회복할 수 없다면, 아직 그 위험이 불확실한 단계에서도 적극적으로 그 위험을 방지하거나 축소하는 사전배려조치가 가능하다는 원칙
- 환경영향평가제도, 환경기준의 설정·유지 등은 이 원칙이 구체화된 것

01 환경영향평가제도는 사전배려의 원칙이 구체화된 것이다. (06관세) ( )

5 존속보호의 원칙(존속보장의 원칙)

- 환경을 더 악화시켜서는 안 되며 현재 상태 그대로 보전하여야 한다는 원칙

6 공동부담의 원칙

- 오염원인자 책임의 원칙이 관철되기 어려운 경우에는 2차적으로 국가·단체·개인 등이 공동으로 그 비용을 부담하여야 한다는 원칙(환경정책기본법 제44조 제2항)

7 지속가능한 개발의 원칙

- 현 세대의 환경혜택을 위하여 미래 세대의 환경혜택가능성을 훼손시켜서는 안 된다는 원칙
- 지속가능발전법 등에서 이 원칙을 구현함.

02 환경행정법상 지속가능성의 원칙은 현재 세대의 환경혜택을 위하여 미래 세대의 환경혜택가능성을 훼손시켜서는 안 된다는 원칙이다. (05관세) ( )

정답
01 ○ 02 ○

제3절 환경행정의 행위형식과 수단

1 서설

• 오늘날 환경계획, 환경기준의 설정, 환경영향평가와 같은 예방적 수단의 중요성이 강조되고 있으며 행정지도, 협상 등 비권력적·간접적·유도적 수단들 적극적으로 활용되고 있음.

2 환경계획

1. 환경보전을 위한 국가환경종합계획

환경정책기본법 제14조 【국가환경종합계획의 수립 등】 ① 환경부장관은 관계 중앙행정기관의 장과 협의하여 국가 차원의 환경보전을 위한 종합계획(이하 "국가환경종합계획"이라 한다)을 20년마다 수립하여야 한다.
② 환경부장관은 국가환경종합계획을 수립하거나 변경하려면 그 초안을 마련하여 공청회 등을 열어 국민, 관계 전문가 등의 의견을 수렴한 후 국무회의의 심의를 거쳐 확정한다.
제16조 【국가환경종합계획의 시행】 ① 환경부장관은 제14조에 따라 수립 또는 변경된 국가환경종합계획을 지체 없이 관계 중앙행정기관의 장에게 통보하여야 한다.
② 관계 중앙행정기관의 장은 국가환경종합계획의 시행에 필요한 조치를 하여야 한다.
제16조의2 【국가환경종합계획의 정비】 ① 환경부장관은 환경적·사회적 여건 변화 등을 고려하여 5년마다 국가환경종합계획의 타당성을 재검토하고 필요한 경우 이를 정비하여야 한다.
② 환경부장관은 제1항에 따라 국가환경종합계획을 정비하려면 그 초안을 마련하여 공청회 등을 열어 국민, 관계 전문가 등의 의견을 수렴한 후 관계 중앙행정기관의 장과의 협의를 거쳐 확정한다.
③ 환경부장관은 제1항 및 제2항에 따라 정비한 국가환경종합계획을 관계 중앙행정기관의 장, 시·도지사 및 시장·군수·구청장(자치구의 구청장을 말한다. 이하 같다)에게 통보하여야 한다.

2. 영향권별 환경관리계획

환경정책기본법 제39조 【영향권별 환경관리】 ① 환경부장관은 환경오염의 상황을 파악하고 그 방지대책을 마련하기 위하여 대기오염의 영향권별 지역, 수질오염의 수계별 지역 및 생태계 권역 등에 대한 환경의 영향권별 관리를 하여야 한다.

3. 분야별 환경보전계획

• 폐기물관리종합계획·폐기물처리기본계획(폐기물관리법), 폐수종말처리시설기본계획(수질보전법), 자연환경보전기본계획(자연환경보전법), 자원순환기본계획(자원의 절약과 재활용촉진에 관한 법률)

기출지문 OX

01 비권력적 수단도 환경행정의 규제수단으로 활용되고 있다. (06관세) ( )

02 환경부장관은 관계 중앙행정기관의 장과 협의하여 국가 차원의 환경보전을 위한 종합계획(국가환경종합계획)을 20년마다 수립하여야 한다. (11국가7) ( )

정답
01 ○ 02 ○

기출지문 OX

01 인구 및 산업의 적정한 배치는 개발제한구역 지정의 사유가 아니다. (01국가7) ( )

02 환경기준은 환경보호정책의 실효성을 보장하기 위하여 개별 환경매체별로 작성되는 통일된 기준을 말한다. (01국가7) ( )

03 지방자치단체는 해당 지역의 환경적 특수성을 고려하여 조례로 환경정책기본법상의 환경기준보다 엄격한 별도의 지역환경기준을 설정할 수 있다. (01국가7) ( )

04 환경정책기본법상 국가 및 지방자치단체가 법령의 제정과 행정계획의 수립 및 사업의 집행을 할 경우에 환경기준이 적절하게 유지되도록 고려해야 할 사항에 환경오염지역의 원상회복은 해당하지 않는다. (09지방7) ( )

정답
01 ○ 02 ○ 03 ○ 04 ×

4. 지역개발행정계획상의 환경보전

개발제한구역의 지정 및 관리에 관한 특별조치법 제3조 【개발제한구역의 지정 등】 ① 국토교통부장관은 도시의 무질서한 확산을 방지하고 도시 주변의 자연환경을 보전하여 도시민의 건전한 생활환경을 확보하기 위하여 도시의 개발을 제한할 필요가 있거나 국방부장관의 요청으로 보안상 도시의 개발을 제한할 필요가 있다고 인정되면 개발제한구역의 지정 및 해제를 도시·군관리계획으로 결정할 수 있다.
② 개발제한구역의 지정 및 해제의 기준은 대상 도시의 인구·산업·교통 및 토지이용 등 경제적·사회적 여건과 도시 확산 추세, 그 밖의 지형 등 자연환경 여건을 종합적으로 고려하여 대통령령으로 정한다.

3 환경기준

1. 의의

환경정책기본법 제3조 【정의】 이 법에서 사용하는 용어의 뜻은 다음과 같다.
8. "환경기준"이란 국민의 건강을 보호하고 쾌적한 환경을 조성하기 위하여 국가가 달성하고 유지하는 것이 바람직한 환경상의 조건 또는 질적인 수준을 말한다.

2. 환경기준의 설정

환경정책기본법 제12조 【환경기준의 설정】 ① 국가는 생태계 또는 인간의 건강에 미치는 영향 등을 고려하여 환경기준을 설정하여야 하며, 환경 여건의 변화에 따라 그 적정성이 유지되도록 하여야 한다.
② 환경기준은 대통령령으로 정한다.
③ 특별시·광역시·특별자치시·도·특별자치도(이하 "시·도"라 한다)는 해당 지역의 환경적 특수성을 고려하여 필요하다고 인정할 때에는 해당 시·도의 조례로 제1항에 따른 환경기준보다 확대·강화된 별도의 환경기준(이하 "지역환경기준"이라 한다)을 설정 또는 변경할 수 있다.
④ 특별시장·광역시장·특별자치시장·도지사·특별자치도지사(이하 "시·도지사"라 한다)는 제3항에 따라 지역환경기준을 설정하거나 변경한 경우에는 이를 지체 없이 환경부장관에게 통보하여야 한다.

3. 환경기준의 유지

환경정책기본법 제13조 【환경기준의 유지】 국가 및 지방자치단체는 환경에 관계되는 법령을 제정 또는 개정하거나 행정계획의 수립 또는 사업의 집행을 할 때에는 제12조에 따른 환경기준이 적절히 유지되도록 다음 사항을 고려하여야 한다.
1. 환경 악화의 예방 및 그 요인의 제거
2. 환경오염지역의 원상회복
3. 새로운 과학기술의 사용으로 인한 환경오염 및 환경훼손의 예방
4. 환경오염방지를 위한 재원의 적정 배분

4. 환경기준의 법적 성격

- 환경기준은 일반 국민에 대해서는 직접적인 법적 구속력을 갖지 않고, 환경행정의 목표적 성격을 갖는다고 봄.
- 환경기준은 환경영향평가나 배출시설의 설치의 기준이 되며, 환경오염으로 인한 민사상 손해배상청구 등에서 수인한도의 판단기준이 됨.

4 환경영향평가제도

1. 환경영향평가의 의의 및 종류

> **환경영향평가법 제2조【정의】** 이 법에서 사용하는 용어의 뜻은 다음과 같다.
> 1. "전략환경영향평가"란 환경에 영향을 미치는 계획을 수립할 때에 환경보전계획과의 부합 여부 확인 및 대안의 설정·분석 등을 통하여 환경적 측면에서 해당 계획의 적정성 및 입지의 타당성 등을 검토하여 국토의 지속가능한 발전을 도모하는 것을 말한다.
> 2. "환경영향평가"란 환경에 영향을 미치는 실시계획·시행계획 등의 허가·인가·승인·면허 또는 결정 등(이하 "승인 등"이라 한다)을 할 때에 해당 사업이 환경에 미치는 영향을 미리 조사·예측·평가하여 해로운 환경영향을 피하거나 제거 또는 감소시킬 수 있는 방안을 마련하는 것을 말한다.
> 3. "소규모 환경영향평가"란 환경보전이 필요한 지역이나 난개발이 우려되어 계획적 개발이 필요한 지역에서 개발사업을 시행할 때에 입지의 타당성과 환경에 미치는 영향을 미리 조사·예측·평가하여 환경보전방안을 마련하는 것을 말한다.

2. 기본원칙

> **환경영향평가법 제4조【환경영향평가등의 기본원칙】** 환경영향평가 등은 다음 각 호의 기본원칙에 따라 실시되어야 한다.
> 6. 환경영향평가 등은 계획 또는 사업으로 인한 환경적 위해가 어린이, 노인, 임산부, 저소득층 등 환경유해인자의 노출에 민감한 집단에게 미치는 사회·경제적 영향을 고려하여 실시되어야 한다.

3. 전략환경영향평가

(1) 의의

> **환경영향평가법 제2조【정의】** 이 법에서 사용하는 용어의 뜻은 다음과 같다.
> 1. "전략환경영향평가"란 환경에 영향을 미치는 계획을 수립할 때에 환경보전계획과의 부합 여부 확인 및 대안의 설정·분석 등을 통하여 환경적 측면에서 해당 계획의 적정성 및 입지의 타당성 등을 검토하여 국토의 지속가능한 발전을 도모하는 것을 말한다.
>
> **제9조【전략환경영향평가의 대상】** ① 다음 각 호의 어느 하나에 해당하는 계획을 수립하려는 행정기관의 장은 전략환경영향평가를 실시하여야 한다.
> 1. 도시의 개발에 관한 계획
> 2. 산업입지 및 산업단지의 조성에 관한 계획
> 3. 에너지 개발에 관한 계획

기출지문 OX

01 환경기준은 엄격한 법적 구속력을 가지며 이를 위반하면 처벌의 대상이 된다. (01국가7) ( )

02 환경기준은 환경영향평가에 있어서 평가기준으로 사용될 수 있다. (01국가7) ( )

정답
01 × 02 ○

4. 항만의 건설에 관한 계획
5. 도로의 건설에 관한 계획
6. 수자원의 개발에 관한 계획
7. 철도(도시철도를 포함한다)의 건설에 관한 계획
8. 공항의 건설에 관한 계획
9. 하천의 이용 및 개발에 관한 계획
10. 개간 및 공유수면의 매립에 관한 계획
11. 관광단지의 개발에 관한 계획
12. 산지의 개발에 관한 계획
13. 특정 지역의 개발에 관한 계획
14. 체육시설의 설치에 관한 계획
15. 폐기물 처리시설의 설치에 관한 계획
16. 국방·군사 시설의 설치에 관한 계획
17. 토석·모래·자갈·광물 등의 채취에 관한 계획
18. 환경에 영향을 미치는 시설로서 대통령령으로 정하는 시설의 설치에 관한 계획

(2) 평가항목·범위 등의 결정

환경영향평가법 제11조【평가 항목·범위 등의 결정】 ① 전략환경영향평가 대상계획을 수립하려는 행정기관의 장은 전략환경영향평가를 실시하기 전에 평가준비서를 작성하여 환경영향평가협의회의 심의를 거쳐 다음 각 호의 사항(이하 이 장에서 "전략환경영향평가항목 등"이라 한다)을 결정하여야 한다. 다만, 제9조 제2항 제2호에 따른 개발기본계획(이하 "개발기본계획"이라 한다)의 사업계획 면적이 대통령령으로 정하는 규모 미만인 경우에는 환경영향평가협의회의 심의를 생략할 수 있다.
1. 전략환경영향평가 대상지역
2. 토지이용구상안
3. 대안
4. 평가 항목·범위·방법 등

⑤ 전략환경영향평가 대상계획을 수립하려는 행정기관의 장은 제1항 및 제3항에 따라 결정된 전략환경영향평가항목 등을 대통령령으로 정하는 방법에 따라 공개하고 주민 등의 의견을 들어야 한다. 다만, 전략환경영향평가항목 등에 환경영향평가항목이 모두 포함되는 경우에는 공개를 생략할 수 있다.

(3) 초안의 작성 및 의견 수렴

환경영향평가법 제12조【전략환경영향평가서 초안의 작성】 ① 개발기본계획을 수립하는 행정기관의 장은 제11조에 따라 결정된 전략환경영향평가항목 등에 맞추어 전략환경영향평가서 초안을 작성한 후 제13조에 따라 주민 등의 의견을 수렴하여야 한다. 다만, 행정기관 외의 자가 제안하여 수립되는 개발기본계획의 경우에는 개발기본계획을 제안하는 자가 전략환경영향평가서 초안을 작성하여 개발기본계획을 수립하는 행정기관의 장에게 제출하여야 한다.

② 개발기본계획을 수립하는 행정기관의 장은 전략환경영향평가서 초안을 다음 각 호의 자에게 제출하여 의견을 들어야 한다.
1. 환경부장관
2. 승인기관의 장(승인등을 받아야 하는 계획만 해당한다)
3. 그 밖에 대통령령으로 정하는 관계 행정기관의 장

제13조【주민 등의 의견 수렴】① 개발기본계획을 수립하려는 행정기관의 장은 개발기본계획에 대한 전략환경영향평가서 초안을 공고·공람하고 설명회를 개최하여 해당 평가 대상지역 주민의 의견을 들어야 한다. 다만, 대통령령으로 정하는 범위의 주민이 공청회의 개최를 요구하면 공청회를 개최하여야 한다.
② 개발기본계획을 수립하려는 행정기관의 장은 개발기본계획이 생태계의 보전가치가 큰 지역, 환경훼손 또는 자연생태계의 변화가 현저하거나 현저하게 될 우려가 있는 지역 등으로서 대통령령으로 정하는 지역을 포함하는 경우에는 관계 전문가 등 평가 대상지역의 주민이 아닌 자의 의견도 들어야 한다.

4. (협의의) 환경영향평가

(1) 의의

환경영향평가법 제2조【정의】이 법에서 사용하는 용어의 뜻은 다음과 같다.
2. "환경영향평가"란 환경에 영향을 미치는 실시계획·시행계획 등의 허가·인가·승인·면허 또는 결정 등(이하 "승인 등"이라 한다)을 할 때에 해당 사업이 환경에 미치는 영향을 미리 조사·예측·평가하여 해로운 환경영향을 피하거나 제거 또는 감소시킬 수 있는 방안을 마련하는 것을 말한다.

(2) 환경영향평가 대상사업과 제외사업

환경영향평가법 제22조【환경영향평가의 대상】① 다음 각 호의 어느 하나에 해당하는 사업(이하 "환경영향평가 대상사업"이라 한다)을 하려는 자(이하 이 장에서 "사업자"라 한다)는 환경영향평가를 실시하여야 한다.
1. 도시의 개발사업
2. 산업입지 및 산업단지의 조성사업
3. 에너지 개발사업
4. 항만의 건설사업
5. 도로의 건설사업
6. 수자원의 개발사업
7. 철도(도시철도를 포함한다)의 건설사업
8. 공항의 건설사업
9. 하천의 이용 및 개발 사업
10. 개간 및 공유수면의 매립사업
11. 관광단지의 개발사업
12. 산지의 개발사업
13. 특정 지역의 개발사업
14. 체육시설의 설치사업
15. 폐기물 처리시설의 설치사업
16. 국방·군사 시설의 설치사업
17. 토석·모래·자갈·광물 등의 채취사업
18. 환경에 영향을 미치는 시설로서 대통령령으로 정하는 시설의 설치사업

제23조【환경영향평가 대상 제외】제22조에도 불구하고 다음 각 호의 어느 하나에 해당하는 사업은 환경영향평가 대상에서 제외한다.
1. 재난 및 안전관리 기본법 제37조에 따른 응급조치를 위한 사업
2. 국방부장관이 군사상 고도의 기밀보호가 필요하거나 군사작전의 긴급한 수행을 위하여 필요하다고 인정하여 환경부장관과 협의한 사업

기출지문 OX

01 환경영향평가의 주체는 환경부장관이다. (07승진5) ( )

02 환경영향평가 대상사업의 범위에 도시개발, 산업단지조성, 에너지 개발, 항만건설, 도로건설, 수자원개발, 철도건설 등은 포함되지만, 산지개발, 특정 지역개발, 체육시설·폐기물처리시설 설치 등은 포함되지 않으며 다만 환경에 영향을 미치는 시설로서 대통령령으로 정하는 시설의 설치는 포함된다. (12국회8) ( )

03 교육시설의 설치사업은 환경영향평가법에 환경영향평가 대상사업으로 직접 명시되어 있다. (08국회8) ( )

정답
01 × 사업자
02 × 모두 포함
03 × 명시되어 있지 않음

3. 국가정보원장이 국가안보를 위하여 고도의 기밀보호가 필요하다고 인정하여 환경부장관과 협의한 사업

(3) 평가항목 · 범위 등의 결정

환경영향평가법 제24조 【평가 항목·범위 등의 결정】 ① 승인 등을 받지 아니하여도 되는 사업자는 환경영향평가를 실시하기 전에 평가준비서를 작성하여 대통령령으로 정하는 기간 내에 환경영향평가협의회의 심의를 거쳐 다음 각 호의 사항(이하 이 장에서 "환경영향평가항목 등"이라 한다)을 결정하여야 한다.

1. 환경영향평가 대상지역
2. 환경보전방안의 대안
3. 평가 항목·범위·방법 등

(4) 초안의 작성 및 의견수렴

환경영향평가법 제25조 【주민 등의 의견 수렴】 ① 사업자는 제24조에 따라 결정된 환경영향평가항목 등에 따라 환경영향평가서 초안을 작성하여 주민 등의 의견을 수렴하여야 한다.

(5) 환경영향평가서의 작성 및 협의 요청

환경영향평가법 제27조 【환경영향평가서의 작성 및 협의 요청 등】 ① 승인기관장 등은 환경영향평가 대상사업에 대한 승인 등을 하거나 환경영향평가 대상사업을 확정하기 전에 환경부장관에게 협의를 요청하여야 한다. 이 경우 승인기관의 장은 환경영향평가서에 대한 의견을 첨부할 수 있다.

② 승인 등을 받지 아니하여도 되는 사업자는 제1항에 따라 환경부장관에게 협의를 요청할 경우 환경영향평가서를 작성하여야 하며, 승인 등을 받아야 하는 사업자는 환경영향평가서를 작성하여 승인기관의 장에게 제출하여야 한다.

제53조 【환경영향평가의 대행 등】 ① 환경영향평가등을 하려는 자는 다음 각 호의 서류(이하 "환경영향평가서 등"이라 한다)를 작성할 때에는 제54조 제1항에 따라 환경영향평가업의 등록을 한 자(이하 "환경영향평가업자"라 한다)에게 그 작성을 대행하게 할 수 있다.

1. 환경영향평가 등의 평가서 초안 및 평가서
2. 사후환경영향조사서
3. 약식평가서
4. 제33조에 따른 환경보전방안

제54조 【환경영향평가업의 등록】 ① 환경영향평가 등을 대행하는 사업(이하 "환경영향평가업"이라 한다)을 하려는 자는 환경영향평가사 등의 기술인력과 시설 및 장비를 갖추어 환경부장관에게 등록을 하여야 한다.

(6) 협의 내용의 통보 및 반영

환경영향평가법 제29조 【협의 내용의 통보기간 등】 ① 환경부장관은 제27조 제1항에 따라 협의를 요청받은 날부터 대통령령으로 정하는 기간 이내에 승인기관장 등에게 협의 내용을 통보하여야 한다. 다만, 부득이한 사정이 있을 때에는 그 기간을 연장할 수 있다.

기출지문 OX

01 사업자는 결정된 환경영향평가항목 등에 따라 환경영향평가서 초안을 작성하여 주민 등의 의견을 수렴하여야 한다. (07국회8) ( )

02 환경영향평가서의 작성 주체는 환경영향평가의 대상사업을 추진하는 사업자 및 그 대행자에 대한 감독행정청이다. (12국회8) ( )

03 환경영향평가서는 관할행정청이 이를 작성하여야 하며 기술·인력·시설 및 장비를 갖추어 작성하여야 한다. (07국회8) ( )

정답
01 ○
02 × 사업자만 주체임
03 × 행정청이 아니라 사업자 또는 그 대행자가 작성

제30조 【협의 내용의 반영 등】 ① 사업자나 승인기관의 장은 제29조에 따라 협의 내용을 통보받았을 때에는 그 내용을 해당 사업계획 등에 반영하기 위하여 필요한 조치를 하여야 한다.
② 승인기관의 장은 사업계획 등에 대하여 승인등을 하려면 협의 내용이 사업계획 등에 반영되었는지를 확인하여야 한다. 이 경우 협의 내용이 사업계획 등에 반영되지 아니한 경우에는 이를 반영하게 하여야 한다.

관련 판례

국립공원 관리청이 국립공원 집단시설지구개발사업과 관련하여 그 시설물기본설계 변경승인처분을 함에 있어서 환경부장관과의 협의를 거친 이상, 환경영향평가서의 내용이 환경영향평가제도를 둔 입법 취지를 달성할 수 없을 정도로 심히 부실하다는 등의 특별한 사정이 없는 한, 공원관리청이 환경부장관의 환경영향평가에 대한 의견에 반하는 처분을 하였다고 하여 그 처분이 위법하다고 할 수는 없다(대판 2001.7.27, 99두2970).

(7) 조정요청 등

환경영향평가법 제31조 【조정 요청 등】 ① 사업자나 승인기관의 장은 제29조에 따라 통보받은 협의 내용에 대하여 이의가 있으면 환경부장관에게 협의 내용을 조정하여 줄 것을 요청할 수 있다. 이 경우 승인 등을 받아야 하는 사업자는 승인기관의 장을 거쳐 조정을 요청하여야 한다.
② 환경부장관은 제1항에 따른 조정 요청을 받았을 때에는 대통령령으로 정하는 기간 이내에 환경영향평가협의회의 심의를 거쳐 조정 여부를 결정하고 그 결과를 사업자나 승인기관의 장에게 통보하여야 한다.
③ 승인기관장 등은 협의 내용의 조정을 요청하였을 때에는 제2항에 따른 통보를 받기 전에 그 사업계획 등에 대하여 승인 등을 하거나 확정을 하여서는 아니 된다. 다만, 조정 요청과 관련된 내용을 사업계획 등에서 제외시키는 경우에는 그러하지 아니하다.

(8) 재협의

환경영향평가법 제32조 【재협의】 ① 승인기관장 등은 제27조부터 제29조까지의 규정에 따라 협의한 사업계획 등을 변경하는 경우 등 다음 각 호의 어느 하나에 해당하는 경우에는 환경부장관에게 재협의를 요청하여야 한다.
1. 사업계획 등을 승인하거나 사업계획 등을 확정한 후 대통령령으로 정하는 기간 내에 사업을 착공하지 아니한 경우. 다만, 사업을 착공하지 아니한 기간 동안 주변 여건이 경미하게 변한 경우로서 승인기관장 등이 환경부장관과 협의한 경우는 그러하지 아니하다.
2. 환경영향평가 대상사업의 면적·길이 등을 대통령령으로 정하는 규모 이상으로 증가시키는 경우
3. 제29조 또는 제31조에 따라 통보받은 협의 내용에서 원형대로 보전하거나 제외하도록 한 지역을 대통령령으로 정하는 규모 이상으로 개발하거나 그 위치를 변경하는 경우
4. 대통령령으로 정하는 사유가 발생하여 협의 내용에 따라 사업계획 등을 시행하는 것이 맞지 아니하는 경우

③ 제1항에 따른 재협의에 대하여는 제24조부터 제31조까지의 규정을 준용한다.

기출지문 OX

01 환경영향평가의 내용이 환경영향평가를 하지 아니한 정도로 부실하지 않은 경우, 승인기관의 장이 환경부장관과의 협의를 거쳤다면 당해 환경영향평가에 근거한 사업계획승인처분이 위법하다고 할 수 없다. (15국가7) ( )

02 판례에 따르면 환경영향평가에 대한 의견에 반하는 처분인 경우 소정의 절차를 밟았다고 하더라도 절차상 하자를 이유로 위법하다고 판단해야 한다. (12국회8) ( )

03 환경영향평가법상 환경영향평가의 내용에 대해 승인기관의 장이 환경부장관과의 재협의를 거쳐 사업계획승인처분을 한 경우, 주민의 의견수렴절차를 다시 거치지 않았다는 것만으로는 그 처분이 위법하게 되는 것은 아니다. (15국가7) ( )

정답
01 ○
02 × 위법하다고 할 수 없음
03 × 재협의의 경우 제25조에 따라 주민 의견수렴절차를 거쳐야 하며, 이를 거치지 않으면 처분이 위법하게 됨

(9) 사전공사의 금지

환경영향평가법 제34조 【사전공사의 금지 등】 ① 사업자는 제27조부터 제29조까지 및 제31조부터 제33조까지의 규정에 따른 협의·재협의 또는 변경협의의 절차를 거치지 아니하거나 절차가 끝나기 전(공사가 일부 진행되는 과정에서 재협의 또는 변경협의의 사유가 발생한 경우에는 재협의 또는 변경협의의 절차가 끝나기 전을 말한다)에 환경영향평가 대상사업의 공사를 하여서는 아니 된다. 다만, 다음 각 호의 어느 하나에 해당하는 공사의 경우에는 그러하지 아니하다.

1. 제27조부터 제31조까지의 규정에 따른 협의를 거쳐 승인등을 받은 지역으로서 재협의나 변경협의의 대상에 포함되지 아니한 지역에서 시행되는 공사
2. 착공을 준비하기 위한 현장사무소 설치 공사 또는 다른 법령에 따른 의무를 이행하기 위한 공사 등 환경부령으로 정하는 경미한 사항에 대한 공사

③ 승인기관의 장은 승인 등을 받아야 하는 사업자가 제1항을 위반하여 공사를 시행하였을 때에는 해당 사업의 전부 또는 일부에 대하여 공사중지를 명하여야 한다.

관련 판례

환경영향평가법 제16조 제1항, 제28조 제1항 본문, 제3항, 제51조 제1호 및 제52조 제2항 제2호의 내용, 형식 및 체계에 비추어 보면, 환경영향평가법 제28조 제1항 본문이 환경영향평가절차가 완료되기 전에 공사시행을 금지하고, 제51조 제1호 및 제52조 제2항 제2호가 그 위반행위에 대하여 형사처벌을 하도록 한 것은 환경영향평가의 결과에 따라 사업계획 등에 대한 승인 여부를 결정하고, 그러한 사업계획 등에 따라 공사를 시행하도록 하여 당해 사업으로 인한 해로운 환경영향을 피하거나 줄이고자 하는 환경영향평가제도의 목적을 달성하기 위한 데에 입법 취지가 있다. 따라서 사업자가 이러한 사전 공사시행 금지규정을 위반하였다고 하여 승인기관의 장이 한 사업계획 등에 대한 승인 등의 처분이 위법하게 된다고는 볼 수 없다(대판 2014.3.13, 2012두1006).

(10) 조례에 따른 환경영향평가

환경영향평가법 제42조 【시·도의 조례에 따른 환경영향평가】 ① 특별시·광역시·도·특별자치도 또는 인구 50만 이상의 시(이하 "시·도"라 한다)는 환경영향평가 대상사업의 종류 및 범위에 해당하지 아니하는 사업으로서 대통령령으로 정하는 범위에 해당하는 사업에 대하여 지역 특성 등을 고려하여 환경영향평가를 실시할 필요가 있다고 인정하면 해당 시·도의 조례로 정하는 바에 따라 그 사업을 시행하는 자로 하여금 환경영향평가를 실시하게 할 수 있다. 다만, 제43조에 따른 소규모 환경영향평가 대상사업에 해당하는 경우에는 그러하지 아니하다.

② 인구 50만 이상의 시의 경우에는 그 지역을 관할하는 도가 환경영향평가의 실시에 관한 조례를 정하지 아니한 경우에만 해당 시의 조례로 정하는 바에 따라 환경영향평가를 실시할 수 있다.

③ 제1항 및 제2항에 따라 환경영향평가를 실시하는 경우의 환경영향평가 분야 및 세부 항목, 환경영향평가서의 작성 및 의견 수렴과 환경영향평가서의 협의 및 협의 내용의 관리 등의 절차, 그 밖에 필요한 사항은 해당 시·도의 조례로 정한다.

(11) 협의 내용의 이행 및 관리

① 협의 내용의 이행

환경영향평가법 제35조 【협의 내용의 이행 등】 ① 사업자는 사업계획 등을 시행할 때에 사업계획 등에 반영된 협의 내용을 이행하여야 한다.

② 사후환경영향조사

> **환경영향평가법 제36조【사후환경영향조사】** ① 사업자는 해당 사업을 착공한 후에 그 사업이 주변 환경에 미치는 영향을 조사(이하 "사후환경영향조사"라 한다)하고, 그 결과를 다음 각 호의 자에게 통보하여야 한다.
> 1. 환경부장관
> 2. 승인기관의 장(승인 등을 받아야 하는 환경영향평가 대상사업만 해당한다)

③ 사업착공 등의 통보

> **환경영향평가법 제37조【사업착공 등의 통보】** ① 사업자는 사업을 착공, 준공, 3개월 이상의 공사 중지 또는 3개월 이상 공사를 중지한 후 재개(이하 이 조 및 제48조에서 "사업착공 등"이라 한다)하려는 경우에는 환경부령으로 정하는 바에 따라 다음 각 호의 자에게 그 내용을 통보하여야 한다.
> 1. 환경부장관
> 2. 승인기관의 장(승인 등을 받아야 하는 환경영향평가 대상사업만 해당한다)
>
> ② 제1항에 따라 사업착공 등을 통보받은 승인기관의 장은 해당 내용을 평가대상지역 주민에게 대통령령으로 정하는 방법에 따라 공개하여야 한다.

④ 협의내용의 관리·감독

> **환경영향평가법 제39조【협의 내용의 관리·감독】** ① 승인기관의 장은 승인등을 받아야 하는 사업자가 협의 내용을 이행하였는지를 확인하여야 한다.
>
> ③ 승인기관장 등은 해당 사업의 준공검사를 하려는 경우에는 협의 내용의 이행 여부를 확인하고 그 결과를 환경부장관에게 통보하여야 한다. 이 경우 승인기관장 등은 필요하면 환경부장관에게 공동으로 협의 내용의 이행 여부를 확인하여 줄 것을 요청할 수 있다.

⑤ 조치명령 등

> **환경영향평가법 제40조【조치명령 등】** ① 승인기관의 장은 승인 등을 받아야 하는 사업자가 협의 내용을 이행하지 아니하였을 때에는 그 이행에 필요한 조치를 명하여야 한다.
>
> ② 승인기관의 장은 승인 등을 받아야 하는 사업자가 제1항에 따른 조치명령을 이행하지 아니하여 해당 사업이 환경에 중대한 영향을 미친다고 판단하는 경우에는 그 사업의 전부 또는 일부에 대한 공사중지명령을 하여야 한다.

⑥ 재평가

> **환경영향평가법 제41조【재평가】** ① 환경부장관은 다음 각 호의 어느 하나에 해당하는 경우에는 승인기관장등과의 협의를 거쳐 한국환경연구원의 장 또는 관계 전문기관의 장(이하 "재평가기관"이라 한다)에게 재평가를 하도록 요청할 수 있다.
> 1. 환경영향평가 협의 당시 예측하지 못한 사정이 발생하여 주변 환경에 중대한 영향을 미치는 경우로서 제36조 제2항 또는 제40조에 따른 조치나 조치명령으로는 환경보전방안을 마련하기 곤란한 경우
> 2. 제53조 제5항 제2호를 위반하여 환경영향평가서 등과 그 작성의 기초가 되는 자료를 거짓으로 작성한 경우

5. 소규모 환경영향평가

환경영향평가법 제43조【소규모 환경영향평가의 대상】① 다음 각 호 모두에 해당하는 개발사업(이하 "소규모 환경영향평가 대상사업"이라 한다)을 하려는 자(이하 이 장에서 "사업자"라 한다)는 소규모 환경영향평가를 실시하여야 한다.

1. 보전이 필요한 지역과 난개발이 우려되어 환경보전을 고려한 계획적 개발이 필요한 지역으로서 대통령령으로 정하는 지역(이하 "보전용도지역"이라 한다)에서 시행되는 개발사업
2. 환경영향평가 대상사업의 종류 및 범위에 해당하지 아니하는 개발사업으로서 대통령령으로 정하는 개발사업

6. 환경영향평가의 하자와 사업계획승인처분의 효력

(1) 환경영향평가 결여

관련 판례

1 환경영향평가를 거쳐야 할 대상사업에 대하여 환경영향평가를 거치지 아니하였음에도 불구하고 승인 등 처분이 이루어진다면, 사전에 환경영향평가를 함에 있어 평가대상지역 주민들의 의견을 수렴하고 그 결과를 토대로 하여 환경부장관과의 협의내용을 사업계획에 미리 반영시키는 것 자체가 원천적으로 봉쇄되는바, 이렇게 되면 환경파괴를 미연에 방지하고 쾌적한 환경을 유지·조성하기 위하여 환경영향평가제도를 둔 입법 취지를 달성할 수 없게 되는 결과를 초래할 뿐만 아니라 환경영향평가대상지역 안의 주민들의 직접적이고 개별적인 이익을 근본적으로 침해하게 되므로, 이러한 행정처분의 하자는 법규의 중요한 부분을 위반한 중대한 것이고 객관적으로도 명백한 것이라고 하지 않을 수 없어, 이와 같은 행정처분은 당연무효이다(대판 2006.6.30, 2005두14363).

2 행정청이 사전환경성검토협의를 거쳐야 할 대상사업에 관하여 법의 해석을 잘못한 나머지 세부용도지역이 지정되지 않은 개발사업 부지에 대하여 사전환경성검토협의를 할지 여부를 결정하는 절차를 생략한 채 승인 등의 처분을 한 사안에서, 그 하자가 객관적으로 명백하다고 할 수 없다(대판 2009.9.24, 2009두2825).

(2) 절차상 하자

관련 판례

국립공원 관리청이 국립공원 집단시설지구개발사업과 관련하여 그 시설물기본설계 변경승인처분을 함에 있어서 환경부장관과의 협의를 거친 이상, 환경영향평가서의 내용이 환경영향평가제도를 둔 입법 취지를 달성할 수 없을 정도로 심히 부실하다는 등의 특별한 사정이 없는 한, 공원관리청이 환경부장관의 환경영향평가에 대한 의견에 반하는 처분을 하였다고 하여 그 처분이 위법하다고 할 수는 없다(대판 2001.7.27, 99두2970).

기출지문 OX

01 환경영향평가가 필요함에도 평가 없이 한 행정처분은 당연무효는 아니다. (07승진5) ( )

02 구 환경영향평가법상 환경영향평가를 실시하여야 할 사업에 대하여 환경영향평가를 거치지 아니하였음에도 승인 등 처분을 한 경우, 그 처분은 당연무효이다. (19지방9) ( )

03 판례는 환경영향평가의 결여를 중대한 하자로 보지만 사전환경성검토협의의 결여는 중대한 하자로 보지 않는다. (11국가7) ( )

정답
01 × 당연무효임
02 ○
03 × 명백한 하자로 보지 않았음

(3) 실체상 하자

관련 판례

1 구 환경영향평가법 제4조에서 환경영향평가를 실시하여야 할 사업을 정하고, 그 제16조 내지 제19조에서 대상사업에 대하여 반드시 환경영향평가를 거치도록 한 취지 등에 비추어 보면, 같은 법에서 정한 환경영향평가를 거쳐야 할 대상사업에 대하여 그러한 환경영향평가를 거치지 아니하였음에도 승인 등 처분을 하였다면 그 처분은 위법하다 할 것이나, 그러한 절차를 거쳤다면, 비록 그 환경영향평가의 내용이 다소 부실하다 하더라도, 그 부실의 정도가 환경영향평가제도를 둔 입법 취지를 달성할 수 없을 정도이어서 환경영향평가를 하지 아니한 것과 다를 바 없는 정도의 것이 아닌 이상 그 부실은 당해 승인 등 처분에 재량권 일탈·남용의 위법이 있는지 여부를 판단하는 하나의 요소로 됨에 그칠 뿐, 그 부실로 인하여 당연히 당해 승인 등 처분이 위법하게 되는 것이 아니다(대판 2001.6.29, 99두9902).

2 비록 사전환경성검토 단계에서 사업입지 관련 대안을 자세히 검토하지 않았고, 계획 적정성에 관한 내용이 누락되었으며, 환경영향평가단계에서 멸종위기종의 존재를 누락하는 등 환경영향평가에 다소 미흡한 부분이 있었다고 하더라도, 그 부실의 정도가 환경영향평가제도를 둔 입법 취지를 달성할 수 없을 만큼 심하여 환경영향평가를 하지 아니한 것과 다를 바 없는 정도라고 볼 수는 없다(대판 2012.7.5, 2011두19239 전합).

5 대기환경보전법상 배출허용기준

대기환경보전법 제16조【배출허용기준】 ① 대기오염물질배출시설(이하 "배출시설"이라 한다)에서 나오는 대기오염물질(이하 "오염물질"이라 한다)의 배출허용기준은 환경부령으로 정한다.

③ 특별시·광역시·특별자치시·도(그 관할구역 중 인구 50만 이상 시는 제외한다. 이하 이 조, 제44조, 제45조 및 제77조에서 같다)·특별자치도(이하 "시·도"라 한다) 또는 특별시·광역시 및 특별자치시를 제외한 인구 50만 이상 시(이하 "대도시"라 한다)는 환경정책기본법 제12조 제3항에 따른 지역 환경기준의 유지가 곤란하다고 인정되거나 대기관리권역의 대기환경개선에 관한 특별법 제2조 제1호에 따른 대기관리권역(이하 "대기관리권역"이라 한다)의 대기질에 대한 개선을 위하여 필요하다고 인정되면 그 시·도 또는 대도시의 조례로 제1항에 따른 배출허용기준보다 강화된 배출허용기준(기준 항목의 추가 및 기준의 적용 시기를 포함한다)을 정할 수 있다.

기출지문 OX

01 환경영향평가가 부실한 경우 사업실시계획승인은 당연무효이다. (07승진5) ( )

02 대법원은 환경영향평가 내용의 부실정도에 따라 그 대상사업에 대한 승인처분의 위법성을 달리 판단하고 있다. (07국회8) ( )

03 판례는 환경영향평가의 실체상 하자가 있으면, 당연히 당해 승인 등의 처분이 위법하다고 본다. (06관세) ( )

04 판례에 따르면 당해 사업으로 인해 충분히 예상되는 환경피해방지를 위한 구체적 대책 및 계획을 실시하지 않은 사례와 같이 환경영향평가서에 내용상 하자가 있는 경우 일괄적으로 그 하자의 위법성을 인정해야 한다. (12국회8) ( )

05 지방자치단체는 환경부령으로 제정된 배출허용기준보다 엄격한 배출허용기준을 조례로 정할 수 있다. (97행시) ( )

정답
01 × 당연무효가 아님
02 ○
03 × 당연히 위법하게 되는 것은 아님
04 × 부실의 정도에 따라 달리 판단함
05 ○

기출지문 OX

01 물환경보전법상 배출허용기준을 초과하지 않는 경우에도 방류수 수질기준을 초과한 경우에는 배출부과금이 부과된다. (02행시) ( )

02 환경부장관은 경유를 연료로 사용하는 자동차의 소유자로부터 환경개선부담금을 부과·징수한다. (97행시) ( )

정답
01 ○ 02 ○

6 사후적 규제수단

1. 환경부담금

(1) 배출부과금

대기환경보전법 제35조 【배출부과금의 부과·징수】 ① 환경부장관 또는 시·도지사는 대기오염물질로 인한 대기환경상의 피해를 방지하거나 줄이기 위하여 다음 각 호의 어느 하나에 해당하는 자에 대하여 배출부과금을 부과·징수한다.
1. 대기오염물질을 배출하는 사업자(제29조에 따른 공동 방지시설을 설치·운영하는 자를 포함한다)
2. 제23조 제1항부터 제3항까지의 규정에 따른 허가·변경허가를 받지 아니하거나 신고·변경신고를 하지 아니하고 배출시설을 설치 또는 변경한 자

물환경보전법 제41조 【배출부과금】 ① 환경부장관은 수질오염물질로 인한 수질오염 및 수생태계 훼손을 방지하거나 감소시키기 위하여 수질오염물질을 배출하는 사업자(공공폐수처리시설, 공공하수처리시설 중 환경부령으로 정하는 시설을 운영하는 자를 포함한다) 또는 제33조 제1항부터 제3항까지의 규정에 따른 허가·변경허가를 받지 아니하거나 신고·변경신고를 하지 아니하고 배출시설을 설치하거나 변경한 자에게 배출부과금을 부과·징수한다. 이 경우 배출부과금은 다음 각 호와 같이 구분하여 부과하되, 그 산정방법과 산정기준 등에 관하여 필요한 사항은 대통령령으로 정한다.
1. 기본배출부과금
   가. 배출시설(폐수무방류배출시설은 제외한다)에서 배출되는 폐수 중 수질오염물질이 제32조에 따른 배출허용기준 이하로 배출되나 방류수 수질기준을 초과하는 경우
   나. 공공폐수처리시설 또는 공공하수처리시설에서 배출되는 폐수 중 수질오염물질이 방류수 수질기준을 초과하는 경우
2. 초과배출부과금
   가. 수질오염물질이 제32조에 따른 배출허용기준을 초과하여 배출되는 경우
   나. 수질오염물질이 공공수역에 배출되는 경우(폐수무방류배출시설로 한정한다)

(2) 환경개선부담금

환경개선비용 부담법 제9조 【환경개선부담금의 부과·징수】 ① 환경부장관은 경유를 연료로 사용하는 자동차의 소유자로부터 환경개선부담금(이하 "개선부담금"이라 한다)을 부과·징수한다.

제4절 환경오염에 대한 권리구제

1 민사소송

환경정책기본법 제44조【환경오염의 피해에 대한 무과실책임】 ① 환경오염 또는 환경훼손으로 피해가 발생한 경우에는 해당 환경오염 또는 환경훼손의 원인자가 그 피해를 배상하여야 한다.
② 환경오염 또는 환경훼손의 원인자가 둘 이상인 경우에 어느 원인자에 의하여 제1항에 따른 피해가 발생한 것인지를 알 수 없을 때에는 각 원인자가 연대하여 배상하여야 한다.

• 환경오염으로 인한 권익침해에 대해, 피해자는 민법 제750조에 의한 손해배상 청구 등이 가능함.

관련 판례

1 [1] 환경오염의 피해에 대한 책임에 관하여 구 환경정책기본법 제31조 제1항은 "사업장 등에서 발생되는 환경오염 또는 환경훼손으로 인하여 피해가 발생한 때에는 당해 사업자는 그 피해를 배상하여야 한다."라고 정하고, 2011.7.21. 법률 제10893호로 개정된 환경정책기본법 제44조 제1항은 "환경오염 또는 환경훼손으로 피해가 발생한 경우에는 해당 환경오염 또는 환경훼손의 원인자가 그 피해를 배상하여야 한다."라고 정하고 있다.
[2] 위와 같이 환경정책기본법의 개정에 따라 환경오염 또는 환경훼손(이하 '환경오염'이라고 한다)으로 인한 책임이 인정되는 경우가 사업장 등에서 발생하는 것에 한정되지 않고 모든 환경오염으로 확대되었으며, 환경오염으로 인한 책임의 주체가 '사업자'에서 '원인자'로 바뀌었다. 여기에서 '사업자'는 피해의 원인인 오염물질을 배출할 당시 사업장 등을 운영하기 위하여 비용을 조달하고 이에 관한 의사결정을 하는 등으로 사업장 등을 사실상·경제상 지배하는 자를 의미하고, '원인자'는 자기의 행위 또는 사업활동을 위하여 자기의 영향을 받는 사람의 행위나 물건으로 환경오염을 야기한 자를 의미한다. 따라서 환경오염이 발생한 사업장의 사업자는 일반적으로 원인자에 포함된다.
[3] 사업장 등에서 발생하는 환경오염으로 피해가 발생한 때에는 사업자나 원인자는 환경정책기본법의 위 규정에 따라 귀책사유가 없더라도 피해를 배상하여야 한다. 이때 환경오염에는 소음·진동으로 사람의 건강이나 재산, 환경에 피해를 주는 것도 포함되므로 피해자의 손해에 대하여 사업자나 원인자는 귀책사유가 없더라도 특별한 사정이 없는 한 이를 배상할 의무가 있다(대판 2017.2.15, 2015다23321).

2 피고들의 공장에서 배출된 공해물질로 인하여 초래된 환경오염의 정도에 비추어 볼 때 원고들이 구체적인 발병에 이르지는 아니하였다 하여도 적어도 장차 발병 가능한 만성적인 신체건강상의 장해를 입었고 이는 통상의 수인한도를 넘는다고 할 것인바, 위와 같은 환경오염을 초래한 피고들의 행위는 생활환경의 보호와 그 침해에 대한 구제를 규정하고 있는 헌법 제35조 및 환경보전법 제60조 등에 비추어 볼 때 그 위법성이 있다 할 것이므로 피고들은 공동불법행위자로서 이로 인한 손해를 배상할 책임이 있다 할 것인데, 원고들이 위와 같은 생활환경의 침해 및 이로 인한 발병 가능한 만성적인 신체건강상의 장해로 심대한 정신적 고통을 받았을 것임은 경험칙상 넉넉히 수긍되므로 피고들은 공동불법행위자로서 원고들이 받은 위와 같은 정신적 고통을 위자함에 상당한 위자료를 지급할 의무가 있다(대판 1991.7.26, 90다카26607).

기출지문 OX

01 환경오염 또는 환경훼손의 원인자가 둘 이상인 경우에 어느 원인자에 의하여 제1항에 따른 피해가 발생한 것인지를 알 수 없을 때에는 각 원인자가 연대하여 배상하여야 한다. (11국가7) ( )

02 환경정책기본법은 환경오염 또는 환경훼손으로 피해가 발생한 경우에 대하여 과실의 유무와 무관하게 손해배상책임을 부담하도록 하고 있다. (97행시) ( )

정답
01 ○ 02 ○

2 행정쟁송

1. 제3자의 원고적격

관련 판례

1 주거지역안에서는 도시계획법 19조 1항과 개정전 건축법 32조 1항에 의하여 공익상 부득이 하다고 인정될 경우를 제외하고는 거주의 안녕과 건전한 생활환경의 보호를 해치는 모든 건축이 금지되고 있을뿐 아니라 주거지역내에 거주하는 사람이 받는 위와 같은 보호이익은 법률에 의하여 보호되는 이익이라고 할 것이므로 주거지역내에 위 법조 소정 제한면적을 초과한 연탄공장 건축허가처분으로 불이익을 받고 있는 제3거주자는 비록 당해 행정처분의 상대자가 아니라 하더라도 그 행정처분으로 말미암아 위와 같은 법률에 의하여 보호되는 이익을 침해받고 있다면 당해행정 처분의 취소를 소구하여 그 당부의 판단을 받을 법률상의 자격이 있다(대판 1974.5.13, 73누96 · 97).

2 [1] 행정처분의 직접 상대방이 아닌 제3자라도 당해 행정처분의 취소를 구할 법률상의 이익이 있는 경우에는 원고적격이 인정되는데, 여기서 말하는 법률상의 이익은 당해 처분의 근거 법률에 의하여 보호되는 직접적이고 구체적인 이익이 있는 경우를 말하고, 다만 공익보호의 결과로 국민 일반이 공통적으로 가지는 추상적, 평균적, 일반적인 이익과 같이 간접적이나 사실적, 경제적, 이해관계를 가지는데 불과한 경우는 여기에 포함되지 않는다.

[2] 상수원보호구역 설정의 근거가 되는 수도법 제5조 제1항 및 동 시행령 제7조 제1항이 보호하고자 하는 것은 상수원의 확보와 수질보전일 뿐이고, 그 상수원에서 급수를 받고 있는 지역주민들이 가지는 상수원의 오염을 막아 양질의 급수를 받을 이익은 직접적이고 구체적으로는 보호하고 있지 않음이 명백하여 위 지역주민들이 가지는 이익은 상수원의 확보와 수질보호라는 공공의 이익이 달성됨에 따라 반사적으로 얻게 되는 이익에 불과하므로 지역주민들에 불과한 원고들에게는 위 상수원보호구역변경처분의 취소를 구할 법률상의 이익이 없다.

[3] 도시계획법 제12조 제3항의 위임에 따라 제정된 도시계획시설기준에 관한 규칙 제125조 제1항이 화장장의 구조 및 설치에 관하여는 매장 및 묘지 등에 관한 법률이 정하는 바에 의한다고 규정하고 있어, 도시계획의 내용이 화장장의 설치에 관한 것일 때에는 도시계획법 제12조뿐만 아니라 매장 및 묘지 등에 관한 법률 및 같은 법 시행령 역시 그 근거 법률이 된다고 보아야 할 것이므로, 같은 법 시행령 제4조 제2호가 공설화장장은 20호 이상의 인가가 밀집한 지역, 학교 또는 공중이 수시 집합하는 시설 또는 장소로부터 1,000m 이상 떨어진 곳에 설치하도록 제한을 가하고, 같은 법 시행령 제9조가 국민보건상 위해를 끼칠 우려가 있는 지역, 도시계획법 제17조의 규정에 의한 주거지역, 상업지역, 공업지역 및 녹지지역 안의 풍치지구 등에의 공설화장장 설치를 금지함에 의하여 보호되는 부근 주민들의 이익은 위 도시계획결정처분의 근거 법률에 의하여 보호되는 법률상 이익이다(대판 1995.9.26, 94누14544).

기출지문 OX

01 상수원보호구역 설정의 근거가 되는 규정은 상수원의 확보와 수질보전일 뿐이고, 그 상수원에서 급수를 받고 있는 지역주민들이 가지는 이익은 상수원의 확보와 수질보호라는 공공의 이익이 달성됨에 따라 반사적으로 얻게 되는 이익에 불과하다. (17국가9) ( )

정답
01 ○

2. 환경영향평가 대상 지역 인근주민 등의 원고적격

관련 판례

1 환경영향평가에 관한 위 자연공원법령 및 환경영향평가법령상의 관련 규정의 취지는 집단시설지구개발사업으로 인하여 직접적이고 중대한 환경피해를 입으리라고 예상되는 환경영향평가대상지역 안의 주민들이 개발 전과 비교하여 수인한도를 넘는 환경침해를 받지 아니하고 쾌적한 환경에서 생활할 수 있는 개별적 이익까지도 이를 보호하려는 데에 있다 할 것이므로, 위 주민들이 위 변경승인처분과 관련하여 갖고 있는 위와 같은 환경상의 이익은 주민 개개인에 대하여 개별적으로 보호되는 직접적·구체적인 이익이라고 보아야 할 것이어서, 국립공원 집단시설지구개발사업으로 인하여 직접적이고 중대한 환경피해를 입으리라고 예상되는 환경영향평가대상지역 안의 주민들이 누리고 있는 환경상의 이익이 위 변경승인처분으로 인하여 침해되거나 침해될 우려가 있는 경우에는 그 주민들에게 위 변경승인처분과 그 변경승인처분의 취소를 구하는 행정심판청구를 각하한 재결의 취소를 구할 원고적격이 있다고 보아야 한다(대판 2001.7.27, 99두2970).

2 각 관련 규정의 취지는, 공유수면매립과 농지개량사업시행으로 인하여 직접적이고 중대한 환경피해를 입으리라고 예상되는 환경영향평가 대상지역 안의 주민들이 전과 비교하여 수인한도를 넘는 환경침해를 받지 아니하고 쾌적한 환경에서 생활할 수 있는 개별적 이익까지도 이를 보호하려는 데에 있다고 할 것이므로, 위 주민들이 공유수면매립면허처분 등과 관련하여 갖고 있는 위와 같은 환경상의 이익은 주민 개개인에 대하여 개별적으로 보호되는 직접적·구체적 이익으로서 그들에 대하여는 특단의 사정이 없는 한 환경상의 이익에 대한 침해 또는 침해우려가 있는 것으로 사실상 추정되어 공유수면매립면허처분 등의 무효확인을 구할 원고적격이 인정된다. 한편, 환경영향평가 대상지역 밖의 주민이라 할지라도 공유수면매립면허처분 등으로 인하여 그 처분 전과 비교하여 수인한도를 넘는 환경피해를 받거나 받을 우려가 있는 경우에는, 공유수면매립면허처분 등으로 인하여 환경상 이익에 대한 침해 또는 침해우려가 있다는 것을 입증함으로써 그 처분 등의 무효확인을 구할 원고적격을 인정받을 수 있다(대판 2006.3.16, 2006두330 전합).

3 환경상 이익에 대한 침해 또는 침해 우려가 있는 것으로 사실상 추정되어 원고적격이 인정되는 사람에는 환경상 침해를 받으리라고 예상되는 영향권 내의 주민들을 비롯하여 그 영향권 내에서 농작물을 경작하는 등 현실적으로 환경상 이익을 향유하는 사람도 포함된다. 그러나 단지 그 영향권 내의 건물·토지를 소유하거나 환경상 이익을 일시적으로 향유하는 데 그치는 사람은 포함되지 않는다(대판 2009.9.24, 2009두2825).

4 [1] 전원개발사업실시계획승인처분의 근거 법률인 전원개발에 관한 특례 법령, 구 환경보전법령, 구 환경정책기본법령 및 환경영향평가법령등의 규정 취지는 환경영향평가대상사업에 해당하는 발전소건설사업이 환경을 해치지 아니하는 방법으로 시행되도록 함으로써 당해 사업과 관련된 환경공익을 보호하려는 데 그치는 것이 아니라 당해 사업으로 인하여 직접적이고 중대한 환경피해를 입으리라고 예상되는 환경영향평가대상지역 안의 주민들이 전과 비교하여 수인한도를 넘는 환경침해를 받지 아니하고 쾌적한 환경에서 생활할 수 있는 개별적 이익까지도 이를 보호하려는 데에 있으므로, 주민들이 위 승인처분과 관련하여 갖고 있는 위와 같은 환경상 이익은 단순히 환경공익 보호의 결과로서 국민일반이 공통적으로 갖게 되는 추상적·평균적·일반적 이익에 그치지 아니하고 환경영향평가대상지역 안의 주민 개개인에 대하여 개별적으로 보호되는 직접적·구체적 이익이라고 보아야 하고,

기출지문 OX

01 환경영향평가에 관한 자연공원법령 및 환경영향평가법령들의 취지는 환경 공익을 보호하려는 데 있으므로 환경영향평가 대상지역 안의 주민들이 수인한도를 넘는 환경침해를 받지 아니하고 쾌적한 환경에서 생활할 수 있는 개별적 이익까지 보호하는데 있다고 볼 수는 없다. (17국가9)
( )

02 환경영향평가 대상지역 밖의 주민이라 할지라도 사업승인처분의 결과가 수인한도를 넘는 환경피해를 받을 우려가 있는 경우, 그 처분으로 인한 환경상 이익에 대한 침해우려 사실을 입증하면 무효확인소송의 원고적격이 인정된다. (15국가7)
( )

정답
01 × 02 ○

기출지문 OX

01 행정청의 위법한 부작위로 손해가 발생하는 경우는 국가·지방자치단체에 손해배상청구를 할 수 있다. (04승진5) ( )

02 환경오염으로 인한 손해배상에서는 인과관계를 완화하는 경향을 보이고 있다. (04승진5) ( )

03 환경분쟁조정법상 분쟁조정의 수단으로 알선·조정·재정·중재가 있다. (02행시) ( )

정답
01 ○ 02 ○ 03 ○

따라서 위 사업으로 인하여 직접적이고 중대한 환경침해를 받게 되리라고 예상되는 환경영향평가대상지역 안의 주민에게는 위 승인처분의 취소를 구할 원고적격이 있다.

[2] 환경영향평가대상지역 밖의 주민·일반 국민·산악인·사진가·학자·환경보호단체 등의 환경상 이익이나 전원개발사업구역 밖의 주민 등의 재산상 이익에 대하여는 위 [1]항의 근거 법률에 이를 그들의 개별적·직접적·구체적 이익으로 보호하려는 내용 및 취지를 가지는 규정을 두고 있지 아니하므로, 이들에게는 위와 같은 이익 침해를 이유로 전원개발사업실시계획승인처분의 취소를 구할 원고적격이 없다(대판 1998.9.22, 97누19571).

5 헌법 제35조 제1항에서 정하고 있는 환경권에 관한 규정만으로는 그 권리의 주체·대상·내용·행사방법 등이 구체적으로 정립되어 있다고 볼 수 없고, 환경정책기본법 제6조도 그 규정 내용 등에 비추어 국민에게 구체적인 권리를 부여한 것으로 볼 수 없다는 이유로, 환경영향평가 대상지역 밖에 거주하는 주민에게 헌법상의 환경권 또는 환경정책기본법에 근거하여 공유수면매립면허처분과 농지개량사업 시행인가처분의 무효확인을 구할 원고적격이 없다(대판 2006.3.16, 2006두330 전합).

3 환경행정상의 손해전보제도

1. 국가배상

- 공무원의 위법한 처분 또는 부작위로 인하여 환경상 손해가 발생한 경우 국가배상법 제2조에 따라 손해배상 청구가 가능함.
- 국가 또는 지방자치단체가 설치·운영하는 시설에 의하여 환경상 손해가 발생한 경우 국가배상법 제5조에 따라 손해배상 청구가 가능함.
- 환경오염으로 인한 손해배상에서 인과관계 입증은 그 증명의 정도가 완화되어 인과관계 존재의 '개연성'을 증명하면 족하다고 봄.

2. 손실보상

- 국가 또는 지방자치단체의 적법한 환경행정작용으로 인하여 개인이 특별한 희생에 해당하는 재산적 손실을 입은 경우 손실보상 청구가 가능함.

4 환경분쟁조정법

1. 서설

환경분쟁조정법 제1조 【목적】 이 법은 환경분쟁의 알선(斡旋)·조정(調停)·재정(裁定) 및 중재(仲裁)의 절차 등을 규정함으로써 환경분쟁을 신속·공정하고 효율적으로 해결하여 환경을 보전하고 국민의 건강과 재산상의 피해를 구제함을 목적으로 한다.

제2조【정의】이 법에서 사용하는 용어의 뜻은 다음과 같다.
1. "환경피해"란 사업활동, 그 밖에 사람의 활동에 의하여 발생하였거나 발생이 예상되는 대기오염, 수질오염, 토양오염, 해양오염, 소음·진동, 악취, 자연생태계 파괴, 일조 방해, 통풍 방해, 조망 저해, 인공조명에 의한 빛공해, 지하수 수위 또는 이동경로의 변화, 하천수위의 변화, 그 밖에 대통령령으로 정하는 원인으로 인한 건강상·재산상·정신상의 피해를 말한다. 다만, 방사능오염으로 인한 피해는 제외한다.
2. "환경분쟁"이란 환경피해에 대한 다툼과 환경기술 및 환경산업 지원법 제2조 제2호에 따른 환경시설의 설치 또는 관리와 관련된 다툼을 말한다.
3. "조정"(調整)이란 환경분쟁에 대한 알선·조정(調停)·재정 및 중재를 말한다.
4. "다수인관련분쟁"이란 같은 원인으로 인한 환경피해를 주장하는 자가 다수(多數)인 환경분쟁을 말한다.

2. 환경분쟁조정위원회

(1) 설치

환경분쟁조정법 제4조【환경분쟁조정위원회의 설치】 제5조에 따른 사무를 관장하기 위하여 환경부에 중앙환경분쟁조정위원회(이하 "중앙조정위원회"라 한다)를 설치하고, 특별시·광역시·특별자치시·도·특별자치도(이하 "시·도"라 한다)에 지방환경분쟁조정위원회(이하 "지방조정위원회"라 한다)를 설치한다.

(2) 소관사무

환경분쟁조정법 제5조【환경분쟁조정위원회의 소관 사무】 중앙조정위원회 및 지방조정위원회(이하 "위원회"라 한다)의 소관 사무는 다음 각 호와 같다.
1. 환경분쟁(이하 "분쟁"이라 한다)의 조정. 다만, 다음 각 목의 어느 하나에 해당하는 분쟁의 조정은 해당 목에서 정하는 경우만 해당한다.
   가. 건축법 제2조 제1항 제8호의 건축으로 인한 일조 방해 및 조망 저해와 관련된 분쟁: 그 건축으로 인한 다른 분쟁과 복합되어 있는 경우
   나. 지하수 수위 또는 이동경로의 변화와 관련된 분쟁: 공사 또는 작업(지하수법에 따른 지하수의 개발·이용을 위한 공사 또는 작업은 제외한다)으로 인한 경우
   다. 하천수위의 변화와 관련된 분쟁: 하천법 제2조 제3호에 따른 하천시설 또는 수자원의 조사·계획 및 관리에 관한 법률 제2조 제4호에 따른 수자원시설로 인한 경우
2. 환경피해와 관련되는 민원의 조사, 분석 및 상담
3. 분쟁의 예방 및 해결을 위한 제도와 정책의 연구 및 건의
4. 환경피해의 예방 및 구제와 관련된 교육, 홍보 및 지원
5. 그 밖에 법령에 따라 위원회의 소관으로 규정된 사항

(3) 관할

환경분쟁조정법 제6조【관할】 ① 중앙조정위원회는 분쟁 조정사무 중 다음 각 호의 사항을 관할한다.
1. 분쟁의 재정(제5호에 따른 재정은 제외한다) 및 중재
2. 국가나 지방자치단체를 당사자로 하는 분쟁의 조정
3. 둘 이상의 시·도의 관할 구역에 걸친 분쟁의 조정

기출지문 OX

01 방사능오염으로 인한 피해도 환경분쟁조정법의 분쟁조정대상이 되는 환경피해이다. (04승진5) ( )

정답
01 ×

4. 제30조에 따른 직권조정
5. 제35조의3 제1호에 따른 원인재정과 제42조 제2항에 따라 원인재정 이후 신청된 분쟁의 조정
6. 그 밖에 대통령령으로 정하는 분쟁의 조정
② 지방조정위원회는 해당 시·도의 관할 구역에서 발생한 분쟁의 조정사무 중 제1항 제2호부터 제6호까지의 사무 외의 사무를 관할한다. 다만, 제1항 제1호의 경우에는 일조 방해, 통풍 방해, 조망 저해로 인한 분쟁은 제외한 것으로서 대통령령으로 정하는 분쟁의 재정 및 중재만 해당한다.

(4) 사무국

환경분쟁조정법 제13조 【사무국】 ① 위원회의 사무를 처리하기 위하여 위원회에 사무국을 둘 수 있다.
② 사무국에는 다음 각 호의 사무를 분장할 심사관을 둔다.
1. 분쟁의 조정에 필요한 사실조사와 인과관계의 규명
2. 환경피해액의 산정 및 산정기준의 연구·개발
3. 그 밖에 위원회의 위원장이 지정하는 사항

3. 절차

(1) 알선

- **알선**: 분쟁 당사자가 상호 간의 입장을 개진하고 타협의 가능성을 찾을 수 있도록 주선하는 것

환경분쟁조정법 제16조 【조정의 신청 등】 ① 조정을 신청하려는 자는 제6조에 따른 관할 위원회에 알선·조정·재정 또는 중재 신청서를 제출하여야 한다.

제27조 【알선위원의 지명】 ① 위원회에 의한 알선은 3명 이내의 위원(이하 "알선위원"이라 한다)이 한다.

제28조 【알선위원의 임무】 알선위원은 당사자 양쪽이 주장하는 요점을 확인하여 사건이 공정하게 해결되도록 노력하여야 한다.

제29조 【알선의 중단】 ① 알선위원은 알선으로는 분쟁 해결의 가능성이 없다고 인정할 때에는 알선을 중단할 수 있다.
② 알선 절차가 진행 중인 분쟁에 대하여 조정·재정 또는 중재 신청이 있으면 그 알선은 중단된 것으로 본다.

(2) 조정

① 의의

- **조정**: 당사자 간의 입장차이를 조율하고 구체적 타협안을 마련하여 소송에 의하지 않고 분쟁을 종결시키는 것

② 조정의 개시

환경분쟁조정법 제16조 【조정의 신청 등】 ① 조정을 신청하려는 자는 제6조에 따른 관할 위원회에 알선·조정·재정 또는 중재 신청서를 제출하여야 한다.
③ 위원회는 제1항에 따라 조정신청을 받았을 때에는 지체 없이 조정절차를 시작하여야 한다.

제16조의2 【합의 권고】 ① 위원회의 위원장은 조정신청을 받으면 당사자에게 피해배상에 관한 합의를 권고할 수 있다.
② 제1항에 따른 권고는 조정절차의 진행에 영향을 미치지 아니한다.

제25조 【절차의 비공개】 위원회가 수행하는 조정의 절차는 이 법에 특별한 규정이 있는 경우를 제외하고는 공개하지 아니한다.

제26조 【환경단체의 조정신청】 ① 다음 각 호의 요건을 모두 갖춘 환경단체는 중대한 자연생태계 파괴로 인한 피해가 발생하였거나 발생할 위험이 현저한 경우에는 위원회의 허가를 받아 분쟁 당사자를 대리하여 위원회에 조정을 신청할 수 있다.
1. 민법 제32조에 따라 환경부장관의 허가를 받아 설립된 비영리법인일 것
2. 정관에 따라 환경보호 등 공익의 보호와 증진을 목적으로 하는 단체일 것
3. 그 밖에 대통령령으로 정하는 요건에 해당할 것
② 제1항에 따라 조정을 신청하는 환경단체에 대하여는 제22조 제3항 및 제4항을 준용한다.

제30조 【직권조정】 ① 중앙조정위원회는 환경오염으로 인한 사람의 생명·신체에 대한 중대한 피해, 제2조 제2호의 환경시설의 설치 또는 관리와 관련된 다툼 등 사회적으로 파급효과가 클 것으로 우려되는 분쟁에 대하여는 당사자의 신청이 없는 경우에도 직권으로 조정절차를 시작할 수 있다.
② 시·도지사, 시장·군수·구청장(자치구의 구청장을 말한다) 또는 유역환경청장·지방환경청장은 제1항에 따른 직권조정이 필요하다고 판단되는 분쟁에 대해서는 중앙조정위원회에 직권조정을 요청할 수 있다.

③ 조정의 성립

환경분쟁 조정법 제33조 【조정의 성립】 ① 조정은 당사자 간에 합의된 사항을 조서에 적음으로써 성립한다.
② 조정위원회가 제1항에 따른 조서를 작성하였을 때에는 지체 없이 조서의 정본(正本)을 당사자나 대리인에게 송달하여야 한다.

④ 조정을 갈음하는 결정

환경분쟁 조정법 제33조의2 【조정결정】 ① 조정위원회는 당사자 간에 합의가 이루어지지 아니한 경우로서 신청인의 주장이 이유 있다고 판단되는 경우에는 당사자들의 이익과 그 밖의 모든 사정을 고려하여 신청 취지에 반하지 아니하는 한도에서 조정을 갈음하는 결정(이하 "조정결정"이라 한다)을 할 수 있다.
② 조정결정은 문서로써 하여야 한다. 이 경우 조정결정 문서에는 다음 각 호의 사항을 적고 조정위원이 기명날인하여야 한다.
1. 사건번호와 사건명
2. 당사자, 선정대표자, 대표당사자 및 대리인의 주소와 성명(법인의 경우에는 명칭을 말한다)
3. 조정 내용
4. 신청의 취지
5. 이유
6. 조정결정한 날짜
③ 조정위원회가 조정결정을 하였을 때에는 지체 없이 조정결정문서의 정본을 당사자나 대리인에게 송달하여야 한다.
④ 당사자는 제3항에 따른 조정결정문서 정본을 송달받은 날부터 14일 이내에 불복 사유를 명시하여 서면으로 이의신청을 할 수 있다.

기출지문 OX

01 조정을 신청하려는 자는 관할 위원회에 알선조정재정 또는 중재 신청서를 제출하여야 한다. (07승진5) ( )

02 위원회의 조정절차는 비공개가 원칙이다. (07승진5) ( )

03 환경단체는 조정신청을 할 수 없다. (07승진5) ( )

04 환경분쟁조정위원회는 직권에 의한 증거의 조사를 할 수 있다. (06관세) ( )

05 지방환경분쟁조정위원회는 사회적으로 파급효과가 클 것으로 우려되는 환경분쟁에 대하여는 직권으로 조정절차를 시작할 수 있다. (05국가7) ( )

정답
01 ○ 02 ○ 03 × 04 ○
05 × 중앙조정위원회

⑤ 조정을 아니하는 경우

> **환경분쟁 조정법 제34조【조정을 하지 아니하는 경우】** ① 조정위원회는 해당 분쟁이 그 성질상 조정을 하기에 적당하지 아니하다고 인정하거나 당사자가 부당한 목적으로 조정을 신청한 것으로 인정할 때에는 조정을 하지 아니할 수 있다.
> ② 조정위원회는 제1항에 따라 조정을 하지 아니하기로 결정하였을 때에는 그 사실을 당사자에게 통지하여야 한다.

⑥ 조정의 종결

> **환경분쟁 조정법 제35조【조정의 종결】** ① 조정위원회는 해당 조정사건에 관하여 당사자 간에 합의가 이루어질 가능성이 없다고 인정할 때에는 조정을 하지 아니한다는 결정으로 조정을 종결시킬 수 있다.
> ② 조정결정에 대하여 제33조의2 제4항에 따른 이의신청이 있는 경우에는 당사자 간의 조정은 종결된다.
> ③ 조정절차가 진행 중인 분쟁에 대하여 재정 또는 중재 신청이 있으면 그 조정은 종결된다.
> ④ 조정위원회는 제1항 또는 제2항에 따라 조정이 종결되었을 때에는 그 사실을 당사자에게 통지하여야 한다.
> ⑤ 제4항에 따라 통지를 받은 당사자가 통지를 받은 날부터 30일 이내에 소송을 제기한 경우 시효의 중단 및 제소기간의 계산에 있어서는 조정의 신청을 재판상의 청구로 본다.

⑦ 효력

> **환경분쟁 조정법 제35조의2【조정의 효력】** 제33조 제1항에 따라 성립된 조정과 제33조의2 제4항에 따른 이의신청이 없는 조정결정은 재판상 화해와 동일한 효력이 있다. 다만, 당사자가 임의로 처분할 수 없는 사항에 대해서는 그러하지 아니하다.

(3) 재정

① 의의 및 종류

- **재정**: 알선·조정으로 해결이 곤란한 손해배상 사건 등에 대하여 재정위원회가 인과관계의 유무 및 피해액을 판단하여 결정하는 재판에 준하는 절차

> **환경분쟁 조정법 제35조의3【재정의 종류】** 이 법에 따른 재정의 종류는 다음 각 호와 같다.
> 1. 원인재정: 환경피해를 발생시키는 행위와 환경피해 사이의 인과관계 존재 여부를 결정하는 재정
> 2. 책임재정: 환경피해에 대한 분쟁 당사자 간의 손해배상 등의 책임의 존재와 그 범위 등을 결정하는 재정

② 개시

환경분쟁 조정법 제45조【소송과의 관계】① 재정이 신청된 사건에 대한 소송이 진행 중일 때에는 수소법원은 재정이 있을 때까지 소송절차를 중지할 수 있다.
② 재정위원회는 제1항에 따른 소송절차의 중지가 없는 경우에는 해당 사건의 재정절차를 중지하여야 한다. 다만, 제4항에 따라 원인재정을 하는 경우는 제외한다.
③ 재정위원회는 재정이 신청된 사건과 같은 원인으로 다수인이 관련되는 같은 종류의 사건 또는 유사한 사건에 대한 소송이 진행 중인 경우에는 결정으로 재정절차를 중지할 수 있다.
④ 환경분쟁에 대한 소송과 관련하여 수소법원은 분쟁의 인과관계 여부를 판단하기 위하여 필요한 경우에는 중앙조정위원회에 원인재정을 촉탁할 수 있다. 이 경우 제16조 제1항에 따른 당사자의 신청이 있는 것으로 본다.

③ 방식

환경분쟁 조정법 제36조【재정위원의 지명 등】① 재정은 5명의 위원으로 구성되는 위원회(이하 "재정위원회"라 한다)에서 한다. 다만, 다음 각 호에 해당하는 사건의 재정은 해당 호에서 정한 재정위원회에서 할 수 있다.
1. 다수인의 생명·신체에 중대한 피해가 발생한 분쟁이나 제2조 제2호에 따른 환경시설의 설치 또는 관리와 관련된 다툼 등 사회적으로 파급효과가 클 것으로 우려되는 사건으로서 대통령령으로 정하는 사건: 10명 이상의 위원으로 구성되는 재정위원회
2. 대통령령으로 정하는 경미한 사건: 3명의 위원으로 구성되는 재정위원회

제37조【심문】① 재정위원회는 심문의 기일을 정하여 당사자에게 의견을 진술하게 하여야 한다.
③ 심문은 공개하여야 한다. 다만, 재정위원회가 당사자의 사생활 또는 사업상의 비밀을 유지할 필요가 있다고 인정하거나 절차의 공정을 해칠 염려가 있다고 인정할 때, 그 밖에 공익을 위하여 필요하다고 인정할 때에는 그러하지 아니하다.

④ 효력 등

환경분쟁 조정법 제42조【재정의 효력 등】① 지방조정위원회의 재정위원회가 한 책임재정에 불복하는 당사자는 재정문서의 정본이 당사자에게 송달된 날부터 60일 이내에 중앙조정위원회에 책임재정을 신청할 수 있다.
② 재정위원회가 제35조의3 제1호에 따른 원인재정(이하 "원인재정"이라 한다)을 하여 재정문서의 정본을 송달받은 당사자는 이 법에 따른 알선, 조정, 책임재정 및 중재를 신청할 수 있다.
③ 재정위원회가 책임재정을 한 경우에 재정문서의 정본이 당사자에게 송달된 날부터 60일 이내에 당사자 양쪽 또는 어느 한쪽으로부터 그 재정의 대상인 환경피해를 원인으로 하는 소송이 제기되지 아니하거나 그 소송이 철회된 경우 또는 제1항에 따른 신청이 되지 아니한 경우에는 그 재정문서는 재판상 화해와 동일한 효력이 있다. 다만, 당사자가 임의로 처분할 수 없는 사항에 관한 것은 그러하지 아니하다.

기출지문 OX

01 환경분쟁조정에서 재정이 신청된 경우에도 수소법원은 진행 중인 소송절차를 중지할 수 없다. (02행시) ( )

02 분쟁조정절차는 비공개가 원칙이나, 재정위원회의 심문은 공개가 원칙이다. (05국가7) ( )

정답
01 × 02 ○

> **제43조【조정에의 회부】** ① 재정위원회는 재정신청된 사건을 조정(調停)에 회부하는 것이 적합하다고 인정할 때에는 직권으로 직접 조정하거나 관할 위원회에 송부하여 조정하게 할 수 있다.
> ② 제1항에 따라 조정에 회부된 사건에 관하여 당사자 간에 합의가 이루어지지 아니하였을 때에는 재정절차를 계속 진행하고, 합의가 이루어졌을 때에는 재정의 신청은 철회된 것으로 본다.

(4) 중재

- **중재**: 양 당사자의 합의하에 신청이 가능하며, 중재위원회가 인과관계의 유무 및 피해액을 판단하여 그 결과를 양 당사자에게 통보하는 절차
- 중재결정에 대해서는 이의신청을 할 수 없으며 중재법에 의한 중재결정의 취소소송만을 법원에 제기할 수 있음.

> **환경분쟁 조정법 제45조의2【중재위원의 지명 등】** ① 중재는 3명의 위원으로 구성되는 위원회(이하 "중재위원회"라 한다)에서 한다.
>
> **제45조의4【중재의 효력】** 중재는 양쪽 당사자 간에 법원의 확정판결과 동일한 효력이 있다.

(5) 다수인 관련분쟁의 조정

> **환경분쟁 조정법 제46조【다수인관련분쟁의 조정신청】** ① 다수인에게 같은 원인으로 환경피해가 발생하거나 발생할 우려가 있는 경우에는 그 중 1명 또는 수인이 대표당사자로서 조정을 신청할 수 있다.
> ② 제1항에 따라 조정을 신청하려는 자는 위원회의 허가를 받아야 한다.
>
> **제52조【참가의 신청】** ① 대표당사자가 아닌 자로서 해당 분쟁의 조정결과와 이해관계가 있는 자는 제51조 제1항에 따른 공고가 있은 날부터 60일 이내에 조정절차에의 참가를 신청할 수 있다.
>
> **제53조【효력】** 조정의 효력은 대표당사자와 제52조에 따라 참가를 신청한 자에게만 미친다.

(6) 국가배상법과의 관계

> **환경분쟁 조정법 제62조【국가배상법과의 관계】** 국가배상법을 적용받는 분쟁으로서 이 법에 따른 조정절차를 거친 경우(제34조 및 제35조를 포함한다)에는 국가배상법에 따른 배상심의회의 심의·의결을 거친 것으로 본다.

제7편

공용부담법

제1장 서설

제1절 공용부담의 의의

- **공용부담**: 특정한 공익사업, 기타의 복리행정상의 목적을 위하여 또는 물건의 효용을 보존하기 위하여 개인에게 강제적으로 과하는 공법상의 경제적 부담
- 공용부담은 강제적 부담으로 부과를 위해서는 법률상 근거가 필요함.

제2절 공용부담의 종류

1 목적에 따른 분류

- 특정 공익사업의 시행을 위하여 행하여지는 것, 물건의 보존을 위하여 행하여지는 것, 기타 복리행정의 수행을 위하여 행하여지는 것 등이 있음.

2 내용에 따른 분류

1. 인적 공용부담

- 특정인에게 작위·부작위 또는 급부 등의 의무를 과하는 공용부담(예 부담금, 부역·현품, 노역·물품, 시설부담, 부작위부담 등)

2. 물적 공용부담

- 특정한 재산권에 부과되는 부담(예 공용제한, 공용수용, 공용환지·공용환권 등)

기출지문 OX

01 공용부담이라 함은 일정한 공공복리를 적극적으로 증진하기 위하여 개인에게 부과되는 공법상의 경제적 부담을 말한다. (15행정사) ( )

02 부담제한은 인적 공용부담에 해당한다. (08국회8) ( )

03 공용제한은 물적 공용부담에 해당한다. (94국가7) ( )

정답
01 ○ 02 × 03 ○

제2장 인적 공용부담

제1절 서설

1 의의

• **인적 공용부담**: 특정 공익사업의 수요 또는 물건의 효용을 보존하기 위하여 법률에 의하여 특정인에게 과하여지는 작위·부작위·급부 의무

2 종류

1. 부과방법에 따른 분류

• **개별부담**: 각 개인에 대하여 개별적으로 과하여지는 부담
• **연합부담**: 개인의 연합체에 대하여 공동의 부담으로 과하여지는 부담

2. 부담근거에 따른 분류

• **일반부담**: 일반 국민에 대하여 그 능력에 따라 과하여지는 부담
• **특별부담**: 특정 공익사업과 특별한 관계에 있는 자에게 그 관계에 근거하여 과하여지는 부담
• **우발부담**: 우연히 당해 사업의 수요를 충족시킬 수 있는 자에게 과하여지는 부담

3. 내용에 따른 분류

• 부담금, 부역·현품, 노역·물품, 시설부담, 부작위부담

제2절 부담금

1 의의

부담금관리 기본법 제2조 【정의】 이 법에서 "부담금"이란 중앙행정기관의 장, 지방자치단체의 장, 행정권한을 위탁받은 공공단체 또는 법인의 장 등 법률에 따라 금전적 부담의 부과권한을 부여받은 자(이하 "부과권자"라 한다)가 분담금, 부과금, 기여금, 그 밖의

명칭에도 불구하고 재화 또는 용역의 제공과 관계없이 특정 공익사업과 관련하여 법률에서 정하는 바에 따라 부과하는 조세 외의 금전지급의무(특정한 의무이행을 담보하기 위한 예치금 또는 보증금의 성격을 가진 것은 제외한다)를 말한다.

제3조 【부담금 설치의 제한】 부담금은 별표에 규정된 법률에 따르지 아니하고는 설치할 수 없다.

1. 강학상의 부담금

- **협의의 부담금(전통적 의미의 부담금, 분담금)**: 국가나 지방자치단체 등이 특정 공익사업의 경비를 충당하기 위해 그와 특별한 관계에 있는 자에게 그 사업에 필요한 경비의 일부 또는 전부를 부담시키기 위하여 과하는 조세 외의 금전급부의무
- **광의의 부담금(오늘날의 부담금)**: 특정 공익사업 등 일정한 행정목적을 달성하기 위해 특정 또는 불특정 관계인에게 부과되는 금전급부의무. 여기에는 유도적 부담금(예 과밀부담금), 의무이행확보를 위한 부담금(예 장애인고용부담금), 양자의 성격을 모두 갖는 부담금(예 배출부과금) 등이 있음.

2. 실정법상의 부담금

부담금관리기본법 제2조 【정의】 이 법에서 "부담금"이란 중앙행정기관의 장, 지방자치단체의 장, 행정권한을 위탁받은 공공단체 또는 법인의 장 등 법률에 따라 금전적 부담의 부과권한을 부여받은 자(이하 "부과권자"라 한다)가 분담금, 부과금, 기여금, 그 밖의 명칭에도 불구하고 재화 또는 용역의 제공과 관계없이 특정 공익사업과 관련하여 법률에서 정하는 바에 따라 부과하는 조세 외의 금전지급의무(특정한 의무이행을 담보하기 위한 예치금 또는 보증금의 성격을 가진 것은 제외한다)를 말한다.

2 구별개념

1. 조세와의 구별

- **조세**: 국가·지자체의 일반적 경비충당을 위해, 일반국민·주민에 대해, 담세력을 기준으로 부과
- **부담금**: 행정목적을 위하여, 당해 사업과 관계있는 자에 대해, 사업과의 관련성을 이유로 부과

2. 사용료·수수료와의 구별

- **사용료·수수료**: 시설의 이용이나 역무의 제공에 대한 대가의 성질
- **부담금**: 사업 자체의 경영에 소요되는 경비의 부담인 성질

기출지문 OX

01 부담금은 특정 공익사업의 경비에 충당함을 목적으로 하는 금전급부의무이다. (01관세) ( )

02 부담금은 인적 공용부담에 해당한다. (01관세) ( )

정답
01 ○ 02 ○

3 부담금의 종류

1. 협의의 부담금

- **수익자 부담금**: 공익사업의 시행으로 특별한 이익을 받는 자에게 그 이익의 한도 내에서 부과하는 것
- **원인자 부담금**: 특정 공익사업 시행의 원인을 제공한 자에게 부과하는 것
- **손상자 부담금**: 특정 공익시설을 손상하게 한 자에게 그 시설의 유지·수선비를 부과하는 것

2. 특별부담금

- **특별부담금**: 특별한 국가적 과제를 위한 재정에 충당하기 위하여 특정집단에게 부과하는 것
- 순수한 재정조달의 목적만 가지는 재정조달목적 부담금과 특정한 사회·경제정책을 실현하기 위한 정책실현목적 부담금이 있음.

관련 판례

1 영화상영관 입장권 부과금은 그 부과의 목적이 한국영화산업의 진흥 발전을 위한 각종 사업의 용도로 쓰일 영화발전기금의 재원을 마련하는 것으로서, 그 부과 자체로써 부과금의 부담 주체인 영화상영관 관람객의 행위를 특정한 방향으로 유도하거나 관람객 이외의 다른 사람들과의 형평성 문제를 조정하고자 하는 등의 목적은 없으며, 또한 추구하는 공적 과제가 부과금으로 재원이 마련된 영화발전기금의 집행 단계에서 실현되므로 순수한 재정조달목적 부담금에 해당한다(헌재 2008.11.27, 2007헌마860).

2 장애인을 고용하기 위해서는 작업시설 및 설비의 개선, 직장환경의 정비, 특별한 고용관리 등이 필요하고 정상인고용에 비하여 경제적 부담이 수반된다. 따라서 고용의무를 성실히 이행하는 사업주와 그렇지 않는 사업주 간에는 경제적 부담의 불균형이 생길 수가 있다. 이러한 점을 고려하여 장애인고용은 모든 사업주가 공동으로 부담하는 책임이라는 사회연대책임의 이념에 입각하여 장애인고용의 경제적 부담을 조정하고 장애인을 고용하는 사업주에 대한 지원을 목적으로 한 것이 장애인고용부담금 제도라고 할 수 있다(헌재 2003.7.24, 2001헌바96).

3 의무교육제도는 국민에 대하여 보호하는 자녀들을 취학시키도록 한다는 의무부과의 면보다는 국가에 대하여 인적·물적 교육시설을 정비하고 교육환경을 개선하여야 한다는 의무부과의 측면이 보다 더 중요한 의미를 갖는다. 의무교육에 필요한 학교시설은 국가의 일반적 과제이고, 학교용지는 의무교육을 시행하기 위한 물적 기반으로서 필수조건임은 말할 필요도 없으므로 이를 달성하기 위한 비용은 국가의 일반재정으로 충당하여야 한다. 따라서 적어도 의무교육에 관한 한 일반재정이 아닌 부담금과 같은 별도의 재정수단을 동원하여 특정한 집단으로부터 그 비용을 추가로 징수하여 충당하는 것은 의무교육의 무상성을 선언한 헌법에 반한다(헌재 2005.3.31, 2003헌가20).

4 [1] 의무교육의 무상성에 관한 헌법상 규정은 교육을 받을 권리를 보다 실효성 있게 보장하기 위해 의무교육 비용을 학령아동 보호자의 부담으로부터 공동체 전체의 부담으로 이전하라는 명령일 뿐 의무교육의 모든 비용을 조세로 해결해야 함을 의미하는 것은 아니므로, 학교용지부담금의 부과대상을 수분양자가 아닌 개발사업자로 정하고 있는 이 사건 법률조항은 의무교육의 무상원칙에 위배되지 아니한다.

기출지문 OX

01 영화상영권 입장권 부과금은 한국영화산업의 진흥 발전을 위한 각종 사업의 용도로 쓰일 영화발전기금의 재원을 마련하는 것으로서 영화발전기금의 집행단계에서 실현되므로 순수한 재정조달목적 부담금이 아니라 정책실현목적 부담금에 해당한다. (13지방7) ( )

02 장애인고용부담금은 사회연대책임의 이념에 입각하여 장애인 고용의 경제적 부담을 조정하고 장애인을 고용하는 사업주에 대한 지원을 목적으로 하는 제도라고 할 수 있다. (13지방7) ( )

03 의무교육에 관한 한 일반재정이 아닌 부담금과 같은 별도의 재정수단을 동원하여 특정한 집단으로부터 그 비용을 추가로 징수하여 충당하는 것은 의무교육의 무상성을 선언한 헌법에 반한다. (13지방7) ( )

정답
01 × 순수 재정조달목적 부담금에 해당
02 ○ 03 ○

기출지문 OX

01 부담금 부과에 관한 명확한 법률규정이 존재하더라도 그 법률규정과는 별도로 반드시 부담금관리 기본법 별표에 그 부담금이 포함되어야만 부담금 부과가 유효하게 되는 것은 아니다. (17국가7) ( )

정답
01 ○

[2] 개발사업자는 개발사업을 통해 이익을 얻었다는 점에서 개발사업 지역에서의 학교시설 확보라는 특별한 공익사업에 대해 밀접한 관련성을 가지고 있을 뿐만 아니라 이에 대해 일정한 부담을 져야 할 책임도 가지고 있는바, 개발사업자에 대한 학교용지부담금 부과는 평등원칙에 위배되지 아니한다(헌재 2008.9.25, 2007헌가1).

5 특별부담금의 부과가 과잉금지의 원칙과 관련하여 방법상 적정한 것으로 인정되기 위해서는 이러한 부담금의 부과를 통하여 수행하고자 하는 특정한 경제적 · 사회적 과제에 대하여 특별히 객관적으로 밀접한 관련이 있는 특정집단에 국한하여 부과되어야 하고, 이와 같이 부과 · 징수된 부담금은 그 특정과제의 수행을 위하여 별도로 지출 · 관리되어야 하며 국가의 일반적 재정수입에 포함시켜 일반적 국가과제를 수행하는 데 사용하여서는 아니된다. 부담금의 수입이 반드시 부담금의무자의 집단적 이익을 위하여 사용되어야 한다고는 볼 수 없으나, 부담금의무자의 집단적 이익을 위하여 사용되는 경우에는 부담금부과의 정당성이 제고된다고 할 것이다(헌재 1999.10.21, 97헌바84).

4 부담금의 법적 근거

• 부담금 부과에는 법률의 근거가 필요

관련 판례

1 개발이익환수에 관한 법률 소정의 개발부담금은 그 납부의무자로 하여금 국가 등에 대하여 금전 급부의무를 부담하게 하는 것이어서 납부의무자의 재산권을 제약하는 면이 있고, 부과개시시점의 지가는 개발부담금의 산정기준인 개발이익의 존부와 범위를 결정하는 중요한 요소가 되는 것이므로, 그 산정기준에 관한 위임입법시 요구되는 구체성, 명확성의 정도는 조세법규의 경우에 준하여, 그 요건과 범위가 엄격하게 제한적으로 규정되어야 할 것이다(헌재 1998.6.25, 95헌바35 · 97헌바81 · 98헌바5 · 10).

2 부담금관리 기본법의 제정 목적, 부담금관리 기본법 제3조의 조문 형식 및 개정 경과 등에 비추어 볼 때, 부담금관리 기본법은 법 제정 당시 시행되고 있던 부담금을 별표에 열거하여 정당화 근거를 마련하는 한편 시행 후 기본권 침해의 소지가 있는 부담금을 신설하는 경우 자의적인 부과를 견제하기 위하여 위 법률에 의하여 이를 규율하고자 한 것이나, 그러한 점만으로 부담금부과에 관한 명확한 법률 규정이 존재하더라도 법률 규정과는 별도로 반드시 부담금관리 기본법 별표에 부담금이 포함되어야만 부담금 부과가 유효하게 된다고 해석할 수는 없다(대판 2014.1.29, 2013다25927 · 25934).

5 부담금의 부과 · 징수 및 권리구제

• 부담금은 당해 사업주체가 부과 · 징수함이 원칙
• 부담금의 불이행에 대해 강제징수를 인정하는 법률 있음.
• 부담금 부과 · 징수에 불복이 있으면 행정쟁송을 제기할 수 있음.

제3절 그 외의 인적 공용부담

1 부역·현품

- **부역·현품부담**: 특정 공익사업을 위하여 노역 또는 물품 또는 그에 갈음하는 금전을 선택적으로 지급할 의무를 부담시키는 것

2 노역·물품

- **노역·물품부담**: 특정 공익사업을 위하여 노역 또는 물품 그 자체를 급부할 의무를 부담시키는 것
- 금전에 의한 대체나 타인에 의한 대행이 인정되는 않는다는 점에서 부역·현품과 다름.
- 노역·물품은 우발부담으로서 그 손실에 대해 원칙적으로 보상을 요함.

3 시설부담

- **시설부담**: 특정한 공익사업의 수요를 충족시키기 위하여 부과하는 일정한 공사·시설을 완성할 공법상 의무를 부담시키는 것
- 내용에 따라 도로부담, 하천부담, 철도부담 등이 있음.
- 성질에 따라 일반부담, 특별부담, 우발부담 등이 있음.

4 부작위부담

- **부작위부담**: 특정한 공익사업을 위하여 일정한 부작위의무를 부담시키는 것
- 국가의 특정 공익사업에 대한 독점권의 보호 또는 확보를 위한 부작위부담, 특정 공익사업에 대한 장해방지를 위한 부작위부담 등이 있음.

제3장 물적 공용부담

기출지문 OX

01 개발제한구역의 설정은 공용제한에 해당한다. (07검찰7) ( )

02 공용제한은 법률의 근거를 요하며, 원칙적으로 손실보상을 해 주어야 한다. (05국가7) ( )

정답
01 ○ 02 ○

제1절 공용제한

1 의의 및 근거

- **공용제한**: 공공필요를 위하여 재산권에 대하여 가해지는 공법상의 제한 (예 개발제한구역 지정 등)
- 공용제한은 개인의 재산권에 대한 제한을 가져오므로 법률상 근거 요함. (예 도로법, 하천법 등 개별법률에 근거)

2 종류

- **계획제한**: 도시·군관리계획, 수도권정비계획 등 행정계획이 수립된 경우 당해 행정계획에 배치되는 재산권 행사의 제한
- **보전제한**: 환경, 문화재, 자원, 농지 등의 보전을 위하여 재산권에 가해지는 제한
- **공물제한**: 사인 소유물이 공물로 설정된 경우 공물의 목적달성에 필요한 한도 내에서 당해 물건에 가해지는 제한
- **사업제한**: 공익사업을 원활하게 수행하기 위하여 사업지, 사업인접지, 사업예정지 내의 재산권에 가해지는 제한

3 손실보상

> **헌법 제23조** ③ 공공필요에 의한 재산권의 수용·사용 또는 제한 및 그에 대한 보상은 법률로써 하되, 정당한 보상을 지급하여야 한다.

- 개인의 재산권에 대한 제약이 재산권에 내재하는 사회적 제약(일반적 희생)에 불과한 경우에는 재산권자가 수인해야 하나, 특별희생에 해당하는 경우에는 헌법에 따라 정당한 보상을 하여야 함.
- 공용제한이 특별한 희생에 해당하는 경우 정당한 보상을 요함.

제2절 공용사용

공익사업을 위한 토지 등의 취득 및 보상에 관한 법률 제9조【사업 준비를 위한 출입의 허가 등】
① 사업시행자는 공익사업을 준비하기 위하여 타인이 점유하는 토지에 출입하여 측량하거나 조사할 수 있다.
④ 사업시행자는 제1항에 따라 타인이 점유하는 토지에 출입하여 측량·조사함으로써 발생하는 손실을 보상하여야 한다.
⑤ 제4항에 따른 손실의 보상은 손실이 있음을 안 날부터 1년이 지났거나 손실이 발생한 날부터 3년이 지난 후에는 청구할 수 없다.
⑥ 제4항에 따른 손실의 보상은 사업시행자와 손실을 입은 자가 협의하여 결정한다.
⑦ 제6항에 따른 협의가 성립되지 아니하면 사업시행자나 손실을 입은 자는 대통령령으로 정하는 바에 따라 제51조에 따른 관할 토지수용위원회(이하 "관할 토지수용위원회"라 한다)에 재결을 신청할 수 있다.

1 의의 및 근거

- **공용사용**: 공공필요를 위해 타인의 토지 등 재산 위에 공법상의 사용권을 취득하고 상대방은 그 사용을 수인할 의무를 지는 것(예 도로 및 교량의 수리를 위하여 인근 토지를 출입·사용하는 것, 도로에 관한 조사·측량을 위하여 개인 소유의 토지에 출입하는 것 등)
- 공용사용 역시 재산권에 대한 제한이므로 법률의 근거 요함. 토지보상법, 도로법 등 개별법에도 근거 규정 있음.

3 손실보상

- 공용사용이 특별한 희생에 해당하는 경우 정당한 보상을 요함.

제3절 공용수용

1 의의 및 근거

- **공용수용**: 공익사업을 시행하기 위하여 공익사업의 주체가 타인의 토지 등을 강제적으로 취득하고 그로 인한 손실을 보상하는 물적 공용부담제도
- 공용수용은 재산권을 강제적으로 취득하는 것이므로 법률의 근거 요함. 일반법으로 토지보상법이 있으며, 특별법으로 도로법, 하천법 등이 있음.

기출지문 OX

01 공익사업의 준비를 위하여 필요한 때 사업시행자가 타인이 점유하는 토지에 출입하여 측량·조사를 할 수 있도록 하되, 이로 인한 손실에 대하여 보상하도록 하였다. (04행시) ( )

02 도로 및 교량의 수리를 위하여 근처의 토지를 출입하거나 사용하는 것은 사용제한에 해당한다. (95검찰9) ( )

03 도로관리청이 도로에 관한 조사·측량을 위하여 개인 소유의 토지에 출입하는 것은 공용사용에 해당한다. (02국가7) ( )

정답
01 ○ 02 ○ 03 ○

2 당사자

1. 사업시행자(수용의 주체)

공익사업을 위한 토지 등의 취득 및 보상에 관한 법률 제2조【정의】 이 법에서 사용하는 용어의 뜻은 다음과 같다.
3. "사업시행자"란 공익사업을 수행하는 자를 말한다.

관련 판례

1 헌법 제23조 제3항은 정당한 보상을 전제로 하여 재산권의 수용 등에 관한 가능성을 규정하고 있지만, 재산권 수용의 주체를 한정하지 않고 있다. 위 헌법조항의 핵심은 당해 수용이 공공필요에 부합하는가, 정당한 보상이 지급되고 있는가 여부 등에 있는 것이지, 그 수용의 주체가 국가인지 민간기업인지 여부에 달려 있다고 볼 수 없다. 또한 국가 등의 공적 기관이 직접 수용의 주체가 되는 것이든 그러한 공적 기관의 최종적인 허부판단과 승인결정하에 민간기업이 수용의 주체가 되는 것이든, 양자 사이에 공공필요에 대한 판단과 수용의 범위에 있어서 본질적인 차이를 가져올 것으로 보이지 않는다. 따라서 위 수용 등의 주체를 국가 등의 공적 기관에 한정하여 해석할 이유가 없다(헌재 2009.9.24, 2007헌바114).

2 '필요성'이 인정되기 위해서는 공용수용을 통하여 달성하려는 공익과 그로 인하여 재산권을 침해당하는 사인의 이익 사이의 형량에서 사인의 재산권침해를 정당화할 정도의 공익의 우월성이 인정되어야 하며, 사업시행자가 사인인 경우에는 그 사업 시행으로 획득할 수 있는 공익이 현저히 해태되지 않도록 보장하는 제도적 규율도 갖추어져 있어야 한다(헌재 2014.10.30, 2011헌바129·172).

2. 토지소유자 및 관계인(피수용자)

공익사업을 위한 토지 등의 취득 및 보상에 관한 법률 제2조【정의】 이 법에서 사용하는 용어의 뜻은 다음과 같다.
4. "토지소유자"란 공익사업에 필요한 토지의 소유자를 말한다.
5. "관계인"이란 사업시행자가 취득하거나 사용할 토지에 관하여 지상권·지역권·전세권·저당권·사용대차 또는 임대차에 따른 권리 또는 그 밖에 토지에 관한 소유권 외의 권리를 가진 자나 그 토지에 있는 물건에 관하여 소유권이나 그 밖의 권리를 가진 자를 말한다. 다만, 제22조에 따른 사업인정의 고시가 된 후에 권리를 취득한 자는 기존의 권리를 승계한 자를 제외하고는 관계인에 포함되지 아니한다.

관련 판례

기업자가 과실 없이 진정한 토지소유자를 알지 못하여 형식상의 권리자인 등기부상 소유명의자를 그 피수용자로 확정하더라도 적법하고, 그 수용의 효과로서 수용 목적물의 소유자가 누구임을 막론하고 이미 가졌던 소유권이 소멸함과 동시에 기업자는 완전하고 확실하게 그 권리를 원시취득한다(대판 1995.12.22, 94다40765).

기출지문 OX

01 민간기업을 토지수용의 주체로 정한 법률조항도 헌법 제23조 제3항에서 정한 공공필요를 충족하면 헌법에 위반되지 아니한다. (16서울9) ( )

02 국가 등의 공적 기관이 직접 수용의 주체가 되는 것이든 그러한 공적 기관의 최종적인 허부판단과 승인결정하에 민간기업이 수용의 주체가 되는 것이든, 양자 사이에 공공필요에 대한 판단과 수용의 범위에 있어서 본질적인 차이가 있는 것은 아니다. (20국가7) ( )

03 사업시행자가 사인인 경우에는 공익의 우월성이 인정되는 것 외에 그 사업시행으로 획득할 수 있는 공익이 현저히 해태되지 아니하도록 보장하는 제도적 규율도 갖추어져 있어야 한다. (17국회8) ( )

04 국토교통부장관의 사업인정의 고시가 있은 후에 권리를 취득한 자는 기존의 권리를 승계한 자를 제외하고는 관계인에 포함되지 않는다. (10국가7) ( )

05 수용목적물에 대한 가처분권리자는 피수용자가 되지 못한다. (00국가7) ( )

06 사업시행자가 과실 없이 진정한 토지소유자를 알지 못하여 등기부상 소유명의 자를 피수용자로 확정하는 것은 위법하다는 것이 판례의 입장이다. (10국가7) ( )

정답
01 ○ 02 ○ 03 ○ 04 ○ 05 ○
06 ×

3 공용수용의 목적물

1. 공용수용이 가능한 사업

공익사업을 위한 토지 등의 취득 및 보상에 관한 법률 제4조【공익사업】 이 법에 따라 토지 등을 취득하거나 사용할 수 있는 사업은 다음 각 호의 어느 하나에 해당하는 사업이어야 한다.

1. 국방·군사에 관한 사업
2. 관계 법률에 따라 허가·인가·승인·지정 등을 받아 공익을 목적으로 시행하는 철도·도로·공항·항만·주차장·공영차고지·화물터미널·궤도·하천·제방·댐·운하·수도·하수도·하수종말처리·폐수처리·사방·방풍·방화·방조·방수·저수지·용수로·배수로·석유비축·송유·폐기물처리·전기·전기통신·방송·가스 및 기상 관측에 관한 사업
3. 국가나 지방자치단체가 설치하는 청사·공장·연구소·시험소·보건시설·문화시설·공원·수목원·광장·운동장·시장·묘지·화장장·도축장 또는 그 밖의 공공용 시설에 관한 사업
4. 관계 법률에 따라 허가·인가·승인·지정 등을 받아 공익을 목적으로 시행하는 학교·도서관·박물관 및 미술관 건립에 관한 사업
5. 국가, 지방자치단체, 공공기관의 운영에 관한 법률 제4조에 따른 공공기관, 지방공기업법에 따른 지방공기업 또는 국가나 지방자치단체가 지정한 자가 임대나 양도의 목적으로 시행하는 주택 건설 또는 택지 및 산업단지 조성에 관한 사업
6. 제1호부터 제5호까지의 사업을 시행하기 위하여 필요한 통로, 교량, 전선로, 재료 적치장 또는 그 밖의 부속시설에 관한 사업
7. 제1호부터 제5호까지의 사업을 시행하기 위하여 필요한 주택, 공장 등의 이주단지 조성에 관한 사업
8. 그 밖에 별표에 규정된 법률에 따라 토지 등을 수용하거나 사용할 수 있는 사업

제19조【토지 등의 수용 또는 사용】 ① 사업시행자는 공익사업의 수행을 위하여 필요하면 이 법에서 정하는 바에 따라 토지 등을 수용하거나 사용할 수 있다.

2. 공용수용이 가능한 목적물

(1) 법 규정

공익사업을 위한 토지 등의 취득 및 보상에 관한 법률 제3조【적용 대상】 사업시행자가 다음 각 호에 해당하는 토지·물건 및 권리를 취득하거나 사용하는 경우에는 이 법을 적용한다.

1. 토지 및 이에 관한 소유권 외의 권리
2. 토지와 함께 공익사업을 위하여 필요한 입목, 건물, 그 밖에 토지에 정착된 물건 및 이에 관한 소유권 외의 권리
3. 광업권·어업권·양식업권 또는 물의 사용에 관한 권리
4. 토지에 속한 흙·돌·모래 또는 자갈에 관한 권리

(2) 수용대상 목적물의 제한

- 공용수용은 비례원칙에 의거해 공익사업에 필요한 최소한도로 하여야 함.

기출지문 OX

01 수용할 목적물의 범위는 원칙적으로 사업을 위하여 필요한 취소한도에 그쳐야 한다는 것이 판례의 입장이다. (10국가7) ( )

02 공용수용은 원칙적으로 사업을 위하여 필요한 최소한도에 국한하여야 하지만, 예외적으로 필요한 한도를 넘어서 수용이 허용되는 경우가 있다. (00국가7) ( )

정답
01 ○ 02 ○

관련 판례

공용수용은 공익사업을 위하여 타인의 특정한 재산권을 법률의 힘에 의하여 강제적으로 취득하는 것이므로 수용할 목적물의 범위는 원칙적으로 사업을 위하여 필요한 최소한도에 그쳐야 하므로 그 한도를 넘는 부분은 수용대상이 아니므로 그 부분에 대한 수용은 위법하고, 초과수용된 부분이 적법한 수용대상과 불가분적 관계에 있는 경우에는 그에 대한 이의재결 전부를 취소할 수밖에 없다(대판 1994.1.11, 93누8108).

- 물건 자체의 성질상 수용이 불가능한 경우도 있음.

공익사업을 위한 토지 등의 취득 및 보상에 관한 법률 제19조【토지 등의 수용 또는 사용】 ② 공익사업에 수용되거나 사용되고 있는 토지 등은 특별히 필요한 경우가 아니면 다른 공익사업을 위하여 수용하거나 사용할 수 없다.

관련 판례

토지수용법(주: 현 토지보상법) 제5조는 이른바 공익 또는 수용권의 충돌 문제를 해결하기 위한 것으로서, 수용적격사업이 경합하여 충돌하는 공익의 조정을 목적으로 한 규정이다. 즉, 현재 공익사업에 이용되고 있는 토지는 가능하면 그 용도를 유지하도록 하기 위하여 수용의 목적물이 될 수 없도록 하는 것이 그 공익사업의 목적을 달성하기 위하여 합리적이라는 이유로, 보다 더 중요한 공익사업을 위하여 특별한 필요가 있는 경우에 한하여 예외적으로 수용의 목적물이 될 수 있다고 규정한 것이고, 토지 등을 수용할 수 있는 요건 또는 그 한계를 정한 것이 아니다(헌재 2000.10.25, 2000헌바32).

- 행정재산이 공용수용의 대상이 될 수 있는지에 대해 통설은 부정하나 판례는 긍정함.

관련 판례

토지수용법은 제5조의 규정에 의한 제한 이외에는 수용의 대상이 되는 토지에 관하여 아무런 제한을 하지 아니하고 있을 뿐만 아니라, 토지수용법 제5조, 문화재보호법 제20조 제4호, 제58조 제1항, 부칙 제3조 제2항 등의 규정을 종합하면 구 문화재보호법 제54조의2 제1항에 의하여 지방문화재로 지정된 토지가 수용의 대상이 될 수 없다고 볼 수는 없다(대판 1996.4.26, 95누13241).

3. 수용대상 목적물의 확장(확장수용)

- 공익사업에 불필요한 토지 등은 원칙상 수용해서는 안 되지만, 예외적으로 토지 등 소유자 또는 사업시행자의 이익을 위하여 가능
- 토지보상법상 잔여지 수용(제74조), 사용하는 토지의 수용(완전수용, 제72조), 이전에 갈음하는 수용(이전수용, 제75조) 등이 규정되어 있음.

4 공용수용의 절차

- 협의수용: 협의(16) → 성립시 보상에 대한 계약 체결(17) / → 불성립시 강제수용 개시
- 강제수용: 사업인정(20) → 협의(26) → 수용재결 → 보상금 지급(40), 토지 등 인도(43) / → 불복시 이의재결(83) → 행정소송(85)

1. 협의수용

공익사업을 위한 토지 등의 취득 및 보상에 관한 법률 제16조 【협의】 사업시행자는 토지 등에 대한 보상에 관하여 토지소유자 및 관계인과 성실하게 협의하여야 하며, 협의의 절차 및 방법 등 협의에 필요한 사항은 대통령령으로 정한다.

제17조 【계약의 체결】 사업시행자는 제16조에 따른 협의가 성립되었을 때에는 토지소유자 및 관계인과 계약을 체결하여야 한다.

관련 판례

공익사업을 위한 토지 등의 취득 및 보상에 관한 법령에 의한 협의취득은 사법상의 법률행위이므로 당사자 사이의 자유로운 의사에 따라 채무불이행책임이나 매매대금 과부족금에 대한 지급의무를 약정할 수 있다(대판 2012.2.23, 2010다91206).

2. 강제수용(사업인정 → 토지 · 물건조서작성 → 협의 → 수용재결)

(1) 사업인정

공익사업을 위한 토지 등의 취득 및 보상에 관한 법률 제2조 【정의】 이 법에서 사용하는 용어의 뜻은 다음과 같다.

7. "사업인정"이란 공익사업을 토지 등을 수용하거나 사용할 사업으로 결정하는 것을 말한다.

제20조 【사업인정】 ① 사업시행자는 제19조에 따라 토지 등을 수용하거나 사용하려면 대통령령으로 정하는 바에 따라 국토교통부장관의 사업인정을 받아야 한다.
② 제1항에 따른 사업인정을 신청하려는 자는 국토교통부령으로 정하는 수수료를 내야 한다.

① 의의

- **사업인정**: 특정 재산권에 대한 수용권을 설정하여 주는 행위
- 강학상 특허의 성질(형성적 행정행위)을 가지며 재량행위임. 행정처분성 인정됨.

관련 판례

1 토지수용법 제14조의 규정에 의한 사업인정은 그 후 일정한 절차를 거칠 것을 조건으로 하여 일정한 내용의 수용권을 설정해 주는 행정처분의 성격을 띠는 것으로서 그 사업인정을 받음으로써 수용할 목적물의 범위가 확정되고 수용권으로 하여금 목적물에 관한 현재 및 장래의 권리자에게 대항할 수 있는 일종의 공법상의 권리로서의 효력을 발생시킨다(대판 1994.11.11, 93누19375).

기출지문 OX

01 공익사업을 위한 토지 등의 취득 및 보상에 관한 법률에 따른 사업인정은 특정한 사업이 토지 등을 수용할 수 있는 공익사업에 해당함을 인정하여 재산권의 수용을 설정하는 행정행위로 보아야 한다. (19소방간부) ( )

정답
01 ○

기출지문 OX

01 사업인정 여부는 행정청의 재량에 속한다는 것이 판례의 입장이다. (10국가7) ( )

2 광업법 제87조 내지 제89조, 토지수용법 제14조에 의한 토지수용을 위한 사업인정은 단순한 확인행위가 아니라 형성행위이고 당해 사업이 비록 토지를 수용할 수 있는 사업에 해당된다 하더라도 행정청으로서는 그 사업이 공용수용을 할 만한 공익성이 있는지의 여부를 모든 사정을 참작하여 구체적으로 판단하여야 하는 것이므로 사업인정의 여부는 행정청의 재량에 속한다(대판 1992.11.13, 92누596).

② 사업인정의 요건

- 사업인정을 위해서는 ㉠토지보상법상 공익사업일 것, ㉡사업의 공공필요성 인정될 것, ㉢사업시행자에게 해당 공익사업을 수행할 의사와 능력이 있을 것을 요함.

관련 판례

사업인정이란 공익사업을 토지 등을 수용 또는 사용할 사업으로 결정하는 것으로서 공익사업의 시행자에게 그 후 일정한 절차를 거칠 것을 조건으로 일정한 내용의 수용권을 설정하여 주는 형성행위이다. 그러므로 해당 사업이 외형상 토지 등을 수용 또는 사용할 수 있는 사업에 해당하더라도 사업인정기관으로서는 그 사업이 공용수용을 할 만한 공익성이 있는지 여부와 공익성이 있는 경우에도 그 사업의 내용과 방법에 관하여 사업인정에 관련된 자들의 이익을 공익과 사익 사이에서는 물론, 공익 상호 간 및 사익 상호 간에도 정당하게 비교·교량하여야 하고, 비교·교량은 비례의 원칙에 적합하도록 하여야 한다(대판 2019.2.28, 2017두71031).

㉠ 사업인정의 대상이 되는 공익사업

공익사업을 위한 토지 등의 취득 및 보상에 관한 법률 제4조【공익사업】 이 법에 따라 토지 등을 취득하거나 사용할 수 있는 사업은 다음 각 호의 어느 하나에 해당하는 사업이어야 한다.

1. 국방·군사에 관한 사업
2. 관계 법률에 따라 허가·인가·승인·지정 등을 받아 공익을 목적으로 시행하는 철도·도로·공항·항만·주차장·공영차고지·화물터미널·궤도·하천·제방·댐·운하·수도·하수도·하수종말처리·폐수처리·사방·방풍·방화·방조·방수·저수지·용수로·배수로·석유비축·송유·폐기물처리·전기·전기통신·방송·가스 및 기상 관측에 관한 사업
3. 국가나 지방자치단체가 설치하는 청사·공장·연구소·시험소·보건시설·문화시설·공원·수목원·광장·운동장·시장·묘지·화장장·도축장 또는 그 밖의 공공용 시설에 관한 사업
4. 관계 법률에 따라 허가·인가·승인·지정 등을 받아 공익을 목적으로 시행하는 학교·도서관·박물관 및 미술관 건립에 관한 사업
5. 국가, 지방자치단체, 공공기관의 운영에 관한 법률 제4조에 따른 공공기관, 지방공기업법에 따른 지방공기업 또는 국가나 지방자치단체가 지정한 자가 임대나 양도의 목적으로 시행하는 주택 건설 또는 택지 및 산업단지 조성에 관한 사업
6. 제1호부터 제5호까지의 사업을 시행하기 위하여 필요한 통로, 교량, 전선로, 재료 적치장 또는 그 밖의 부속시설에 관한 사업

02 토지를 취득 또는 사용할 수 있는 공익사업의 범위에는 공영차고지·화물터미널·하수종말처리·폐수처리 등이 포함된다. (04행시) ( )

정답
01 ○ 02 ○

7. 제1호부터 제5호까지의 사업을 시행하기 위하여 필요한 주택, 공장 등의 이주단지 조성에 관한 사업
8. 그 밖에 별표에 규정된 법률에 따라 토지 등을 수용하거나 사용할 수 있는 사업

관련 판례

공용수용이 허용될 수 있는 공익성을 가진 사업, 즉 공익사업의 범위는 사업시행자와 토지소유자 등의 이해가 상반되는 중요한 사항으로서, 공용수용에 대한 법률유보의 원칙에 따라 법률에서 명확히 규정되어야 한다. 공공의 이익에 도움이 되는 사업이라도 '공익사업'으로 실정법에 열거되어 있지 않은 사업은 공용수용이 허용될 수 없다(헌재 2014.10.30, 2011헌바129 · 172).

- '공익사업의 수행을 위하여 필요한 때'는 장래 시행할 공익사업을 위한 경우뿐 아니라, 이미 시행된 공익사업의 유지를 위한 경우도 포함함.

공익사업을 위한 토지 등의 취득 및 보상에 관한 법률 제19조【토지 등의 수용 또는 사용】 ① 사업시행자는 공익사업의 수행을 위하여 필요하면 이 법에서 정하는 바에 따라 토지 등을 수용하거나 사용할 수 있다.

관련 판례

공익사업을 위한 토지 등의 취득 및 보상에 관한 법률 제20조(주: 현 제20조)는 공익사업의 수행을 위하여 필요한 때, 즉 공공의 필요가 있을 때 사업인정처분을 할 수 있다고 되어 있을 뿐 장래에 시행할 공익사업만을 대상으로 한정한다거나 이미 시행된 공익사업의 유지를 그 대상에서 제외하고 있지 않은 점, 당해 공익사업이 적법한 절차를 거치지 아니한 채 시행되었다 하여 그 시행된 공익사업의 결과를 원상회복한 후 다시 사업인정처분을 거쳐 같은 공익사업을 시행하도록 하는 것은 해당 토지 소유자에게 비슷한 영향을 미치면서도 사회적으로 불필요한 비용이 소요되고, 그 과정에서 당해 사업에 의하여 제공되었던 공익적 기능이 저해되는 사태를 초래하게 되어 사회 · 경제적인 측면에서 반드시 합리적이라고 할 수 없으며, 이미 시행된 공익사업의 유지를 위한 사업인정처분의 허용 여부는 사업인정처분의 요건인 공공의 필요, 즉 공익사업의 시행으로 인한 공익과 재산권 보장에 의한 사익 사이의 이익형량을 통한 재량권의 한계문제로서 통제될 수 있는 점 등에 비추어 보면, 사업인정처분이 이미 실행된 공익사업의 유지를 위한 것이라는 이유만으로 당연히 위법하다고 할 수 없다(대판 2005.4.29, 2004두14670).

ⓛ 공공필요성
- 공공필요성이 인정되어야 개인의 재산권에 대한 수용이 정당화됨.
- 판례는 공공필요의 개념을 기본권 일반의 제한 사유인 공공복리보다 좁게 이해함.

관련 판례

오늘날 공익사업의 범위가 확대되는 경향에 대응하여 재산권의 존속보장과의 조화를 위해서는, '공공필요'의 요건에 관하여, 공익성은 추상적인 공익 일반 또는 국가의

기출지문 OX

01 공용수용이 허용될 수 있는 공익사업의 범위는 법률유보 원칙에 따라 법률에서 명확히 규정되어야 한다. 따라서 공공의 이익에 도움이 되는 사업이라도 공익사업으로 실정법에 열기되어 있지 아니한 사업은 공용수용이 허용될 수 없다. (17국회8) ( )

02 재산권의 존속보장과의 조화를 위하여서는 공공필요의 요건에 관하여 공익성은 추상적인 공익 일반 또는 국가의 이익 이상의 중대한 공익을 요구하므로 기본권 일반의 제한사유인 공공복리보다 넓게 보는 것이 타당하다. (17국회8) ( )

정답
01 ○ 02 ×

이익 이상의 중대한 공익을 요구하므로 기본권 일반의 제한사유인 '공공복리'보다 좁게 보는 것이 타당하며, 공익성의 정도를 판단함에 있어서는 공용수용을 허용하고 있는 개별법의 입법목적, 사업내용, 사업이 입법목적에 이바지 하는 정도는 물론, 특히 그 사업이 대중을 상대로 하는 영업인 경우에는 그 사업 시설에 대한 대중의 이용·접근가능성도 아울러 고려하여야 한다(헌재 2014.10.30, 2011헌바129·172).

- 공공필요성은 ⓐ공익성 ⓑ필요성(최소침해성) ⓒ상당성(비례성)을 요소로 함.

관련 판례

1 공용수용은 공익사업을 위하여 특정의 재산권을 법률에 의하여 강제적으로 취득하는 것을 내용으로 하므로 그 공익사업을 위한 필요가 있어야 하고, 그 필요가 있는지에 대하여는 수용에 따른 상대방의 재산권침해를 정당화할 만한 공익의 존재가 쌍방의 이익의 비교형량의 결과로 입증되어야 하며, 그 입증책임은 사업시행자에게 있다(대판 2005.11.10, 2003두7507).

2 [1] 헌법적 요청에 의한 수용이라 하더라도 국민의 재산을 그 의사에 반하여 강제적으로라도 취득해야 할 정도의 필요성이 인정되어야 하고, 그 필요성이 인정되기 위해서는 공용수용을 통하여 달성하려는 공익과 그로 인하여 재산권을 침해당하는 사인의 이익 사이의 형량에서 사인의 재산권침해를 정당화할 정도의 공익의 우월성이 인정되어야 한다.

[2] 지구개발사업의 하나인 '관광휴양지 조성사업' 중에는 고급골프장, 고급리조트 등(이하 '고급골프장 등'이라 한다)의 사업과 같이 입법목적에 대한 기여도가 낮을 뿐만 아니라, 대중의 이용·접근가능성이 작아 공익성이 낮은 사업도 있다. 또한 고급골프장 등 사업은 그 특성상 사업 운영 과정에서 발생하는 지방세수 확보와 지역경제 활성화는 부수적인 공익일 뿐이고, 이 정도의 공익이 그 사업으로 인하여 강제수용 당하는 주민들의 기본권침해를 정당화할 정도로 우월하다고 볼 수는 없다. 따라서 이 사건 법률조항은 공익적 필요성이 인정되기 어려운 민간개발자의 지구개발사업을 위해서까지 공공수용이 허용될 수 있는 가능성을 열어두고 있어 헌법 제23조 제3항에 위반된다(헌재 2014.10.30, 2011헌바129·172).

ⓒ 공익사업을 수행할 의사와 능력

관련 판례

해당 공익사업을 수행하여 공익을 실현할 의사나 능력이 없는 자에게 타인의 재산권을 공권력적·강제적으로 박탈할 수 있는 수용권을 설정하여 줄 수는 없으므로, 사업시행자에게 해당 공익사업을 수행할 의사와 능력이 있어야 한다는 것도 사업인정의 한 요건이라고 보아야 한다(대판 2011.1.27, 2009두1051).

③ 사업인정의 절차(신청 → 협의·의견청취 → 결정·고시)

공익사업을 위한 토지 등의 취득 및 보상에 관한 법률 제20조 【사업인정】 ① 사업시행자는 제19조에 따라 토지 등을 수용하거나 사용하려면 대통령령으로 정하는 바에 따라 국토교통부장관의 사업인정을 받아야 한다.

기출지문 OX

01 공용수용은 당사자와의 협력을 기반으로 하기 때문에 최소침해의 원칙이 적용되지 않는다. (15행정사) ( )

02 헌법적 요청에 의한 수용이라 하더라도 국민의 재산을 그 의사에 반하여 강제적으로라도 취득하여야 할 정도의 필요성이 인정되어야 하고, 그 필요성이 인정되기 위하여서는 사인의 재산권침해를 정당화할 정도의 공익의 우월성이 인정되어야 한다. (17국회8) ( )

03 공용수용에 있어서 공익사업의 필요에 대한 입증책임은 사업시행자에게 있다. (14국가7) ( )

04 헌법적 요청에 의한 수용이라 하더라도 국민의 재산을 그 의사에 반하여 강제적으로라도 취득하여야 할 정도의 필요성이 인정되어야 하고, 그 필요성이 인정되기 위하여서는 사인의 재산권침해를 정당화할 정도의 공익의 우월성이 인정되어야 한다. (17국회8) ( )

05 사업인정기관은 어떠한 사업이 외형상 토지 등을 수용 또는 사용할 수 있는 사업에 해당한다 하더라도, 사업시행자에게 해당 공익사업을 수행할 의사와 능력이 없다면 사업인정을 거부할 수 있다. (20국가7) ( )

정답
01 × 02 ○ 03 ○ 04 ○ 05 ○

② 제1항에 따른 사업인정을 신청하려는 자는 국토교통부령으로 정하는 수수료를 내야 한다.

제21조 【협의 및 의견청취 등】 ① 국토교통부장관은 사업인정을 하려면 관계 중앙행정기관의 장 및 특별시장·광역시장·도지사·특별자치도지사(이하 "시·도지사"라 한다) 및 제49조에 따른 중앙토지수용위원회와 협의하여야 하며, 대통령령으로 정하는 바에 따라 미리 사업인정에 이해관계가 있는 자의 의견을 들어야 한다.
② 별표에 규정된 법률에 따라 사업인정이 있는 것으로 의제되는 공익사업의 허가·인가·승인권자 등은 사업인정이 의제되는 지구지정·사업계획승인 등을 하려는 경우 제1항에 따라 제49조에 따른 중앙토지수용위원회와 협의하여야 하며, 대통령령으로 정하는 바에 따라 사업인정에 이해관계가 있는 자의 의견을 들어야 한다.

제22조 【사업인정의 고시】 ① 국토교통부장관은 제20조에 따른 사업인정을 하였을 때에는 지체 없이 그 뜻을 사업시행자, 토지소유자 및 관계인, 관계 시·도지사에게 통지하고 사업시행자의 성명이나 명칭, 사업의 종류, 사업지역 및 수용하거나 사용할 토지의 세목을 관보에 고시하여야 한다.
② 제1항에 따라 사업인정의 사실을 통지받은 시·도지사(특별자치도지사는 제외한다)는 관계 시장·군수 및 구청장에게 이를 통지하여야 한다.
③ 사업인정은 제1항에 따라 고시한 날부터 그 효력이 발생한다.

• 판례는 사업인정 절차상의 하자를 사업인정처분의 취소사유로 봄.

관련 판례

1 구 토지수용법 제16조 제1항에서는 건설부장관이 사업인정을 하는 때에는 지체 없이 그 뜻을 기업자·토지소유자·관계인 및 관계도지사에게 통보하고 기업자의 성명 또는 명칭, 사업의 종류, 기업지 및 수용 또는 사용할 토지의 세목을 관보에 공시하여야 한다고 규정하고 있는바, 가령 건설부장관이 위와 같은 절차를 누락한 경우 이는 절차상의 위법으로서 수용재결 단계 전의 사업인정 단계에서 다툴 수 있는 취소사유에 해당하기는 하나, 더 나아가 그 사업인정 자체를 무효로 할 중대하고 명백한 하자라고 보기는 어렵고, 따라서 이러한 위법을 들어 수용재결처분의 취소를 구하거나 무효확인을 구할 수는 없다(대판 2000.10.13, 2000두5142).

2 건설부장관이 토지수용법 제16조의 규정에 따라 토지수용사업승인을 한 후 그 뜻을 토지소유자 등에게 통지하지 아니하였다거나, 기업자가 토지소유자와 협의를 거치지 아니한 채 토지의 수용을 위한 재결을 신청하였다는 등의 하자들 역시 절차상 위법으로서 이의재결의 취소를 구할 수 있는 사유가 될지언정 당연무효의 사유라고 할 수는 없다(대판 1993.8.13, 93누2148).

3 도시계획사업허가의 공고시에 토지세목의 고시를 누락하거나 사업인정을 함에 있어 수용 또는 사용할 토지의 세목을 공시하는 절차를 누락한 경우, 이는 절차상의 위법으로서 수용재결 단계 전의 사업인정 단계에서 다툴 수 있는 취소사유에 해당하기는 하나 더 나아가 그 사업인정 자체를 무효로 할 중대하고 명백한 하자라고 보기는 어렵고, 따라서 이러한 위법을 들어 수용재결처분의 취소를 구하거나 무효확인을 구할 수는 없다(대판 2009.11.26, 2009두11607).

기출지문 OX

01 사업인정행위는 시장·군수·구청장의 권한이다. (00행시) ( )

02 사업인정은 수용할 목적물의 소유자에게 개별통지한 날부터 그 효력을 발생한다. (21국가7, 10국회8) ( )

03 국토교통부장관이 사업인정의 고시를 누락한 경우 이는 절차상의 위법으로 그 사업인정 자체를 무효로 할 중대하고 명백한 하자라고 볼 수 있으므로, 이와 같은 위법을 들어 수용재결처분의 취소를 구하거나 무효확인을 구할 수 있다. (14변시) ( )

04 도시계획사업허가의 공고시에 토지세목의 고시를 누락하거나, 사업인정을 함에 있어 수용 또는 사용할 토지의 세목공시절차를 누락한 경우에 이를 이유로 수용재결처분의 취소를 구할 수 없다. (16지방7) ( )

정답
01 × 02 ×
03 × 무효사유가 아님
04 ○

기출지문 OX

01 사업인정고시가 있게 되면, 수용할 목적물의 범위가 확정되고 사업시행자에게 보상의무가 발생한다.
(21국가7, 10국회8, 07관세) ( )

02 토지수용위원회는 행정쟁송에 의하여 사업인정이 취소되지 않는 한 그 사업의 시행이 불가능하게 되는 것과 같은 재결을 행할 수는 없다고 함이 판례이다. (00행시) ( )

03 토지수용위원회는 수용재결신청에 대한 기각결정으로 당해 공익사업의 시행이 불가능해지는 경우에도 사업의 공익성이 없다고 판단하면 수용재결신청을 기각할 수 있다. (14국가7) ( )

04 토지수용위원회는 행정쟁송에 의하여 사업인정이 취소되지 아니하더라도 사업인정자체를 무의미하게 하는, 즉 사업의 시행이 불가능하게 되는 것과 같은 재결을 행할 수 있다. (19승진5) ( )

05 사업시행자가 사업인정을 받은 이후 수용재결 당시 사업을 수행할 능력을 상실한 상태에서 수용재결을 신청하여 그 재결을 받았다 하더라도 수용권의 남용에 해당한다고 볼 수 없다. (13국회8) ( )

06 토지수용위원회는 공익사업을 위한 토지 등의 취득 및 보상에 관한 법률에 의한 사업인정 후 그 사업이 공익성을 결한다고 판단할 경우에 수용재결을 하지 않을 수 있다. (19소방간부) ( )

정답
01 ○ 02 ○ 03 × 04 × 05 ×
06 ○

④ 사업인정의 효과

- 사업인정은 일정한 수용절차를 거칠 것을 조건으로 사업시행자에게 수용권이 설정됨.
- 사업인정이 고시되면 수용목적물이 확정되고, 관계인(피수용자)의 범위도 확정됨.
- 사업인정 고시 시점의 공시지가를 기준으로, 수용재결시까지 통상적 지가상승분을 더하여 보상액을 산정
- 사업인정이 고시된 후에는 토지에 대한 보전의무 발생

> **공익사업을 위한 토지 등의 취득 및 보상에 관한 법률 제25조【토지 등의 보전】**
> ① 사업인정고시가 된 후에는 누구든지 고시된 토지에 대하여 사업에 지장을 줄 우려가 있는 형질의 변경이나 제3조 제2호 또는 제4호에 규정된 물건을 손괴하거나 수거하는 행위를 하지 못한다.
> ② 사업인정고시가 된 후에 고시된 토지에 건축물의 건축·대수선, 공작물의 설치 또는 물건의 부가·증치를 하려는 자는 특별자치도지사, 시장·군수 또는 구청장의 허가를 받아야 한다. 이 경우 특별자치도지사, 시장·군수 또는 구청장은 미리 사업시행자의 의견을 들어야 한다.

⑤ 사업인정과 수용재결의 관계

㉠ 구속력

- 사업인정기관에서 한 사업의 공공필요성에 대한 판단은 토지수용위원회를 구속함.
- 토지수용위원회는 사업인정이 취소되지 않는 한 사업인정에 반하거나 사업인정 자체를 무의미하게 하는 재결 불가
- 단, 사정변경으로 사업인정의 요건인 공공필요성을 상실한 경우에는 사업인정에 반하는 재결 가능(이 경우에는 수용권을 행사하는 것이 수용권 남용으로 평가됨)

관련 판례

1 토지수용법은 수용·사용의 일차 단계인 사업인정에 속하는 부분은 사업의 공익성 판단으로 사업인정기관에 일임하고, 그 이후의 구체적인 수용·사용의 결정은 토지수용위원회에 맡기고 있는바, 이와 같은 토지수용절차의 2분화 및 사업인정의 성격과 토지수용위원회의 재결사항을 열거하고 있는 같은 법 제29조 제2항의 규정 내용에 비추어 볼 때, 토지수용위원회는 행정쟁송에 의하여 사업인정이 취소되지 않는 한 그 기능상 사업인정 자체를 무의미하게 하는, 즉 사업의 시행이 불가능하게 되는 것과 같은 재결을 행할 수는 없다(대판 1994.11.11, 93누19375).

2 사업시행자가 사업인정을 받은 후 그 사업이 공용수용을 할 만한 공익성을 상실하거나 사업인정에 관련된 자들의 이익이 현저히 비례의 원칙에 어긋나게 된 경우 또는 사업시행자가 해당 공익사업을 수행할 의사나 능력을 상실하였음에도 여전히 그 사업인정에 기하여 수용권을 행사하는 것은 수용권의 공익 목적에 반하는 수용권의 남용에 해당하여 허용되지 않는다(대판 2011.1.27, 2009두1051).

㉡ 하자의 승계

관련 판례

1 토지수용법 제14조에 따른 사업인정은 그후 일정한 절차를 거칠 것을 조건으로 하여 일정한 내용의 수용권을 설정해 주는 행정처분의 성격을 띠는 것으로서 그 사업인정을 받음으로써 수용할 목적물의 범위가 확정되고 수용권으로 하여금 목적물에 관한 현재 및 장래의 권리자에게 대항할 수 있는 일종의 공법상의 권리로서의 효력을 발생시킨다고 할 것이므로 위 사업인정단계에서의 하자를 다투지 아니하여 이미 쟁송기간이 도과한 수용재결단계에 있어서는 위 사업인정처분에 중대하고 명백한 하자가 있어 당연무효라고 볼만한 특단의 사정이 없다면 그 처분의 불가쟁력에 의하여 사업인정처분의 위법, 부당함을 이유로 수용재결처분의 취소를 구할 수 없다(대판 1987.9.8, 87누395).

2 건설부장관이 택지개발계획을 승인함에 있어서 토지수용법 제15조에 의한 이해관계자의 의견을 듣지 아니하였거나, 같은 법 제16조 제1항 소정의 토지소유자에 대한 통지를 하지 아니한 하자는 중대하고 명백한 것이 아니므로 사업인정 자체가 당연무효라고 할 수 없고, 이러한 하자는 수용재결의 선행처분인 사업인정단계에서 다투어야 할 것이므로 쟁송기간이 도과한 이후에 위와 같은 하자를 이유로 수용재결의 취소를 구할 수 없다(대판 1993.6.29, 91누2342).

3 도시계획시설사업에 관한 실시계획의 인가처분은 특정 도시계획시설사업을 현실적으로 실현하기 위한 것으로서 사업에 필요한 토지 등의 수용 및 사용권 부여의 요건이 되는 점 등을 종합하면, 실시계획의 인가 요건을 갖추지 못한 인가처분은 공공성을 가지는 도시계획시설사업의 시행을 위하여 필요한 수용 등의 특별한 권한을 부여하는 데 정당성을 갖추지 못한 것으로서 법규의 중요한 부분을 위반한 중대한 하자가 있다고 할 것이다. 이 사건 인가처분은 그 하자가 중대·명백하여 당연무효이고, 당연무효인 이 사건 인가처분에 기초한 이 사건 수용재결도 무효라고 판단한 것은 정당하고, 거기에 하자 있는 행정처분이 당연무효가 되기 위한 요건 및 선행처분의 하자의 승계에 관한 법리를 오해하는 등의 위법이 없다(대판 2015.3.20, 2011두3746).

⑥ 사업인정의 실효

• 재결신청을 해태한 경우

> **공익사업을 위한 토지 등의 취득 및 보상에 관한 법률 제23조【사업인정의 실효】**
> ① 사업시행자가 제22조 제1항에 따른 사업인정의 고시(이하 "사업인정고시"라 한다)가 된 날부터 1년 이내에 제28조 제1항에 따른 재결신청을 하지 아니한 경우에는 사업인정고시가 된 날부터 1년이 되는 날의 다음 날에 사업인정은 그 효력을 상실한다.
> ② 사업시행자는 제1항에 따라 사업인정이 실효됨으로 인하여 토지소유자나 관계인이 입은 손실을 보상하여야 한다.

• 재결신청은 하였으나, 재결한 보상금을 미지급하여 재결이 실효된 경우

> **공익사업을 위한 토지 등의 취득 및 보상에 관한 법률 제42조【재결의 실효】**
> ① 사업시행자가 수용 또는 사용의 개시일까지 관할 토지수용위원회가 재결한 보상금을 지급하거나 공탁하지 아니하였을 때에는 해당 토지수용위원회의 재결은 효력을 상실한다.
> ② 사업시행자는 제1항에 따라 재결의 효력이 상실됨으로 인하여 토지소유자 또는 관계인이 입은 손실을 보상하여야 한다.

기출지문 OX

01 수용재결의 취소소송에서 사업인정에 취소사유에 해당하는 하자가 있음을 이유로 수용재결의 위법성을 주장할 수 있다. (12국회8) ( )

02 사업인정의 제소기간이 도과한 후 수용재결을 다투면서 사업인정행위의 위법성을 주장할 수 있다. (10국회8) ( )

03 사업인정고시가 된 날로부터 1년 이내에 사업시행자가 토지수용위원회에 재결을 신청하지 아니한 경우에는 사업인정고시가 된 날부터 1년이 되는 날의 다음 날에 사업인정은 그 효력을 상실한다. (21국가7, 01행시) ( )

04 사업시행자는 사업인정이 실효됨으로 인하여 토지소유자나 관계인이 입은 손실을 보상하여야 한다. (19국회8) ( )

정답
01 × 없음 02 × 없음
03 ○ 04 ○

기출지문 OX

01 사업인정고시 후 사업의 전부를 폐지할 수는 없다. (07관세) ( )

관련 판례

재결의 효력이 상실되면 재결신청 역시 그 효력을 상실하게 되는 것이므로 그로 인하여 토지수용법 제17조(주: 현 제23조) 소정의 사업인정의 고시가 있은 날로부터 1년 이내에 재결신청을 하지 않는 것으로 되었다면 사업인정도 역시 효력을 상실하여 결국 그 수용절차 일체가 백지상태로 환원된다(대판 1987.3.10, 84누158).

- 사업이 폐지·변경된 경우

> **공익사업을 위한 토지 등의 취득 및 보상에 관한 법률 제24조【사업의 폐지 및 변경】** ① 사업인정고시가 된 후 사업의 전부 또는 일부를 폐지하거나 변경함으로 인하여 토지 등의 전부 또는 일부를 수용하거나 사용할 필요가 없게 되었을 때에는 사업시행자는 지체 없이 사업지역을 관할하는 시·도지사에게 신고하고, 토지소유자 및 관계인에게 이를 통지하여야 한다.
> ② 시·도지사는 제1항에 따른 신고를 받으면 사업의 전부 또는 일부가 폐지되거나 변경된 내용을 관보에 고시하여야 한다.
> ③ 시·도지사는 제1항에 따른 신고가 없는 경우에도 사업시행자가 사업의 전부 또는 일부를 폐지하거나 변경함으로 인하여 토지를 수용하거나 사용할 필요가 없게 된 것을 알았을 때에는 미리 사업시행자의 의견을 듣고 제2항에 따른 고시를 하여야 한다.
> ④ 시·도지사는 제2항 및 제3항에 따른 고시를 하였을 때에는 지체 없이 그 사실을 국토교통부장관에게 보고하여야 한다.
> ⑤ 별표에 규정된 법률에 따라 제20조에 따른 사업인정이 있는 것으로 의제되는 사업이 해당 법률에서 정하는 바에 따라 해당 사업의 전부 또는 일부가 폐지되거나 변경된 내용이 고시·공고된 경우에는 제2항에 따른 고시가 있는 것으로 본다.
> ⑥ 제2항 및 제3항에 따른 고시가 된 날부터 그 고시된 내용에 따라 사업인정의 전부 또는 일부는 그 효력을 상실한다.
> ⑦ 사업시행자는 제1항에 따라 사업의 전부 또는 일부를 폐지·변경함으로 인하여 토지소유자 또는 관계인이 입은 손실을 보상하여야 한다.

⑦ 사업인정에 대한 권리구제

- 사업인정은 처분이므로 행정심판 또는 항고소송을 제기할 수 있음.
- 사업인정이 행정심판으로 취소된 경우에는 사업시행자가 그 재결에 대한 항고소송을 제기할 수 있음.

(2) 토지조서·물건조서 작성

- **토지조서 및 물건조서**: 공익사업을 위해 수용·사용할 필요가 있는 토지 및 그 위에 있는 물건의 내용을 기재한 문서

> **공익사업을 위한 토지 등의 취득 및 보상에 관한 법률 제26조【협의 등 절차의 준용】** ① 제20조에 따른 사업인정을 받은 사업시행자는 토지조서 및 물건조서의 작성, 보상계획의 공고·통지 및 열람, 보상액의 산정과 토지소유자 및 관계인과의 협의 절차를 거쳐야 한다. 이 경우 제14조부터 제16조까지 및 제68조를 준용한다.
>
> **제14조【토지조서 및 물건조서의 작성】** ① 사업시행자는 공익사업의 수행을 위하여 제20조에 따른 사업인정 전에 협의에 의한 토지 등의 취득 또는 사용이 필요할 때에는 토지조서와 물건조서를 작성하여 서명 또는 날인을 하고 토지소유자와 관계인의 서명 또는 날인을 받아야 한다. 다만, 다음 각 호의 어느 하나에 해당하는 경우에는

정답
01 ×

그러하지 아니하다. 이 경우 사업시행자는 해당 토지조서와 물건조서에 그 사유를 적어야 한다.

1. 토지소유자 및 관계인이 정당한 사유 없이 서명 또는 날인을 거부하는 경우
2. 토지소유자 및 관계인을 알 수 없거나 그 주소·거소를 알 수 없는 등의 사유로 서명 또는 날인을 받을 수 없는 경우

② 토지와 물건의 소재지, 토지소유자 및 관계인 등 토지조서 및 물건조서의 기재사항과 그 작성에 필요한 사항은 대통령령으로 정한다.

제15조【보상계획의 열람 등】 ① 사업시행자는 제14조에 따라 토지조서와 물건조서를 작성하였을 때에는 공익사업의 개요, 토지조서 및 물건조서의 내용과 보상의 시기·방법 및 절차 등이 포함된 보상계획을 전국을 보급지역으로 하는 일간신문에 공고하고, 토지소유자 및 관계인에게 각각 통지하여야 하며, 제2항 단서에 따라 열람을 의뢰하는 사업시행자를 제외하고는 특별자치도지사, 시장·군수 또는 구청장에게도 통지하여야 한다. 다만, 토지소유자와 관계인이 20인 이하인 경우에는 공고를 생략할 수 있다.

② 사업시행자는 제1항에 따른 공고나 통지를 하였을 때에는 그 내용을 14일 이상 일반인이 열람할 수 있도록 하여야 한다. 다만, 사업지역이 둘 이상의 시·군 또는 구에 걸쳐 있거나 사업시행자가 행정청이 아닌 경우에는 해당 특별자치도지사, 시장·군수 또는 구청장에게도 그 사본을 송부하여 열람을 의뢰하여야 한다.

③ 제1항에 따라 공고되거나 통지된 토지조서 및 물건조서의 내용에 대하여 이의가 있는 토지소유자 또는 관계인은 제2항에 따른 열람기간 이내에 사업시행자에게 서면으로 이의를 제기할 수 있다. 다만, 사업시행자가 고의 또는 과실로 토지소유자 또는 관계인에게 보상계획을 통지하지 아니한 경우 해당 토지소유자 또는 관계인은 제16조에 따른 협의가 완료되기 전까지 서면으로 이의를 제기할 수 있다.

④ 사업시행자는 해당 토지조서 및 물건조서에 제3항에 따라 제기된 이의를 부기하고 그 이의가 이유 있다고 인정할 때에는 적절한 조치를 하여야 한다.

제27조【토지 및 물건에 관한 조사권 등】 ① 사업인정의 고시가 된 후에는 사업시행자 또는 제68조에 따라 감정평가를 의뢰받은 감정평가법인 등(감정평가 및 감정평가사에 관한 법률에 따른 감정평가사 또는 감정평가법인을 말한다. 이하 "감정평가법인 등"이라 한다)은 다음 각 호에 해당하는 경우에는 제9조에도 불구하고 해당 토지나 물건에 출입하여 측량하거나 조사할 수 있다. 이 경우 사업시행자는 해당 토지나 물건에 출입하려는 날의 5일 전까지 그 일시 및 장소를 토지점유자에게 통지하여야 한다.

1. 사업시행자가 사업의 준비나 토지조서 및 물건조서를 작성하기 위하여 필요한 경우
2. 감정평가법인 등이 감정평가를 의뢰받은 토지 등의 감정평가를 위하여 필요한 경우

② 제1항에 따른 출입·측량·조사에 관하여는 제10조 제3항, 제11조 및 제13조를 준용한다.

③ 사업인정고시가 된 후에는 제26조 제1항에서 준용되는 제15조 제3항에 따라 토지소유자나 관계인이 토지조서 및 물건조서의 내용에 대하여 이의를 제기하는 경우를 제외하고는 제26조 제1항에서 준용되는 제14조에 따라 작성된 토지조서 및 물건조서의 내용에 대하여 이의를 제기할 수 없다. 다만, 토지조서 및 물건조서의 내용이 진실과 다르다는 것을 입증할 때에는 그러하지 아니하다.

④ 사업시행자는 제1항에 따라 타인이 점유하는 토지에 출입하여 측량·조사함으로써 발생하는 손실(감정평가법인 등이 제1항 제2호에 따른 감정평가를 위하여 측량·조사함으로써 발생하는 손실을 포함한다)을 보상하여야 한다.

⑤ 제4항에 따른 손실보상에 관하여는 제9조 제5항부터 제7항까지의 규정을 준용한다.

기출지문 OX

01 원칙적으로 사업시행자는 재결신청 전에 토지소유자 및 관계인과 협의하여야 한다. (01행시) ( )

정답
01 ○

관련 판례

[1] 토지조서는 재결절차의 개시 전에 기업자로 하여금 미리 토지에 대하여 필요한 사항을 확인하게 하고, 또한 토지소유자와 관계인에게도 이를 확인하게 하여 토지의 상황을 명백히 함으로써 조서에 개재된 사항에 대하여는 일응 진실성의 추정을 인정하여, 토지의 상황에 관한 당사자 사이의 차후 분쟁을 예방하며 토지수용위원회의 심리와 재결 등의 절차를 용이하게 하고 신속·원활을 기하려는데 그 작성의 목적이 있다.

[2] 토지수용을 함에 있어 토지소유자 등에게 입회를 요구하지 아니하고 작성한 토지조서는 절차상의 하자를 지니게 되는 것으로서 토지조서로서의 효력이 부인되어 조서의 기재에 대한 증명력에 관하여 추정력이 인정되지 아니하는 것일 뿐, 토지조서의 작성에 하자가 있다 하여 그것이 곧 수용재결이나 그에 대한 이의재결의 효력에 영향을 미치는 것은 아니라 할 것이므로 토지조서에 실제 현황에 관한 기재가 되어 있지 아니하다거나 실측평면도가 첨부되어 있지 아니하다거나 토지소유자의 입회나 서명날인이 없었다든지 하는 사유만으로는 이의재결이 위법하다 하여 그 취소를 구할 사유로 삼을 수 없다(대판 1993.9.10, 93누5543).

(3) 협의

① 의의

- 토지보상법에는 사업인정 전·후의 협의를 규정하고 있고, 수용절차로서의 협의는 통상적으로 사업인정 후의 협의를 의미함.

> **공익사업을 위한 토지 등의 취득 및 보상에 관한 법률 제26조【협의 등 절차의 준용】** ① 제20조에 따른 사업인정을 받은 사업시행자는 토지조서 및 물건조서의 작성, 보상계획의 공고·통지 및 열람, 보상액의 산정과 토지소유자 및 관계인과의 협의 절차를 거쳐야 한다. 이 경우 제14조부터 제16조까지 및 제68조를 준용한다.

관련 판례

토지수용의 경우 기업자가 과실 없이 진정한 토지소유자를 알지 못하여 등기부상 소유명의자를 토지소유자로 보고 그를 피수용자로 하여 매수협의에 따른 수용절차를 마쳤다면, 그 수용의 효과를 부인할 수 없게 되어 수용목적물의 소유자가 누구임을 막론하고 이미 가지고 있던 소유권은 소멸함과 동시에 기업자가 완전하고 확실하게 그 권리를 취득하게 된다(대판 1993.11.12, 93다34756).

- 협의를 거치지 않고 재결을 신청하는 것은 원칙적으로 위법하나, 예외가 있음.

> **공익사업을 위한 토지 등의 취득 및 보상에 관한 법률 제26조【협의 등 절차의 준용】** ② 사업인정 이전에 제14조부터 제16조까지 및 제68조에 따른 절차를 거쳤으나 협의가 성립되지 아니하고 제20조에 따른 사업인정을 받은 사업으로서 토지조서 및 물건조서의 내용에 변동이 없을 때에는 제1항에도 불구하고 제14조부터 제16조까지의 절차를 거치지 아니할 수 있다. 다만, 사업시행자나 토지소유자 및 관계인이 제16조에 따른 협의를 요구할 때에는 협의하여야 한다.

관련 판례

기업자가 과실 없이 토지소유자의 등기부상 주소와 실제 주소가 다른사실을 알지 못하거나 과실로 이를 알지 못하여 등기부상 주소로 보상협의에 관한 통지를 한 결과 보상협의절차를 거치지 못하였다 하더라도 그러한 사유만으로는 수용재결이 당연무효이거나 부존재하는 것으로 볼 수 없다(대판 1994.4.15, 93누18594).

② 협의의 법적 성질

- 통설은 공법상 계약으로 보나, 판례는 사법상 계약이므로 민사소송의 대상이라고 판시함.

관련 판례

공익사업을 위한 토지 등의 취득 및 보상에 관한 법령에 의한 협의취득은 사법상의 법률행위이므로 당사자 사이의 자유로운 의사에 따라 채무불이행책임이나 매매대금 과부족금에 대한 지급의무를 약정할 수 있다. 그리고 협의취득을 위한 매매계약을 해석함에 있어서도 처분문서 해석의 일반원칙으로 돌아와 매매계약서에 기재되어 있는 문언대로의 의사표시의 존재와 내용을 인정하여야 하고, 당사자 사이에 계약의 해석을 둘러싸고 이견이 있어 처분문서에 나타난 당사자의 의사해석이 문제되는 경우에는 그 문언의 내용, 그러한 약정이 이루어진 동기와 경위, 그 약정에 의하여 달성하려는 목적, 당사자의 진정한 의사 등을 종합적으로 고찰하여 논리와 경험칙에 따라 합리적으로 해석하여야 한다. 다만 공익사업법은 공익사업의 효율적인 수행을 통하여 공공복리의 증진과 재산권의 적정한 보호를 도모하는 것을 목적으로 하고 협의취득의 배후에는 수용에 의한 강제취득 방법이 남아 있어 토지 등의 소유자로서는 협의에 불응하면 바로 수용을 당하게 된다는 심리적 강박감이 자리 잡을 수밖에 없으며 협의취득 과정에는 여러 가지 공법적 규제가 있는 등 공익적 특성을 고려하여야 한다(대판 2012.2.23, 2010다91206).

③ 협의의 효과

- 협의가 성립된 경우 사업시행자는 수용개시일까지 보상금을 지급·공탁하고, 피수용자는 토지·물건을 사업시행자에게 인도·이전하면 사업시행자가 목적물에 대한 권리를 취득함.

관련 판례

[1] 공익사업법에 의한 보상에 있어 손실보상금에 관한 당사자 간의 합의가 성립하면 그 합의 내용대로 구속력이 있고, 손실보상금에 관한 합의 내용이 공익사업법에서 정하는 손실보상 기준에 맞지 않는다고 하더라도 합의가 적법하게 취소되는 등의 특별한 사정이 없는 한 추가로 공익사업법상 기준에 따른 손실보상금 청구를 할 수는 없다고 할 것이다.

[2] 공익사업을 위한 토지 등의 취득 및 보상에 관한 법률(이하 '공익사업법'이라고 한다)에 의한 보상합의는 공공기관이 사경제주체로서 행하는 사법상 계약의 실질을 가지는 것으로서, 당사자 간의 합의로 같은 법 소정의 손실보상의 기준에 의하지 아니한 손실보상금을 정할 수 있으며, 이와 같이 같은 법이 정하는 기준에 따르지 아니하고 손실보상액에 관한 합의를 하였다고 하더라도 그 합의가 착오 등을 이유로 적법하게 취소되지 않는 한 유효하다(대판 2013.8.22, 2012다3517).

기출지문 OX

01 공익사업을 위한 토지 등의 취득 및 보상에 관한 법률에 의한 협의취득은 사법상의 법률행위이므로 당사자 사이의 자유로운 의사에 따라 채무불이행책임이나 매매대금 과부족금에 대한 지급의무를 약정할 수 있다. (16지방7) ( )

02 토지보상법에 의한 보상을 하면서 손실보상금에 관한 당사자 간의 합의가 성립하면 그 합의 내용이 토지보상법에서 정하는 손실보상 기준에 맞지 않는다고 하더라도 합의가 적법하게 취소되는 등의 특별한 사정이 없는 한 추가로 공익사업법상 기준에 따른 손실보상금 청구를 할 수는 없다. (21국회8) ( )

정답
01 ○ 02 ○

④ 협의성립의 확인

- 협의에 의한 권리취득은 재결에 의한 원시취득과 달리 승계취득으로 사업시행자는 이전 소유자의 권리 위에 존재하던 부담과 제한들을 그대로 승계함.
- 단, 사업시행자는 협의성립 후 사업인정고시가 있은 날로부터 1년 이내에 당해 토지소유자 등의 동의를 얻어 관할 토지수용위원회에 협의성립의 확인을 신청할 수 있고, 협의의 확인은 재결로 간주되어 사업시행자·토지소유자 등은 그 확인된 내용을 다툴 수 없고 원시취득의 효과가 발생함.

> **공익사업을 위한 토지 등의 취득 및 보상에 관한 법률 제29조【협의 성립의 확인】**
> ① 사업시행자와 토지소유자 및 관계인 간에 제26조에 따른 절차를 거쳐 협의가 성립되었을 때에는 사업시행자는 제28조 제1항에 따른 재결 신청기간 이내에 해당 토지소유자 및 관계인의 동의를 받아 대통령령으로 정하는 바에 따라 관할 토지수용위원회에 협의 성립의 확인을 신청할 수 있다.
> ② 제1항에 따른 협의 성립의 확인에 관하여는 제28조 제2항, 제31조, 제32조, 제34조, 제35조, 제52조 제7항, 제53조 제4항, 제57조 및 제58조를 준용한다.
> ③ 사업시행자가 협의가 성립된 토지의 소재지·지번·지목 및 면적 등 대통령령으로 정하는 사항에 대하여 공증인법에 따른 공증을 받아 제1항에 따른 협의 성립의 확인을 신청하였을 때에는 관할 토지수용위원회가 이를 수리함으로써 협의 성립이 확인된 것으로 본다.
> ④ 제1항 및 제3항에 따른 확인은 이 법에 따른 재결로 보며, 사업시행자, 토지소유자 및 관계인은 그 확인된 협의의 성립이나 내용을 다툴 수 없다.

관련 판례

토지수용법 제25조 제1항에 의한 협의단계에서 기업자와 토지소유자 사이에 협의가 성립되어 그를 원인으로 기업자 앞으로 소유권이전등기가 경료되었다 하더라도 그 협의에 대하여 같은 법 제25조의2 제1항에 의한 토지수용위원회의 확인을 받지 아니한 이상, 재결에 의한 수용의 경우와는 달리 그 토지를 원시취득한 것으로 볼 수 없고, 원래의 소유자로부터 승계취득한 것이라고 볼 수밖에 없다(대판 1994.6.28, 94누2732).

(4) 수용재결

① 의의

- **수용재결(토지수용위원회의 재결)**: 사업시행자가 지급할 손실보상액을 결정하고, 그 보상금의 지급을 조건으로 사업시행자가 토지를 취득하고 피수용자는 그 권리 상실하게 하는 형성적 행정행위
- 행정심판의 재결과 다른 원처분(원행정행위)이며, 준사법적 행정행위로서 불가변력 인정

② 수용재결의 관할

- 중앙토지수용위원회(국토교통부에 설치)는 ㉠국가 또는 특별시·광역시나 도가 사업시행자인 사업, ㉡수용목적물이 2 이상의 도 또는 특별시·광역시·도의 구역에 걸친 사업에 관한 것을 관할함.
- 지방토지수용위원회(광역지방자치단체에 설치)는 그 이외의 사업에 관한 것을 관할함.

기출지문 OX

01 협의취득으로 인한 사업시행자의 토지에 대한 소유권 취득은 승계취득이므로 관할 토지수용위원회에 의한 협의 성립의 확인이 있었더라도 사업시행자는 수용재결의 경우와 동일하게 그 토지에 대한 원시취득의 효과를 누릴 수 없다. (20국가7) ( )

02 재결은 사업시행자가 보상금지급을 조건으로 토지 등에 대한 권리를 취득하고, 피수용자는 그 권리를 상실하게 하는 형성적 행정행위이다. (01행시) ( )

03 토지의 수용에 관한 재결기관은 국토교통부장관이다. (98검찰9) ( )

정답
01 × 02 ○ 03 ×

③ 수용재결의 신청 및 신청의 청구

> **공익사업을 위한 토지 등의 취득 및 보상에 관한 법률 제28조 【재결의 신청】**
> ① 제26조에 따른 협의가 성립되지 아니하거나 협의를 할 수 없을 때(제26조 제2항 단서에 따른 협의 요구가 없을 때를 포함한다)에는 사업시행자는 사업인정고시가 된 날부터 1년 이내에 대통령령으로 정하는 바에 따라 관할 토지수용위원회에 재결을 신청할 수 있다.
> ② 제1항에 따라 재결을 신청하는 자는 국토교통부령으로 정하는 바에 따라 수수료를 내야 한다.
>
> **제30조 【재결 신청의 청구】** ① 사업인정고시가 된 후 협의가 성립되지 아니하였을 때에는 토지소유자와 관계인은 대통령령으로 정하는 바에 따라 서면으로 사업시행자에게 재결을 신청할 것을 청구할 수 있다.
> ② 사업시행자는 제1항에 따른 청구를 받았을 때에는 그 청구를 받은 날부터 60일 이내에 대통령령으로 정하는 바에 따라 관할 토지수용위원회에 재결을 신청하여야 한다. 이 경우 수수료에 관하여는 제28조 제2항을 준용한다.
> ③ 사업시행자가 제2항에 따른 기간을 넘겨서 재결을 신청하였을 때에는 그 지연된 기간에 대하여 소송촉진 등에 관한 특례법 제3조에 따른 법정이율을 적용하여 산정한 금액을 관할 토지수용위원회에서 재결한 보상금에 가산하여 지급하여야 한다.

관련 판례

1 **[1]** 공익사업을 위한 토지 등의 취득 및 보상에 관한 법률(이하 '공익사업법'이라 한다) 제30조 제1항은 재결신청을 청구할 수 있는 경우를 사업시행자와 토지소유자 및 관계인 사이에 '협의가 성립하지 아니한 때'로 정하고 있을 뿐 손실보상대상에 관한 이견으로 협의가 성립하지 아니한 경우를 제외하는 등 그 사유를 제한하고 있지 않은 점, 위 조항이 토지소유자 등에게 재결신청청구권을 부여한 취지는 공익사업에 필요한 토지 등을 수용에 의하여 취득하거나 사용할 때 손실보상에 관한 법률관계를 조속히 확정함으로써 공익사업을 효율적으로 수행하고 토지소유자 등의 재산권을 적정하게 보호하기 위한 것인데, 손실보상대상에 관한 이견으로 손실보상협의가 성립하지 아니한 경우에도 재결을 통해 손실보상에 관한 법률관계를 조속히 확정할 필요가 있는 점 등에 비추어 볼 때, '협의가 성립되지 아니한 때'에는 사업시행자가 토지소유자 등과 공익사업법 제26조에서 정한 협의절차를 거쳤으나 보상액 등에 관하여 협의가 성립하지 아니한 경우는 물론 토지소유자 등이 손실보상대상에 해당한다고 주장하며 보상을 요구하는데도 사업시행자가 손실보상대상에 해당하지 아니한다며 보상대상에서 이를 제외한 채 협의를 하지 않아 결국 협의가 성립하지 않은 경우도 포함된다고 보아야 한다.

[2] 아산 ~ 천안 간 도로건설 사업구역에 포함된 토지의 소유자가 토지상의 지장물에 대하여 재결신청을 청구하였으나, 그중 일부에 대해서는 사업시행자가 손실보상대상에 해당하지 않아 재결신청대상이 아니라는 이유로 수용재결 신청을 거부하면서 보상협의를 하지 않은 사안에서, 사업시행자가 수용재결 신청을 거부하거나 보상협의를 하지 않으면서도 아무런 조치를 취하지 않은 것은 공익사업을 위한 토지 등의 취득 및 보상에 관한 법률에서 정한 재결신청청구 제도의 취지에 반하여 위법하다(대판 2011.7.14, 2011두2309).

기출지문 OX

01 협의가 성립되지 아니하거나 협의를 할 수 없을 때에는 사업시행자는 사업인정고시가 된 날부터 1년 이내에 대통령령으로 정하는 바에 따라 관할 토지수용위원회에 재결을 신청할 수 있다. (19국회8) ( )

02 사업인정고시가 된 후 협의가 성립되지 아니하였을 때에는 토지소유자와 관계인은 대통령령으로 정하는 바에 따라 서면으로 사업시행자에게 재결을 신청할 것을 청구할 수 있다. (19국회8) ( )

03 재결의 신청은 사업시행자만이 할 수 있다. (98검찰9) ( )

정답
01 ○ 02 ○ 03 ○

기출지문 OX

01 토지수용위원회는 그 재결이 있기 전에는 그 위원 3명으로 구성되는 소위원회로 하여금 대한토지주택공사와 토지소유자에게 화해를 권고하게 할 수 있다. (09국회8) ( )

02 재결신청서를 접수한 토지수용위원회는 지체 없이 이를 공고하여야 하고, 심리를 시작한 날부터 10일 이내에 재결을 하여야 한다. (03관세) ( )

03 토지수용위원회가 신청의 일부에 대한 재결을 빠뜨린 경우에 그 빠뜨린 부분의 신청은 계속하여 그 토지수용위원회에 계속된다. (12국회8, 03관세) ( )

정답
01 ○ 02 × 14일 03 ○

2 사업시행자가 보상협의요청서에 기재한 협의기간이 종료하기 전에 토지소유자 및 관계인이 재결신청의 청구를 하였으나 사업시행자가 협의기간이 종료하기 전에 협의기간을 연장한 경우, 구 공익사업을 위한 토지 등의 취득 및 보상에 관한 법률 제30조 제2항에서 정한 60일 기간의 기산 시기는 당초의 협의기간 만료일이다(대판 2012.12.27, 2010두9457).

④ 수용재결의 절차[공고·열람과 조사·심리 → 화해권고(임의적) → 재결(14일 내)]

공익사업을 위한 토지 등의 취득 및 보상에 관한 법률 제31조 【열람】 ① 제49조에 따른 중앙토지수용위원회 또는 지방토지수용위원회(이하 "토지수용위원회"라 한다)는 제28조 제1항에 따라 재결신청서를 접수하였을 때에는 대통령령으로 정하는 바에 따라 지체 없이 이를 공고하고, 공고한 날부터 14일 이상 관계 서류의 사본을 일반인이 열람할 수 있도록 하여야 한다.
② 토지수용위원회가 제1항에 따른 공고를 하였을 때에는 관계 서류의 열람기간 중에 토지소유자 또는 관계인은 의견을 제시할 수 있다.

제33조 【화해의 권고】 ① 토지수용위원회는 그 재결이 있기 전에는 그 위원 3명으로 구성되는 소위원회로 하여금 사업시행자, 토지소유자 및 관계인에게 화해를 권고하게 할 수 있다. 이 경우 소위원회는 위원장이 지명하거나 위원회에서 선임한 위원으로 구성하며, 그 밖에 그 구성에 필요한 사항은 대통령령으로 정한다.
② 제1항에 따른 화해가 성립되었을 때에는 해당 토지수용위원회는 화해조서를 작성하여 화해에 참여한 위원, 사업시행자, 토지소유자 및 관계인이 서명 또는 날인을 하도록 하여야 한다.
③ 제2항에 따라 화해조서에 서명 또는 날인이 된 경우에는 당사자 간에 화해조서와 동일한 내용의 합의가 성립된 것으로 본다.

제35조 【재결기간】 토지수용위원회는 제32조에 따른 심리를 시작한 날부터 14일 이내에 재결을 하여야 한다. 다만, 특별한 사유가 있을 때에는 14일의 범위에서 한 차례만 연장할 수 있다.

⑤ 수용재결의 내용과 형식

공익사업을 위한 토지 등의 취득 및 보상에 관한 법률 제50조 【재결사항】 ① 토지수용위원회의 재결사항은 다음 각 호와 같다.
1. 수용하거나 사용할 토지의 구역 및 사용방법
2. 손실보상
3. 수용 또는 사용의 개시일과 기간
4. 그 밖에 이 법 및 다른 법률에서 규정한 사항

② 토지수용위원회는 사업시행자, 토지소유자 또는 관계인이 신청한 범위에서 재결하여야 한다. 다만, 제1항 제2호의 손실보상의 경우에는 증액재결을 할 수 있다.

제37조 【재결의 유탈】 토지수용위원회가 신청의 일부에 대한 재결을 빠뜨린 경우에 그 빠뜨린 부분의 신청은 계속하여 그 토지수용위원회에 계속된다.

제34조 【재결】 ① 토지수용위원회의 재결은 서면으로 한다.
② 제1항에 따른 재결서에는 주문 및 그 이유와 재결일을 적고, 위원장 및 회의에 참석한 위원이 기명날인한 후 그 정본을 사업시행자, 토지소유자 및 관계인에게 송달하여야 한다.

⑥ 수용재결의 효과

- 수용재결이 있으면 수용절차는 종결되고, 일정한 조건하에 수용의 효과가 발생함. 사업시행자는 수용개시일까지 보상금을 지급·공탁하고, 피수용자는 토지·물건을 사업시행자에게 인도·이전하면 사업시행자는 목적물에 대한 권리를 취득함.
- 판례는 수용재결 후에도 당사자 간에 유효한 협의를 할 수 있다고 봄.

관련 판례

[1] 토지수용위원회의 수용재결이 있은 후라고 하더라도 토지소유자 등과 사업시행자가 다시 협의하여 토지 등의 취득이나 사용 및 그에 대한 보상에 관하여 임의로 계약을 체결할 수 있다고 보아야 한다.

[2] 갑과 사업시행자가 수용재결이 있은 후 토지에 관하여 보상금액을 새로 정하여 취득협의서를 작성하였고, 이를 기초로 소유권이전등기까지 마친 점 등을 종합해 보면, 갑과 사업시행자가 수용재결과는 별도로 '토지의 소유권을 이전한다는 점과 그 대가인 보상금의 액수'를 합의하는 계약을 새로 체결하였다고 볼 여지가 충분하고, 만약 이러한 별도의 협의취득 절차에 따라 토지에 관하여 소유권이전등기가 마쳐진 것이라면 설령 갑이 수용재결의 무효확인 판결을 받더라도 토지의 소유권을 회복시키는 것이 불가능하고, 나아가 무효확인으로써 회복할 수 있는 다른 권리나 이익이 남아 있다고도 볼 수 없다(대판 2017.4.13, 2016두64241).

⑦ 수용재결에 대한 불복

㉠ 이의신청

- 중앙토지수용위원회에 대한 이의신청은 행정심판의 실질을 가지며, 현행법상 임의적 절차임.

공익사업을 위한 토지 등의 취득 및 보상에 관한 법률 제83조【이의의 신청】
① 중앙토지수용위원회의 제34조에 따른 재결에 이의가 있는 자는 중앙토지수용위원회에 이의를 신청할 수 있다.
② 지방토지수용위원회의 제34조에 따른 재결에 이의가 있는 자는 해당 지방토지수용위원회를 거쳐 중앙토지수용위원회에 이의를 신청할 수 있다.
③ 제1항 및 제2항에 따른 이의의 신청은 재결서의 정본을 받은 날부터 30일 이내에 하여야 한다.

제84조【이의신청에 대한 재결】 ① 중앙토지수용위원회는 제83조에 따른 이의신청을 받은 경우 제34조에 따른 재결이 위법하거나 부당하다고 인정할 때에는 그 재결의 전부 또는 일부를 취소하거나 보상액을 변경할 수 있다.
② 제1항에 따라 보상금이 늘어난 경우 사업시행자는 재결의 취소 또는 변경의 재결서 정본을 받은 날부터 30일 이내에 보상금을 받을 자에게 그 늘어난 보상금을 지급하여야 한다. 다만, 제40조 제2항 제1호·제2호 또는 제4호에 해당할 때에는 그 금액을 공탁할 수 있다.

제86조【이의신청에 대한 재결의 효력】 ① 제85조 제1항에 따른 기간 이내에 소송이 제기되지 아니하거나 그 밖의 사유로 이의신청에 대한 재결이 확정된 때에는 민사소송법상의 확정판결이 있은 것으로 보며, 재결서 정본은 집행력 있는 판결의 정본과 동일한 효력을 가진다.

기출지문 OX

01 수용재결에 대해 취소소송으로 다투기 위해서는 중앙토지수용위원회의 이의재결을 거쳐야 한다. (13국회8) ( )

02 지방토지수용위원회의 재결에 대하여 이의가 있는 자는 해당 지방토지수용위원회를 거쳐 중앙토지수용위원회에 이의를 신청할 수 있다. (09국회8) ( )

정답
01 × 임의적 절차임
02 ○

② 사업시행자, 토지소유자 또는 관계인은 이의신청에 대한 재결이 확정되었을 때에는 관할 토지수용위원회에 대통령령으로 정하는 바에 따라 재결확정증명서의 발급을 청구할 수 있다.

제88조【처분효력의 부정지】 제83조에 따른 이의의 신청이나 제85조에 따른 행정소송의 제기는 사업의 진행 및 토지의 수용 또는 사용을 정지시키지 아니한다.

관련 판례

1 토지수용위원회의 수용재결에 대한 이의절차는 실질적으로 행정심판의 성질을 갖는 것이므로 토지수용법에 특별한 규정이 있는 것을 제외하고는 행정심판법의 규정이 적용된다고 할 것이고, 토지보상법상 수용재결에 대한 이의신청기간과 이의재결에 대한 제소기간에 관하여 특례규정을 두고 있다(대판 1992.6.9, 92누565).

2 토지수용법상의 이의재결절차는 수용재결에 대한 불복절차이면서 수용재결과는 확정의 효력 등을 달리하는 별개의 절차이므로 기업자가 이의재결에서 증액된 보상금을 일정한 기한 내에 지급 또는 공탁하지 아니하였다 하더라도 그 때문에 이의재결 자체가 당연히 실효된다고는 할 수 없다(대판 1992.3.10, 91누8081).

ⓛ 행정소송

ⓐ 항고소송

공익사업을 위한 토지 등의 취득 및 보상에 관한 법률 제85조【행정소송의 제기】 ① 사업시행자, 토지소유자 또는 관계인은 제34조에 따른 재결에 불복할 때에는 재결서를 받은 날부터 90일 이내에, 이의신청을 거쳤을 때에는 이의신청에 대한 재결서를 받은 날부터 60일 이내에 각각 행정소송을 제기할 수 있다. 이 경우 사업시행자는 행정소송을 제기하기 전에 제84조에 따라 늘어난 보상금을 공탁하여야 하며, 보상금을 받을 자는 공탁된 보상금을 소송이 종결될 때까지 수령할 수 없다.

관련 판례

1 토지수용에 관한 토지수용위원회의 수용재결은 구체적으로 일정한 법률효과의 발생을 목적으로 하는 점에서 일반의 행정처분과 다를 바 없으므로 수용재결처분이 무효인 경우에는 재결 자체에 대한 무효확인을 소구할 수 있다(대판 1993.4.27, 92누15789).

2 이의신청을 거친 경우에도 수용재결을 한 중앙토지수용위원회 또는 지방토지수용위원회를 피고로 하여 수용재결의 취소를 구하여야 하고, 다만 이의신청에 대한 재결 자체에 고유한 위법이 있음을 이유로 하는 경우에는 그 이의재결을 한 중앙토지수용위원회를 피고로 하여 이의재결의 취소를 구할 수 있다고 보아야 한다(대판 2010.1.28, 2008두1504).

기출지문 OX

01 토지수용의 재결에 대한 이의신청이 있으면 사업의 진행과 토지의 수용은 일단 정지된다. (98검찰9) ( )

02 공익사업을 위한 토지 등의 취득 및 보상에 관한 법률에 따른 토지수용에 대한 이의신청은 행정심판으로서의 성질을 가지며, 이에 관한 규정은 행정심판법에 대한 특별규정이다. (16국회8) ( )

03 판례에 의하면 토지수용위원회의 수용재결에 대한 이의절차는 실질적으로 행정심판의 성질을 갖는 것이므로 토지보상법에 특별한 규정이 있는 것을 제외하고는 행정심판법의 규정이 적용된다. (00행시) ( )

04 수용재결에 대해 취소소송으로 다투는 경우에 행정소송법 제20조의 제소기간 규정이 적용되지 않는다. (13국회8) ( )

05 사업시행자, 토지소유자 또는 관계인은 토지수용위원회의 재결에 불복할 때에는 재결서를 받은 날부터 60일 이내에 행정소송을 제기할 수 있다. (11지방7) ( )

06 사업시행자, 토지소유자 또는 관계인은 토지수용위원회의 재결에 대해 행정소송을 제기할 수 있으며 이 경우 행정소송법상의 소송제기기간의 규정을 적용한다. (19소방간부) ( )

07 판례에 의하면 수용재결에 불복하여 취소소송을 제기하는 때에는 이의신청을 거친 경우에도 수용재결을 한 중앙토지수용위원회 또는 지방토지수용위원회를 피고로 하여 수용재결의 취소를 구하여야 한다. (00행시) ( )

08 중앙토지수용위원회의 이의재결을 거쳐 취소소송을 제기하는 경우에는 수용재결이 아닌 이의재결을 소의 대상으로 하여야 한다. (13국회8) ( )

정답

01 × 정지되지 아니함
02 ○ 03 ○ 04 ○ 05 × 90일
06 × 토지보상법상 60일 규정 적용됨
07 ○ 08 ×

ⓑ 보상금증감청구소송

공익사업을 위한 토지 등의 취득 및 보상에 관한 법률 제85조【행정소송의 제기】② 제1항에 따라 제기하려는 행정소송이 보상금의 증감에 관한 소송인 경우 그 소송을 제기하는 자가 토지소유자 또는 관계인일 때에는 사업시행자를, 사업시행자일 때에는 토지소유자 또는 관계인을 각각 피고로 한다.

제88조【처분효력의 부정지】제83조에 따른 이의의 신청이나 제85조에 따른 행정소송의 제기는 사업의 진행 및 토지의 수용 또는 사용을 정지시키지 아니한다.

관련 판례

1 토지수용법 제75조의2 제2항의 규정은 그 제1항에 의하여 이의재결에 대하여 불복하는 행정소송을 제기하는 경우, 이것이 보상금의 증감에 관한 소송인 때에는 이의재결에서 정한 보상금이 증액 변경될 것을 전제로 하여 기업자를 상대로 보상금의 지급을 구하는 공법상의 당사자소송을 규정한 것으로 볼 것이다(대판 1991.11.26, 91누285).

2 토지수용법 제75조의2 제2항 소정의 손실보상금 증액청구의 소에 있어서 그 이의재결에서 정한 손실보상금액보다 정당한 손실보상금액이 더 많다는 점에 대한 입증책임은 원고에게 있다(대판 1997.11.28, 96누2255).

3. 천재지변시 토지의 사용(약식절차)

공익사업을 위한 토지 등의 취득 및 보상에 관한 법률 제38조【천재지변시의 토지의 사용】
① 천재지변이나 그 밖의 사변으로 인하여 공공의 안전을 유지하기 위한 공익사업을 긴급히 시행할 필요가 있을 때에는 사업시행자는 대통령령으로 정하는 바에 따라 특별자치도지사, 시장·군수 또는 구청장의 허가를 받아 즉시 타인의 토지를 사용할 수 있다. 다만, 사업시행자가 국가일 때에는 그 사업을 시행할 관계 중앙행정기관의 장이 특별자치도지사, 시장·군수 또는 구청장에게, 사업시행자가 특별시·광역시 또는 도일 때에는 특별시장·광역시장 또는 도지사가 시장·군수 또는 구청장에게 각각 통지하고 사용할 수 있으며, 사업시행자가 특별자치도, 시·군 또는 구일 때에는 특별자치도지사, 시장·군수 또는 구청장이 허가나 통지 없이 사용할 수 있다.
② 특별자치도지사, 시장·군수 또는 구청장은 제1항에 따라 허가를 하거나 통지를 받은 경우 또는 특별자치도지사, 시장·군수·구청장이 제1항 단서에 따라 타인의 토지를 사용하려는 경우에는 대통령령으로 정하는 사항을 즉시 토지소유자 및 토지점유자에게 통지하여야 한다.
③ 제1항에 따른 토지의 사용기간은 6개월을 넘지 못한다.
④ 사업시행자는 제1항에 따라 타인의 토지를 사용함으로써 발생하는 손실을 보상하여야 한다.
⑤ 제4항에 따른 손실보상에 관하여는 제9조 제5항부터 제7항까지의 규정을 준용한다.

제39조【시급한 토지 사용에 대한 허가】① 제28조에 따른 재결신청을 받은 토지수용위원회는 그 재결을 기다려서는 재해를 방지하기 곤란하거나 그 밖에 공공의 이익에 현저한 지장을 줄 우려가 있다고 인정할 때에는 사업시행자의 신청을 받아 대통령령으로 정하는 바에 따라 담보를 제공하게 한 후 즉시 해당 토지의 사용을 허가할 수 있다. 다만, 국가나 지방자치단체가 사업시행자인 경우에는 담보를 제공하지 아니할 수 있다.

기출지문 OX

01 재결에 불복하는 경우 이의신청을 거치지 아니하고 행정소송을 제기할 수 있으며, 보상금증감소송의 당사자로 되어 있던 재결청을 소송당사자에서 제외하였다. (04행시) ( )

02 보상금증감에 관한 행정소송의 경우 그 소송을 제기하는 자가 토지소유자 또는 관계인일 때에는 사업시행자를, 사업시행자일 때에는 토지소유자 또는 관계인을 각각 피고로 한다. (17경찰2, 11지방7) ( )

03 공익사업을 위한 토지 등의 취득 및 보상에 관한 법률상 토지소유자가 보상금의 증감에 관한 소송을 제기하고자 하는 경우에는 지방토지수용위원회 또는 중앙토지수용위원회를 피고로 행정소송을 제기하여야 한다. (14국가7) ( )

04 형식적 당사자소송인 보상금의 증감에 관한 소송을 제기하는 경우 그 소송을 제기하는 자가 토지소유자일 때에는 사업시행자와 토지수용위원회를, 사업시행자일 때에는 토지소유자와 토지수용위원회를 각각 피고로 한다. (17지방7) ( )

05 보상금에 대한 증감을 다투는 소송에서 실질적 이해관계인은 피수용자와 사업시행자일 뿐, 재결청은 이해관계가 없으므로 공익사업을 위한 토지 등의 취득 및 보상에 관한 법률에서는 소송당사자에서 재결청을 제외하고 피고적격을 규정하고 있다. (19소방간부) ( )

06 공익사업을 위한 토지 등의 취득 및 보상에 관한 법률에 따른 이의신청이나 행정소송의 제기는 사업의 진행 및 토지수용 또는 사용을 정지시키지 아니한다. (19소방간부) ( )

07 보상금증감청구소송은 공법상 당사자소송에 해당한다. (14행정사) ( )

08 수용재결에서 결정된 손실보상금의 증액을 위해 제기하는 보상금증감청구소송은 항고소송의 일종이다. (13국회8) ( )

정답
01 ○ 02 ○
03 × 사업시행자를 상대로
04 × 사업시행자를 상대로
05 ○ 06 ○ 07 ○ 08 ×

기출지문 OX

01 공익사업을 위한 토지 등의 취득 및 보상에 관한 법률에 규정하고 있는 천재지변 시와 긴급을 요하는 경우에 인정되는 약식절차는 토지 등의 수용에 관한 것이다. (00국가7) ( )

02 국가나 지방자치단체가 사업시행자인 경우 재결신청을 받은 토지수용위원회는 그 재결을 기다려서는 재해를 방지하기 곤란하거나 그 밖에 공공의 이익에 현저히 지장을 줄 우려가 있다고 인정할 때에는 사업시행자의 신청을 받아 대통령령으로 정하는 바에 따라 담보를 제공하게 한 후 해당 토지의 사용을 허가하여야 한다. (19국회8) ( )

03 공용수용으로 인한 권리의 득실의 효과는 협의시 또는 재결시에 발생하는 것이 아니라 따로 정하여진 수용의 개시일에 발생한다. (97국가7) ( )

04 공용수용에 의한 수용자의 권리취득은 승계취득이 아니고 법률에 의한 원시취득이다. (97국가7) ( )

05 공용수용에 의한 소유권 취득에는 등기를 요한다. (97국가7) ( )

정답
01 × 사용에 관한 것
02 × 허가할 수 있음
03 ○ 04 ○
05 × 요하지 않는 경우도 있음

② 제1항에 따른 토지의 사용기간은 6개월을 넘지 못한다.
③ 토지수용위원회가 제1항에 따른 허가를 하였을 때에는 제38조 제2항을 준용한다.

제41조 【시급한 토지 사용에 대한 보상】 ① 제39조에 따라 토지를 사용하는 경우 토지수용위원회의 재결이 있기 전에 토지소유자나 관계인이 청구할 때에는 사업시행자는 자기가 산정한 보상금을 토지소유자나 관계인에게 지급하여야 한다.
② 토지소유자나 관계인은 사업시행자가 토지수용위원회의 재결에 따른 보상금의 지급시기까지 보상금을 지급하지 아니하면 제39조에 따라 제공된 담보의 전부 또는 일부를 취득한다.

5 공용수용의 효과

1. 사업시행자의 권리취득

(1) 취득시기

- 수용재결에서 정한 수용개시일에 권리 취득

> **공익사업을 위한 토지 등의 취득 및 보상에 관한 법률 제45조 【권리의 취득·소멸 및 제한】** ① 사업시행자는 수용의 개시일에 토지나 물건의 소유권을 취득하며, 그 토지나 물건에 관한 다른 권리는 이와 동시에 소멸한다.
> ③ 토지수용위원회의 재결로 인정된 권리는 제1항 및 제2항에도 불구하고 소멸되거나 그 행사가 정지되지 아니한다.
>
> **제42조 【재결의 실효】** ① 사업시행자가 수용 또는 사용의 개시일까지 관할 토지수용위원회가 재결한 보상금을 지급하거나 공탁하지 아니하였을 때에는 해당 토지수용위원회의 재결은 효력을 상실한다.

(2) 원시취득

- 재결로 인한 권리취득은 전소유자로부터의 승계취득이 아닌 원시취득으로, 사업시행자는 이전 소유자의 권리 위에 존재하던 부담과 제한이 없는 권리를 취득함.

> **관련 판례**
>
> 기업자가 과실 없이 진정한 토지소유자를 알지 못하여 형식상의 권리자인 등기부상 소유명의자를 그 피수용자로 확정하더라도 적법하고, 그 수용의 효과로서 수용 목적물의 소유자가 누구임을 막론하고 이미 가졌던 소유권이 소멸함과 동시에 기업자는 완전하고 확실하게 그 권리를 원시취득한다(대판 1995.12.22, 94다40765).

(3) 소유권이전등기 필요여부

- 수용재결에 의한 권리취득은 '법률규정에 의한 부동산물권변동'으로 등기를 하지 않아도 권리를 취득함. 단, 타인에게 처분하기 위해서는 등기 필요(민법 제187조).
- 협의에 의한 권리취득은 '법률행위에 의한 부동산물권변동'으로 사업시행자가 소유권이전등기를 마쳐야 권리를 취득함(민법 제186조).

• 단, 협의성립에 대해 관할 토지수용위원회의 확인을 받으면 수용재결과 같은 효과가 인정되므로 등기를 하지 않아도 권리를 취득함.

관련 판례

기업자와 토지 소유자 사이에 토지수용법 제25조가 정하는 협의가 성립하였으나 기업자가 같은 법 제25조의2가 정하는 바에 따라 협의성립에 관하여 관할 토지수용위원회의 확인을 받지 아니한 경우에 기업자가 토지소유권을 취득하기 위하여는 법률행위로 인한 부동산물권변동의 일반원칙에 따라 소유권이전등기를 마쳐야 하고, 소유권이전등기를 마치지 아니하고도 토지소유권을 원시취득하는 것은 아니다(대판 1997.7.8, 96다53826).

2. 피수용자의 목적물 인도·이전의무

공익사업을 위한 토지 등의 취득 및 보상에 관한 법률 제43조【토지 또는 물건의 인도 등】 토지소유자 및 관계인과 그 밖에 토지소유자나 관계인에 포함되지 아니하는 자로서 수용하거나 사용할 토지나 그 토지에 있는 물건에 관한 권리를 가진 자는 수용 또는 사용의 개시일까지 그 토지나 물건을 사업시행자에게 인도하거나 이전하여야 한다.

관련 판례

토지수용법에 의한 수용재결의 효과로서 수용에 의한 기업자의 토지소유권취득은 토지소유자와 수용자와의 법률행위에 의하여 승계취득하는 것이 아니라, 법률의 규정에 의하여 원시취득하는 것이므로, 토지소유자가 토지수용법 제63조의 규정에 의하여 부담하는 토지의 인도의무에는 수용목적물에 숨은 하자가 있는 경우에도 하자담보책임이 포함되지 아니하여 토지소유자는 수용시기까지 수용 대상 토지를 현존 상태 그대로 기업자에게 인도할 의무가 있을 뿐이다(대판 2001.1.16, 98다58511).

3. 사업시행자에게 위험부담 이전

공익사업을 위한 토지 등의 취득 및 보상에 관한 법률 제46조【위험부담】 토지수용위원회의 재결이 있은 후 수용하거나 사용할 토지나 물건이 토지소유자 또는 관계인의 고의나 과실 없이 멸실되거나 훼손된 경우 그로 인한 손실은 사업시행자가 부담한다.

4. 피수용자의 목적물 인도·이전의무의 대행 및 대집행

공익사업을 위한 토지 등의 취득 및 보상에 관한 법률 제44조【인도 또는 이전의 대행】
① 특별자치도지사, 시장·군수 또는 구청장은 다음 각 호의 어느 하나에 해당할 때에는 사업시행자의 청구에 의하여 토지나 물건의 인도 또는 이전을 대행하여야 한다.
1. 토지나 물건을 인도하거나 이전하여야 할 자가 고의나 과실 없이 그 의무를 이행할 수 없을 때
2. 사업시행자가 과실 없이 토지나 물건을 인도하거나 이전하여야 할 의무가 있는 자를 알 수 없을 때

② 제1항에 따라 특별자치도지사, 시장·군수 또는 구청장이 토지나 물건의 인도 또는 이전을 대행하는 경우 그로 인한 비용은 그 의무자가 부담한다.

기출지문 OX

01 피수용자는 수용의 개시일까지 토지·물건을 인도하거나 이전하여야 할 의무를 진다. (97국가7) ( )

02 토지수용위원회의 재결이 있은 후 수용하거나 사용할 토지나 물건이 토지소유자 또는 관계인의 고의나 과실 없이 멸실되거나 훼손된 경우 그로 인한 손실은 사업시행자가 부담한다. (00행시) ( )

정답
01 ○ 02 ○

제89조 【대집행】 ① 이 법 또는 이 법에 따른 처분으로 인한 의무를 이행하여야 할 자가 그 정하여진 기간 이내에 의무를 이행하지 아니하거나 완료하기 어려운 경우 또는 그로 하여금 그 의무를 이행하게 하는 것이 현저히 공익을 해친다고 인정되는 사유가 있는 경우에는 사업시행자는 시·도지사나 시장·군수 또는 구청장에게 행정대집행법에서 정하는 바에 따라 대집행을 신청할 수 있다. 이 경우 신청을 받은 시·도지사나 시장·군수 또는 구청장은 정당한 사유가 없으면 이에 따라야 한다.
② 사업시행자가 국가나 지방자치단체인 경우에는 제1항에도 불구하고 행정대집행법에서 정하는 바에 따라 직접 대집행을 할 수 있다.

관련 판례

1 [1] 피수용자 등이 기업자에 대하여 부담하는 수용대상 토지의 인도의무에 관한 구 토지수용법(2002.2.4. 법률 제6656호 공익사업을 위한 토지 등의 취득 및 보상에 관한 법률 부칙 제2조로 폐지) 제63조, 제64조, 제77조 규정에서의 '인도'에는 명도도 포함되는 것으로 보아야 하고, 이러한 명도의무는 그것을 강제적으로 실현하면서 직접적인 실력행사가 필요한 것이지 대체적 작위의무라고 볼 수 없으므로 특별한 사정이 없는 한 행정대집행법에 의한 대집행의 대상이 될 수 있는 것이 아니다.
[2] 구 토지수용법(2002.2.4. 법률 제6656호 공익사업을 위한 토지 등의 취득 및 보상에 관한 법률 부칙 제2조로 폐지) 제63조의 규정에 따라 피수용자 등이 기업자에 대하여 부담하는 수용대상 토지의 인도 또는 그 지장물의 명도의무 등이 비록 공법상의 법률관계라고 하더라도, 그 권리를 피보전권리로 하는 명도단행가처분은 그 권리에 끼칠 현저한 손해를 피하거나 급박한 위험을 방지하기 위하여 또는 그 밖의 필요한 이유가 있을 경우에는 허용될 수 있다(대판 2005.8.19, 2004다2809).

2 행정대집행법상 대집행의 대상이 되는 대체적 작위의무는 공법상 의무이어야 할 것인데, 구 공공용지의 취득 및 손실보상에 관한 특례법(2002.2.4. 법률 제6656호 공익사업을 위한 토지 등의 취득 및 보상에 관한 법률 부칙 제2조로 폐지)에 따른 토지 등의 협의취득은 공공사업에 필요한 토지 등을 그 소유자와의 협의에 의하여 취득하는 것으로서 공공기관이 사경제주체로서 행하는 사법상 매매 내지 사법상 계약의 실질을 가지는 것이므로, 그 협의취득시 건물소유자가 매매대상 건물에 대한 철거의무를 부담하겠다는 취지의 약정을 하였다고 하더라도 이러한 철거의무는 공법상의 의무가 될 수 없고, 이 경우에도 행정대집행법을 준용하여 대집행을 허용하는 별도의 규정이 없는 한 위와 같은 철거의무는 행정대집행법에 의한 대집행의 대상이 되지 않는다(대판 2006.10.13, 2006두7096).

5. 피수용자의 손실보상청구권

(1) 손실보상청구권의 발생

- 재결의 효과로 피수용자 등은 손실보상청구권을 취득함.

공익사업을 위한 토지 등의 취득 및 보상에 관한 법률 제40조 【보상금의 지급 또는 공탁】 ① 사업시행자는 제38조 또는 제39조에 따른 사용의 경우를 제외하고는 수용 또는 사용의 개시일(토지수용위원회가 재결로써 결정한 수용 또는 사용을 시작하는 날을 말한다. 이하 같다)까지 관할 토지수용위원회가 재결한 보상금을 지급하여야 한다.
② 사업시행자는 다음 각 호의 어느 하나에 해당할 때에는 수용 또는 사용의 개시일까지 수용하거나 사용하려는 토지 등의 소재지의 공탁소에 보상금을 공탁할 수 있다.

기출지문 OX

01 피수용자가 명도 또는 인도의 의무를 이행하지 않을 때 행정대집행법에 의한 대집행이 가능하다. (12국회8) ( )

02 협의취득시 건물소유자가 건물을 철거하겠다는 약정을 하고도 이행하지 않으면 이때의 철거의무는 공법상의 의무이므로 행정대집행법에 의한 대집행이 가능하다. (12국회8) ( )

정답
01 × 02 ×

1. 보상금을 받을 자가 그 수령을 거부하거나 보상금을 수령할 수 없을 때
2. 사업시행자의 과실 없이 보상금을 받을 자를 알 수 없을 때
3. 관할 토지수용위원회가 재결한 보상금에 대하여 사업시행자가 불복할 때
4. 압류나 가압류에 의하여 보상금의 지급이 금지되었을 때

③ 사업인정고시가 된 후 권리의 변동이 있을 때에는 그 권리를 승계한 자가 제1항에 따른 보상금 또는 제2항에 따른 공탁금을 받는다.

④ 사업시행자는 제2항 제3호의 경우 보상금을 받을 자에게 자기가 산정한 보상금을 지급하고 그 금액과 토지수용위원회가 재결한 보상금과의 차액을 공탁하여야 한다. 이 경우 보상금을 받을 자는 그 불복의 절차가 종결될 때까지 공탁된 보상금을 수령할 수 없다.

(2) 손실보상의 방법

① 사업시행자 보상

공익사업을 위한 토지 등의 취득 및 보상에 관한 법률 제61조【사업시행자 보상】 공익사업에 필요한 토지 등의 취득 또는 사용으로 인하여 토지소유자나 관계인이 입은 손실은 사업시행자가 보상하여야 한다.

② 사전보상 · 전액보상

공익사업을 위한 토지 등의 취득 및 보상에 관한 법률 제62조【사전보상】 사업시행자는 해당 공익사업을 위한 공사에 착수하기 이전에 토지소유자와 관계인에게 보상액 전액을 지급하여야 한다. 다만, 제38조에 따른 천재지변시의 토지 사용과 제39조에 따른 시급한 토지 사용의 경우 또는 토지소유자 및 관계인의 승낙이 있는 경우에는 그러하지 아니하다.

- 예외적으로 사후에 지급하는 경우, 판례는 지연이자까지 지급해야 한다고 보았음.

③ 현금보상

- 현금보상이 원칙이나, 예외적으로 현물보상, 채권보상, 매수보상 등이 가능함.
- 채권보상이 의무적으로 요구되는 경우도 있음.

공익사업을 위한 토지 등의 취득 및 보상에 관한 법률 제63조【현금보상 등】 ① 손실보상은 다른 법률에 특별한 규정이 있는 경우를 제외하고는 현금으로 지급하여야 한다. 다만, 토지소유자가 원하는 경우로서 사업시행자가 해당 공익사업의 합리적인 토지이용계획과 사업계획 등을 고려하여 토지로 보상이 가능한 경우에는 토지소유자가 받을 보상금 중 본문에 따른 현금 또는 제7항 및 제8항에 따른 채권으로 보상받는 금액을 제외한 부분에 대하여 다음 각 호에서 정하는 기준과 절차에 따라 그 공익사업의 시행으로 조성한 토지로 보상할 수 있다.

1. 토지로 보상받을 수 있는 자: 건축법 제57조 제1항에 따른 대지의 분할 제한 면적 이상의 토지를 사업시행자에게 양도한 자가 된다. 이 경우 대상자가 경합할 때에는 제7항 제2호에 따른 부재부동산 소유자가 아닌 자로서 제7항에 따라 채권으로 보상을 받는 자에게 우선하여 토지로 보상하며, 그 밖의 우선순위 및 대상자 결정방법 등은 사업시행자가 정하여 공고한다.

기출지문 OX

01 공익사업에 필요한 토지 등의 취득 또는 사용으로 인하여 토지소유자나 관계인이 입은 손실은 사업시행자가 보상하여야 한다. (13국가9) ( )

02 손실보상에서 보상의무자는 수용을 통하여 직접 수익한 자인데, 수익자와 침해자가 다른 경우에는 침해자는 보상의무자가 아니다. (08지방9) ( )

03 공익사업을 시행하는 경우에는 사전보상이 원칙이나, 천재·지변시의 토지사용의 경우에는 사업시행자가 후급할 수 있고, 이때의 지연이자는 부담하지 않는다. (08지방9) ( )

04 행정상 손실보상에 있어서 채권보상이 의무적으로 요구되는 경우도 있다. (11지방7) ( )

05 손실보상은 현금보상이 원칙이나 현행법은 일정한 경우에 채권보상 및 현물보상을 할 수 있음을 규정하고 있다. (17국가9, 14국가7, 12국가7) ( )

정답
01 ○ 02 ○ 03 × 04 ○ 05 ○

2. 보상하는 토지가격의 산정 기준금액: 다른 법률에 특별한 규정이 있는 경우를 제외하고는 일반 분양가격으로 한다.
3. 보상기준 등의 공고: 제15조에 따라 보상계획을 공고할 때에 토지로 보상하는 기준을 포함하여 공고하거나 토지로 보상하는 기준을 따로 일간신문에 공고할 것이라는 내용을 포함하여 공고한다.

⑦ 사업시행자가 국가, 지방자치단체, 그 밖에 대통령령으로 정하는 공공기관의 운영에 관한 법률에 따라 지정·고시된 공공기관 및 공공단체인 경우로서 다음 각 호의 어느 하나에 해당되는 경우에는 제1항 본문에도 불구하고 해당 사업시행자가 발행하는 채권으로 지급할 수 있다.
1. 토지소유자나 관계인이 원하는 경우
2. 사업인정을 받은 사업의 경우에는 대통령령으로 정하는 부재부동산 소유자의 토지에 대한 보상금이 대통령령으로 정하는 일정 금액을 초과하는 경우로서 그 초과하는 금액에 대하여 보상하는 경우

⑧ 토지투기가 우려되는 지역으로서 대통령령으로 정하는 지역에서 다음 각 호의 어느 하나에 해당하는 공익사업을 시행하는 자 중 대통령령으로 정하는 공공기관의 운영에 관한 법률에 따라 지정·고시된 공공기관 및 공공단체는 제7항에도 불구하고 제7항 제2호에 따른 부재부동산 소유자의 토지에 대한 보상금 중 대통령령으로 정하는 1억원 이상의 일정 금액을 초과하는 부분에 대하여는 해당 사업시행자가 발행하는 채권으로 지급하여야 한다.
1. 택지개발촉진법에 따른 택지개발사업
2. 산업입지 및 개발에 관한 법률에 따른 산업단지개발사업
3. 그 밖에 대규모 개발사업으로서 대통령령으로 정하는 사업

④ 개인별 보상·일괄보상·상계금지

공익사업을 위한 토지 등의 취득 및 보상에 관한 법률 제64조【개인별 보상】 손실보상은 토지소유자나 관계인에게 개인별로 하여야 한다. 다만, 개인별로 보상액을 산정할 수 없을 때에는 그러하지 아니하다.

제65조【일괄보상】 사업시행자는 동일한 사업지역에 보상시기를 달리하는 동일인 소유의 토지 등이 여러 개 있는 경우 토지소유자나 관계인이 요구할 때에는 한꺼번에 보상금을 지급하도록 하여야 한다.

제66조【사업시행 이익과의 상계금지】 사업시행자는 동일한 소유자에게 속하는 일단의 토지의 일부를 취득하거나 사용하는 경우 해당 공익사업의 시행으로 인하여 잔여지의 가격이 증가하거나 그 밖의 이익이 발생한 경우에도 그 이익을 그 취득 또는 사용으로 인한 손실과 상계할 수 없다.

관련 판례

토지수용법 제45조 제2항은 수용 또는 사용함으로 인한 보상은 피보상자의 개인별로 산정할 수 없을 때를 제외하고는 피보상자에게 개인별로 하여야 한다고 규정하고 있으므로, 보상은 수용 또는 사용의 대상이 되는 물건별로 하는 것이 아니라 피보상자 개인별로 행하여지는 것이라고 할 것이어서 피보상자는 수용 대상물건 중 전부 또는 일부에 관하여 불복이 있는 경우 그 불복의 사유를 주장하여 행정소송을 제기할 수 있다(대판 2000.1.28, 97누11720).

기출지문 OX

01 손실보상의 지급에서는 개인별 보상의 원칙이 적용된다. (12국가9) ( )

02 희생의 공평분담의 원리가 개개인에 대한 보상이 아니라 주민 등 집단에 대한 일반적 지원으로 구현되는 경우도 있다. (09국회8) ( )

03 사업시행자는 동일한 사업지역에 보상시기를 달리하는 동일인 소유의 토지 등이 여러 개 있는 경우 토지소유자나 관계인이 요구할 때에는 한꺼번에 보상금을 지급하도록 하여야 한다. (13국가9, 11지방7) ( )

04 사업시행자는 동일한 소유자에게 속하는 일단의 토지의 일부를 취득하거나 사용하는 경우 해당 공익사업의 시행으로 인하여 잔여지의 가격이 증가하거나 그 밖의 이익이 발생한 경우에도 그 이익을 그 취득 또는 사용으로 인한 손실과 상계할 수 없다. (13국가9) ( )

정답
01 ○ 02 ○ 03 ○ 04 ○

⑤ 보상액의 산정 기준시점

> **공익사업을 위한 토지 등의 취득 및 보상에 관한 법률 제67조【보상액의 가격시점 등】**
> ① 보상액의 산정은 협의에 의한 경우에는 협의 성립 당시의 가격을, 재결에 의한 경우에는 수용 또는 사용의 재결 당시의 가격을 기준으로 한다.
> ② 보상액을 산정할 경우에 해당 공익사업으로 인하여 토지등의 가격이 변동되었을 때에는 이를 고려하지 아니한다.

관련 판례

1 토지수용으로 인한 손실보상액을 산정함에 있어서 당해 공공사업의 시행을 직접 목적으로 하는 계획의 승인·고시로 인한 가격변동은 이를 고려함이 없이 수용재결 당시의 가격을 기준으로 하여 적정가격을 정하여야 하나, 당해 공공사업과는 관계없는 다른 사업의 시행으로 인한 개발이익은 이를 배제하지 아니한 가격으로 평가하여야 한다(대판 1999.1.15, 98두8896).

2 토지수용 보상액을 산정함에 있어서는 토지수용법 제46조 제1항에 따라 당해 공공사업의 시행을 직접 목적으로 하는 계획의 승인·고시로 인한 가격변동은 이를 고려함이 없이 수용재결 당시의 가격을 기준으로 하여 정하여야 할 것이므로, 당해 사업인 택지개발사업에 대한 실시계획의 승인과 더불어 그 용도지역이 주거지역으로 변경된 토지를 그 사업의 시행을 위하여 후에 수용하였다면 그 재결을 위한 평가를 함에 있어서는 그 용도지역의 변경을 고려함이 없이 평가하여야 할 것이다(대판 1999.3.23, 98두13850).

⑥ 보상업무의 위탁

> **공익사업을 위한 토지 등의 취득 및 보상에 관한 법률 제81조【보상업무 등의 위탁】**
> ① 사업시행자는 보상 또는 이주대책에 관한 업무를 다음 각 호의 기관에 위탁할 수 있다.
> 1. 지방자치단체
> 2. 보상실적이 있거나 보상업무에 관한 전문성이 있는 공공기관의 운영에 관한 법률 제4조에 따른 공공기관 또는 지방공기업법에 따른 지방공사로서 대통령령으로 정하는 기관
>
> ② 제1항에 따른 위탁시 업무범위, 수수료 등에 관하여 필요한 사항은 대통령령으로 정한다.

(3) 손실보상의 대상

① 재산권에 대한 손실보상

㉠ 토지수용에 대한 보상

> **공익사업을 위한 토지 등의 취득 및 보상에 관한 법률 제70조【취득하는 토지의 보상】** ① 협의나 재결에 의하여 취득하는 토지에 대하여는 부동산 가격공시에 관한 법률에 따른 공시지가를 기준으로 하여 보상하되, 그 공시기준일부터 가격시점까지의 관계 법령에 따른 그 토지의 이용계획, 해당 공익사업으로 인한 지가의 영향을 받지 아니하는 지역의 대통령령으로 정하는 지가변동률, 생산자물가상승률(한국은행법 제86조에 따라 한국은행이 조사·발표하는 생산자물가지수에 따라 산정된 비율을 말한다)과 그 밖에 그 토지의 위치·형상·환경·이용상황 등을 고려하여 평가한 적정가격으로 보상하여야 한다.

기출지문 OX

01 보상액을 산정할 경우에 해당 공익사업으로 인하여 토지 등의 가격이 변동되었을 때에는 이를 고려한다. (16국가7, 13국가9) ( )

02 토지수용으로 인한 손실보상액은 당해 공공사업의 시행을 직접 목적으로 하는 계획의 승인·고시로 인한 가격변동을 고려함이 없이 수용재결 당시의 가격을 기준으로 하여 정하여야 한다. (14국가7, 08지방7) ( )

03 사업시행자는 보상에 관한 업무를 대통령령이 정하는 보상전문기관에 위탁할 수 있도록 하였다. (04행시) ( )

04 현행 공익사업을 위한 토지 등의 취득 및 보상에 관한 법률상 토지의 경우에 보상액을 결정함에 있어 사업시행자가 당해 공익사업으로 취득하게 될 이익도 고려해야 한다. (12서울9) ( )

정답
01 × 02 ○ 03 ○ 04 ×

기출지문 OX

01 수용대상 토지의 보상가격이 당해 토지의 개별공시지가를 기준으로 하여 산정한 것보다 저렴하게 되었다는 사정만으로 그 보상액 산정이 위법한 것은 아니다. (08지방9) ( )

02 공익사업의 시행으로 인한 개발이익을 손실보상액에서 배제하는 것은 헌법에 위반되지 않는다. (11지방9) ( )

정답
01 ○ 02 ○

② 토지에 대한 보상액은 가격시점에서의 현실적인 이용상황과 일반적인 이용방법에 의한 객관적 상황을 고려하여 산정하되, 일시적인 이용상황과 토지소유자나 관계인이 갖는 주관적 가치 및 특별한 용도에 사용할 것을 전제로 한 경우 등은 고려하지 아니한다.
③ 사업인정 전 협의에 의한 취득의 경우에 제1항에 따른 공시지가는 해당 토지의 가격시점 당시 공시된 공시지가 중 가격시점과 가장 가까운 시점에 공시된 공시지가로 한다.
④ 사업인정 후의 취득의 경우에 제1항에 따른 공시지가는 사업인정고시일 전의 시점을 공시기준일로 하는 공시지가로서, 해당 토지에 관한 협의의 성립 또는 재결 당시 공시된 공시지가 중 그 사업인정고시일과 가장 가까운 시점에 공시된 공시지가로 한다.
⑤ 제3항 및 제4항에도 불구하고 공익사업의 계획 또는 시행이 공고되거나 고시됨으로 인하여 취득하여야 할 토지의 가격이 변동되었다고 인정되는 경우에는 제1항에 따른 공시지가는 해당 공고일 또는 고시일 전의 시점을 공시기준일로 하는 공시지가로서 그 토지의 가격시점 당시 공시된 공시지가 중 그 공익사업의 공고일 또는 고시일과 가장 가까운 시점에 공시된 공시지가로 한다.
⑥ 취득하는 토지와 이에 관한 소유권 외의 권리에 대한 구체적인 보상액 산정 및 평가방법은 투자비용, 예상수익 및 거래가격 등을 고려하여 국토교통부령으로 정한다.

관련 판례

1 토지수용시 개별공시지가에 따라 손실보상액을 산정하지 아니하였다고 하여 위헌이 되는 것은 아니다(헌재 2001.4.26, 2000헌바31).

2 구 토지수용법 제46조 제2항 및 지가공시 및 토지 등의 평가에 관한 법률 제10조 제1항 제1호가 토지수용으로 인한 손실보상액의 산정을 공시지가를 기준으로 하되 개발이익을 배제하고, 공시기준일부터 재결시까지의 시점보정을 인근토지의 가격변동률과 도매물가상승률 등에 의하여 행하도록 규정한 것은 위 각 규정에 의한 기준지가가 대상지역 공고일 당시의 표준지의 객관적 가치를 정당하게 반영하는 것이고, 표준지와 지가산정 대상토지 사이에 가격의 유사성을 인정할 수 있도록 표준지의 선정이 적정하며, 대상지역 공고일 이후 수용시까지의 시가변동을 산출하는 시점보정의 방법이 적정한 것으로 보이므로, 헌법상의 정당보상의 원칙에 위배되는 것이 아니며, 또한 위 헌법조항의 법률유보를 넘어섰다거나 과잉금지의 원칙에 위배되었다고 볼 수 없다(헌재 1995.4.20, 93헌바20 · 66 · 94헌바4 · 9 · 95헌바6).

㉡ 토지사용에 대한 보상

공익사업을 위한 토지 등의 취득 및 보상에 관한 법률 제71조 【사용하는 토지의 보상 등】 ① 협의 또는 재결에 의하여 사용하는 토지에 대하여는 그 토지와 인근 유사토지의 지료, 임대료, 사용방법, 사용기간 및 그 토지의 가격 등을 고려하여 평가한 적정가격으로 보상하여야 한다.
② 사용하는 토지와 그 지하 및 지상의 공간 사용에 대한 구체적인 보상액 산정 및 평가방법은 투자비용, 예상수익 및 거래가격 등을 고려하여 국토교통부령으로 정한다.

제72조 【사용하는 토지의 매수청구 등】 사업인정고시가 된 후 다음 각 호의 어느 하나에 해당할 때에는 해당 토지소유자는 사업시행자에게 해당 토지의 매수를 청구하거나 관할 토지수용위원회에 그 토지의 수용을 청구할 수 있다. 이 경우 관계인은 사업시행자나 관할 토지수용위원회에 그 권리의 존속을 청구할 수 있다.
1. 토지를 사용하는 기간이 3년 이상인 경우
2. 토지의 사용으로 인하여 토지의 형질이 변경되는 경우
3. 사용하려는 토지에 그 토지소유자의 건축물이 있는 경우

관련 판례

공익사업을 위한 토지 등의 취득 및 보상에 관한 법률 제72조의 문언, 연혁 및 취지 등에 비추어 보면, 위 규정이 정한 수용청구권은 토지보상법 제74조 제1항이 정한 잔여지 수용청구권과 같이 손실보상의 일환으로 토지소유자에게 부여되는 권리로서 그 청구에 의하여 수용효과가 생기는 형성권의 성질을 지니므로, 토지소유자의 토지수용청구를 받아들이지 아니한 토지수용위원회의 재결에 대하여 토지소유자가 불복하여 제기하는 소송은 토지보상법 제85조 제2항에 규정되어 있는 '보상금의 증감에 관한 소송'에 해당하고, 피고는 토지수용위원회가 아니라 사업시행자로 하여야 한다(대판 2015.4.9, 2014두46669).

㉢ 물건 이전비 보상 및 물건 수용에 대한 보상

공익사업을 위한 토지 등의 취득 및 보상에 관한 법률 제75조 【건축물 등 물건에 대한 보상】 ① 건축물·입목·공작물과 그 밖에 토지에 정착한 물건(이하 "건축물 등"이라 한다)에 대하여는 이전에 필요한 비용(이하 "이전비"라 한다)으로 보상하여야 한다. 다만, 다음 각 호의 어느 하나에 해당하는 경우에는 해당 물건의 가격으로 보상하여야 한다.
1. 건축물 등을 이전하기 어렵거나 그 이전으로 인하여 건축물 등을 종래의 목적대로 사용할 수 없게 된 경우
2. 건축물 등의 이전비가 그 물건의 가격을 넘는 경우
3. 사업시행자가 공익사업에 직접 사용할 목적으로 취득하는 경우

② 농작물에 대한 손실은 그 종류와 성장의 정도 등을 종합적으로 고려하여 보상하여야 한다.
③ 토지에 속한 흙·돌·모래 또는 자갈(흙·돌·모래 또는 자갈이 해당 토지와 별도로 취득 또는 사용의 대상이 되는 경우만 해당한다)에 대하여는 거래가격 등을 고려하여 평가한 적정가격으로 보상하여야 한다.
④ 분묘에 대하여는 이장에 드는 비용 등을 산정하여 보상하여야 한다.
⑤ 사업시행자는 사업예정지에 있는 건축물 등이 제1항 제1호 또는 제2호에 해당하는 경우에는 관할 토지수용위원회에 그 물건의 수용 재결을 신청할 수 있다.
⑥ 제1항부터 제4항까지의 규정에 따른 물건 및 그 밖의 물건에 대한 보상액의 구체적인 산정 및 평가방법과 보상기준은 국토교통부령으로 정한다.

관련 판례

1 지장물인 건물은 그 건물이 적법한 건축허가를 받아 건축된 것인지 여부에 관계없이 토지수용법상의 사업인정의 고시 이전에 건축된 건물이기만 하면 손실보상의 대상이 됨이 명백하다(대판 2000.3.10, 99두10896).

기출지문 OX

01 본법 제72조에 의한 사용토지에 대한 수용청구를 받아들이지 아니한 토지수용위원회의 재결에 대하여 토지소유자는 당해 토지수용위원회를 피고로 하여 항고소송을 제기할 수 있다. (16지방7) ( )

02 판례에 의하면 지장물인 건물은 적법한 건축허가를 받아 건축된 건물만이 손실보상의 대상이 된다. (11지방7) ( )

정답
01 × 02 ×

기출지문 OX

01 손실보상이 이루어지는 재산권에는 지가상승에 대한 기대이익이나 영업이익의 가능성이 포함되지 아니한다. (05국가9) ( )

정답
01 ○

2 사업시행자가 당해 물건을 취득하는 제3호와 달리 협의 또는 수용에 의한 취득절차를 거치지 아니한 이상 사업시행자가 그 보상만으로 당해 물건의 소유권까지 취득한다고 할 수는 없으나, 다른 한편으로 사업시행자는 수목의 소유자가 사업시행에 방해가 되지 않는 상당한 기한 내에 토지보상법 시행규칙 제37조 제5항 단서에 따라 수목을 처분할 목적으로 벌채하기로 하는 등의 특별한 사정이 없는 한 자신의 비용으로 직접 이를 벌채할 수 있다. 이러한 경우 수목의 소유자로서도 사업시행자의 수목 벌채와 그 과정에서 발생하는 물건의 가치 상실을 수인하여야 할 지위에 있다. 따라서 사업시행자가 토지보상법 제75조 제1항 단서 제1호에 따라 수목의 가격으로 보상하였으나 수목을 협의 또는 수용에 의하여 취득하지 않은 경우, 수목의 소유자는 특별한 사정이 없는 한 토지보상법 제43조에 의한 지장물의 이전의무를 부담하지 않고, 사업시행자는 수목의 소유자에게 수목의 이전 또는 벌채를 요구할 수 없다(대판 2015.4.23, 2014도15607).

㉣ 권리에 대한 보상

공익사업을 위한 토지 등의 취득 및 보상에 관한 법률 제76조【권리의 보상】
① 광업권·어업권·양식업권 및 물(용수시설을 포함한다) 등의 사용에 관한 권리에 대하여는 투자비용, 예상 수익 및 거래가격 등을 고려하여 평가한 적정가격으로 보상하여야 한다.

㉤ 영업손실·농업손실·임금손실 등에 대한 보상

공익사업을 위한 토지 등의 취득 및 보상에 관한 법률 제77조【영업의 손실 등에 대한 보상】 ① 영업을 폐업하거나 휴업함에 따른 영업손실에 대하여는 영업이익과 시설의 이전비용 등을 고려하여 보상하여야 한다.
② 농업의 손실에 대하여는 농지의 단위면적당 소득 등을 고려하여 실제 경작자에게 보상하여야 한다. 다만, 농지소유자가 해당 지역에 거주하는 농민인 경우에는 농지소유자와 실제 경작자가 협의하는 바에 따라 보상할 수 있다.
③ 휴직하거나 실직하는 근로자의 임금손실에 대하여는 근로기준법에 따른 평균임금 등을 고려하여 보상하여야 한다.
④ 제1항부터 제3항까지의 규정에 따른 보상액의 구체적인 산정 및 평가방법과 보상기준, 제2항에 따른 실제 경작자 인정기준에 관한 사항은 국토교통부령으로 정한다.

관련 판례

1 구 토지수용법 제51조가 규정하고 있는 '영업상의 손실'이란 수용의 대상이 된 토지·건물 등을 이용하여 영업을 하다가 그 토지·건물 등이 수용됨으로 인하여 영업을 할 수 없거나 제한을 받게 됨으로 인하여 생기는 직접적인 손실을 말하는 것이므로 위 규정은 영업을 하기 위하여 투자한 비용이나 그 영업을 통하여 얻을 것으로 기대되는 이익에 대한 손실보상의 근거규정이 될 수 없고, 그 외 구 토지수용법이나 구 '공공용지의 취득 및 손실보상에 관한 특례법', 그 시행령 및 시행규칙 등 관계 법령에도 영업을 하기 위하여 투자한 비용이나 그 영업을 통하여 얻을 것으로 기대되는 이익에 대한 손실보상의 근거규정이나 그 보상의 기준과 방법 등에 관한 규정이 없으므로, 이러한 손실은 그 보상의 대상이 된다고 할 수 없다(대판 2006.1.27, 2003두13106).

2 영업의 폐지로 볼 것인지 아니면 영업의 휴업으로 볼 것인지를 구별하는 기준은 당해 영업을 그 영업소 소재지나 인접 시·군 또는 구 지역 안의 다른 장소로 이전하는 것이 가능한지의 여부에 달려 있고, 이러한 이전가능 여부는 법령상의 이전장애사유 유무와 당해 영업의 종류와 특성, 영업시설의 규모, 인접 지역의 현황과 특성, 그 이전을 위하여 당사자가 들인 노력 등과 인근 주민들의 이전 반대 등과 같은 사실상의 이전장애사유 유무 등을 종합하여 판단하여야 한다(대판 2006.9.8, 2004두7672).

3 공익사업으로 인하여 영업을 폐지하거나 휴업하는 자가 사업시행자에게서 구 공익사업법 제77조 제1항에 따라 영업손실에 대한 보상을 받기 위해서는 구 공익사업법 제34조, 제50조 등에 규정된 재결절차를 거친 다음 재결에 대하여 불복이 있는 때에 비로소 구 공익사업법 제83조 내지 제85조에 따라 권리구제를 받을 수 있을 뿐, 이러한 재결절차를 거치지 않은 채 곧바로 사업시행자를 상대로 손실보상을 청구하는 것은 허용되지 않는다고 보는 것이 타당하다(대판 2011.9.29. 2009두10963).

② 간접손실에 대한 보상

- **간접손실**: 공공사업 시행으로 인하여 사업시행지 밖에서 발생하는 재산권의 손실

㉠ 잔여지 손실 보상

공익사업을 위한 토지 등의 취득 및 보상에 관한 법률 제73조【잔여지의 손실과 공사비 보상】 ① 사업시행자는 동일한 소유자에게 속하는 일단의 토지의 일부가 취득되거나 사용됨으로 인하여 잔여지의 가격이 감소하거나 그 밖의 손실이 있을 때 또는 잔여지에 통로·도랑·담장 등의 신설이나 그 밖의 공사가 필요할 때에는 국토교통부령으로 정하는 바에 따라 그 손실이나 공사의 비용을 보상하여야 한다. 다만, 잔여지의 가격 감소분과 잔여지에 대한 공사의 비용을 합한 금액이 잔여지의 가격보다 큰 경우에는 사업시행자는 그 잔여지를 매수할 수 있다.
② 제1항 본문에 따른 손실 또는 비용의 보상은 관계 법률에 따라 사업이 완료된 날 또는 제24조의2에 따른 사업완료의 고시가 있는 날(이하 "사업완료일"이라 한다)부터 1년이 지난 후에는 청구할 수 없다.

제74조【잔여지 등의 매수 및 수용 청구】 ① 동일한 소유자에게 속하는 일단의 토지의 일부가 협의에 의하여 매수되거나 수용됨으로 인하여 잔여지를 종래의 목적에 사용하는 것이 현저히 곤란할 때에는 해당 토지소유자는 사업시행자에게 잔여지를 매수하여 줄 것을 청구할 수 있으며, 사업인정 이후에는 관할 토지수용위원회에 수용을 청구할 수 있다. 이 경우 수용의 청구는 매수에 관한 협의가 성립되지 아니한 경우에만 할 수 있으며, 사업완료일까지 하여야 한다.
② 제1항에 따라 매수 또는 수용의 청구가 있는 잔여지 및 잔여지에 있는 물건에 관하여 권리를 가진 자는 사업시행자나 관할 토지수용위원회에 그 권리의 존속을 청구할 수 있다.
③ 제1항에 따른 토지의 취득에 관하여는 제73조 제3항을 준용한다.
④ 잔여지 및 잔여지에 있는 물건에 대한 구체적인 보상액 산정 및 평가방법 등에 대하여는 제70조, 제75조, 제76조, 제77조 및 제78조 제4항부터 제6항까지의 규정을 준용한다.

기출지문 OX

01 판례에 의하면 영업손실에 관한 보상이 있어서 영업의 휴업과 폐지를 구별하는 기준은 당해 영업을 다른 장소로 실제로 이전하였는지의 여부에 달려있는 것이 아니라, 당해 영업을 그 영업소 소재지나 인접 시·군 또는 구 지역 안의 다른 장소로 이전하는 것이 가능한지의 여부에 달려있다. (08지방7) ( )

02 공익사업으로 인하여 영업을 폐지하거나 휴업하는 자는 구 공익사업을 위한 토지 등의 취득 및 보상에 관한 법률에 규정된 재결절차를 거치지 않은 채 곧바로 사업시행자를 상대로 영업손실보상을 청구할 수 없다. (19국회8) ( )

03 잔여지 수용의 청구는 잔여지 매수에 관한 협의가 성립되지 않은 경우에 한하되, 해당 사업의 공사 완료일까지 하여야 한다. (11국가7) ( )

04 잔여지 수용의 청구가 있으면 그 잔여지에 관하여 권리를 가진 자는 사업시행자에게 그 권리의 존속을 청구할 수 없다. (11국가7) ( )

정답
01 ○ 02 ○ 03 ○ 04 × 있음

기출지문 OX

01 동일한 토지소유자에 속하는 일단의 토지의 일부가 취득됨으로써 잔여지의 가격이 감소한 때에는 잔여지를 종래의 목적으로 사용하는 것이 가능한 경우라도 그 잔여지는 손실보상의 대상이 된다. (19지방7) ( )

02 토지소유자가 잔여지 수용청구에 대한 재결절차를 거친 경우에는 곧바로 사업시행자를 상대로 잔여지 가격감소 등으로 인한 손실보상을 청구할 수 있다. (19지방7) ( )

03 잔여지가 이용은 가능하지만 그 이용에 많은 비용이 소요되는 경우에는 잔여지 수용을 청구할 수 있다. (11국가7) ( )

04 잔여지 수용청구권은 그 요건을 구비한 때에는 잔여지를 수용하는 토지수용위원회의 재결이 없더라도 그 청구에 의하여 수용의 효과가 발생하는 형성권적 성질을 가진다. (20국가7) ( )

05 잔여지 수용청구권은 그 요건을 구비한 때에 형성권의 성질을 가지며 잔여지 수용청구권의 행사기간은 제척기간이다. (11국가7, 08지방7) ( )

정답
01 ○ 02 × 없음 03 ○ 04 ○
05 ○

관련 판례

잔여지 손실보상청구

1 사업시행자가 동일한 토지소유자에 속하는 일단의 토지 일부를 취득함으로 인하여 잔여지의 가격이 감소하거나 그 밖의 손실이 있을 때 등에는 잔여지를 종래의 목적으로 사용하는 것이 가능한 경우라도 잔여지 손실보상의 대상이 되며, 잔여지를 종래의 목적에 사용하는 것이 불가능하거나 현저히 곤란한 경우이어야만 잔여지 손실보상청구를 할 수 있는 것이 아니다(대판 2018.7.20, 2015두4044).

2 토지소유자가 사업시행자로부터 공익사업법 제73조에 따른 잔여지 가격감소 등으로 인한 손실보상을 받기 위해서는 공익사업법 제34조, 제50조 등에 규정된 재결절차를 거친 다음 그 재결에 대하여 불복이 있는 때에 비로소 공익사업법 제83조 내지 제85조에 따라 권리구제를 받을 수 있을 뿐, 이러한 재결절차를 거치지 않은 채 곧바로 사업시행자를 상대로 손실보상을 청구하는 것은 허용되지 않는다고 봄이 상당하고, 이는 수용대상토지에 대하여 재결절차를 거친 경우에도 마찬가지라 할 것이다(대판 2012.11.29, 2011두22587).

참고 수용되는 토지와 별도로, 잔여지에 대해서도 '협의 → 재결신청과 재결 → 이의재결 또는 보상금증감청구소송' 이라는 토지보상법 상의 절차를 거쳐야 하고, 바로 사업시행자에게 손실보상금청구소송을 제기하면 안 된다는 판결. 결국 ①수용되는 토지, ②잔여지 손실보상청구, ③잔여지 수용청구 모두 각각 토지보상법 상의 절차를 거쳐야 한다는 취지임.

3 특정한 공익사업의 사업시행자가 보상하여야 하는 손실은, 동일한 소유자에게 속하는 일단의 토지 중 일부를 사업시행자가 그 공익사업을 위하여 취득하거나 사용함으로 인하여 잔여지에 발생하는 것임을 전제로 한다. 따라서 이러한 잔여지에 대하여 현실적 이용상황 변경 또는 사용가치 및 교환가치의 하락 등이 발생하였더라도, 그 손실이 토지의 일부가 공익사업에 취득되거나 사용됨으로 인하여 발생하는 것이 아니라면 특별한 사정이 없는 한 토지보상법 제73조 제1항 본문에 따른 잔여지 손실보상 대상에 해당한다고 볼 수 없다(대판 2017.7.11, 2017두40860).

관련 판례

잔여지 매수·수용청구

1 구 토지수용법 제48조 제1항에서 규정한 '종래의 목적'이라 함은 수용재결 당시에 당해 잔여지가 현실적으로 사용되고 있는 구체적인 용도를 의미하고, '사용하는 것이 현저히 곤란한 때'라고 함은 물리적으로 사용하는 것이 곤란하게 된 경우는 물론 사회적, 경제적으로 사용하는 것이 곤란하게 된 경우, 즉 절대적으로 이용 불가능한 경우만이 아니라 이용은 가능하나 많은 비용이 소요되는 경우를 포함한다(대판 2005.1.28, 2002두4679).

2 잔여지 수용청구권은 손실보상의 일환으로 토지소유자에게 부여되는 권리로서 그 요건을 구비한 때에는 잔여지를 수용하는 토지수용위원회의 재결이 없더라도 그 청구에 의하여 수용의 효과가 발생하는 형성권적 성질을 가지므로, 잔여지 수용청구를 받아들이지 않은 토지수용위원회의 재결에 대하여 토지소유자가 불복하여 제기하는 소송은 위 법 제85조 제2항에 규정되어 있는 '보상금의 증감에 관한 소송'에 해당하여 사업시행자를 피고로 하여야 한다. 구 '공익사업을 위한 토지 등의 취득 및 보상에 관한 법률' 제74조 제1항에 의하면, 잔여지 수용청구는 사업시행자와 사이에 매수에 관한 협의가 성립되지 아니한 경우 일단의 토지의 일부에 대한 관할 토지수용위원회의 수용재결이 있기 전까지 관할 토지수용위원회에 하여야 하고, 잔여지 수용청구권의 행사기간은 제척기간으로서, 토지소유자가 그

행사기간 내에 잔여지 수용청구권을 행사하지 아니하면 그 권리가 소멸한다(대판 2010.8.19, 2008두822).

3 구 공익사업을 위한 토지 등의 취득 및 보상에 관한 법률 제74조 제1항에 의하면, 잔여지 수용청구는 사업시행자와 사이에 매수에 관한 협의가 성립되지 아니한 경우 일단의 토지의 일부에 대한 관할 토지수용위원회의 수용재결이 있기 전까지 관할 토지수용위원회에 하여야 하고, 잔여지 수용청구권의 행사기간은 제척기간으로서, 토지소유자가 그 행사기간 내에 잔여지 수용청구권을 행사하지 아니하면 그 권리가 소멸한다. 또한 위 조항의 문언 내용 등에 비추어 볼 때, 잔여지 수용청구의 의사표시는 관할 토지수용위원회에 하여야 하는 것으로서, 관할 토지수용위원회가 사업시행자에게 잔여지 수용청구의 의사표시를 수령할 권한을 부여하였다고 인정할 만한 사정이 없는 한, 사업시행자에게 한 잔여지 매수청구의 의사표시를 관할 토지수용위원회에 한 잔여지 수용청구의 의사표시로 볼 수는 없다(대판 2010.8.19, 2008두822).

ⓛ 잔여건축물 손실 보상

공익사업을 위한 토지 등의 취득 및 보상에 관한 법률 제75조의2【잔여 건축물의 손실에 대한 보상 등】 ① 사업시행자는 동일한 소유자에게 속하는 일단의 건축물의 일부가 취득되거나 사용됨으로 인하여 잔여 건축물의 가격이 감소하거나 그 밖의 손실이 있을 때에는 국토교통부령으로 정하는 바에 따라 그 손실을 보상하여야 한다. 다만, 잔여 건축물의 가격 감소분과 보수비(건축물의 나머지 부분을 종래의 목적대로 사용할 수 있도록 그 유용성을 동일하게 유지하는 데에 일반적으로 필요하다고 볼 수 있는 공사에 사용되는 비용을 말한다. 다만, 건축법 등 관계 법령에 따라 요구되는 시설 개선에 필요한 비용은 포함하지 아니한다)를 합한 금액이 잔여 건축물의 가격보다 큰 경우에는 사업시행자는 그 잔여 건축물을 매수할 수 있다.
② 동일한 소유자에게 속하는 일단의 건축물의 일부가 협의에 의하여 매수되거나 수용됨으로 인하여 잔여 건축물을 종래의 목적에 사용하는 것이 현저히 곤란할 때에는 그 건축물소유자는 사업시행자에게 잔여 건축물을 매수하여 줄 것을 청구할 수 있으며, 사업인정 이후에는 관할 토지수용위원회에 수용을 청구할 수 있다. 이 경우 수용 청구는 매수에 관한 협의가 성립되지 아니한 경우에만 하되, 사업완료일까지 하여야 한다.

관련 판례

건축물 소유자가 사업시행자로부터 토지보상법 제75조의2 제1항에 따른 잔여 건축물 가격감소 등으로 인한 손실보상을 받기 위해서는 토지보상법 제34조, 제50조 등에 규정된 재결절차를 거친 다음 재결에 대하여 불복이 있는 때에 비로소 토지보상법 제83조 내지 제85조에 따라 권리구제를 받을 수 있을 뿐, 재결절차를 거치지 않은 채 곧바로 사업시행자를 상대로 손실보상을 청구하는 것은 허용되지 않고, 이는 수용대상 건축물에 대하여 재결절차를 거친 경우에도 마찬가지이다(대판 2015.11.12, 2015두2963).

ⓒ 시행지 밖의 토지 등에 대한 보상

- 토지보상법 시행규칙에서는 공익사업시행지구 밖의 토지·건축물·공작물의 손실이나, 어업·영업·농업 손실에 대하여 보상할 것을 규정하고 있음.

기출지문 OX

01 구 토지수용법에 의한 잔여지 수용청구권은 그 요건을 구비한 때에는 청구에 의해 수용의 효과가 발생하는 형성권적 성질을 가진다. (11국가7) ( )

02 잔여지 수용청구의 의사표시는 관할 토지수용위원회에 하여야 하므로, 원칙적으로 사업시행자에게 한 잔여지 매수청구의 의사표시를 관할 토지수용위원회에 한 잔여지 수용청구의 의사표시로 볼 수 없다. (16지방7) ( )

03 잔여지 수용청구는 당해 공익사업의 공사완료일까지 해야 하지만, 토지소유자가 그 기간에 잔여지 수용청구권을 행사하지 않았더라도 그 권리가 소멸하는 것은 아니다. (19지방7) ( )

04 토지소유자가 사업시행자에게 잔여지 매수청구의 의사표시를 하였다면, 그 의사표시는 특별한 사정이 없는 한 관할 토지수용위원회에 한 잔여지 수용청구의 의사표시로 볼 수 있다. (19지방7) ( )

05 공익사업에 영업시설 일부가 편입됨으로 인하여 잔여 영업시설에 손실을 입은 자는 재결절차를 거치지 않은 채 곧바로 사업시행자를 상대로 잔여 영업시설의 손실에 대한 보상을 청구할 수 있다. (20국가7) ( )

정답
01 ○ 02 ○ 03 × 04 × 05 ×

기출지문 OX

01 공공사업의 시행으로 인하여 사업지구 밖에서 수산제조업에 대한 간접손실이 발생하리라는 것을 쉽게 예견할 수 있고 그 손실의 범위도 구체적으로 특정할 수 있는 경우라면, 그 손실의 보상에 관하여 구 공공용지의 취득 및 손실보상에 관한 특례법 시행규칙의 간접보상 규정을 유추적용할 수 있다. (15국회8) ( )

정답
01 ○

> **공익사업을 위한 토지 등의 취득 및 보상에 관한 법률 시행규칙 제59조【공익사업시행지구밖의 대지 등에 대한 보상】** 공익사업시행지구 밖의 대지(조성된 대지를 말한다)·건축물·분묘 또는 농지(계획적으로 조성된 유실수단지 및 죽림단지를 포함한다)가 공익사업의 시행으로 인하여 산지나 하천 등에 둘러싸여 교통이 두절되거나 경작이 불가능하게 된 경우에는 그 소유자의 청구에 의하여 이를 공익사업시행지구에 편입되는 것으로 보아 보상하여야 한다. 다만, 그 보상비가 도로 또는 도선시설의 설치비용을 초과하는 경우에는 도로 또는 도선시설을 설치함으로써 보상에 갈음할 수 있다.

관련 판례

공공사업의 시행 결과 그 공공사업의 시행이 기업지 밖에 미치는 간접손실에 관하여 그 피해자와 사업시행자 사이에 협의가 이루어지지 아니하고 그 보상에 관한 명문의 근거 법령이 없는 경우라고 하더라도, 헌법 제23조 제3항은 "공공필요에 의한 재산권의 수용·사용 또는 제한 및 그에 대한 보상은 법률로써 하되, 정당한 보상을 지급하여야 한다."고 규정하고 있고, 이에 따라 국민의 재산권을 침해하는 행위 그 자체는 반드시 형식적 법률에 근거하여야 하며, 토지수용법 등의 개별 법률에서 공익사업에 필요한 재산권 침해의 근거와 아울러 그로 인한 손실보상 규정을 두고 있는 점, 공공용지의 취득 및 손실보상에 관한 특례법 제3조 제1항은 "공공사업을 위한 토지 등의 취득 또는 사용으로 인하여 토지 등의 소유자가 입은 손실은 사업시행자가 이를 보상하여야 한다."고 규정하고, 같은 법 시행규칙 제23조의2 내지 7에서 공공사업시행지구 밖에 위치한 영업과 공작물 등에 대한 간접손실에 대하여도 일정한 조건하에서 이를 보상하도록 규정하고 있는 점에 비추어, 공공사업의 시행으로 인하여 그러한 손실이 발생하리라는 것을 쉽게 예견할 수 있고 그 손실의 범위도 구체적으로 이를 특정할 수 있는 경우라면 그 손실의 보상에 관하여 공공용지의 취득 및 손실보상에 관한 특례법 시행규칙의 관련 규정 등을 유추적용할 수 있다고 해석함이 상당하다(대판 1999.10.8, 99다27231).

참고 수용의 근거법률인 구 공유수면매립법에 간접손실에 대한 보상규정이 없는 경우, 간접손실에 대한 보상규정이 있는 관련법률을 유추적용하여 보상해주어야 한다고 본 판결

③ 생활보상

㉠ 이주대책

> **공익사업을 위한 토지 등의 취득 및 보상에 관한 법률 제78조【이주대책의 수립 등】** ① 사업시행자는 공익사업의 시행으로 인하여 주거용 건축물을 제공함에 따라 생활의 근거를 상실하게 되는 자(이하 "이주대책대상자"라 한다)를 위하여 대통령령으로 정하는 바에 따라 이주대책을 수립·실시하거나 이주정착금을 지급하여야 한다.
> ② 사업시행자는 제1항에 따라 이주대책을 수립하려면 미리 관할 지방자치단체의 장과 협의하여야 한다.
> ③ 국가나 지방자치단체는 이주대책의 실시에 따른 주택지의 조성 및 주택의 건설에 대하여는 주택도시기금법에 따른 주택도시기금을 우선적으로 지원하여야 한다.
> ④ 이주대책의 내용에는 이주정착지(이주대책의 실시로 건설하는 주택단지를 포함한다)에 대한 도로, 급수시설, 배수시설, 그 밖의 공공시설 등

통상적인 수준의 생활기본시설이 포함되어야 하며, 이에 필요한 비용은 사업시행자가 부담한다. 다만, 행정청이 아닌 사업시행자가 이주대책을 수립·실시하는 경우에 지방자치단체는 비용의 일부를 보조할 수 있다.
⑤ 주거용 건물의 거주자에 대하여는 주거 이전에 필요한 비용과 가재도구 등 동산의 운반에 필요한 비용을 산정하여 보상하여야 한다.

관련 판례

이주대책의 법적 성질(헌법상 재산권에 포함되는지 여부)

1 이주대책은 헌법 제23조 제3항에 규정된 정당한 보상에 포함되는 것이라기보다는 이에 부가하여 이주자들에게 종전의 생활상태를 회복시키기 위한 생활보상의 일환으로서 국가의 정책적인 배려에 의하여 마련된 제도라고 볼 것이다. 따라서 이주대책의 실시 여부는 입법자의 입법정책적 재량의 영역에 속하므로 공익사업을 위한 토지 등의 취득 및 보상에 관한 법률 시행령 제40조 제3항 제3호가 이주대책의 대상자에서 세입자를 제외하고 있는 것이 세입자의 재산권을 침해하는 것이라 볼 수 없다(헌재 2006.2.23, 2004헌마19).

2 이주대책은 공공사업의 시행에 필요한 토지 등을 제공함으로 인하여 생활의 근거를 상실하게 되는 이주자들을 위하여 사업시행자가 '기본적인 생활시설이 포함된' 택지를 조성하거나 그 지상에 주택을 건설하여 이주자들에게 이를 '그 투입비용 원가만의 부담하에' 개별 공급하는 것으로서, 그 본래의 취지에 있어 이주자들에 대하여 종전의 생활상태를 원상으로 회복시키면서 동시에 인간다운 생활을 보장하여 주기 위한 이른바 생활보상의 일환으로 국가의 적극적이고 정책적인 배려에 의하여 마련된 제도라 할 것이다(대판 2003.7.25, 2001다57778).

관련 판례

사업시행자의 이주대책 수립·실시

1 사업시행자의 이주대책 수립·실시의무를 정하고 있는 구 공익사업법 제78조 제1항은 물론 이주대책의 내용에 관하여 규정하고 있는 같은 조 제4항 본문 역시 당사자의 합의 또는 사업시행자의 재량에 의하여 적용을 배제할 수 없는 강행법규이다(대판 2011.6.23, 2007다63089·63096 전합).

2 공익사업을 위한 토지 등의 취득 및 보상에 관한 법률 제78조 제1항, 공익사업법 시행령 제40조 제3항 제2호에 의하면, 사업시행자는 공익사업의 시행으로 인하여 주거용 건축물을 제공함에 따라 생활의 근거를 상실하게 되는 자(이하 '이주대책대상자'라 한다)를 위하여 공익사업법 시행령이 정하는 바에 따라 이주대책을 수립·실시하거나 이주정착금을 지급하여야 하나, 당해 건축물에 공익사업을 위한 관계법령에 의한 고시 등이 있은 날(이하 '기준일'이라 한다)부터 계약체결일 또는 수용재결일까지 계속하여 거주하고 있지 아니한 건축물의 소유자는 원칙적으로 이주대책대상자에서 제외하도록 되어 있는바, 사업시행자는 이주대책기준을 정하여 이주대책대상자 중에서 이주대책을 수립·실시하여야 할 자를 선정하여 그들에게 공급할 택지 또는 주택의 내용이나 수량을 정할 수 있고 이를 정하는 데 재량을 가지므로, 이를 위해 사업시행자가 설정한 기준은 그것이 객관적으로 합리적이 아니라거나 타당하지 않다고 볼 만한 다른 특별한 사정이 없는 한 존중되어야 한다(대판 2010.3.25, 2009두23709).

3 이주대책대상자에 해당하기 위하여는 구 토지보상법 제4조 각 호의 어느 하나에 해당하는 공익사업의 시행으로 인하여 주거용 건축물을 제공함에 따라 생활의 근거를 상실하게 되어야 한다(대판 2015.6.11, 2012다58920).

기출지문 OX

01 사업시행자의 이주대책 수립·실시의무 및 이주대책의 내용에 관한 규정은 당사자의 합의 또는 사업시행자의 재량에 의하여 적용을 배제할 수 없는 강행법규이다. (20국가7) ( )

정답
01 ○

기출지문 OX

01 사업시행자가 이주대책에 관한 구체적인 계획을 수립하여 이를 해당자에게 통지 내지 공고하게 되면 이주대책대상자에게 구체적인 수분양권이 발생하게 된다. (21국회8) ( )

02 이주대책대상자 선정에서 배제되어 수분양권을 취득하지 못한 이주자가 사업시행자를 상대로 공법상 당사자소송으로 이주대책상의 수분양권 확인을 구하는 것은 허용될 수 없다. (21국회8) ( )

정답
01 × 02 ○

4 이주대책의 대상이 되는 주거용 건축물이란 위 시행령 제40조 제3항 제2호의 '공익사업을 위한 관계 법령에 의한 고시 등이 있은 날' 당시 건축물의 용도가 주거용인 건물을 의미한다고 해석되므로, 그 당시 주거용 건물이 아니었던 건물이 그 이후에 주거용으로 용도 변경된 경우에는 건축 허가를 받았는지 여부에 상관없이 수용재결 내지 협의계약 체결 당시 주거용으로 사용된 건물이라 할지라도 이주대책대상이 되는 주거용 건축물이 될 수 없다(대판 2009.2.26, 2007두13340).

5 관할행정청으로부터 건축허가를 받아 택지개발사업구역 안에 있는 토지 위에 주택을 신축하였으나 사용승인을 받지 않은 주택의 소유자 甲이 한국토지주택공사에 이주자택지 공급대상자 선정신청을 하였는데 위 주택이 사용승인을 받지 않았다는 이유로 한국토지주택공사가 이주자택지 공급대상자 제외 통보를 한 사안에서, 위 처분이 위법하다고 본 원심판단을 정당하다고 한 사례(대판 2013.8.23, 2012두24900).

관련 판례

사업시행자의 이주대책자 확인·결정과 그에 대한 불복

[1] 같은 법 제8조 제1항이 사업시행자에게 이주대책의 수립·실시의무를 부과하고 있다고 하여 그 규정 자체만에 의하여 이주자에게 사업시행자가 수립한 이주대책상의 택지분양권이나 아파트 입주권 등을 받을 수 있는 구체적인 권리(수분양권)가 직접 발생하는 것이라고는 도저히 볼 수 없으며, 사업시행자가 이주대책에 관한 구체적인 계획을 수립하여 이를 해당자에게 통지 내지 공고한 후, 이주자가 수분양권을 취득하기를 희망하여 이주대책에 정한 절차에 따라 사업시행자에게 이주대책대상자 선정신청을 하고 사업시행자가 이를 받아들여 이주대책대상자로 확인·결정하여야만 비로소 구체적인 수분양권이 발생하게 된다.

[2] 위와 같은 사업시행자가 하는 확인·결정은 곧 구체적인 이주대책상의 수분양권을 취득하기 위한 요건이 되는 행정작용으로서의 처분인 것이지, 결코 이를 단순히 절차상의 필요에 따른 사실행위에 불과한 것으로 평가할 수는 없다. 따라서 수분양권의 취득을 희망하는 이주자가 소정의 절차에 따라 이주대책대상자 선정신청을 한 데 대하여 사업시행자가 이주대책대상자가 아니라고 하여 위 확인·결정 등의 처분을 하지 않고 이를 제외시키거나 또는 거부조치한 경우에는, 이주자로서는 당연히 사업시행자를 상대로 항고소송에 의하여 그 제외처분 또는 거부처분의 취소를 구할 수 있다고 보아야 한다.

사업시행자가 국가 또는 지방자치단체와 같은 행정기관이 아니고 이와는 독립하여 법률에 의하여 특수한 존립목적을 부여받아 국가의 특별감독하에 그 존립목적인 공공사무를 행하는 공법인이 관계법령에 따라 공공사업을 시행하면서 그에 따른 이주대책을 실시하는 경우에도, 그 이주대책에 관한 처분은 법률상 부여받은 행정작용권한을 행사하는 것으로서 항고소송의 대상이 되는 공법상 처분이 되므로, 그 처분이 위법부당한 것이라면 사업시행자인 당해 공법인을 상대로 그 취소소송을 제기할 수 있다.

[3] 이러한 수분양권은 위와 같이 이주자가 이주대책을 수립.실시하는 사업시행자로부터 이주대책대상자로 확인·결정을 받음으로써 취득하게 되는 택지나 아파트 등을 분양받을 수 있는 공법상의 권리라고 할 것이므로, 이주자가 사업시행자에 대한 이주대책대상자 선정신청 및 이에 따른 확인·결정 등 절차를 밟지 아니하여 구체적인 수분양권을 아직 취득하지도 못한 상태에서 곧바로 분양의무의 주체를 상대방으로 하여 민사소송이나 공법상 당사자소송으로 이주대책상의 수분양권의 확인 등을 구하는 것은 허용될 수 없고, 나아가 그 공급대상인 택지나 아파트 등의 특정부분에 관하여 그 수분양권의 확인을 소구하는 것은 더더욱 불가능하다고 보아야 한다(대판 1994.5.24, 92다35783 전합).

관련 판례

주거이전비(법 제78조 제5항)

1 세입자에 대한 주거이전비는 공익사업 시행으로 인하여 생활 근거를 상실하게 되는 세입자를 위하여 사회보장적 차원에서 지급하는 금원으로 보아야 하므로, 사업시행자의 세입자에 대한 주거이전비 지급의무를 정하고 있는 공익사업법 시행규칙 제54조 제2항은 당사자 합의 또는 사업시행자 재량에 의하여 적용을 배제할 수 없는 강행규정이라고 보아야 한다(대판 2011.7.14, 2011두3685).

2 세입자의 주거이전비 보상청구권은 그 요건을 충족하는 경우에 당연히 발생하는 것이므로, 주거이전비 보상청구소송은 행정소송법 제3조 제2호에 규정된 당사자소송에 의하여야 한다(대판 2008.5.29, 2007다8129).

ⓒ 생활대책

관련 판례

생활대책의 법적 성질(헌법상 재산권에 포함되는지 여부)

1 '생업의 근거를 상실하게 된 자에 대하여 일정 규모의 상업용지 또는 상가분양권 등을 공급하는' 생활대책은 헌법 제23조 제3항에 규정된 정당한 보상에 포함되는 것이라기보다는 생활보상의 일환으로서 국가의 정책적인 배려에 의하여 마련된 제도이므로, 그 실시 여부는 입법자의 입법정책적 재량의 영역에 속한다. 이 사건 법률조항이 공익사업의 시행으로 인하여 농업 등을 계속할 수 없게 되어 이주하는 농민 등에 대한 생활대책 수립의무를 규정하고 있지 않다는 것만으로 재산권을 침해한다고 볼 수 없다(헌재 2013.7.25, 2012헌바71).

2 공익사업을 위한 토지 등의 취득 및 보상에 관한 법률은 제78조 제1항에서 "사업시행자는 공익사업의 시행으로 인하여 주거용 건축물을 제공함에 따라 생활의 근거를 상실하게 되는 자(이하 '이주대책대상자'라 한다)를 위하여 대통령령으로 정하는 바에 따라 이주대책을 수립·실시하거나 이주정착금을 지급하여야 한다."고 규정하고 있을 뿐, 생활대책용지의 공급과 같이 공익사업 시행 이전과 같은 경제수준을 유지할 수 있도록 하는 내용의 생활대책에 관한 분명한 근거 규정을 두고 있지는 않으나, 사업시행자 스스로 공익사업의 원활한 시행을 위하여 필요하다고 인정함으로써 생활대책을 수립·실시할 수 있도록 하는 내부규정을 두고 있고 내부규정에 따라 생활대책대상자 선정기준을 마련하여 생활대책을 수립·실시하는 경우에는, 이러한 생활대책 역시 "공공필요에 의한 재산권의 수용·사용 또는 제한 및 그에 대한 보상은 법률로써 하되, 정당한 보상을 지급하여야 한다."고 규정하고 있는 헌법 제23조 제3항에 따른 정당한 보상에 포함되는 것으로 보아야 한다. 따라서 이러한 생활대책대상자 선정기준에 해당하는 자는 사업시행자에게 생활대책대상자 선정 여부의 확인·결정을 신청할 수 있는 권리를 가지는 것이어서, 만일 사업시행자가 그러한 자를 생활대책대상자에서 제외하거나 선정을 거부하면, 이러한 생활대책대상자 선정기준에 해당하는 자는 사업시행자를 상대로 항고소송을 제기할 수 있다고 보는 것이 타당하다(대판 2011.10.13, 2008두17905).

6. 피수용자의 환매권

- 수용된 토지 등이 장기간 공익사업에 사용되지 아니한 경우, 이전 권리자인 피수용자가 보상금 상당액을 지급하고 소유권을 되찾을 수 있는 권리임(아래에서 논함).

기출지문 OX

01 적법하게 시행된 공익사업으로 인하여 이주하게 된 주거용 건축물 세입자의 주거이전비 보상청구권은 공법상의 권리이므로 그 보상을 둘러싼 소송은 공법상의 법률관계를 대상으로 하는 행정소송에 의하여야 한다. (19승진5) ( )

정답
01 ○

6 환매권

공익사업을 위한 토지 등의 취득 및 보상에 관한 법률 제91조 【환매권】 ① 공익사업의 폐지·변경 또는 그 밖의 사유로 취득한 토지의 전부 또는 일부가 필요 없게 된 경우 토지의 협의취득일 또는 수용의 개시일(이하 이 조에서 "취득일"이라 한다) 당시의 토지소유자 또는 그 포괄승계인(이하 "환매권자"라 한다)은 다음 각 호의 구분에 따른 날부터 10년 이내에 그 토지에 대하여 받은 보상금에 상당하는 금액을 사업시행자에게 지급하고 그 토지를 환매할 수 있다.

1. 사업의 폐지·변경으로 취득한 토지의 전부 또는 일부가 필요 없게 된 경우: 관계 법률에 따라 사업이 폐지·변경된 날 또는 제24조에 따른 사업의 폐지·변경 고시가 있는 날
2. 그 밖의 사유로 취득한 토지의 전부 또는 일부가 필요 없게 된 경우: 사업완료일 <개정 2021.8.10.>

참고 [2021.8.10. 법률 제18386호에 의하여 2020.11.26. 헌법재판소에서 헌법불합치 결정된 이 조 제1항을 개정함.]

구법 제91조 【환매권】 ① 토지의 협의취득일 또는 수용의 개시일(이하 이 조에서 "취득일"이라 한다)부터 10년 이내에 해당 사업의 폐지·변경 또는 그 밖의 사유로 취득한 토지의 전부 또는 일부가 필요 없게 된 경우 취득일 당시의 토지소유자 또는 그 포괄승계인(이하 "환매권자"라 한다)은 그 토지의 전부 또는 일부가 필요 없게 된 때부터 1년 또는 그 취득일부터 10년 이내에 그 토지에 대하여 받은 보상금에 상당하는 금액을 사업시행자에게 지급하고 그 토지를 환매할 수 있다.

참고 [헌법불합치, 2020.11.26, 2019헌바131, 공익사업을 위한 토지 등의 취득 및 보상에 관한 법률(2011.8.4. 법률 제11017호로 개정된 것) 제91조 제1항 중 '토지의 협의취득일 또는 수용의 개시일(이하 이 조에서 "취득일"이라 한다)부터 10년 이내에' 부분은 헌법에 합치되지 아니한다. 법원 기타 국가기관 및 지방자치단체는 입법자가 개정할 때까지 위 법률조항의 적용을 중지하여야 한다.]

② 취득일부터 5년 이내에 취득한 토지의 전부를 해당 사업에 이용하지 아니하였을 때에는 제1항을 준용한다. 이 경우 환매권은 취득일부터 6년 이내에 행사하여야 한다.
③ 제74조 제1항에 따라 매수하거나 수용한 잔여지는 그 잔여지에 접한 일단의 토지가 필요 없게 된 경우가 아니면 환매할 수 없다.
④ 토지의 가격이 취득일 당시에 비하여 현저히 변동된 경우 사업시행자와 환매권자는 환매금액에 대하여 서로 협의하되, 협의가 성립되지 아니하면 그 금액의 증감을 법원에 청구할 수 있다.
⑤ 제1항부터 제3항까지의 규정에 따른 환매권은 부동산등기법에서 정하는 바에 따라 공익사업에 필요한 토지의 협의취득 또는 수용의 등기가 되었을 때에는 제3자에게 대항할 수 있다.
⑥ 국가, 지방자치단체 또는 공공기관의 운영에 관한 법률 제4조에 따른 공공기관 중 대통령령으로 정하는 공공기관이 사업인정을 받아 공익사업에 필요한 토지를 협의취득하거나 수용한 후 해당 공익사업이 제4조 제1호부터 제5호까지에 규정된 다른 공익사업(별표에 따른 사업이 제4조 제1호부터 제5호까지에 규정된 공익사업에 해당하는 경우를 포함한다)으로 변경된 경우 제1항 및 제2항에 따른 환매권 행사기간은 관보에 해당 공익사업의 변경을 고시한 날부터 기산(起算)한다. 이 경우 국가, 지방자치단체 또는 공공기관의 운영에 관한 법률 제4조에 따른 공공기관 중 대통령령으로 정하는 공공기관은 공익사업이 변경된 사실을 대통령령으로 정하는 바에 따라 환매권자에게 통지하여야 한다.

1. 의의

- **환매권**: 공용수용의 목적물인 토지 등이 당해 공익사업에 불필요하게 되었거나 현실적으로 공익사업에 사용되지 아니한 경우, 원래의 피수용자가 보상금 상당의 금액을 지급하고 소유권을 회복할 수 있는 권리.

2. 환매권의 근거

- 대법원과 다수설은 환매권이 공평의 원칙상 인정되는 법률상 권리로 보아(재산권 보장과의 관련성은 인정) 개별 법률의 근거가 있어야 인정된다고 봄.

관련 판례

> 환매권은 공공의 목적을 위하여 수용 또는 협의취득된 토지의 원소유자 또는 그 포괄승계인에게 재산권보장과 관련하여 공평의 원칙상 인정하고 있는 권리로서 민법상의 환매권과는 달리 법률의 규정에 의하여서만 인정되고 있다(대판 1993.6.29, 91다43480).

- 헌법재판소와 소수설은 환매권이 헌법상 재산권보장 규정으로부터 도출되는 헌법상 권리로 보아 개별 법률의 근거가 없어도 인정된다고 봄.

관련 판례

> 공용수용은 헌법 제23조 제3항에 명시되어 있는 대로 국민의 재산권을 그 의사에 반하여 강제적으로라도 취득해야 할 공익적 필요성이 있을 것, 법률에 의할 것, 정당한 보상을 지급할 것의 요건을 갖추어야 하므로 일단 공용수용의 요건을 갖추어 수용절차가 종료되었다고 하더라도 그 후에 수용의 목적인 공공사업이 수행되지 아니하거나 또는 수용된 재산이 당해 공공사업에 필요 없게 되거나 이용되지 아니하게 되었다면 수용의 헌법상 정당성과 공공사업자에 의한 재산권 취득의 근거가 장래를 향하여 소멸한다고 보아야 한다. 따라서 토지수용법 제71조 소정의 환매권은 헌법상의 재산권 보장규정으로부터 도출되는 것으로서 헌법이 보장하는 재산권의 내용에 포함되는 권리이며, 피수용자가 손실보상을 받고 소유권의 박탈을 수인할 의무는 그 재산권의 목적물이 공공사업에 이용되는 것을 전제로 하기 때문에 위 헌법상 권리는 피수용자가 수용 당시 이미 정당한 손실보상을 받았다는 사실로 말미암아 부인되지 않는다(헌재 1994.2.24, 92헌가15 등).

- 환매권을 규정한 개별법으로는 토지보상법, 택지개발촉진법 등이 있음.

3. 환매권의 법적 성질

- 판례는 환매권 행사에 따른 매매를 사법상의 매매로 봄.

관련 판례

> 1 환매권은 일종의 형성권으로서 그 존속기간은 제척기간으로 보아야 할 것이며, 위 환매권은 재판상이든 재판외이든 그 기간 내에 행사하면 이로써 매매의 효력이 생기고, 위 매매는 같은 조 제1항에 적힌 환매권자와 국가 간의 사법상의 매매라 할 것이다(대판 1992.4.24, 92다4673).

기출지문 OX

01 환매권은 공익사업을 위한 토지 취득 후 취득의 목적물인 토지 등이 공익사업에 이용되지 않을 때 원토지소유자가 보상금 상당 금액을 지급하고 소유권을 다시 취득하는 권리이다. (05관세) ( )

02 대법원 판례는 환매권이 헌법이 보장하는 재산권의 내용에 포함되는 것이어서 개별 법령상의 명문의 규정이 없더라도 행사할 수 있다고 한다. (09관세) ( )

03 헌법재판소는 환매권을 헌법상의 재산권 보장으로부터 도출되는 것으로 보고 있다. (15행정사) ( )

04 대법원 판례는 환매권의 성질을 사권으로 본다. (09관세) ( )

정답
01 ○ 02 × 03 ○ 04 ○

2 구 공익사업을 위한 토지 등의 취득 및 보상에 관한 법률 제91조에 규정된 환매권은 상대방에 대한 의사표시를 요하는 형성권의 일종으로서 재판상이든 재판 외이든 위 규정에 따른 기간 내에 행사하면 매매의 효력이 생기는 바(대판 2008.6.26, 2007다24893 참조), 이러한 환매권의 존부에 관한 확인을 구하는 소송 및 구 공익사업법 제91조 제4항에 따라 환매금액의 증감을 구하는 소송 역시 민사소송에 해당한다(대판 2013.2.28, 2010두22368).

• 환매권은 상대방에 대한 의사표시를 요하는 형성권의 일종으로 봄.

관련 판례

공공용지의 취득 및 손실보상에 관한 특례법에 의한 절차에 따라 국가 등에 의하여 협의취득된 토지의 전부 또는 일부가 취득일로부터 10년 이내에 당해 공공사업의 폐지, 변경 기타의 사유로 인하여 필요 없게 되었을 때 취득 당시의 소유자 등에게 인정되는 같은 법 제9조 소정의 환매권은 당해 토지의 취득일로부터 10년 이내에 행사되어야 하고, 위 행사기간은 제척기간으로 보아야 할 것이며, 위 환매권은 재판상이든 재판 외이든 그 기간 내에 행사하면 되는 것이나, 환매권은 상대방에 대한 의사표시를 요하는 형성권의 일종으로서 환매의 의사표시가 상대방에게 도달한 때에 비로소 환매권 행사의 효력이 발생함이 원칙이다(대판 1999.4.9, 98다46945).

• 환매권은 양도가 불가능하다고 봄.

관련 판례

공공용지의 취득 및 손실보상에 관한 특례법이 환매권을 인정하고 있는 입법 취지는 토지 등의 원소유자가 사업시행자로부터 토지 등의 대가로 정당한 손실보상을 받았다고 하더라도 원래 자신의 자발적인 의사에 따라서 그 토지 등의 소유권을 상실하는 것이 아니어서 그 토지 등을 더 이상 당해 공공사업에 이용할 필요가 없게 된 때에는 원소유자의 의사에 따라 그 토지 등의 소유권을 회복시켜 주는 것이 원소유자의 감정을 충족시키고 동시에 공평의 원칙에 부합한다는 데에 있는 것이며, 이러한 입법 취지에 비추어 볼 때 특례법상의 환매권은 제3자에게 양도할 수 없고, 따라서 환매권의 양수인은 사업시행자로부터 직접 환매의 목적물을 환매할 수 없으며, 다만 환매권자가 사업시행자로부터 환매한 토지를 양도받을 수 있을 뿐이라고 할 것이다(대판 2001.5.29, 2001다11567).

4. 환매권자

• 협의취득일 또는 수용의 개시일 당시의 토지소유자 또는 그 포괄승계인
• 지상권자 등 소유자 외의 권리자, 특정승계인은 환매권자가 아님.

5. 환매 대상(목적물)

• 환매의 대상은 토지소유권
• 지상권 등 토지소유권 이외의 권리, 토지가 아닌 물건의 소유권 등은 환매 대상이 아님.

기출지문 OX

01 환매권은 형성권으로서 환매권자의 일방적인 의사표시에 의해 사업시행자의 의사와 관계 없이 법률효과가 발생하므로 환매의 의사표시가 상대방에게 도달한 때에 환매권 행사의 효력이 발생함이 원칙이다. (19지방7) ( )

02 환매권은 양도의 대상이 될 수 없다. (05관세) ( )

03 환매권자는 취득일 당시의 토지소유자 또는 그 포괄승계인이다. (05관세) ( )

정답
01 ○ 02 ○ 03 ○

관련 판례

토지에 대해서는 그 존속가치를 보장해 주기 위해 공익사업의 폐지·변경 등으로 토지가 불필요하게 된 경우 환매권이 인정되어야 할 것이나, 건물에 대해서는 그 존속가치를 보장하기 위하여 환매권을 인정하여야 할 필요성이 없거나 매우 적다. 따라서 건물에 대한 환매권을 인정하지 않는 입법이 자의적인 것이라거나 정당한 입법목적을 벗어난 것이라 할 수 없고, 이미 정당한 보상을 받은 건물소유자의 입장에서는 해당 건물을 반드시 환매 받아야 할만한 중요한 사익이 있다고 보기 어려우며, 건물에 대한 환매권이 부인된다고 해서 종전 건물소유자의 자유실현에 여하한 지장을 초래한다고 볼 수 없다(헌재 2005.5.26, 2004헌가10).

6. 환매권의 성립시기

- 환매권은 토지수용 또는 협의매수시에 피수용자에게 발생하고, 토지보상법 규정은 환매권의 행사요건임(수용시설).

7. 환매권의 행사요건

(1) 법 제91조 제1항의 환매의 요건

- 공익사업의 폐지·변경 또는 그 밖의 사유로, 취득한 토지의 전부 또는 일부가 필요 없게 된 경우

관련 판례

1 환매권에 관하여 규정한 '공익사업을 위한 토지 등의 취득 및 보상에 관한 법률'(이하 '공익사업법'이라고 한다) 제91조 제1항에서 말하는 '당해 사업'이란 토지의 협의취득 또는 수용의 목적이 된 구체적인 특정의 공익사업으로서 공익사업법 제20조 제1항에 의한 사업인정을 받을 때 구체적으로 특정된 공익사업을 말하고, '국토의 계획 및 이용에 관한 법률' 제88조, 제96조 제2항에 의해 도시계획시설사업에 관한 실시계획의 인가를 공익사업법 제20조 제1항의 사업인정으로 보게 되는 경우에는 그 실시계획의 인가를 받을 때 구체적으로 특정된 공익사업이 바로 공익사업법 제91조 제1항에 정한 협의취득 또는 수용의 목적이 된 당해 사업에 해당한다. 또 위 규정에 정한 당해 사업의 '폐지·변경'이란 당해 사업을 아예 그만두거나 다른 사업으로 바꾸는 것을 말하고, 취득한 토지의 전부 또는 일부가 '필요 없게 된 때'란 사업시행자가 취득한 토지의 전부 또는 일부가 그 취득 목적 사업을 위하여 사용할 필요 자체가 없어진 경우를 말하며, 협의취득 또는 수용된 토지가 필요 없게 되었는지 여부는 사업시행자의 주관적인 의사를 표준으로 할 것이 아니라 당해 사업의 목적과 내용, 협의취득의 경위와 범위, 당해 토지와 사업의 관계, 용도 등 제반 사정에 비추어 객관적·합리적으로 판단하여야 한다(대판 2010.9.30, 2010다30782).

2 수도권신공항건설 촉진법에 따른 신공항건설사업의 시행자가 인천국제공항 2단계 건설사업의 공항시설공사 선행작업인 부지조성공사를 시행하면서, 그 부대공사로서 항공기 안전운항에 장애가 되는 구릉을 제거하는 공사를 하기 위해 그 구릉 일대에 위치한 토지를 협의취득한 후 절토작업을 완료한 사안에서, 절토작업이 완료된 토지의 현황을 그대로 유지하는 것은 인천국제공항에 입·출항하는 항공기의 안전운행을 위해 반드시 필요한 것이므로 당해 사업의 목적은 장애구릉의 제거에 그치지 않고 그 현상을 유지하는 것까지 포함하는 것이라고 봄이 상당하고, 그 토지는 당해 사업에 계속 이용되는 것이거나 필요한 것으로서 공익상 필요가 소멸하지 않았다고 볼 수 있다는 점 등 여러 사정을 고려하면, 절토작업이

기출지문 OX

01 환매의 목적물은 토지소유권에 한정된다. (09관세) ( )

02 헌법재판소는 협의취득 내지 수용 후 당해 사업의 폐지나 변경이 있은 경우 환매권을 인정하는 대상으로 토지만을 규정하고 있는 법률 조항이 구 건물소유자의 재산권을 침해하지 않는다고 보았다. (16국가7) ( )

03 환매권 성립의 요건으로서 협의취득 또는 수용된 토지가 필요 없게 되었는지 여부는 사업시행자의 주관적인 의사를 표준으로 할 것은 아니다. (19지방7) ( )

정답
01 ○ 02 ○ 03 ○

완료되었다는 사정만으로 그 토지가 당해 사업에 필요 없게 되었다고 보기 어려워 그 토지에 관한 환매권이 발생하지 않았다고 한 사례(대판 2010.5.13, 2010다12043 · 12050).

기출지문 OX

01 토지의 협의취득일 또는 수용의 개시일부터 5년 이내에 취득한 토지의 전부를 해당 사업에 이용하지 아니한 경우 환매권을 행사할 수 있다. (06국가7) ( )

(2) 법 제91조 제2항의 환매의 요건

- 토지의 협의취득일 또는 수용의 개시일로부터 5년 이내에 취득한 토지의 전부를 해당 사업에 이용하지 아니하였을 경우

관련 판례

공공용지의 취득 및 손실보상에 관한 특례법 제9조 제2항은 제1항과는 달리 '취득한 토지 전부'가 공공사업에 이용되지 아니한 경우에 한하여 환매권을 행사할 수 있고 그 중 일부라도 공공사업에 이용되고 있으면 나머지 부분에 대하여도 장차 공공사업이 시행될 가능성이 있는 것으로 보아 환매권의 행사를 허용하지 않는다고 규정함으로써 제1항의 경우보다 환매권 행사의 요건을 가중하고 있는바, 위 규정상의 이용하지 아니하였는지 여부는 필요한 토지를 취득한 사업시행자의 입장에서 당해 공공사업에 이용될 일단의 토지의 전부를 기준으로 판단할 것이고, 취득 당시의 토지 등의 소유자나 해당 토지의 필지별로 판단할 것은 아니다(대판 1996.2.9, 94다46695).

8. 환매권 행사의 기간

(1) 법 제91조 제1항의 환매권 행사기간

- 구법하에서는 토지의 협의취득일 또는 수용의 개시일부터 10년 이내에 해당 사업의 폐지 · 변경 또는 그 밖의 사유로 취득한 토지의 전부 또는 일부가 필요 없게 된 경우, 토지의 전부 또는 일부가 필요 없게 된 때부터 1년 또는 그 취득일부터 10년 이내에 환매권을 행사할 수 있다고 규정되어 있었으나, 헌법재판소는 환매권 행사기간을 일률적으로 사업시행자의 토지 취득일부터 10년으로 제한한 것이 토지소유자의 헌법상 재산권인 환매권을 침해하여 헌법에 합치되지 아니한다고 판시하였음.
- 개정법은 ①공익사업의 폐지 · 변경으로 취득한 토지의 전부 또는 일부가 필요 없게 된 경우에는 사업이 폐지 · 변경된 날 또는 그 고시가 있는 날부터 10년 이내, ②그 밖의 사유로 취득한 토지의 전부 또는 일부가 필요 없게 된 경우에는 사업완료일부터 10년 이내에 환매권을 행사할 수 있도록 규정하였음.

관련 판례

[1] 토지수용 등 절차를 종료하였다고 하더라도 공익사업에 해당 토지가 필요 없게 된 경우에는 토지수용 등의 헌법상 정당성이 장래를 향하여 소멸한 것이므로, 이러한 경우 종전 토지소유자가 소유권을 회복할 수 있는 권리인 환매권은 헌법이 보장하는 재산권의 내용에 포함되는 권리이다.
환매권의 발생기간을 제한한 것은 사업시행자의 지위나 이해관계인들의 토지이용에 관한 법률관계 안정, 토지의 사회경제적 이용 효율 제고, 사회일반에 돌아가야 할 개발이익이 원소유자에게 귀속되는 불합리 방지 등을 위한 것인데, 그

정답
01 ○

입법목적은 정당하고 이와 같은 제한은 입법목적 달성을 위한 유효적절한 방법이라 할 수 있다.
그러나 2000년대 이후 다양한 공익사업이 출현하면서 공익사업 간 중복·상충 사례가 발생하였고, 산업구조 변화, 비용 대비 편익에 대한 지속적 재검토, 인근 주민들의 반대 등에 직면하여 공익사업이 지연되다가 폐지되는 사례가 다수 발생하고 있다. 이와 같은 상황에서 이 사건 법률조항의 환매권 발생기간 '10년'을 예외 없이 유지하게 되면 토지수용 등의 원인이 된 공익사업의 폐지 등으로 공공필요가 소멸하였음에도 단지 10년이 경과하였다는 사정만으로 환매권이 배제되는 결과가 초래될 수 있다. 다른 나라의 입법례에 비추어 보아도 발생기간을 제한하지 않거나 더 길게 규정하면서 행사기간 제한 또는 토지에 현저한 변경이 있을 때 환매거절권을 부여하는 등 보다 덜 침해적인 방법으로 입법목적을 달성하고 있다. 이 사건 법률조항은 침해의 최소성 원칙에 어긋난다.
이 사건 법률조항으로 제한되는 사익은 헌법상 재산권인 환매권의 발생 제한이고, 이 사건 법률조항으로 환매권이 발생하지 않는 경우에는 환매권 통지의무도 발생하지 않기 때문에 환매권 상실에 따른 손해배상도 받지 못하게 되므로, 사익 제한 정도가 상당히 크다. 그런데 10년 전후로 토지가 필요 없게 되는 것은 취득한 토지가 공익목적으로 실제 사용되지 못한 경우가 대부분이고, 토지보상법은 부동산등기부상 협의취득이나 토지수용의 등기원인 기재가 있는 경우 환매권의 대항력을 인정하고 있어 공익사업에 참여하는 이해관계인들은 환매권이 발생할 수 있음을 충분히 알 수 있다. 토지보상법은 이미 환매대금증감소송을 인정하여 당해 공익사업에 따른 개발이익이 원소유자에게 귀속되는 것을 차단하고 있다. 이 사건 법률조항이 추구하고자 하는 공익은 원소유자의 사익침해 정도를 정당화할 정도로 크다고 보기 어려우므로, 법익의 균형성을 충족하지 못한다.
결국 이 사건 법률조항은 헌법 제37조 제2항에 반하여 재산권을 침해한다.
[2] 이 사건 법률조항의 위헌성은 환매권의 발생기간을 제한한 것 자체에 있다기보다는 그 기간을 10년 이내로 제한한 것에 있다. 이 사건 법률조항의 위헌성을 제거하는 다양한 방안이 있을 수 있고 이는 입법재량 영역에 속한다. 이 사건 법률조항의 적용을 중지하더라도 환매권 행사기간 등 제한이 있기 때문에 법적 혼란을 야기할 뚜렷한 사정이 있다고 보이지는 않는다. 이 사건 법률조항 적용을 중지하는 헌법불합치결정을 하고, 입법자는 가능한 한 빠른 시일 내에 이와 같은 결정 취지에 맞게 개선입법을 하여야 한다(헌재 2020.11.26, 2019헌바131).

(2) 법 제91조 제2항의 환매권 행사기간

취득일부터 5년 이내에 토지의 전부를 해당 사업에 이용하지 아니한 경우에는 환매권을 취득일부터 6년 이내에 행사하여야 함.

(3) 환매권의 통지 또는 공고가 있은 경우의 행사기간

공익사업을 위한 토지 등의 취득 및 보상에 관한 법률 제92조【환매권의 통지 등】
① 사업시행자는 제91조 제1항 및 제2항에 따라 환매할 토지가 생겼을 때에는 지체 없이 그 사실을 환매권자에게 통지하여야 한다. 다만, 사업시행자가 과실 없이 환매권자를 알 수 없을 때에는 대통령령으로 정하는 바에 따라 공고하여야 한다.
② 환매권자는 제1항에 따른 통지를 받은 날 또는 공고를 한 날부터 6개월이 지난 후에는 제91조 제1항 및 제2항에도 불구하고 환매권을 행사하지 못한다.

기출지문 OX

01 사업시행자로부터 환매권 발생의 통지·공고가 없는 경우에, 취득한 토지의 전부가 해당 사업에 이용되지 아니하고 수용개시일부터 5년이 지난 때에는 수용개시일로부터 6년을 지남으로써 환매권은 소멸한다. (97행시) ( )

02 사업시행자는 환매할 토지가 생겼을 때에는 지체 없이 그 사실을 환매권자에게 통지하여야 한다. (04입시) ( )

03 사업시행자의 통지·공고가 있었을 경우에는 그 통지를 받은 날 또는 공고를 한 날부터 1년이 지남으로써 환매권은 소멸한다. (97행시) ( )

정답
01 ○ 02 ○ 03 ×

기출지문 OX

01 환매를 하기 위하여는 지급받은 보상금에 상당하는 금액을 지급하고 수용된 토지를 환매한다는 의사표시를 하여야 한다. (09관세) ( )

관련 판례

공공용지의 취득 및 손실보상에 관한 특례법과 같은 법 시행령 및 그에 의하여 준용되는 토지수용법의 규정을 살펴보아도 환매대상토지의 가격이 취득 당시에 비하여 현저히 변경된 경우 환매가격을 결정하기 위하여 사업시행자 또는 환매권자가 협의 및 재결신청을 할 수 있는 기간을 특별히 제한하지 않고 있는바, 환매권의 행사와 환매가격 결정을 위한 절차는 그 성질을 달리하는 것이므로 공공용지의 취득 및 손실보상에 관한 특례법 제9조 제5항에 의하여 준용되는 토지수용법 제72조 제2항에 의하여 환매권의 행사기간이 통지를 받은 날로부터 6개월로 정하여져 있다고 하여 환매가격 결정을 위한 협의 및 재결 신청도 그 기간 내에 하여야 한다고 볼 것은 아니고, 또 환매대상토지가 수용되었다고 하더라도 환매대상토지 또는 환매권이 소멸하는 것이 아니라 단지 소유권이전등기의무만이 이행불능으로 되는 것이고 환매권자로서는 환매가 성립되었음을 전제로 사업시행자에 대하여 대상청구를 할 수 있으므로 여전히 환매가격 결정을 위한 협의 및 재결절차에 나아갈 수 있다(대판 2000.11.28, 99두3416).

9. 환매권 행사방법

(1) 일방적인 환매의 의사표시

- 환매권자가 환매기간 내에 수령한 보상금에 상당하는 금액을 사업시행자에게 지급하고 일방적으로 매수(환매)의 의사표시를 하면, 사업시행자의 의사와 관계없이 환매가 성립함(형성권).

관련 판례

1 [1] 공익사업을 위한 토지 등의 취득 및 보상에 관한 법률 제91조에 의한 환매는 환매기간 내에 환매의 요건이 발생하면 환매권자가 지급 받은 보상금에 상당한 금액을 사업시행자에게 미리 지급하고 일방적으로 의사표시를 함으로써 사업시행자의 의사와 관계없이 환매가 성립한다. 따라서 환매기간 내에 환매대금 상당을 지급하거나 공탁하지 아니한 경우에는 환매로 인한 소유권이전등기 청구를 할 수 없다.

[2] 협의취득 또는 수용된 토지 중 일부가 필요 없게 되어 그 부분에 대한 환매권을 행사하는 경우와 같이 환매대상 토지 부분의 정확한 위치와 면적을 특정하기 어려운 특별한 사정이 있는 경우에는, 비록 환매기간 만료 전에 사업시행자에게 미리 지급하거나 공탁한 환매대금이 나중에 법원의 감정 등을 통하여 특정된 토지 부분에 대한 환매대금에 다소 미치지 못한다고 하더라도 그 환매대상인 토지 부분의 동일성이 인정된다면 환매기간 경과 후에도 추가로 부족한 환매대금을 지급하거나 공탁할 수 있다고 보아야 한다. 그리고 이러한 법리는 환매권자가 명백한 계산 착오 등으로 환매대금의 아주 적은 일부를 환매기간 만료 전에 지급하거나 공탁하지 못한 경우에도 적용된다고 봄이 신의칙상 타당하다.

[3] 환매권자가 미리 지급하거나 공탁한 환매대금이 환매권자가 환매를 청구한 토지 부분 전체에 대한 환매대금에는 부족하더라도 실제 환매대상이 될 수 있는 토지 부분의 대금으로는 충분한 경우에는 그 부분에 대한 환매대금은 미리 지급된 것으로 보아야지, 환매를 청구한 전체 토지와 대비하여 금액이 부족하다는 이유만으로 환매대상이 되는 부분에 대한 환매권의 행사마저 효력이 없다고 볼 것은 아니다(대판 2012.8.30, 2011다74109).

정답
01 ○

2 토지 등의 가격이 취득 당시에 비하여 현저히 변경되었더라도 같은 법 제9조 제3항에 의하여 당사자 간에 금액에 대하여 협의가 성립되거나 토지수용위원회의 재결에 의하여 그 금액이 결정되지 않는 한, 그 가격이 현저히 등귀된 경우이거나 하락한 경우이거나를 묻지 않고 환매권을 행사하기 위하여는 수령한 보상금의 상당금액을 미리 지급하여야 하고 또한 이로써 족하다(대판 1995.2.10, 94다31310).

3 청구인들이 주장하는 환매권의 행사는 그것이 공공용지의 취득 및 손실보상에 관한 특례법 제9조에 의한 것이든, 토지수용법 제71조에 의한 것이든, 환매권자의 일방적 의사표시만으로 성립하는 것이지, 상대방인 사업시행자 또는 기업자의 동의를 얻어야 하거나 그 의사 여하에 따라 그 효과가 좌우되는 것은 아니다. 따라서 이 사건의 경우 피청구인이 설사 청구인들의 환매권 행사를 부인하는 어떤 의사표시를 하였다 하더라도, 이는 환매권의 발생 여부 또는 그 행사의 가부에 관한 사법관계의 다툼을 둘러싸고 사전에 피청구인의 의견을 밝히고, 그 다툼의 연장인 민사소송절차에서 상대방의 주장을 부인하는 것에 불과하므로, 그것을 가리켜 헌법소원심판의 대상이 되는 공권력의 행사하고 볼 수는 없다(헌재 1994.2.24, 92헌마283).

4 공공용지의 취득 및 손실보상에 관한 특례법 제9조 제1항에 의하면 환매기간 내에 환매의 요건이 발생하는 경우, 환매대상토지의 가격이 취득 당시에 비하여 현저히 하락하거나 상승하였다고 하더라도, 환매권자는 수령한 보상금 상당액만을 사업시행자에게 미리 지급하고 일방적으로 매수의 의사표시를 함으로써 사업시행자의 의사와 관계없이 환매가 성립된다(대판 2000.11.28, 99두3416).

(2) 환매대금 지급

공익사업을 위한 토지 등의 취득 및 보상에 관한 법률 제91조【환매권】 ① 공익사업의 폐지·변경 또는 그 밖의 사유로 취득한 토지의 전부 또는 일부가 필요 없게 된 경우 토지의 협의취득일 또는 수용의 개시일(이하 이 조에서 "취득일"이라 한다) 당시의 토지소유자 또는 그 포괄승계인(이하 "환매권자"라 한다)은 다음 각 호의 구분에 따른 날부터 10년 이내에 그 토지에 대하여 받은 보상금에 상당하는 금액을 사업시행자에게 지급하고 그 토지를 환매할 수 있다. (이하 생략)
④ 토지의 가격이 취득일 당시에 비하여 현저히 변동된 경우 사업시행자와 환매권자는 환매금액에 대하여 서로 협의하되, 협의가 성립되지 아니하면 그 금액의 증감을 법원에 청구할 수 있다.

관련 판례

1 토지 등의 가격이 취득 당시에 비하여 현저히 변경되었더라도 같은 법 제91조 제4항에 의하여 당사자 간에 금액에 관하여 협의가 성립하거나 사업시행자 또는 환매권자가 그 금액의 증감을 법원에 청구하여 법원에서 그 금액이 확정되지 않는 한, 그 가격이 현저히 등귀한 경우이거나 하락한 경우이거나를 묻지 않고 환매권을 행사하기 위하여는 지급받은 보상금 상당액을 미리 지급하여야 하고 또한 이로써 족한 것이며, 사업시행자는 소로써 법원에 환매대금의 증액을 청구할 수 있을 뿐 환매권 행사로 인한 소유권이전등기 청구소송에서 환매대금 증액청구권을 내세워 증액된 환매대금과 보상금 상당액의 차액을 지급할 것을 선이행 또는 동시이행의 항변으로 주장할 수 없다(대판 2006.12.21, 2006다49277).

기출지문 OX

01 환매권의 행사는 환매권자의 의사표시와 행정청의 동의에 의하여 이루어진다. (05관세) ( )

02 환매권의 성립에 상대방인 사업시행자의 동의를 얻어야 하는 것은 아니다. (09관세) ( )

03 구 공익사업을 위한 토지 등의 취득 및 보상에 관한 법률상의 환매는 환매기간 내에 환매의 요건이 발생하고, 사업시행자가 성립에 동의함으로써 성립한다. (19승진5) ( )

04 토지의 가격이 수용개시일 당시에 비하여 현저히 변동된 경우에 사업시행자와 환매권자 사이에 협의가 성립되지 아니하면 법원에 그 금액의 증감을 청구할 수 있다. (97행시) ( )

05 환매금액에 관하여 당사자 사이에 다툼이 있는 경우에 토지수용위원회와 법원에 그 증감을 청구할 수 있도록 이원화하였다. (04행시) ( )

06 환매권 행사로 인한 소유권이전등기 청구소송에서 사업시행자는 환매대금 증액청구권을 내세워 증액된 환매대금과 보상금 상당액의 차액을 지급할 것을 동시이행의 항변으로 주장할 수 있다. (19지방7) ( )

정답
01 × 02 ○
03 × 동의 불요
04 ○
05 × 법원으로 일원화함
06 ×

2 같은 법 제9조 제1항 소정의 "보상금의 상당금액"이라 함은 같은 법에 따른 협의취득 당시 토지 등의 소유자가 사업시행자로부터 지급받은 보상금을 의미하며 여기에 환매권 행사 당시까지의 법정이자를 가산한 금액을 말하는 것은 아니다(대판 1994.5.24, 93누17225).

3 환매권의 존부에 관한 확인을 구하는 소송 및 구 공익사업법 제91조 제4항에 따라 환매금액의 증감을 구하는 소송 역시 민사소송에 해당한다. 기록에 의하면, 이 사건 소 중 주위적 청구는 구 공익사업법 제91조에 따라 환매권의 존부 확인을 구하는 소송이고, 예비적 청구는 같은 조 제4항에 따라 환매대금 증액을 구하는 소송임을 알 수 있으므로, 위 각 소송은 모두 민사소송에 해당한다고 보아야 한다(대판 2013.2.28, 2010두22368).

10. 환매권 행사의 효과

- 환매권자의 일방적 의사표시에 의해 사법상 매매의 효력 발생함(형성권).
- 환매권의 행사로 토지소유자에게 환매할 권리가 발생하여 소유권이전등기청구권이 인정되는 것이지, 의사표시만으로 소유권의 변동이 일어나는 것은 아님.

관련 판례

징발재산 정리에 관한 특별조치법 제20조 소정의 환매권은 일종의 형성권으로서 위 환매권은 재판상이든 재판외이든 그 제척기간 내에 이를 일단 행사하면 그 형성적 효력으로 매매의 효력이 생기는 것이고 그 후 다시 환매의 의사표시를 하였다고 하더라도 이미 발생한 환매의 효력에는 어떠한 영향을 미치는 것이 아니고, 또한 위 환매권의 행사로 발생한 소유권이전등기청구권은 환매권을 행사한 때로부터 일반채권과 같이 민법 제162조 제1항 소정의 10년의 소멸시효기간이 진행된다(대판 1992.10.13, 92다4666).

11. 환매권자의 대항력

공익사업을 위한 토지 등의 취득 및 보상에 관한 법률 제91조 【환매권】 ⑤ 제1항부터 제3항까지의 규정에 따른 환매권은 부동산등기법에서 정하는 바에 따라 공익사업에 필요한 토지의 협의취득 또는 수용의 등기가 되었을 때에는 제3자에게 대항할 수 있다.

관련 판례

[1] 구 공익사업을 위한 토지 등의 취득 및 보상에 관한 법률 제91조 제5항은 '환매권은 부동산등기법이 정하는 바에 의하여 공익사업에 필요한 토지의 협의취득 또는 수용의 등기가 된 때에는 제3자에게 대항할 수 있다'고 정하고 있다. 이는 협의취득 또는 수용의 목적물이 제3자에게 이전되더라도 협의취득 또는 수용의 등기가 되어 있으면 환매권자의 지위가 그대로 유지되어 환매권자는 환매권을 행사할 수 있고, 제3자에 대해서도 이를 주장할 수 있다는 의미이다.

[2] 갑 지방자치단체가 도로사업 부지를 취득하기 위하여 을 등으로부터 토지를 협의취득하여 소유권이전등기를 마쳤는데, 위 토지가 택지개발예정지구에 포함되자 이를 택지개발사업 시행자인 병 공사에 무상으로 양도하였고, 그 후 택지개발예정지구 변경지정과 개발계획 변경승인 및 실시계획 승인이 고시되어 위 토지가 택지개발사업의

기출지문 OX

01 환매가격과 관련하여 보상금에 상당한 금액이라 함은 협의취득 당시 토지 등의 소유자가 사업시행자로부터 지급받은 보상금을 의미하며, 여기에 환매권 행사 당시까지의 법정이자를 가산한 금액을 말하는 것은 아니다. (10국회8) ( )

02 환매권자와 사업시행자가 환매금액에 대하여 협의가 성립되지 않아 환매금액의 증감을 구하는 소송은 형식적 당사자소송에 해당한다. (16국가7) ( )

03 환매권은 수용의 등기가 되어 있는 때에는 제3자에게 대항할 수 있다. (98국가7) ( )

04 환매권은 부동산등기법이 정하는 바에 따라 공익사업에 필요한 토지의 협의취득 또는 수용의 등기가 되었을 때에는 제3자에게 대항할 수 있다. (04행시) ( )

정답
01 ○ 02 × 03 ○ 04 ○

공동주택용지 등으로 사용된 사안에서, 택지개발사업의 개발계획 변경승인 및 실시계획 승인이 고시됨으로써 토지가 도로사업에 더 이상 필요 없게 되어 협의취득일 당시 토지소유자였던 을 등에게 환매권이 발생하였고, 그 후 택지개발사업에 토지가 필요하게 된 사정은 환매권의 성립이나 소멸에 아무런 영향을 미치지 않으며, 위 토지에 관하여 갑 지방자치단체 앞으로 공공용지 협의취득을 원인으로 한 소유권이전등기가 마쳐졌으므로, 을 등은 환매권이 발생한 때부터 제척기간 도과로 소멸할 때까지 사이에 언제라도 환매권을 행사하고, 이로써 제3자에게 대항할 수 있다고 한 사례(대판 2017.3.15, 2015다238963).

기출지문 OX

01 협의취득 또는 수용의 목적물이 제3자에게 이전되더라도 협의취득 또는 수용의 등기가 되어 있으면 환매권자는 환매권이 발생한 때부터 제척기간 도과로 소멸할 때까지 사이에 환매권을 행사하고, 이로써 제3자에게 대항할 수 있다. (19지방7) ( )

12. 사업시행자의 환매 통지 · 공고의무

공익사업을 위한 토지 등의 취득 및 보상에 관한 법률 제92조 【환매권의 통지 등】 ① 사업시행자는 제91조 제1항 및 제2항에 따라 환매할 토지가 생겼을 때에는 지체 없이 그 사실을 환매권자에게 통지하여야 한다. 다만, 사업시행자가 과실 없이 환매권자를 알 수 없을 때에는 대통령령으로 정하는 바에 따라 공고하여야 한다.

관련 판례

징발재산 정리에 관한 특별조치법 부칙(1993.12.27.) 제2조 제3항 및 같은 법 제20조 제2항이 환매권 행사의 실효성을 보장하기 위하여 국방부장관의 통지 또는 공고의무를 규정한 이상 국방부장관이 위 규정에 따라 환매권자에게 통지나 공고를 하여야 할 의무는 법적인 의무이므로, 국방부장관이 이러한 의무를 위반한 채 통지 또는 공고를 하지 아니하거나 통지 또는 공고를 하더라도 그 통지 또는 공고가 부적법하여 환매권자로 하여금 환매권 행사기간을 넘기게 하여 환매권을 상실하는 손해를 입게 하였다면 환매권자에 대하여 불법행위가 성립할 수 있다(대판 2006.11.23, 2006다35124).

13. 공익사업의 변환(환매권 발생의 제한사유)

공익사업을 위한 토지 등의 취득 및 보상에 관한 법률 제91조 【환매권】 ⑥ 국가, 지방자치단체 또는 공공기관의 운영에 관한 법률 제4조에 따른 공공기관 중 대통령령으로 정하는 공공기관이 사업인정을 받아 공익사업에 필요한 토지를 협의취득하거나 수용한 후 해당 공익사업이 제4조 제1호부터 제5호까지에 규정된 다른 공익사업(별표에 따른 사업이 제4조 제1호부터 제5호까지에 규정된 공익사업에 해당하는 경우를 포함한다)으로 변경된 경우 제1항 및 제2항에 따른 환매권 행사기간은 관보에 해당 공익사업의 변경을 고시한 날부터 기산(起算)한다. 이 경우 국가, 지방자치단체 또는 공공기관의 운영에 관한 법률 제4조에 따른 공공기관 중 대통령령으로 정하는 공공기관은 공익사업이 변경된 사실을 대통령령으로 정하는 바에 따라 환매권자에게 통지하여야 한다.

(1) 의의

- **공익사업의 변환제도**: 공익사업을 위하여 토지를 협의취득 또는 수용한 후 해당 공익사업이 다른 공익사업으로 변경된 경우, 별도의 협의취득 또는 수용 절차 없이 위 토지를 변경된 다른 공익사업에 이용하도록 하는 제도

정답
01 ○

• 무용한 절차의 반복을 피하기 위해 인정됨.
• 공익사업의 변환이 인정되면 토지소유자의 환매권 행사가 제한됨.

관련 판례

[1] 사업인정을 받은 당해 공익사업의 폐지·변경으로 인하여 수용한 토지가 필요 없게 된 때에는, 같은 법 조항에 의하여 공익사업의 변환이 허용되는 구 토지수용법 제3조 제1호 내지 제4호(현행 공익사업법 제4조 제1호 내지 제5호)에 규정된 다른 공익사업으로 변경되는 경우가 아닌 이상, 환매권자가 그 토지를 환매할 수 있는 것이라고 보지 않을 수 없다.
[2] 계쟁토지의 취득목적인 공원조성사업이 완료되어 공중에 제공되었다가, 그 후 위 토지와 그 일대의 토지들에 대한 택지개발계획이 승인되어 공원시설을 철거하고 그 지상에 아파트건축공사를 시행하고 있다면, 토지의 원소유자가 공공용지의 취득 및 손실보상에 관한 특례법에 따라 위 토지를 환매할 수 있다고 한 사례(대판 1992.4.28, 91다29927).

(2) 공익사업 변환의 요건
① 변경 전 공익사업의 주체
• 변경 전 공익사업의 주체가 국가, 지방자치단체, 공공기관의 운영에 관한 법률에서 대통령령이 정하는 공공기관인 경우에 한하여 인정됨.
② 변경 후 공익사업의 주체
• 변경 후 공익사업의 주체는 제한이 없음(민간기업도 가능).
• 변경 후 공익사업의 주체가 변경되기 전의 사업시행자와 동일하지 않은 경우에도 공익사업의 변환이 인정됨.

관련 판례

1 "공익사업의 변환"이 국가·지방자치단체 또는 정부투자기관이 사업인정을 받아 토지를 협의취득 또는 수용한 경우에 한하여, 그것도 사업인정을 받은 공익사업이 공익성의 정도가 높은 토지수용법 제3조 제1호 내지 제4호에 규정된 다른 공익사업으로 변경된 경우에만 허용되도록 규정하고 있는 토지수용법 제71조 제7항 등 관계법령의 규정내용이나 그 입법이유 등으로 미루어 볼 때, 같은 법 제71조 제7항 소정의 "공익사업의 변환"이 국가·지방자치단체 또는 정부투자기관 등 기업자(또는 사업시행자)가 동일한 경우에만 허용되는 것으로 해석되지는 않는다(대판 1994.1.25, 93다11760·11777·11784).

2 변경된 공익사업이 토지보상법 제4조 제1~5호에 정한 공익사업에 해당하면 공익사업의 변환이 인정되는 것이지, 변경된 공익사업의 시행자가 국가·지방자치단체 또는 일정한 공공기관일 필요까지는 없다(대판 2015.8.19, 2014다201391).

③ 변경 후 공익사업의 범위

공익사업을 위한 토지 등의 취득 및 보상에 관한 법률 제4조 【공익사업】 이 법에 따라 토지 등을 취득하거나 사용할 수 있는 사업은 다음 각 호의 어느 하나에 해당하는 사업이어야 한다.

기출지문 OX

01 공익사업의 변환은 공익사업 변경 전·후의 사업주체가 동일한 경우에만 허용된다고 하는 것이 대법원 판례의 입장이다. (10국회8) ( )

정답
01 ×

1. 국방·군사에 관한 사업
2. 관계 법률에 따라 허가·인가·승인·지정 등을 받아 공익을 목적으로 시행하는 철도·도로·공항·항만·주차장·공영차고지·화물터미널·궤도·하천·제방·댐·운하·수도·하수도·하수종말처리·폐수처리·사방·방풍·방화·방조·방수·저수지·용수로·배수로·석유비축·송유·폐기물처리·전기·전기통신·방송·가스 및 기상 관측에 관한 사업
3. 국가나 지방자치단체가 설치하는 청사·공장·연구소·시험소·보건시설·문화시설·공원·수목원·광장·운동장·시장·묘지·화장장·도축장 또는 그 밖의 공공용 시설에 관한 사업
4. 관계 법률에 따라 허가·인가·승인·지정 등을 받아 공익을 목적으로 시행하는 학교·도서관·박물관 및 미술관 건립에 관한 사업
5. 국가, 지방자치단체, 공공기관의 운영에 관한 법률 제4조에 따른 공공기관, 지방공기업법에 따른 지방공기업 또는 국가나 지방자치단체가 지정한 자가 임대나 양도의 목적으로 시행하는 주택 건설 또는 택지 및 산업단지 조성에 관한 사업

- 변경 후 공익사업이 토지보상법 제4조 제1호 내지 제5호에 규정된 사업인 경우에 한하므로, 그 외의 사업으로 변경된 경우에는 공익사업의 변환이 불가능하고 환매 후 협의취득 또는 수용 절차를 거쳐야 함.
- 변경 후 공익사업에 대해 새로 사업인정을 받거나 사업인정을 받은 것으로 의제되어야 함.

관련 판례

'공익사업을 위한 토지 등의 취득 및 보상에 관한 법률' 제91조 제6항에 정한 공익사업의 변환은 같은 법 제20조 제1항의 규정에 의한 사업인정을 받은 공익사업이 일정한 범위 내의 공익성이 높은 다른 공익사업으로 변경된 경우에 한하여 환매권의 행사를 제한하는 것이므로, 적어도 새로운 공익사업에 관해서도 같은 법 제20조 제1항의 규정에 의해 사업인정을 받거나 또는 위 규정에 따른 사업인정을 받은 것으로 의제하는 다른 법률의 규정에 의해 사업인정을 받은 것으로 볼 수 있는 경우에만 공익사업의 변환에 의한 환매권 행사의 제한을 인정할 수 있다(대판 2010.9.30, 2010다30782).

④ 변경 후 공익사업의 주체가 토지를 소유하고 있을 것

관련 판례

공익사업의 원활한 시행을 위한 무익한 절차의 반복 방지라는 '공익사업의 변환'을 인정한 입법 취지에 비추어 볼 때, 만약 사업시행자가 협의취득하거나 수용한 당해 토지를 제3자에게 처분해 버린 경우에는 어차피 변경된 사업시행자는 그 사업의 시행을 위하여 제3자로부터 토지를 재취득해야 하는 절차를 새로 거쳐야 하는 관계로 위와 같은 공익사업의 변환을 인정할 필요성도 없게 되므로, 공익사업의 변환을 인정하기 위해서는 적어도 변경된 사업의 사업시행자가 당해 토지를 소유하고 있어야 한다. 나아가 공익사업을 위해 협의취득하거나 수용한 토지가 제3자에게 처분된 경우에는 특별한 사정이 없는 한 그 토지는 당해 공익사업에는 필요 없게 된 것이라고 보아야 하고, 변경된 공익사업에 관해서도 마찬가지이므로, 그 토지가 변경된 사업의 사업시행자 아닌 제3자에게 처분된 경우에는 공익사업의 변환을 인정할 여지도 없다(대판 2010.9.30, 2010다30782).

기출지문 OX

01 공익사업변환제도에서 변환되는 새로운 사업은 공익사업을 위한 토지 등의 취득 및 보상에 관한 법률에 의하여 토지 등을 취득 또는 사용할 수 있는 모든 공익사업이다. (10지방7) ( )

02 공익사업을 위해 협의취득하거나 수용한 토지가 제3자에게 처분된 경우에는 특별한 사정이 없는 한 그 토지는 당해 공익사업에는 필요 없게 된 것이라고 보아야 한다. (14변시) ( )

03 공익사업을 위해 수용한 토지가 변경된 사업시행자가 아닌 제3자에게 처분된 경우에도 특별한 사정이 없는 한 공익사업의 변환은 인정된다. (17지방7) ( )

정답
01 × 02 ○ 03 ×

기출지문 OX

01 공익사업변환이 있는 경우 국가·지방자치단체 또는 대통령령으로 정하는 공공기관은 공익사업이 변경된 사실을 환매권자에게 통지하여야 한다. (10지방7) ( )

02 국가 등이 공익사업을 위하여 토지를 협의취득 또는 수용한 후 토지를 다른 공익사업으로 변경한 경우에는 중앙토지수용위원회의 공익사업의 전환결정을 거쳐 해당 토지를 다른 공익사업에 이용할 수 있다. (10지방7) ( )

03 환지방식에 의한 도시개발사업을 시행하기 위해서는 먼저 도시개발구역이 지정되어야 한다. (06서울7) ( )

정답
01 ○ 02 × 03 ○

(3) 공익사업 변환의 효과

- 공익사업의 변환이 인정되면 변경 전 공익사업의 폐지·변경 등을 이유로는 환매권 행사 불가
- 당해 토지에 대한 환매권은 변경 후 공익사업이 폐지·변경되는 등의 사유가 발생해야 하고, 그 행사기간도 공익사업의 변경을 관보에 고시한 날부터 다시 기산됨.

(4) 공익사업 변환의 통지의무

- 국가·지방자치단체·공공기관은 공익사업이 변경된 사실을 환매권자에게 통지하여야 함.
- 이 외에 다른 절차를 거칠 필요 없이 해당 토지를 변경 후 공익사업에 이용할 수 있음.

제4절 공용환지

1 서설

- **공용환지**: 일정한 지역 안에서 토지의 이용가치를 증진시키기 위한 사업을 실시하기 위하여 토지의 소유권 등의 권리를 권리자의 의사와 무관하게 강제적으로 교환·분합하는 것
- 공용환지는 도시개발법, 농어촌정비법에 규정되어 있음.

2 도시개발법상 공용환지

1. 도시개발구역의 지정

도시개발법 제3조【도시개발구역의 지정 등】 ① 다음 각 호의 어느 하나에 해당하는 자는 계획적인 도시개발이 필요하다고 인정되는 때에는 도시개발구역을 지정할 수 있다.
1. 특별시장·광역시장·도지사·특별자치도지사(이하 "시·도지사"라 한다)
2. 지방자치법 제198조에 따른 서울특별시와 광역시를 제외한 인구 50만 이상의 대도시의 시장(이하 "대도시 시장"이라 한다)

② 도시개발사업이 필요하다고 인정되는 지역이 둘 이상의 특별시·광역시·도·특별자치도(이하 "시·도"라 한다) 또는 지방자치법 제198조에 따른 서울특별시와 광역시를 제외한 인구 50만 이상의 대도시(이하 이 조, 제8조 및 제10조의2에서 "대도시"라 한다)의 행정구역에 걸치는 경우에는 관계 시·도지사 또는 대도시 시장이 협의하여 도시개발구역을 지정할 자를 정한다.
③ 국토교통부장관은 다음 각 호의 어느 하나에 해당하면 제1항과 제2항에도 불구하고 도시개발구역을 지정할 수 있다.
1. 국가가 도시개발사업을 실시할 필요가 있는 경우
2. 관계 중앙행정기관의 장이 요청하는 경우

3. 제11조 제1항 제2호에 따른 공공기관의 장 또는 같은 항 제3호에 따른 정부출연기관의 장이 대통령령으로 정하는 규모 이상으로서 국가계획과 밀접한 관련이 있는 도시개발구역의 지정을 제안하는 경우
4. 제2항에 따른 협의가 성립되지 아니하는 경우
5. 그 밖에 대통령령으로 정하는 경우

④ 시장(대도시 시장은 제외한다)·군수 또는 구청장(자치구의 구청장을 말한다. 이하 같다)은 대통령령으로 정하는 바에 따라 시·도지사에게 도시개발구역의 지정을 요청할 수 있다.

⑤ 제1항에 따라 도시개발구역을 지정하거나 그 지정을 요청하는 경우 도시개발구역의 지정대상 지역 및 규모, 요청 절차, 제출 서류 등에 필요한 사항은 대통령령으로 정한다.

2. 도시개발의 시행자

도시개발법 제11조【시행자 등】 ① 도시개발사업의 시행자(이하 "시행자"라 한다)는 다음 각 호의 자 중에서 지정권자가 지정한다. 다만, 도시개발구역의 전부를 환지 방식으로 시행하는 경우에는 제5호의 토지 소유자나 제6호의 조합을 시행자로 지정한다.

5. 도시개발구역의 토지 소유자(공유수면 관리 및 매립에 관한 법률 제28조에 따라 면허를 받은 자를 해당 공유수면을 소유한 자로 보고 그 공유수면을 토지로 보며, 제21조에 따른 수용 또는 사용 방식의 경우에는 도시개발구역의 국공유지를 제외한 토지 면적의 3분의 2 이상을 소유한 자를 말한다)
6. 도시개발구역의 토지 소유자(공유수면 관리 및 매립에 관한 법률 제28조에 따라 면허를 받은 자를 해당 공유수면을 소유한 자로 보고 그 공유수면을 토지로 본다)가 도시개발을 위하여 설립한 조합(도시개발사업의 전부를 환지 방식으로 시행하는 경우에만 해당하며, 이하 "조합"이라 한다)
11. 제1호부터 제9호까지, 제9호의2 및 제10호에 해당하는 자(제6호에 따른 조합은 제외한다)가 도시개발사업을 시행할 목적으로 출자에 참여하여 설립한 법인으로서 대통령령으로 정하는 요건에 해당하는 법인

3. 환지계획

도시개발법 제28조【환지계획의 작성】 ① 시행자는 도시개발사업의 전부 또는 일부를 환지 방식으로 시행하려면 다음 각 호의 사항이 포함된 환지계획을 작성하여야 한다.

1. 환지 설계
2. 필지별로 된 환지 명세
3. 필지별과 권리별로 된 청산 대상 토지 명세
4. 제34조에 따른 체비지 또는 보류지의 명세
5. 제32조에 따른 입체 환지를 계획하는 경우에는 입체 환지용 건축물의 명세와 제32조의3에 따른 공급 방법·규모에 관한 사항
6. 그 밖에 국토교통부령으로 정하는 사항

- **환지계획**: 도시개발사업이 완료된 경우에 행할 환지처분에 관한 계획. 환지처분은 환지계획대로 행해져야 함.

기출지문 OX

01 도시개발사업의 시행자는 도시개발사업을 환지방식에 의하여 시행하고자 하는 경우에는 환지계획을 작성하여야 한다. (06서울7) ( )

정답
01 ○

기출지문 OX

01 환지계획은 직접 토지소유자 등의 법률상의 지위에 변동시키는 효과를 가져오므로 항고소송의 대상이 되는 처분에 해당한다고 보는 것이 판례의 입장이다. (06서울7) ( )

02 환지계획은 항고소송의 대상이 되는 독립된 행정처분이라 볼 수 없다. (09국회8) ( )

03 환지계획은 환지예정지 지정이나 환지처분의 근거가 될 뿐 고유한 법률효과를 수반하는 것이 아니어서 항고소송의 대상이 되는 처분에 해당하지 않는다. (12국가7) ( )

04 시행자는 사업경비의 충당을 위하여 체비지를 정할 수 있다. (95국가7) ( )

05 도시개발사업의 시행을 위하여 필요한 때에는 도시개발구역의 토지에 대하여 환지예정지를 지정할 수 있다. (06서울7) ( )

06 환지예정지에 대해 종전의 토지소유자의 사용·수익이 불가능하다. (95국가7) ( )

정답
01 × 02 ○ 03 ○ 04 ○ 05 ○ 06 ×

관련 판례

1 환지처분의 내용은 모두 환지계획에 의하여 미리 결정되는 것이며 환지처분은 다만 환지계획구역에 대한 공사가 완료되기를 기다려서 환지계획에 정하여져 있는 바를 토지소유자에게 통지하고 그 뜻을 공고함으로써 효력이 발생되는 것이고, 따라서 환지계획과는 별도의 내용을 가진 환지처분은 있을 수 없는 것이므로 환지계획에 의하지 아니하고 환지계획에도 없는 사항을 내용으로 하는 환지처분은 효력을 발생할 수 없다(대판 1993.5.27, 92다14878).

2 환지예정지 지정이나 환지처분은 그에 의하여 직접 토지소유자 등의 권리의무가 변동되므로 이를 항고소송의 대상이 되는 처분이라고 볼 수 있으나, 환지계획은 위와 같은 환지예정지 지정이나 환지처분의 근거가 될 뿐 그 자체가 직접 토지소유자 등의 법률상의 지위를 변동시키거나 또는 환지예정지 지정이나 환지처분과는 다른 고유한 법률효과를 수반하는 것이 아니어서 이를 항고소송의 대상이 되는 처분에 해당한다고 할 수가 없다(대판 1999.8.20, 97누6889).

4. 체비지·보류지의 지정

- **보류지**: 토지구획정리사업의 시행자가 환지계획을 정함에 있어 규약·정관·시행규정 또는 사업계획으로 정한 일정한 목적에 공용하기 위해 환지로 정하지 않고 남겨 둔 토지
- **체비지**: 토지구획정리사업의 시행자가 환지계획을 정함에 있어서 토지구획정리사업비용에 충당하기 위하여 매각할 목적으로 환지에서 제외하는 토지

도시개발법 제34조【체비지 등】① 시행자는 도시개발사업에 필요한 경비에 충당하거나 규약·정관·시행규정 또는 실시계획으로 정하는 목적을 위하여 일정한 토지를 환지로 정하지 아니하고 보류지로 정할 수 있으며, 그 중 일부를 체비지로 정하여 도시개발사업에 필요한 경비에 충당할 수 있다.

5. 환지예정지의 지정

도시개발법 제35조【환지예정지의 지정】① 시행자는 도시개발사업의 시행을 위하여 필요하면 도시개발구역의 토지에 대하여 환지예정지를 지정할 수 있다. 이 경우 종전의 토지에 대한 임차권자 등이 있으면 해당 환지예정지에 대하여 해당 권리의 목적인 토지 또는 그 부분을 아울러 지정하여야 한다.

제36조【환지예정지 지정의 효과】① 환지예정지가 지정되면 종전의 토지의 소유자와 임차권자 등은 환지예정지 지정의 효력발생일부터 환지처분이 공고되는 날까지 환지 예정지나 해당 부분에 대하여 종전과 같은 내용의 권리를 행사할 수 있으며 종전의 토지는 사용하거나 수익할 수 없다.

(1) 의의

- **환지예정지**: 환지처분이 행해지기 전에 종전의 토지를 대신하여 사용·수익하도록 지정된 토지
- 도시개발사업이 완료되기 전에 환지처분이 행하여진 것과 같은 상태를 만들어 권리관계의 불안정한 상태를 해소하려는 취지의 제도

(2) 환지예정지 지정의 법적 성질

- 환지예정지 지정이 있으면 토지에 대한 사용·수익권에 변동이 일어나므로 행정처분에 해당
- 환지예정지로 지정된 토지이더라도 그 소유권에는 변동이 없으므로 종전 소유자는 환지 인가·고시가 있을 때까지는 그 토지를 처분할 수 있음. 단, 지정받은 환지예정지 처분 불가

관련 판례

1 토지구획정리 지구내에 있는 어떤 토지가 다른 토지의 환지예정지로 지정되었다 하더라도 그 토지의 소유자는 환지의 인가와 고시가 있을 때까지는 그 소유권을 상실하는 것은 아니므로 이를 처분할 수 있다(대판 1963.5.15, 63누21).

2 본건 토지구획정리에 있어서의 환지예정지 지정처분은 그 처분의 성질상 관계토지 소유자에게 막대한 이해관계를 미치는 것이므로 반드시 그 소유자에게 개별적으로 서면통지를 필요로 하는 상대방 있는 행정처분이라 할 것이며 이는 현행 도시계획법 제 35조2항과 같은 명문이 없는 구조선시가지 계획령 소정 토지구획정리에 의한 환지예정지 지정처분에 있어서도 마찬가지로 보아야 할 것이다(대판 1962.5.17, 62누10).

3 환지계획 인가 후에 당초의 환지계획에 대한 공람과정에서 토지소유자 등 이해관계인이 제시한 의견에 따라 수정하고자 하는 내용에 대하여 다시 공람절차 등을 밟지 아니한 채 수정된 내용에 따라 한 환지예정지 지정처분은 환지계획에 따르지 아니한 것이거나 환지계획을 적법하게 변경하지 아니한 채 이루어진 것이어서 당연 무효라고 할 것이다(대판 1999.8.20, 97누6889).

(3) 환지예정지 지정에 대한 불복방법

관련 판례

환지예정지지정처분은 사업시행자가 사업시행지구 내의 종전 토지 소유자로 하여금 환지예정지지정처분의 효력발생일로부터 환지처분의 공고가 있는 날까지 당해 환지예정지를 사용수익할 수 있게 하는 한편 종전의 토지에 대하여는 사용수익을 할 수 없게 하는 처분에 불과하고 환지처분이 일단 공고되어 효력을 발생하게 되면 환지예정지 지정처분은 그 효력이 소멸되는 것이므로, 환지처분이 공고된 후에는 환지예정지 지정처분에 대하여 그 취소를 구할 법률상 이익은 없다(대판 1999.10.8, 99두6873).

6. 환지처분

(1) 의의 및 법적 성질

- **환지처분**: 종전 토지에 대하여 소유권 등의 권리를 가진 자에게, 종전의 토지에 갈음하여 환지계획에 정하여진 토지를 배당하여 종국적으로 귀속시키는 처분
- 환지처분에 의해 토지소유자의 권리·의무가 변동되므로 이는 행정처분임(형성적 행정행위).

기출지문 OX

01 환지예정지가 지정되면 종전의 토지의 소유자·임차권자 등은 환지예정지에 대하여 종전과 같은 내용의 권리를 행사할 수 있다. (07국회8) ( )

02 환지예정지 지정의 법적 성질은 행정처분이다. (96입시) ( )

03 환지예정지가 지정되면 종전의 토지와 환지예정지에 대한 소유권이 변동한다. (07국회8) ( )

04 공람절차를 거치지 않고 인가받은 환지계획 및 이러한 환지계획에 따라 이루어진 환지예정지 지정처분은 위법하다. (09국회8) ( )

05 환지예정지의 지정은 행정처분의 성질을 가지므로 이에 대한 행정소송이 인정된다. (07국회8) ( )

06 환지예정지 지정은 처분에 해당하므로 환지처분이 일단 공고되어 효력을 발생한 후에도 환지예정지 지정처분에 대하여 그 취소를 구할 법률상 이익이 있다. (09국회8) ( )

정답
01 ○ 02 ○ 03 × 04 ○ 05 ○ 06 ×

기출지문 OX

01 환지처분은 환지교부와 환지청산을 내용으로 한다. (07국회8) ( )

02 환지처분의 내용은 환지계획에 의하여 미리 결정된다. (99국가7) ( )

03 환지계획에 의하지 아니하거나 환지계획에 없는 사항을 내용으로 하는 환지처분은 당연무효이다. (09국회8) ( )

정답
01 ○ 02 ○ 03 ○

관련 판례

환지예정지 지정이나 환지처분은 그에 의하여 직접 토지소유자 등의 권리의무가 변동되므로 이를 항고소송의 대상이 되는 처분이라고 볼 수 있다(대판 1999.8.20, 97누6889).

(2) 환지처분의 절차

도시개발법 제40조 【환지처분】 ① 시행자는 환지 방식으로 도시개발사업에 관한 공사를 끝낸 경우에는 지체 없이 대통령령으로 정하는 바에 따라 이를 공고하고 공사 관계 서류를 일반인에게 공람시켜야 한다.
② 도시개발구역의 토지 소유자나 이해관계인은 제1항의 공람 기간에 시행자에게 의견서를 제출할 수 있으며, 의견서를 받은 시행자는 공사 결과와 실시계획 내용에 맞는지를 확인하여 필요한 조치를 하여야 한다.
③ 시행자는 제1항의 공람 기간에 제2항에 따른 의견서의 제출이 없거나 제출된 의견서에 따라 필요한 조치를 한 경우에는 지정권자에 의한 준공검사를 신청하거나 도시개발사업의 공사를 끝내야 한다.
④ 시행자는 지정권자에 의한 준공검사를 받은 경우(지정권자가 시행자인 경우에는 제51조에 따른 공사 완료 공고가 있는 때)에는 대통령령으로 정하는 기간에 환지처분을 하여야 한다.
⑤ 시행자는 환지처분을 하려는 경우에는 환지 계획에서 정한 사항을 토지 소유자에게 알리고 대통령령으로 정하는 바에 따라 이를 공고하여야 한다.

(3) 환지처분의 내용

- 환지처분은 환지교부와 환지청산을 내용으로 함.
- **환지교부**: 환지계획으로 정하여진 환지를 종전의 토지에 갈음하여 교부하는 것
- **환지청산**: 환지교부로 종전의 토지와의 사이에 과부족이 있는 경우에 그 차액을 금전으로 교부·징수하는 것

관련 판례

1 환지처분의 내용은 모두 환지계획에 의하여 미리 결정되는 것이며 환지처분은 다만 환지계획구역에 대한 공사가 완료되기를 기다려서 환지계획에 정하여져 있는 바를 토지소유자에게 통지하고 그 뜻을 공고함으로써 효력이 발생되는 것이고, 따라서 환지계획과는 별도의 내용을 가진 환지처분은 있을 수 없는 것이므로 환지계획에 의하지 아니하고 환지계획에도 없는 사항을 내용으로 하는 환지처분은 효력을 발생할 수 없다(대판 1993.5.27, 92다14878).

2 환지계획과는 별도의 내용을 가진 환지처분은 있을 수 없는 것이므로, 이 사건에서 만일 관리처분계획의 변경이 있었다면 어떤 토지가 환지의 대상에 포함되는지 여부는 최종적으로 변경된 관리처분계획을 기준으로 판단하여야 할 것이고, 처음에는 재개발사업에 의한 환지의 대상에 포함된 토지라고 하더라도 도중에 관리처분계획이 변경되어 재개발사업구역에서 제외되었다면, 그 토지에 대하여는 분양처분의 고시에 따른 환지의 확정으로 인한 효력이 미칠 수 없음은 당연하다고 하겠다(대판 2007.1.11, 2005다70151).

(4) 환지처분의 효과

① 소유권 등 권리의 변경

> **도시개발법 제42조【환지처분의 효과】** ① 환지 계획에서 정하여진 환지는 그 환지처분이 공고된 날의 다음 날부터 종전의 토지로 보며, 환지 계획에서 환지를 정하지 아니한 종전의 토지에 있던 권리는 그 환지처분이 공고된 날이 끝나는 때에 소멸한다.
>
> ② 제1항은 행정상 처분이나 재판상의 처분으로서 종전의 토지에 전속하는 것에 관하여는 영향을 미치지 아니한다.
>
> ③ 도시개발구역의 토지에 대한 지역권은 제1항에도 불구하고 종전의 토지에 존속한다. 다만, 도시개발사업의 시행으로 행사할 이익이 없어진 지역권은 환지처분이 공고된 날이 끝나는 때에 소멸한다.
>
> ④ 제28조에 따른 환지 계획에 따라 환지처분을 받은 자는 환지처분이 공고된 날의 다음 날에 환지 계획으로 정하는 바에 따라 건축물의 일부와 해당 건축물이 있는 토지의 공유지분을 취득한다. 이 경우 종전의 토지에 대한 저당권은 환지처분이 공고된 날의 다음 날부터 해당 건축물의 일부와 해당 건축물이 있는 토지의 공유지분에 존재하는 것으로 본다.
>
> ⑤ 제34조에 따른 체비지는 시행자가, 보류지는 환지 계획에서 정한 자가 각각 환지처분이 공고된 날의 다음 날에 해당 소유권을 취득한다. 다만, 제36조 제4항에 따라 이미 처분된 체비지는 그 체비지를 매입한 자가 소유권 이전 등기를 마친 때에 소유권을 취득한다.
>
> ⑥ 제41조에 따른 청산금은 환지처분이 공고된 날의 다음 날에 확정된다.

② 환지청산금

> **도시개발법 제41조【청산금】** ① 환지를 정하거나 그 대상에서 제외한 경우 그 과부족분은 종전의 토지(제32조에 따라 입체 환지 방식으로 사업을 시행하는 경우에는 환지 대상 건축물을 포함한다. 이하 제42조 및 제45조에서 같다) 및 환지의 위치·지목·면적·토질·수리·이용 상황·환경, 그 밖의 사항을 종합적으로 고려하여 금전으로 청산하여야 한다.
>
> ② 제1항에 따른 청산금은 환지처분을 하는 때에 결정하여야 한다. 다만, 제30조나 제31조에 따라 환지 대상에서 제외한 토지 등에 대하여는 청산금을 교부하는 때에 청산금을 결정할 수 있다.
>
> **제46조【청산금의 징수·교부 등】** ① 시행자는 환지처분이 공고된 후에 확정된 청산금을 징수하거나 교부하여야 한다. 다만, 제30조와 제31조에 따라 환지를 정하지 아니하는 토지에 대하여는 환지처분 전이라도 청산금을 교부할 수 있다.
>
> ② 청산금은 대통령령으로 정하는 바에 따라 이자를 붙여 분할징수하거나 분할교부할 수 있다.
>
> ③ 행정청인 시행자는 청산금을 내야 할 자가 이를 내지 아니하면 국세 또는 지방세 체납처분의 예에 따라 징수할 수 있으며, 행정청이 아닌 시행자는 특별자치도지사·시장·군수 또는 구청장에게 청산금의 징수를 위탁할 수 있다. 이 경우 제16조 제5항을 준용한다.
>
> ④ 청산금을 받을 자가 주소 불분명 등의 이유로 청산금을 받을 수 없거나 받기를 거부하면 그 청산금을 공탁할 수 있다.
>
> **제47조【청산금의 소멸시효】** 청산금을 받을 권리나 징수할 권리를 5년간 행사하지 아니하면 시효로 소멸한다.

기출지문 OX

01 행정관청에 의해 환지계획의 인가가 있으면 토지에 대한 소유권이 변동된다. (99국가7) ( )

02 환지를 지정하지 않고 청산금만 지급하는 경우도 있다. (99국가7) ( )

정답
01 × 환지처분이 공고된 날의 다음날에
02 ○

기출지문 OX

01 판례는 환지확정처분의 일부취소를 구하는 소송의 소의 이익을 인정하지 않는다. (09국회8) ( )

02 환지처분이 확정된 후에는 환지처분의 일부에 위법이 있다고 하더라도 민사상의 손해배상청구를 할 수 없고, 행정소송으로만 그 취소를 구할 수 있다. (12국가7) ( )

정답
01 ○
02 × 민사상 손배청구 가능함

관련 판례

[1] 구 토지구획정리사업법 제2조 제1항 제1호, 제2호, 제63조에 의하면, 토지구획정리사업의 환지계획에서 초등학교 및 중고등학교 교육에 필요한 학교용지로 지정된 토지는 환지처분의 공고 다음 날에 법 제63조 본문에 따라 토지를 관리할 국가 또는 지방자치단체(이하 '국가 등'이라고 한다)에 귀속되어 국가 등이 소유권을 원시취득하고, 그 대신 국가 등은 법 제63조 단서에 따라 사업시행자에게 학교용지의 취득에 대한 대가를 지급할 의무를 부담하게 된다.
[2] 토지구획정리사업의 환지계획에서 공공시설용지로 지정된 토지라도 환지처분의 공고가 있기 전까지는 사업시행자가 구 토지구획정리사업법 제59조에 의하여 관리하는 공법상의 관리대상 토지일 뿐이므로, 환지계획에서 학교용지로 지정된 토지라고 하여 환지처분의 공고가 있기 전에 국가 또는 지방자치단체가 이에 대하여 물권 유사의 사용수익권이나 관리권을 가진다고 할 수 없다.
[3] 갑 토지구획정리조합이 환지계획을 인가받으면서 체비지 겸 학교용지로 인가받은 토지에 대하여 체비지대장에 갑 조합을 토지의 소유자로 등재한 후 소유자명의를 을 주식회사 앞으로 이전하였는데, 환지처분이 이루어지지 않은 상태에서 병 지방자치단체가 갑 조합을 상대로 환지처분의 공고 다음 날에 토지의 소유권을 원시취득할 지위에 있음의 확인을 구한 사안에서, 병 지방자치단체는 갑 조합을 상대로 위와 같은 지위 확인을 구할 확인의 이익이 있고, 이는 행정소송법상 당사자소송에 해당한다(대판 2016.12.15, 2016다221566).

(5) 환지처분에 대한 불복

관련 판례

1 구 토지구획정리사업법 제61조에 의한 환지처분은 사업시행자가 환지계획구역의 전부에 대하여 구획정리사업에 관한 공사를 완료한 후 환지계획에 따라 환지교부 등을 하는 처분으로서, 일단 공고되어 효력을 발생하게 된 이후에는 환지 전체의 절차를 처음부터 다시 밟지 않는 한 그 일부만을 따로 떼어 환지처분을 변경할 길이 없으므로, 환지확정처분의 일부에 대하여 취소나 무효확인을 구할 법률상 이익은 없다(대판 2013.2.28, 2010두2289).

2 환지처분 중 일부 토지에 관하여 환지도 지정하지 아니하고 또 정산금도 지급하지 아니한 위법이 있다 하여도 이를 이유로 민법상의 불법행위로 인한 손해배상을 구할 수 있으므로 그 환지확정처분의 일부에 대하여 취소를 구할 법률상 이익은 없다(대판 1985.4.23, 84누446).

(6) 환지처분의 변경

① 환지처분이 일단 확정되어 효력을 발생한 후에는 이를 소급하여 시정하는 의미의 환지변경처분은 불가능하고, 전체 환지절차를 처음부터 다시 거쳐야 함.
② 또한 환지처분의 일부만 변경하는 것도 불가능하고, 전체 환지절차를 처음부터 다시 거쳐야 함.
③ 판례는 이러한 절차를 거치지 않고 행한 환지변경처분은 무효라고 봄.

7. 토지면적을 고려한 환지

> 도시개발법 제31조 【토지면적을 고려한 환지】 ① 시행자는 토지 면적의 규모를 조정할 특별한 필요가 있으면 면적이 작은 토지는 과소 토지가 되지 아니하도록 면적을 늘려 환지를 정하거나 환지 대상에서 제외할 수 있고, 면적이 넓은 토지는 그 면적을 줄여서 환지를 정할 수 있다.
> ② 제1항의 과소 토지의 기준이 되는 면적은 대통령령으로 정하는 범위에서 시행자가 규약·정관 또는 시행규정으로 정한다.

8. 입체환지

> 도시개발법 제32조 【입체 환지】 ① 시행자는 도시개발사업을 원활히 시행하기 위하여 특히 필요한 경우에는 토지 또는 건축물 소유자의 신청을 받아 건축물의 일부와 그 건축물이 있는 토지의 공유지분을 부여할 수 있다. 다만, 토지 또는 건축물이 대통령령으로 정하는 기준 이하인 경우에는 시행자가 규약·정관 또는 시행규정으로 신청대상에서 제외할 수 있다.

제5절 공용환권

1 의의 및 법적 근거

- **공용환권**: 도시공간의 효용을 증대시키는 사업의 실시를 위하여 일정한 지역 내의 토지와 지상물에 관한 소유권 및 기타의 권리를 권리자의 의사와 무관하게 강제적으로 교환·분합하는 토지의 입체적 변환방식
- 도시 및 주거환경정비법에서 규정하고 있음.

2 조합 설립

1. 조합설립추진위원회의 구성 및 승인

> 도시 및 주거환경정비법 제31조 【조합설립추진위원회의 구성·승인】 ① 조합을 설립하려는 경우에는 제16조에 따른 정비구역 지정·고시 후 다음 각 호의 사항에 대하여 토지 등 소유자 과반수의 동의를 받아 조합설립을 위한 추진위원회를 구성하여 국토교통부령으로 정하는 방법과 절차에 따라 시장·군수 등의 승인을 받아야 한다.
> 1. 추진위원회 위원장(이하 "추진위원장"이라 한다)을 포함한 5명 이상의 추진위원회 위원(이하 "추진위원"이라 한다)
> 2. 제34조 제1항에 따른 운영규정

기출지문 OX

01 시행자는 토지면적의 규모를 조정할 특별한 필요가 있으면 면적이 작은 토지는 과소 토지가 되지 아니하도록 면적을 늘려 환지를 정할 수 있다. (95국가7) ( )

02 시행자는 도시개발사업을 원활히 시행하기 위하여 특히 필요한 경우에는 토지 또는 건축물 소유자의 신청을 받아 건축물의 일부와 그 건축물이 있는 토지의 공유지분을 부여할 수 있다. (07국회8) ( )

03 도시개발법에 의한 환지의 경우 입체환지가 가능하다. (95국가7) ( )

04 조합설립추진위원회 구성승인처분은 조합의 설립을 위한 주체인 추진위원회의 구성행위를 보충하여 그 효력을 부여하는 처분으로 인가에 해당한다. (17서울7) ( )

정답
01 ○ 02 ○ 03 ○ 04 ○

기출지문 OX

01 구 도시 및 주거환경정비법상 조합설립추진위원회 구성승인처분을 다투는 소송 계속 중에 조합설립인가처분이 이루어졌다면 조합설립추진위원회 구성승인처분의 취소를 구할 법률상 이익은 없다. (18지방9) ( )

02 도시 및 주거환경정비법상 조합설립추진위원회의 구성에 동의하지 아니한 정비구역 내의 토지 등 소유자는 조합설립추진위원회 설립승인처분의 취소를 구할 원고적격이 있다. (12서울9, 11국가7) ( )

03 행정청이 관련법령에 근거하여 행하는 조합설립인가처분은 그 설립행위에 대한 보충행위로서의 성질에 그치지 않고 법령상 요건을 갖출 경우 도시 및 주거환경정비법상 주택재건축사업을 시행할 수 있는 권한을 갖는 행정주체(공법인)로서의 지위를 부여하는 일종의 설권적 처분의 성격을 갖는다. (17지방9, 17서울7, 13국가7) ( )

04 도시 및 주거환경정비법상 주택재건축정비사업조합은 공법인으로서 목적범위 내에서 법령이 정하는 바에 따라 일정한 행정작용을 행하는 행정주체의 지위를 갖는다. (17사복9, 17서울9, 13국가9) ( )

정답
01 ○ 02 ○ 03 ○ 04 ○

관련 판례

1 구 도시 및 주거환경정비법 제13조 제1항, 제2항, 제14조 제1항, 제15조 제4항, 제5항 등 관계 법령의 내용, 형식, 체제 등에 비추어 보면, 조합설립추진위원회 구성승인처분은 조합의 설립을 위한 주체인 추진위원회의 구성행위를 보충하여 그 효력을 부여하는 처분으로서 조합설립이라는 종국적 목적을 달성하기 위한 중간단계의 처분에 해당하지만, 그 법률요건이나 효과가 조합설립인가처분의 그것과는 다른 독립적인 처분이기 때문에, 추진위원회 구성승인처분에 대한 취소 또는 무효확인 판결의 확정만으로는 이미 조합설립인가를 받은 조합에 의한 정비사업의 진행을 저지할 수 없다. 따라서 추진위원회 구성승인처분을 다투는 소송 계속 중에 조합설립인가처분이 이루어진 경우에는, 추진위원회 구성승인처분에 위법이 존재하여 조합설립인가 신청행위가 무효라는 점 등을 들어 직접 조합설립인가처분을 다툼으로써 정비사업의 진행을 저지하여야 하고, 이와는 별도로 추진위원회 구성승인처분에 대하여 취소 또는 무효확인을 구할 법률상의 이익은 없다고 보아야 한다(대판 2013.1.31, 2011두11112 · 2011두11129).

2 도시 및 주거환경정비법 제13조 제1항 및 제2항의 입법 경위와 취지에 비추어 하나의 정비구역 안에서 복수의 조합설립추진위원회에 대한 승인은 허용되지 않는 점, 조합설립추진위원회가 조합을 설립할 경우 같은 법 제15조 제4항에 의하여 조합설립추진위원회가 행한 업무와 관련된 권리와 의무는 조합이 포괄승계하며, 주택재개발사업의 경우 정비구역 내의 토지 등 소유자는 같은 법 제19조 제1항에 의하여 당연히 그 조합원으로 되는 점 등에 비추어 보면, 조합설립추진위원회의 구성에 동의하지 아니한 정비구역 내의 토지 등 소유자도 조합설립추진위원회 설립승인처분에 대하여 같은 법에 의하여 보호되는 직접적이고 구체적인 이익을 향유하므로 그 설립승인처분의 취소소송을 제기할 원고적격이 있다(대판 2007.1.25, 2006두12289).

2. 조합의 설립인가

도시 및 주거환경정비법 제35조 【조합설립인가 등】 ① 시장 · 군수 등, 토지주택공사 등 또는 지정개발자가 아닌 자가 정비사업을 시행하려는 경우에는 토지 등 소유자로 구성된 조합을 설립하여야 한다. 다만, 제25조 제1항 제2호에 따라 토지 등 소유자가 재개발사업을 시행하려는 경우에는 그러하지 아니하다.

② 재개발사업의 추진위원회(제31조 제4항에 따라 추진위원회를 구성하지 아니하는 경우에는 토지 등 소유자를 말한다)가 조합을 설립하려면 토지 등 소유자의 4분의 3 이상 및 토지면적의 2분의 1 이상의 토지소유자의 동의를 받아 다음 각 호의 사항을 첨부하여 시장 · 군수 등의 인가를 받아야 한다.

1. 정관
2. 정비사업비와 관련된 자료 등 국토교통부령으로 정하는 서류
3. 그 밖에 시 · 도조례로 정하는 서류

③ 재건축사업의 추진위원회(제31조 제4항에 따라 추진위원회를 구성하지 아니하는 경우에는 토지 등 소유자를 말한다)가 조합을 설립하려는 때에는 주택단지의 공동주택의 각 동(복리시설의 경우에는 주택단지의 복리시설 전체를 하나의 동으로 본다)별 구분소유자의 과반수 동의(공동주택의 각 동별 구분소유자가 5 이하인 경우는 제외한다)와 주택단지의 전체 구분소유자의 4분의 3 이상 및 토지면적의 4분의 3 이상의 토지소유자의 동의를 받아 제2항 각 호의 사항을 첨부하여 시장 · 군수 등의 인가를 받아야 한다.

제38조 【조합의 법인격 등】 ① 조합은 법인으로 한다.

관련 판례

조합설립인가의 법적 성격

1 행정청이 도시 및 주거환경정비법 등 관련 법령에 근거하여 행하는 조합설립인가처분은 단순히 사인들의 조합설립행위에 대한 보충행위로서의 성질을 갖는 것에 그치는 것이 아니라 법령상 요건을 갖출 경우 도시 및 주거환경정비법상 주택재건축사업을 시행할 수 있는 권한을 갖는 행정주체(공법인)로서의 지위를 부여하는 일종의 설권적 처분의 성격을 갖는다고 보아야 한다. 그리고 그와 같이 보는 이상 조합설립결의는 조합설립인가처분이라는 행정처분을 하는 데 필요한 요건 중 하나에 불과한 것이어서, 조합설립결의에 하자가 있다면 그 하자를 이유로 직접 항고소송의 방법으로 조합설립인가처분의 취소 또는 무효확인을 구하여야 하고, 이와는 별도로 조합설립결의 부분만을 따로 떼어내어 그 효력 유무를 다투는 확인의 소를 제기하는 것은 원고의 권리 또는 법률상의 지위에 현존하는 불안·위험을 제거하는 데 가장 유효·적절한 수단이라 할 수 없어 특별한 사정이 없는 한 확인의 이익은 인정되지 아니한다(대판 2009.9.24, 2008다60568).

2 재개발조합설립인가신청에 대한 행정청의 조합설립인가처분은 단순히 사인(私人)들의 조합설립행위에 대한 보충행위로서의 성질을 가지는 것이 아니라 법령상 일정한 요건을 갖추는 경우 행정주체(공법인)의 지위를 부여하는 일종의 설권적 처분의 성질을 가진다고 보아야 한다. 그러므로 구 도시 및 주거환경정비법상 재개발조합설립인가신청에 대하여 행정청의 조합설립인가처분이 있은 이후에는, 조합설립동의에 하자가 있음을 이유로 재개발조합 설립의 효력을 부정하려면 항고소송으로 조합설립인가처분의 효력을 다투어야 한다(대판 2010.1.28, 2009두4845).

3 토지 등 소유자로 구성되는 조합이 그 설립과정에서 조합설립인가처분을 받지 아니하였거나 설령 이를 받았다 하더라도 처음부터 조합설립인가처분으로서 효력이 없는 경우에는, 구 도시정비법 제13조에 의하여 정비사업을 시행할 수 있는 권한을 가지는 행정주체인 공법인으로서의 조합이 성립되었다 할 수 없고, 또한 이러한 조합의 조합장, 이사, 감사로 선임된 자 역시 구 도시정비법에서 정한 조합의 임원이라 할 수 없다(대판 2014.5.22, 2012도7190 전합).

4 구 도시 및 주거환경정비법(2012.2.1. 법률 제11293호로 개정되기 전의 것)상의 재개발조합설립에 토지 등 소유자의 서면에 의한 동의를 요구하고 동의서를 재개발조합설립인가신청시 행정청에 제출하도록 하는 취지는 서면에 의하여 토지 등 소유자의 동의 여부를 명확하게 함으로써 동의 여부에 관하여 발생할 수 있는 관련자들 사이의 분쟁을 사전에 방지하고 나아가 행정청으로 하여금 재개발조합설립인가신청시에 제출된 동의서에 의하여서만 동의요건의 충족 여부를 심사하도록 함으로써 동의 여부의 확인에 행정력이 소모되는 것을 막기 위한 데 있는 점, 구 도시 및 주거환경정비법 시행령(2012.7.31. 대통령령 제24007호로 개정되기 전의 것) 제28조 제4항에서 토지 등 소유자는 '인가신청 전'에 동의를 철회하거나 반대의 의사표시를 할 수 있도록 규정하는 한편, 조합설립의 인가에 대한 동의 후에는 위 시행령 제26조 제2항 각 호의 사항이 변경되지 않으면 조합설립의 '인가신청 전'이라고 하더라도 동의를 철회할 수 없도록 규정하여 '인가신청 시'를 기준으로 동의 여부를 결정하도록 하고 있는 점, 인가신청 후 처분 사이의 기간에도 토지 등 소유자는 언제든지 자신의 토지 및 건축물 등을 처분하거나 분할, 합병하는 것이 가능한데, 대규모 지역의 주택재개발사업에 대한 조합설립인가신청의 경우 행정청이 처분일을 기준으로 다시 일일이 소유관계를 확인하여 정족수를 판단하기는 현실적으로 어려울 뿐만 아니라 처분시점이 언제이냐에 따라 동의율이 달라질 수 있는 점,

기출지문 OX

01 도시 및 주거환경정비법에 따른 주택재건축사업조합의 설립인가는 행정행위 중 강학상 특허에 해당한다. (18경찰) ( )

02 주택재개발정비사업조합의 설립인가신청에 대하여 행정청의 인가처분이 있은 이후에 조합설립결의에 하자가 있음을 이유로 조합설립의 효력을 부정하기 위해서는 항고소송으로 인가처분의 효력을 다투어야 하고, 특별한 사정이 없는 한 이와는 별도로 민사소송으로 조합설립결의에 대하여 무효확인을 구할 확인의 이익은 없다. (16국가7, 13지방9) ( )

03 도시 및 주거환경정비법상 조합설립인가처분에서 조합설립 경의에 하자가 있는 경우, 조합설립결의 부분만을 따로 떼어내어 그 효력 유무를 다투는 확인의 소를 제기하는 것은 원고의 권리 또는 법률상의 지위에 현존하는 불안·위험을 제거하는 데 가장 유효·적절한 수단이라 할 수 없어 특별한 사정이 없는 한 확인의 이익은 인정되지 아니한다. (14지방9) ( )

04 주택재건축조합설립 인가 후 주택재건축조합설립결의의 하자를 이유로 조합설립인가처분의 무효확인을 구하기 위해서는 직접 항고소송의 방법으로 확인을 구할 수 없으며, 조합설립결의부분에 대한 효력유무를 민사소송으로 다툰 후 인가의 무효확인을 구해야 한다. (17서울7) ( )

05 조합설립결의에 하자가 있었으나 조합설립인가처분이 이루어진 경우에는 조합설립결의의 하자를 당사자소송으로 다툴 것이고 조합설립인가처분에 대해 항고소송을 제기할 수 없다. (16국회8) ( )

06 재개발조합설립인가신청에 대하여 행정청의 조합설립인가처분이 있은 이후에 조합설립 동의에 하자가 있음을 이유로 재개발조합설립의 효력을 부정하려면 조합설립 동의의 효력을 소의 대상으로 하여야 한다. (19국회8, 13국가7, 13지방7) ( )

정답
01 ○ 02 ○ 03 ○ 04 × 05 ×
06 ×

기출지문 OX

01 재개발조합 조합원의 자격인정 여부에 관한 다툼은 당사자소송의 대상이다. (19서울7) ( )

02 주택재개발정비사업조합은 공법인에 해당하기 때문에, 조합과 조합장 또는 조합임원 사이의 선임·해임 등을 둘러싼 법률관계는 공법상 법률관계로서 그 조합장 또는 조합임원의 지위를 다투는 소송은 공법상 당사자소송에 의하여야 한다. (13지방9) ( )

03 도시 및 주거환경정비법상 주택재개발사업조합의 조합설립인가처분이 법원의 재판에 의하여 취소된 경우 그 조합설립인가처분은 소급하여 효력을 상실한다. (15국회8) ( )

정답
01 ○ 02 × 03 ○

만일 처분일을 기준으로 동의율을 산정하면 인가신청 후에도 소유권변동을 통하여 의도적으로 동의율을 조작하는 것이 가능하게 되어 재개발사업과 관련한 비리나 분쟁이 양산될 우려가 있는 점 등을 종합적으로 고려하면, 조합설립인가를 위한 동의 정족수는 재개발조합설립인가신청시를 기준으로 판단해야 한다(대판 2014.4.24, 2012두21437).

3. 조합과 조합원의 관계 등

관련 판례

1 재개발조합은 조합원에 대한 법률관계에서 적어도 특수한 존립목적을 부여받은 특수한 행정주체로서 국가의 감독하에 그 존립 목적인 특정한 공공사무를 행하고 있다고 볼 수 있는 범위 내에서는 공법상의 권리의무 관계에 서 있다. 따라서 조합을 상대로 한 쟁송에 있어서 강제가입제를 특색으로 한 조합원의 자격 인정 여부에 관하여 다툼이 있는 경우에는 그 단계에서는 아직 조합의 어떠한 처분 등이 개입될 여지는 없으므로 공법상의 당사자소송에 의하여 그 조합원 자격의 확인을 구할 수 있다(대판 1996.2.15, 94다31235 전합).

2 구 도시 및 주거환경정비법상 재개발조합이 공법인이라는 사정만으로 재개발조합과 조합장 또는 조합임원 사이의 선임·해임 등을 둘러싼 법률관계가 공법상의 법률관계에 해당한다거나 그 조합장 또는 조합임원의 지위를 다투는 소송이 당연히 공법상 당사자소송에 해당한다고 볼 수는 없고, 구 도시 및 주거환경정비법의 규정들이 재개발조합과 조합장 및 조합임원과의 관계를 특별히 공법상의 근무관계로 설정하고 있다고 볼 수도 없으므로, 재개발조합과 조합장 또는 조합임원 사이의 선임·해임 등을 둘러싼 법률관계는 사법상의 법률관계로서 그 조합장 또는 조합임원의 지위를 다투는 소송은 민사소송에 의하여야 할 것이다(대결 2009.9.24, 2009마168·169).

3 구 도시 및 주거환경정비법(2007.12.21. 법률 제8785호로 개정되기 전의 것, 이하 '구 도시정비법'이라 한다)상 주택재건축정비사업조합이 공법인이라는 사정만으로 조합 설립에 동의하지 않은 자의 토지 및 건축물에 대한 주택재건축정비사업조합의 매도청구권을 둘러싼 법률관계가 공법상의 법률관계에 해당한다거나 그 매도청구권 행사에 따른 소유권이전등기절차 이행을 구하는 소송이 당연히 공법상 당사자소송에 해당한다고 볼 수는 없고, 위 법률의 규정들이 주택재건축정비사업조합과 조합 설립에 동의하지 않은 자와의 사이에 매도청구를 둘러싼 법률관계를 특별히 공법상의 법률관계로 설정하고 있다고 볼 수도 없으므로, 주택재건축정비사업조합과 조합 설립에 동의하지 않은 자 사이의 매도청구를 둘러싼 법률관계는 사법상의 법률관계로서 그 매도청구권 행사에 따른 소유권이전등기의무의 존부를 다투는 소송은 민사소송에 의하여야 할 것이다(대판 2010.4.8, 2009다93923).

4. 조합설립인가처분 취소판결의 효력

관련 판례

1 도시 및 주거환경정비법상 주택재건축사업조합 설립인가처분이 판결에 의하여 취소되거나 무효로 확인된 경우에는 조합설립인가처분은 처분 당시로 소급하여 효력을 상실하고, 이에 따라 당해 주택재건축사업조합 역시 조합설립인가처분 당시로 소급하여 도시정비법상 주택재건축사업을 시행할 수 있는 행정주체인 공법인으로서의 지위를 상실한다. 다만, 그 효력 상실로 인한 잔존사무의 처리와 같은 업무는 여전히 수행되어야 하므로 주택재건축사업조합은 청산사무가 종료될 때까지 청산의 목적범위 내에서 권리·의무의 주체가 되고, 조합원 역시 청산의 목적범위 내에서 종전 지위를 유지하며, 정관 등도 그 범위 내에서 효력을 가진다(대판 2012.11.29, 2011두518).

2 도시 및 주거환경정비법(이하 '도시정비법'이라고 한다)상 주택재개발사업조합의 조합설립인가처분이 법원의 재판에 의하여 취소된 경우 그 조합설립인가처분은 소급하여 효력을 상실하고, 이에 따라 당해 주택재개발사업조합 역시 조합설립인가처분 당시로 소급하여 도시정비법상 주택재개발사업을 시행할 수 있는 행정주체인 공법인으로서의 지위를 상실하므로, 당해 주택재개발사업조합이 조합설립인가처분 취소 전에 도시정비법상 적법한 행정주체 또는 사업시행자로서 한 결의 등 처분은 달리 특별한 사정이 없는 한 소급하여 효력을 상실한다고 보아야 한다. 다만, 그 효력 상실로 인한 잔존사무의 처리와 같은 업무는 여전히 수행되어야 하므로, 종전에 결의 등 처분의 법률효과를 다투는 소송에서의 당사자지위까지 함께 소멸한다고 할 수는 없다(대판 2012.3.29, 2008다95885).

5. 기타

관련 판례

1 정비사업조합에 관한 조합설립변경인가처분은 당초 조합설립인가처분에서 이미 인가받은 사항의 일부를 수정 또는 취소·철회하거나 새로운 사항을 추가하는 것으로서 유효한 당초 조합설립인가처분에 근거하여 설권적 효력의 내용이나 범위를 변경하는 성질을 가지므로, 당초 조합설립인가처분이 쟁송에 의하여 취소되거나 무효로 확정된 경우에는 이에 기초하여 이루어진 조합설립변경인가처분도 원칙적으로 그 효력을 상실하거나 무효라고 해석함이 타당하다. 마찬가지로 당초 조합설립인가처분 이후 여러 차례 조합설립변경인가처분이 있었다가 중간에 행하여진 선행 조합설립변경인가처분이 쟁송에 의하여 취소되거나 무효로 확정된 경우에 후행 조합설립변경인가처분도 그 효력을 상실하거나 무효라고 새겨야 한다. 다만, 조합설립변경인가처분도 조합에 정비사업 시행에 관한 권한을 설정하여 주는 처분인 점에서는 당초 조합설립인가처분과 다를 바 없으므로, 선행 조합설립변경인가처분이 쟁송에 의하여 취소되거나 무효로 확정된 경우라도 후행 조합설립변경인가처분이 선행 조합설립변경인가처분에 의해 변경된 사항을 포함하여 새로운 조합설립변경인가처분의 요건을 갖춘 경우에는 그에 따른 효력이 인정될 수 있다. 이러한 경우 조합은 당초 조합설립인가처분과 새로운 조합설립변경인가처분의 요건을 갖춘 후행 조합설립변경인가처분의 효력에 의하여 정비사업을 계속 진행할 수 있으므로, 그 후행 조합설립변경인가처분을 무효라고 할 수는 없다(대판 2014.5.29, 2011두25876).

2 이 사건 변경인가처분은 이 사건 설립인가처분 후 추가동의서가 제출되어 동의자 수가 변경되었음을 이유로 하는 것으로서 조합원의 신규가입을 이유로 한 경미한 사항의 변경에 대한 신고를 수리하는 의미에 불과하므로 이 사건 설립인가처분이 이 사건 변경인가처분에 흡수된다고 볼 수 없고, 또한 이 사건 설립인가처분 당시 동의율을 충족하지 못한 하자는 후에 추가동의서가 제출되었다는 사정만으로 치유될 수 없다(대판 2013.7.11, 2011두27544).

기출지문 OX

01 재건축주택조합설립인가 처분 당시 동의율을 충족하지 못한 하자는 후에 추가동의서가 제출되었다는 사정만으로 치유될 수 없다. (18서울7) ( )

02 토지소유자 등의 동의율을 충족하지 못한 주택재건축정비사업 조합설립인가처분 후에 토지소유자 등의 추가 동의서가 제출되었다면 하자는 치유된다. (16지방9) ( )

정답
01 ○ 02 ×

기출지문 OX

01 도시 및 주거환경정비법상 도시환경정비사업조합이 수립한 사업시행계획인가는 행정청이 타자의 법률행위를 동의로써 보충하여 그 행위의 효력을 완성시켜 주는 행위이다. (17국가7) ( )

02 주택재건축정비사업조합의 사업시행인가는 강학상 인가에 해당한다. (16지방9) ( )

03 주택재건축정비사업조합의 사업시행계획은 항고소송의 대상이 된다. (18교행9) ( )

정답
01 ○ 02 ○ 03 ○

3 사업시행계획

도시 및 주거환경정비법 제50조【사업시행계획인가】 ① 사업시행자(제25조 제1항 및 제2항에 따른 공동시행의 경우를 포함하되, 사업시행자가 시장·군수 등인 경우는 제외한다)는 정비사업을 시행하려는 경우에는 제52조에 따른 사업시행계획서(이하 "사업시행계획서"라 한다)에 정관 등과 그 밖에 국토교통부령으로 정하는 서류를 첨부하여 시장·군수 등에게 제출하고 사업시행계획인가를 받아야 하고, 인가받은 사항을 변경하거나 정비사업을 중지 또는 폐지하려는 경우에도 또한 같다. 다만, 대통령령으로 정하는 경미한 사항을 변경하려는 때에는 시장·군수 등에게 신고하여야 한다.

제52조【사업시행계획서의 작성】 ① 사업시행자는 정비계획에 따라 다음 각 호의 사항을 포함하는 사업시행계획서를 작성하여야 한다. <개정 2021.4.13.>

1. 토지이용계획(건축물배치계획을 포함한다)
2. 정비기반시설 및 공동이용시설의 설치계획
3. 임시거주시설을 포함한 주민이주대책
4. 세입자의 주거 및 이주 대책
5. 사업시행기간 동안 정비구역 내 가로등 설치, 폐쇄회로 텔레비전 설치 등 범죄예방대책
6. 제10조에 따른 임대주택의 건설계획(재건축사업의 경우는 제외한다)
7. 제54조 제4항, 제101조의5 및 제101조의6에 따른 국민주택규모 주택의 건설계획(주거환경개선사업의 경우는 제외한다)
8. 공공지원민간임대주택 또는 임대관리 위탁주택의 건설계획(필요한 경우로 한정한다)
9. 건축물의 높이 및 용적률 등에 관한 건축계획
10. 정비사업의 시행과정에서 발생하는 폐기물의 처리계획
11. 교육시설의 교육환경 보호에 관한 계획(정비구역부터 200미터 이내에 교육시설이 설치되어 있는 경우로 한정한다)
12. 정비사업비
13. 그 밖에 사업시행을 위한 사항으로서 대통령령으로 정하는 바에 따라 시·도조례로 정하는 사항

제63조【토지 등의 수용 또는 사용】 사업시행자는 정비구역에서 정비사업(재건축사업의 경우에는 제26조 제1항 제1호 및 제27조 제1항 제1호에 해당하는 사업으로 한정한다)을 시행하기 위하여 공익사업을 위한 토지 등의 취득 및 보상에 관한 법률 제3조에 따른 토지·물건 또는 그 밖의 권리를 취득하거나 사용할 수 있다.

관련 판례

1 구 도시 및 주거환경정비법에 기초하여 도시환경정비사업조합이 수립한 사업시행계획은 그것이 인가·고시를 통해 확정되면 이해관계인에 대한 구속적 행정계획으로서 독립된 행정처분에 해당하므로, 사업시행계획을 인가하는 행정청의 행위는 도시환경정비사업조합의 사업시행계획에 대한 법률상의 효력을 완성시키는 보충행위에 해당한다(대판 2010.12.9, 2010두1248).

2 구 도시 및 주거환경정비법에 따른 주택재건축정비사업조합은 관할행정청의 감독 아래 위 법상 주택재건축사업을 시행하는 공법인으로서, 그 목적 범위 내에서 법령이 정하는 바에 따라 일정한 행정작용을 행하는 행정주체의 지위를 가진다 할 것인데, 재건축정비사업조합이 이러한 행정주체의 지위에서 위 법에 기초하여 수립한 사업시행계획은 인가·고시를 통해 확정되면 이해관계인에 대한 구속적 행정계획으로서 독립된

행정처분에 해당하고, 이와 같은 사업시행계획안에 대한 조합 총회결의는 그 행정처분에 이르는 절차적 요건 중 하나에 불과한 것으로서, 그 계획이 확정된 후에는 항고소송의 방법으로 계획의 취소 또는 무효확인을 구할 수 있을 뿐, 절차적 요건에 불과한 총회결의 부분만을 대상으로 그 효력 유무를 다투는 확인의 소를 제기하는 것은 허용되지 아니하고, 한편 이러한 항고소송의 대상이 되는 행정처분의 효력이나 집행 혹은 절차속행 등의 정지를 구하는 신청은 행정소송법상 집행정지신청의 방법으로서만 가능할 뿐 민사소송법상 가처분의 방법으로는 허용될 수 없다(대판 2009.11.2, 2009마596).

3 구 도시 및 주거환경정비법상 사업시행자에게 사업시행계획의 작성권이 있고 행정청은 단지 이에 대한 인가권만을 가지고 있으므로 사업시행자인 조합의 사업시행계획 작성은 자치법적 요소를 가지고 있는 사항이라 할 것이고, 이와 같이 사업시행계획의 작성이 자치법적 요소를 가지고 있는 이상, 조합의 사업시행인가 신청시의 토지 등 소유자의 동의요건 역시 자치법적 사항이라 할 것이며, 따라서 2005.3.18. 법률 제7392호로 개정된 도시 및 주거환경정비법 제28조 제4항 본문이 사업시행인가 신청시의 동의요건을 조합의 정관에 포괄적으로 위임하고 있다고 하더라도 헌법 제75조가 정하는 포괄위임입법금지의 원칙이 적용되지 아니하므로 이에 위배된다고 할 수 없다. 그리고 조합의 사업시행인가 신청시의 토지 등 소유자의 동의요건이 비록 토지 등 소유자의 재산상 권리·의무에 영향을 미치는 사업시행계획에 관한 것이라고 하더라도, 그 동의요건은 사업시행인가 신청에 대한 토지 등 소유자의 사전 통제를 위한 절차적 요건에 불과하고 토지 등 소유자의 재산상 권리·의무에 관한 기본적이고 본질적인 사항이라고 볼 수 없으므로 법률유보 내지 의회유보의 원칙이 반드시 지켜져야 하는 영역이라고 할 수 없고, 따라서 개정된 도시 및 주거환경정비법 제28조 제4항 본문이 법률유보 내지 의회유보의 원칙에 위배된다고 할 수 없다(대판 2007.10.12, 2006두14476).

4 관리처분계획

도시 및 주거환경정비법 제74조 【관리처분계획의 인가 등】 ① 사업시행자는 제72조에 따른 분양신청기간이 종료된 때에는 분양신청의 현황을 기초로 다음 각 호의 사항이 포함된 관리처분계획을 수립하여 시장·군수 등의 인가를 받아야 하며, 관리처분계획을 변경·중지 또는 폐지하려는 경우에도 또한 같다. 다만, 대통령령으로 정하는 경미한 사항을 변경하려는 경우에는 시장·군수 등에게 신고하여야 한다.

1. 분양설계
2. 분양대상자의 주소 및 성명
3. 분양대상자별 분양예정인 대지 또는 건축물의 추산액(임대관리 위탁주택에 관한 내용을 포함한다)
4. 다음 각 목에 해당하는 보류지 등의 명세와 추산액 및 처분방법. 다만, 나목의 경우에는 제30조 제1항에 따라 선정된 임대사업자의 성명 및 주소(법인인 경우에는 법인의 명칭 및 소재지와 대표자의 성명 및 주소)를 포함한다.
   가. 일반 분양분
   나. 공공지원민간임대주택
   다. 임대주택
   라. 그 밖에 부대시설·복리시설 등
5. 분양대상자별 종전의 토지 또는 건축물 명세 및 사업시행계획인가 고시가 있은 날을 기준으로 한 가격(사업시행계획인가 전에 제81조 제3항에 따라 철거된 건축물은 시장·군수 등에게 허가를 받은 날을 기준으로 한 가격)

기출지문 OX

01 대법원은 구 도시 및 주거 환경정비법 제28조 제4항 본문이 사업시행인가 신청시의 동의요건을 조합의 정관에 포괄적으로 위임한 것은 헌법 제75조가 정하는 포괄위임입법금지의 원칙이 적용되어 이에 위배된다고 하였다. (17지방9) ( )

02 사업시행자는 사업시행인가를 신청하기 전에 미리 정관 등이 정하는 바에 따라 토지 등 소유자의 동의를 얻어야 한다는 구 도시 및 주거환경정비법 규정은 포괄위임금지 원칙에 위배되지 아니한다. (09국회8) ( )

정답
01 × 02 ○

기출지문 OX

01 판례에 따르면 도시 및 주거환경정비법상의 주택재건축정비사업조합이 수립한 관리처분계획안에 대한 조합 총회결의는 사법관계이다. (17국가7) ( )

02 도시 및 주거환경정비법상 주택재건축정비사업조합을 상대로 관리처분계획안에 대한 조합총회결의의 효력 등을 다투는 소송은 행정소송법상 당사자소송에 해당한다. (19국가9, 16국가7, 13지방9, 12서울9) ( )

03 도시 및 주거환경정비법상 주택재건축정비사업조합을 상대로 관리처분계획안에 대한 조합총회결의의 효력 등을 다투기 위해서는 항고소송을 제기하여야 한다. (11국가7) ( )

04 도시 및 주거환경정비법상 관리처분계획에 대한 행정청의 인가는 관리처분계획의 법률상 효력을 완성시키는 보충행위로서의 성질을 갖는다. (16국가7) ( )

05 재건축조합이 수립하는 관리처분계획에 대한 행정청의 인가는 다른 법률행위를 보충하여 그 법적 효력을 완성시키는 행위에 해당한다. (19국가9) ( )

06 관리처분계획에 대한 인가처분은 단순한 보충행위에 그치지 않고 일종의 설권적 처분의 성질을 가지므로, 인가처분시 기부채납과 같은 다른 조건을 붙일 수 있다. (16국가7) ( )

07 도시재개발법에 의한 재개발조합의 관리처분계획은 토지 등의 소유자에게 구체적이고 결정적인 영향을 미치는 것으로서 조합이 행한 처분에 해당한다. (19서울7) ( )

정답
01 × 02 ○ 03 × 04 ○ 05 ○
06 × 07 ○

6. 정비사업비의 추산액(재건축사업의 경우에는 재건축초과이익 환수에 관한 법률에 따른 재건축부담금에 관한 사항을 포함한다) 및 그에 따른 조합원 분담규모 및 분담시기
7. 분양대상자의 종전 토지 또는 건축물에 관한 소유권 외의 권리명세
8. 세입자별 손실보상을 위한 권리명세 및 그 평가액
9. 그 밖에 정비사업과 관련한 권리 등에 관하여 대통령령으로 정하는 사항

제79조 【관리처분계획에 따른 처분 등】 ① 정비사업의 시행으로 조성된 대지 및 건축물은 관리처분계획에 따라 처분 또는 관리하여야 한다.
② 사업시행자는 정비사업의 시행으로 건설된 건축물을 제74조에 따라 인가받은 관리처분계획에 따라 토지 등 소유자에게 공급하여야 한다.

관련 판례

1 **[1]** 도시 및 주거환경정비법상 행정주체인 주택재건축정비사업조합을 상대로 관리처분계획안에 대한 조합 총회결의의 효력 등을 다투는 소송은 행정처분에 이르는 절차적 요건의 존부나 효력 유무에 관한 소송으로서 그 소송결과에 따라 행정처분의 위법 여부에 직접 영향을 미치는 공법상 법률관계에 관한 것이므로, 이는 행정소송법상의 당사자소송에 해당한다.

[2] 도시 및 주거환경정비법상 주택재건축정비사업조합이 같은 법 제48조에 따라 수립한 관리처분계획에 대하여 관할행정청의 인가·고시까지 있게 되면 관리처분계획은 행정처분으로서 효력이 발생하게 되므로, 총회결의의 하자를 이유로 하여 행정처분의 효력을 다투는 항고소송의 방법으로 관리처분계획의 취소 또는 무효확인을 구하여야 하고, 그와 별도로 행정처분에 이르는 절차적 요건 중 하나에 불과한 총회결의 부분만을 따로 떼어내어 효력 유무를 다투는 확인의 소를 제기하는 것은 특별한 사정이 없는 한 허용되지 않는다.

[3] 도시 및 주거환경정비법상의 주택재건축정비사업조합을 상대로 관리처분계획안에 대한 총회결의의 무효확인을 구하는 소를 민사소송으로 제기한 사안에서, 그 소는 행정소송법상 당사자소송에 해당하므로 전속관할이 행정법원에 있다고 한 사례.

[4] 주택재건축정비사업조합의 관리처분계획에 대하여 그 관리처분계획안에 대한 총회결의의 무효확인을 구하는 소가 관할을 위반하여 민사소송으로 제기된 후에 관할 행정청의 인가·고시가 있었던 경우 따로 총회결의의 무효확인만을 구할 수는 없게 되었으나, 이송 후 행정법원의 허가를 얻어 관리처분계획에 대한 취소소송 등으로 변경될 수 있음을 고려하면, 그와 같은 사정만으로 이송 후 그 소가 부적법하게 되어 각하될 것이 명백한 경우에 해당한다고 보기 어려우므로, 위 소는 관할법원인 행정법원으로 이송함이 상당하다고 한 사례(대판 2009.9.17, 2007다2428 전합).

2 관리처분계획에 대한 행정청의 인가는 관리처분계획의 법률상 효력을 완성시키는 보충행위로서의 성질을 가진다(대판 2014.3.13, 2013다27220).

3 관리처분계획 및 그에 대한 인가처분의 의의와 성질, 그 근거가 되는 도시정비법과 그 시행령상의 위와 같은 규정들에 비추어 보면, 행정청이 관리처분계획에 대한 인가 여부를 결정할 때에는 그 관리처분계획에 도시정비법 제48조 및 그 시행령 제50조에 규정된 사항이 포함되어 있는지, 그 계획의 내용이 도시정비법 제48조 제2항의 기준에 부합하는지 여부 등을 심사·확인하여 그 인가 여부를 결정할 수 있을 뿐 기부채납과 같은 다른 조건을 붙일 수는 없다고 할 것이다(대판 2012.8.30, 2010두24951).

4 도시재개발법에 의한 재개발조합은 조합원에 대한 법률관계에서 적어도 특수한 존립 목적을 부여받은 특수한 행정주체로서 국가의 감독하에 그 존립 목적인 특정한 공공사무를 행하고 있다고 볼 수 있는 범위 내에서는 공법상의 권리의무 관계에 서 있는 것이므로 분양신청 후에 정하여진 관리처분계획의 내용에 관하여 다툼이 있는 경우에는 그 관리처분계획은 토지 등의 소유자에게 구체적이고 결정적인 영향을 미치는 것으로서 조합이 행한 처분에 해당하므로 항고소송의 방법으로 그 무효확인이나 취소를 구할 수 있다(대판 2002.12.10, 2001두6333).

5 도시환경정비사업에 대한 사업시행계획에 당연무효인 하자가 있는 경우에는 도시환경정비사업조합은 사업시행계획을 새로이 수립하여 관할관청에게서 인가를 받은 후 다시 분양신청을 받아 관리처분계획을 수립하여야 한다. 따라서 분양신청기간 내에 분양신청을 하지 않거나 분양신청을 철회함으로 인해 도시 및 주거환경정비법 제47조 및 조합 정관 규정에 의하여 조합원의 지위를 상실한 토지 등 소유자도 그때 분양신청을 함으로써 건축물 등을 분양받을 수 있으므로 관리처분계획의 무효확인 또는 취소를 구할 법률상 이익이 있다(대판 2011.12.8, 2008두18342).

6 주택 재건축조합이 구 도시 및 주거환경정비법 시행 전에 재건축결의가 이루어졌으나 위 법률 시행 후 재건축결의 시와 비교하여 용적률, 세대수, 신축아파트 규모 등이 대폭 변경된 내용의 사업시행계획을 정기총회에서 단순 다수결로 의결한 사안에서, 사업시행계획 수립에 조합원 3분의 2 이상의 동의를 얻지 못한 하자는 취소사유에 불과하고 사업시행계획에 관한 취소사유인 하자는 관리처분계획에 승계되지 아니하여 그 하자를 들어 관리처분계획의 적법 여부를 다툴 수 없다는 이유로, 관리처분계획이 적법하다고 본 원심의 결론은 정당하다고 한 사례(대판 2012.8.23, 2010두13463).

5 사업완료 - 준공인가, 이전고시, 청산

도시 및 주거환경정비법 제83조 【정비사업의 준공인가】 ① 시장·군수 등이 아닌 사업시행자가 정비사업 공사를 완료한 때에는 대통령령으로 정하는 방법 및 절차에 따라 시장·군수 등의 준공인가를 받아야 한다.
② 제1항에 따라 준공인가신청을 받은 시장·군수 등은 지체 없이 준공검사를 실시하여야 한다. 이 경우 시장·군수 등은 효율적인 준공검사를 위하여 필요한 때에는 관계 행정기관·공공기관·연구기관, 그 밖의 전문기관 또는 단체에게 준공검사의 실시를 의뢰할 수 있다.

제86조 【이전고시 등】 ① 사업시행자는 제83조 제3항 및 제4항에 따른 고시가 있은 때에는 지체 없이 대지확정측량을 하고 토지의 분할절차를 거쳐 관리처분계획에서 정한 사항을 분양받을 자에게 통지하고 대지 또는 건축물의 소유권을 이전하여야 한다. 다만, 정비사업의 효율적인 추진을 위하여 필요한 경우에는 해당 정비사업에 관한 공사가 전부 완료되기 전이라도 완공된 부분은 준공인가를 받아 대지 또는 건축물별로 분양받을 자에게 소유권을 이전할 수 있다.
② 사업시행자는 제1항에 따라 대지 및 건축물의 소유권을 이전하려는 때에는 그 내용을 해당 지방자치단체의 공보에 고시한 후 시장·군수 등에게 보고하여야 한다. 이 경우 대지 또는 건축물을 분양받을 자는 고시가 있은 날의 다음 날에 그 대지 또는 건축물의 소유권을 취득한다.

기출지문 OX

01 판례에 의하면 도시 및 주거환경정비법에 의한 주택재개발정비사업조합은 조합원에 대한 법률관계에서 적어도 특수한 존립목적을 부여받은 특수한 행정주체로서 국가의 감독하에 그 존립목적인 특정한 공공사무를 행하고 있다고 볼 수 있는 범위 내에서는 공법상의 권리의무관계에 서 있는 것이므로 분양신청 후에 정하여진 관리처분계획은 행정처분이다. (12지방9, 11국가7) ( )

02 도시 및 주거환경정비법에 따라 인가·고시된 관리처분계획은 구속적 행정계획으로서 처분성이 인정된다. (17변호사, 12지방9) ( )

03 재건축조합이 행하는 관리처분계획은 일종의 행정처분으로서 이를 다투고자 하면 재건축조합을 피고로 하여 항고소송으로 이를 다투어야 한다. (16국회8) ( )

04 관리처분계획에 대한 관할행정청의 인가·고시 이후 관리처분계획에 대한 조합총회결의의 하자를 다투고자 하는 경우에는 관리처분계획을 항고소송으로 다투어야 한다. (16국가7) ( )

05 토지 등 소유자가 분양신청을 하였으나 관리처분계획에서 제외된 경우에 조합을 상대로 당사자소송으로 수분양권존재확인을 할 것이 아니라 관리처분계획의 취소를 구하는 항고소송을 하여야 한다. (12국회8 변형) ( )

06 재개발조합이 조합원에게 한 관리처분계획에 대한 다툼은 공법상의 당사자소송을 제기하여 그 위법성을 다툴 수 있다. (15국회8) ( )

07 도시 및 주거환경정비법상 사업시행계획에 관한 취소사유인 하자는 관리처분계획에 승계되지 않는다. (18국가9) ( )

정답
01 ○ 02 ○ 03 ○ 04 ○ 05 ○
06 × 07 ○

제89조 【청산금 등】 ① 대지 또는 건축물을 분양받은 자가 종전에 소유하고 있던 토지 또는 건축물의 가격과 분양받은 대지 또는 건축물의 가격 사이에 차이가 있는 경우 사업시행자는 제86조 제2항에 따른 이전고시가 있은 후에 그 차액에 상당하는 금액(이하 "청산금"이라 한다)을 분양받은 자로부터 징수하거나 분양받은 자에게 지급하여야 한다.

관련 판례

[1] [다수의견] 이전고시의 효력 발생으로 이미 대다수 조합원 등에 대하여 획일적·일률적으로 처리된 권리귀속 관계를 모두 무효화하고 다시 처음부터 관리처분계획을 수립하여 이전고시 절차를 거치도록 하는 것은 정비사업의 공익적·단체법적 성격에 배치되므로, 이전고시가 효력을 발생하게 된 이후에는 조합원 등이 관리처분계획의 취소 또는 무효확인을 구할 법률상 이익이 없다고 봄이 타당하다.

[2] 도시 및 주거환경정비법 관련 규정의 내용, 형식 및 취지 등에 비추어 보면, 당초 관리처분계획의 경미한 사항을 변경하는 경우와 달리 관리처분계획의 주요 부분을 실질적으로 변경하는 내용으로 새로운 관리처분계획을 수립하여 시장·군수의 인가를 받은 경우에는, 당초 관리처분계획은 달리 특별한 사정이 없는 한 효력을 상실한다 (대판 2012.3.22, 2011두6400 전합).

6 토지 등 소유자가 조합설립 없이 시행하는 경우

도시 및 주거환경정비법 제25조 【재개발사업·재건축사업의 시행자】 ① 재개발사업은 다음 각 호의 어느 하나에 해당하는 방법으로 시행할 수 있다.

1. 조합이 시행하거나 조합이 조합원의 과반수의 동의를 받아 시장·군수 등, 토지주택공사 등, 건설업자, 등록사업자 또는 대통령령으로 정하는 요건을 갖춘 자와 공동으로 시행하는 방법
2. 토지 등 소유자가 20인 미만인 경우에는 토지 등 소유자가 시행하거나 토지 등 소유자가 토지 등 소유자의 과반수의 동의를 받아 시장·군수 등, 토지주택공사 등, 건설업자, 등록사업자 또는 대통령령으로 정하는 요건을 갖춘 자와 공동으로 시행하는 방법

② 재건축사업은 조합이 시행하거나 조합이 조합원의 과반수의 동의를 받아 시장·군수 등, 토지주택공사 등, 건설업자 또는 등록사업자와 공동으로 시행할 수 있다.

제35조 【조합설립인가 등】 ① 시장·군수 등, 토지주택공사 등 또는 지정개발자가 아닌 자가 정비사업을 시행하려는 경우에는 토지 등 소유자로 구성된 조합을 설립하여야 한다. 다만, 제25조 제1항 제2호에 따라 토지 등 소유자가 재개발사업을 시행하려는 경우에는 그러하지 아니하다.

제50조 【사업시행계획인가】 ⑥ 토지 등 소유자가 제25조 제1항 제2호에 따라 재개발사업을 시행하려는 경우에는 사업시행계획인가를 신청하기 전에 사업시행계획서에 대하여 토지 등 소유자의 4분의 3 이상 및 토지면적의 2분의 1 이상의 토지소유자의 동의를 받아야 한다. 다만, 인가받은 사항을 변경하려는 경우에는 규약으로 정하는 바에 따라 토지 등 소유자의 과반수의 동의를 받아야 하며, 제1항 단서에 따른 경미한 사항의 변경인 경우에는 토지 등 소유자의 동의를 필요로 하지 아니한다.

기출지문 OX

01 판례에 의하면 이전고시의 효력 발생으로 이미 대다수 조합원 등에 대하여 획일적·일률적으로 처리된 권리 귀속관계를 모두 무효화하고 다시 처음부터 관리처분계획을 수립하여 이전고시절차를 거치도록 하는 것은 정비사업의 공익적·단체법적 성격에 배치되므로 이전고시가 효력을 발생한 후에는 조합원 등이 관리처분계획의 취소 또는 무효확인을 구할 법률상 이익이 없다. (16국가7) ( )

정답
01 ○

관련 판례

1 [1] 구 도시 및 주거환경정비법 제8조 제3항, 제28조 제1항에 의하면, 토지 등 소유자들이 그 사업을 위한 조합을 따로 설립하지 아니하고 직접 도시환경정비사업을 시행하고자 하는 경우에는 사업시행계획서에 정관 등과 그 밖에 국토해양부령이 정하는 서류를 첨부하여 시장·군수에게 제출하고 사업시행인가를 받아야 하고, 이러한 절차를 거쳐 사업시행인가를 받은 토지 등 소유자들은 관할행정청의 감독 아래 정비구역 안에서 구 도시정비법상의 도시환경정비사업을 시행하는 목적 범위 내에서 법령이 정하는 바에 따라 일정한 행정작용을 행하는 행정주체로서의 지위를 가진다. 그렇다면 토지 등 소유자들이 직접 시행하는 도시환경정비사업에서 토지 등 소유자에 대한 사업시행인가처분은 단순히 사업시행계획에 대한 보충행위로서의 성질을 가지는 것이 아니라 구 도시정비법상 정비사업을 시행할 수 있는 권한을 가지는 행정주체로서의 지위를 부여하는 일종의 설권적 처분의 성격을 가진다.

[2] 도시환경정비사업을 직접 시행하려는 토지 등 소유자들은 시장·군수로부터 사업시행인가를 받기 전에는 행정주체로서의 지위를 가지지 못한다. 따라서 그가 작성한 사업시행계획은 인가처분의 요건 중 하나에 불과하고 항고소송의 대상이 되는 독립된 행정처분에 해당하지 아니한다고 할 것이다(대판 2013.6.13, 2011두19994).

2 토지 등 소유자가 도시환경정비사업을 시행하는 경우 사업시행인가 신청시 필요한 토지 등 소유자의 동의는 개발사업의 주체 및 정비구역 내 토지 등 소유자를 상대로 수용권을 행사하고 각종 행정처분을 발할 수 있는 행정주체로서의 지위를 가지는 사업시행자를 지정하는 문제로서 그 동의요건을 정하는 것은 국민의 권리와 의무의 형성에 관한 기본적이고 본질적인 사항이므로 국회가 스스로 행하여야 하는 사항에 속하는 것임에도 불구하고 사업시행인가 신청에 필요한 동의정족수를 토지 등 소유자가 자치적으로 정하여 운영하는 규약에 정하도록 한 것은 법률유보원칙에 위반된다(헌재 2011.8.30, 2009헌바128·148).

기출지문 OX

01 도시 및 주거환경정비법상 토지 등 소유자들이 조합을 따로 설립하지 않고 직접 시행하는 도시환경정비사업시행인가는 특정인에 대하여 새로운 권리·능력 또는 포괄적 법률관계를 설정하는 행위이다. (17국가7) ( )

02 헌법재판소는 토지 등 소유자가 도시환경정비사업을 시행하는 경우, 사업시행인가 신청시 필요한 토지 등 소유자의 동의정족수를 정하는 것은 국민의 권리와 의무의 형성에 관한 기본적이고 본질적인 사항으로 법률유보 내지 의회유보의 원칙이 지켜져야 할 영역이라고 한다. (17국가9) ( )

03 토지 등 소유자가 도시환경정비사업을 시행하는 경우 사업시행인가 신청에 필요한 토지 등 소유자의 동의정족수를 토지 등 소유자가 자치적으로 정하여 운영하는 규약에 정하도록 한 것은 법률유보원칙에 위반된다. (18서울9) ( )

정답
01 ○ 02 ○ 03 ○

7 기타 판례

관련 판례

1 구 도시 및 주거환경정비법 제20조 제3항은 조합이 정관을 변경하고자 하는 경우에는 총회를 개최하여 조합원 과반수 또는 3분의 2 이상의 동의를 얻어 시장·군수의 인가를 받도록 규정하고 있다. 여기서 시장 등의 인가는 그 대상이 되는 기본행위를 보충하여 법률상 효력을 완성시키는 행위로서 이러한 인가를 받지 못한 경우 변경된 정관은 효력이 없고, 시장 등이 변경된 정관을 인가하더라도 정관변경의 효력이 총회의 의결이 있었던 때로 소급하여 발생한다고 할 수 없다(대판 2014.7.10, 2013도11532).

2 재개발조합설립 및 사업시행인가처분이 처분 당시 법정요건인 토지 및 건축물 소유자 총수의 각 3분의 2 이상의 동의를 얻지 못하여 위법하나, 그 후 90% 이상의 소유자가 재개발사업의 속행을 바라고 있어 재개발사업의 공익목적에 비추어 그 처분을 취소하는 것은 현저히 공공복리에 적합하지 아니하다고 인정하여 사정판결을 한 사례(대판 1995.7.28, 95누4629).

3 관리처분계획의 수정을 위한 조합원총회의 재결의를 위하여 시간과 비용이 많이 소요된다는 등의 사정만으로는 재결의를 거치지 않음으로써 위법한 관리처분계획을 취소하는 것이 현저히 공공복리에 적합하지 아니하다고 볼 수 없다는 이유로 사정판결의 필요성을 부정한 사례(대판 2001.10.12, 2000두4279)

기출지문 OX

01 정비조합 정관변경에 대한 인가행위는 기본행위의 효력을 완성시켜 주는 보충적 행위이다. (19소방9) ( )

02 판례에 의할 때 도시재개발법에 따른 재개발조합설립 및 사업시행인가처분이 처분 당시 법적요건인 토지 및 건축물 소유자 총수의 각 3분의 2 이상의 동의를 얻지 못하여 위법하더라도 그 후 90% 이상의 소유자가 재개발사업의 속행을 바라고 있는 경우 사정판결이 인정된다. (12국회8) ( )

03 판례에 의할 때 위법한 관리처분계획의 수정을 위한 조합원총회의 재결의를 위하여 시간과 비용이 많이 소요된다는 등의 사정이 있는 경우 사정판결이 인정되지 않는다. (12국회8) ( )

정답
01 ○ 02 ○ 03 ○

제8편

재무행정법

제1장 서설

제1절 재무행정의 의의와 기본원칙

1 재무행정의 의의

1. 의의

- **재무행정**: 국가 · 지방자치단체가 그 존립과 활동을 위해 필수적인 재원을 취득(재정권력)하고 이를 유지 · 관리 · 지출(재정관리)하는 작용

2. 종류

(1) 수단에 따른 분류

- **재정권력작용**: 일반통치권에 의거하여 국민이나 주민에 대하여 명령 · 강제하는 권력적 작용(예 국세 · 지방세 등 세금의 부과 · 징수, 전매) → 엄격한 법적 근거 요함(예 국세기본법, 국세징수법, 소득세법 등).
- **재정관리작용**: 수입 · 지출이나 재산을 관리하는 비권력적 작용(예 회계 · 재산관리) → 성질상 권력작용은 아니지만 재정의 엄정 · 공정을 위해 법적 규율을 하는 경우가 많음(예 국가재정법 · 국유재산법 등).

(2) 주체에 따른 분류

- **국가재정**: 국가의 통치권에 근거하여 국가의 존립과 활동을 유지하기 위해 국가가 재원을 취득하고 이를 관리하는 작용
- **지방재정**: 국가로부터 부여받은 권한에 근거 지방자치단체의 존립과 활동을 위해 재력을 취득하고 이를 관리하는 작용

2 재무행정의 기본원칙

1. 재정의회주의

- 재정작용도 국민의 대표기관인 국회가 제정한 법률과 국회의 통제하에 이루어져야 한다는 원칙

2. 엄정관리주의

- 국가나 지방자치단체의 재산이 모든 국민 또는 주민의 재산이므로 관리에 만전을 기하여 그러한 재산이 멸실되거나 훼손됨이 없도록 엄정하게 관리되어야 한다는 원칙

3. 건전재정주의

- 국가나 지방자치단체의 재정이 수입과 지출 간에 균형을 이루어 적자를 방지하여야 한다는 원칙

기출지문 OX

01 국세의 부과 · 징수작용은 재정권력작용에 해당한다. (03검찰9) ( )

02 국유지 매각대금을 국고에 수납하는 작용은 재정관리작용에 해당한다. (03검찰9) ( )

03 국유재산 중 일반재산을 관리하는 작용은 재정관리작용에 해당한다. (03검찰9) ( )

04 개인의 의사를 무시하고 일방적으로 징수하는 수입은 국회의 의결을 요한다. (00국가7) ( )

정답
01 ○ 02 ○ 03 ○ 04 ○

4. 공평부담주의

- 조세의 부과는 개개인의 경제적 능력을 고려하여 공평하게 이루어져야 한다는 원칙

제2절 재정상 행위형식

1 재정권력작용

1. 재정상 행정입법(재정명령)

- 재정행정기관이 재정목적을 위해 발하는 일반·추상적 명령

2. 재정상 행정행위(재정처분)

- **재정행정기관이 재정목적을 위해 발하는 행정행위**: 재정하명(예 조세부과), 재정허가(예 주류판매허가), 재정면제(예 조세면제)

3. 재정상 실효성 확보수단

(1) 재정벌

- 국가나 지방자치단체가 부과한 재정상 의무를 위반한 경우에 대해 과해지는 제재로서의 벌

(2) 재정상 강제집행

- 재정상 의무의 불이행이 있는 경우에 권한을 가진 행정기관이 의무자의 신체·재산에 실력을 가하여 의무의 이행을 강제하거나 의무가 이행된 것과 같은 상태를 실현하는 작용

(3) 재정상 즉시강제

- 조세 또는 관세의 포탈을 방지하기 위하여 급박한 필요가 있거나 미리 의무를 명하여서는 목적을 달성할 수 없는 경우 직접 사인의 신체 또는 재산에 실력을 가하여 재정목적을 달성하는 권력적 행위

(4) 기타

- 그 외에 재정상 조사, 금전적·비금전적 제재처분 등이 있음.

2 재정관리작용

- 국가나 지방자치단체의 수입·지출을 관리하는 작용 → 국가재정법 등으로 규율
- 국가나 지방자치단체의 재산을 관리하는 작용 → 국유재산법 등으로 규율

제2장 조세법

제1절 조세

1 의의

- **조세**: 국가 또는 지방자치단체가 그 경비에 충당할 재정조달 목적으로 법률에 규정된 과세요건을 충족한 모든 자에 대하여 그 담세력을 표준으로 하여 부과하는 금전급부

2 종류

1. 국세와 지방세(과세주체)

- **국세**: 국가가 부과·징수하는 조세(예 소득세, 법인세, 증여세, 상속세, 부가가치세, 부당이득세, 특별소비세, 주세, 인지세, 관세, 교통세, 농어촌특별세, 교육세, 종합부동산세 등)
- **지방세**: 지방자치단체가 부과·징수하는 조세(예 취득세, 등록면허세, 지방소득세, 지방소비세, 재산세, 자동차세, 지방교육세, 레저세, 담배소비세 등)

2. 직접세와 간접세

- **직접세**: 납세의무자와 조세의 사실상의 부담자가 일치하는 조세(예 소득세, 법인세, 상속세 등)
- **간접세**: 납세의무자와 조세의 사실상의 부담자가 일치하지 않는 조세(예 주세, 관세, 부가가치세 등)

3. 내국세와 관세

- **내국세**: 국내에 있는 과세물건에 대하여 과하는 조세
- **관세**: 외국으로부터 수입하는 재화에 대하여 과하는 조세

4. 인세·물세·행위세(과세물건의 종류)

- **인세**: 특정인의 생존, 거주, 소득 등에 과하는 조세
- **물세**: 특정물건의 소유, 제조, 매매, 수입 또는 그 물건에서 생기는 수익에 대하여 과하는 조세
- **행위세**: 직접 물건을 목적으로 하지 않고 법률적 또는 경제적 행위에 대하여 과하는 조세

기출지문 OX

01 조세부과는 국가 등의 재력취득을 위한 권력행위이다. (06국가7) ( )

02 과세권의 주체에 따라 국세와 지방세로 구분된다. (01국가7) ( )

03 법인세·소득세·부가가치세·재산세는 국세에 해당한다. (00검찰9) ( )

04 직접세에는 부가가치세·개별소비세·주세 등이 있다. (01국가7) ( )

05 간접세는 조세부담의 전가에 의하여 법률상의 납세의무자와 사실상의 납세의무자가 일치하니 아니한다. (01국가7) ( )

정답
01 ○ 02 ○ 03 ×
04 × 간접세에 해당
05 ○

5. 수익세 · 재산세 · 소비세 · 거래세(과세물건의 성질)

- **수익세**: 소익 또는 소득에 대해 부과하는 조세
- **재산세**: 재산소유의 사실에 대하여 부과하는 조세
- **소비세**: 특정한 소비 또는 금전지출에 의하여 표시되는 담세력을 과세물건으로 하는 조세
- **거래세**: 경제상의 거래에 의하여 추측되는 담세력을 과세물건으로 하는 조세

6. 보통세와 목적세(조세수입의 용도)

- **보통세**: 국가 또는 지방자치단체의 일반경비에 충당하기 위하여 과하는 조세
- **목적세**: 특정경비에 충당하기 위하여 과하는 조세로 예외적 경우에 해당

7. 정기세와 수시세(과세시기)

- **정기세**: 일정한 시기를 정하여 정기적으로 과하는 조세
- **수시세**: 과세물건이 발생할 때마다 수시로 과하는 조세

8. 비례세와 누진세(적용되는 세율의 성질)

- **비례세**: 과세표준과는 관계없이 일정률의 같은 세율이 적용되는 조세
- **누진세**: 과세표준금액이 증가함에 따라 적용되는 세율도 높아지는 조세

9. 신고납부세 · 부과납부세 및 인지납부세(과세권 발동방식)

- **신고납부세**: 납부세액이 원칙적으로 신고에 의해 확정되며, 신고세액이 잘못된 경우(법규정 불일치, 세액불일치)에 한해 세무서장의 처분으로 확정되는 조세(예 소득세, 법인세)
- **부과납부세**: 납부세액이 전적으로 세무서장의 처분으로 확정되는 조세(예 상속세, 증여세)
- **인지납부세**: 납부세액이 법률규정에 의해 확정되는 조세(예 등록세, 인지세)

제2절 조세법의 기본원칙

1 형식상의 기본원칙

1. 조세법률주의

(1) 의의

헌법 제59조 조세의 종목과 세율은 법률로 정한다.

- **조세법률주의**: 법률의 근거 없이는 조세를 부과 · 징수할 수 없다는 원칙

기출지문 OX

01 국가나 지방자치단체의 일반경비에 충당되는 것을 보통세라 하고, 특별목적에 충당하는 것을 목적세라 한다. (01국가7) ( )

정답
01 ○

기출지문 OX

01 조세의 종목과 세율은 법률로 정하여야 할 뿐만 아니라, 납세의무자·과세물건·과세표준 및 부과징수절차 등도 모두 법률로 정해야 한다는 것이 조세법률주의의 정신이다. (97국가7) ( )

02 조세법률주의는 조세의 부과는 반드시 법률이 정하는 바에 의하여야 한다는 원칙으로 징수절차도 법률로 정하여야 한다. (06관세) ( )

03 법률로 정해야 할 사항은 조세법률주의에 있어서 조세의 종목과 세율에 한한다. (00국가7) ( )

04 조세법률주의는 과세요건법정주의와 과세요건명확주의를 그 핵심적 내용으로 하고 있다. (15지방7) ( )

05 헌법재판소는 조세법률주의도 실질적 법치주의를 뜻한다고 보았다. (04국가7) ( )

06 조세법률관계에서는 사적자치의 원칙이 인정되지 않는다. (00행시) ( )

07 조세법률주의에 따라서 합의과세와 같은 것은 원칙적으로 부인된다. (05승진5) ( )

08 조세의 세율은 일부 조례에 위임하고 있으나, 법규명령에 포괄적으로 위임할 수는 없다. (97국가7) ( )

09 과세요건·징수절차에 대하여는 조세법률주의 원칙상 위임입법에 의한 규율이 허용되지 않는다. (07국가7) ( )

10 법률의 위임이 없이 명령 또는 규칙 등의 행정입법으로 과세요건 등에 관한 사항을 규정하는 것은 조세법률주의 원칙에 반한다. (07국가7) ( )

정답
01 ○ 02 ○ 03 × 04 ○ 05 ○
06 ○ 07 ○ 08 ○ 09 × 10 ○

관련 판례

1 조세법률주의는, 조세는 국민의 재산권을 제한하는 것이므로 납세의무를 성립시키는 납세의무자, 과세물건, 과세표준, 과세기간, 세율 등의 과세요건과 조세의 부과·징수절차는 모두 국민의 대표기관인 국회가 제정한 법률로써 이를 규정하여야 한다는 과세요건법정주의와 과세요건을 법률로 규정하였다 하더라도 그 규정 내용이 지나치게 추상적이고 불명확하면 과세관청의 자의적인 해석과 집행을 초래할 염려가 있으므로 그 규정 내용이 명확하고 일의적이어야 한다는 과세요건명확주의를 그 핵심적 내용으로 삼고 있다(헌재 2013.6.27, 2011헌바386).

2 헌법은 제38조에서 국민의 납세의 의무를 규정하는 한편 국민의 재산권 보장과 경제활동에 있어서의 법적안정성을 위하여 그 제59조에서 조세법률주의를 선언하고 있는바, 오늘날의 법치주의는 실질적 법치주의를 의미하므로 헌법상의 조세법률주의도 과세요건이 형식적 의미의 법률로 명확히 정해질 것을 요구할 뿐 아니라, 조세법의 목적이나 내용이 기본권 보장의 헌법리념과 이를 뒷받침하는 헌법상의 제원칙에 합치되어야 하고 나아가 조세법률은 조세평등주의에 입각하여 헌법 제11조 제1항에 따른 평등의 원칙에도 어긋남이 없어야 한다(헌재 1997.6.26, 93헌바49·94헌바38·41·95헌바64).

3 조세채권은 국가재정수입확보의 목적을 위하여 국세징수법상 우선권 자력집행권이 인정되는 권리로서 국민조세부담의 공평과 부당한 조세징수로부터 국민을 보호하기 위하여 조세법률주의의 원칙이 요구되기 때문에 사적 자치가 지배하는 사법상의 채권과는 달리 그 성립과 행사가 법률에 의하여서만 가능하고 사법상의 계약에 의하여 조세채무를 부담하거나 이것을 보증하게하여 이들로부터 일반채권의 행사방법에 의하여 조세채권의 궁극적 만족을 실현하는 것은 허용될 수 없다(대판 1976.3.23, 76다284).

(2) 조세법률주의의 내용

① 과세요건법정주의

- 조세권 행사의 요건과 절차가 국민의 대표기관인 의회가 제정한 형식적 의미의 법률로 규정되어야 한다는 원칙
- 단, 개별적·구체적 위임은 가능

관련 판례

헌법 제38조, 제59조에서 채택하고 있는 조세법률주의의 원칙은 과세요건과 징수절차 등 조세권행사의 요건과 절차는 국민의 대표기관인 국회가 제정한 법률로써 규정하여야 한다는 것이나, 과세요건과 징수절차에 관한 사항을 명령·규칙 등 하위법령에 위임하여 규정하게 할 수 없는 것은 아니고, 이러한 사항을 하위법령에 위임하여 규정하게 하는 경우 구체적·개별적 위임만이 허용되며 포괄적·백지적 위임은 허용되지 아니하고(과세요건법정주의), 이러한 법률 또는 그 위임에 따른 명령·규칙의 규정은 일의적이고 명확하여야 한다(과세요건명확주의)는 것이다(대결 1994.9.30, 94부18).

② 과세요건명확주의

- 과세권의 발동에 있어 과세요건·절차를 법률로 명확히 규정하여야 한다는 원칙

③ 유추해석금지의 원칙

- 조세행정기관 등이 세법을 유추해석거나 확장해석하여 납세자에게 불리하게 해석·적용을 해서는 안 된다는 원칙

관련 판례

1 헌법 제38조는 "모든 국민은 법률이 정하는 바에 의하여 납세의 의무를 진다."고 규정하고, 제59조는 "조세의 종목과 세율은 법률로 정한다."고 규정함으로써 조세법률주의를 채택하고 있다. 이러한 조세법률주의의 원칙은 과세요건 등은 국민의 대표기관인 국회가 제정한 법률로써 규정하여야 하고 그 법률의 집행에 있어서도 이를 엄격하게 해석·적용하여야 하며 행정편의적인 확장해석이나 유추적용은 허용되지 않음을 의미하므로, 법률의 위임이 없이 명령 또는 규칙 등의 행정입법으로 과세요건 등에 관한 사항을 규정하거나 법률에 규정된 내용을 함부로 유추·확장하는 내용의 해석규정을 마련하는 것은 조세법률주의의 원칙에 반한다(대판 2012.11.22, 2010두17564 전합).

2 조세법률주의의 원칙상 과세요건이거나 비과세요건 또는 조세감면요건을 막론하고 조세법규의 해석은 특별한 사정이 없는 한 법문대로 해석하여야 할 것이고 합리적 이유 없이 확장해석하거나 유추해석하는 것은 허용되지 아니하고, 특히 감면요건 규정 가운데 명백히 특혜규정이라고 볼 수 있는 것은 엄격하게 해석하는 것이 조세공평의 원칙에 부합한다(대판 2011.1.27, 2010도1191).

④ 합법성의 원칙

- 과세요건이 충족될 경우 과세관청은 임의로 조세를 감면하거나 징수하지 않을 재량이 없고 법률이 정한 세액을 징수하여야 한다는 원칙

(3) 조세법률주의의 예외

- **지방세의 경우**: 지방세기본법은 지방세의 종류, 부과, 징수 등에 관해 일반적으로 규정하면서, 부과·징수에 관하여 필요한 구체적 사항을 조례로 정하도록 함.
- **관세의 경우**: 법률에 의함이 원칙이나 협상에 따라 협정세율을 정할 수도 있음.

2. 영구세주의

- 조세에 대한 입법례
  - ① 조세를 매년 의회의 의결을 거쳐서 부과·징수하는 일년세주의
  - ② 조세를 국회의 의결을 거쳐 법률로 정하면 매년 계속해서 과세할 수 있게 하는 영구세주의
- 헌법 제59조는 영구세주의를 채택한 것으로 해석함.

기출지문 OX

01 국가의 세수확보를 위하여 세법규정의 유추해석 혹은 확장해석이 허용된다고 보는 것이 대법원 판례이다. (02행시) ( )

02 침익적인 유추해석금지의 원칙은 조세법의 기본원칙에 해당한다. (07관세) ( )

03 조세부과에 관한 법률은 헌법상의 조세법률주의의 요청에 따라 납세의무의 한계를 명백히 하고 과세요건을 분명히 함으로써 유추적용이나 확대해석은 금지된다. (97국가7) ( )

04 과세요건 등에 관한 법률의 적용에 있어서 행정편의적인 확장해석이나 유추적용은 허용되지 않는다. (07국가7) ( )

05 판례에 의하면 과세요건이 아니라 비과세요건 또는 조세감면요건에 관한 조세법규를 유추해석하는 것도 허용되지 않는다. (01입시) ( )

06 조세법규의 해석에 있어서 유추나 확장해석에 의하여 납세의무를 확대하는 것은 허용되지 아니하지만, 조세의 감면 또는 징수유예의 경우에는 그러하지 아니하다. (08국가7) ( )

07 합법성의 원칙은 과세요건이 충족되면 과세관청은 조세를 감면하거나 징수하지 않을 재량이 없으며 법률이 정한 세액을 징수하여야 된다는 원칙이다. (04국가7) ( )

08 지방세와 관세에 있어서 조세법률주의의 특례가 인정되고 있다. (97국가7) ( )

09 관세의 부과·징수는 법률에 의함이 원칙이나 관세조약에 특별한 규정이 있는 경우에는 그에 의한다. (02행시) ( )

10 우리 헌법은 영구세주의를 취하고 있다. (00국가7) ( )

11 조세의 종목과 세율은 법률로 정한다란 규정 중 세율은 법률로 정한다는 뜻은 영구세주의의 채용을 의미한다. (97승진5) ( )

정답

01 × 02 ○ 03 ○ 04 ○ 05 ○ 06 × 07 ○ 08 ○ 09 ○ 10 ○ 11 ○

기출지문 OX

01 우리나라는 관계 법률의 개폐가 없으면 1년마다 의회의 의결을 얻은 예산법에 의하여 과세되는 일년세주의를 취하고 있다. (97국가7) ( )

02 조세부과는 일반 국민에게 그 자력에 따라 균등하게 부과하는 것이 원칙이다. (06국가7) ( )

03 조세법은 국가 또는 지방자치단체에 조세부과권, 강제징수권, 조세범처벌권 등의 강력한 권한을 부여하고 있다. (97검찰9) ( )

04 조세에서 신의성실의 원칙은 세무공무원만이 부담하는 의무이다. (04관세) ( )

05 국세기본법은 세법의 해석이나 국세행정의 관행이 일반적으로 납세자에게 받아들여진 후에는 그 해석이나 관행에 의한 행위 또는 계산은 정당한 것으로 보며 새로운 해석이나 관행에 의하여 소급하여 과세되지 아니한다고 규정하고 있다. (16지방7) ( )

06 과세의 대상이 되는 소득, 수익, 재산, 행위 또는 거래의 귀속이 명의일 뿐이고 사실상 귀속되는 자가 따로 있을 때에는 사실상 귀속되는 자를 납세의무자로 하여 세법을 적용한다. (08국가7) ( )

정답
01 × 02 ○ 03 ○ 04 × 05 ○ 06 ○

2 실질상의 기본원칙

1. 조세평등의 원칙(공평부담의 원칙)

- 모든 국민이 능력에 따라 균등하게 조세를 부담하여야 한다는 원칙

2. 수입확보의 원칙

- 국가, 지방자치단체의 유지·운영을 위해 필요한 조세수입이 확보되어야 한다는 원칙
- 이를 위해 조세채권의 우선성, 조세부과·징수권, 조세포탈에 대한 벌칙 부과와 같은 권한 인정

3. 능률의 원칙

- 조세수입의 확보는 최소한의 경비로 능률적으로 행해져야 한다는 원칙

4. 신의성실의 원칙

> **국세기본법 제15조 【신의·성실】** 납세자가 그 의무를 이행할 때에는 신의에 따라 성실하게 하여야 한다. 세무공무원이 직무를 수행할 때에도 또한 같다.

5. 신뢰보호의 원칙

> **국세기본법 제18조 【세법 해석의 기준 및 소급과세의 금지】** ③ 세법의 해석이나 국세행정의 관행이 일반적으로 납세자에게 받아들여진 후에는 그 해석이나 관행에 의한 행위 또는 계산은 정당한 것으로 보며, 새로운 해석이나 관행에 의하여 소급하여 과세되지 아니한다.

3 과세기술상의 기본원칙

1. 실질과세의 원칙

> **국세기본법 제14조 【실질과세】** ① 과세의 대상이 되는 소득, 수익, 재산, 행위 또는 거래의 귀속이 명의일 뿐이고 사실상 귀속되는 자가 따로 있을 때에는 사실상 귀속되는 자를 납세의무자로 하여 세법을 적용한다.
> ② 세법 중 과세표준의 계산에 관한 규정은 소득, 수익, 재산, 행위 또는 거래의 명칭이나 형식과 관계없이 그 실질 내용에 따라 적용한다.
> ③ 제3자를 통한 간접적인 방법이나 둘 이상의 행위 또는 거래를 거치는 방법으로 이 법 또는 세법의 혜택을 부당하게 받기 위한 것으로 인정되는 경우에는 그 경제적 실질 내용에 따라 당사자가 직접 거래를 한 것으로 보거나 연속된 하나의 행위 또는 거래를 한 것으로 보아 이 법 또는 세법을 적용한다.

관련 판례

구 국세기본법 제14조 제1항에서 규정하는 실질과세의 원칙은 소득이나 수익, 재산, 거래 등의 과세대상에 관하여 귀속 명의와 달리 실질적으로 귀속되는 자가 따로 있는 경우에는 형식이나 외관을 이유로 귀속명의자를 납세의무자로 삼을 것이 아니라 실질적으로 귀속되는 자를 납세의무자로 삼겠다는 것이므로, 재산의 귀속명의자는 이를 지배·관리할

능력이 없고, 명의자에 대한 지배권 등을 통하여 실질적으로 이를 지배·관리하는 자가 따로 있으며, 명의와 실질의 괴리가 조세를 회피할 목적에서 비롯된 경우에는, 재산에 관한 소득은 그 재산을 실질적으로 지배·관리하는 자에게 귀속된 것으로 보아 그를 납세의무자로 삼아야 한다(대판 2017.7.11, 2015두55134·55141).

2. 근거과세의 원칙

- 납세의무자가 세법에 의하여 장부를 비치·기장하고 있는 때에는 당해 국세의 과세표준의 조사와 결정은 그 그러한 증빙자료에 의하여야 한다는 원칙

3. 소급과세금지의 원칙

국세기본법 제18조【세법 해석의 기준 및 소급과세의 금지】② 국세를 납부할 의무(세법에 징수의무자가 따로 규정되어 있는 국세의 경우에는 이를 징수하여 납부할 의무. 이하 같다)가 성립한 소득, 수익, 재산, 행위 또는 거래에 대해서는 그 성립 후의 새로운 세법에 따라 소급하여 과세하지 아니한다.

관련 판례

소급과세금지의 원칙은 조세법령의 제정 또는 개정이나 과세관청의 법령에 대한 해석 또는 처리지침 등의 변경이 있은 경우 그 효력발생 전에 종결한 과세요건사실에 대하여 당해 법령 등을 적용할 수 없다는 것이지, 그 이전부터 계속되어 오던 사실이나 그 이후에 발생한 과세요건사실에 대하여 새로운 법령 등을 적용하는 것을 제한하는 것은 아니다(대판 2004.3.26, 2001두10790).

제3절 조세의 부과·징수

1 과세권자

- 조세부과권은 국세의 경우 국가, 지방세의 경우 지방자치단체에 있음.

2 과세요건

1. 납세의무자

(1) 의의

- **납세의무자**: 각 개별세법에 의해 국가 또는 지방자치단체에 대해 납세의무를 부담하는 자
- 자연인, 법인, 비법인사단, 내·외국인을 불문하나, 국제법상 치외법권자인 국내 주재 외국인은 제외
- 납세의무자와 사실상의 조세부담자가 반드시 일치하는 것은 아님.

기출지문 OX

01 국세기본법은 국세를 납부할 의무가 성립한 소득, 수익, 재산, 행위 또는 거래에 대해서는 그 성립 후의 새로운 세법에 따라 소급하여 과세하지 아니한다고 규정하고 있다. (16지방7) ( )

02 판례는 기관과세세목의 1과세연도 중에 법률이 개정된 경우, 당해 과세연도 초에 소급하여 과세하는 것은 소급과세금지의 원칙에 저촉된다고 보았다. (04국가7) ( )

03 조세부과권은 국가, 지방자치단체에 있다. (06국가7) ( )

정답
01 ○ 02 × 03 ○

(2) 연대 납세의무자

- 공유물, 공동사업 또는 그 공동사업에 속하는 재산에 관계되는 국세 · 가산금과 체납처분비는 공유자 또는 공동사업자가 연대하여 납부할 의무 있음.

(3) 제2차 납세의무자

관련 판례

1 제2차 납세의무는 조세징수의 확보를 위하여 원래의 납세의무자의 재산에 대하여 체납처분을 하여도 징수하여야 할 조세에 부족이 있다고 인정되는 경우에 그 원래의 납세의무자와 특수관계에 있는 제3자에 대하여 원래의 납세의무자로부터 징수할 수 없는 액을 한도로 하여 보충적으로 납세의무를 부담케 하는 제도이다(대판 1982.12.14, 82누192).

2 제2차 납세의무가 성립하기 위하여는 주된 납세의무에 징수부족액이 있을 것을 요건으로 하지만 일단 주된 납세의무가 체납된 이상 그 징수부족액의 발생은 반드시 주된 납세의무자에 대하여 현실로 체납처분을 집행하여 부족액이 구체적으로 생기는 것을 요하지 아니하고, 다만 체납처분을 하면 객관적으로 징수부족액이 생길 것으로 인정되면 족하다 할 것이다(대판 2004.5.14, 2003두10718).

3 제2차 납세의무자에 대한 납부고지는 형식적으로는 독립된 과세처분이지만 실질적으로는 과세처분 등에 의하여 확정된 주된 납세의무의 징수절차상의 처분으로서의 성격을 가지는 것이므로 제2차 납세의무자에 대해 납부고지를 하려면 선행요건으로서 주된 납세의무자에 대한 과세처분 등을 하여 그의 구체적인 납세의무를 확정하는 절차를 마쳐야 할 것이고 주된 납세의무자에 대한 과세처분 등의 절차를 거침이 없이 제2차 납세의무자에 대한 납부고지는 위법하다(대판 1983.5.10, 82누123).

4 국세기본법 제39조에 의한 제2차 납세의무는 주된 납세의무자의 체납 등 그 요건에 해당하는 사실의 발생에 의하여 추상적으로 성립하고 납부통지에 의하여 고지됨으로써 구체적으로 확정되는 것이고, 제2차 납세의무자 지정처분만으로는 아직 납세의무가 확정되는 것이 아니므로 그 지정처분은 항고소송의 대상이 되는 행정처분이라고 할 수 없다(대판 1995.9.15, 95누6632).

2. 과세물건

- 법령상 조세가 부과되는 대상

3 과세표준

- 세법에 따라 직접적으로 세액산출의 기초가 되는 과세물건의 수량 또는 가액

관련 판례

[1] 소득세에 관하여 부과납세제도를 채택하고 있는 체제 아래에서는 납세의무자가 하는 소득금액신고는 세무관청이 소득세부과처분을 하는데 있어서 하나의 참고자료에 지나지 아니할 뿐이고 거기에 어떠한 기속력이 생기는 것은 아니다.
[2] 과세관청이 사실관계를 오인하여 부과한 과세처분은 일반적으로는 당연무효가 아니라고 할 것이나, 사실관계 오인의 근거가 된 과세자료가 외형상 상태성을 결여하거나 또는 객관적으로 그 성립이나 내용의 진정을 인정할 수 없는 것임이 명백한 경우에는 이러한 과세자료만을 근거로 과세소득을 인정하여 행한 과세처분은 그 하자가 중대할 뿐 아니라 객관적으로도 명백하여 무효라고 보아야 한다(대판 1987.3.10, 86누566).

4. 세율

(1) 의의

- **세율**: 과세표준에 대한 세액의 비율

(2) 종류

- **비례세율**: 과세표준의 수량 또는 금액에 관계없이 동일한 세율이 적용되는 경우(예 주세 · 부가가치세 등)
- **누진세율**: 과세표준의 수량 또는 금액이 증가함에 따라 높은 세율이 적용되는 경우(예 소득세 · 법인세 등)
- **단순누진세율**: 과세표준을 여러 단계로 나누어 해당계층의 세율을 적용하는 경우
- **초과누진세율**: 각 단계마다 누진적 기초세액을 정하고, 초과세액에 대해 누진세율을 적용하여 산출한 액을 가산하여 세액을 정하는 경우

3 납세의무의 성립

- 납세의무는 법률이 정한 과세요건 충족시 당연히 성립함.
- 세금별 납세의무 성립시기는 법률이 정하고 있음.

> **국세기본법 제21조 【납세의무의 성립시기】** ① 국세를 납부할 의무는 이 법 및 세법에서 정하는 과세요건이 충족되면 성립한다.
> ② 제1항에 따른 국세를 납부할 의무의 성립시기는 다음 각 호의 구분에 따른다.
> 1. 소득세 · 법인세: 과세기간이 끝나는 때. 다만, 청산소득에 대한 법인세는 그 법인이 해산을 하는 때를 말한다.
> 2. 상속세: 상속이 개시되는 때
> 3. 증여세: 증여에 의하여 재산을 취득하는 때
> 4. 부가가치세: 과세기간이 끝나는 때. 다만, 수입재화의 경우에는 세관장에게 수입신고를 하는 때를 말한다.
> 5. 개별소비세 · 주세 및 교통 · 에너지 · 환경세: 과세물품을 제조장으로부터 반출하거나 판매장에서 판매하는 때, 과세장소에 입장하거나 과세유흥장소에서 유흥음식행위를 하는 때 또는 과세영업장소에서 영업행위를 하는 때. 다만, 수입물품의 경우에는 세관장에게 수입신고를 하는 때를 말한다.
> 6. 인지세: 과세문서를 작성한 때
> 7. 증권거래세: 해당 매매거래가 확정되는 때
> 8. 교육세: 다음 각 목의 구분에 따른 시기
>   가. 국세에 부과되는 교육세: 해당 국세의 납세의무가 성립하는 때
>   나. 금융 · 보험업자의 수익금액에 부과되는 교육세: 과세기간이 끝나는 때
> 9. 농어촌특별세: 농어촌특별세법 제2조 제2항에 따른 본세의 납세의무가 성립하는 때
> 10. 종합부동산세: 과세기준일
> 11. 가산세: 다음 각 목의 구분에 따른 시기. 다만, 나목과 다목의 경우 제39조를 적용할 때에는 이 법 및 세법에 따른 납부기한(이하 "법정납부기한"이라 한다)이 경과하는 때로 한다.
>   가. 제47조의2에 따른 무신고가산세 및 제47조의3에 따른 과소신고 · 초과환급신고가산세: 법정신고기한이 경과하는 때

기출지문 OX

01 납세의무는 법률이 정한 과세요건이 충족되면 과세관청의 특별한 행위를 기다리지 아니하고 당연히 성립한다. (15지방7) ( )

정답
01 ○

나. 제47조의4 제1항 제1호·제2호에 따른 납부지연가산세 및 제47조의5 제1항 제2호에 따른 원천징수 등 납부지연가산세: 법정납부기한 경과 후 1일마다 그 날이 경과하는 때
다. 제47조의4 제1항 제3호에 따른 납부지연가산세: 납부고지서에 따른 납부기한이 경과하는 때
라. 제47조의5 제1항 제1호에 따른 원천징수 등 납부지연가산세: 법정납부기한이 경과하는 때
마. 그 밖의 가산세: 가산할 국세의 납세의무가 성립하는 때

③ 다음 각 호의 국세를 납부할 의무의 성립시기는 제2항에도 불구하고 다음 각 호의 구분에 따른다.

1. 원천징수하는 소득세·법인세: 소득금액 또는 수입금액을 지급하는 때
2. 납세조합이 징수하는 소득세 또는 예정신고납부하는 소득세: 과세표준이 되는 금액이 발생한 달의 말일
3. 중간예납하는 소득세·법인세 또는 예정신고기간·예정부과기간에 대한 부가가치세: 중간예납기간 또는 예정신고기간·예정부과기간이 끝나는 때
4. 수시부과하여 징수하는 국세: 수시부과할 사유가 발생한 때

4 납세의무 확정

국세기본법 제22조【납세의무의 확정】 ① 국세는 이 법 및 세법에서 정하는 절차에 따라 그 세액이 확정된다.

② 다음 각 호의 국세는 납세의무자가 과세표준과 세액을 정부에 신고했을 때에 확정된다. 다만, 납세의무자가 과세표준과 세액의 신고를 하지 아니하거나 신고한 과세표준과 세액이 세법에서 정하는 바와 맞지 아니한 경우에는 정부가 과세표준과 세액을 결정하거나 경정하는 때에 그 결정 또는 경정에 따라 확정된다.

1. 소득세
2. 법인세
3. 부가가치세
4. 개별소비세
5. 주세
6. 증권거래세
7. 교육세
8. 교통·에너지·환경세
9. 종합부동산세(납세의무자가 종합부동산세법 제16조 제3항에 따라 과세표준과 세액을 정부에 신고하는 경우에 한정한다)

관련 판례

1 부과납세방식의 국세에 있어서는 과세관청이 조사확인한 과세표준과 세액을 부과결정한 때에 납세의무가 구체적으로 확정되는 것이나 그 확정의 효력은 납세의무자에게 그 결정이 고지된 때에 발생한다(대판 1984.2.28, 83누674).

2 취득세는 신고납부방식의 조세로서 이러한 유형의 조세에 있어서는 원칙적으로 납세의무자가 스스로 과세표준과 세액을 정하여 신고하는 행위에 의하여 납세의무가 구체적으로 확정된다(대판 2009.4.23, 2006다81257).

기출지문 OX

01 납세의무의 확정은 이미 발생되어 있는 조세채권을 확정하는 것이므로 그 법적 성질은 확인행위이다. (14지방7) ( )

02 부과납세방식의 국세에 있어서 납세의무의 확정의 효력은 납세의무자에게 그 결정이 고지된 때에 발생한다. (05관세) ( )

정답
01 ○ 02 ○

5 납세의무의 승계

> **국세기본법 제23조【법인의 합병으로 인한 납세의무의 승계】** 법인이 합병한 경우 합병 후 존속하는 법인 또는 합병으로 설립된 법인은 합병으로 소멸된 법인에 부과되거나 그 법인이 납부할 국세 및 강제징수비를 납부할 의무를 진다.
>
> **제24조【상속으로 인한 납세의무의 승계】** ① 상속이 개시된 때에 그 상속인[민법 제1000조, 제1001조, 제1003조 및 제1004조에 따른 상속인을 말하고, 상속세 및 증여세법 제2조 제5호에 따른 수유자를 포함한다. 이하 이 조에서 같다] 또는 민법 제1053조에 규정된 상속재산관리인은 피상속인에게 부과되거나 그 피상속인이 납부할 국세 및 강제징수비를 상속으로 받은 재산의 한도에서 납부할 의무를 진다.

관련 판례

국세기본법 제24조 제1항에 의한 납세의무 승계자와 상증세법 제3조 제1항에 의한 상속세 납세의무자의 범위가 서로 일치하여야 할 이유는 없는 점, 조세법률주의의 원칙상 과세요건은 법률로써 명확하게 규정하여야 하고 조세법규의 해석에 있어서도 특별한 사정이 없는 한 법문대로 해석하여야 하며 합리적 이유 없이 확장해석하거나 유추해석하는 것은 허용되지 않는 점 등을 종합하여 보면, 적법하게 상속을 포기한 자는 국세기본법 제24조 제1항이 피상속인의 국세 등 납세의무를 승계하는 자로 규정하고 있는 '상속인'에는 포함되지 않는다고 보아야 한다(대판 2013.5.23, 2013두1041).

6 과세처분(부과처분)

1. 의의

- 조세부과방법은 ①과세관청의 처분 내지 결정의 형식으로 납세의무가 확정되는 부과납부방식과 ②납세의무자의 과세표준과 세액을 과세관청에 신고함으로써 납세의무가 확정되는 신고납부방식이 있음.
- 부과처분은 부과납부방식에서 이루어지는 것임.

관련 판례

1993.12.31. 법률 제4674호로 개정된 관세법 제17조 제2항은 관세의 원칙적인 부과·징수를 순수한 신고납세방식으로 전환한 것이고, 이와 같은 신고납세방식의 조세에 있어서 과세관청이 납세의무자의 신고에 따라 세액을 수령하는 것은 사실행위에 불과할 뿐 이를 부과처분으로 볼 수는 없다(대판 1997.7.22, 96누8321).

2. 성질·형식

- 과세처분은 명령적 행위로서 재정하명에 해당하며, 원칙적으로 고지서(납세고지서)라는 서면에 의하여야 함.

기출지문 OX

01 납세의무자의 납세의무는 금전급부라는 일신에 전속되지 않는 대체적 행위의무인 까닭에 사망·회사합병에 의하여 승계될 수 있다. (01승진5) ( )

02 법인의 합병의 경우는 합병 후 존속하거나 합병으로 설립되는 법인에게 납세의무가 승계된다. (04관세) ( )

03 사망의 경우는 상속인이나 상속재산관리인에게 납세의무가 승계되는 경우가 있다. (04관세) ( )

04 판례에 따르면 신고납세방식의 관세에 있어서 과세관청이 납세의무자의 신고에 따라 세액을 수령하는 경우 이를 부과처분으로 볼 수 있다고 한다. (16지방7) ( )

05 신고납세방식의 조세에 있어서 과세관청이 납세의무자의 신고에 따라 세액을 수령하는 것은 사실행위이며 부과처분이 아니다. (17국가7) ( )

06 조세부과처분은 제정하명에 해당한다. (99검찰9) ( )

정답
01 ○ 02 ○ 03 ○ 04 × 05 ○
06 ○

관련 판례

1 부과납세에 있어서 조세부과결정의 고지행위는 과세처분의 일부를 이루는 것으로서 고지행위의 하자는 바로 과세처분의 하자가 된다고 할 것인바 과세관청이 부과결정의 고지를 별도로 하지 아니하고 징수절차에서의 납부명령인 납세고지서에 의해서 고지를 하는 경우에는 그 납세고지는 부과결정을 고지하는 과세처분의 성질과 확정된 세액의 납부를 명하는 징수처분의 성질을 아울러 갖는 것이므로 고지행위의 하자는 부과처분과 징수처분 모두의 하자가 되는 것이고 오로지 징수처분만의 하자에 불과하다고 볼 수 없다(대판 1984.2.28, 83누674).

2 구 국세징수법과 개별 세법의 납세고지에 관한 규정들은 헌법상 적법절차의 원칙과 행정절차법의 기본 원리를 과세처분의 영역에도 그대로 받아들여, 과세관청으로 하여금 자의를 배제한 신중하고도 합리적인 과세처분을 하게 함으로써 조세행정의 공정을 기함과 아울러 납세의무자에게 과세처분의 내용을 자세히 알려주어 이에 대한 불복 여부의 결정과 불복신청의 편의를 주려는 데 그 근본취지가 있으므로, 이 규정들은 강행규정으로 보아야 한다. 따라서 납세고지서에 해당 본세의 과세표준과 세액의 산출근거 등이 제대로 기재되지 않았다면 특별한 사정이 없는 한 그 과세처분은 위법하다는 것이 판례의 확립된 견해이다. 판례는 여기에서 한발 더 나아가 설령 부가가치세법과 같이 개별 세법에서 납세고지에 관한 별도의 규정을 두지 않은 경우라 하더라도 해당 본세의 납세고지서에 국세징수법 제9조 제1항이 규정한 것과 같은 세액의 산출근거 등이 기재되어 있지 않다면 그 과세처분은 적법하지 않다고 한다. 말하자면 개별 세법에 납세고지에 관한 별도의 규정이 없더라도 국세징수법이 정한 것과 같은 납세고지의 요건을 갖추지 않으면 안 된다는 것이고, 이는 적법절차의 원칙이 과세처분에도 적용됨에 따른 당연한 귀결이다. 같은 맥락에서, 하나의 납세고지서에 의하여 복수의 과세처분을 함께 하는 경우에는 과세처분별로 그 세액과 산출근거 등을 구분하여 기재함으로써 납세의무자가 각 과세처분의 내용을 알 수 있도록 해야 하는 것 역시 당연하다고 할 것이다(대판 2012.10.18, 2010두12347 전합).

3 과세처분에 관한 납세고지서의 송달이 국세기본법 제8조 제1항의 규정에 위배되는 부적법한 것으로서 송달의 효력이 발생하지 아니하는 이상, 그 과세처분은 무효이다(대판 1995.8.22, 95누3909).

7 과세제외와 조세면제

- **과세제외**: 일반적으로 과세대상인 물건을 특별한 사유로 과세대상에서 제외하는 것
- **조세감면**: 납세의무자의 신청에 의해 납세의무를 면제하는 것

8 조세의 징수방법

- **보통징수**: 과세권자의 납세 고지와 그에 따른 납세의무자의 세액 납부로써 종료되는 징수절차
- **특별징수**: 수입원천에서 직접 징수하는 징수절차

- **예외징수**: 보통의 조세와 달리 납기에 징수·납부하지 않는 징수절차(예 납기 전 징수, 납기유예)
- **강제징수**: 조세가 체납된 경우 국세징수법에 따라 납세의무자의 재산에 실력을 가하여 강제로 징수하는 절차

제4절 납세의무의 소멸

> **국세기본법 제26조【납부의무의 소멸】** 국세 및 강제징수비를 납부할 의무는 다음 각 호의 어느 하나에 해당하는 때에 소멸한다.
> 1. 납부·충당되거나 부과가 취소된 때
> 2. 제26조의2에 따라 국세를 부과할 수 있는 기간에 국세가 부과되지 아니하고 그 기간이 끝난 때
> 3. 제27조에 따라 국세징수권의 소멸시효가 완성된 때
>
> **제26조의2【국세의 부과제척기간】** ① 국세를 부과할 수 있는 기간(이하 "부과제척기간"이라 한다)은 국세를 부과할 수 있는 날부터 5년으로 한다. 다만, 역외거래[국제조세조정에 관한 법률 제2조 제1항 제1호에 따른 국제거래(이하 "국제거래"라 한다) 및 거래 당사자 양쪽이 거주자(내국법인과 외국법인의 국내사업장을 포함한다)인 거래로서 국외에 있는 자산의 매매·임대차, 국외에서 제공하는 용역과 관련된 거래를 말한다. 이하 같다]의 경우에는 국세를 부과할 수 있는 날부터 7년으로 한다.
>
> **제27조【국세징수권의 소멸시효】** ① 국세의 징수를 목적으로 하는 국가의 권리(이하 이 조에서 "국세징수권"이라 한다)는 이를 행사할 수 있는 때부터 다음 각 호의 구분에 따른 기간 동안 행사하지 아니하면 소멸시효가 완성된다. 이 경우 다음 각 호의 국세의 금액은 가산세를 제외한 금액으로 한다.
> 1. 5억원 이상의 국세: 10년
> 2. 제1호 외의 국세: 5년

제5절 조세행정구제제도

1 과세전적부심사

- **과세전적부심사**: 세무조사결과에 따른 과세처분 등을 하기 전 세무조사결과, 과세 내용을 미리 통지하여 그 내용에 대하여 이의가 있는 경우 통지를 받은 날로부터 30일 이내에 통지내용에 대한 적법성 여부에 관한 심사를 청구할 수 있도록 하는 제도(사전심사)

기출지문 OX

01 국세기본법은 과세전적부심사제도를 규정하고 있다. (01행시) ( )

02 세무조사결과에 대한 서면통지 또는 일정한 과세예고통지를 받은 자는 그 통지를 받은 날부터 30일 이내에 당해 세무서장 또는 지방국세청장에게 통지내용에 대한 적법성 여부에 관하여 심사를 청구할 수 있다. (09국가7) ( )

정답
01 ○ 02 ○

국세기본법 제81조의15【과세전적부심사】 ① 세무서장 또는 지방국세청장은 다음 각 호의 어느 하나에 해당하는 경우에는 미리 납세자에게 그 내용을 서면으로 통지(이하 이 조에서 "과세예고통지"라 한다)하여야 한다.

1. 세무서 또는 지방국세청에 대한 지방국세청장 또는 국세청장의 업무감사 결과(현지에서 시정조치하는 경우를 포함한다)에 따라 세무서장 또는 지방국세청장이 과세하는 경우
2. 세무조사에서 확인된 것으로 조사대상자 외의 자에 대한 과세자료 및 현지 확인조사에 따라 세무서장 또는 지방국세청장이 과세하는 경우
3. 납부고지하려는 세액이 100만원 이상인 경우. 다만, 감사원법 제33조에 따른 시정요구에 따라 세무서장 또는 지방국세청장이 과세처분하는 경우로서 시정요구 전에 과세처분 대상자가 감사원의 지적사항에 대한 소명안내를 받은 경우는 제외한다.

② 다음 각 호의 어느 하나에 해당하는 통지를 받은 자는 통지를 받은 날부터 30일 이내에 통지를 한 세무서장이나 지방국세청장에게 통지 내용의 적법성에 관한 심사[이하 이 조에서 "과세전적부심사"라 한다]를 청구할 수 있다. 다만, 법령과 관련하여 국세청장의 유권해석을 변경하여야 하거나 새로운 해석이 필요한 경우 등 대통령령으로 정하는 사항에 대해서는 국세청장에게 청구할 수 있다.

1. 제81조의12에 따른 세무조사 결과에 대한 서면통지
2. 제1항 각 호에 따른 과세예고통지

③ 다음 각 호의 어느 하나에 해당하는 경우에는 제2항을 적용하지 아니한다.

1. 국세징수법 제9조에 규정된 납부기한 전 징수의 사유가 있거나 세법에서 규정하는 수시부과의 사유가 있는 경우
2. 조세범 처벌법 위반으로 고발 또는 통고처분하는 경우
3. 세무조사 결과 통지 및 과세예고통지를 하는 날부터 국세부과 제척기간의 만료일까지의 기간이 3개월 이하인 경우
4. 그 밖에 대통령령으로 정하는 경우

④ 과세전적부심사 청구를 받은 세무서장, 지방국세청장 또는 국세청장은 각각 국세심사위원회의 심사를 거쳐 결정을 하고 그 결과를 청구를 받은 날부터 30일 이내에 청구인에게 통지하여야 한다.

⑤ 과세전적부심사 청구에 대한 결정은 다음 각 호의 구분에 따른다.

1. 청구가 이유 없다고 인정되는 경우: 채택하지 아니한다는 결정
2. 청구가 이유 있다고 인정되는 경우: 채택하거나 일부 채택하는 결정. 다만, 구체적인 채택의 범위를 정하기 위하여 사실관계 확인 등 추가적으로 조사가 필요한 경우에는 제2항 각 호의 통지를 한 세무서장이나 지방국세청장으로 하여금 이를 재조사하여 그 결과에 따라 당초 통지 내용을 수정하여 통지하도록 하는 재조사 결정을 할 수 있다.
3. 청구기간이 지났거나 보정기간에 보정하지 아니한 경우: 심사하지 아니한다는 결정

⑧ 제2항 각 호의 어느 하나에 해당하는 통지를 받은 자는 과세전적부심사를 청구하지 아니하고 통지를 한 세무서장이나 지방국세청장에게 통지받은 내용의 전부 또는 일부에 대하여 과세표준 및 세액을 조기에 결정하거나 경정결정해 줄 것을 신청할 수 있다. 이 경우 해당 세무서장이나 지방국세청장은 신청받은 내용대로 즉시 결정이나 경정결정을 하여야 한다.

관련 판례

1 사전구제절차로서 과세전적부심사 제도가 가지는 기능과 이를 통해 권리구제가 가능한 범위, 이러한 제도가 도입된 경위와 취지, 납세자의 절차적 권리 침해를 효율적으로 방지하기 위한 통제 방법과 더불어, 헌법 제12조 제1항에서 규정하고 있는 적법절차의 원칙은 형사소송절차에 국한되지 아니하고, 세무공무원이 과세권을 행사하는 경우에도 마찬가지로 준수하여야 하는 점 등을 고려하여 보면, 국세기본법 및 국세기본법 시행령이 과세전적부심사를 거치지 않고 곧바로 과세처분을 할 수 있거나 과세전적부심사에 대한 결정이 있기 전이라도 과세처분을 할 수 있는 예외사유로 정하고 있다는 등의 특별한 사정이 없는 한, 과세예고통지 후 과세전적부심사 청구나 그에 대한 결정이 있기도 전에 과세처분을 하는 것은 원칙적으로 과세전적부심사 이후에 이루어져야 하는 과세처분을 그보다 앞서 함으로써 과세전적부심사 제도 자체를 형해화시킬 뿐만 아니라 과세전적부심사 결정과 과세처분 사이의 관계 및 불복절차를 불분명하게 할 우려가 있으므로, 그와 같은 과세처분은 납세자의 절차적 권리를 침해하는 것으로서 절차상 하자가 중대하고도 명백하여 무효이다(대판 2016.12.27, 2016두49228).

2 국세기본법 제81조의15 제2항 각 호는 긴급한 과세처분의 필요가 있다거나 형사절차상 과세관청이 반드시 과세처분을 할 수밖에 없는 등의 일정한 사유가 있는 경우에는 과세전적부심사를 거치지 않아도 된다고 규정하고 있는데, 과세관청이 감사원의 감사결과 처분지시 또는 시정요구에 따라 과세처분을 하는 경우라도 국가기관 간의 사정만으로는 납세자가 가지는 절차적 권리의 침해를 용인할 수 있는 사유로 볼 수 없고, 처분지시나 시정요구가 납세자가 가지는 절차적 권리를 무시하면서까지 긴급히 과세처분을 하라는 취지도 아니므로, 위와 같은 사유는 과세관청이 과세예고통지를 생략하거나 납세자에게 과세전적부심사의 기회를 부여하지 아니한 채 과세처분을 할 수 있는 예외사유에 해당한다고 할 수 없다(대판 2016.4.15, 2015두52326).

2 이의신청

• 이의신청은 임의적 절차이고, 행정심판이 아님.

국세기본법 제66조 【이의신청】 ① 이의신청은 대통령령으로 정하는 바에 따라 불복의 사유를 갖추어 해당 처분을 하였거나 하였어야 할 세무서장에게 하거나 세무서장을 거쳐 관할 지방국세청장에게 하여야 한다. 다만, 다음 각 호의 경우에는 관할 지방국세청장에게 하여야 하며, 세무서장에게 한 이의신청은 관할 지방국세청장에게 한 것으로 본다.
1. 지방국세청장의 조사에 따라 과세처분을 한 경우
2. 세무서장에게 제81조의15에 따른 과세전적부심사를 청구한 경우

② 세무서장은 이의신청의 대상이 된 처분이 지방국세청장이 조사·결정 또는 처리하였거나 하였어야 할 것인 경우에는 이의신청을 받은 날부터 7일 이내에 해당 신청서에 의견서를 첨부하여 해당 지방국세청장에게 송부하고 그 사실을 이의신청인에게 통지하여야 한다.

③ 제1항에 따라 지방국세청장에게 하는 이의신청을 받은 세무서장은 이의신청을 받은 날부터 7일 이내에 해당 신청서에 의견서를 첨부하여 지방국세청장에게 송부하여야 한다.

④ 제1항 및 제2항에 따라 이의신청을 받은 세무서장과 지방국세청장은 각각 국세심사위원회의 심의를 거쳐 결정하여야 한다.

기출지문 OX

01 과세관청이 과세예고통지 후 과세전적부심사 청구나 그에 대한 결정이 있기 전에 국세부과처분을 한 경우, 특별한 사정이 없는 한 그 하자가 중대·명백하다고 볼 수 없어 당연무효가 아닌 취소사유에 해당한다. (18국가7) ( )

02 국세징수에 대한 불복이 있을 때 세무서장을 거쳐 지방국세청장에게 이의신청할 수 있다. (11지방7) ( )

03 세무서장은 이의신청이 대상이 된 처분이 지방국세청장이 조사·결정 또는 처리하였거나 하였어야 할 것인 경우에는 이의신청을 받은 날부터 7일 이내에 해당 신청서에 의견을 첨부하여 해당 지방국세청장에게 송부하고 그 사실을 이의신청인에게 통지하여야 한다. (12국가7) ( )

04 이의신청을 받은 세무서장과 지방국세청장은 각각 조세심판원에 해당 이의신청을 송부하여 결정하게 하여야 한다. (10지방7) ( )

정답
01 × 02 ○ 03 ○
04 × 국세심사위원회의 심의를 거쳐 결정하여야 함

⑥ 이의신청에 관하여는 제61조 제1항·제3항 및 제4항, 제62조 제2항, 제63조, 제63조의2, 제64조 제1항 단서 및 같은 조 제3항, 제65조 제1항 및 제3항부터 제6항까지, 제65조의2 및 제65조의3을 준용한다.
⑦ 제6항에서 준용하는 제65조 제1항의 결정은 이의신청을 받은 날부터 30일 이내에 하여야 한다. 다만, 이의신청인이 제8항에 따라 송부받은 의견서에 대하여 이 항 본문에 따른 결정기간 내에 항변하는 경우에는 이의신청을 받은 날부터 60일 이내에 하여야 한다.
⑧ 제1항의 신청서를 받은 세무서장 또는 제1항부터 제3항까지의 신청서 또는 의견서를 받은 지방국세청장은 지체 없이 이의신청의 대상이 된 처분에 대한 의견서를 이의신청인에게 송부하여야 한다. 이 경우 의견서에는 처분의 근거·이유, 처분의 이유가 된 사실 등이 구체적으로 기재되어야 한다.

관련 판례

과세처분에 관한 불복절차과정에서 과세관청이 그 불복사유가 옳다고 인정하고 이에 따라 필요한 처분을 하였을 경우에는, 불복제도와 이에 따른 시정방법을 인정하고 있는 구 국세기본법 제55조 제1항, 제3항 등 규정들의 취지에 비추어 동일 사항에 관하여 특별한 사유 없이 이를 번복하고 다시 종전의 처분을 되풀이할 수는 없는 것이므로, 과세처분에 관한 이의신청절차에서 과세관청이 이의신청 사유가 옳다고 인정하여 과세처분을 직권으로 취소한 이상 그 후 특별한 사유 없이 이를 번복하고 종전 처분을 되풀이하는 것은 허용되지 않는다(대판 2010.9.30, 2009두1020).

3 행정심판

1. 국세에 대한 행정심판

국세기본법 제56조 【다른 법률과의 관계】 ① 제55조에 규정된 처분에 대해서는 행정심판법의 규정을 적용하지 아니한다. 다만, 심사청구 또는 심판청구에 관하여는 행정심판법 제15조, 제16조, 제20조부터 제22조까지, 제29조, 제36조 제1항, 제39조, 제40조, 제42조 및 제51조를 준용하며, 이 경우 "위원회"는 "국세심사위원회", "조세심판관회의" 또는 "조세심판관합동회의"로 본다.

- 국세의 부과·징수에 대한 행정심판은 ①국세청장에 대한 심사청구, ②조세심판원장에 대한 심판청구의 두 종류가 있음.
- 행정소송의 필요적 전치절차로, 심사청구와 심판청구 중 하나의 절차만 거치면 행정소송 제기 가능함.

(1) 심사청구

국세기본법 제55조 【불복】 ① 이 법 또는 세법에 따른 처분으로서 위법 또는 부당한 처분을 받거나 필요한 처분을 받지 못함으로 인하여 권리나 이익을 침해당한 자는 이 장의 규정에 따라 그 처분의 취소 또는 변경을 청구하거나 필요한 처분을 청구할 수 있다. 다만, 다음 각 호의 처분에 대해서는 그러하지 아니하다.
1. 조세범 처벌절차법에 따른 통고처분
2. 감사원법에 따라 심사청구를 한 처분이나 그 심사청구에 대한 처분
3. 이 법 및 세법에 따른 과태료 부과처분

기출지문 OX

01 과세처분에 대한 이의신청절차에서 과세관청이 이의신청 사유가 옳다고 인정하여 과세처분을 직권으로 취소한 이상, 그 후 특별한 사유 없이 이를 번복하고 종전 처분을 되풀이하는 것은 허용되지 않는다. (16승진5, 11지방7) ( )

02 조세부과처분에 대하여 행정소송을 제기하기 전에 심사청구 후 심판청구를 거쳐야 한다. (01관세) ( )

03 감사원법에 의하여 심사청구를 한 처분이나 그 심사청구에 대한 처분도 국세기본법 제55조 제1항의 처분에 포함된다. (09국가7) ( )

정답
01 ○ 02 × 03 ×

② 이 법 또는 세법에 따른 처분에 의하여 권리나 이익을 침해당하게 될 이해관계인으로서 다음 각 호의 어느 하나에 해당하는 자는 위법 또는 부당한 처분을 받은 자의 처분에 대하여 이 장의 규정에 따라 그 처분의 취소 또는 변경을 청구하거나 그 밖에 필요한 처분을 청구할 수 있다.
1. 제2차 납세의무자로서 납부고지서를 받은 자
2. 제42조에 따라 물적납세 의무를 지는 자로서 납부고지서를 받은 자
2의2. 부가가치세법 제3조의2에 따라 물적납세의무를 지는 자로서 같은 법 제52조의2제1항에 따른 납부고지서를 받은 자
2의3. 종합부동산세법 제7조의2 및 제12조의2에 따라 물적납세의무를 지는 자로서 같은 법 제16조의2 제1항에 따른 납부고지서를 받은 자
3. 보증인
4. 그 밖에 대통령령으로 정하는 자
③ 제1항과 제2항에 따른 처분이 국세청장이 조사·결정 또는 처리하거나 하였어야 할 것인 경우를 제외하고는 그 처분에 대하여 심사청구 또는 심판청구에 앞서 이 장의 규정에 따른 이의신청을 할 수 있다.
⑤ 이 장의 규정에 따른 심사청구 또는 심판청구에 대한 처분에 대해서는 이의신청, 심사청구 또는 심판청구를 제기할 수 없다. 다만, 제65조 제1항 제3호 단서(제81조에서 준용하는 경우를 포함한다)의 재조사 결정에 따른 처분청의 처분에 대해서는 해당 재조사 결정을 한 재결청에 대하여 심사청구 또는 심판청구를 제기할 수 있다.
⑥ 이 장의 규정에 따른 이의신청에 대한 처분과 제65조 제1항 제3호 단서(제66조 제6항에서 준용하는 경우를 말한다)의 재조사 결정에 따른 처분청의 처분에 대해서는 이의신청을 할 수 없다.
⑨ 동일한 처분에 대해서는 심사청구와 심판청구를 중복하여 제기할 수 없다.

제61조【청구기간】 ① 심사청구는 해당 처분이 있음을 안 날(처분의 통지를 받은 때에는 그 받은 날)부터 90일 이내에 제기하여야 한다.
② 이의신청을 거친 후 심사청구를 하려면 이의신청에 대한 결정의 통지를 받은 날부터 90일 이내에 제기하여야 한다. 다만, 제66조 제7항에 따른 결정기간 내에 결정의 통지를 받지 못한 경우에는 결정의 통지를 받기 전이라도 그 결정기간이 지난 날부터 심사청구를 할 수 있다.

제62조【청구 절차】 ① 심사청구는 대통령령으로 정하는 바에 따라 불복의 사유를 갖추어 해당 처분을 하였거나 하였어야 할 세무서장을 거쳐 국세청장에게 하여야 한다.
② 제61조에 따른 심사청구기간을 계산할 때에는 제1항에 따라 세무서장에게 해당 청구서가 제출된 때에 심사청구를 한 것으로 한다. 해당 청구서가 제1항의 세무서장 외의 세무서장, 지방국세청장 또는 국세청장에게 제출된 때에도 또한 같다.

제64조【결정 절차】 ① 국세청장은 심사청구를 받으면 국세심사위원회의 의결에 따라 결정을 하여야 한다. 다만, 심사청구기간이 지난 후에 제기된 심사청구 등 대통령령으로 정하는 사유에 해당하는 경우에는 그러하지 아니하다.
② 국세청장은 제1항에 따른 국세심사위원회 의결이 법령에 명백히 위반된다고 판단하는 경우 구체적인 사유를 적어 서면으로 국세심사위원회로 하여금 한 차례에 한정하여 다시 심의할 것을 요청할 수 있다.

제65조【결정】 ② 제1항의 결정은 심사청구를 받은 날부터 90일 이내에 하여야 한다.

기출지문 OX

01 심사청구를 거친 후에도 심판청구를 제기할 수 있다. (14국가7) ( )

02 심사청구는 처분이 있음을 안 날 또는 처분의 통지를 받은 날부터 90일 이내에 제기하여야 한다. (14국가7) ( )

03 심사청구는 대통령령으로 정하는 바에 따라 불복의 사유를 갖추어 해당 처분을 하였거나 하였어야 할 세무서장을 거쳐 국세청장에게 하여야 한다. (10지방7) ( )

정답
01 × 02 ○ 03 ○

(2) 심판청구

> **국세기본법 제67조 【조세심판원】** ① 심판청구에 대한 결정을 하기 위하여 국무총리 소속으로 조세심판원을 둔다.
>
> **제68조 【청구기간】** ① 심판청구는 해당 처분이 있음을 안 날(처분의 통지를 받은 때에는 그 받은 날)부터 90일 이내에 제기하여야 한다.
> ② 이의신청을 거친 후 심판청구를 하는 경우의 청구기간에 관하여는 제61조 제2항을 준용한다.
>
> **제69조 【청구 절차】** ① 심판청구를 하려는 자는 대통령령으로 정하는 바에 따라 불복의 사유 등이 기재된 심판청구서를 그 처분을 하였거나 하였어야 할 세무서장이나 조세심판원장에게 제출하여야 한다. 이 경우 심판청구서를 받은 세무서장은 이를 지체 없이 조세심판원장에게 송부하여야 한다.
>
> **제72조 【조세심판관회의】** ① 조세심판원장은 심판청구를 받으면 이에 관한 조사와 심리를 담당할 주심조세심판관 1명과 배석조세심판관 2명 이상을 지정하여 조세심판관회의를 구성하게 한다.
> ③ 조세심판관회의는 담당 조세심판관 3분의 2 이상의 출석으로 개의하고, 출석조세심판관 과반수의 찬성으로 의결한다.
>
> **제78조 【결정 절차】** ① 조세심판원장이 심판청구를 받았을 때에는 조세심판관회의가 심리를 거쳐 결정한다. 다만, 심판청구의 대상이 대통령령으로 정하는 금액에 미치지 못하는 소액이거나 경미한 것인 경우나 청구기간이 지난 후에 심판청구를 받은 경우에는 조세심판관회의의 심리를 거치지 아니하고 주심조세심판관이 심리하여 결정할 수 있다.
>
> **제79조 【불고불리, 불이익변경금지】** ① 조세심판관회의 또는 조세심판관합동회의는 제81조에서 준용하는 제65조에 따른 결정을 할 때 심판청구를 한 처분 외의 처분에 대해서는 그 처분의 전부 또는 일부를 취소 또는 변경하거나 새로운 처분의 결정을 하지 못한다.
> ② 조세심판관회의 또는 조세심판관합동회의는 제81조에서 준용하는 제65조에 따른 결정을 할 때 심판청구를 한 처분보다 청구인에게 불리한 결정을 하지 못한다.

3. 지방세에 대한 행정심판

> **지방세기본법 제91조 【심판청구】** ① 이의신청을 거친 후에 심판청구를 할 때에는 이의신청에 대한 결정 통지를 받은 날부터 90일 이내에 조세심판원장에게 심판청구를 하여야 한다.
> ② 제96조에 따른 결정기간에 이의신청에 대한 결정 통지를 받지 못한 경우에는 제1항에도 불구하고 결정 통지를 받기 전이라도 그 결정기간이 지난 날부터 심판청구를 할 수 있다.
> ③ 이의신청을 거치지 아니하고 바로 심판청구를 할 때에는 그 처분이 있은 것을 안 날(처분의 통지를 받았을 때에는 통지받은 날)부터 90일 이내에 조세심판원장에게 심판청구를 하여야 한다.

기출지문 OX

01 이의신청을 거친 후 심사청구 또는 심판청구를 하려면 그 이의신청에 대한 결정의 통지를 받은 날부터 90일 이내에 제기하여야 한다. (14국가7) ( )

02 조세심판관회의는 담당 조세심판관 3분의 1 이상의 출석으로 개의하고, 출석조세심판관 과반수의 찬성으로 의결한다. (12국가7) ( )

03 국세에 관련된 처분에 관한 행정쟁송에는 불고불리·불이익변경금지의 원칙이 적용되지 않는다. (09승진5) ( )

04 지방세부과처분의 이의신청에 대한 시장·군수의 결정에 대하여는 시·도지사에게 심판청구를 하거나 조세심판원장에게 심사청구를 하여야 한다. (08지방7) ( )

05 흠이 있는 조세부과에 대하여는 감사원에 심사청구를 할 수 있다. (01관세) ( )

정답
01 ○ 02 × 03 × 적용됨
04 × 시·도지사에게 심사청구, 조세심판원장에게 심판청구
05 ○

4 감사원에 대한 심사청구

- 조세에 관한 처분에 대하여도 감사원에 심사청구 가능함.
- 감사원법은 감사원에 심사청구하여 결정을 거친 처분에 대해서는 국세기본법상 심사·심판청구를 제기할 필요 없이 행정소송 제기 가능하다고 규정함.

> **감사원법 제43조【심사의 청구】** ① 감사원의 감사를 받는 자의 직무에 관한 처분이나 그 밖에 감사원규칙으로 정하는 행위에 관하여 이해관계가 있는 자는 감사원에 그 심사의 청구를 할 수 있다.
> ② 제1항의 심사청구는 감사원규칙으로 정하는 바에 따라 청구의 취지와 이유를 적은 심사청구서로 하되 청구의 원인이 되는 처분이나 그 밖의 행위를 한 기관(이하 "관계기관"이라 한다)의 장을 거쳐 이를 제출하여야 한다.
> ③ 제2항의 경우에 청구서를 접수한 관계기관의 장이 이를 1개월 이내에 감사원에 송부하지 아니한 경우에는 그 관계기관을 거치지 아니하고 감사원에 직접 심사를 청구할 수 있다.
>
> **제46조【심사청구에 대한 결정】** ① 감사원은 심사의 청구가 제43조 및 제44조와 감사원규칙으로 정하는 요건과 절차를 갖추지 못한 경우에는 이를 각하한다. 이해관계인이 아닌 자가 제출한 경우에도 또한 같다.
> ② 감사원은 심리 결과 심사청구의 이유가 있다고 인정하는 경우에는 관계기관의 장에게 시정이나 그 밖에 필요한 조치를 요구하고, 심사청구의 이유가 없다고 인정한 경우에는 이를 기각한다.
> ③ 제1항 및 제2항의 결정은 특별한 사유가 없으면 그 청구를 접수한 날부터 3개월 이내에 하여야 한다.
> ④ 제2항의 결정을 하였을 때에는 7일 이내에 심사청구자와 관계기관의 장에게 심사결정서 등본을 첨부하여 통지하여야 한다.
>
> **제46조의2【행정소송과의 관계】** 청구인은 제43조 및 제46조에 따른 심사청구 및 결정을 거친 행정기관의 장의 처분에 대하여는 해당 처분청을 당사자로 하여 해당 결정의 통지를 받은 날부터 90일 이내에 행정소송을 제기할 수 있다.
>
> **국세기본법 제55조【불복】** ① 이 법 또는 세법에 따른 처분으로서 위법 또는 부당한 처분을 받거나 필요한 처분을 받지 못함으로 인하여 권리나 이익을 침해당한 자는 이 장의 규정에 따라 그 처분의 취소 또는 변경을 청구하거나 필요한 처분을 청구할 수 있다. 다만, 다음 각 호의 처분에 대해서는 그러하지 아니하다.
> 2. 감사원법에 따라 심사청구를 한 처분이나 그 심사청구에 대한 처분
>
> **제56조【다른 법률과의 관계】** ⑤ 제55조 제1항 제2호의 심사청구를 거친 경우에는 이 법에 따른 심사청구 또는 심판청구를 거친 것으로 보고 제2항을 준용한다.

5 행정소송

1. 특칙규정

> **국세기본법 제56조【다른 법률과의 관계】** ② 제55조에 규정된 위법한 처분에 대한 행정소송은 행정소송법 제18조 제1항 본문, 제2항 및 제3항에도 불구하고 이 법에 따른 심사청구 또는 심판청구와 그에 대한 결정을 거치지 아니하면 제기할 수 없다. 다만, 심사청구 또는 심판청구에 대한 제65조 제1항 제3호 단서(제81조에서 준용하는 경우를 포함한다)의 재조사 결정에 따른 처분청의 처분에 대한 행정소송은 그러하지 아니하다.

기출지문 OX

01 국세징수에 대한 불복이 있을 때, 감사원에 대한 심사청구를 할 수 있다. (11지방7) ( )

02 감사원법에 의한 심사청구를 거친 경우 심사청구 또는 심판청구를 거친 것으로 본다. (06승진5) ( )

03 심사청구 또는 심판청구와 그에 대한 결정을 거치지 아니하면 행정소송을 제기할 수 없다. (14국가7) ( )

정답
01 ○ 02 ○ 03 ○

기출지문 OX

01 국세기본법상 위법한 국세의 부과·징수에 대하여는 불복의 사유를 갖추어 해당 처분을 하였거나 하였어야 할 세무서장을 거쳐서, 국세청장에 대한 심사청구 또는 조세심판원장에 대한 심판청구 중 택일하여 청구한 후에 그에 대한 결정을 받은 후 행정소송을 제기한다. (16지방7) ( )

02 국세기본법상의 이의신청에 대한 재조사결정에 따른 심사청구기간이나 심판청구기간은 이의신청인이 후속처분의 통지를 받은 날부터 기산한다. (16국가7) ( )

정답
01 ○ 02 ○

③ 제2항 본문에 따른 행정소송은 행정소송법 제20조에도 불구하고 심사청구 또는 심판청구에 대한 결정의 통지를 받은 날부터 90일 이내에 제기하여야 한다. 다만, 제65조 제2항 또는 제81조에 따른 결정기간에 결정의 통지를 받지 못한 경우에는 결정의 통지를 받기 전이라도 그 결정기간이 지난 날부터 행정소송을 제기할 수 있다.

(1) 필요적 행정심판전치주의

- 조세에 관한 행정소송은 심사청구 또는 심판청구와 그에 대한 결정을 거치지 아니하면 제기 불가함.
- 지방세에 대하여도 필요적 전치주의로 법률 개정됨.

관련 판례

조세행정에 있어서 2개 이상의 같은 목적의 행정처분이 단계적·발전적 과정에서 이루어진 것으로서 서로 내용상 관련이 있다든지, 조세행정소송 계속 중에 그 대상인 과세처분을 과세관청이 변경하였는데 위법사유가 공통된다든지, 동일한 행정처분에 의하여 수인이 동일한 의무를 부담하게 되는 경우에 선행처분에 대하여 또는 그 납세의무자들 중 1인이 적법한 전심절차를 거친 때와 같이, 국세청장과 조세심판원으로 하여금 기본적 사실관계와 법률문제에 대하여 다시 판단할 수 있는 기회를 부여하였을 뿐더러 납세의무자로 하여금 굳이 또 전심절차를 거치게 하는 것이 가혹하다고 보이는 등 정당한 사유가 있는 때에는 납세의무자가 전심절차를 거치지 아니하고도 과세처분의 취소를 청구하는 행정소송을 제기할 수 있다고 할 것이나, 그와 같은 정당한 사유가 없는 경우에는 전심절차를 거치지 아니한 채 과세처분의 취소를 청구하는 행정소송을 제기하는 것은 부적법하다(대판 2014.12.11, 2012두20618).

(2) 제소기간

관련 판례

이의신청 등에 대한 결정의 한 유형으로 실무상 행해지고 있는 재조사결정은 처분청으로 하여금 하나의 과세단위의 전부 또는 일부에 관하여 당해 결정에서 지적된 사항을 재조사하여 그 결과에 따라 과세표준과 세액을 경정하거나 당초 처분을 유지하는 등의 후속 처분을 하도록 하는 형식을 취하고 있다. 이에 따라 재조사결정을 통지받은 이의신청인 등은 그에 따른 후속 처분의 통지를 받은 후에야 비로소 다음 단계의 쟁송절차에서 불복할 대상과 범위를 구체적으로 특정할 수 있게 된다. 이와 같은 재조사결정의 형식과 취지, 그리고 행정심판제도의 자율적 행정통제기능 및 복잡하고 전문적·기술적 성격을 갖는 조세법률관계의 특수성 등을 감안하면, 재조사결정은 당해 결정에서 지적된 사항에 관해서는 처분청의 재조사결과를 기다려 그에 따른 후속 처분의 내용을 이의신청 등에 대한 결정의 일부분으로 삼겠다는 의사가 내포된 변형결정에 해당한다고 볼 수밖에 없다. 그렇다면 재조사결정은 처분청의 후속 처분에 의하여 그 내용이 보완됨으로써 이의신청 등에 대한 결정으로서의 효력이 발생한다고 할 것이므로, 재조사결정에 따른 심사청구기간이나 심판청구기간 또는 행정소송의 제소기간은 이의신청인 등이 후속 처분의 통지를 받은 날부터 기산된다고 봄이 타당하다(대판 2010.6.25, 2007두12514 전합).

2. 소송물

- 조세행정소송에서 소송물, 즉 법원의 심판 대상·범위에 대해 ①과세처분에 의하여 확정된 세액이 조세실체법에 의하여 객관적으로 성립하는 세액을 초과하는지 여부가 심판의 대상 및 범위가 된다는 총액주의, ②과세처분에 대한 불복청구가 있는 경우 세액 전부가 아니라 불복청구부분의 사유에 관계되는 세액만이 심판의 대상 및 범위가 된다는 쟁점주의가 대립함.
- 판례는 총액주의의 입장

3. 경정처분의 경우

국세기본법 제22조의3【경정 등의 효력】① 세법에 따라 당초 확정된 세액을 증가시키는 경정은 당초 확정된 세액에 관한 이 법 또는 세법에서 규정하는 권리·의무관계에 영향을 미치지 아니한다.
② 세법에 따라 당초 확정된 세액을 감소시키는 경정은 그 경정으로 감소되는 세액 외의 세액에 관한 이 법 또는 세법에서 규정하는 권리·의무관계에 영향을 미치지 아니한다.

(1) 감액경정처분

관련 판례

1 과세관청이 조세부과처분을 한 뒤에 그 불복절차과정에서 국세청장이나 국세심판소장으로부터 그 일부를 취소하도록 하는 결정을 받고 이에 따라 당초 부과처분의 일부를 취소, 감액하는 내용의 갱정결정을 한 경우 위 갱정처분은 당초 부과처분과 별개 독립의 과세처분이 아니라 그 실질은 당초 부과처분의 변경이고, 그에 의하여 세액의 일부 취소라는 납세자에게 유리한 효과를 가져오는 처분이라 할 것이므로 그 갱정결정으로도 아직 취소되지 않고 남아 있는 부분이 위법하다고 하여 다투는 경우에는 항고소송의 대상이 되는 것은 당초의 부과처분 중 갱정결정에 의하여 취소되지 않고 남은 부분이 된다 할 것이고, 갱정결정이 항고소송의 대상이 되는 것은 아니라 할 것이므로, 이 경우 제소기간을 준수하였는지 여부도 당초처분을 기준으로 하여 판단하여야 할 것이다(대판 1991.9.13, 91누391).

2 과세관청이 과세처분을 한 뒤에 과세표준과 세액을 감액하는 경정처분을 한 경우에는 위 감액경정처분은 처음의 과세표준에서 결정된 과세표준과 세액의 일부를 취소하는데 지나지 아니하는 것이므로 처음의 과세처분이 감액된 범위 내에서 존속하게 되고 이 처분만이 쟁송의 대상이 되고 이 경우 전심절차의 적법여부는 당초처분을 기준으로 하여 판단하여야 한다(대판 1987.12.22, 85누599).

(2) 증액경정처분

관련 판례

1 국세기본법 제22조의2의 시행 이후에도 증액경정처분이 있는 경우, 당초 신고나 결정은 증액경정처분에 흡수됨으로써 독립한 존재가치를 잃게 된다고 보아야 하므로, 원칙적으로는 당초 신고나 결정에 대한 불복기간의 경과 여부 등에 관계없이 증액경정처분만이 항고소송의 심판대상이 되고, 납세의무자는 그 항고소송에서 당초 신고나 결정에 대한 위법사유도 함께 주장할 수 있다고 해석함이 타당하다(대판 2009.5.14, 2006두17390).

기출지문 OX

01 과세관청이 과세처분을 한 뒤에 과세표준과 세액을 감액하는 경정처분을 한 경우에는 위 감액경정처분은 처음의 과세표준에서 결정된 과세표준과 세액의 일부를 취소하는 데 지나지 아니하는 것이므로 처음의 과세처분이 감액된 범위 내에서 존속하게 되고 이 처분만이 쟁송의 대상이 되며 이 경우 전심절차의 적법여부는 당초처분을 기준으로 하여 판단하여야 한다. (18서울7) ( )

02 증액경정처분이 있는 경우 당초 신고나 결정은 증액경정처분에 흡수됨으로써 독립된 존재가치를 잃게 된다고 보아야 할 것이므로, 원칙적으로는 당초 신고나 결정에 대한 불복기간의 경과 여부 등에 관계없이 증액경정처분만이 항고소송의 심판대상이 된다. (18서울7) ( )

03 증액경정처분이 있는 경우 증액경정처분만이 항고소송의 대상이 되고, 납세의무자는 그 항고소송에서 당초 신고나 결정에 대한 위법사유도 함께 주장할 수 있다. (14지방7) ( )

정답
01 ○ 02 ○ 03 ○

2 증액경정처분이 있는 경우 당초 신고나 결정은 증액경정처분에 흡수됨으로써 독립한 존재가치를 잃게 되어 원칙적으로는 당초 신고나 결정에 대한 불복기간의 경과 여부 등에 관계없이 증액경정처분만이 항고소송의 심판대상이 되고, 납세자는 그 항고소송에서 당초 신고나 결정에 대한 위법사유도 함께 주장할 수 있으나, 확정된 당초 신고나 결정에서의 세액에 관하여는 취소를 구할 수 없고 증액경정처분에 의하여 증액된 세액을 한도로 취소를 구할 수 있다 할 것이다(대판 2011.4.14, 2008두22280).

3 증액경정처분이 있는 경우 당초처분은 증액경정처분에 흡수되어 소멸하고, 소멸한 당초처분의 절차적 하자는 존속하는 증액경정처분에 승계되지 아니한다(대판 2010.6.24, 2007두16493).

(3) 재경정처분

관련 판례

과세처분이 있은 후 이를 증액하는 경정처분이 있으면 당초 처분은 경정처분에 흡수되어 독립된 존재가치를 상실하여 소멸하는 것이고, 그 후 다시 이를 감액하는 재경정처분이 있으면 재경정처분은 위 증액경정처분과는 별개인 독립의 과세처분이 아니라 그 실질은 위 증액경정처분의 변경이고 그에 의하여 세액의 일부 취소라는 납세의무자에게 유리한 효과를 가져오는 처분이라 할 것이므로, 그 감액하는 재경정결정으로도 아직 취소되지 않고 남아 있는 부분이 위법하다 하여 다투는 경우 항고소송의 대상은 그 증액경정처분 중 감액재경정결정에 의하여 취소되지 않고 남은 부분이고, 감액재경정결정이 항고소송의 대상이 되는 것은 아니다(대판 1996.7.30, 95누6328).

6 과오납금환급청구

1. 의의 및 성질

국세기본법 제51조 【국세환급금의 충당과 환급】 ① 세무서장은 납세의무자가 국세 및 강제징수비로서 납부한 금액 중 잘못 납부하거나 초과하여 납부한 금액이 있거나 세법에 따라 환급하여야 할 환급세액(세법에 따라 환급세액에서 공제하여야 할 세액이 있을 때에는 공제한 후에 남은 금액을 말한다)이 있을 때에는 즉시 그 잘못 납부한 금액, 초과하여 납부한 금액 또는 환급세액을 국세환급금으로 결정하여야 한다. 이 경우 착오납부·이중납부로 인한 환급청구는 대통령령으로 정하는 바에 따른다.

- **과오납금**: 법률상 납부할 의무가 없음에도 불구하고 납부되어 있는 금전으로 일종의 부당이득에 해당함.
- 과오납금환급청구소송에 대해 다수설은 당사자소송의 대상이라고 보나 판례는 민사소송의 대상으로 봄.
- 단, 부가가치세 환급세액 지급청구는 공법상 당사자소송의 대상이라고 봄.

기출지문 OX

01 과세처분이 있은 후 이를 증액하는 경정처분이 있고, 다시 이를 감액하는 재경정처분이 있으면 재경정처분은 위 증액경정처분과는 별개인 독립의 과세처분으로서 그 실질은 위 증액경정처분의 변경이고 그에 의하여 세액의 일부취소라는 납세의무자에게 유리한 효과를 가져오는 처분이라 할 것이므로, 감액재경정결정이 항고소송의 대상이 된다. (18서울7) ( )

02 국세기본법에 따르면 납세자의 착오로 인하여 부과처분에 정해진 조세액을 초과하여 납부한 경우에는 환급받을 수 없다. (04행시) ( )

정답
01 ×
02 × 환급받을 수 있음

관련 판례

1 조세부과처분이 당연무효임을 전제로 하여 이미 납부한 세금의 반환을 청구하는 것은 민사상의 부당이득반환청구로서 민사소송절차에 따라야 한다(대판 1995.4.28, 94다55019).

2 개발부담금 부과처분이 취소된 이상 그 후의 부당이득으로서의 과오납금 반환에 관한 법률관계는 단순한 민사 관계에 불과한 것이고, 행정소송 절차에 따라야 하는 관계로 볼 수 없다(대판 1995.12.22, 94다51253).

3 국세환급금에 관한 국세기본법 및 구 국세기본법 제51조 제1항은 이미 부당이득으로서 존재와 범위가 확정되어 있는 과오납부액이 있는 때에는 국가가 납세자의 환급신청을 기다리지 않고 즉시 반환하는 것이 정의와 공평에 합당하다는 법리를 선언하고 있는 것이므로, 이미 존재와 범위가 확정되어 있는 과오납부액은 납세자가 부당이득의 반환을 구하는 민사소송으로 환급을 청구할 수 있다(대판 2015.8.27, 2013다212639).

4 부가가치세법령의 내용, 형식 및 입법 취지 등에 비추어 보면, 납세의무자에 대한 국가의 부가가치세 환급세액 지급의무는 그 납세의무자로부터 어느 과세기간에 과다하게 거래징수된 세액 상당을 국가가 실제로 납부받았는지와 관계없이 부가가치세법령의 규정에 의하여 직접 발생하는 것으로서, 그 법적 성질은 정의와 공평의 관념에서 수익자와 손실자 사이의 재산상태 조정을 위해 인정되는 부당이득 반환의무가 아니라 부가가치세법령에 의하여 그 존부나 범위가 구체적으로 확정되고 조세 정책적 관점에서 특별히 인정되는 공법상 의무라고 봄이 타당하다. 그렇다면 납세의무자에 대한 국가의 부가가치세 환급세액 지급의무에 대응하는 국가에 대한 납세의무자의 부가가치세 환급세액 지급청구는 민사소송이 아니라 행정소송법 제3조 제2호에 규정된 당사자소송의 절차에 따라야 한다(대판 2013.3.21, 2011다95564 전합).

2. 환급청구권

국세기본법 제54조【국세환급금의 소멸시효】① 납세자의 국세환급금과 국세환급가산금에 관한 권리는 행사할 수 있는 때부터 5년간 행사하지 아니하면 소멸시효가 완성된다.

관련 판례

1 국세환급금 결정이나 이 결정을 구하는 신청에 대한 환급거부결정 등은 납세의무자가 갖는 환급청구권의 존부나 범위에 구체적이고 직접적인 영향을 미치는 처분이 아니어서 항고소송의 대상이 되는 처분이라고 볼 수 없으며, 한편 위와 같은 환급청구권은 원천납세의무자가 아닌 원천징수의무자에게 귀속되는 것이므로, 원천납세의무자들이 한 원천징수세액의 환급신청을 과세관청이 거부하였다고 하더라도, 이는 항고소송의 대상이 되는 처분에 해당하지 아니한다(대판 2002.11.8, 2001두8700).

2 조세의 과오납이 부당이득이 되기 위하여는 납세 또는 조세의 징수가 실체법적으로나 절차법적으로 전혀 법률상의 근거가 없거나 과세처분의 하자가 중대하고 명백하여 당연무효이어야 하고, 과세처분의 하자가 단지 취소할 수 있는 정도에 불과할 때에는 과세관청이 이를 스스로 취소하거나 항고소송절차에 의하여 취소되지 않는 한 그로 인한 조세의 납부가 부당이득이 된다고 할 수 없다(대판 1994.11.11, 94다28000).

기출지문 OX

01 실무상 조세과오납금환급청구소송은 민사소송이다. (01관세) ( )

02 법령상 이미 존재와 범위가 확정되어 있는 조세과오납부액의 반환을 구하는 소송은 행정소송법상 당사자소송의 절차에 따라야 한다. (16국가7) ( )

03 국세기본법상 국세환급청구권의 소멸시효는 10년이다. (04행시) ( )

04 원천징수의 경우 국가 등에 대한 환급청구권자는 원천징수의무자가 아니라 원천납세의무자이다. (15지방7) ( )

05 납세의무자의 국세환급금결정신청에 대한 세무서장의 환급거부결정은 취소소송의 대상이 된다. (14지방7) ( )

06 과세처분이 당연무효가 아닌 한, 청구권자는 부당이득반환청구소송을 제기하기 전에 과세처분취소소송을 제기하거나 양자를 병합하여 제기하여야 한다. (04행시) ( )

정답
01 ○ 02 × 03 × 04 × 05 ×
06 ○

기출지문 OX

01 조세과오납금 환급거부결정은 취소소송의 대상이 될 수 없다는 것이 대법원 판례이다. (02행시) ( )

02 납세의무자의 국세환급금결정신청에 대한 세무서장의 환급거부결정은 취소소송의 대상이 된다. (14지방7) ( )

정답
01 ○ 02 ×

3. 환급거부 또는 부작위에 대한 권리구제

관련 판례

1 국세기본법 제51조 및 제52조 국세환급금 및 국세가산금결정에 관한 규정은 이미 납세의무자의 환급청구권이 확정된 국세환급금 및 가산금에 대하여 내부적 사무처리절차로서 과세관청의 환급절차를 규정한 것에 지나지 않고 그 규정에 의한 국세환급금(가산금 포함)결정에 의하여 비로소 환급청구권이 확정되는 것은 아니므로, 국세환급금결정이나 이 결정을 구하는 신청에 대한 환급거부결정 등은 납세의무자가 갖는 환급청구권의 존부나 범위에 구체적이고 직접적인 영향을 미치는 처분이 아니어서 항고소송의 대상이 되는 처분이라고 볼 수 없다(대판 1989.6.15, 88누6436 전합).

2 환급세액의 경우에는 각 개별세법에서 규정한 환급요건이 충족된 때에 각 확정되는 것으로서 과세관청의 환급결정에 의하여 비로소 확정되는 것은 아니므로 국세기본법이나 개별세법에서 위와 같은 과오납액이나 환급세액의 환급에 관한 절차를 규정하고 있다고 하여도 이는 과세관청의 내부적 사무처리절차에 지나지 않을 뿐이고 이러한 환급절차에 따른 환급결정 또는 환급거부처분은 납세자가 갖는 환급청구권의 존부나 범위에 구체적이고 직접적인 영향을 미치는 처분이 아니므로 항고소송의 대상이 되는 처분이라고 볼 수 없으며, 납세자는 부당하게 환급거부를 당한 경우에 직접 민사소송으로 그 환급을 요구할 수 있다(대판 1990.2.13, 88누6610).

제3장 회계법

제1절 서설

1 회계

1. 의의

• 국가나 지방자치단체가 위득한 각종 재산을 유지·관리하는 재정관리작용

2. 종류

> **국가재정법 제4조 【회계구분】** ① 국가의 회계는 일반회계와 특별회계로 구분한다.
> ② 일반회계는 조세수입 등을 주요 세입으로 하여 국가의 일반적인 세출에 충당하기 위하여 설치한다.
> ③ 특별회계는 국가에서 특정한 사업을 운영하고자 할 때, 특정한 자금을 보유하여 운용하고자 할 때, 특정한 세입으로 특정한 세출에 충당함으로써 일반회계와 구분하여 회계처리할 필요가 있을 때에 법률로써 설치하되, 별표 1에 규정된 법률에 의하지 아니하고는 이를 설치할 수 없다.

2 회계법

1. 특성

(1) 행정내부법성 및 원칙적 임의법규성

• 회계는 기본적으로 행정내부법적 성격이 강하며, 원칙적 임의법규임.

(2) 사법에 대한 특별규정성

> **국가재정법 제96조 【금전채권·채무의 소멸시효】** ① 금전의 급부를 목적으로 하는 국가의 권리로서 시효에 관하여 다른 법률에 규정이 없는 것은 5년 동안 행사하지 아니하면 시효로 인하여 소멸한다.
> ② 국가에 대한 권리로서 금전의 급부를 목적으로 하는 것도 또한 제1항과 같다.
> ③ 금전의 급부를 목적으로 하는 국가의 권리의 경우 소멸시효의 중단·정지 그 밖의 사항에 관하여 다른 법률의 규정이 없는 때에는 민법의 규정을 적용한다. 국가에 대한 권리로서 금전의 급부를 목적으로 하는 것도 또한 같다.
> ④ 법령의 규정에 따라 국가가 행하는 납입의 고지는 시효중단의 효력이 있다.

기출지문 OX

01 국가의 회계는 일반회계와 특별회계로 구분한다. (09승진5) ( )

02 회계는 주체에 따라 국가의 회계와 지방자치단체의 회계, 목적에 따라 일반회계와 특별회계로 구분할 수 있다. (03승진5) ( )

03 일반회계는 조세수입 등을 주요 세입으로 하여 국가의 일반적인 세출에 충당하기 위하여 설치한다. (17국가7) ( )

04 특별회계는 단일예산주의에 대한 예외이다. (01관세) ( )

05 회계는 비권력적 작용으로서 본질적으로 행정내부적 작용의 성질을 갖는다. (06관세) ( )

06 금전의 급부를 목적으로 하는 국가의 권리로서 시효에 관하여 다른 법률에 규정이 없는 것은 5년 동안 행사하지 아니하면 시효로 인하여 소멸한다. (04승진5) ( )

정답
01 ○ 02 ○ 03 ○ 04 ○ 05 ○
06 ○

기출지문 OX

01 국가의 회계관계법의 법원으로는 국가재정법, 국가를 당사자로 하는 계약에 관한 법률, 국유재산법, 물품관리법, 국가채권관리법 등이 있다. (03승진5) ( )

02 지방자치단체의 회계에 관한 법원이 될 수 있는 것은 지방자치법, 지방재정법 등이 있다. (03승진5) ( )

03 재정관리작용은 재산의 관리와 수입·지출의 관리를 내용으로 하는데, 수입·지출의 관리를 현금회계라고 한다. (08지방7) ( )

정답
01 ○ 02 ○ 03 ○

2. 법원

- 국가의 회계 관련 법원으로는 국가재정법, 국가를 당사자로 하는 계약에 관한 법률, 국유재산법, 물품관리법, 국가채권관리법 등이 있음.
- 지방자치단체의 회계 관련 법원으로는 지방자치법, 지방재정법 등이 있음.

제2절 현금회계

1 의의

- 국가 또는 지방자치단체의 현금수지에 관한 예산, 출납 및 결산

2 일반원칙

1. 예산총계주의(총액예산주의)

> **국가재정법 제17조 【예산총계주의】** ① 한 회계연도의 모든 수입을 세입으로 하고, 모든 지출을 세출로 한다.
> ② 제53조에 규정된 사항을 제외하고는 세입과 세출은 모두 예산에 계상하여야 한다.

2. 통일국고주의

- 조세를 포함한 정부의 모든 수입과 지출을 하나의 국고에 의하게 된다는 것

3. 단일예산주의

- 국가나 지방자치단체 등의 모든 수입과 지출을 하나의 회계에서 통일적으로 계리하는 것

4. 기업회계의 원칙

- 특별회계에 관한 것으로 국가 재산의 증감·변동을 그 발생사실에 따라 계리하는 것

5. 회계연도 구분의 원칙

> **국가재정법 제2조 【회계연도】** 국가의 회계연도는 매년 1월 1일에 시작하여 12월 31일에 종료한다.

6. 회계연도 독립의 원칙

- 각 회계연도의 경비는 그 연도의 세입 또는 수입으로 충당하여야 한다는 원칙

7. 회계기관분립의 원칙

> **국고금 관리법 제13조【징수기관과 수납기관의 분립】** 수입징수관은 수입금출납공무원의 직무를 겸할 수 없다. 다만, 대통령령으로 정하는 특별한 사유가 있는 경우에는 직무를 겸할 수 있다.
>
> **제27조【지출기관과 출납기관의 분립】** 재무관, 지출관 및 출납공무원의 직무는 서로 겸할 수 없다. 다만, 기금의 경우에는 대통령령으로 정하는 바에 따라 지출관과 출납공무원의 직무를 겸할 수 있다.

8. 건전재정주의

> **국가재정법 제18조【국가의 세출재원】** 국가의 세출은 국채·차입금(외국정부·국제협력기구 및 외국법인으로부터 도입되는 차입자금을 포함한다. 이하 같다) 외의 세입을 그 재원으로 한다. 다만, 부득이한 경우에는 국회의 의결을 얻은 금액의 범위 안에서 국채 또는 차입금으로써 충당할 수 있다.

제3절 물품회계

1 채권회계

- 국가 또는 지방자치단체가 그의 채권을 관리하는 작용

2 동산회계

- 국가 또는 지방자치단체가 동산을 관리하는 작용

3 부동산회계

1. 의의

- 국가 또는 지방자치단체가 부동산의 취득·사용·처분 등의 관리를 행하는 작용

2. 국유재산의 구분과 종류

> **국유재산법 제6조【국유재산의 구분과 종류】** ① 국유재산은 그 용도에 따라 행정재산과 일반재산으로 구분한다.
>
> ② 행정재산의 종류는 다음 각 호와 같다.
>
> 1. 공용재산: 국가가 직접 사무용·사업용 또는 공무원의 주거용(직무 수행을 위하여 필요한 경우로서 대통령령으로 정하는 경우로 한정한다)으로 사용하거나 대통령령으로 정하는 기한까지 사용하기로 결정한 재산

기출지문 OX

01 건전재정을 위하여 국가의 세출은 원칙적으로 국채를 그 재원으로 할 수 있다. (08지방7) ( )

02 국가의 세출은 원칙적으로 국채 또는 차입금 이외의 세입으로써 그 재원으로 하여야 한다. (00국가7) ( )

03 국유재산은 크게 행정재산, 일반재산으로 구분된다. (04관세) ( )

정답
01 × 02 ○ 03 ○

기출지문 OX

01 국유재산의 총괄청은 기획재정부장관이 된다. (04관세) ( )

02 총괄청은 일반재산을 보존용재산으로 전환하여 관리할 수 있다. (09지방7) ( )

03 총괄청은 국유재산의 관리·처분에 관한 소관 중앙관서의 장이 없거나 분명하지 아니한 국유재산에 대하여 그 소관 중앙관서의 장을 지정한다. (09지방7) ( )

04 공공용재산은 공용폐지가 없는 한 시효취득의 대상이 될 수 없다. (98국가7) ( )

05 국유재산은 그 양도성이 제한되지만 사권은 설정할 수 있음이 원칙이다. (09지방7) ( )

정답
01 ○ 02 ○ 03 ○ 04 ○ 05 ×

2. 공공용재산: 국가가 직접 공공용으로 사용하거나 대통령령으로 정하는 기한까지 사용하기로 결정한 재산
3. 기업용재산: 정부기업이 직접 사무용·사업용 또는 그 기업에 종사하는 직원의 주거용(직무 수행을 위하여 필요한 경우로서 대통령령으로 정하는 경우로 한정한다)으로 사용하거나 대통령령으로 정하는 기한까지 사용하기로 결정한 재산
4. 보존용재산: 법령이나 그 밖의 필요에 따라 국가가 보존하는 재산

③ "일반재산"이란 행정재산 외의 모든 국유재산을 말한다.

3. 국유재산사무의 총괄과 관리

국유재산법 제8조 【국유재산 사무의 총괄과 관리】 ① 총괄청은 국유재산에 관한 사무를 총괄하고 그 국유재산(제3항에 따라 중앙관서의 장이 관리·처분하는 국유재산은 제외한다)을 관리·처분한다.
② 총괄청은 일반재산을 보존용재산으로 전환하여 관리할 수 있다.
③ 중앙관서의 장은 국가재정법 제4조에 따라 설치된 특별회계 및 같은 법 제5조에 따라 설치된 기금에 속하는 국유재산과 제40조 제2항 각 호에 따른 재산을 관리·처분한다.

제24조 【중앙관서의 장의 지정】 총괄청은 국유재산의 관리·처분에 관한 소관 중앙관서의 장이 없거나 분명하지 아니한 국유재산에 대하여 그 소관 중앙관서의 장을 지정한다.

4. 국유재산의 관리와 처분

(1) 국유재산의 보호

국유재산법 제7조 【국유재산의 보호】 ① 누구든지 이 법 또는 다른 법률에서 정하는 절차와 방법에 따르지 아니하고는 국유재산을 사용하거나 수익하지 못한다.
② 행정재산은 민법 제245조에도 불구하고 시효취득의 대상이 되지 아니한다.

관련 판례

지방재정법 제74조 제2항이 같은 법 제72조 제2항에 정한 공유재산 중 잡종재산에 대하여까지 시효취득의 대상이 되지 아니한다고 규정한 것은, 사권을 규율하는 법률관계에 있어서는 그 권리주체가 누구냐에 따라 차별대우가 있어서는 아니되며 비록 지방자치단체라 할지라도 사경제적 작용으로 인한 민사관계에 있어서는 사인과 대등하게 다루어져야 한다는 헌법의 기본원리에 반하고, 공유재산의 사유화로 인한 잠식을 방지하고 그 효율적인 보존을 위한 적정한 수단도 되지 아니하여 법률에 의한 기본권 제한에 있어서 비례의 원칙 또는 과잉금지의 원칙에 위배된다(헌재 1992.10.1, 92헌가6·7).

(2) 사권설정의 제한

국유재산법 제11조 【사권 설정의 제한】 ① 사권이 설정된 재산은 그 사권이 소멸된 후가 아니면 국유재산으로 취득하지 못한다. 다만, 판결에 따라 취득하는 경우에는 그러하지 아니하다.
② 국유재산에는 사권을 설정하지 못한다. 다만, 일반재산에 대하여 대통령령으로 정하는 경우에는 그러하지 아니하다.

(3) 총괄청의 용도폐지요구

> **국유재산법 제22조【총괄청의 용도폐지 요구 등】** ① 총괄청은 중앙관서의 장에게 그 소관에 속하는 국유재산의 용도를 폐지하거나 변경할 것을 요구할 수 있으며 그 국유재산을 관리전환하게 하거나 총괄청에 인계하게 할 수 있다.
> ② 총괄청은 제1항의 조치를 하려면 미리 그 내용을 중앙관서의 장에게 통보하여 의견을 제출할 기회를 주어야 한다.
> ③ 총괄청은 중앙관서의 장이 정당한 사유 없이 제1항에 따른 용도폐지 등을 이행하지 아니하는 경우에는 직권으로 용도폐지 등을 할 수 있다.
> ④ 제3항에 따라 직권으로 용도폐지된 재산은 제8조의2에 따라 행정재산의 사용승인이 철회된 것으로 본다.

5. 행정재산의 관리·처분

(1) 처분의 제한

> **국유재산법 제27조【처분의 제한】** ① 행정재산은 처분하지 못한다. 다만, 다음 각 호의 어느 하나에 해당하는 경우에는 교환하거나 양여할 수 있다.
> 1. 공유 또는 사유재산과 교환하여 그 교환받은 재산을 행정재산으로 관리하려는 경우
> 2. 대통령령으로 정하는 행정재산을 직접 공용이나 공공용으로 사용하려는 지방자치단체에 양여하는 경우

(2) 사용허가

① 행정재산 사용허가의 범위

> **국유재산법 제30조【사용허가】** ① 중앙관서의 장은 다음 각 호의 범위에서만 행정재산의 사용허가를 할 수 있다.
> 1. 공용·공공용·기업용 재산: 그 용도나 목적에 장애가 되지 아니하는 범위
> 2. 보존용재산: 보존목적의 수행에 필요한 범위
>
> ② 제1항에 따라 사용허가를 받은 자는 그 재산을 다른 사람에게 사용·수익하게 하여서는 아니 된다. 다만, 다음 각 호의 어느 하나에 해당하는 경우에는 중앙관서의 장의 승인을 받아 다른 사람에게 사용·수익하게 할 수 있다.
> 1. 기부를 받은 재산에 대하여 사용허가를 받은 자가 그 재산의 기부자이거나 그 상속인, 그 밖의 포괄승계인인 경우
> 2. 지방자치단체나 지방공기업이 행정재산에 대하여 제18조 제1항 제3호에 따른 사회기반시설로 사용·수익하기 위한 사용허가를 받은 후 이를 지방공기업 등 대통령령으로 정하는 기관으로 하여금 사용·수익하게 하는 경우
>
> ③ 중앙관서의 장은 제2항 단서에 따른 사용·수익이 그 용도나 목적에 장애가 되거나 원상회복이 어렵다고 인정되면 승인하여서는 아니 된다.

② 행정재산 사용허가의 방법

> **국유재산법 제31조【사용허가의 방법】** ① 행정재산을 사용허가하려는 경우에는 그 뜻을 공고하여 일반경쟁에 부쳐야 한다. 다만, 사용허가의 목적·성질·규모 등을 고려하여 필요하다고 인정되면 대통령령으로 정하는 바에 따라 참가자의 자격을 제한하거나 참가자를 지명하여 경쟁에 부치거나 수의의 방법으로 할 수 있다.

기출지문 OX

01 총괄청은 중앙관서의 장에 그 소관에 속하는 국유재산의 용도를 폐지하거나 변경할 것을 요구할 수 있으며, 중앙관서의 장이 정당한 사유 없이 제1항에 따른 용도폐지 등을 이행하지 아니하는 경우에는 직권으로 용도폐지 등을 할 수 있다. (10국가7) ( )

정답
01 ○

기출지문 OX

01 행정재산의 사용·수익허가기간은 3년 이내로 한다. (98국가7) ( )

③ 행정재산 사용허가에 따른 사용료

> **국유재산법 제32조【사용료】** ① 행정재산을 사용허가한 때에는 대통령령으로 정하는 요율(料率)과 산출방법에 따라 매년 사용료를 징수한다. 다만, 연간 사용료가 대통령령으로 정하는 금액 이하인 경우에는 사용허가기간의 사용료를 일시에 통합 징수할 수 있다.

④ 행정재산 사용허가의 기간

> **국유재산법 제35조【사용허가기간】** ① 행정재산의 사용허가기간은 5년 이내로 한다. 다만, 제34조 제1항 제1호의 경우에는 사용료의 총액이 기부를 받은 재산의 가액에 이르는 기간 이내로 한다.
> ② 제1항의 허가기간이 끝난 재산에 대하여 대통령령으로 정하는 경우를 제외하고는 5년을 초과하지 아니하는 범위에서 종전의 사용허가를 갱신할 수 있다. 다만, 수의의 방법으로 사용허가를 할 수 있는 경우가 아니면 1회만 갱신할 수 있다.
> ③ 제2항에 따라 갱신받으려는 자는 허가기간이 끝나기 1개월 전에 중앙관서의 장에게 신청하여야 한다.

⑤ 행정재산 사용허가의 취소와 철회

> **국유재산법 제36조【사용허가의 취소와 철회】** ① 중앙관서의 장은 행정재산의 사용허가를 받은 자가 다음 각 호의 어느 하나에 해당하면 그 허가를 취소하거나 철회할 수 있다.
> 1. 거짓 진술을 하거나 부실한 증명서류를 제시하거나 그 밖에 부정한 방법으로 사용허가를 받은 경우
> 2. 사용허가 받은 재산을 제30조 제2항을 위반하여 다른 사람에게 사용·수익하게 한 경우
> 3. 해당 재산의 보존을 게을리하였거나 그 사용목적을 위배한 경우
> 4. 납부기한까지 사용료를 납부하지 아니하거나 제32조 제2항 후단에 따른 보증금 예치나 이행보증조치를 하지 아니한 경우
> 5. 중앙관서의 장의 승인 없이 사용허가를 받은 재산의 원래 상태를 변경한 경우
>
> ② 중앙관서의 장은 사용허가한 행정재산을 국가나 지방자치단체가 직접 공용이나 공공용으로 사용하기 위하여 필요하게 된 경우에는 그 허 가를 철회할 수 있다.
> ③ 제2항의 경우에 그 철회로 인하여 해당 사용허가를 받은 자에게 손실이 발생하면 그 재산을 사용할 기관은 대통령령으로 정하는 바에 따라 보상한다.

⑥ 원상회복

> **국유재산법 제38조【원상회복】** 사용허가를 받은 자는 허가기간이 끝나거나 제36조에 따라 사용허가가 취소 또는 철회된 경우에는 그 재산을 원래 상태대로 반환하여야 한다. 다만, 중앙관서의 장이 미리 상태의 변경을 승인한 경우에는 변경된 상태로 반환할 수 있다.

정답
01 ×

⑦ 행정재산의 관리소홀에 대한 제재

> **국유재산법 제39조 【관리 소홀에 대한 제재】** 행정재산의 사용허가를 받은 자가 그 행정재산의 관리를 소홀히 하여 재산상의 손해를 발생하게 한 경우에는 사용료 외에 대통령령으로 정하는 바에 따라 그 사용료를 넘지 아니하는 범위에서 가산금을 징수할 수 있다.

(3) 행정재산의 용도폐지

> **국유재산법 제40조 【용도폐지】** ① 중앙관서의 장은 행정재산이 다음 각 호의 어느 하나에 해당하는 경우에는 지체 없이 그 용도를 폐지하여야 한다.
> 1. 행정목적으로 사용되지 아니하게 된 경우
> 2. 행정재산으로 사용하기로 결정한 날부터 5년이 지난 날까지 행정재산으로 사용되지 아니한 경우
> 3. 제57조에 따라 개발하기 위하여 필요한 경우
>
> ② 중앙관서의 장은 제1항에 따라 용도폐지를 한 때에는 그 재산을 지체 없이 총괄청에 인계하여야 한다. 다만, 다음 각 호의 어느 하나에 해당하는 재산은 그러하지 아니하다.
> 1. 관리전환, 교환 또는 양여의 목적으로 용도를 폐지한 재산
> 2. 제5조 제1항 제2호의 재산
> 3. 공항·항만 또는 산업단지에 있는 재산으로서 그 시설운영에 필요한 재산
> 4. 총괄청이 그 중앙관서의 장에게 관리·처분하도록 하거나 다른 중앙관서의 장에게 인계하도록 지정한 재산

6. 일반재산의 관리·처분

(1) 일반재산의 대부·처분

> **국유재산법 제41조 【처분 등】** ① 일반재산은 대부 또는 처분할 수 있다.

(2) 일반재산의 대부

> **국유재산법 제46조 【대부기간】** ① 일반재산의 대부기간은 다음 각 호의 기간 이내로 한다. 다만, 제18조 제1항 단서에 따라 영구시설물을 축조하는 경우에는 10년 이내로 한다.
> 1. 조림을 목적으로 하는 토지와 그 정착물: 20년
> 2. 대부 받은 자의 비용으로 시설을 보수하는 건물(대통령령으로 정하는 경우에 한정한다): 10년
> 3. 제1호 및 제2호 외의 토지와 그 정착물: 5년
> 4. 그 밖의 재산: 1년
>
> ② 제1항의 대부기간이 끝난 재산에 대하여 대통령령으로 정하는 경우를 제외하고는 그 대부기간을 초과하지 아니하는 범위에서 종전의 대부계약을 갱신할 수 있다. 다만, 수의계약의 방법으로 대부할 수 있는 경우가 아니면 1회만 갱신할 수 있다.
> ③ 제2항에 따라 갱신을 받으려는 자는 대부기간이 끝나기 1개월 전에 중앙관서의 장 등에 신청하여야 한다.
> ④ 제1항에도 불구하고 제58조 및 제59조의2에 따라 개발된 일반재산의 대부기간은 30년 이내로 할 수 있으며, 20년의 범위에서 한 차례만 연장할 수 있다.

기출지문 OX

01 국유재산법상 일반재산은 관리계획에 따라 관리·처분하며 이러한 일반재산의 처분은 행정소송상 처분에 해당한다. (10국가7) ( )

02 판례는 잡종재산(일반재산)의 대부행위는 공법상 계약이며, 그에 의해 형성되는 이용관계는 공법관계로 보았다. (12국가7) ( )

정답
01 × 02 ×

(3) 일반재산의 처분

국유재산법 제43조 【계약의 방법】 ① 일반재산을 처분하는 계약을 체결할 경우에는 그 뜻을 공고하여 일반경쟁에 부쳐야 한다. 다만, 계약의 목적·성질·규모 등을 고려하여 필요하다고 인정되면 대통령령으로 정하는 바에 따라 참가자의 자격을 제한하거나 참가자를 지명하여 경쟁에 부치거나 수의계약으로 할 수 있으며, 증권인 경우에는 대통령령으로 정하는 방법에 따를 수 있다.

(4) 일반재산의 교환

국유재산법 제54조 【교환】 ① 다음 각 호의 어느 하나에 해당하는 경우에는 일반재산인 토지·건물, 그 밖의 토지의 정착물, 동산과 공유 또는 사유재산인 토지·건물, 그 밖의 토지의 정착물, 동산을 교환할 수 있다.

1. 국가가 직접 행정재산으로 사용하기 위하여 필요한 경우
2. 소규모 일반재산을 한 곳에 모아 관리함으로써 재산의 효용성을 높이기 위하여 필요한 경우
3. 일반재산의 가치와 이용도를 높이기 위하여 필요한 경우로서 매각 등 다른 방법으로 해당 재산의 처분이 곤란한 경우
4. 상호 점유를 하고 있고 해당 재산 소유자가 사유토지만으로는 진입·출입이 곤란한 경우 등 대통령령으로 정하는 불가피한 사유로 인하여 점유 중인 일반재산과 교환을 요청한 경우

(5) 일반재산의 개발

국유재산법 제57조 【개발】 ① 일반재산은 국유재산관리기금의 운용계획에 따라 국유재산관리기금의 재원으로 개발하거나 제58조·제59조 및 제59조의2에 따라 개발하여 대부·분양할 수 있다.

② 제1항의 개발이란 다음 각 호의 행위를 말한다.

1. 건축법 제2조에 따른 건축, 대수선, 리모델링 등의 행위
2. 공공주택 특별법, 국토의 계획 및 이용에 관한 법률, 도시개발법, 도시 및 주거환경정비법, 산업입지 및 개발에 관한 법률, 주택법, 택지개발촉진법 및 그 밖에 대통령령으로 정하는 법률에 따라 토지를 조성하는 행위

③ 제2항 제2호에 따른 개발은 제59조에 따라 위탁 개발하는 경우에 한정한다.

제58조 【신탁 개발】 ① 일반재산은 대통령령으로 정하는 바에 따라 부동산신탁을 취급하는 신탁업자에게 신탁하여 개발할 수 있다.

제59조 【위탁 개발】 ① 제42조 제1항과 제3항에 따라 관리·처분에 관한 사무를 위탁받은 자(이하 이 조에서 "수탁자"라 한다)는 위탁받은 일반재산을 개발할 수 있다.

제59조의2 【민간참여 개발】 ① 총괄청은 다음 각 호의 어느 하나에 해당하는 일반재산을 대통령령으로 정하는 민간사업자와 공동으로 개발할 수 있다.

1. 5년 이상 활용되지 아니한 재산
2. 국유재산정책심의위원회의 심의를 거쳐 개발이 필요하다고 인정되는 재산

기출지문 OX

01 각 중앙관서의 장은 계약을 체결하고자 하는 경우, 계약의 목적·성질·규모 등을 고려하여 필요하다고 인정될 때에는 참가자의 자격을 제한하거나 참가자를 지명하여 경쟁에 부치거나 수의계약에 의할 수 있다. (11국가7) ( )

02 국유재산법상 일반재산은 대통령령으로 정하는 바에 따라 부동산신탁을 취급하는 신탁업자에게 신탁하여 개발할 수 있다. (10국가7) ( )

정답
01 ○ 02 ○

7. 국유재산 무단점유자에 대한 변상금 · 연체료 징수

> 국유재산법 제72조【변상금의 징수】① 중앙관서의 장 등은 무단점유자에 대하여 대통령령으로 정하는 바에 따라 그 재산에 대한 사용료나 대부료의 100분의 120에 상당하는 변상금을 징수한다. 다만, 다음 각 호의 어느 하나에 해당하는 경우에는 변상금을 징수하지 아니한다.
> 1. 등기사항증명서나 그 밖의 공부상의 명의인을 정당한 소유자로 믿고 적절한 대가를 지급하고 권리를 취득한 자(취득자의 상속인이나 승계인을 포함한다)의 재산이 취득 후에 국유재산으로 밝혀져 국가에 귀속된 경우
> 2. 국가나 지방자치단체가 재해대책 등 불가피한 사유로 일정 기간 국유재산을 점유하게 하거나 사용 · 수익하게 한 경우
>
> ② 제1항의 변상금은 무단점유를 하게 된 경위, 무단점유지의 용도 및 해당 무단점유자의 경제적 사정 등을 고려하여 대통령령으로 정하는 바에 따라 5년의 범위에서 징수를 미루거나 나누어 내게 할 수 있다.
>
> 제73조【연체료 등의 징수】① 중앙관서의 장 등은 국유재산의 사용료, 관리소홀에 따른 가산금, 대부료, 매각대금, 교환자금 및 변상금(징수를 미루거나 나누어 내는 경우 이자는 제외한다)이 납부기한까지 납부되지 아니한 경우 대통령령으로 정하는 바에 따라 연체료를 징수할 수 있다. 이 경우 연체료 부과대상이 되는 연체기간은 납기일부터 60개월을 초과할 수 없다.
>
> ② 중앙관서의 장등은 국유재산의 사용료, 관리소홀에 따른 가산금, 대부료, 변상금 및 제1항에 따른 연체료가 납부기한까지 납부되지 아니한 경우에는 다음 각 호의 방법에 따라 국세징수법 제10조와 같은 법의 체납처분에 관한 규정을 준용하여 징수할 수 있다.
> 1. 중앙관서의 장(일반재산의 경우 제42조 제1항에 따라 관리 · 처분에 관한 사무를 위임받은 자를 포함한다. 이하 이 호에서 같다)은 직접 또는 관할 세무서장이나 지방자치단체의 장(이하 "세무서장 등"이라 한다)에게 위임하여 징수할 수 있다. 이 경우 관할 세무서장 등은 그 사무를 집행할 때 위임한 중앙관서의 장의 감독을 받는다.
> 2. 제42조 제1항에 따라 관리 · 처분에 관한 사무를 위탁받은 자는 관할 세무서장 등에게 징수하게 할 수 있다.

관련 판례

구 국유재산법 제51조 제2항은 '변상금을 기한 내에 납부하지 아니하는 때에는 대통령령이 정하는 바에 따라 연체료를 징수할 수 있다'고 규정하고 있으나, 구 국유재산법 시행령 제56조 제5항에 의하여 준용되는 구 국유재산법 시행령 제44조 제3항은 '변상금을 납부기한 내에 납부하지 아니한 경우에는 소정의 연체료를 붙여 납부를 고지하여야 한다'고 규정하고 있고, 변상금 연체료 부과처분은 국유재산의 적정한 보호와 효율적인 관리 · 처분을 목적으로 하는 행정행위로서 국유재산 관리의 엄정성이 확보될 필요가 있으며, 변상금 납부의무를 지체한 데 따른 제재적 성격을 띠고 있는 침익적 행정행위이고, 연체료는 변상금의 납부기한이 경과하면 당연히 발생하는 것이어서 부과 여부를 임의로 결정할 수는 없으며, 구 국유재산법 시행령 제56조 제5항, 제44조 제3항은 연체료 산정기준이 되는 연체료율을 연체기간별로 특정하고 있어서 처분청에 연체료 산정에 대한 재량의 여지가 없다고 보이므로, 변상금 연체료 부과처분은 처분청의 재량을 허용하지 않는 기속행위이다(대판 2014.4.10, 2012두16787).

기출지문 OX

01 국유재산의 대부 또는 사용 · 수익허가를 받지 아니하고 점유 또는 사용 · 수익한 자에 대하여는 대부료 또는 사용료의 일부에 해당하는 변상금을 징수한다. (04관세) ( )

02 국유재산의 무단점유자에 대한 변상금은 무단점유를 하게 된 경위, 무단점유지의 용도 및 해당 무단점유자의 경제적 사정 등을 고려하여 대통령령으로 정하는 바에 따라 5년의 범위에서 징수를 미루거나 나누어 내게 할 수 있다. (10국가7) ( )

03 미납된 일반재산의 매각대금에 대한 연체료는 행정상 강제징수를 할 수 있다. (98국가7) ( )

정답
01 ○ 02 ○ 03 ○

8. 불법시설물 철거

국유재산법 제74조【불법시설물의 철거】 정당한 사유 없이 국유재산을 점유하거나 이에 시설물을 설치한 경우에는 중앙관서의 장 등은 행정대집행법을 준용하여 철거하거나 그 밖에 필요한 조치를 할 수 있다.

부록

지방자치법 신구조문 대비표

부록 지방자치법 신구조문 대비표

개정 전 [시행 2019.12.25.] [법률 제16057호, 2018.12.24. 타법개정]	개정 후 [시행 2022.1.13.] [법률 제18661호, 2021.12.28. 타법개정]
제1조(목적) 이 법은 지방자치단체의 종류와 조직 및 운영에 관한 사항을 정하고, 국가와 지방자치단체 사이의 기본적인 관계를 정함으로써 지방자치행정을 민주적이고 능률적으로 수행하고, 지방을 균형있게 발전시키며, 대한민국을 민주적으로 발전시키려는 것을 목적으로 한다.	**제1조(목적)** 이 법은 지방자치단체의 종류와 조직 및 운영, 주민의 지방자치행정 참여에 관한 사항과 국가와 지방자치단체 사이의 기본적인 관계를 정함으로써 지방자치행정을 민주적이고 능률적으로 수행하고, 지방을 균형 있게 발전시키며, 대한민국을 민주적으로 발전시키려는 것을 목적으로 한다.
제2조(지방자치단체의 종류) ① 지방자치단체는 다음의 두 가지 종류로 구분한다. 1. 특별시, 광역시, 특별자치시, 도, 특별자치도 2. 시, 군, 구 ② 지방자치단체인 구(이하 "자치구"라 한다)는 특별시와 광역시의 관할 구역 안의 구만을 말하며, 자치구의 자치권의 범위는 법령으로 정하는 바에 따라 시·군과 다르게 할 수 있다. ③ 제1항의 지방자치단체 외에 특정한 목적을 수행하기 위하여 필요하면 따로 특별지방자치단체를 설치할 수 있다. ④ 특별지방자치단체의 설치·운영에 관하여 필요한 사항은 대통령령으로 정한다.	**제2조(지방자치단체의 종류)** ① 지방자치단체는 다음의 두 가지 종류로 구분한다. 1. 특별시, 광역시, 특별자치시, 도, 특별자치도 2. 시, 군, 구 ② 지방자치단체인 구(이하 "자치구"라 한다)는 특별시와 광역시의 관할 구역의 구만을 말하며, 자치구의 자치권의 범위는 법령으로 정하는 바에 따라 시·군과 다르게 할 수 있다. ③ 제1항의 지방자치단체 외에 특정한 목적을 수행하기 위하여 필요하면 따로 특별지방자치단체를 설치할 수 있다. 이 경우 특별지방자치단체의 설치 등에 관하여는 제12장에서 정하는 바에 따른다.
제3조(지방자치단체의 법인격과 관할) ① 지방자치단체는 법인으로 한다. ② 특별시, 광역시, 특별자치시, 도, 특별자치도(이하 "시·도"라 한다)는 정부의 직할(直轄)로 두고, 시는 도의 관할 구역 안에, 군은 광역시, 특별자치시나 도의 관할 구역 안에 두며, 자치구는 특별시와 광역시, 특별자치시의 관할 구역 안에 둔다. ③ 특별시·광역시 및 특별자치시가 아닌 인구 50만 이상의 시에는 자치구가 아닌 구를 둘 수 있고, 군에는 읍·면을 두며, 시와 구(자치구를 포함한다)에는 동을, 읍·면에는 리를 둔다. ④ 제7조 제2항에 따라 설치된 시에는 도시의 형태를 갖춘 지역에는 동을, 그 밖의 지역에는 읍·면을 두되, 자치구가 아닌 구를 둘 경우에는 그 구에 읍·면·동을 둘 수 있다.	**제3조(지방자치단체의 법인격과 관할)** ① 지방자치단체는 법인으로 한다. ② 특별시, 광역시, 특별자치시, 도, 특별자치도(이하 "시·도"라 한다)는 정부의 직할(直轄)로 두고, 시는 도의 관할 구역 안에, 군은 광역시나 도의 관할 구역 안에 두며, 자치구는 특별시와 광역시의 관할 구역 안에 둔다. ③ 특별시·광역시 또는 특별자치시가 아닌 인구 50만 이상의 시에는 자치구가 아닌 구를 둘 수 있고, 군에는 읍·면을 두며, 시와 구(자치구를 포함한다)에는 동을, 읍·면에는 리를 둔다. ④ 제10조 제2항에 따라 설치된 시에는 도시의 형태를 갖춘 지역에는 동을, 그 밖의 지역에는 읍·면을 두되, 자치구가 아닌 구를 둘 경우에는 그 구에 읍·면·동을 둘 수 있다. ⑤ 특별자치시와 특별자치도의 하부행정기관에 관한 사항은 따로 법률로 정한다.
-	**제4조(지방자치단체의 기관구성 형태의 특례)** ① 지방자치단체의 의회(이하 "지방의회"라 한다)와 집행기관에 관한 이 법의 규정에도 불구하고 따로 법률로 정하는 바에 따라 지방자치단체의 장의 선임방법을 포함한 지방자치단체의 기관구성 형태를 달리할 수 있다. ② 제1항에 따라 지방의회와 집행기관의 구성을 달리하려는 경우에는 「주민투표법」에 따른 주민투표를 거쳐야 한다.

개정 전	개정 후
제4조(지방자치단체의 명칭과 구역) ① 지방자치단체의 명칭과 구역은 종전과 같이 하고, 명칭과 구역을 바꾸거나 지방자치단체를 폐지하거나 설치하거나 나누거나 합칠 때에는 법률로 정한다. 다만, 지방자치단체의 관할 구역 경계변경과 한자 명칭의 변경은 대통령령으로 정한다. ② 제1항에 따라 지방자치단체를 폐지하거나 설치하거나 나누거나 합칠 때 또는 그 명칭이나 구역을 변경할 때에는 관계 지방자치단체의 의회(이하 "지방의회"라 한다)의 의견을 들어야 한다. 다만, 「주민투표법」 제8조에 따라 주민투표를 한 경우에는 그러하지 아니하다. ③ 제1항에도 불구하고 다음 각 호의 지역이 속할 지방자치단체는 제4항부터 제7항까지의 규정에 따라 행정안전부장관이 결정한다. 1. 「공유수면 관리 및 매립에 관한 법률」에 따른 매립지 2. 「공간정보의 구축 및 관리 등에 관한 법률」 제2조 제19호의 지적공부(이하 "지적공부"라 한다)에 등록이 누락되어 있는 토지 ④ 제3항 제1호의 경우에는 「공유수면 관리 및 매립에 관한 법률」 제28조에 따른 면허관청 또는 관련 지방자치단체의 장이 같은 법 제45조에 따른 준공검사 전에, 제3항 제2호의 경우에는 「공간정보의 구축 및 관리 등에 관한 법률」 제2조 제18호에 따른 소관청(이하 "지적소관청"이라 한다)이 지적공부에 등록하기 전에 각각 행정안전부장관에게 해당 지역이 속할 지방자치단체의 결정을 신청하여야 한다. 이 경우 제3항 제1호에 따른 매립지의 매립면허를 받은 자는 면허관청에 해당 매립지가 속할 지방자치단체의 결정 신청을 요구할 수 있다. ⑤ 행정안전부장관은 제4항에 따른 신청을 받은 후 지체 없이 그 사실을 20일 이상 관보나 인터넷 등의 방법으로 널리 알려야 한다. 이 경우 알리는 방법, 의견의 제출 등에 관하여는 「행정절차법」 제42조·제44조 및 제45조를 준용한다. ⑥ 행정안전부장관은 제5항에 따른 기간이 끝난 후 제149조에 따른 지방자치단체중앙분쟁조정위원회(이하 이 조에서 "위원회"라 한다)의 심의·의결에 따라 제3항 각 호의 지역이 속할 지방자치단체를 결정하고, 그 결과를 면허관청이나 지적소관청, 관계 지방자치단체의 장 등에게 통보하고 공고하여야 한다. ⑦ 위원회의 위원장은 제6항에 따른 심의과정에서 필요하다고 인정되면 관계 중앙행정기관 및 지방자치단체의 공무원 또는 관련 전문가를 출석시켜 의견을 듣거나 관계 기관이나 단체에 자료 및 의견 제출 등을 요구할 수 있다. 이 경우 관계 지방자치단체의 장에게는 의견을 진술할 기회를 주어야 한다. ⑧ 관계 지방자치단체의 장은 제3항부터 제7항까지의 규정에 따른 행정안전부장관의 결정에 이의가 있으면 그 결과를 통보받은 날부터 15일 이내에 대법원에 소송을 제기할 수 있다. ⑨ 행정안전부장관은 제8항에 따라 대법원의 인용결정이 있으면 그 취지에 따라 다시 결정하여야 한다.	**제5조(지방자치단체의 명칭과 구역)** ① 지방자치단체의 명칭과 구역은 종전과 같이 하고, 명칭과 구역을 바꾸거나 지방자치단체를 폐지하거나 설치하거나 나누거나 합칠 때에는 법률로 정한다. ② 제1항에도 불구하고 지방자치단체의 구역변경 중 관할 구역 경계변경(이하 "경계변경"이라 한다)과 지방자치단체의 한자 명칭의 변경은 대통령령으로 정한다. 이 경우 경계변경의 절차는 제6조에서 정한 절차에 따른다. ③ 다음 각 호의 어느 하나에 해당할 때에는 관계 지방의회의 의견을 들어야 한다. 다만, 「주민투표법」 제8조에 따라 주민투표를 한 경우에는 그러하지 아니하다. 1. 지방자치단체를 폐지하거나 설치하거나 나누거나 합칠 때 2. 지방자치단체의 구역을 변경할 때(경계변경을 할 때는 제외한다) 3. 지방자치단체의 명칭을 변경할 때(한자 명칭을 변경할 때를 포함한다) ④ 제1항 및 제2항에도 불구하고 다음 각 호의 지역이 속할 지방자치단체는 제5항부터 제8항까지의 규정에 따라 행정안전부장관이 결정한다. 1. 「공유수면 관리 및 매립에 관한 법률」에 따른 매립지 2. 「공간정보의 구축 및 관리 등에 관한 법률」 제2조 제19호의 지적공부(이하 "지적공부"라 한다)에 등록이 누락된 토지 ⑤ 제4항 제1호의 경우에는 「공유수면 관리 및 매립에 관한 법률」 제28조에 따른 매립면허관청(이하 이 조에서 "면허관청"이라 한다) 또는 관련 지방자치단체의 장이 같은 법 제45조에 따른 준공검사를 하기 전에, 제4항 제2호의 경우에는 「공간정보의 구축 및 관리 등에 관한 법률」 제2조 제18호에 따른 지적소관청(이하 이 조에서 "지적소관청"이라 한다)이 지적공부에 등록하기 전에 각각 해당 지역의 위치, 귀속희망 지방자치단체(복수인 경우를 포함한다) 등을 명시하여 행정안전부장관에게 그 지역이 속할 지방자치단체의 결정을 신청하여야 한다. 이 경우 제4항 제1호에 따른 매립지의 매립면허를 받은 자는 면허관청에 해당 매립지가 속할 지방자치단체의 결정 신청을 요구할 수 있다. ⑥ 행정안전부장관은 제5항에 따른 신청을 받은 후 지체 없이 제5항에 따른 신청내용을 20일 이상 관보나 인터넷 홈페이지에 게재하는 등의 방법으로 널리 알려야 한다. 이 경우 알리는 방법, 의견 제출 등에 관하여는 「행정절차법」 제42조·제44조 및 제45조를 준용한다. ⑦ 행정안전부장관은 제6항에 따른 기간이 끝나면 다음 각 호에서 정하는 바에 따라 결정하고, 그 결과를 면허관청이나 지적소관청, 관계 지방자치단체의 장 등에게 통보하고 공고하여야 한다. 1. 제6항에 따른 기간 내에 신청내용에 대하여 이의가 제기된 경우: 제166조에 따른 지방자치단체중앙분쟁조정위원회(이하 이 조 및 제6조에서 "위원회"라 한다)의 심의·의결에 따라 제4항 각 호의 지역이 속할 지방자치단체를 결정 2. 제6항에 따른 기간 내에 신청내용에 대하여 이의가 제기되지 아니한 경우: 위원회의 심의·의결을 거치지 아니하고 신청내용에 따라 제4항 각 호의 지역이 속할 지방자치단체를 결정

개정 전	개정 후
-	⑧ 위원회의 위원장은 제7항 제1호에 따른 심의과정에서 필요하다고 인정되면 관계 중앙행정기관 및 지방자치단체의 공무원 또는 관련 전문가를 출석시켜 의견을 듣거나 관계 기관이나 단체에 자료 및 의견 제출 등을 요구할 수 있다. 이 경우 관계 지방자치단체의 장에게는 의견을 진술할 기회를 주어야 한다. ⑨ 관계 지방자치단체의 장은 제4항부터 제7항까지의 규정에 따른 행정안전부장관의 결정에 이의가 있으면 그 결과를 통보받은 날부터 15일 이내에 대법원에 소송을 제기할 수 있다. ⑩ 행정안전부장관은 제9항에 따른 소송 결과 대법원의 인용결정이 있으면 그 취지에 따라 다시 결정하여야 한다. ⑪ 행정안전부장관은 제4항 각 호의 지역이 속할 지방자치단체 결정과 관련하여 제7항 제1호에 따라 위원회의 심의를 할 때 같은 시·도 안에 있는 관계 시·군 및 자치구 상호 간 매립지 조성 비용 및 관리 비용 부담 등에 관한 조정(調整)이 필요한 경우 제165조 제1항부터 제3항까지의 규정에도 불구하고 당사자의 신청 또는 직권으로 위원회의 심의·의결에 따라 조정할 수 있다. 이 경우 그 조정 결과의 통보 및 조정 결정 사항의 이행은 제165조 제4항부터 제7항까지의 규정에 따른다.
-	**제6조(지방자치단체의 관할 구역 경계변경 등)** ① 지방자치단체의 장은 관할 구역과 생활권과의 불일치 등으로 인하여 주민생활에 불편이 큰 경우 등 대통령령으로 정하는 사유가 있는 경우에는 행정안전부장관에게 경계변경이 필요한 지역 등을 명시하여 경계변경에 대한 조정을 신청할 수 있다. 이 경우 지방자치단체의 장은 지방의회 재적의원 과반수의 출석과 출석의원 3분의 2 이상의 동의를 받아야 한다. ② 관계 중앙행정기관의 장 또는 둘 이상의 지방자치단체에 걸친 개발사업 등의 시행자는 대통령령으로 정하는 바에 따라 관계 지방자치단체의 장에게 제1항에 따른 경계변경에 대한 조정을 신청하여 줄 것을 요구할 수 있다. ③ 행정안전부장관은 제1항에 따른 경계변경에 대한 조정 신청을 받으면 지체 없이 그 신청 내용을 관계 지방자치단체의 장에게 통지하고, 20일 이상 관보나 인터넷 홈페이지에 게재하는 등의 방법으로 널리 알려야 한다. 이 경우 알리는 방법, 의견의 제출 등에 관하여는 「행정절차법」 제42조·제44조 및 제45조를 준용한다. ④ 행정안전부장관은 제3항에 따른 기간이 끝난 후 지체 없이 대통령령으로 정하는 바에 따라 관계 지방자치단체 등 당사자 간 경계변경에 관한 사항을 효율적으로 협의할 수 있도록 경계변경자율협의체(이하 이 조에서 "협의체"라 한다)를 구성·운영할 것을 관계 지방자치단체의 장에게 요청하여야 한다. ⑤ 관계 지방자치단체는 제4항에 따른 협의체 구성·운영 요청을 받은 후 지체 없이 협의체를 구성하고, 경계변경 여부 및 대상 등에 대하여 같은 항에 따른 행정안전부장관의 요청을 받은 날부터 120일 이내에 협의를 하여야 한다. 다만, 대통령령으로 정하는 부득이한 사유가 있는 경우에는 30일의 범위에서 그 기간을 연장할 수 있다.

개정 전	개정 후
	⑥ 제5항에 따라 협의체를 구성한 지방자치단체의 장은 같은 항에 따른 협의 기간 이내에 협의체의 협의 결과를 행정안전부장관에게 알려야 한다. ⑦ 행정안전부장관은 다음 각 호의 어느 하나에 해당하는 경우에는 위원회의 심의·의결을 거쳐 경계변경에 대하여 조정할 수 있다. 1. 관계 지방자치단체가 제4항에 따른 행정안전부장관의 요청을 받은 날부터 120일 이내에 협의체를 구성하지 못한 경우 2. 관계 지방자치단체가 제5항에 따른 협의 기간 이내에 경계변경 여부 및 대상 등에 대하여 합의를 하지 못한 경우 ⑧ 위원회는 제7항에 따라 경계변경에 대한 사항을 심의할 때에는 관계 지방의회의 의견을 들어야 하며, 관련 전문가 및 지방자치단체의 장의 의견 청취 등에 관하여는 제5조 제8항을 준용한다. ⑨ 행정안전부장관은 다음 각 호의 어느 하나에 해당하는 경우 지체 없이 그 내용을 검토한 후 이를 반영하여 경계변경에 관한 대통령령안을 입안하여야 한다. 1. 제5항에 따른 협의체의 협의 결과 관계 지방자치단체 간 경계변경에 합의를 하고, 관계 지방자치단체의 장이 제6항에 따라 그 내용을 각각 알린 경우 2. 위원회가 제7항에 따른 심의 결과 경계변경이 필요하다고 의결한 경우 ⑩ 행정안전부장관은 경계변경의 조정과 관련하여 제7항에 따라 위원회의 심의를 할 때 같은 시·도 안에 있는 관계 시·군 및 자치구 상호 간 경계변경에 관련된 비용 부담, 행정적·재정적 사항 등에 관하여 조정이 필요한 경우 제165조 제1항부터 제3항까지의 규정에도 불구하고 당사자의 신청 또는 직권으로 위원회의 심의·의결에 따라 조정할 수 있다. 이 경우 그 조정 결과의 통보 및 조정 결정 사항의 이행은 제165조 제4항부터 제7항까지의 규정에 따른다.
제4조의2(자치구가 아닌 구와 읍·면·동 등의 명칭과 구역) ① 자치구가 아닌 구와 읍·면·동의 명칭과 구역은 종전과 같이 하고, 이를 폐지하거나 설치하거나 나누거나 합칠 때에는 행정안전부장관의 승인을 받아 그 지방자치단체의 조례로 정한다. 다만, 명칭과 구역의 변경은 그 지방자치단체의 조례로 정하고, 그 결과를 특별시장·광역시장·도지사에게 보고하여야 한다. ② 리의 구역은 자연 촌락을 기준으로 하되, 그 명칭과 구역은 종전과 같이 하고, 명칭과 구역을 변경하거나 리를 폐지하거나 설치하거나 나누거나 합칠 때에는 그 지방자치단체의 조례로 정한다. ③ 인구 감소 등 행정여건 변화로 인하여 필요한 경우 그 지방자치단체의 조례로 정하는 바에 따라 2개 이상의 면을 하나의 면으로 운영하는 등 행정 운영상 면(이하 "행정면"이라 한다)을 따로 둘 수 있다. ④ 동·리에서는 행정 능률과 주민의 편의를 위하여 그 지방자치단체의 조례로 정하는 바에 따라 하나의 동·리를 2개 이상의 동·리로 운영하거나 2개 이상의 동·리를 하나의 동·리로 운영	**제7조(자치구가 아닌 구와 읍·면·동 등의 명칭과 구역)** ① 자치구가 아닌 구와 읍·면·동의 명칭과 구역은 종전과 같이 하고, 자치구가 아닌 구와 읍·면·동을 폐지하거나 설치하거나 나누거나 합칠 때에는 행정안전부장관의 승인을 받아 그 지방자치단체의 조례로 정한다. 다만, 명칭과 구역의 변경은 그 지방자치단체의 조례로 정하고, 그 결과를 특별시장·광역시장·도지사에게 보고하여야 한다. ② 리의 구역은 자연 촌락을 기준으로 하되, 그 명칭과 구역은 종전과 같이 하고, 명칭과 구역을 변경하거나 리를 폐지하거나 설치하거나 나누거나 합칠 때에는 그 지방자치단체의 조례로 정한다. ③ 인구 감소 등 행정여건 변화로 인하여 필요한 경우 그 지방자치단체의 조례로 정하는 바에 따라 2개 이상의 면을 하나의 면으로 운영하는 등 행정 운영상 면[이하 "행정면"(行政面)이라 한다]을 따로 둘 수 있다. ④ 동·리에서는 행정 능률과 주민의 편의를 위하여 그 지방자치단체의 조례로 정하는 바에 따라 하나의 동·리를 2개 이상의

개정 전	개정 후
하는 등 행정 운영상 동·리(이하 "행정동·리"라 한다)를 따로 둘 수 있다. ⑤ 행정동·리에 그 지방자치단체의 조례로 정하는 바에 따라 하부 조직을 둘 수 있다.	동·리로 운영하거나 2개 이상의 동·리를 하나의 동·리로 운영하는 등 행정 운영상 동(이하 "행정동"이라 한다)·리(이하 "행정리"라 한다)를 따로 둘 수 있다. ⑤ 행정동에 그 지방자치단체의 조례로 정하는 바에 따라 통 등 하부 조직을 둘 수 있다. ⑥ 행정리에 그 지방자치단체의 조례로 정하는 바에 따라 하부 조직을 둘 수 있다.
제5조(구역을 변경하거나 폐치·분합할 때의 사무와 재산의 승계) ① 지방자치단체의 구역을 변경하거나 지방자치단체를 폐지하거나 설치하거나 나누거나 합칠 때에는 새로 그 지역을 관할하게 된 지방자치단체가 그 사무와 재산을 승계한다. ② 제1항의 경우에 지역에 의하여 지방자치단체의 사무와 재산을 구분하기 곤란하면 시·도에서는 행정안전부장관이, 시·군 및 자치구에서는 특별시장·광역시장·특별자치시장·도지사·특별자치도지사(이하 "시·도지사"라 한다)가 그 사무와 재산의 한계 및 승계할 지방자치단체를 지정한다.	**제8조(구역의 변경 또는 폐지·설치·분리·합병 시의 사무와 재산의 승계)** ① 지방자치단체의 구역을 변경하거나 지방자치단체를 폐지하거나 설치하거나 나누거나 합칠 때에는 새로 그 지역을 관할하게 된 지방자치단체가 그 사무와 재산을 승계한다. ② 제1항의 경우에 지역으로 지방자치단체의 사무와 재산을 구분하기 곤란하면 시·도에서는 행정안전부장관이, 시·군 및 자치구에서는 특별시장·광역시장·특별자치시장·도지사·특별자치도지사(이하 "시·도지사"라 한다)가 그 사무와 재산의 한계 및 승계할 지방자치단체를 지정한다.
제6조(사무소의 소재지) ① 지방자치단체의 사무소의 소재지와 자치구가 아닌 구 및 읍·면·동의 사무소의 소재지는 종전과 같이 하고, 이를 변경하거나 새로 설정하려면 지방자치단체의 조례로 정한다. 이 경우 면·동은 제4조의2 제3항 및 제4항에 따른 행정면(行政面)·행정동(行政洞)을 말한다. ② 제1항의 조례는 그 지방의회의 재적의원 과반수의 찬성을 받아야 한다.	**제9조(사무소의 소재지)** ① 지방자치단체의 사무소 소재지와 자치구가 아닌 구 및 읍·면·동의 사무소 소재지는 종전과 같이 하고, 이를 변경하거나 새로 설정하려면 지방자치단체의 조례로 정한다. 이 경우 면·동은 행정면·행정동(行政洞)을 말한다. ② 제1항의 사항을 조례로 정할 때에는 그 지방의회의 재적의원 과반수의 찬성이 있어야 한다.
제7조(시·읍의 설치기준 등) ① 시는 그 대부분이 도시의 형태를 갖추고 인구 5만 이상이 되어야 한다. ② 다음 각 호의 어느 하나에 해당하는 지역은 도농(都農) 복합형태의 시로 할 수 있다. 1. 제1항에 따라 설치된 시와 군을 통합한 지역 2. 인구 5만 이상의 도시 형태를 갖춘 지역이 있는 군 3. 인구 2만 이상의 도시 형태를 갖춘 2개 이상의 지역의 인구가 5만 이상인 군. 이 경우 군의 인구가 15만 이상으로서 대통령령으로 정하는 요건을 갖추어야 한다. 4. 국가의 정책으로 인하여 도시가 형성되고, 제115조에 따라 도의 출장소가 설치된 지역으로서 그 지역의 인구가 3만 이상이고, 인구 15만 이상의 도농 복합형태의 시의 일부인 지역 ③ 읍은 그 대부분이 도시의 형태를 갖추고 인구 2만 이상이 되어야 한다. 다만, 다음 각 호의 어느 하나에 해당하면 인구 2만 미만인 경우에도 읍으로 할 수 있다. 1. 군사무소 소재지의 면 2. 읍이 없는 도농 복합형태의 시에서 그 면 중 1개 면 ④ 시·읍의 설치에 관한 세부기준은 대통령령으로 정한다.	**제10조(시·읍의 설치기준 등)** ① 시는 그 대부분이 도시의 형태를 갖추고 인구 5만 이상이 되어야 한다. ② 다음 각 호의 어느 하나에 해당하는 지역은 도농(都農) 복합형태의 시로 할 수 있다. 1. 제1항에 따라 설치된 시와 군을 통합한 지역 2. 인구 5만 이상의 도시 형태를 갖춘 지역이 있는 군 3. 인구 2만 이상의 도시 형태를 갖춘 2개 이상의 지역 인구가 5만 이상인 군. 이 경우 군의 인구는 15만 이상으로서 대통령령으로 정하는 요건을 갖추어야 한다. 4. 국가의 정책으로 인하여 도시가 형성되고, 제128조에 따라 도의 출장소가 설치된 지역으로서 그 지역의 인구가 3만 이상이며, 인구 15만 이상의 도농 복합형태의 시의 일부인 지역 ③ 읍은 그 대부분이 도시의 형태를 갖추고 인구 2만 이상이 되어야 한다. 다만, 다음 각 호의 어느 하나에 해당하면 인구 2만 미만인 경우에도 읍으로 할 수 있다. 1. 군사무소 소재지의 면 2. 읍이 없는 도농 복합형태의 시에서 그 시에 있는 면 중 1개 면 ④ 시·읍의 설치에 관한 세부기준은 대통령령으로 정한다.
-	**제11조(사무배분의 기본원칙)** ① 국가는 지방자치단체가 사무를 종합적·자율적으로 수행할 수 있도록 국가와 지방자치단체 간 또는 지방자치단체 상호 간의 사무를 주민의 편익증진, 집행의 효과 등을 고려하여 서로 중복되지 아니하도록 배분하여야 한다.

개정 전	개정 후
-	② 국가는 제1항에 따라 사무를 배분하는 경우 지역주민생활과 밀접한 관련이 있는 사무는 원칙적으로 시·군 및 자치구의 사무로, 시·군 및 자치구가 처리하기 어려운 사무는 시·도의 사무로, 시·도가 처리하기 어려운 사무는 국가의 사무로 각각 배분하여야 한다. ③ 국가가 지방자치단체에 사무를 배분하거나 지방자치단체가 사무를 다른 지방자치단체에 재배분할 때에는 사무를 배분받거나 재배분받는 지방자치단체가 그 사무를 자기의 책임하에 종합적으로 처리할 수 있도록 관련 사무를 포괄적으로 배분하여야 한다.
제8조(사무처리의 기본원칙) ① 지방자치단체는 그 사무를 처리할 때 주민의 편의와 복리증진을 위하여 노력하여야 한다. ② 지방자치단체는 조직과 운영을 합리적으로 하고 그 규모를 적정하게 유지하여야 한다. ③ 지방자치단체는 법령이나 상급 지방자치단체의 조례를 위반하여 그 사무를 처리할 수 없다.	**제12조(사무처리의 기본원칙)** ① 지방자치단체는 사무를 처리할 때 주민의 편의와 복리증진을 위하여 노력하여야 한다. ② 지방자치단체는 조직과 운영을 합리적으로 하고 규모를 적절하게 유지하여야 한다. ③ 지방자치단체는 법령을 위반하여 사무를 처리할 수 없으며, 시·군 및 자치구는 해당 구역을 관할하는 시·도의 조례를 위반하여 사무를 처리할 수 없다.
제9조(지방자치단체의 사무범위) ① 지방자치단체는 관할 구역의 자치사무와 법령에 따라 지방자치단체에 속하는 사무를 처리한다. ② 제1항에 따른 지방자치단체의 사무를 예시하면 다음 각 호와 같다. 다만, 법률에 이와 다른 규정이 있으면 그러하지 아니하다. 1. 지방자치단체의 구역, 조직, 행정관리 등에 관한 사무 가. 관할 구역 안 행정구역의 명칭·위치 및 구역의 조정 나. 조례·규칙의 제정·개정·폐지 및 그 운영·관리 다. 산하(傘下) 행정기관의 조직관리 라. 산하 행정기관 및 단체의 지도·감독 마. 소속 공무원의 인사·후생복지 및 교육 바. 지방세 및 지방세 외 수입의 부과 및 징수 사. 예산의 편성·집행 및 회계감사와 재산관리 아. 행정장비관리, 행정전산화 및 행정관리개선 자. 공유재산관리(公有財産管理) 차. 가족관계등록 및 주민등록 관리 카. 지방자치단체에 필요한 각종 조사 및 통계의 작성 2. 주민의 복지증진에 관한 사무 가. 주민복지에 관한 사업 나. 사회복지시설의 설치·운영 및 관리 다. 생활이 곤궁(困窮)한 자의 보호 및 지원 라. 노인·아동·심신장애인·청소년 및 여성의 보호와 복지증진 마. 보건진료기관의 설치·운영 바. 감염병과 그 밖의 질병의 예방과 방역 사. 묘지·화장장(火葬場) 및 봉안당의 운영·관리 아. 공중접객업소의 위생을 개선하기 위한 지도 자. 청소, 오물의 수거 및 처리 차. 지방공기업의 설치 및 운영	**제13조(지방자치단체의 사무 범위)** ① 지방자치단체는 관할 구역의 자치사무와 법령에 따라 지방자치단체에 속하는 사무를 처리한다. ② 제1항에 따른 지방자치단체의 사무를 예시하면 다음 각 호와 같다. 다만, 법률에 이와 다른 규정이 있으면 그러하지 아니하다. 1. 지방자치단체의 구역, 조직, 행정관리 등 가. 관할 구역 안 행정구역의 명칭·위치 및 구역의 조정 나. 조례·규칙의 제정·개정·폐지 및 그 운영·관리 다. 산하(傘下) 행정기관의 조직관리 라. 산하 행정기관 및 단체의 지도·감독 마. 소속 공무원의 인사·후생복지 및 교육 바. 지방세 및 지방세 외 수입의 부과 및 징수 사. 예산의 편성·집행 및 회계감사와 재산관리 아. 행정장비관리, 행정전산화 및 행정관리개선 자. 공유재산(公有財産) 관리 차. 주민등록 관리 카. 지방자치단체에 필요한 각종 조사 및 통계의 작성 2. 주민의 복지증진 가. 주민복지에 관한 사업 나. 사회복지시설의 설치·운영 및 관리 다. 생활이 어려운 사람의 보호 및 지원 라. 노인·아동·장애인·청소년 및 여성의 보호와 복지증진 마. 공공보건의료기관의 설립·운영 바. 감염병과 그 밖의 질병의 예방과 방역 사. 묘지·화장장(火葬場) 및 봉안당의 운영·관리 아. 공중접객업소의 위생을 개선하기 위한 지도 자. 청소, 생활폐기물의 수거 및 처리 차. 지방공기업의 설치 및 운영

개정 전	개정 후
3. 농림·상공업 등 산업 진흥에 관한 사무 가. 소류지(小溜池)·보(洑) 등 농업용수시설의 설치 및 관리 나. 농산물·임산물·축산물·수산물의 생산 및 유통지원 다. 농업자재의 관리 라. 복합영농의 운영·지도 마. 농업 외 소득사업의 육성·지도 바. 농가 부업의 장려 사. 공유림 관리 아. 소규모 축산 개발사업 및 낙농 진흥사업 자. 가축전염병 예방 차. 지역산업의 육성·지원 카. 소비자 보호 및 저축 장려 타. 중소기업의 육성 파. 지역특화산업의 개발과 육성·지원 하. 우수토산품 개발과 관광민예품 개발 4. 지역개발과 주민의 생활환경시설의 설치·관리에 관한 사무 가. 지역개발사업 나. 지방 토목·건설사업의 시행 다. 도시계획사업의 시행 라. 지방도(地方道), 시군도의 신설·개수(改修) 및 유지 마. 주거생활환경 개선의 장려 및 지원 바. 농촌주택 개량 및 취락구조 개선 사. 자연보호활동 아. 지방하천 및 소하천의 관리 자. 상수도·하수도의 설치 및 관리 차. 간이급수시설의 설치 및 관리 카. 도립공원·군립공원 및 도시공원, 녹지 등 관광·휴양시설의 설치 및 관리 타. 지방 궤도사업의 경영 파. 주차장·교통표지 등 교통편의시설의 설치 및 관리 하. 재해대책의 수립 및 집행 거. 지역경제의 육성 및 지원 5. 교육·체육·문화·예술의 진흥에 관한 사무 가. 유아원·유치원·초등학교·중학교·고등학교 및 이에 준하는 각종 학교의 설치·운영·지도 나. 도서관·운동장·광장·체육관·박물관·공연장·미술관·음악당 등 공공교육·체육·문화시설의 설치 및 관리 다. 지방문화재의 지정·등록·보존 및 관리 라. 지방문화·예술의 진흥 마. 지방문화·예술단체의 육성 6. 지역민방위 및 지방소방에 관한 사무 가. 지역 및 직장 민방위조직(의용소방대를 포함한다)의 편성과 운영 및 지도·감독 나. 지역의 화재예방·경계·진압·조사 및 구조·구급	3. 농림·수산·상공업 등 산업 진흥 가. 못·늪지·보(洑) 등 농업용수시설의 설치 및 관리 나. 농산물·임산물·축산물·수산물의 생산 및 유통 지원 다. 농업자재의 관리 라. 복합영농의 운영·지도 마. 농업 외 소득사업의 육성·지도 바. 농가 부업의 장려 사. 공유림 관리 아. 소규모 축산 개발사업 및 낙농 진흥사업 자. 가축전염병 예방 차. 지역산업의 육성·지원 카. 소비자 보호 및 저축 장려 타. 중소기업의 육성 파. 지역특화산업의 개발과 육성·지원 하. 우수지역특산품 개발과 관광민예품 개발 4. 지역개발과 자연환경보전 및 생활환경시설의 설치·관리 가. 지역개발사업 나. 지방 토목·건설사업의 시행 다. 도시·군계획사업의 시행 라. 지방도(地方道), 시도(市道)·군도(郡道)·구도(區道)의 신설·개선·보수 및 유지 마. 주거생활환경 개선의 장려 및 지원 바. 농어촌주택 개량 및 취락구조 개선 사. 자연보호활동 아. 지방하천 및 소하천의 관리 자. 상수도·하수도의 설치 및 관리 차. 소규모급수시설의 설치 및 관리 카. 도립공원, 광역시립공원, 군립공원, 시립공원 및 구립공원 등의 지정 및 관리 타. 도시공원 및 공원시설, 녹지, 유원지 등과 그 휴양시설의 설치 및 관리 파. 관광지, 관광단지 및 관광시설의 설치 및 관리 하. 지방 궤도사업의 경영 거. 주차장·교통표지 등 교통편의시설의 설치 및 관리 너. 재해대책의 수립 및 집행 더. 지역경제의 육성 및 지원 5. 교육·체육·문화·예술의 진흥 가. 어린이집·유치원·초등학교·중학교·고등학교 및 이에 준하는 각종 학교의 설치·운영·지도 나. 도서관·운동장·광장·체육관·박물관·공연장·미술관·음악당 등 공공교육·체육·문화시설의 설치 및 관리 다. 지방문화재의 지정·등록·보존 및 관리 라. 지방문화·예술의 진흥 마. 지방문화·예술단체의 육성 6. 지역민방위 및 지방소방 가. 지역 및 직장 민방위조직(의용소방대를 포함한다)의 편성과 운영 및 지도·감독 나. 지역의 화재예방·경계·진압·조사 및 구조·구급

개정 전	개정 후
	7. 국제교류 및 협력 가. 국제기구·행사·대회의 유치·지원 나. 외국 지방자치단체와의 교류·협력
제10조(지방자치단체의 종류별 사무배분기준) ① 제9조에 따른 지방자치단체의 사무를 지방자치단체의 종류별로 배분하는 기준은 다음 각 호와 같다. 다만, 제9조 제2항 제1호의 사무는 각 지방자치단체에 공통된 사무로 한다. 1. 시·도 가. 행정처리 결과가 2개 이상의 시·군 및 자치구에 미치는 광역적 사무 나. 시·도 단위로 동일한 기준에 따라 처리되어야 할 성질의 사무 다. 지역적 특성을 살리면서 시·도 단위로 통일성을 유지할 필요가 있는 사무 라. 국가와 시·군 및 자치구 사이의 연락·조정 등의 사무 마. 시·군 및 자치구가 독자적으로 처리하기에 부적당한 사무 바. 2개 이상의 시·군 및 자치구가 공동으로 설치하는 것이 적당하다고 인정되는 규모의 시설을 설치하고 관리하는 사무 2. 시·군 및 자치구 제1호에서 시·도가 처리하는 것으로 되어 있는 사무를 제외한 사무. 다만, 인구 50만 이상의 시에 대하여는 도가 처리하는 사무의 일부를 직접 처리하게 할 수 있다. ② 제1항의 배분기준에 따른 지방자치단체의 종류별 사무는 대통령령으로 정한다. ③ 시·도와 시·군 및 자치구는 사무를 처리할 때 서로 경합하지 아니하도록 하여야 하며, 사무가 서로 경합하면 시·군 및 자치구에서 먼저 처리한다.	**제14조(지방자치단체의 종류별 사무배분기준)** ① 제13조에 따른 지방자치단체의 사무를 지방자치단체의 종류별로 배분하는 기준은 다음 각 호와 같다. 다만, 제13조 제2항 제1호의 사무는 각 지방자치단체에 공통된 사무로 한다. 1. 시·도 가. 행정처리 결과가 2개 이상의 시·군 및 자치구에 미치는 광역적 사무 나. 시·도 단위로 동일한 기준에 따라 처리되어야 할 성질의 사무 다. 지역적 특성을 살리면서 시·도 단위로 통일성을 유지할 필요가 있는 사무 라. 국가와 시·군 및 자치구 사이의 연락·조정 등의 사무 마. 시·군 및 자치구가 독자적으로 처리하기 어려운 사무 바. 2개 이상의 시·군 및 자치구가 공동으로 설치하는 것이 적당하다고 인정되는 규모의 시설을 설치하고 관리하는 사무 2. 시·군 및 자치구 제1호에서 시·도가 처리하는 것으로 되어 있는 사무를 제외한 사무. 다만, 인구 50만 이상의 시에 대해서는 도가 처리하는 사무의 일부를 직접 처리하게 할 수 있다. ② 제1항의 배분기준에 따른 지방자치단체의 종류별 사무는 대통령령으로 정한다. ③ 시·도와 시·군 및 자치구는 사무를 처리할 때 서로 겹치지 아니하도록 하여야 하며, 사무가 서로 겹치면 시·군 및 자치구에서 먼저 처리한다.
제11조(국가사무의 처리제한) 지방자치단체는 다음 각 호에 해당하는 국가사무를 처리할 수 없다. 다만, 법률에 이와 다른 규정이 있는 경우에는 국가사무를 처리할 수 있다. 1. 외교, 국방, 사법(司法), 국세 등 국가의 존립에 필요한 사무 2. 물가정책, 금융정책, 수출입정책 등 전국적으로 통일적 처리를 요하는 사무 3. 농산물·임산물·축산물·수산물 및 양곡의 수급조절과 수출입 등 전국적 규모의 사무 4. 국가종합경제개발계획, 국가하천, 국유림, 국토종합개발계획, 지정항만, 고속국도·일반국도, 국립공원 등 전국적 규모나 이와 비슷한 규모의 사무 5. 근로기준, 측량단위 등 전국적으로 기준을 통일하고 조정하여야 할 필요가 있는 사무 6. 우편, 철도 등 전국적 규모나 이와 비슷한 규모의 사무 7. 고도의 기술을 요하는 검사·시험·연구, 항공관리, 기상행정, 원자력개발 등 지방자치단체의 기술과 재정능력으로 감당하기 어려운 사무	**제15조(국가사무의 처리 제한)** 지방자치단체는 다음 각 호의 국가사무를 처리할 수 없다. 다만, 법률에 이와 다른 규정이 있는 경우에는 국가사무를 처리할 수 있다. 1. 외교, 국방, 사법(司法), 국세 등 국가의 존립에 필요한 사무 2. 물가정책, 금융정책, 수출입정책 등 전국적으로 통일적 처리를 할 필요가 있는 사무 3. 농산물·임산물·축산물·수산물 및 양곡의 수급조절과 수출입 등 전국적 규모의 사무 4. 국가종합경제개발계획, 국가하천, 국유림, 국토종합개발계획, 지정항만, 고속국도·일반국도, 국립공원 등 전국적 규모나 이와 비슷한 규모의 사무 5. 근로기준, 측량단위 등 전국적으로 기준을 통일하고 조정하여야 할 필요가 있는 사무 6. 우편, 철도 등 전국적 규모나 이와 비슷한 규모의 사무 7. 고도의 기술이 필요한 검사·시험·연구, 항공관리, 기상행정, 원자력개발 등 지방자치단체의 기술과 재정능력으로 감당하기 어려운 사무

개정 전	개정 후
제12조(주민의 자격) 지방자치단체의 구역 안에 주소를 가진 자는 그 지방자치단체의 주민이 된다.	**제16조(주민의 자격)** 지방자치단체의 구역에 주소를 가진 자는 그 지방자치단체의 주민이 된다.
제13조(주민의 권리) ① 주민은 법령으로 정하는 바에 따라 소속 지방자치단체의 재산과 공공시설을 이용할 권리와 그 지방자치단체로부터 균등하게 행정의 혜택을 받을 권리를 가진다. ② 국민인 주민은 법령으로 정하는 바에 따라 그 지방자치단체에서 실시하는 지방의회의원과 지방자치단체의 장의 선거(이하 "지방선거"라 한다)에 참여할 권리를 가진다.	**제17조(주민의 권리)** ① 주민은 법령으로 정하는 바에 따라 주민생활에 영향을 미치는 지방자치단체의 정책의 결정 및 집행 과정에 참여할 권리를 가진다. ② 주민은 법령으로 정하는 바에 따라 소속 지방자치단체의 재산과 공공시설을 이용할 권리와 그 지방자치단체로부터 균등하게 행정의 혜택을 받을 권리를 가진다. ③ 주민은 법령으로 정하는 바에 따라 그 지방자치단체에서 실시하는 지방의회의원과 지방자치단체의 장의 선거(이하 "지방선거"라 한다)에 참여할 권리를 가진다.
제14조(주민투표) ① 지방자치단체의 장은 주민에게 과도한 부담을 주거나 중대한 영향을 미치는 지방자치단체의 주요 결정사항 등에 대하여 주민투표에 부칠 수 있다. ② 주민투표의 대상·발의자·발의요건, 그 밖에 투표절차 등에 관한 사항은 따로 법률로 정한다.	**제18조(주민투표)** ① 지방자치단체의 장은 주민에게 과도한 부담을 주거나 중대한 영향을 미치는 지방자치단체의 주요 결정사항 등에 대하여 주민투표에 부칠 수 있다. ② 주민투표의 대상·발의자·발의요건, 그 밖에 투표절차 등에 관한 사항은 따로 법률로 정한다.
제15조(조례의 제정과 개폐 청구) ① 19세 이상의 주민으로서 다음 각 호의 어느 하나에 해당하는 사람(「공직선거법」 제18조에 따른 선거권이 없는 자는 제외한다. 이하 이 조 및 제16조에서 "19세 이상의 주민"이라 한다)은 시·도와 제175조에 따른 인구 50만 이상 대도시에서는 19세 이상 주민 총수의 100분의 1 이상 70분의 1 이하, 시·군 및 자치구에서는 19세 이상 주민 총수의 50분의 1 이상 20분의 1 이하의 범위에서 지방자치단체의 조례로 정하는 19세 이상의 주민 수 이상의 연서(連署)로 해당 지방자치단체의 장에게 조례를 제정하거나 개정하거나 폐지할 것을 청구할 수 있다. 1. 해당 지방자치단체의 관할 구역에 주민등록이 되어 있는 사람 2. 「재외동포의 출입국과 법적 지위에 관한 법률」 제6조 제1항에 따라 해당 지방자치단체의 국내거소신고인명부에 올라 있는 국민 3. 「출입국관리법」 제10조에 따른 영주의 체류자격 취득일 후 3년이 경과한 외국인으로서 같은 법 제34조에 따라 해당 지방자치단체의 외국인등록대장에 올라 있는 사람 ② 다음 각 호의 사항은 제1항에 따른 청구대상에서 제외한다. 1. 법령을 위반하는 사항 2. 지방세·사용료·수수료·부담금의 부과·징수 또는 감면에 관한 사항 3. 행정기구를 설치하거나 변경하는 것에 관한 사항이나 공공시설의 설치를 반대하는 사항 ③ 지방자치단체의 19세 이상의 주민이 제1항에 따라 조례를 제정하거나 개정하거나 폐지할 것을 청구하려면 청구인의 대표자를 선정하여 청구인명부에 적어야 하며, 청구인의 대표자는 조례의 제정안·개정안 및 폐지안(이하 "주민청구조례안"이라 한다)을 작성하여 제출하여야 한다.	**제19조(조례의 제정과 개정·폐지 청구)** ① 주민은 지방자치단체의 조례를 제정하거나 개정하거나 폐지할 것을 청구할 수 있다. ② 조례의 제정·개정 또는 폐지 청구의 청구권자·청구대상·청구요건 및 절차 등에 관한 사항은 따로 법률로 정한다.

개정 전	개정 후
④ 지방자치단체의 장은 제1항에 따른 청구를 받으면 청구를 받은 날부터 5일 이내에 그 내용을 공표하여야 하며, 청구를 공표한 날부터 10일간 청구인명부나 그 사본을 공개된 장소에 갖추어두어 열람할 수 있도록 하여야 한다. ⑤ 청구인명부의 서명에 관하여 이의가 있는 자는 제4항에 따른 열람기간에 해당 지방자치단체의 장에게 이의를 신청할 수 있다. ⑥ 지방자치단체의 장은 제5항에 따른 이의신청을 받으면 제4항에 따른 열람기간이 끝난 날부터 14일 이내에 심사·결정하되, 그 신청이 이유 있다고 결정한 때에는 청구인명부를 수정하고, 이를 이의신청을 한 자와 제3항에 따른 청구인의 대표자에게 알려야 하며, 그 이의신청이 이유 없다고 결정한 때에는 그 뜻을 즉시 이의신청을 한 자에게 알려야 한다. ⑦ 지방자치단체의 장은 제5항에 따른 이의신청이 없는 경우 또는 제5항에 따라 제기된 모든 이의신청에 대하여 제6항에 따른 결정이 끝난 경우 제1항 및 제2항에 따른 요건을 갖춘 때에는 청구를 수리하고, 그러하지 아니한 때에는 청구를 각하하되, 수리 또는 각하 사실을 청구인의 대표자에게 알려야 한다. ⑧ 지방자치단체의 장은 제7항에 따라 청구를 각하하려면 청구인의 대표자에게 의견을 제출할 기회를 주어야 한다. ⑨ 지방자치단체의 장은 제7항에 따라 청구를 수리한 날부터 60일 이내에 주민청구조례안을 지방의회에 부의하여야 하며, 그 결과를 청구인의 대표자에게 알려야 한다. ⑩ 제1항에 따른 19세 이상의 주민 총수는 전년도 12월 31일 현재의 주민등록표 및 재외국민국내거소신고표, 외국인등록표에 의하여 산정한다. ⑪ 조례의 제정·개정 및 폐지 청구에 관하여 그 밖에 필요한 사항은 대통령령으로 정한다.	
-	**제20조(규칙의 제정과 개정·폐지 의견 제출)** ① 주민은 제29조에 따른 규칙(권리·의무와 직접 관련되는 사항으로 한정한다)의 제정, 개정 또는 폐지와 관련된 의견을 해당 지방자치단체의 장에게 제출할 수 있다. ② 법령이나 조례를 위반하거나 법령이나 조례에서 위임한 범위를 벗어나는 사항은 제1항에 따른 의견 제출 대상에서 제외한다. ③ 지방자치단체의 장은 제1항에 따라 제출된 의견에 대하여 의견이 제출된 날부터 30일 이내에 검토 결과를 그 의견을 제출한 주민에게 통보하여야 한다. ④ 제1항에 따른 의견 제출, 제3항에 따른 의견의 검토와 결과 통보의 방법 및 절차는 해당 지방자치단체의 조례로 정한다.
제15조의2(주민청구조례안의 심사절차) ① 지방자치단체의 장은 제15조에 따라 청구된 주민청구조례안에 대하여 의견이 있으면 제15조 제9항에 따라 주민청구조례안을 지방의회에 부의할 때 그 의견을 첨부할 수 있다. ② 지방의회는 심사 안건으로 부쳐진 주민청구조례안을 의결하기 전에 청구인의 대표자를 회의에 참석시켜 그 청구취지(청구인의 대표자와의 질의·답변을 포함한다)를 들을 수 있다. ③ 제2항에 따른 주민청구조례안의 심사절차에 관하여 필요한 사항은 지방의회 회의규칙으로 정한다.	-

개정 전	개정 후
제16조(주민의 감사청구) ① 지방자치단체의 19세 이상의 주민은 시·도는 500명, 제175조에 따른 인구 50만 이상 대도시는 300명, 그 밖의 시·군 및 자치구는 200명을 넘지 아니하는 범위에서 그 지방자치단체의 조례로 정하는 19세 이상의 주민 수 이상의 연서(連署)로, 시·도에서는 주무부장관에게, 시·군 및 자치구에서는 시·도지사에게 그 지방자치단체와 그 장의 권한에 속하는 사무의 처리가 법령에 위반되거나 공익을 현저히 해친다고 인정되면 감사를 청구할 수 있다. 다만, 다음 각 호의 어느 하나에 해당하는 사항은 감사청구의 대상에서 제외한다. 1. 수사나 재판에 관여하게 되는 사항 2. 개인의 사생활을 침해할 우려가 있는 사항 3. 다른 기관에서 감사하였거나 감사 중인 사항. 다만, 다른 기관에서 감사한 사항이라도 새로운 사항이 발견되거나 중요 사항이 감사에서 누락된 경우와 제17조 제1항에 따라 주민소송의 대상이 되는 경우에는 그러하지 아니하다. 4. 동일한 사항에 대하여 제17조 제2항 각 호의 어느 하나에 해당하는 소송이 진행 중이거나 그 판결이 확정된 사항 ② 제1항에 따른 청구는 사무처리가 있었던 날이나 끝난 날부터 2년이 지나면 제기할 수 없다. ③ 주무부장관이나 시·도지사는 감사청구를 수리한 날부터 60일 이내에 감사청구된 사항에 대하여 감사를 끝내야 하며, 감사 결과를 청구인의 대표자와 해당 지방자치단체의 장에게 서면으로 알리고, 공표하여야 한다. 다만, 그 기간에 감사를 끝내기가 어려운 정당한 사유가 있으면 그 기간을 연장할 수 있다. 이 경우 이를 미리 청구인의 대표자와 해당 지방자치단체의 장에게 알리고, 공표하여야 한다. ④ 주무부장관이나 시·도지사는 주민이 감사를 청구한 사항이 다른 기관에서 이미 감사한 사항이거나 감사 중인 사항이면 그 기관에서 실시한 감사결과 또는 감사 중인 사실과 감사가 끝난 후 그 결과를 알리겠다는 사실을 청구인의 대표자와 해당 기관에 지체 없이 알려야 한다. ⑤ 주무부장관이나 시·도지사는 주민 감사청구를 처리(각하를 포함한다)할 때 청구인의 대표자에게 반드시 증거 제출 및 의견 진술의 기회를 주어야 한다. ⑥ 주무부장관이나 시·도지사는 제3항에 따른 감사결과에 따라 기간을 정하여 해당 지방자치단체의 장에게 필요한 조치를 요구할 수 있다. 이 경우 그 지방자치단체의 장은 이를 성실히 이행하여야 하고 그 조치결과를 지방의회와 주무부장관 또는 시·도지사에게 보고하여야 한다. ⑦ 주무부장관이나 시·도지사는 제6항에 따른 조치요구내용과 지방자치단체의 장의 조치결과를 청구인의 대표자에게 서면으로 알리고, 공표하여야 한다. ⑧ 그 밖에 19세 이상의 주민의 감사청구에 관하여 필요한 사항은 대통령령으로 정한다.	**제21조(주민의 감사 청구)** ① 지방자치단체의 18세 이상의 주민으로서 다음 각 호의 어느 하나에 해당하는 사람(「공직선거법」 제18조에 따른 선거권이 없는 사람은 제외한다. 이하 이 조에서 "18세 이상의 주민"이라 한다)은 시·도는 300명, 제198조에 따른 인구 50만 이상 대도시는 200명, 그 밖의 시·군 및 자치구는 150명 이내에서 그 지방자치단체의 조례로 정하는 수 이상의 18세 이상의 주민이 연대 서명하여 그 지방자치단체와 그 장의 권한에 속하는 사무의 처리가 법령에 위반되거나 공익을 현저히 해친다고 인정되면 시·도의 경우에는 주무부장관에게, 시·군 및 자치구의 경우에는 시·도지사에게 감사를 청구할 수 있다. 1. 해당 지방자치단체의 관할 구역에 주민등록이 되어 있는 사람 2. 「출입국관리법」 제10조에 따른 영주(永住)할 수 있는 체류자격 취득일 후 3년이 경과한 외국인으로서 같은 법 제34조에 따라 해당 지방자치단체의 외국인등록대장에 올라 있는 사람 ② 다음 각 호의 사항은 감사 청구의 대상에서 제외한다. 1. 수사나 재판에 관여하게 되는 사항 2. 개인의 사생활을 침해할 우려가 있는 사항 3. 다른 기관에서 감사하였거나 감사 중인 사항. 다만, 다른 기관에서 감사한 사항이라도 새로운 사항이 발견되거나 중요 사항이 감사에서 누락된 경우와 제22조 제1항에 따라 주민소송의 대상이 되는 경우에는 그러하지 아니하다. 4. 동일한 사항에 대하여 제22조 제2항 각 호의 어느 하나에 해당하는 소송이 진행 중이거나 그 판결이 확정된 사항 ③ 제1항에 따른 청구는 사무처리가 있었던 날이나 끝난 날부터 3년이 지나면 제기할 수 없다. ④ 지방자치단체의 18세 이상의 주민이 제1항에 따라 감사를 청구하려면 청구인의 대표자를 선정하여 청구인명부에 적어야 하며, 청구인의 대표자는 감사청구서를 작성하여 주무부장관 또는 시·도지사에게 제출하여야 한다. ⑤ 주무부장관이나 시·도지사는 제1항에 따른 청구를 받으면 청구를 받은 날부터 5일 이내에 그 내용을 공표하여야 하며, 청구를 공표한 날부터 10일간 청구인명부나 그 사본을 공개된 장소에 갖추어 두어 열람할 수 있도록 하여야 한다. ⑥ 청구인명부의 서명에 관하여 이의가 있는 사람은 제5항에 따른 열람기간에 해당 주무부장관이나 시·도지사에게 이의를 신청할 수 있다. ⑦ 주무부장관이나 시·도지사는 제6항에 따른 이의신청을 받으면 제5항에 따른 열람기간이 끝난 날부터 14일 이내에 심사·결정하되, 그 신청이 이유 있다고 결정한 경우에는 청구인명부를 수정하고, 그 사실을 이의신청을 한 사람과 제4항에 따른 청구인의 대표자에게 알려야 하며, 그 이의신청이 이유 없다고 결정한 경우에는 그 사실을 즉시 이의신청을 한 사람에게 알려야 한다. ⑧ 주무부장관이나 시·도지사는 제6항에 따른 이의신청이 없는 경우 또는 제6항에 따라 제기된 모든 이의신청에 대하여 제7항에 따른 결정이 끝난 경우로서 제1항부터 제3항까지의 규정에 따른 요건을 갖춘 경우에는 청구를 수리하고, 그러하지 아니한 경우

개정 전	개정 후
⑨ 19세 이상의 주민의 감사청구에 관하여는 제15조 제3항부터 제7항까지의 규정을 준용한다. 이 경우 "조례를 제정하거나 개정하거나 폐지할 것을"은 "감사를"로, "지방자치단체의 장"은 "주무부장관이나 시·도지사"로 본다.	에는 청구를 각하하되, 수리 또는 각하 사실을 청구인의 대표자에게 알려야 한다. ⑨ 주무부장관이나 시·도지사는 감사 청구를 수리한 날부터 60일 이내에 감사 청구된 사항에 대하여 감사를 끝내야 하며, 감사 결과를 청구인의 대표자와 해당 지방자치단체의 장에게 서면으로 알리고, 공표하여야 한다. 다만, 그 기간에 감사를 끝내기가 어려운 정당한 사유가 있으면 그 기간을 연장할 수 있으며, 기간을 연장할 때에는 미리 청구인의 대표자와 해당 지방자치단체의 장에게 알리고, 공표하여야 한다. ⑩ 주무부장관이나 시·도지사는 주민이 감사를 청구한 사항이 다른 기관에서 이미 감사한 사항이거나 감사 중인 사항이면 그 기관에서 한 감사 결과 또는 감사 중인 사실과 감사가 끝난 후 그 결과를 알리겠다는 사실을 청구인의 대표자와 해당 기관에 지체 없이 알려야 한다. ⑪ 주무부장관이나 시·도지사는 주민 감사 청구를 처리(각하를 포함한다)할 때 청구인의 대표자에게 반드시 증거 제출 및 의견 진술의 기회를 주어야 한다. ⑫ 주무부장관이나 시·도지사는 제9항에 따른 감사 결과에 따라 기간을 정하여 해당 지방자치단체의 장에게 필요한 조치를 요구할 수 있다. 이 경우 그 지방자치단체의 장은 이를 성실히 이행하여야 하고, 그 조치 결과를 지방의회와 주무부장관 또는 시·도지사에게 보고하여야 한다. ⑬ 주무부장관이나 시·도지사는 제12항에 따른 조치 요구 내용과 지방자치단체의 장의 조치 결과를 청구인의 대표자에게 서면으로 알리고, 공표하여야 한다. ⑭ 제1항부터 제13항까지에서 규정한 사항 외에 18세 이상의 주민의 감사 청구에 필요한 사항은 대통령령으로 정한다.
제17조(주민소송) ① 제16조 제1항에 따라 공금의 지출에 관한 사항, 재산의 취득·관리·처분에 관한 사항, 해당 지방자치단체를 당사자로 하는 매매·임차·도급 계약이나 그 밖의 계약의 체결·이행에 관한 사항 또는 지방세·사용료·수수료·과태료 등 공금의 부과·징수를 게을리한 사항을 감사청구한 주민은 다음 각 호의 어느 하나에 해당하는 경우에 그 감사청구한 사항과 관련이 있는 위법한 행위나 업무를 게을리 한 사실에 대하여 해당 지방자치단체의 장(해당 사항의 사무처리에 관한 권한을 소속 기관의 장에게 위임한 경우에는 그 소속 기관의 장을 말한다. 이하 이 조에서 같다)을 상대방으로 하여 소송을 제기할 수 있다. 1. 주무부장관이나 시·도지사가 감사청구를 수리한 날부터 60일(제16조 제3항 단서에 따라 감사기간이 연장된 경우에는 연장기간이 끝난 날을 말한다)이 지나도 감사를 끝내지 아니한 경우 2. 제16조 제3항 및 제4항에 따른 감사결과 또는 제16조 제6항에 따른 조치요구에 불복하는 경우 3. 제16조 제6항에 따른 주무부장관이나 시·도지사의 조치요구를 지방자치단체의 장이 이행하지 아니한 경우 4. 제16조 제6항에 따른 지방자치단체의 장의 이행 조치에 불복하는 경우	**제22조(주민소송)** ① 제21조 제1항에 따라 공금의 지출에 관한 사항, 재산의 취득·관리·처분에 관한 사항, 해당 지방자치단체를 당사자로 하는 매매·임차·도급 계약이나 그 밖의 계약의 체결·이행에 관한 사항 또는 지방세·사용료·수수료·과태료 등 공금의 부과·징수를 게을리한 사항을 감사 청구한 주민은 다음 각 호의 어느 하나에 해당하는 경우에 그 감사 청구한 사항과 관련이 있는 위법한 행위나 업무를 게을리한 사실에 대하여 해당 지방자치단체의 장(해당 사항의 사무처리에 관한 권한을 소속 기관의 장에게 위임한 경우에는 그 소속 기관의 장을 말한다. 이하 이 조에서 같다)을 상대방으로 하여 소송을 제기할 수 있다. 1. 주무부장관이나 시·도지사가 감사 청구를 수리한 날부터 60일(제21조 제9항 단서에 따라 감사기간이 연장된 경우에는 연장된 기간이 끝난 날을 말한다)이 지나도 감사를 끝내지 아니한 경우 2. 제21조 제9항 및 제10항에 따른 감사 결과 또는 같은 조 제12항에 따른 조치 요구에 불복하는 경우 3. 제21조 제12항에 따른 주무부장관이나 시·도지사의 조치 요구를 지방자치단체의 장이 이행하지 아니한 경우 4. 제21조 제12항에 따른 지방자치단체의 장의 이행 조치에 불복하는 경우

개정 전	개정 후
② 제1항에 따라 주민이 제기할 수 있는 소송은 다음 각 호와 같다. 1. 해당 행위를 계속하면 회복하기 곤란한 손해를 발생시킬 우려가 있는 경우에는 그 행위의 전부나 일부를 중지할 것을 요구하는 소송 2. 행정처분인 해당 행위의 취소 또는 변경을 요구하거나 그 행위의 효력 유무 또는 존재 여부의 확인을 요구하는 소송 3. 게을리한 사실의 위법 확인을 요구하는 소송 4. 해당 지방자치단체의 장 및 직원, 지방의회의원, 해당 행위와 관련이 있는 상대방에게 손해배상청구 또는 부당이득반환청구를 할 것을 요구하는 소송. 다만, 그 지방자치단체의 직원이 「회계관계직원 등의 책임에 관한 법률」 제4조에 따른 변상책임을 져야 하는 경우에는 변상명령을 할 것을 요구하는 소송을 말한다. ③ 제2항 제1호의 중지청구소송은 해당 행위를 중지할 경우 생명이나 신체에 중대한 위해가 생길 우려가 있거나 그 밖에 공공복리를 현저하게 저해할 우려가 있으면 제기할 수 없다. ④ 제2항에 따른 소송은 다음 각 호의 어느 하나에 해당하는 날부터 90일 이내에 제기하여야 한다. 1. 제1항 제1호의 경우: 해당 60일이 끝난 날(제16조 제3항 단서에 따라 감사기간이 연장된 경우에는 연장기간이 끝난 날을 말한다) 2. 제1항 제2호의 경우: 해당 감사결과나 조치요구내용에 대한 통지를 받은 날 3. 제1항 제3호의 경우: 해당 조치를 요구할 때에 지정한 처리기간이 끝난 날 4. 제1항 제4호의 경우: 해당 이행 조치결과에 대한 통지를 받은 날 ⑤ 제2항 각 호의 소송이 진행 중이면 다른 주민은 같은 사항에 대하여 별도의 소송을 제기할 수 없다. ⑥ 소송의 계속(繫屬) 중에 소송을 제기한 주민이 사망하거나 제12조에 따른 주민의 자격을 잃으면 소송절차는 중단된다. 소송대리인이 있는 경우에도 또한 같다. ⑦ 감사청구에 연서한 다른 주민은 제6항에 따른 사유가 발생한 사실을 안 날부터 6개월 이내에 소송절차를 수계(受繼)할 수 있다. 이 기간에 수계절차가 이루어지지 아니할 경우 그 소송절차는 종료된다. ⑧ 법원은 제6항에 따라 소송이 중단되면 감사청구에 연서한 다른 주민에게 소송절차를 중단한 사유와 소송절차 수계방법을 지체 없이 알려야 한다. 이 경우 법원은 감사청구에 적힌 주소로 통지서를 우편으로 보낼 수 있고, 우편물이 통상 도달할 수 있을 때에 감사청구에 연서한 다른 주민은 제6항의 사유가 발생한 사실을 안 것으로 본다. ⑨ 제2항에 따른 소송은 해당 지방자치단체의 사무소 소재지를 관할하는 행정법원(행정법원이 설치되지 아니한 지역에서는 행정법원의 권한에 속하는 사건을 관할하는 지방법원본원을 말한다)의 관할로 한다.	② 제1항에 따라 주민이 제기할 수 있는 소송은 다음 각 호와 같다. 1. 해당 행위를 계속하면 회복하기 어려운 손해를 발생시킬 우려가 있는 경우에는 그 행위의 전부나 일부를 중지할 것을 요구하는 소송 2. 행정처분인 해당 행위의 취소 또는 변경을 요구하거나 그 행위의 효력 유무 또는 존재 여부의 확인을 요구하는 소송 3. 게을리한 사실의 위법 확인을 요구하는 소송 4. 해당 지방자치단체의 장 및 직원, 지방의회의원, 해당 행위와 관련이 있는 상대방에게 손해배상청구 또는 부당이득반환청구를 할 것을 요구하는 소송. 다만, 그 지방자치단체의 직원이 「회계관계직원 등의 책임에 관한 법률」 제4조에 따른 변상책임을 져야 하는 경우에는 변상명령을 할 것을 요구하는 소송을 말한다. ③ 제2항 제1호의 중지청구소송은 해당 행위를 중지할 경우 생명이나 신체에 중대한 위해가 생길 우려가 있거나 그 밖에 공공복리를 현저하게 해칠 우려가 있으면 제기할 수 없다. ④ 제2항에 따른 소송은 다음 각 호의 구분에 따른 날부터 90일 이내에 제기하여야 한다. 1. 제1항 제1호: 해당 60일이 끝난 날(제21조 제9항 단서에 따라 감사기간이 연장된 경우에는 연장기간이 끝난 날을 말한다) 2. 제1항 제2호: 해당 감사 결과나 조치 요구 내용에 대한 통지를 받은 날 3. 제1항 제3호: 해당 조치를 요구할 때에 지정한 처리기간이 끝난 날 4. 제1항 제4호: 해당 이행 조치 결과에 대한 통지를 받은 날 ⑤ 제2항 각 호의 소송이 진행 중이면 다른 주민은 같은 사항에 대하여 별도의 소송을 제기할 수 없다. ⑥ 소송의 계속(繫屬) 중에 소송을 제기한 주민이 사망하거나 제16조에 따른 주민의 자격을 잃으면 소송절차는 중단된다. 소송대리인이 있는 경우에도 또한 같다. ⑦ 감사 청구에 연대 서명한 다른 주민은 제6항에 따른 사유가 발생한 사실을 안 날부터 6개월 이내에 소송절차를 수계(受繼)할 수 있다. 이 기간에 수계절차가 이루어지지 아니할 경우 그 소송절차는 종료된다. ⑧ 법원은 제6항에 따라 소송이 중단되면 감사 청구에 연대 서명한 다른 주민에게 소송절차를 중단한 사유와 소송절차 수계방법을 지체 없이 알려야 한다. 이 경우 법원은 감사 청구에 적힌 주소로 통지서를 우편으로 보낼 수 있고, 우편물이 통상 도달할 수 있을 때에 감사 청구에 연대 서명한 다른 주민은 제6항의 사유가 발생한 사실을 안 것으로 본다. ⑨ 제2항에 따른 소송은 해당 지방자치단체의 사무소 소재지를 관할하는 행정법원(행정법원이 설치되지 아니한 지역에서는 행정법원의 권한에 속하는 사건을 관할하는 지방법원 본원을 말한다)의 관할로 한다.

개정 전	개정 후
⑩ 해당 지방자치단체의 장은 제2항 제1호부터 제3호까지의 규정에 따른 소송이 제기된 경우 그 소송 결과에 따라 권리나 이익의 침해를 받을 제3자가 있으면 그 제3자에 대하여, 제2항 제4호에 따른 소송이 제기된 경우 그 직원, 지방의회의원 또는 상대방에 대하여 소송고지를 하여 줄 것을 법원에 신청하여야 한다. ⑪ 제2항 제4호에 따른 소송이 제기된 경우에 지방자치단체의 장이 한 소송고지신청은 그 소송에 관한 손해배상청구권 또는 부당이득반환청구권의 시효중단에 관하여 「민법」 제168조 제1호에 따른 청구로 본다. ⑫ 제11항에 따른 시효중단의 효력은 그 소송이 끝난 날부터 6개월 이내에 재판상 청구, 파산절차참가, 압류 또는 가압류, 가처분을 하지 아니하면 효력이 생기지 아니한다. ⑬ 국가, 상급 지방자치단체 및 감사청구에 연서한 다른 주민과 제10항에 따라 소송고지를 받은 자는 법원에서 계속 중인 소송에 참가할 수 있다. ⑭ 제2항에 따른 소송에서 당사자는 법원의 허가를 받지 아니하고는 소의 취하, 소송의 화해 또는 청구의 포기를 할 수 없다. 이 경우 법원은 허가하기 전에 감사청구에 연서한 다른 주민에게 이를 알려야 하며, 알린 때부터 1개월 이내에 허가 여부를 결정하여야 한다. 위 통지에 관하여는 제8항 후단을 준용한다. ⑮ 제2항에 따른 소송은 「민사소송 등 인지법」 제2조 제4항에 따른 소정의 비재산권을 목적으로 하는 소송으로 본다. ⑯ 소송을 제기한 주민은 승소(일부 승소를 포함한다)한 경우 그 지방자치단체에 대하여 변호사 보수 등의 소송비용, 감사청구절차의 진행 등을 위하여 사용된 여비, 그 밖에 실제로 든 비용을 보상할 것을 청구할 수 있다. 이 경우 지방자치단체는 청구된 금액의 범위에서 그 소송을 진행하는 데에 객관적으로 사용된 것으로 인정되는 금액을 지급하여야 한다. ⑰ 제1항에 따른 소송에 관하여는 이 법에 규정된 것 외에는 「행정소송법」에 따른다.	⑩ 해당 지방자치단체의 장은 제2항 제1호부터 제3호까지의 규정에 따른 소송이 제기된 경우 그 소송 결과에 따라 권리나 이익의 침해를 받을 제3자가 있으면 그 제3자에 대하여, 제2항 제4호에 따른 소송이 제기된 경우 그 직원, 지방의회의원 또는 상대방에 대하여 소송고지를 해 줄 것을 법원에 신청하여야 한다. ⑪ 제2항 제4호에 따른 소송이 제기된 경우에 지방자치단체의 장이 한 소송고지신청은 그 소송에 관한 손해배상청구권 또는 부당이득반환청구권의 시효중단에 관하여 「민법」 제168조 제1호에 따른 청구로 본다. ⑫ 제11항에 따른 시효중단의 효력은 그 소송이 끝난 날부터 6개월 이내에 재판상 청구, 파산절차참가, 압류 또는 가압류, 가처분을 하지 아니하면 효력이 생기지 아니한다. ⑬ 국가, 상급 지방자치단체 및 감사 청구에 연대 서명한 다른 주민과 제10항에 따라 소송고지를 받은 자는 법원에서 계속 중인 소송에 참가할 수 있다. ⑭ 제2항에 따른 소송에서 당사자는 법원의 허가를 받지 아니하고는 소의 취하, 소송의 화해 또는 청구의 포기를 할 수 없다. ⑮ 법원은 제14항에 따른 허가를 하기 전에 감사 청구에 연대 서명한 다른 주민에게 그 사실을 알려야 하며, 알린 때부터 1개월 이내에 허가 여부를 결정하여야 한다. 이 경우 통지방법 등에 관하여는 제8항 후단을 준용한다. ⑯ 제2항에 따른 소송은 「민사소송 등 인지법」 제2조 제4항에 따른 비재산권을 목적으로 하는 소송으로 본다. ⑰ 소송을 제기한 주민은 승소(일부 승소를 포함한다)한 경우 그 지방자치단체에 대하여 변호사 보수 등의 소송비용, 감사 청구절차의 진행 등을 위하여 사용된 여비, 그 밖에 실제로 든 비용을 보상할 것을 청구할 수 있다. 이 경우 지방자치단체는 청구된 금액의 범위에서 그 소송을 진행하는 데 객관적으로 사용된 것으로 인정되는 금액을 지급하여야 한다. ⑱ 제1항에 따른 소송에 관하여 이 법에 규정된 것 외에는 「행정소송법」에 따른다.
제18조(손해배상금 등의 지불청구 등) ① 지방자치단체의 장(해당 사항의 사무처리에 관한 권한을 소속 기관의 장에게 위임한 경우에는 그 소속 기관의 장을 말한다. 이하 이 조에서 같다)은 제17조 제2항 제4호 본문에 따른 소송에 대하여 손해배상청구나 부당이득반환청구를 명하는 판결이 확정되면 그 판결이 확정된 날부터 60일 이내를 기한으로 하여 당사자에게 그 판결에 따라 결정된 손해배상금이나 부당이득반환금의 지불을 청구하여야 한다. 다만, 손해배상금이나 부당이득반환금을 지불하여야 할 당사자가 지방자치단체의 장이면 지방의회 의장이 지불을 청구하여야 한다. ② 지방자치단체는 제1항에 따라 지불청구를 받은 자가 같은 항의 기한 내에 손해배상금이나 부당이득반환금을 지불하지 아니하면 손해배상·부당이득반환의 청구를 목적으로 하는 소송을 제기하여야 한다. 이 경우 그 소송의 상대방이 지방자치단체의 장이면 그 지방의회 의장이 그 지방자치단체를 대표한다.	**제23조(손해배상금 등의 지급청구 등)** ① 지방자치단체의 장(해당 사항의 사무처리에 관한 권한을 소속 기관의 장에게 위임한 경우에는 그 소속 기관의 장을 말한다. 이하 이 조에서 같다)은 제22조 제2항 제4호 본문에 따른 소송에 대하여 손해배상청구나 부당이득반환청구를 명하는 판결이 확정되면 판결이 확정된 날부터 60일 이내를 기한으로 하여 당사자에게 그 판결에 따라 결정된 손해배상금이나 부당이득반환금의 지급을 청구하여야 한다. 다만, 손해배상금이나 부당이득반환금을 지급하여야 할 당사자가 지방자치단체의 장이면 지방의회의 의장이 지급을 청구하여야 한다. ② 지방자치단체는 제1항에 따라 지급청구를 받은 자가 같은 항의 기한까지 손해배상금이나 부당이득반환금을 지급하지 아니하면 손해배상·부당이득반환의 청구를 목적으로 하는 소송을 제기하여야 한다. 이 경우 그 소송의 상대방이 지방자치단체의 장이면 그 지방의회의 의장이 그 지방자치단체를 대표한다.

개정 전	개정 후
제19조(변상명령 등) ① 지방자치단체의 장은 제17조 제2항 제4호 단서에 따른 소송에 대하여 변상할 것을 명하는 판결이 확정되면 그 판결이 확정된 날부터 60일 이내를 기한으로 하여 당사자에게 그 판결에 따라 결정된 금액을 변상할 것을 명령하여야 한다. ② 제1항에 따라 변상할 것을 명령받은 자가 같은 항의 기한 내에 변상금을 지불하지 아니하면 지방세 체납처분의 예에 따라 징수할 수 있다. ③ 제1항에 따라 변상할 것을 명령받은 자는 이에 불복하는 경우 행정소송을 제기할 수 있다. 다만, 「행정심판법」에 따른 행정심판청구는 제기할 수 없다.	**제24조(변상명령 등)** ① 지방자치단체의 장은 제22조 제2항 제4호 단서에 따른 소송에 대하여 변상할 것을 명하는 판결이 확정되면 판결이 확정된 날부터 60일 이내를 기한으로 하여 당사자에게 그 판결에 따라 결정된 금액을 변상할 것을 명령하여야 한다. ② 제1항에 따라 변상할 것을 명령받은 자가 같은 항의 기한까지 변상금을 지급하지 아니하면 지방세 체납처분의 예에 따라 징수할 수 있다. ③ 제1항에 따라 변상할 것을 명령받은 자는 그 명령에 불복하는 경우 행정소송을 제기할 수 있다. 다만, 「행정심판법」에 따른 행정심판청구는 제기할 수 없다.
제20조(주민소환) ① 주민은 그 지방자치단체의 장 및 지방의회의원(비례대표 지방의회의원은 제외한다)을 소환할 권리를 가진다. ② 주민소환의 투표 청구권자·청구요건·절차 및 효력 등에 관하여는 따로 법률로 정한다.	**제25조(주민소환)** ① 주민은 그 지방자치단체의 장 및 지방의회의원(비례대표 지방의회의원은 제외한다)을 소환할 권리를 가진다. ② 주민소환의 투표 청구권자·청구요건·절차 및 효력 등에 관한 사항은 따로 법률로 정한다.
-	**제26조(주민에 대한 정보공개)** ① 지방자치단체는 사무처리의 투명성을 높이기 위하여 「공공기관의 정보공개에 관한 법률」에서 정하는 바에 따라 지방의회의 의정활동, 집행기관의 조직, 재무 등 지방자치에 관한 정보(이하 "지방자치정보"라 한다)를 주민에게 공개하여야 한다. ② 행정안전부장관은 주민의 지방자치정보에 대한 접근성을 높이기 위하여 이 법 또는 다른 법령에 따라 공개된 지방자치정보를 체계적으로 수집하고 주민에게 제공하기 위한 정보공개시스템을 구축·운영할 수 있다.
제21조(주민의 의무) 주민은 법령으로 정하는 바에 따라 소속 지방자치단체의 비용을 분담하여야 하는 의무를 진다.	**제27조(주민의 의무)** 주민은 법령으로 정하는 바에 따라 소속 지방자치단체의 비용을 분담하여야 하는 의무를 진다.
제22조(조례) 지방자치단체는 법령의 범위 안에서 그 사무에 관하여 조례를 제정할 수 있다. 다만, 주민의 권리 제한 또는 의무 부과에 관한 사항이나 벌칙을 정할 때에는 법률의 위임이 있어야 한다.	**제28조(조례)** ① 지방자치단체는 법령의 범위에서 그 사무에 관하여 조례를 제정할 수 있다. 다만, 주민의 권리 제한 또는 의무 부과에 관한 사항이나 벌칙을 정할 때에는 법률의 위임이 있어야 한다. ② 법령에서 조례로 정하도록 위임한 사항은 그 법령의 하위 법령에서 그 위임의 내용과 범위를 제한하거나 직접 규정할 수 없다.
제23조(규칙) 지방자치단체의 장은 법령이나 조례가 위임한 범위에서 그 권한에 속하는 사무에 관하여 규칙을 제정할 수 있다.	**제29조(규칙)** 지방자치단체의 장은 법령 또는 조례의 범위에서 그 권한에 속하는 사무에 관하여 규칙을 제정할 수 있다.
제24조(조례와 규칙의 입법한계) 시·군 및 자치구의 조례나 규칙은 시·도의 조례나 규칙을 위반하여서는 아니 된다.	**제30조(조례와 규칙의 입법한계)** 시·군 및 자치구의 조례나 규칙은 시·도의 조례나 규칙을 위반해서는 아니 된다.
제25조(지방자치단체를 신설하거나 격을 변경할 때의 조례·규칙의 시행) 지방자치단체를 나누거나 합하여 새로운 지방자치단체가 설치되거나 지방자치단체의 격이 변경되면 그 지방자치단체의 장은 필요한 사항에 관하여 새로운 조례나 규칙이 제정·시행될 때까지 종래 그 지역에 시행되던 조례나 규칙을 계속 시행할 수 있다.	**제31조(지방자치단체를 신설하거나 격을 변경할 때의 조례·규칙 시행)** 지방자치단체를 나누거나 합하여 새로운 지방자치단체가 설치되거나 지방자치단체의 격이 변경되면 그 지방자치단체의 장은 필요한 사항에 관하여 새로운 조례나 규칙이 제정·시행될 때까지 종래 그 지역에 시행되던 조례나 규칙을 계속 시행할 수 있다.

개정 전	개정 후
제26조(조례와 규칙의 제정 절차 등) ① 조례안이 지방의회에서 의결되면 의장은 의결된 날부터 5일 이내에 그 지방자치단체의 장에게 이를 이송하여야 한다. ② 지방자치단체의 장은 제1항의 조례안을 이송받으면 20일 이내에 공포하여야 한다. ③ 지방자치단체의 장은 이송받은 조례안에 대하여 이의가 있으면 제2항의 기간에 이유를 붙여 지방의회로 환부(還付)하고, 재의(再議)를 요구할 수 있다. 이 경우 지방자치단체의 장은 조례안의 일부에 대하여 또는 조례안을 수정하여 재의를 요구할 수 없다. ④ 제3항에 따른 재의요구를 받은 지방의회가 재의에 부쳐 재적의원 과반수의 출석과 출석의원 3분의 2 이상의 찬성으로 전과 같은 의결을 하면 그 조례안은 조례로서 확정된다. ⑤ 지방자치단체의 장이 제2항의 기간에 공포하지 아니하거나 재의요구를 하지 아니할 때에도 그 조례안은 조례로서 확정된다. ⑥ 지방자치단체의 장은 제4항과 제5항에 따라 확정된 조례를 지체 없이 공포하여야 한다. 제5항에 따라 조례가 확정된 후 또는 제4항에 따른 확정조례가 지방자치단체의 장에게 이송된 후 5일 이내에 지방자치단체의 장이 공포하지 아니하면 지방의회의 의장이 이를 공포한다. ⑦ 제2항 및 제6항 전단에 따라 지방자치단체의 장이 조례를 공포한 때에는 즉시 해당 지방의회의 의장에게 통지하여야 하며, 제6항 후단에 따라 지방의회의 의장이 조례를 공포한 때에는 이를 즉시 해당 지방자치단체의 장에게 통지하여야 한다. ⑧ 조례와 규칙은 특별한 규정이 없으면 공포한 날부터 20일이 지나면 효력을 발생한다. ⑨ 조례와 규칙의 공포에 관하여 필요한 사항은 대통령령으로 정한다.	**제32조(조례와 규칙의 제정 절차 등)** ① 조례안이 지방의회에서 의결되면 지방의회의 의장은 의결된 날부터 5일 이내에 그 지방자치단체의 장에게 이송하여야 한다. ② 지방자치단체의 장은 제1항의 조례안을 이송받으면 20일 이내에 공포하여야 한다. ③ 지방자치단체의 장은 이송받은 조례안에 대하여 이의가 있으면 제2항의 기간에 이유를 붙여 지방의회로 환부(還付)하고, 재의(再議)를 요구할 수 있다. 이 경우 지방자치단체의 장은 조례안의 일부에 대하여 또는 조례안을 수정하여 재의를 요구할 수 없다. ④ 지방의회는 제3항에 따라 재의 요구를 받으면 조례안을 재의에 부치고 재적의원 과반수의 출석과 출석의원 3분의 2 이상의 찬성으로 전(前)과 같은 의결을 하면 그 조례안은 조례로서 확정된다. ⑤ 지방자치단체의 장이 제2항의 기간에 공포하지 아니하거나 재의 요구를 하지 아니하더라도 그 조례안은 조례로서 확정된다. ⑥ 지방자치단체의 장은 제4항 또는 제5항에 따라 확정된 조례를 지체 없이 공포하여야 한다. 이 경우 제5항에 따라 조례가 확정된 후 또는 제4항에 따라 확정된 조례가 지방자치단체의 장에게 이송된 후 5일 이내에 지방자치단체의 장이 공포하지 아니하면 지방의회의 의장이 공포한다. ⑦ 제2항 및 제6항 전단에 따라 지방자치단체의 장이 조례를 공포하였을 때에는 즉시 해당 지방의회의 의장에게 통지하여야 하며, 제6항 후단에 따라 지방의회의 의장이 조례를 공포하였을 때에는 그 사실을 즉시 해당 지방자치단체의 장에게 통지하여야 한다. ⑧ 조례와 규칙은 특별한 규정이 없으면 공포한 날부터 20일이 지나면 효력을 발생한다.
-	**제33조(조례와 규칙의 공포 방법 등)** ① 조례와 규칙의 공포는 해당 지방자치단체의 공보에 게재하는 방법으로 한다. 다만, 제32조 제6항 후단에 따라 지방의회의 의장이 조례를 공포하는 경우에는 공보나 일간신문에 게재하거나 게시판에 게시한다. ② 제1항에 따른 공보는 종이로 발행되는 공보(이하 이 조에서 "종이공보"라 한다) 또는 전자적인 형태로 발행되는 공보(이하 이 조에서 "전자공보"라 한다)로 운영한다. ③ 공보의 내용 해석 및 적용 시기 등에 대하여 종이공보와 전자공보는 동일한 효력을 가진다. ④ 조례와 규칙의 공포에 관하여 그 밖에 필요한 사항은 대통령령으로 정한다.
제27조(조례위반에 대한 과태료) ① 지방자치단체는 조례를 위반한 행위에 대하여 조례로써 1천만원 이하의 과태료를 정할 수 있다. ② 제1항에 따른 과태료는 해당 지방자치단체의 장이나 그 관할 구역 안의 지방자치단체의 장이 부과·징수한다.	**제34조(조례 위반에 대한 과태료)** ① 지방자치단체는 조례를 위반한 행위에 대하여 조례로써 1천만원 이하의 과태료를 정할 수 있다. ② 제1항에 따른 과태료는 해당 지방자치단체의 장이나 그 관할 구역의 지방자치단체의 장이 부과·징수한다.

개정 전	개정 후
제28조(보고) 조례나 규칙을 제정하거나 개정하거나 폐지할 경우 조례는 지방의회에서 이송된 날부터 5일 이내에, 규칙은 공포예정 15일 전에 시·도지사는 행정안전부장관에게, 시장·군수 및 자치구의 구청장은 시·도지사에게 그 전문(全文)을 첨부하여 각각 보고하여야 하며, 보고를 받은 행정안전부장관은 이를 관계 중앙행정기관의 장에게 통보하여야 한다.	**제35조(보고)** 조례나 규칙을 제정하거나 개정하거나 폐지할 경우 조례는 지방의회에서 이송된 날부터 5일 이내에, 규칙은 공포 예정일 15일 전에 시·도지사는 행정안전부장관에게, 시장·군수 및 자치구의 구청장은 시·도지사에게 그 전문(全文)을 첨부하여 각각 보고하여야 하며, 보고를 받은 행정안전부장관은 그 내용을 관계 중앙행정기관의 장에게 통보하여야 한다.
제29조(지방선거에 관한 법률의 제정) 지방선거에 관하여 이 법에서 정한 것 외에 필요한 사항은 따로 법률로 정한다.	**제36조(지방선거에 관한 법률의 제정)** 지방선거에 관하여 이 법에서 정한 것 외에 필요한 사항은 따로 법률로 정한다.
제30조(의회의 설치) 지방자치단체에 주민의 대의기관인 의회를 둔다.	**제37조(의회의 설치)** 지방자치단체에 주민의 대의기관인 의회를 둔다.
제31조(지방의회의원의 선거) 지방의회의원은 주민이 보통·평등·직접·비밀선거에 따라 선출한다.	**제38조(지방의회의원의 선거)** 지방의회의원은 주민이 보통·평등·직접·비밀선거로 선출한다.
제32조(의원의 임기) 지방의회의원의 임기는 4년으로 한다.	**제39조(의원의 임기)** 지방의회의원의 임기는 4년으로 한다.
제33조(의원의 의정활동비 등) ① 지방의회의원에게 다음 각 호의 비용을 지급한다. 1. 의정 자료를 수집하고 연구하거나 이를 위한 보조 활동에 사용되는 비용을 보전(補塡)하기 위하여 매월 지급하는 의정활동비 2. 본회의 의결, 위원회의 의결 또는 의장의 명에 따라 공무로 여행할 때 지급하는 여비 3. 지방의회의원의 직무활동에 대하여 지급하는 월정수당 ② 제1항 각 호에 규정된 비용의 지급기준은 대통령령으로 정하는 범위에서 해당 지방자치단체의 의정비심의위원회에서 결정하는 금액 이내로 하여 지방자치단체의 조례로 정한다. ③ 의정비심의위원회의 구성·운영 등에 관하여 필요한 사항은 대통령령으로 정한다.	**제40조(의원의 의정활동비 등)** ① 지방의회의원에게는 다음 각 호의 비용을 지급한다. 1. 의정(議政) 자료를 수집하고 연구하거나 이를 위한 보조 활동에 사용되는 비용을 보전(補塡)하기 위하여 매월 지급하는 의정활동비 2. 지방의회의원의 직무활동에 대하여 지급하는 월정수당 3. 본회의 의결, 위원회 의결 또는 지방의회의 의장의 명에 따라 공무로 여행할 때 지급하는 여비 ② 제1항 각 호에 규정된 비용은 대통령령으로 정하는 기준을 고려하여 해당 지방자치단체의 의정비심의위원회에서 결정하는 금액 이내에서 지방자치단체의 조례로 정한다. 다만, 제1항 제3호에 따른 비용은 의정비심의위원회 결정 대상에서 제외한다. ③ 의정비심의위원회의 구성·운영 등에 필요한 사항은 대통령령으로 정한다.
-	**제41조(의원의 정책지원 전문인력)** ① 지방의회의원의 의정활동을 지원하기 위하여 지방의회의원 정수의 2분의 1 범위에서 해당 지방자치단체의 조례로 정하는 바에 따라 지방의회에 정책지원 전문인력을 둘 수 있다. ② 정책지원 전문인력은 지방공무원으로 보하며, 직급·직무 및 임용절차 등 운영에 필요한 사항은 대통령령으로 정한다.
제34조(상해·사망 등의 보상) ① 지방의회의원이 회기 중 직무(제61조에 따라 개회된 위원회의 직무와 본회의 또는 위원회의 의결이나 의장의 명에 따른 폐회 중의 공무여행을 포함한다)로 인하여 신체에 상해를 입거나 사망한 경우와 그 상해나 직무로 인한 질병으로 사망한 경우에는 보상금을 지급할 수 있다. ② 제1항의 보상금의 지급기준은 대통령령으로 정하는 범위에서 해당 지방자치단체의 조례로 정한다.	**제42조(상해·사망 등의 보상)** ① 지방의회의원이 직무로 인하여 신체에 상해를 입거나 사망한 경우와 그 상해나 직무로 인한 질병으로 사망한 경우에는 보상금을 지급할 수 있다. ② 제1항의 보상금의 지급기준은 대통령령으로 정하는 범위에서 해당 지방자치단체의 조례로 정한다.
제35조(겸직 등 금지) ① 지방의회의원은 다음 각 호의 어느 하나에 해당하는 직을 겸할 수 없다. 1. 국회의원, 다른 지방의회의 의원 2. 헌법재판소재판관, 각급 선거관리위원회 위원	**제43조(겸직 등 금지)** ① 지방의회의원은 다음 각 호의 어느 하나에 해당하는 직(職)을 겸할 수 없다. 1. 국회의원, 다른 지방의회의원 2. 헌법재판소 재판관, 각급 선거관리위원회 위원

개정 전	개정 후
3. 「국가공무원법」 제2조에 규정된 국가공무원과 「지방공무원법」 제2조에 규정된 지방공무원(「정당법」 제22조에 따라 정당의 당원이 될 수 있는 교원은 제외한다) 4. 「공공기관의 운영에 관한 법률」 제4조에 따른 공공기관(한국방송공사, 한국교육방송공사 및 한국은행을 포함한다)의 임직원 5. 「지방공기업법」 제2조에 규정된 지방공사와 지방공단의 임직원 6. 농업협동조합, 수산업협동조합, 산림조합, 엽연초생산협동조합, 신용협동조합, 새마을금고(이들 조합·금고의 중앙회와 연합회를 포함한다)의 임직원과 이들 조합·금고의 중앙회장이나 연합회장 7. 「정당법」 제22조에 따라 정당의 당원이 될 수 없는 교원 8. 다른 법령에 따라 공무원의 신분을 가지는 직 9. 그 밖에 다른 법률에서 겸임할 수 없도록 정하는 직 ② 「정당법」 제22조에 따라 정당의 당원이 될 수 있는 교원이 지방의회의원으로 당선되면 임기 중 그 교원의 직은 휴직된다. ③ 지방의회의원이 당선 전부터 제1항 각 호의 직을 제외한 다른 직을 가진 경우에는 임기개시 후 1개월 이내에, 임기 중 그 다른 직에 취임한 경우에는 취임 후 15일 이내에 지방의회의 의장에게 서면으로 신고하여야 하며, 그 방법과 절차는 해당 지방자치단체의 조례로 정한다. ④ 지방의회의장은 지방의회의원이 다른 직을 겸하는 것이 제36조 제2항에 위반된다고 인정될 때에는 그 겸한 직을 사임할 것을 권고할 수 있다. ⑤ 지방의회의원은 해당 지방자치단체 및 공공단체와 영리를 목적으로 하는 거래를 할 수 없으며, 이와 관련된 시설이나 재산의 양수인 또는 관리인이 될 수 없다. ⑥ 지방의회의원은 소관 상임위원회의 직무와 관련된 영리행위를 하지 못하며, 그 범위는 해당 지방자치단체의 조례로 정한다.	3. 「국가공무원법」 제2조에 따른 국가공무원과 「지방공무원법」 제2조에 따른 지방공무원(「정당법」 제22조에 따라 정당의 당원이 될 수 있는 교원은 제외한다) 4. 「공공기관의 운영에 관한 법률」 제4조에 따른 공공기관(한국방송공사, 한국교육방송공사 및 한국은행을 포함한다)의 임직원 5. 「지방공기업법」 제2조에 따른 지방공사와 지방공단의 임직원 6. 농업협동조합, 수산업협동조합, 산림조합, 엽연초생산협동조합, 신용협동조합, 새마을금고(이들 조합·금고의 중앙회와 연합회를 포함한다)의 임직원과 이들 조합·금고의 중앙회장이나 연합회장 7. 「정당법」 제22조에 따라 정당의 당원이 될 수 없는 교원 8. 다른 법령에 따라 공무원의 신분을 가지는 직 9. 그 밖에 다른 법률에서 겸임할 수 없도록 정하는 직 ② 「정당법」 제22조에 따라 정당의 당원이 될 수 있는 교원이 지방의회의원으로 당선되면 임기 중 그 교원의 직은 휴직된다. ③ 지방의회의원이 당선 전부터 제1항 각 호의 직을 제외한 다른 직을 가진 경우에는 임기 개시 후 1개월 이내에, 임기 중 그 다른 직에 취임한 경우에는 취임 후 15일 이내에 지방의회의 의장에게 서면으로 신고하여야 하며, 그 방법과 절차는 해당 지방자치단체의 조례로 정한다. ④ 지방의회의 의장은 제3항에 따라 지방의회의원의 겸직신고를 받으면 그 내용을 연 1회 이상 해당 지방의회의 인터넷 홈페이지에 게시하거나 지방자치단체의 조례로 정하는 방법에 따라 공개하여야 한다. ⑤ 지방의회의원이 다음 각 호의 기관·단체 및 그 기관·단체가 설립·운영하는 시설의 대표, 임원, 상근직원 또는 그 소속 위원회(자문위원회는 제외한다)의 위원이 된 경우에는 그 겸한 직을 사임하여야 한다. 1. 해당 지방자치단체가 출자·출연(재출자·재출연을 포함한다)한 기관·단체 2. 해당 지방자치단체의 사무를 위탁받아 수행하고 있는 기관·단체 3. 해당 지방자치단체로부터 운영비, 사업비 등을 지원받고 있는 기관·단체 4. 법령에 따라 해당 지방자치단체의 장의 인가를 받아 설립된 조합(조합설립을 위한 추진위원회 등 준비단체를 포함한다)의 임직원 ⑥ 지방의회의 의장은 지방의회의원이 다음 각 호의 어느 하나에 해당하는 경우에는 그 겸한 직을 사임할 것을 권고하여야 한다. 이 경우 지방의회의 의장은 제66조에 따른 윤리심사자문위원회의 의견을 들어야 하며 그 의견을 존중하여야 한다. 1. 제5항에 해당하는 데도 불구하고 겸한 직을 사임하지 아니할 때 2. 다른 직을 겸하는 것이 제44조 제2항에 위반된다고 인정될 때 ⑦ 지방의회의 의장은 지방의회의원의 행위 또는 양수인이나 관리인의 지위가 제5항 또는 제6항에 따라 제한되는지와 관련하여 제66조에 따른 윤리심사자문위원회의 의견을 들을 수 있다.

개정 전	개정 후
제36조(의원의 의무) ① 지방의회의원은 공공의 이익을 우선하여 양심에 따라 그 직무를 성실히 수행하여야 한다. ② 지방의회의원은 청렴의 의무를 지며, 의원으로서의 품위를 유지하여야 한다. ③ 지방의회의원은 지위를 남용하여 지방자치단체·공공단체 또는 기업체와의 계약이나 그 처분에 의하여 재산상의 권리·이익 또는 직위를 취득하거나 타인을 위하여 그 취득을 알선하여서는 아니 된다.	**제44조(의원의 의무)** ① 지방의회의원은 공공의 이익을 우선하여 양심에 따라 그 직무를 성실히 수행하여야 한다. ② 지방의회의원은 청렴의 의무를 지며, 지방의회의원으로서의 품위를 유지하여야 한다. ③ 지방의회의원은 지위를 남용하여 재산상의 권리·이익 또는 직위를 취득하거나 다른 사람을 위하여 그 취득을 알선해서는 아니 된다. ④ 지방의회의원은 해당 지방자치단체, 제43조 제5항 각 호의 어느 하나에 해당하는 기관·단체 및 그 기관·단체가 설립·운영하는 시설과 영리를 목적으로 하는 거래를 하여서는 아니 된다. ⑤ 지방의회의원은 소관 상임위원회의 직무와 관련된 영리행위를 할 수 없으며, 그 범위는 해당 지방자치단체의 조례로 정한다.
제37조(의원체포 및 확정판결의 통지) ① 체포나 구금된 지방의회의원이 있으면 관계 수사기관의 장은 지체 없이 해당 의장에게 영장의 사본을 첨부하여 그 사실을 알려야 한다. ② 지방의회의원이 형사사건으로 공소(公訴)가 제기되어 그 판결이 확정되면 각급 법원장은 지체 없이 해당 의장에게 이를 알려야 한다.	**제45조(의원체포 및 확정판결의 통지)** ① 수사기관의 장은 체포되거나 구금된 지방의회의원이 있으면 지체 없이 해당 지방의회의 의장에게 영장의 사본을 첨부하여 그 사실을 알려야 한다. ② 각급 법원장은 지방의회의원이 형사사건으로 공소(公訴)가 제기되어 판결이 확정되면 지체 없이 해당 지방의회의 의장에게 그 사실을 알려야 한다.
제38조(지방의회의 의무 등) ① 지방의회는 지방의회의원이 준수하여야 할 지방의회의원의 윤리강령과 윤리실천규범을 조례로 정하여야 한다. ② 지방의회는 소속 의원들이 의정활동에 필요한 전문성을 확보하도록 노력하여야 한다.	**제46조(지방의회의 의무 등)** ① 지방의회는 지방의회의원이 준수하여야 할 지방의회의원의 윤리강령과 윤리실천규범을 조례로 정하여야 한다. ② 지방의회는 소속 의원들이 의정활동에 필요한 전문성을 확보하도록 노력하여야 한다.
제39조(지방의회의 의결사항) ① 지방의회는 다음 사항을 의결한다. 1. 조례의 제정·개정 및 폐지 2. 예산의 심의·확정 3. 결산의 승인 4. 법령에 규정된 것을 제외한 사용료·수수료·분담금·지방세 또는 가입금의 부과와 징수 5. 기금의 설치·운용 6. 대통령령으로 정하는 중요 재산의 취득·처분 7. 대통령령으로 정하는 공공시설의 설치·처분 8. 법령과 조례에 규정된 것을 제외한 예산 외의 의무부담이나 권리의 포기 9. 청원의 수리와 처리 10. 외국 지방자치단체와의 교류협력에 관한 사항 11. 그 밖에 법령에 따라 그 권한에 속하는 사항 ② 지방자치단체는 제1항의 사항 외에 조례로 정하는 바에 따라 지방의회에서 의결되어야 할 사항을 따로 정할 수 있다.	**제47조(지방의회의 의결사항)** ① 지방의회는 다음 각 호의 사항을 의결한다. 1. 조례의 제정·개정 및 폐지 2. 예산의 심의·확정 3. 결산의 승인 4. 법령에 규정된 것을 제외한 사용료·수수료·분담금·지방세 또는 가입금의 부과와 징수 5. 기금의 설치·운용 6. 대통령령으로 정하는 중요 재산의 취득·처분 7. 대통령령으로 정하는 공공시설의 설치·처분 8. 법령과 조례에 규정된 것을 제외한 예산 외의 의무부담이나 권리의 포기 9. 청원의 수리와 처리 10. 외국 지방자치단체와의 교류·협력 11. 그 밖에 법령에 따라 그 권한에 속하는 사항 ② 지방자치단체는 제1항 각 호의 사항 외에 조례로 정하는 바에 따라 지방의회에서 의결되어야 할 사항을 따로 정할 수 있다.
제40조(서류제출요구) ① 본회의나 위원회는 그 의결로 안건의 심의와 직접 관련된 서류의 제출을 해당 지방자치단체의 장에게 요구할 수 있다. ② 위원회가 제1항의 요구를 할 때에는 의장에게 이를 보고하여야 한다.	**제48조(서류제출 요구)** ① 본회의나 위원회는 그 의결로 안건의 심의와 직접 관련된 서류의 제출을 해당 지방자치단체의 장에게 요구할 수 있다. ② 위원회가 제1항의 요구를 할 때에는 지방의회의 의장에게 그 사실을 보고하여야 한다.

개정 전	개정 후
③ 제1항에도 불구하고 폐회 중에 의원으로부터 서류제출요구가 있을 때에는 의장은 이를 요구할 수 있다. ④ 제1항에 따른 서류제출은 서면, 전자문서 또는 컴퓨터의 자기테이프·자기디스크, 그 밖에 이와 유사한 매체에 기록된 상태나 전산망에 입력된 상태로 제출할 것을 요구할 수 있다.	③ 제1항에도 불구하고 폐회 중에는 지방의회의 의장이 서류의 제출을 해당 지방자치단체의 장에게 요구할 수 있다. ④ 제1항 또는 제3항에 따라 서류제출을 요구할 때에는 서면, 전자문서 또는 컴퓨터의 자기테이프·자기디스크, 그 밖에 이와 유사한 매체에 기록된 상태 등 제출 형식을 지정할 수 있다.
제41조(행정사무 감사권 및 조사권) ① 지방의회는 매년 1회 그 지방자치단체의 사무에 대하여 시·도에서는 14일의 범위에서, 시·군 및 자치구에서는 9일의 범위에서 감사를 실시하고, 지방자치단체의 사무 중 특정 사안에 관하여 본회의 의결로 본회의나 위원회에서 조사하게 할 수 있다. ② 제1항의 조사를 발의할 때에는 이유를 밝힌 서면으로 하여야 하며, 재적의원 3분의 1 이상의 연서가 있어야 한다. ③ 지방자치단체 및 그 장이 위임받아 처리하는 국가사무와 시·도의 사무에 대하여 국회와 시·도의회가 직접 감사하기로 한 사무 외에는 그 감사를 각각 해당 시·도의회와 시·군 및 자치구의회가 할 수 있다. 이 경우 국회와 시·도의회는 그 감사결과에 대하여 그 지방의회에 필요한 자료를 요구할 수 있다. ④ 제1항의 감사 또는 조사와 제3항의 감사를 위하여 필요하면 현지확인을 하거나 서류제출을 요구할 수 있으며, 지방자치단체의 장 또는 관계 공무원이나 그 사무에 관계되는 자를 출석하게 하여 증인으로서 선서한 후 증언하게 하거나 참고인으로서 의견을 진술하도록 요구할 수 있다. ⑤ 제4항에 따른 증언에서 거짓증언을 한 자는 고발할 수 있으며, 제4항에 따라 서류제출을 요구받은 자가 정당한 사유 없이 서류를 정하여진 기한까지 제출하지 아니한 경우, 같은 항에 따라 출석요구를 받은 증인이 정당한 사유 없이 출석하지 아니하거나 선서 또는 증언을 거부한 경우에는 500만원 이하의 과태료를 부과할 수 있다. ⑥ 제5항에 따른 과태료 부과절차는 제27조를 따른다. ⑦ 제1항의 감사 또는 조사와 제3항의 감사를 위하여 필요한 사항은 「국정감사 및 조사에 관한 법률」에 준하여 대통령령으로 정하고, 제4항과 제5항의 선서·증언·감정 등에 관한 절차는 「국회에서의 증언·감정 등에 관한 법률」에 준하여 대통령령으로 정한다.	**제49조(행정사무 감사권 및 조사권)** ① 지방의회는 매년 1회 그 지방자치단체의 사무에 대하여 시·도에서는 14일의 범위에서, 시·군 및 자치구에서는 9일의 범위에서 감사를 실시하고, 지방자치단체의 사무 중 특정 사안에 관하여 본회의 의결로 본회의나 위원회에서 조사하게 할 수 있다. ② 제1항의 조사를 발의할 때에는 이유를 밝힌 서면으로 하여야 하며, 재적의원 3분의 1 이상의 찬성이 있어야 한다. ③ 지방자치단체 및 그 장이 위임받아 처리하는 국가사무와 시·도의 사무에 대하여 국회와 시·도의회가 직접 감사하기로 한 사무 외에는 그 감사를 각각 해당 시·도의회와 시·군 및 자치구의회가 할 수 있다. 이 경우 국회와 시·도의회는 그 감사 결과에 대하여 그 지방의회에 필요한 자료를 요구할 수 있다. ④ 제1항의 감사 또는 조사와 제3항의 감사를 위하여 필요하면 현지확인을 하거나 서류제출을 요구할 수 있으며, 지방자치단체의 장 또는 관계 공무원이나 그 사무에 관계되는 사람을 출석하게 하여 증인으로서 선서한 후 증언하게 하거나 참고인으로서 의견을 진술하도록 요구할 수 있다. ⑤ 제4항에 따른 증언에서 거짓증언을 한 사람은 고발할 수 있으며, 제4항에 따라 서류제출을 요구받은 자가 정당한 사유 없이 서류를 정해진 기한까지 제출하지 아니한 경우, 같은 항에 따라 출석요구를 받은 증인이 정당한 사유 없이 출석하지 아니하거나 선서 또는 증언을 거부한 경우에는 500만원 이하의 과태료를 부과할 수 있다. ⑥ 제5항에 따른 과태료 부과절차는 제34조를 따른다. ⑦ 제1항의 감사 또는 조사와 제3항의 감사를 위하여 필요한 사항은 「국정감사 및 조사에 관한 법률」에 준하여 대통령령으로 정하고, 제4항과 제5항의 선서·증언·감정 등에 관한 절차는 「국회에서의 증언·감정 등에 관한 법률」에 준하여 대통령령으로 정한다.
제41조의2(행정사무 감사 또는 조사 보고에 대한 처리) ① 지방의회는 본회의의 의결로 감사 또는 조사 결과를 처리한다. ② 지방의회는 감사 또는 조사 결과 해당 지방자치단체나 기관의 시정을 필요로 하는 사유가 있을 때에는 그 시정을 요구하고, 그 지방자치단체나 기관에서 처리함이 타당하다고 인정되는 사항은 그 지방자치단체나 기관으로 이송한다. ③ 지방자치단체나 기관은 제2항에 따라 시정 요구를 받거나 이송받은 사항을 지체 없이 처리하고 그 결과를 지방의회에 보고하여야 한다.	**제50조(행정사무 감사 또는 조사 보고의 처리)** ① 지방의회는 본회의의 의결로 감사 또는 조사 결과를 처리한다. ② 지방의회는 감사 또는 조사 결과 해당 지방자치단체나 기관의 시정이 필요한 사유가 있을 때에는 시정을 요구하고, 지방자치단체나 기관에서 처리함이 타당하다고 인정되는 사항은 그 지방자치단체나 기관으로 이송한다. ③ 지방자치단체나 기관은 제2항에 따라 시정 요구를 받거나 이송받은 사항을 지체 없이 처리하고 그 결과를 지방의회에 보고하여야 한다.

개정 전	개정 후
제42조(행정사무처리상황의 보고와 질문응답) ① 지방자치단체의 장이나 관계 공무원은 지방의회나 그 위원회에 출석하여 행정사무의 처리상황을 보고하거나 의견을 진술하고 질문에 응답할 수 있다. ② 지방자치단체의 장이나 관계 공무원은 지방의회나 그 위원회가 요구하면 출석·답변하여야 한다. 다만, 특별한 이유가 있으면 지방자치단체의 장은 관계 공무원에게 출석·답변하게 할 수 있다. ③ 제1항이나 제2항에 따라 지방의회나 그 위원회에 출석하여 답변할 수 있는 관계 공무원은 조례로 정한다.	**제51조(행정사무처리상황의 보고와 질의응답)** ① 지방자치단체의 장이나 관계 공무원은 지방의회나 그 위원회에 출석하여 행정사무의 처리상황을 보고하거나 의견을 진술하고 질문에 답변할 수 있다. ② 지방자치단체의 장이나 관계 공무원은 지방의회나 그 위원회가 요구하면 출석·답변하여야 한다. 다만, 특별한 이유가 있으면 지방자치단체의 장은 관계 공무원에게 출석·답변하게 할 수 있다. ③ 제1항이나 제2항에 따라 지방의회나 그 위원회에 출석하여 답변할 수 있는 관계 공무원은 조례로 정한다.
제43조(의회규칙) 지방의회는 내부운영에 관하여 이 법에서 정한 것 외에 필요한 사항을 규칙으로 정할 수 있다.	**제52조(의회규칙)** 지방의회는 내부운영에 관하여 이 법에서 정한 것 외에 필요한 사항을 규칙으로 정할 수 있다.
제44조(정례회) ① 지방의회는 매년 2회 정례회를 개최한다. ② 정례회의 집회일, 그 밖에 정례회의 운영에 관하여 필요한 사항은 대통령령으로 정하는 바에 따라 해당 지방자치단체의 조례로 정한다.	**제53조(정례회)** ① 지방의회는 매년 2회 정례회를 개최한다. ② 정례회의 집회일, 그 밖에 정례회 운영에 필요한 사항은 해당 지방자치단체의 조례로 정한다.
제45조(임시회) ① 총선거 후 최초로 집회되는 임시회는 지방의회 사무처장·사무국장·사무과장이 지방의회의원 임기 개시일부터 25일 이내에 소집한다. ② 지방의회의장은 지방자치단체의 장이나 재적의원 3분의 1 이상의 의원이 요구하면 15일 이내에 임시회를 소집하여야 한다. 다만, 의장과 부의장이 사고로 임시회를 소집할 수 없으면 의원 중 최다선의원이, 최다선의원이 2명 이상인 경우에는 그 중 연장자의 순으로 소집할 수 있다. ③ 임시회의 소집은 집회일 3일 전에 공고하여야 한다. 다만, 긴급할 때에는 그러하지 아니하다.	**제54조(임시회)** ① 지방의회의원 총선거 후 최초로 집회되는 임시회는 지방의회 사무처장·사무국장·사무과장이 지방의회의원 임기 개시일부터 25일 이내에 소집한다. ② 지방자치단체를 폐지하거나 설치하거나 나누거나 합쳐 새로운 지방자치단체가 설치된 경우에 최초의 임시회는 지방의회 사무처장·사무국장·사무과장이 해당 지방자치단체가 설치되는 날에 소집한다. ③ 지방의회의 의장은 지방자치단체의 장이나 조례로 정하는 수 이상의 지방의회의원이 요구하면 15일 이내에 임시회를 소집하여야 한다. 다만, 지방의회의 의장과 부의장이 부득이한 사유로 임시회를 소집할 수 없을 때에는 지방의회의원 중 최다선의원이, 최다선의원이 2명 이상인 경우에는 그 중 연장자의 순으로 소집할 수 있다. ④ 임시회 소집은 집회일 3일 전에 공고하여야 한다. 다만, 긴급할 때에는 그러하지 아니하다.
제46조(부의안건의 공고) 지방자치단체의 장이 지방의회에 부의할 안건은 지방자치단체의 장이 미리 공고하여야 한다. 다만, 회의 중 긴급한 안건을 부의할 때에는 그러하지 아니하다.	**제55조(제출안건의 공고)** 지방자치단체의 장이 지방의회에 제출할 안건은 지방자치단체의 장이 미리 공고하여야 한다. 다만, 회의 중 긴급한 안건을 제출할 때에는 그러하지 아니하다.
제47조(개회·휴회·폐회와 회의일수) ① 지방의회의 개회·휴회·폐회와 회기는 지방의회가 의결로 정한다. ② 연간 회의 총일수와 정례회 및 임시회의 회기는 해당 지방자치단체의 조례로 정한다.	**제56조(개회·휴회·폐회와 회의일수)** ① 지방의회의 개회·휴회·폐회와 회기는 지방의회가 의결로 정한다. ② 연간 회의 총일수와 정례회 및 임시회의 회기는 해당 지방자치단체의 조례로 정한다.
제48조(의장·부의장의 선거와 임기) ① 지방의회는 의원 중에서 시·도의 경우 의장 1명과 부의장 2명을, 시·군 및 자치구의 경우 의장과 부의장 각 1명을 무기명투표로 선거하여야 한다. ② 지방의회의원 총선거 후 처음으로 선출하는 의장·부의장 선거는 최초집회일에 실시한다. ③ 의장과 부의장의 임기는 2년으로 한다.	**제57조(의장·부의장의 선거와 임기)** ① 지방의회는 지방의회의원 중에서 시·도의 경우 의장 1명과 부의장 2명을, 시·군 및 자치구의 경우 의장과 부의장 각 1명을 무기명투표로 선출하여야 한다. ② 지방의회의원 총선거 후 처음으로 선출하는 의장·부의장 선거는 최초집회일에 실시한다. ③ 의장과 부의장의 임기는 2년으로 한다.

개정 전	개정 후
제49조(의장의 직무) 지방의회의 의장은 의회를 대표하고 의사(議事)를 정리하며, 회의장 내의 질서를 유지하고 의회의 사무를 감독한다.	**제58조(의장의 직무)** 지방의회의 의장은 의회를 대표하고 의사(議事)를 정리하며, 회의장 내의 질서를 유지하고 의회의 사무를 감독한다.
제50조(의장의 위원회 출석과 발언) 지방의회의 의장은 위원회에 출석하여 발언할 수 있다.	-
제51조(부의장의 의장 직무대리) 지방의회의 부의장은 의장이 사고가 있을 때에는 그 직무를 대리한다.	**제59조(의장 직무대리)** 지방의회의 의장이 부득이한 사유로 직무를 수행할 수 없을 때에는 부의장이 그 직무를 대리한다.
제52조(임시의장) 지방의회의 의장과 부의장이 모두 사고가 있을 때에는 임시의장을 선출하여 의장의 직무를 대행하게 한다.	**제60조(임시의장)** 지방의회의 의장과 부의장이 모두 부득이한 사유로 직무를 수행할 수 없을 때에는 임시의장을 선출하여 의장의 직무를 대행하게 한다.
제53조(보궐선거) ① 지방의회의 의장이나 부의장이 궐위(闕位)된 경우에는 보궐선거를 실시한다. ② 보궐선거로 당선된 의장이나 부의장의 임기는 전임자의 남은 임기로 한다.	**제61조(보궐선거)** ① 지방의회의 의장이나 부의장이 궐위(闕位)된 경우에는 보궐선거를 실시한다. ② 보궐선거로 당선된 의장이나 부의장의 임기는 전임자 임기의 남은 기간으로 한다.
제54조(의장 등을 선거할 때의 의장 직무 대행) 제48조 제1항, 제52조 또는 제53조 제1항에 따른 선거(이하 이 조에서 "의장등의 선거"라 한다)를 실시하는 경우에 의장의 직무를 수행할 자가 없으면 출석의원 중 최다선의원이, 최다선의원이 2명 이상인 경우에는 그 중 연장자가 그 직무를 대행한다. 이 경우 직무를 대행하는 의원이 정당한 사유 없이 의장등의 선거를 실시할 직무를 이행하지 아니할 때에는 다음 순위의 의원이 그 직무를 대행한다.	**제63조(의장 등을 선거할 때의 의장 직무 대행)** 제57조 제1항, 제60조 또는 제61조 제1항에 따른 선거(이하 이 조에서 "의장등의 선거"라 한다)를 실시할 때 의장의 직무를 수행할 사람이 없으면 출석의원 중 최다선의원이, 최다선의원이 2명 이상이면 그 중 연장자가 그 직무를 대행한다. 이 경우 직무를 대행하는 지방의회의원이 정당한 사유 없이 의장등의 선거를 실시할 직무를 이행하지 아니할 때에는 다음 순위의 지방의회의원이 그 직무를 대행한다.
제55조(의장불신임의 의결) ① 지방의회의 의장이나 부의장이 법령을 위반하거나 정당한 사유 없이 직무를 수행하지 아니하면 지방의회는 불신임을 의결할 수 있다. ② 제1항의 불신임의결은 재적의원 4분의 1 이상의 발의와 재적의원 과반수의 찬성으로 행한다. ③ 제2항의 불신임의결이 있으면 의장이나 부의장은 그 직에서 해임된다.	**제62조(의장·부의장 불신임의 의결)** ① 지방의회의 의장이나 부의장이 법령을 위반하거나 정당한 사유 없이 직무를 수행하지 아니하면 지방의회는 불신임을 의결할 수 있다. ② 제1항의 불신임 의결은 재적의원 4분의 1 이상의 발의와 재적의원 과반수의 찬성으로 한다. ③ 제2항의 불신임 의결이 있으면 지방의회의 의장이나 부의장은 그 직에서 해임된다.
제56조(위원회의 설치) ① 지방의회는 조례로 정하는 바에 따라 위원회를 둘 수 있다. ② 위원회의 종류는 소관 의안과 청원 등을 심사·처리하는 상임위원회와 특정한 안건을 일시적으로 심사·처리하기 위한 특별위원회 두 가지로 한다. ③ 위원회의 위원은 본회의에서 선임한다.	**제64조(위원회의 설치)** ① 지방의회는 조례로 정하는 바에 따라 위원회를 둘 수 있다. ② 위원회의 종류는 다음 각 호와 같다. 1. 소관 의안(議案)과 청원 등을 심사·처리하는 상임위원회 2. 특정한 안건을 심사·처리하는 특별위원회 ③ 위원회의 위원은 본회의에서 선임한다.
제57조(윤리특별위원회) 의원의 윤리심사 및 징계에 관한 사항을 심사하기 위하여 윤리특별위원회를 둘 수 있다.	**제65조(윤리특별위원회)** ① 지방의회의원의 윤리강령과 윤리실천규범 준수 여부 및 징계에 관한 사항을 심사하기 위하여 윤리특별위원회를 둔다. ② 제1항에 따른 윤리특별위원회(이하 "윤리특별위원회"라 한다)는 지방의회의원의 윤리강령과 윤리실천규범 준수 여부 및 지방의회의원의 징계에 관한 사항을 심사하기 전에 제66조에 따른 윤리심사자문위원회의 의견을 들어야 하며 그 의견을 존중하여야 한다.

개정 전	개정 후
-	**제66조(윤리심사자문위원회)** ① 지방의회의원의 겸직 및 영리행위 등에 관한 지방의회의 의장의 자문과 지방의회의원의 윤리강령과 윤리실천규범 준수 여부 및 징계에 관한 윤리특별위원회의 자문에 응하기 위하여 윤리특별위원회에 윤리심사자문위원회를 둔다. ② 윤리심사자문위원회의 위원은 민간전문가 중에서 지방의회의 의장이 위촉한다. ③ 제1항 및 제2항에서 규정한 사항 외에 윤리심사자문위원회의 구성 및 운영에 필요한 사항은 회의규칙으로 정한다.
제58조(위원회의 권한) 위원회는 그 소관에 속하는 의안과 청원 등 또는 지방의회가 위임한 특정한 안건을 심사한다.	**제67조(위원회의 권한)** 위원회는 그 소관에 속하는 의안과 청원 등 또는 지방의회가 위임한 특정한 안건을 심사한다.
제59조(전문위원) ① 위원회에는 위원장과 위원의 자치입법활동을 지원하기 위하여 의원이 아닌 전문지식을 가진 위원(이하 "전문위원"이라 한다)을 둔다. ② 전문위원은 위원회에서 의안과 청원 등의 심사, 행정사무감사 및 조사, 그 밖의 소관 사항과 관련하여 검토보고 및 관련 자료의 수집·조사·연구를 한다. ③ 위원회에 두는 전문위원의 직급과 정수 등에 관하여 필요한 사항은 대통령령으로 정한다.	**제68조(전문위원)** ① 위원회에는 위원장과 위원의 자치입법활동을 지원하기 위하여 지방의회의원이 아닌 전문지식을 가진 위원(이하 "전문위원"이라 한다)을 둔다. ② 전문위원은 위원회에서 의안과 청원 등의 심사, 행정사무감사 및 조사, 그 밖의 소관 사항과 관련하여 검토보고 및 관련 자료의 수집·조사·연구를 한다. ③ 위원회에 두는 전문위원의 직급과 수 등에 관하여 필요한 사항은 대통령령으로 정한다.
제60조(위원회에서의 방청 등) ① 위원회에서는 해당 지방의회의원이 아닌 자는 위원장의 허가를 받아 방청할 수 있다. ② 위원장은 질서를 유지하기 위하여 필요할 때에는 방청인의 퇴장을 명할 수 있다.	**제69조(위원회에서의 방청 등)** ① 위원회에서 해당 지방의회의원이 아닌 사람은 위원회의 위원장(이하 이 장에서 "위원장"이라 한다)의 허가를 받아 방청할 수 있다. ② 위원장은 질서를 유지하기 위하여 필요할 때에는 방청인의 퇴장을 명할 수 있다.
제61조(위원회의 개회) ① 위원회는 본회의의 의결이 있거나 의장 또는 위원장이 필요하다고 인정할 때, 재적위원 3분의 1 이상의 요구가 있는 때에 개회한다. ② 폐회 중에는 지방자치단체의 장도 의장 또는 위원장에게 이유서를 붙여 위원회의 개회를 요구할 수 있다.	**제70조(위원회의 개회)** ① 위원회는 본회의의 의결이 있거나 지방의회의 의장 또는 위원장이 필요하다고 인정할 때, 재적위원 3분의 1 이상이 요구할 때에 개회한다. ② 폐회 중에는 지방자치단체의 장도 지방의회의 의장 또는 위원장에게 이유서를 붙여 위원회 개회를 요구할 수 있다.
제62조(위원회에 관한 조례) 위원회에 관하여 이 법에서 정한 것 외에 필요한 사항은 조례로 정한다.	**제71조(위원회에 관한 조례)** 위원회에 관하여 이 법에서 정한 것 외에 필요한 사항은 조례로 정한다.
제63조(의사정족수) ① 지방의회는 재적의원 3분의 1 이상의 출석으로 개의(開議)한다. ② 회의 중 제1항의 정족수에 미치지 못할 때에는 의장은 회의를 중지하거나 산회(散會)를 선포한다.	**제72조(의사정족수)** ① 지방의회는 재적의원 3분의 1 이상의 출석으로 개의(開議)한다. ② 회의 참석 인원이 제1항의 정족수에 미치지 못할 때에는 지방의회의 의장은 회의를 중지하거나 산회(散會)를 선포한다.
제64조(의결정족수) ① 의결 사항은 이 법에 특별히 규정된 경우 외에는 재적의원 과반수의 출석과 출석의원 과반수의 찬성으로 의결한다. ② 의장은 의결에서 표결권을 가지며, 찬성과 반대가 같으면 부결된 것으로 본다.	**제73조(의결정족수)** ① 회의는 이 법에 특별히 규정된 경우 외에는 재적의원 과반수의 출석과 출석의원 과반수의 찬성으로 의결한다. ② 지방의회의 의장은 의결에서 표결권을 가지며, 찬성과 반대가 같으면 부결된 것으로 본다.
제64조의2(표결의 선포 등) ① 지방의회에서 표결할 때에는 의장이 표결할 안건의 제목을 의장석에서 선포하여야 하고, 의장이 표결을 선포한 때에는 누구든지 그 안건에 관하여 발언할 수 없다.	**제74조(표결방법)** 본회의에서 표결할 때에는 조례 또는 회의규칙으로 정하는 표결방식에 의한 기록표결로 가부(可否)를 결정한다. 다만, 다음 각 호의 어느 하나에 해당하는 경우에는 무기명투표로 표결한다.

개정 전	개정 후
② 표결이 끝났을 때에는 의장은 그 결과를 의장석에서 선포하여야 한다.	1. 제57조에 따른 의장·부의장 선거 2. 제60조에 따른 임시의장 선출 3. 제62조에 따른 의장·부의장 불신임 의결 4. 제92조에 따른 자격상실 의결 5. 제100조에 따른 징계 의결 6. 제32조, 제120조 또는 제121조, 제192조에 따른 재의 요구에 관한 의결 7. 그 밖에 지방의회에서 하는 각종 선거 및 인사에 관한 사항
제65조(회의의 공개 등) ① 지방의회의 회의는 공개한다. 다만, 의원 3명 이상이 발의하고 출석의원 3분의 2 이상이 찬성한 경우 또는 의장이 사회의 안녕질서 유지를 위하여 필요하다고 인정하는 경우에는 공개하지 아니할 수 있다. ② 의장은 공개된 회의의 방청허가를 받은 장애인에게 정당한 편의를 제공하여야 한다.	**제75조(회의의 공개 등)** ① 지방의회의 회의는 공개한다. 다만, 지방의회의원 3명 이상이 발의하고 출석의원 3분의 2 이상이 찬성한 경우 또는 지방의회의 의장이 사회의 안녕질서 유지를 위하여 필요하다고 인정하는 경우에는 공개하지 아니할 수 있다. ② 지방의회의 의장은 공개된 회의의 방청 허가를 받은 장애인에게 정당한 편의를 제공하여야 한다.
제66조(의안의 발의) ① 지방의회에서 의결할 의안은 지방자치단체의 장이나 재적의원 5분의 1 이상 또는 의원 10명 이상의 연서로 발의한다. ② 위원회는 그 직무에 속하는 사항에 관하여 의안을 제출할 수 있다. ③ 제1항 및 제2항의 의안은 그 안을 갖추어 의장에게 제출하여야 한다. ④ 제1항에 따라 의원이 조례안을 발의하는 때에는 발의의원과 찬성의원을 구분하되, 해당 조례안의 제명의 부제로 발의의원의 성명을 기재하여야 한다. 다만, 발의의원이 2명 이상인 경우에는 대표발의의원 1명을 명시하여야 한다. ⑤ 의원이 발의한 제정조례안 또는 전부개정조례안 중 의회에서 의결된 조례안을 공표 또는 홍보하는 경우에는 해당 조례안의 부제를 함께 표기할 수 있다.	**제76조(의안의 발의)** ① 지방의회에서 의결할 의안은 지방자치단체의 장이나 조례로 정하는 수 이상의 지방의회의원의 찬성으로 발의한다. ② 위원회는 그 직무에 속하는 사항에 관하여 의안을 제출할 수 있다. ③ 제1항 및 제2항의 의안은 그 안을 갖추어 지방의회의 의장에게 제출하여야 한다. ④ 제1항에 따라 지방의회의원이 조례안을 발의하는 경우에는 발의 의원과 찬성 의원을 구분하되, 해당 조례안의 제명의 부제로 발의 의원의 성명을 기재하여야 한다. 다만, 발의 의원이 2명 이상인 경우에는 대표발의 의원 1명을 명시하여야 한다. ⑤ 지방의회의원이 발의한 제정조례안 또는 전부개정조례안 중 지방의회에서 의결된 조례안을 공표하거나 홍보하는 경우에는 해당 조례안의 부제를 함께 표기할 수 있다.
제66조의2(조례안예고) ① 지방의회는 심사대상인 조례안에 대하여 5일 이상의 기간을 정하여 그 취지, 주요 내용, 전문을 공보나 인터넷 홈페이지 등에 게재하는 방법으로 예고할 수 있다. ② 조례안예고의 방법, 절차, 그 밖에 필요한 사항은 회의규칙으로 정한다.	**제77조(조례안 예고)** ① 지방의회는 심사대상인 조례안에 대하여 5일 이상의 기간을 정하여 그 취지, 주요 내용, 전문을 공보나 인터넷 홈페이지 등에 게재하는 방법으로 예고할 수 있다. ② 조례안 예고의 방법, 절차, 그 밖에 필요한 사항은 회의규칙으로 정한다.
제66조의3(의안에 대한 비용추계 자료 등의 제출) ① 지방자치단체의 장이 예산상 또는 기금상의 조치를 수반하는 의안을 발의할 경우에는 그 의안의 시행에 수반될 것으로 예상되는 비용에 대한 추계서와 이에 상응하는 재원조달방안에 관한 자료를 의안에 첨부하여야 한다. ② 제1항에 따른 비용에 대한 추계 및 재원조달방안에 대한 자료의 작성 및 제출절차 등에 관하여 필요한 사항은 해당 지방자치단체의 조례로 정한다.	**제78조(의안에 대한 비용추계 자료 등의 제출)** ① 지방자치단체의 장이 예산상 또는 기금상의 조치가 필요한 의안을 제출할 경우에는 그 의안의 시행에 필요할 것으로 예상되는 비용에 대한 추계서와 그에 따른 재원조달방안에 관한 자료를 의안에 첨부하여야 한다. ② 제1항에 따른 비용의 추계 및 재원조달방안에 관한 자료의 작성 및 제출절차 등에 관하여 필요한 사항은 해당 지방자치단체의 조례로 정한다.
제67조(회기계속의 원칙) 지방의회에 제출된 의안은 회기 중에 의결되지 못한 것 때문에 폐기되지 아니한다. 다만, 지방의회의원의 임기가 끝나는 경우에는 그러하지 아니하다.	**제79조(회기계속의 원칙)** 지방의회에 제출된 의안은 회기 중에 의결되지 못한 것 때문에 폐기되지 아니한다. 다만, 지방의회의원의 임기가 끝나는 경우에는 그러하지 아니하다.

개정 전	개정 후
제68조(일사부재의의 원칙) 지방의회에서 부결된 의안은 같은 회기 중에 다시 발의하거나 제출할 수 없다.	**제80조(일사부재의의 원칙)** 지방의회에서 부결된 의안은 같은 회기 중에 다시 발의하거나 제출할 수 없다.
제69조(위원회에서 폐기된 의안) ① 위원회에서 본회의에 부칠 필요가 없다고 결정된 의안은 본회의에 부칠 수 없다. 다만, 위원회의 결정이 본회의에 보고된 날부터 폐회나 휴회 중의 기간을 제외한 7일 이내에 의장이나 재적의원 3분의 1 이상이 요구하면 그 의안을 본 회의에 부쳐야 한다. ② 제1항 단서의 요구가 없으면 그 의안은 폐기된다.	**제81조(위원회에서 폐기된 의안)** ① 위원회에서 본회의에 부칠 필요가 없다고 결정된 의안은 본회의에 부칠 수 없다. 다만, 위원회의 결정이 본회의에 보고된 날부터 폐회나 휴회 중의 기간을 제외한 7일 이내에 지방의회의 의장이나 재적의원 3분의 1 이상이 요구하면 그 의안을 본회의에 부쳐야 한다. ② 제1항 단서의 요구가 없으면 그 의안은 폐기된다.
제70조(의장이나 의원의 제척) 지방의회의 의장이나 의원은 본인·배우자·직계존비속(直系尊卑屬) 또는 형제자매와 직접 이해관계가 있는 안건에 관하여는 그 의사에 참여할 수 없다. 다만, 의회의 동의가 있으면 의회에 출석하여 발언할 수 있다.	**제82조(의장이나 의원의 제척)** 지방의회의 의장이나 지방의회의원은 본인·배우자·직계존비속(直系尊卑屬) 또는 형제자매와 직접 이해관계가 있는 안건에 관하여는 그 의사에 참여할 수 없다. 다만, 의회의 동의가 있으면 의회에 출석하여 발언할 수 있다.
제71조(회의규칙) 지방의회는 회의의 운영에 관하여 이 법에서 정한 것 외에 필요한 사항은 회의규칙으로 정한다.	**제83조(회의규칙)** 지방의회는 회의 운영에 관하여 이 법에서 정한 것 외에 필요한 사항을 회의규칙으로 정한다.
제72조(회의록) ① 지방의회는 회의록을 작성하고 회의의 진행내용 및 결과와 출석의원의 성명을 적어야 한다. ② 회의록에는 의장과 의회에서 선출한 의원 2명 이상이 서명하여야 한다. ③ 의장은 회의록의 사본을 첨부하여 회의의 결과를 그 지방자치단체의 장에게 통고하여야 한다. ④ 회의록은 의원에게 배부한다. 다만, 비밀로 할 필요가 있다고 의장이 인정하거나 지방의회에서 의결한 사항은 공개하지 아니한다.	**제84조(회의록)** ① 지방의회는 회의록을 작성하고 회의의 진행내용 및 결과와 출석의원의 성명을 적어야 한다. ② 회의록에는 지방의회의 의장과 지방의회에서 선출한 지방의회의원 2명 이상이 서명하여야 한다. ③ 지방의회의 의장은 회의록 사본을 첨부하여 회의 결과를 그 지방자치단체의 장에게 알려야 한다. ④ 지방의회의 의장은 회의록을 지방의회의원에게 배부하고, 주민에게 공개한다. 다만, 비밀로 할 필요가 있다고 지방의회의 의장이 인정하거나 지방의회에서 의결한 사항은 공개하지 아니한다.
제73조(청원서의 제출) ① 지방의회에 청원을 하려는 자는 지방의회의원의 소개를 받아 청원서를 제출하여야 한다. ② 청원서에는 청원자의 성명(법인인 경우에는 그 명칭과 대표자의 성명) 및 주소를 적고 서명·날인하여야 한다.	**제85조(청원서의 제출)** ① 지방의회에 청원을 하려는 자는 지방의회의원의 소개를 받아 청원서를 제출하여야 한다. ② 청원서에는 청원자의 성명(법인인 경우에는 그 명칭과 대표자의 성명을 말한다) 및 주소를 적고 서명·날인하여야 한다.
제74조(청원의 불수리) 재판에 간섭하거나 법령에 위배되는 내용의 청원은 수리하지 아니한다.	**제86조(청원의 불수리)** 재판에 간섭하거나 법령에 위배되는 내용의 청원은 수리하지 아니한다.
제75조(청원의 심사·처리) ① 지방의회의 의장은 청원서를 접수하면 소관 위원회나 본회의에 회부하여 심사를 하게 한다. ② 청원을 소개한 의원은 소관 위원회나 본회의가 요구하면 청원의 취지를 설명하여야 한다. ③ 위원회가 청원을 심사하여 본회의에 부칠 필요가 없다고 결정하면 그 처리결과를 의장에게 보고하고, 의장은 청원한 자에게 알려야 한다.	**제87조(청원의 심사·처리)** ① 지방의회의 의장은 청원서를 접수하면 소관 위원회나 본회의에 회부하여 심사를 하게 한다. ② 청원을 소개한 지방의회의원은 소관 위원회나 본회의가 요구하면 청원의 취지를 설명하여야 한다. ③ 위원회가 청원을 심사하여 본회의에 부칠 필요가 없다고 결정하면 그 처리 결과를 지방의회의 의장에게 보고하고, 지방의회의 의장은 청원한 자에게 알려야 한다.
제76조(청원의 이송과 처리보고) ① 지방의회가 채택한 청원으로서 그 지방자치단체의 장이 처리하는 것이 타당하다고 인정되는 청원은 의견서를 첨부하여 지방자치단체의 장에게 이송한다. ② 지방자치단체의 장은 제1항의 청원을 처리하고 그 처리결과를 지체 없이 지방의회에 보고하여야 한다.	**제88조(청원의 이송과 처리보고)** ① 지방의회가 채택한 청원으로서 그 지방자치단체의 장이 처리하는 것이 타당하다고 인정되는 청원은 의견서를 첨부하여 지방자치단체의 장에게 이송한다. ② 지방자치단체의 장은 제1항의 청원을 처리하고 그 처리결과를 지체 없이 지방의회에 보고하여야 한다.
제77조(의원의 사직) 지방의회는 그 의결로 소속 의원의 사직을 허가할 수 있다. 다만, 폐회 중에는 의장이 허가할 수 있다.	**제89조(의원의 사직)** 지방의회는 그 의결로 소속 지방의회의원의 사직을 허가할 수 있다. 다만, 폐회 중에는 지방의회의 의장이 허가할 수 있다.

개정 전	개정 후
제78조(의원의 퇴직) 지방의회의 의원이 다음 각 호의 어느 하나에 해당될 때에는 의원의 직에서 퇴직된다. 1. 의원이 겸할 수 없는 직에 취임할 때 2. 피선거권이 없게 될 때(지방자치단체의 구역변경이나 없어지거나 합한 것 외의 다른 사유로 그 지방자치단체의 구역 밖으로 주민등록을 이전하였을 때를 포함한다) 3. 징계에 따라 제명될 때	**제90조(의원의 퇴직)** 지방의회의원이 다음 각 호의 어느 하나에 해당될 때에는 지방의회의원의 직에서 퇴직한다. 1. 제43조 제1항 각 호의 어느 하나에 해당하는 직에 취임할 때 2. 피선거권이 없게 될 때(지방자치단체의 구역변경이나 없어지거나 합한 것 외의 다른 사유로 그 지방자치단체의 구역 밖으로 주민등록을 이전하였을 때를 포함한다) 3. 징계에 따라 제명될 때
제79조(의원의 자격심사) ① 지방의회의 의원은 다른 의원의 자격에 대하여 이의가 있으면 재적의원 4분의 1 이상의 연서로 의장에게 자격심사를 청구할 수 있다. ② 피심의원(被審議員)은 자기의 자격심사에 관한 회의에 출석하여 변명은 할 수 있으나, 의결에는 참가할 수 없다.	**제91조(의원의 자격심사)** ① 지방의회의원은 다른 의원의 자격에 대하여 이의가 있으면 재적의원 4분의 1 이상의 찬성으로 지방의회의 의장에게 자격심사를 청구할 수 있다. ② 심사 대상인 지방의회의원은 자기의 자격심사에 관한 회의에 출석하여 의견을 진술할 수 있으나, 의결에는 참가할 수 없다.
제80조(자격상실의결) ① 제79조 제1항의 피심의원에 대한 자격상실의결은 재적의원 3분의 2 이상의 찬성이 있어야 한다. ② 피심의원은 제1항에 따라 자격상실이 확정될 때까지는 그 직을 상실하지 아니한다.	**제92조(자격상실 의결)** ① 제91조 제1항의 심사 대상인 지방의회의원에 대한 자격상실 의결은 재적의원 3분의 2 이상의 찬성이 있어야 한다. ② 심사 대상인 지방의회의원은 제1항에 따라 자격상실이 확정될 때까지는 그 직을 상실하지 아니한다.
제81조(궐원의 통지) 지방의회의 의원이 궐원(闕員)되면 의장은 15일 이내에 그 지방자치단체의 장과 관할 선거관리위원회에 알려야 한다.	**제93조(결원의 통지)** 지방의회의 의장은 지방의회의원의 결원이 생겼을 때에는 15일 이내에 그 지방자치단체의 장과 관할 선거관리위원회에 알려야 한다.
제82조(회의의 질서유지) ① 지방의회의 의원이 본회의나 위원회의 회의장에서 이 법이나 회의규칙에 위배되는 발언이나 행위를 하여 회의장의 질서를 어지럽히면 의장이나 위원장은 경고 또는 제지하거나 그 발언의 취소를 명할 수 있다. ② 제1항의 명에 따르지 아니한 의원이 있으면 의장이나 위원장은 그 의원에 대하여 당일의 회의에서 발언하는 것을 금지하거나 퇴장시킬 수 있다. ③ 의장이나 위원장은 회의장이 소란하여 질서를 유지하기 곤란하면 회의를 중지하거나 산회를 선포할 수 있다.	**제94조(회의의 질서유지)** ① 지방의회의 의장이나 위원장은 지방의회의원이 본회의나 위원회의 회의장에서 이 법이나 회의규칙에 위배되는 발언이나 행위를 하여 회의장의 질서를 어지럽히면 경고 또는 제지를 하거나 발언의 취소를 명할 수 있다. ② 지방의회의 의장이나 위원장은 제1항의 명에 따르지 아니한 지방의회의원이 있으면 그 지방의회의원에 대하여 당일의 회의에서 발언하는 것을 금지하거나 퇴장시킬 수 있다. ③ 지방의회의 의장이나 위원장은 회의장이 소란하여 질서를 유지하기 어려우면 회의를 중지하거나 산회를 선포할 수 있다.
제83조(모욕 등 발언의 금지) ① 지방의회의 의원은 본회의나 위원회에서 타인을 모욕하거나 타인의 사생활에 대하여 발언하여서는 아니 된다. ② 본회의나 위원회에서 모욕을 당한 의원은 모욕을 한 의원에 대하여 지방의회에 징계를 요구할 수 있다.	**제95조(모욕 등 발언의 금지)** ① 지방의회의원은 본회의나 위원회에서 다른 사람을 모욕하거나 다른 사람의 사생활에 대하여 발언해서는 아니 된다. ② 본회의나 위원회에서 모욕을 당한 지방의회의원은 모욕을 한 지방의회의원에 대하여 지방의회에 징계를 요구할 수 있다.
제84조(발언방해 등의 금지) 지방의회의 의원은 회의 중에 폭력을 행사하거나 소란한 행위를 하여 타인의 발언을 방해할 수 없으며, 의장이나 위원장의 허가 없이 연단(演壇)이나 단상(壇上)에 올라가서는 아니 된다.	**제96조(발언 방해 등의 금지)** 지방의회의원은 회의 중에 폭력을 행사하거나 소란한 행위를 하여 다른 사람의 발언을 방해할 수 없으며, 지방의회의 의장이나 위원장의 허가 없이 연단(演壇)이나 단상(壇上)에 올라가서는 아니 된다.
제85조(방청인에 대한 단속) ① 방청인은 의안에 대하여 찬성·반대를 표명하거나 소란한 행위를 하여서는 아니 된다. ② 의장은 회의장의 질서를 방해하는 방청인의 퇴장을 명할 수 있으며, 필요하면 경찰관서에 인도할 수 있다. ③ 방청석이 소란하면 의장은 모든 방청인을 퇴장시킬 수 있다. ④ 방청인에 대한 단속에 관하여 제1항부터 제3항까지에 규정된 것 외에 필요한 사항은 회의규칙으로 정한다.	**제97조(방청인의 단속)** ① 방청인은 의안에 대하여 찬성·반대를 표명하거나 소란한 행위를 하여서는 아니 된다. ② 지방의회의 의장은 회의장의 질서를 방해하는 방청인의 퇴장을 명할 수 있으며, 필요하면 경찰관서에 인도할 수 있다. ③ 지방의회의 의장은 방청석이 소란하면 모든 방청인을 퇴장시킬 수 있다. ④ 제1항부터 제3항까지에서 규정한 사항 외에 방청인 단속에 필요한 사항은 회의규칙으로 정한다.

개정 전	개정 후
제86조(징계의 사유) 지방의회는 의원이 이 법이나 자치법규에 위배되는 행위를 하면 의결로써 징계할 수 있다.	**제98조(징계의 사유)** 지방의회는 지방의회의원이 이 법이나 자치법규에 위배되는 행위를 하면 윤리특별위원회의 심사를 거쳐 의결로써 징계할 수 있다.
제87조(징계의 요구) ① 지방의회의 의장은 제86조에 따른 징계대상 의원이 있어 징계요구가 있으면 윤리특별위원회나 본회의에 회부한다. ② 제83조 제1항을 위반한 의원에 대하여 모욕을 당한 의원이 징계를 요구하려면 징계사유를 적은 요구서를 의장에게 제출하여야 한다. ③ 의장은 제2항의 징계요구가 있으면 윤리특별위원회나 본회의에 회부한다.	**제99조(징계의 요구)** ① 지방의회의 의장은 제98조에 따른 징계대상 지방의회의원이 있어 징계 요구를 받으면 윤리특별위원회에 회부한다. ② 제95조 제1항을 위반한 지방의회의원에 대하여 모욕을 당한 지방의회의원이 징계를 요구하려면 징계사유를 적은 요구서를 지방의회의 의장에게 제출하여야 한다. ③ 지방의회의 의장은 제2항의 징계 요구를 받으면 윤리특별위원회에 회부한다.
제88조(징계의 종류와 의결) ① 징계의 종류는 다음과 같다. 1. 공개회의에서의 경고 2. 공개회의에서의 사과 3. 30일 이내의 출석정지 4. 제명 ② 제명에는 재적의원 3분의 2 이상의 찬성이 있어야 한다.	**제100조(징계의 종류와 의결)** ① 징계의 종류는 다음과 같다. 1. 공개회의에서의 경고 2. 공개회의에서의 사과 3. 30일 이내의 출석정지 4. 제명 ② 제1항 제4호에 따른 제명 의결에는 재적의원 3분의 2 이상의 찬성이 있어야 한다.
제89조(징계에 관한 회의규칙) 징계에 관하여 이 법에 규정된 것 외에 필요한 사항은 회의규칙으로 정한다.	**제101조(징계에 관한 회의규칙)** 징계에 관하여 이 법에서 정한 사항 외에 필요한 사항은 회의규칙으로 정한다.
제90조(사무처 등의 설치) ① 시·도의회에는 사무를 처리하기 위하여 조례로 정하는 바에 따라 사무처를 둘 수 있으며, 사무처에는 사무처장과 직원을 둔다. ② 시·군 및 자치구의회에는 사무를 처리하기 위하여 조례로 정하는 바에 따라 사무국이나 사무과를 둘 수 있으며, 사무국·사무과에는 사무국장 또는 사무과장과 직원을 둘 수 있다. ③ 제1항과 제2항에 따른 사무처장·사무국장·사무과장 및 직원(이하 이 절에서 "사무직원"이라 한다)은 지방공무원으로 보한다.	**제102조(사무처 등의 설치)** ① 시·도의회에는 사무를 처리하기 위하여 조례로 정하는 바에 따라 사무처를 둘 수 있으며, 사무처에는 사무처장과 직원을 둔다. ② 시·군 및 자치구의회에는 사무를 처리하기 위하여 조례로 정하는 바에 따라 사무국이나 사무과를 둘 수 있으며, 사무국·사무과에는 사무국장 또는 사무과장과 직원을 둘 수 있다. ③ 제1항과 제2항에 따른 사무처장·사무국장·사무과장 및 직원(이하 제103조, 제104조 및 제118조에서 "사무직원"이라 한다)은 지방공무원으로 보한다.
제91조(사무직원의 정원과 임명) ① 지방의회에 두는 사무직원의 정수는 조례로 정한다. ② 사무직원은 지방의회의 의장의 추천에 따라 그 지방자치단체의 장이 임명한다. 다만, 지방자치단체의 장은 사무직원 중 다음 각 호의 어느 하나에 해당하는 공무원에 대한 임용권은 지방의회 사무처장·사무국장·사무과장에게 위임하여야 한다. 1. 별정직공무원 2. 「지방공무원법」 제25조의5에 따른 임기제공무원 3. 대통령령으로 정하는 일반직공무원	**제103조(사무직원의 정원과 임면 등)** ① 지방의회에 두는 사무직원의 수는 인건비 등 대통령령으로 정하는 기준에 따라 조례로 정한다. ② 지방의회의 의장은 지방의회 사무직원을 지휘·감독하고 법령과 조례·의회규칙으로 정하는 바에 따라 그 임면·교육·훈련·복무·징계 등에 관한 사항을 처리한다.
제92조(사무직원의 직무와 신분보장 등) ① 사무처장·사무국장 또는 사무과장은 의장의 명을 받아 의회의 사무를 처리한다. ② 사무직원의 임용·보수·복무·신분보장·징계 등에 관하여는 이 법에서 정한 것 외에는 「지방공무원법」을 적용한다.	**제104조(사무직원의 직무와 신분보장 등)** ① 사무처장·사무국장 또는 사무과장은 지방의회의 의장의 명을 받아 의회의 사무를 처리한다. ② 사무직원의 임용·보수·복무·신분보장·징계 등에 관하여는 이 법에서 정한 것 외에는 「지방공무원법」을 적용한다.

개정 전	개정 후
	제105조(지방자치단체의 장의 직 인수위원회) ①「공직선거법」 제191조에 따른 지방자치단체의 장의 당선인(같은 법 제14조 제3항 단서에 따라 당선이 결정된 사람을 포함하며, 이하 이 조에서 "당선인"이라 한다)은 이 법에서 정하는 바에 따라 지방자치단체의 장의 직 인수를 위하여 필요한 권한을 갖는다. ② 당선인을 보좌하여 지방자치단체의 장의 직 인수와 관련된 업무를 담당하기 위하여 당선이 결정된 때부터 해당 지방자치단체에 지방자치단체의 장의 직 인수위원회(이하 이 조에서 "인수위원회"라 한다)를 설치할 수 있다. ③ 인수위원회는 당선인으로 결정된 때부터 지방자치단체의 장의 임기 시작일 이후 20일의 범위에서 존속한다. ④ 인수위원회는 다음 각 호의 업무를 수행한다. 1. 해당 지방자치단체의 조직·기능 및 예산현황의 파악 2. 해당 지방자치단체의 정책기조를 설정하기 위한 준비 3. 그 밖에 지방자치단체의 장의 직 인수에 필요한 사항 ⑤ 인수위원회는 위원장 1명 및 부위원장 1명을 포함하여 다음 각 호의 구분에 따른 위원으로 구성한다. 1. 시·도: 20명 이내 2. 시·군 및 자치구: 15명 이내 ⑥ 위원장·부위원장 및 위원은 명예직으로 하고, 당선인이 임명하거나 위촉한다. ⑦「지방공무원법」 제31조 각 호의 어느 하나에 해당하는 사람은 인수위원회의 위원장·부위원장 및 위원이 될 수 없다. ⑧ 인수위원회의 위원장·부위원장 및 위원과 그 직에 있었던 사람은 그 직무와 관련하여 알게 된 비밀을 다른 사람에게 누설하거나 지방자치단체의 장의 직 인수 업무 외의 다른 목적으로 이용할 수 없으며, 직권을 남용해서는 아니 된다. ⑨ 인수위원회의 위원장·부위원장 및 위원과 그 직에 있었던 사람 중 공무원이 아닌 사람은 인수위원회의 업무와 관련하여 「형법」이나 그 밖의 법률에 따른 벌칙을 적용할 때에는 공무원으로 본다. ⑩ 제1항부터 제9항까지에서 규정한 사항 외에 인수위원회의 구성·운영 및 인력·예산 지원 등에 필요한 사항은 해당 지방자치단체의 조례로 정한다.
제93조(지방자치단체의 장) 특별시에 특별시장, 광역시에 광역시장, 특별자치시에 특별자치시장, 도와 특별자치도에 도지사를 두고, 시에 시장, 군에 군수, 자치구에 구청장을 둔다.	**제106조(지방자치단체의 장)** 특별시에 특별시장, 광역시에 광역시장, 특별자치시에 특별자치시장, 도와 특별자치도에 도지사를 두고, 시에 시장, 군에 군수, 자치구에 구청장을 둔다.
제94조(지방자치단체의 장의 선거) 지방자치단체의 장은 주민이 보통·평등·직접·비밀선거에 따라 선출한다.	**제107조(지방자치단체의 장의 선거)** 지방자치단체의 장은 주민이 보통·평등·직접·비밀선거로 선출한다.
제95조(지방자치단체의 장의 임기) 지방자치단체의 장의 임기는 4년으로 하며, 지방자치단체의 장의 계속 재임(在任)은 3기에 한한다.	**제108조(지방자치단체의 장의 임기)** 지방자치단체의 장의 임기는 4년으로 하며, 3기 내에서만 계속 재임(在任)할 수 있다.
제96조(겸임 등의 제한) ① 지방자치단체의 장은 다음 각 호의 어느 하나에 해당하는 직을 겸임할 수 없다. 1. 대통령, 국회의원, 헌법재판소재판관, 각급 선거관리위원회 위원, 지방의회의원	**제109조(겸임 등의 제한)** ① 지방자치단체의 장은 다음 각 호의 어느 하나에 해당하는 직을 겸임할 수 없다. 1. 대통령, 국회의원, 헌법재판소 재판관, 각급 선거관리위원회 위원, 지방의회의원

개정 전	개정 후
2. 「국가공무원법」 제2조에 규정된 국가공무원과 「지방공무원법」 제2조에 규정된 지방공무원 3. 다른 법령의 규정에 따라 공무원의 신분을 가지는 직 4. 「공공기관의 운영에 관한 법률」 제4조에 따른 공공기관(한국방송공사, 한국교육방송공사 및 한국은행을 포함한다)의 임직원 5. 농업협동조합, 수산업협동조합, 산림조합, 엽연초생산협동조합, 신용협동조합 및 새마을금고(이들 조합·금고의 중앙회와 연합회를 포함한다)의 임직원 6. 교원 7. 「지방공기업법」 제2조에 규정된 지방공사와 지방공단의 임직원 8. 그 밖에 다른 법률이 겸임할 수 없도록 정하는 직 ② 지방자치단체의 장은 재임(在任) 중 그 지방자치단체와 영리를 목적으로 하는 거래를 하거나 그 지방자치단체와 관계있는 영리사업에 종사할 수 없다.	2. 「국가공무원법」 제2조에 따른 국가공무원과 「지방공무원법」 제2조에 따른 지방공무원 3. 다른 법령에 따라 공무원의 신분을 가지는 직 4. 「공공기관의 운영에 관한 법률」 제4조에 따른 공공기관(한국방송공사, 한국교육방송공사 및 한국은행을 포함한다)의 임직원 5. 농업협동조합, 수산업협동조합, 산림조합, 엽연초생산협동조합, 신용협동조합 및 새마을금고(이들 조합·금고의 중앙회와 연합회를 포함한다)의 임직원 6. 교원 7. 「지방공기업법」 제2조에 따른 지방공사와 지방공단의 임직원 8. 그 밖에 다른 법률에서 겸임할 수 없도록 정하는 직 ② 지방자치단체의 장은 재임 중 그 지방자치단체와 영리를 목적으로 하는 거래를 하거나 그 지방자치단체와 관계있는 영리사업에 종사할 수 없다.
제97조(지방자치단체의 폐지·분합과 지방자치단체의 장) 지방자치단체를 폐지하거나 설치하거나 나누거나 합쳐 새로 지방자치단체의 장을 선거하여야 하는 경우에는 그 지방자치단체의 장이 선거될 때까지 시·도지사는 행정안전부장관이, 시장·군수 및 자치구의 구청장은 시·도지사가 각각 그 직무를 대행할 자를 지정하여야 한다. 다만, 둘 이상의 동격의 지방자치단체를 통·폐합하여 새로운 지방자치단체를 설치하는 경우에는 종전의 지방자치단체의 장 중에서 해당 지방자치단체의 장의 직무를 대행할 자를 지정한다.	**제110조(지방자치단체의 폐지·설치·분리·합병과 지방자치단체의 장)** 지방자치단체를 폐지하거나 설치하거나 나누거나 합쳐 새로 지방자치단체의 장을 선출하여야 하는 경우에는 그 지방자치단체의 장이 선출될 때까지 시·도지사는 행정안전부장관이, 시장·군수 및 자치구의 구청장은 시·도지사가 각각 그 직무를 대행할 사람을 지정하여야 한다. 다만, 둘 이상의 동격의 지방자치단체를 통폐합하여 새로운 지방자치단체를 설치하는 경우에는 종전의 지방자치단체의 장 중에서 해당 지방자치단체의 장의 직무를 대행할 사람을 지정한다.
제98조(지방자치단체의 장의 사임) ① 지방자치단체의 장은 그 직을 사임하려면 지방의회의 의장에게 미리 사임일을 적은 서면(이하 "사임통지서"라 한다)으로 알려야 한다. ② 지방자치단체의 장은 사임통지서에 적힌 사임일에 사임된다. 다만, 사임통지서에 적힌 사임일까지 지방의회의 의장에게 사임통지가 되지 아니하면 지방의회의 의장에게 사임통지가 된 날에 사임된다.	**제111조(지방자치단체의 장의 사임)** ① 지방자치단체의 장은 그 직을 사임하려면 지방의회의 의장에게 미리 사임일을 적은 서면(이하 "사임통지서"라 한다)으로 알려야 한다. ② 지방자치단체의 장은 사임통지서에 적힌 사임일에 사임한다. 다만, 사임통지서에 적힌 사임일까지 지방의회의 의장에게 사임통지가 되지 아니하면 지방의회의 의장에게 사임통지가 된 날에 사임한다.
제99조(지방자치단체의 장의 퇴직) 지방자치단체의 장이 다음 각 호의 어느 하나에 해당될 때에는 그 직에서 퇴직된다. 1. 지방자치단체의 장이 겸임할 수 없는 직에 취임할 때 2. 피선거권이 없게 될 때(지방자치단체의 구역변경이나 없어지거나 합한 것 외의 다른 사유로 그 지방자치단체의 구역 밖으로 주민등록을 이전하였을 때를 포함한다) 3. 제97조에 따라 지방자치단체의 장의 직을 상실할 때	**제112조(지방자치단체의 장의 퇴직)** 지방자치단체의 장이 다음 각 호의 어느 하나에 해당될 때에는 그 직에서 퇴직한다. 1. 지방자치단체의 장이 겸임할 수 없는 직에 취임할 때 2. 피선거권이 없게 될 때. 이 경우 지방자치단체의 구역이 변경되거나 없어지거나 합한 것 외의 다른 사유로 그 지방자치단체의 구역 밖으로 주민등록을 이전하였을 때를 포함한다. 3. 제110조에 따라 지방자치단체의 장의 직을 상실할 때
제100조(지방자치단체의 장의 체포 및 확정판결의 통지) ① 체포 또는 구금된 지방자치단체의 장이 있으면 관계 수사기관의 장은 지체 없이 영장의 사본을 첨부하여 해당 지방자치단체에 알려야 한다. 이 경우 통지를 받은 지방자치단체는 그 사실을 즉시 행정안전부장관에게 보고하여야 한다. 시·군 및 자치구가 행정안전부장관에게 보고하는 경우에는 시·도지사를 거쳐야 한다.	**제113조(지방자치단체의 장의 체포 및 확정판결의 통지)** ① 수사기관의 장은 체포되거나 구금된 지방자치단체의 장이 있으면 지체 없이 영장의 사본을 첨부하여 해당 지방자치단체에 알려야 한다. 이 경우 통지를 받은 지방자치단체는 그 사실을 즉시 행정안전부장관에게 보고하여야 하며, 시·군 및 자치구가 행정안전부장관에게 보고할 때에는 시·도지사를 거쳐야 한다.

개정 전	개정 후
② 지방자치단체의 장이 형사사건으로 공소가 제기되어 그 판결이 확정되면 각급 법원장은 지체 없이 해당 지방자치단체에 알려야 한다. 이 경우 통지를 받은 지방자치단체는 그 사실을 즉시 행정안전부장관에게 보고하여야 한다. 시·군 및 자치구가 행정안전부장관에게 보고하는 경우에는 시·도지사를 거쳐야 한다.	② 각급 법원장은 지방자치단체의 장이 형사사건으로 공소가 제기되어 판결이 확정되면 지체 없이 해당 지방자치단체에 알려야 한다. 이 경우 통지를 받은 지방자치단체는 그 사실을 즉시 행정안전부장관에게 보고하여야 하며, 시·군 및 자치구가 행정안전부장관에게 보고할 때에는 시·도지사를 거쳐야 한다.
제101조(지방자치단체의 통할대표권) 지방자치단체의 장은 지방자치단체를 대표하고, 그 사무를 총괄한다.	**제114조(지방자치단체의 통할대표권)** 지방자치단체의 장은 지방자치단체를 대표하고, 그 사무를 총괄한다.
제102조(국가사무의 위임) 시·도와 시·군 및 자치구에서 시행하는 국가사무는 법령에 다른 규정이 없으면 시·도지사와 시장·군수 및 자치구의 구청장에게 위임하여 행한다.	**제115조(국가사무의 위임)** 시·도와 시·군 및 자치구에서 시행하는 국가사무는 시·도지사와 시장·군수 및 자치구의 구청장에게 위임하여 수행하는 것을 원칙으로 한다. 다만, 법령에 다른 규정이 있는 경우에는 그러하지 아니하다.
제103조(사무의 관리 및 집행권) 지방자치단체의 장은 그 지방자치단체의 사무와 법령에 따라 그 지방자치단체의 장에게 위임된 사무를 관리하고 집행한다.	**제116조(사무의 관리 및 집행권)** 지방자치단체의 장은 그 지방자치단체의 사무와 법령에 따라 그 지방자치단체의 장에게 위임된 사무를 관리하고 집행한다.
제104조(사무의 위임 등) ① 지방자치단체의 장은 조례나 규칙으로 정하는 바에 따라 그 권한에 속하는 사무의 일부를 보조기관, 소속 행정기관 또는 하부행정기관에 위임할 수 있다. ② 지방자치단체의 장은 조례나 규칙으로 정하는 바에 따라 그 권한에 속하는 사무의 일부를 관할 지방자치단체나 공공단체 또는 그 기관(사업소·출장소를 포함한다)에 위임하거나 위탁할 수 있다. ③ 지방자치단체의 장은 조례나 규칙으로 정하는 바에 따라 그 권한에 속하는 사무 중 조사·검사·검정·관리업무 등 주민의 권리·의무와 직접 관련되지 아니하는 사무를 법인·단체 또는 그 기관이나 개인에게 위탁할 수 있다. ④ 지방자치단체의 장이 위임받거나 위탁받은 사무의 일부를 제1항부터 제3항까지의 규정에 따라 다시 위임하거나 위탁하려면 미리 그 사무를 위임하거나 위탁한 기관의 장의 승인을 받아야 한다.	**제117조(사무의 위임 등)** ① 지방자치단체의 장은 조례나 규칙으로 정하는 바에 따라 그 권한에 속하는 사무의 일부를 보조기관, 소속 행정기관 또는 하부행정기관에 위임할 수 있다. ② 지방자치단체의 장은 조례나 규칙으로 정하는 바에 따라 그 권한에 속하는 사무의 일부를 관할 지방자치단체나 공공단체 또는 그 기관(사업소·출장소를 포함한다)에 위임하거나 위탁할 수 있다. ③ 지방자치단체의 장은 조례나 규칙으로 정하는 바에 따라 그 권한에 속하는 사무 중 조사·검사·검정·관리업무 등 주민의 권리·의무와 직접 관련되지 아니하는 사무를 법인·단체 또는 그 기관이나 개인에게 위탁할 수 있다. ④ 지방자치단체의 장이 위임받거나 위탁받은 사무의 일부를 제1항부터 제3항까지의 규정에 따라 다시 위임하거나 위탁하려면 미리 그 사무를 위임하거나 위탁한 기관의 장의 승인을 받아야 한다.
제105조(직원에 대한 임면권 등) 지방자치단체의 장은 소속 직원을 지휘·감독하고 법령과 조례·규칙으로 정하는 바에 따라 그 임면·교육훈련·복무·징계 등에 관한 사항을 처리한다.	**제118조(직원에 대한 임면권 등)** 지방자치단체의 장은 소속 직원(지방의회의 사무직원은 제외한다)을 지휘·감독하고 법령과 조례·규칙으로 정하는 바에 따라 그 임면·교육훈련·복무·징계 등에 관한 사항을 처리한다.
제106조(사무인계) 지방자치단체의 장이 퇴직할 때에는 그 소관 사무의 일체를 후임자에게 인계하여야 한다.	**제119조(사무인계)** 지방자치단체의 장이 퇴직할 때에는 소관 사무 일체를 후임자에게 인계하여야 한다.
제107조(지방의회의 의결에 대한 재의요구와 제소) ① 지방자치단체의 장은 지방의회의 의결이 월권이거나 법령에 위반되거나 공익을 현저히 해친다고 인정되면 그 의결사항을 이송받은 날부터 20일 이내에 이유를 붙여 재의를 요구할 수 있다. ② 제1항의 요구에 대하여 재의한 결과 재적의원 과반수의 출석과 출석의원 3분의 2 이상의 찬성으로 전과 같은 의결을 하면 그 의결사항은 확정된다. ③ 지방자치단체의 장은 제2항에 따라 재의결된 사항이 법령에 위반된다고 인정되면 대법원에 소(訴)를 제기할 수 있다. 이 경우에는 제172조 제3항을 준용한다.	**제120조(지방의회의 의결에 대한 재의 요구와 제소)** ① 지방자치단체의 장은 지방의회의 의결이 월권이거나 법령에 위반되거나 공익을 현저히 해친다고 인정되면 그 의결사항을 이송받은 날부터 20일 이내에 이유를 붙여 재의를 요구할 수 있다. ② 제1항의 요구에 대하여 재의한 결과 재적의원 과반수의 출석과 출석의원 3분의 2 이상의 찬성으로 전과 같은 의결을 하면 그 의결사항은 확정된다. ③ 지방자치단체의 장은 제2항에 따라 재의결된 사항이 법령에 위반된다고 인정되면 대법원에 소(訴)를 제기할 수 있다. 이 경우에는 제192조 제4항을 준용한다.

개정 전	개정 후
제108조(예산상 집행 불가능한 의결의 재의요구) ① 지방자치단체의 장은 지방의회의 의결이 예산상 집행할 수 없는 경비를 포함하고 있다고 인정되면 그 의결사항을 이송받은 날부터 20일 이내에 이유를 붙여 재의를 요구할 수 있다. ② 지방의회가 다음 각 호의 어느 하나에 해당하는 경비를 줄이는 의결을 할 때에도 제1항과 같다. 1. 법령에 따라 지방자치단체에서 의무적으로 부담하여야 할 경비 2. 비상재해로 인한 시설의 응급 복구를 위하여 필요한 경비 ③ 제1항과 제2항의 경우에는 제107조 제2항을 준용한다.	**제121조(예산상 집행 불가능한 의결의 재의 요구)** ① 지방자치단체의 장은 지방의회의 의결이 예산상 집행할 수 없는 경비를 포함하고 있다고 인정되면 그 의결사항을 이송받은 날부터 20일 이내에 이유를 붙여 재의를 요구할 수 있다. ② 지방의회가 다음 각 호의 어느 하나에 해당하는 경비를 줄이는 의결을 할 때에도 제1항과 같다. 1. 법령에 따라 지방자치단체에서 의무적으로 부담하여야 할 경비 2. 비상재해로 인한 시설의 응급 복구를 위하여 필요한 경비 ③ 제1항과 제2항의 경우에는 제120조 제2항을 준용한다.
제109조(지방자치단체의 장의 선결처분) ① 지방자치단체의 장은 지방의회가 성립되지 아니한 때(의원이 구속되는 등의 사유로 제64조에 따른 의결정족수에 미달하게 될 때를 말한다)와 지방의회의 의결사항 중 주민의 생명과 재산보호를 위하여 긴급하게 필요한 사항으로서 지방의회를 소집할 시간적 여유가 없거나 지방의회에서 의결이 지체되어 의결되지 아니할 때에는 선결처분(先決處分)을 할 수 있다. ② 제1항에 따른 선결처분은 지체 없이 지방의회에 보고하여 승인을 받아야 한다. ③ 지방의회에서 제2항의 승인을 받지 못하면 그 선결처분은 그 때부터 효력을 상실한다. ④ 지방자치단체의 장은 제2항이나 제3항에 관한 사항을 지체 없이 공고하여야 한다.	**제122조(지방자치단체의 장의 선결처분)** ① 지방자치단체의 장은 지방의회가 지방의회의원이 구속되는 등의 사유로 제73조에 따른 의결정족수에 미달될 때와 지방의회의 의결사항 중 주민의 생명과 재산 보호를 위하여 긴급하게 필요한 사항으로서 지방의회를 소집할 시간적 여유가 없거나 지방의회에서 의결이 지체되어 의결되지 아니할 때에는 선결처분(先決處分)을 할 수 있다. ② 제1항에 따른 선결처분은 지체 없이 지방의회에 보고하여 승인을 받아야 한다. ③ 지방의회에서 제2항의 승인을 받지 못하면 그 선결처분은 그 때부터 효력을 상실한다. ④ 지방자치단체의 장은 제2항이나 제3항에 관한 사항을 지체 없이 공고하여야 한다.
제110조(부지사 · 부시장 · 부군수 · 부구청장) ① 특별시 · 광역시 및 특별자치시에 부시장, 도와 특별자치도에 부지사, 시에 부시장, 군에 부군수, 자치구에 부구청장을 두며, 그 정수는 다음 각 호와 같다. 1. 특별시의 부시장의 정수: 3명을 넘지 아니하는 범위에서 대통령령으로 정한다. 2. 광역시와 특별자치시의 부시장 및 도와 특별자치도의 부지사의 정수: 2명(인구 800만 이상의 광역시나 도는 3명)을 초과하지 아니하는 범위에서 대통령령으로 정한다. 3. 시의 부시장, 군의 부군수 및 자치구의 부구청장의 정수: 1명으로 한다. ② 특별시 · 광역시 및 특별자치시의 부시장, 도와 특별자치도의 부지사는 대통령령으로 정하는 바에 따라 정무직 또는 일반직 국가공무원으로 보한다. 다만, 제1항 제1호와 제2호에 따라 특별시 · 광역시 및 특별자치시의 부시장, 도와 특별자치도의 부지사를 2명이나 3명 두는 경우에 1명은 대통령령으로 정하는 바에 따라 정무직 · 일반직 또는 별정직 지방공무원으로 보하되, 정무직과 별정직 지방공무원으로 보할 때의 자격기준은 해당 지방자치단체의 조례로 정한다. ③ 제2항의 정무직 또는 일반직 국가공무원으로 보하는 부시장 · 부지사는 시 · 도지사의 제청으로 행정안전부장관을 거쳐 대통령이 임명한다. 이 경우 제청된 자에게 법적 결격사유가 없으면 30일 이내에 그 임명절차를 마쳐야 한다.	**제123조(부지사 · 부시장 · 부군수 · 부구청장)** ① 특별시 · 광역시 및 특별자치시에 부시장, 도와 특별자치도에 부지사, 시에 부시장, 군에 부군수, 자치구에 부구청장을 두며, 그 수는 다음 각 호의 구분과 같다. 1. 특별시의 부시장의 수: 3명을 넘지 아니하는 범위에서 대통령령으로 정한다. 2. 광역시와 특별자치시의 부시장 및 도와 특별자치도의 부지사의 수: 2명(인구 800만 이상의 광역시나 도는 3명)을 넘지 아니하는 범위에서 대통령령으로 정한다. 3. 시의 부시장, 군의 부군수 및 자치구의 부구청장의 수: 1명으로 한다. ② 특별시 · 광역시 및 특별자치시의 부시장, 도와 특별자치도의 부지사는 대통령령으로 정하는 바에 따라 정무직 또는 일반직 국가공무원으로 보한다. 다만, 제1항 제1호 및 제2호에 따라 특별시 · 광역시 및 특별자치시의 부시장, 도와 특별자치도의 부지사를 2명이나 3명 두는 경우에 1명은 대통령령으로 정하는 바에 따라 정무직 · 일반직 또는 별정직 지방공무원으로 보하되, 정무직과 별정직 지방공무원으로 보할 때의 자격기준은 해당 지방자치단체의 조례로 정한다. ③ 제2항의 정무직 또는 일반직 국가공무원으로 보하는 부시장 · 부지사는 시 · 도지사의 제청으로 행정안전부장관을 거쳐 대통령이 임명한다. 이 경우 제청된 사람에게 법적 결격사유가 없으면 시 · 도지사가 제청한 날부터 30일 이내에 임명절차를 마쳐야 한다.

개정 전	개정 후
④ 시의 부시장, 군의 부군수, 자치구의 부구청장은 일반직 지방공무원으로 보하되, 그 직급은 대통령령으로 정하며 시장·군수·구청장이 임명한다. ⑤ 시·도의 부시장과 부지사, 시의 부시장·부군수·부구청장은 해당 지방자치단체의 장을 보좌하여 사무를 총괄하고, 소속직원을 지휘·감독한다. ⑥ 제1항 제1호와 제2호에 따라 시·도의 부시장과 부지사를 2명이나 3명 두는 경우에 그 사무 분장은 대통령령으로 정한다. 이 경우 부시장·부지사를 3명 두는 시·도에서는 그 중 1명에게 특정지역의 사무를 담당하게 할 수 있다.	④ 시의 부시장, 군의 부군수, 자치구의 부구청장은 일반직 지방공무원으로 보하되, 그 직급은 대통령령으로 정하며 시장·군수·구청장이 임명한다. ⑤ 시·도의 부시장과 부지사, 시의 부시장·부군수·부구청장은 해당 지방자치단체의 장을 보좌하여 사무를 총괄하고, 소속 직원을 지휘·감독한다. ⑥ 제1항 제1호 및 제2호에 따라 시·도의 부시장과 부지사를 2명이나 3명 두는 경우에 그 사무 분장은 대통령령으로 정한다. 이 경우 부시장·부지사를 3명 두는 시·도에서는 그중 1명에게 특정지역의 사무를 담당하게 할 수 있다.
제111조(지방자치단체의 장의 권한대행 등) ① 지방자치단체의 장이 다음 각 호의 어느 하나에 해당되면 부지사·부시장·부군수·부구청장(이하 이 조에서 "부단체장"이라 한다)이 그 권한을 대행한다. 1. 궐위된 경우 2. 공소 제기된 후 구금상태에 있는 경우 3. 「의료법」에 따른 의료기관에 60일 이상 계속하여 입원한 경우 ② 지방자치단체의 장이 그 직을 가지고 그 지방자치단체의 장 선거에 입후보하면 예비후보자 또는 후보자로 등록한 날부터 선거일까지 부단체장이 그 지방자치단체의 장의 권한을 대행한다. ③ 지방자치단체의 장이 출장·휴가 등 일시적 사유로 직무를 수행할 수 없으면 부단체장이 그 직무를 대리한다. ④ 제1항부터 제3항까지의 경우에 부지사나 부시장이 2명 이상인 시·도에서는 대통령령으로 정하는 순서에 따라 그 권한을 대행하거나 직무를 대리한다. ⑤ 제1항부터 제3항까지의 규정에 따라 권한을 대행하거나 직무를 대리할 부단체장이 부득이한 사유로 직무를 수행할 수 없으면 그 지방자치단체의 규칙에 정하여진 직제 순서에 따른 공무원이 그 권한을 대행하거나 직무를 대리한다. [2011.5.30. 법률 제10739호에 의하여 2010.9.2. 헌법재판소에서 헌법불합치 결정된 이 조 제1항 제3호를 삭제함.]	**제124조(지방자치단체의 장의 권한대행 등)** ① 지방자치단체의 장이 다음 각 호의 어느 하나에 해당되면 부지사·부시장·부군수·부구청장(이하 이 조에서 "부단체장"이라 한다)이 그 권한을 대행한다. 1. 궐위된 경우 2. 공소 제기된 후 구금상태에 있는 경우 3. 「의료법」에 따른 의료기관에 60일 이상 계속하여 입원한 경우 ② 지방자치단체의 장이 그 직을 가지고 그 지방자치단체의 장 선거에 입후보하면 예비후보자 또는 후보자로 등록한 날부터 선거일까지 부단체장이 그 지방자치단체의 장의 권한을 대행한다. ③ 지방자치단체의 장이 출장·휴가 등 일시적 사유로 직무를 수행할 수 없으면 부단체장이 그 직무를 대리한다. ④ 제1항부터 제3항까지의 경우에 부지사나 부시장이 2명 이상인 시·도에서는 대통령령으로 정하는 순서에 따라 그 권한을 대행하거나 직무를 대리한다. ⑤ 제1항부터 제3항까지의 규정에 따라 권한을 대행하거나 직무를 대리할 부단체장이 부득이한 사유로 직무를 수행할 수 없으면 그 지방자치단체의 규칙에 정해진 직제 순서에 따른 공무원이 그 권한을 대행하거나 직무를 대리한다.
제112조(행정기구와 공무원) ① 지방자치단체는 그 사무를 분장하기 위하여 필요한 행정기구와 지방공무원을 둔다. ② 제1항에 따른 행정기구의 설치와 지방공무원의 정원은 인건비 등 대통령령으로 정하는 기준에 따라 그 지방자치단체의 조례로 정한다. ③ 행정안전부장관은 지방자치단체의 행정기구와 지방공무원의 정원이 적정하게 운영되고 다른 지방자치단체와의 균형이 유지되도록 하기 위하여 필요한 사항을 권고할 수 있다. ④ 지방공무원의 임용과 시험·자격·보수·복무·신분보장·징계·교육훈련 등에 관하여는 따로 법률로 정한다. ⑤ 지방자치단체에는 제1항에도 불구하고 법률로 정하는 바에 따라 국가공무원을 둘 수 있다. ⑥ 제5항에 규정된 국가공무원은 「국가공무원법」 제32조 제1항부터 제3항까지에도 불구하고 5급 이상의 국가공무원이나 고위공무원단에 속하는 공무원은 해당 지방자치단체의 장의 제청으로	**제125조(행정기구와 공무원)** ① 지방자치단체는 그 사무를 분장하기 위하여 필요한 행정기구와 지방공무원을 둔다. ② 제1항에 따른 행정기구의 설치와 지방공무원의 정원은 인건비 등 대통령령으로 정하는 기준에 따라 그 지방자치단체의 조례로 정한다. ③ 행정안전부장관은 지방자치단체의 행정기구와 지방공무원의 정원이 적절하게 운영되고 다른 지방자치단체와의 균형이 유지되도록 하기 위하여 필요한 사항을 권고할 수 있다. ④ 지방공무원의 임용과 시험·자격·보수·복무·신분보장·징계·교육·훈련 등에 관한 사항은 따로 법률로 정한다. ⑤ 지방자치단체에는 제1항에도 불구하고 법률로 정하는 바에 따라 국가공무원을 둘 수 있다. ⑥ 제5항에 규정된 국가공무원의 경우 「국가공무원법」 제32조 제1항부터 제3항까지의 규정에도 불구하고 5급 이상의 국가공무원이나 고위공무원단에 속하는 공무원은 해당 지방자치단체의

개정 전	개정 후
소속 장관을 거쳐 대통령이 임명하고, 6급 이하의 국가공무원은 그 지방자치단체의 장의 제청으로 소속 장관이 임명한다.	장의 제청으로 소속 장관을 거쳐 대통령이 임명하고, 6급 이하의 국가공무원은 그 지방자치단체의 장의 제청으로 소속 장관이 임명한다.
제113조(직속기관) 지방자치단체는 그 소관 사무의 범위 안에서 필요하면 대통령령이나 대통령령으로 정하는 바에 따라 지방자치단체의 조례로 자치경찰기관(제주특별자치도에 한한다), 소방기관, 교육훈련기관, 보건진료기관, 시험연구기관 및 중소기업지도기관 등을 직속기관으로 설치할 수 있다.	**제126조(직속기관)** 지방자치단체는 소관 사무의 범위에서 필요하면 대통령령이나 대통령령으로 정하는 범위에서 그 지방자치단체의 조례로 자치경찰기관(제주특별자치도만 해당한다), 소방기관, 교육훈련기관, 보건진료기관, 시험연구기관 및 중소기업지도기관 등을 직속기관으로 설치할 수 있다.
제114조(사업소) 지방자치단체는 특정 업무를 효율적으로 수행하기 위하여 필요하면 대통령령으로 정하는 바에 따라 그 지방자치단체의 조례로 사업소를 설치할 수 있다.	**제127조(사업소)** 지방자치단체는 특정 업무를 효율적으로 수행하기 위하여 필요하면 대통령령으로 정하는 범위에서 그 지방자치단체의 조례로 사업소를 설치할 수 있다.
제115조(출장소) 지방자치단체는 원격지 주민의 편의와 특정지역의 개발 촉진을 위하여 필요하면 대통령령으로 정하는 바에 따라 그 지방자치단체의 조례로 출장소를 설치할 수 있다.	**제128조(출장소)** 지방자치단체는 외진 곳의 주민의 편의와 특정지역의 개발 촉진을 위하여 필요하면 대통령령으로 정하는 범위에서 그 지방자치단체의 조례로 출장소를 설치할 수 있다.
제116조(합의제행정기관) ① 지방자치단체는 그 소관 사무의 일부를 독립하여 수행할 필요가 있으면 법령이나 그 지방자치단체의 조례로 정하는 바에 따라 합의제행정기관을 설치할 수 있다. ② 제1항의 합의제행정기관의 설치·운영에 관하여 필요한 사항은 대통령령이나 그 지방자치단체의 조례로 정한다.	**제129조(합의제행정기관)** ① 지방자치단체는 소관 사무의 일부를 독립하여 수행할 필요가 있으면 법령이나 그 지방자치단체의 조례로 정하는 바에 따라 합의제행정기관을 설치할 수 있다. ② 제1항의 합의제행정기관의 설치·운영에 필요한 사항은 대통령령이나 그 지방자치단체의 조례로 정한다.
제116조의2(자문기관의 설치 등) ① 지방자치단체는 그 소관 사무의 범위에서 법령이나 그 지방자치단체의 조례로 정하는 바에 따라 심의회·위원회 등의 자문기관을 설치·운영할 수 있다. ② 제1항에 따라 설치되는 자문기관은 해당 지방자치단체의 조례로 정하는 바에 따라 성격과 기능이 유사한 다른 자문기관의 기능을 포함하여 운영할 수 있다.	**제130조(자문기관의 설치 등)** ① 지방자치단체는 소관 사무의 범위에서 법령이나 그 지방자치단체의 조례로 정하는 바에 따라 자문기관(소관 사무에 대한 자문에 응하거나 협의, 심의 등을 목적으로 하는 심의회, 위원회 등을 말한다. 이하 같다)을 설치·운영할 수 있다. ② 자문기관은 법령이나 조례에 규정된 기능과 권한을 넘어서 주민의 권리를 제한하거나 의무를 부과하는 내용으로 자문 또는 심의 등을 하여서는 아니 된다. ③ 자문기관의 설치 요건·절차, 구성 및 운영 등에 관한 사항은 대통령령으로 정한다. 다만, 다른 법령에서 지방자치단체에 둘 수 있는 자문기관의 설치 요건·절차, 구성 및 운영 등을 따로 정한 경우에는 그 법령에서 정하는 바에 따른다. ④ 지방자치단체는 자문기관 운영의 효율성 향상을 위하여 해당 지방자치단체에 설치된 다른 자문기관과 성격·기능이 중복되는 자문기관을 설치·운영해서는 아니 되며, 지방자치단체의 조례로 정하는 바에 따라 성격과 기능이 유사한 다른 자문기관의 기능을 포함하여 운영할 수 있다. ⑤ 지방자치단체의 장은 자문기관 운영의 효율성 향상을 위한 자문기관 정비계획 및 조치 결과 등을 종합하여 작성한 자문기관 운영현황을 매년 해당 지방의회에 보고하여야 한다.
제117조(하부행정기관의 장) 자치구가 아닌 구에 구청장, 읍에 읍장, 면에 면장, 동에 동장을 둔다. 이 경우 면·동은 제4조의2제3항 및 제4항에 따른 행정면·행정동을 말한다.	**제131조(하부행정기관의 장)** 자치구가 아닌 구에 구청장, 읍에 읍장, 면에 면장, 동에 동장을 둔다. 이 경우 면·동은 행정면·행정동을 말한다.
제118조(하부행정기관의 장의 임명) ① 자치구가 아닌 구의 구청장은 일반직 지방공무원으로 보하되, 시장이 임명한다. ② 읍장·면장·동장은 일반직 지방공무원으로 보하되, 시장·군수 및 자치구의 구청장이 임명한다.	**제132조(하부행정기관의 장의 임명)** ① 자치구가 아닌 구의 구청장은 일반직 지방공무원으로 보하되, 시장이 임명한다. ② 읍장·면장·동장은 일반직 지방공무원으로 보하되, 시장·군수 또는 자치구의 구청장이 임명한다.

개정 전	개정 후
제119조(하부행정기관의 장의 직무권한) 자치구가 아닌 구의 구청장은 시장의, 읍장·면장은 시장이나 군수의, 동장은 시장(구가 없는 시의 시장을 말한다)이나 구청장(자치구의 구청장을 포함한다)의 지휘·감독을 받아 소관 국가사무와 지방자치단체의 사무를 맡아 처리하고 소속 직원을 지휘·감독한다.	**제133조(하부행정기관의 장의 직무권한)** 자치구가 아닌 구의 구청장은 시장, 읍장·면장은 시장이나 군수, 동장은 시장(구가 없는 시의 시장을 말한다)이나 구청장(자치구의 구청장을 포함한다)의 지휘·감독을 받아 소관 국가사무와 지방자치단체의 사무를 맡아 처리하고 소속 직원을 지휘·감독한다.
제120조(하부행정기구) 지방자치단체는 조례로 정하는 바에 따라 자치구가 아닌 구와 읍·면·동에 그 소관 행정사무를 분장하기 위하여 필요한 행정기구를 둘 수 있다. 이 경우 면·동은 제4조의2제3항 및 제4항에 따른 행정면·행정동을 말한다.	**제134조(하부행정기구)** 지방자치단체는 조례로 정하는 바에 따라 자치구가 아닌 구와 읍·면·동에 소관 행정사무를 분장하기 위하여 필요한 행정기구를 둘 수 있다. 이 경우 면·동은 행정면·행정동을 말한다.
제121조(교육·과학 및 체육에 관한 기관) ① 지방자치단체의 교육·과학 및 체육에 관한 사무를 분장하기 위하여 별도의 기관을 둔다. ② 제1항에 따른 기관의 조직과 운영에 관하여 필요한 사항은 따로 법률로 정한다.	**제135조(교육·과학 및 체육에 관한 기관)** ① 지방자치단체의 교육·과학 및 체육에 관한 사무를 분장하기 위하여 별도의 기관을 둔다. ② 제1항에 따른 기관의 조직과 운영에 필요한 사항은 따로 법률로 정한다.
-	**제136조(지방재정의 조정)** 국가와 지방자치단체는 지역 간 재정불균형을 해소하기 위하여 국가와 지방자치단체 간, 지방자치단체 상호 간에 적절한 재정 조정을 하도록 노력하여야 한다.
제122조(건전재정의 운영) ① 지방자치단체는 그 재정을 수지균형의 원칙에 따라 건전하게 운영하여야 한다. ② 국가는 지방재정의 자주성과 건전한 운영을 조장하여야 하며, 국가의 부담을 지방자치단체에 넘겨서는 아니 된다. ③ 국가는 다음 각 호의 어느 하나에 해당하는 기관의 신설·확장·이전·운영과 관련된 비용을 지방자치단체에 부담시켜서는 아니 된다. 1. 「정부조직법」과 다른 법률에 의하여 설치된 국가행정기관 및 그 소속 기관 2. 「공공기관의 운영에 관한 법률」 제4조에 따른 법인·단체 또는 기관 3. 국가가 출자·출연한 기관(재단법인, 사단법인 등을 포함한다) 4. 국가가 설립·조성·관리하는 시설 또는 단지 등을 지원하기 위하여 설치된 기관(재단법인, 사단법인 등을 포함한다) ④ 국가는 제3항의 기관을 신설 또는 확장하거나 이전하는 위치를 선정할 경우 지방자치단체의 재정적 부담을 조건으로 하거나 입지 적합성의 선정항목으로 이용하여서는 아니 된다.	**제137조(건전재정의 운영)** ① 지방자치단체는 그 재정을 수지균형의 원칙에 따라 건전하게 운영하여야 한다. ② 국가는 지방재정의 자주성과 건전한 운영을 장려하여야 하며, 국가의 부담을 지방자치단체에 넘겨서는 아니 된다. ③ 국가는 다음 각 호의 어느 하나에 해당하는 기관의 신설·확장·이전·운영과 관련된 비용을 지방자치단체에 부담시켜서는 아니 된다. 1. 「정부조직법」과 다른 법률에 따라 설치된 국가행정기관 및 그 소속 기관 2. 「공공기관의 운영에 관한 법률」 제4조에 따른 공공기관 3. 국가가 출자·출연한 기관(재단법인, 사단법인 등을 포함한다) 4. 국가가 설립·조성·관리하는 시설 또는 단지 등을 지원하기 위하여 설치된 기관(재단법인, 사단법인 등을 포함한다) ④ 국가는 제3항 각 호의 기관을 신설하거나 확장하거나 이전하는 위치를 선정할 경우 지방자치단체의 재정적 부담을 입지 선정의 조건으로 하거나 입지 적합성의 선정항목으로 이용해서는 아니 된다.
제123조(국가시책의 구현) ① 지방자치단체는 국가시책을 달성하기 위하여 노력하여야 한다. ② 제1항에 따라 국가시책을 달성하기 위하여 필요한 경비에 대한 국고보조율과 지방비부담률은 법령으로 정한다.	**제138조(국가시책의 구현)** ① 지방자치단체는 국가시책을 달성하기 위하여 노력하여야 한다. ② 제1항에 따라 국가시책을 달성하기 위하여 필요한 경비의 국고보조율과 지방비부담률은 법령으로 정한다.
제124조(지방채무 및 지방채권의 관리) ① 지방자치단체의 장이나 지방자치단체조합은 따로 법률로 정하는 바에 따라 지방채를 발행할 수 있다. ② 지방자치단체의 장은 따로 법률로 정하는 바에 따라 지방자치단체의 채무부담의 원인이 될 계약의 체결이나 그 밖의 행위를 할 수 있다.	**제139조(지방채무 및 지방채권의 관리)** ① 지방자치단체의 장이나 지방자치단체조합은 따로 법률로 정하는 바에 따라 지방채를 발행할 수 있다. ② 지방자치단체의 장은 따로 법률로 정하는 바에 따라 지방자치단체의 채무부담의 원인이 될 계약의 체결이나 그 밖의 행위를 할 수 있다.

개정 전	개정 후
③ 지방자치단체의 장은 공익을 위하여 필요하다고 인정하면 미리 지방의회의 의결을 받아 보증채무부담행위를 할 수 있다. ④ 지방자치단체는 조례나 계약에 의하지 아니하고는 그 채무의 이행을 지체할 수 없다. ⑤ 지방자치단체는 법령이나 조례의 규정에 따르거나 지방의회의 의결을 받지 아니하고는 채권에 관하여 채무를 면제하거나 그 효력을 변경할 수 없다.	③ 지방자치단체의 장은 공익을 위하여 필요하다고 인정하면 미리 지방의회의 의결을 받아 보증채무부담행위를 할 수 있다. ④ 지방자치단체는 조례나 계약에 의하지 아니하고는 채무의 이행을 지체할 수 없다. ⑤ 지방자치단체는 법령이나 조례의 규정에 따르거나 지방의회의 의결을 받지 아니하고는 채권에 관하여 채무를 면제하거나 그 효력을 변경할 수 없다.
제125조(회계연도) 지방자치단체의 회계연도는 매년 1월 1일에 시작하여 그 해 12월 31일에 끝난다.	**제140조(회계연도)** 지방자치단체의 회계연도는 매년 1월 1일에 시작하여 그 해 12월 31일에 끝난다.
제126조(회계의 구분) ① 지방자치단체의 회계는 일반회계와 특별회계로 구분한다. ② 특별회계는 법률이나 지방자치단체의 조례로 설치할 수 있다.	**제141조(회계의 구분)** ① 지방자치단체의 회계는 일반회계와 특별회계로 구분한다. ② 특별회계는 법률이나 지방자치단체의 조례로 설치할 수 있다.
제127조(예산의 편성 및 의결) ① 지방자치단체의 장은 회계연도마다 예산안을 편성하여 시·도는 회계연도 시작 50일 전까지, 시·군 및 자치구는 회계연도 시작 40일 전까지 지방의회에 제출하여야 한다. ② 제1항의 예산안을 시·도의회에서는 회계연도 시작 15일 전까지, 시·군 및 자치구의회에서는 회계연도 시작 10일 전까지 의결하여야 한다. ③ 지방의회는 지방자치단체의 장의 동의 없이 지출예산 각 항의 금액을 증가하거나 새로운 비용항목을 설치할 수 없다. ④ 지방자치단체의 장은 제1항의 예산안을 제출한 후 부득이한 사유로 그 내용의 일부를 수정하려면 수정예산안을 작성하여 지방의회에 다시 제출할 수 있다.	**제142조(예산의 편성 및 의결)** ① 지방자치단체의 장은 회계연도마다 예산안을 편성하여 시·도는 회계연도 시작 50일 전까지, 시·군 및 자치구는 회계연도 시작 40일 전까지 지방의회에 제출하여야 한다. ② 시·도의회는 제1항의 예산안을 회계연도 시작 15일 전까지, 시·군 및 자치구의회는 회계연도 시작 10일 전까지 의결하여야 한다. ③ 지방의회는 지방자치단체의 장의 동의 없이 지출예산 각 항의 금액을 증가시키거나 새로운 비용항목을 설치할 수 없다. ④ 지방자치단체의 장은 제1항의 예산안을 제출한 후 부득이한 사유로 그 내용의 일부를 수정하려면 수정예산안을 작성하여 지방의회에 다시 제출할 수 있다.
제128조(계속비) 지방자치단체의 장은 한 회계연도를 넘어 계속하여 경비를 지출할 필요가 있으면 그 총액과 연도별 금액을 정하여 계속비로서 지방의회의 의결을 받아야 한다.	**제143조(계속비)** 지방자치단체의 장은 한 회계연도를 넘어 계속하여 경비를 지출할 필요가 있으면 그 총액과 연도별 금액을 정하여 계속비로서 지방의회의 의결을 받아야 한다.
제129조(예비비) ① 지방자치단체는 예측할 수 없는 예산 외의 지출이나 예산초과지출에 충당하기 위하여 세입·세출예산에 예비비를 계상하여야 한다. ② 예비비의 지출은 다음 연도 지방의회의 승인을 받아야 한다.	**제144조(예비비)** ① 지방자치단체는 예측할 수 없는 예산 외의 지출이나 예산초과지출에 충당하기 위하여 세입·세출예산에 예비비를 계상하여야 한다. ② 예비비의 지출은 다음 해 지방의회의 승인을 받아야 한다.
제130조(추가경정예산) ① 지방자치단체의 장은 예산을 변경할 필요가 있으면 추가경정예산안을 편성하여 지방의회의 의결을 받아야 한다. ② 제1항에 관하여는 제127조 제3항과 제4항을 준용한다.	**제145조(추가경정예산)** ① 지방자치단체의 장은 예산을 변경할 필요가 있으면 추가경정예산안을 편성하여 지방의회의 의결을 받아야 한다. ② 제1항의 경우에는 제142조 제3항 및 제4항을 준용한다.
제131조(예산이 성립하지 아니할 때의 예산집행) 지방의회에서 새로운 회계연도가 시작될 때까지 예산안이 의결되지 못하면 지방자치단체의 장은 지방의회에서 예산안이 의결될 때까지 다음의 목적을 위한 경비는 전년도 예산에 준하여 집행할 수 있다. 1. 법령이나 조례에 따라 설치된 기관이나 시설의 유지·운영 2. 법령상 또는 조례상 지출의무의 이행 3. 이미 예산으로 승인된 사업의 계속	**제146조(예산이 성립하지 아니할 때의 예산 집행)** 지방의회에서 새로운 회계연도가 시작될 때까지 예산안이 의결되지 못하면 지방자치단체의 장은 지방의회에서 예산안이 의결될 때까지 다음 각 호의 목적을 위한 경비를 전년도 예산에 준하여 집행할 수 있다. 1. 법령이나 조례에 따라 설치된 기관이나 시설의 유지·운영 2. 법령상 또는 조례상 지출의무의 이행 3. 이미 예산으로 승인된 사업의 계속

개정 전	개정 후
제131조의2(지방자치단체를 신설하는 때의 예산) ① 지방자치단체를 폐지하거나 설치하거나 나누거나 합쳐 새로운 지방자치단체가 설치된 경우에는 지체 없이 그 지방자치단체의 예산을 편성하여야 한다. ② 제1항의 경우에 해당 지방자치단체의 장은 예산이 성립될 때까지 필요한 경상적 수입과 지출을 할 수 있다. 이 경우 수입과 지출은 새로 성립될 예산에 포함시켜야 한다.	**제147조(지방자치단체를 신설할 때의 예산)** ① 지방자치단체를 폐지하거나 설치하거나 나누거나 합쳐 새로운 지방자치단체가 설치된 경우에는 지체 없이 그 지방자치단체의 예산을 편성하여야 한다. ② 제1항의 경우에 해당 지방자치단체의 장은 예산이 성립될 때까지 필요한 경상적 수입과 지출을 할 수 있다. 이 경우 수입과 지출은 새로 성립될 예산에 포함시켜야 한다.
제132조(재정부담을 수반하는 조례제정 등) 지방의회는 새로운 재정부담을 수반하는 조례나 안건을 의결하려면 미리 지방자치단체의 장의 의견을 들어야 한다.	**제148조(재정부담이 따르는 조례 제정 등)** 지방의회는 새로운 재정부담이 따르는 조례나 안건을 의결하려면 미리 지방자치단체의 장의 의견을 들어야 한다.
제133조(예산의 이송·고시 등) ① 지방의회의 의장은 예산안이 의결되면 3일 이내에 지방자치단체의 장에게 이송하여야 한다. ② 지방자치단체의 장은 제1항에 따라 예산을 이송받으면 지체 없이 시·도에서는 행정안전부장관에게, 시·군 및 자치구에서는 시·도지사에게 각각 보고하고, 그 내용을 고시하여야 한다. 다만, 제108조에 따른 재의요구를 할 때에는 그러하지 아니하다.	**제149조(예산의 이송·고시 등)** ① 지방의회의 의장은 예산안이 의결되면 그날부터 3일 이내에 지방자치단체의 장에게 이송하여야 한다. ② 지방자치단체의 장은 제1항에 따라 예산을 이송받으면 지체 없이 시·도에서는 행정안전부장관에게, 시·군 및 자치구에서는 시·도지사에게 각각 보고하고, 그 내용을 고시하여야 한다. 다만, 제121조에 따른 재의 요구를 할 때에는 그러하지 아니하다.
제134조(결산) ① 지방자치단체의 장은 출납 폐쇄 후 80일 이내에 결산서와 증빙서류를 작성하고 지방의회가 선임한 검사위원의 검사의견서를 첨부하여 다음 연도 지방의회의 승인을 받아야 한다. 결산의 심사결과 위법 또는 부당한 사항이 있는 경우에 지방의회는 본회의 의결 후 지방자치단체 또는 해당 기관에 변상 및 징계 조치 등 그 시정을 요구하고, 지방자치단체 또는 해당 기관은 시정요구를 받은 사항을 지체 없이 처리하여 그 결과를 지방의회에 보고하여야 한다. ② 지방자치단체의 장은 제1항에 따른 승인을 받으면 5일 이내에 시·도에서는 행정안전부장관에게, 시·군 및 자치구에서는 시·도지사에게 각각 보고하고 그 내용을 고시하여야 한다. ③ 제1항의 검사위원의 선임과 운영에 관하여 필요한 사항은 대통령령으로 정한다.	**제150조(결산)** ① 지방자치단체의 장은 출납 폐쇄 후 80일 이내에 결산서와 증명서류를 작성하고 지방의회가 선임한 검사위원의 검사의견서를 첨부하여 다음 해 지방의회의 승인을 받아야 한다. 결산의 심사 결과 위법하거나 부당한 사항이 있는 경우에 지방의회는 본회의 의결 후 지방자치단체 또는 해당 기관에 변상 및 징계 조치 등 그 시정을 요구하고, 지방자치단체 또는 해당 기관은 시정 요구를 받은 사항을 지체 없이 처리하여 그 결과를 지방의회에 보고하여야 한다. ② 지방자치단체의 장은 제1항에 따른 승인을 받으면 그날부터 5일 이내에 시·도에서는 행정안전부장관에게, 시·군 및 자치구에서는 시·도지사에게 각각 보고하고, 그 내용을 고시하여야 한다. ③ 제1항에 따른 검사위원의 선임과 운영에 필요한 사항은 대통령령으로 정한다.
제134조의2(지방자치단체가 없어진 때의 결산) ① 지방자치단체를 폐지하거나 설치하거나 나누거나 합쳐 없어진 지방자치단체의 수입과 지출은 없어진 날로써 마감하되, 그 지방자치단체의 장이었던 사람이 이를 결산하여야 한다. ② 제1항의 결산은 제134조 제1항에 따라 사무를 인수한 지방자치단체의 의회의 승인을 받아야 한다.	**제151조(지방자치단체가 없어졌을 때의 결산)** ① 지방자치단체를 폐지하거나 설치하거나 나누거나 합쳐 없어진 지방자치단체의 수입과 지출은 없어진 날로 마감하되, 그 지방자치단체의 장이었던 사람이 결산하여야 한다. ② 제1항의 결산은 제150조 제1항에 따라 사무를 인수한 지방자치단체의 의회의 승인을 받아야 한다.
제135조(지방세) 지방자치단체는 법률로 정하는 바에 따라 지방세를 부과·징수할 수 있다.	**제152조(지방세)** 지방자치단체는 법률로 정하는 바에 따라 지방세를 부과·징수할 수 있다.
제136조(사용료) 지방자치단체는 공공시설의 이용 또는 재산의 사용에 대하여 사용료를 징수할 수 있다.	**제153조(사용료)** 지방자치단체는 공공시설의 이용 또는 재산의 사용에 대하여 사용료를 징수할 수 있다.
제137조(수수료) ① 지방자치단체는 그 지방자치단체의 사무가 특정인을 위한 것이면 그 사무에 대하여 수수료를 징수할 수 있다. ② 지방자치단체는 국가나 다른 지방자치단체의 위임사무가 특정인을 위한 것이면 그 사무에 대하여 수수료를 징수할 수 있다. ③ 제2항에 따른 수수료는 그 지방자치단체의 수입으로 한다. 다만, 법령에 달리 정하여진 경우에는 그러하지 아니하다.	**제154조(수수료)** ① 지방자치단체는 그 지방자치단체의 사무가 특정인을 위한 것이면 그 사무에 대하여 수수료를 징수할 수 있다. ② 지방자치단체는 국가나 다른 지방자치단체의 위임사무가 특정인을 위한 것이면 그 사무에 대하여 수수료를 징수할 수 있다. ③ 제2항에 따른 수수료는 그 지방자치단체의 수입으로 한다. 다만, 법령에 달리 정해진 경우에는 그러하지 아니하다.

개정 전	개정 후
제138조(분담금) 지방자치단체는 그 재산 또는 공공시설의 설치로 주민의 일부가 특히 이익을 받으면 이익을 받는 자로부터 그 이익의 범위에서 분담금을 징수할 수 있다.	**제155조(분담금)** 지방자치단체는 그 재산 또는 공공시설의 설치로 주민의 일부가 특히 이익을 받으면 이익을 받는 자로부터 그 이익의 범위에서 분담금을 징수할 수 있다.
제139조(사용료의 징수조례 등) ① 사용료·수수료 또는 분담금의 징수에 관한 사항은 조례로 정한다. 다만, 국가가 지방자치단체나 그 기관에 위임한 사무와 자치사무의 수수료 중 전국적으로 통일할 필요가 있는 수수료에 관한 사항은 다른 법령의 규정에도 불구하고 대통령령으로 정하는 표준금액으로 징수하되, 지방자치단체가 다른 금액으로 징수하고자 하는 경우에는 표준금액의 100분의 50의 범위에서 조례로 가감 조정하여 징수할 수 있다. ② 사기나 그 밖의 부정한 방법으로 사용료·수수료 또는 분담금의 징수를 면한 자에 대하여는 그 징수를 면한 금액의 5배 이내의 과태료를, 공공시설을 부정사용한 자에 대하여는 50만원 이하의 과태료를 부과하는 규정을 조례로 정할 수 있다. ③ 제2항에 따른 과태료의 부과·징수, 재판 및 집행 등의 절차에 관한 사항은 「질서위반행위규제법」에 따른다.	**제156조(사용료의 징수조례 등)** ① 사용료·수수료 또는 분담금의 징수에 관한 사항은 조례로 정한다. 다만, 국가가 지방자치단체나 그 기관에 위임한 사무와 자치사무의 수수료 중 전국적으로 통일할 필요가 있는 수수료는 다른 법령의 규정에도 불구하고 대통령령으로 정하는 표준금액으로 징수하되, 지방자치단체가 다른 금액으로 징수하려는 경우에는 표준금액의 50퍼센트 범위에서 조례로 가감 조정하여 징수할 수 있다. ② 사기나 그 밖의 부정한 방법으로 사용료·수수료 또는 분담금의 징수를 면한 자에게는 그 징수를 면한 금액의 5배 이내의 과태료를, 공공시설을 부정사용한 자에게는 50만원 이하의 과태료를 부과하는 규정을 조례로 정할 수 있다. ③ 제2항에 따른 과태료의 부과·징수, 재판 및 집행 등의 절차에 관한 사항은 「질서위반행위규제법」에 따른다.
제140조(사용료 등의 부과·징수, 이의신청) ① 사용료·수수료 또는 분담금은 공평한 방법으로 부과하거나 징수하여야 한다. ② 사용료·수수료 또는 분담금의 징수는 지방세 징수의 예에 따른다. ③ 사용료·수수료 또는 분담금의 부과나 징수에 대하여 이의가 있는 자는 그 처분을 통지받은 날부터 90일 이내에 그 지방자치단체의 장에게 이의신청할 수 있다. ④ 지방자치단체의 장은 제3항의 이의신청을 받은 날부터 60일 이내에 이를 결정하여 알려야 한다. ⑤ 사용료·수수료 또는 분담금의 부과나 징수에 대하여 행정소송을 제기하려면 제4항에 따른 결정을 통지받은 날부터 90일 이내에 처분청을 당사자로 하여 소를 제기하여야 한다. ⑥ 제4항에 따른 결정기간 내에 결정의 통지를 받지 못하면 제5항에도 불구하고 그 결정기간이 지난 날부터 90일 이내에 소를 제기할 수 있다. ⑦ 제3항과 제4항에 따른 이의신청의 방법과 절차 등에 관하여는 「지방세기본법」 제90조와 제94조부터 제100조까지의 규정을 준용한다.	**제157조(사용료 등의 부과·징수, 이의신청)** ① 사용료·수수료 또는 분담금은 공평한 방법으로 부과하거나 징수하여야 한다. ② 사용료·수수료 또는 분담금의 부과나 징수에 대하여 이의가 있는 자는 그 처분을 통지받은 날부터 90일 이내에 그 지방자치단체의 장에게 이의신청할 수 있다. ③ 지방자치단체의 장은 제2항의 이의신청을 받은 날부터 60일 이내에 결정을 하여 알려야 한다. ④ 사용료·수수료 또는 분담금의 부과나 징수에 대하여 행정소송을 제기하려면 제3항에 따른 결정을 통지받은 날부터 90일 이내에 처분청을 당사자로 하여 소를 제기하여야 한다. ⑤ 제3항에 따른 결정기간에 결정의 통지를 받지 못하면 제4항에도 불구하고 그 결정기간이 지난 날부터 90일 이내에 소를 제기할 수 있다. ⑥ 제2항과 제3항에 따른 이의신청의 방법과 절차 등에 관하여는 「지방세기본법」 제90조와 제94조부터 제100조까지의 규정을 준용한다. ⑦ 지방자치단체의 장은 사용료·수수료 또는 분담금을 내야 할 자가 납부기한까지 그 사용료·수수료 또는 분담금을 내지 아니하면 지방세 체납처분의 예에 따라 징수할 수 있다.
제141조(경비의 지출) 지방자치단체는 그 자치사무의 수행에 필요한 경비와 위임된 사무에 관하여 필요한 경비를 지출할 의무를 진다. 다만, 국가사무나 지방자치단체사무를 위임할 때에는 이를 위임한 국가나 지방자치단체에서 그 경비를 부담하여야 한다.	**제158조(경비의 지출)** 지방자치단체는 자치사무 수행에 필요한 경비와 위임된 사무에 필요한 경비를 지출할 의무를 진다. 다만, 국가사무나 지방자치단체사무를 위임할 때에는 사무를 위임한 국가나 지방자치단체에서 그 경비를 부담하여야 한다.
제142조(재산과 기금의 설치) ① 지방자치단체는 행정목적을 달성하기 위한 경우나 공익상 필요한 경우에는 재산을 보유하거나 특정한 자금을 운용하기 위한 기금을 설치할 수 있다. ② 제1항의 재산의 보유, 기금의 설치·운용에 관하여 필요한 사항은 조례로 정한다. ③ 제1항에서 "재산"이란 현금 외의 모든 재산적 가치가 있는 물건과 권리를 말한다.	**제159조(재산과 기금의 설치)** ① 지방자치단체는 행정목적을 달성하기 위한 경우나 공익상 필요한 경우에는 재산(현금 외의 모든 재산적 가치가 있는 물건과 권리를 말한다)을 보유하거나 특정한 자금을 운용하기 위한 기금을 설치할 수 있다. ② 제1항의 재산의 보유, 기금의 설치·운용에 필요한 사항은 조례로 정한다.

개정 전	개정 후
제143조(재산의 관리와 처분) 지방자치단체의 재산은 법령이나 조례에 따르지 아니하고는 교환·양여(讓與)·대여하거나 출자 수단 또는 지급 수단으로 사용할 수 없다.	**제160조(재산의 관리와 처분)** 지방자치단체의 재산은 법령이나 조례에 따르지 아니하고는 교환·양여(讓與)·대여하거나 출자 수단 또는 지급 수단으로 사용할 수 없다.
제144조(공공시설) ① 지방자치단체는 주민의 복지를 증진하기 위하여 공공시설을 설치할 수 있다. ② 제1항의 공공시설의 설치와 관리에 관하여 다른 법령에 규정이 없으면 조례로 정한다. ③ 제1항의 공공시설은 관계 지방자치단체의 동의를 받아 그 지방자치단체의 구역 밖에 설치할 수 있다.	**제161조(공공시설)** ① 지방자치단체는 주민의 복지를 증진하기 위하여 공공시설을 설치할 수 있다. ② 제1항의 공공시설의 설치와 관리에 관하여 다른 법령에 규정이 없으면 조례로 정한다. ③ 제1항의 공공시설은 관계 지방자치단체의 동의를 받아 그 지방자치단체의 구역 밖에 설치할 수 있다.
제145조(지방재정운영에 관한 법률의 제정) 지방자치단체의 재정에 관하여 이 법에 정한 것 외에 필요한 사항은 따로 법률로 정한다.	**제162조(지방재정 운영에 관한 법률의 제정)** 지방자치단체의 재정에 관하여 이 법에서 정한 것 외에 필요한 사항은 따로 법률로 정한다.
제146조(지방공기업의 설치·운영) ① 지방자치단체는 주민의 복지증진과 사업의 효율적 수행을 위하여 지방공기업을 설치·운영할 수 있다. ② 지방공기업의 설치·운영에 관하여 필요한 사항은 따로 법률로 정한다.	**제163조(지방공기업의 설치·운영)** ① 지방자치단체는 주민의 복리증진과 사업의 효율적 수행을 위하여 지방공기업을 설치·운영할 수 있다. ② 지방공기업의 설치·운영에 필요한 사항은 따로 법률로 정한다.
제147조(지방자치단체 상호 간의 협력) 지방자치단체는 다른 지방자치단체로부터 사무의 공동처리에 관한 요청이나 사무처리에 관한 협의·조정·승인 또는 지원의 요청을 받으면 법령의 범위에서 협력하여야 한다.	**제164조(지방자치단체 상호 간의 협력)** ① 지방자치단체는 다른 지방자치단체로부터 사무의 공동처리에 관한 요청이나 사무처리에 관한 협의·조정·승인 또는 지원의 요청을 받으면 법령의 범위에서 협력하여야 한다. ② 관계 중앙행정기관의 장은 지방자치단체 간의 협력 활성화를 위하여 필요한 지원을 할 수 있다.
148조(지방자치단체 상호 간의 분쟁조정) ① 지방자치단체 상호 간이나 지방자치단체의 장 상호 간 사무를 처리할 때 의견이 달라 다툼(이하 "분쟁"이라 한다)이 생기면 다른 법률에 특별한 규정이 없으면 행정안전부장관이나 시·도지사가 당사자의 신청에 따라 조정(調整)할 수 있다. 다만, 그 분쟁이 공익을 현저히 저해하여 조속한 조정이 필요하다고 인정되면 당사자의 신청이 없어도 직권으로 조정할 수 있다. ② 제1항 단서에 따라 행정안전부장관이나 시·도지사가 분쟁을 조정하는 경우에는 그 취지를 미리 당사자에게 알려야 한다. ③ 행정안전부장관이나 시·도지사가 제1항의 분쟁을 조정하고자 할 때에는 관계 중앙행정기관의 장과의 협의를 거쳐 제149조에 따른 지방자치단체중앙분쟁조정위원회나 지방자치단체지방분쟁조정위원회의 의결에 따라 조정하여야 한다. ④ 행정안전부장관이나 시·도지사는 제1항의 조정에 대하여 결정을 하면 서면으로 지체 없이 관계 지방자치단체의 장에게 통보하여야 하며, 통보를 받은 지방자치단체의 장은 그 조정결정사항을 이행하여야 한다. ⑤ 제4항의 조정결정사항 중 예산이 수반되는 사항에 대하여는 관계 지방자치단체는 필요한 예산을 우선적으로 편성하여야 한다. 이 경우 연차적으로 추진하여야 할 사항은 연도별 추진계획을 행정안전부장관이나 시·도지사에게 보고하여야 한다.	**제165조(지방자치단체 상호 간의 분쟁조정)** ① 지방자치단체 상호 간 또는 지방자치단체의 장 상호 간에 사무를 처리할 때 의견이 달라 다툼(이하 "분쟁"이라 한다)이 생기면 다른 법률에 특별한 규정이 없으면 행정안전부장관이나 시·도지사가 당사자의 신청을 받아 조정할 수 있다. 다만, 그 분쟁이 공익을 현저히 해쳐 조속한 조정이 필요하다고 인정되면 당사자의 신청이 없어도 직권으로 조정할 수 있다. ② 제1항 단서에 따라 행정안전부장관이나 시·도지사가 분쟁을 조정하는 경우에는 그 취지를 미리 당사자에게 알려야 한다. ③ 행정안전부장관이나 시·도지사가 제1항의 분쟁을 조정하려는 경우에는 관계 중앙행정기관의 장과의 협의를 거쳐 제166조에 따른 지방자치단체중앙분쟁조정위원회나 지방자치단체지방분쟁조정위원회의 의결에 따라 조정을 결정하여야 한다. ④ 행정안전부장관이나 시·도지사는 제3항에 따라 조정을 결정하면 서면으로 지체 없이 관계 지방자치단체의 장에게 통보하여야 하며, 통보를 받은 지방자치단체의 장은 그 조정 결정 사항을 이행하여야 한다. ⑤ 제3항에 따른 조정 결정 사항 중 예산이 필요한 사항에 대해서는 관계 지방자치단체는 필요한 예산을 우선적으로 편성하여야 한다. 이 경우 연차적으로 추진하여야 할 사항은 연도별 추진계획을 행정안전부장관이나 시·도지사에게 보고하여야 한다.

개정 전	개정 후
⑥ 행정안전부장관이나 시·도지사는 제1항의 조정결정에 따른 시설의 설치 또는 역무의 제공으로 이익을 받거나 그 원인을 일으켰다고 인정되는 지방자치단체에 대하여는 그 시설비나 운영비 등의 전부나 일부를 행정안전부장관이 정하는 기준에 따라 부담하게 할 수 있다. ⑦ 행정안전부장관이나 시·도지사는 제4항부터 제6항까지의 규정에 따른 조정결정사항이 성실히 이행되지 아니하면 그 지방자치단체에 대하여 제170조를 준용하여 이행하게 할 수 있다.	⑥ 행정안전부장관이나 시·도지사는 제3항의 조정 결정에 따른 시설의 설치 또는 서비스의 제공으로 이익을 얻거나 그 원인을 일으켰다고 인정되는 지방자치단체에 대해서는 그 시설비나 운영비 등의 전부나 일부를 행정안전부장관이 정하는 기준에 따라 부담하게 할 수 있다. ⑦ 행정안전부장관이나 시·도지사는 제4항부터 제6항까지의 규정에 따른 조정 결정 사항이 성실히 이행되지 아니하면 그 지방자치단체에 대하여 제189조를 준용하여 이행하게 할 수 있다.
제149조(지방자치단체중앙분쟁조정위원회 등의 설치와 구성 등) ① 제148조 제1항에 따른 분쟁의 조정과 제156조 제1항에 따른 협의사항의 조정에 필요한 사항을 심의·의결하기 위하여 행정안전부에 지방자치단체중앙분쟁조정위원회(이하 "중앙분쟁조정위원회"라 한다)와 시·도에 지방자치단체지방분쟁조정위원회(이하 "지방분쟁조정위원회"라 한다)를 둔다. ② 중앙분쟁조정위원회는 다음 각 호의 분쟁을 심의·의결한다. 1. 시·도 간 또는 그 장 간의 분쟁 2. 시·도를 달리하는 시·군 및 자치구 간 또는 그 장 간의 분쟁 3. 시·도와 시·군 및 자치구 간 또는 그 장 간의 분쟁 4. 시·도와 지방자치단체조합 간 또는 그 장 간의 분쟁 5. 시·도를 달리하는 시·군 및 자치구와 지방자치단체조합 간 또는 그 장 간의 분쟁 6. 시·도를 달리하는 지방자치단체조합 간 또는 그 장 간의 분쟁 ③ 지방분쟁조정위원회는 제2항 각 호에 해당하지 아니하는 지방자치단체·지방자치단체조합 간 또는 그 장 간의 분쟁을 심의·의결한다. ④ 중앙분쟁조정위원회와 지방분쟁조정위원회(이하 "분쟁조정위원회"라 한다)는 각각 위원장을 포함한 11명 이내의 위원으로 구성한다. ⑤ 중앙분쟁조정위원회의 위원장과 위원 중 5명은 다음 각 호에 해당하는 자 중에서 행정안전부장관의 제청으로 대통령이 임명하거나 위촉하고, 대통령령으로 정하는 중앙행정기관 소속 공무원은 당연직위원이 된다. 1. 대학에서 부교수 이상으로 3년 이상 재직 중이거나 재직한 자 2. 판사·검사 또는 변호사의 직에 6년 이상 재직 중이거나 재직한 자 3. 그 밖에 지방자치사무에 관한 학식과 경험이 풍부한 자 ⑥ 지방분쟁조정위원회의 위원장과 위원 중 5명은 제5항 각 호에 해당하는 자 중에서 시·도지사가 임명하거나 위촉하고, 조례로 정하는 해당 지방자치단체 소속 공무원은 당연직위원이 된다. ⑦ 공무원이 아닌 위원장 및 위원의 임기는 3년으로 하되, 연임할 수 있다. 다만, 보궐위원의 임기는 전임자의 남은 임기로 한다.	**제166조(지방자치단체중앙분쟁조정위원회 등의 설치와 구성 등)** ① 제165조 제1항에 따른 분쟁의 조정과 제173조 제1항에 따른 협의사항의 조정에 필요한 사항을 심의·의결하기 위하여 행정안전부에 지방자치단체중앙분쟁조정위원회(이하 "중앙분쟁조정위원회"라 한다)를, 시·도에 지방자치단체지방분쟁조정위원회(이하 "지방분쟁조정위원회"라 한다)를 둔다. ② 중앙분쟁조정위원회는 다음 각 호의 분쟁을 심의·의결한다. 1. 시·도 간 또는 그 장 간의 분쟁 2. 시·도를 달리하는 시·군 및 자치구 간 또는 그 장 간의 분쟁 3. 시·도와 시·군 및 자치구 간 또는 그 장 간의 분쟁 4. 시·도와 지방자치단체조합 간 또는 그 장 간의 분쟁 5. 시·도를 달리하는 시·군 및 자치구와 지방자치단체조합 간 또는 그 장 간의 분쟁 6. 시·도를 달리하는 지방자치단체조합 간 또는 그 장 간의 분쟁 ③ 지방분쟁조정위원회는 제2항 각 호에 해당하지 아니하는 지방자치단체·지방자치단체조합 간 또는 그 장 간의 분쟁을 심의·의결한다. ④ 중앙분쟁조정위원회와 지방분쟁조정위원회(이하 "분쟁조정위원회"라 한다)는 각각 위원장 1명을 포함하여 11명 이내의 위원으로 구성한다. ⑤ 중앙분쟁조정위원회의 위원장과 위원 중 5명은 다음 각 호의 사람 중에서 행정안전부장관의 제청으로 대통령이 임명하거나 위촉하고, 대통령령으로 정하는 중앙행정기관 소속 공무원은 당연직위원이 된다. 1. 대학에서 부교수 이상으로 3년 이상 재직 중이거나 재직한 사람 2. 판사·검사 또는 변호사의 직에 6년 이상 재직 중이거나 재직한 사람 3. 그 밖에 지방자치사무에 관한 학식과 경험이 풍부한 사람 ⑥ 지방분쟁조정위원회의 위원장과 위원 중 5명은 제5항 각 호의 사람 중에서 시·도지사가 임명하거나 위촉하고, 조례로 정하는 해당 지방자치단체 소속 공무원은 당연직위원이 된다. ⑦ 공무원이 아닌 위원장 및 위원의 임기는 3년으로 하며, 연임할 수 있다. 다만, 보궐위원의 임기는 전임자 임기의 남은 기간으로 한다.
제150조(분쟁조정위원회의 운영 등) ① 분쟁조정위원회는 위원장을 포함한 위원 7명 이상의 출석으로 개의하고, 출석위원 3분의 2 이상의 찬성으로 의결한다.	**제167조(분쟁조정위원회의 운영 등)** ① 분쟁조정위원회는 위원장을 포함한 위원 7명 이상의 출석으로 개의하고, 출석위원 3분의 2 이상의 찬성으로 의결한다.

개정 전	개정 후
② 분쟁조정위원회의 위원장은 분쟁의 조정과 관련하여 필요하다고 인정하면 관계 공무원, 지방자치단체조합의 직원 또는 관계 전문가를 출석시켜 의견을 듣거나 관계 기관이나 단체에 대하여 자료 및 의견 제출 등을 요구할 수 있다. 이 경우 분쟁의 당사자에게는 의견을 진술할 기회를 주어야 한다. ③ 이 법에서 정한 사항 외에 분쟁조정위원회의 구성과 운영 등에 관하여 필요한 사항은 대통령령으로 정한다.	② 분쟁조정위원회의 위원장은 분쟁의 조정과 관련하여 필요하다고 인정하면 관계 공무원, 지방자치단체조합의 직원 또는 관계 전문가를 출석시켜 의견을 듣거나 관계 기관이나 단체에 대하여 자료 및 의견 제출 등을 요구할 수 있다. 이 경우 분쟁의 당사자에게는 의견을 진술할 기회를 주어야 한다. ③ 이 법에서 정한 사항 외에 분쟁조정위원회의 구성과 운영 등에 필요한 사항은 대통령령으로 정한다.
제151조(사무의 위탁) ① 지방자치단체나 그 장은 소관 사무의 일부를 다른 지방자치단체나 그 장에게 위탁하여 처리하게 할 수 있다. 이 경우 지방자치단체의 장은 사무 위탁의 당사자가 시·도나 그 장이면 행정안전부장관과 관계 중앙행정기관의 장에게, 시·군 및 자치구나 그 장이면 시·도지사에게 이를 보고하여야 한다. ② 지방자치단체나 그 장은 제1항에 따라 사무를 위탁하려면 관계 지방자치단체와의 협의에 따라 규약을 정하여 고시하여야 한다. ③ 제2항의 사무위탁에 관한 규약에는 다음 각 호의 사항이 포함되어야 한다. 1. 사무를 위탁하는 지방자치단체와 사무를 위탁받는 지방자치단체 2. 위탁사무의 내용과 범위 3. 위탁사무의 관리와 처리방법 4. 위탁사무의 관리와 처리에 드는 경비의 부담과 지출방법 5. 그 밖에 사무위탁에 관하여 필요한 사항 ④ 지방자치단체나 그 장은 사무위탁을 변경하거나 해지하려면 관계 지방자치단체나 그 장과 협의하여 그 사실을 고시하고, 제1항의 예에 따라 행정안전부장관과 관계 중앙행정기관의 장 또는 시·도지사에게 보고하여야 한다. ⑤ 사무가 위탁된 경우 위탁된 사무의 관리와 처리에 관한 조례나 규칙은 규약에 다르게 정하여진 경우 외에는 사무를 위탁받은 지방자치단체에 대하여도 적용한다.	**제168조(사무의 위탁)** ① 지방자치단체나 그 장은 소관 사무의 일부를 다른 지방자치단체나 그 장에게 위탁하여 처리하게 할 수 있다. ② 지방자치단체나 그 장은 제1항에 따라 사무를 위탁하려면 관계 지방자치단체와의 협의에 따라 규약을 정하여 고시하여야 한다. ③ 제2항의 사무위탁에 관한 규약에는 다음 각 호의 사항이 포함되어야 한다. 1. 사무를 위탁하는 지방자치단체와 사무를 위탁받는 지방자치단체 2. 위탁사무의 내용과 범위 3. 위탁사무의 관리와 처리방법 4. 위탁사무의 관리와 처리에 드는 경비의 부담과 지출방법 5. 그 밖에 사무위탁에 필요한 사항 ④ 지방자치단체나 그 장은 사무위탁을 변경하거나 해지하려면 관계 지방자치단체나 그 장과 협의하여 그 사실을 고시하여야 한다. ⑤ 사무가 위탁된 경우 위탁된 사무의 관리와 처리에 관한 조례나 규칙은 규약에 다르게 정해진 경우 외에는 사무를 위탁받은 지방자치단체에 대해서도 적용한다.
제152조(행정협의회의 구성) ① 지방자치단체는 2개 이상의 지방자치단체에 관련된 사무의 일부를 공동으로 처리하기 위하여 관계 지방자치단체 간의 행정협의회(이하 "협의회"라 한다)를 구성할 수 있다. 이 경우 지방자치단체의 장은 시·도가 구성원이면 행정안전부장관과 관계 중앙행정기관의 장에게, 시·군 또는 자치구가 구성원이면 시·도지사에게 이를 보고하여야 한다. ② 지방자치단체는 협의회를 구성하려면 관계 지방자치단체 간의 협의에 따라 규약을 정하여 관계 지방의회의 의결을 각각 거친 다음 고시하여야 한다. ③ 행정안전부장관이나 시·도지사는 공익상 필요하면 관계 지방자치단체에 대하여 협의회를 구성하도록 권고할 수 있다.	**제169조(행정협의회의 구성)** ① 지방자치단체는 2개 이상의 지방자치단체에 관련된 사무의 일부를 공동으로 처리하기 위하여 관계 지방자치단체 간의 행정협의회(이하 "협의회"라 한다)를 구성할 수 있다. 이 경우 지방자치단체의 장은 시·도가 구성원이면 행정안전부장관과 관계 중앙행정기관의 장에게, 시·군 또는 자치구가 구성원이면 시·도지사에게 이를 보고하여야 한다. ② 지방자치단체는 협의회를 구성하려면 관계 지방자치단체 간의 협의에 따라 규약을 정하여 관계 지방의회에 각각 보고한 다음 고시하여야 한다. ③ 행정안전부장관이나 시·도지사는 공익상 필요하면 관계 지방자치단체에 대하여 협의회를 구성하도록 권고할 수 있다.
제153조(협의회의 조직) ① 협의회는 회장과 위원으로 구성한다. ② 회장과 위원은 규약으로 정하는 바에 따라 관계 지방자치단체의 직원 중에서 선임한다. ③ 회장은 협의회를 대표하며 회의를 소집하고 협의회의 사무를 총괄한다.	**제170조(협의회의 조직)** ① 협의회는 회장과 위원으로 구성한다. ② 회장과 위원은 규약으로 정하는 바에 따라 관계 지방자치단체의 직원 중에서 선임한다. ③ 회장은 협의회를 대표하며 회의를 소집하고 협의회의 사무를 총괄한다.

개정 전	개정 후
제154조(협의회의 규약) 협의회의 규약에는 다음 각 호의 사항이 포함되어야 한다. 1. 협의회의 명칭 2. 협의회를 구성하는 지방자치단체 3. 협의회가 처리하는 사무 4. 협의회의 조직과 회장 및 위원의 선임방법 5. 협의회의 운영과 사무 처리에 필요한 경비의 부담이나 지출 방법 6. 그 밖에 협의회의 구성과 운영에 관하여 필요한 사항	**제171조(협의회의 규약)** 협의회의 규약에는 다음 각 호의 사항이 포함되어야 한다. 1. 협의회의 명칭 2. 협의회를 구성하는 지방자치단체 3. 협의회가 처리하는 사무 4. 협의회의 조직과 회장 및 위원의 선임방법 5. 협의회의 운영과 사무처리에 필요한 경비의 부담이나 지출 방법 6. 그 밖에 협의회의 구성과 운영에 필요한 사항
제155조(협의회의 자료제출요구 등) 협의회는 사무를 처리하기 위하여 필요하다고 인정하면 관계 지방자치단체의 장에게 자료 제출, 의견 개진, 그 밖에 필요한 협조를 요구할 수 있다.	**제172조(협의회의 자료제출 요구 등)** 협의회는 사무를 처리하기 위하여 필요하다고 인정하면 관계 지방자치단체의 장에게 자료 제출, 의견 제시, 그 밖에 필요한 협조를 요구할 수 있다.
제156조(협의사항의 조정) ① 협의회에서 합의가 이루어지지 아니한 사항에 대하여 관계 지방자치단체의 장이 조정(調整) 요청을 하면 시·도 간의 협의사항에 대하여는 행정안전부장관이, 시·군 및 자치구 간의 협의사항에 대하여는 시·도지사가 조정할 수 있다. 다만, 관계되는 시·군 및 자치구가 2개 이상의 시·도에 걸치는 경우에는 행정안전부장관이 조정할 수 있다. ② 행정안전부장관이나 시·도지사가 제1항에 따라 조정을 하려면 관계 중앙행정기관의 장과의 협의를 거쳐 제149조에 따른 분쟁조정위원회의 의결에 따라 조정하여야 한다.	**제173조(협의사항의 조정)** ① 협의회에서 합의가 이루어지지 아니한 사항에 대하여 관계 지방자치단체의 장이 조정을 요청하면 시·도 간의 협의사항에 대해서는 행정안전부장관이, 시·군 및 자치구 간의 협의사항에 대해서는 시·도지사가 조정할 수 있다. 다만, 관계되는 시·군 및 자치구가 2개 이상의 시·도에 걸쳐 있는 경우에는 행정안전부장관이 조정할 수 있다. ② 행정안전부장관이나 시·도지사가 제1항에 따라 조정을 하려면 관계 중앙행정기관의 장과의 협의를 거쳐 분쟁조정위원회의 의결에 따라 조정하여야 한다.
제157조(협의회의 협의 및 사무처리의 효력) ① 협의회를 구성한 관계 지방자치단체는 협의회가 결정한 사항이 있으면 그 결정에 따라 사무를 처리하여야 한다. ② 제156조 제1항에 따라 행정안전부장관이나 시·도지사가 조정한 사항에 관하여는 제148조 제3항부터 제6항까지의 규정을 준용한다. ③ 협의회가 관계 지방자치단체나 그 장의 명의로 한 사무의 처리는 관계 지방자치단체나 그 장이 한 것으로 본다.	**제174조(협의회의 협의 및 사무처리의 효력)** ① 협의회를 구성한 관계 지방자치단체는 협의회가 결정한 사항이 있으면 그 결정에 따라 사무를 처리하여야 한다. ② 제173조 제1항에 따라 행정안전부장관이나 시·도지사가 조정한 사항에 관하여는 제165조 제3항부터 제6항까지의 규정을 준용한다. ③ 협의회가 관계 지방자치단체나 그 장의 명의로 한 사무의 처리는 관계 지방자치단체나 그 장이 한 것으로 본다.
제158조(협의회의 규약변경 및 폐지) 지방자치단체가 협의회의 규약을 변경하거나 협의회를 없애려는 경우에는 제152조 제1항과 제2항을 준용한다.	**제175조(협의회의 규약변경 및 폐지)** 지방자치단체가 협의회의 규약을 변경하거나 협의회를 없애려는 경우에는 제169조 제1항 및 제2항을 준용한다.
제159조(지방자치단체조합의 설립) ① 2개 이상의 지방자치단체가 하나 또는 둘 이상의 사무를 공동으로 처리할 필요가 있을 때에는 규약을 정하여 그 지방의회의 의결을 거쳐 시·도는 행정안전부장관의, 시·군 및 자치구는 시·도지사의 승인을 받아 지방자치단체조합을 설립할 수 있다. 다만, 지방자치단체조합의 구성원인 시·군 및 자치구가 2개 이상의 시·도에 걸치는 지방자치단체조합은 행정안전부장관의 승인을 받아야 한다. ② 지방자치단체조합은 법인으로 한다.	**제176조(지방자치단체조합의 설립)** ① 2개 이상의 지방자치단체가 하나 또는 둘 이상의 사무를 공동으로 처리할 필요가 있을 때에는 규약을 정하여 지방의회의 의결을 거쳐 시·도는 행정안전부장관의 승인, 시·군 및 자치구는 시·도지사의 승인을 받아 지방자치단체조합을 설립할 수 있다. 다만, 지방자치단체조합의 구성원인 시·군 및 자치구가 2개 이상의 시·도에 걸쳐 있는 지방자치단체조합은 행정안전부장관의 승인을 받아야 한다. ② 지방자치단체조합은 법인으로 한다.
제160조(지방자치단체조합의 조직) ① 지방자치단체조합에는 지방자치단체조합회의와 지방자치단체조합장 및 사무직원을 둔다. ② 지방자치단체조합회의의 위원과 지방자치단체조합장 및 사무직원은 지방자치단체조합규약으로 정하는 바에 따라 선임한다.	**제177조(지방자치단체조합의 조직)** ① 지방자치단체조합에는 지방자치단체조합회의와 지방자치단체조합장 및 사무직원을 둔다. ② 지방자치단체조합회의의 위원과 지방자치단체조합장 및 사무직원은 지방자치단체조합규약으로 정하는 바에 따라 선임한다.

개정 전	개정 후
③ 관계 지방자치단체의 의회 의원과 그 지방자치단체의 장은 제35조 제1항과 제96조 제1항에도 불구하고 지방자치단체조합회의의 위원이나 지방자치단체조합장을 겸할 수 있다.	③ 관계 지방의회의원과 관계 지방자치단체의 장은 제43조 제1항과 제109조 제1항에도 불구하고 지방자치단체조합회의의 위원이나 지방자치단체조합장을 겸할 수 있다.
제161조(지방자치단체조합회의와 지방자치단체조합장의 권한) ① 지방자치단체조합회의는 지방자치단체조합의 규약으로 정하는 바에 따라 지방자치단체조합의 중요 사무를 심의·의결한다. ② 지방자치단체조합회의는 지방자치단체조합이 제공하는 역무에 대한 사용료·수수료 또는 분담금을 제139조 제1항에 따른 조례의 범위 안에서 정할 수 있다. ③ 지방자치단체조합장은 지방자치단체조합을 대표하며 지방자치단체조합의 사무를 총괄한다.	**제178조(지방자치단체조합회의와 지방자치단체조합장의 권한)** ① 지방자치단체조합회의는 지방자치단체조합의 규약으로 정하는 바에 따라 지방자치단체조합의 중요 사무를 심의·의결한다. ② 지방자치단체조합회의는 지방자치단체조합이 제공하는 서비스에 대한 사용료·수수료 또는 분담금을 제156조 제1항에 따른 조례로 정한 범위에서 정할 수 있다. ③ 지방자치단체조합장은 지방자치단체조합을 대표하며 지방자치단체조합의 사무를 총괄한다.
제162조(지방자치단체조합의 규약) 지방자치단체조합의 규약에는 다음 각 호의 사항이 포함되어야 한다. 1. 지방자치단체조합의 명칭 2. 지방자치단체조합을 구성하는 지방자치단체 3. 사무소의 위치 4. 지방자치단체조합의 사무 5. 지방자치단체조합회의의 조직과 위원의 선임방법 6. 집행기관의 조직과 선임방법 7. 지방자치단체조합의 운영 및 사무처리에 필요한 경비의 부담과 지출방법 8. 그 밖에 지방자치단체조합의 구성과 운영에 관한 사항	**제179조(지방자치단체조합의 규약)** 지방자치단체조합의 규약에는 다음 각 호의 사항이 포함되어야 한다. 1. 지방자치단체조합의 명칭 2. 지방자치단체조합을 구성하는 지방자치단체 3. 사무소의 위치 4. 지방자치단체조합의 사무 5. 지방자치단체조합회의의 조직과 위원의 선임방법 6. 집행기관의 조직과 선임방법 7. 지방자치단체조합의 운영 및 사무처리에 필요한 경비의 부담과 지출방법 8. 그 밖에 지방자치단체조합의 구성과 운영에 관한 사항
제163조(지방자치단체조합의 지도·감독) ① 시·도가 구성원인 지방자치단체조합은 행정안전부장관의, 시·군 및 자치구가 구성원인 지방자치단체조합은 1차로 시·도지사의, 2차로 행정안전부장관의 지도·감독을 받는다. 다만, 지방자치단체조합의 구성원인 시·군 및 자치구가 2개 이상의 시·도에 걸치는 지방자치단체조합은 행정안전부장관의 지도·감독을 받는다. ② 행정안전부장관은 공익상 필요하면 지방자치단체조합의 설립이나 해산 또는 규약의 변경을 명할 수 있다.	**제180조(지방자치단체조합의 지도·감독)** ① 시·도가 구성원인 지방자치단체조합은 행정안전부장관, 시·군 및 자치구가 구성원인 지방자치단체조합은 1차로 시·도지사, 2차로 행정안전부장관의 지도·감독을 받는다. 다만, 지방자치단체조합의 구성원인 시·군 및 자치구가 2개 이상의 시·도에 걸쳐 있는 지방자치단체조합은 행정안전부장관의 지도·감독을 받는다. ② 행정안전부장관은 공익상 필요하면 지방자치단체조합의 설립이나 해산 또는 규약 변경을 명할 수 있다.
제164조(지방자치단체조합의 규약변경 및 해산) ① 지방자치단체조합의 규약을 변경하거나 지방자치단체조합을 해산하려는 경우에는 제159조 제1항을 준용한다. ② 지방자치단체조합을 해산한 경우에 그 재산의 처분은 관계 지방자치단체의 협의에 따른다.	**제181조(지방자치단체조합의 규약 변경 및 해산)** ① 지방자치단체조합의 규약을 변경하거나 지방자치단체조합을 해산하려는 경우에는 제176조 제1항을 준용한다. ② 지방자치단체조합을 해산한 경우에 그 재산의 처분은 관계 지방자치단체의 협의에 따른다.
제165조(지방자치단체의 장 등의 협의체) ① 지방자치단체의 장이나 지방의회의 의장은 상호 간의 교류와 협력을 증진하고, 공동의 문제를 협의하기 위하여 다음 각 호의 구분에 따라 각각 전국적 협의체를 설립할 수 있다. 1. 시·도지사 2. 시·도의회의 의장 3. 시장·군수·자치구의 구청장 4. 시·군·자치구의회의 의장 ② 제1항 각 호의 전국적 협의체가 모두 참가하는 지방자치단체 연합체를 설립할 수 있다.	**제182조(지방자치단체의 장 등의 협의체)** ① 지방자치단체의 장이나 지방의회의 의장은 상호 간의 교류와 협력을 증진하고, 공동의 문제를 협의하기 위하여 다음 각 호의 구분에 따라 각각 전국적 협의체를 설립할 수 있다. 1. 시·도지사 2. 시·도의회의 의장 3. 시장·군수 및 자치구의 구청장 4. 시·군 및 자치구의회의 의장 ② 제1항 각 호의 전국적 협의체는 그들 모두가 참가하는 지방자치단체 연합체를 설립할 수 있다.

개정 전	개정 후
③ 제1항에 따른 협의체나 제2항에 따른 연합체를 설립한 때에는 그 협의체의 대표자는 지체 없이 행정안전부장관에게 신고하여야 한다. ④ 제1항에 따른 협의체나 제2항에 따른 연합체는 지방자치에 직접적인 영향을 미치는 법령 등에 관한 의견을 행정안전부장관에게 제출할 수 있으며, 행정안전부장관은 제출된 의견을 관계 중앙행정기관의 장에게 통보하여야 한다. ⑤ 관계 중앙행정기관의 장은 제4항에 따라 통보된 내용에 대하여 통보를 받은 날부터 2개월 이내에 타당성을 검토하여 행정안전부장관에게 그 결과를 통보하여야 하고, 행정안전부장관은 통보받은 검토 결과를 해당 협의체나 연합체에 지체 없이 통보하여야 한다. 이 경우 관계 중앙행정기관의 장은 검토 결과 타당성이 없다고 인정하면 구체적인 사유 및 내용을 명시하여 통보하여야 하며, 타당하다고 인정하면 관계 법령에 그 내용이 반영될 수 있도록 적극 협력하여야 한다. ⑥ 제1항에 따른 협의체나 제2항에 따른 연합체는 지방자치와 관련된 법률의 제정·개정 또는 폐지가 필요하다고 인정하는 경우에는 국회에 서면으로 의견을 제출할 수 있다. ⑦ 제1항에 따른 협의체나 제2항에 따른 연합체의 설립신고와 운영, 그 밖에 필요한 사항은 대통령령으로 정한다.	③ 제1항에 따른 협의체나 제2항에 따른 연합체를 설립하였을 때에는 그 협의체·연합체의 대표자는 지체 없이 행정안전부장관에게 신고하여야 한다. ④ 제1항에 따른 협의체나 제2항에 따른 연합체는 지방자치에 직접적인 영향을 미치는 법령 등에 관한 의견을 행정안전부장관에게 제출할 수 있으며, 행정안전부장관은 제출된 의견을 관계 중앙행정기관의 장에게 통보하여야 한다. ⑤ 관계 중앙행정기관의 장은 제4항에 따라 통보된 내용에 대하여 통보를 받은 날부터 2개월 이내에 타당성을 검토하여 행정안전부장관에게 결과를 통보하여야 하고, 행정안전부장관은 통보받은 검토 결과를 해당 협의체나 연합체에 지체 없이 통보하여야 한다. 이 경우 관계 중앙행정기관의 장은 검토 결과 타당성이 없다고 인정하면 구체적인 사유 및 내용을 밝혀 통보하여야 하며, 타당하다고 인정하면 관계 법령에 그 내용이 반영될 수 있도록 적극 협력하여야 한다. ⑥ 제1항에 따른 협의체나 제2항에 따른 연합체는 지방자치와 관련된 법률의 제정·개정 또는 폐지가 필요하다고 인정하는 경우에는 국회에 서면으로 의견을 제출할 수 있다. ⑦ 제1항에 따른 협의체나 제2항에 따른 연합체의 설립신고와 운영, 그 밖에 필요한 사항은 대통령령으로 정한다.
-	**제183조(국가와 지방자치단체의 협력 의무)** 국가와 지방자치단체는 주민에 대한 균형적인 공공서비스 제공과 지역 간 균형발전을 위하여 협력하여야 한다.
제166조(지방자치단체의 사무에 대한 지도와 지원) ① 중앙행정기관의 장이나 시·도지사는 지방자치단체의 사무에 관하여 조언 또는 권고하거나 지도할 수 있으며, 이를 위하여 필요하면 지방자치단체에 자료의 제출을 요구할 수 있다. ② 국가나 시·도는 지방자치단체가 그 지방자치단체의 사무를 처리하는 데에 필요하다고 인정하면 재정지원이나 기술지원을 할 수 있다.	**제184조(지방자치단체의 사무에 대한 지도와 지원)** ① 중앙행정기관의 장이나 시·도지사는 지방자치단체의 사무에 관하여 조언 또는 권고하거나 지도할 수 있으며, 이를 위하여 필요하면 지방자치단체에 자료 제출을 요구할 수 있다. ② 국가나 시·도는 지방자치단체가 그 지방자치단체의 사무를 처리하는 데 필요하다고 인정하면 재정지원이나 기술지원을 할 수 있다. ③ 지방자치단체의 장은 제1항의 조언·권고 또는 지도와 관련하여 중앙행정기관의 장이나 시·도지사에게 의견을 제출할 수 있다.
제167조(국가사무나 시·도사무 처리의 지도·감독) ① 지방자치단체나 그 장이 위임받아 처리하는 국가사무에 관하여 시·도에서는 주무부장관의, 시·군 및 자치구에서는 1차로 시·도지사의, 2차로 주무부장관의 지도·감독을 받는다. ② 시·군 및 자치구나 그 장이 위임받아 처리하는 시·도의 사무에 관하여는 시·도지사의 지도·감독을 받는다.	**제185조(국가사무나 시·도 사무 처리의 지도·감독)** ① 지방자치단체나 그 장이 위임받아 처리하는 국가사무에 관하여 시·도에서는 주무부장관, 시·군 및 자치구에서는 1차로 시·도지사, 2차로 주무부장관의 지도·감독을 받는다. ② 시·군 및 자치구나 그 장이 위임받아 처리하는 시·도의 사무에 관하여는 시·도지사의 지도·감독을 받는다.
-	**제186조(중앙지방협력회의의 설치)** ① 국가와 지방자치단체 간의 협력을 도모하고 지방자치 발전과 지역 간 균형발전에 관련되는 중요 정책을 심의하기 위하여 중앙지방협력회의를 둔다. ② 제1항에 따른 중앙지방협력회의의 구성과 운영에 관한 사항은 따로 법률로 정한다.

개정 전	개정 후
제168조(중앙행정기관과 지방자치단체 간 협의조정) ① 중앙행정기관의 장과 지방자치단체의 장이 사무를 처리할 때 의견을 달리하는 경우 이를 협의·조정하기 위하여 국무총리 소속으로 행정협의조정위원회를 둔다. ② 행정협의조정위원회는 위원장 1명을 포함하여 13명 이내의 위원으로 구성한다. ③ 행정협의조정위원회의 위원은 다음 각 호의 사람이 되고, 위원장은 제3호에 따른 위촉위원 중에서 국무총리가 위촉한다. 1. 기획재정부장관, 행정안전부장관, 국무조정실장 및 법제처장 2. 안건과 관련된 중앙행정기관의 장과 시·도지사 중 위원장이 지명하는 사람 3. 그 밖에 지방자치에 관한 학식과 경험이 풍부한 사람 중에서 국무총리가 위촉하는 사람 4명 ④ 그 밖에 행정협의조정위원회의 구성과 운영 등에 필요한 사항은 대통령령으로 정한다.	**제187조(중앙행정기관과 지방자치단체 간 협의·조정)** ① 중앙행정기관의 장과 지방자치단체의 장이 사무를 처리할 때 의견을 달리하는 경우 이를 협의·조정하기 위하여 국무총리 소속으로 행정협의조정위원회를 둔다. ② 행정협의조정위원회는 위원장 1명을 포함하여 13명 이내의 위원으로 구성한다. ③ 행정협의조정위원회의 위원은 다음 각 호의 사람이 되고, 위원장은 제3호의 위촉위원 중에서 국무총리가 위촉한다. 1. 기획재정부장관, 행정안전부장관, 국무조정실장 및 법제처장 2. 안건과 관련된 중앙행정기관의 장과 시·도지사 중 위원장이 지명하는 사람 3. 그 밖에 지방자치에 관한 학식과 경험이 풍부한 사람 중에서 국무총리가 위촉하는 사람 4명 ④ 제1항부터 제3항까지에서 규정한 사항 외에 행정협의조정위원회의 구성과 운영 등에 필요한 사항은 대통령령으로 정한다.
제169조(위법·부당한 명령·처분의 시정) ① 지방자치단체의 사무에 관한 그 장의 명령이나 처분이 법령에 위반되거나 현저히 부당하여 공익을 해친다고 인정되면 시·도에 대하여는 주무부장관이, 시·군 및 자치구에 대하여는 시·도지사가 기간을 정하여 서면으로 시정할 것을 명하고, 그 기간에 이행하지 아니하면 이를 취소하거나 정지할 수 있다. 이 경우 자치사무에 관한 명령이나 처분에 대하여는 법령을 위반하는 것에 한한다. ② 지방자치단체의 장은 제1항에 따른 자치사무에 관한 명령이나 처분의 취소 또는 정지에 대하여 이의가 있으면 그 취소처분 또는 정지처분을 통보받은 날부터 15일 이내에 대법원에 소(訴)를 제기할 수 있다.	**제188조(위법·부당한 명령이나 처분의 시정)** ① 지방자치단체의 사무에 관한 지방자치단체의 장(제103조 제2항에 따른 사무의 경우에는 지방의회의 의장을 말한다. 이하 이 조에서 같다)의 명령이나 처분이 법령에 위반되거나 현저히 부당하여 공익을 해친다고 인정되면 시·도에 대해서는 주무부장관이, 시·군 및 자치구에 대해서는 시·도지사가 기간을 정하여 서면으로 시정할 것을 명하고, 그 기간에 이행하지 아니하면 이를 취소하거나 정지할 수 있다. ② 주무부장관은 지방자치단체의 사무에 관한 시장·군수 및 자치구의 구청장의 명령이나 처분이 법령에 위반되거나 현저히 부당하여 공익을 해침에도 불구하고 시·도지사가 제1항에 따른 시정명령을 하지 아니하면 시·도지사에게 기간을 정하여 시정명령을 하도록 명할 수 있다. ③ 주무부장관은 시·도지사가 제2항에 따른 기간에 시정명령을 하지 아니하면 제2항에 따른 기간이 지난 날부터 7일 이내에 직접 시장·군수 및 자치구의 구청장에게 기간을 정하여 서면으로 시정할 것을 명하고, 그 기간에 이행하지 아니하면 주무부장관이 시장·군수 및 자치구의 구청장의 명령이나 처분을 취소하거나 정지할 수 있다. ④ 주무부장관은 시·도지사가 시장·군수 및 자치구의 구청장에게 제1항에 따라 시정명령을 하였으나 이를 이행하지 아니한데 따른 취소·정지를 하지 아니하는 경우에는 시·도지사에게 기간을 정하여 시장·군수 및 자치구의 구청장의 명령이나 처분을 취소하거나 정지할 것을 명하고, 그 기간에 이행하지 아니하면 주무부장관이 이를 직접 취소하거나 정지할 수 있다. ⑤ 제1항부터 제4항까지의 규정에 따른 자치사무에 관한 명령이나 처분에 대한 주무부장관 또는 시·도지사의 시정명령, 취소 또는 정지는 법령을 위반한 것에 한정한다. ⑥ 지방자치단체의 장은 제1항, 제3항 또는 제4항에 따른 자치사무에 관한 명령이나 처분의 취소 또는 정지에 대하여 이의가 있으면 그 취소처분 또는 정지처분을 통보받은 날부터 15일 이내에 대법원에 소를 제기할 수 있다.

개정 전	개정 후
제170조(지방자치단체의 장에 대한 직무이행명령) ① 지방자치단체의 장이 법령의 규정에 따라 그 의무에 속하는 국가위임사무나 시·도위임사무의 관리와 집행을 명백히 게을리하고 있다고 인정되면 시·도에 대하여는 주무부장관이, 시·군 및 자치구에 대하여는 시·도지사가 기간을 정하여 서면으로 이행할 사항을 명령할 수 있다. ② 주무부장관이나 시·도지사는 해당 지방자치단체의 장이 제1항의 기간에 이행명령을 이행하지 아니하면 그 지방자치단체의 비용부담으로 대집행하거나 행정상·재정상 필요한 조치를 할 수 있다. 이 경우 행정대집행에 관하여는 「행정대집행법」을 준용한다. ③ 지방자치단체의 장은 제1항의 이행명령에 이의가 있으면 이행명령서를 접수한 날부터 15일 이내에 대법원에 소를 제기할 수 있다. 이 경우 지방자치단체의 장은 이행명령의 집행을 정지하게 하는 집행정지결정을 신청할 수 있다.	**제189조(지방자치단체의 장에 대한 직무이행명령)** ① 지방자치단체의 장이 법령에 따라 그 의무에 속하는 국가위임사무나 시·도위임사무의 관리와 집행을 명백히 게을리하고 있다고 인정되면 시·도에 대해서는 주무부장관이, 시·군 및 자치구에 대해서는 시·도지사가 기간을 정하여 서면으로 이행할 사항을 명령할 수 있다. ② 주무부장관이나 시·도지사는 해당 지방자치단체의 장이 제1항의 기간에 이행명령을 이행하지 아니하면 그 지방자치단체의 비용부담으로 대집행 또는 행정상·재정상 필요한 조치(이하 이 조에서 "대집행등"이라 한다)를 할 수 있다. 이 경우 행정대집행에 관하여는 「행정대집행법」을 준용한다. ③ 주무부장관은 시장·군수 및 자치구의 구청장이 법령에 따라 그 의무에 속하는 국가위임사무의 관리와 집행을 명백히 게을리하고 있다고 인정됨에도 불구하고 시·도지사가 제1항에 따른 이행명령을 하지 아니하는 경우 시·도지사에게 기간을 정하여 이행명령을 하도록 명할 수 있다. ④ 주무부장관은 시·도지사가 제3항에 따른 기간에 이행명령을 하지 아니하면 제3항에 따른 기간이 지난 날부터 7일 이내에 직접 시장·군수 및 자치구의 구청장에게 기간을 정하여 이행명령을 하고, 그 기간에 이행하지 아니하면 주무부장관이 직접 대집행등을 할 수 있다. ⑤ 주무부장관은 시·도지사가 시장·군수 및 자치구의 구청장에게 제1항에 따라 이행명령을 하였으나 이를 이행하지 아니한데 따른 대집행등을 하지 아니하는 경우에는 시·도지사에게 기간을 정하여 대집행등을 하도록 명하고, 그 기간에 대집행등을 하지 아니하면 주무부장관이 직접 대집행등을 할 수 있다. ⑥ 지방자치단체의 장은 제1항 또는 제4항에 따른 이행명령에 이의가 있으면 이행명령서를 접수한 날부터 15일 이내에 대법원에 소를 제기할 수 있다. 이 경우 지방자치단체의 장은 이행명령의 집행을 정지하게 하는 집행정지결정을 신청할 수 있다.
제171조(지방자치단체의 자치사무에 대한 감사) ① 행정안전부장관이나 시·도지사는 지방자치단체의 자치사무에 관하여 보고를 받거나 서류·장부 또는 회계를 감사할 수 있다. 이 경우 감사는 법령위반사항에 대하여만 실시한다. ② 행정안전부장관 또는 시·도지사는 제1항에 따라 감사를 실시하기 전에 해당 사무의 처리가 법령에 위반되는지 여부 등을 확인하여야 한다. <신설 2017.7.26.>	**제190조(지방자치단체의 자치사무에 대한 감사)** ① 행정안전부장관이나 시·도지사는 지방자치단체의 자치사무에 관하여 보고를 받거나 서류·장부 또는 회계를 감사할 수 있다. 이 경우 감사는 법령 위반사항에 대해서만 한다. ② 행정안전부장관 또는 시·도지사는 제1항에 따라 감사를 하기 전에 해당 사무의 처리가 법령에 위반되는지 등을 확인하여야 한다.
제171조의2(지방자치단체에 대한 감사 절차 등) ① 주무부장관, 행정안전부장관 또는 시·도지사는 이미 감사원 감사 등이 실시된 사안에 대하여는 새로운 사실이 발견되거나 중요한 사항이 누락된 경우 등 대통령령으로 정하는 경우를 제외하고는 감사대상에서 제외하고 종전의 감사결과를 활용하여야 한다. ② 주무부장관과 행정안전부장관은 다음 각 호의 어느 하나에 해당하는 감사를 실시하고자 하는 때에는 지방자치단체의 수감부담을 줄이고 감사의 효율성을 높이기 위하여 같은 기간 동안 함께 감사를 실시할 수 있다.	**제191조(지방자치단체에 대한 감사 절차 등)** ① 주무부장관, 행정안전부장관 또는 시·도지사는 이미 감사원 감사 등이 실시된 사안에 대해서는 새로운 사실이 발견되거나 중요한 사항이 누락된 경우 등 대통령령으로 정하는 경우를 제외하고는 감사 대상에서 제외하고 종전의 감사 결과를 활용하여야 한다. ② 주무부장관과 행정안전부장관은 다음 각 호의 어느 하나에 해당하는 감사를 하려고 할 때에는 지방자치단체의 수감부담을 줄이고 감사의 효율성을 높이기 위하여 같은 기간 동안 함께 감사를 할 수 있다.

개정 전	개정 후
1. 제167조에 따른 주무부장관의 위임사무 감사 2. 제171조에 따른 행정안전부장관의 자치사무 감사 ③ 제167조, 제171조 및 제2항에 따른 감사에 대한 절차·방법 등 필요한 사항은 대통령령으로 정한다.	1. 제185조에 따른 주무부장관의 위임사무 감사 2. 제190조에 따른 행정안전부장관의 자치사무 감사 ③ 제185조, 제190조 및 이 조 제2항에 따른 감사의 절차·방법 등에 관하여 필요한 사항은 대통령령으로 정한다.
제172조(지방의회 의결의 재의와 제소) ① 지방의회의 의결이 법령에 위반되거나 공익을 현저히 해친다고 판단되면 시·도에 대하여는 주무부장관이, 시·군 및 자치구에 대하여는 시·도지사가 재의를 요구하게 할 수 있고, 재의요구를 받은 지방자치단체의 장은 의결사항을 이송받은 날부터 20일 이내에 지방의회에 이유를 붙여 재의를 요구하여야 한다. ② 제1항의 요구에 대하여 재의의 결과 재적의원 과반수의 출석과 출석의원 3분의 2 이상의 찬성으로 전과 같은 의결을 하면 그 의결사항은 확정된다. ③ 지방자치단체의 장은 제2항에 따라 재의결된 사항이 법령에 위반된다고 판단되면 재의결된 날부터 20일 이내에 대법원에 소를 제기할 수 있다. 이 경우 필요하다고 인정되면 그 의결의 집행을 정지하게 하는 집행정지결정을 신청할 수 있다. ④ 주무부장관이나 시·도지사는 재의결된 사항이 법령에 위반된다고 판단됨에도 불구하고 해당 지방자치단체의 장이 소(訴)를 제기하지 아니하면 그 지방자치단체의 장에게 제소를 지시하거나 직접 제소 및 집행정지결정을 신청할 수 있다. ⑤ 제4항에 따른 제소의 지시는 제3항의 기간이 지난 날부터 7일 이내에 하고, 해당 지방자치단체의 장은 제소지시를 받은 날부터 7일 이내에 제소하여야 한다. ⑥ 주무부장관이나 시·도지사는 제5항의 기간이 지난 날부터 7일 이내에 직접 제소할 수 있다. ⑦ 제1항에 따라 지방의회의 의결이 법령에 위반된다고 판단되어 주무부장관이나 시·도지사로부터 재의요구지시를 받은 지방자치단체의 장이 재의를 요구하지 아니하는 경우(법령에 위반되는 지방의회의 의결사항이 조례안인 경우로서 재의요구지시를 받기 전에 그 조례안을 공포한 경우를 포함한다)에는 주무부장관이나 시·도지사는 제1항에 따른 기간이 지난 날부터 7일 이내에 대법원에 직접 제소 및 집행정지결정을 신청할 수 있다. ⑧ 제1항에 따른 지방의회의 의결이나 제2항에 따라 재의결된 사항이 둘 이상의 부처와 관련되거나 주무부장관이 불분명하면 행정안전부장관이 재의요구 또는 제소를 지시하거나 직접 제소 및 집행정지결정을 신청할 수 있다.	**제192조(지방의회 의결의 재의와 제소)** ① 지방의회의 의결이 법령에 위반되거나 공익을 현저히 해친다고 판단되면 시·도에 대해서는 주무부장관이, 시·군 및 자치구에 대해서는 시·도지사가 해당 지방자치단체의 장에게 재의를 요구하게 할 수 있고, 재의 요구 지시를 받은 지방자치단체의 장은 의결사항을 이송받은 날부터 20일 이내에 지방의회에 이유를 붙여 재의를 요구하여야 한다. ② 시·군 및 자치구의회의 의결이 법령에 위반된다고 판단됨에도 불구하고 시·도지사가 제1항에 따라 재의를 요구하게 하지 아니한 경우 주무부장관이 직접 시장·군수 및 자치구의 구청장에게 재의를 요구하게 할 수 있고, 재의 요구 지시를 받은 시장·군수 및 자치구의 구청장은 의결사항을 이송받은 날부터 20일 이내에 지방의회에 이유를 붙여 재의를 요구하여야 한다. ③ 제1항 또는 제2항의 요구에 대하여 재의한 결과 재적의원 과반수의 출석과 출석의원 3분의 2 이상의 찬성으로 전과 같은 의결을 하면 그 의결사항은 확정된다. ④ 지방자치단체의 장은 제3항에 따라 재의결된 사항이 법령에 위반된다고 판단되면 재의결된 날부터 20일 이내에 대법원에 소를 제기할 수 있다. 이 경우 필요하다고 인정되면 그 의결의 집행을 정지하게 하는 집행정지결정을 신청할 수 있다. ⑤ 주무부장관이나 시·도지사는 재의결된 사항이 법령에 위반된다고 판단됨에도 불구하고 해당 지방자치단체의 장이 소를 제기하지 아니하면 시·도에 대해서는 주무부장관이, 시·군 및 자치구에 대해서는 시·도지사(제2항에 따라 주무부장관이 직접 재의 요구 지시를 한 경우에는 주무부장관을 말한다. 이하 이 조에서 같다)가 그 지방자치단체의 장에게 제소를 지시하거나 직접 제소 및 집행정지결정을 신청할 수 있다. ⑥ 제5항에 따른 제소의 지시는 제4항의 기간이 지난 날부터 7일 이내에 하고, 해당 지방자치단체의 장은 제소 지시를 받은 날부터 7일 이내에 제소하여야 한다. ⑦ 주무부장관이나 시·도지사는 제6항의 기간이 지난 날부터 7일 이내에 제5항에 따른 직접 제소 및 집행정지결정을 신청할 수 있다. ⑧ 제1항 또는 제2항에 따라 지방의회의 의결이 법령에 위반된다고 판단되어 주무부장관이나 시·도지사로부터 재의 요구 지시를 받은 해당 지방자치단체의 장이 재의를 요구하지 아니하는 경우(법령에 위반되는 지방의회의 의결사항이 조례안인 경우로서 재의 요구 지시를 받기 전에 그 조례안을 공포한 경우를 포함한다)에는 주무부장관이나 시·도지사는 제1항 또는 제2항에 따른 기간이 지난 날부터 7일 이내에 대법원에 직접 제소 및 집행정지 결정을 신청할 수 있다. ⑨ 제1항 또는 제2항에 따른 지방의회의 의결이나 제3항에 따라 재의결된 사항이 둘 이상의 부처와 관련되거나 주무부장관이 불분명하면 행정안전부장관이 재의 요구 또는 제소를 지시하거나 직접 제소 및 집행정지 결정을 신청할 수 있다.

개정 전	개정 후
-	**제193조(지방자치단체의 역할)** 지방자치단체는 국가의 외교·통상 정책과 배치되지 아니하는 범위에서 국제교류·협력, 통상·투자 유치를 위하여 외국의 지방자치단체, 민간기관, 국제기구(국제연합과 그 산하기구·전문기구를 포함한 정부 간 기구, 지방자치단체 간 기구를 포함한 준정부 간 기구, 국제 비정부기구 등을 포함한다. 이하 같다)와 협력을 추진할 수 있다.
-	**제194조(지방자치단체의 국제기구 지원)** 지방자치단체는 국제기구 설립·유치 또는 활동 지원을 위하여 국제기구에 공무원을 파견하거나 운영비용 등 필요한 비용을 보조할 수 있다.
-	**제195조(해외사무소 설치·운영)** ① 지방자치단체는 국제교류·협력 등의 업무를 원활히 수행하기 위하여 필요한 곳에 단독 또는 지방자치단체 간 협력을 통해 공동으로 해외사무소를 설치할 수 있다. ② 지방자치단체는 해외사무소가 효율적으로 운영될 수 있도록 노력해야 한다.
제173조(자치구의 재원) 특별시장이나 광역시장은 「지방재정법」에서 정하는 바에 따라 해당 지방자치단체의 관할 구역 안의 자치구 상호 간의 재원을 조정하여야 한다.	**제196조(자치구의 재원)** 특별시장이나 광역시장은 「지방재정법」에서 정하는 바에 따라 해당 지방자치단체의 관할 구역의 자치구 상호 간의 재원을 조정하여야 한다.
제174조(특례의 인정) ① 서울특별시의 지위·조직 및 운영에 대하여는 수도로서의 특수성을 고려하여 법률로 정하는 바에 따라 특례를 둘 수 있다. ② 세종특별자치시와 제주특별자치도의 지위·조직 및 행정·재정 등의 운영에 대하여는 행정체제의 특수성을 고려하여 법률로 정하는 바에 따라 특례를 둘 수 있다.	**제197조(특례의 인정)** ① 서울특별시의 지위·조직 및 운영에 대해서는 수도로서의 특수성을 고려하여 법률로 정하는 바에 따라 특례를 둘 수 있다. ② 세종특별자치시와 제주특별자치도의 지위·조직 및 행정·재정 등의 운영에 대해서는 행정체제의 특수성을 고려하여 법률로 정하는 바에 따라 특례를 둘 수 있다.
제175조(대도시에 대한 특례인정) 서울특별시·광역시 및 특별자치시를 제외한 인구 50만 이상 대도시의 행정, 재정운영 및 국가의 지도·감독에 대하여는 그 특성을 고려하여 관계 법률로 정하는 바에 따라 특례를 둘 수 있다.	**제198조(대도시 등에 대한 특례 인정)** ① 서울특별시·광역시 및 특별자치시를 제외한 인구 50만 이상 대도시의 행정, 재정 운영 및 국가의 지도·감독에 대해서는 그 특성을 고려하여 관계 법률로 정하는 바에 따라 특례를 둘 수 있다. ② 제1항에도 불구하고 서울특별시·광역시 및 특별자치시를 제외한 다음 각 호의 어느 하나에 해당하는 대도시 및 시·군·구의 행정, 재정 운영 및 국가의 지도·감독에 대해서는 그 특성을 고려하여 관계 법률로 정하는 바에 따라 추가로 특례를 둘 수 있다. 1. 인구 100만 이상 대도시(이하 "특례시"라 한다) 2. 실질적인 행정수요, 국가균형발전 및 지방소멸위기 등을 고려하여 대통령령으로 정하는 기준과 절차에 따라 행정안전부장관이 지정하는 시·군·구 ③ 제1항에 따른 인구 50만 이상 대도시와 제2항 제1호에 따른 특례시의 인구 인정기준은 대통령령으로 정한다.
-	**제199조(설치)** ① 2개 이상의 지방자치단체가 공동으로 특정한 목적을 위하여 광역적으로 사무를 처리할 필요가 있을 때에는 특별지방자치단체를 설치할 수 있다. 이 경우 특별지방자치단체를 구성하는 지방자치단체(이하 "구성 지방자치단체"라 한다)는 상호 협의에 따른 규약을 정하여 구성 지방자치단체의 지방의회 의결을 거쳐 행정안전부장관의 승인을 받아야 한다.

개정 전	개정 후
-	② 행정안전부장관은 제1항 후단에 따라 규약에 대하여 승인하는 경우 관계 중앙행정기관의 장 또는 시·도지사에게 그 사실을 알려야 한다. ③ 특별지방자치단체는 법인으로 한다. ④ 특별지방자치단체를 설치하기 위하여 국가 또는 시·도 사무의 위임이 필요할 때에는 구성 지방자치단체의 장이 관계 중앙행정기관의 장 또는 시·도지사에게 그 사무의 위임을 요청할 수 있다. ⑤ 행정안전부장관이 국가 또는 시·도 사무의 위임이 포함된 규약에 대하여 승인할 때에는 사전에 관계 중앙행정기관의 장 또는 시·도지사와 협의하여야 한다. ⑥ 구성 지방자치단체의 장이 제1항 후단에 따라 행정안전부장관의 승인을 받았을 때에는 규약의 내용을 지체 없이 고시하여야 한다. 이 경우 구성 지방자치단체의 장이 시장·군수 및 자치구의 구청장일 때에는 그 승인사항을 시·도지사에게 알려야 한다.
-	**제200조(설치 권고 등)** 행정안전부장관은 공익상 필요하다고 인정할 때에는 관계 지방자치단체에 대하여 특별지방자치단체의 설치, 해산 또는 규약 변경을 권고할 수 있다. 이 경우 행정안전부장관의 권고가 국가 또는 시·도 사무의 위임을 포함하고 있을 때에는 사전에 관계 중앙행정기관의 장 또는 시·도지사와 협의하여야 한다.
-	**제201조(구역)** 특별지방자치단체의 구역은 구성 지방자치단체의 구역을 합한 것으로 한다. 다만, 특별지방자치단체의 사무가 구성 지방자치단체 구역의 일부에만 관계되는 등 특별한 사정이 있을 때에는 해당 지방자치단체 구역의 일부만을 구역으로 할 수 있다.
-	**제202조(규약 등)** ① 특별지방자치단체의 규약에는 법령의 범위에서 다음 각 호의 사항이 포함되어야 한다. 1. 특별지방자치단체의 목적 2. 특별지방자치단체의 명칭 3. 구성 지방자치단체 4. 특별지방자치단체의 관할 구역 5. 특별지방자치단체의 사무소의 위치 6. 특별지방자치단체의 사무 7. 특별지방자치단체의 사무처리를 위한 기본계획에 포함되어야 할 사항 8. 특별지방자치단체의 지방의회의 조직, 운영 및 의원의 선임방법 9. 특별지방자치단체의 집행기관의 조직, 운영 및 장의 선임방법 10. 특별지방자치단체의 운영 및 사무처리에 필요한 경비의 부담 및 지출방법 11. 특별지방자치단체의 사무처리 개시일 12. 그 밖에 특별지방자치단체의 구성 및 운영에 필요한 사항 ② 구성 지방자치단체의 장은 제1항의 규약을 변경하려는 경우에는 구성 지방자치단체의 지방의회 의결을 거쳐 행정안전부장

개정 전	개정 후
-	관의 승인을 받아야 한다. 이 경우 국가 또는 시·도 사무의 위임에 관하여는 제199조 제4항 및 제5항을 준용한다. ③ 구성 지방자치단체의 장은 제2항에 따라 행정안전부장관의 승인을 받았을 때에는 지체 없이 그 사실을 고시하여야 한다. 이 경우 구성 지방자치단체의 장이 시장·군수 및 자치구의 구청장일 때에는 그 승인사항을 시·도지사에게 알려야 한다.
-	**제203조(기본계획 등)** ① 특별지방자치단체의 장은 소관 사무를 처리하기 위한 기본계획(이하 "기본계획"이라 한다)을 수립하여 특별지방자치단체 의회의 의결을 받아야 한다. 기본계획을 변경하는 경우에도 또한 같다. ② 특별지방자치단체는 기본계획에 따라 사무를 처리하여야 한다. ③ 특별지방자치단체의 장은 구성 지방자치단체의 사무처리가 기본계획의 시행에 지장을 주거나 지장을 줄 우려가 있을 때에는 특별지방자치단체의 의회 의결을 거쳐 구성 지방자치단체의 장에게 필요한 조치를 요청할 수 있다.
-	**제204조(의회의 조직 등)** ① 특별지방자치단체의 의회는 규약으로 정하는 바에 따라 구성 지방자치단체의 의회 의원으로 구성한다. ② 제1항의 지방의회의원은 제43조 제1항에도 불구하고 특별지방자치단체의 의회 의원을 겸할 수 있다. ③ 특별지방자치단체의 의회가 의결하여야 할 안건 중 대통령령으로 정하는 중요한 사항에 대해서는 특별지방자치단체의 장에게 미리 통지하고, 특별지방자치단체의 장은 그 내용을 구성 지방자치단체의 장에게 통지하여야 한다. 그 의결의 결과에 대해서도 또한 같다.
-	**제205조(집행기관의 조직 등)** ① 특별지방자치단체의 장은 규약으로 정하는 바에 따라 특별지방자치단체의 의회에서 선출한다. ② 구성 지방자치단체의 장은 제109조에도 불구하고 특별지방자치단체의 장을 겸할 수 있다. ③ 특별지방자치단체의 의회 및 집행기관의 직원은 규약으로 정하는 바에 따라 특별지방자치단체 소속인 지방공무원과 구성 지방자치단체의 지방공무원 중에서 파견된 사람으로 구성한다.
-	**제206조(경비의 부담)** ① 특별지방자치단체의 운영 및 사무처리에 필요한 경비는 구성 지방자치단체의 인구, 사무처리의 수혜범위 등을 고려하여 규약으로 정하는 바에 따라 구성 지방자치단체가 분담한다. ② 구성 지방자치단체는 제1항의 경비에 대하여 특별회계를 설치하여 운영하여야 한다. ③ 국가 또는 시·도가 사무를 위임하는 경우에는 그 사무를 수행하는 데 필요한 재정적 지원을 할 수 있다.
-	**제207조(사무처리상황 등의 통지)** 특별지방자치단체의 장은 대통령령으로 정하는 바에 따라 사무처리 상황 등을 구성 지방자치단체의 장 및 행정안전부장관(시·군 및 자치구만으로 구성하는 경우에는 시·도지사를 포함한다)에게 통지하여야 한다.

개정 전	개정 후
-	**제208조(가입 및 탈퇴)** ① 특별지방자치단체에 가입하거나 특별지방자치단체에서 탈퇴하려는 지방자치단체의 장은 해당 지방의회의 의결을 거쳐 특별지방자치단체의 장에게 가입 또는 탈퇴를 신청하여야 한다. ② 제1항에 따른 가입 또는 탈퇴의 신청을 받은 특별지방자치단체의 장은 특별지방자치단체 의회의 동의를 받아 신청의 수용 여부를 결정하되, 특별한 사유가 없으면 가입하거나 탈퇴하려는 지방자치단체의 의견을 존중하여야 한다. ③ 제2항에 따른 가입 및 탈퇴에 관하여는 제199조를 준용한다.
-	**제209조(해산)** ① 구성 지방자치단체는 특별지방자치단체가 그 설치 목적을 달성하는 등 해산의 사유가 있을 때에는 해당 지방의회의 의결을 거쳐 행정안전부장관의 승인을 받아 특별지방자치단체를 해산하여야 한다. ② 구성 지방자치단체는 제1항에 따라 특별지방자치단체를 해산할 경우에는 상호 협의에 따라 그 재산을 처분하고 사무와 직원의 재배치를 하여야 하며, 국가 또는 시·도 사무를 위임받았을 때에는 관계 중앙행정기관의 장 또는 시·도지사와 협의하여야 한다. 다만, 협의가 성립하지 아니할 때에는 당사자의 신청을 받아 행정안전부장관이 조정할 수 있다.
-	**제210조(지방자치단체에 관한 규정의 준용)** 시·도, 시·도와 시·군 및 자치구 또는 2개 이상의 시·도에 걸쳐 있는 시·군 및 자치구로 구성되는 특별지방자치단체는 시·도에 관한 규정을, 시·군 및 자치구로 구성하는 특별지방자치단체는 시·군 및 자치구에 관한 규정을 준용한다. 다만, 제3조, 제1장 제2절, 제11조부터 제14조까지, 제17조 제3항, 제25조, 제4장, 제38조, 제39조, 제40조 제1항 제1호 및 제2호, 같은 조 제3항, 제41조, 제6장 제1절 제1관, 제106조부터 제108조까지, 제110조, 제112조 제2호 후단, 같은 조 제3호, 제123조, 제124조, 제6장 제3절(제130조는 제외한다)부터 제5절까지, 제152조, 제166조, 제167조 및 제8장 제2절부터 제4절까지, 제11장에 관하여는 그러하지 아니하다.
-	**제211조(다른 법률과의 관계)** ① 다른 법률에서 지방자치단체 또는 지방자치단체의 장을 인용하고 있는 경우에는 제202조 제1항에 따른 규약으로 정하는 사무를 처리하기 위한 범위에서는 특별지방자치단체 또는 특별지방자치단체의 장을 인용한 것으로 본다. ② 다른 법률에서 시·도 또는 시·도지사를 인용하고 있는 경우에는 제202조 제1항에 따른 규약으로 정하는 사무를 처리하기 위한 범위에서는 시·도, 시·도와 시·군 및 자치구 또는 2개 이상의 시·도에 걸쳐 있는 시·군 및 자치구로 구성하는 특별지방자치단체 또는 특별지방자치단체의 장을 인용한 것으로 본다. ③ 다른 법률에서 시·군 및 자치구 또는 시장·군수 및 자치구의 구청장을 인용하고 있는 경우에는 제202조 제1항에 따른 규약으로 정하는 사무를 처리하기 위한 범위에서는 동일한 시·도 관할 구역의 시·군 및 자치구로 구성하는 특별지방자치단체 또는 특별지방자치단체의 장을 인용한 것으로 본다.

MEMO

MEMO

MEMO